In de reeks Prisma Woordenboeken
zijn de volgende delen verschenen:

Nederlands
Nederlands-Engels
Engels-Nederlands
Nederlands-Duits
Duits-Nederlands
Nederlands-Frans
Frans-Nederlands
Nederlands-Spaans
Spaans-Nederlands
Nederlands-Italiaans
Italiaans-Nederlands
Latijn-Nederlands
Grieks-Nederlands

Frans Nederlands

dr. P.M. Maas
drs. A.M. Maas
bewerking André Abeling

PRISMA

Uitgeverij Het Spectrum B.V.
Postbus 2073
3500 GB Utrecht

Eerste tot en met de 27e druk 1955-2000
28e geheel herziene druk 2001
© 1955 © 2001

Bewerking: André Abeling, Epinay-sur-Seine
Redactionele bijdragen: George Pape
Omslagontwerp: Oranje Vormgevers, Eindhoven
Typografie: Chris van Egmond bNO, Studio PlantijnCasparie Heerhugowaard
Zetwerk: Spectrum DBP/PlantijnCasparie Heerhugowaard B.V.
Druk: Bercker, Kevelaer

ISBN 90 274 7201 7
NUGI 503

www.spectrum.nl

Voorwoord bij de 28e druk

Het Prisma Woordenboek *Frans-Nederlands* is in zijn bijna vijftigjarige bestaan herhaaldelijk bijgewerkt. Ook nu weer heeft de tekst grote veranderingen ondergaan. In vergelijking met de herziening van 1996, toen de nieuwe spelling van het Nederlands werd geïntroduceerd, zijn duizenden woorden toegevoegd, waaronder tal van neologismen. De wereld van de informatica, de economie, de rechtspraak, de geneeskunde, de vrije tijd enz. leverden tal van in onze ogen onmisbare termen en samenstellingen op, die door auteur en bewerker van Nederlandse equivalenten zijn voorzien. Een belangrijk criterium bij de keuze voor een 'ingang' was de relevantie voor het onderwijs - met name het voortgezet en het volwassenenonderwijs.

Daarnaast heeft de redactie kritisch gekeken naar de volgorde van betekenisomschrijvingen en vertalingen en naar het nut van bepaalde voorbeeldzinnen. Waar nodig is nieuw idioom toegevoegd. Vrouwelijke varianten en meervoudsvormen van zelfstandige en bijvoeglijke naamwoorden worden consequent vermeld. Nieuw is de vermelding van voorzetselconstructies bij vertalingen van met name werkwoorden en zelfstandige en bijvoeglijke naamwoorden; voorbeelden: **dénoncer** aangeven (**à** bij), **ignoré** onbekend (**de** bij). Verder zijn uitspraakaanwijzingen opgenomen van woorden die qua klank afwijken van het patroon (*abbaye* zeg: abeejie) of waarvan de uitgangs-s of -t voor problemen kan zorgen (de -s van *virus*: wel of niet uitspreken?).

De inhoudelijke aanpassing weerspiegelt zich in een geheel nieuwe typografie die, in vergelijking met de vorige edities, een rustiger paginabeeld oplevert, waardoor het opzoeken van 'ingangen' en vertalingen wordt vergemakkelijkt. Het grotere lettertype moet ook de wat oudere gebruiker van dienst zijn.
Voor op- en aanmerkingen houden wij ons aanbevolen.

Spectrum Lexicografie
april 2001

Aanwijzingen voor het gebruik

Informatie over de vreemde taal
Bij het samenstellen van de Prisma Woordenboeken is rekening gehouden met het feit dat deze voornamelijk worden gebruikt door Nederlandstaligen. Daarom zijn (de) verbogen vormen van de Franse onregelmatige werkwoorden als trefwoord opgenomen. Bij deze trefwoorden wordt verwezen naar de infinitief van het desbetreffende werkwoord. Ook 'afwijkende' meervoudsvormen en onregelmatige vrouwelijke vormen van zelfstandige en bijvoeglijke naamwoorden treft men, vetgedrukt, achter de enkelvoudsvorm van de ingang aan. Voorzetsels die vaste verbindingen met trefwoorden vormen, zijn vetgedrukt en staan tussen haakjes.
Als aparte trefwoorden zijn verder opgenomen: eigennamen en geografische namen die vertaalproblemen kunnen opleveren; onregelmatige vormen van de vergrotende en overtreffende trap en afkortingen.
De grammaticale categorieën van het trefwoord worden altijd vermeld, ook wanneer trefwoorden maar tot één woordsoort behoren.

Informatie over het Nederlands
Aangezien de gebruikers hoofdzakelijk Nederlandstaligen zijn, is zo weinig mogelijk informatie over de Nederlandse vertalingen van trefwoorden en voorbeelden opgenomen. Grammaticale informatie wordt derhalve niet gegeven. Wel is er uitleg in de vorm van een label (fig., techn.) of een restrictie (afgedrukt tussen 'vishaken': *tussenstop* ‹v. vliegtuig›), wanneer vertalingen anders onduidelijk of dubbelzinnig zouden zijn.
Met de term 'onveranderlijk' wordt aangegeven dat een woord geen meervoud of vrouwelijke vorm kent.

Bijzondere tekens

Trefwoorden zijn vet gedrukt. Alle informatie die romein (niet cursief) is gezet, heeft betrekking op de vreemde taal; alle cursief afgedrukte informatie heeft betrekking op het Nederlands.

• De vertalingen van een trefwoord zijn per betekenis georganiseerd. Elke betekenisomschrijving wordt voorafgegaan door een bolletje. Ook de voorzetselconstructies die in combinatie met het trefwoord tot een verschil in betekenis leiden, staan achter een bolletje (en tussen haakjes).

‹...› Elke specificering van een vertaling (restrictie) staat tussen geknikte haken.

[...] Grammaticale informatie (o.a. de vrouwelijke vormen en meervoudsvormen) staan tussen vierkante haken.

⋆ Voorbeeldzinnen worden voorafgegaan door een sterretje.

I, **II** enz. Aanduidingen van grammaticale categorieën (woordsoorten als zelfstandig naamwoord, bijvoeglijk naamwoord, overgankelijk en onovergankelijk werkwoord enz.) worden voorafgegaan door vet gedrukte Romeinse cijfers.

~ Een tilde vervangt het trefwoord in voorbeeldzinnen en idiomatische uitdrukkingen.

/ Een schuine streep scheidt woorden die onderling verwisselbaar zijn.

≈ Dit teken geeft aan dat de vertaling een benadering is van het vertaalde woord, voorbeeld of idioom. Een exacte vertaling is in dat geval niet te geven.

↑ Dit teken geeft aan dat de vertaling formeler is dan het vertaalde woord of voorbeeld.

h̲ De h aspiré (aangeblazen h) wordt aangegeven d.m.v. een streepje.

Lijst van gebruikte afkortingen

AANW VNW	aanwijzend voornaamwoord
ADM.	administratie
AFK.	afkorting, verkorting
ASTRON.	astronomie
BELG.	België, Belgisch
BETR VNW	betrekkelijk voornaamwoord
BEZ VNW	bezittelijk voornaamwoord
BIJW	bijwoord, bijwoordelijke uitdrukking
BIOL.	biologie
BNW	bijvoeglijk naamwoord
BOUWK.	bouwkunde
CHEM.	chemie, scheikunde
COMP.	computer
CUL.	culinair
ECON.	economie, handel
e.d.	en dergelijk
EUF.	eufemisme
EV	enkelvoud
FIG.	figuurlijk, overdrachtelijk
FIL.	filosofie, wijsbegeerte
FORM.	formeel
FOT.	fotografie
FR.	Frankrijk, Frans
GEO.	geografie, aardrijkskunde
GESCH.	geschiedenis
HER.	heraldiek
HWW	hulpwerkwoord
ind.	indicatief, aantonende wijs
INF.	informeel
inf.	infinitief (vaak voorafgegaan door +)
INFORM.	informatica
IRON.	ironisch
JUR.	juridisch
KIND.	kindertaal
KWW	koppelwerkwoord
LANDB.	landbouw
LIT.	literair
LUCHTV.	luchtvaart
LW	lidwoord
m	mannelijk
M.B.T.	met betrekking tot
MED.	medisch
MIL.	militair
MUZ.	muziek
MV	meervoud
m/v	mannelijk/vrouwelijk
NAT.	natuurkunde
ONB TELW	onbepaald telwoord
ONB VNW	onbepaald voornaamwoord
ONP WW	onpersoonlijk werkwoord
ONR	onregelmatig
ONVER	onveranderlijk
ONV WW	onvervoegbaar werkwoord
ON WW	onovergankelijk werkwoord
OV WW	overgankelijk werkwoord
PEJ.	pejoratief, met ongunstige betekenis
PERS VNW	persoonlijk voornaamwoord
PLANTK.	plantkunde
POL.	politiek
PSYCH.	psychologie
qc	quelque chose
qn	quelqu'un
REL.	religie, godsdienst
SAMENTR.	samentrekking
SCHEEPV.	scheepvaart
SCHERTS.	schertsend
SP.	sport
subj.	subjunctief, aanvoegende wijs
TAALK.	taalkunde
TECHN.	techniek
TELW	telwoord
TV	televisie
TW	tussenwerpsel
TYP.	typografie
UITR VNW	uitroepend voornaamwoord
V	vrouwelijk
v.	van
v.d.	van de
v.h.	van het
VERO.	verouderd
VOLT. DEELW.	voltooid deelwoord
VOORV.	voorvoegsel
VR VNW	vragend voornaamwoord
VULG.	vulgair
VW	voegwoord
VZ	voorzetsel
WISK.	wiskunde
WKD VNW	wederkerend voornaamwoord
WKD WW	wederkerend werkwoord
WKG VNW	wederkerig voornaamwoord
WW	werkwoord
ZN	zelfstandig naamwoord
Z-N	Zuid-Nederlands
ZW.	Zwitserland, Zwiters

DEA AFK (diplôme d'études approfondies) *postdoctoraal diploma*

débardeur I m *slip-over* **II** m [v: **débardeuse**] *bootwerker; losser*

débarras (*zeg:* -rà) m • *rommelkamer; berghok* • FIG. INF. *opruiming; opluchting* ★ bon ~! *opgeruimd staat netjes!*

débarrasser I ov ww • *ontruimen; afruimen* • (~ **de**) *ontdoen van; afhelpen van* **II** WKD ww (**se** ~ **de**) *zich bevrijden van; zich ontdoen van; afkomen van*

débauchage m → **débaucher**

débaucher I ov ww • *op het slechte pad brengen* • *overhalen tot staken* • *arbeiders ontslaan* **II** WKD ww (**se** ~) *tot losbandigheid vervallen*

débit (*zeg:* -bie) m • *afzet; omzet(snelheid); debiet* • *debet(zijde, -nota)* • *gas-, water-, elektriciteitsverbruik in een bepaalde tijd; (doorstroom)capaciteit* • *wijze van spreken* • *(het) hakken, snijden enz.* ★ ~ de tabac *winkel voor rookartikelen* ★ VERO. ~ de vin *winkel voor drankwaren* ★ d'un ~ facile *gerede aftrek vindend; gemakkelijk pratend* ★ avoir le ~ facile *vlot spreken* ★ au ~ de qn *in iemands debet; op iemands rekening*

débiteur [v: **débitrice**] **I** m/v *schuldenaar* **II** BNW *verschuldigd; debet-*

débraillé I m *slordigheid* ⟨v. kleding⟩ **II** BNW • *slordig* ⟨v. kleren⟩ • *ongegeneerd*

décidé BNW *beslist; vastberaden; vastbesloten (***à** *[+ inf.] om)*

demi-fond m (onver.) *middellangeafstand(swedstrijd); stayerwedstrijd* ⟨bij wielrennen⟩

déplorer ov ww *betreuren (***que** *[+ subj.] dat)*

DEUG AFK (Diplôme d'études universitaires générales) *diploma na twee jaar universitaire studie* ⟨eerste fase⟩; ≈ *propedeuse*

---

vrouwelijke vorm tussen vierkante haken

uitspraakaanwijzing

vet gedrukte Romeinse cijfers geven het onderscheid tussen grammaticale categorieën (woordsoorten) aan

een tilde vervangt het trefwoord (langer dan 4 karakters) in een voorbeeldzin of idiomatische uitdrukking

een sterretje geeft een voorbeeldzin of idiomatische uitdrukking aan

m/v geeft aan dat het trefwoord zowel mannelijk als vrouwelijk is

verduidelijking van een vertaling tussen geknikte haken

bolletjes geven de verschillende betekenissen van een trefwoord aan

onveranderlijk: in het meervoud verandert het trefwoord niet van vorm

dit teken geeft aan dat de vertaling een benadering is van het Frans

A

a m *letter a* ★ prouver par a + b *duidelijk bewijzen* ★ ne savoir ni a ni b *zeer onontwikkeld zijn*
A. AFK (Altesse) *H.*
A AFK • (ampère) *ampère* • (autoroute) *autoweg*
à VZ *aan*; *bij*; *op*; *te*; *naar* ★ un verre à vin *een wijnglas* ★ une chambre à coucher *een slaapkamer* ★ le moulin à vent *de windmolen* ★ la chasse au lion *de leeuwenjacht* ★ à bicyclette *op de fiets* ★ à la nage *al zwemmend* ★ à la française *op zijn Frans* ★ marcher à reculons *achteruitlopen* ★ pêcher à la ligne *hengelen* ★ dessiner à la plume *met de pen tekenen* ★ déjeuner à vingt francs *voor 20 frank lunchen* ★ il a une canne à la main *hij heeft een wandelstok in de hand* ★ ce livre est à moi *dit boek is van mij* ★ il écrit à sa femme *hij schrijft (aan) zijn vrouw* ★ à midi *om twaalf uur* ★ à deux heures de Paris *twee uur rijden van Parijs* ★ je vais à Paris *ik ga naar Parijs* ★ il demeure à Rouen *hij woont in Rouen* ★ il habite à deux pas d'ici *hij woont hier vlak bij* ★ elle était assise à la fenêtre *zij zat bij het raam* ★ au feu! *brand!* ★ au secours! *help!* ★ au voleur! *houdt de dief!* ★ (vóór onbepaalde wijs:) il cherchait à s'échapper *hij probeerde te ontsnappen* ★ apprendre à lire *leren lezen* ★ difficile à traduire *moeilijk te vertalen* ★ vous êtes à plaindre *u bent te beklagen* ★ à vendre *te koop*
abaissement m • *verlaging* • *daling* ★ ~ des paupières *neerslaan van de ogen*
abaisser I OV WW • *verlagen* • *laten zakken*; *neerlaten* • *vernederen*; *kleineren* • *terugschakelen* ★ ~ une perpendiculaire *een loodlijn neerlaten* ★ ~ un store *een jaloezie laten zakken* **II** WKD WW (**s'**~) • *aflopen*; *dalen*; *zakken* • *zich verlagen*; *zich vernederen (***à** *tot, om)* ★ le terrain s'abaisse *het terrein loopt af*
abandon m • *(het) verlaten* • *(het) in de steek laten*; *verwaarlozing* • *overgave*; *(het) afstand doen* • *verlatenheid* • *ongedwongenheid* ★ à l'~ *onverzorgd*; *verwaarloosd* ★ l'~ d'un droit *het afstand doen van een recht* ★ il y avait beaucoup d'~s dans cette étape *in die etappe gaven er veel op*
abandonner I OV WW • *verlaten*; *afschrijven*; *in de steek laten* • *afzien van*; *overdragen* • *overleveren* ★ ~ qn *iem. afschrijven* ★ ~ ses enfants *zijn kinderen in de steek laten* ★ ~ le pouvoir *de macht overdragen* **II** ON WW *het opgeven* ★ j'abandonne *ik geef het op* **III** WKD WW (**s'**~) • *zich overgeven (***à** *aan)*; *zich laten gaan* • *zich ontspannen*
abaque m • *abacus*; *telraam* • *grafiek*
abasourdi BNW *verbijsterd*
abasourdir OV WW • *verbijsteren* • *verdoven*
abasourdissant BNW • *oorverdovend* • *verbijsterend*
abasourdissement m • *verdoving* • *verbijstering*; *stomme verbazing*
abâtardir I OV WW *doen ontaarden* **II** WKD WW (**s'**~) *degenereren*
abat-jour m (onver.) • *lampenkap* • *lichtopening* • *zonneklep*
abats m mv *slachtafval*; *orgaanvlees*
abat-son m [mv: **abat-sons**] *galmbord*; *klankbord* ‹in klokkentoren›
abattage m • *(het) vellen* ‹v. bomen›; *(het) hakken* ‹v. bomen› • *(het) slachten* ‹v. dieren› • *(het) winnen* ‹v. erts› ★ avoir de l'~ *levendig zijn*; *boeien* ★ vente à l'~ *opruiming*; *verramsjing*
abattant m *uitklapblad*
abattement m • *uitputting* • *moedeloosheid* • *aftrekpost*; *aftrek*; *vermindering*
abattis m mv • *afval van gevogelte* • INF. *poten*
abattoir m *slachthuis*
abattre I OV WW • *neerslaan*; *vellen*; *omhakken* • *doden*; *neerschieten* • *verzwakken* • *plat neerleggen* • *neerslachtig maken* • *verdrieten*; *vermoeien* ★ ~ un avion *een vliegtuig neerhalen* ★ OOK FIG. ~ son jeu *zijn kaarten op tafel leggen*; *kleur bekennen* ★ ~ de la besogne *keihard werken* **II** WKD WW (**s'**~) • *(neer)vallen* • (**s'**~ **sur**) *zich werpen op*
abattu I BNW • *verzwakt* • *ontmoedigd* • *neergelaten* • *verdrietig* ★ à bride ~e *spoorslags* **II** WW (volt. deelw.) → **abattre**
abat-vent m [mv: **abat-vent(s)**] *windscherm*
abat-voix m (onver.) *klankbord* ‹v. preekstoel›
abbatial BNW [m mv: **abbatiaux**] *tot abdij, abt of abdis behorend*
abbatiale v *abdij(kerk)*
abbaye (*zeg:* abeejie) v *abdij*
abbé m • *algemene titel voor geestelijke, eerwaarde* • *abt*
abbesse v *abdis*
abc m • *alfabet* • *grondbeginselen* ★ abc d'une science *grondbeginselen van een wetenschap*
abcès m *abces*; *ettergezwel* ★ crever l'~ *een eind maken aan de misstand*
abdication v → **abdiquer**
abdiquer OV WW • *neerleggen*; *afstand doen van* • *afzien van*; *(het) opgeven* ★ ~ le trône *afstand van de troon doen*
abdomen m • *onderbuik* • *achterlijf* ‹v. insecten›
abdominal BNW [m mv: **abdominaux**] *v.d. onderbuik*; *buik-*
abdominaux m mv • *buikspieren* • *buikspieroefeningen*
abécédaire m *abc-boekje*
abeille v *bij* ★ ~ ouvrière *werkbij*
aberrant BNW • *afwijkend* • *waanzinnig*; *absurd* ★ c'est ~ cette idée! *dat idee is waanzinnig!*
aberration v • *afdwaling* • *verdwazing*; *dwaasheid* • TECHN. *aberratie*; *afwijking v.h. licht* ★ ~ chromatique *chromatische afwijking*
aberrer ON WW *afdwalen*; *afwijken*
abêtir I OV WW *dom maken*; *afstompen* **II** WKD WW (**s'**~) *dom worden*
abêtissement m *afstomping*
abhorrer FORM. OV WW *verafschuwen*; *verfoeien*
abîme m • *afgrond*; *kloof* • *iets*

A

ondoorgrondelijks • *ondergang*; *verderf* ★ au bord de l'~ *aan de rand van de afgrond* ★ ~ de science *iem. die zeer veel weet*
abîmer I ov ww *bederven*; *vernietigen*; *kapotmaken* ★ bien abîmé INF. *flink toegetakeld* II WKD WW (**s'~**) • *bederven*; *vies worden* • (**s'~ dans**) *wegduiken in*; *verzinken in*
abject BNW *gemeen*; *laag*
abjection v *laagheid*; *gemeenheid*
abjuration v *afzwering*
abjurer ov ww *afzweren*
ablatif m *ablatief*; *zesde naamval*
ablation v *ablatie*; *(het) wegnemen*
able m *witvis*
ablution v • *ablutie*; *handwassing* • *rituele afwassing* ★ faire ses ~s *zich wassen*
abnégation v *zelfverloochening*; *zelfopoffering*
aboiement m *geblaf*; *geschreeuw*
abois m mv • *doodsnood* ‹v. opgejaagd dier› • *wanhopige situatie* ★ être aux ~ *ten einde raad zijn*
abolir ov ww *opheffen*; *afschaffen*
abolition v *opheffing*; *afschaffing*
abolitionniste I m/v *voorstander van de afschaffing (der slavernij)* II BNW *abolitionistisch*
abominable BNW *afschuwelijk*
abomination v • *afschuw* • *afschuwelijke daad* ★ avoir en ~ *een hekel hebben aan*
abominer ov ww *verafschuwen*
abondamment BIJW *overvloedig*
abondance v *overvloed*; *weelde*; *rijkdom (***de** *aan)* ★ en ~ *in overvloed* ★ corne d'~ *hoorn van overvloed* ★ les années d'~ *de vette jaren* ★ société d'~ *welvaartsstaat* ★ parler avec ~ *vlot spreken* ★ FORM. parler d'~ *voor de vuist spreken* ★ de l'~ du cœur la bouche parle *waar 't hart vol van is, loopt de mond van over*
abondant BNW • *overvloedig* • *rijk (***en** *aan)*
abonder ON WW • *overvloedig voorkomen*; *talrijk zijn* ★ il abonda dans mon sens *hij was het volstrekt met me eens*; *hij ging helemaal met me mee* • (~ **en**) *in overvloed hebben* ★ ce texte abonde en citations *deze tekst wemelt van de citaten*
abonné m [v: **abonnée**] *abonnee*
abonnement m *abonnement (***à** *op)*
abonner WKD WW (**s'~**) *zich abonneren (***à** *op)*
abord m *(be)nadering*; *toegang* ★ d'~ *eerst* ★ tout d'~ *aanvankelijk* ★ au premier ~ *allereerst*; *op het eerste gezicht* ★ de prime ~ *allereerst* ★ d'un ~ facile *gemakkelijk te benaderen*
abordable BNW • *toegankelijk* • *redelijk* • *niet duur* ★ prix ~ *schappelijke prijs*
abordage m • *aanvaring* • *(het) enteren*
aborder I ov ww • *aanvaren* • SCHEEPV. *enteren* • *bereiken* • *aanspreken* • *aansnijden* II ON WW *landen*
abords m mv *naaste omgeving* ★ aux ~ (de) *in de omtrek (van)*
aborigène I m *inlander* II BNW *inheems*
abortif I m *abortus opwekkend middel* II BNW [v: **abortive**] • *onvoldragen* • *vruchteloos* • *abortus opwekkend*
aboucher I ov ww • *verbinden*; *fitten* ★ ~ des tuyaux *buizen verbinden* • (~ **avec**) *in gesprek brengen met* II WKD WW (**s'~ avec**) *zich in verbinding stellen met* ‹met minder goede bedoelingen›
abouler ov ww ARG. • *dokken* • *geven* ★ aboule le fric! *kom op met de poen!*
aboulie v *willoosheid*; *besluiteloosheid*
aboulique BNW *willoos*
aboutir ON WW • *succes hebben* • (~ **à**) *uitkomen bij*; *uitlopen op* ★ le chemin aboutit à la mer *de weg komt uit bij de zee*
aboutissants m mv → **tenant**
aboutissement m *uitkomst*; *resultaat*
aboyer ON WW • *blaffen* • *schreeuwen*; *uitvaren (***à, après, contre** *tegen)*
aboyeur m *blaffer*; *keffer* ‹hond›
abracadabra m *abracadabra*
abracadabrant BNW *doldwaas*
abrasif I m *schuurmiddel* II BNW [v: **abrasive**] *schuur-*
abrasion v *(uit)schuring*
abrégé m *uittreksel* ★ en ~ *in 't kort*
abrégement m [**abrègement**] *verkorting*
abréger ov ww *verkorten*; *afkorten*
abreuver I ov ww • *laten drinken* ‹v. dier› • *overstelpen*; *(door)drenken (***de** *met)* II WKD WW (**s'~**) *overvloedig drinken*; *zijn dorst lessen* ‹v. dier›
abreuvoir m *drinkplaats*
abréviatif BNW [v: **abréviative**] *afkortings-*
abréviation v *afkorting*
abri m • *schuilkelder* • *abri*; *bushokje* • *schuilplaats*; *onderkomen* • *beschutting (***contre** *tegen)* ★ à l'abri de *beschut tegen* ★ à l'abri du besoin *zonder geldzorgen* ★ sans abri *dakloos* ★ mettre à l'abri de *beschermen tegen*
abribus (*zeg:* -buus) m *bushokje*; *overdekte bushalte*
abricot m *abrikoos*
abricotier m *abrikozenboom*
abriter I ov ww *beschutten*; *beschermen (***de** *tegen)*; *herbergen* II WKD WW (**s'~**) *schuilen (***de** *voor)*
abrogation v *intrekking*; *afschaffing* ‹v. wet enz.›
abroger ov ww *intrekken* ‹v. wet enz.›; *afschaffen* ‹v. wet enz.›
abrupt BNW • *steil* • *abrupt*; FIG. *bot*; *bruusk*
abruti [v: **abrutie**] I m *idioot* II BNW *suf*; *stompzinnig*; *idioot*
abrutir ov ww *versuffen*; *afstompen* ★ s'~ de travail *zich wezenloos werken*
abrutissant BNW *geestdodend*
abrutissement m *afstomping*
a.b.s. AFK (système antiblocage) *a.b.s.*; *antiblokkeersysteem*
abscisse v *abscis*
abscons BNW FORM. *moeilijk te begrijpen*; *duister*
absence v • *afwezigheid* • *gemis* • JUR. *(het) vermist worden* • MED. *absence* ★ ~ d'esprit *verstrooidheid* ★ briller par son ~ *schitteren door afwezigheid*
absent I m *afwezige* II BNW • *afwezig (***de** *bij, in, op)* • *vermist* • *verstrooid* ★ les ~s ont

toujours tort *de afwezigen hebben altijd ongelijk*
absentéisme m *absenteïsme; verzuim*
absenter WKD WW (**s'**~) *zich verwijderen; afwezig zijn*
abside v *absis*
absinthe v *absint*
absolu I m *(het) absolute* ★ dans l'~ *los van de realiteit* II BNW • *volstrekt; absoluut* • *gebiedend* • *onafhankelijk* ★ ton ~ *gebiedende toon*
absolument BIJW *absoluut; volstrekt*
absolution v • REL. *absolutie* • JUR. *ontslag van rechtsvervolging*
absolutiser OV WW *verabsoluteren*
absolutisme m *absolutisme*
absorbant BNW • *absorberend* • *opslorpend* • *aandacht vergend* ★ travail ~ *werk dat iemands volledige aandacht in beslag neemt*
absorber I OV WW • *absorberen; inzuigen; opslorpen;* FIG. *verslinden; tot zich nemen* • *in beslag nemen; bezighouden* ★ ~ l'attention *de aandacht in beslag nemen* II WKD WW (**s'**~ **dans**) *zich verdiepen in; opgaan in*
absorption v • *absorptie; opslorping; opname* ‹in het bloed› • *(het) opgaan in* ‹groep›
absoudre OV WW • JUR. *ontslaan van rechtsvervolging* • FORM. *vergeven*
absoute v *gebeden bij de lijkbaar na de lijkdienst*
abstenir WKD WW (**s'**~) • *zich onthouden (***de** *van)* • *niet stemmen*
abstention v *onthouding* ‹v. stemmen›
abstentionniste m/v *niet-stemmer*
abstinence v *onthouding*
abstraction v *abstractie; abstract begrip* ★ faire ~ de *buiten beschouwing laten* ★ ~ faite de *afgezien van*
abstraire I OV WW *abstraheren* II WKD WW (**s'**~) *zich geestelijk afzonderen; zich losmaken (***de** *van)*
abstrait BNW • *abstract* • *verstrooid; afgetrokken* • *diepzinnig* ★ nombre ~ *onbenoemd getal*
abstrus (*zeg:* apstruu) BNW FORM. *duister; ondoorgrondelijk*
absurde I m *(het) ongerijmde; (het) onzinnige* II BNW *ongerijmd; belachelijk; onzinnig; absurd*
absurdité v *onzin; ongerijmdheid*
abus m • *misbruik; overmatig gebruik* • *misstand; verkeerde gewoonte* ★ abus de confiance *misbruik van vertrouwen*
abuser I OV WW *bedriegen; misleiden* II ON WW *misbruik maken (***de** *van); te ver gaan; te veel vergen* ★ n'abusez pas des viandes! *gebruik niet te veel vlees!* ★ c'est abusé! *dat gaat te ver!; dat is te gek!* III WKD WW (**s'**~) *zich vergissen*
abusif BNW [v: **abusive**] *verkeerd; overmatig*
abyssal BNW [m mv: **abyssaux**] *diepzee-; zeer diep*
abysse m *(onderzeese) diepte; kloof*
A.C. AFK (appellation contrôlée) *gecontroleerde herkomstaanduiding* ‹v. wijn›
acabit (*zeg:* -bie) m *allooi; slag*
acacia m *acacia*
académicien m [v: **académicienne**] *lid van een academie* ‹vooral v.d. Académie française›
académie v • *academie* ‹geleerd genootschap› • *verzameling van onderwijsinstellingen* ★ Académie française *genootschap van letterkundigen* ★ ~ des beaux arts *academie voor schone kunsten* ★ ~ des inscriptions et belles lettres *academie voor historie en archeologie* ★ ~ des sciences morales et politiques *academie voor wijsbegeerte, politiek en recht* ★ ~ des sciences *academie voor wiskunde, natuurkunde, scheikunde* ★ officier d'~ *bezitter v.d. Franse ridderorde voor kunstenaars, geleerden of letterkundigen*
académique BNW • *academisch* ‹v. stijl› • *schools* ★ palmes ~s *ridderorde van een officier d'académie*
acajou I m • *mahoniehout* • *mahonieboom* II BNW (onver.) *mahoniekleurig*
acanthe v • *berenklauw* • VERO. *acanthusmotief; ornament*
acariâtre BNW *prikkelbaar; kregel; humeurig*
acarien m *(huis)mijt*
accablant BNW • *drukkend* • *overstelpend* ★ chaleur ~e *drukkende hitte* ★ chagrin ~ *onnoemelijk leed*
accablement m • *overstelping; overladenheid* • *uitputting; verslagenheid; neerslachtigheid*
accabler OV WW *overladen; verpletteren; overstelpen (***de** *met)*
accalmie v • *tijdelijke windstilte; tijdelijke rust* • *rust; (het) bedaren; kalmte; (het) zakken van koorts*
accaparement m *(het) opkopen van goederen om daardoor de markt te kunnen regelen*
accaparer OV WW • ECON. *opkopen; hamsteren* • PEJ. *inpalmen* ★ ~ l'attention *de aandacht vragen; de aandacht op zich vestigen*
accapareur m [v: **accapareuse**] *opkoper; hamsteraar*
accéder ON WW (~ **à**) *toegang hebben tot; inwilligen; bereiken* ★ accéder au pouvoir *aan de macht komen* ★ accéder au trône *de troon bestijgen*
accélérateur I m • *gaspedaal* • TECHN. *versneller* ★ donner un coup d'~ *gas geven;* FIG. *de zaak bespoedigen* II BNW [v: **accélératrice**] *versnellend*
accélération v *versnelling; bespoediging; acceleratie* ★ voie d'~ *invoegstrook*
accélérer I OV WW *versnellen; verhaasten* II ON WW *gas geven; optrekken* III WKD WW (**s'**~) *sneller worden* ★ cours accéléré *stoomcursus*
accent m • *accent; klemtoon; tongval* • *nadruk; uitspraakteken* • *toon; stembuiging* ★ ~ aigu [zoals in été] *accent aigu* ★ ~ circonflexe [zoals in fête] *accent circonflexe* ★ ~ grave [zoals in mère] *accent grave* ★ ~ tonique *klemtoon* ★ ~ picard *een Picardische tongval* ★ ~ de douleur *verdrietige toon* ★ ~ de joie *vrolijke toon* ★ mettre l'~ sur *de nadruk leggen op*
accentuation v *(het) leggen v.d. klemtoon; versterking; (het) doen uitkomen*
accentué BNW *beklemtoond; scherp*
accentuer I OV WW • *de klemtoon leggen op;*

A

benadrukken; accentueren • FIG. *scherper doen uitkomen* ★ des traits accentués *scherpe trekken* ★ **II** WKD WW (**s'**~) • *duidelijker worden* • *erger/groter worden*
acceptable BNW *aannemelijk; behoorlijk*
acceptation V • *aanneming* • *het accepteren v.e. wissel* • *toestemming*
accepter OV WW • *aannemen; accepteren* • *aanvaarden; erin berusten (***de** *om)* ★ ECON. ~ une lettre de change *een wissel accepteren*
acception V *betekenis* ★ sans ~ de personne *zonder aanzien des persoons*
accès M • *toegang (***à** *tot)* • *aanval* ‹v. ziekte›; *vlaag* ★ d'un ~ difficile *moeilijk benaderbaar; moeilijk te begrijpen* ★ ~ de colère *uitbarsting van woede* ★ par ~ *bij vlagen*
accessibilité V *toegankelijkheid*
accessible BNW • *toegankelijk (***à** *voor); begrijpelijk* • *gevoelig; ontvankelijk*
accession V • *(het) komen (***à** *tot)* • *toetreding; (het) verkrijgen*
accessit (*zeg:* -siet) M *eervolle vermelding*
accessoire I M *accessoire; bijzaak* ★ ~s *toebehoren; hulpstukken* ★ ~s de théâtre *toneelrekwisieten* **II** BNW *bijkomstig*
accessoirement BIJW • *als iets bijkomends* • *daarnaast*
accessoiriste M/V • *rekwisiteur* • *verkoper van autobenodigdheden*
accident M • *ongeluk* • *toeval* • *oneffenheid* • MUZ. *verplaatsingsteken* ★ par ~ *toevallig* ★ ~ de terrain *oneffenheid in het terrein*
accidenté I M [v: **accidentée**] *slachtoffer v.e. ongeluk* **II** BNW • *veelbewogen* • *heuvelachtig; oneffen* • *verongelukt*
accidentel BNW [v: **accidentelle**] • *noodlottig* • *toevallig* ★ mort ~le *dodelijk ongeval*
acclamation V *toejuiching* ★ par ~ *bij acclamatie*
acclamer OV WW • *toejuichen* • *bij acclamatie kiezen*
acclimatation V *acclimatisatie; (het) (doen) wennen aan klimaat/omgeving* ★ jardin d'~ *dieren- en plantentuin*
acclimatement M *acclimatisering*
acclimater I OV WW • *acclimatiseren; aan een omgeving doen wennen; aan een klimaat doen wennen* • FIG. *invoeren* **II** WKD WW (**s'**~) *acclimatiseren; wennen aan een nieuwe omgeving; inburgeren*
accointances V MV *relaties; connecties*
accolade V • *omhelzing* • TYP. *accolade*
accoler OV WW • *tegen elkaar plaatsen* • *met een accolade verbinden* • *opbinden*
accommodant BNW *inschikkelijk; coulant*
accommodation V *aanpassing; accommodatie*
accommodement M *vergelijk; compromis*
accommoder I OV WW • *aanpassen (***à** *aan)* • *bereiden* ★ ~ à toutes les sauces *over de hekel halen* **II** WKD WW • (**s'**~ **à**) *zich aanpassen aan* • (**s'**~ **de**) *zich tevreden stellen met; in iets berusten*
accompagnateur M [v: **accompagnatrice**] *begeleider*
accompagnement M • *toebehoren; garnituur* ‹groente e.d.› • MUZ. *begeleiding*
accompagner OV WW • *vergezellen* ‹ook muz.› • *begeleiden* ‹ook muzikaal› ★ bagages accompagnés *passagiersgoed* • (~ **de**) *vergezeld doen gaan van*
accompli BNW • *volmaakt; uitstekend* • *voorbij; afgelopen* ★ fait ~ *voldongen feit*
accomplir I OV WW *voltooien; vervullen; verwezenlijken; uitvoeren* **II** WKD WW (**s'**~) *in vervulling gaan*
accomplissement M *vervulling; voltooiing; verwezenlijking*
accord M • *overeenkomst; akkoord; overeenstemming* • MUZ. *akkoord; harmonie* • *goedkeuring* • *(het) stemmen* ‹v. instrument› ★ d'~ *goed; afgesproken* ★ d'un commun ~ *met algemene instemming; unaniem* ★ en ~ (avec) *in harmonie / overeenstemming (met)* ★ ~ à l'amiable *minnelijke schikking* ★ mettre d'~ *tot overeenstemming brengen* ★ se mettre d'~ (avec qn, sur qc, pour) *het eens worden (met iemand, over iets, om)* ★ tomber d'~ *het eens worden*
accord-cadre M [mv: **accords-cadres**] *raamovereenkomst*
accordéon M *trekharmonica* ★ porte en ~ *vouwdeur* ★ circulation en ~ *filevorming*
accorder I OV WW • *tot overeenstemming brengen (***avec** *met)* • *afstemmen (***à** *op)* • *toestaan; verlenen; toekennen (***à** *aan)* • *toegeven* • MUZ. *stemmen* • (~ **avec**) *doen overeenstemmen* ★ accorder l'adjectif avec le substantif *het bijvoeglijk naamwoord met het zelfstandig naamwoord doen overeenstemmen* **II** WKD WW (**s'**~) • *het met elkaar kunnen vinden; het eens worden; tot overeenstemming komen* • *zichzelf gunnen* ★ s'~ un moment de répit *zichzelf een moment rust gunnen* • (**s'**~ **avec**) *passen bij; zich richten naar* ★ l'adjectif s'accorde avec le substantif *het bijvoeglijk naamwoord richt zich naar het zelfstandig naamwoord*
accordeur M [v: **accordeuse**] *stemmer*
accore I M/V *schoor* **II** BNW FORM. *steil* ‹v. kust›
accort BNW *vriendelijk; innemend; aardig*
accostage M *(het) aanleggen* ‹v. schip›
accoster I OV WW • SCHEEPV. *aanleggen bij* • INF. *aanklampen; aanspreken* ★ ~ le quai *aanleggen bij de kade* **II** ON WW *aanleggen*
accotement M *berm* ★ ~s non stabilisés *zachte berm*
accoter I OV WW *stutten; steunen* **II** WKD WW (**s'**~ **à**) *steunen/leunen tegen*
accotoir M *stut; schoor; armleuning; hoofdsteun*
accouchée V *kraamvrouw*
accouchement M *bevalling* ★ ~ laborieux OOK FIG. *zware bevalling*
accoucher I OV WW *verlossen* ★ ~ une femme *een vrouw helpen bij de bevalling* **II** ON WW • *bevallen* ★ INF. tu accouches? *komt er nog wat van ?* • (~ **de**) *ter wereld brengen*
accoucheur M [v: **accoucheuse**] *verloskundige*
accouder WKD WW (**s'**~) *leunen op de elleboog*
accoudoir M *armleuning*
accouplement M • TECHN. *koppeling* • BIOL. *paring*
accoupler I OV WW • *koppelen;*

aaneenschakelen • BIOL. *doen paren* II WKD WW (**s'**~) *paren*
accourir ON WW *toesnellen*
accoutrement m *potsierlijke kledij*
accoutrer I OV WW *toetakelen* ‹v. kleding› **II** WKD WW (**s'**~) *zich opdirken*
accoutumance v • *gewoonte* • *gewenning (***à** *aan)*
accoutumé BNW *gebruikelijk* ★ à l'~e *gewoonlijk*
accoutumer I OV WW *gewennen*; *gewoon maken (***à** *aan, om)* **II** WKD WW (**s'**~) *wennen (***à** *aan, om)*
accréditer I OV WW • *krediet verschaffen* • *geloofwaardig maken*; *ingang doen vinden* • *accrediteren (***auprès de** *bij)*; *van geloofsbrieven voorzien* ★ ~ un bruit *een gerucht in omloop brengen* **II** WKD WW (**s'**~) *zich verspreiden*; *geloof vinden* ★ la nouvelle s'accrédite *het bericht vindt steeds meer geloof*
accro INF. m/v • *verslaafde (***à** *aan)* • *fervent liefhebber (***de** *van)*
accroc (*zeg:* akroo) m • *winkelhaak*; *scheur* • *moeilijkheid* • *smet* • *inbreuk (***à** *op)* ★ sans ~ *probleemloos*
accrochage m • *aanrijding* • *blikvanger* • INF. *schermutseling (***avec** *met;* **entre** *tussen)*; *ruzie* • TECHN. *(het) aanhaken* • *hapering*
accroche v *blikvanger* ‹publiciteit›
accroche-cœur m [mv: **accroche-coeurs**] *spuuglok*
accrocher I OV WW • *aanhaken*; *ophangen (***à** *aan)* • *ophalen* ‹v. kousen› • *verkrijgen* • *aanrijden* • *aanklampen* ★ ~ une voiture *een lichte aanrijding met een auto hebben* ★ ~ une place *een baan door list verkrijgen* ★ ~ l'attention *de aandacht trekken* ★ la voiture est bien accrochée à la route *de auto ligt vast op de weg* ★ INF. tu peux te l'~ *je kunt ernaar fluiten* **II** ON WW • *blijven steken*; *haperen* • INF. *succes hebben*; *goed zijn (***en** *in)* **III** WKD WW (**s'**~) • *zich vastklampen* • *blijven haken (***à** *aan)* • *doorzetten* • *in conflict komen (***avec** *met)* ★ FIG. s'~ à qn *iemand niet loslaten*
accrocheur I m [v: **accrocheuse**] *volhouder* **II** BNW [v: **accrocheuse**] • *vasthoudend* • *aandacht trekkend* ★ publicité accrocheuse *indringende reclame*
accroire OV WW ★ en faire ~ à qn *iem. iets wijs maken*
accroissement m *groei*; *vermeerdering*
accroître I OV WW *doen toenemen*; *vergroten* **II** ON WW (~ **à**) *toevallen aan* **III** WKD WW (**s'**~) *toenemen*
accroupir WKD WW (**s'**~) *hurken*
accroupissement m *(het) (neer)hurken*
accru WW → **accroître**
accrue v *aanwas* ‹v. land of bos›
accueil m • *ontvangst* • *receptie*; *balie* ★ centre d'~ *opvangcentrum* ★ faire (bon) ~ *(goed) ontvangen*
accueillant BNW • *vriendelijk*; *hartelijk* • *gastvrij*
accueillir OV WW • *ontvangen*; *aanvaarden* • *opnemen* ‹iets goed of slecht opnemen›
acculer OV WW • FIG. *in het nauw drijven* • *duwen*; *dwingen* • (~ **à**) *drijven tot*
acculturation v *acculturatie*; *aanpassing*
accumulateur m • *iem. die (geld) ophoopt* • *accu(mulator)*
accumulation v *opeenhoping*
accumuler I OV WW *opstapelen*; *verzamelen*; *sparen* **II** WKD WW (**s'**~) *zich opstapelen*
accusateur I m [v: **accusatrice**] *aanklager*; *beschuldiger* **II** BNW [v: **accusatrice**] *beschuldigend*
accusatif m *accusatief*; *vierde naamval*
accusation v *beschuldiging*; *aanklacht* ★ acte d'~ *akte van beschuldiging*
accusé m *beschuldigde*; *beklaagde* ★ ~ de réception *ontvangstbevestiging*
accuser OV WW • *beschuldigen*; *aanklagen*; *de schuld geven (***de** *van)* • *doen uitkomen*; *te zien geven* ★ ~ réception *de goede ontvangst berichten* ★ ~ ses péchés *zijn zonden opbiechten* ★ des traits accusés *scherpe trekken* ★ ~ le coup *een klap incasseren*; *zich aangeslagen tonen*
acerbe BNW *wrang*; *bitter*
acéré BNW OOK FIG. *scherp*
acétate m *acetaat*; *azijnzuurzout*
acétique BNW *azijnachtig*
acétone v *aceton*
acétylène m *acetyleen*
achalander OV WW *bevoorraden*; *van goederen voorzien* ★ un magasin bien achalandé *een winkel met veel klanten*; *een ruim gesorteerde winkel*
acharné BNW • *hardnekkig*; *verwoed*; *verbeten* • (~ **à**) *gebrand op*
acharnement m *hardnekkigheid*; *verbetenheid*
acharner WKD WW (**s'**~) • *hardnekkig volhouden*; *zich hartstochtelijk overgeven (***à** *aan)* • (**s'**~ **après, contre, sur**) *hardnekkig achtervolgen*; *op de huid zitten*
achat m • *inkoop*; *koop*; *aankoop* • *het gekochte voorwerp*
acheminement m *verzending*
acheminer I OV WW *verzenden*; *leiden* **II** WKD WW (**s'**~ **vers**) *zich begeven naar*
acheter OV WW • *kopen (***à** *van)* • *omkopen*
acheteur m [v: **acheteuse**] *(in)koper*
achevé BNW *volmaakt*; *onberispelijk*
achèvement m • *voltooiing* • *perfectie*
achever I OV WW • *voltooien*; *beëindigen* • *afmaken*; *doden*; *de genadeslag geven* ★ il achève de déjeuner *hij is bijna klaar met zijn lunch* **II** WKD WW (**s'**~) *ten einde lopen*; *eindigen (***par, sur** *met)*
achoppement m *hinderpaal* ★ pierre d'~ *struikelblok*
achopper WKD WW (**s'**~ **à, sur**) *struikelen over*; *stuiten op* ‹probleem›
achromatique BNW *achromatisch*
acide I m • CHEM. *zuur* • INF. *LSD* **II** BNW *zuur*; *wrang*; FIG. *bitter*
acidification v *verzuring*
acidifier I OV WW *zuur maken* **II** WKD WW (**s'**~) *zuur worden*
acidité v • *zuurheid*; *zuurgraad* • FIG. *bitterheid*
acidulé BNW *enigszins zuur*
aciduler OV WW *zuur maken*

A

acier m • *staal* • *staalindustrie* ★ ~ de forge *welstaal* ★ ~ fondu *gietstaal* ★ d'~ *stalen; onvermurwbaar* ★ un cœur d'~ *een onverzettelijk iemand* ★ bleu ~ *staalblauw*
aciérer OV WW *stalen*
aciérie v *staalfabriek*
acmé m FORM. *hoogtepunt; top*
acné v *acne*
acolyte m • *acoliet* • PEJ. *handlanger; trawant; helper*
acompte m • *aanbetaling* (**sur** *op*) • *voorproefje* ★ paiement par ~s *op afbetaling*
aconit (*zeg:* -niet) m PLANTK. *monnikskap*
acoquiner WKD WW (**s'~ avec**) *zich afgeven met*
Açores v mv *Azoren*
à-côté m • *bijkomstigheid* • *bijverdienste*
à-coup m *schok; ruk; stoot* ★ par ~s *bij vlagen*
acoustique I v • *akoestiek* • *geluidsleer* II BNW *wat betrekking heeft op het gehoor* ★ cornet ~ *gehoorapparaat* ★ nerf ~ *gehoorzenuw* ★ tuyau ~ *spreekbuis*
acquéreur m [v: **acquéresse**] *koper*
acquérir OV WW *verkrijgen; verwerven;* OOK FIG. *kopen* ★ un fait acquis *een uitgemaakte zaak* ★ acquis à *toegewijd; toegedaan aan* ★ il m'est (tout) acquis *hij is mij genegen* ★ bien mal acquis ne profite pas *gestolen goed gedijt niet*
acquiescement m • *toestemming* • *berusting*
acquiescer ON WW • *berusten* • (**~ à**) *toestemmen in* ★ acquiescer à un désir *een verlangen inwilligen*
acquis I m *verworven kennis; ervaring; verworvenheid* II WW (passé simple) → **acquérir**
acquisition v *aankoop; aanwinst; verwerving*
acquit m *kwitantie; kwijting* ★ pour ~ *voldaan (onder kwitantie)* ★ par ~ de conscience *om niet met zijn geweten in conflict te komen; voor alle zekerheid*
acquittement m • *betaling; vereffening* • *vrijspraak*
acquitter I OV WW • *betalen; kwijten* • *vrijspreken* II WKD WW (**s'~**) • *een schuld aflossen* • (**s'~ de**) *zich kwijten van; vervullen* ★ s'acquitter d'une mission *een missie vervullen*
âcre BNW *wrang; bitter; scherp;* FIG. *vinnig*
âcreté v FIG. *bitterheid; wrangheid*
acrimonie v *wrangheid;* FIG. *bitterheid*
acrimonieux BNW [v: **acrimonieuse**] *vinnig;* FIG. *bitter; bits*
acrobate m/v • *acrobaat* • PEJ. *handige jongen*
acrobatie (*zeg:* -sie) v • *koorddanserskunst; acrobatiek* • PEJ. *staaltje van behendigheid*
acrobatique BNW *acrobatisch*
acronyme m *letterwoord*
acrophobie v *hoogtevrees*
Acropole v *Acropolis*
acrostiche m *acrostichon; naamdicht*
acrylique I m *acryl* II BNW *acryl-; van acryl*
acte m • *daad; handeling* • JUR. *akte* • REL. *akte; oefening* • *bedrijf in een toneelstuk* ★ acte de foi *geloofsgetuigenis* ★ donner acte *een feit wettelijk constateren* ★ faire acte de présence *zich een ogenblik ergens vertonen* ★ faire acte d'héritier *optreden als erfgenaam* ★ passer aux actes *handelen* ★ prendre acte de *nota nemen van* ★ dont acte *waarvan akte* ★ les actes des Apôtres *de Handelingen der Apostelen*
acteur m [v: **actrice**] • *toneelspeler* • *dader* • *actor*
actif I m *bezit* ★ à son ~ *op zijn rekening; op zijn kerfstok; op zijn conto* II BNW [v: **active**] *werkzaam; actief; snelwerkend; ijverig* ★ TAALK. voix active *bedrijvende vorm* ★ un remède ~ *een snelwerkend middel*
actinium m *actinium; radioactief metaal*
action v • *handeling; daad* • *actie; gevecht* • *beweging* • *werking; inwerking; uitwerking* • *aandeel* • *gerechtelijke vervolging* (**contre** *tegen;* **en** *tot, wegens*) ★ en ~ *in actie; in werking* ★ sous l'~ de *onder invloed van; als gevolg van* ★ ~ d'un remède *uitwerking van een middel* ★ rayon d'~ *actieradius* ★ ~ de grâces *dankgebed* ★ ~ nominative *aandeel op naam* ★ ~ privilégiée *preferent aandeel* ★ ses ~s montent *zijn papieren stijgen*
actionnaire m/v *aandeelhouder*
actionnariat m *de aandeelhouders; aandeelhouderschap*
actionner OV WW • *in beweging brengen; drijven* • *in rechten aanspreken; gerechtelijk vervolgen*
activation v *activering*
activer I OV WW *versnellen; activeren; aanwakkeren* II WKD WW (**s'~**) • *voortmaken* • *druk bezig zijn*
activisme m *activisme*
activiste m/v *activist*
activité v • *werking* • *werkzaamheid; activiteit; bedrijvigheid* • *actieve dienst* ★ en pleine ~ *in volle gang*
actrice v → **acteur**
actuaire m/v *actuaris; wiskundig adviseur*
actualisation v *actualisering; verwezenlijking*
actualiser OV WW • *actueel maken; vernieuwen* • *verwezenlijken*
actualité v *actualiteit* ★ les ~s *nieuws; journaal* ★ ~s télévisées *tv-journaal* ★ d'~ *actueel*
actuel BNW [v: **actuelle**] • *actueel; tegenwoordig* • *werkelijk* ★ à l'heure ~le *tegenwoordig; momenteel* ★ service ~ *werkelijke dienst*
actuellement BIJW *thans; nu; tegenwoordig*
acuité v *scherpte; hevigheid* ★ ~ d'un son *scherpte van een geluid* ★ ~ d'une maladie *hevigheid van een ziekte*
acupuncteur m [**acuponcteur**] [v: **acupunctrice**] *acupuncturist*
acupuncture v [**acuponcture**] *acupunctuur*
acutangle BNW *scherphoekig*
A.D. AFK (anno Domini) *in het jaar des Heren; A.D.*
adage m *spreuk; spreekwoord; zegswijze*
adaptable BNW *aan te passen aan; aan te brengen aan*
adaptateur m • TECHN. *adapter* • *bewerker*
adaptation v • *bewerking* • *aanpassing*
adapter I OV WW • *bewerken* ‹v. literair werk of muziekstuk› • *aanpassen* (**à** *aan*) II WKD WW (**s'~**) • (**à**) *zich aanpassen* (**à** *aan*) • *passen*

(à bij, op)
additif I m • *aanvullend artikel* • *additief; toevoeging* **II** BNW [v: **additive**] *toegevoegd*
addition v • *optelling; toevoeging* • *rekening* ‹in restaurant of hotel›
additionnel BNW [v: **additionnelle**] *bijgevoegd; toegevoegd; extra* ★ centimes ~s *opcenten*
additionner OV WW *optellen (à bij); bijvoegen*
adducteur m • *adductor; samentrekkende spier* • *aanvoerkanaal*
adduction v *aanvoer*
adent m *zwaluwstaart* ‹houtverbinding›
adepte m/v • *adept; aanhanger* • *ingewijde* ‹in wetenschap›
adéquat BNW • *passend* • *synoniem; adequaat (à aan, met)*
adhérence v • *(het) aankleven; aanhechting; verbondenheid* • *adhesie* • MED. *vergroeiing* • *grip* ‹v. banden›; *wegligging*
adhérent I m [v: **adhérente**] *aanhanger; lid; volgeling* **II** BNW *vastgegroeid; verkleefd (à met)*
adhérer ON WW (~ **à**) *vergroeid zijn met; vastzitten aan; aanhangen; instemmen met; zich aansluiten bij*
adhésif BNW [v: **adhésive**] *klevend* ★ (pansement) ~ *hechtpleister* ★ ruban ~ *plakband*
adhésion v • *instemming; adhesie (à met)* • *aansluiting; toetreding (à tot)*
adieu I m ★ faire ses ~x à *afscheid nemen van* **II** TW *vaarwel; tot ziens*
à-Dieu-va TW *God zegene de greep!*
adipeux BNW [v: **adipeuse**] *vet(tig); vet-*
adjacent BNW *belendend; aangrenzend (à aan)* ★ WISK. angle ~ *aanliggende hoek*
adjectif I m *bijvoeglijk naamwoord; adjectief* **II** BNW [v: **adjective**] *bijvoeglijk*
adjoindre OV WW (~ **à**) *toevoegen (aan)*
adjoint I m *helper* ★ le maire et ses ~s *burgemeester en wethouders* **II** BNW *adjunct-*
adjonction v *toevoeging*
adjudant m *adjudant*
adjudicataire m/v *degene die de gunning krijgt* ‹m.b.t. openbare verkoop›
adjudication v • *gunning; aanbesteding* • *veiling* ★ ~ au rabais *bij afmijnen* ★ ~ à la surenchère *bij opbod* ★ ~ judiciaire *gerechtelijke verkoop*
adjuger I OV WW *gunnen; toewijzen; toekennen (à aan)* ★ adjugé! *verkocht!* ★ ~ un prix *een prijs toekennen* **II** WKD WW (**s'~**) *zich toe-eigenen*
adjuration v • *zeer dringend verzoek; smeekbede* • REL. *bezwering*
adjurer OV WW • REL. *bezweren* • *smeken*
adjuvant m • MED. *ondersteunend middel of hulpmiddel* • TECHN. *toegevoegde stof*
admettre OV WW • *toelaten (à tot); aannemen* • *erkennen; als waar aannemen* • *toestaan; dulden*
administrateur m [v: **administratrice**] • *administrateur* • *beheerder; bestuurder*
administratif BNW [v: **administrative**] *het bestuur of beheer betreffende* ★ tribunal ~ *raad van beroep*
administration v • *beheer; bestuur* • *overheid(sapparaat)* • *administratie* • *toediening* ★ conseil d'~ *bestuur; raad van bestuur; raad van beheer*
administrativement BIJW *langs administratieve weg*
administré m [v: **administrée**] *burger; ingezetene*
administrer OV WW • *besturen; beheren* • *toedienen (à aan);* ★ ~ des preuves *bewijzen leveren* ★ ~ une correction à qn *iemand een afstraffing geven* ★ ~ un remède à qn *iemand een medicijn laten innemen* ★ REL. ~ un malade *een zieke bedienen* ★ REL. ~ les sacrements *de sacramenten toedienen*
admirable BNW *bewonderenswaardig*
admirateur m [v: **admiratrice**] *bewonderaar*
admiratif BNW [v: **admirative**] *bewonderend*
admiration v *bewondering* ★ en ~ devant *vol bewondering voor*
admirer OV WW • *bewonderen* • *zich verwonderen over; eigenaardig vinden*
admissibilité v *toelaatbaarheid; aannemelijkheid*
admissible BNW *toelaatbaar; aannemelijk*
admission v • *toelating; (het) aannemen* • *inlaat* ‹v. motor›
admonestation v *vermaning; berisping*
admonester OV WW *streng vermanen; berispen*
admonition v *vermaning; berisping*
A.D.N. AFK (acide désoxyribonucléique) *DNA*
ado AFK (adolescent) INF. *tiener; jongere*
adolescence v *adolescentie; puberteit; groei naar volwassenheid*
adolescent I m [v: **adolescente**] *tiener; jongere* **II** BNW *tiener-*
adonis m *adonis; zeer knappe jongeman*
adonner WKD WW (**s'~ à**) *zich geheel overgeven aan; verslaafd raken aan*
adopter OV WW • *aannemen; adopteren* • *overnemen; aannemen* ★ ~ une loi *een wet goedkeuren; een wet aannemen* ★ ~ une opinion *een mening overnemen*
adoptif BNW [v: **adoptive**] • *aangenomen* • *die aanneemt* ★ fils ~ *aangenomen zoon* ★ parents ~s *adoptiefouders*
adoption v • *adoptie; (het) aannemen tot kind* • *overname; het invoeren* ★ patrie d'~ *tweede vaderland*
adorable BNW *aanbiddelijk; verrukkelijk*
adorateur m [v: **adoratrice**] *aanbidder; vereerder*
adoration v • *aanbidding* • *grote verering; vurige liefde*
adorer OV WW • *aanbidden* • *dol zijn op; zielsveel houden van* ★ ~ la musique *dol zijn op muziek*
adosser I OV WW (~ **à, contre**) *met de rug (achterkant) zetten tegen; bouwen tegen* **II** WKD WW (**s'~ à, contre**) *met de rug leunen tegen*
adoubement m *ridderslag*
adouber OV WW *tot ridder slaan*
adoucir OV WW • *verzachten* • FIG. *lenigen* • *polijsten* • *zoet maken* ★ ~ l'eau *water ontharden* ★ ~ la peine *het verdriet verzachten*

A

adoucissant I m *wasverzachter* II BNW *verzachtend*
adoucissement m • *verzachting; ontharding* • *leniging*
adoucisseur m *waterontharder*
adrénaline v *adrenaline*
adresse v • *adres* • *verzoekschrift* • *handigheid; slimheid* • *trefwoord* ★ à l'~ de l'étudiant *bedoeld voor de student*
adresser I OV WW • *adresseren; zenden (***à** *aan)* • *richten (***à** *tot)* • *verwijzen (***à** *naar)* ★ ~ la parole à qn *het woord tot iem. richten* II WKD WW (**s'**~ **à**) *zich wenden tot; zich richten tot*
Adriatique v *Adriatische Zee*
adroit BNW *geslepen; handig; slim*
adulateur [v: **adulatrice**] I m *vleier; hielenlikker* II BNW *kruiperig; vleierig*
adulation v *vleierij; ophemeling*
aduler OV WW *op lage wijze vleien; ophemelen*
adulte I m/v *volwassene* II BNW *volwassen*
adultère I m *overspel; echtbreuk* II m/v *echtbreker* III BNW *overspelig*
adultérin BNW • *overspelig* • *uit overspel geboren*
advenir ON WW *(toevallig) gebeuren* ★ advienne que pourra *er moge van komen wat er wil*
adventice BNW • PLANTK. *toevallig; adventief* • JUR. *bijkomend; bijkomstig*
adventiste m/v *adventist*
adverbe m *bijwoord*
adverbial BNW [m mv: **adverbiaux**] *bijwoordelijk*
adversaire m/v *tegenstander*
adversatif BNW [v: **adversative**] *tegenstellend*
adverse BNW *tegen-; vijandig* ★ avocat ~ *advocaat v.d. tegenpartij* ★ partie ~ *tegenpartij* ★ fortune ~ *tegenspoed*
adversité v *ongeluk; tegenspoed*
aède m *episch dichter* ‹bij de oude Grieken›
A.E.L.E. AFK (Association européenne de libre-échange) *EVA; Europese Vrijhandelszone*
aérage m *ventilatie; luchtverversing*
aérateur m *ventilator*
aération v *ventilatie; luchtverversing* ★ conduit d'~ *luchtkoker*
aéré BNW *geventileerd; luchtig; met ruimte; met gaten*
aérer I OV WW *luchten; ventileren* II WKD WW (**s'**~) *een luchtje scheppen*
aérien BNW [v: **aérienne**] • *uit lucht (gas) bestaande* • *lucht-; wat in de lucht geschiedt/ voorkomt* ★ poste ~ne *luchtpost* ★ couche ~ne *luchtlaag* ★ phénomène ~ *luchtverschijnsel* ★ défense ~ne *luchtafweer* ★ ligne ~ne *luchtlijn* ★ un corps ~ *gasvormig lichaam*
aérobic m *aerobics*
aérobie BNW BIOL. *aëroob*
aérodrome m *vliegveld*
aérodynamique I v *aërodynamica* II BNW *aërodynamisch; gestroomlijnd* ★ tunnel ~ *windtunnel*
aérogare v *stationsgebouw bij luchthaven; terminal*
aéroglisseur m *hovercraft*
aérogramme m *luchtpostblad*
aérolithe m *meteoorsteen*
aéromodélisme m *vliegtuigmodelbouw*
aéronaute m/v *ballonvaarder; luchtreiziger*
aéronautique I v *luchtvaartkunde* II BNW *luchtvaartkundig*
aéronaval BNW [m mv: **aéronavals**] *tot luchtmacht en marine behorend*
aéronavale v *marineluchtvaartdienst*
aérophagie v *aërofagie*
aéroplane VERO. m *vliegtuig*
aéroport m *vliegveld; luchthaven*
aéroporté BNW *luchtlandings-* ★ troupes ~es *luchtlandingstroepen*
aéropostal BNW [m mv: **aéropostaux**] *luchtpost-*
aérosol I m • *spray* • *spuitbus* II BNW *spuit-* ★ des bombes ~ *spuitbussen*
aérospatial BNW [m mv: **aérospatiaux**] *lucht- en ruimtevaart-*
aérospatiale v *luchtvaart; ruimtevaart*
aérostat m *luchtballon; luchtschip*
aérostatique I v *aërostatica* II BNW *aërostatisch*
aérotrain m *luchtkussentrein*
A.F. AFK • (allocations familiales) *kinderbijslag* • (Anciens Francs) *oude francs*
affabilité v *vriendelijkheid; voorkomendheid; minzaamheid*
affable BNW *vriendelijk; voorkomend; minzaam*
affabulation v • *intrige* • *verzinsel*
affadir I OV WW *flauw maken; smakeloos maken* II WKD WW (**s'**~) *verflauwen; verslappen*
affadissement m *verslapping; verflauwing*
affaiblir I OV WW *verzwakken* II WKD WW (**s'**~) *verzwakken*
affaiblissement m *verzwakking*
affaire I v • *zaak; aangelegenheid; affaire* • *rechtszaak; proces* • *voordelige transactie; koopje* ★ ~ d'État *staatszaak;* IRON. *hoogst gewichtige zaak* ★ ~ de goût *kwestie van smaak* ★ ~ d'honneur *duel; erezaak* ★ ~ de temps *kwestie van tijd* ★ avoir ~ à *te doen hebben met* ★ avoir ~ avec *zaken doen met* ★ tirer qn d'~ *iem. uit moeilijkheden helpen* ★ se tirer d'~ *zich ergens uit redden* ★ j'en fais mon ~ *ik belast mij ermee* ★ cela fait mon ~ *dat staat me aan; dat komt me goed van pas* ★ faire son ~ à qn *met iem. afrekenen; iem. doden* ★ hors d'~ *buiten gevaar* ★ la belle ~! *is dat nou alles?* ★ c'est toute une ~ *'t is niet gemakkelijk; 't is een hele drukte; 't is een heel karwei* II v mv • *zaken* • *belangen* • *spullen* ★ agent d'~s *zaakwaarnemer* ★ chiffre d'~s *omzet* ★ homme d'~s *zakenman; zaakwaarnemer* ★ les ~s étrangères *buitenlandse zaken* ★ être dans les ~s *in het zakenleven zitten* ★ se retirer des ~s *zich uit de zaken terugtrekken*
affairé BNW *druk*
affairement m *drukte*
affairer WKD WW (**s'**~) *druk zijn*
affairiste m/v *speculant; geldmaker*
affaissement m *verzakking;* OOK FIG. *inzinking*
affaisser I OV WW *doen verzakken* ★ être affaissé sous *gebukt gaan onder* II WKD WW (**s'**~) *ineenzakken; gebukt gaan onder*
affaitage m *(het) africhten*

A

affaler I OV WW *neerhalen* ‹v. (scheeps)touw› II WKD WW (**s'**~) • *aan lager wal geraken* ‹v. schip› • *zich laten vallen*
affamé BNW *uitgehongerd*; *hongerig* ★ ~ de gloire *eerzuchtig*
affamer OV WW *uithongeren*
affectation V • *gebruik*; *bestemming* • *aanstelling*; *benoeming* • *aanstellerigheid*; *gemaaktheid*
affecté BNW *gemaakt*; *voorgewend*; *overdreven*
affecter OV WW • *voorwenden*; *veinzen* • *aannemen* ‹v. vorm› • *ontroeren*; *treffen* • *veelvuldig gebruiken*; *voorliefde tonen voor* • *benoemen*; *aanstellen*; *indelen (**à** bij, in)* ★ son état m'a affecté *ik ben getroffen door zijn toestand* ★ ~ certaines expressions *bepaalde uitdrukkingen veelvuldig gebruiken* • (~ **à**) *bestemmen voor*
affectif BNW [v: **affective**] *affectief*; *gevoels-*
affection V • *genegenheid* • MED. *aandoening* ★ prendre en ~ *genegenheid opvatten voor*
affectionné BNW *toegenegen* ★ ton ~(e) *je toegenegene* ‹als slot v. brief›
affectionner OV WW *houden van*; *liefhebben*
affectivité V • *gevoeligheid* • *gevoelsleven*
affectueux BNW [v: **affectueuse**] *vriendelijk*; *toegenegen*
afférent BNW JUR. *toekomend (**à** aan)*; *betrekking hebbend (**à** op)* ★ la part ~e à l'héritier *het de erfgenaam toekomend deel*
affermage M *(het) (ver)pachten*
affermer OV WW *(ver)pachten*
affermir I OV WW *versterken*; *steviger maken* ★ ~ le pouvoir *de macht consolideren* II WKD WW (**s'**~) *steviger worden*
affermissement M *consolidatie*; *versterking*
afféterie V *aanstellerij*; *gemaaktheid*
affichage M • *(het) aanplakken van een aanplakbiljet* • *display*; *weergave op beeldscherm* ★ tableau d'~ *mededelingenbord* ★ SP. tableau d'~ électronique *elektronisch scorebord*
affiche V • *aanplakbiljet*; *poster* • *bezetting*; *cast* ★ ~ lumineuse *lichtreclame* ★ mettre à l'~ *gaan spelen*; *op de rol nemen* ★ tenir l'~ *op de rol blijven*; *lang gespeeld worden*
afficher I OV WW • *aanplakken* • *te koop lopen met*; *openlijk tonen* • *op een beeldscherm weergeven* II WKD WW (**s'**~) *zich opdringen*; *in de gaten willen lopen*; *zich alom vertonen (**avec** met)*
affichette V *klein aanplakbiljet*
afficheur M • *aanplakker* • *display*; *beeldscherm*
affichiste M/V *affichetekenaar*
affidé I M PEJ. *handlanger* II BNW *vertrouwd*
affilage M → **affiler**
affilé BNW *scherp* ★ avoir la langue bien ~e *niet op zijn mondje gevallen zijn* ★ d'~e *aan een stuk door*; *onafgebroken*
affiler OV WW *scherpen*; *slijpen*; *wetten*
affiliation V *lidmaatschap*; *toetreding (**à** tot)*
affilié M *lid*
affilier I OV WW *lid maken* II WKD WW (**s'**~ **à**) *lid worden van*; *zich aansluiten bij*
affiloir M *slijpsteen*; *aanzetstaal*; *aanzetriem*
affinage M *(het) zuiveren van metalen*
affiner OV WW *zuiveren*; *verfijnen*
affinité V *overeenkomst*; *verwantschap*; *affiniteit*
affirmatif BNW • *beslist* • *bevestigend* ★ ~! *jawel!*
affirmation V • *bevestiging*; *verzekering* • *bewering*
affirmative V *(het) bevestigen* ★ dans l'~ *zo ja ...* ★ répondre par l'~ *bevestigend antwoorden*
affirmer I OV WW • *verzekeren*; *bevestigen*; *beweren* • *duidelijk doen blijken* II WKD WW (**s'**~) • *bevestigd worden*; *duidelijk blijken* • *zich doen gelden*
affixe I M TAALK. *affix* II V WISK. *coördinaat*
affleurer I OV WW *waterpas maken* II ON WW OOK FIG. *aan de oppervlakte komen*
afflictif BNW [v: **afflictive**] *wat de lijfstraf betreft*
affliction V *grote droefheid*
affligé BNW • *getroffen (**de** door)* ‹kwaal of ziekte› • *bedroefd (**de** over)*
affligeant BNW *bedroevend*
affliger I OV WW • *bedroeven* • FORM. *kwellen*; *teisteren (**de** met)* ★ une épidémie affligea la ville *de stad werd geteisterd door een epidemie* II WKD WW (**s'**~) *bedroefd zijn (**de** over)*
affluence V *toeloop*; *toevloed* ★ heure d'~ *spitsuur*
affluent M *zijrivier*
affluer ON WW *stromen naar*; *toestromen*
afflux (*zeg:* afluu) M • *(het) toestromen* • *stroom* ★ ~ du sang *bloedaandrang*
affolant BNW • *verbijsterend* • *verschrikkelijk*; *radeloos makend*
affolé BNW *radeloos*; *in de war*
affolement M *radeloosheid*
affoler I OV WW *radeloos maken* II WKD WW (**s'**~) *gek worden van angst*; *doorslaan*
affouillement M *wegspoeling*; *ondermijning*
affouiller OV WW *wegspoelen*; *afbrokkelen* ‹door water, wind›; *ondermijnen*
affourrager OV WW *voe(de)ren*
affranchi I M [v: **affranchie**] • *vrijgelatene* • *vrijgevochten persoon* II BNW • *vrijgelaten* • *geëmancipeerd*
affranchir OV WW • *vrijlaten*; *bevrijden* • *vrijmaken*; *vrijstellen (**de** van)* • *frankeren* • INF. *inlichten* ★ ~ un esclave *een slaaf vrijlaten* ★ ~ une carte *vrijmaken van een kaart in het kaartspel* ★ ~ une propriété *vrijmaken van lasten*
affranchissement M • *vrijlating*; *bevrijding*; *(het) vrijmaken van lasten* • *frankering*
affres V MV *grote angst* ★ ~ de la mort *doodsangst*
affrètement M *(het) huren v.e. schip, vliegtuig*
affréter OV WW *huren* ‹v. schip, vliegtuig›; *charteren*
affréteur M *huurder* ‹v. schip, vliegtuig›; *charteraar*
affreux BNW [v: **affreuse**] *afschuwelijk*; *afstotelijk*
affriander OV WW FORM. *aantrekken*; *aanlokken* ‹door geur of smaak; ook fig.›
affriolant BNW *verleidelijk*
affront M *publieke belediging* ★ faire ~ à *te*

A

schande maken
affrontement m *confrontatie*
affronter I ov ww • *gelijkleggen* • *trotseren*; *tegemoettreden* II wkd ww (**s'**~) *in confrontatie met elkaar komen*; *botsen*; SP. *tegen elkaar uitkomen*
affubler ov ww *toetakelen*; *dwaas aankleden* (**de** *met*, *in*)
affût m • MIL. *affuit* • *schuilplaats van jagers om het wild te bespieden* ★ être à l'~ (de) *op de loer liggen*; *loeren (op)*
affûter ov ww *slijpen van gereedschappen*
afghan I m *het Afghaans* II BNW [v: **afghane**] *Afghaans*
Afghan m [v: **Afghane**] *Afghaan*
afin vw ★ afin de *om te* ★ afin que [+ subj.] *opdat*
AFP AFK (Agence France-Presse) *Frans persbureau*
africain I m *(het) Afrikaans* II BNW [v: **africaine**] *Afrikaans*
Africain m [v: **Africaine**] *Afrikaan*
africaniste m/v *Afrikakenner*
afrikaner BNW *(Zuid-)Afrikaans*
Afrikaner m *(Zuid-)Afrikaan*
Afrique v *Afrika* ★ l'~ du Sud *Zuid-Afrika*
afro BNW *afro-*; *Afrikaans*
afro- VOORV *Afrikaans*
after-shave I m (onver.) *aftershave* II BNW *aftershave-*
AG AFK (assemblée générale) *Algemene Vergadering*
agaçant BNW *hinderlijk*; *ergerlijk*; *lastig*
agacement m *ergernis*
agacer ov ww *irriteren*; *tergen*
agacerie v *(uitdagende) koketterie*
agape(s) v *agape*; *liefdesmaal*; *feestmaal*
agate v *agaat*
âge m • *leeftijd*; *ouderdom* • *tijdperk*; *eeuw* ★ quel âge avez-vous? *hoe oud bent u?* ★ être entre deux âges *van middelbare leeftijd zijn* ★ d'un certain âge *niet zo jong meer* ★ être d'âge à *oud genoeg zijn om te* ★ être sur l'âge *op leeftijd zijn* ★ le troisième âge *65-plussers*; *ouderdom* ★ vieux avant l'âge *vroeg oud* ★ j'ai passé l'âge de *ik ben te oud om* ★ il ne fait/paraît pas son âge *hij lijkt jonger dan hij is* ★ l'âge de raison *de jaren des onderscheids* ★ l'âge ingrat *puberteit* ★ le Moyen Age *de Middeleeuwen* ★ l'âge de la pierre *het stenen tijdperk* ★ l'âge d'or *de gouden eeuw*
âgé BNW *oud* ★ il est âgé de 20 ans *hij is 20 jaar (oud)*
agence v • *agentschap*; *agentuur* • *kantoor* ★ ~ de voyages *reisbureau* ★ ~ immobilière *makelaarskantoor* ★ Agence nationale pour l'emploi *arbeidsbureau*
agencement m • *rangschikking*; *groepering* • *inrichting* ★ ~ des phrases *kunstige zinsbouw*
agencer ov ww *rangschikken*; *groeperen*
agenda (*zeg:* azjè(n)da) m *agenda*; *aantekenboekje* ★ ~ électronique *notebook*
agenouillement m *(het) knielen*
agenouiller WKD WW (**s'**~) • *knielen* • FIG. *(zich) buigen* (**devant** *voor*)
agenouilloir m *knielbankje*
agent m • *agent*; *beambte* • *agens*; *werkende kracht* ★ ~ d'affaires *zaakgelastigde* ★ ~ de change *makelaar in effecten* ★ ~ de conduite *(trein)bestuurder* ★ ~ immobilier *makelaar* ★ ~ de liaison *verbindingsofficier* ★ ~ de maîtrise *rang van lager leidinggevend personeel* ★ ~ de police *politieagent* ★ ~ provocateur *agent-provocateur*
agglomérat m *agglomeraat*
agglomération v • *opeenhoping* • *bebouwde kom*; *agglomeratie*; *grote stad met voorsteden*
aggloméré m • *briket* • *kunststeen* • *spaanplaat*
agglomérer ov ww *opeenhopen*; *verzamelen* ★ bois aggloméré *spaanplaat*
agglutinant I m *kleefmiddel*; *hechtmiddel* II BNW • BIOL. *klevend* • TAALK. *agglutinerend*
agglutination v *(het) kleven*
agglutiner I ov ww *agglutineren*; *vastplakken* ★ ~ une plaie *een wond hechten* II WKD WW (**s'**~) • *plakken*; *klonteren* • *samendrommen*
aggravant BNW *verzwarend* ★ JUR. circonstances ~es *verzwarende omstandigheden*
aggravation v *verzwaring*; *verergering*
aggraver I ov ww *verzwaren*; *verergeren* II WKD WW (**s'**~) *erger worden*
agile BNW *behendig*; *vlug*; *lenig*
agilité v *behendigheid*; *vlugheid*; *lenigheid*
agio I m *agio*; *opgeld* II m mv *kosten bij geldtransacties*
agiotage m *agiotage*; *beursspel*
agioteur m [v: **agioteuse**] *agioteur*; *speculant in effecten*
agir ON WW • *handelen* • *(in)werken*; *uitwerking hebben*; *invloed uitoefenen* (**sur** *op)* ★ agir en *handelen als* ★ il s'agit de *het gaat om*; *er is sprake van* ★ il s'agit de savoir si *het is de vraag of* ★ mal agir envers qn *iemand slecht bejegenen*
agissant BNW *duidelijk merkbaar*; *werkzaam*
agissements m mv *manipulaties*
agitateur I m • *roerstaafje* • *mengtrommel* II m [v: **agitatrice**] *opruier*
agitation v • *onstuimigheid* • *onrust*; *zenuwachtigheid*; *gejaagdheid*; *agitatie*
agité BNW *gejaagd*; *onrustig*; *zenuwachtig* ★ la mer est ~e ce soir *de zee is vanavond onstuimig*
agiter I ov ww • *roeren*; *bewegen*; *schudden* • *verontrusten*; *zenuwachtig maken*; *opzwepen* • *bespreken* ★ ~ une question *een kwestie bespreken* II WKD WW (**s'**~) • *heen en weer schuiven*; *roerig worden* • PEJ. *zich druk maken* • *druk in de weer zijn* ★ s'~ comme un (beau) diable *hevig tekeergaan*
agneau m [mv: **agneaux**] • *lam* • *lamsvlees*
agneler ON WW *lammeren*
agnelet m *lammetje*
agnelle v *(jonge) ooi*
agnosticisme m FIG. *agnosticisme*
agnostique I m/v *agnosticus* II BNW *agnostisch*
agonie v • *doodsstrijd* • *(het) naderend einde* ★ être à l'~ *op sterven liggen*
agonir ov ww FORM. *uitschelden*
agonisant I m *stervende* II BNW • *die uitdooft*

‹fig.› • *stervend*
agoniser ON WW • *in verval raken* • *op sterven liggen*
agoraphobie v *ruimtevrees*; *agorafobie*; *pleinvrees*
agrafe v • *haak die in een oog grijpt* ‹sluiting v. kleren› • *gesp* • *nietje* • *kram*
agrafer OV WW • *vasthaken*; *dichthaken*; *(vast)nieten*; *hechten* • INF. *vastpakken*
agrafeur BNW ★ pistolet ~ *nietpistool*
agrafeuse v *nietmachine*
agraire BNW *agrarisch*; *landbouw-* ★ réforme ~ *landhervorming*
agrandir OV WW *vergroten* ★ ~ l'âme *de ziel veredelen*
agrandissement m *vergroting*; *uitbreiding*
agrandisseur m FOT. *vergrotingstoestel*
agrarien BNW [v: **agrarienne**] *agrarisch*; *boeren-*
agréable BNW • *aangenaam*; *fijn* • *vriendelijk*; *innemend*
agréé I m VERO. *advocaat en procureur bij een handelsrechtbank* **II** BNW *officieel erkend*
agréer I OV WW *aanvaarden*; *goedkeuren*; *aannemen* ★ agréez, Monsieur, mes sentiments dévoués *hoogachtend* ‹in brief› **II** ON WW *bevallen*; *behagen* (**à** *aan)*
agrég AFK INF. → **agrégation**
agrégat m • *ophoping*; *klomp* • *aggregaat*
agrégation v • *samenvoeging* • *examen voor agrégé*
agrégé m [v: **agrégée**] *iem. die bevoegd is voor middelbaar en hoger onderwijs*
agréger I OV WW • *samenvoegen* • *als lid toelaten* **II** WKD WW (**s'**~) • *toetreden* • *zich samenvoegen*
agrément m • *toestemming* • *vermaak*; *aardigheid*; *genoegen* ★ jardin d'~ *siertuin* ★ voyage d'~ *plezierreis*
agrémenter OV WW *versieren*
agrès m mv • *tuigage, want* ‹v. schip› • *gymnastiektoestellen*
agresser OV WW *aanvallen*; *agressief lastig vallen*
agresseur m *aanvaller*; *aanrander*
agressif BNW [v: **agressive**] *agressief*; *aanvallend*; *hatelijk*
agression v *aanval*; *agressie*; *aanranding*; *aantasting*
agressivité v *agressiviteit*
agreste BNW FORM. *landelijk*; *rustiek*
agri- VOORV *landbouw-*
agricole BNW *landbouw-*; *agrarisch* ★ ingénieur ~ *landbouwingenieur* ★ produit ~ *landbouwproduct*
agriculteur m *landbouwer*; *agrariër*
agriculture v *landbouw*
agripper I OV WW *(gretig) grijpen* **II** WKD WW (**s'**~ **à**) *zich vastgrijpen aan*
agro- VOORV *agro-*; *landbouw-*
agroalimentaire I m *levensmiddelentechnologie*; *voedingsmiddelensector* **II** BNW *voedingsmiddelen-*; *v.d. levensmiddelentechnologie* ★ l'~ *de voedingsmiddelensector*
agronome m *landbouwkundige* ★ ingénieur ~ *landbouwingenieur*
agronomie v *landbouwkunde*
agronomique BNW *landbouwkundig*
agrumes m mv *citrusvruchten*
aguerrir OV WW *scholen voor de krijgsdienst*; FIG. *harden (***à**, **contre** *tegen)*
aguets m mv *(het) loeren*; *(het) bespieden* ★ être aux ~ *op de loer liggen* ★ se tenir aux ~ *op de loer liggen*
aguichant BNW *uitdagend*
aguicher OV WW *prikkelen*; *uitdagen*; *lokken*
aguicheur I m [v: **aguicheuse**] *verleider* **II** BNW [v: **aguicheuse**] *uitdagend*; *verleidelijk*
ah TW • *ha!* • *ach!* • *o!*
ahuri BNW *verbluft*; *verbijsterd*
ahurir OV WW *verbluffen*; *verbijsteren*
ahurissant BNW *verbijsterend*
ahurissement m *stomme verbazing*; *verbijstering*
ai WW (présent) → **avoir**
aï m *ai*; *luiaard*
aide I v *hulp* ★ à l'aide de *met behulp van* ★ à l'aide! *help!* ★ venir en aide à qn *iem. te hulp komen* **II** m/v *helper* ★ aide familiale *gezinshulp* ★ aide soignant(e) *ziekenverzorg(st)er* ★ MIL. aide de camp *adjudant*
aide-conducteur m [mv: **aides-conducteurs**] *bijrijder*
aide-cuisinier m [mv: **aides-cuisiniers**] *hulpkok*
aide-maçon m [mv: **aides-maçons**] *opperman*
aide-mémoire m (onver.) *dun boekje met de belangrijkste gegevens*; *uittreksel*
aider I OV WW *helpen (***à** *om)* ★ ~ de sa bourse *bijstaan met geld* ★ Dieu aidant *met Gods hulp* **II** ON WW (~ **à**) *bijdragen tot* **III** WKD WW (**s'**~ **de**) *zich bedienen van*
aie WW (geb. wijs) → **avoir**
aïe TW *au!*; *oei!*
aient WW (subj. présent) → **avoir**
aies WW (subj. présent) → **avoir**
aïeul m [v: **aïeule**] *grootvader*; *grootmoeder* ★ les aïeux *de voorouders*
aigle I m • *arend* • INF. *hoogvlieger*; *geniaal mens*; *kei* ★ ce n'est pas un ~ *dat is geen licht* **II** v • *wijfjesarend* • *adelaar* ‹vaandel, embleem›
aiglefin m *schelvis*
aiglon m [v: **aiglonne**] *adelaarsjong*
aigre BNW • *zuur* • *schel*; *bits* ★ tourner à l'~ *zuur, vinnig worden*
aigre-doux BNW [v: **aigre-douce**] *zuurzoet*
aigrefin m *oplichter*
aigrelet BNW [v: **aigrelette**] *een beetje zuur*
aigrement BIJW *scherp*; *bits*
aigrette v • *zilverreiger* • *bos reigerveren* • *pluim* ‹v. helm›
aigreur v • *zuurheid* • *bitsheid* ★ des ~s (d'estomac) *maagzuur*
aigrir I OV WW • *zuur maken* • *verbitteren* **II** ON WW *zuur worden*
aigu BNW [v: **aiguë**] • *scherp* • *hevig* ★ WISK. angle aigu *scherpe hoek* ★ accent aigu (') *accent aigu* ★ douleur aiguë *hevige pijn* ★ maladie aiguë *acute ziekte*

A

aigue-marine m [mv: **aigues-marines**] *aquamarijn*
aiguillage m • *(het) verzetten v. wissels* • *wissel* • FIG. *oriëntatie*; *leiding in een richting* ★ faute d'~ *misleiding*; *vergissing*
aiguille (*zeg:* egwiej) v • *naald* ‹ook v. naaldboom›; *wijzer* • *spits* ‹v. toren, berg› • *spoorwegwissel* ★ ~ à injection *injectienaald* ★ ~ à tricoter *breinaald* ★ ~ à repriser *stopnaald* ★ ~ aimantée *kompasnaald* ★ enfiler l'~ *de draad in de naald steken* ★ chercher une ~ dans une botte de foin *een speld in een hooiberg zoeken*
aiguiller (*zeg:* egwiejee) ov ww • *een trein op een ander spoor brengen* • FIG. *richten*; *leiden*
aiguillette (*zeg:* -gw-) v • *tres* • *soort rundvlees* • *plakje eendenvlees* • *rijgveter*
aiguilleur (*zeg:* -gw-) m *wisselwachter* ★ ~ du ciel *luchtverkeersleider*
aiguillon (*zeg:* -gw-) m • *prikstok om ossen aan te zetten* • *angel* • OOK FIG. *prikkel*
aiguillonner (*zeg:* -gw-) ov ww • *prikken met de prikstok* • *aansporen*; *stimuleren*
aiguisage m [**aiguisement**] *(het) slijpen*; *(het) scherpen*
aiguiser ov ww • *slijpen* • *scherpen* ‹ook fig.› ★ ~ l'appétit *de eetlust opwekken*
aiguiseur m [v: **aiguiseuse**] *slijper*
aiguisoir m *aanzetstaal*
ail (*zeg:* aj) m *knoflook* ★ une gousse d'ail *een teentje knoflook*
aile v • *vleugel* • *molenwiek* • *neusvleugel* • *spatbord van auto* • *schoep* ★ battre des ailes *klapwieken* ★ battre de l'aile *vleugellam zijn*; *in verlegenheid zitten* ★ il ne bat plus que d'une aile *hij is zijn grootste invloed kwijt* ★ rogner les ailes *kortwieken* ★ voler de ses propres ailes *op eigen wieken drijven*
ailé BNW *gevleugeld*
aileron m • *vleugeluiteinde* • *vin van sommige vissen* • LUCHTV. *rolroer*
ailette v • *vleugeltje*; *vinnetje* • *schoep* • *koelrib*
ailier m SP. *vleugelspeler*
aille ww (subj. présent) → **aller**
aillent ww (subj. présent) → **aller**
ailler ov ww *met knoflook insmeren*
ailles ww (subj. présent) → **aller**
ailleurs BIJW *elders* ★ d'~ *overigens*; *bovendien*; *trouwens* ★ par ~ *overigens*; *anderzijds* ★ nulle part ~ *nergens anders*
ailloli m *knoflookmayonaise*
aimable BNW *beminnelijk*; *vriendelijk*
aimant I m OOK FIG. *magneet* II BNW *liefhebbend*
aimantation v *magnetisering*
aimanter ov ww *magnetisch maken* ★ aiguille aimantée *magneetnaald*; *kompasnaald*
aimer ov ww *beminnen*; *houden van* ★ ~ (à) jouer *graag spelen* ★ ~ mieux *prefereren* ★ j'aime mieux jouer que d'étudier *ik speel liever dan dat ik studeer* ★ quand on aime on ne compte pas *liefde maakt blind*
aine v *lies*
aîné I m [v: **aînée**] *oudste* ★ je suis son aîné (de trois ans) *ik ben (drie jaar) ouder dan hij* II BNW *oudste*; *ouder*
aînesse v ★ droit d'~ *eerstgeboorterecht*
ainsi BIJW • *zo*; *aldus* • *eveneens* • *bijgevolg* ★ ~ soit-il *amen* ★ ~ que *evenals*; *zoals* ★ pour ~ dire *om zo te zeggen*; *zogezegd, in zekere zin* ★ s'il en est ~ *als het er zo mee staat*
aïoli m → **ailloli**
air m • *lucht*; *wind* • *luchtvaart* • *uiterlijk*; *voorkomen* • *lied*; *wijs* ★ air conditionné *airconditioning* ★ en plein air *in de openlucht* ★ au grand air *in de openlucht* ★ il y a de l'orage dans l'air *er is onweer op til* ★ prendre l'air *een luchtje scheppen* ★ changer d'air *er (even) tussenuit gaan* ★ être libre comme l'air *zo vrij zijn als een vogeltje in de lucht* ★ c'est dans l'air (du temps) *dat hangt in de lucht* ★ vivre de l'air du temps *van de wind leven* ★ ils ont un air de famille *zij lijken op elkaar* ★ avoir l'air de *lijken*; *schijnen*; *eruitzien* ★ avoir un faux air de *enigszins lijken op* ★ une tête en l'air *een verstrooid iemand* ★ contes en l'air *verzinsels* ★ promesse en l'air *lichtzinnige belofte* ★ sans avoir l'air de rien *alsof het niets is*; *doodgemoedereerd* ★ il a l'air content *hij ziet er tevreden uit* ★ prendre des airs *voornaam doen*; *deftig doen* ★ il ne manque pas d'air *hij heeft lef*; *hij is hondsbrutaal* ★ bâtir en l'air *luchtkastelen bouwen* ★ INF. foutre en l'air *wegsmijten*; *verpesten*
airain m • *brons* • *klok* ★ âge d'~ *bronzen tijdperk* ★ cœur d'~ *een hart van steen*
airbag m *airbag*
aire v • *streek*; *gebied*; *terrein* • WISK. *oppervlak* • *horst* ‹nest v. roofvogel› • GESCH. *dorsvloer* ★ aire (de repos) *parkeerplaats* ‹langs snelweg›; *pleisterplaats* ★ aire de hautes pressions *gebied van hoge luchtdruk* ★ aire naturelle *boerencamping*
airelle v *bosbes*
aisance v • *gemak* • *welstand* ★ lieux/cabinets d'~s *gemak*; *wc*
aise I v • FORM. *vreugde*; *tevredenheid* • *gemak* ★ à l'aise *op zijn gemak*; *vlotweg*; *makkelijk* ★ mal à l'aise *niet op zijn gemak* ★ à son aise *op zijn gemak*; *welgesteld* ★ à votre aise *geneer u maar niet!* ★ aimer ses aises *van een gemakkelijk leventje houden* ★ prendre ses aises *het er goed van nemen*; *zich niet generen* ★ en prendre à son aise (avec) *zich niet druk maken (om)* ★ vous en parlez à votre aise *u hebt mooi praten* II BNW FORM. *blij*; *tevreden* ★ être bien aise *blij zijn*
aisé BNW • *gemakkelijk* • *bemiddeld*; *welgesteld*
aisselle v *oksel*
ait ww (subj. présent) → **avoir**
Aix-la-Chapelle v *Aken*
A.J. AFK (auberge de la jeunesse) *jeugdherberg*
ajonc m *steekbrem*; *gaspeldoorn*
ajouré BNW *ajour*; *opengewerkt*
ajourer ov ww *van openingen voorzien*
ajournement m • *dagvaarding* • *uitstel*
ajourner ov ww • *uitstellen*; *verdagen* (**à** *tot*) • JUR. *dagvaarden* ★ ~ d'une semaine *een week uitstellen*
ajout m *toevoegsel*
ajouter I ov ww *toevoegen* (**à** *aan*) ★ ~ foi à *geloof hechten aan* II on ww (~ **à**) *vergroten*; *vermeerderen*; *iets toevoegen aan* III WKD WW

(s'~) *er nog bij komen* **(à** *bij)*
ajustage m *(het) pasklaar maken; (het) monteren*
ajustement m *aanpassing; instelling; (het) pasklaar maken*
ajuster OV WW • *zuiver stellen; in orde brengen* • *vastmaken; aanbrengen* • *passend maken; aanpassen* **(à** *aan)* • *richten* ‹schot›; *mikken op* ★ ~ une balance *een weegschaal instellen* ★ vêtement ajusté *nauwsluitend kledingstuk*
ajusteur m *bankwerker; monteur*
ajusteur-mécanicien m [mv: **ajusteurs-mécaniciens**] *machinebankwerker*
akvavit m [**aquavit**] *aquavit*
alacrité v FORM. *opgewektheid; vrolijkheid*
alaise v *steeklaken; bedzeiltje*
alambic m *distilleerkolf*
alambiqué BNW *gecompliceerd; gekunsteld*
alanguir I OV WW *doen kwijnen* II WKD WW **(s'~)** *kwijnen*
alanguissement m *kwijning; lusteloosheid*
alarmant BNW *verontrustend*
alarme v • *alarm* • *schrik* ★ donner l'~ *alarm slaan* ★ sonner l'~ *alarm blazen* ★ une chaude ~ *een grote ontsteltenis*
alarmer I OV WW • *verontrusten; alarmeren* • *alarm slaan* II WKD WW **(s'~)** *zich ongerust maken*
alarmiste m/v *onruststoker*
albanais I m *(het) Albanees* II BNW [v: **albanaise**] *Albanees*
Albanais m [v: **Albanaise**] *Albanees*
Albanie v *Albanië*
albâtre m *albast*
albatros *(zeg:* -tros) m *albatros*
albinos *(zeg:* -nos) I m/v *albino* II BNW *albino*
album *(zeg:* -bom) m *album; prentenboek*
albumen *(zeg:* -mèn) m *eiwit*
albumine v *albumine; eiwitstof*
alcali m *base; alkali; ammonia* ★ ~ volatil *ammoniak*
alcalin BNW *alkalisch*
alchimie v *alchemie*
alchimique BNW *alchemistisch*
alchimiste m *alchemist*
alcool m *alcohol; spiritus* ★ ~ absolu *zuivere alcohol* ★ ~ à brûler *brandspiritus*
alcoolémie v *alcoholgehalte* ‹in het bloed›; *promillage*
alcoolique I m/v *dronkaard* II BNW • *alcoholisch* • *drankzuchtig*
alcooliser OV WW *alcoholisch maken*
alcoolisme m *alcoholisme; drankzucht*
alcoolo m/v INF. *dronkenlap*
alcoomètre m *alcoholmeter*
alcootest m [**alcotest**] *ademtest; blaaspijpje*
alcôve v *alkoof* ★ secrets d'~ *slaapkamergeheimen*
alcyon m MYTH. *alcyoon; ijsvogel* ‹m.b.t. mythologie›
aldéhyde m *aldehyde*
aléa m *toeval; risico*
aléatoire BNW *wisselvallig; onzeker* ★ échantillon ~ *aselecte steekproef*
alêne v *priem*
alentour I m mv *omtrek* ★ aux ~s de *in de omtrek van; ongeveer* II BIJW *in de omtrek* ★ les chemins d'~ *de wegen in de omtrek*
alerte I v • *alarm* • *onrustbarende toestand* ★ ~ à la bombe *bommelding* ★ cote d'~ *kritieke waterstand; kritieke situatie* ★ état d'~ *noodtoestand* ★ donner l'~ *alarm slaan* II BNW *vlug; bij de hand* III TW *te wapen!; pas op!*
alerter OV WW *alarmeren; waarschuwen voor gevaar*
alésage m *(het) uitboren; boring*
alèse v *steeklaken; bedzeiltje*
aléser OV WW *uitboren*
alevin m • *pootvis* • *jonge vis*
aleviner OV WW *vis uitpoten*
alexandrin I m *alexandrijn; 12-lettergrepig vers* II BNW *Alexandrijns*
alezan I m *vos* ‹paard› ★ ~ brûlé *brandvos* ★ ~ clair *lichte vos* ★ ~ doré *goudvos* II BNW *voskleurig* ‹v. paarden›
alfa m • *soort papier* • *espartogras*
algarade v *heftige uitval; ruzie*
algèbre v *algebra* ★ c'est de l'~ pour lui *daar weet/begrijpt hij niets van*
algébrique BNW *algebraïsch*
Alger *Algiers*
Algérie v *Algerije*
algérien BNW [v: **algérienne**] *Algerijns*
Algérien m [v: **Algérienne**] *Algerijn*
Algérois m [v: **Algéroise**] *bewoner van de stad Algiers*
algorithme m *algoritme*
algue v *alg; wier*
alias BIJW *alias; anders gezegd; bijgenaamd*
alibi m • *alibi* • *voorwendsel*
aliénation v • *vervreemding* • *krankzinnigheid*
aliéné m [v: **aliénée**] *krankzinnige*
aliéner I OV WW • *vervreemden* • *prijsgeven* • *afkerig maken; iem. van een ander vervreemden* II WKD WW **(s'~)** *van zich vervreemden*
alignement m • *(het) plaatsen op een rij* • *rooilijn* • *rij* • *gebondenheid* • *aanpassing*
aligner I OV WW • *in een rechte lijn plaatsen; richten* • *aanpassen* **(sur** *aan)* • *opstellen* **(contre** *tegen)* II WKD WW **(s'~)** • *in een rij gaan staan* • *zich opstellen* **(contre** *tegen)* • *zich conformeren* **(sur** *aan)*
aliment m *voedsel; voedingsmiddel*
alimentaire BNW *voedings-* ★ canal ~ *spijsverteringskanaal* ★ pâtes ~s *deegwaren als vermicelli en macaroni* ★ plante ~ *eetbare plant* ★ pension ~ *alimentatie*
alimentation v • *bevoorrading* • *voeding* ★ ~ générale *levensmiddelen(winkel)* ★ cordon d'~ *netsnoer* ★ témoin d'~ *spanningslampje*
alimenter OV WW • *voeden; van voedsel voorzien* • *bevoorraden* **(en** *met)*; *voorzien* **(en** *van)*
alinéa m • *alinea* • *inspringende regel*
alitement m *bedlegerigheid*
aliter I OV WW *iem. dwingen in bed te blijven* II WKD WW **(s'~)** *naar bed gaan* ‹wegens ziekte›
alizé m *passaat(wind)* ★ vents ~s *passaatwinden*
allaitement m *(het) zogen* ★ ~ au sein et au biberon *borst- en flesvoeding*

A

allaiter OV WW *zogen; de borst geven*
allant I m *voortvarendheid; fut* **II** BNW *beweeglijk; bedrijvig* ★ les ~s et les venants *de gaande en komende man*
alléchant BNW *aantrekkelijk; verleidelijk*
allécher OV WW *aantrekken; verleiden*
allée v • *laan* • *gang(pad)* ★ les ~s et venues *het heen en weer lopen*
allégation v • *bewering* • *aanvoering*
allégé BNW *caloriearm; light*
allège v • SCHEEPV. *lichter* • *steunmuur*
allégeance v *loyaliteit; nationaliteit*
allégement m *vermindering; verlichting*
alléger OV WW • *lichter maken* • *verzachten; verlichten* ★ ~ la douleur *de pijn verzachten*
allégorie v *allegorie*
allégorique BNW *allegorisch; zinnebeeldig*
allègre BNW *opgeruimd; opgewekt*
allégresse v *vreugde*
alléguer OV WW *aanvoeren; ter staving aanhalen*
alléluia m *(h)alleluja* ★ entonner l'~ *iemand op overdreven wijze prijzen*
Allemagne v *Duitsland*
allemand I m *(het) Duits* **II** BNW [v: **allemande**] *Duits*
Allemand m [v: **Allemande**] *Duitser*
aller I m • *het gaan* • *heenreis; heenweg* • *enkele reis* ★ un ~ (simple) *enkele reis* ★ un ~ (et) retour *een retourtje* ★ au pis ~ *in het ergste geval* **II** ON WW • *gaan; lopen; functioneren* • *passen; goed staan* • *handelen; zich gedragen* ★ ~ et venir *heen en weer lopen* ★ ~ à tâtons *tastend voorwaarts gaan* ★ ~ au trot *stapvoets gaan* ★ ~ prendre *afhalen* ★ ~ voir *opzoeken* ★ ~ à la rencontre de qn *iem. tegemoet gaan* ★ ~ au-devant de qn *iem. tegemoet gaan/komen (uit beleefdheid)* ★ ~ à cheval *paardrijden* ★ comment allez-vous? ça va! *hoe maakt u het? goed!* ★ ça va? *hoe gaat het?* ★ ça va ~? *lukt het?* ★ allez! *vooruit!; hup!* ★ vas-y!/allez-y! *ga je gang!* ★ allons-y! *vooruit!; laten we gaan!* ★ comme vous y allez! *wat loop je hard van stapel!; wat draaf je door!* ★ va donc! *loop naar de maan!* ★ ça peut ~ *het kan ermee door* ★ il va sans dire, il va de soi *het spreekt vanzelf* ★ il en va de même pour *hetzelfde geldt voor* ★ ~ loin *het ver brengen* ★ laisser ~ *laten waaien* ★ ~ son train *zijn gang gaan* ★ ce travail ne va pas *dit werk schiet niet op* ★ le commerce va bien *de zaken gaan goed* ★ rien ne va plus *er wordt niet meer ingezet ‹in casino›* ★ cela me va *dat bevalt me; dat staat me goed aan* ★ se laisser ~ *zich laten gaan; de moed verliezen; zich overgeven (aan)* ★ cet habit vous va bien *dat kledingstuk staat (past) u goed* ★ il y va de votre honneur *het gaat om uw eer* ★ INF. ça (ne) va pas, la tête? *ben je niet wijs?* **III** WKD WW (**s'**~) ★ s'en ~ *weggaan; heengaan; sterven* **IV** HWW / v. toekomende tijd / *(dadelijk) zullen* ★ le train va partir *de trein zal dadelijk vertrekken; de trein staat op het punt te vertrekken*
allergène m *allergeen*
allergie v *allergie*
allergique BNW *allergisch*
allergologue m/v *allergoloog*
alliacé BNW *knoflookachtig*
alliage m • *mengsel van metalen* • *vermenging*
alliance v • *verbond; liga; alliantie* • *vereniging; verbintenis* • *huwelijk* • *trouwring* ★ par ~ *aangetrouwd*
allié I m [v: **alliée**] • *bondgenoot* • *verwant* ★ les Alliés *de geallieerden* **II** BNW *verbonden; verwant; aangetrouwd*
allier I OV WW *verbinden; vermengen; doen samengaan (**à**, **avec** met)* ★ ~ la force à la bonté *kracht aan goedheid paren* **II** WKD WW (**s'**~) • *een verbond sluiten (**à** met)* • *bij elkaar passen; combineren; samengaan (**à**, **avec** met)* • *zich door het huwelijk verbinden* ★ ces fleurs blanches s'allient bien avec ces tulipes rouges *die witte bloemen staan goed bij die rode tulpen*
alligator m *alligator*
allitération v *alliteratie*
allô TW *hallo* ‹telefoon›
allocataire m/v *uitkeringsgerechtigde*
allocation v • *toewijzing; toekenning* • *toelage; uitkering* ★ ~ d'attente *overbruggingsgeld* ★ ~s familiales *kinderbijslag*
allocution v *(korte) toespraak*
allogène BNW *allogeen; allochtoon*
allonge v • *verlengstuk* • *vleeshaak* • *armlengte*
allongé BNW • *lang; verlengd* • *liggend* ★ mine ~e *lang gezicht*
allongement m • *verlenging* • *reikwijdte*
allonger I OV WW • *verlengen; uitstrekken* • *toebrengen* • *aanlengen* ★ ~ le bras *een arm uitstrekken* ★ ~ un coup *een klap toedienen* ★ ~ une sauce *een saus aanlengen* ★ ~ la sauce *een eind wegkletsen* **II** ON WW *langer worden* **III** WKD WW (**s'**~) *gaan liggen; langer worden*
allopathie v *allopathie*
allophone BNW *anderstalig*
allouer OV WW *toekennen* ★ ~ une indemnité *een schadevergoeding toekennen*
allumage m • *(het) aansteken* ‹v. motor› • *ontsteking* ‹v. motor›
allumé I m *fanaat* **II** BNW • *brandend; aan(gestoken)* • *vuurrood* • *opgewonden* • INF. *excentriek*
allume-feu m [mv: **allume-feu(x)**] *aanmaakblokje*
allume-gaz m (onver.) *gasaansteker*
allumer I OV WW • *aansteken* • *doen ontbranden; aanzetten; opwekken; prikkelen* • *het licht aandoen* **II** WKD WW (**s'**~) • *ontbranden, ontvlammen* • *(ver)licht worden*
allumette v *lucifer* ★ ~ bougie *waslucifer*
allumeur m • *ontsteking; ontstekingsmechanisme; aansteker* • VERO. *lantaarnopsteker*
allumeuse v INF. *flirt; verleidster*
allure v • *gang; vaart; snelheid* • *houding; manier van doen; allure; voorkomen* ★ à toute ~ *in volle vaart*
allusif BNW [v: **allusive**] *met een toespeling*
allusion v *toespeling (**à** op)* ★ faire ~ à *zinspelen op*

alluvial BNW [m mv: **alluviaux**] *alluviaal; aangeslibd*
alluvionnement m *slibvorming*
alluvions v mv *aanslibsel*
almanach m *almanak; jaarboekje*
aloès (*zeg:* aaloès) m *aloë*
alogique BNW *onlogisch*
aloi m • *allooi; soort* • VERO. *gehalte* ‹v. goud of zilver› ⋆ de mauvais aloi *van slecht allooi*
alors I BIJW • *toen; dan* • *in dat geval* • *nou* ⋆ ~? *en?* ⋆ et ~? *en wat dan nog?* ⋆ jusqu'~ *tot dan toe* ⋆ ça ~! *nee maar!* II VW (~ **que**) *toen; terwijl; wanneer; zelfs wanneer*
alose v *elft*
alouette v *leeuwerik* ⋆ attendre que les ~s tombent toutes rôties *wachten tot de gebraden duiven je in de mond vliegen*
alourdir OV WW *verzwaren*
alourdissement m *logheid; zwaarheid; (het) zwaar worden; (het) log worden*
aloyau m [mv: **aloyaux**] *lendestuk* ‹v. rund›
alpaga m *alpaca*
alpage m *alpenweide*
alpe v *alm; bergweide* ⋆ les Alpes *de Alpen*
alpestre BNW *alpen-; alpien*
alpha m *alfa* ⋆ l'~ et l'oméga *het begin en het einde*
alphabet m • *alfabet* • *abc-boekje; eerste leesboekje*
alphabétique BNW *alfabetisch*
alphabétisation v *alfabetisering*
alphabétiser OV WW *alfabetiseren*
alphanumérique BNW *alfanumeriek*
alpin BNW *alpen-; alpien* ⋆ club ~ *alpenclub* ⋆ MIL. chasseur ~ *alpenjager*
alpinisme m *alpinisme; bergsport*
alpiniste m/v *alpinist; bergbeklimmer*
Alsace (*zeg:* alzas) v *Elzas*
alsacien (*zeg:* alzasjè(n)) I m *Elzasser dialect* II BNW [v: **alsacienne**] *uit de Elzas*
Alsacien (*zeg:* alzasjè(n)) m [v: **Alsacienne**] *Elzasser*
altérabilité v *veranderlijkheid; bederfelijkheid*
altérable BNW *veranderlijk; bederfelijk*
altération v • *verandering* ‹vaak ten kwade› • *vervalsing* • *alteratie*
altercation v *twist; levendige woordenwisseling*
altérer I OV WW • *veranderen* ‹vaak ten kwade› • *vervalsen* • *dorstig maken* II WKD WW (**s'**~) *veranderen; slechter worden* ⋆ l'amitié s'altère *de vriendschap bekoelt* ⋆ la couleur s'est altérée *de kleur is verschoten*
altérité v *(het) anders zijn*
alternance v *afwisseling*
alternant BNW *afwisselend*
alternateur m *wisselstroommachine; wisselstroomdynamo*
alternatif BNW [v: **alternative**] • *alternatief* • *afwisselend* ⋆ courant ~ *wisselstroom* ⋆ culture alternative *wisselbouw*
alternative I v *alternatief; tweede keus* II v mv *afwisseling*
alternativement BIJW *om beurten; beurtelings*
alterne BNW ⋆ angles ~s *verwisselende binnenhoeken of buitenhoeken*
alterner I OV WW *afwisselen* II ON WW *(regelmatig) afwisselen*
altesse v *hoogheid* ‹titel›
altier BNW [v: **altière**] FORM. *hoogmoedig; trots*
altimètre m *hoogtemeter*
altiste m/v *altviolist*
altitude v *hoogte* ‹boven de zeespiegel› ⋆ à basse ~ *op geringe hoogte* ⋆ en ~ *op grote hoogte*
alto m • *altviool* • *altstem*
altruisme m *onbaatzuchtigheid; naastenliefde*
altruiste I m/v *altruïst* II BNW *menslievend*
alu m INF. *aluminium*
aluminium m *aluminium*
alun m *aluin*
alunir ON WW *op de maan landen*
alunissage m *maanlanding*
alvéole m • *tandkas* • *holte; bijencel*
a.m. AFK (ante meridien) *vóór de middag; a.m.*
amabilité v *vriendelijkheid; beminnelijkheid*
amadou m *tondel; zwam*
amadouer OV WW *overhalen door vleierij; paaien*
amaigrir I OV WW *vermageren; mager maken* II ON WW *vermageren* ⋆ régime amaigrissant *vermageringskuur* III WKD WW (**s'**~) *vermageren*
amaigrissement m *vermagering*
amalgame m • *amalgaam* • *mengelmoes; zonderling mengsel*
amalgamer OV WW OOK FIG. *vermengen*
amande v *amandel* ⋆ pour avoir l'~, il faut casser le noyau *om iets te kunnen verdienen moet men zich eerst moeite geven*
amandier m *amandelboom*
amanite v *amaniet* ⋆ ~ tue-mouches *vliegenzwam*
amant m [v: **amante**] *minnaar*
amarante I v PLANTK. *amarant* II BNW *purperkleurig*
amariné BNW *bevaren* ‹v. zeeman›
amarrage m *(het) vastmeren; vastlegging* ‹v. (lucht)schip› ⋆ poste d'~ *ligplaats*
amarre v *meerkabel*
amarrer OV WW • *vastzetten* • *vastmeren* ‹v. schip›
amas m *hoop; stapel*
amasser OV WW *opstapelen; opeenhopen; verzamelen*
amateur m • *liefhebber* • *amateur; dilettant*
amateurisme m *amateurisme*
amazone v • *amazone; krijgshaftige vrouw* • *amazone; paardrijdster* • *amazonekostuum* ⋆ en ~ *in amazonenzit*
Amazone v *Amazone*
ambages v mv *veel omhaal van woorden* ⋆ parler sans ~ *ronduit spreken*
ambassade v • *ambassade; gezantschap* • *gezantschapspost* • *gezantschapsgebouw* • *missie; zending*
ambassadeur m • *ambassadeur; gezant* • *boodschapper*
ambassadrice v • *ambassadrice; vrouwelijke boodschapper of gezant* • *ambassadeursvrouw*
ambiance v *stemming; omgeving; gezelligheid; sfeer* ⋆ mettre de l'~ *de stemming erin brengen*
ambiant BNW *omringend* ⋆ température ~e *kamertemperatuur*

A

ambidextre BNW *zowel links- als rechtshandig*
ambigu BNW [v: **ambiguë**] *halfslachtig; dubbelzinnig; dubieus*
ambiguïté v *halfslachtigheid; dubbelzinnigheid* ★ sans ~ *ondubbelzinnig; duidelijk*
ambitieux BNW [v: **ambitieuse**] *eerzuchtig* ★ style ~ *gezochte, gezwollen, hoogdravende stijl*
ambition v *eerzucht; streven (***de** *om)*
ambitionner OV WW *najagen; sterk begeren; ambiëren (***de** *om)*
ambivalence v *ambivalentie; dubbelwaardigheid*
ambivalent BNW *ambivalent*
amble m *telgang* ★ aller l'~ *in telgang gaan*
ambre m *amber* ★ ~ jaune *barnsteen* ★ ~ gris *(grijze) amber*
ambré BNW • *naar amber ruikend* • *met de kleur van barnsteen* ★ teint ~ *de kleur van barnsteen*
ambroisie v • *ambrozijn* • *heerlijk gerecht*
ambulance v *ambulance(wagen)*
ambulancier m [v: **ambulancière**] *bestuurder v. ambulance*
ambulant BNW *reizend; rondtrekkend* ★ un cadavre ~ *een levend lijk* ★ marchand ~ *marskramer*
ambulatoire BNW • *zonder vaste zetel; ambulant* • *poliklinisch*
âme v • *ziel; geest* • *stapel van viool* • *kern; middelste deel* ★ âme sœur *zielsverwant* ★ bonne âme *goede ziel; sukkel* ★ les âmes bienheureuses *de zaligen* ★ les âmes damnées *de verdoemden* ★ sans âme *zielloos; gevoelloos* ★ homme sans âme *gevoelloos man* ★ en son âme et conscience *naar eer en geweten* ★ dans l'âme *in hart en nieren* ★ je ne vois âme qui vive *ik zie geen levende ziel* ★ ce village a 10.000 âmes *dat dorp telt 10.000 zielen* ★ donner de l'âme à *bezielen* ★ rendre l'âme *de geest geven* ★ se donner corps et âme *zich met hart en ziel geven* ★ chanter avec âme *met bezieling/gevoel zingen* ★ avoir qc sur l'âme *iets op zijn geweten hebben*
améliorable BNW *voor verbetering vatbaar*
amélioration v *verbetering*
améliorer I OV WW *verbeteren* II WKD WW (**s'**~) *beter worden*
amen *(zeg:* amèn) TW *amen*
aménagement m • *aanpassing; inrichting; aanleg* ‹v. tuin› • *exploitatie* ‹bosbouw› • *planologie* ★ ~ du territoire *ruimtelijke ordening*
aménager OV WW • *inrichten (***en** *als); aanbrengen; aanpassen* • *exploiteren* ‹m.b.t. bosbouw›
aménageur m [v: **aménageuse**] *inrichter*
amendable BNW *vatbaar voor verbetering*
amende v *boete* ★ faire ~ honorable *(openlijk) zijn schuld, ongelijk bekennen*
amendement m • *verbetering* • POL. *amendement*
amender OV WW • *amenderen* ‹v. wetsvoorstel› • *verbeteren*
amène BNW *zacht; lief*
amenée v *aanvoer v. water*
amener I OV WW • *brengen; aanvoeren* • *voorgeleiden* • *veroorzaken* • *strijken* ‹v. zeilen›; *binnenhalen* ‹v. zeilen of visnet› ★ ~ ses couleurs *zich overgeven* ★ ~ qn. à *iem. ertoe brengen om* II WKD WW (**s'**~) INF. *komen*
aménité v *zachtheid; liefheid* ★ IRON. des ~s *beledigende woorden*
amenuiser OV WW *dunner maken; doen afnemen*
amer I m • *bittertje* ‹drank› • SCHEEPV. *baken* II BNW [v: **amère**] • *bitter* • *droevig*
américain I m *(het) Amerikaans* II BNW [v: **américaine**] *Amerikaans*
Américain m [v: **Américaine**] *Amerikaan*
américaniser OV WW *Amerikaans maken*
américanisme m • *typisch Amerikaanse uitdrukking* • *studie v.d. Amerikaanse cultuur*
Amérique v *Amerika* ★ l'~ du Nord *Noord-Amerika* ★ l'~ du Sud *Zuid-Amerika*
Amerloque m INF. *yank*
amerrir ON WW *een landing maken op water*
amerrissage m *landing op water*
amertume v • *bitterheid* • *verbittering; leed*
améthyste v *amethist*
ameublement m *ameublement*
ameublir OV WW • *de grond losser maken* • *omspitten*
ameuter I OV WW *opruien (***contre** *tegen)* II WKD WW (**s'**~) *te hoop lopen*
ami I m [v: **amie**] *vriend* ★ ami de cœur *boezemvriend* ★ ami de collège *schoolvriend* ★ ami de la maison *huisvriend* ★ chambre d'amis *logeerkamer* ★ petit ami *vriend(je); minnaar* ★ faux amis *bedrieglijke equivalenties; valkuilen* ‹in vreemde taal› ★ INF. ils sont amis comme cochons *ze zijn dikke vrienden* II BNW • *vriendschappelijk; bevriend* • *gunstig*
amiable BNW *vriendelijk; vriendschappelijk* ★ arranger à l'~ *in der minne schikken*
amiante m *asbest*
amibe v *amoebe*
amical BNW [m mv: **amicaux**] *vriendschappelijk*
amicale v *vereniging; vriendenclub*
amidon m • *zetmeel* • *stijfsel*
amidonnage m *(het) stijven*
amidonner OV WW *stijven*
amincir I OV WW *dunner maken; slanker maken; afslanken* II WKD WW (**s'**~) *dunner worden; slanker worden*
amincissement m *(het) dunner worden; (het) dunner maken; (het) afslanken*
aminé BNW ★ acide ~ *aminozuur*
amiral m [mv: **amiraux**] *admiraal* ★ vaisseau ~ *admiraalsschip* ★ pavillon ~ *admiraalsvlag*
amirauté v *admiraliteit*
amitié v *vriendschap* ★ faire/lier ~ avec qn *vriendschap met iemand sluiten* ★ prendre qn en ~ *vriendschap voor iem. opvatten* ★ faites-moi l'~ de *doe mij het genoegen* ★ faites-lui mes ~s *doe hem/haar de groeten van me* ★ les petits présents entretiennent l'~ *kleine geschenken onderhouden de vriendschap*
ammoniac [**ammoniaque**] I m *ammoniak* II BNW *ammoniak-* ★ sel ~ *salmiak*

amnésie v amnesie; geheugenverlies
amnésique BNW lijdend aan geheugenzwakte of geheugenverlies
amnios (zeg: -os) m vruchtvlies
amniotique BNW vruchtvlies- ★ liquide ~ vruchtwater
amnistie v amnestie
amnistier OV WW • amnestie verlenen aan • FORM. vergeven
amocher OV WW INF. toetakelen
amodier OV WW verpachten
amoindrir I OV WW verminderen II WKD WW (**s'**~) minder worden
amoindrissement m vermindering
amollir I OV WW week maken; zacht maken II WKD WW (**s'**~) • verslappen • verwekelijken
amollissement m • verwekelijking; verslapping • (het) week worden; (het) slap worden
amonceler OV WW ophopen; opstapelen
amoncellement m (het) ophopen; (het) opstapelen
amont I m • stroomopwaarts gelegen deel van rivier • bergopwaarts gelegen deel van helling ‹m.b.t. skiën› ★ en ~ stroomopwaarts; in een eerdere (productie)fase; toeleverings- ★ vent d'~ landwind II BNW berg- ★ ski ~ bergski
amoral BNW [m mv: **amoraux**] amoreel
amorçage m → **amorcer**
amorce v • lokaas; aas • slaghoedje • VERO. verleidelijkheid • begin ★ l'~ d'un rapprochement het begin van een toenadering ★ pistolet à ~s klapperpistooltje
amorcer I OV WW • van aas voorzien • lokken; verleiden • inzetten; beginnen; aanpakken • van een slaghoedje voorzien • aansluiten ★ ~ un virage een bocht inzetten ★ ~ une pompe een pomp aanzuigen II WKD WW (**s'**~) beginnen
amorphe BNW • vormloos • slap; zonder reactie
amorti m SPORT • (het) stoppen; (het) doodmaken ‹v.d. bal› • dropshot
amortir I OV WW • verzwakken; doen afnemen • breken ‹v. schok, val› • aflossen; delgen; afschrijven • SP. stoppen ‹v. bal› II WKD WW (**s'**~) verflauwen; bedaren
amortissable BNW aflosbaar
amortissement m • verzwakking • ECON. afschrijving; delging ★ caisse d'~ amortisatiefonds
amortisseur m schokbreker ‹v. auto›
amour m • liefde (**de, pour** voor) • lieveling; schatje ★ un ~ d'enfant een schat van een kind ★ pour l'~ de Dieu in vredesnaam; pro Deo ★ faire l'~ de liefde bedrijven; vrijen ★ filer le parfait ~ volmaakt gelukkig (met elkaar) zijn ★ on ne vit pas d'~ et d'eau fraîche van liefde rookt de schoorsteen niet
amouracher I OV WW iem. plotseling (tijdelijk) dol verliefd maken II WKD WW (**s'**~) plotseling dol verliefd worden (**de** op)
amourette v (voorbijgaande) verliefdheid; flirt
amoureux I m [v: **amoureuse**] minnaar II BNW • liefde(s)- • verliefd; verzot; dol (**de** op)
amour-propre m [mv: **amours-propres**] • zelfrespect • eigenliefde
amovible BNW • JUR. afzetbaar • verplaatsbaar; afneembaar
ampère m ampère
ampèremètre m ampèremeter
amphétamine v amfetamine
amphi m INF. → **amphithéâtre**
amphi- VOORV [**amph-**] amfi-
amphibie I v amfibie II BNW in het water en op het land levend; tweeslachtig ★ opération militaire ~ krijgsverrichting te water en op het land tegelijk
amphithéâtre m • amfitheater • (amfitheatersgewijs gebouwde) collegezaal ★ terrain en ~ oplopend terrein
amphitryon m FORM. gastheer ‹bij diner›
amphore v amfora
ample BNW • ruim; wijd • overvloedig ★ de plus ~s détails nadere bijzonderheden
ampleur v • breedte; ruimte; omvang; uitgestrektheid • breedvoerigheid • overvloed ★ prendre de l'~ zich uitbreiden
ampli INF. m → **amplificateur**
ampliation v • uitbreiding; aanvulling • JUR. duplicaat van officiële acte
amplificateur m • geluidsversterker • fotografisch vergrotingstoestel
amplification v • vergroting • overdrijving; uitweiding • versterking
amplifier I OV WW • uitbreiden; vergroten • uitvoerig behandelen • overdrijven II WKD WW (**s'**~) groter/belangrijker worden; uitbreiden
amplitude v amplitude; slingerwijdte
ampli-tuner m tuner-versterker
ampoule v • blaar • ampul; wijdbuikig flesje • gloeilamp ★ ~ à économie d'énergie spaarlamp ★ ne pas se faire d'~s aux mains zich niet dood werken
ampoulé BNW gezwollen ‹v. stijl›
amputation v • amputatie • inkorting; besnoeiing
amputer OV WW • amputeren; afzetten • inkorten • FIG. beroven
amulette v amulet; talisman
amusant BNW vermakelijk; prettig
amuse-gueule m INF. (onver.) borrelhapje
amusement m • vermaak • tijdverdrijf
amuser I OV WW • vermaken • afleiden; bezighouden II WKD WW • (**s'~ à**) zich vermaken om • (**s'~ avec**) zich vermaken met • (**s'~ de**) zich vrolijk maken om; bespotten
amusette v klein vermaak; klein tijdverdrijf; spelletje
amuseur m [v: **amuseuse**] entertainer
amygdale v MED. amandel
an m jaar ★ par an jaarlijks ★ dans un an over een jaar ★ il y a cent ans (het is) honderd jaar geleden ★ trois fois l'an drie maal per jaar ★ avoir douze ans twaalf jaar oud zijn ★ le jour de l'an, le nouvel an nieuwjaarsdag, nieuwjaar ★ l'an de grâce het jaar onzes Heren ★ l'an du monde het jaar sedert de schepping ★ les ans de ouderdom ★ bon an, mal an gemiddeld per jaar ★ je m'en moque comme de l'an quarante het laat me volkomen koud
anabaptiste m/v wederdoper
anabolisant I m anabole stof II BNW anabool

anachorète (*zeg:* -ko-) m OOK FIG. *kluizenaar*
anachronique (*zeg:* -kro-) BNW *anachronistisch; uit de tijd*
anachronisme (*zeg:* -kro-) m *anachronisme*
anagramme v *anagram*
anal BNW [m mv: **anaux**] *wat de anus betreft; anaal*
analgésique I m *pijnstillend middel* II BNW *pijnstillend*
analogie v *overeenkomst; gelijkenis; analogie* ★ par ~ (avec) *naar analogie (van); net zo (als)*
analogique BNW *analoog; overeenkomstig*
analogue BNW *overeenkomstig; analoog (à met); dergelijk*
analphabète m/v *analfabeet*
analphabétisme m *analfabetisme*
analysable BNW *ontleedbaar*
analyse v • *ontleding; analyse* • *uittreksel uit een boek* • *woordontleding of zinsontleding* ★ en dernière ~ *alles wel beschouwd; ten slotte*
analyser OV WW • *ontleden; ontbinden; analyseren* • *een uittreksel maken van*
analyste m/v • *analist* • *psychoanalyticus*
analytique BNW *analytisch*
ananas m *ananas; ananasplant*
anapeste m *anapest*
anar AFK INF. → **anarchiste**
anarchie v • *anarchie; regeringloosheid* • *verwarring; warboel; wanorde*
anarchique BNW • *anarchistisch* • *wanordelijk*
anarchiste m/v *anarchist*
anarcho m/v INF. *anarchist*
anathématiser OV WW • REL. *in de ban doen* • *vervloeken; sterk veroordelen*
anathème m • *kerkelijke ban* • *vervloeking; veroordeling* • REL. *iem. die in de ban is*
anatomie v • *anatomie; ontleedkunde* • *ontleding* • *lichaamsbouw* ★ faire l'~ d'un cadavre *een lijk ontleden*
anatomique BNW *ontleedkundig*
anatomiste m/v *ontleedkundige*
ancestral BNW [m mv: **ancestraux**] *van de voorouders*
ancêtre m • *voorouder* • *voorloper*
anche v MUZ. *(aanblaas)riet*
anchois m *ansjovis*
ancien [v: **ancienne**] I m *oude(re); ouderling* ★ les ~s *de oude Grieken of Romeinen; grijsaards* II BNW • *oud* • *vorig; vroeger; ex-* ★ langues ~nes *oude talen* ★ l'Ancien Régime *het Franse regeringsstelsel van vóór de Revolutie* ★ il est plus ~ que toi dans cette maison *hij woont langer dan jij in dit huis*
anciennement BIJW *vroeger; voorheen; eertijds*
ancienneté v • *oudheid* • *anciënniteit* ★ avancement à l'~ *voorrang wegens leeftijd of dienstjaren*
ancolie v *akelei*
ancrage m • *ankerplaats* • *(het) ankeren* • *verankering*
ancre v *anker; muuranker; horlogeanker* ★ être à l'~ *voor anker liggen* ★ jeter l'~ *het anker uitwerpen* ★ lever l'~ *het anker lichten* ★ mouiller l'~ *het anker uitwerpen* ★ ~ de salut *laatste hoop; toevlucht*
ancrer OV WW *ankeren; verankeren* ★ FIG. ancré *vastgeroest; genesteld*
Andorre v *Andorra*
andouille v • *worst* • INF. *sukkel*
andouiller m *geweitak*
andouillette v *worstje*
androgyne I m/v *hermafrodiet* II BNW *tweeslachtig; hermafroditisch*
âne m OOK FIG. *ezel* ★ têtu comme un âne *zo koppig als een ezel* ★ âne bâté *stomme ezel; stommeling* ★ dos d'âne *bult ‹in de weg›; verkeersdrempel* ★ colline en dos d'âne *aan beide zijden glooiende heuvel* ★ toit en dos d'âne *zadeldak* ★ les chevaux courent les bénéfices et les ânes les attrapent *de paarden die de haver verdienen krijgen ze niet* ★ faire l'âne pour avoir du son *de domme uithangen om iets te weten te komen*
anéantir I OV WW • *vernietigen* • *uitputten* • *hevig ontstellen* II WKD WW (**s'**~) • *vernietigd worden; verdwijnen* • *zich verootmoedigen*
anéantissement m • *vernietiging* • *neerslachtigheid*
anecdote v *anekdote*
anecdotique BNW *anekdotisch*
anémie v *bloedarmoede; anemie*
anémier OV WW *bloedarm maken*
anémique BNW *bloedarm; anemisch*
anémone v *anemoon*
ânerie v *stommiteit*
anéroïde BNW ★ baromètre ~ *metaalbarometer*
ânesse v *ezelin*
anesthésie v • *anesthesie; verdoving* • *gevoelloosheid*
anesthésier OV WW *verdoven; gevoelloos maken*
anesthésique I m *pijnstillend middel; verdovingsmiddel* II BNW *gevoelloos makend; verdovend; pijnstillend*
anesthésiste m/v *anesthesist*
aneth m *dille*
anévrisme m *aneurysma; slagadergezwel*
anfractuosité v *spleet; diepe groef*
ange m OOK FIG. *engel* ★ ange déchu *gevallen engel* ★ ange gardien *engelbewaarder; bewaker* ★ ange tutélaire *engelbewaarder; bewaker; lijfwacht* ★ bon ange *goede genius; helper* ★ beau comme un ange *beeldig; fraai; beeldschoon* ★ gentil comme un ange *zeer lief* ★ être aux anges *in de wolken zijn* ★ il passe un ange *er komt een dominee voorbij* ★ rire aux anges *beaat lachen*
angélique BNW *engelachtig*
angelot m *engeltje*
angélus (*zeg:* -luus) m *de Engel des Heren; angelus*
angevin BNW *uit Angers of Anjou*
angine v *keelontsteking; angina* ★ ~ couenneuse *difteritis* ★ ~ de poitrine *angina pectoris*
angineux BNW [v: **angineuse**] *wat betrekking heeft op angina* ★ affection angineuse *keelaandoening*
anglais I m *(het) Engels* II BNW [v: **anglaise**] *Engels* ★ à l'~e *op zijn Engels; zonder afscheid te nemen* ★ pommes à l'~e *gestoomde/*

gekookte aardappelen
Anglais m [v: **Anglaise**] *Engelsman*
anglaises v mv *pijpenkrullen*
angle m *hoek* ★ ~ aigu *scherpe hoek* ★ ~ droit *rechte hoek* ★ ~ mort *dode hoek* ★ ~ obtus *stompe hoek* ★ sous cet ~ *vanuit dat gezichtspunt; zo bezien* ★ arrondir les ~s *de scherpe kantjes eraf halen*
Angleterre v *Engeland*
anglican I m *anglicaan* II BNW *anglicaans*
angliciser OV WW *verengelsen*
anglicisme m *Engelse uitdrukking; anglicisme*
anglomanie v *overdreven zucht om Engelsen na te bootsen*
anglophile I m/v *Engelsgezinde* II BNW *anglofiel*
anglophobe I m/v *iem. die anti-Engels is* II BNW *anti-Engels*
anglophone I m/v *Engelstalige* II BNW *Engels sprekend*
anglo-saxon BNW [v: **anglo-saxonne**] *Angelsaksisch*
angoissant BNW *benauwend; beangstigend*
angoisse v *angst; benauwdheid*
angoissé BNW *bang*
angoisser OV WW *angstig maken; benauwen*
angolais BNW *Angolees*
angora I m • *angorakat* • *angorageit* • *angorakonijn* II BNW *angora-*
anguille v *paling; aal* ★ ~ électrique *sidderaal* ★ ~ de mer *zeeaal* ★ nœud d'~ *vissersknoop* ★ il y a ~ sous roche *er schuilt een addertje onder het gras*
anguillule v *wormpje; aaltje*
angulaire BNW *wat de hoek(en) betreft* ★ OOK FIG. pierre ~ *hoeksteen*
anguleux BNW [v: **anguleuse**] *hoekig* ★ visage ~ *scherp getekend gezicht*
anicroche v *moeilijkheid(je)*
aniline v *aniline*
animal I m [mv: **animaux**] *dier* ★ quel ~! *wat een lomperd!; wat een vlegel!* II BNW *dierlijk*
animalcule m *microscopisch diertje*
animalier I m • *beeldhouwer van dieren; dierenschilder* • *verzorger van proefdieren in laboratorium* II BNW ★ parc ~ *dierenpark*
animalité v *dierlijkheid*
animateur I m [v: **animatrice**] • *iem. die bezielt; gangmaker; leider* • *vervaardiger van tekenfilms* • *presentator* II BNW [v: **animatrice**] *bezielend*
animation v • *drukte; levendigheid* • *entertainment* • *bezieling/leiding v.e. groep* ★ film d'~ *animatie-, tekenfilm*
animaux m mv → **animal**
animé BNW • *bezield; met een ziel; levend* • *levendig; druk* ★ créature ~e *levend schepsel* ★ dessin ~ *tekenfilm*
animer I OV WW • *leven geven* • *bezielen; vervullen* **(de van)** • *aanvuren; aanmoedigen; aanzetten* • *leiden* ‹v. groep, bezigheid›; *presenteren* ‹v. programma› II WKD WW **(s'~)** • *tot leven komen* • *zich opwinden; drukker worden*
animosité v *animositeit; vijandigheid; wrok*
anis m *anijs*
anisette v *likeur uit anijs*
ankylose v *gewrichtsstijfheid*
ankylosé BNW *stijf*
annales v mv *kronieken; annalen*
anneau m [mv: **anneaux**] • *ring* • *schakel* ‹v. ketting› ★ ~ de mariage *trouwring* ★ ~ pastoral *bisschopsring*
année v *jaar* ★ ~ bissextile *schrikkeljaar* ★ ~ scolaire *schooljaar* ★ bonne ~! *gelukkig nieuwjaar!* ★ l'~ dernière/passée *verleden jaar* ★ une grande ~ *een beroemd wijnjaar*
année-lumière m [mv: **années-lumière**] *lichtjaar*
annelé BNW *geringd; met ringen (versierd)*
annélide m *ringworm*
annexe I v • *bijlage* • *bijgebouw* II BNW *bijgevoegd; bijgebouwd*
annexer I OV WW *inlijven; bijvoegen* **(à** *bij)* II WKD WW **(s'~)** *zich toe-eigenen*
annexion v *inlijving; annexatie*
annihilation v *vernietiging*
annihiler OV WW • *vernietigen* • *krachteloos maken*
anniversaire m • *(ver)jaardag* • *gedenkdag* ★ bon ~! *gefeliciteerd met je verjaardag!*
annonce v *aankondiging; advertentie; annonce* ★ ~ lumineuse *lichtreclame* ★ faire l'~ de *aankondigen* ★ mettre une ~ *een advertentie plaatsen*
annoncer OV WW • *aankondigen; afkondigen; verkondigen* • *adverteren* • *voorspellen* • *aandienen* • *bieden* ‹kaartspel› ★ l'affaire s'annonce mal *de zaak begint slecht*
annonceur m • *adverteerder* • *aankondiger; omroeper*
annonciateur BNW [v: **annonciatrice**] *aankondigend* ★ signe ~ *voorbode; voorteken*
Annonciation v *Maria-Boodschap*
annotateur m [v: **annotatrice**] *iem. die verklarende aantekeningen maakt bij een werk*
annotation v *verklarende aantekening*
annoter OV WW *verklarende aantekeningen maken bij; annoteren*
annuaire m *jaarboek; almanak* ★ ~ du téléphone *telefoonboek*
annuel BNW [v: **annuelle**] • *jaarlijks* • *een jaar durend* ★ plantes ~les *éénjarige planten*
annuellement BIJW *jaarlijks*
annuité v • *annuïteit* • *dienstjaar*
annulaire I m *ringvinger* II BNW *ringvormig*
annulation v *nietigverklaring; vernietiging*
annuler OV WW • JUR. *nietig verklaren; vernietigen* • *annuleren; afzeggen*
anoblir OV WW *in de adelstand verheffen*
anoblissement m *verheffing in de adelstand* ★ lettres d'~ *adeldomsbrieven*
anode v *anode*
anodin BNW *goedaardig; onschuldig; gematigd*
anomalie v • *afwijking* • *onregelmatigheid*
ânon m *ezeltje; ezelsveulen*
ânonner ON WW *hakkelen*
anonymat m *anonimiteit* ★ garder l'~ *anoniem blijven*
anonyme BNW • *onbekend; anoniem* • *ongetekend* ★ société ~ *naamloze vennootschap*
anorak m *windjak*

A

anorexie v *anorexie; anorexia*
anormal BNW [m mv: **anormaux**] *abnormaal*
ANPE AFK (Agence nationale pour l'emploi) *arbeidsbureau*
anse v • *hengsel; handvat; oor* • *kleine baai*
antagonique BNW *tegengesteld*
antagonisme m • *tegengestelde werking* • *vijandschap; wedijver; tegenstelling*
antagoniste I m/v *tegenstander; tegenstrever* II BNW • *tegenstrijdig* • *tegenwerkend*
antan m ★ d'~ *van weleer* ★ mais où sont les neiges d'~? *waar is die goede oude tijd gebleven?*
antarctique BNW *de Zuidpool betreffend* ★ l'Océan ~ *de Zuidelijke IJszee*
Antarctique v *Antarctica; het zuidpoolgebied*
antécédent I m • *antecedent* • WISK. *voorafgaande term v.e. evenredigheid* ★ les ~s *(iemands) verleden* II BNW *voorafgaand*
antéchrist (*zeg:* -kriest) m *antichrist*
antédiluvien BNW [v: **antédiluvienne**] • *antediluviaans* • INF. *hopeloos ouderwets*
anténatal BNW [m mv: **anténatals**] *prenataal; voor de geboorte*
antenne v • *antenne* • *voelhoorn; spriet* • *net; station/uitzending v. tv of radio* • *hulppost; bijkantoor* ★ temps d'~ *zendtijd* ★ ~ collective de télévision *centrale tv-antenne* ★ passer/ rendre l'~ *de microfoon doorgeven; uit de uitzending gaan* ★ être à/sur l'~ *in de uitzending zijn*
antépénultième I v *op twee-na-laatste lettergreep* II BNW *op twee-na-laatste*
antérieur I m *voorpoot* II BNW • *vroeger; ouder* (**à** *dan*) • *voorafgaand* (**à** *aan*) ★ partie ~e *voorste gedeelte*
antérieurement BIJW *eerder; vroeger*
antériorité v *(het) voorafgaan; (het) eerder zijn*
anthère v PLANTK. *helmknop*
anthologie v *bloemlezing* ★ morceau d'~ *fraaie passage; knap staaltje*
anthracite m *antraciet*
anthrax m MED. *negenoog*
anthropo- VOORV *mens-; antropo-*
anthropoïde I m *mensaap* II BNW *mensachtig* ‹v. aap›
anthropologie v *menskunde*
anthropologue m/v *antropoloog*
anthropométrie v *lichaamsmeting; antropometrie*
anthropophage I m *menseneter* II BNW *mensenetend*
anthropophagie v *kannibalisme*
anthurium m *anthurium; flamingoplant*
anti- VOORV *anti-; tegen-*
antiadhésif BNW [v: **antiadhésive**] *antiaanbak-*
antiaérien BNW [v: **antiaérienne**] *luchtafweer-*
antialcoolique BNW *antialcoholisch; geheelonthouders-*
antibiotique I m *antibioticum* II BNW *antibiotisch*
antibrouillard I m *mistlamp* II BNW ★ phares ~s *mistlampen*
antibruit BNW *geluidwerend* ★ mur ~ *geluidswal; geluidsscherm*
anticancéreux BNW [v: **anticancéreuse**] *kankerbestrijdend*
antichambre v *wachtkamer* ★ faire ~ *antichambreren*
antichar BNW *antitank-* ★ fossé ~ *tankgracht* ★ missile ~ *antitankraket*
antichoc BNW (onver.) *schokbestendig*
anticipation v • *(het) vooruitlopen op iets* • *(het) vooruitzien* ★ littérature d'~ *science fiction* ★ remercier par ~ *bij voorbaat danken*
anticipé BNW *voortijdig* ★ veuillez agréer mes remerciements ~s *bij voorbaat dank*
anticiper I OV WW *vervroegen* II ON WW (~ **sur**) *anticiperen op; vooruitlopen op* ★ anticiper sur ses revenus *zijn inkomsten bij voorbaat opmaken*
anticlérical I m [mv: **anticléricaux**] *anti-klerikaal* II BNW *anti-klerikaal*
anticonceptionnel BNW [v: **anticonceptionnelle**] • *zwangerschapwerend* • *anticonceptie-; zwangerschap voorkomend*
anticonstitutionnel BNW [v: **anticonstitutionnelle**] *ongrondwettelijk*
anticorps m *antistof*
anticyclone m *centrum van hoge luchtdruk*
antidater OV WW *antidateren*
antidépresseur I m *antidepressivum; antidépresseur* II BNW *depressiebestrijdend*
antidérapant BNW *antislip-*
antidétonant I m *knaldemper* II BNW *knaldempend*
antidopage BNW [**antidoping**] *antidoping-* ★ contrôle ~ *dopingcontrole*
antidote m *tegengif; middel* (**contre** *tegen*)
antidouleur BNW ★ centre ~ *pijnbestrijdingscentrum*
antiémeute BNW *oproerbestrijdend*
antienne v REL. *antifoon* ★ chanter toujours la même ~ *altijd hetzelfde liedje zingen*
antigang BNW *misdaadsbestrijdings-*
antigel m *antivriesmiddel*
antigène m *antistof*
antigivrant BNW *ontdooiend*
antihéros (*zeg:* -roo) m *antiheld*
anti-inflammatoire BNW *tegen ontstekingen*
antijeu m SP. *spelbederf*
antillais BNW [v: **antillaise**] *Antilliaans*
Antillais m [v: **Antillaise**] *Antilliaan*
Antilles v mv *Antillen*
antilope v *antilope*
antimatière v *antimaterie*
antimilitariste I m/v *anti-militarist* II BNW *anti-militaristisch*
antimite BNW *mottenbestrijdend*
antimoine m *antimonium*
antinomie v *tegenstrijdigheid*
antinomique BNW *tegenstrijdig*
antipape m *tegenpaus*
antiparasite BNW *ontstorend*
antiparasiter OV WW *ontstoren*
antipathie v *afkeer; antipathie* (**envers, pour** *jegens*)
antipathique BNW *weerzinwekkend; onsympathiek*
antipatriotique BNW *onvaderlandslievend*
antipode m • *tegenvoeter* • *tegengestelde; tegenpool* ★ aux ~s *aan het andere eind van*

de wereld; *volstrekt tegengesteld*; *ver van*
antipollution BNW *milieubeschermend*
antipyrétique BNW *koortsverdrijvend*
antiquaille V PEJ. *oude rommel*
antiquaire m/v *antiquair*
antique BNW • *antiek*; *zeer oud* • *ouderwets* • *uit de oudheid* • *naar het voorbeeld der ouden* ⋆ style ~ *volgens oud model*
antiquité I v *oudheid* II v mv *oude voorwerpen*; *antiquiteiten*
antirabique BNW *tegen hondsdolheid*
antireflet BNW *reflectiewerend*
antireligieux BNW [v: **antireligieuse**] *antigodsdienstig*
antirides BNW *tegen rimpels*
antirouille BNW *roestwerend*
antisèche v *spiekbriefje*
antisémite I m/v *anti-semiet*; *jodenhater* II BNW *anti-semitisch*
antisémitisme m *anti-semitisme*; *jodenhaat*
antisepsie v *bestrijding van besmetting*
antiseptique BNW ; *antiseptisch*; *bederfwerend*
antisida BNW (onver.) *aidsbestrijdend*
antisocial BNW [m mv: **antisociaux**] *onmaatschappelijk*
antisolaire BNW *zonwerend* ⋆ crème ~ *zonnebrandcrème*
antisportif BNW [v: **antisportive**] • *tegen de sport* • *onsportief*
antithèse v *tegenstelling*; *antithese*
antithétique BNW *een tegenstelling vormend*
antivol m *mechaniek om (auto)diefstal te voorkomen*; *fiets-/stuurslot*
antonyme m *antoniem* ⋆ bon et mauvais sont des ~s *goed en slecht zijn antoniemen van elkaar*
antre m *hol*; *spelonk* ⋆ FIG. l'~ du lion *het hol v.d. leeuw*
anus (*zeg:* anuus) m *anus*; *aars*
Anvers (*zeg:* a(n)vèr; (Belg.) a(n)vèrs) m *Antwerpen*
anxiété v *angst*; *ongerustheid*
anxieux BNW [v: **anxieuse**] *anstig*; *ongerust* ⋆ ~ de *in gespannen afwachting van* ⋆ il est ~ de réussir *hij wil per se slagen*
AOC AFK → **appellation**
aorte v *aorta*; *grote slagader*
août (*zeg:* oe(t)) m *augustus*
aoûtien (*zeg:* aoesje(n)) m [v: **aoûtienne**] • *iem. die in augustus op vakantie gaat* • *iem. die in augustus in de grote stad (Parijs) blijft*
apaisement m • *bevrediging*; *(het) tot rust komen*; *(het) tot rust brengen* • *rust*
apaiser I OV WW • *kalmeren*; *sussen* • *stillen* • *bevredigen* II WKD WW (**s'**~) • *afnemen*; *bedaren* • *tot rust komen*
apanage m • *apanage*; *gebied dat vorsten tijdelijk gaven aan familieleden* • *eigendom*; *privilege*
aparté m • *hetgeen een speler terzijde zegt op het toneel*; *terzijde* • *onderonsje* ⋆ en ~ *onder vier ogen*
apartheid m *apartheid*
apathie v *apathie*; *lusteloosheid*; *onverschilligheid*
apathique BNW ; *apathisch*; *sloom*; *lusteloos*
apatride I m/v *stateloos iemand* II BNW *stateloos*
aperception v *bewuste waarneming*
apercevoir I OV WW *bemerken*; *ontdekken*; *op grote afstand zien* II WKD WW (**s'~ de**) *merken*; *gewaarworden* ⋆ s'apercevoir que *merken dat*
aperçu I m • *kort overzicht* • *korte typering*; *eerste indruk* II WW (volt. deelw.) → **apercevoir**
apéritif I m *aperitief*; *drankje voor het eten* II BNW [v: **apéritive**] *wat de eetlust opwekt*
apéro INF. m *aperitief*
apesanteur v *gewichtloosheid*
à-peu-près m (onver.) *benadering*; *vaag gegeven*
apeuré BNW *beangstigd*; *geschrokken*
aphasie v *afasie*; *spraakstoornis*
aphone BNW *hees*; *zonder stem*
aphonie v *heesheid*; *verlies v.d. stem*
aphorisme m *korte, geestige spreuk*; *aforisme*
aphrodisiaque I m *afrodisiacum*; *middel ter opwekking v.d.geslachtsdrift* II BNW *de geslachtsdrift prikkelend*
aphte m *mondzweertje*; *afte*
aphteux BNW [v: **aphteuse**] ⋆ fièvre aphteuse *mond- en klauwzeer*
à-pic m *steile wand*
apiculteur m [v: **apicultrice**] *imker*
apiculture v *bijenteelt*
apitoiement m *medelijden*
apitoyer I OV WW • *medelijden opwekken* • *vertederen* II WKD WW (**s'~ sur**) *medelijden krijgen/hebben met*
APL AFK (aide personnalisée au logement) *woonsubsidie*
aplanir I OV WW • *vlak maken*; *gelijk maken* • *beslechten*; *uit de weg ruimen* II WKD WW (**s'**~) *vlak worden*; *uit de weg geruimd worden*
aplanissement m *(het) platmaken*
aplatir I OV WW • *platmaken* • *afplatten* II WKD WW (**s'**~) • *zich platmaken*; *plat gaan liggen* • *plat worden* • *te pletter vliegen* ⋆ FIG. s'~ devant qn *voor iem. kruipen*
aplatissement m • *(het) platmaken* • FIG. *kruiperigheid*
aplomb m • *lef* • *zelfvertrouwen*; *aplomb* • *loodrechte stand*; *evenwicht* ⋆ d'~ *in evenwicht*; *loodrecht* ⋆ il ne tient pas d'~ sur ses jambes *hij kan niet recht op zijn benen staan* ⋆ remettre d'~ *er weer bovenop helpen*
apnée v • *ademstilstand*; *apnoe* • *ingehouden adem*
apocalypse v *Apocalyps*; *einde van de wereld*; *grote ramp*
apocalyptique BNW *apocalyptisch*
apocryphe BNW OOK FIG. *apocrief* ⋆ les ~s *de evangeliën die door de Kerk voor onecht zijn verklaard*
apodictique BNW *stellig*; *onweerlegbaar*; *apodictisch*
apogée m • *hoogtepunt* • *punt waar een planeet het verst v.d. aarde verwijderd is* • *toppunt*
apolitique BNW *niet-politiek*; *wars van politiek*
apologétique I v *geloofsverdediging* II BNW *verdedigend*; *apologetisch*

A

apologie v • *verdediging; apologie* • *lofrede*
apologiste m/v • *verdediger* • *geloofsverdediger*
apologue m *leerfabel; apoloog*
apoplectique I M/V II BNW *apoplectisch*
apoplexie v MED. *beroerte*
apostasie v *afvalligheid*
apostasier ON WW *v.h. geloof afvallen*
apostat m *afvallige*
a posteriori BIJW *achteraf (beschouwd)*
apostille v *kanttekening*
apostiller OV WW *een aantekening, aanbeveling plaatsen bij geschrift of verzoekschrift*
apostolat m • *apostolaat* • *roeping*
apostolique BNW *apostolisch*
apostrophe v • *aanspreking* • *boze uitval* • *afkappingsteken (')*
apostropher OV WW • *plotseling aanspreken* • *uitfoeteren; uitvaren tegen*
apothéose v • *apotheose; schitterend sloteffect* • *vergoddelijking* • *verheerlijking*
apothicaire VERO. m *apotheker* ★ compte d'~ *lange en ingewikkelde rekening*
apôtre m • *apostel* • *verkondiger of verdediger v.e. leer* ★ faire le bon ~ *een heilig boontje zijn*
apparaître ON WW • *verschijnen (***à** *aan)* • *toeschijnen; lijken (***à** *aan;* **comme** *als)* • *blijken* ★ il apparaît que [+ ind.] *het blijkt dat*
apparat (*zeg:* -rà) m *praal; pronk* ★ costume d'~ *galakostuum*
appareil m • *apparaat* • *systeem* • *toestel* • *telefoon(toestel)* • *beugel* ‹tanden› • *camera* • VERO. *praal; opsmuk* ★ qui est à l'~? *met wie spreek ik?* ★ dans le plus simple ~ *(bijna) naakt*
appareillage m • *(het) zeilklaar maken; afvaart* • *apparatuur*
appareiller I OV WW • *gereedmaken, klaarzetten; een prothese plaatsen op* • *samenvoegen; bij elkaar zetten; paren* II ON WW *zich zeilklaar maken; afvaren*
apparemment BIJW • *blijkbaar* • *kennelijk*
apparence v • *uiterlijk; schijn* • *waarschijnlijkheid* ★ en ~ *schijnbaar* ★ selon toute ~ *naar alle waarschijnlijkheid* ★ sauver les ~s *de schijn ophouden* ★ il ne faut pas se fier aux ~s/les ~s sont trompeuses *schijn bedriegt*
apparent BNW • *zichtbaar* • *duidelijk* • *schijnbaar* ★ contradictions ~es *schijnbare tegenstellingen*
apparentement m *lijstverbinding* ‹m.b.t. verkiezing›
apparenter WKD WW (**s'**~ **à**) *familie worden van; lijken op;* POL. *een lijstverbinding aangaan met*
apparier OV WW *paren*
appariteur m • *pedel* • *bode*
apparition v • *(onverwachte) verschijning* • *spook* ★ faire son ~ *verschijnen; voor het eerst voorkomen* ★ il n'a fait qu'une ~ *hij is maar kort gebleven*
appart m INF. → **appartement**
appartement m *appartement; flat*
appartenance v • *(het) behoren (***à** *bij, tot)* • *(het) element/lid zijn (***à** *van)* ★ ~ politique *politieke signatuur*
appartenir I ON WW • *passen (***à** *bij); eigen zijn (***à** *aan)* • *toebehoren* • *behoren tot; een element zijn van* II ONP WW ★ il ne vous appartient pas de *het past u niet; het ligt niet op uw weg te* III WKD WW (**s'**~) *zijn eigen baas zijn*
appas (*zeg:* apà) m mv FORM. *aantrekkelijkheid*
appât (*zeg:* apà) m • *lokaas* • *aantrekkingskracht*
appâter OV WW • *lokken* • *vetmesten*
appauvrir OV WW *verarmen; uitmergelen*
appauvrissement m • *verarming* • *uitmergeling*
appeau m [mv: **appeaux**] • *lokfluitje* • *lokvogel*
appel m • *roep; geroep* • *signaal* • *appel; (het) aflezen der namen* • *(het) oproepen van soldaten* • *telefoontje* • JUR. *hoger beroep; oproep (***à** *aan, om, tot)* ★ ~ téléphonique *telefoontje* ★ ~ de phares *knippersignaal* ‹met koplampen› ★ l'~ de la classe *het oproepen der lichting* ★ ~ d'air *trek; trekgat* ‹v. schoorsteen› ★ SPORT planche d'~ *afzetbalk* ★ sans ~ *onherroepelijk* ★ faire ~ *in hoger beroep gaan* ★ faire ~ à *een beroep doen op* ★ faire un ~ du pied *verkapt om iets vragen; een hint geven* ★ sonner l'~ *appel blazen*
appelé m • *dienstplichtige* • *geroepene*
appeler I OV WW • *roepen* • *oproepen (***à** *om)* • *tot zich trekken; vragen* • *noemen* • *(op)bellen* • *benoemen; bestemmen; roepen (***à** *tot, voor, om)* • *met zich meebrengen; vergen* ★ ~ au téléphone *opbellen* ★ ~ par son nom *bij de naam noemen* ★ ~ un chat un chat *de dingen bij hun naam noemen* ★ ~ sous les drapeaux/sous les armes *onder de wapenen roepen* ★ ~ en justice *voor het gerecht dagen* ★ ce tableau appelle tous les regards *dit schilderij trekt aller aandacht* II ON WW *in beroep gaan* ★ en ~ à *zich beroepen op; een beroep doen op* ★ en ~ de *beroep/protest aantekenen tegen* III WKD WW (**s'**~) *heten*
appellation v *naam; benaming* ★ ~ (d'origine) contrôlée *gecontroleerde herkomstaanduiding* ‹v. wijn e.d.›
appendice (*zeg:* apè(n)dies) m • *aanhangsel* • *appendix; wormvormig aanhangsel v.d. blinde darm*
appendicite (*zeg:* apè(n)disiet) v *blindedarmontsteking*
appentis (*zeg:* -tie) m • *schuur* • *afdak*
appert ONP WW ★ il ~ *het blijkt*
appesantir I OV WW *verzwaren; zwaar maken; log maken* II WKD WW (**s'**~) *zwaar(der) worden; log(ger) worden* ★ s'~ sur un sujet *lang bij een onderwerp blijven stilstaan, er op blijven hameren*
appesantissement m *logheid; loomheid*
appétence v FORM. *neiging; behoefte*
appétissant BNW *lekker; aanlokkelijk; appetijtelijk*
appétit m • *eetlust* • *begeerte (***de** *naar)* ★ bon ~! *smakelijk eten!* ★ ~ d'oiseau *weinig trek* ★ couper l'~ *de eetlust benemen* ★ ~s sexuels

behoefte aan seks ⋆ il n'est chère que d'~ *honger is de beste saus* ⋆ l'~ vient en mangeant *al etende krijgt men trek*; *hoe meer men bezit, hoe meer men verlangt*
applaudir **I** OV WW • *toejuichen* • *prijzen*; *instemmen met* ⋆ être applaudi *aanslaan* **II** ON WW • *applaudisseren* • (~ **à**) *ingenomen zijn met* **III** WKD WW (**s'~ de**) *zichzelf gelukwensen met*; *zich verheugen over*
applaudissement m *applaus*; *bijval*
applicable BNW • *toepasselijk (***à** *op)* • *wat aangebracht kan worden*; *wat toegediend kan worden*
application v • *toepassing*; *gebruik*; *praktijk* • *(het) aanbrengen*; *(het) toedienen*; *applicatie* • *ijver*; *toewijding (***à** *om)* ⋆ dentelle d'~ *opgewerkte kant* ⋆ mettre en ~ *in praktijk brengen*
applique v • *oplegsel*; *applicatie* • *wandlamp*
appliqué BNW • *ijverig* • *toegepast* • *toegebracht*
appliquer **I** OV WW • *aanbrengen* • *opleggen* • *toedienen (***à** *aan)* • *toepassen (***à** *op)* • *aanwenden (***à** *voor)* ⋆ ~ des couleurs *kleuren aanbrengen* ⋆ ~ de la dentelle *kant opleggen* ⋆ ~ un soufflet *een klap geven* ⋆ ~ une règle *een regel toepassen* ⋆ ~ un remède *een middel aanwenden* **II** WKD WW (**s'~**) • *zich beijveren*; *zijn best doen (***à** *om)*; *aangebracht worden* • (**s'~ à**) *van toepassing zijn op*
appoint m • *kleingeld*; *pasgeld* • *aanvulling* • *hulp* ⋆ faire l'~ *bijpassen*; *met gepast geld betalen* ⋆ d'~ *aanvullend* ⋆ salaire d'~ *bijverdienste*
appointements m mv *salaris*
appointer OV WW • *bezoldigen* ‹v. ambtenaar› • *aanpunten*
appontage m *deklanding*
appontement m *aanlegsteiger*
apport m • *aanbreng*; *inbreng (***en** *in)* ‹v. echtgenoot of compagnon›; *bijdrage (***à** *tot)* • *aanvoer*
apporter OV WW • *brengen* • *meebrengen* • *inbrengen* ‹in huwelijk of zaak› • *aanvoeren* • *verschaffen (***à** *aan, om)* ⋆ ~ un changement *een verandering teweegbrengen* ⋆ ~ des raisons *redenen aanvoeren* ⋆ ~ du soin *zorg besteden*
apposer OV WW • *aanbrengen* • *aanplakken* ⋆ ~ une clause *een clausule toevoegen* ⋆ ~ les scellés *gerechtelijk verzegelen*
apposition v • *(het) aanbrengen*; *(het) aanplakken* • TAALK. *bijstelling* ⋆ en ~ *als bijstelling*
appréciable BNW • *te waarderen* • *aanzienlijk* • *interessant*
appréciateur m [v: **appréciatrice**] *iem. die waardeert*
appréciatif BNW [v: **appréciative**] *taxerend*; *taxatie-*
appréciation v • *schatting* • *waardering* • *oordeel*; *beoordeling*
apprécier OV WW • *schatten*; *beoordelen* • *waarderen*
appréhender OV WW • *vrezen*; *duchten (***de** *om)* • *vatten*; *aanhouden* ⋆ ~ au corps *arresteren*
appréhension v • *vrees*; *bezorgdheid*; *beduchtheid (***de** *om)* • *begrip*; *bevatting*
apprendre OV WW • *leren*; *studeren* • *vernemen (***de, par** *van)* • *mededelen*; *berichten (***à** *aan)* • *leren*; *onderwijzen*; *bijbrengen (***à** *aan, om)* ⋆ ~ par cœur *van buiten leren* ⋆ bien appris *goed opgevoed* ⋆ je lui apprendrai *ik zal hem (mores) leren*
apprenti m [v: **apprentie**] • *leerjongen* • *beginneling*
apprentissage m *leertijd*; *opleiding*; *(het) leren* ⋆ être en ~ *in de leer zijn* ⋆ mettre en ~ *in de leer doen*
apprêt m • *(het) opmaken van stoffen* • *appret*; *stijfsel* • *gemaaktheid* ‹v. stijl› ⋆ FORM. les ~s *voorbereidselen* ⋆ sans ~ *ongekunsteld*
apprêté BNW *gekunsteld*; *gemaakt*
apprêter **I** OV WW • *opmaken van stoffen* • *klaarmaken* • *bereiden* ‹v. voedsel› **II** WKD WW (**s'~**) *zich voorbereiden, zich aankleden*; *aanstalten maken (***à** *voor, om)*
apprivoisement m *(het) temmen*
apprivoiser **I** OV WW • *temmen* • *handelbaarder maken* **II** WKD WW (**s'~**) • *tam worden* • (**s'~ avec/à**) *zich vertrouwd maken met*; *wennen aan*
approbateur **I** m [v: **approbatrice**] *iem. die goedkeurt* **II** BNW [v: **approbatrice**] *goedkeurend*
approbatif BNW [v: **approbative**] *goedkeurend*
approbation v • *goedkeuring* • *toestemming* • *bijval*
approchable BNW *te benaderen*
approchant **I** BNW *weinig verschillend (***de** *van)*; *bijna gelijk* **II** BIJW *ongeveer* ⋆ quelque chose d'~ *iets dergelijks*
approche v *(be)nadering* ⋆ d'une ~ facile *gemakkelijk te naderen* ⋆ les ~s d'une ville *de toegang tot een stad*; *de omstreken*; *de buitenwijken*
approcher **I** OV WW • *dichterbij brengen (***de** *bij)* • *benaderen*; *in aanraking komen met* ⋆ ~ une chaise *een stoel bijschuiven* **II** ON WW • *naderen* • (~ **de**) *(be)naderen* **III** WKD WW (**s'~ de**) *(be)naderen*
approfondir **I** OV WW • *uitdiepen*; *dieper maken* • *diep ingaan op* **II** WKD WW (**s'~**) *dieper worden*
approfondissement m • *(het) uitdiepen* • *grondige bestudering*
appropriation v • *(het) geschikt maken voor* • JUR. *toe-eigening*
approprié BNW *geschikt*; *geëigend (***à** *voor)*
approprier **I** OV WW (~ **à**) *aanpassen aan*; *geschikt maken voor*; *in overeenstemming brengen met* **II** WKD WW (**s'~**) • *zich toe-eigenen* • (**s'~ à**) *zich aanpassen aan*; *aangepast (kunnen) worden aan*
approuver OV WW • *goedkeuren*; *instemmen met* • *prijzen*; *bijval schenken*
approvisionnement m • *proviandering*; *voorziening* • *proviand*; *voorraad*
approvisionner **I** OV WW *bevoorraden (***de, en** *met)* **II** WKD WW (**s'~**) *voorraad inslaan*; *zich voorzien (***de, en** *van)*
approximatif BNW [v: **approximative**]

benaderend; vaag; niet-precies
approximation v *benadering; raming*
approximativement BIJW *bij benadering*
appui m • *steun; stut* • *hulp* • *adstructie; ondersteuning* ★ l'~ d'une fenêtre *vensterbank* ★ point d'~ *(militair) steunpunt* ★ à hauteur d'~ *op borsthoogte* ★ à l'~ (de) *ter ondersteuning/staving (van)*
appui-bras m [mv: **appui(s)-bras**] *armsteun*
appui-tête m [**appuie-tête**] [m mv: **appui(e)(s)-tête**] *hoofdsteun*
appuyer I OV WW • *steunen; stutten; ondersteunen* • *plaatsen (**à**, **contre** tegen)* • *drukken (**contre** tegen; **sur** op)* • *staven (**de** met)* ★ ~ une échelle contre un mur *een ladder tegen een muur plaatsen* • (~ **sur**) *baseren op* **II** ON WW • *drukken; leunen (**contre** tegen; **sur** op)* ★ ~ sur la gauche/à gauche *links aanhouden* • (~ **sur**) *benadrukken; beklemtonen* ★ appuyer sur un mot *de nadruk leggen op een woord* **III** WKD WW (**s'**~) • *steunen/leunen (**à**, **contre** tegen; **sur** op)* • INF. *innemen* • INF. *tegen zijn zin doen; moeten dulden* • (**s'**~ **sur**) *steunen op; zich baseren/verlaten op*
âpre BNW • *scherp* • *wrang* ‹ook fig.› • *ruw; oneffen* ★ froid âpre *vinnige koude* ★ caractère âpre *vinnig karakter* ★ âpre au gain *tuk op winst*
après I BIJW *daarna; daarop* ★ la semaine d'~ *de week daarop* ★ et puis ~? *en wat dan nog?* **II** VZ *na* ★ ~ cela *daarna* ★ d'~ *volgens; naar* ★ ci-~ *hierna* ★ ~ vous! *gaat u voor!* ★ ~ quoi *waarna* ★ ~ coup *achteraf* ★ ~ tout *alles wel beschouwd; eigenlijk* ★ courir ~ qn *iem. narennen* ★ crier ~ qn *iem. naschreeuwen* ★ INF. être ~ qn *iem. moeten hebben; het op iem. begrepen hebben* ★ peindre d'~ nature *naar de natuur schilderen* ★ ~ la pluie le beau temps *na regen komt zonneschijn* ★ ~ nous le déluge *na ons de zondvloed; die dan leeft, die dan zorgt* ★ jeter le manche ~ la cognée *er de brui aan geven* **III** VW (~ **que**) *nadat; als eenmaal*
après-demain BIJW *overmorgen*
après-guerre m [mv: **après-guerres**] *naoorlogse periode* ★ d'~ *naoorlogs*
après-midi m/v (onver.) *(na)middag*
après-rasage I m [mv: **après-rasages**] *aftershave* **II** BNW ★ lotion ~ *aftershave*
après-ski m [**après-ski(s)**] *après-ski* ‹ook schoeisel›
après-vente BNW ★ service ~ *(klanten)service*
âpreté v • *scherpheid; wrangheid; bitterheid; strengheid; ruwheid; oneffenheid* • *begerigheid*
a priori BIJW • *a priori; vooraf* • *in principe; zo te zien*
apriorisme m *redenering a priori*
à-propos m • *(het) geschikte moment; (het) ter zake zijn* • *gevatheid* • *gelegenheidsstuk; gelegenheidsgedicht*
apte BNW • *bekwaam* • (~ **à**) *geschikt voor; geschikt om*
aptitude v *geschiktheid; bekwaamheid (**à** tot, voor; **pour** voor)*
apurer OV WW *in orde bevinden v.e. rekening*
aquafortiste (*zeg:* akwa-) m *etser*
aquaplaning (*zeg:* akwa-) m [**aquaplanage**] *aquaplaning*
aquarelle (*zeg:* akwa-) v *aquarel; waterverftekening*
aquarelliste (*zeg:* akwa-) m/v *waterverfschilder*
aquarium (*zeg:* akwa-) m *aquarium*
aquatique (*zeg:* akwa-) BNW *in/bij het water levend; water-*
aquavit (*zeg:* akwaviet) m *aquavit*
aqueduc (*zeg:* akduuk) m *aquaduct; waterleiding*
aqueux (*zeg:* akeu) BNW [v: **aqueuse**] ARCH. *waterig*
aquifère (*zeg:* akwie-) BNW *waterhoudend*
aquilin (*zeg:* akie-) BNW *adelaars-* ★ nez ~ *arendsneus*
aquilon (*zeg:* akie-) m *hevige noordenwind*
arabe I m *(het) Arabisch* **II** BNW *Arabisch*
Arabe m/v *Arabier*
arabesque v • ARCHIT. *dooreengestrengelde bladeren en figuren* • *arabesk; kronkelende lijn; versiering*
arabique BNW *van/uit Arabië*
arabisant m *arabist*
arable BNW *bebouwbaar; beploegbaar*
arac m *arak*
arachide v *apennoot; pinda*
arachnéen BNW [v: **arachnéenne**] • BIOL. *spinachtig* • LIT. *licht als een web*
arachnide m *spinachtige*
arack m *arak*
araignée v • *spin* • *puthaak* • *soort visnet* ★ toile d'~ *spinnenweb*
aratoire BNW *landbouwkundig*
arbalète v GESCH. *stalen boog*
arbalétrier m *(kruis)boogschutter*
arbitrage m • *arbitrage* • *scheidsgerecht*
arbitraire I m *willekeur; eigenmachtigheid* **II** BNW *willekeurig; eigenmachtig*
arbitral BNW [m mv: **arbitraux**] *scheidsrechterlijk*
arbitre m • *scheidsrechter* • *heer en meester* ★ le libre ~ *de vrije wil*
arbitrer OV WW • *een scheidsrechterlijke uitspraak doen* • *leiden v.e. sportwedstrijd*
arborer OV WW • *oprichten; verheffen* • *openlijk dragen; opzichtig dragen* ★ ~ le drapeau *de vlag planten; de vlag hijsen*
arborescent BNW *boomvormig*
arboriculteur m *boomkweker*
arboriculture v *boomteelt*
arborisation v *ijsbloem* ‹op een ruit›
arbre m • *boom* • *as* ‹v. machine› ★ ~ fruitier *vruchtboom* ★ ~ à cames *nokkenas* ★ ~ coudé *krukas* ★ ~ d'hélice *schroefas* ★ ~ de transmission *cardanas* ★ ~ généalogique *stamboom* ★ ~ de la Croix *kruishout* ★ INF. monter à l'~ *erin lopen* ★ couper l'~ pour avoir le fruit *de kip met gouden eieren slachten* ★ entre l'~ et l'écorce il ne faut pas mettre le doigt *men moet zich niet in familietwisten mengen*
arbrisseau m [mv: **arbrisseaux**] *heester; boompje*
arbuste m *kleine heester; struik*
arc (*zeg:* ark) m *boog* ★ lampe à arc *booglamp*

★ arc de triomphe *triomfboog* ★ avoir plusieurs cordes à son arc *verschillende pijlen op zijn boog hebben*
arcade v ARCH. *boog; arcade*
arcane m *arcanum* ★ les ~s de la science *de geheimen van de wetenschap*
arc-boutant m [mv: **arcs-boutants**] ARCH. *steunboog*
arc-bouter I OV WW ARCH. *stutten door middel van steunbogen* **II** WKD WW (**s'**~) *zich schrap zetten*
arceau m [mv: **arceaux**] *boog*
arc-en-ciel m [mv: **arcs-en-ciel**] *regenboog*
archaïque BNW *archaïsch; verouderd*
archaïsant BNW TAALK. *gebruik makend van archaïsmen*
archaïsme m *archaïsme; verouderd woord; verouderde uitdrukking of toestand*
archange (*zeg:* -ka(n)zj) m *aartsengel*
arche v • *ark* • *boog* ‹v. brug› ★ ~ de Noë *ark van Noach* ★ ~ d'alliance *verbondsark*
archéologie (*zeg:* arkee-) v *oudheidkunde; archeologie*
archéologique (*zeg:* arkee-) BNW *oudheidkundig*
archéologue (*zeg:* arkee-) m/v *oudheidkundige*
archer m • *boogschutter* • GESCH. *gerechtsdienaar of politiedienaar*
archet m • MUZ. *strijkstok* • *drilboog* • *stroomafnemer; beugel*
archétype m *archetype; oerbeeld*
archevêché m • *aartsbisdom* • *aartsbisschoppelijk paleis*
archevêque m *aartsbisschop*
archi- VOORV *aarts-; oer-*
archiduc m [v: **archiduchesse**] *aartshertog*
archiépiscopal BNW [m mv: **archiépiscopaux**] *aartsbisschoppelijk*
archipel m *archipel*
architecte m/v *architect*
architectonique I v *architectuur* **II** BNW *architectonisch*
architectural BNW [m mv: **architecturaux**] *van de bouwkunst*
architecture v • *bouwkunst; architectuur* • *bouwstijl* • *bouwsel* • *structuur*
archives v mv *archief; archieven*
archiviste m/v *archivaris*
arçon m *zadelboog* ★ vider les ~s *uit het zadel vallen*
arctique BNW *tot de noordpool behorend* ★ pôle ~ *noordpool* ★ Océan ~ *Noordelijke IJszee*
ardemment BIJW • *brandend* • *hevig; vurig* • *vlijtig; ijverig*
Ardennes v mv *Ardennen*
ardent BNW • *brandend* • *hevig; vurig* • *vlijtig; ijverig* ★ cheval ~ *vurig paard* ★ chambre ~e *rouwkapel* ★ fièvre ~e *hevige koorts*
ardeur v • *hitte; brandende warmte* • *vuur; geestdrift* • *ijver*
ardillon m *tong* ‹v. gesp›
ardoise v • *lei; leisteen* • *achterstallige schuld; pof*
ardoisière v *leisteengroeve*
ardu BNW *moeilijk*
arène v • *arena; strijdperk* • LIT. *fijn zand* ★ les ~s *de woestijn; de arena* ★ descendre dans l'~ *in het strijdperk treden*
aréomètre m *areometer; vochtweger*
aréopage m • *rechtbank in het oude Athene* • *verzameling van geleerden, rechters*
arête v • *visgraat* ‹v. korenaar› • *uitstekende hoek* • *kam* ‹v. berg› • *rib* ‹v. kubus› • *baard* ‹v. korenaar›
argent m • *zilver* • *geld* ★ ~ comptant *klinkende munt* ★ se trouver à court d'~ *krap bij kas zitten* ★ en avoir pour son ~ *waar voor zijn geld krijgen* ★ j'en suis pour mon ~ *dat geld ben ik kwijt* ★ l'~ lui fond dans les mains *hij heeft een gat in z'n hand* ★ accepter/prendre pour ~ comptant *voor goede munt aannemen* ★ jeter l'~ par les fenêtres *geld over de balk smijten* ★ être cousu d'~ *geld als water hebben* ★ l'~ n'a pas d'odeur *geld stinkt niet* ★ point d'~, point de Suisses *geen geld, geen Zwitsers*
argenté BNW • *verzilverd* • *zilverkleurig* • INF. *rijk*
argenter OV WW • *verzilveren* • *als zilver kleuren*
argenterie v *zilverwerk; tafelzilver*
argentier m • *zilverkast* • *schatbewaarder*; INF. *minister van financiën*
argentifère BNW *zilverhoudend*
argentin BNW [v: **argentine**] *Argentijns* ★ voix ~e *zilveren/heldere stem*
Argentin m [v: **Argentine**] *Argentijn*
Argentine v *Argentinië*
argile v *klei; leem*
argileux BNW [v: **argileuse**] *kleiachtig; leemachtig*
argot m • *dieventaal; Bargoens* • *bijzondere taal van bepaalde groepen of beroepen; jargon*
argotique BNW *wat tot het argot behoort*
argousier m *duindoorn*
arguer I OV WW *concluderen* ★ ~ de faux *voor vals verklaren; voor onecht verklaren* **II** ON WW (~ **de**) *aanvoeren; zich beroepen op* ★ pour protester on argua de la misère *om te protesteren voerde men de armoede aan*
argument m • *bewijs(grond)* • *korte inhoud* ★ tirer ~ de qc *iets als argument gebruiken*
argumentaire m *verzameling argumenten*
argumentation v *bewijsvoering; betoog*
argumenter I OV WW *beargumenteren* **II** ON WW • *redeneren; betogen* • *redetwisten (***avec, contre** *met;* **sur** *over)*
Argus (*zeg:* -guus met harde g) m *nieuwsblad; prijslijst* ‹v. tweedehands auto's e.d.›; *argus*
argutie (*zeg:* -sie) v *spitsvondigheid*
aria v *melodie; aria; lied*
aride BNW • *dor; onvruchtbaar* • OOK FIG. *droog*
aridité v • *dorheid; onvruchtbaarheid* • OOK FIG. *droogheid*
ariette v *liedje*
ariser OV WW *reven*
aristocrate m/v [**aristo**] *aristocraat*
aristocratie v *aristocratie*
aristocratique BNW *aristocratisch*
arithméticien m [v: **arithméticienne**] *rekenkundige*
arithmétique I v *rekenkunde* **II** BNW *rekenkundig*

A

arlequin m *harlekijn*
arlequinade v *klucht*
armagnac m *armagnac*
armateur m *reder*
armature v • *metalen geraamte*; *armatuur* • *anker* ‹v. magneet› • FIG. *grondslag*
arme I v • *wapen* • *legeronderdeel* ★ arme à feu *vuurwapen* ★ arme blanche *steekwapen* ★ maître d'armes *schermmeester* ★ fait d'armes *wapenfeit* ★ aux armes! *te wapen!* ★ présenter l'arme *het geweer presenteren* ★ passer par les armes *fusilleren* ★ faire ses premières armes *zijn eerste veldtocht maken*; *zijn carrière beginnen* ★ faire arme de tout *alle mogelijke middelen aanwenden* ★ fournir des armes contre *wapens in de hand geven tegen* ★ rendre les armes *zich overgeven*; *zwichten* ★ avec armes et bagages *met z'n hele hebben en houden* **II** v mv • *stadswapen*; *familiewapen* • *krijgsdienst*
armé BNW *gewapend*; *bewapend* ★ une attaque à force armée *een gewapende overval* ★ les Forces Armées *het leger*; *de gewapende macht* ★ à main armée *gewapenderhand*
armée v • *leger* • *massa* ★ ~ de l'air *luchtmacht* ★ ~ de mer *marine* ★ ~ de terre *landmacht* ★ ~ permanente *het staande leger* ★ ~ régulière *het staande leger* ★ Armée du Salut *Leger des Heils* ★ le Dieu des ~s *de Heer der heerscharen*
armement m • *bewapening* • *scheepsuitrusting*; *rederij* ★ course aux ~s *bewapeningswedloop*
armer I OV WW • *wapenen*; *bewapenen*; *uitrusten* (**de** *met*) • *laden*; *schietklaar maken* ‹v. vuurwapens› • *uitrusten* ‹v. schip› • *van ijzeren banden voorzien* • *sterken*; *gehard maken* (**contre** *tegen*) ★ armé jusqu'aux dents *tot de tanden gewapend* ★ ~ qn chevalier *iem. tot ridder slaan* ★ ~ contre la pauvreté *harden tegen de armoede* **II** WKD WW (**s'**~) *zich wapenen*; *zich uitrusten* (**de** *met*; **contre** *tegen*)
armistice m *wapenstilstand*
armoire v *kast* ★ ~ frigorifique *koelkast* ★ ~ à glace *spiegelkast*; FIG. *kleerkast*; *potige man*
armoiries v mv *wapen(schild)* ‹v. familie›
armorial m [mv: **armoriaux**] *wapenboek*
armoricain BNW *Armoricaans*; *uit Bretagne*
armure v • *harnas*; *wapenrusting* • *magneetanker*
armurerie v *wapensmederij*; *wapenwinkel*; *wapenfabriek*
armurier m *wapensmid*; *wapenhandelaar*; *wapenfabrikant*
arnaque m *zwendel*
arnaquer INF. OV WW • *oplichten*; *bedonderen* • *arresteren*
arobas (*zeg:* -bas) m [**arrobas**] TYP. *apenstaart*
aromate m *geurige plantaardige stof*; *kruiderij*
aromatique BNW *geurig*
aromatisant m *geurstof*
aromatiser OV WW *geurig maken*; *kruiden*
arôme m [**arome**] *aroma*
aronde v ★ assemblage en queue d'~ *zwaluwstaartverbinding*
arpège m *arpeggio*; *akkoord waarvan men de noten na elkaar laat horen*
arpent m *oude vlaktemaat*; *morgen (42 à 51 are)*
arpentage m • *landmeetkunde* • *(het) landmeten*
arpenter OV WW • *landmeten* • INF. *met grote stappen lopen door*
arpenteur m *landmeter*
arpion INF. m *voet*
arqué BNW *gebogen*
arquer I OV WW *ombuigen* **II** ON WW • INF. *lopen* • *doorbuigen*; *kromtrekken* **III** WKD WW (**s'**~) *kromtrekken*
arrachage m *(het) uittrekken*; *(het) rooien*
arraché m ★ à l'~ *met veel moeite*
arrachement m • *(het) uittrekken*; *(het) lostrekken* • *smart*
arrache-pied BIJW ★ d'~ *aan één stuk*
arracher I OV WW • *uittrekken*; *losrukken*; *afscheuren*; *rooien* • *ontrukken*; *loskrijgen* (**à**, **de** *aan, uit, van*) ★ ~ un aveu *een bekentenis afdwingen* ★ ~ la vie *het leven benemen* ★ je ne peux lui ~ une parole *ik kan geen woord uit hem krijgen* **II** WKD WW (**s'**~) • *vechten om* • *zich losrukken* • INF. *aanpoten* ★ s'~ les cheveux *zich de haren uit het hoofd trekken*; *hopeloos zijn* ★ s'~ un livre *vechten om een boek*
arracheur m [v: **arracheuse**] *rooier*; *die uittrekt* ★ mentir comme un ~ de dents *liegen alsof het gedrukt staat* ★ ~ de dents *kiezentrekker* ★ arracheuse de pommes de terre *aardappelrooimachine*
arraisonner OV WW • *aanhouden* • *praaien* ‹v. schip›; *visiteren* ‹v. vliegtuig›
arrangeant BNW *geschikt*; *coulant*; *inschikkelijk*
arrangement m • *regeling*; *rangschikking* • *vergelijk* • MUZ. *arrangement*; *bewerking*
arranger I OV WW • *rangschikken*; *regelen*; *klaarleggen* • *in der minne schikken* • MUZ. *arrangeren*; *bewerken* • *in orde brengen* • INF. *iem. toetakelen*; *iem. aftuigen* ★ cela m'arrange *dat komt me goed uit*; *dat staat me aan* **II** WKD WW (**s'**~) • *het regelen*; *zich redden* • *het eens worden*; *tot een vergelijk komen* • *in orde komen* • (**s'**~ **pour**) *ervoor zorgen dat* ★ il s'arrangea pour venir *hij zorgde ervoor dat hij kon komen* • (**s'**~ **de**) *zich schikken in*
arrangeur m [v: **arrangeuse**] *bewerker*; MUZ. *arrangeur*
arrérages m mv • *lijfrente-uitkering* • VERO. *achterstallige schuld of rente*
arrestation v *arrestatie*; *hechtenis*
arrêt m • *stilstand* • *halte* • *arrestatie*; *arrest* • JUR. *arrest*; *vonnis*; *uitspraak* • *pal* ★ ~ de travail *ziekteverlof* ★ ~ du travail *werkonderbreking* ★ ~ facultatif *halte op verzoek* ★ temps d'~ *rustpauze* ★ ~ sur image *stilstaand beeld*; *still* ★ chien d'~ *staande (jacht)hond* ★ SPORT ~s de jeu *blessuretijd* ★ sans ~ *zonder ophouden* ★ cran d'~ *veiligheidspal* ★ les ~s *kwartierarrest*; *kamerarrest* ★ maison d'~ *huis van bewaring* ★ mandat d'~ *bevel tot inhechtenisneming* ★ ~ de mort *doodvonnis* ★ rendre un ~ *een arrest wijzen* ★ tomber en ~ devant

(verbaasd) blijven staan bij ★ ~ maladie *ziekteverzuim*
arrêté m *(officieel) besluit* ★ ~ ministériel *ministerieel besluit* ★ ~ de compte *afsluiting v.e. rekening*
arrêter I OV WW • *tegenhouden; ophouden; doen stoppen* • *in hechtenis nemen* • *stuiten* • *vaststellen* • *afsluiten* • *afspreken* • *in de rede vallen* ★ ~ un compte *een rekening afsluiten* ★ ~ un plan *een plan vaststellen* ★ ~ ses yeux sur qc *zijn ogen op iets vestigen* II ON WW • *stoppen; ophouden (***de** [+ inf.] *met)* • *staan v.e. jachthond* III WKD WW (**s'**~) *(stil) blijven staan; ophouden* ★ s'~ à une décision *bij een beslissing blijven*
arrhes v mv • *borg; aanbetaling* • *onderpand*
arriéré I m • *achterlijk iemand* • *(het) achterstallige* II BNW • *achterlijk* • *achterstallig* • *verouderd*
arrière I m • *achterste gedeelte* • SP. *achterspeler* ★ à l'~ *achterin* ‹in voertuig› ★ assurer ses ~s *de aftocht dekken; zich indekken* II BNW *achter-* ★ SPORT ligne ~ *achterhoede* ★ marche ~ *achteruit* ‹versnelling› ★ roues ~ *achterwielen* ★ avoir vent ~ *de wind in de rug hebben* III BIJW *achter; terug* ★ en ~ *achter(uit); terug* IV TW *achteruit!*
arrière-ban m [mv: **arrière-bans**] • OOK FIG. *achterban* • *de opgeroepen achterleenmannen* • *het oproepen in krijgsdienst v.d. achterleenmannen* ★ le ban et l'~ *iedereen; het hele stel*
arrière-boutique m [mv: **arrière-boutiques**] *kamer achter de winkel*
arrière-cuisine m [mv: **arrière-cuisines**] *bijkeuken*
arrière-garde m [mv: **arrière-gardes**] OOK FIG. *achterhoede*
arrière-goût m [mv: **arrière-goûts**] *nasmaak*
arrière-grand-mère m [mv: **arrière-grands-mères**] *overgrootmoeder*
arrière-grand-père m [mv: **arrière-grands-pères**] *overgrootvader*
arrière-neveu m [mv: **arrière-neveux**] *achterneef*
arrière-pays m *achterland*
arrière-pensée m [mv: **arrière-pensées**] *bijgedachte; bijbedoeling*
arrière-petite-fille m [mv: **arrière-petites-filles**] *achterkleindochter*
arrière-petit-fils m [mv: **arrière-petits-fils**] *achterkleinzoon*
arrière-petits-enfants m mv *achterkleinkinderen*
arrière-plan m [mv: **arrière-plans**] OOK FIG. *achtergrond*
arriérer I OV WW *vertragen; uitstellen* II WKD WW (**s'**~) *achter komen*
arrière-saison m [mv: **arrière-saisons**] • *herfst* • *naseizoen*
arrière-train m [mv: **arrière-trains**] • INF. *achterste* • *achterlijf* ‹v. dier›
arrimage m *(het) stuwen van de lading*
arrimer OV WW *stuwen van de lading*
arrivage m *aankomst van goederen; aanvoer van goederen*
arrivant m [v: **arrivante**] *aankomende* ★ les nouveaux ~s *de nieuwkomers*
arrivée v • *aankomst* • *plaats van aankomst; finish* • TECHN. *aanvoer*
arriver I ON WW • *aankomen* • *vooruitkomen in de wereld* • (~ **à**) *slagen in; erin slagen om; bereiken* ★ en arriver à qc *tot iets komen* ★ j'y arrive *het lukt me* ★ arriver à ses fins *zijn doel bereiken* II ONP WW *gebeuren; overkomen* ★ il lui est arrivé un accident *er is hem (haar) een ongeluk overkomen*
arriviste I m/v *streber; iem. die met alle geweld carrière wil maken* II BNW *streberig*
arrobas m → **arobas**
arrogance v *verwaandheid; aanmatiging; arrogantie*
arrogant BNW *arrogant; verwaand; aanmatigend*
arroger WKD WW (**s'**~) *zich aanmatigen*
arrondir I OV WW *rond maken; afronden* ★ ~ son bien *zijn bezittingen vermeerderen* ★ ~ les fins de mois *de touwtjes aan elkaar knopen; wat bijverdienen* ★ une bourse arrondie *een goed gevulde beurs* II WKD WW (**s'**~) • *zich uitbreiden* • *rond(er) worden*
arrondissement m • *(het) afronden; ronding* • *arrondissement* ‹Parijs› ★ au douzième ~ *in het twaalfde arrondissement*
arrosage m • *begieting; besproeiing; bevloeiing* • MIL. *kogelregen* • *smeergeld* • *bestoking van doelgroep door media*
arroser OV WW • *bevloeien; begieten; besproeien* • MIL. *bombarderen* • *bestoken van doelgroep door media* • INF. *omkopen* ★ le Rhin arrose cette province *de Rijn stroomt door deze provincie* ★ ça s'arrose! *daar moet op gedronken worden!*
arroseur m *(tuin)sproeier* ★ l'~ arrosé *de bedrieger bedrogen*
arrosoir m *gieter*
arsenal m [mv: **arsenaux**] • OOK FIG. *arsenaal; tuighuis* • *marinewerf*
arsenic m *arsenicum*
arsouille m VERO. • *schoft* • *gemeen sujet; laag sujet*
art m • *kunst* • *bedrevenheid; handigheid* ★ les arts d'agrément *kunsten die men uit liefhebberij beoefent* ★ les beaux arts *de schone kunsten* ★ l'Ecole des Beaux arts *Academie voor Beeldende Kunsten* ★ arts décoratifs/appliqués *kunstnijverheid* ★ Art nouveau *Jugendstil* ★ les arts libéraux *de vrije kunsten* ★ arts martiaux *vechtsporten* ★ les arts mécaniques *de ambachten* ★ les arts ménagers *huishoudkunde* ★ Art déco *art deco* ★ le grand art *alchemie* ★ le septième art *de film(kunst)* ★ avoir l'art (et la manière) de *de kunst verstaan om* ★ c'est du grand art! *uit de kunst!*
artère v • *slagader* • *verkeersader*
artériel BNW [v: **artérielle**] *slagaderlijk* ★ sang ~ *slagaderlijk bloed* ★ pression ~le *bloeddruk*
artériosclérose v *arteriosclerose; aderverkalking*
artésien BNW [v: **artésienne**] *uit Artois* ★ puits ~ *artesische put*
arthrite v *artritis; gewrichtsontsteking*
arthropode m *geleedpotige*

A

arthrose v *artrose*; *gewrichtsslijtage*
artichaut m *artisjok*
article m • *artikel*; *bepaling* ‹v. wet, contract› • *(handels)artikel* • *tijdschriftartikel*; *krantenartikel* • *lidwoord* • BIOL. *lid*; *geleding* ★ ~ de foi *geloofsartikel* ★ à l'~ de la mort *op het punt van sterven* ★ ~s de Paris *galanterieën* ★ ~ défini *bepaald lidwoord* ★ ~ indéfini *onbepaald lidwoord* ★ ~ partitif *delend lidwoord* ★ sur cet ~ *op dat punt*
articulaire BNW *wat betrekking heeft op de gewrichten*
articulation v • *gewricht*; *geleding*; *koppeling* • *uitspraak*; *articulatie*
articulé I m *geleedpotige* II BNW • *gearticuleerd* • *geleed* ★ un bus ~ *een harmonicabus*
articuler OV WW • *(duidelijk) uitspreken*; *articuleren* • TECHN. *beweegbaar verbinden* • *uiteenzetten*
articulet m *stukje* ‹in de krant›
artifice m • *list* • *veinzerij* • *kunstgreep* ★ feu d'~ *vuurwerk* ★ sans ~ *onomwonden*
artificiel BNW [v: **artificielle**] *nagemaakt*; *kunstmatig* ★ fleurs ~les *kunstbloemen*
artificier m • MIL. *munitiedeskundige* • *vuurwerkmaker*
artificieux BNW [v: **artificieuse**] *slim*; *geslepen*
artillerie v *artillerie* ★ ~ antiaérienne *luchtafweergeschut* ★ ~ antichar *antitankgeschut* ★ ~ d'assaut *tankgeschut* ★ ~ de campagne *veldgeschut* ★ ~ lourde *zware artillerie* ★ ~ montée *bereden artillerie*
artilleur m *artillerist*
artimon m *bezaan*
artisan m • *ambachtsman*; *handwerksman* • FIG. *bewerker* ★ il a été l'~ de mon malheur *hij is de oorzaak van al mijn ellende*
artisanal BNW [m mv: **artisanaux**] *handwerk-*; *ambachtelijk*
artisanat m *het ambacht*; *de ambachtslieden*
artiste m/v *kunstenaar* ★ ~ dramatique *toneelspeler* ★ ~ peintre *kunstschilder*
artistique BNW *artistiek*; *kunstzinnig*; *smaakvol*
artothèque v *kunstuitleen*
arum m *aronskelk*
aryen BNW [v: **aryenne**] *Arisch*
Aryen m [v: **Aryenne**] *Ariër*
as (*zeg:* as) I m • *aas* ‹bij kaartspel, dobbelspel› • *as* ‹munteenheid bij oude Romeinen› • INF. *kei*; *uitblinker* ★ as du volant *prima coureur* ★ INF. être plein aux as *stinkrijk zijn* ★ passer à l'as *wegmoffelen* ★ être ficelé/fichu comme l'as de pique *er onmogelijk uitzien* II WW (présent) → **avoir**
A.S. AFK (Association Sportive) *sportvereniging*
ascendance v • *(het) opklimmen*; *stijging* • *voorgeslacht*
ascendant I m • *overwicht*; *invloed* • *klimmende beweging v.e. planeet* • ASTR. *ascendant* ★ ~s *(voor)ouders* II BNW *opklimmend*; *stijgend* ★ ligne ~e *opklimmende geslachtslinie*
ascenseur m *lift* ★ renvoyer l'~ *een wederdienst bewijzen*; *de bal terugkaatsen*
ascension v • *opstijging*; *bestijging*; *beklimming* • *succesvolle ontwikkeling*
Ascension v *hemelvaartsdag*; *Hemelvaart*
ascensionnel BNW [v: **ascensionnelle**] *opwaarts*; *opstijgend* ★ force ~le *stijgkracht*
ascensionniste m/v *bergbeklimmer*
ascèse v *ascese*
ascète m/v *asceet*
ascétique BNW *ascetisch*
ascétisme m *ascetisch leven*
ascorbique BNW ★ acide ~ *ascorbinezuur*; *vitamine C*
asepsie v • *asepsis*; *behandeling tegen ziektekiemen* • *steriliteit*
aseptique BNW *aseptisch*; *vrij van ziektekiemen*; *steriel*
aseptiser OV WW *ontsmetten*; *steriliseren*
asexué BNW *aseksueel*; *geslachtloos*; *niet-geslachtelijk*
asiatique BNW *Aziatisch*
Asiatique m/v *Aziaat*
Asie v *Azië*
asile m • *wijkplaats*; *schuilplaats* • *toevluchtsoord*; *toevlucht*; *tehuis*; *gesticht* ★ ~ de nuit *nachtasiel* ★ droit d'~ *asielrecht* ★ sans ~ *dakloos*
asocial BNW [m mv: **asociaux**] *asociaal*; *onaangepast*
aspect (*zeg:* aspè) m • *aanblik*; *gezicht*; *uiterlijk* • *aspect* ★ avoir l'~ de *eruitzien als* ★ examiner sous tous ses ~s *van alle kanten bekijken*
asperge v • *asperge* • INF. *mager persoon*; *bonenstaak*
asperger OV WW *besprenkelen*; *natspatten* (**de** *met*)
aspérité v • *ruwheid*; *oneffenheid* • *stuursheid* • *stroefheid* ‹v. stijl›
aspersion v *besprenkeling*
asphaltage m *asfaltering*
asphalte m • *asfalt* • INF. *(de) straten*; *(het) trottoir*
asphalter OV WW *asfalteren*
asphyxiant BNW OOK FIG. *verstikkend*
asphyxie v *verstikking*
asphyxier OV WW *doen stikken*
aspic m • *adder* • *vlees of koude vis in gelei* ★ langue d'~ *lastertong*; *kwaadspreker*
aspirant I m [v: **aspirante**] • *kandidaat*; *aspirant* • *vaandrig*; *adelborst* II BNW *inzuigend* ★ hotte ~e *afzuigkap* ★ pompe ~e *zuigpomp*
aspirateur I m *stofzuiger* ★ ~-balai *(hand)stofzuiger* ★ passer l'~ *stofzuigen* II BNW [v: **aspiratrice**] *opzuigend*
aspiration v • *(het) inzuigen*; *(het) opzuigen* • *inademing* • TAALK. *(het) aanblazen v.e. klank* • *aspiratie*; *verlangen*; *(het) streven* (**à** *naar*)
aspiré BNW ★ h ~e *aangeblazen h*
aspirer I OV WW • *inzuigen*; *opzuigen*; *afzuigen* • *inademen* • TAALK. *aanblazen van klank* II ON WW (~ **à**) *verlangen/streven naar*
aspirine v *aspirine* ★ comprimé d'~ *aspirinetablet*
assagir I OV WW *wijzer maken* II WKD WW (**s'**~) *bezadigder worden*; *wijzer worden*
assaillant I m *aanvaller* II BNW *aanvallend*
assaillir OV WW • *aanvallen* • *bestoken*; *lastig vallen* (**de** *met*) • *aanranden*

assainir OV WW • *gezond maken; saneren* • *draineren*
assainissement m • *sanering; (het) gezond maken* • *drainering* ★ ~ monétaire *geldzuivering*
assainisseur m *reukverdrijver*
assaisonnement m • *(het) kruiden* • *kruiderij*
assaisonner OV WW • OOK FIG. *kruiden* • INF. *ervan langs geven*
assassin I m *moordenaar* ★ à l'~! *moord!* **II** BNW *provocerend; moordend; dodend*
assassinat m *moord*
assassiner OV WW • *vermoorden;* FIG. *om zeep helpen* • *afzetten* ‹m.b.t. geld›
assaut m • *aanval; stormloop* • *schermpartij; bokspartij* ★ char d'~ *tank* ★ troupes d'~ *stormtroepen* ★ donner l'~ *stormlopen* ★ prendre une place d'~ *een vesting stormenderhand innemen* ★ faire ~ d'esprit *wedijveren in geestigheid; wedijveren in vernuft*
assèchement m *drooglegging*
assécher I OV WW • *droogleggen* • *leegmaken* **II** WKD WW (**s'**~) *droogvallen*
Assedic v (Association pour l'emploi dans l'industrie et le commerce) *bedrijfsvereniging voor industrie en handel* ★ les ~s *de WW(-uitkeringen)*
assemblage m • *(het) verzamelen; verzameling* • *assemblage; montage* • *las; voeg; samenvoeging*
assemblée v *vergadering* ★ Assemblée nationale *volksvertegenwoordiging; Tweede Kamer*
assembler I OV WW • *verzamelen* • *oproepen* • *verbinden; samenvoegen* **II** WKD WW (**s'**~) *vergaderen; samenkomen*
assembleur m • *iem. die verzamelt, samenvoegt* • COMP. *assembler; assembleerprogramma*
assembleuse v *vergaarmachine*
assener OV WW [**asséner**] *toebrengen* ★ ~ un coup *klap toedienen*
assentiment m *toestemming; goedkeuring*
asseoir I OV WW • *neerzetten; doen zitten* • FORM. *vestigen; gronden (***sur** *op)* **II** WKD WW (**s'**~) *gaan zitten*
assermenté BNW *beëdigd*
assertion v *bewering; verzekering; stelling*
asservir I OV WW • *tot slaaf maken* • *onderwerpen (***à** *aan); domineren; beheersen* ★ ~ ses passions *zijn hartstochten bedwingen* **II** WKD WW (**s'**~) *zich onderwerpen (***à** *aan)*
asservissement m • *slavernij* • *onderwerping* • *afhankelijkheid*
assesseur m *assessor; bijzitter*
asseye WW (subj. présent) → **asseoir**
asseyent WW (subj. présent) → **asseoir**
asseyes WW (subj. présent) → **asseoir**
asseyez WW (subj. présent) → **asseoir**
asseyons WW (subj. présent) → **asseoir**
assez BIJW • *genoeg* • *tamelijk; vrij* ★ ~ d'argent *genoeg geld; geld genoeg* ★ j'en ai ~ *ik heb er genoeg van*
assidu BNW • *vlijtig* • *stipt; nauwgezet* • *trouw; niet-aflatend; toegewijd (***à** *aan;* **auprès de** *jegens)*
assiduité I v • *stiptheid* • *ijver* • *volhardendheid; regelmatige aanwezigheid* **II** v mv PEJ. *opdringerigheid t.a.v. vrouwen*
assidûment BIJW → **assidu**
assied WW (présent) → **asseoir**
assieds WW (présent) → **asseoir**
assiégeant I m [v: **assiégeante**] *belegeraar* **II** BNW *belegerend*
assiéger OV WW • *belegeren* • *voortdurend lastig vallen*
assiette v • *(etens)bord* • *wijze waarop men zit of geplaatst is* • *ligging; stabiliteit* • *(berekenings)grondslag* ★ manger dans une ~ *van een bord eten* ★ ~ anglaise *koude vleesschotel* ★ ne pas être dans son ~ *niet in zijn gewone doen zijn; zich niet prettig voelen*
assiettée v *bord vol*
assignation v • *toewijzing* • *dagvaarding*
assigner OV WW • *toewijzen* • *dagvaarden* • *afspreken; bepalen* ★ ~ un rendez-vous *een plaats van samenkomst afspreken*
assimilable BNW • *vergelijkbaar* • *opneembaar; verteerbaar*
assimilation v • *gelijkmaking* • *assimilatie; opneming*
assimiler I OV WW • *gelijkmaken; gelijkstellen; vergelijken (***à** *met)* • *opnemen; assimileren; verwerken* **II** WKD WW (**s'**~) • *zich assimileren; zich aanpassen (***à** *aan)* • *zich eigen maken* • *opgenomen worden* ‹v. voedsel› • (**s'**~ **à**) *opgaan in; zich gelijkstellen met; zich vergelijken met*
assis I BNW • *gezeten; zittend* • *gelegen* • *gevestigd; degelijk* ★ place ~e *zitplaats* ★ être ~ *zitten* ★ réputation bien ~e *gevestigde reputatie* **II** WW (passé simple) → **asseoir**
assise I v • *laag stenen* • *onderbouw; fundament* **II** v mv • *assisenhof* ‹in België› • *Hof van Assisen* • *zittingsperiode van Hof v. Assisen* • *congres (v. partij of vakvereniging)* ★ tenir ses ~s *zitting houden; vergaderen*
assistance v • *hulp; bijstand* • *de aanwezigen; publiek* • *(het) bijwonen* ★ ~ téléphonique *helpdesk* ★ enfant de l'~ *voogdijkind*
assistant I m [v: **assistante**] *assistent; helper* ★ les ~s *de aanwezigen* **II** BNW *hulp-*
assisté I m [v: **assistée**] *bijstandtrekker* **II** BNW *van de bijstand trekkend*
assister I OV WW *helpen; bijstaan* **II** ON WW (~ **à**) *bijwonen; meemaken*
associatif BNW [v: **associative**] • *associatief* • *verenigings-*
association v • *vereniging; bond; club* • *samenhang; associatie van begrippen* • *bundeling; samenwerking*
associé m [v: **associée**] *compagnon; vennoot*
associer I OV WW • *tot compagnon nemen* • *verenigen; verbinden (***à** *met)* • (~ **à**) *betrekken bij; deelgenoot maken van* **II** WKD WW (**s'**~) • *compagnonschap aangaan; samengaan (***à, avec** *met)* • (**s'**~ **à**) *zich aansluiten bij; delen in*
assoiffé I m [v: **assoiffée**] *dorstig iemand* **II** BNW (~ **de**) OOK FIG. *dorstig naar*
assolement m *wisselbouw*
assombrir I OV WW • *verduisteren* • FIG.

A

versomberen **II** WKD WW (**s'**~) *donker worden*; *somber worden*
assombrissement m • *verduistering* • *(het) somber worden*
assommant BNW *(dood)vermoeiend*; *stomvervelend*
assommer OV WW • *neerslaan*; *vellen* • *murw maken* • INF. *dodelijk vervelen*
assommoir m • *ploertendoder* • VERO. *kroeg*
Assomption v *Maria-Hemelvaart*
assonance v *assonantie*; *klinkerrijm*
assorti BNW • *bij elkaar passend (***à** *bij)* • *gesorteerd*; *voorzien (***de** *van)*
assortiment m • *collectie*; *stel* • *sortering*; *assortiment* ★ ~ de couleurs *kleurschikking*
assortir **I** OV WW • *sorteren*; *op elkaar afstemmen (***à** *op)* • *van waren voorzien*; *bevoorraden (***de** *met)* • *bijeenvoegen*; *doen samengaan (***de** *met)* ★ être bien assorti *goed gesorteerd zijn* **II** WKD WW (**s'**~) *bij elkaar passen (***à** *bij)*
assoupir **I** OV WW • *gedeeltelijk verdoven* • *doen insluimeren* • *doen bedaren*; *verlichten* ★ ~ la douleur *de pijn verlichten* **II** WKD WW (**s'**~) *insluimeren*
assoupissement m • OOK FIG. *(in)sluimering* • *verdoving*; *verzachting*
assouplir OV WW • *zacht maken*; *lenig maken*; *versoepelen* • *handelbaar maken*
assouplissant m *wasverzachter*
assouplissement m → **assouplir**
assouplisseur m → **assouplissant**
assourdir OV WW • *doof maken* • *dempen* ‹v. geluid›
assourdissant BNW *oorverdovend*
assourdissement m • *doofheid* • *demping*
assouvir OV WW • *stillen* ‹v. honger›; *lessen* ‹v. dorst› • *bevredigen*; *botvieren* ★ ~ sa colère *zijn woede koelen*
assouvissement m → **assouvir**
assujettir OV WW • *dwingen* • *onderwerpen (***à** *aan)* • *vastmaken* ★ assujetti à l'impôt *belastingplichtig*
assujettissant BNW *veeleisend*; *verplichtend*
assujettissement m • *onderwerping* • *onderworpenheid*; *gebondenheid* • *verplichting*
assumer **I** OV WW *op zich nemen*; *aanvaarden* **II** WKD WW (**s'**~) *zelfredzaam zijn*; *zichzelf accepteren*
assurance v • *zelfvertrouwen*; *zelfverzekerdheid* • *zekerheid* • *verzekering*; *assurantie* ★ ~ maladie *ziektekostenverzekering* ★ ~ vie *levensverzekering* ★ ~s sociales *sociale verzekeringen*
assuré **I** m *verzekerde* **II** BNW • *zeker* • *vast*; *ferm*
assurément BIJW *zeker*
assurer **I** OV WW • *verzekeren (***de** *van)* • *assureren (***contre** *tegen)* • *de verzekering geven (***à** *aan)* • *vastzetten*; *bevestigen* • *verzorgen*; *voorzien in* ★ ~ qn de qc *iem. van iets verzekeren* ★ ~ le train *de vaart (het tempo) erin houden* **II** ON WW INF. *het klaren*; *van wanten weten* **III** WKD WW (**s'**~) • *zich verzekeren (***contre** *tegen)* • *zich zekerheid verschaffen*; *zich vergewissen (***de** *van)*
assureur m *verzekeraar*; *assuradeur*
aster m *aster*
astérisque m *asterisk (*)*; *sterretje*
astéroïde m *asteroïde*
asthénie v *krachteloosheid*
asthmatique **I** m/v *astmalijder* **II** BNW *astmatisch*
asthme m *astma*
asticot m • *made* ‹als aas› • INF. *snuiter*; *kwast*
asticoter OV WW INF. *treiteren*
astigmate BNW *astigmatisch*
astiquer OV WW *oppoetsen*
astragale m • *kootbeentje* • *astragaal*; *sierlijst*
astral BNW [m mv: **astraux**] *wat betrekking heeft op de sterren*
astre m *ster*; *hemellichaam* ★ LIT. l'~ du jour *zon* ★ beau comme un ~ *beeldschoon*
astreignant BNW *dwingend*; *waardoor men gebonden is*
astreindre **I** OV WW (~ **à**) *dwingen tot*; *nopen tot* **II** WKD WW (**s'**~ **à**) *zich verplichten tot*; *zich binden tot* ★ s'astreindre à des travaux *zichzelf werk opleggen*
astreinte v *dwang(som)*
astringent **I** m MED. *stopmiddel*; *samentrekkend middel* **II** BNW *wat samentrekt*; *wat stopt*
astrologie v *astrologie*; *sterrenwichelarij*
astrologique BNW *astrologisch*
astrologue m/v *astroloog*; *sterrenwichelaar*
astronaute m/v *ruimtevaarder*
astronautique v *ruimtevaart*
astronef m *ruimteschip*
astronome m/v *sterrenkundige*
astronomie v *sterrenkunde*
astronomique BNW *astronomisch* ★ chiffres ~s *zeer hoge cijfers*; *astronomische cijfers*
astuce v • *slimmigheid* • *foefje* • *grapje*
astucieux BNW [v: **astucieuse**] *handig*; *slim*
asymétrie v *ongelijkvormigheid*
asymétrique BNW *asymmetrisch*
asymptote v *asymptoot*
asynchrone BNW *asynchroon*
atavique BNW *atavistisch*; *erfelijk*
atavisme m *atavisme*; *erfelijkheid*
atchoum TW *hatsjie*
atelier m • *werkplaats* • *atelier* • *afdeling van fabriek* • *werkgroep*; *workshop*
atermoiement m • *gedraal (met uitvluchten)*; *(het) tijdrekken* • JUR. *uitstel van betaling*
atermoyer **I** OV WW *uitstellen*; *op de lange baan schuiven* **II** ON WW *tijdrekken*; *uitvluchten zoeken*
athée **I** m/v *godloochenaar*; *atheïst* **II** BNW *atheïstisch*
athénée m IN BELGIË *atheneum*
Athènes v *Athene*
athlète m/v *atleet*
athlétique BNW *atletisch*
athlétisme m *atletiek*
Atlantide *Atlantis*
atlantique BNW *Atlantisch*
Atlantique ★ l'(océan) ~ *de Atlantische Oceaan*
atlas m *atlas* ‹ook halswervel›
Atlas m *Atlasgebergte*
atmosphère v • *sfeer* • *atmosfeer*
atmosphérique BNW *atmosferisch*
atoll m *atol*

atome m *atoom* ⋆ avoir des ~s crochus avec qn *affiniteit met iem. hebben*
atomique BNW *atomisch*; *atoom-* ⋆ bombe ~ *atoombom*
atomiser I OV WW • *verstuiven* • *versnipperen* • *met atoomwapens vernietigen* **II** WKD WW (**s'**~) *versplinteren*
atomiseur m *verstuiver*
atomiste I m/v *atoomgeleerde* **II** BNW *atoom-*
atonal BNW [m mv: **atonaux**] *atonaal*
atone BNW • *dof*; *uitdrukkingsloos* ‹v. blik›; *futloos* • *onbeklemtoond*
atonie v *zwakheid*; *slapte*
atours m mv *opsmuk*; *kleding en sieraden* ⋆ paré de ses plus beaux ~ *opgedirkt*; *in vol ornaat*
atout (*zeg:* atoe) m OOK FIG. *troef*
âtre m FORM. *haard*
atroce BNW *ontzettend*; *gruwelijk*
atrocité v *gruwelijkheid*; *gruweldaad*
atrophie v *atrofie*; *verschrompeling*; *uittering*
atrophié BNW *verschrompeld*; *weggekwijnd*; *verzwakt*
attabler I OV WW *aan tafel zetten* **II** WKD WW (**s'**~) *aan tafel gaan*
attachant BNW *aantrekkelijk*; *boeiend*
attache v • *band*; *riem* • *paperclip*; *klemmetje* • *gewrichtsverbinding* • *gehechtheid*; *binding* ⋆ chien d'~ *kettinghond* ⋆ port d'~ *thuishaven* ⋆ tenir qn à l'~ *iem. onder de duim houden* ⋆ avoir des ~s fines *fijne gewrichten hebben*
attaché m *attaché*; *lid v. gezantschap*
attache-caravane m [mv: **attache-caravanes**] *trekhaak*
attaché-case m [mv: **attachés-cases**] *diplomatenkoffertje*
attachement m • *genegenheid*; *gehechtheid* • *staat van dagelijkse werkzaamheden en uitgaven* ‹in de bouw› ⋆ ~ à l'étude *studieijver* ⋆ ~ au travail *liefde voor het werk*
attache-nappe m [mv: **attache-nappes**] *tafelklem*
attacher I OV WW • *vastmaken*; *(vast)hechten*; *verbinden (***à** *aan)* • *aan zich binden* ⋆ ~ qn par la reconnaissance *iem. door erkentelijkheid aan zich binden* ⋆ s'~ qn *iem. voor zich innemen* ⋆ ~ le grelot *de kat de bel aanbinden* • (~ **sur**) *vestigen op* ⋆ attacher ses yeux sur qc *zijn ogen op iets vestigen* **II** ON WW INF. • *vast blijven zitten* • *aanbranden* **III** WKD WW (**s'**~) • *vastkleven*; *vast blijven zitten (***à** *aan)* • *de veiligheidsriem(en) omdoen* ⋆ s'~ à qc *iets op zich nemen*; *zich op iets toeleggen* ⋆ s'~ à qn *zich aan iem. hechten*
attaquable BNW *aanvechtbaar*
attaquant m [v: **attaquante**] *aanvaller*
attaque v • *aanval* • MUZ. *inzet* ⋆ ~ de nerfs *zenuwtoeval* ⋆ ~ d'apoplexie *beroerte* ⋆ être d'~ *fit zijn*; *in vorm zijn*
attaquer I OV WW • *aanvallen*; *aanranden* • *aantasten* • *beginnen met*; *aanpakken* • MUZ. *inzetten* ⋆ ~ qn en justice *iem. voor het gerecht dagen* ⋆ ~ un travail *een klus aanpakken* **II** WKD WW (**s'**~ **à**) *aanvallen*; *aanpakken*; *zich meten (met)* ⋆ s'attaquer à qn *het op iem. gemunt hebben*
attardé BNW • *(ver)laat* • *achterlijk* • *ouderwets*
attarder I OV WW *vertragen*; *ophouden* **II** WKD WW (**s'**~) • *te laat komen*; *zich verlaten*; *treuzelen* ⋆ s'~ à table *natafelen* • (**s'**~ **à, sur**) *lang stilstaan bij*; *lang bezig zijn met*
atteindre I OV WW • *treffen*; *raken* • *aantasten* ‹v. ziekte› • *bereiken* • *inhalen* **II** ON WW (~ **à**) *reiken tot*; *geraken tot*
atteint BNW *aangetast*; *getroffen (***de** *door)*
atteinte v • *aantasting*; *inbreuk (***à** *op)* • *aandoening* ⋆ hors d'~ *buiten bereik* ⋆ porter ~ à *aanranden*; *aantasten*; *benadelen*
attelage m • *(het) aanspannen* ‹v. dieren› • *span* • *koppeling*
atteler I OV WW • *aanspannen* • *aanhaken*; *koppelen* ‹v. wagons› **II** WKD WW (**s'**~ **à**) *zich inspannen voor*
attelles v mv • *spalken* • *haambeugels*
attenant BNW *belendend (***à** *aan)*
attendant BIJW ⋆ en ~ *intussen*; *in afwachting*; *in ieder geval* ⋆ en ~ de *alvorens te* ⋆ en ~ que [+ subj.] *(in afwachting) totdat*
attendre I OV WW *wachten (op)*; *verwachten (***de** *van)*; *opwachten*; *afwachten* ⋆ ~ qn à la gare *iem. van de trein afhalen* ⋆ se faire ~ *op zich laten wachten*; *uitblijven* ⋆ tout vient à point à qui sait ~ *de aanhouder wint* ⋆ attendez-moi sous l'orme! *morgen brengen!*; *daar kun je nog lang op wachten!* **II** ON WW *wachten* ⋆ ~ après qc *om iets zitten te springen* **III** WKD WW (**s'**~ **à**) *verwachten*; *rekenen op*
attendrir I OV WW • *ontroeren*; *vertederen* • *zacht/mals maken* **II** WKD WW (**s'**~) *ontroerd worden*; *medelijden hebben (***sur** *met)*
attendrissant BNW *treffend*; *ontroerend*
attendrissement m *ontroering*; *vertedering*
attendu I BNW *verwacht* **II** VZ *wegens*; *gezien* ⋆ ~ que *aangezien*
attendus m mv JUR. *overwegingen*; *considerans*
attentat m • *aanslag (***contre** *op)* • *schending*; *vergrijp (***à, contre** *tegen)* ⋆ ~ à la pudeur *aanranding*
attentatoire BNW (~ **à**) *schendend*; *inbreuk makend op*
attente v • *(het) wachten* • *verwachting* ⋆ contre toute ~ *onverwachts* ⋆ mode d'~ *stand-by*; *wachtstand* ⋆ salle d'~ *wachtkamer* ⋆ être dans l'~ (de) *in afwachting zijn (van)* ⋆ tromper l'~ *de tijd korten*
attenter ON WW (~ **à**) *een aanslag doen op*; *zich vergrijpen aan*
attentif BNW [v: **attentive**] • *oplettend*; *attent* • (~ **à**) *bedacht op*; *erop bedacht om*
attention v • *aandacht*; *oplettendheid (***à** *voor)* • *attentie*; *voorkomendheid* ⋆ faire ~ *opletten* ⋆ ~! *opgelet!*
attentionné BNW *voorkómend*; *attent (***avec, pour** *jegens)*
attentisme m POL. *afwachtende houding*
attentivement BIJW *aandachtig*
atténuant BNW *verzachtend*
atténuation v *verzachting*; *verzwakking*; *afzwakking*
atténuer I OV WW *verzachten*; *verzwakken*;

A

afzwakken **II** WKD WW **(s'~)** *verzacht worden*
atterrer OV WW *verbijsteren*
atterrir ON WW *landen*; INF. *belanden*
atterrissage m *landing* ★ ~ forcé *noodlanding* ★ train d'~ *landingsgestel*
attestation v *bewijs*; *getuigenis*; *verklaring*
attester OV WW *getuigen*; *verklaren* ★ en ~ les assistants *de omstanders tot getuigen roepen*
attiédir I OV WW • *lauw maken*; *afkoelen* • FIG. *verflauwen* **II** WKD WW **(s'~)** • *lauw worden* • *verflauwen*; FIG. *bekoelen*
attiédissement m • *afkoeling* • FIG. *verflauwing*
attifer OV WW INF. *opdirken*
attique BNW *Attisch* ★ sel ~ *Attisch zout*; *geestigheid*
attirail m [mv: **attirails**] • *benodigdheden*; *uitrusting* • INF. *santenkraam*
attirance v *aantrekkingskracht* ★ éprouver de l'~ *zich aangetrokken voelen*
attirant BNW *aantrekkelijk*
attirer I OV WW • *aantrekken*; *tot zich trekken* ★ ~ les regards *blikken trekken* ★ ~ l'attention sur *de aandacht vestigen op* • (~ **à, sur**) *bezorgen*; *berokkenen* **II** WKD WW **(s'~)** *zich op de hals halen*
attiser OV WW *oppoken*; FIG. *aanwakkeren*
attitré BNW • *officieel* • *vast*; *gewoon* ★ commerçant ~ *winkelier waar men gewoonlijk komt*
attitude v *houding*; *gedrag*
attouchement m *aanraking*
attractif BNW [v: **attractive**] *wat aantrekt* ★ force attractive *aantrekkingskracht*
attraction v • *aantrekkingskracht*; *aantrekking* • *attractie* ★ les ~s *variétéprogramma*
attrait m • *aantrekkelijkheid*; *bekoring* • *neiging*; *smaak*
attrapade v [**attrapage**] • INF. *standje* • *ruzie*
attrape v • *strik*; *valstrik* • *fopperij*; *fopartikel*
attrape-nigaud m [mv: **attrape-nigauds**] *boerenbedrog*
attraper OV WW • *vangen*; *pakken* • *bedriegen*; *beetnemen* • *inhalen*; *krijgen*; *oplopen* • *betrappen* • *vatten*; *weergeven* • *berispen* ★ ~ le train *de trein halen* ★ ~ une maladie *een ziekte oplopen* ★ ~ un rhume *kou vatten* ★ attrape! *steek dat in je zak!*
attrayant BNW *aantrekkelijk*
attribuer I OV WW • *toekennen (**à** aan)* • *toeschrijven (**à** aan)* **II** WKD WW **(s'~)** *zich aanmatigen*; *opeisen*
attribut m • *eigenschap*; *kenmerk* • *zinnebeeld* • TAALK. *naamwoordelijk deel van gezegde*
attributif BNW [v: **attributive**] • JUR. *toekennend* • TAALK. *attributief*
attribution v *toekenning* ★ cela ne rentre pas dans tes ~s *dat hoort niet tot jouw bevoegdheden*
attrister I OV WW *bedroeven* **II** WKD WW **(s'~)** *bedroefd worden*
attroupement m *samenscholing*
attrouper I OV WW *te hoop doen lopen* **II** WKD WW **(s'~)** *samenscholen*
au SAMENTR / à le / → **à**
aubade v *aubade*
aubaine v *buitenkansje*
aube v • FORM. *dageraad*; *begin* • REL. *albe* • *schoep* ★ à l'aube *'s morgens vroeg*
aubépine v *meidoorn*
auberge v *herberg* ★ ~ de (la) jeunesse *jeugdherberg* ★ ~ espagnole *primitief onderkomen* ★ on n'est pas sorti de l'~ *we zijn nog niet uit de problemen*
aubergine I v *aubergine* **II** BNW *auberginekleurig*; *donkerpaars*
aubergiste m/v *herbergier*
aubette v • BELG. *wachthuisje*; *kiosk* ⟨België⟩ • W.-FR. *bushokje*
auburn BNW *bruinrood*
aucun I BNW • *enig* • *geen enkel* ⟨met 'ne'⟩ ★ sans ~e hésitation *zonder enige aarzeling* ★ ~e décision ne fut prise *er werd geen enkele beslissing genomen* **II** VNW • *enig ander* ⟨zonder ontkenning⟩ • *geen enkele*; *niemand* ⟨met ontkenning⟩ ★ il le fait mieux qu'~ d'entre nous *hij doet het beter dan een van ons* ★ FORM. d'~s *sommigen* ★ ~ d'entre vous ne sera d'accord *niemand van u zal het er mee eens zijn*
aucunement BIJW *geenszins*
audace v *stoutmoedigheid*; *dapperheid*
audacieux BNW [v: **audacieuse**] *dapper*; *stoutmoedig*
au-dedans I BIJW *binnenin*; *van binnen* **II** VZ (~ **de**) *binnen*
au-dehors I BIJW *(van) buiten* **II** VZ (~ **(de)**) *buiten*
au-delà I m *het hiernamaals* **II** BIJW *aan gene zijde*; *aan de overzijde*; *verderop* **III** VZ (~ **de**) *aan de andere kant van*; *naar de andere kant van*; *meer dan* ★ au-delà de mes espérances *boven (mijn) verwachting*
au-dessous I BIJW *eronder* **II** VZ (~ **de**) *onder*
au-dessus I BIJW *erboven* **II** VZ (~ **de**) *boven*
au-devant I BIJW *tegemoet* **II** VZ (~ **(de)**) *tegemoet*
audibilité v *hoorbaarheid*
audible BNW *hoorbaar*
audience v • *publiek* • *aandacht*; *gehoor* • *rechtszitting* • *audiëntie* ★ donner ~ à *het oor lenen aan*
audimat m *kijkdichtheid(smeetsysteem)*
audio BNW *geluids-*; *audio-*
audiophone m *gehoorapparaat*
audiovisuel I m *(het gebruik van) audiovisuele middelen*; *tv-bestel* **II** BNW [v: **audiovisuelle**] *audiovisueel*
audit m *accountantsonderzoek*; *doorlichting v. e. bedrijf*
auditeur m [v: **auditrice**] *toehoorder*
auditif BNW [v: **auditive**] *gehoor-*
audition v • *auditie*; *proefspel* ⟨v. kunstenaar⟩ • *(het) horen*; *gehoor* • *muziekuitvoering* • *(het) verhoren*
auditionner OV WW • *voorspelen*; *voorzingen* • *beluisteren*
auditoire m • *gehoorzaal*; *collegezaal* ⟨Belg.⟩ • *toehoorders*; *publiek*
auge v • *drinkbak voor vee* • *kalkbak* • *trog*
augmentatif BNW [v: **augmentative**] *vergrotend*
augmentation v • *loonsverhoging* • *vergroting*; *verhoging*; *vermeerdering*

augmenter I ov ww • *vergroten*; *verhogen*; *vermeerderen* (**de** *met, qua*) • *loonsverhoging geven aan* II on ww *vermeerderen*; *toenemen*; *stijgen* (**de** *met, qua*) III wkd ww (**s'**~) *vermeerderen*; *toenemen*; *stijgen* (**de** *met, qua*)
augure m • *voorspelling*; *voorteken* • *vogelwichelaar* ‹uit de oudheid› ★ de bon/ mauvais ~ *veel/niet veel goeds voorspellend*
augurer ov ww *voorspellen*; *voorzien* ★ n'~ rien de bon *niets goeds voorspellen*
auguste I m *August* ‹soort clown› II bnw • *verheven* • *doorluchtig*
Auguste *Augustus*
aujourd'hui bijw • *vandaag* • *tegenwoordig* ★ inf. c'est pour ~ ou pour demain? *komt er nog wat van?*
aulne m *els*
aulx m mv → **ail**
aumône v *aalmoes* ★ faire l'~ *een aalmoes geven*
aumônier m *aalmoezenier*
aumônière v *gordelbeursje*
aune I m *els* II v *el* ★ mesurer à l'aune de *afmeten aan*; *beoordelen naar* ★ au bout de l'aune faut le drap *aan alles komt een eind*
auparavant bijw *vroeger*; *van tevoren*; *eerst*
auprès I bijw *er dicht bij* II vz (~ **de**) *(dicht)bij*; *vergeleken met*
auquel samentr / à lequel / → **lequel**
aura I v *aura*; *uitstraling* II ww (futur) → **avoir**
aurai ww (futur) → **avoir**
auréole v *aureool*; *stralenkrans*
auriculaire I m *pink* II bnw *wat het oor betreft*
aurifère bnw *goud bevattend*
aurifier ov ww *met goud plomberen*
aurochs (*zeg:* orok(s)) m *oeros*
aurore I v • *dageraad*; ook fig. *morgenrood* • *oosten* • *poollicht* ★ dès l'~ *voor dag en dauw*; *bij het ochtendgloren* II bnw *goudgeel*
auscultation v *auscultatie*
ausculter ov ww *ausculteren*; fig. *onderzoeken*
auspice m • *auspiciën* • *voorteken* ★ sous les ~s de *onder de auspiciën van* ★ sous d'heureux ~s *onder een gelukkig voorteken*
aussi I bijw *ook* ‹vóór aan de zin›; *eveneens* ★ ~ que [+ subj.] *hoe ... ook* ★ ~ ... que *even ... als, zo ... als* ★ ~ bien que *evenals* ★ ~ peu que *evenmin als* ★ ~ grand qu'il soit/~ grand soit-il *hoe groot hij ook is* II vw *dan ook*; *daarom* ‹voor aan de zin› ★ ~ n'a-t-il pas réagi *hij heeft dan ook niet gereageerd*
aussitôt I bijw *dadelijk* ★ ~ dit, ~ fait *zo gezegd, zo gedaan* II vw (~ **que**) *zodra*
austère bnw *streng*; *ernstig*; *sober*
austérité v *strengheid*; *soberheid* ★ ~ politique *bezuinigingspolitiek*
austral bnw [m mv: **austraux**] *zuidelijk*
Australie v *Australië*
australien bnw [v: **australienne**] *Australisch*
Australien m [v: **Australienne**] *Australiër*
autant I bijw • *evenveel*; *zo veel*; *evenzeer*; *evengoed* (**que** *als*) ★ ~ de garçons que de filles *evenveel jongens als meisjes* ★ ces objets sont ~ de merveilles! *die voorwerpen zijn evenzovele juweeltjes!* ★ en faire ~ *hetzelfde doen* ★ ~ dire que *je kunt even goed zeggen dat* ★ ~ de gagné *dat hebben we alvast* ★ ~ de têtes, ~ d'avis *zoveel hoofden, zoveel zinnen* ★ d'~ *naar evenredigheid* ★ d'~ mieux *des te beter* ★ pour ~ *desondanks* • (~ **de**) *evenveel*; *zo veel* II vw (~ **que**) *voor zover*; *zover als*; *gezien het feit dat*; *(omdat) immers* ★ (pour) autant que je sache *voor zover ik weet* ★ d'autant (plus) que *te meer omdat*
autarcie (*zeg:* otarsie) v *autarkie*; *zelfvoorziening*
autel m *altaar* ★ maître-~ *hoofdaltaar*
auteur m • *maker* • *schrijver* • *bedrijver*; *dader* ★ le droit d'~ *het auteursrecht* ★ les droits d'~ *de royalty's*
authenticité v *echtheid*
authentifier ov ww *authentiseren*; *legaliseren*
authentique bnw • *echt* • *oorspronkelijk*
autiste bnw [**autistique**] *autistisch*
auto v *auto*
autoadhésif I m [v: **autoadhésive**] *sticker* II bnw [v: **autoadhésive**] *zelfklevend*
autoagrippant m *klittenband*
autoallumage m *zelfontsteking*
autobiographie v *autobiografie*; *beschrijving van het eigen leven*
autobus (*zeg:* -buus) m *bus*; *stadsbus*
autocar m *bus*; *touringcar*
autochenille v *auto met rupsbanden*
autochtone I m/v *autochtoon* II bnw *autochtoon*; *inheems*
autoclave m *autoclaaf*
autocollant I m *sticker* II bnw *zelfklevend*
auto-couchette bnw [**auto(s)-couchette(s)**] ★ train ~ *autoslaaptrein*
autocrate m *alleenheerser*
autocratie (*zeg:* -sie) v *alleenheerschappij*
autocritique v *zelfkritiek*
autocuiseur m *snelkookpan*
autodafé m *ketterverbranding*; *autodafe*
autodéfense v *zelfverdediging*
autodestruction v *zelfvernietiging*
autodétermination v *zelfbeschikking*
autodidacte m/v *autodidact*
autodiscipline v *zelfdiscipline*
autodrome m *autorenbaan*
auto-école v [**autoécole**] [mv: **auto(-)écoles**] *autorijschool*
autofécondation v *zelfbevruchting*
autofinancement m *zelffinanciering*
autogène bnw *autogeen*
autogestion v *zelfbestuur*
autographe I m *eigenhandig geschreven document/opdracht v.e. schrijver* II bnw *eigenhandig geschreven*
autoguidé bnw *met automatische geleiding/ besturing*
automate m ook fig. *automaat*
automaticien m [v: **automaticienne**] *automatiseringsdeskundige*
automatique bnw *automatisch*; *werktuiglijk*
automatisation v *automatisering*
automatiser ov ww *automatiseren*
automatisme m • *automatisme* • *regelmaat*
automédication v *zelfmedicatie*
automitrailleuse v *pantserauto bewapend met mitrailleurs*
automnal bnw [m mv: **automnaux**] *herst-*;

A

herfstig
automne m *herfst*
automobile I v *auto(mobiel)* **II** BNW ★ canot ~ *motorbootje*
automobilisme m • *autosport* • *automobilisme*
automobiliste m/v *automobilist*
automoteur BNW [v: **automotrice**] *zelfbewegend*
autonome BNW *autonoom*; *zelfstandig*
autonomie v • *autonomie*; *zelfstandigheid* • *bereik*; *actieradius*
autopompe v *brandweerauto*
autoportrait m *zelfportret*
autopsie v *lijkschouwing*
autopsier OV WW *lijkschouwing verrichten op*
autoradio m *autoradio*
autorail (*zeg:* -raj) m *dieselmotorwagen*; *dieseltrein*
autorisation v *toestemming*; *vergunning*; *machtiging*
autorisé BNW • *gezaghebbend*; *toonaangevend* • *bevoegd* • *toegestaan* ★ ~ par l'usage *ingeburgerd*
autoriser I OV WW *vergunning verlenen*; *toestaan*; *machtigen* **II** WKD WW (**s'~ de**) *zich beroepen op*
autoritaire BNW *autoritair*; *heerszuchtig*
autorité v • *autoriteit*; *gezag* • *gezaghebbend persoon* ★ d'~ *op eigen gezag* ★ cet écrivain fait ~ *dat is een gezaghebbend schrijver*
autoroute v *autoweg* ★ ~ de l'information *elektronische snelweg*
autoroutier BNW [v: **autoroutière**] *autoweg-*
auto-stop m [**autostop**] (onver.) *(het) liften* ★ faire de l'~ *liften*
auto-stoppeur m [v: **auto-stoppeuse**] *lifter*
autostrade v *autosnelweg*
autosuffisance v *zelfvoorziening*; *autarkie*
autosuggestion v *autosuggestie*
autour I m *havik* **II** BIJW *rondom*; *eromheen* **III** VZ (~ **de**) *rondom*; *ongeveer*
autre I BNW *ander*; *anders (***que** *dan)* ★ ~ chose *iets anders* ★ l'~ jour/l'~ fois *onlangs* ★ l'~ dimanche *afgelopen zondag* ★ de côté et d'~ *her en der* ★ ~ part *elders* ★ d'~ part *anderzijds*; *aan de andere kant* ★ nous ~s, Français *wij, Fransen* **II** VNW *ander*; *anders* ★ quelqu'un d'~ *iemand anders* ★ rien d'~ *niets anders* ★ entre ~s *onder andere(n)* ★ l'un l'~ *elkaar* ★ l'un et l'~ *beiden* ★ les uns les ~s *elkaar* ★ tout ~ *elk ander* ★ d'un moment à l'~ *elk ogenblik* ★ de temps à ~ *van tijd tot tijd* ★ un jour ou l'~ *op een dag*; *eerdaags* ★ comme dit l'~ *zoals men zegt* ★ parler de choses et d'~s *over koetjes en kalfjes praten* ★ j'en ai vu bien d'~s *ik heb heel wat erger dingen meegemaakt* ★ il n'en fait pas d'~s *dat is weer echt iets voor hem* ★ à d'~s *maak dat anderen wijs!*
autrefois BIJW *vroeger*; *eertijds*
autrement BIJW • *anders (***que** *dan)* • *niet erg*; *niet zeer* ‹in ontkenning› • *meer*; *veel* ‹in een vergelijking› ★ je ne suis pas ~ content de vous *ik ben niet erg tevreden over jullie* ★ elle a ~ plus de talent que moi *zij heeft veel meer talent dan ik* ★ ~ sympathique que *veel sympathieker dan*
Autriche v *Oostenrijk*
autrichien BNW [v: **autrichienne**] *Oostenrijks*
Autrichien m [v: **Autrichienne**] *Oostenrijker*
autruche v *struisvogel* ★ politique de l'~ *struisvogelpolitiek*
autrui VNW *anderen*; *een ander*
auvent m *afdak*; *luifel* ★ ~ de jardin *partytent*
auvergnat BNW [v: **auvergnate**] *uit Auvergne*
Auvergnat m [v: **Auvergnate**] *iem. uit Auvergne*
aux SAMENTR / à les / ★ aller aux Pays-Bas *naar Nederland gaan* ★ assister aux Jeux Olympiques *de Olympische Spelen bijwonen*
auxiliaire I m • *hulpwerkwoord* • *hulpmiddel* **II** m/v *helper* **III** BNW *hulp-* ★ verbe ~ *hulpwerkwoord*
auxquelles SAMENTR / à lesquelles / → **lequel**
auxquels SAMENTR / à lesquels / → **lequel**
av. AFK (avenue) *avenue*
avachi BNW • *vormloos*; *slap* • *futloos*
avachir I OV WW • *vormloos maken* • *slap maken* **II** WKD WW (**s'~**) • *uit de vorm raken* • *slap worden* • *zich laten gaan*
avachissement m *verslapping*; *futloosheid*
aval m • *benedenloop*; *lager gelegen deel* ‹v. rivier, helling› • *wisselborgtocht* ★ en aval *stroomafwaarts*; FIG. *in een latere (productie)fase* ★ donner son aval *erin toestemmen*
avalanche v OOK FIG. *lawine*
avalancheux BNW [v: **avalancheuse**] *lawinegevaarlijk*
avaler OV WW • *opeten*; *verslinden*; *verzwelgen* • FIG. *slikken* ★ ~ la pilule *door de zure appel heen bijten* ★ ~ sa langue *zwijgen* ★ ~ de travers *zich verslikken* ★ ~ des yeux *met de ogen verslinden*
avaleur m [v: **avaleuse**] INF. *gulzigaard* ★ un ~ de sabres *een degenslikker*
avaliser OV WW *steunen*; *garant staan voor*
avance v • *voorsprong (***sur** *op)* • *voorschot (***sur** *op)* • *opmars* • mv *toenaderingspogingen* ★ à l'~ *tevoren* ★ d'~ *van tevoren* ★ en ~ *te vroeg* ★ par ~ *bij voorbaat* ★ être en ~ sur son temps *zijn tijd vooruit zijn* ★ la belle ~! *wat schiet ik daar nu mee op!*
avancé BNW • *uitgestoken* • *vooruitgeschoven* • *vergevorderd* • *vooruitstrevend* • *voorlijk* • *overrijp* ★ élève ~ *snelle leerling* ★ fromage ~ *kaas die loopt* ★ la main ~e *met uitgestoken hand* ★ idées ~es *vooruitstrevende ideeën* ★ MIL. postes ~s *vooruitgeschoven posten* ★ travail ~ *vergevorderd werk* ★ viande ~e *licht bedorven vlees* ★ IRON. vous voilà bien ~ *daar schiet je mooi mee op*
avancée v • *vooruitstekend deel* • *vooruitgang*; *stap vooruit*
avancement m • *bevordering*; *vooruitgang* • *voorschot*
avancer I OV WW • *vooruitsteken* • *voorschieten* ‹v. geld› • *beweren*; *naar voren brengen* • *verhaasten*; *vervroegen* ★ cela ne m'avance pas *daar schiet ik niet(s) mee op* **II** ON WW • *voorwaarts gaan*; *vorderen* • *voorlopen* ‹v. klok› • *vooruitsteken* • *opschieten*; *vorderingen maken* **III** WKD WW (**s'~**) *naar voren komen*; *naderen* ★ s'~ trop *te ver gaan*

avanie v VERO. *vernedering*
avant I m • *voorkant* • MIL. *voorhoede* • SP. *aanvaller* ★ en ~ *naar voren*; *vooruit* ★ roues ~ *voorwielen* ★ d'~ *ervoor* ★ aller de l'~ *doorpakken*; *aanpakken* **II** BIJW • *voor*; *tevoren*; *vooruit* • *diep*; *ver* ★ en ~ *voorwaarts* ★ ~ dans la forêt *ver in het bos*; *diep in het bos* ★ bien ~ dans la nuit *diep in de nacht* ★ passer ~ *voorgaan* ★ mettre en ~ *naar voren brengen* ★ se mettre en ~ *zich opdringen* **III** VZ *voor* ‹tijd, rangorde, plaats› ★ ~ peu *binnenkort* ★ ~ de *alvorens te* **IV** VW (~ **que**) [+ subj.] voordat
avantage m • *voordeel*; *voorrecht* • *overhand*; *voorsprong (***sur** *op)* ★ à l'~ de *ten gunste van*; *flatterend voor* ★ j'ai l'~ de *ik heb het voorrecht*; *ik heb het genoegen*
avantager OV WW *bevoordelen*; *begunstigen*
avantageux BNW [v: **avantageuse**] • *voordelig* • *flatteus* • *verwaand*
avant-bras m (onver.) *onderarm*
avant-centre m [mv: **avants-centres**] *mid(den)voor*; *spits*
avant-coureur BNW ★ signe ~ *voorteken*
avant-dernier BNW [v: **avant-dernière**] *voorlaatst*
avant-garde m [mv: **avant-gardes**] *avant-garde*; *voorhoede*
avant-goût m [mv: **avant-goûts**] *voorproefje*; *voorsmaak*
avant-guerre m/v [mv: **avant-guerres**] *tijd voor de oorlog* ★ d'~ *vooroorlogs*
avant-hier BIJW *eergisteren*
avant-main m [mv: **avant-mains**] *voorhand* ‹v. paard›
avant-port m [mv: **avant-ports**] *voorhaven*
avant-poste m [mv: **avant-postes**] *voorpost*
avant-projet m [mv: **avant-projets**] *voorontwerp*
avant-propos m (onver.) *voorwoord*
avant-scène m [mv: **avant-scènes**] • *avant-scène* • *voorgrond van toneel*
avant-soirée m [mv: **avant-soirées**] *vooravond*; *tv-programma's tussen 6 en 8*
avant-train m [mv: **avant-trains**] • *voorstel* ‹v. wagen› • *voorhand* ‹v. dier›
avant-veille m [mv: **avant-veilles**] *twee dagen tevoren*
avare I m/v *vrek* **II** BNW • *gierig*; *zuinig* • (~ **de**) *zuinig/karig met*
avarice v *gierigheid*
avaricieux BNW [v: **avaricieuse**] *gierig*
avarie v *averij*; *schade*
avarié BNW *beschadigd*; *bedorven*
avarier OV WW *beschadigen*; *bederven*
avatar m • *gedaanteverwisseling* • *wederwaardigheid*; *tegenslag* • REL. *avatar*; *incarnatie*
ave m *weesgegroet(je)*
avec I BIJW • *erbij* • *ermee* **II** VZ *met*; *bij* ★ il a son père avec lui *hij heeft zijn vader bij zich* ★ avec ça! *och kom!* ★ avec ça? *anders nog?* ★ d'avec *van (af)* ★ elle a divorcé d'avec lui *zij is van hem gescheiden*
avenant I m *wijzigingsclausule*; *aanhangsel* ‹v. polis› **II** BNW *vriendelijk*; *innemend* ★ à l'~ *in overeenstemming*; *overeenkomstig*
avènement m • *komst (v. Christus)* • *(het) aan de regering komen*; *troonsbestijging*
avenir m *toekomst* ★ à l'~ *voortaan*
Avent m *advent*
aventure v *avontuur* ★ à l'~ *op goed geluk* ★ d'~ *bij toeval* ★ par ~ *bij toeval* ★ dire la bonne ~ *de toekomst voorspellen*
aventurer I OV WW *wagen* **II** WKD WW (**s'**~) *zich wagen*
aventureux BNW [v: **aventureuse**] *avontuurlijk*; *onzeker*
aventurier m [v: **aventurière**] *avonturier*
avenu BNW ★ nul et non ~ *van nul en gener waarde*
avenue v • *laan* • *brede, met bomen beplante straat*
avéré BNW *bewaarheid* ★ un fait ~ *een bewezen feit*
avérer WKD WW (**s'**~) *blijken (te zijn)*
avers m *beeldzijde van munt*
averse v *stortbui*
aversion v *afkeer*; *walging (***contre***,* **pour** *van)* ★ prendre en ~ *een afkeer krijgen van*
averti BNW • *gewaarschuwd* • *ingelicht*; *goed op de hoogte (***de** *van)* ★ un homme ~ en vaut deux *een gewaarschuwd man telt voor twee*
avertir OV WW • *waarschuwen (***de** *voor)* • *verwittigen*; *berichten (***de** *van)* ★ tenez-vous pour averti! *laat dat u gezegd zijn!*
avertissement m • *waarschuwing* • *bericht* ★ ~ au lecteur *voorbericht*
avertisseur I m • *toestel om te waarschuwen* • *toeter* ★ ~ d'incendie *brandmelder* **II** BNW [v: **avertisseuse**] *waarschuwend*
aveu m [mv: **aveux**] • *bekentenis* • FORM. *toestemming*; *goedkeuring* ★ faire l'aveu de *bekennen* ★ homme sans aveu *avonturier*; *vagebond* ★ de l'aveu de tout le monde *zoals ieder erkent*; *volgens iedereen* ★ passer aux aveux *een bekentenis afleggen*
aveuglant BNW • *verblindend* • *zonneklaar*
aveugle I m/v *blinde* ★ en ~ *blindelings* **II** BNW *blind* ★ à l'~ *blindelings* ★ soumission ~ *totale onderwerping*
aveuglement m • *verblinding* • *blindheid*
aveuglément BIJW *blindelings*
aveugler I OV WW • *verblinden* • *blind maken* • *stoppen* ‹v. lek› **II** WKD WW (**s'**~ **sur**) *blind zijn voor*
aveuglette BIJW ★ à l'~ *blindelings*; *op de tast*
aveulir OV WW *slap maken*
aveulissement m *lamlendigheid*
aviateur m [v: **aviatrice**] *vliegenier*
aviation v *luchtvaart*; *luchtmacht*
avicole BNW *pluimvee-*; *vogel-*
aviculteur m [v: **avicultrice**] *vogelkweker*; *pluimveehouder*
aviculture v *(het) kweken van vogels*; *pluimveeteelt*
avide BNW *begerig*; *gretig (***de** *naar)*
avidité v • *gulzigheid* • *begerigheid*
avifaune v *avifauna*; *vogelwereld*
avili BNW *verachtelijk*
avilir I OV WW • *(in prijs) verlagen* • *verlagen*; *vernederen* **II** WKD WW (**s'**~) *zich verlagen*
avilissant BNW *verlagend*; *vernederend*

A

A

avilissement m • *verlaging* • *prijsverlaging* • *vernedering*
aviné BNW • *beschonken* • *naar wijn ruikend*
avion m *vliegtuig* ★ par ~ *per luchtpost* ★ ~ de chasse *jachtvliegtuig* ★ ~ postal *postvliegtuig* ★ ~ à réaction *straalvliegtuig* ★ ~ de tourisme *sportvliegtuig* ★ ~ de transport *verkeersvliegtuig*
avion-cargo m [mv: **avions-cargos**] *vrachtvliegtuig*
avion-citerne m [mv: **avions-citernes**] *moedervliegtuig* ‹om te tanken›
avion-école m [mv: **avions-école**] *lesvliegtuig*
aviron m • *roeiriem* • *roeisport*
avis m • *mening*; *oordeel* • *raad* • *bericht*; *waarschuwing* ★ à mon avis *mijns inziens* ★ m'est avis *mij dunkt* ★ je suis de ton avis *ik ben het met je eens* ★ de l'avis de *naar de mening van*; *volgens* ★ autant de têtes, autant d'avis *zoveel hoofden, zoveel zinnen* ★ il change d'avis comme de chemise *hij verandert telkens van mening* ★ deux avis valent mieux qu'un *twee weten meer dan één* ★ avis au lecteur *voorbericht* ★ avis au public *aanplakbiljet* ★ pour avis *ter kennisneming* ★ sauf avis contraire *zonder tegenbericht* ★ jusqu'à nouvel avis *tot nader order* ★ être d'avis que *denken dat*; *van mening zijn dat*
avisé BNW *bedachtzaam*
aviser I OV WW • *berichten*; *in kennis stellen (**de** van)* • *ontwaren*; *gewaar worden*; *bemerken* II ON WW (~ **à**) *bedacht zijn op*; *overwegen* III WKD WW (**s'~ de**) *gewaar worden*; *bemerken*; *wagen*; *het lef hebben om* ★ s'aviser que *merken dat* ★ ne t'avise pas de refuser *probeer niet te weigeren*
aviver OV WW • *verlevendigen* ‹v. vuur›; *verhelderen* • *opstoken* ‹v. vuur› • *scherpen* ★ ~ une couleur *een kleur ophalen*
avocat I m *avocado* II m [v: **avocate**] *advocaat*; *pleitbezorger* ★ ~ conseil *juridisch adviseur*
avocat-conseil m [**avocats-conseils**] *raadsman*
avoine v *haver* ★ folle ~ *wilde haver*
avoir I m • *bezit* • *credit* II OV WW • *hebben*; *bezitten* • *krijgen* • *dragen* • INF. *te pakken nemen* ★ qu'avez-vous? *wat mankeert u?* ★ ~ pour agréable *goedvinden* ★ ~ chaud *het warm hebben* ★ ~ froid *het koud hebben* ★ ~ peur *bang zijn* ★ ~ de la lecture *belezen zijn* ★ ~ douze ans *twaalf jaar zijn* ★ cette maison a 19 mètres de haut *dit huis is 19 meter hoog* ★ il a beau dire *hij heeft mooi praten*; *al praat hij nog zo* ★ en ~ à *het gemunt hebben op* ★ se faire ~ *beetgenomen/ afgezet worden* ★ en ~ pour 10 F *in totaal 10 F moeten betalen* III ONP WW ★ il y a *er is*; *er zijn* ★ il y a un an *een jaar geleden* ★ il y a longtemps *lang geleden* ★ qu'y a-t-il? *wat scheelt eraan?* ★ qu'y a-t-il pour votre service? *wat is er van uw dienst?* ★ tant il y a *zoveel is zeker* ★ vous en aurez pour 10 minutes *dat kost u 10 minuten* IV HWW • *hebben*; *zijn* ★ nous avons été *wij zijn geweest* • (~ **à**) *moeten* ★ j'ai à parler à cet homme *ik moet die man spreken* ★ il n'a qu'à répondre *hij hoeft maar te antwoorden*
avoisinant BNW *naburig*; *aangrenzend*
avoisiner OV WW *grenzen aan*
avortement m • *abortus*; *miskraam* • *mislukking* ★ ~ volontaire *abortus provocatus*
avorter ON WW • *aborteren*; *een miskraam hebben* • *mislukken* ★ se faire ~ *een abortus ondergaan*
avorteur m [v: **avorteuse**] *iem. die een abortus uitvoert*
avorton m • *misbaksel* • *te vroeg geboren dier*
avouable BNW *waarvoor men zich niet behoeft te schamen*
avoué m *procureur*
avouer OV WW • *bekennen*; *toegeven* • *als het zijne erkennen*
avril m *april* ★ poisson d'~ *1 aprilmop* ★ en ~ ne te découvre pas d'un fil *april doet wat hij wil*
axe m • *as*; *spil* • *hoofdrichting* • *hoofdweg*
axer OV WW *richten*; *concentreren (**sur** op)*
axial BNW [m mv: **axiaux**] *axiaal* ★ éclairage ~ *middenbermverlichting*
axiome m *axioma*
ayant cause m [mv: **ayants cause**] *rechtverkrijgende*
ayant droit m [mv: **ayants droit**] *rechthebbende*
ayez WW (geb. wijs) → **avoir**
ayons WW (geb. wijs) → **avoir**
azalée v *azalea*
azimut (*zeg:* -muut) m *azimut*; *toppuntshoek* ★ dans tous les ~s *in alle richtingen* ★ tous ~s *grootscheeps*; *alom(vattend)*
azote m *stikstof*
azoté BNW [**azoteux**] *stikstof bevattend*
azotique BNW *salpeter-*
aztèque BNW *Azteeks*
azur m • *azuursteen* ‹v.d. hemel›; *lazuursteen* • *(het) blauw* • LIT. *hemel*; *lucht* ★ la Côte d'Azur *de Rivièra*
azuré BNW *hemelsblauw*
azyme BNW *ongedesemd* ★ pain ~ *ongedesemd brood*
a/s AFK (aux soins de) *per adres*

B

b m *letter b*
B.A. AFK (bonne action) *goede daad*
baba I m ⋆ baba au rhum *krententaartje met rum* **II** BNW ⋆ INF. rester baba *paf staan*
b.a.-ba m [**b a ba**] *eerste beginselen; abc*
baba (cool) m/v INF. *hippie*
babeurre m *karnemelk*
babil m *gebabbel; gebrabbel*
babillage m *geklets*
babillard BNW *praatziek*
babiller ON WW *kletsen; brabbelen; kwetteren* ‹v. vogels›
babine v *hanglip* ‹v. sommige dieren›; INF. *lip*
babiole v • *snuisterij* • *kleinigheid*
bâbord m *bakboord*
babouche v *slof; muil*
babouin m *baviaan*
baby-foot m (onver.) *tafelvoetbal*
baby-sitting m [mv: **baby-sittings**] *(het) babysitten*
bac m • *(veer)pont* • *kaartenbak; bak(je); kuip* • AFK. *baccalauréat* ⋆ passeur du bac *veerman* ⋆ bac à fleurs *bloembak* ⋆ bac L (ès lettres) *baccalaureaat in de letteren* ⋆ bac S (ès sciences) *baccalaureaat in de wis- en natuurkunde* ⋆ bac +2 *bac plus 2 jaar hoger onderwijs* ⋆ passer le bac *eindexamen doen*
baccalauréat m • *eindexamen middelbare school* • *baccalaureaat; eerste universitaire graad in Canada*
baccara m *baccarat* ‹kaartspel›
bacchanale I v • *schildering van Bacchusfeesten* • INF. *orgie* **II** v mv GESCH. *Bacchusfeesten*
bacchante v • INF. *snor* • *priesteres van Bacchus; bacchante* • *wilde, dronken vrouw*
bâche v • *dekzeil; huif* • *broeibak* • INF. *pet*
bachelier m [v: **bachelière**] *iem. die geslaagd is voor het baccalaureaatsexamen;* ≈ *iem. die eindexamen vwo heeft afgelegd*
bâcher OV WW *een dekzeil op iets leggen; (met een zeil) overdekken*
bachique BNW *Bacchus-*
bachot I m *veerpontje* **II** AFK VERO. (baccalauréat)
bachotage m *(het) drillen voor een examen*
bachoter ON WW *blokken; zich klaarstomen*
bacille m *bacil*
bâclage m *(het) afraffelen*
bâcle v *sluitbalk; grendel*
bâcler OV WW • *afraffelen* • *sluiten d.m.v. stang* ‹v. deur, venster›
bacon m *bacon; mager spek*
bactérie v *bacterie*
bactérien BNW [v: **bactérienne**] *bacterieel*
bactériologie v *bacteriologie*
bactériologique BNW ⋆ guerre ~ *bacteriologische oorlog*
badaud I m [v: **badaude**] *straatslijper; nieuwsgierige slenteraar* **II** BNW *kijkgraag*
baderne v ⋆ vieille ~ *ouwe sul*
badge m *badge; naamkaartje; pasje*
badigeon m *muurkalk*
badigeonnage m → **badigeonner**
badigeonner OV WW • *witten; sausen* • MED. *aanstippen; insmeren*
badigeonneur m • *schilder; witkalker* • PEJ. *kladschilder*
badin BNW *schalks; vrolijk* ⋆ humeur ~e *vrolijke bui*
badinage m *grappenmakerij; scherts* ⋆ ton de ~ *luchtige toon*
badine v *rottinkje*
badiner ON WW *grappen maken; schertsen* ⋆ faire qc pour ~ *iets voor de grap doen*
badinerie v *grap; scherts*
badminton (*zeg:* bad-) m *badminton*
baffe v INF. *klap; oorvijg*
baffle m *(luidspreker)box*
bafouer OV WW *belachelijk maken; uitjouwen; honen; spotten met, bespotten* ⋆ ~ qc/qn *de draak met iets/iem. steken*
bafouillage m INF. *gehakkel; onsamenhangende kletspraat*
bafouille v ARG. *kattebelletje*
bafouiller OV WW • *haperen* • INF. *hakkelen*
bâfrée v INF. *schranspartij*
bâfrer OV + ON WW INF. *schransen*
bâfreur m INF. [v: **bâfreuse**] *vreter; veelvraat*
bagage m OOK FIG. *bagage* ⋆ porte-~s *bagagerek; bagagedrager* ⋆ faire ses ~s *z'n koffers pakken* ⋆ plier ~ *z'n biezen pakken; ertussenuit gaan*
bagagiste m *kruier*
bagarre v • *relletje; vechtpartij* • INF. *herrie; gedrang* ⋆ chercher la ~ *ruzie zoeken*
bagarrer INF. **I** ON WW *knokken (**pour** voor)* **II** WKD WW (**se** ~) *vechten, knokken (**pour** voor); ruzie maken*
bagarreur INF. **I** m [v: **bagarreuse**] *ruziezoeker; vechtersbaas* **II** BNW *ruzieachtig*
bagatelle v • *kleinigheid; bagatel* • IRON. *liefdesdaad* ⋆ cela m'a coûté une ~ *dat heeft me bijna niets gekost* ⋆ ~! *gekheid; onzin!*
bagnard m *galeiboef*
bagne m *strafkolonie; bagno* ⋆ quel ~! *wat een hel!; wat een ellende!*
bagnole v INF. *auto*
bagou(t) m INF. *vlotte babbel*
bague v *ring* ⋆ diamant en ~ *solitair* ⋆ jeu de ~ *ringsteken* ⋆ ~ de cigare *sigarenbandje*
baguenauder I ON WW *wandelen; flaneren* **II** WKD WW (**se** ~) *wandelen; flaneren*
baguer OV WW • *ringen* ‹v. vogel, sigaar, vinger› • *vastrijgen* ‹v. stof, kleren›
baguette v • *stokje* • *stokbrood* • *dirigeerstokje* • *(sier)lijstje; (sier)lijntje* ⋆ ~ de fée/magique *toverstokje* ⋆ ~ divinatoire *wichelroede* ⋆ ~ de tambour *trommelstok* ⋆ d'un coup de ~ (magique) *als bij toverslag* ⋆ mener à la ~ *hard aanpakken*
bah TW *och kom!; kom nou!*
bahut m • *klerenkist* • *antiek buffet* • INF. *kar; vrachtauto* • ARG. *middelbare school*
bai BNW *roodbruin* ‹v. paarden›
baie v • SCHEEPV. *baai* • *deuropening; vensteropening* • *bes* • *parkeerhaven*
baignade v • *(het) zwemmen; (het) baden* • *zwemplaats in een rivier, meer, enz.* ⋆ ~ interdite *verboden te zwemmen*
baigner I OV WW • *in bad doen* • *begieten;*

B

bespoelen • OOK FIG. *dompelen* (**de** *in)* ★ faire ~ ses pieds dans l'eau *met z'n voeten in het water zitten* ★ baigné de larmes *in tranen badend* ★ la rivière baigne cette ville *de rivier loopt langs/door deze stad* **II** ON WW *gedompeld zijn*; *baden (***dans** *in)* ★ INF. ça baigne (dans l'huile) *het loopt gesmeerd*; *alles kits* **III** WKD WW (**se** ~) *een bad nemen*; *zwemmen*

baigneur I m *plastic poppetje* **II** m [v: **baigneuse**] • *zwemmer* • *badmeester*

baignoire v • *badkuip* • *parterreloge* ‹in schouwburg› ★ ~ sabot *zitbad*

bail (*zeg:* baj) m [mv: **baux**] *huur(contract)*; *pacht(contract)* ★ bail à loyer *huurcontract* ★ crédit bail *leasing* ★ droit de bail *huurbelasting* ★ donner à bail *verhuren*; *verpachten* ★ tenir à bail *pachten* ★ INF. ça fait un bail *dat is een eeuwigheid geleden*

bâillement m • *opening* • *gegaap*; *geeuw*

bailler OV WW VERO. *geven* ★ vous me la baillez belle! *u maakt me wat wijs!*

bâiller ON WW • *gapen*; *geeuwen* • *op een kier staan*; *half openstaan*

bailleur m [v: **bailleresse**] *verhuurder*; *verpachter* ★ ~ de fonds *geldschieter*

bailli m GESCH. *baljuw*

bâillon m *prop in de mond*

bâillonnement m *kneveling*

bâillonner OV WW *knevelen*; OOK FIG. *de mond snoeren*

bain I m *bad*; *badkuip* ★ petit bain *kinderbad* ★ le grand bain *het diepe (bad)* ★ salle de bains *badkamer* ★ maillot de bain *zwembroek* ★ bain de soleil *zonnebad* ★ bain de mer *zeebad* ★ bain de bouche *mondspoeling* ★ bain de sang *bloedbad* ★ prendre un bain de foule *zich in het publiek begeven* ‹door vooraanstaande personen› ★ être dans le même bain *in hetzelfde schuitje zitten* ★ INF. être dans le bain *er lelijk in zitten*; *erbij betrokken zijn* ★ INF. envoyer qn au bain *iem. afpoeieren*, *wegwerken* **II** m mv *badplaats*; *badinrichting*

bain-marie m [mv: **bains-marie**] *bain-marie*

baïonnette v *bajonet*

baise v VULG. *(het) neuken*

baisemain m *handkus*

baiser I m *kus*; *zoen* **II** OV + ON WW • *kussen*; *zoenen* • VULG. *neuken* • ARG. *verneuken* ★ se faire ~ *betrapt worden*; *verneukt worden*

baisse v *daling*; *vermindering* ★ jouer à la ~ *speculeren op het dalen v.d. aandelenkoersen* ★ être en ~ *dalen*

baisser I OV WW • *neerlaten*; *laten zakken* • *verlagen*; *temperen* ★ ~ les yeux *de ogen neerslaan* ★ ~ son col *zijn kraag omslaan* ★ ~ les bras *zich overgeven*; *de moed laten zakken* ★ ~ l'oreille *beteuterd staan*; *de moed verliezen* ★ ~ pavillon *toegeven*; FIG. *de vlag strijken* ★ ~ un store *een rolluik neerlaten* ★ ~ un tableau *een schilderij lager hangen* ★ ~ la tête *het hoofd buigen* ★ ~ le ton *inbinden*; *een toontje lager zingen* ★ ~ la voix *zachter spreken* ★ ~ la radio *de radio zacht(er) zetten* **II** ON WW *zakken*; *dalen*; *verminderen* ★ ses actions baissent *zijn invloed vermindert* ★ le jour baisse *de avond valt* ★ le malade baisse *de zieke gaat achteruit* ★ les marchandises baissent *de waren slaan af* ★ la mer baisse *het wordt eb* ★ le vent baisse *de wind gaat liggen* ★ sa vue baisse *zijn ogen gaan achteruit* ★ ~ d'un certain pourcentage *met een aantal procenten dalen* **III** WKD WW (**se** ~) *(zich) bukken*

baissier m *baissespeculant*; *baissier*

bajoue v *(hang)wang*

bakchich m INF. *fooi*

bakélite v *bakeliet*

bal m [mv: **bals**] • *bal*; *dansfeest* • *danszaal* ★ bal champêtre *openluchtbal* ★ bal blanc *jongeluisbal* ★ mener le bal *de touwtjes in handen hebben*

balade v INF. *uitstapje*; *wandeling*

balader I OV WW *mee uit wandelen nemen*; *meenemen* **II** WKD WW (**se** ~) *wandelen*; *flaneren*; *slenteren*

baladeur I m *walkman* **II** BNW [v: **baladeuse**] *(graag) lopend*; *loop-* ★ micro ~ *loopmicrofoon* ★ avoir les mains baladeuses *zijn handen niet thuis kunnen houden*

baladeuse v *looplamp*

baladin m [v: **baladine**] *paljas*; *clown*; *hansworst*

balafre v • *lange snede in het gezicht* • *litteken*

balai m • *bezem* • *vogelstaart* • *staarteinde* • TECHN. *koolborstel* • INF. *jaar* ‹v. leeftijd› • INF. *laatste bus, tram of metro* ★ ~ mécanique *rolveger* ★ manche à ~ *bezemsteel*; *mager persoon* ★ passer le ~ *aanvegen* ★ donner un coup de ~ *even snel vegen*; *personeel ontslaan* ★ faire ~ neuf *erg ijverig zijn* ‹in het begin› ★ rôtir le ~ *een ongebonden leven leiden*; *boemelen* ★ INF. con comme un ~ *oerstom*

balaise BNW → **balèze**

balance v • *weegschaal* • *evenwicht* • *balans* • *kreeftennet* • ASTR. *Weegschaal* • ARG. *verlinker* ★ ~ commerciale *handelsbalans* ★ ~ des paiements *betalingsbalans* ★ mettre dans la ~ *vergelijken* ★ mettre en ~ *afwegen* ★ tenir la ~ égale *onpartijdig zijn* ★ faire pencher la ~ *de schaal doen doorslaan* ★ faire la ~ *de balans opmaken*

balancé BNW *evenwichtig* ★ INF. bien ~ *goed gebouwd*

balancelle v *schommelbank*

balancement m • *(het) heen en weergaan*; *(het) schommelen* • *ritme* • *evenwichtigheid*

balancer I OV WW • *heen en weer bewegen*; *schommelen* • *in evenwicht brengen/houden* • INF. *ontslaan* • INF. *smijten*; INF. *slingeren* • ARG. *verlinken* ★ ~ le pour et le contre *de voor- en nadelen tegen elkaar afwegen* ★ ~ un compte *een balans sluitend maken* **II** ON WW • *schommelen* • *aarzelen*; *weifelen* ★ entre les deux mon cœur balance *ik kan geen keus maken* **III** WKD WW (**se** ~) • *schommelen*; *heen en weer gaan* • *tegen elkaar opwegen* ★ INF. s'en ~ *er maling aan hebben*

balancier m • *slinger*; *onrust* ‹v. uurwerk› • *balans* ‹v. machine› • *balanceerstok* • *pompzwengel*

balançoire v • *schommel* • *wip*

balayage m • *(het) vegen* • *coupe soleil* • TECHN. *(het) aftasten; (het) scannen*
balayer OV WW • *vegen* • *schoonvegen* • *verjagen; wegvagen* • *voor zich uit drijven* • *aftasten* ‹met straal›; *scannen* ★ INF. ~ le personnel *het personeel ontslaan* ★ le vent balaye les nuages *de wind verjaagt de wolken* ★ le vent balaye le ciel *het weer klaart op*
balayette v *veger; stoffer*
balayeur m [v: **balayeuse**] *straatveger*
balayeuse v *veegmachine*
balayures v mv *veegsel*
balbutiement (*zeg:* -sie-) m *(het) stamelen; stotteren* ★ être aux ~s *in de kinderschoenen staan; in de beginfase zijn*
balbutier (*zeg:* -sjee) **I** OV WW *stamelend uitspreken* ★ ~ des excuses *excuses stamelen* **II** ON WW • *stamelen; stotteren* • *in de beginfase zijn; in de kinderschoenen staan*
balcon m *balkon*
baldaquin m *baldakijn* ★ lit à ~ *hemelbed*
Bâle v *Bazel*
baleine v • *walvis* • *balein* ★ INF. rire comme une ~ *zich slap lachen*
baleiné BNW *voorzien van baleinen*
baleinier m *walvisvaarder*
balèze BNW INF. • *potig; fors* • *knap* (**en** *in*)
balisage m *bebakening; wegmarkering*
balise v *(radio)baken; boei; verkeerskegel*
baliser I OV WW *betonnen; afbakenen; de weg markeren* **II** ON WW ARG. *bang zijn*
baliste v *ballista*
balistique I v *ballistiek* **II** BNW *ballistisch*
baliveau m [mv: **baliveaux**] • *jonge boom die bij de houtkap gespaard wordt* • *steigerpaal*
baliverne v *kletspraat* ★ débiter des ~s *kletskoek verkopen*
balkanique BNW *Balkan-*
Balkans m mv *Balkan(landen)*
ballade v *ballade*
ballant I m *(het) slingeren* ★ avoir du ~ *slingeren* **II** BNW *los neerhangend; zwaaiend* ★ aller les bras ~s *met zwaaiende armen lopen* ★ voile ~e *loshangend zeil*
ballast m • *ballast* ‹v. spoorweg› • *ballasttank* ‹v. schip›
balle v • *bal* • *kogel* • *baal* • *kaf* • INF. *frank; piek* ★ INF. t'as pas dix ~s? *heb je tien frank voor me?* ★ tirer à ~s *met scherp schieten* ★ criblé de ~s *met kogels doorzeefd* ★ OOK FIG. se renvoyer la ~ *elkaar de bal toespelen* ★ avoir la ~ belle *een gunstige gelegenheid hebben* ★ prendre la ~ au bond *de gelegenheid aangrijpen* ★ enfant de la ~ *iem. die het (artiesten)vak met de paplepel ingegoten heeft gekregen* ★ FIG. renvoyer la ~ (à qn) *de bal terugkaatsen* ★ à vous la ~/la ~ est dans votre camp *'t is uw beurt* ★ ~ traçante *lichtkogel* ★ ~ perdue *verdwaalde kogel* ★ faire sa ~ de qc *iets uitzoeken* ★ marchandises de ~ *bocht; rommelwaar* ★ porter la ~ *als marskramer rondtrekken* ★ ~ de match *matchpoint*
ballerine v • *balletdanseres* • *flat* ‹schoen›
ballet m *ballet* ★ corps de ~ *de gezamenlijke dansers* ‹v. de opera›
ballon m • *(voet)bal* • *luchtballon* • *berg in de Vogezen* • *bolle fles; bol glas* • *wolkje* ‹bij strips› ★ ~ d'alcootest *blaaspijpje* ★ ~ captif *kabelballon* ★ ~-pilote *loodsballon* ★ un ~ de rouge *een glas rode wijn* ★ gonfler un ~ *een ballon opblazen* ★ lancer un ~ d'essai FIG. *een proefballonnetje oplaten*
ballonné BNW *opgeblazen*
ballon-sonde m [mv: **ballons-sondes**] *weerballon*
ballot m • *kleine baal* • INF. *imbeciel*
ballottage m *onbesliste uitslag* ‹na verkiezingsronde› ★ scrutin de ~ *herstemming*
ballotter OV + ON WW OOK FIG. *heen en weer slingeren; schudden*
ball-trap m [mv: **ball-traps**] • *kleiduivenschieten* • *kleiduivenmachine*
balluchon m [**baluchon**] INF. • *dwaas* • VERO. *pakje*
balnéaire BNW *bad-* ★ station ~ *badplaats*
balourd I m [v: **balourde**] *lomperd* **II** BNW *lomp; bot*
balourdise v *lompheid; stommiteit*
balsamine v *balsemien*
balsamique BNW *balsemachtig; welriekend*
balte BNW *Baltisch* ★ les pays ~s *de Baltische staten*
Balte m/v *Balt*
baltique BNW *Baltisch* ★ (mer) Baltique *Oostzee*
baluchon m → **balluchon**
balustrade v *balustrade; hek*
balustre m *baluster; spijl v. balustrade of hek*
bambin m INF. [v: **bambine**] *kleuter; hummel*
bambocher ON WW INF. *stappen; boemelen; zich overgeven aan uitspattingen*
bambocheur m INF. [v: **bambocheuse**] *fuifnummer; boemelaar*
bambou m *bamboe* ★ ARG. avoir le coup de ~ *een zonnesteek hebben; erg moe zijn; gek worden*
ban m • *proclamatie; kerkelijke huwelijksafkondiging* • GESCH. *oproeping der leenmannen* • *openbare kennisgeving; ban* • *verbanning* ★ publier les bans *in ondertrouw gaan* ★ un ban pour le vainqueur! *applaus voor de winnaar!* ★ ban de vendange *bekendmaking (door de omroeper) dat de wijnoogst begint* ★ ouvrir, fermer le ban *de ban openen, sluiten* ★ mettre qn au ban FIG. *iem. in de ban doen; verketteren* ★ être en rupture de ban (avec) FIG. *uit zijn keurslijf gebroken zijn; het ergens voor gezien houden*
banal BNW [m mv: **banals/banaux**] *banaal; gewoon; alledaags; ordinair* ★ propos ~s *clichés* ★ GESCH. moulins banaux *gemeenschappelijke molens*
banaliser OV WW *alledaags maken; banaal maken* ★ ~ une voiture de police *een politieauto als gewone auto gebruiken*
banalité v *banaliteit; gemeenplaats; afgezaagdheid*
banane v • *banaan* • INF. *vetkuif* • INF. *decoratie; lintje* • INF. *heuptasje* ‹voor geld›
bananeraie v *bananenplantage*
bananier I m • *bananenboom* • *bananenboot*

II BNW *bananen-* ★ republique bananière *bananenrepubliek*
banc m • *(zit)bank* • *laag gesteenten* • *ondiepte*; *bank* ★ banc de brume OOK FIG. *mistbank* ★ banc d'essai OOK FIG. *proefbank* ★ banc de poissons *school vissen* ★ banc de sable *zandbank* ★ être sur les bancs *schoolgaan*
B
bancable BNW *bankabel*
bancaire BNW *bank-* ★ chèque ~ *bankcheque*
bancal BNW [m mv: **bancals**] • *met kromme benen* • *wankel* ★ un raisonnement ~ *een kromme redenering*
bancher OV WW *in het schotwerk storten* ‹v. beton, aarde›
banco m ★ INF. ~! *banco!*; *wedden (van wel of niet)?* ★ faire ~ *het tegen de bank opnemen* ‹kaartspel›
bandage m • *verband* • *(het) verbinden* • *band om wiel* ★ ~ herniaire *breukband*
bande v • *reep*; *strook* ‹v. stof, leer, papier, metaal›; *verband* • *wikkel*; *band*; *baan* • *biljartband* • *geluidsband*; *filmband*; *videoband* • *bende*; *stel*; *groep* ★ ~ dessinée *strip(verhaal)* ★ ~ magnétique *magneetband* ★ ~ sonore *geluidsband*; *soundtrack* ★ ~ d'arrêt d'urgence *vluchtstrook* ★ chaussée à trois ~s *driebaansweg* ★ ~ rugueuse *verkeersdrempel* ★ ~ molletière *beenwindsel* ★ ~ de fous! *stelletje gekken!* ★ mettre un journal sous ~ *een adresband om een krant doen* ★ être de la ~ *erbij horen* ★ par la ~ *indirect* ★ faire ~ à part *zich gezamenlijk afzonderen*; *zich afzijdig houden* ★ donner de la ~ *slagzij maken*
bande-annonce m [mv: **bandes-annonces**] *trailer* ‹filmflitsen›
bandeau m [mv: **bandeaux**] • *hoofdband* • *blinddoek* • *kordonband*; *gevellijst* ★ ~ royal *diadeem* ★ le ~ de l'erreur *verblinding* ★ avoir un ~ sur les yeux *verblind zijn* ★ se coiffer en ~x *de haren glad, aan weerszijden v.h. voorhoofd dragen*
bandelette v *bandje*; *strookje*; *lintje*
bander I OV WW • *verbinden* • *spannen* ‹v. boog› ★ ~ les muscles *de spieren spannen* ★ ~ les yeux *blinddoeken* II ON WW INF. *een erectie hebben*; *geil zijn*
banderille v *banderilla* ‹bij stierenvechten›
banderole v • *wimpel* • *banderol* • *spandoek*
bande-son m [mv: **bandes-son**] *geluidsband*; *soundtrack*
bandit m • *oplichter* • *bandiet*; *boef*
banditisme m *banditisme*
bandoulière v *bandelier*; *draagriem* ★ porter en ~ *schuin over de rug dragen*
bang I m *knal* II TW *pang*
banjo (*zeg:* ba(n)(d)zjoo) m *banjo*
banlieue v *voorsteden*; *randgemeenten*
banlieusard m [v: **banlieusarde**] INF. *bewoner v.d. banlieue*; ≈ *forens*
banne v → **benne**
banni I m [v: **bannie**] *balling* II BNW *verbannen*
bannière v • *vaandel*; *banier* • *scheepsvlag*
bannir OV WW • *verbannen* (**de** *uit*) • *afschaffen*; *(uit)bannen* (**de** *uit*); *afleggen* ★ ~ de son vocabulaire *uit zijn woordenschat schrappen* ★ ~ le tabac *stoppen met roken* ★ ~ les soucis *de zorgen van zich afgooien*
bannissement m • *afschaffing* • *verbanning*; *ballingschap*
banque v • *geldbank*; *handelsbank* • *depot* ★ ~ de circulation *circulatiebank* ★ ~ de crédit *leenbank* ★ ~ d'escompte *discontobank* ★ ~ de Crédit Agricole *boerenleenbank* ★ la Banque de France *de Franse Bank* ★ ~ de données *databank* ★ ~ du sang *bloedbank* ★ faire sauter la ~ *de hele inzet v.d. speelbankhouder winnen* ★ tenir la ~ *de bank houden*
banqueroute v *failliet*; *bankroet* ★ faire ~ *bankroet gaan*
banqueroutier m [v: **banqueroutière**] *bankroetier*
banquet m *feestmaal*; *banket*
banqueter ON WW • *deelnemen aan een banket* • *smullen*; *lekker eten* • *goede sier maken*
banquette v • *bank zonder leuning*; *bankje* ‹in trein, tram› • *stenen vensterbank* • *walletje*; *verhoogd voetpad*
banquier m [v: **banquière**] • *bankier* • *bankhouder bij kansspel*
banquise v *pakijs*; *ijsbank*
baobab m *apenbroodboom*; *baobab*
baptême (*zeg:* batèm) m *doop*; *doopsel* ★ ~ du feu *vuurdoop* ★ ~ de l'air *luchtdoop* ★ recevoir le ~ *gedoopt worden*
baptiser (*zeg:* batie-) OV WW • *dopen* • *zegenen* ‹v. schip e.d.› • *(ver)noemen* ★ ~ un immeuble du nom du président *een gebouw naar de president vernoemen* ★ ~ du vin *water in de wijn gieten*
baptismal (*zeg:* batie-) BNW [m mv: **baptismaux**] *doop-* ★ eau ~e *doopwater* ★ fonts baptismaux *doopvont*
baptiste (*zeg:* batie-) I m/v *baptist*; *doopsgezinde* ★ Saint-Jean Baptiste *Johannes de Doper* II BNW *baptistisch*; *doopsgezind*
baptistère (*zeg:* batie-) m *doopkapel*
baquet m *kuipje*; *kleine tobbe*
bar m • *bar* • *zeebaars* ★ bar-tabac *café waar ook rookwaren gekocht kunnen worden*
baragouin m *koeterwaals*
baragouiner OV WW *een taal slecht spreken*; *een taal radbraken* ★ ~ le français *gebroken Frans spreken*
baraka v INF. *geluk* ★ avoir la ~ *mazzel hebben*
baraque v • *houten barak*; *keet*; *kraam* • INF. *huis* • *tent*; *krot* ★ casser la ~ *de tent afbreken* ‹door succes›
baraqué INF. BNW *(goed) gebouwd* ‹v. persoon›; *forsgebouwd*
baraquement m *tentenkamp*; *barakkenkamp*
baratin m INF. *smoesjes*; *(mooie) praatjes* ★ arrête ton ~ *hou die smoesjes maar voor je*
baratiner INF. I OV WW *(iem.) trachten te bepraten* II ON WW INF. *praatjes verkopen*
baratineur INF. m [v: **baratineuse**] *praatjesmaker*; *mooiprater*
baratte v *karnmachine*
baratter OV WW *karnen*
barbacane v • *schietgat* • *afvoeropening*
barbant INF. BNW *stomvervelend*
barbaque v INF. PEJ. *vlees*

barbare I m/v *barbaar; primitief persoon; onmens* II BNW • *barbaars; grof; wreed* • *onbeschaafd* • *vreemd; onjuist*
barbarie v • *barbaarsheid; onmenselijkheid; wreedheid* • *onbeschaafdheid*
barbarisme m *grove taalfout; barbarisme* ‹in de taal›
barbe I m *Noord-Afrikaans paard* II v *baard* ‹ook v. dieren, planten› ★ vieille ~ *ouwe sok* ★ ~ à papa *suikerspin* ★ avoir la ~ au menton *(al) een baard hebben* ★ INF. quelle ~! *wat vervelend!; wat rot!* ★ par ma ~! *waarachtig* ★ porter toute sa ~ *een volle baard dragen* ★ rire dans sa ~ *in zijn vuistje lachen* ★ INF. la ~! *hou op!; nu is het genoeg!* ★ agir à la ~ de qn *iets in iemands bijzijn doen* ★ faire la ~ à qn *iem. scheren; iem. de baas zijn* III v mv *ruwe rand; braam*
barbeau m [mv: **barbeaux**] • *korenbloem* • *barbeel* • INF./VERO. *souteneur*
Barbe-bleue m *Blauwbaard*
barbecue (*zeg:* -kjoe/-kuu) m *barbecue*
barbelé BNW *met weerhaken* ★ fil de fer ~ *prikkeldraad* ★ derrière les ~s *achter prikkeldraad*
barbelure v *punt; stekel*
barber INF. I OV WW *stierlijk vervelen* II WKD WW (**se** ~) *zich stierlijk vervelen*
barbet m *soort spaniël*
barbiche v *sikje*
barbichette v ARG. *sikje*
barbichu BNW *met een sikje*
barbier m VERO. *barbier*
barbillon m • *jonge barbeel* • *baarddraad* ‹v. vissen›
barbiturique I m *barbituraat* II BNW *barbituur-*
barbon m INF. *oude vent*
barbotage m • *geploeter; geplas* • ARG. *diefstal*
barboter I OV WW INF. *stelen; gappen* II ON WW *ploeteren; plassen; door 't slijk waden*
barboteur m [v: **barboteuse**] *ploeteraar; spartelaar*
barboteuse v *speelpakje*
barbouillage m • *kladschilderij* • *gekladder; onleesbaar schrift*
barbouiller OV WW • *slecht schrijven* • *bekladden; bevuilen* • *kladschilderen* • INF. *van streek brengen* ★ j'ai le cœur barbouillé/ je suis barbouillé *ik ben misselijk*
barbouilleur m [v: **barbouilleuse**] • *slecht schrijver; kladderaar* • *kladschilder*
barbouillis m → **barbouillage**
barbouze v • *geheim agent* • INF. *baard*
barbu BNW *met een baard*
barbue v *griet* ‹vis›
barcarolle v *barcarolle; gondellied*
barcasse v *barkas*
Barcelone v *Barcelona*
barda m ARG. • *soldatenuitrusting* • *spullen*
bardane v *klit*
barde I m *bard* II v *reepje vet spek*
bardeau m [mv: **bardeaux**] • *muilezel* • *dakspaan*
barder I OV WW • *pantseren; bedekken* • *barderen; met spek omwikkelen* II ON WW INF. ★ ça va ~ *'t zal er wild toegaan*
bardot m *muilezel*
barème m *tabel; (loon)schaal*
barge I v • *platte schuit* • *(rechthoekige) hooimijt* • *grutto* II BNW INF. *niet goed snik*
barguigner VERO. ON WW *aarzelen; dralen*
baril m *vaatje; ton*
barillet m • *klein vaatje* • *revolvertrommel*
bariolage m *bonte (kleuren)mengeling*
bariolé BNW *(kakel)bont*
barmaid v *barjuffrouw*
barman m *barkeeper*
baromètre m *barometer* ★ ~ à mercure *kwikbarometer* ★ ~ enregistreur *zelfregistrerende barometer*
barométrique BNW *barometer-* ★ hauteur ~ *barometerstand*
baron m [v: **baronne**] *baron*
baronnie v *baronie*
baroque I m *barok* II BNW *barok; vreemd gevormd; grillig* ★ une idée ~ *een vreemd/ grillig idee*
baroqueux m [v: **baroqueuse**] *barokspeler*
baroud m MIL. *gevecht* ★ ~ d'honneur *laatste gevecht in een oorlog die al verloren is, alleen voor de eer*
baroudeur m INF. *vechtjas*
barouf(le) m INF. *herrie* ★ faire du barouf *luid protesteren*
barque v *boot* ★ ~ de pêche *vissersboot* ★ ~ à rames *roeiboot* ★ ~ à voile *zeilboot* ★ mener qn en ~ *iem. in de boot nemen/bedotten* ★ bien conduire sa ~ *zijn zaken goed leiden*
barquette v • *bootje* • *bakje; mandje* • *soort taartje*
barrage m • *stuwdam* • SP. *barrage* • *versperring; (weg)afsluiting* ★ tir de ~ *spervuur*
barre v • *staaf; stang; balk* • *reep* • *streep; maatstreep* • *roer(pen)* • *balie* • *hindernis bij riviermonding* ★ ~ fixe *rekstok* ★ une ~ de fer *een ijzeren staaf; een onverzettelijk man* ★ ~ transversale *lat* ‹bij voetbal› ★ INF. c'est le coup de ~! *dat is duur!* ★ le dollar a franchi la ~ de 8 francs *de dollar heeft de grens van 8 frank overschreden* ★ de l'or en ~s *baar goud* ★ SP. ~s parallèles *brug met gelijke leggers* ★ jeu de ~s *overlopertje* ★ avoir ~ sur qn *vat op iem. hebben* ★ tenir la ~ OOK FIG. *aan het roer staan* ★ FIG. un coup de ~ *ruk aan het roer* ★ comparaître à la ~ *voor de rechter verschijnen* ★ ~ de sable *zandplaat* ★ port de ~ *vloedhaven* ★ ~ de gouvernail *helmstok* ★ homme de ~ *roerganger* ★ placer la ~ plus haut *veeleisender, ambitieuzer zijn* ★ INF. avoir un coup de ~ *opeens doodmoe zijn*
barreau m [mv: **barreaux**] • *stang; tralie; spijl* • *balie; advocatuur* ★ sous les ~x *achter de tralies*
barrer I OV WW • *afsluiten; versperren* • *doorstrepen; doorhalen; een kruis zetten door* ★ rue barrée *afgesloten rijweg* ★ INF. être mal barré *er slecht voor staan* II WKD WW INF. (**se** ~) *ervandoor gaan*
barrette v • *staafje; stift* • *kardinaalshoed* • *bonnet* • *haarknipje; speldje*
barreur m [v: **barreuse**] *stuurman* ★ SP. quatre sans ~ *ongestuurde vier*

B

B

barricade v *barricade; straatversperring*
barricader I ov ww *barricaderen; versperren* **II** wkd ww (**se** ~) *zich afzonderen;* OOK FIG. *zich achter een barricade verschansen; zich opsluiten*
barrière v • *afsluiting; hek* • *tolhek; slagboom* • *natuurlijke grens* • *hinderpaal; barrière; scheidsmuur*
barrique v *okshoofd* ‹200 à 250 liter›; *fust* ★ INF. plein comme une ~ *volgepropt* ‹met eten en drinken›
barrir ON WW *trompetteren* ‹v. olifant›
barrissement m *getrompetter* ‹v. olifant›
barycentre m WISK. *zwaartepunt*
baryton m • *bariton* • *baritoninstrument*
bas I m • *(het) onderste gedeelte* • *kous* ★ bas de laine *spaarkous; spaarpot* ★ il a connu des hauts et des bas *hij heeft ups and downs gekend* **II** BNW [v: **basse**] • *laag* • *laag; gemeen* • *fluisterend* ★ en bas âge *op jeugdige leeftijd* ★ bas allemand *Neder-Duits* ★ chapeau bas *met de hoed af* ★ le bas latin *middeleeuws Latijn* ★ les bas morceaux de viande *de mindere stukken vlees* ★ faire main basse *plunderen* ★ faire main basse sur *achteroverdrukken* ★ ce malade est bien bas *die zieke is er slecht aan toe* ★ marée basse *eb* ★ messe basse *stille mis* ★ officier bas *subaltern officier* ★ l'oreille basse *met hangende pootjes* ★ la basse Seine *de Beneden-Seine* ★ temps bas *betrokken lucht* ★ traiter de haut en bas *geringschattend behandelen* ★ la basse ville *de benedenstad* ★ avoir la vue basse *bijziend zijn* ★ terme/mot bas *grof woord; ordinair woord* ★ style bas *ordinaire stijl* ★ à voix basse *fluisterend* ★ âme basse *gemenerik* ★ coup bas *stoot onder de gordel* ★ à bas prix *goedkoop* **III** BIJW *laag* ★ à bas *weg met!* ★ à bas les chapeaux *hoeden af!* ★ (à) bas les mains! *handen thuis!* ★ parler bas *zachtjes spreken* ★ cet homme est bas percé *die man is geruïneerd* ★ couler bas *zinken* ★ en bas *beneden; naar beneden* ★ là-bas *daarginds* ★ ici-bas *hier op aarde* ★ au bas de/en bas de *onder aan* ★ voyez plus bas *zie verderop* ★ mettre bas *jongen* ‹v. dieren›
basal BNW [m mv: **basaux**] *van de basis; basaal*
basalte m *basalt*
basane v *bezaanleer; schapenleer*
basané BNW *getaand; gebruind; door de zon verbrand* ★ teint ~ *bruine huid*
bas-bleu m PEJ. [m mv: **bas-bleus**] *blauwkous*
bas-côté m [mv: **bas-côtés**] • *berm* • ARCH. *zijbeuk*
basculant BNW *klap-; kiep-*
bascule v • *(brug)balans* • *wip* ★ chaise à ~ *schommelstoel* ★ système de ~ *halfslachtige politiek*
basculer I ov ww *doen kantelen; omverduwen* **II** ON WW • *kantelen; tuimelen* • *omslaan* (**dans** *in*); *opeens overgaan/vervallen* (**dans** *in, tot*)
base v • *basis; voet; grondslag* • CHEM. *base* • SP. *honk* • *achterban* ★ à base de *op basis van* ★ base d'aviation *vliegbasis* ★ base de sous-marins *onderzeeërsbasis* ★ MIL. base de ravitaillement *ravitailleringscentrum* ★ base de feux *vuurbasis* ★ base d'opération *operatiebasis* ★ base de données *database* ★ salaire de base *basisloon*
base-ball (*zeg:* bezbol) m [**baseball**] *honkbal*
baser ov ww *gronden; baseren (***sur** *op)* ★ se ~ sur *zich baseren op* ★ être basé à *gelegerd zijn in*
bas-fond m [mv: **bas-fonds**] *ondiepte* ‹in rivier of zee› ★ les ~s *de achterbuurt; de onderste lagen van de maatschappij*
basilic m • *basilisk* • *basilicum*
basilique v *basiliek*
basique BNW • *basis-* • CHEM. *basisch*
basket I m *basketbal* **II** v *basketbalschoen; sportschoen* ★ INF. être bien dans ses ~s *zich lekker voelen* ★ INF. lâche-moi les ~s! *laat me met rust!*
basketteur m [v: **basketteuse**] *basketbalspeler*
basque I m *(het) Baskisch* **II** v *pand; slip* ★ être toujours pendu aux ~s de qn *aan iem. klitten* **III** BNW *Baskisch*
Basque m/v *Bask*
bas-relief m [mv: **bas-reliefs**] *bas-reliëf*
basse I v • *basstem* • *baspartij* • *baszanger; basspeler* • *bas* ‹instrument› • *klip die bij eb droogvalt* ★ ~ profonde *contrabas* ‹stem› **II** BNW → **bas**
basse-cour m [mv: **basses-cours**] • *hoenderhof* • *gevogelte in de hoenderhof*
bassement BIJW *laag(hartig)*
bassesse v • *laagheid; gemeenheid* • *lage daad* ★ faire des ~s à qn *iem. de hielen likken*
basset m *takshond; basset* ★ cor de ~ *bassethoorn*
bassin m • *bekken* ‹v. zwembad›; *kom; schaal* ‹v. weegschaal› • *bad* ‹v.e. zwembad›; *vijver; dok* • *stroomgebied* • *laag* ‹steenkool, erts› • ANAT. *bekken* ★ fracture du ~ *bekkenbreuk* ★ ~ de radoub/carénage *droogdok*
bassine v *teil; grote pan*
bassiner ov ww • *besproeien; betten* • INF. *vervelen* • *verwarmen met een beddenpan*
bassinet m • *klein bekken* • ANAT. *nierbekken*
bassinoire v *beddenpan*
bassiste m/v *bassist*
basson m • *fagot* • *fagottist*
bassoniste m *fagottist*
bastide v • *buitenhuisje* ‹in Zuid-Frankrijk› • GESCH. *sterkte; vesting(stad)*
bastille v *burcht*
Bastille v *staatsgevangenis van Parijs (tot 1789); Bastille* ★ la prise de la ~ *de bestorming van de Bastille*
bastingage m *reling*
bastion m MIL. *bastion*
Bastogne v *Bastenaken*
bastonnade v *stokslagen; pak slaag*
bastringue m INF. • *lawaai* • *spullen; troep* • *volksbal* ★ enlever son ~ *z'n rommel opruimen*
bas-ventre m [mv: **bas-ventres**] *onderbuik*
bat m SP. *slaghout; bat*
bât m *pakzadel* ★ mulet de bât *pakezel* ★ c'est là que le bât blesse *daar is (dus) de zwakke*

plek
bataclan m INF. *rommel* ★ et tout le ~ *en de hele santenkraam*
bataille v • *strijd*; *twist* • *veldslag* • *soort kaartspel* ★ en ~ *in slagorde*; *(schots en) scheef* ★ champ de ~ *slagveld* ★ ~ de Waterloo *slag bij Waterloo* ★ ~ navale *zeeslag* ★ ~ électorale *verkiezingsstrijd* ★ livrer ~ *slag leveren*
batailler ON WW • *slag leveren*; *vechten*; *twisten* • INF. *knokken* (**pour** (+ *inf.*) om)
batailleur I m [v: **batailleuse**] *ruziezoeker*; *vechtjas* **II** BNW [v: **batailleuse**] *twistziek*; *strijdlustig*
bataillon m *bataljon* ★ un ~ d'enfants *heel veel kinderen*
bâtard I m [v: **bâtarde**] *onecht kind*; *bastaard* **II** BNW • *bastaard-*; *onecht* • *halfslachtig* ★ architecture ~e *architectuur die twee stijlen in zich verenigt* ★ pain ~ *soort klein stokbrood*
batardeau m [mv: **batardeaux**] *tijdelijke dam*; *dijk*
batave BNW *Bataafs* ★ les Bataves *de Bataven*; *de Hollanders*
batavia v *ijsbergsla*
bateau m [mv: **bateaux**] • *boot*; *schip* • *verlaagd trottoir* ‹als uitrit› ★ en ~ *met de boot* ★ ~ de plaisance *plezierjacht* ★ ~ à rames *roeiboot* ★ ~ de sauvetage *reddingboot* ★ ~ à vapeur *stoomschip* ★ ~ à voiles *zeilschip* ★ INF. monter un ~ à qn *iem. beetnemen* ★ INF. c'est ~! *dat is afgezaagd!*; *dat is welbekend!*
bateau-citerne m [mv: **bateaux-citernes**] *tankschip*
bateau-feu m [mv: **bateaux-feux**] *lichtschip*
bateau-mouche m [mv: **bateaux-mouches**] *rondvaartboot*
bateau-phare m [mv: **bateaux-phares**] *lichtschip*
bateau-pilote m [mv: **bateaux-pilotes**] *loodsboot*
bateau-pompe m [mv: **bateaux-pompes**] *blusboot*
bateau-remorqueur m [mv: **bateaux-remorqueurs**] *sleepboot*
bateleur VERO. m [v: **bateleuse**] *kunstenmaker*
batelier m [v: **batelière**] *veerman*; *binnenschipper*
batellerie v *binnenscheepvaart*
bâter OV WW *zadelen* ★ âne bâté *stommeling*
bat-flanc m (onver.) • *tussenschot* • *brits*
bath BNW INF. *leuk*; *fijn*; *uitstekend*
bathyscaphe m *diepzeeduikboot*; *bathyscaaf*
bathysphère v *bathysfeer*; *duikbol*
bâti I m • *(houten) geraamte*; *frame*; *onderstel* • *rijgdraden*; *rijgsel* **II** BNW *gebouwd*
bâtière v ★ toit en ~ *zadeldak*
batifoler ON WW INF. *ravotten*; *dollen*
batik m *batik(werk)*
bâtiment m • *gebouw* • *bouwvak* • *(groot) schip* ★ ~ de charge *vrachtschip*
bâtir OV WW • *(op)bouwen* • *ineenrijgen* ★ bâti à chaux et à sable *stevig gebouwd* ★ ~ sur le sable *op drijfzand bouwen* ★ pièce de théâtre mal bâtie *slecht gecomponeerd toneelstuk* ★ ~ en l'air/~ des châteaux en Espagne *luchtkastelen bouwen*
bâtisse v • *ruwbouw* • *(lelijk) bouwsel*
bâtisseur m [v: **bâtisseuse**] • *bouwer* • *stichter*
batiste v *batist*
bâton m • *stok*; *staf*; *sport* ‹v. stoel› • *streepje* • INF. *10.000 Franse frank* ★ coup de ~ *stokslag* ★ ~ de vieillesse *(wandel)stok*; *steun in de oude dag* ★ ~ de maréchal *maarschalksstaf*; FIG. *bekroning van een carrière, top* ★ ~ de chocolat *reep chocolade* ★ ~ de cire *pijp lak* ★ ~ de craie *krijtje* ★ ~ de rouge *lippenstift* ★ jouer du ~ *stokslagen geven* ★ mettre des ~s dans les roues *een spaak in het wiel steken* ★ parler à ~s rompus *van de hak op de tak springen* ★ tour de ~ *op oneerlijke wijze verkregen winst* ★ politique du ~ *harde politiek*; *harde lijn* ★ mener une vie de ~ de chaise *een onregelmatig leven leiden* ★ battre l'eau avec un ~ *vergeefse moeite doen* ★ sortir d'un emploi avec le ~ blanc *stoppen met een baan zonder er rijk van geworden te zijn*
bâtonner OV WW *stokslagen geven*; *afranselen*
bâtonnet m *stokje*; *staafje*; *stick*
bâtonnier m *deken v.d. orde v. advocaten*
batracien m *kikvorsachtige*
battage m • *(het) slaan*; *(het) dorsen* • INF. *lawaaierige reclame*; *tamtam*; *poeha*
battant I m • *klepel* • SP. *vechter*; FIG. *doorzetter* • *deurklink*; *deurvleugel* ★ avoir du ~ *spaargeld hebben* ★ ouvrir la porte à deux ~s *gastvrij zijn* **II** BNW *slaande* ★ pluie ~e *slagregen* ★ porte ~e *klapdeur* ★ le cœur ~ *met bonzend hart* ★ à trois heures ~es *klokslag drie uur* ★ (tout) ~ neuf *splinternieuw* ★ tambour ~ *met slaande trom* ★ les ~s et les battus *de overwinnaars en de overwonnenen*
batte v • *klopper* • *karnstok* • *(het) pletten* ‹v. edelmetaal› • *(het) schudden* ‹v. kaarten› • SP. *slaghout*; *bat*
battement m • *(het) slaan*; *geklap(per)*; *geklop* • *speling* ‹v. tijd›; *tussentijd*; *pauze* ★ ~ des cartes *schudden v.d.kaarten* ★ ~ de tambour *tromgeroffel* ★ ~ de la pluie *gekletter van de regen* ★ ~ du cœur *hartslag* ★ ~s de cœur *hartkloppingen* ★ ~ des mains *handgeklap* ★ ~ du pouls *polsslag* ★ une heure de ~ *één uur speling*
batterie v • *accu* • MIL. *batterij* • *tromgeroffel* • *de slaginstrumenten* • *rij*; *serie*; *set* ★ ~ de campagne *veldbatterij* ★ ~ de cuisine *keukengerei* ★ dévoiler ses ~s *zijn tactiek prijsgeven* ★ dresser ses ~s *zijn maatregelen nemen* ★ recharger ses ~s FIG. *de accu weer opladen*
batteur m • *mixer*; *klopper* • MUZ. *drummer*; *slagwerker* • SP. *slagman* ★ ~ de pavé *straatslijper*
batteuse v • *dorsmachine* • *pletmachine*
battoir m • VERO. *wasklopper* • *palet* ‹bij kaatsspel› • INF. *grote en brede hand*; *kolenschop*
battre I OV WW • *slaan* • *overwinnen*; *verslaan* • *slaan tegen*; *slaand/kloppend bewerken* • *bestoken* • *doorzoeken*; *doorlópen* ★ ~ un record *een record breken* ★ ~ les cartes *de kaarten schudden* ★ il faut ~ le fer pendant

B

qu'il est chaud *men moet het ijzer smeden als het heet is* ★ ~ des habits *kleren kloppen* ★ ~ des tapis *tapijten kloppen* ★ ~ le blé *graan dorsen* ★ ~ le briquet *vuur slaan* ★ ~ la crème *karnen* ★ ~ la grosse caisse *de grote trom roeren* ★ la mer bat les dunes *de zee slaat tegen de duinen* ★ ~ le fer *het ijzer smeden* ★ ~ froid à qn *iem. koel bejegenen* ★ ~ monnaie *geld aanmunten* ★ le canon bat les murailles *het kanon beschiet de muren* ★ ~ des œufs *eieren klutsen* ★ ~ les oreilles à qn (de qc) *iem. (over iets) aan het hoofd zaniken* ★ ~ le pavé *straatslijpen* ★ SCHEEPV. ~ pavillon *de vlag voeren* ★ ~ l'ennemi *de vijand verslaan* ★ ~ les bois *het wild opdrijven in de bossen* ★ FIG. suivre les chemins battus *de gebaande wegen volgen* ★ ~ à plate couture FIG. *verpletteren* ★ ~ à mort *doodslaan* **II** ON WW • *slaan; kloppen; klappen* • SP. *aan slag zijn* ★ ~ des cils *met de ogen knipperen* ★ ~ à dix mètres *een bereik hebben van tien meter* ★ ~ des ailes *klapwieken* ★ ~ des mains *in de handen klappen* ★ ~ des pieds *trappelen; stampvoeten* ★ ~ en retraite *zich terugtrekken* ★ ~ son plein *in volle gang zijn* **III** WKD WW (**se** ~) • *vechten; strijden (***avec** *met;* **contre** *tegen;* **pour** *voor)* • *zich slaan* ★ se ~ la poitrine *zich op de borst kloppen* ★ se ~ en duel *duelleren* ★ se ~ à l'épée *op de degen vechten* ★ INF. je m'en bats l'œil *ik lach er om; ik heb er maling aan* ★ se ~ les flancs *vergeefse moeite doen; zich afsloven*

battu BNW *geslagen; begaan; bewerkt* ★ chemin ~ *gebaande weg; platgetreden weg* ★ lait ~ *karnemelk* ★ SP. terre ~e *gravel* ★ yeux ~s *ogen met blauwe kringen*

battue V *drijfjacht*

baudet M *ezel*

baudrier M • *draagband; schouderriem* • *dubbele lus*

baudroie V *zeeduivel* ‹vis›

baudruche V • *darmvlies* ‹v. rund of schaap› • *leeghoofd; windbuil*

bauge V • *leger v. wild zwijn; eekhoornnest* • *krot; vuil bed*

baume M • *balsem* • *troost* ★ mettre du ~ dans le cœur *troosten*

baux M MV → **bail**

bauxite V *bauxiet*

bavard I M [V: **bavarde**] *kletskous* **II** BNW • *babbelziek; praatziek; spraakzaam* • *loslippig* ★ être ~ comme une pie *onophoudelijk kletsen* ★ étiquette pas ~e *nietszeggende etiquette*

bavardage M • *gebabbel; geklets* • *roddelpraat*

bavarder ON WW *babbelen; kletsen; z'n mond voorbij praten*

bavarois I M *roompudding; bavarois* **II** BNW [V: **bavaroise**] *Beiers*

Bavarois M [V: **Bavaroise**] *Beier*

bavaroise V *roompudding; bavarois*

bave V • *kwijl; slijm* • *roddelpraat*

baver ON WW • *kwijlen; niet netjes eten* • *vlekken; uitlopen* ‹v. pen, inkt e.d.› ★ INF. en ~ *het hard te verduren hebben* ★ ~ sur *afgeven op; belasteren* • (~ **de**) *versteld staan van* ★ il en bavait *hij stond paf*

bavette V • *slabbetje* • *borststuk* ‹v. schort e.d.› • CUL. *klapstuk* ★ INF. tailler une ~ *een praatje maken*

baveux BNW [V: **baveuse**] • *kwijlerig* • INF. *breedsprakig*

Bavière V *Beieren*

bavoir M *slab*

bavure V • *vergissing; miskleun; exces* ‹v.d. politie› • *smet; inktstreep; gietnaad* ★ INF. sans ~(s) *onberispelijk*

bayer ON WW *gapen* ★ ~ aux corneilles *in de lucht staren; staan te gapen*

bazar M • *warenhuis; oosterse markt; bazaar* • INF. *rommel; troep; zootje; zwik* ★ tout le ~ *de hele santenkraam*

bazarder INF. OV WW INF. *verpatsen; verkopen*

bazooka M *bazooka*

B.C.B.G. AFK [**b.c.b.g.**] (bon chic bon genre) *keurig en smaakvol* ‹v. voorkomen›; *correct*

Bd AFK (boulevard) *boulevard*

B.D. AFK (bande dessinée) *strip, stripboek, stripverhaal*

béant BNW *wijd open; gapend* ★ profondeur ~e *gapende diepte* ★ demeurer bouche ~e *met open mond staan kijken* ★ ~ d'admiration *vol bewondering*

béarnais BNW *uit de Béarn* ★ sauce ~e *béarnaisesaus*

béat BNW • *gelukzalig; beaat* • *zalig*

béatification V *zaligverklaring*

béatifier OV WW *zalig verklaren*

béatifique BNW *zaligmakend*

béatitude V *gelukzaligheid; groot geluk* ★ les 8 Béatitudes *de 8 Zaligheden*

beau I M • *(het) schone* • *schoonheid* • *fat; modegek* ★ le temps se (re)met au beau *het wordt (weer) mooi weer* ★ faire le beau *pronken; opzitten* ‹v. hond› **II** BNW [M/V/M MV: **bel/belle/beaux**] • *mooi; schoon* • *edel; verheven* • *aanzienlijk* • *groot* ★ un beau rhume *een zware verkoudheid* ★ beau joueur *sportief verliezer* ★ être dans de beaux draps *in een moeilijke situatie zijn* ★ ça, c'est beau! *fraai is dat!* ★ le bel âge *de jeugd* ★ l'échapper belle *er goed afkomen; de dans ontspringen* ★ coucher à la belle étoile *onder de blote hemel slapen* ★ en faire de belles *streken uithalen* ★ il en verra de belles *hij zal nog wat beleven* ★ il fait beau *'t is mooi weer* ★ un beau mangeur *een groot eter* ★ au beau milieu de *precies in het midden van* ★ mourir de sa belle mort *een natuurlijke dood sterven* ★ Philippe le Bel *Philips de Schone* ★ de plus belle *opnieuw; met hernieuwde kracht* ★ il y a beau temps *lang geleden* ★ une belle âme *een edele ziel* ★ une belle fortune *een groot fortuin* ★ le beau monde *de uitgaande wereld* ★ une belle peur *een grote angst* ★ un bel âge *een hoge leeftijd* ★ un beau jour *op zekere dag* ★ beau parleur *praatjesmaker; mooiprater* ★ la belle plume fait le bel oiseau *kleren maken de man* **III** BIJW ★ bel et bien *wel degelijk; kort en goed* ★ tout beau! *kalm wat!; koest!* ★ avoir beau [+ inf.] *hoe ... ook* ★ il a beau crier, on ne l'entend pas *hij kan nog zo*

hard roepen, men hoort hem niet ⋆ a beau mentir qui vient de loin *wie verre reizen doet, kan veel verhalen*
beaucoup BIJW *veel*; *erg* ⋆ ~ de monde *veel mensen* ⋆ de ~ *verreweg* ⋆ c'est ~ dire *dat is overdreven* ⋆ y être pour ~ *een grote rol spelen*
beauf AFK INF. • (beau-frère) *zwager* • *horkerige, bekrompen vent*
beau-fils m [mv: **beaux-fils**] • *schoonzoon* • *stiefzoon*
beau-frère m [mv: **beaux-frères**] *zwager*
beau-père m [mv: **beaux-pères**] • *schoonvader* • *stiefvader*
beaupré m SCHEEPV. *boegspriet*
beauté v • *schoonheid* • *mooie vrouw* ⋆ se (re)faire une (petite) ~ *zich (even) optutten* ⋆ de toute ~ *opmerkelijk mooi* ⋆ en ~ *op fraaie wijze*; *glansrijk*
beaux BNW → **beau**
beaux-arts m mv *schone kunsten*
beaux-parents m mv *schoonouders*
bébé m • *baby* • *pop* ⋆ des bébés(-)chats *jonge katjes* ⋆ bébé(-)éprouvette *reageerbuisbaby* ⋆ faire le bébé *kinderachtig doen* ⋆ INF. refiler le bébé à qn *het probleem op iem. afschuiven*
bébête BNW INF. *onnozel*
bec m • *snavel* • INF. *mond*; *bek* • *punt* ‹v. pen› • *pit* ‹v. lamp›; *tuit* ‹v. kan› • *mondstuk* ‹v. muziekinstrument› • *landtong* ⋆ donner un coup de bec *een snauw geven* ⋆ un bec fin/un fin bec *een lekkerbek* ⋆ avoir bec et ongles ⋆ tenir qn le bec dans l'eau *iemand lang laten wachten*; *iem. aan het lijntje houden* ⋆ rester le bec dans l'eau *met de mond vol tanden staan* ⋆ cela lui a passé devant le bec *dat is zijn neus voorbijgegaan* ⋆ se prendre de bec/avoir une prise de bec avec qn *met iem. twisten* ⋆ avoir bon bec *niet op zijn mondje gevallen zijn* ⋆ clouer le bec à qn *iem. de mond snoeren* ⋆ bec de gaz *(gas)lantaarn*; *gaspit*
bécane v INF. • *karretje*; *(brom-, motor)fiets* • *machine*; *pc*
bécarre m MUZ. *herstellingsteken*
bécasse v • *snip* • INF. *domme vrouw* ⋆ ~ des bois *houtsnip*
bécasseau m [mv: **bécasseaux**] • *jonge snip* • *strandloper*
bécassine v • *watersnip* • INF. *dom meisje*; *dom gansje*
bec-de-cane m [mv: **becs-de-cane**] *deurknop*
bec-de-corbeau m [**bec-de-corbin**] [m mv: **becs-de-corbeau**] *draadtang*
bec-de-lièvre m [mv: **becs-de-lièvre**] *hazenlip*
bêchage m *(het) spitten*
béchamel v *bechamel(saus)*
bêche v *spade*; *schop*
bêcher OV WW • *(om)spitten* • INF. *afkammen*; *neerbuigend bejegenen*
bêcheur m [v: **bêcheuse**] • *kwaadspreker* • INF. *snob*; *verwaande kwast*
bécot (*zeg:* -koo) m INF. INF. *kusje*
bécoter OV WW INF. *kussen*
becquée v *snavelvol* ⋆ donner la ~ *voeren van jonge vogels*
becqueter OV WW [**becter**] • *(op)pikken* • INF. *eten*; *bikken*
bedaine v INF. *dikke buik*; *buikje*
bédé AFK INF. → **B.D.**
bedeau m [mv: **bedeaux**] *koster*
bedon m INF. *dikke buik*; *buikje*
bedonner ON WW INF. *een buikje krijgen*
bédouin BNW *bedoeïenen-*
Bédouin m *bedoeïen*
bée BNW ⋆ (rester) bouche bée *met open mond (staan kijken)*
beffroi m • *klokkentoren*; *belfort* • *alarmklok*
bégaiement m *(het) stotteren*; *gestamel* ⋆ les premiers ~s *de eerste aanzet*
bégayer I OV WW *stamelen* II ON WW *stotteren*
bégonia m *begonia*
bègue I m/v *stotteraar* II BNW *stotterend*
bégueule I v *preutse vrouw* II BNW *preuts*
bégueulerie v *preutsheid*
béguin m • *begijnenmuts* • *kindermutsje* • INF. *kortstondige verliefdheid* • INF. *liefje* ⋆ INF. avoir le ~ pour *verkikkerd zijn op*
béguinage m *begijnhof*
béguine v *begijntje*
beige BNW *beige*
beigne v INF. *slag*; *oorvijg*; *opduvel*
beignet m *beignet* ⋆ ~ aux pommes *appelbeignet*
bel BNW → **beau**
bêlement m • *geblaat*; *gemekker* • *geweeklaag*
bêler ON WW • *blaten*; *mekkeren* • *jammeren*
belette v *wezel*
belge BNW *Belgisch*
Belge m/v *Belg*
belgicisme m *belgicisme*
Belgique v *België*
Belgrade v *Belgrado*
bélier m • *ram* • *stormram* • *heitoestel* • ASTROL. *Ram* ⋆ coup de ~ *stormaanval*; *stoot door overdruk in waterleiding* ⋆ ~ hydraulique *waterram*
bélière v • *ringvormige hanger* • *bel* ‹v. belhamel›
belladone v *belladonna*; *wolfskers*
bellâtre I m *fat* II BNW *fatterig*
belle I v • *schone* • *geliefde*; *liefje*; *schatje* • *beslissende partij*; *belle* ⋆ la ~ au bois dormant *Doornroosje*; *de Schone Slaapster in het bos* ⋆ INF. se faire la ~ *ontsnappen* II BNW → **beau**
belle-de-jour m [mv: **belles-de-jour**] *dagschone*
belle-de-nuit m [mv: **belles-de-nuit**] PLANTK. *nachtschone*
belle-doche m [mv: **belles-doches**] INF./PEJ. *schoonmoeder*; *stiefmoeder*
belle-famille m [mv: **belles-familles**] *schoonfamilie*
belle-fille m [mv: **belles-filles**] • *schoondochter* • *stiefdochter*
belle-maman m [mv: **belles-mamans**] *schoonmama*
belle-mère m [mv: **belles-mères**] • *schoonmoeder* • *stiefmoeder*
belles-lettres v mv *bellettrie*
belle-sœur m [mv: **belles-soeurs**] *schoonzuster*

B

B

bellicisme m *oorlogszuchtigheid*
belliciste BNW *oorlogszuchtig*
belligérance v *staat van oorlog*
belligérant I m *oorlogvoerende* II BNW *oorlogvoerend*
belliqueux BNW [v: **belliqueuse**] • *oorlogszuchtig* • *strijdlustig*
belon m *soort oester*
belote v ≈ *(het) klaverjassen* ★ jouer à la ~ ≈ *klaverjassen*
belvédère m *belvédère*
bémol m MUZ. *mol* ★ INF. mettre un ~ *een toontje lager zingen*
ben TW INF. (= bien) *wel*
bénédicité m *gebed voor de maaltijd* ‹r.-k.›
bénédictin BNW *benedictijns*
Bénédictin m *Benedictijn*
bénédiction v • *zegen*; *zegening* • *gunst* ★ ~ nuptiale *huwelijksinzegening*
bénef AFK INF. → **bénéfice**
bénéfice m • *winst* • *voordeel*; *voorrecht* • REL. *prebende* ★ ~ brut *brutowinst* ★ ~ net *nettowinst* ★ représentation à ~ *benefietvoorstelling* ★ à ~ *met winst* ★ au ~ de *ten bate van*; *benefiet-* ★ c'est tout ~ *dat is pure winst* ★ (laisser) le ~ du doute *het voordeel van de twijfel (gunnen)* ★ tirer ~ de qc *voordeel uit iets trekken* ★ les chevaux courent les ~s et les ânes les attrapent *de paarden die de haver verdienen, krijgen ze niet*
bénéficiaire I m/v *begunstigde* II BNW *winst-*; *winstgevend* ★ marge ~ *winstmarge*
bénéficier ON WW • (~ **de**) *genieten (van)*; *voordeel trekken uit* ★ bénéficier d'un non-lieu *ontslagen worden van rechtsvervolging* • (~ **à**) *ten goede komen aan*
bénéfique BNW *gunstig*; *heilzaam* ★ ce séjour lui a été ~ *dat verblijf heeft hem goed gedaan*
benêt m *uilskuiken*; *sul*
bénévolat m *vrijwilligerswerk*
bénévole I m/v *vrijwilliger* ‹sociaal werk› II BNW • *welwillend* • *vrijwillig* • *onbetaald*; *pro Deo*
bénévolement BIJW *vrijwillig*; *belangeloos*
Bengale m *Bengalen* ★ feu de ~ *Bengaals vuur*
bengali (*zeg:* be(n)-) I m • *(het) Bengaals*; *Bengalees* • *blauwfazantje* II BNW *Bengaals*
bénignité v *goedaardigheid*
bénin BNW [v: **bénigne**] • *goedaardig* • *zacht*; *mild* ★ remède ~ *niet-agressief geneesmiddel*
béni-oui-oui m mv *jaknikkers*
bénir OV WW • *inzegenen*; *wijden*; *zegenen* • *loven*; *blij zijn met* ★ béni soit le ciel *de hemel zij dank* ★ INF. Dieu vous bénisse *gezondheid!* ‹bij niezen›
bénit BNW *gewijd* ★ eau ~e *wijwater*
bénitier m *wijwatervat* ★ se démener comme le diable dans un ~ *zich in allerlei bochten wringen*
benjamin m [v: **benjamine**] *jongste*; *benjamin*
benjoin m *benzoë*
benne v [**banne**] • *laadbak* • *korf voor de wijnoogst* • *mijnwagen*; *kiepwagen* ★ ~ à ordures *vuilniswagen* ★ ~ preneuse *grijper*
benoît BNW *zoetsappig*; *schijnheilig*
benzène m *benzeen*
benzine v *wasbenzine*
béotien I m [v: **béotienne**] *lomperd* II BNW *lomp*
BEP AFK (brevet d'études professionelles) *(diploma) mbo* ‹in Frankrijk›
béquée v → **becquée**
béqueter WW → **becqueter**
béquille v • *kruk* ‹v. invalide› • *steun*
berbère I m *berbertaal* II BNW *Berber-* ★ les Berbères *de Berbers*
bercail m • *schaapskooi* • FIG. *thuis* ★ rentrer au ~ *in de schoot v.h. gezin/v.d. Kerk terugkeren*
berce v PLANTK. *berenklauw*
berceau m [mv: **berceaux**] • *wieg* • *bakermat* • *prieel*; *bladerdak*; *overgroeid tuinpad* • *tongewelf* • *onderstel* ‹v. motor› ★ du ~ à la tombe *van de wieg tot het graf* ★ dès le ~ *van kindsbeen af*
bercement m *gewieg*; *deining* ★ ~ des flots *deining van de golven*
bercer I OV WW • *wiegen* • *verzachten*; *sussen* • *paaien (**de** met)* ★ sa jeunesse a été bercée d'accidents *in zijn jeugd heeft hij veel ongelukken gehad* II WKD WW (**se** ~ **de**) *zich vleien met*; *koesteren* ★ se bercer de faux espoirs *valse hoop koesteren* ★ se bercer d'illusions *illusies koesteren*
berceuse v • *wiegeliedje* • *schommelstoel*
Bercy m *Bercy* ‹ministerie v. Financiën›
BERD AFK (Banque eur. pour la reconstruction et le dév.) *Oost-Europabank*
béret m *muts*; *baret* ★ ~ basque *alpinopet*
Bérézina v INF. *ramp*; *fiasco*
berge v • *oever* • *berm* • ARG. *jaar* ‹v. leeftijd›
berger m • *herder* • *herdershond*
bergère v • *herderin* • *ruime fauteuil*; *bergère* • *kwikstaart*
bergerie v • *schaapskooi* • *herdersdicht*
bergeronnette v *kwikstaartje*
béribéri m *beriberi*
berk TW [**beurk**] *bah!*
Berlin m *Berlijn*
berline v • *soort rijtuig* • *vierdeursauto* • *kolenwagentje*
berlingot m • *pakje* ‹voor melk, vruchtensap enz.› • ONGEVEER *ulevel*
berlinois BNW *Berlijns* ★ un Berlinois *een Berlijner*
berlue v *schemering voor de ogen* ★ avoir la ~ *hallucineren*; *iets verkeerd beoordelen*
berme v *berm*; *paadje langs een talud*
bermuda(s) m *bermuda*
bernache v *rotgans*
bernard-l'(h)ermite m (onver.) *heremietkreeft*
berne v ★ pavillon/drapeau en ~ *vlag halfstok*
berné BNW *bekrompen*; *geborneerd*
berner OV WW *beetnemen*; *voor de gek houden*
besace v *reistas*; *bedelzak*
bésef BIJW INF. *veel* ★ c'est pas ~! *da's niet veel!*
besicles v mv *oud soort bril*; *uilenbril*
bésigue m *bezique* ‹kaartspel›
besogne v *arbeid*; *werk*; *bezigheid* ★ aller vite en ~ *voortvarend te werk gaan*; *hard van stapel lopen* ★ abattre de la ~ *veel werk verzetten* ★ aimer ~ faite *een broertje dood hebben aan werken* ★ mettre la main à la ~

de hand aan de ploeg slaan ★ plus de bruit que de ~ *veel geschreeuw, maar weinig wol*
besogner ON WW *ploeteren*
besogneux BNW [v: **besogneuse**] *behoeftig*
besoin m • *behoefte* (**de** *aan*) • *nood; armoede; gebrek* ★ les ~s *de (levens)behoeften* ★ ~s en *behoefte aan* ★ avoir ~ de *nodig hebben* ★ faire ~ *nodig zijn* ★ je n'ai pas ~ de vous dire *ik hoef u niet te zeggen* ★ au ~ *zo nodig; desnoods* ★ avoir ~ de [+ inf.] *behoefte hebben om; moeten; hoeven* ★ si ~ est/s'il en est ~ *zo nodig* ★ pour le(s) ~(s) de la cause *om bestwil* ★ être dans le ~ *gebrek lijden* ★ subvenir aux ~s de qn *in iemands onderhoud voorzien* ★ faire ses ~s *zijn behoeften doen* ★ on connaît le véritable ami dans le ~ *in nood leert men zijn vrienden kennen*
bestiaire m • *dierenbevechter bij de Romeinen* • *middeleeuws dierenboek; bestiarium*
bestial BNW [m mv: **bestiaux**] *beestachtig; bestiaal*
bestialité v *beestachtigheid; bestialiteit*
bestiaux I m mv *vee; beesten* II BNW → **bestial**
bestiole v *beestje; diertje*
bêta I m *bèta* II m [v: **bêtasse**] *domkop* III BNW INF. *dom; weinig snugger*
bétail m *vee* ★ petit ~ *klein vee*
bétaillère v *veewagen*
bête I v • *dier; beest* • *domoor; uilskuiken* ★ bête à concours *werkezel; bolleboos* ★ bête puante *stinkdier* ★ être la bête noire *het zwarte schaap zijn* ★ morte la bête, mort le venin *een dode hond bijt niet* ★ bête à bon Dieu *onzelieveheersbeestje* ★ chercher la petite bête *muggenziften; vitten* ★ bêtes fauves *wilde dieren* ★ bête féroce *wild dier* ★ les bêtes noires *de wilde zwijnen* ★ c'est ma bête noire *ik kan hem niet luchten of zien* ★ bête de somme *lastdier* ★ bête de trait *trekdier* ★ bonne bête *goede sukkel* ★ faire la bête *zich van de domme houden* ★ pauvre bête *arme sukkel* ★ bêtes à cornes *hoornvee* ★ quelle bête! *wat een kerel!; wat een kanjer!* ★ malade comme une bête *doodziek* ★ bête de scène *theaterdier, iem. die de zaal weet te bespelen* II BNW • *dom* • *flauw* • *sukkelig* • *suf* ★ c'est bête comme chou *dat is kinderspel* ★ bête comme un âne/comme un pied *oliedom*
bêtement BIJW • *dom* • *domweg; simpelweg*
bêtifiant BNW *dom makend; dom*
bêtifier I OV WW *afstompen* II ON WW *dom doen*
bêtise v • *domheid; stommiteit* • *kleinigheid* ★ faire des ~s *iets doms doen* ★ dire des ~s *onzin uitkramen*
bêtisier m *verzameling domheden; blunderboek*
béton m *beton* ★ c'est du ~ *dat zit wel goed* ★ ~ armé *gewapend beton* ★ INF. laisse ~! *laat maar!; kap ermee!*
bétonnage m • *(het) betonneren* • *betonwerk*
bétonner I OV WW • *betonneren* • *solide maken* II ON WW *betonvoetbal spelen*
bétonneuse v *betonmolen*
bétonnière v *betonmolen*
bette v *snijbiet*
betterave v *beetwortel; biet* ★ sucre de ~ *bietsuiker* ★ ~ sucrière *suikerbiet*
beuglement m *geloei; geblèr*
beugler I OV WW INF. *brullen* ‹v. zanger› II ON WW • *loeien* • *krijsen*
beuh TW *bah*
beur m INF. *(tweedegeneratie-)Arabier* ‹in Frankrijk geboren›
beurk TW → **berk**
beurre m *boter* ★ ~ de cacao *cacaoboter* ★ ~ noir *gebraden boter* ★ ~ de cacahouète *pindakaas* ★ INF. œil au ~ noir *blauw oog* ★ petit ~ *soort biscuit* ★ ça entre comme dans du ~ *dat gaat gesmeerd* ★ INF. c'est du ~ *dat is kinderspel* ★ compter pour du ~ *voor spek en bonen meedoen; niet meetellen* ★ faire son ~ *grof geld verdienen* ★ mettre du ~ dans les épinards *extra verdienen; z'n kas spekken; voor het zout in de pap zorgen* ★ on ne peut pas avoir le ~ et l'argent du ~ *je kunt niet alles hebben; het is het een of het ander*
beurré BNW INF. *zat; teut*
beurrer I OV WW *met boter besmeren* II WKD WW (**se** ~) INF. *zich bezatten*
beurrier I m *botervlootje* II BNW *boter-*
beuverie v *drinkgelag*
bévue v *flater; bok*
bézef BIJW → **bésef**
bi- VOORV *twee-; bi-*
biais I m • *schuinte; schuine stand; schuine richting; schuine strook* • *omweg; (handig) middel; uitweg* • *kant; aspect* ★ de/en ~ *schuin(s); scheef* ★ par le ~ de *door middel van; via* ★ sous ce ~ *zo gezien* ★ regarder qn de ~ *iem. van opzij aankijken* ★ trouver un ~ *een uitvlucht vinden* II BNW *schuin; scheef*
biaiser ON WW *schuin lopen;* FIG. *omwegen gebruiken; schipperen*
bibelot m *snuisterij*
biberon m • *zuigfles* • INF. *drinkebroer* ★ donner le ~ *de fles geven*
biberonner ON WW INF. *zuipen*
bibi INF. I m *vrouwenhoedje; dopje* II PERS VNW *ik*
bibiche v INF. *schatje; liefje*
bibine v INF. *bocht; slecht bier*
bible v OOK FIG. *bijbel*
bibli v INF. *bibliotheek; bieb*
bibliobus m *bibliotheekbus*
bibliographe m/v *bibliograaf; boekbeschrijver*
bibliographie v *bibliografie*
bibliographique BNW *bibliografisch*
bibliomanie v *bibliomanie*
bibliophile m/v *bibliofiel; boekenliefhebber*
bibliophilique BNW *bibliofiel*
bibliothécaire m/v *bibliothecaris*
bibliothèque v • *bibliotheek* • *verzameling boeken; boekenkast*
biblique BNW *bijbels*
bic m *balpen*
bicarbonate m *bicarbonaat*
bicentenaire I m *tweehonderdjarig jubileum* II BNW *tweehonderdjarig*
bicéphale BNW *tweehoofdig*
biceps m *biceps; tweehoofdige armspier* ★ avoir

B

des ~ *spierballen hebben*
biche v *hinde* ⋆ INF. ma ~ *m'n schatje* ⋆ ventre de ~ *witachtig bruin*
bicher INF. I ON WW *blij zijn* II ONP WW *goed gaan* ⋆ ça biche *het gaat lekker*
bichon m INF. [v: **bichonne**] *liefje*; *schattebout*
bichonner OV WW • *mooi aankleden*; *optutten* • *vertroetelen*
bicolore BNW *tweekleurig*
biconcave BNW *biconcaaf*; *dubbelhol*
biconvexe BNW *biconvex*; *dubbelbol*
bicoque v PEJ. *krot*
bicorne m *steek* ‹hoofddeksel›
bicross m • *ATB-fiets* • *(het) terreinfietsen*
bicycle m *ouderwetse fiets, waarvan het voorste wiel door pedalen werd voortbewogen*
bicyclette v • *fiets* • *omhaal* ‹voetbal› ⋆ ~ à moteur *snorfiets* ⋆ aller/monter à ~ *fietsen*
bidasse m *eenvoudige soldaat*; INF. *rekruut*
bide m INF. • *flop* ‹v. toneelstuk, film› • *buik* ⋆ faire un bide *floppen*
bident m *tweetandige vork*; *gaffel*
bidet m • *bidet* • *rijpaardje*
bidoche v PEJ. *vlees*
bidon I m • *(melk)bus*; *(benzine)blik*; *kan*; *veldfles* • INF. *buik*; *pens* • INF. *nep*; *bluf*; *leugens* ⋆ ce n'est pas du ~ *dat is echt waar* ⋆ se remplir le ~ *z'n buik rond eten* II BNW (onver.) *zogenaamd*; *nep-* ⋆ attentat ~ *nepaanslag*
bidonnant BNW INF. *lollig*
bidonner WKD WW INF. (**se** ~) *zich dood lachen*; *uit zijn dak gaan*
bidonville m *krottenwijk*
bidouiller ON WW INF. *klussen*
bidule m INF. *ding*; *dinges*
bief m *rak*; *molenbeek*
bielle v *drijfstang*
biélorusse BNW *Wit-Russisch*
Biélorusse m/v *Wit-Rus*
Biélorussie v *Wit-Rusland*
bien I m • *(het) goede*; *welzijn*; *geluk* • *bezitting*; *vermogen*; *goed* ⋆ biens dotaux *bruidsschat* ⋆ biens de consommation *consumptiegoederen* ⋆ biens de famille *familiebezit* ⋆ bien mal acquis ne profite pas *gestolen goed gedijt niet* ⋆ mener à bien *tot een goed einde brengen* ⋆ c'est pour son bien *het is voor zijn bestwil* ⋆ prendre en bien *goed opnemen* ⋆ le bien public *het algemeen welzijn* ⋆ en tout bien tout honneur *in alle eer en deugd* ⋆ vouloir du bien à qn *iem. goed gezind zijn* ⋆ les biens de l'âme *de deugden* ⋆ les biens du corps *de gezondheid* ⋆ les biens de l'esprit *de talenten* ⋆ les biens éternels *de eeuwige zaligheid* ⋆ faire le bien *weldoen* ⋆ faire du bien *goeddoen* ⋆ grand bien vous fasse *wel bekome het u!* ⋆ homme de bien *rechtschapen man* ⋆ avoir du bien *bemiddeld zijn* ⋆ biens meubles et immeubles *roerende en onroerende zaken* ⋆ le bien patrimonial *het ouderlijk goed*; *erfgoed* ⋆ changement en bien *verandering ten goede* ⋆ périr corps et biens *met man en muis vergaan* ⋆ les biens au soleil *de landerijen* II BNW *goed*; *fijn* ⋆ tout est bien, qui finit bien *eind goed, al goed* ⋆ être bien avec qn *goed met iem. kunnen opschieten* ⋆ un monsieur très bien *een fatsoenlijk/knap/welgesteld man* ⋆ je suis bien ici *ik heb het hier naar mijn zin* III BIJW • *goed* • *wel* • *erg*; *zeer*; *veel* ⋆ bien aimé *zeer geliefd* ⋆ c'est bien lui *dat is net iets voor hem* ⋆ bien manger *lekker eten* ⋆ eh bien, ... *welnu, ...* ⋆ eh bien? *nou en?*; *en toen?* ⋆ ou bien *ofwel* ⋆ il y a bien trois jours que *het is al zeker drie dagen geleden dat* ⋆ c'est bien fait! *net goed!* ⋆ assez bien *redelijk*; *6* ‹als schoolcijfer› ⋆ tout est bien qui finit bien *eind goed, al goed* ⋆ vous feriez bien de ... *u zou er goed aan doen te ...* ⋆ se porter bien *het goed maken* ⋆ tant bien que mal *zo goed en kwaad als het gaat* ⋆ il est bien vu *hij wordt geacht* ⋆ je (le) veux bien *graag*; *goed* ⋆ bien mieux *veel beter* ⋆ bien cher *behoorlijk duur* ⋆ bien sûr *natuurlijk* ⋆ bien (du, de la, des) *zeer veel*; *heel wat* ⋆ se sentir bien *zich goed voelen* IV VW ⋆ bien que (+ subj.) *hoewel*; *ofschoon* ⋆ si bien que *zodat*
bien-aimé I m [v: **bien-aimée**] *geliefde* II BNW *zeer geliefd*
bien-être m (onver.) • *welzijn* • *gevoel van welbehagen*
bienfaisance v *liefdadigheid* ⋆ bureau de ~ *(bureau voor) armenzorg*
bienfaisant BNW *weldadig*; *heilzaam*
bienfait m *weldaad*; *heilzaamheid* ⋆ un ~ n'est jamais perdu *wie goed doet, goed ontmoet*
bienfaiteur m [v: **bienfaitrice**] *weldoener*; *begunstiger*
bien-fondé m *gegrondheid*
bien-fonds m (onver.) *onroerend goed*
bienheureux BNW [v: **bienheureuse**] *gelukkig*; *(geluk)zalig*
biennal BNW [m mv: **biennaux**] • *tweejarig* • *tweejaarlijks*
biennale v *biënnale*
bien-pensant I m [mv: **bien-pensants**] *conformist*; *weldenkende* II BNW [v: **bien-pensante**] *conformistisch*; *weldenkend*
bienséance v *wellevendheid*; *fatsoen* ⋆ les règles de ~ *de fatsoensregels*
bienséant BNW *wellevend*; *fatsoenlijk*
bientôt BIJW *spoedig*; *weldra* ⋆ à ~! *tot gauw!*; *tot ziens!* ⋆ c'est pour ~? *komt er nog wat van?* ⋆ c'est ~ dit *dat is makkelijk gezegd*
bienveillance v *welwillendheid*; *vriendelijkheid* ⋆ ayez la ~ de *wees zo vriendelijk om te*
bienveillant BNW *welwillend*; *vriendelijk* ⋆ une critique ~e *milde kritiek*
bienvenu BNW ⋆ être le ~ *welkom zijn*
bienvenue v *welkom* ⋆ souhaiter la ~ à qn *iem. welkom heten*
bière v • *bier* • *doodkist* ⋆ ~ blonde *licht bier* ⋆ ~ brune *donker bier* ⋆ ~ pression *tapbier* ⋆ ce n'est pas de la petite ~ *dat is niet gering!*; *dat is geen kleinigheid!*
biffage m • *(het) doorhalen* • *doorhaling*
biffer OV WW *doorhalen*
biffeton m INF. • *flap*; *bankbiljet* • *kattebelletje*
biffin m ARG. • *voddenraper* • MIL. *infanterist*; *zandhaas*
biffure v *doorhaling*

bifide BNW *gespleten*
bifocal BNW [m mv: **bifocaux**] *bifocaal; dubbelfocus-*
bifteck m *biefstuk* ⋆ ~ bleu *bijna rauwe biefstuk* ⋆ ~ saignant *niet-doorbakken biefstuk* ⋆ ~ à point *tamelijk doorbakken biefstuk* ⋆ ~ bien cuit *goed doorbakken biefstuk* ⋆ INF. gagner son ~ *z'n brood verdienen*
bifurcation v *tweesprong*; OOK FIG. *splitsing*
bifurquer ON WW *(zich) splitsen; van richting veranderen; afslaan* (**vers, sur** *naar*) ⋆ ~ vers une autre profession *een ander beroep kiezen*
bigame I m/v *bigamist* **II** BNW *bigamisch*
bigamie v *bigamie*
bigarré BNW *bont; gemengd*
bigarrure v *veelkleurigheid; verscheidenheid*
big-bang m *oerknal*
bigle BNW INF. *kippig; scheel*
bigler INF. **I** OV WW *beloeren* **II** ON WW • *scheel kijken; loensen* • *gluren*
bigleux BNW INF. [v: **bigleuse**] *kippig; scheel*
bigophone m INF. *telefoon*
bigorneau m [mv: **bigorneaux**] *alikruik*
bigorner INF. **I** OV WW *mollen; in de prak rijden* **II** WKD WW (**se** ~) *vechten*
bigot I m [v: **bigote**] *kwezel* **II** BNW *kwezelachtig*
bigoterie v *kwezelarij*
bigoudi m *krulspeld; (haar)roller*
bigre TW INF. *verrek!*
bigrement BIJW INF. *verrekt; erg* ⋆ il est ~ tard *het is verrekte laat*
bigue v *bok* ‹hijstoestel›
bihebdomadaire BNW *tweewekelijks*
bijou m [mv: **bijoux**] • *juweel; kleinood* • *snoesje*
bijouterie v • *juwelenzaak* • *juwelen*
bijoutier m [v: **bijoutière**] *juwelier*
bikini m *bikini*
bilame m/v *bimetaal*
bilan m • *balans* • *evaluatie; eindresultaat* ⋆ déposer son ~ *zich failliet laten verklaren* ⋆ dresser/établir le ~ *de balans opmaken* ⋆ faire le ~ (de) *de balans opmaken van*; FIG. *evalueren*
bilatéral BNW [m mv: **bilatéraux**] • *tweezijdig* • *bilateraal; wederzijds bindend*
bilboquet m • *duikelaartje* • *vangbeker* ‹beker met bal aan koord, als spel› • *klein drukwerk*
bile v • *gal* • *toorn; verbittering* ⋆ bile noire *zwartgalligheid* ⋆ se faire de la bile *zich ongerust maken; tobben* ⋆ échauffer la bile à qn *iem. woedend maken* ⋆ épancher sa bile *zijn gal spuwen*
biler WKD WW INF. (**se** ~) *tobben; zich druk maken* (**pour** *over*)
bileux BNW INF. [v: **bileuse**] *tobbend; tobberig*
bilharzie v *bilharzia(worm)*
biliaire BNW *gal-*
bilieux BNW [v: **bilieuse**] • *galachtig* • *opvliegend; (zwart)gallig*
bilingue BNW *tweetalig*
billard m • *biljart(tafel, -zaal)* • INF. *operatietafel; snijtafel* ⋆ ~ américain *poolbiljart* ⋆ c'est du ~ *dat is kinderspel* ⋆ INF. dévisser son ~ *het hoekje omgaan*
bille (*zeg:* biej) v • *knikker; balletje; kogeltje* • *biljartbal* • *(hout)blok* • INF. *kop; harses* ⋆ stylo à ~ *balpen* ⋆ bombe à ~s *fragmentatiebom* ⋆ INF. ~ de billard *kale knikker* ⋆ jouer aux ~s *knikkeren* ⋆ reprendre ses ~s *zich terugtrekken*
billet m • *kaartje; plaatsbewijs* • *briefje; biljet* ⋆ ~ de banque *bankbiljet* ⋆ ~ de concert *entreebewijs voor concert* ⋆ ~ doux *liefdesbriefje* ⋆ ~ de faire-part *kennisgeving* ⋆ ~ de loterie *lot* ⋆ ~ à ordre *promesse* ⋆ ~ de spectacle *toegangsbewijs voor schouwburg* ⋆ ~ de train *treinkaartje* ⋆ INF. ~ vert *Amerikaans dollarbiljet* ⋆ prendre un ~ *een kaartje kopen* ⋆ INF. je vous donne/fiche mon ~ que ... *ik geef u op een briefje dat ...; ik verzeker u dat ...*
billetterie v *kaartverkoop(bureau, -automaat); geldautomaat*
billevesée v *dom geklets; kletspraat*
billion m *biljoen*
billot m • *(hak)blok* • *halsblok* ‹voor onthoofding› ⋆ avoir la tête sur le ~ *onder zware druk staan* ⋆ j'en mettrais ma tête sur le ~ *ik zou er mijn hoofd onder durven verwedden*
bimane BNW *tweehandig*
bimbeloterie v • *snuisterijenfabriek; snuisterijenhandel* • *snuisterijen*
bimensuel BNW [v: **bimensuelle**] *halfmaandelijks*
bimestriel BNW [v: **bimestrielle**] *tweemaandelijks*
bimoteur I m *tweemotorig vliegtuig* **II** BNW *tweemotorig*
binaire BNW *tweevoudig; tweetallig; binair*
biner OV WW *schoffelen*
binette v • *schoffel* • INF. *kop*
biniou m *Bretonse doedelzak*
binoclard INF. **I** m *brildrager* **II** BNW *brildragend*
binocle m *lorgnet*
binoculaire BNW *voor twee ogen; binoculair*
bio AFK (biologique) *bio-* ⋆ manger bio *biologische voeding eten*
biochimie v *biochemie*
biochimique BNW *biochemisch*
biodéchet m *gft-afval*
biodégradable BNW *biologisch afbreekbaar*
biogaz m *biogas*
biographe m/v *biograaf; levensbeschrijver*
biographie v *biografie; levensbeschrijving*
biographique BNW *biografisch*
bio-industrie v *bio-industrie*
biologie v *biologie* ⋆ ~ animale *dierkunde* ⋆ ~ végétale *plantkunde*
biologique BNW *biologisch*
biologiste m/v *bioloog*
biométhane m *biogas*
biophysique v *biofysica*
biorythme m *bioritme*
biotope m *biotoop*
bip m INF. • *bliep* • *blieper*
biparti BNW [**bipartite**] • *tweedelig* • *tweepartijen-* ⋆ gouvernement ~te *tweepartijenregering*

B

bipartisme m *tweepartijenstelsel*
bipartition v *tweedeling*
bipède I m *tweevoeter; tweepotig schepsel* II BNW *tweevoetig; tweepotig*
biper OV WW *oppiepen*
bipeur m *blieper*
biphasé BNW *tweefasig*
biplace BNW *met twee plaatsen*
biplan m *tweedekker* ‹vliegtuig›
bipolaire BNW *tweepolig; bipolair*
bipolarisation v POL. *polarisatie*
bique v INF. • *geit* • PEJ. *vrouw; meid* ★ vieille ~ *oud wijf*
biquet m *bokje*
biquette v INF. • *geitje* • *liefje*
biquotidien BNW [v: **biquotidienne**] *tweemaal daags* ‹verschijnend enz.›
birbe m INF. *ouwe sok*
biréacteur m *vliegtuig met twee reactoren*
birman I m *(het) Birmaans* II BNW *Birmaans*
Birman m [v: **Birmane**] *Birmaan*
Birmanie v *Birma*
bis I BNW *grijsbruin* ★ pain bis *(grijs)bruin brood* II BIJW *bis* III TW *nog eens!; bis*
bisaïeul m FORM. [v: **bisaïeule**] *overgrootvader*
bisannuel BNW [v: **bisannuelle**] *tweejaarlijks; tweejarig*
bisbille v INF. *gekibbel* ★ être en ~ avec qn *met iem. overhoop liggen*
biscornu BNW *grillig; zonderling*
biscoteaux m MV INF. *spierballen*
biscotte v *beschuit; toastje*
biscuit m • *biskwietje; koekje* • *wit porselein; biscuit* ★ ~s salés *zoutjes* ★ ~ de chien *hondenkoekje* ★ INF. s'embarquer sans ~ *een onderneming beginnen zonder voldoende voorbereidingen*
biscuiterie v *koekjesfabriek*
bise v • INF. *kus* • *noordenwind* ★ grosse bise *pakkerd* ★ se faire la bise *elkaar zoenen*
biseau m [mv: **biseaux**] • *schuine kant* • *steekbeitel* ★ en ~ *schuin afgewerkt*
biseauter OV WW *schuin afwerken*
bisexué BNW BIOL. *tweeslachtig*
bisexuel BNW [v: **bisexuelle**] *biseksueel*
bismuth m *bismut*
bison m *bizon* ★ ~ futé *dienst voor verkeersinformatie en -geleiding* ‹itinéraires bis›
bisou m INF. [**bizou**] *kusje*
bisque v • *kreeftensoep* • INF. *slecht humeur*
bisquer ON WW INF. *de pest in hebben*
bissecteur BNW [v: **bissectrice**] *wat in twee gelijke delen verdeelt* ★ ligne bissectrice *scheidingslijn*
bissectrice v WISK. *bissectrice*
bisser OV WW *(laten) herhalen; bisseren*
bissextile BNW *schrikkel-* ★ année ~ *schrikkeljaar*
bistouri m *operatiemes* ★ il faut un coup de ~ *er moet in gesneden worden*
bistre BNW [**bistré**] *donkerbruin*
bistro m [**bistrot**] INF. *kroeg; café*
bit m COMP. *bit*
bite v VULG. *pik; lul*
bitte v *meerpaal*
bit(t)ure v INF. ★ prendre une biture *zich bezatten*
bit(t)urer WKD WW INF. (**se** ~) *zich bezatten*
bitumage m *asfaltering*
bitume m • *asfalt* • INF. *de straat* ★ INF. arpenter le ~ *doelloos buiten rondlopen*
bitumer OV WW *asfalteren*
bitumeux BNW [v: **bitumeuse**] *teer-*
bivalent BNW • *tweewaardig* • *met dubbele bevoegdheid* ‹v. leraar›
bivalve BNW *tweekleppig; tweeschalig*
bivitellin BNW *twee-eiig*
bivouac m *bivak* ★ coucher au ~ *bivakkeren*
bivouaquer ON WW *bivakkeren*
bizarre BNW *zonderling; vreemd; grillig*
bizarrerie v *zonderlingheid; eigenaardigheid; vreemdheid; grilligheid*
bizut m [**bizuth**] ARG. *eerstejaars* ‹v.h. hoger onderwijs›; *groentje*
bizutage m ARG. *ontgroening*
bizuter OV WW ARG. *ontgroenen*
blabla(bla) m INF. *blabla; geklets*
blablater ON WW INF. *leuteren*
blackbouler OV WW • *wegstemmen; afstemmen* • INF. *afwijzen op een examen* ★ être blackboulé *zakken*
black-out (*zeg:* blakaut) m • MIL. *verduistering* • *stilzwijgen; (het) achterhouden v. officiële informatie* ★ faire le ~ (sur) *het stilzwijgen bewaren (over)*
blafard BNW *bleek; vaal* ★ lueur ~e *vaal schijnsel*
blague v • *grap; mop; gekheid* • *tabakszak* ★ ~ à part *alle gekheid op een stokje* ★ sans ~! *zonder gekheid!; echt waar!* ★ pas de ~s! *even serieus!* ★ prendre tout à la ~ *overal de draak mee steken* ★ ne raconter que des ~s *onzin verkopen; bluffen*
blaguer I OV WW *voor de gek houden; plagen (sur met)* II ON WW *moppen tappen; zwammen*
blagueur I m [v: **blagueuse**] *grappenmaker* II BNW *plagerig; schertsend*
blair m INF. • *neus* • *gezicht*
blaireau m [mv: **blaireaux**] • *das* ‹dier› • *penseel* ‹v. dassenhaar› • *scheerkwast* • INF. *oen*
blairer OV WW INF. ★ je ne peux pas le ~ *ik kan hem niet uitstaan*
blâmable BNW *afkeurenswaardig*
blâme m *afkeuring; berisping*
blâmer OV WW *afkeuren; berispen*
blanc I m • *(het) wit; (de) witte kleur* • *blanke* • *blanketsel* • *doelwit; roos* • *witgoed* • *witte wijn* • *korte stilte* ★ ~ d'œuf *eiwit* ★ ~ de poulet *kipfilet* ★ cartouche à ~ *losse patroon* ★ chauffer à ~ *witgloeiend maken* ★ des ~s entre les mots *het wit, de ruimten tussen de woorden* ★ en ~ *blanco; in het wit* ★ magasin de ~ *lingeriezaak* ★ regarder qn. dans le ~ des yeux *iem. strak in de ogen kijken* ★ saigner à ~ *het vel over de oren halen* ★ tirer à ~ *met los kruit schieten* ★ voir tout en ~ *alles v.d. goede kant beschouwen* ★ ~ de volaille *wit vlees van gevogelte* ★ ~ de ~s *witte wijn van witte druiven* ★ de but en ~ *op de man af; zonder omwegen* II BNW [v: **blanche**] • *wit; blank; blanco* • *onschuldig*

• *schoon* ★ être ~ *bleek zijn; wit zijn* ★ examen ~ *proefexamen* ★ mariage ~ *schijnhuwelijk* ★ cheval ~ *schimmel* ★ gelée ~he *rijp* ★ nuit ~he *slapeloze/doorwaakte nacht* ★ pièce ~he *zilverstuk* ★ sauce ~he *botersaus* ★ voix ~he *heldere stem* ★ les armes ~hes *de blanke wapenen* ★ ~ comme neige *onschuldig* ★ une âme ~he *een reine ziel* ★ papier ~ *onbeschreven papier* ★ donner carte ~he à qn *iem. de vrije hand laten* ★ billet ~ *een niet in de loterij* ★ linge ~ *schoon linnengoed*

blanc-bec m [mv: **blancs-becs**] *melkmuil*

blanc-étoc m [mv: **blancs-étocs**] *kaalslag*

blanchâtre BNW *witachtig*

blanche I v • *blanke (vrouw)* • MUZ. *halve noot* • *witte bal* ‹bij biljarten› • ARGOT *heroïne* ★ traite des ~s *handel in blanke slavinnen* ★ Blanche-Neige *Sneeuwwitje* II BNW → **blanc**

blancheur v *witheid; blankheid*

blanchiment m • *(het) bleken; (het) witten* • *(het) blancheren* • *(het) witwassen*

blanchir I OV WW • *wit maken* ‹v. geld›; *witten* • *bleken* • *wassen*; FIG. *schoonwassen* • *witwassen* • *blancheren* II ON WW *grijs worden* ‹v. haar› III WKD WW (**se** ~) *zich rechtvaardigen; zich schoonwassen*

blanchissage m • *(het) wassen* • *(het) raffineren van suiker*

blanchisserie v *wasserij*

blanchisseur m [v: **blanchisseuse**] *wasbaas*

blanc-seing m [mv: **blancs-seings**] *blancovolmacht*

blanquette v • *ragout v. wit vlees* • *witte, mousserende wijn* ★ ~ de veau *kalfsvleesgerecht*

blase m ARG. *naam*

blasé BNW *blasé* (**de, sur** *van)*

blaser I OV WW *afstompen; ongevoelig maken* (**de, sur** *voor)* II WKD WW (**se** ~) *genoeg krijgen* (**de** *van)* ★ se ~ de qc *uitgekeken raken op iets*

blason m • *wapenschild; blazoen* • *wapenkunde* ★ ternir son ~ *z'n naam te schande maken* ★ redorer son ~ *door een rijke burgerdochter te trouwen zijn adel weer opbouwen*; FIG. *zijn prestige weer opvijzelen*

blasphémateur m [v: **blasphématrice**] *godslasteraar*

blasphématoire BNW *godslasterlijk*

blasphème m • *lastertaal* • *godslastering; vloek*

blasphémer OV + ON WW *godslasteringen uitslaan; vloeken; blasfemeren*

blatérer ON WW *brullen* ‹v. kameel›

blatte v *kakkerlak*

blazer (*zeg:* blazèr, blazeur) m *blazer* ‹jasje›

blé m • *tarwe; koren* • ARG. *poen* ★ blé méteil *mengkoren; half tarwe, half rogge* ★ blé noir *boekweit* ★ blé de Turquie *maïs* ★ INF. être fauché comme les blés *op zwart zaad zitten* ★ manger son blé en herbe *zijn verdiensten van tevoren opmaken*

bled m • INF. *armoedige plaats; gat; negorij* • *platteland* ‹in Noord-Afrika›

blême BNW *doodsbleek* ★ aube ~ *grauw ochtendgloren*

blêmir ON WW *lijkbleek worden; gloren*

blêmissement m *verbleking*

bléser ON WW *lispelen; slissen*

blessant BNW *kwetsend; krenkend*

blessé m [v: **blessée**] *gewonde*

blesser I OV WW • *(ver)wonden* • *pijn doen* • *onaangenaam aandoen* ‹v. klanken, kleuren›; *beledigen; kwetsen* • *schaden; schenden* II WKD WW (**se** ~) *zich verwonden*

blessure v *wond; kwetsing; krenking* ★ raviver une ancienne ~ *een oude wond openrijten*

blet BNW [v: **blette**] *beurs* ‹v. fruit›

blette v *snijbiet*

blettir ON WW *overrijp worden*

bleu I m • *blauw; blauwe kleur* • *blauwsel* • *blauwe plek* • *overall* • *rekruut* • *groentje* ★ bleu marine *donkerblauw* ★ n'y voir que du bleu *er niets van snappen; niets doorhebben* ★ bleu (de Bresse, d'Auvergne) *blauwe schimmelkaas* ★ du gros bleu *slechte rode wijn* ★ bleu de Prusse *Pruisisch blauw* ★ passer au bleu *spoorloos verdwijnen* ‹v. linnengoed›; *door het blauwsel halen* ‹v.linnengoed› ★ bleu de travail *overall* ★ bleu ciel *hemelsblauw* ★ bleu clair *lichtblauw* ★ les bleus *Franse nationale sportploeg* II BNW *blauw* ★ bifteck bleu *bijna rauwe biefstuk* ★ colère bleue *hevige woede* ★ en rester bleu *er versteld van staan* ★ conte bleu *sprookje* ★ sang bleu *blauw bloed* ★ la grande bleue *de Middellandse Zee*

bleuâtre BNW *blauwachtig*

bleuet m *korenbloem*

bleuir I OV WW *blauw maken* II ON WW *blauw worden*

bleuté BNW *blauwachtig*

blindage m *pantsering*

blindé I m *pantserwagen* II BNW • *gepantserd* • INF. *ongevoelig; gehard* (**contre** *tegen)* • INF. *dronken* ★ division ~e *pantserdivisie*

blinder OV WW • *pantseren; blinderen* • INF./FIG. *immuun maken; harden, bestand maken* (**contre** *tegen)* ★ ses malheurs l'ont blindé *zijn tegenspoed heeft hem ongevoelig gemaakt*

blinis m *boekweitpoffertje*

blister m *blisterverpakking*

bloc m • *blok* • *politiek verbond* • INF. *gevangenis* ★ bloc de départ *startblok* ★ à bloc *muurvast; geheel* ★ en bloc *alles bij elkaar genomen* ★ tout d'un bloc *helemaal; in één geheel* ★ faire bloc (contre) *zich gezamenlijk opstellen (tegen)* ★ hisser une voile à bloc *een zeil in top hijsen*

blocage m • *(het) blokkeren; (het) bevriezen* ‹v. lonen, prijzen› • *geremdheid*

bloc-cuisine m [mv: **blocs-cuisines**] *keukenblok*

block m *blok* ‹in (Duits) gevangenenkamp›

blockhaus (*zeg:* blokoos) m *bunker*

bloc-moteur m [mv: **blocs-moteurs**] *motorblok*

bloc-notes m [mv: **blocs-notes**] *blocnote*

blocus (*zeg:* -kuus) m *blokkade*

blond I m [v: **blonde**] • *blond persoon* • *blonde kleur* ★ ~ doré *goudblond* ★ ~ cendré *asblond* II BNW *blond* ★ bière ~e *licht bier* ★ des épis ~s *goudgele aren* ★ tabac ~ *lichte tabak*

B

★ fausse ~e *vrouw met geblondeerd haar* ★ courtiser la brune et la ~e *alle vrouwen het hof maken*
blondasse BNW *vlasblond*
blonde V • *lichte sigaret* • *licht bier; pilsje*
blondeur V *blondheid*
blondin I m [v: **blondine**] *blond kind* II BNW *blondharig*
blondinet I m [v: **blondinette**] *blond kind* II BNW [v: **blondinette**] *blond*
blondir I OV WW *blonderen; blond maken* II ON WW *blond worden; geel worden* III WKD WW (**se** ~) ★ elle s'est blondi les cheveux *ze heeft zich geblondeerd*
bloquer OV WW • *blokkeren* • *bij elkaar zetten; samenvoegen* • *een bal stoppen* ★ être bloqué dans la glace *ingevroren zijn* ★ être bloqué dans la neige *ingesneeuwd zijn*
blottir WKD WW (**se** ~) *zich oprollen; zich nestelen; neerhurken; ineenduiken* ★ se ~ contre qn *zich tegen iem. aanvlijen*
blouse V • *bloes; kiel* • *werkschort* ★ ~ blanche *doktersjas; verpleegstersjas*
blouser I OV WW INF. *erin laten lopen* II ON WW *(over)bloezen*
blouson m *jak* ★ ~ noir *nozem* ★ ~s dorés *rijk tuig*
blue-jean m [mv: **blue-jeans**] *spijkerbroek*
blues m • *blues* • INF. *neerslachtigheid*
bluet m → **bleuet**
bluff m *opschepperij; bluf*
bluffer I OV WW *overbluffen; misleiden* II ON WW *bluffen*
bluffeur m [v: **bluffeuse**] *bluffer; opschepper*
bluter OV WW *builen ‹v. meel›; zeven*
BNF AFK (Bibliothèque Nationale de France) *nationale bibliotheek van Frankrijk*
BO AFK (bande originale) *originele band*
boa m *boa ‹dier, kledingstuk›*
bob m • *mutsje* • *bobslee*
bobard m INF. *praatje; leugentje*
bobèche V • *druipschaaltje* ‹aan kandelaar› • INF. *harses; kop*
bobeur m *bobsleeër*
bobinage m *(het) opspoelen; wikkeling*
bobine V • *spoel; garenklos* • *rolletje; filmrolletje* • INF. *facie; tronie; smoel* ★ ~ d'induction *inductiespoel*
bobiner OV WW *op een klos of spoel winden*
bobo m KINDERTAAL *pijn; wondje;* FIG. *(lichte) schade* ★ avoir (du) bobo *pijn hebben*
bobonne V INF. *huisvrouwtje; sloofje*
bobsleigh m *bobslee*
bocage m • *coulisselandschap* • FORM. *bosje*
bocal m [mv: **bocaux**] • *goudviskom* • *bokaal* • *stopfles*
boche INF. I m/v *mof* ‹Duitser› II BNW *moffen-*
bock m • *bierglas* ‹v. 1/4 liter› • *glas bier*
boer BNW *van de Boeren* ‹in Zuid-Afrika›
Boer bnw *Boer* ‹in Zuid-Afrika›
bœuf m • *rund* • *rundvlees* • *os* ★ ~ gras *paasos* ★ nerf de ~ *bullenpees* ★ fort comme un ~ *sterk als een paard* ★ INF. effet ~ *daverend effect* ★ donner un œuf pour un boeuf *een spiering uitwerpen om een kabeljauw te vangen* ★ mettre la charrue devant le ~ *het paard achter de wagen spannen* ★ souffler comme un ~ *hijgen als een paard* ★ travailler comme un ~ *als een paard werken* ★ qui vole un œuf, vole un boeuf *eens een dief, altijd een dief*
bof TW *nou en!; och (wat)!*
bogue I V *kastanjebolster* II m/v COMP. *bug* ★ le ~ de l'année 2000 *de millenniumbug*
boguet m [**boghei**] *buggy*
bohème I V *kunstenaarswereld* II m/v *iem. die een ongeregeld leven leidt; bohémien*
Bohême V *Bohemen*
bohémien I m VERO. [v: **bohémienne**] *zigeuner; zwerver* II BNW *van/uit de Bohemen*
boire I m *drank; (het) drinken* ★ en perdre le ~ et le manger *er helemaal in opgaan* II OV + ON WW • *(op)drinken* • *slikken* • *opzuigen; opnemen* ★ le vin est tiré, il faut le ~ *wie A zegt, moet ook B zeggen* ★ il y a à ~ et à manger *er ziiten voor- en nadelen aan* ★ après ~ *boven zijn theewater* ★ qui a bu, boira *de gewoonte is een tweede natuur* ★ chanson à ~ *drinklied* ★ ~ à petites gorgées *kleine slokjes nemen* ★ c'est la mer à ~ *dat is onbegonnen werk* ★ c'est ne pas la mer à ~ *zo moeilijk is het niet* ★ il boirait le mer et les poissons *hij versmacht van dorst* ★ ~ comme un Suisse/un Polonais/une éponge/un trou *stevig drinken; zuipen* ★ ~ sec *stevig drinken* ★ ~ à sa soif *drinken zoveel men lust* ★ ~ un affront/une insulte *een belediging slikken* ★ ce papier boit *dat papier vloeit* ★ ~ les paroles de qn *aan iemands lippen hangen* ★ ~ un coup *wat drinken; een borrel pakken*
bois I m • *hout* • *bos* • *houten voorwerp* ★ bois (gravé) *houtsnede* ★ bois de construction *timmerhout* ★ bois de feu *brandhout* ★ gueule de bois *kater ‹v. alcohol›* ★ bois de justice *guillotine* ★ bois de lit *ledikant* ★ bois de mai *meidoorn* ★ train de bois *houtvlot* ★ abattre du bois *veel hout gooien bij het kegelen* ★ charger qn de bois *iem. stokslagen geven* ★ déménager à la cloche de bois *verhuizen zonder zijn huur betaald te hebben* ★ montrer de quel bois on se chauffe *laten zien met wie men van doen heeft* ★ n'être pas de bois *niet van steen zijn* ★ toucher du bois *afkloppen* ★ trouver visage de bois *voor een gesloten deur komen* ★ entre le bois et l'écorce il ne faut pas mettre le doigt *men moet zich niet in familieaangelegenheden mengen* II m mv • *gewei* • *houten blaasinstrumenten* III WW (présent) → **boire**
boisage m • *(het) stutten v. mijnen* • *houtwerk*
boisé BNW *bebost*
boisement m *bebossing*
boiser OV WW • *betimmeren* • *met hout stutten* • *bebossen*
boiserie V *houtwerk; betimmering; lambrisering*
Bois-le-duc m *'s-Hertogenbosch*
boisseau m [mv: **boisseaux**] *oude maat* ‹ca. 13 liter› ★ mettre qc sous le ~ *iets verbergen; iets verzwijgen*
boisson V *drank* ★ ~ forte *sterke drank* ★ FORM. être pris de ~ *dronken zijn* ★ poisson sans ~ est poison *vis moet zwemmen*

boîte v • *kist(je)*; *doos*; *blik* • INF. *zaak*; *bedrijf*; *tent* • ARG. *school* • ARG. *gevangenis* ★ ~ à gants *dashbordkastje* ★ ~ aux/à lettres *brievenbus* ★ ~ à bijoux *juwelenkistje* ★ ~ crânienne *hersenpan* ★ ~ à malice *trukendoos* ★ ~ de montre *horlogekast* ★ INF. ~ à images *kijkkast*; *tv* ★ ~ à musique *speeldoos*; *tingeltangel* ★ ~ noire *zwarte doos* ★ ~ à ordures *vuilnisbak* ★ ~ de nuit *discotheek*; *nachtclub* ★ ~ postale *postbus* ★ ~ à savon *zeepdoos* ★ ~ de secours *verbanddoos* ★ ~ de dialogue *dialoogvenster* ★ ~ de vitesses *versnellingsbak* ★ aller en ~ *uit dansen gaan* ★ ~ vocale *voicemail* ★ mettre en ~ *inblikken*; *in de maling nemen* ★ INF. fermer sa ~ *z'n klep houden* ★ dans les petites ~s les bons onguents *klein maar dapper*

boitement m • *(het) mank lopen* • *(het) haperen* ‹v. motor›

boiter ON WW • *hinken*; OOK FIG. *mank gaan* • *wankel zijn* ★ raisonnement qui boite *kromme redenering*

boiteux I m [v: **boiteuse**] *manke*; *kreupele* **II** BNW • *kreupel*; OOK FIG. *mank* • *wankel* ★ chaise boiteuse *wankele stoel* ★ comparaison boiteuse *vergelijking die mank gaat* ★ phrase boiteuse *kromme zin* ★ projet ~ *ongefundeerd plan* ★ vers ~ *hinkend vers*

boîtier m • *opbergdoos met vakjes* • *(horloge)kast*

boitiller ON WW *licht hinken*

boive WW (subj. présent) → **boire**

boivent WW ((subj.) présent) → **boire**

boives WW (subj. présent) → **boire**

bol m • *kom* • *grote pil* • INF. *geluk* ★ bol alimentaire BIOL. *spijsbal* ★ avoir du bol/un coup de bol *mazzel hebben* ★ prendre un bol d'air *een luchtje scheppen* ★ INF. ne te casse pas le bol *maak je niet dik* ★ INF. en avoir ras le bol *er genoeg van hebben*

bolchevik m/v *bolsjewiek*

bolchevique BNW *bolsjewistisch*

bolchevisme m *bolsjewisme*

bolcheviste I m/v *bolsjewiek* **II** BNW *bolsjewistisch*

bolée v *komvol*

boléro m *bolero* ‹dans(muziek); kledingstuk›

bolet m PLANTK. *boleet*

bolide m *bolide* ‹vuurbol; racewagen› ★ comme un ~ *razendsnel*

Bolivie v *Bolivia*

bolivien BNW [v: **bolivienne**] *Boliviaans*

Bolivien m [v: **Bolivienne**] *Boliviaan*

bombance v *smulpartij*; *braspartij* ★ faire ~ *smullen*; *brassen*

bombarde v • *bombarde* ‹donderbus; bromwerk in orgel› • MUZ. *Bretonse hobo*

bombardement m *bombardement*; *beschieting*

bombarder OV WW • *bombarderen*; *beschieten* • OOK FIG. *bestoken (***de** *met)* • INF. *onverwacht bevorderen tot* ★ ~ qn de demandes *iem. met vragen bestoken* ★ ~ qn chef de bureau *iem. tot afdelingschef bombarderen*

bombardier m • *bommenwerper* • *bombardeur* • *bombardeerkever* ★ ~ d'eau *blusvliegtuig* ★ ~ en piqué *duikbommenwerper*

bombe v • *bom* • *spuitbus* • *ruiterpet*; *cap* ★ ~ atomique/~ A *atoombom* ★ ~ d'avion *vliegtuigbom* ★ ~ explosive *brisantbom* ★ ~ glacée *ijspudding* ★ ~ incendiaire *brandbom* ★ ~ lacrymogène *traangasgranaat* ★ ~ à retardement *tijdbom* ★ ~ sexuelle *seksbom* ★ ~ sousmarine *dieptebom* ★ arriver comme une ~ *als een slag bij heldere hemel komen*; *onverwachts komen* ★ faire la ~ *fuiven* ★ faire l'effet d'une ~ *inslaan als een bom*

bombé BNW *bol*

bombement m *welving*

bomber I OV WW • *bol maken*; *bomberen* • *spuiten* ‹v. graffiti› ★ ~ une chaussée *een weg ophogen* ★ ~ la poitrine *zijn borst opzetten* **II** ON WW • *bol staan* • *scheuren* ‹v. auto›

bombeur m [v: **bombeuse**] *graffitispuiter*

bombyx m *zijdevlinder*

bon I m • *het goede* • *de goede* • *bon* ★ il y a du bon dans cet ouvrage *er zit wat goeds in dat werk* ★ le bon de l'histoire, c'est que *het aardige van de zaak is dat* ★ bon d'essence *benzinebon* **II** BNW [v: **bonne**] • *goed*; *geschikt*; *voordelig*; *gelukkig*; *juist* • *lekker*; *fijn* ★ pour de bon *voorgoed*; *werkelijk* ★ tout de bon *in ernst*; *voorgoed* ★ il est bon à rien/ c'est un bon à rien *hij deugt nergens voor* ★ être bon à *geschikt zijn om*; *ervoor dienen om* ★ bonnes vacances! *een fijne vakantie!* ★ une bonne gifle *een harde klap* ★ une bonne cuillère *een volle lepel* ★ il y a une bonne semaine *ruim een week geleden* ★ tu as emporté le bon livre? *heb je het juiste boek meegenomen?* ★ à la bonne adresse *op het juiste adres* ★ avoir la bonne vie *een luizenleventje hebben* ★ les bons comptes font les bons amis *effen rekeningen maken goede vrienden* ★ bon ami/bonne amie *geliefde* ★ souhaiter une bonne année *een gelukkig nieuwjaar wensen* ★ bon an, mal an *door elkaar gerekend* ★ dire la bonne aventure *de toekomst voorspellen* ★ faire bonne chère *lekker eten*; *goede sier maken* ★ à bon compte *goedkoop* ★ faire bonne contenance *zich goed houden* ★ cela est bon à dire *dat kun je wel zeggen* ★ SCHEEPV. bon frais *gunstige, krachtige wind* ★ à la bonne heure *goed zo!* ★ de bonne heure *vroeg* ★ les bons maîtres font les bons valets *zo heer, zo knecht* ★ (à) bon marché *goedkoop* ★ de bon matin *'s morgens vroeg* ★ avoir bonne mine *er goed uitzien* ★ bon nombre *heel wat* ★ arriver bon premier *goede eerste zijn* ★ à quoi bon? *waar dient het voor?* ★ le bon ton *beschaafde manieren* ★ du bon sens *gezond verstand* ★ à bon vin pas d'enseigne *goede wijn behoeft geen krans* ★ INF. trop bon, trop con *al te goed is buurmans gek* ★ elle est (bien) bonne! *da's een goeie (grap)!* ★ en raconter de bonnes *leuke dingen vertellen* ★ INF. bonne femme *vrouw(tje)* ★ il fait bon [+ inf.] *het is prettig/raadzaam om...* **III** BIJW *goed*; *lekker* ★ il fait bon ici *het is hier lekker* ★ tenir bon *zich goed houden*; *volhouden* **IV** TW ★ bon *nou*; *welnu* ★ bon! *okay*, *afgesproken!* ★ ah bon? *goh!*; *oh ja?*

bonace v • *windstilte* • *kalmte*; *rust*

bonasse BNW *goedig*; *sullig*

bonbon m *snoepje* ★ ~ acidulé *zuurtje*

bonbonne v *buikfles*

bonbonnière v • *bonbonschaaltje*; *bonbondoosje* • *knus ingericht huisje*

bond m *sprong* ★ par bonds *sprongsgewijs* ★ d'un bond *ineens* ★ du premier bond *onmiddellijk* ★ faire un bond *plotselinge vooruitgang boeken* ★ ne faire qu'un bond *toesnellen* ★ faire faux bond (à qn) *zijn beloften niet nakomen (jegens iem.)* ★ prendre la balle au bond *de gelegenheid aangrijpen* ★ prendre la balle entre bond et volée *het goede ogenblik benutten*

bonde v • *spon* • *spongat*; *afvoerstop* ★ hausser la ~ *de stop eruit trekken*

bondé BNW *propvol*

bondieuserie v *kwezelarij* ★ PEJ. ~s *godsdienstige kitsch*; *godsdienstige beeldjes*

bondir ON WW • *huppelen*; *(op)springen* • *zich reppen*; *rennen* ★ ~ d'impatience *trappelen van ongeduld* ★ faire ~ le cœur *doen walgen* ★ faire ~ qn *iem. razend maken*

bondissement m *sprong*; *(het) (op)springen*

bonheur m *geluk* ★ par ~ *gelukkig* ★ avec ~ *succesvol* ★ au petit ~ *op goed geluk* ★ faire le ~ de qn *iem. gelukkig maken* ★ jouer de ~ *geluk hebben* ★ porter ~ *geluk brengen*

bonhomie v *goedhartigheid*

bonhomme I m [mv: **bonshommes**] • INF. *man* • *sukkel* • *ventje*; *jongetje*; *mannetje*; *baasje* ★ ~ de neige *sneeuwpop* ★ dessiner des bonshommes *poppetjes tekenen* ★ il a fait/il est allé son petit ~ de chemin *hij heeft zoetjesaan zijn doel bereikt*; *hij is zijn gangetje gegaan* II BNW *goedig*

boni m *winst*; *overschot*; *batig saldo*; *bonus*

boniche v PEJ. [**bonniche**] *dienstmeid*

bonification v • *verbetering* • *bonus*; *vergoeding*; *bonificatie*

bonifier I OV WW • *verbeteren* ‹v. grond› • *een bonus geven aan* II WKD WW (**se** ~) *beter worden*

boniment m • *verkooppraatje* • INF. *leugentaal* ★ faire du ~ *zijn waar druk aanprijzen*

bonimenteur m • *standwerker* • *praatjesmaker*

bonjour m *goedendag*; *goedemorgen* ★ dire ~ *groeten* ★ donner le ~ à qn (de la part de qn) *iem. de groeten doen (van iem. overbrengen)* ★ simple comme ~ *doodeenvoudig* ★ INF. ~ les dégâts! *dan is het mis!* ★ INF. ~ l'ambiance *dan is het gedaan met de goede stemming*

bonne I v *dienstmeisje* ★ ~ d'enfants *kindermeisje* ★ ~ à tout faire *meisje voor hele dagen* ★ je ne suis pas ta ~ *ik ben je slaafje niet* II BNW → **bon**

bonne-maman v KIND. [v mv: **bonnes-mamans**] *oma*

bonnement BIJW ★ tout ~ *eenvoudig*; *gewoon(weg)*

bonnet m • *muts*; *kap* • *netmaag* • *cup van bh* ★ ~ de nuit *slaapmuts* ★ ~ rouge *rode muts* ‹in 1793 ingevoerd› ★ gros ~ *hoge Piet* ★ ~ d'âne *ezelssteek* ‹voor domme leerlingen› ★ c'est ~ blanc et blanc ~ *dat is lood om oud ijzer* ★ triste comme un ~ de nuit *erg bedroefd*; *erg saai* ★ avoir la tête près du ~ *kort aangebonden zijn* ★ parler à son ~ *in zichzelf praten* ★ prendre qc sous son ~ *iets op zich nemen*; *iets onder zijn hoede nemen*

bonneterie v • *gebreide wollen goederen* • *handel in gebreide wollen goederen*; *manufacturenzaak*

bonnetier m [v: **bonnetière**] *fabrikant van, handelaar in gebreide wollen goederen*; *manufacturier*

bonnetière v *lange smalle kast*

bonnette v FOT. *voorzetlens* ★ mettre ~ sur ~ *alle zeilen bijzetten*

bonniche v → **boniche**

bon-papa m KIND. [m mv: **bons-papas**] *opa*

bonsoir m *goedenavond*

bonté v *goedheid*; *welwillendheid* ★ les ~s *de vriendelijkheid*; *de gunsten* ★ ayez la ~ de *wees zo goed om te* ★ ~ divine! *grote goedheid!*

bonus (*zeg:* bonuus) m *bonus*; *korting*

bonze m • *bonze* • INF. *hoge ome*

book (*zeg:* boek) m *knipselboek*; *fotomap van fotomodel*

boom (*zeg:* boem) m • ARG. *feest*; *fuif* • *plotselinge prijsstijging*; *boom*

boomerang m *boemerang*

boots (*zeg:* boets) m mv *laarsjes*

boqueteau m [mv: **boqueteaux**] *bosje*

borate m CHEM. *boraat*

borax m CHEM. *borax*

borborygme m • *geborrel* ‹v. maag› • *gebrabbel*

bord m • *rand*; *kant*; *zoom*; *oever* • *boord* ‹v. schip› ★ bord sous le vent *lijzijde* ★ bord au vent *loefzijde* ★ au bord de la mer *aan zee* ★ à ras bord *boordevol* ★ bord noir *rouwrand* ★ avoir qc sur le bord des lèvres *iets op de lippen hebben* ★ à pleins bords *overvloedig* ★ virer de bord *het over een andere boeg gooien* ★ être au bord de *op de rand staan van*; *bijna...* ★ être au bord des larmes *bijna gaan huilen* ★ par-dessus bord *overboord* ★ livre de bord *scheepsjournaal* ★ être du bord de qn *op iemands hand zijn* ★ à bord (de) *aan boord (van)* ‹ook v. auto› ★ INF. ...sur les bords *zo'n beetje...*; *enigszins* ★ bord à bord *langszij* ★ de tout bord/de tous bords *van diverse pluimage*; *allerlei*

bordages m mv *huid* ‹v. schip›

bordeaux I m *bordeaux* ‹wijn› II BNW *bordeauxrood*

bordée v OOK FIG. *volle laag*; *salvo* ★ tirer une ~ *laveren*; INF. *aan de rol gaan* ‹v. matrozen›

bordel I m • *bordeel* • INF. *hels lawaai* • INF. *grote rotzooi* II TW *shit*; *verrek*

bordelais BNW *van/uit Bordeaux*

bordélique BNW INF. *rommelig*; *wanordelijk*

border OV WW • *zich bevinden/zich begeven langs* • *omboorden*; *omzomen*; *afzetten (***de** *met)* • *instoppen*; *goed toedekken* ‹v. (iem. in) bed› ★ les arbres bordent la route *de bomen staan langs de weg* ★ une plate-bande bordée de buis *een border afgezet met buksen* ★ le navire borde la côte *het schip*

vaart langs de kust
bordereau m [mv: **bordereaux**] *borderel; lijst*
bordier BNW [v: **bordière**] *rand-*
bordure v • *rand; zoom* • *trottoirband* • *lijst* ★ en ~ de *aangrenzend aan; langs*
bore m *borium*
boréal BNW [m mv: **boréaux**] *noordelijk* ★ aurore ~e *noorderlicht*
borgne I m/v *eenoog* ★ au pays des aveugles les ~s sont rois *in het land der blinden is eenoog koning* II BNW • *eenogig* • *verdacht; louche* ★ fenêtre ~ *raam zonder uitzicht* ★ maison ~ *verdacht huis* ★ troquer son cheval ~ contre un aveugle *van de wal in de sloot raken*
borique BNW CHEM. *boor-* ★ acide ~ *boorzuur*
bornage m *afbakening*
borne v • *grens(paal); grenssteen; paaltje; steen langs een weg* • INF. *kilometer* • TECHN. *(accu)klem; aansluiting* ★ ~ kilométrique *kilometerpaal* ★ ~ milliaire *mijlpaal* ★ ~ d'appel *praatpaal* ★ ~ d'incendie *brandkraan* ★ ~ de raccordement *kroonsteentje* ★ ~ interactive *internetzuil* ★ sans ~s *grenzeloos* ★ dépasser les ~s *de perken te buiten gaan* ★ reculer les ~s de *de grenzen verleggen van* ★ rester planté comme une ~ *aan de grond genageld staan*
borné BNW *bekrompen; geborneerd*
borner I OV WW *beperken; begrenzen* II WKD WW (**se** ~ **à**) *zich beperken tot*
bosniaque BNW → **bosnien**
bosnien BNW [v: **bosnienne**] *Bosnisch*
Bosnien m [v: **Bosnienne**] *Bosniër*
Bosphore m *Bosporus*
bosquet m *bosje; bosschage*
boss m INF. *baas; chef*
bosse v • *bult; bochel* • *buil; knobbel* • *verheffing in een terrein; hobbel* • *deuk* ★ INF. traîner/rouler sa ~ *rondtrekken* ★ INF. avoir la ~ des langues *een talenknobbel hebben*
bosselage m *drijfwerk; reliëfwerk*
bosseler OV WW *deuken; drijven* ‹v. metaal›
bosselure v *indeuking; drijfwerk*
bosser ON WW INF. *werken; blokken*
bosseur m INF. *zwoeger; harde werker*
bossu I m [v: **bossue**] *gebochelde* ★ rire comme un ~ *zich een bult lachen* II BNW *gebocheld*
bot BNW [v: **bote**] *misvormd* ★ pied bot *horrelvoet*
botanique I v *plantkunde; botanie* II BNW *plantkundig; botanisch* ★ jardin ~ *plantentuin; hortus*
botaniste m/v *plantkundige; botanicus*
botte v • *laars* • *bos; pak* • *degenstoot* ★ ~ de paille *strobaal; strobos* ★ ~s à l'écuyère/d'équitation *rijlaarzen* ★ ~s à éperons *laarzen met sporen* ★ ~ de carottes *bos wortelen* ★ sous la ~ de *onder het juk van* ★ être à la ~ de *zich laten commanderen door* ★ être droit dans ses ~s *een gerust geweten hebben* ★ avoir du foin dans ses ~s *zijn schaapjes op het droge hebben; er warmpjes bij zitten* ★ INF. en avoir plein les ~s *het zat zijn* ★ INF. cirer/lécher les ~s *de hielen likken* ★ INF. graisser ses ~s *zich gereedmaken om te vertrekken* ★ INF. y laisser les ~s *het met de dood bekopen*
botteler OV WW *tot bossen binden*
botter OV WW • *laarzen aantrekken* • INF. *bevallen; aanstaan* • *trappen tegen* ★ ~ un but *scoren* ★ chat botté *gelaarsde kat* ★ singe botté *belachelijk ventje*
bottier m • *laarzenmaker* • *maatschoenmaker*
bottillon m *laarsje*
bottin m *telefoonboek*
bottine v *laarsje; bottine*
bouc m • *bok* • *sikje* ★ INF. vieux bouc *oude zak* ★ bouc émissaire *zondebok*
boucan m INF. *lawaai; herrie*
boucaner OV WW *roken* ‹v. vis, vlees› ★ boucané *getaand* ‹v. huid›
boucanier m *boekanier*
bouchage m *(het) kurken; sluiting*
bouche v • *mond; bek* • *opening; monding; ingang* ★ le ~ à ~ *de mond-op-mondbeademing* ★ de ~ à oreille *van mond tot mond* ★ passer de ~ en ~ *als een lopend vuurtje gaan* ★ ~ à feu *vuurmond* ★ ~ d'incendie *brandkraan* ★ être dans toutes les ~s *onderwerp van gesprek zijn* ★ ~(s) d'un fleuve *riviermonding* ★ avoir la ~ sèche *een droge mond hebben* ★ avoir la ~ mauvaise *een vieze smaak in de mond hebben* ★ avoir la ~ pleine de qc *ergens de mond vol van hebben* ★ rester ~ bée *met open mond staan kijken; versteld staan* ★ garder qc pour la bonne ~ *(het lekkerste) voor het laatst bewaren* ★ ~ close!/~ cousue! *mondje dicht!* ★ rester ~ close *met de mond vol tanden blijven staan* ★ avoir le cœur sur la ~ *het hart op de tong hebben* ★ fermer/clore la ~ à qn *iem. de mond snoeren* ★ fine ~ *lekkerbek* ★ s'ôter les morceaux de la ~ pour qn *zich voor iem. het eten uit de mond sparen* ★ faire la petite/la fine ~ *kieskeurig zijn* ★ être (porté) sur sa ~ *van lekker eten houden* ★ provisions de ~ *levensmiddelen* ★ par la ~ de *bij monde van* ★ INF. ~ en cul de poule *pruimenmondje*
bouché BNW • *dichtgestopt; verstopt; met files* • *zonder perspectief* • *bewolkt; betrokken* • *bekrompen; dommig; traag van begrip* ★ cidre ~ *mousserende cider op fles*
bouche-à-bouche m (onver.) *mond-op-mondbeademing*
bouche-à-oreille m (onver.) ★ (publicité par le) ~ *mond-tot-mondreclame; (het) doorvertellen*
bouchée v • *hap; mond vol* • *bonbon* • *pasteitje* ★ pour une ~ de pain *voor een appel en een ei* ★ ne faire qu'une ~ de qc *iets afraffelen* ★ manger une ~ *snel een maal gebruiken* ★ mettre les ~s doubles *zich haasten; iets twee maal zo vlug doen* ★ ne faire qu'une ~ de qn *gehakt van iem. maken*
boucher I m [v: **bouchère**] • *slachter; slager* • FIG. *beul; slecht chirurg* II OV WW • *dichtstoppen; afsluiten; kurken* • *versperren* ★ ~ la route *de weg versperren* ★ se ~ les oreilles *zijn oren dichtstoppen*
boucherie v • *slagerij* • *slachting; bloedbad*

B

bouche-trou m [mv: **bouche-trous**] • *invaller* • *opvulling*

bouchon m • *kurk*; *stop*; *plug*; *dop* • *file*; *opstopping* • *dobber*

bouchonné BNW *naar kurk smakend*

bouchonner I OV WW • *droogwrijven* • INF. *strelen* II ON WW *samendrommen*; *verstopt raken* ‹door files›

bouclage m • *opsluiting* • *afsluiting* • *terugkoppeling* ‹v. informatie›

boucle v • *gesp* • *ring* • *haarkrul*; *lok* • *lus*; *bocht* • *looping* ‹v. vliegtuig› ★ la Grande Boucle *de Tour de France* ★ ~s d'oreilles *oorbellen* ★ se serrer la ~ *de buikriem aanhalen* ★ COMP. en ~ *repeterend*

bouclé BNW *gekruld*; *krullend*

boucler I OV WW • *vastgespen*; *sluiten* • *opsluiten* • FIG. *rond maken*; *uitrijden*; *afmaken* • *insluiten*; *afsluiten* • *krullen* ★ ~ la boucle *terug bij af zijn* ★ ~ un élève *een leerling laten nakomen* ★ ~ ses malles *zijn koffers pakken* ★ INF. la ~ *zijn mond houden* ★ ~ un quartier *een wijk afsluiten* ★ ~ son budget *de touwtjes aan elkaar knopen* ★ la boucle est bouclée *de cirkel is rond* II ON WW • *krullen* • COMP. *een lus maken*

bouclette v *krulletje*

bouclier m • *schild* • *bescherming*; *verdediging* ★ levée de ~s *demonstratie*; *protest*

bouddha m *boeddha(beeld)*

bouddhique BNW *boeddhistisch*

bouddhisme m *boeddhisme*

bouddhiste I m/v *boeddhist* II BNW *boeddhistisch*

bouder I OV WW • *links laten liggen*; *negéren* • *boos zijn op* II ON WW *mokken*; *pruilen* ★ ~ contre son ventre *uit woede niet eten* ★ ne pas ~ la besogne *niet afkerig zijn van werken*; *hard werken*

bouderie v *gepruil*; *ongeïnteresseerdheid*

boudeur I m [v: **boudeuse**] *pruiler*; *mokker* II BNW [v: **boudeuse**] *pruilerig*

boudin m • *bloedworst* • *dikke rol* • *lange haarkrul* • INF. *dikke meid*; *propje* • INF. *worstvinger* • *spiraalveer* ★ ~ blanc *soort witte worst* ★ ~ noir *bloedworst* ★ tourner en eau de ~ *mislukken*; *op niets uitlopen* ★ INF. faire du ~ *mokken*

boudiner OV WW • *strak aanhalen*; *persen*; *proppen* • *tweernen*; *verstrengelen* ★ cette robe te boudine *die jurk zit je te strak*

boudoir m • *boudoir*; *kleine damessalon* • *lange vinger* ‹biscuit›

boue v *modder*; *slijk* ★ bain de boue *modderbad* ★ âme de boue *lage ziel* ★ bâtir sur la boue *op los zand bouwen* ★ tirer qn de la boue FIG. *iem. uit de modder halen* ★ traîner qn dans la boue/couvrir qn de boue *iem. door het slijk halen*

bouée v *boei*; *baken* ★ ~ lumineuse *lichtboei* ★ ~ sonore *geluidsboei*; *brulboei* ★ ~ de sauvetage *reddingboei*

boueur m *vuilnisman*

boueux BNW [v: **boueuse**] • *modderig* • *vlekkerig* ‹v. drukwerk›

bouffant BNW *pof-* ★ des manches ~es *pofmouwen*

bouffarde v INF. *grote pijp*

bouffe I v INF. *(het) eten*; *(het) vreten* ★ la grande ~ *de grote vreetpartij* II BNW *komisch*; *kluchtig* ★ opéra ~ *komische opera*

bouffée v • *opwelling* • *trek* ‹aan sigaret e.d.› • *vlaag*; *uitademing* ★ ~ d'ail *naar knoflook stinkende adem* ★ ~ de chaleur *opvlieger* ★ ~ d'oxygène *verademing*; *lucht* ★ ~ de vent *windstoot* ★ par ~s *bij vlagen*

bouffer I OV WW INF. *eten*; *bikken*; *vreten* II ON WW *opzwellen*; *opbollen*

bouffeur m INF. [v: **bouffeuse**] *vreetzak*; *vreter*

bouffi BNW • *bol*; *opgeblazen*; OOK FIG. *gezwollen* • (~ **de**) *vervuld van*; *vol van*

bouffir I OV WW *opblazen*; *doen opzwellen* II ON WW *opzwellen*

bouffissure v *zwelling*; *gezwollenheid*

bouffon I m *nar*; *potsenmaker* II BNW [v: **bouffonne**] *koddig*; *kluchtig*

bouffonnerie v *zotte streek*; *grap(pigheid)*

bouge m *krot*; *kroegje*; *kit*

bougeoir m *blaker*

bougeotte v INF. ★ il a la ~ *hij kan niet stil zitten*

bouger I OV WW *verplaatsen* II ON WW *zich bewegen*; *in actie komen*; *van zijn plaats komen* ★ ne pas ~ *niet veranderen*; *niet weggaan* ★ sans ~ de sa chaise *zonder op te staan* ★ sans ~ du petit doigt *zonder een vin te verroeren* III WKD WW (**se** ~) INF. *wat gaan doen*

bougie v • *kaars* • *bougie* ‹v. motor› • MED. *sonde*

bougnat m INF. *kolenboer*

bougnoul(e) m PEJ. *Noord-Afrikaan*; *Arabier*; *plopper*

bougon I m [v: **bougonne**] *brompot* II BNW *knorrig*

bougonner ON WW INF. *brommen*; *mopperen*; *pruttelen*

bougre INF. I m [v: **bougresse**] *vent*; *wijf* ★ bon ~ *beste vent* ★ PEJ. ~ d'idiot! *stomme idioot!* II TW *verdraaid!*

bougrement BIJW INF. *erg*; *ontzettend*; *drommels*

boui-boui m INF. [m mv: **bouis-bouis**] *tingeltangel*; *kroeg*

bouillabaisse v *Provençaalse vissoep*

bouillant BNW OOK FIG. *kokend* ★ ~ de désir *brandend van verlangen*

bouille v INF. *gezicht*; *smoel*

bouilleur m *stoker van sterke drank*

bouilli I m *gekookt vlees* II BNW *gekookt*

bouillie v *pap* ★ en ~ *tot pap*; *tot moes* ‹ook fig.› ★ INF. c'est de la ~ pour les chats *daar is geen touw aan vast te knopen*

bouillir ON WW • OOK FIG. *koken* • *boos worden* ★ faire ~ de l'eau *water koken* ★ faire ~ qn *iem. op de kast jagen* ★ la tête me bout *mijn hoofd gloeit*; *ik ben opgewonden*

bouilloire v *waterketel* ★ ~ à sifflet *fluitketel*

bouillon I m • *bouillon* • *gulp*; *guts* • *luchtbel* ★ ~ de culture *kweekbodem* ★ ~ d'onze heures *gifdrank* ★ INF. boire un ~ *water binnen krijgen bij het zwemmen*; *een verlies leiden* II m mv *onverkochte exemplaren*

bouillonnant BNW OOK FIG. *bruisend; onstuimig*
bouillonnement m • *(het) opborrelen* • *opwinding*
bouillonner ON WW • *opborrelen* • FIG. *bruisen*
bouillotte v • *waterstoof; waterkruik* • *keteltje*
boulange v INF. *bakkersbedrijf*
boulanger I m [v: **boulangère**] *bakker* II OV WW • *kneden* ‹v. deeg› • *bakken* ‹v. brood›
boulangerie v • *bakkerswinkel* • *bakkerij* • *(het) broodbakken* • *bakkersbedrijf*
boule v • *bol; bal* • INF. *kop* ★ en ~ *opgerold; kogelrond* ★ ~ Quiès *oordopje* ★ une ~ dans la gorge *een brok in de keel* ★ ~ de signaux *stormbal* ★ jeu de ~s *jeu de boules* ‹Frans balspel› ★ ~ de neige *sneeuwbal* ★ faire ~ de neige *aangroeien; een sneeuwbaleffect hebben* ★ tenir pied à ~ *geen voetbreed wijken* ★ INF. n'avoir rien dans la ~ *zo stom zijn als een rund* ★ INF. en avoir les ~s *het zat zijn* ★ INF. perdre la ~ *de kluts kwijtraken* ★ INF. se mettre en ~ *kregelig/nijdig worden*
bouleau m [mv: **bouleaux**] *berk*
bouledogue m *buldog*
bouler I OV WW *raken* ‹v. andere ballen› II ON WW *over de grond rollen* ★ INF. je l'ai envoyé ~ *ik heb hem afgescheept*
boulet m • *(kanons)kogel* • *kogel* ‹aan been v. gevangene› • *eierkool* • *lastpak* ★ traîner le ~ *een blok aan het been hebben* ★ tirer à ~s rouges sur qn *iem. heftig aanvallen*
boulette v • *balletje; propje* • INF. *blunder* ★ faire une ~ *een flater slaan*
boulevard m • *boulevard* • *komisch toneel* ★ théâtre de ~ *boulevardtoneel* ‹komisch, niet hoogstaand› ★ ~ extérieur/périphérique *randweg; rondweg; ringweg*
boulevardier BNW [v: **boulevardière**] *van de boulevard; van het boulevardtoneel*
bouleversant BNW *aangrijpend; ontstellend*
bouleversement m • *omverwerping; ingrijpende verandering* • *beroering; ontsteltenis*
bouleverser OV WW • *omverwerpen; overhoophalen; ingrijpend veranderen* • *in beroering brengen; in verwarring brengen* ★ être bouleversé *van streek/ontsteld zijn*
boulier m *telraam*
boulimie v • *boulimie; ziekelijke eetzucht* • *hevige begeerte; zucht (***de** *naar, tot)*
boulimique BNW *behept met boulimie*
boulingrin m *grasperk*
boulisme m *jeu-de-boulessport*
bouliste m/v *jeu-de-boulesspeler*
Boul'Mich' m INF. *Boulevard St.Michel*
boulocher ON WW *pluizen*
boulodrome m *jeu-de-boulesbaan*
boulon m *(schroef)bout* ★ serrer les ~s *orde op zaken stellen*
boulonner OV WW • *met een bout bevestigen* • INF. *hard werken; pezen*
boulot I m INF. *werk* ★ il est ~ ~ *hij is zeer ernstig in zijn werk* II BNW [v: **boulotte**] *kort en dik; mollig*
boulotter OV + ON WW INF. *eten*
boum I m *knal*; OOK FIG. *knaller* ★ en plein boum *gonzend van activiteit* II v *fuif* III TW *boem*
boumer ON WW INF. *lekker gaan* ★ ça boume? *alles kits?*
bouquet m • *boeket; ruiker; bosje* ‹v. bloemen, kruiden, bomen› • *mannetje v. haas of konijn* • *geur v. wijn; boeket* • *slotstuk* ‹v. vuurwerk›; *slot; bekroning v.e. zaak* • *grote garnaal* • *keuzepakket* ‹v. tv-kanalen› ★ ~ garni *bosje laurier, tijm en peterselie* ★ c'est le ~ *dat slaat alles*
bouquetière v *verkoopster v. bosjes bloemen*
bouquetin m *steenbok*
bouquin m • INF. *boek* • *mannetjeshaas of mannetjeskonijn*
bouquiner ON WW • INF. *lezen* • *oude boeken zoeken of raadplegen*
bouquineur m INF. *boekenwurm*
bouquiniste m/v *handelaar in oude boeken* ‹aan de Seine in Parijs›
bourbe v *modder; slijk*
bourbeux BNW [v: **bourbeuse**] *modderig*
bourbier m *modderpoel* ★ se mettre dans un ~ *zich in een wespennest steken*
bourde v • *blunder* • VERO. *leugen; kletspraatje*
bourdon m • *hommel* • *bas v.e. orgel* • *grote torenklok* • *pelgrimsstaf* ★ faux ~ *dar* ★ avoir le ~ *in de put zitten*
bourdonnement m • *gegons* • *gemompel; gebrom* • *oorsuizing*
bourdonner ON WW • *gonzen* • *mompelen* • *brommen*
bourg m *groot dorp* ‹met markt›
bourgade v *gehucht*
bourgeois I m [v: **bourgeoise**] • *burger; bourgeois* • *gezeten burger; iem. uit de middenklasse* ★ petit ~ *kleine burgerman* ★ en ~ *in burger* ★ quartier ~ *nette buurt* ★ INF. ma ~e *moeder de vrouw* II BNW *burgerlijk* ★ cuisine ~e *eenvoudige, goede kost*
bourgeoisie v *burgerij; burgerstand; bourgeoisie*
bourgeon m *(boom)knop*
bourgeonnement m *(het) uitbotten*
bourgeonner ON WW • *uitbotten* • *puisten hebben*
bourgmestre m *burgemeester* ‹in België›
bourgogne m *bourgogne* ‹wijn›
Bourgogne v *Bourgondië*
bourguignon BNW [v: **bourguignonne**] *Bourgondisch* ★ bœuf ~ *met uien en rode wijn bereid rundvlees*
Bourguignon m [v: **Bourguignonne**] *Bourgondiër*
bourlinguer ON WW • *tegen wind en stroming in varen* • *veel reizen; rondzwalken*
bourlingueur I m [v: **bourlingueuse**] *avonturier* II BNW *avontuurlijk*
bourrade v *por; stomp*
bourrage m *(het) volstoppen; vulling* ★ ~ de crâne *indoctrinatie*
bourrasque v • *rukwind* • *vlaag* ‹v. woede, drift› ★ une ~ d'injures *scheldkanonnade*
bourratif BNW [v: **bourrative**] *zwaar; machtig* ‹v. voedsel›
bourre I m VERO. *smeris* II v • *vulsel van haar* • *knop* ‹v. wijnstok› ★ ~ de coton *poetskatoen* ★ INF. à la ~ *te laat*
bourré BNW • *propvol; wemelend (***de** *van)*

B

• INF. *zat*; *teut*
bourreau m [mv: **bourreaux**] OOK FIG. *beul* ★ ~ des cœurs *hartenbreker* ★ ~ d'argent *verkwister* ★ ~ de travail *noeste werker*
bourrée v *dans(wijs) uit Auvergne*
bourreler OV WW *kwellen*; *pijnigen*
bourrelet m • *tochtlat*; *(tocht)strip* • *vetrol* • *stootkussen*
bourrelier m *zadelmaker*
bourrer I OV WW • *(op)vullen* • *volstoppen (***de** *met)* • *stoppen* ‹v. pijp› • *stompen* ★ ~ le mou *voorliegen* ★ ~ le crâne à qn *iem. zijn mening opdringen* ★ ~ de coups *afrossen* II WKD WW (**se** ~) INF. *zich volproppen*; *zich bezatten (***de** *met)*
bourriche v *(langwerpige) mand*
bourricot m *ezeltje*
bourrin m INF. *knol* ‹paard›
bourrique v • *ezel(in)* • *stommeling* ★ têtu comme une ~ *koppig als een ezel* ★ faire tourner qn en ~ *iem. hoorndol maken* ★ INF. plein comme une ~ *ladderzat*
bourriquot m → **bourricot**
bourru BNW • *ruw*; *onbewerkt* • *nors* ★ lait ~ *verse melk* ★ vin ~ *ongegiste wijn*; *most*
bourse v *beurs* ★ ~ d'études *studiebeurs* ★ jouer à la ~ *speculeren* ★ loger le diable dans sa ~ *geen geld bij zich hebben* ★ avoir la ~ plate *platzak zijn* ★ ~ de commerce *handelsbeurs* ★ sans ~ délier *met gesloten beurs*; *zonder te betalen* ★ ~ bien garnie *goed gevulde beurs* ★ ~ de travail *arbeidsbeurs* ★ cette femme tient la ~ *die vrouw heeft de broek aan* ★ ~ des valeurs *effectenbeurs* ★ les ~s *de balzak*
bourse-à-pasteur m [mv: **bourses-à-pasteur**] PLANTK. *herderstasje*
boursicoter ON WW *(in het klein) speculeren*
boursicoteur m *speculant*
boursier I m [v: **boursière**] • *beursagent* • *beursstudent* II BNW *beurs-*
boursouflé BNW OOK FIG. *gezwollen* ★ style ~ *gezwollen stijl*
boursouflure v • *opzwelling* • *gezwollenheid*
bousculade v *gedrang*; *gehaast*
bousculer I OV WW • *omvergooien*; *verdringen*; *oplopen tegen*; *ontredderen* • *tot haast aanzetten* II WKD WW (**se** ~) • *elkaar opzij duwen* • FIG. *elkaar verdringen* • INF. *zich haasten*
bouse v *koemest*; *koeienvla*
bousier m *mestkever*
bousillage m INF. *knoeiwerk*
bousiller OV WW INF. *mollen*; *verknoeien*
bousilleur m INF. *klungel*; *prutser*
boussole v *kompas* ★ INF. perdre la ~ *de kluts kwijtraken*
boustifaille v INF. *(het) eten*; *voedsel*
bout m • *eind*; *punt*; *top* • *eindje*; *stukje* ★ au bout d'une heure *na een uur* ★ un bon bout de temps *een hele tijd* ★ on ne sait pas par quel bout le prendre *hij heeft een moeilijk karakter* ★ mener à bout *tot een goed einde brengen* ★ à bout de souffle *buiten adem* ★ bout à bout *tegen elkaar aan* ★ INF. mettre les bouts *er vandoor gaan* ★ tenir le bon bout *op de goede weg zijn* ★ mener qn par le bout du nez *iem. naar z'n pijpen laten dansen* ★ bout du sein *tepel* ★ bout du doigt *vingertop* ★ d'un bout à l'autre/de bout en bout *van 't begin tot het eind*; *volslagen* ★ au bout de *aan het eind van*; *na verloop van* ★ aller jusqu'au bout *tot het eind volhouden* ★ à tout bout de champ *om de haverklap* ★ au bout du compte *per slot van rekening* ★ manger du bout des dents *met lange tanden eten*; *kieskauwen* ★ rire du bout des dents *lachen als een boer die kiespijn heeft* ★ savoir sur le bout du doigt *op zijn duimpje kennen* ★ avoir des yeux au bout des doigts *pienter zijn* ★ être à bout *ten einde raad zijn* ★ être à bout de forces *aan het einde van zijn krachten zijn* ★ être au bout de son latin/(inf.) du rouleau *aan het eind van zijn latijn zijn* ★ joindre les deux bouts *de eindjes aan elkaar knopen*; *rondkomen* ★ au bout du monde *ver weg* ★ montrer le bout du nez *z'n neus laten zien* ★ jusqu'au bout des ongles *op en top* ★ à bout portant *vlakbij*; *in het gezicht* ★ je suis à bout de patience *mijn geduld is op* ★ pousser à bout *tot het uiterste drijven* ★ venir à bout de *klaarspelen*; *zich slaan door* ★ un (petit) bout de femme *een klein vrouwtje* ★ faire un bout de toilette *zich wat opknappen* ★ au bout de l'aune faut le drap *aan alles komt een eind* ★ un bout de chemin *een eind weegs*; *een heel eind* ★ un bout de chou *een leuk hummeltje* ★ aller jusqu'au bout de ses idées *consequent zijn* ★ à bout de nerfs *over zijn toeren*; *overstuur*
boutade v • *geestige uitval* • VERO. *gril* ★ par ~s *bij vlagen*
boute-en-train m (onver.) *gangmaker in een gezelschap*
bouteille v *fles* ★ une ~ de vin *een fles wijn* ★ ~ isolante *thermosfles* ★ mettre en ~s *bottelen* ★ c'est la ~ à encre *dat is erg duister* ★ INF. aimer la ~ *van een borreltje houden* ★ INF. prende de la ~ *ouder (en wijzer) worden*
bouteur m FORM. *bulldozer*
boutique v • *winkel(tje)* • INF. *werkplaats* • INF. *keet* ★ la ~ de Dior *het modehuis van Dior* ★ être de la ~ *ergens verstand van hebben* ★ adieu la ~! *'t is afgelopen!* ★ quelle ~! *wat een huishouden!* ★ toute la ~ *de hele santenkraam* ★ fermer ~ *ermee stoppen*; *de tent sluiten* ★ ouvrir ~ *een zaak openen* ★ parler ~ *zakelijk praten*
boutiquier VAAK PEJ. I m [v: **boutiquière**] *winkelier* II BNW ★ esprit ~ *kruideniersmentaliteit*
boutoir m *punt v.d. snuit v.e. (wild) zwijn* ★ coup de ~ *felle uitval*; *snauw*
bouton m • *knop* • *knoop* • *puist* ★ ~ marche-arrêt *aan-uitknop* ★ ~ de réglage *regelaar* ★ ~(s) de fièvre *koortsuitslag* ★ en ~ *in de knop* ★ ouvrir/fermer le ~ *aan/uitzetten* ★ INF. ça me donne des ~s! *dat werkt op m'n zenuwen!*
bouton-d'or m [mv: **boutons-d'or**] *boterbloem*
boutonnage m *knoopsluiting*; *(het) dichtknopen*
boutonner I OV WW *dichtknopen* II ON WW

• *uitbotten* • *puistjes krijgen* **III** WKD WW (**se** ~) *zijn knopen vastmaken*
boutonneux BNW [v: **boutonneuse**] *puisterig*
boutonnière v • *knoopsgat* • MED. *incisie* ★ à la ~ fleurie *met een bloem in het knoopsgat*
bouton-poussoir m [mv: **boutons-poussoirs**] *drukknop*
bouton-pression m [mv: **boutons-pression**] *drukknoop*
bouturage m *(het) stekken*
bouture v *stek*; *loot*
bouturer OV WW *stekken*
bouverie v *ossenstal*
bouvier m [v: **bouvière**] *ossenhoeder* ★ ~ des Flandres *bouvier*
bouvreuil m *goudvink*
bovidés m mv *runderachtigen*
bovin BNW *runderachtig*; *runder-* ★ les ~s *de runderen*
bow-window m [mv: **bow-windows**] *erker*
box m • *paardenbox*; *autobox* • *beklaagdenbank* • *boxcalf*
boxe v *(het) boksen*
boxer (*zeg:* (ww) boksee, (zn) boksèr) **I** m *boxer* ‹hond› **II** ON WW *boksen*
boxeur m *bokser*
boyau m [mv: **boyaux**] • *darm* • *lange, smalle gang* • *slang*; *gummibuis* • *binnenband* ‹v. racefiets›; *tube* ★ corde de ~ *darmsnaar* ‹v. viool, tennisracket› ★ MED. descente de ~x *uitzakking* ★ racler le ~ *krassen op een viool* ★ tordre les ~x *buikpijn bezorgen* ★ INF. se tordre les ~x *keihard moeten lachen*
boycott m *boycot*
boycottage m *boycot*
boycotter OV WW *boycotten*
boy-scout m VERO. [m mv: **boy-scouts**] *padvinder*
BP AFK (boîte postale) *postbus*
BPF AFK (bon pour francs) *uit te betalen* ‹op een cheque›
brabançon BNW [v: **brabançonne**] *Brabants*
Brabançon m [v: **Brabançonne**] *Brabander*
Brabançonne v *Belgisch volkslied*
bracelet m *armband*; *polsbandje*; *horlogebandje* ★ ~ de cheville *enkelbandje*
bracelet-montre m [mv: **bracelets-montres**] *armbandhorloge*
brachial BNW [m mv: **brachiaux**] *arm-* ★ muscle ~ *armspier*
brachycéphale **I** m/v *kortschedelige* **II** BNW *kortschedelig*; *brachycefaal*
braconnage m *stroperij*
braconner ON WW *stropen* ‹v. jagers, vissers› ★ ~ sur les terres d'autrui *onder iemands duiven schieten*
braconnier m *stroper*
brader OV WW • *verkwanselen*; *tegen een spotprijs verkopen* • *uitverkopen* ★ ~ le prix *de prijs laten zakken*
braderie v • *braderie* • FIG. *uitverkoop*
braguette v *gulp* ‹v. broek›
brahmane m *brahmaan*
brahmanique BNW *brahmaans*
brai m *pek*
braies v mv GESCH. *(Gallische) broek*
braillard **I** m [v: **braillarde**] *schreeuwlelijk* **II** BNW *schreeuwerig*
braille m *braille*; *blindenschrift*
braillement m *geschreeuw*
brailler OV + ON WW *brullen*; *schreeuwen*
braiment m *gebalk* ‹v. ezel›
braire ON WW • *balken* • INF. *huilen*
braise v • *(gloeiende) houtskool* • *dovekool* ★ bœuf à la ~ *gesmoord rundvlees* ★ chaud comme ~ *vurig* ★ être sur la ~ *op hete kolen zitten*
braiser OV WW *smoren* ‹v. vlees›; *braiseren*
bramer **I** OV WW INF. *janken*; *brullen* **II** ON WW • *burlen* ‹v. hert›; *loeien* ‹v. hert› • INF. *janken*; *brullen*
brancard m • *brancard* • *boom* ‹v. rijtuig›
brancardier m *ziekendrager*
branchage m *de takken*
branche v • OOK FIG. *tak*; *aftakking* • *afdeling*; *branche*; *beroepsgroep* • *arm* ‹v. kandelaar, rivier› • *poot* ‹v. bril› • *been* ‹v. passer›; *rib* ‹v. gewelf› ★ avoir de la ~ *gedistingeerd zijn* ★ scier la ~ sur laquelle on est assis *z'n eigen glazen ingooien* ★ s'accrocher à toutes les ~s *zich aan een strohalm vastklampen* ★ sauter de ~ en ~ *van de hak op de tak springen* ★ INF. (ma) vieille ~! *ouwe jongen!*
branché BNW INF. • *in (de mode)* • (~ **sur**) *dol op*; *georiënteerd op*; *goed thuis in*
branchement m • *vertakking* • *aansluiting* ‹op een leiding, net›
brancher **I** OV WW • *aansluiten (**sur** op)* ‹op leiding, net›; *inschakelen*; *aanzetten* • INF. *interesseren* ★ ~ une prise *een stekker in het stopcontact steken* ★ ça te branche? *voel je daar iets voor?* • (~ **sur**) *oriënteren op* **II** ON WW *op een tak (gaan) zitten*
branchial BNW [m mv: **branchiaux**] *kieuw-*
branchie v *kieuw*
branchu BNW *met veel takken*
brandade v *gepocheerde kabeljauw*
brande v *heide(veld)*
brandir OV WW • *(bruusk) zwaaien met* • FIG. *schermen met*
brandon m *smeulende rest* ★ allumer le ~ de la discorde *tweedracht zaaien*
branlant BNW *waggelend*; *schommelend*; *wankel*
branle m *(het) schommelen*; *heen en weer gaande beweging*; *slingering* ‹v. klok› ★ mettre en ~ *in beweging brengen* ★ donner le ~ *de eerste stoot geven*
branle-bas m (onver.) • *opschudding*; *opwinding* • *toebereidselen* ‹voor de strijd›
branlée v INF. *pak slaag*
branlement m • *(het) knikkebollen* • *heen en weer gaande beweging*
branler **I** OV WW • *schudden* ‹v. hoofd›; *knikkebollen* • VULG. *uitspoken* **II** ON WW *los zitten* ‹v. tand›; *wippen*; *slingeren*; *wankelen* **III** WKD WW VULG. (**se** ~) *masturberen* ★ s'en ~ *er schijt aan hebben*
braquage m • *(het) draaien* ‹v. auto› • INF. *roofoverval* ★ rayon de ~ *draaicirkel*
braque **I** m *brak* ‹hond› **II** BNW INF. *getikt*
braquer **I** OV WW • *richten (**sur** op)* ‹v. wapen, blik e.d.› • *draaien* ‹v. auto› • INF. *overvallen* ★ être braqué sur *volledig geconcentreerd*

B

zijn op ★ être braqué contre qn *iets tegen iem. hebben* • (~ **contre**) *opzetten tegen* II ON WW *draaien* ‹v. auto, door de bestuurder› III WKD WW (**se** ~) *zich verzetten (***contre** *tegen)*

braquet m *fietsversnelling; verzet*

bras m • OOK FIG. *arm* • *armleuning* • *helper; arbeider* • *bras* ‹v.e. ra› ★ j'en ai les bras rompus *ik ben er bekaf van* ★ serrer dans les bras *in de armen drukken* ★ cela m'a cassé bras et jambes *ik ben er kapot van* ★ recevoir à bras ouverts *met open armen ontvangen* ★ être le bras droit de qn. *iemands rechterhand zijn* ★ être les deux bras d'un même corps *twee handen op één buik zijn* ★ à bout de bras *op eigen kracht* ★ faire le bras d'honneur à qn. VULG. *een obsceen, minachtend gebaar maken met arm (en hand)*; FIG. *smalend bejegenen* ★ avoir le bras de fer *zeer streng zijn* ★ en bras de chemise *in hemdsmouwen* ★ saisir à bras le corps *omvatten* ★ rester les bras croisés *werkeloos toezien* ★ couper bras et jambes *versteld doen staan; ontmoedigen* ★ bras dessus, bras dessous *arm in arm* ★ avoir le bras long *veel invloed hebben* ★ saisir par le bras *bij de arm grijpen* ★ avoir sur les bras *opgescheept zitten met; te zorgen hebben voor* ★ les bras m'en tombent *ik sta er versteld van* ★ à tour de bras/à bras raccourcis *uit alle macht* ★ INF. gros bras *hele bink* ★ il nous faut des bras *we hebben mankracht nodig* ★ bras de fer *armworstelen*; FIG. *krachtmeting* ★ à bras *met mankracht; met de handen* ★ baisser les bras *de moed opgeven*

braser OV WW *solderen*

brasier m OOK FIG. *vuurgloed*

bras-le-corps BIJW ★ à ~ *om het middel; energiek*

brassage m • *(het) brouwen* • *(het) (ver)mengen*

brassard m *band om de arm* ‹bij rouw enz.›

brasse v • SCHEEPV. *vadem* • *schoolslag*

brassée v *armvol*

brasser OV WW • *brouwen* • *omroeren* • SCHEEPV. *brassen* ★ ~ de l'argent *met grote geldbedragen werken* ★ ~ des affaires *veel zaken tegelijk doen; veel zaken vlug maar slordig opzetten* ★ ~ les cartes *de kaarten wassen*

brasserie v • *brouwerij* • *café-restaurant*

brasseur m [v: **brasseuse**] • *bierbrouwer* • *schoolslagzwemmer*

brassière v • *babytruitje* • *zwemvest*

bravache I m *iem. die de held uithangt; snoever* II BNW *opschepperig*

bravade v • *opschepperij* • *provocatie; driestheid*

brave I m *dappere* ★ faire le ~ *de held uithangen* ★ mon ~ *beste kerel* II BNW • *dapper* ‹achter het znw› • *braaf; fatsoenlijk* ‹vóór het znw› ★ un soldat ~ *een dappere soldaat* ★ un ~ garçon *een beste jongen*

braver OV WW • *uitdagen; tarten* • *trotseren* ★ ~ le danger *het gevaar trotseren*

bravo TW *bravo* ★ les ~s *bravogeroep; ovatie*

bravoure v *dapperheid; moed*; MUZ. *bravoure*

break m • *break* ‹jazz› • *stationcar* • GESCH. *brik* • *break* ‹tennis› • *pauze*

brebis v *ooi*; OOK FIG. *schaap* ★ ramener la ~ égarée *het verloren schaap terugbrengen* ★ qui se fait ~, le loup le mange *al te goed is buurmans gek* ★ à ~ tondue Dieu mesure le vent *God geeft kracht naar kruis* ★ ~ galeuse *schurftig schaap*; FIG. *het zwarte schaap*; FIG. *de rotte appel*

brèche v • *bres* • *gat* ★ FIG. battre en ~ *hevig aanvallen; bestrijden* ★ faire une ~ à un pâté *een paté aansnijden/aanspreken* ★ être sur la ~ *op de bres staan; strijdbaar zijn; in de weer zijn* ★ mourir sur la ~ *strijdend ten onder gaan* ★ s'engouffrer dans la ~ *van de gelegenheid profiteren*

bredouillage m → **bredouillement**

bredouille BNW *platzak* ★ rentrer ~ *onverrichter zake thuiskomen*

bredouillement m *gebrabbel; gestamel*

bredouiller OV + ON WW *brabbelen; stamelen*

bredouillis m → **bredouillement**

bref I m *pauselijke brief; breve* II BNW [v: **brève**] *kort* ★ d'un ton bref *kortaf* III BIJW *kortom* ★ en bref *kortom; met weinig woorden* ★ soyez bref *houd het kort*

brelan m *(het) zwikken* ‹kaartspel› ★ avoir (un) ~ *drie gelijke kaarten of dobbelstenen hebben*

breloque v • *snuisterij* • *hangertje aan een horlogeketting* • *signaal voor het inrukken*

brème v *brasem*

Brême v *Bremen*

Brésil m *Brazilië*

brésilien BNW [v: **brésilienne**] *Braziliaans*

Brésilien m [v: **Brésilienne**] *Braziliaan*

brésiller OV + ON WW *verbrokkelen*

bretelle I v • *draagband* • *kruiswissel* • *oprit/afrit v. autoweg* ★ INF. remonter les ~s à qn *iem. op z'n kop geven* II v mv *bretels; schouderbandjes*

breton BNW [v: **bretonne**] *Bretons*

Breton m [v: **Bretonne**] *inwoner van Bretagne; Breton*

bretteur m *vechtjas*

breuvage m *brouwsel; drank(je)*

brève I v • *korte klinker* • *korte lettergreep* • MUZ. *brevis* • *korte informatie* II BNW → **bref**

brevet m • *brevet* • *akte; diploma* ★ ~ de capacité *onderwijzersakte* ★ ~ d'invention *octrooi; patent* ★ déposer un ~ *een octrooi aanvragen*

breveté I m [v: **brevetée**] *gediplomeerde* II BNW *gediplomeerd; geoctrooieerd*

breveter OV WW • *diplomeren* • *octrooi verlenen; patent verlenen*

bréviaire m • *brevier* • *geregelde lectuur*

bribe v *brokstuk; flard* ★ par ~s *bij stukjes en beetjes*

bric-à-brac m (onver.) • *tweedehands spullen* • *uitdragerij; uitdragerswinkel* ★ marchand de ~ *uitdrager*

bric et de broc BIJW ★ de ~ *bij elkaar geraapt; te hooi en te gras*

brick m SCHEEPV. *brik*

bricolage m *prutswerk; geknutsel*

bricole v • *dingetje; onbeduidend iets* • *borstriem v. paard* • *draagriem* ★ s'occuper de ~s *zich met futiliteiten bezighouden*

bricoler I OV WW *in elkaar prutsen; opknappen* II ON WW *klusjes uitvoeren*

bricoleur m [v: **bricoleuse**] • *knutselaar; doe-het-zelver* • *prutser; klusjesman*

bride v • *teugel; toom* • *bandje* • *flens* ‹opstaande rand› ★ à ~ abattue *spoorslags* ★ à toute ~ *spoorslags; blindelings* ★ avoir la ~ sur le cou *volledig z'n gang kunnen gaan* ★ lâcher la ~ à ses passions *zijn hartstochten de vrije teugel laten* ★ tenir la ~ haute *de teugels kort houden; streng zijn* ★ tourner ~ *rechtsomkeert maken*

bridé I m [v: **bridée**] INF. *stomkop* II BNW ★ des yeux ~s *spleetogen* ★ moteur ~ *afgestelde motor*

brider OV WW *intomen; (be)teugelen* ★ ~ l'âne par la queue *het paard achter de wagen spannen*

bridge m • *brug* ‹tussen tanden› • *bridge*

bridger ON WW *bridgen*

bridgeur m [v: **bridgeuse**] *bridgespeler*

brie m *brie* ‹kaas›

briefer OV WW *briefen; kort inlichten*

brièvement BIJW *kort; in weinig woorden*

brièveté v • *kortstondigheid* • *kortheid; beknoptheid*

briffer OV + ON WW INF. *vreten*

brigade v • *brigade; gespecialiseerde militaire eenheid* • *ploeg; team* ★ ~ de balayeurs *straatvegers* ★ ~ des mœurs *zedenpolitie* ★ ~ de chars *tankbrigade*

brigadier m • INF. *brigadegeneraal* • *korporaal* ‹bij artillerie, cavalerie, genie›; *brigadier* ‹bij politie›

brigand m *struikrover; boef*

brigandage m • *(struik)roverij* • *geldafpersing; knevelarij*

brigue v *slinkse streken; intriges*

briguer OV WW *najagen; ambiëren; dingen naar*

brillamment BIJW → **brillant**

brillance v • *lichtsterkte* • *glans*

brillant I m • *schittering* • *briljant* II BNW • *schitterend; blinkend; briljant* • *luisterrijk* • *levendig* ★ une santé ~e *een uitstekende gezondheid* ★ un style ~ *een levendige stijl* ★ une pensée ~e *een scherpzinnige gedachte*

brillantine v *brillantine*

briller ON WW • *schitteren; blinken* • *uitblinken* ★ faire ~ ses avantages *zijn voordelen tonen*

brimade v *plagerij*

brimbaler WW → **bringuebaler**

brimé BNW *gefrustreerd*

brimer OV WW *plagen; ontgroenen*

brin m • *draadje; sprietje; loot* • *stukje; klein deeltje; beetje* ★ INF. un beau brin de fille *een mooi stuk* ★ brin à brin *stukje bij beetje* ★ brin d'une antenne *antennedraad* ★ un brin de vent *een zuchtje wind* ★ brin d'herbe *grassprietje* ★ brin de paille *strootje* ★ un brin de pain *een stukje brood* ★ faire un brin de toilette *zich wat opknappen*

brindille v *takje; sprietje*

bringue v INF. • *aangeklede bezemsteel; tante Sidonia* • *wild feest; uitspatting* ★ faire la ~ *er op los leven; doorzakken*

bringuebaler ON WW *schommelen; slingeren*

brio m *levendigheid; vuur* ★ répondre avec brio *briljant antwoorden*

brioche v • *brioche* ‹luxe broodje› • INF. *buikje*

brique v • *baksteen* • *blok; pak* • INF. *10.000 Franse frank* ★ ~ de savon *stuk zeep* ★ INF. bouffer des ~s *op een houtje bijten* ★ INF. ça ne casse pas des ~s *dat stelt niks voor*

briquer OV WW *poetsen tot het blinkt*

briquet m • *aansteker* • *vuurslag*

briquetage m *metselwerk van bakstenen*

briqueter OV WW *bestraten met klinkers*

briqueterie v *steenfabriek*

briquetier m *steenbakker*

briquette v *briket* ★ INF. c'est de la ~ *dat is onbelangrijk*

bris m *(het) (ver)breken; (het) moedwillig vernielen; braak* ★ bris de vitres *(het) ingooien van ruiten*

brisant I m • *blinde klip* • *breker* ‹golf› II BNW *brisant*

brise v *bries*

brisé BNW OOK FIG. *gebroken*

brise-bise m [mv: **brise-bises**] • *ondergordijntje* • *tochtstrip*

brisées v mv *afgebroken takken* ★ aller sur les ~ de qn *iem. in het vaarwater zitten* ★ suivre les ~ de qn *in iemands voetsporen treden*

brise-glace m [mv: **brise-glaces**] • *ijsbreker* • *ruitentikker* ‹voorwerp›

brise-jet m [mv: **brise-jet(s)**] *straalbreker*

brise-lames m [**brise-lame**] *golfbreker*

brisement m *(het) breken*

briser I OV WW • *(onder)breken; vernielen; verbrijzelen* • *uitputten* ★ ~ les os *aftuigen* ★ ~ le cœur *het hart breken* ★ ~ son avenir *z'n toekomst verpesten* ★ ~ qn *iem. klein krijgen* ★ brisé de fatigue *doodop* ★ ~ ses fers *de vrijheid herwinnen* II ON WW *breken* ★ ~ avec qn *met iem. breken* ★ brisons là *laten we er niet verder over spreken* III WKD WW (**se** ~) *stukslaan* ‹v. golven›; *breken*

brise-tout m (onver.) *breekal; brokkenmaker*

briseur m [v: **briseuse**] *breker* ★ ~ d'images *beeldenstormer*

brise-vent m [mv: **brise-vent(s)**] *windscherm*

bristol m *bristol(karton); visitekaartje*

brisure v *breuk; barst; knak*

britannique BNW *Brits*

Britannique m/v *Brit*

broc m *kan* ‹voor wijn, water› ★ faire qc de broc en bouche *iets onmiddellijk doen*

brocante v • *handel in curiosa* • *curiosa; oude dingen* ★ (foire à la) ~ *rommelmarkt*

brocanter OV + ON WW *(ver)sjacheren; handelen in oudheden en curiositeiten*

brocanteur m [v: **brocanteuse**] • *sjacheraar* • *handelaar in oudheden en curiositeiten*

brocart m *brokaat*

brochage m *(het) innaaien van boeken; (het) brocheren*

broche v • *braadspit; spies; pen; stift* • *broche* ‹sieraad› • *slagtand* ‹v. zwijn› ★ mettre à la ~ *aan het spit steken* ★ faire un tour de ~ *zich wat warmen*

broché m • *(het) weven van tekeningen in stof* • *brokaat*

brocher OV WW • *stikken met gouddraad*

• *innaaien v.e. boek* • *nagels slaan in het hoefijzer*
brochet m *snoek*
brochette v • *spiesje* • *stukjes vlees* ‹aan spies› • INF. *groepje*; *stelletje* ★ il avait une ~ de décorations sur la poitrine *hij had een rits versieringen op zijn borst*
brocheur m [v: **brocheuse**] *innaaier*
brochure v • *(het) innaaien* • *brochure* • *brocheerwerk*
brodequin m *rijglaars* ★ chausser le ~ *toneelspelen*
broder OV + ON WW • *borduren* • *verfraaien*; *overdrijven* ★ ~ sur les faits *de feiten mooier maken dan ze zijn* ★ ~ une histoire *een verhaal ophangen* ★ aiguille à ~ *borduurnaald*
broderie v • *borduurwerk*; *borduursel* • *versiersel* ‹in verhaal, muziek›
brodeur m [v: **brodeuse**] • *borduurder* • *fantast*
broiement m *vergruizing*
brome m *broom*
bromure m *bromide*
bronche v *bronchie*
broncher ON WW • *struikelen* ‹v. paard› • *zich vergissen* • *reageren*; *zich verzetten*; *morren* ★ sans ~ *met een stalen gezicht*; *zonder blikken of blozen* ★ il n'est si bon cheval qui ne bronche *het beste paard struikelt wel eens*
bronchique BNW *bronchiaal*
bronchite v *bronchitis*
bronchitique I m/v *bronchitislijder* II BNW *aan bronchitis lijdend*; *bronchitis-*
brontosaure m *brontosaurus*
bronzage m *(het) zonnen* ★ un beau ~ *een mooi gebruinde huid*
bronze m • *brons* • *bronzen beeld* ★ cœur de ~ *hart van steen*
bronzé I m INF. *donkere zuiderling* II BNW • *gebronsd* • *getaand*; *gebruind*
bronzer I OV WW *bronzen*; *bruinen* II ON WW *bruin worden* III WKD WW (**se** ~) *bruin worden*; *zonnen*
bronzette v INF. ★ faire ~ *zonnen*
broquette v *kopspijkertje*
brossage m *(het) borstelen*
brosse v • *borstel* • *kwast* ★ ~ à dents *tandenborstel* ★ cheveux en ~ *stekeltjeshaar* ★ passer la ~ à reluire *iem. vleien*
brosser OV WW • *borstelen* • *(af)wrijven* • *schilderen*; *schetsen* • *effect geven aan* ‹een bal› ★ se ~ les dents *zijn tanden poetsen* ★ INF. se ~ le ventre *er bekaaid afkomen* ★ INF. tu peux (toujours) te ~ *daar kun je naar fluiten*
brosserie v *borstelhandel*; *borstelfabriek*
brossier m [v: **brossière**] *borstelmaker*
brou m *bolster* ★ brou de noix *beits*; *notenlikeur*
brouette v *kruiwagen* ★ marcher comme une ~ *op z'n dooie gemak wandelen*
brouettée v *kruiwagen vol*
brouetter OV WW *per kruiwagen vervoeren*
brouhaha m • *geroezemoes* • *lawaai*; *herrie*
brouillage m *storing* ‹v. radio, tv›
brouillamini m VERO. *verwarring*; *rotzooitje*
brouillard m *nevel*; *mist* ★ être dans le ~ *in het duister tasten* ★ il fait du ~ *het mist* ★ le ~ tombe *het wordt mistig* ★ avoir comme un ~ sur les yeux *alles wazig, vaag zien*
brouillasse v *motregen*
brouillasser ONP WW *motregenen*; *misten*
brouille v *onmin*; *onenigheid* ★ être en ~ avec *ruzie hebben met*
brouiller I OV WW • *verwarren*; *verstoren*; *vertroebelen* • *vermengen* • *onmin brengen*; *tweedracht zaaien tussen* ★ être brouillé avec qn *ruzie hebben met iem.* ★ être brouillé avec les chiffres *slecht kunnen rekenen* ★ ~ les pistes *de sporen uitwissen* ★ ~ le ciel *de hemel verduisteren* ★ ~ des œufs *eieren klutsen* ★ ~ du papier *papier verknoeien* ★ ~ les cartes *de kaarten schudden*; *verwarring stichten* ★ ~ des amis *tweedracht zaaien tussen vrienden* II WKD WW (**se** ~) • *verward raken* • *betrekken* ‹v. weer› • *ruzie krijgen* (**avec** *met*)
brouilleur m *stoorzender*
brouillon I m • *klad* • *warhoofd* ★ papier (de) ~ *kladpapier* II BNW [v: **brouillonne**] *verward*
broussaille I v ★ barbe en ~ *borstelige baard* II v mv *kreupelhout*; *struikgewas*
broussailleux BNW [v: **broussailleuse**] • *vol struikgewas* • *borstelig* ‹v. haar›
brousse v *rimboe*
brouter I OV WW *afgrazen* II ON WW • *grazen* • TECHN. *horten*; *trillen*
broutille v *kleinigheid*; *prul*
broyage m *verbrijzeling*
broyer OV WW • *verbrijzelen* • *fijnstampen*; *verpulveren*; *braken* ‹v.vlas, hennep›
broyeur m *kraakmachine*; *vermaler*
bru v DIAL. *schoondochter*
bruant m VOGEL *gors*
brucelles v mv *pincet*
Bruges v *Brugge*
brugnon m *nectarine*; *bloedperzik*
bruine v *motregen*
bruiner ONP WW *motregenen*
bruineux BNW [v: **bruineuse**] *regenachtig*; *miezerig*
bruire ON WW *ruisen*; *ritselen*; *suizen* ★ ~ de mille rumeurs *gonzen van geruchten*
bruissement m *geruis*; *geritsel*; *gesuis*
bruit m • *geluid*; *lawaai*; *leven* • *gerucht*; *tijding* • *ophef* ★ ~ blanc *witte ruis* ★ ~s de couloir *wat er in de wandelgangen gefluisterd wordt* ★ ~ de fond *achtergrondgeluid*; *ruis* ★ au ~ de *bij het horen van* ★ faire du ~ *stof doen opwaaien* ★ le ~ court que *het gerucht gaat dat* ★ beaucoup de ~ et peu de besogne *veel geschreeuw en weinig wol* ★ chasser à grand ~ *jagen met de meute* ★ à petit ~ *in het geheim* ★ il n'est ~ que de cela *men spreekt nergens anders over*
bruitage m *geluidsdecor*
bruiter OV + ON WW *geluid maken* ‹voor film, toneel›
bruiteur m *geluidstechnicus* ‹m.b.t. film, toneel›
brûlage m *(het) afbranden*

brûlant BNW • *gloeiend*; *brandend*; OOK FIG. *heet* • *vurig* ★ question ~e *brandende kwestie* ★ un zèle ~ *een enorme ijver* ★ s'engager sur un terrain ~ *zich op glad ijs begeven*
brûlé I m • *brandlucht* • *patiënt met brandwonden* ★ ça sent le ~ *het ruikt hier branderig*; *dat gaat mis* II BNW • *verbrand*; *aangebrand* • *ontmaskerd* • *afgedaan hebbend* ★ cerveau ~/tête ~e *heethoofd*
brûle-gueule m [mv: **brûle-gueule(s)**] *neuswarmertje*
brûle-parfum(s) m *reukvat*; *wierookvat*
brûle-pourpoint BIJW ★ à ~ *op de man af*
brûler I OV WW • *branden*; *verbranden* • *doen aanbranden* • *voorbijgaan*; *overslaan*; *verzuimen* • VERO. *distilleren* ★ ~ un feu rouge *door een stoplicht rijden* ★ prendre une place sans ~ une amorce *een vesting zonder slag of stoot nemen* ★ ~ la cervelle *voor de kop schieten* ★ ~ de l'encens devant qn *iem. vleien* ★ ~ les planches *met vuur toneelspelen* ★ ~ du rhum *punch maken* ★ ~ ses vaisseaux *zijn schepen achter zich verbranden* ★ ~ le pavé *rennen* ★ ~ la politesse à qn *weggaan zonder te groeten* ★ ARG. ~ qn *iem. neerknallen* II ON WW • *branden*; *in brand staan*; *aanbranden*; *gloeien* ★ ~ pour qn. *hevig verliefd zijn op iem.* ★ la lumière brûle *het licht brandt* ★ ~ de fièvre *gloeien van de koorts* ★ tu brûles *je bent warm* ‹bij spel› ★ les pieds lui brûlent *hij zit op hete kolen* • (~ **de**) *popelen* [+ inf.] om ★ je brûle d'être à Paris *ik wou dat ik al in Parijs was* III WKD WW (**se** ~) *zich (ver)branden* ★ se ~ à la chandelle *tegen de lamp lopen*
brûlerie v *(koffie)branderij*; *stokerij* ‹v. sterke drank›
brûle-tout m (onver.) *allesbrander*
brûleur I m *brander*; *gaspit* II m [v: **brûleuse**] *koffiebrander*; *stoker* ‹v. sterke drank›
brûlis m *afgebrand veld*
brûloir m • *koffiebrander* • *verfafbrander*
brûlot m • *brander* ‹schip› • *brandende brandewijn* ★ lancer un ~ *een aanval openen*
brûlure v • *brandwond* • *branderig gevoel*; *zuur* ‹in maag› • *brandvlek*
brumasser ON WW *enigszins misten*
brume v *mist*; *nevel*
brumeux BNW [v: **brumeuse**] *mistig*; OOK FIG. *nevelachtig*
brumisateur m *verstuiver*
brun I m *bruine kleur* II m [v: **brune**] *donkerharige* III BNW *bruin* ★ bière brune *donker bier* ★ courtiser la brune et la blonde *alle vrouwen het hof maken*
brunâtre BNW *bruinachtig*
brune v • *brunette* • FORM. *avondschemering* • *donker bier* • *zware sigaret* ★ à la ~/sur la ~ *tegen het vallen v.d. avond*
brunette v VERO. *brunette*; *donker meisje*
brunir I OV WW • *bruinen*; *bruin maken* • *polijsten* II ON WW *bruin worden*; *donker worden*
brunissage m *(het) polijsten* ‹v. metalen›
brunissement m *(het) bruinen*
brushing m • *watergolf* • *(het) föhnen*
brusque BNW • *plotseling* • *nors* • *ruw*; *onbeschaafd* ★ manière ~ *ruwe manier* ★ ton ~ *norse toon*
brusquement BIJW *plotseling*
brusquer OV WW • *ruw behandelen*; *onbeschoft behandelen*; *bruuskeren* • *overhaasten*; *forceren* ★ ~ une affaire *een zaak doordrijven*
brusquerie v *bitse toon*; *snauwerige toon*
brut (*zeg:* bruut) BNW • *ruw*; *onbewerkt* • *onbeschaafd* • *bruto* ★ (pétrole) brut *ruwe aardolie* ★ (champagne) brut *droge champagne*
brutal I m [mv: **brutaux**] *bruut* II BNW • *ruw*; *hardhandig*; *bruut* • *plotseling*
brutaliser OV WW *ruw behandelen*
brutalité v • *bruutheid*; *ruwheid* • FIG. *hardheid*
brute v • *redeloos wezen* • *ruw, onbeschaafd mens*; *bruut* • *dom mens* ★ INF. sale ~! *schoft!* ★ INF. ~ épaisse *pummel*
Bruxelles (*zeg:* bruu(k)sel) m *Brussel*
Bruxellois m [v: **Bruxelloise**] *Brusselaar*
bruyamment BIJW → **bruyant**
bruyant BNW *luidruchtig*
bruyère v • *heidestruik* • *heidevlakte*
BT AFK • (basse tension) *laagspanning* • (brevet de technicien) *technisch diploma*
BTP AFK (bâtiment et travaux publics) *(ongeveer:)openbare werken*
BTS AFK (brevet de technicien supérieur) *diploma na twee jaar hbo*
bu WW (volt. deelw.) → **boire**
BU AFK (bibliothèque universitaire) *UB*
buanderie v *wasserij*; *washok*
bubonique BNW *builen-* ★ peste ~ *builenpest*
buccal BNW [m mv: **buccaux**] *mond-*
buccin (*zeg:* buuksè(n)) m • *wulk* ‹slak› • GESCH. *trompet*
bûche v • *houtblok* • INF. *domoor* • INF. *val* ★ ne pas se remuer plus qu'une ~ *geen vin verroeren* ★ il reste là comme une ~ *hij staat daar bewegingloos* ★ ramasser/prendre une ~ *vallen* ★ une ~ de Noël *boomstam* ‹gebak›
bûcher I m • *houtstapel* • *brandstapel* II OV WW • *hout tot blokken slaan* • *afbikken van steen* • INF. *blokken op* III ON WW INF. *blokken*; *vossen*
bûcheron m *houthakker*
bûchette v *spaander*; *stukje hout*
bûcheur m [v: **bûcheuse**] *blokker*; *noeste werker*
bucolique I v *herdersdicht* II BNW *landelijk*; *herderlijk*
budget m *budget*; *begroting* ★ boucler son ~ *rondkomen*
budgétaire BNW *begrotings-*; *budgettair*
budgétiser OV WW *in de begroting opnemen*
buée v *wasem*; *damp*
buffet m • *buffet*; *dressoir* • *(stations)restauratie* • *orgelkast* • INF. *buik*; *maag* ★ INF. je n'ai rien dans le ~ *ik heb een lege maag*; *ik durf niet goed* ★ danser devant le ~ *niets te eten hebben* ★ ~ dînatoire *lopend buffet*
buffle m • *buffel* • *buffelleer*
bug m → **bogue**
bugle m MUZ. *bugel*; *soort trompet*
building m *hoog modern gebouw*

B

buis m *buksboom*; *buxus* ★ buis bénit *gewijd palmtakje* ‹op palmzondag›
buisson m • *struik* • *struikgewas*; *kreupelbos* ★ faire ~ creux *onverrichter zake terugkeren* ★ le ~ ardent *het brandend braambos* ‹v. Mozes› ★ battre les ~s *het wild opjagen*; *iets onderzoeken*
buissonneux BNW [v: **buissonneuse**] *vol struiken*
buissonnier BNW [v: **buissonnière**] ★ faire l'école buissonnière *spijbelen*
bulbe m *(bloem)bol*
bulbeux BNW [v: **bulbeuse**] *bolvormig*; *bol-*
bulgare I m *(het) Bulgaars* II BNW *Bulgaars*
Bulgare m/v *Bulgaar*
Bulgarie v *Bulgarije*
bulldozer m *bulldozer*
bulle I v • *(lucht)bel*; *blaasje* • *wolkje* ‹in strips› • *blaar* • *(pauselijke) bul* ★ ~ de savon *zeepbel* ★ la ~ familiale *de intieme familiekring* ★ vivre dans sa ~ *in zijn eigen wereldje leven* ★ ARG. coincer la ~ *uitrusten*; *maffen* II BNW ★ papier ~ *geelachtig, ruw papier*
buller ON WW INF. *lummelen*; *luieren*
bulletin m • *verslag*; *rapport*; *(officieel) bericht* • *rapport* ‹v. leerling› • *bewijs*; *biljet* ★ ~ de bagages *bagagereçu* ★ ~ de naissance *geboortebewijs* ★ INF. avaler son ~ de naissance *sterven* ★ ~ d'état civil *uittreksel uit het bevolkingsregister* ★ ~ de paie *salarisstrookje* ★ ~ des lois *Staatsblad* ★ ~ nul *ongeldig stembiljet* ★ ~ blanc *blanco stembiljet* ★ ~ de vote *stembiljet*
bulletin-réponse m [mv: **bulletins-réponse**] *invulcoupon*; *antwoordformulier*
bungalow m *bungalow*
buraliste m/v *loketbeambte*; *houder van sigarenwinkel, postkantoor, betaalkantoor enz.*
bure I m *mijnschacht* II v • *baai* ‹weefsel› • *(monniks)pij*
bureau m [mv: **bureaux**] • *schrijfbureau* • *kantoor(gebouw)*; *bureau* • *afdeling*; *bestuur*; *commissie* • *kassa*; *loket* ★ ~ de vote *stemlokaal* ★ VERO. ~ de bienfaisance *armenzorgbureau* ★ ~ de placement *plaatsingsbureau* ★ ~ de poste *postkantoor* ★ ~ de location *bespreekbureau* ‹voor theater enz.› ★ ~ de tabac *tabakswinkel* ★ D(euxième) B(ureau) *contraspionagedienst* ★ ~ d'étude *technisch adviesbureau* ★ ~ de change *wisselkantoor* ★ à ~x fermés *voor een uitverkochte zaal*
bureaucrate m/v *bureaucraat*
bureaucratie v *bureaucratie*
bureaucratique BNW *bureaucratisch*
bureautique v *(handel in) kantoormachines*
burette I v • *olie- en azijnflesje* • *ampul* ‹voor de mis› • *oliespuitje* • *buret* II v MV VULG. *kloten* ★ casser les ~s à qn *kloterig tegen iem. doen*
burgrave m *burggraaf*
burin m • *graveernaald*; *burijn* • *(koper)gravure* • *beitel*
buriné BNW • *gegraveerd* • *gegroefd*
buriner OV WW • *afbeitelen* ‹v. metaal› • *afvijlen* ‹v. paardentanden› • *graveren* ★ visage buriné *scherp getekend gezicht*
burlesque I m *(het) komische, boertige genre* II BNW *grappig*; *koddig*; *boertig*; *burlesk*
burnous m *boernoes*
bus I m *autobus* II WW (passé simple) → **boire**
busard m *kiekendief*
buse v • *buizerd* • INF. *stommerd*; *uilskuiken* • *buis*; *pijp*
business m INF. • *business*; *zaken* • *verwarde boel*; *bedoening* • *ding*
busqué BNW *gekromd* ★ nez ~ *haviksneus*
buste m • *buste*; *bovenste gedeelte v.h. lichaam* • *buste*; *borsten* • *buste*; *borstbeeld*
bustier m *lijfje*; *topje*
but I m • *doel* • *mikpunt*; *doelwit* • *doelpunt* ★ poursuivre un but *een doel nastreven* ★ aller au-delà de son but *z'n doel voorbij streven* ★ avoir pour but de *ten doel hebben te* ★ aller droit au but *recht op z'n doel afgaan* ★ à but lucratif *met winstoogmerk* ★ sans but *doelloos* ★ marquer un but *scoren* ★ gardien de but *keeper* ★ de but en blanc *onverwachts*; *ruwweg*; *zomaar* ★ but à but *onbeslist* ★ dans le but de *met het doel om* II WW (passé simple) → **boire**
butane I m *butaan* II BNW ★ gaz ~ *butagas*
buté BNW • *koppig* • (~ **sur**) *hardnekkig vasthoudend aan*
butée v *steunmuur*; *steunvlak*
buter I OV WW • INF. *doden*; *koud maken* • *koppig maken* II ON WW • *scoren* • (~ **contre**) *steunen, plaatsen tegen* ★ buter contre un problème *tegen een probleem aanlopen* ★ buter sur une difficulté *op een moeilijkheid stuiten* • (~ **contre, sur**) *stoten tegen*; *stuiten op*; OOK FIG. *struikelen over* III WKD WW (**se** ~) • *koppig zijn* • (**se** ~ **à**) *stuiten op*; *hardnekkig vasthouden aan*
buteur m *goalgetter*; *schutter*; *doelpuntmaker* ‹voetbal›
butin m • *buit* • *winst* • *vergaarde rijkdommen*
butiner I OV WW *inzamelen*; *vergaren* II ON WW • *honing inzamelen* ‹v. bijen› • (~ **sur**) *profiteren van*
butoir m *stootblok* ★ date ~ *deadline*
butor m • *roerdomp* • *lomperd*
butte v *heuveltje* ★ être en ~ à *blootstaan aan* ★ mettre qn. en ~ à qc *iem. tot mikpunt van iets maken*
butter OV WW *aanaarden*
butyrique BNW CHEM. *boter-*
buvable BNW • *drinkbaar* • INF. *genietbaar* ★ ce livre n'est pas ~ *dit boek is niet om door te komen*
buvard m *vloeipapier* ★ papier ~ *vloeipapier*
buvette v • *(stations)restauratie*; *koffiekamer*; *bar* • *drinkplaats* ‹bij geneeskundige baden›
buveur m [v: **buveuse**] • *drinker* • *drinkebroer* ★ ~ de sang *wreedaard*
buvez WW (présent, geb. wijs) → **boire**
buvons WW (présent, geb. wijs) → **boire**
byte m COMP. *byte*
Byzance v *Byzantium*
byzantin BNW *Byzantijns*

C

c I m *letter c* II AFK (centime) *centime*
c' AANW VNW → **ce**
ç' AANW VNW → **ce**
C.A. AFK • (chiffre d'affaires) *omzet* • (Conseil d'administration) *Raad van Bestuur*
ça AANW VNW *dit*; *dat*; *het* ★ c'est ça *zo is het*; *juist* ★ comme ci, comme ça *niet slecht*; *het gaat wel*; *zo zo* ★ comme ça *zo* ★ ça y est! *klaar is Kees!*; *het is zover!* ★ où ça? *waar (dan)?* ★ faire ça *het doen* ‹geslachtsgemeenschap›
çà I BIJW *hier* ★ çà et là *hier en daar*; *heen en weer* II TW ★ or çà! *kom op!* ★ ah çà, pour qui me prends-tu ? *zeg eens, wie denk je dat je voor je hebt ?*
cabale v • VERO. *occulte wetenschap* • *complot* • VERO. *kabbala* ‹jodendom›
cabalistique BNW • *kabbalistisch* • *magisch*; *occult* • *mysterieus*
caban m *korte wollen jas* ‹marine›
cabane v • *hut* • *hok* • INF. *bajes*
cabanon m • *(isoleer)cel* • *hutje* • *landhuisje* ‹in de Provence›; *weekendhuisje* ★ INF. il est bon pour le ~ *hij is gek*
cabaret m • *café-chantant* • *nachtclub*; *cabaret* • *blad of kastje voor likeurstel*
cabaretier m VERO. [v: **cabaretière**] *herbergier*
cabas m *boodschappentas*; *mandje*
cabestan m SCHEEPV. *kaapstander*
cabillaud m *kabeljauw*
cabine v • *hut* ‹op schip›; *kajuit* • *badhokje* • *(kapiteins)kajuit*; *bestuurdersruimte* • *cabine*; *cel* ★ ~ de pilotage *cockpit* ★ ~ téléphonique *telefooncel*
cabinet I m • *zijkamertje*; *kantoor*; *werkkamer*; *spreekkamer* • *praktijk(ruimte)* • *secretariaat van hoge bestuurders*; *kabinet* • *museum*; *verzameling* • *kabinet*; *regering*; *ministerie* • *kabinet* ‹kast(je)› ★ chef de ~ *kabinetschef* ★ ~ des estampes *prentenkabinet* ★ ~ de cire *wassenbeeldenmuseum* ★ ~ de toilette *badkamer* ★ ~ de consultation *spreekkamer* ‹v. arts› II m mv *wc* ★ aller aux ~s *naar de wc gaan*
câblage m • *bekabeling* • *(het) overseinen* • *bedrading*
câble m • *kabel*; *koord* • *telegram*
câblé m *gordijnkoord*; *schilderijenkoord*
câbler OV WW • *tot een kabel verstrengelen* • *telegraferen* • *bekabelen*; *bedraden* ★ réseau câblé *kabelnet*
câblodistributeur m *kabelexploitant*; *kabelaar*
cabochard I m [v: **cabocharde**] *stijfkop* II BNW *koppig*
caboche v • INF. *kop* • *kopspijker*
cabochon m • *cabochon* ‹bolronde siersteen› • *meubelspijker*
cabosser OV WW *deuken*
cabot m • PEJ. *(rot)hond*; *mormel* • ARG. *korporaal*
cabotage m *kustvaart*
caboter ON WW *kustvaart bedrijven*
caboteur m *kustvaarder*
cabotin I m [v: **cabotine**] • *slecht toneelspeler* • PEJ. *komediant* II BNW *onecht*; *aanstellerig*
caboulot m INF. *kroeg*
cabrer I OV WW • *doen steigeren* • *optrekken v.e. vliegtuig* • *opzetten (***contre*** tegen)*; *aanzetten tot verzet* II WKD WW (**se** ~) • *steigeren* • *zich verzetten*; *in opstand komen (***contre*** tegen)*
cabri m *geitje*; *bokje*
cabriole v *luchtsprong*; *bokkensprong*; *capriool*
cabrioler ON WW *bokkensprongen/capriolen maken*
cabriolet m • *sjees* • *cabriolet*; *open auto*
cac AFK (cotation assistée en continu) ★ (indice) cac 40 *Parijse beursindex*
caca m KIND. *poep* ★ faire caca *poepie doen*; *bah doen*
cacahuète v [**cacahouète**] *pinda*
cacao m *cacao* ‹boon, poeder, drank› ★ beurre de ~ *cacaoboter*
cacaotier m [**cacaoyer**] *cacaoboom*
cacaotière v [**cacaoyère**] *cacaoplantage*
cacarder ON WW *gakken*
cacatoès (*zeg:* -toès) m *kaketoe*
cachalot m *potvis*
cache v *bergplaats*; *schuilhoek*
caché BNW *verborgen*; *geheim*
cache-cache m (onver.) *verstoppertje* ★ OOK FIG. jouer à ~ *verstoppertje spelen*
cache-col m [mv: **cache-col(s)**] *sjaal*
cachemire m *kasjmier*
cache-nez m (onver.) *dikke sjaal*
cache-pot m [mv: **cache-pot(s)**] *sierpot* ‹(om bloempot)›
cacher I OV WW • *verbergen (***à*** voor)* • *aan het oog onttrekken* • *verhullen* II WKD WW (**se** ~) *zich verbergen*; *schuilgaan* ★ se ~ de qc *iets geheim houden*; *verhelen* ★ se ~ de qn *iem. ontwijken*; *buiten iemands medeweten iets doen*
cachère BNW → **cascher**
cache-sexe m [mv: **cache-sexe(s)**] *slipje*; *schaamlapje*
cachet m • *zegel*; *stempel* • *stempel(afdruk)* • *kenmerk*; *bijzonder karakter*; *eigenheid*; *cachet* • *kaart* ‹voor lessen, zwembad› • *acteursgage*; *honorarium* • *tablet* ★ ~ d'aspirine *aspirientje* ★ lettre de ~ *gezegelde brief v.d. koning*; *geheim koninklijk bevel*
cachetage m • *(het) verzegelen* • *(het) dichtplakken*
cache-tampon m (onver.) *verstopspelletje* ‹ongeveer›; *zakdoekje leggen*
cacheter OV WW *(ver)zegelen*; *dichtplakken* ‹v. brief› ★ cire à ~ *zegellak*
cachette v *bergplaats*; *schuilhoek* ★ en ~ *in het geheim*; *stilletjes* ★ en ~ de qn *buiten iem. om*
cachot m *cel*; *kerker*; *cachot* ★ aux ~s *in het gevang*
cachotterie v *geheimzinnigdoenerij*
cachottier I m [v: **cachottière**] *stiekemerd* II BNW [v: **cachottière**] *stiekem*
cacique m • *Indiaans opperhoofd* • INF. *hoge piet*; *kopstuk*
cacophonie v *wanklank*; *kakofonie*
cacophonique BNW *lawaaierig*; *onwelluidend*

C

cactus (*zeg:* kaktuus) m • *cactus* • *neteligheid*; *probleem*
c.-à.-d. AFK (c'est-à-dire) *d.w.z.*
cadastral BNW [m mv: **cadastraux**] *kadastraal*
cadastre m *kadaster*
cadastrer OV WW *kadastreren*
cadavéreux BNW [v: **cadavéreuse**] *lijkachtig*; *doodsbleek*
cadavérique BNW *lijk-* ⋆ autopsie ~ *lijkschouwing*
cadavre m • *kadaver*; *lijk* • INF. *lege fles* ⋆ ~ ambulant *wandelend lijk* ⋆ un ~ dans le placard FIG. *een lijk in de kast*; *een achtergehouden feit*; *een onaangename verrassing*
caddie m • *winkelwagentje* • *caddie*
cadeau m [mv: **cadeaux**] *geschenk* ⋆ recevoir qc en ~ *iets cadeau krijgen* ⋆ faire ~ de qc (à qn) *(iem.) iets cadeau doen* ⋆ les petits ~x entretiennent l'amitié *kleine geschenken onderhouden de vriendschap*
cadenas (*zeg:* -nà) m *hangslot*
cadenasser OV WW *met een hangslot sluiten*
cadence v • *ritme*; *maat* • *tempo* • *metrum* • *cadens* • *cadans* ⋆ en ~ *in de maat*; *ritmisch* ⋆ marquer la ~ *de maat aangeven/slaan*
cadencé BNW *in cadans*; *ritmisch*
cadencer OV WW *maat/ritme brengen in* ⋆ pas cadencé *regelmatige pas*
cadenette v *vlechtje*
cadet I m [v: **cadette**] • *tweede kind* • *jongste kind* • *cadet* ‹in het buitenland› • *jong lid*; SP. *jonge speler* ‹(aspirant, junior)› • *jonge edelman vóór de Fr. Revolutie, die vrijwillig dienst deed in het leger* ⋆ il est mon ~ de deux ans *hij is twee jaar jonger dan ik* ⋆ INF. c'est le ~ de mes soucis *dat zal mij een zorg zijn* ⋆ c'est mon ~ *hij komt na mij (wat geboortejaar betreft)* **II** BNW • *jonger* • *tweede/ jongste* ‹v. kinderen›
cadi m *kadi*
cadrage m • *(beeld)instelling* ‹v. foto, film› • *beleidslijnen*
cadran m • *wijzerplaat* • *(aflees)schaal*; *kiesschijf* ‹v. telefoon› ⋆ faire le tour du ~ *de klok rond slapen* ⋆ ~ solaire *zonnewijzer*
cadre m • *lijst*; *omlijsting* • FIG. *kader* • *omgeving* • *frame*; *raamwerk* • *kader(lid)* ‹bij het leger, v. bedrijf›; *leidinggevend functionaris*; *staflid* • *laadkist* ⋆ dans le ~ de *in het kader van* ‹v. bedrijf› ⋆ les ~s supérieurs *het management* ‹v.e. bedrijf›
cadrer I OV WW *in beeld brengen*; *kadreren* ⋆ mal cadré *niet goed ingesteld* ⋆ tir (bien) cadré *doelgericht schot* **II** ON WW (~ **avec**) *passen bij*; *overeenkomen met*
cadreur m *cameraman*
caduc BNW [v: **caduque**] • *verouderd*; *afgedaan*; *afgeleefd*; *oud* • JUR. *nietig*; *ongeldig* • *afvallend* ‹v. bladeren› • *kaduuk* ⋆ loi caduque *in onbruik geraakte wet* ⋆ legs ~ *nietig legaat*
caducée m • *esculaap* • GESCH. *mercuriusstaf*
caducité v • *nietigheid* • *afgeleefdheid*; *verval*
caecum (*zeg:* seekom) m MED. *blindedarm*
CAF AFK [**caf**] (coût, assurances, fret) *cif*
cafard I m,v [v: **cafarde**] • INF. *spion*; *klikspaan* • VERO. *schijnheilige*; *huichelaar* • **II** m • *kakkerlak* • *neerslachtigheid* ⋆ avoir le ~ *neerslachtig zijn* **III** BNW VERO. *schijnheilig*; *huichelachtig*
cafarder INF. **I** OV WW *verklikken* **II** ON WW • *neerslachtig zijn* • *(ver)klikken*
cafardeur m INF. [v: **cafardeuse**] *verklikker*
café I m • *koffie* • *koffiehuis*; *café* ⋆ café au lait *koffie met veel melk* ⋆ café noir *zwarte koffie* ⋆ café crème *koffie met weinig melk* ⋆ café express *espresso* ⋆ café complet *koffietafel*; *ontbijt met koffie* ⋆ café serré *sterke koffie* ⋆ INF. c'est fort de café *dat is te bar* **II** BNW *koffie-*; *donkerbruin*
café-concert m [mv: **cafés-concerts**] *café-chantant*; VERO. *cabaret*
café-filtre m [mv: **cafés-filtre**] *filterkoffie*
caféier m *koffiestruik*
caféière v *koffieplantage*
caféine v *cafeïne*
café-tabac m [mv: **cafés-tabac**] *café annex tabakswinkel*
cafetan m [**caftan**] *kaftan*
cafétéria v *cafetaria*
café-théâtre m [mv: **cafés-théâtres**] *kleinkunsttheater*
cafetier m VERO. *caféhouder*
cafetière v • *koffiepot* • *koffiezetapparaat* • INF. *kop*; *hoofd*
cafouillage m INF. • *verwarring* • *warboel*
cafouiller ON WW INF. • *slecht werken*; *haperen* • *knoeien*; *schutteren*
cafouillis m INF. *rommeltje*
caftan m → **cafetan**
cafter OV + ON WW INF. *(ver)klikken*
cage v • *kooi*; *hok* • *soort koker* • *viskaar* • *horlogekast*; *klokkenkast* • INF. *gevangenis* • INF. *(voetbal)doel* ⋆ cage d'ascenseur *liftkoker* ⋆ cage d'escalier *trappenhuis* ⋆ cage à lapins *konijnenhok*; FIG. *armzalige flat, kot* ⋆ en cage *in de cel*; *in het hok*
cageot m *kistje*; *mandje*
cagibi m INF. *berghok*; *rommelhok*
cagna v ARG. • MIL. *schuilplaats* • *huis*
cagne v ARG. *voorbereidende klas voor de Ecole normale supérieure*
cagneux I m [v: **cagneuse**] • *iem. met x-benen* • *leerling v.e. cagne* **II** BNW [v: **cagneuse**] ⋆ jambes cagneuses *x-benen*
cagnotte v • *speelgeld*; *pot* ‹bij het spel› • INF. *spaargeld*
cagot I m [v: **cagote**] *schijnheilige* **II** BNW *schijnheilig*
cagoule v • *monnikskap (met gaten voor ogen en mond)* • *bivakmuts*; *masker* ‹v. overvaller›
cahier m • *schrift* • *katern* ⋆ ~ des charges *aanbestedingsvoorwaarden*; *bestek* ⋆ ~ de textes *huiswerkschrift*
cahin-caha BIJW INF. • *zo zo* • *met horten en stoten*
cahot m • *schok* • *moeilijkheid*
cahotant BNW • *hotsend* • *hobbelig*
cahotement m *gehobbel*
cahoter I OV WW • *doen hobbelen*; *doen schudden* • *kwellen* **II** ON WW *hobbelen*; *schokken*
cahoteux BNW [v: **cahoteuse**] *hobbelig*

cahute v *stulpje*
caïd m • *bendeleider*; *kaïd* • INF. *bolleboos*; *baas*
caillage m *stolling*
caillasse v *steenslag*; *stenen*
caille I v *kwartel* II BNW *bruinzwart gevlekt* ‹v. vogels›; *bont* ‹v. koeien›
caillé m • *gestremde melk* • *wrongel*
caillebotis m • *lattenrooster* • *vlonder*
caillebotte v *wrongel*
cailler I OV WW *stremmen* II ON WW INF. *vernikkelen* ‹v.d. kou› ★ ça caille *je vernikkelt hier* ‹v.d. kou›
caillette v *lebmaag*
caillot m *(bloed)stolsel*; *bloedprop*
caillou m [mv: **cailloux**] • *keisteen*; *kiezelsteen* • INF. *edelsteen*; *diamant* • INF. *(kale) knikker*; *(rots)eiland* ★ ~x roulés *rolstenen*
cailloutage m • *bestrating*; *verharding*; *bedekking met grind* • *plaveisel* • *soort porselein*
caillouter OV WW *bestraten*; *verharden*; *met grind bedekken*
caillouteux BNW [v: **caillouteuse**] *bedekt met grind*; *kiezelachtig*
cailloutis m *grind*; *grindhoop*; *grindweg*
caïman m *kaaiman*
Caïn m *Kaïn*
Caire m *Caïro*
caisse v • *kist*; *krat* • *kassa*; *kas*; *fonds* • ANATO. *trom* • *carrosserie* ‹auto› • INF. *kar*; *auto* • *kas(t)* ‹v. uurwerk, orgel› • ANAT. *holte* • *bloembak* • INF. *borst* ★ il s'en va de la ~ *hij heeft de vliegende tering* ★ ~ du tympan *trommelholte* ★ grosse ~ *grote trom* ★ ~ d'épargne *spaarbank* ★ faire sa ~ *kas opmaken* ★ livre de ~ *kasboek* ★ ~ de retraite *pensioenfonds* ★ ~ noire *geheim fonds*; *zwarte kas* ★ ~ à claire-voie *krat* ★ ~ de résonance *klankkast* ★ FIG. battre la (grosse) ~ *de trom roeren* ★ INF. à fond la ~ *loeihard*; INF. *pijlsnel* ★ INF. passer à la ~ *ontslagen worden*
caissette v *kistje*; *cassette*
caissier m [v: **caissière**] *kassier*; *cassière*
caisson m • *caisson* • MIL. VERO. *munitiewagen*; *proviandwagen* • *plafondvak* ★ INF. se faire sauter le ~ *zich voor de kop schieten*
cajoler OV WW *lief doen tegen*; *aanhalig zijn tegen*
cajolerie v • *aanhaligheid* • *vleierij*
cajoleur m [v: **cajoleuse**] *flikflooier*; *vleier*
cajou m ★ noix de ~ *cashewnoot*
cake m *cake*
cal m [mv: **cals**] *eelt(knobbel)*
calamar m [**calmar**] *pijlinktvis*
calamité v *ramp*
calamiteux BNW [v: **calamiteuse**] *rampzalig*; *noodlottig*
calandre v • *kalander*; *mangel*; *glansmachine* • *radiatorrooster*
calandrer OV WW *kalanderen*; *glanzen*
calcaire I m *kalksteen* II BNW *kalkachtig*; *kalk-*
calcédoine v *chalcedon*
calcification v *verkalking*
calcifié BNW *verkalkt*
calcination v *verkoling*; *verhitting*
calciner OV WW *verschroeien*; *verkolen*; *roosten*
calcul m • *berekening*; *rekenkunde* • MED. *steen*; *gal-*, *niersteen* ★ ~ biliaire *galsteen* ★ ~ faux *verkeerde berekening* ★ ~ infinitésimal *differentiaalrekening* ★ ~ mental *(het) hoofdrekenen* ★ ~ des probabilités *kansberekening* ★ ~ rénal *niersteen* ★ mauvais ~ *misrekening* ★ par ~ *uit berekening*
calculable BNW *berekenbaar*
calculateur I m *rekenmachine* II m [v: **calculatrice**] *rekenaar* III BNW [v: **calculatrice**] *berekenend*
calculatrice v *rekenmachine* ★ ~ de poche *zakrekenmachine*
calculer I OV WW • *uitrekenen*; *berekenen*; *incalculeren* (**dans** *in*) • *afwegen*; *schatten* ★ machine à ~ *rekenmachine* ★ règle à ~ *rekenliniaal* II ON WW *rekenen*; *op de kleintjes letten*
calculette v *zakrekenmachine*
cale v • *scheepsruim* • *scheepshelling*; *dok* • *(het) kielhalen* • *wig*; *(wiel)blokje*; *stutje* ★ cale de construction *helling waarop een schip gebouwd wordt*; *stapel* ★ cale flottante *drijvend dok* ★ cale sèche/de radoub *droogdok* ★ cale de départ *startblok* ★ il est à fond de cale *hij zit op zwart zaad*
calé INF. BNW • *knap*; *geleerd* (**en** *in*) • *moeilijk*; *ingewikkeld* • *zat* ‹v. eten›
calebasse v PLANTK. *kalebas*
calèche v *kales* ‹koets›
caleçon m • *onderbroek* ‹voor mannen›; *boxershort* • *legging* ★ VERO. ~ de bain *zwembroek*
calembour m *woordspeling*
calembredaine v *flauw praatje*
calendes v mv *eerste dag van de maand bij de Romeinen* ★ renvoyer qc aux ~ grecques *iets op de lange baan schuiven*; *iets uitstellen tot sint-juttemis*
calendrier m • *kalender* • *werkschema* ★ ~ ecclésiastique *kerkkalender*
cale-pied m [mv: **cale-pieds**] *pedaalriem*; *toeclip* ‹v. fiets›
calepin m *notitieboekje*
caler I OV WW • *vastzetten* • *strijken*; *neerlaten* ‹v. mast, zeil› • *doen afslaan* ‹v. motor› II ON WW • *diep liggen* ‹v. schip› • *afslaan* ‹v. motor› • *stoppen* • INF. *(het) opgeven* ★ je cale! *ik kan niet meer (eten)!* ★ ça cale! *dat is zware kost!* III WKD WW (**se** ~) *er lekker bij gaan zitten* ★ INF. se les ~/se ~ les joues *lekker schransen*
caleter ON WW INF. *afnokken*
calfater OV WW SCHEEPV. *kalfateren*
calfeutrage m [**calfeutrement**] *(het) dichtstoppen*
calfeutrer I OV WW *dichtstoppen* ‹v. kieren› II WKD WW (**se** ~) *zich opsluiten*
calibrage m *kalibrering*
calibre m • *kaliber* ‹v. vuurwapen› • *diameter*; *afmeting* • FIG. *kaliber*; *karakter*; *klasse*; *soort*; *slag* • *mal*
calibrer OV WW • *kalibreren*; *het juiste kaliber geven*; *het kaliber meten van* • *naar maat sorteren*
calice m *(bloem)kelk* ★ boire le ~ (jusqu'à la lie) *de lijdenskelk tot op de bodem ledigen*; *de*

ergste beproevingen doorstaan
calicot m • *spandoek* • *katoen*
califat m *kalifaat*
calife m *kalief*
califourchon BIJW ★ à ~ *schrijlings*
câlin I m *streling*; *knuffel* **II** BNW • *liefkozend* • *aanhalig*
câliner OV WW *aanhalen*; *liefkozen*
câlinerie v *liefkozing*; *aanhaligheid*
calleux BNW [v: **calleuse**] *eeltig*
calligraphe m/v *schoonschrijver*; *kalligraaf*
calligraphie v • *schoonschrijfkunst* • *schoonschrift*
calligraphier OV WW *schoonschrijven*; *kalligraferen*
callosité v *vereelting*; *eeltplek*
calmant I m *pijnstiller*; *kalmerend middel* **II** BNW *kalmerend*
calmar m → **calamar**
calme I m *kalmte*; *rust*; *vrede* ★ ~ plat *volkomen windstilte* ★ du ~! *wind je niet op!* **II** BNW *kalm*; *rustig*
calmer I OV WW • *kalmeren*; *geruststellen*; *tot bedaren brengen* • *verlichten* ‹v. pijn, honger, dorst›; *stillen* **II** WKD WW (**se** ~) *kalm worden*; *rustig worden*; *bedaren*
calmir ON WW SCHEEPV. *luwen*; *bedaren* ‹v. wind, zee›
calomniateur I m [v: **calomniatrice**] *lasteraar* **II** BNW *lasterlijk*
calomnie v *laster*
calomnier OV WW *belasteren*
calomnieux BNW [v: **calomnieuse**] *lasterlijk*
calorie v *calorie*
calorifère I m *verwarmingsketel* **II** BNW *warmte verspreidend*; *warmte geleidend*
calorifique BNW *warmte-*; *calorisch*
calorifuge I m *isolatiemateriaal*; *warmte-isolator* **II** BNW *isolerend* ‹v. warmte›
calorifuger OV WW *isoleren*
calorimètre m *calorimeter*
calorique BNW *warmte-*; *calorisch*; *calorieën-*
calot m • INF. *politiemuts* • *stuiter*; *knikker* • ARG. *oog*
calotin m PEJ. • *zwartrok* ‹priester› • *klerikaal*; *paap*
calotte v • *kalotje*; *priestermutsje* • *kap*; *gewelf* • PEJ. *kalot*; *geestelijkheid* • INF. *oorvijg* ★ ~ crânienne *schedeldak* ★ ~ glaciaire *ijskap* ★ ~ des cieux *hemelgewelf*
calotter OV WW INF. • *een oorvijg geven* • *(af)pikken*
calquage m *(het) imiteren*; *(het) calqueren*
calque m • *gecalqueerde tekening* • *imitatie*; *kopie*; *slaafse navolging* • *leenwoord*
calquer OV WW • *calqueren* • *slaafs navolgen*
calter ON WW → **caleter**
calumet m *(vredes)pijp*
calva m INF. → **calvados**
calvados (*zeg:* -dos) m *ciderbrandewijn*; *calvados*
calvaire m • *lijdensweg* • *kruisheuvel* ‹in Bretagne›; *kruisbeeld*
Calvaire m *Calvarieberg*; *Golgotha*
calvinisme m *calvinisme*
calviniste I m/v *calvinist* **II** BNW *calvinistisch*
calvitie (*zeg:* -sie) v *kaalhoofdigheid*
camaïeu m [mv: **camaïeux**] • *camee* • *eenkleurige schildering in verschillende tonen*; *camaïeu* ★ en ~ *kleur op kleur*
camail m *schoudermanteltje* ‹v. bisschop, kardinaal›
camarade m/v *makker*; *kameraad*; *vriend*
camaraderie v *kameraadschap*
camard I m [v: **camarde**] *iem. met een platte neus* ★ la ~e *magere Hein* **II** BNW *platneuzig*
cambiste m/v *wisselhandelaar*; *arbitrageant*
Cambodge m *Cambodja*
cambodgien BNW [v: **cambodgienne**] *Cambodjaans*
Cambodgien m [v: **Cambodgienne**] *Cambodjaan*
cambouis m *vuil en dik geworden olie, smeer*
cambré BNW *gewelfd* ★ taille ~e *holle rug*
cambrer I OV WW • *krommen*; *welven* • *strekken* ‹v. lichaam› **II** WKD WW (**se** ~) *een hoge borst opzetten*
cambriolage m *inbraak*
cambrioler OV WW *inbreken bij/in*
cambrioleur m [v: **cambrioleuse**] *inbreker*
cambrousse v INF./PEJ. *platteland*
cambrure v *welving*; *kromming*
cambuse v • SCHEEPV. *voorraadkamer* • PEJ. *smerige kamer*; *hok*
cambusier m *proviandmeester* ‹op schip›
came v • *nok*; *tand*; *kam* ‹v. kamrad› • INF. *stuff*; *drugs*
camé I m INF. [v: **camée**] *junk* **II** BNW *verslaafd aan drugs*
camée m • *camee* • *schilderij in grijze tinten*
caméléon m OOK FIG. *kameleon*
camélia m *camelia*
camelot m • *kamelot* ‹wollen stof› • *straatventer* ★ ~s du roi *leden der koningsgezinde partij*
camelote v INF. • *slechte waar*; *rommel*; *spullen* • *stuff*; *drugs*
camembert m • *camembert* • *taartdiagram*; *cirkeldiagram*
camer WKD WW ARG. (**se** ~) *dope gebruiken*
caméra v *camera*
camérier m *kamerheer* ‹v.d. paus›
camériste v *kamenier*; INF. *kamermeisje*
Cameroun m *Kameroen*
camerounais BNW *Kameroens*
Camerounais m [v: **Camerounaise**] *inwoner van Kameroen*
caméscope m *camcorder*; *videocamera*
camion m *vrachtwagen*; *vrachtauto*
camion-citerne m [mv: **camions-citernes**] *tankwagen*
camion-grue m [mv: **camions-grues**] *kraanwagen*
camionnage m • *vrachtwagenvervoer* • *vrachtkosten*
camionner OV WW *per vrachtwagen vervoeren*
camionnette v *kleine vrachtauto*; *bestelauto*
camionneur m *vrachtrijder*
camisole v *damesborstrok* ★ ~ de force *dwangbuis*
camomille v *kamille*
camouflage m *vermomming*; *camouflage*
camoufler OV WW *vermommen*; *camoufleren*; *verhullen*

camouflet m FIG. *slag in 't gezicht*
camp m • *(leger)kamp* • *kampeerplaats* • *kamp; partij* ★ lit de camp *veldbed* ★ camp d'instruction *oefenkamp* ★ camp retranché *versterkt kamp* ★ camp adverse *tegenpartij* ★ aide de camp *adjudant* ★ dresser un camp *een kamp opslaan* ★ lever le camp *het kamp opbreken; zijn biezen pakken* ★ faire un camp volant *telkens ergens anders kamperen* ★ être en camp volant *ergens tijdelijk verblijven* ★ changer de camp *de andere partij kiezen; overlopen* ★ INF. ficher le camp *zijn biezen pakken*
campagnard I m [v: **campagnarde**] *plattelander; boer* **II** BNW *landelijk; boers*
campagne v • *platteland* • *veldtocht* • *werkseizoen* • *campagne; propaganda-actie* ★ maison de ~ *landhuis* ★ à la ~ *buiten* ★ en rase ~ *in het open veld* ★ armée de ~ *veldleger* ★ plan de ~ *krijgsplan* ★ tenue de ~ *veldtenue* ★ battre la ~ *het terrein uitkammen;* FIG. *bazelen* ★ entrer en ~ *ten strijde trekken*
campagnol m *woelrat; veldmuis*
campanile m • *losstaande, open kerktoren* • *klokkentorentje; campanile*
campanule v PLANTK. *klokje*
campement m • *(het) kamperen* • *kamp; legerplaats*
camper I OV WW • *(snel, stevig) neerzetten* • *in een kamp onderbrengen* ★ ~ son chapeau sur une oreille *zijn hoed op één oor zetten* ★ ~ un portrait *snel een portret schetsen* ★ INF. ~ là qn *iem. in de steek laten* **II** ON WW *kamperen; zich legeren* ★ ~ sur ses positions *geen duimbreed toegeven* **III** WKD WW (**se** ~) *provocerend gaan staan; zich planten* ★ se ~ sur une chaise *ongegeneerd gaan zitten*
campeur m [v: **campeuse**] *kampeerder*
camphre m *kamfer*
camphré BNW *kamfer-* ★ alcool ~ *kamferspiritus*
Campine v *Kempen*
camping m • *(het) kamperen* • *camping; kampeerterrein* ★ faire du ~ *kamperen*
camping-car m [mv: **camping-cars**] *kampeerwagen*
campos m ★ INF. donner ~ *vrij geven*
camus (*zeg:* kamuu) BNW *platneuzig*
canadien BNW [v: **canadienne**] *Canadees*
Canadien m [v: **Canadienne**] *Canadees*
canaille I v • *schoft; ploert* • *plebs; gajes; uitschot* **II** BNW *gemeen; laag*
canaillerie v *rotstreek*
canal m [mv: **canaux**] • OOK FIG. *kanaal; gracht* • *buis; leiding* • *zee-engte* ★ ~ digestif *spijsverteringskanaal* ★ par le ~ de *door tussenkomst van; via*
canalisation v • *kanalisering* • *kanalennet; buizennet; dradennet* ★ ~ de gaz *gasnet*
canaliser OV WW • *kanaliseren* • *(in een bepaalde richting) sturen; bundelen*
canapé m • *bank; canapé* • *belegd sneetje geroosterd brood* ★ ~-lit *bedbank*
canard m • *eend* • *vals bericht; valse noot* • *in koffie gedoopt suikerklontje* • INF. *krant* ★ ~ laqué *pekingeend* ★ ~ boiteux *sukkelaar;* FIG. *aangeschoten wild; noodlijdend bedrijf*
canarder I OV WW *(sluipenderwijs) beschieten* **II** ON WW *een vals geluid voortbrengen*
canardière v • *eendenkom* • *eendenkooi*
canari m *kanarie* ★ jaune ~ *kanariegeel*
canasson m INF. *slecht paard; knol*
canaux m mv → **canal**
cancan m • *kletspraatje; laster* • *cancan* ‹dans›
cancaner ON WW • OOK FIG. *snateren* • *lasteren*
cancanier m [v: **cancanière**] *lasteraar*
cancer m • *kanker(gezwel)* • ASTROL. *Kreeft*
cancéreux I m [v: **cancéreuse**] *kankerpatiënt* **II** BNW [v: **cancéreuse**] *kanker-; kankerachtig*
cancérigène BNW [**cancérogène**] *kankerverwekkend*
cancérologie v *oncologie; kankerstudie*
cancérologue m/v *oncoloog*
cancre m INF. *luie/slechte leerling*
cancrelat m *kakkerlak*
candélabre m *kandelaber; armkandelaar; kroonluchter*
candeur v • *onschuld; reinheid* • *kinderlijkheid; naïviteit; onbevangenheid*
candi BNW *kandij-*
candidat m [v: **candidate**] *kandidaat; gegadigde (***à** *voor)* ★ se porter ~ (à) *zich kandidaat stellen (voor)*
candidature v *kandidatuur* ★ poser sa ~ *solliciteren; zich kandidaat stellen*
candide BNW *onschuldig; argeloos; naïef; onbevangen*
cane v *wijfjeseend*
caner ON WW INF. • *terugkrabbelen; ervandoor gaan* • *doodgaan; er tussenuit knijpen*
caneton m • *zeilbootje* • *eendje* ‹woerd›
canette v • *(bier)flesje; (bier)blikje* • *spoeltje* • *eendje* ‹wijfje›
canevas m • *stramien* • *ontwerp; schets*
caniche m *poedel*
caniculaire BNW *snikheet; v.d. hondsdagen* ★ chaleur ~ *verschrikkelijke hitte*
canicule v *hondsdagen; periode van grote hitte; hittegolf*
canif m *zakmes* ★ donner un coup de ~ (dans le contrat/à qc) *zijn woord niet houden; een slippertje maken*
canin BNW *honden-* ★ faim ~e *honger als een paard*
canine v *hoektand*
caniveau m [mv: **caniveaux**] *geul; gootje; straatgoot*
cannabis (*zeg:* -bies) m *cannabis*
cannage m *(het) stoelenmatten; stoelmat*
canne v • *riet* • *(wandel)stok* • INF. *been* ★ ~ à épée *degenstok* ★ ~ à pêche *hengel* ★ ~ à sucre *suikerriet*
canné BNW *van riet* ★ chaise ~e *rieten stoel*
canneberge v PLANTK. *cranberry*
canneler OV WW *groeven; kartelen*
cannelle v • *kaneel* • *tapkraan* ★ ~ en bâtonnets *pijpkaneel*
cannelure v • *groef; gleuf; kartel* • ARCH. *cannelure*
canner OV WW *stoelenmatten*
cannette v → **canette**
cannibale m/v • *kannibaal* • *wrede woesteling*
cannibalisme m • *kannibalisme* • *wreedheid;*

C

woestheid
canoë m *kano*
canoéiste m/v *kanovaarder*
canon I m • *kanon* • *loop* ‹v. vuurwapens› • MUZ., REL. *canon* • INF. *glas wijn* ★ ~ à eau *waterkanon* ★ chair à ~ *kanonnenvlees* ★ coup de ~ *kanonschot* ★ droit ~ *canoniek recht* ★ faire taire le ~ *het geschut tot zwijgen brengen* **II** BNW INF. *geweldig*; *gaaf*
canonique BNW *canoniek*; *volgens de kerkelijke regels* ★ droit ~ *kerkelijk recht* ★ INF. âge ~ *respectabele leeftijd*
canonisation v *heiligverklaring*; *canonisatie*
canoniser OV WW *heilig verklaren*; *canoniseren*
canonnade v *kanonvuur*
canonnage m *beschieting*
canonner OV WW *beschieten met kanonnen*
canonnier m *kanonnier*
canonnière v • *kanonneerboot* • *schietgat*
canot m *boot(je)* ★ ~ de sauvetage *reddingsboot*
canotage m *(het) roeien*
canoter ON WW *roeien*
canoteur m [v: **canoteuse**] *roeier*
canotier I m *strohoed* **II** m [v: **canotière**] *roeier*
cantaloup m *kanteloep*; *wratmeloen*
cantate v *cantate*; *zangstuk*
cantatrice v *beroepszangeres*
cantilène v • *klaaglied* • *langzaam gezang*
cantine v *kantine*
cantinier m [v: **cantinière**] • *kantinehouder* • GESCH. *marketenster*
cantique m *geestelijk lied* ★ ~ des ~s *Hooglied*
canton m *kanton* ‹deel v. departement›
cantonade v *coulissen* ★ parler à la ~ *spreken tot iem. achter de schermen*; FIG. *tegen niemand in het bijzonder spreken*
cantonal BNW [m mv: **cantonaux**] *kanton-*
cantonnement m *inkwartiering*; *kantonnement*
cantonner I OV WW • *inkwartieren* • *(tot een bepaalde positie) beperken* **II** ON WW MIL. *gelegerd zijn* **III** WKD WW (**se** ~) • *zich opsluiten*; *zich afzonderen* • (**se** ~ **dans**) *geheel opgaan in*; *zich beperken tot*
cantonnier m *wegwerker*
canular m *grap*; *beetnemerij* ★ monter un ~ à qn *iem. voor de gek houden*
canule v *canule*; *holle (injectie)naald*; *buisje*
canuler I OV WW *vervelen*; *lastig vallen* **II** ON WW INF. *een mop vertellen*
CAO AFK (conception assistée par ordinateur) *computergestuurd ontwerpen*; *CAD*
caoutchouc m • *rubber* • *elastiekje* • *overschoen*; *overjas* ★ ~ mousse *schuimrubber*
caoutchouter OV WW *met rubber bekleden*
caoutchouteux BNW [v: **caoutchouteuse**] *rubberachtig*
cap m • *kaap* • *steven* • VERO. *hoofd* ★ de pied en cap *van top tot teen* ★ Cap de Bonne-Espérance *Kaap de Goede Hoop* ★ mettre le cap sur *stevenen naar*; *varen naar* ★ changer de cap *van koers veranderen* ★ avoir franchi/(dé)passé un cap *iets gepasseerd zijn*; *iets achter zich hebben liggen*
CAP AFK (certificat d'aptitude professionnelle) *vakdiploma*
capable BNW • *bekwaam*; *bevoegd* • (~ **de**) *in staat om/tot*; *geschikt om*
capacité v • *inhoud*; *capaciteit* • *bekwaamheid* • *vermogen (***de*** om)* • *geschiktheid* • *bevoegdheid*
caparaçon m *sjabrak*; *paardendek*
caparaçonner OV WW *opsieren*
cape v • *cape*; *kapmantel* • *dekblad van sigaren* • *grootzeil* ★ VERO. n'avoir que la cape et l'épée *van arme adel zijn* ★ roman de cape et d'épée *17e-eeuwse avonturenroman* ★ sous cape *heimelijk* ★ rire sous cape *in zijn vuistje lachen*
capeline v *(breedgerande) dameshoed*
CAPES AFK (certificat d'aptitude profess. à l'enseignement) ≈ *eerstegraads onderwijsbevoegdheid*
capétien BNW [v: **capétienne**] *Capetingisch*
Capétien m [v: **Capétienne**] *Capetinger*
capharnaüm m INF. *warboel*; *rommel*
capillaire BNW *haar-*; *capillair* ★ (vaisseaux) ~s *haarvaten*
capillarité v *capillariteit*
capilotade v *soort ragout* ★ INF. mettre en ~ *tot moes hakken*
capitaine m • *kapitein* • *bevelhebber*; *commandant* • SP. *aanvoerder*; *captain*
capital I m [mv: **capitaux**] *kapitaal* **II** BNW *hoogst belangrijk*; *voornaamst*; *hoofd-*; *kapitaal* ★ crime ~ *halsmisdaad* ★ peine ~e *doodstraf* ★ lettre ~e *hoofdletter* ★ péché ~ *hoofdzonde*; *doodzonde*
capitale v • *hoofdstad* • *voornaamste stad*; *centrum* ‹v. activiteiten› • *hoofdletter*
capitalisation v *kapitaalvorming*; *kapitalisatie*
capitaliser I OV WW *kapitaliseren*; *tot kapitaal herleiden* **II** ON WW *sparen*; *oppotten*
capitalisme m • *kapitalisme* • *de kapitalisten*
capitaliste I m/v *kapitalist* **II** BNW *kapitalistisch*
capitaux m mv → **capital**
capiteux BNW [v: **capiteuse**] • *koppig* ‹v. drank› • FIG. *bedwelmend*
capitonnage m *capitonnering*; *(het) watteren*
capitonner OV WW *capitonneren*; *watteren*
capitulaire BNW REL. *kapittel-* ★ les ~s *verordeningen der Karolingers* ★ lettre ~ *initiaal* ‹versierde beginletter›
capitulard m PEJ. [v: **capitularde**] • *iem. die capituleert* • *lafaard*; *defaitist*
capitulation v *capitulatie*; *overgave*
capitule m PLANTK. *bloemkorfje*
capituler ON WW • *zich overgeven*; *capituleren* • *zwichten (***devant*** voor)*
capon VERO. **I** m [v: **caponne**] *lafaard*; *bangerd* **II** BNW [v: **caponne**] *laf*; *bang*
caporal m [mv: **caporaux**] • *korporaal* • *rooktabak* ★ le Petit Caporal *de kleine korporaal*; *Napoleon I*
caporalisme m *militair bewind*
capot m • *motorkap* • *luik* ‹v. onderzeeër› ★ être ~ *geen slag maken* ‹bij kaartspel›
capotage m *(het) kantelen*
capote v • *mantel met kap*; *kapotjas* • *kapothoed* • *kap* ‹v. open voertuig› ★ INF. ~ (anglaise) *condoom*; *kapotje*
capoter I OV WW *de kap opzetten* ‹v. open auto› **II** ON WW • *omslaan*; *over de kop slaan*

‹v. auto's, vliegtuigen› • FIG. *schipbreuk lijden*
câpre v *kappertje*
caprice m • *gril*; *bevlieging* • *vluchtige verliefdheid* • *nuk*
capricieux BNW [v: **capricieuse**] • *grillig*; *wispelturig* • *veranderlijk*; *onvoorspelbaar*
capricorne m • *boktor* • ASTR. *Steenbok*
caprin BNW *geiten-* ★ race ~e *geitenras*
capsulage m *(het) afsluiten met een dop*
capsule v • MED. *capsule* • *kroonkurk*; *dop* • *omhulsel*; *kapsel* • *zaaddoos* ★ ~ (spatiale) *ruimtecapsule* ★ ~ (fulminante) *slaghoedje*
capsuler OV WW *van een dop voorzien*
captage m *(het) opvangen* ★ le ~ des eaux d'une source *het opvangen en geleiden van bronwater*
captation v JUR. *verkrijging van (erf)goederen door list*
capter OV WW • *opvangen (en geleiden)* ‹v. bronwater, stroom, signalen, zenders enz.› • *door list verkrijgen* ★ ~ l'attention *de aandacht boeien*
capteur m *collector* ★ ~ solaire *zonnepaneel*
captieux BNW [v: **captieuse**] • *bedrieglijk* • *listig*
captif I m [v: **captive**] *(krijgs)gevangene* II BNW [v: **captive**] *(krijgs)gevangen*; *opgesloten*; *geboeid*; OOK FIG. *gebonden*
captivant BNW *boeiend*; *fascinerend*
captiver I OV WW *boeien*; *fascineren* II WKD WW (**se** ~ **à**) *geboeid raken door*
captivité v *(krijgs)gevangenschap*
capture v • *gevangenneming*; *vangst* • *inbeslagneming* • *(het) buitmaken* ‹v. schip›; *buit*
capturer OV WW • *gevangennemen*; *vangen* • *in beslag nemen* • *buitmaken*
capuche v *kap(je)*; *capuchon*
capuchon m • *capuchon* • *dop* ‹v. pen, tube› • *schoorsteenkap*
capucin m • *kapucijn* ‹kloosterling› • *kapucijnaap* • *haas* ‹jagerstaal›
capucine v • *zuster Franciscanes* • PLANTK. *Oostindische kers*
caque v *haringvat*
caquer OV WW *kaken* ‹v. vis›
caquet m • *gekakel* ‹v. kip› • *geklets* ★ rabattre le ~ à qn *iem. de mond snoeren*
caquetage m • OOK FIG. *gekakel* • *geklets*
caqueter ON WW • OOK FIG. *kakelen* • *kletsen*
car I m *bus*; *touringcar* II VW *want*
carabin m INF. *student in de medicijnen*
carabine v *karabijn*; *buks* ★ ~ à air comprimé *windbuks*
carabiné BNW INF. *geweldig*; *hevig*
carabinier m • VERO. *karabinier* • *gendarme* ‹Italië›; *douanier* ‹Spanje›
caracoler ON WW • *zwenken* ‹v. paard, ruiter› • *rondspringen*; *huppelen*
caractère m • *karakter*; *aard*; *hoedanigheid* • *letter(teken)* • *(ken)merk* ★ sans ~ *karakterloos*; *onpersoonlijk* ★ montrer du ~ *karakter tonen*; *moed tonen*
caractériel I m [v: **caractérielle**] *moeilijk opvoedbaar kind*; *moeilijk mens* II BNW [v: **caractérielle**] • *het karakter betreffend* • *met een moeilijk karakter*
caractériser I OV WW • *kenschetsen* • *kenmerken* II WKD WW (**se** ~) *gekenmerkt worden*
caractéristique I v • *kenmerk* • *karakteristiek* II BNW *kenmerkend*; *karakteristiek (***de** *voor)*
caractérologie v *karakterkunde*
carafe v • *karaf* • INF. *hoofd*; *kop* ★ rester en ~ *lang wachten*; *er verloren bij staan*
carafon m • *karafje* • INF. *hoofd*; *kop*
carambolage m • SP. *(het maken v.e.) carambole* • *kettingbotsing*
caramboler I OV WW *botsen tegen* II ON WW *een carambole maken* III WKD WW (**se** ~) *met elkaar in botsing komen*
carambouilleur m *oplichter*; *flessentrekker*
caramel m • *karamel* • *toffee*
carapace v BIOL. *schild*; OOK FIG. *pantser*
carat m *karaat*
caravane v • *karavaan* • *caravan* ★ ~ pliante *vouwcaravan* ★ ~ résidentielle *stacaravan*
caravanier m • *karavaangeleider*; *kameeldrijver* • *caravaneigenaar*
caravansérail m • *pleisterplaats voor karavanen* • *plaats die veel bezocht wordt door vreemdelingen van allerlei nationaliteiten*
caravelle v VERO. *karveel*
carbonate m *carbonaat*
carbone m • *koolstof* • *carbon*
carbonifère BNW *steenkoolhoudend* ★ le Carbonifère *het Carboon*
carbonique BNW *kool(zuur)-* ★ acide ~ *koolzuur* ★ gaz ~ *kooldioxide*; *koolzuurgas*
carbonisation v *verkoling*
carboniser OV WW *verkolen*
carburant m *brandstof* ‹voor motoren›
carburateur m *carburator*; *vergasser*
carburation v *verbinding met koolstof* ‹v. verbrandingsmotoren›; *carburatie*
carbure m *carbid*
carburer I OV WW *vergassen*; *carbureren* II ON WW INF. *lopen*; *functioneren*; *vlot (te werk) gaan*
carcan m • *halsbeugel* ‹v. schandpaal› • FIG. *keurslijf*
carcasse v • *karkas* • *romp* ‹v. schip› • INF. *menselijk lichaam* • *geraamte* ‹v. voorwerp›; *frame*
carcéral BNW [m mv: **carcéraux**] *gevangenis-*
carcinome m *kanker(gezwel)*; *carcinoom*
cardage m *(het) kaarden*
cardamine v *pinksterbloem*; *veldkers*
cardan m *cardan(as)*
carde v *kaarde*
carder OV WW *kaarden*
cardiaque I m/v *hartpatiënt* II BNW *hart-* ★ arrêt ~ *hartstilstand* ★ crise ~ *hartaanval*
cardigan m *hooggesloten vest*
cardinal I m [mv: **cardinaux**] • *kardinaal* • *kardinaalvogel* II BNW *voornaamste*; *kardinaal* ★ nombre ~ *hoofdtelwoord* ★ les points cardinaux *de vier windstreken* ★ les vertus ~es *de hoofddeugden*
cardiogramme m *cardiogram*
cardiographe m *cardiograaf*
cardiologue m/v *cardioloog*; *hartspecialist*

C

C

cardiopathie v *hartaandoening*
cardio-vasculaire BNW ★ maladies ~s *hart- en vaatziekten*
cardite v *hartontsteking*
carême m *vasten* ★ arriver comme mars/ marée en ~ *goed te pas komen* ★ faire ~ *vasten* ★ la mi-~ *halfvasten* ★ face de ~ *bleek en vermagerd gezicht*
carénage m • *stroomlijning; stroomlijncarrosserie* • *dok; helling*
carence v • *(het) falen* • JUR. *onvermogen* • *ontbering; gemis* • MED. *tekort; deficiëntie*
carène v SCHEEPV. *romp onder de waterlijn*
caréner I OV WW • SCHEEPV. *kielen* • *stroomlijnen* **II** ON WW *op de helling liggen*
caresse v *liefkozing; streling*
caresser OV WW • *liefkozen; strelen; aaien* • *koesteren* ★ ~ des espérances *hoop koesteren*
cargaison v • *(scheeps)lading* • INF. *verzameling*
cargo m *vrachtschip* ★ ~ pétrolier *olietanker*
carguer OV WW *geien* ‹v. zeilen›
cari m *kerrie; curry*
caricatural BNW [m mv: **caricaturaux**] *karikaturaal*
caricature v • *karikatuur* • INF. *belachelijk persoon*
caricaturer OV WW • *een karikatuur maken van* • *belachelijk maken*
caricaturiste m/v *karikaturist*
carie v • *cariës* ‹v. tand› • *beeneter* • *rotting* ‹v. hout›; *brand* ‹v. graan›
carié BNW *door cariës aangetast*
carier I OV WW *aantasten* ‹met cariës› **II** WKD WW (**se** ~) *wegrotten*
carillon m • *carillon; klokkenspel* • *klokgelui*
carillonner I OV WW • *rondbazuinen; luid aankondigen* ‹met klokgelui› • INF. *op zijn donder geven* **II** ON WW • *beieren* • INF. *hard aanbellen*
carillonneur m *beiaardier*
caritatif BNW [v: **caritative**] *charitatief*
carlin m *mopshond*
carlingue v *cabine* ‹v. vliegtuig›
carmagnole v *wambuis* ‹v. Franse revolutionairen›
Carmagnole v *revolutionaire rondedans en lied* ‹uit 1793›
carme m *karmeliet* ‹pater›
carmélite I v *karmelietes* **II** BNW *lichtbruin*
carmin m *karmijn*
carminé BNW *karmijnrood*
carnage m *bloedbad; slachting*
carnassier BNW [v: **carnassière**] *vleesetend; verscheurend* ★ les ~s *de roofdieren*
carnassière v *weitas*
carnation v • *kleur* ‹v. gezicht› • SCHILDERK. *vleeskleur*
carnaval m [mv: **carnavals**] • *carnaval* • *carnavalesk figuur*
carnavalesque BNW *carnavalesk*
carne v • INF. *slecht vlees* • VULG. *wijf*
carné BNW *vlees-*
carnet m • *zakboekje* • *boekje; blok* ★ ~ d'adresses *adresboekje* ★ ~ de chèques *chequeboekje* ★ ~ de bal *balboekje* ★ ~ de métro *bundeltje metrokaartjes* ★ ~ de commandes *orderboek; orderportefeuille* ★ ~ de textes *huiswerkboekje* ★ ~ de timbres *boekje/velletje postzegels* ★ ~ mondain *familieberichten* ‹in krant›
carnier m *kleine weitas*
carnivore I m/v *vleesetend dier* **II** BNW *vleesetend*
carolingien BNW [v: **carolingienne**] *Karolingisch*
Carolingien m [v: **Carolingienne**] *Karolinger*
carotide v *halsslagader*
carottage m *geldklopperij; afzetterij*
carotte v • *wortel; peen* • *rol pruimtabak* • *bodemmonster* ★ cheveux ~ *peenhaar* ★ couleur ~ *oranjerood* ★ politique de la ~ *zachte lijn; verzoeningspolitiek* ★ la ~ ou le bâton *lokken of dreigen* ★ INF. tirer une ~ à qn *iem. iets aftroggelen* ★ INF. les ~s sont cuites *het spel is uit*
carotter OV WW INF. *bedriegen; aftroggelen*
carotteur m INF. [v: **carotteuse**] *bedrieger*
carpe I m *handwortel* **II** v *karper* ★ bâiller comme une ~ *gapen als een oester* ★ rester muet comme une ~ *geen stom woord zeggen*
carpette v • *karpet; kleedje* • INF. *vleier; kruiper*
carquois m *pijlkoker* ★ vider son ~ *al zijn gal uitspuwen*
carré I m • *vierkant* • *vierkant stuk* • *kwadraat* • *tuinbed* • *trapportaal* • *slagorde in de vorm v.e. vierkant; carré* • *eetzaal van zeeofficieren* • *(vierkante) hoofddoek* ★ ~ de lard *dobbelsteentje spek* ★ ~ de mouton *ribstuk v. schaap* ★ ~ d'as *vier azen* ★ élever au ~ *in het kwadraat verheffen* **II** BNW *vierkant* ★ épaules ~es *brede schouders* ★ mètre ~ *vierkante meter* ★ racine ~e *vierkantswortel* ★ réponse ~e *beslist antwoord* ★ être ~ en affaires *eerlijk zijn in zaken*
carreau m [mv: **carreaux**] • *vierkantje; ruitje* • *(vloer)tegel; stenen vloer* • *ruiten* ‹kaartspel› • *glasruit* • *(verkoop)ruimte* ★ à ~x *geruit* ★ resté sur le ~ OOK FIG. *geëlimineerd; gedood* ★ se tenir à ~ *zich rustig houden; op z'n hoede zijn*
carrefour m OOK FIG. *kruispunt; ontmoetingspunt* ★ ~ à niveau *gelijkvloerse kruising* ★ ~ dénivelé *ongelijkvloerse kruising* ★ ~ giratoire *rotonde*
carrelage m • *betegeling* • *tegelvloer*
carreler OV WW *betegelen*
carrelet m • *schol* ‹vis› • *kruisnet* • *paknaald*
carreleur m [v: **carreleuse**] *tegelzetter*
carrément BIJW *openhartig; ronduit*
carrer I OV WW • *vierkant maken* • *kwadrateren* **II** WKD WW (**se** ~) *op zijn gemak gaan zitten*
carrier m *steenhouwer*
carrière v • *loopbaan* • *steengroeve* • VERO. *strijdperk; renbaan* ★ militaire de ~ *beroepsmilitair* ★ embrasser une ~ *een loopbaan kiezen* ★ donner ~ à *de vrije teugel laten*
carriérisme m *carrièrejacht*
carriériste m/v *carrièrejager*
carriole v *overdekt rijtuigje; boerenwagentje*
carrossable BNW *begaanbaar; berijdbaar* ★ route ~ *rijbaan*
carrosse m *koets*

carrosser OV WW *voorzien v.e. carrosserie*
carrosserie V • *carrosserie* • *carrosseriefabriek*
carrossier M • *carrosseriebouwer* • *wagenmaker*
carrousel M • *carrousel* • *draaimolen* • FIG. *mallemolen*; *duiventil*
carrure V • *schouderbreedte* • *krachtige lichaamsbouw* • FIG. *kaliber*; *formaat*
cartable M *schooltas*
carte V • *kaart* • *speelkaart*; *stukje karton* • *landkaart* • *menukaart* ★ ~ (de restaurant) *menukaart*; *wijnkaart* ★ ~ bancaire/bleue *bankpasje*; *creditcard* ★ ~ d'électeur *kiezerskaart* ★ ~ grise *eigendomsbewijs van auto of motor*; *kentekenbewijs* ‹ongeveer› ★ ~ à mémoire/à puce(s) *chipkaart* ★ FIG. ~ maîtresse *troefkaart* ★ ~ muette *blinde kaart* ★ ~ nautique *zeekaart* ★ ~ postale *briefkaart* ★ ~ routière *wegenkaart* ★ ~ vermeil *bejaardenpas* ★ ~ verte *groene kaart* ‹autoverzekering› ★ ~ de visite *visitekaartje* ★ fausse ~ *slechte kaart* ★ abattre ses ~s *zijn kaarten openleggen* ★ battre les ~s *de kaarten schudden* ★ jouer aux ~s *kaarten* ★ jouer ~s sur table *open kaart spelen* ★ jouer sa dernière ~ *zijn laatste troef uitspelen* ★ jouer la ~ de *kiezen voor* ★ faire des tours de ~ *kunstjes met kaarten doen* ★ donner ~ blanche *de vrije hand laten* ★ retourner une ~ *een kaart draaien* ★ dresser la ~ d'un pays *een land in kaart brengen* ★ tirer les ~s à qn *iem. de kaart leggen* ★ voir le dessous des ~s *achter de schermen kijken* ★ demander la ~ *de menukaart vragen* ★ dîner à la ~ *zijn eigen diner volgens de spijskaart samenstellen*
cartel M • *kartel* • *politiek blok*; *coalitie* • *wandklok*
cartellisation V ECON. *kartelvorming*
carter M • *carter* ‹v. auto› • *kettingkast*
carte-réponse M [MV: **cartes-réponse(s)**] *antwoordkaart*
cartésien BNW [V: **cartésienne**] • *met betrekking tot Descartes*; *cartesiaans* • *rationalistisch*; *logisch*
cartilage M *kraakbeen*
cartilagineux BNW [V: **cartilagineuse**] *kraakbeenachtig*
cartographe M/V *cartograaf*
cartographie V *cartografie*
cartomancie V *waarzeggerij uit speelkaarten*; *cartomantie*
cartomancien M [V: **cartomancienne**] *kaartlegger*
carton M • *karton* • *kartonnen doos* • *(kartonnen) portefeuille* • *schets voor een schilderij* • *(kartonnen) schietschijf* • SP. *kaart* • *bierviltje* ★ ~ d'écolier *schooltas* ★ ~ jaune, rouge *gele, rode kaart* ★ ~ ondulé *golfkarton* ★ faire un ~ *(schijf)schieten*; FIG. *veel succes hebben* ★ recevoir un ~ *een uitnodiging krijgen*
cartonnage M • *(het) kartonneren* • *band/verpakking van karton*
cartonner I OV WW *innaaien in karton*; *kartonneren* **II** ON WW • INF. *succes hebben* • *schade aanrichten*
cartonnerie V *kartonfabriek*
cartonnier M [V: **cartonnière**] • *kartonfabrikant* • *kartonverkoper*
carton-paille M *strokarton*
carton-pâte M [MV: **cartons-pâtes**] *papier-mâché*
cartoon (*zeg:* kartoen) M *cartoon*; *striptekening*
cartouche V • *patroon* ‹huls› • *slof* ‹sigaretten› • *cartouche* ★ ~ à balle *scherpe patroon* ★ ~ à blanc *losse flodder* ★ ~ à plomb *hagelpatroon* ★ ~ d'encre *inktpatroon* ★ brûler ses dernières ~s *zijn laatste kruit verschieten*
cartouchière V *patroontas*
carvi M PLANTK. *karwij*
cas M • *geval* • JUR. *zaak*; *delict* • TAALK. *naamval* ★ au cas où/en cas que (+ subj.) *voor het geval dat* ★ en tout cas *in elk geval* ★ en cas de besoin *zo nodig* ★ le cas échéant *als het geval zich voordoet*; *eventueel* ★ dans ce cas-là *in dat geval* ★ cas par cas *elk afzonderlijk*; *een voor een* ★ cas de conscience *gewetensvraag* ★ cas fortuit *toeval* ★ cas de guerre *reden tot oorlog*; *casus belli* ★ cas social *sociaal probleemgeval* ★ faire grand cas de *veel waarde hechten aan* ★ faire peu de cas de *geen acht slaan op* ★ c'est le cas de *dit is het moment om* ★ c'est le cas de le dire! *dat kun je wel zeggen!* ★ être dans le cas de *in de gelegenheid/in staat zijn om* ★ juger au cas par cas *van geval tot geval beoordelen* ★ cas de figure *verondersteld geval* ★ c'est le cas ou jamais *nu of nooit* ★ lui, c'est un cas! *dat is me er eentje!*
casanier I M [V: **casanière**] FIG. *huismus* **II** BNW *huiselijk*
casaque V • *soort damesjapon* • *jasje van jockey* ★ INF. tourner ~ *van partij veranderen*
casbah V *kashba*
cascade V • OOK FIG. *waterval* • *stuntwerk* ‹in films enz.› ★ en ~ *trapsgewijs*; *cascade-*
cascader ON WW • *watervallen vormen* • *stuntwerk doen*
cascadeur M [V: **cascadeuse**] *stuntman*
cascher BNW [**cachère, casher, kas(c)her**] *koosjer*
case V • *hokje*; *vakje*; *ruit* ‹v. schaakbord, dambord› • *vak* ‹v. koffer, meubel› • *hut*; *hokje* ★ INF. il a une case en moins *hij is niet goed wijs*
caséeux BNW [V: **caséeuse**] *kaasachtig*
caséine V *kaasstof*; *caseïne*
casemate V *kazemat*
caser OV WW • *opbergen*; *(weg)stoppen* • INF. *plaatsen*; *onderbrengen*; *een huis, baan enz. bezorgen* ★ il est casé *hij is geborgen*
caserne V • *kazerne* • INF. *huurkazerne*
casernement M *kazernering*
caserner OV WW *kazerneren*
cash (*zeg:* kasj) BNW INF. *contant*; *cash*
casher BNW → **cascher**
casier M • *(post)vak* • *kast met vakjes*; *rek* • *doos met vakken* • *(straf)register* ★ ~ judiciaire vierge/chargé *blanco/groot strafblad*
casino M *casino*
casoar M *kasuaris*

C

casque m • *(val)helm* • *droogkap* • *koptelefoon* ★ ~s bleus *blauwhelmen* ★ ~ de séchage *droogkap*
casqué BNW *gehelmd*
casquer I OV WW *een helm opzetten* II ON WW INF. *dokken*; *betalen*
casquette v *pet*
cassable BNW *breekbaar*
cassant BNW • *breekbaar* • *bits*; *star*; *kortaf* ★ INF. ce n'est pas ~ *het is niet lastig/ vermoeiend*; *het is niets bijzonders*
cassation v • JUR. *cassatie* • MIL. *degradatie* ★ cour de ~ *hof van cassatie* ★ se pourvoir en ~ *in cassatie gaan*
casse I m ARG. *inbraak* ★ faire un ~ *een kraak zetten* II v • *(het) breken* • *gebroken voorwerp(en)*; *schade* • *schroot(handel)*; *sloop* • *letterkast* ★ payer la ~ *de schade vergoeden* ★ mettre une voiture à la ~ *een auto naar de sloop brengen* ★ INF. il va y avoir de la ~ *daar komen brokken van*; *daar komt hommeles van*
cassé BNW • OOK FIG. *gebroken* • *stuk* ★ voix ~e *zwakke, bevende stem* ★ jambes ~es *knikkende knieën*
casse-cou I m [mv: **casse-cou(s)**] • *levensgevaarlijke plaats* • INF. *waaghals* II BNW *roekeloos*; *zeer gevaarlijk*
casse-couilles m/v VULG. *lastpost*; *zeikerd*
casse-croûte m (onver.) *schaft*; *'broodje'*; *zeer eenvoudig maal*; *hapje*
casse-cul m/v INF. [mv: **casse-cul(s)**] *zeikerd* ★ c'est ~ à la fin *dat is toch gezeik*
casse-graine m INF. (onver.) → **casse-croûte**
casse-gueule m INF. (onver.) → **casse-cou**
casse-noisette(s) m *notenkraker*
casse-pieds INF. I m/v (onver.) *zeurpiet* II BNW *vervelend*
casse-pipe m INF. *oorlog*
casser I OV WW • *stukmaken*; OOK FIG. *breken*; *stukslaan* • JUR. *nietig verklaren* • *ontslaan*; *afzetten*; *degraderen* ★ ~ les vitres *een schandaal veroorzaken* ★ ~ un arrêt *een vonnis vernietigen* ★ ~ la croûte *een stukje eten* ★ INF. ~ les pieds à qn *iem. aan z'n kop zaniken*; *vervelen* ★ INF. ~ la tête à qn *iem. de hersens inslaan*; *vervelen*; *vermoeien* ★ ~ sa pipe *sterven*; *de pijp uitgaan* ★ VULG. ~ la gueule à qn *iem. op zijn bek slaan* ★ à tout ~ *in volle vaart*; *daverend*; *geweldig* ★ 100 francs à tout ~ *hooguit 100 frank* ★ INF. ça ne casse rien *dat stelt niet veel voor* ★ INF./ VULG. tu me les casses!/tu me casses les couilles! *zeik niet zo!* II ON WW *breken*; *kapot gaan* III WKD WW (**se** ~) • *breken*; *stukgaan* • INF. *zich vermoeien* • INF. *ervandoor gaan* ★ se ~ le cou *zijn nek breken* ★ se ~ la figure/ la gueule *vallen*; *mislukken*; *failliet gaan* ★ se ~ le nez *zijn neus stoten*; *geen succes hebben* ★ INF. se ~ la tête (à) *zich het hoofd breken (met)*
casserole v • *(steel)pan* • INF. *valse piano* ★ passer à la ~ *de klos zijn*; INF. *een flinke beurt krijgen* ‹seks›
casse-tête m [mv: **casse-tête(s)**] • *knots*; *ploertendoder* • *lastig probleem*; *hersenbreker* • *herrie* ★ ~ chinois *puzzel waarbij gebogen staafjes in of uit elkaar geschoven moeten worden*
cassette v • *cassette* • VERO. *geldkistje*; *juwelenkistje* • GESCH. *vorstelijke schatkist* ★ ~ vidéo *videocassette* ★ ~ vierge *lege (niet-voorbespeelde) cassette* ★ lecteur de ~s *cassettespeler*
casseur m [v: **casseuse**] • *sloper*; *breker* • *lawaaischopper* ‹bij evenementen›; *vandaal*; *amokmaker* • ARG. *inbreker*
cassis m • *zwarte bes* • *zwartebessenstruik* • *bessenlikeur* • ARG. *kop*; FIG. *kersenpit* • *uitholling overdwars*
cassolette v • *reukvaatje, -flesje* • *kookpotje*; *schotel*
cassonade v *bruine suiker*
cassoulet m *cassoulet* ‹ragout v. vlees en witte bonen›
cassure v OOK FIG. *breuk*
castagnettes v mv *castagnetten*
caste v *kaste* ★ l'esprit de ~ *groepsgeest*
castel m *klein kasteel*
castor m *bever*
castrat m *castraat*
castration v *castratie*
castrer OV WW *castreren*
casuel I m *bonus* II BNW [v: **casuelle**] *toevallig*
casuiste m *casuïst*
casuistique v *casuïstiek*
cataclysme m • *grote (natuur)ramp* • *enorme ommekeer*
catacombes v mv *catacomben*
catadioptre m *reflector*
catafalque m OOK FIG. *katafalk*
catalepsie v *catalepsie*; *verstijving/ gevoelloosheid* ‹v. ledematen›
catalogue m *catalogus*
cataloguer OV WW *catalogiseren*; *classificeren*
catalyse v *katalyse*
catalyser OV WW • CHEM. *katalyseren* • FIG. *als katalysator fungeren voor*
catalyseur m OOK FIG. *katalysator*
catalytique BNW *katalytisch* ★ un pot ~ *een katalysator* ‹v. auto›
catamaran m *catamaran*
cataphote m *reflector*; *kattenoog*
cataplasme m • MED. *pap* • *brij*
catapulte v • *katapult* • *lanceerinrichting* ‹voor vliegtuigen, raketten›
catapulter OV WW • *lanceren met een katapult* • *wegslingeren* • *onverwachts ergens heen sturen*; *(weg)promoveren*
cataracte v • MED. *grijze staar* • *hoge waterval*
catarrhe m MED., VERO. • *catarre* • *zware verkoudheid*
catastrophe v *ramp* ★ en ~ *halsoverkop*; *overhaast* ★ nommer en ~ *als interimmanager benoemen* ★ atterrir en ~ *een noodlanding maken*
catastrophé BNW FIG. *kapot*; *ontdaan*
catastrophique BNW *rampzalig*; *catastrofaal*
catch (*zeg:* katsj) m *catch* ‹vechtsport›
catéchèse v *catechese*
catéchiser OV WW • *godsdienstonderwijs geven* • *de les lezen*
catéchisme m • *godsdienstonderwijs* • *catechismus*

catéchiste m/v *godsdienstonderwijzer*
catéchumène (*zeg:* -kuu-) m/v *doopleerling*
catégorie v • *categorie; klasse; soort* • WISK. *(deel)verzameling*
catégoriel BNW [v: **catégorielle**] *categor(i)aal*
catégorique BNW *categorisch; onvoorwaardelijk; stellig; afdoend; duidelijk*
catégoriser OV WW *in categorieën indelen*
caténaire I v *spandraad* ‹v. bovenleiding› **II** BNW *ketting-* ★ suspension ~ *kettingophanging*
Cathares m mv *Katharen* ‹middeleeuwse sekte›
cathédrale I v *kathedraal* **II** BNW ★ verre ~ *kathedraalglas*
cathéter m *catheter*
cathétérisme m *catheterisatie*
catho AFK INF. (catholique) *paaps; katholiek*
cathode v *kathode*
cathodique BNW • *kathodisch* • *beeldbuis-; televisie-*
catholicisme m *katholicisme*
catholicité v • *katholieke godsdienst* • *de katholieken* • *katholiciteit*
catholique I m/v *katholiek* **II** BNW *katholiek* ‹in alle betekenissen›
catimini BIJW ★ en ~ *stiekem; stilletjes*
Caucase m *Kaukasus*
cauchemar m *nachtmerrie*
cauchemardesque BNW → **cauchemardeux**
cauchemardeux BNW [v: **cauchemardeuse**] *als een nachtmerrie*
caudal BNW [m mv: **caudaux**] *staart-* ★ nageoire ~e *staartvin*
causal BNW [m mv: **causaux**] *oorzakelijk; causaal*
causalité v *oorzakelijkheid*
causant BNW INF. *spraakzaam; praatgraag*
cause v • *oorzaak* • *reden* • *zaak; aangelegenheid; rechtszaak* ★ à ~ de *door; wegens* ★ pour ~ de *wegens; om* ★ et pour ~ *en terecht* ★ ~ première *grondoorzaak* ★ une ~ célèbre *een opzienbarend proces* ★ la ~ publique *het algemeen belang* ★ être (mis) en ~ *in het geding zijn; erbij betrokken zijn; als verdachte/aansprakelijke genoemd worden; op het spel staan* ★ être hors de ~ *niet in het geding/buiten kijf zijn* ★ être mis hors de ~ *vrijuit gaan* ★ avoir/obtenir gain de ~ *het pleit winnen; gelijk krijgen* ★ faire ~ commune avec qn *gemene zaak met iem. maken* ★ parler en connaissance de ~ *met kennis van zaken spreken*
causer I OV WW *veroorzaken* **II** ON WW *praten; babbelen; kletsen (***avec** *met;* **de** *over)* ★ ~ de la pluie et du beau temps *over koetjes en kalfjes praten*
causerie v • *praatje; genoeglijk gesprek* • *causerie*
causette v *praatje* ★ INF. faire la ~ avec qn *een praatje met iem. maken*
causeur m [v: **causeuse**] *prater; babbelaar*
causticité v • *bijtende werking* • *bijtende spot*
caustique BNW OOK FIG. *bijtend*
cauteleux BNW [v: **cauteleuse**] *sluw;* FIG. *uitgeslapen*
cautère m *brandijzer; bijtmiddel* ★ INF. c'est un ~ sur une jambe de bois *dat middel is nutteloos; het is een lapmiddel*
cautérisation v *(het) dichtbranden; (het) dichtschroeien; cauterisatie*
cautériser OV WW *dichtbranden; dichtschroeien; cauteriseren*
caution v • *borgtocht; waarborg* • *borg* ★ sous ~ *op borgtocht* ★ donner ~ *zich borg stellen* ★ être ~ de/se porter ~ pour *borg staan voor* ★ être sujet à ~ *onbetrouwbaar zijn*
cautionnement m • *borgstelling; waarborging* • *waarborgsom* • *ondersteuning; goedkeuring*
cautionner OV WW • *borg staan voor* • *steunen; goedkeuren*
cavalcade v • *ruiterstoet; ruiteroptocht* • INF. *luidruchtige bende*
cavalcader ON WW *gezamenlijk (rond)rennen*
cavale v • LIT. *rasmerrie* • ARG. *vlucht* ★ en ~ *voortvluchtig; aan de haal*
cavaler INF. **I** OV WW *vervelen* **II** ON WW • *hollen; ervandoor gaan* • *erop los leven* ★ ~ après qn *achter iem. aan zitten* **III** WKD WW INF. (**se** ~) *ervandoor gaan*
cavalerie v • *cavalerie* • *stel paarden*
cavaleur m INF. *versierder; rokkenjager*
cavalier I m • *cavalerist* • *heer die dame begeleidt* • *paard* ‹in schaakspel› • *ruitertje* ‹klemmetje, gewichtje› **II** m [v: **cavalière**] • *ruiter* • *danspartner* ★ faire ~ seul *als eenling optreden; zijn eigen gang gaan* **III** BNW [v: **cavalière**] • *ruiter-* • *vrijpostig* ★ piste cavalière *ruiterpad* ★ réponse cavalière *onbeschaamd antwoord*
cave I m VULG. *sufferd* **II** v • *(wijn)kelder* • *de wijn uit een kelder* • *inzet* ‹bij het spel› • *drankkast* ★ il a une bonne cave *hij heeft een goed voorziene wijnkelder* **III** BNW • *hol; ingevallen* • VULG. *lijp* ★ joues caves *ingevallen wangen*
caveau m [mv: **caveaux**] • *keldertje* • *grafkelder* ★ ~ de famille *familiegraf*
caverne v • *grot; hol* • *holte* ★ homme des ~s *holenmens*
caverneux BNW [v: **caverneuse**] • *vol holen; vol holten* • *hol (klinkend); dof*
caviar m *kaviaar*
caviarder OV WW *doorhalen; onleesbaar maken*
caviste m *keldermeester*
cavité v *holte*
CB AFK • (citizens band) *27 MC-band* • (carte bleue) *creditcard*
CCP AFK (compte-chèques postal) *girorekening; postrekening*
CD AFK (compact disc) *cd*
CD-ROM m *cd-rom*
CDV AFK (compact disque vidéo) *DVD*
ce AANW VNW [v/mv: **cette/ces**] *deze; die; dit; dat; het* ★ sur ce *daarop* ★ ce matin *vanmorgen* ★ ce matin-là *die morgen* ★ c'est bon *het is goed* ★ cet été *deze zomer; van de zomer* ★ cette année *dit jaar* ★ et ce *en wel; en dat*
CE AFK • (comité d'entreprise) *OR* • (Communauté Européene) *EG* • (cours élémentaire) ★ CE1/CE2 ≈ *groep 3 en 4 v.d. basisschool*
céans BIJW VERO. *hier binnen; hier in huis*

C

CECA AFK (Communauté européenne du charbon et de l'acier) *EGKS; Europese Gemeenschap voor Kolen en Staal*
ceci AANW VNW *dit*
cécité V OOK FIG. *blindheid (**à**, **pour** voor)*
cédant m *cedent*
C
céder I OV WW • *afstaan (**à** aan); afstand doen van* • *verkopen; overdoen (**à** aan)* ★ à ~ *ter overname* ★ le ~ en qc à qn *voor iem. in iets onderdoen* ★ ~ le pas à qn *iem. als zijn meerdere erkennen; voor iem. wijken* **II** ON WW • *toegeven (**à** aan); zwichten (**à**, **devant** voor)* • *bezwijken (**sous** onder)*
cédérom m *cd-rom*
cedex AFK (courrier d'entreprise à distribution exceptionelle) *(dienst voor) snelle postbestelling voor grootverbruikers*
cédille v *cedille*
cédrat m *cederappel*
cèdre m *ceder*
CEE AFK (Communauté économique européenne) *EEG*
cégétiste I m/v *lid van de C(onfédération) G(énérale) du T(ravail)* ‹vakbond› **II** BNW *CGT-*
CEI v *GOS; Gemenebest van Onafhankelijke Staten*
ceindre OV WW • *omringen; omgorden (**de** met)* • *omdoen* ★ ~ l'épée *het zwaard omgorden* ★ ~ le diadème *koning worden*
ceinture v • *ceintuur; gordel; riem* • *middel v.h. lichaam* • *ceintuurbaan* • *metalen band om een wiel* • *omheining* ★ ~ noire *zwarte band* ‹judo› ★ ~ de sécurité (à enrouleur) *veiligheidsgordel (met rolautomaat)* ★ ~ de chasteté *kuisheidsgordel* ★ INF. se mettre/se serrer la ~ *de buikriem aanhalen; zich iets ontzeggen*
ceinturer OV WW • *omgorden; omringen (**de** met)* • *om het middel grijpen*
ceinturon m *sabelriem; koppel*
cela AANW VNW *dat* ★ il a dit cela *hij heeft dat gezegd* ★ il y a des années de cela *(dat is) jaren geleden* ★ avec cela *bovendien* ★ avec cela? *anders nog iets?* ★ c'est cela *zo is het; juist*
célébration v • *viering* • *(het) opdragen v.d. mis* • *inzegening* ‹v. huwelijk›
célèbre BNW *beroemd (**pour** om)* ★ tristement ~ *berucht*
célébrer OV WW • *vieren; plechtig herdenken* • *voltrekken* ‹huwelijk› • FORM. *prijzen; verheerlijken; roemen* ★ ~ la messe *de mis opdragen*
célébrité v *beroemdheid*
celer OV WW FORM. *verzwijgen; verhullen*
céleri m *selderie*
céleri-rave m [mv: **céleris-raves**] *knolselderie*
célérité v *snelheid; rapheid*
céleste BNW *hemels; hemel-* ★ esprits ~s *hemelbewoners* ★ le Père ~ *de hemelse Vader*
célibat m *celibaat; ongehuwde staat*
célibataire I m/v *vrijgezel* ★ ~ endurci *verstokte vrijgezel* **II** BNW *ongehuwd*
celle AANW VNW [v mv: **celles**] → **celui**
celle-ci AANW VNW [v mv: **celles-ci**] → **celui-ci**
celle-là AANW VNW [v mv: **celles-là**] → **celui-là**
cellier m *provisiekamer; wijnkelder*
cellophane v *cellofaan*
cellulaire BNW *uit cellen gevormd; cellulair; cel-* ★ voiture ~ *gevangenwagen*
cellule v • *cel* ‹in alle betekenissen›; *kern* • *team* ★ ~ photoélectrique *foto-elektrische cel* ★ ~ de crise *crisisteam*
cellulite v MED. *cellulitis*
cellulose v *cellulose*
celte I m *de Keltische taal* **II** BNW *Keltisch*
Celte m/v *Kelt*
celtique I m *de Keltische taal* **II** BNW *Keltisch*
celui AANW VNW [m mv: **ceux**] • *deze; die* • *degene (die); dat (wat)*
celui-ci AANW VNW *deze (hier)*
celui-là AANW VNW *die (daar)*
cénacle m • *zaal v.h. Laatste Avondmaal* • *kring van gelijkdenkende kunstenaars e.d.*
cendre v • *as* • *as der gewijde palmtakken* ★ mercredi des Cendres *Aswoensdag* ★ les ~s *het stoffelijk overschot* ★ réduire en ~s *in de as leggen* ★ recevoir les ~s *een askruisje krijgen*
cendré BNW *askleurig* ★ blond ~ *asblond*
cendreux BNW [v: **cendreuse**] *vol as; asachtig*
cendrier m • *asbak* • *aslade*
Cendrillon *Assepoester*
Cène v *laatste Avondmaal*
cénobite m *kloosterling*
cénotaphe m *grafmonument zonder lijk; cenotaaf*
cens (*zeg:* sa(n)s) m • *census* • GESCH. *schatting; heffing*
censé BNW *geacht* ★ nul n'est ~ ignorer la loi *een ieder wordt geacht de wet te kennen*
censément BIJW *schijnbaar*
censeur m • *censor* • *criticus* • *recensent*
censure v • *censuur* • *kritiek* • *afkeuring*
censurer OV WW • *censureren* • *hekelen; veroordelen*
cent I m • *honderdtal* • *cent* ★ trois cents d'œufs *driehonderd eieren* **II** TELW *honderd* ★ trois pour cent *drie procent* ★ faire les cent pas *ijsberen; heen en weer lopen* ★ faire les quatre cents coups *allerlei dolle streken uithalen*
centaine v *honderdtal; honderdjarige leeftijd* ★ des ~s *honderden*
centaure m *centaur* ‹half mens, half paard›
centenaire I m *eeuwfeest* **II** m/v *honderdjarige* **III** BNW *honderdjarig*
centésimal BNW [m mv: **centésimaux**] *honderddelig* ★ échelle ~e *honderddelige schaal*
centi- VOORV *honderd-; centi-*
centiare m *centiare*
centième I m *honderdste deel* **II** BNW *honderdste*
centigrade BNW *in honderd graden verdeeld* ★ thermomètre ~ *Celsius-thermometer*
centigramme m *centigram*
centilitre m *centiliter*
centime m *centime; honderdste deel v.e. frank*
centimètre m *centimeter*
centrage m *bepaling v.h. middelpunt; centrering*
central I m [mv: **centraux**] *telefooncentrale;*

centre court ‹tennis› **II** BNW *centraal; voornaamste* ★ gare ~e *hoofdstation*
centrale v *centrale* ★ ~ électrique *elektriciteitscentrale*
centralisateur BNW [v: **centralisatrice**] *centralistisch; centraliserend*
centralisation v *centralisatie*
centraliser OV WW *centraliseren*
centre m • *middelpunt; centrum* ‹ook pol.›; *kern* • COMP. *station* • SP. *voorzet* ★ ~ commercial *winkelcentrum* ★ ~ de gravité *zwaartepunt* ★ ~ aéré *jeugdhonk* ‹voor openluchtactiviteiten› ★ au ~ *in het midden/ in het centrum*
centre-auto m [mv: **centres-autos**] *autoshop*
centrer OV WW • *centreren; het middelpunt bepalen van* • SP. *voorzetten* • (~ **sur**) *richten op; concentreren op*
centre-ville m [mv: **centres-villes**] *stadscentrum*
centrifuge BNW *centrifugaal; middelpuntvliedend*
centrifuger OV WW *centrifugeren*
centrifugeuse v • *(vruchten)pers* • MED. *centrifuge*
centripète BNW *centripetaal; middelpuntzoekend*
centriste BNW POL. *centrum-; gematigd*
centuple I m *honderdvoud* **II** BNW *honderdvoudig* ★ au ~ *honderdvoudig*
centupler I OV WW *verhonderdvoudigen* **II** ON WW *zich verhonderdvoudigen*
centurie v *centurie*
centurion m *centurio; honderdman*
cep m • *wijnstok* • VERO. *boei*
cépage m *soort wijnstok; druivenras*
cèpe m *eekhoorntjesbrood*
cependant BIJW *echter; toch; evenwel*
céphalique BNW *wat het hoofd betreft*
céramique I v *pottenbakkerskunst; keramiek* **II** BNW *keramisch*
céramiste m/v *pottenbakker*
cerbère m *cerberus; ruwe, strenge portier*
cerceau m [mv: **cerceaux**] *hoepel*
cerclage m *(het) omleggen v.e. hoepel*
cercle m • *cirkel* • *hoepel/ring* ‹v. vat› • FIG. *kring; vergadering; club; sociëteit* ★ en ~ *in een kring; rondom* ★ ~ vicieux *vicieuze cirkel* ★ du vin en ~s *wijn in vaten* ★ faire ~ *in een kring gaan staan/zitten*
cercler OV WW • *van hoepels voorzien* • *omringen; omranden (***de** *met)*
cercueil m *lijkkist*
céréale v *graangewas*
céréalier I m *graanverbouwer* **II** BNW [v: **céréalière**] *graan-*
cérébral I m [mv: **cérébraux**] *verstandsmens* **II** BNW *cerebraal; verstandelijk; hersen-*
cérémonial m [mv: **cérémonials**] *ceremonieel*
cérémonie v • *ceremonie; plechtigheid* • *plichtpleging* ★ maître de ~ *ceremoniemeester* ★ dîner sans ~ *huiselijk, gemoedelijk diner* ★ visite de ~ *beleefdheidsvisite* ★ faire des ~s *overdreven complimenten maken*
cérémoniel BNW [v: **cérémonielle**] *ceremonieel; formeel*
cérémonieux BNW [v: **cérémonieuse**] *plechtig; overdreven beleefd*
cerf (*zeg:* ser) m *hert*
cerfeuil m *kervel*
cerf-volant m [mv: **cerfs-volants**] • *vlieger* • *vliegend hert* ★ lancer un ~ *een vlieger oplaten*
cerisaie v *kersenboomgaard*
cerise I v *kers* ★ ARG. avoir la ~ *pech hebben* ★ c'est la ~ sur le gâteau *dat is de kroon op het werk/de finishing touch* **II** BNW *kersrood*
cerisier m • *kersenboom* • *kersenhout*
cerne m • *kring; contourlijn* ‹om wond, ogen, maan, vlek e.d.› • *jaarring* ‹v. bomen›
cerné BNW ★ avoir les yeux ~s *kringen onder de ogen hebben*
cerner OV WW • *omcirkelen; omsingelen; omringen; omlijnen* • *ringen* ‹v. bomen› ★ ~ une question *een kwestie afbakenen*
certain I m *(het) zekere* **II** BNW • *zeker; vast; waar* • *een of ander; sommige* ★ ~s *sommigen* ★ un ~ temps *enige tijd; een tijdje* ★ il est d'un ~ âge *hij is niet zo jong meer*
certes BIJW *zeker; weliswaar*
certificat m • *certificaat; getuigschrift; schriftelijke verklaring* • *garantie* ★ ~ de garantie *garantiebewijs* ★ ~ médical *doktersattest* ★ ~ d'aptitude professionnelle *vakdiploma* ★ ~ de propriété *eigendomsbewijs* ★ ~ de vaccination *inentingsbewijs* ★ la tempérance est un ~ de longue vie *soberheid is de garantie voor een lang leven*
certification v *waarmerking*
certifier OV WW • *(voor waar) verklaren; verzekeren* • *waarmerken; waarborgen*
certitude v • *zekerheid* • *overtuiging*
cérumen (*zeg:* -mèn) m *oorsmeer*
céruse v *loodwit*
cerveau m [mv: **cerveaux**] *hersenen; brein* ★ un (grand) ~ *een knappe kop* ★ ~ brûlé *heethoofd* ★ rhume de ~ *neusverkoudheid* ★ se creuser le ~ *zich suf denken* ★ INF. avoir un ~ fêlé *getikt zijn*
cervelas (*zeg:* -là) m *cervelaatworst*
cervelet m *kleine hersenen*
cervelle v *hersenen* ★ ~ d'oiseau *leeghoofd* ★ brûler la ~ *voor de kop schieten* ★ se creuser la ~ *zich suf denken*
cervical BNW [m mv: **cervicaux**] *hals-; nek-* ★ vertèbre ~e *halswervel* ★ syndrome ~ traumatique *whiplash*
cervidés m mv *hertachtigen*
cervoise v *gerstenat*
ces AANW VNW → **ce**
césarien m [v: **césarienne**] *aanhanger van Caesar; aanhanger v.e. absoluut heerser*
césarienne v *keizersnede*
cessant BNW ★ toutes affaires ~es *onverwijld*
cessation v *(het) ophouden; stopzetting*
cesse v *rust* ‹in uitdrukkingen› ★ sans ~ *onophoudelijk* ★ je n'ai de ~ que (+ subj.) *ik heb geen rust voordat*
cesser I OV WW *ophouden met; staken* **II** ON WW *stoppen/ophouden (***de** [+ inf.] *met)*
cessez-le-feu m (onver.) *staakt-het-vuren*
cessible BNW *vervreemdbaar; overdraagbaar*

C

C

cession v *overdracht; afstand; cessie* ★ faire ~ de qc *iets overdragen*
cessionnaire m/v *iem. aan wie iets wordt overgedragen; cessionaris*
c'est-à-dire BIJW *dat wil zeggen*
césure v *cesuur*
cet AANW VNW → **ce**
cétacé m *walvisachtige*
cette AANW VNW → **ce**
ceux AANW VNW → **celui**
ceux-ci AANW VNW → **celui-ci**
ceux-là AANW VNW → **celui-là**
cévenol BNW *uit de Cevennen*
Ceylan m *Ceylon*
ceylanais BNW *Ceylons*
cf. AFK (confer) *vgl.*
CFC m (chlorofluorocarbone) *cfk*
CFDT AFK (Confédération française démocratique du travail) *FNV* ‹Ned. equivalent›
CFTC AFK (Confédération française des travailleurs chrétiens) *CNV* ‹Ned. equivalent›
CGT AFK (Confédération générale du travail) *communistische vakbond*
Ch AFK • (cheval-vapeur) *pk; paardenkracht* • (chapitre) *hoofdstuk*
chacal m [mv: **chacals**] *jakhals*
chacun ONB VNW [v: **chacune**] *ieder; elk; iedereen* ★ ~ pour soi *ieder voor zich* ★ FORM. tout un ~ *een ieder*
chafouin BNW *geslepen; sluw*
chagrin I m • *verdriet* • *segrijnleer* **II** BNW VERO. *chagrijnig; verdrietig; triest*
chagriner OV WW *bedroeven; verdriet aandoen*
chah m → **schah**
chahut (*zeg:* sja-uu) m *lawaai; herrie; keet*
chahuter I OV WW *in de war schoppen; lawaai schoppen bij* ‹spreker, leraar› ★ un professeur chahuté *een leraar onder wiens les gekeet wordt* **II** ON WW *lawaai schoppen; donderjagen; keten*
chahuteur m [v: **chahuteuse**] *lawaaischopper*
chai m *wijnpakhuis*
chaîne v • *ketting; keten* • *schering* • *(televisie)net* • *installatie* ‹v. verschillende elementen› • *reeks;* COMP. *string* ★ ~ d'arpenteur *meetketting* ★ ~ haute fidélité *hifi-installatie* ★ ~ de montagne *bergketen* ★ faire la ~ *een levende ketting vormen; elkaar iets aanreiken* ★ travailler à la ~ *aan de lopende band werken* ★ briser ses ~s *de vrijheid veroveren*
chaînette v *kettinkje* ★ point de ~ *kettingsteek*
chaînon m *schakel*
chair I v • *vlees* • *vruchtvlees* • *menselijke natuur; lichaam* ★ ~ à canon *kanonnenvlees* ★ ~ de poule *kippenvel* ★ en ~ et en os *in levende lijve* ★ SCHILDERK. les ~s *het naakt* ★ plaisirs de la ~ *vleselijke geneugten* ★ ni ~ ni poisson *vlees noch vis* ★ ~ de sa ~ *eigen vlees en bloed; eigen kind(eren)* ★ être bien en ~ *goed in het vlees zitten* **II** BNW (onver.) *vleeskleurig*
chaire v • *zetel* • *spreekgestoelte; preekstoel* • *(het) preken* • *leerstoel*
chaise v *stoel* ★ ~ longue *ligstoel; sofa* ★ ~ roulante *rolstoel* ★ ~ électrique *elektrische stoel* ★ ~ à porteurs *draagstoel* ★ ~ de poste *postkoets* ★ ~s musicales *stoelendans* ★ être assis entre deux ~s *in een lastig parket zitten*
chaland m • *aak* • VERO. *klant*
châle m *sjaal; omslagdoek*
chalet m *chalet; (houten) landhuisje*
chaleur v • *warmte; hitte* • *vuur; ijver; opwinding* • *hartelijkheid* • *loopsheid* ★ vague de ~ *hittegolf* ★ il fait une ~ atroce/ étouffante/suffocante/ torride *het is snikheet* ★ époque des ~s *bronsttijd* ★ en ~ *loops; krols; bronstig*
chaleureux BNW [v: **chaleureuse**] • *hartelijk; warm; levendig* • *vurig*
châlit (*zeg:* -lie) m *ledikant*
challenge (*zeg:* sjala(n)zj/tsjalendzj) m • *wedstrijd om een wisselprijs* • *wisselprijs* • *uitdaging*
challengeur m [**challenger**] *uitdager*
chaloir WW FORM. ★ peu m'en chaut *het kan me weinig schelen*
chaloupe v *sloep* ★ ~ canonnière *kanonneerboot*
chalumeau m [mv: **chalumeaux**] • *brander* • *schalmei* • *blaaspijp* ★ ~ oxhydrique *knalgasbrander* ★ ~ oxyacétylénique *acetyleensnijbrander*
chalut (*zeg:* -luu) m *sleepnet*
chalutier m *trawler*
chamade v ★ battre la ~ *hevig kloppen* ‹v. hart›
chamailler WKD WW (**se** ~) *kibbelen*
chamaillerie v *ruzie*
chamailleur m [v: **chamailleuse**] *kibbelaar*
chamarrer OV WW *met versierselen bedekken; opdirken*
chamarrure v • *(het) opdirken; opgedirktheid* • *smakeloze versieringen*
chambard m • *kabaal* • INF. *(het) omvergooien*
chambardement m INF. *(het) omverhalen*
chambarder OV WW INF. *omvergooien; omverhalen*
chambellan m *kamerheer* ★ grand ~ *opperkamerheer*
chambouler OV WW INF. *omvergooien; overhoop halen*
chambranle m *lijst* ‹v. deur, venster›; *kozijn*
chambre v • *kamer* ‹vooral: slaapkamer› • *kamer* ‹college› • *holte; ruimte; cel* ‹v. honingraat› ★ ~ d'amis *logeerkamer* ★ ~ à coucher *slaapkamer* ★ ~ à air *binnenband* ★ ~ de chauffe *stookruim; machinekamer* ★ ~ de combustion *verbrandingskamer* ★ ~ forte *kluis* ‹v. bank› ★ ~ froide *koelcel; koelkamer* ★ ~ d'une écluse *sluiskolk* ★ ~ à gaz *gaskamer* ★ ~ d'hôte *bed and breakfast* ★ ~ garnie *gemeubileerde kamer* ★ ~ noire *donkere kamer* ★ ~ sourde *geluiddicht opnamevertrek* ★ Chambre basse/Chambre des communes *Lagerhuis* ★ Chambre de commerce *Kamer van Koophandel* ★ pot de ~ *po* ★ robe de ~ *kamerjas* ★ garder la ~ *op z'n kamer blijven* ★ faire ~ à part *gescheiden slapen* ★ la Chambre des députés *de Tweede Kamer* ‹in Frankrijk›
chambrée v • *de soldaten v.e. soldatenkamer*

• *slaapzaal*

chambrer OV WW • *op kamertemperatuur brengen* ‹v. wijn›; *chambreren* • *onder vier ogen spreken* ‹om te overtuigen› • INF. *op de kast jagen* • VERO. *in een kamer opsluiten*

chambrette v *kamertje*

chameau I m [mv: **chameaux**] • *kameel* • *scheepskameel* • INF. *kreng*; *rotwijf* II BNW INF. *klierig*

chamelier m *kameeldrijver*

chamelle v *wijfjeskameel*

chamois I m • *gems* • *gemzenleer* II BNW *lichtgeel*

champ m • *akker*; *veld*; OOK FIG. *terrein* • FOT. *beeldveld* • COMP. *rubriek* • *(speel)ruimte* ★ ~ d'action *actieradius* ★ ~ d'aviation *klein vliegveld* ★ ~ de bataille *slagveld* ★ ~ clos *strijdperk* ★ ~ de courses *renbaan* ★ ~ d'honneur *veld van eer* ★ ~ magnétique *magnetisch veld* ★ ~ de mines *mijnenveld* ★ ~ de tir *schietbaan*; *schootsveld* ★ vie des ~s *landleven* ★ ~ visuel *gezichtsveld* ★ en plein ~ *in het vrije veld* ★ courir les ~s *in de vrije natuur rondzwerven* ★ entrer dans le ~ *in beeld komen* ★ sortir du ~ *uit het beeld verdwijnen* ★ laisser le ~ libre à qn *iem. vrij spel laten* ★ prendre du ~ *een aanloop nemen*; FIG. *afstand nemen* ★ sur le ~ *dadelijk*

champagne m *champagne* ★ ~ frappé *in ijs gekoelde champagne*

Champagne v *Champagne*

Champenois m [v: **Champenoise**] *inwoner van de Champagnestreek*

champêtre BNW *landelijk*; *openlucht-* ★ bal ~ *openluchtbal* ★ garde ~ *veldwachter*

champignon m • *paddestoel*; *zwam*; OOK MED. *schimmel* • *knop*; *kapstok* • INF. *gaspedaal* ★ ~ de Paris *champignon* ★ pousser comme des ~s *groeien als kool*; *als paddestoelen uit de grond schieten* ★ appuyer sur le ~ *gas geven* ★ écraser le ~ *plankgas geven*

champignonnière v *champignonkwekerij*

champion I m [v: **championne**] *kampioen*; *uitblinker*; *voorvechter* II BNW ★ INF. c'est ~! *het is geweldig!*

championnat m *kampioenschap*; *competitie*

chançard INF. I m [v: **chançarde**] *boffer*; *geluksvogel* II BNW *die mazzel heeft*

chance v • *kans*; *waarschijnlijkheid* • *geluk*; *bof* ★ bonne ~! *veel succes!* ★ par ~ *gelukkig(erwijs)* ★ pas de ~! *pech gehad!* ★ coup de ~ *meevaller* ★ porter ~ *geluk brengen* ★ il a de la ~ *hij boft* ★ il y a des (fortes) ~s *het is (hoogst) waarschijnlijk* ★ calculer les ~s *de kansen berekenen* ★ courir/tenter sa ~ *een kansje wagen*

chancelant BNW • *wankelend*; *onvast op de benen* • *besluiteloos*; *wankel* ★ santé ~e *wankele gezondheid*

chanceler ON WW • *wankelen*; *waggelen* • *weifelen*; *aarzelen*

chancelier m *kanselier*

chancelière v • *vrouw v.d. kanselier* • *voetenzak*

chancellerie v • *kanselarij* • *ministerie van Justitie* ‹in Frankrijk› ★ Grande ~ *bestuur v.h. Legioen van Eer*

chanceux BNW [v: **chanceuse**] • *fortuinlijk*; *die boft* • VERO. *riskant*

chancre m • *sjanker* • FIG. *woekering* • *boomkanker*

chandail m *trui*

Chandeleur v *Maria-Lichtmis*

chandelier m • *kandelaar* • *stut* • *kaarsenmaker*

chandelle v • *(vet)kaars* • INF. *druppel aan de neus* • *loodrechte stijging*; SP. *lob*; *vuurpijl* ★ à la ~ *bij kaarslicht* ★ monter en ~ *loodrecht stijgen* ★ le jeu ne vaut pas la ~ *het sop is de kool niet waard* ★ économie de bouts de ~ *krenterigheid*; *overdreven zuinigheid* ★ brûler la ~ par les deux bouts *zijn fortuin doordraaien*; *roofbouw op zichzelf plegen* ★ devoir une fière ~ à qn *reden tot dankbaarheid tegenover iem. hebben* ★ en voir trente-six ~s *sterretjes zien*

chanfrein m *bles*; *voorhoofd v.e. paard*

change m • *ruil*; *wisseling* • *wisselhandel* • *wisselkoers* • *commissie v.d. wisselaar* • *wisselkantoor* • *verschoning*; *wegwerpluier* ★ agent de ~ *makelaar in effecten* ★ bureau de ~ *wisselkantoor* ★ lettre de ~ *wissel* ★ taux de ~ *ruilvoet* ★ marché des ~s *valutamarkt* ★ gagner au ~ *beter worden v.e. ruil*; *er beter van worden* ★ donner le ~ *op een dwaalspoor brengen* ★ prendre le ~ *zich laten bedriegen*

changeable BNW *veranderbaar*; *te veranderen*

changeant BNW • *veranderlijk* • *changeant* ‹met wisselende weerschijn›

changement m *verandering*; *(ver)wisseling* ★ ~ de vitesse *versnelling* ‹v. auto, fiets› ★ ~ à vue *plotselinge ommekeer* ★ ~ en mieux, en mal *verandering ten goede, ten kwade*

changer I OV WW • *veranderen (***à** *aan;* **en** *in)* • *ruilen (***contre** *tegen;* **pour** *voor)*; *wisselen (***contre** *tegen;* **en** *in)* • *verschonen* II ON WW • *veranderen (***de** *van)*; *(ver)wisselen* • *ruilen (***avec** *met)* ★ ~ (de train) *overstappen* ★ pour ~ *voor de verandering* ★ ~ de visage *verbleken*; *blozen* ★ plus ça change, plus c'est la même chose *er is niets nieuws onder de zon* III WKD WW (**se** ~) • *veranderen (***en** *in)* • *zich verkleden*

changeur m *wisselaar*

chanoine m *kanunnik*

chanoinesse v *kloosterlinge*

chanson v *lied* ★ ~ à boire *drinklied* ★ ~ de geste *middeleeuws heldendicht* ★ c'est toujours la même ~ *het is altijd hetzelfde liedje* ★ on connaît la ~! *dat liedje kennen we!* ★ il en a l'air et la ~ *hij is precies zoals hij lijkt te zijn* ★ l'air ne fait pas la ~ *schijn bedriegt*

chansonnette v *liedje* ★ ARG. pousser la ~ *zijn misdaden bekennen*

chansonnier I m *liederenboek* II m [v: **chansonnière**] *zanger van chansons*; *conferencier*

chant m • *zang*; *gezang*; *lied* • *plechtig gedicht* • *zang* ‹onderdeel v. gedicht› ★ ~ du coq *hanengekraai* ★ ~ du cygne *zwanenzang* ★ ~ nuptial *bruiloftslied* ★ de/sur ~ *op z'n kant*

chantage m *chantage*; *(geld)afpersing*

chantant BNW • *zingend*; *zangerig* • *waar men*

C

zingt • *gemakkelijk te zingen* ★ café ~ *café met live muziek*; *café-chantant*
chanter I OV WW • *zingen* • *zangerig declameren*; *zangerig voorlezen* • *bezingen*; *verheerlijken* ★ il chante toujours la même chanson *hij zingt altijd hetzelfde liedje* ★ INF. qu'est-ce que tu me chantes là? *wat vertel je me nou?* II ON WW *zingen* ‹ook v. vogels› ★ le coq chante *de haan kraait* ★ faire ~ qn *iem. geld afpersen* ★ INF. comme ça vous chante *zoals u wilt* ★ INF. si ça vous chante *als u dat aanstaat*
chanterelle v • *cantharel* ‹paddestoel› • *e-snaar van viool* • *lokvogel*
chanteur m [v: **chanteuse**] • *afperser*; *chanteur* • *zanger* ★ maître ~ *chanteur* ★ oiseaux ~s *zangvogels*
chantier m • *werkplaats in de openlucht*; *bouwterrein*; *werf*; *scheepshelling* • *opslagplaats* • *stelling voor vaten* • *groot project* • INF. *wanorde* ★ ~ de démolition *sloperij* ★ ~ naval *scheepswerf* ★ mis en ~ *in aanbouw* ★ avoir un ouvrage en ~ *een werk onder handen hebben* ★ mettre en ~/mettre sur le ~ *beginnen*; *op stapel zetten*
chantilly v *slagroom* ★ crème ~ *slagroom*
chantonnement m *(het) neuriën*
chantonner OV + ON WW *neuriën*
chantourner OV WW *uitzagen*; *uitsnijden*
chantre m • *(koor)zanger* • FORM. *dichter* • *lofzanger*
chanvre m *hennep*
chaos (*zeg:* ka-oo) m • *chaos*; *wanorde* • *baaierd*
chaotique (*zeg:* kaotiek) BNW *chaotisch*
chap. AFK (chapitre) *hoofdstuk*
chapardage m INF. *(kleine) diefstal*
chaparder OV WW INF. *gappen*; *jatten*
chapardeur INF. I m [v: **chapardeuse**] *gauwdief* II BNW *tot pikken geneigd*; *diefachtig*
chape v • *koorkap* • *mantel met kap* • *bedekking*; *deklaag*; *loopvlak* ‹v. band›
chapeau m [mv: **chapeaux**] • *hoed* • *hoedje* ‹v. paddestoel› • *beschermkap*; *dop* • *inleidende paragraaf* ‹v. artikel› ★ ~ de roue *wieldop* ★ MUZ. ~ chinois *schellenboom* ★ tirer son ~ à qn *zijn petje voor iem. afnemen* ★ ~ bas! *petje/hoedje af!*; *bravo!* ★ donner un coup de ~ *groeten* ‹door de hoed af te nemen› ★ obtenir le ~ *kardinaal worden* ★ INF. porter le ~ *de schuld krijgen*; *de zondebok zijn* ★ sur les ~x de roue *(weg)scheurend* ‹v. auto›
chapeauter OV WW • *een hoed opzetten* • *de leiding hebben van*
chapelain m *(huis)kapelaan*
chapelet m • *rozenkrans*; *gebedssnoer* • *reeks* • *snoer*; *rist*; *streng* ★ ~ d'injures *scheldkanonnade* ★ égrener un ~ *een rozenkrans bidden* ★ défiler son ~ *alles zeggen wat men op het hart heeft*
chapelier m [v: **chapelière**] • *hoedenmaker* • *hoedenverkoper*
chapelle v • *kapel*; *kerkje* • *(gouden) misbenodigdheden* • *kerkkoor* • *coterie* ★ ~ ardente *rouwkapel* ★ esprit de ~ *kliekgeest*
chapellerie v • *hoedenwinkel* • *hoedenfabriek* • *hoedenhandel*
chapelure v *paneermeel*
chaperon m • *kapje* • *begeleider van jongedame*; *chaperonne* ★ le petit Chaperon rouge *Roodkapje* ★ PLANTK. ~ de moine *monnikskap*
chaperonner OV WW • *chaperonneren* • *(een valk) met een kapje bedekken*
chapiteau m [mv: **chapiteaux**] • ARCH. *kroonwerk* • ARCH. *kapiteel* • *circus(tent)* • *helm* ‹v. distilleertoestel›
chapitre m • *hoofdstuk* • *kapittel* • *onderwerp* ★ sur ce ~ *wat dat betreft*; *daarover* ★ avoir voix au ~ *een stem in het kapittel hebben*
chapitrer OV WW *streng berispen*; *kapittelen*
chapon m • *kapoen* • *met knoflook bestreken korst brood*
chaque ONB VNW *ieder*; *elk*
char m • *tank* • *praalwagen* • *Romeinse strijdwagen/zegekar* • *kar*; *wagen* ★ char à bancs *janplezier* ★ char de combat *gevechtswagen* ★ char funèbre *lijkkoets* ★ char à voile *zeilwagen* ★ INF. arrête ton char! *hou op (met die onzin)!*
charabia m *wartaal*; *koeterwaals*
charade v *lettergreepraadsel*; *charade*
charbon m • *kool*; *houtskool* • *brand* ‹graanziekte› • *miltvuur* ★ ~ de bois *houtskool* ★ être sur des ~s (ardents) *op hete kolen zitten* ★ INF. aller au ~ *het lastige werk moeten doen*; *de kastanjes uit het vuur moeten halen*
charbonnage m *kolenwinning* ★ les ~s *kolenmijn(en)*
charbonner I OV WW • *doen verkolen* • *met houtskool zwart maken*; *met houtskool vol tekenen* II ON WW *verkolen*
charbonneux BNW [v: **charbonneuse**] • *koolachtig*; *koolzwart* • *miltvuur-*
charbonnier I m • *kolenschip* • *kolenbrander* • *kolenhandelaar* ★ ~ est maître chez lui *ieder is de baas in zijn eigen huis* II BNW [v: **charbonnière**] *kolen-*
charcuter OV WW INF. *onhandig opereren*; *toetakelen*; *verminken*
charcuterie v • *varkensslagerij* • *vleeswaren*
charcutier m [v: **charcutière**] *varkensslager*
chardon m • *distel* • *ijzeren punt op muur*
chardonneret m *distelvink*; *putter*
charentaises v mv *sloffen*
charge v • OOK FIG. *last* • *lading*; *vracht* • *ambt*; *waardigheid* • *opdracht*; *taak* • *aanval*; *bestorming*; *charge* • *lading* ‹v. vuurwapen› • *elektrische lading* • *aanklacht*; *bewijs van schuld* • *overdrijving*; *karikatuur* ★ ~s sociales *sociale lasten* ★ ligne de ~ *waterlijn* ★ témoin à ~ *getuige à charge* ★ à la ~ de *ten laste van*; *voor rekening van* ★ être à ~ *tot last zijn* ★ prendre en ~ *zich belasten met*; *zorgen voor* ★ revenir à la ~ *het opnieuw proberen* ★ avoir ~ d'âmes *met de zielzorg belast zijn*; *voor anderen verantwoordelijk zijn* ★ battre la ~ *het aanvalssein geven* ★ à la ~! *ten aanval!* ★ à ~ de revanche! *tot wederdienst bereid!*
chargé I m *iem. die belast is met* ★ ~ d'affaires *zaakgelastigde* ★ ~ de cours *lector* ★ ~ de

mission *afgezant*; *lasthebber* **II** BNW • *beladen*; *geladen (***de** *met)* • *overladen (***de** *met)* ★ ciel ~ *betrokken lucht* ★ lettre ~e *aangetekende brief* ★ langue ~e *beslagen tong*

chargement m • *(het) laden* • *lading* • *(het) aantekenen* ‹v. brief›

charger I OV WW • *laden*; *beladen*; *bevrachten (***de** *met)*; *vullen* • *inladen* • *aanvallen*; *te lijf gaan* • *bezwaren*; *overladen*; *overstelpen (***de** *met)* • *getuigen tegen*; *ten laste leggen* • *aantekenen* ‹v. brief› • *overdrijven*; *aandikken* • *te veel berekenen* • COMP. *laden*; *opslaan* ★ ~ la mémoire *het geheugen overladen* ★ ~ un accusé *getuigen tegen de verdachte* ★ ~ un compte *een rekening opschroeven* • (~ **de**) *belasten met* **II** WKD WW (**se** ~ **de**) *zich belasten met*; *op zich nemen*; *zorgen voor*

chargeur m • *fotocassette* • *sjouwer* • *(scheeps)bevrachter* • *patroonhouder* • *lader*

chargeuse v *laadmachine*

chariot m • *wagen* • *boodschappenwagentje* ★ ~ à bagages *bagagewagentje* ★ ~ élévateur *heftruck*

charismatique (*zeg:* ka-) BNW *charismatisch*

charisme (*zeg:* ka-) m *charisma*

charitable BNW *liefdadig*; *menslievend*

charité v • *naastenliefde* • *liefdadigheid* • *aalmoes* ★ fille de ~ *liefdezuster* ★ vente de ~ *fancy-fair* ★ faire la ~ *een aalmoes geven* ★ ~ bien ordonnée commence par soi-même *ieder is zichzelf het naast*

charivari m • *tumult* • *herrie*; *lawaai* • *wanorde*

charlatan m • *oplichter*; *kwakzalver* • *charlatan*

charlatanerie v • *kwakzalverij* • *opsnijderij*

charlatanesque BNW *kwakzalverachtig*

charlatanisme m *kwakzalverij*

Charlemagne m *Karel de Grote*

Charles m *Karel*

Charlot m *Kareltje*; *Charlie Chaplin*

charlot m INF. *jandoedel*

charlotte v • *soort dameshoed* • *soort pudding*

charmant BNW *charmant*; *bekoorlijk*; *innemend*

charme m • *bekoring*; *aantrekkelijkheid*; *charme* • *betovering* • *hagenbeuk* • *amulet* ★ chanteur de ~ *crooner* ★ faire du ~ *charmeren*; *innemend zijn* ★ jeter un ~ sur *betoveren* ★ INF. se porter comme un ~ *het uitstekend maken*; *zo gezond zijn als een vis*

charmer OV WW • *betoveren* • *bekoren* • *verzachten* ‹v. pijn›; *lenigen*; *verdrijven* ‹v. verveling› ★ (j'ai été) charmé (de)! *het was me een genoegen (om)!*

charmeur I m [v: **charmeuse**] • *charmeur*; *innemend persoon* • VERO. *tovenaar* ★ ~ de serpents *slangenbezweerder* **II** BNW [v: **charmeuse**] *innemend*; *verleidelijk*

charmille v *laantje van geschoren hagen*

charnel BNW [v: **charnelle**] • *zinnelijk*; *vleselijk* • *lichamelijk* • *aards* ★ biens ~s *aardse goederen*

charnier m • *knekelhuis* • *massagraf*

charnière I v • *scharnier* • FIG. *overgang*; *keerpunt* **II** BNW *een keerpunt vormend*; *doorslaggevend*

charnu BNW *vlezig* ‹ook v. vruchten›

charognard m OOK FIG. *aasgier*

charogne v • OOK FIG. *kreng* • *kadaver*

charpente v • *geraamte* ‹v. bouwwerk› • *beendergestel* • *bouw*; *opzet* ‹v. literair werk› ★ bois de ~ *timmerhout*

charpenté BNW *doortimmerd*

charpenter OV WW • *timmeren* ‹v. literair werk›; *bewerken* • *in elkaar zetten* ‹v.e. literair werk›; *uitwerken*

charpentier m *timmerman*

charpie v *pluksel* ‹voor wonden› ★ en ~ *in stukjes*; *in mootjes*

charretée v *karrenvracht*

charretier I m [v: **charretière**] *voerman* ★ jurer comme un ~ *vloeken als een ketter* **II** BNW [v: **charretière**] *karren-* ★ porte charretière *karrenpoort*

charrette v *kar (met twee wielen)* ★ ~ à bras *handkar*

charriage m *vervoer per wagen*

charrier I OV WW • *per wagen vervoeren* • *meesleuren*; *meevoeren* • INF. *voor de gek houden* **II** ON WW • *kruien* ‹v. rivier› • INF. *overdrijven*

charroi m • *vervoer per wagen* • *militair konvooi*

charron m *wagenmaker*

charroyer OV WW *per wagen vervoeren*

charrue v *ploeg* ★ mettre la ~ devant/avant les bœufs *het paard achter de wagen spannen*

charte v • GESCH. *oorkonde* • *handvest*

charter m *charter*; *chartervlucht*

chartiste m/v *(oud-)leerling v.d. Ecole des Chartes*

chartreuse v • *kartuizernon* • *klooster der kartuizers* • *chartreuse* ‹likeur›

chartreux I m *blauwgrijze kat* **II** m [v: **chartreuse**] *kartuizer monnik/non*

chas (*zeg:* sjà) m *oog* ‹v. naald›

chasse v • *jacht (***à** *op, naar)* • *jachtterrein* • *het gedode wild* • *korps jachtvliegers* ★ ~ à courre *lange jacht* ★ ~ d'eau *waterspoeling* ‹v. wc› ★ la ~ aux images *het schieten van foto's* ★ ~ à l'homme *mensenjacht*; *klopjacht* ★ ~ au lion *leeuwenjacht* ★ ~ aux sorcières *heksenjacht* ★ ~ à tir *korte jacht* ★ donner la ~ à *achtervolgen*; *jacht maken op* ★ permis de ~ *jachtakte* ★ tirer la ~ (d'eau) *doortrekken* ‹v. wc› ★ c'est ma ~ gardée! *dat is mijn terrein!* ★ qui va à la ~, perd sa place *opgestaan, plaats vergaan*

châsse v • *relikwiekast* • *montuur* ‹v. bril› • ARG. *oog*

chasse-clou m [mv: **chasse-clous**] *drevel*

chassé-croisé m [mv: **chassés-croisés**] • *kruisende danspas* • *stuivertje wisselen*

chasselas (*zeg:* -là) m *soort witte druif*

chasse-mouches m (onver.) • *vliegenmepper* • *vliegennet*

chasse-neige m [mv: **chasse-neige(s)**] • *sneeuwploeg* • *sneeuwruimer*

chasser I OV WW • *verjagen*; *wegjagen (***de** *uit)* • *uitdrijven*; *indrijven* ‹v. spijker› • *jagen op* ★ ~ le mauvais air *spuien* **II** ON WW • *jagen* ‹ook v. wolken› • *slippen* ‹v. auto, anker›

C

★ le vent chasse du nord *de wind waait uit het noorden* ★ ~ sur les terres d'un autre *onder iemands duiven schieten*
chasseresse V FORM. *jageres*
chasseur I m • *licht bewapend militair* • *jager* ‹schip of vliegtuig› • *piccolo* ★ ~ alpin *alpenjager* **II** m [v: **chasseuse**] *jager* ★ ~ de fourrures *pelsjager* ★ ~ de têtes *koppensneller; headhunter* ★ ~ d'images *ijverig fotograaf/filmer*

C

châssis m • *lijst; raam* ‹v. venster› • *chassis* ★ ~ à tabatière *schuin dakraam* ★ INF. un beau ~ *een lekker stuk* ‹vrouw›; *een mooi lijf*
chaste BNW *kuis; zedig; rein*
chasteté v *kuisheid; zedigheid; reinheid*
chasuble v • *kazuifel* • *overgooier*
chat I m [v: **chatte**] *kat; poes* ★ chat tigré *gestreepte/cyperse kat* ★ chat de gouttière *straatkat; dakhaas* ★ toilette de chat *kattenwasje* ★ INF. il n'y a pas un chat *er is geen sterveling* ★ achteter (un) chat en poche *een kat in de zak kopen* ★ appeler un chat un chat *het kind bij zijn naam noemen* ★ donner sa langue au chat *het opgeven* ‹bij het raden› ★ avoir un chat dans la gorge *hees zijn* ★ n'éveillez pas le chat qui dort *je moet geen slapende honden wakker maken* ★ à bon chat bon rat *baas boven baas; leer om leer* ★ le chat parti, les souris dansent *als de kat van huis is, dansen de muizen (op tafel)* ★ chat échaudé craint l'eau froide *een ezel stoot zich geen tweemaal aan dezelfde steen* ★ j'ai d'autres chats à fouetter *ik heb wel wat anders te doen* **II** BNW *poeslief*
châtaigne I v • *(tamme) kastanje* • INF. *optater* **II** BNW *kastanjebruin*
châtaigneraie v *kastanjebosje*
châtaignier m • *(tamme) kastanjeboom* • *kastanjehout*
châtain BNW *kastanjebruin*
château m [mv: **châteaux**] • *kasteel; slot* • *groot landhuis* • *benaming van bordeauxwijnen* ★ ~ d'eau *watertoren; waterreservoir* ★ bâtir des ~x en Espagne *luchtkastelen bouwen* ★ ~ de cartes *kaartenhuis* ★ ~ fort *vesting* ★ SCHERTS. Château-la-Pompe *gemeentepils*
châtelain m *kasteelheer*
châtelaine v *kasteelvrouwe*
chat-huant (*zeg:* sja-uua(n)) m [mv: **chats-huants**] *katuil*
châtier OV WW • *straffen; kastijden* • *kuisen* ‹v. stijl, taal› ★ qui aime bien, châtie bien *een verstandig vader spaart de roede niet*
chatière v • *kattengat* • *kattenval* • *luchtgat* ‹in een dak›
châtiment m *straf; kastijding; tuchtiging* ★ ~ corporel *lijfstraf*
chatoiement m *weerschijn; glinstering*
chaton m • *wilgenkatje; katje* • *katje* • *kas* ‹v. edelsteen› • *gevatte edelsteen*
chatouille v INF. *gekietel* ★ faire des ~s *kietelen*
chatouillement m • *(het) kietelen; kieteling* • *vleierij; streling*
chatouiller OV WW • *kietelen* • *strelen; vleien*
chatouilleux BNW [v: **chatouilleuse**] • *gevoelig voor kietelen* • *lichtgeraakt; gevoelig*
chatoyant BNW OOK FIG. *kleurrijk; met weerschijn*
chatoyer ON WW *weerschijn hebben;* OOK FIG. *fonkelen*
châtrer OV WW *castreren;* FIG. *verminken*
chatte v • *poes* • VULG. *poesje*
chattemite v *poeslief persoon*
chatterie v • *overdreven liefheid* • *lekkernij; snoepgoed*
chatterton m *isolatieband*
chaud I m *hitte; warmte* ★ avoir ~ *het warm hebben* ★ il fait ~ *het is warm* ★ il y faisait ~ *'t ging er heet toe* ★ tenir un plat au ~ *een schotel warm houden* **II** BNW • *heet; warm* • *hevig; fel; roerig; vurig; enthousiast* ★ j'ai eu ~ (aux fesses) *ik had het benauwd; ik zat ik de rats* ★ à ~ *prompt; acuut* ★ tout ~ *vers; heet van de naald* ★ ça me laisse ni ~ ni froid *dat laat me koud* ★ point ~ *knelpunt; brandhaard* ★ tête ~e *heethoofd* ★ pleurer à ~es larmes *hete tranen schreien* ★ avoir le sang ~ *warmbloedig zijn* ★ ne pas être ~ pour *niet veel voelen voor* ★ souffler le ~ et le froid *eigendunkelijk optreden* **III** BIJW *warm; heet* ★ manger ~ *warm eten*
chaud-froid m [mv: **chauds-froids**] *(koud) gerecht van gevogelte in saus*
chaudière v *verwarmingsketel; stoomketel*
chaudron m • *(koperen) ketel* • *rammelkast* ‹piano›
chaudronnerie v • *koperslagerij* • *keukengerei; koperwerk*
chaudronnier m [v: **chaudronnière**] *koperslager; handelaar in keukengereedschap of koperwerk*
chauffage m *(het) stoken; verwarming* ★ ~ central *centrale verwarming* ★ ~ urbain *stadsverwarming* ★ bois de ~ *brandhout*
chauffant BNW *dat verwarmt* ★ couverture ~e *elektrische deken* ★ lunette arrière ~e *verwarmde achterruit*
chauffard m *woeste chauffeur; zondagsrijder; wegpiraat*
chauffe v *verwarming; (het) stoken*
chauffe-bain m [mv: **chauffe-bains**] *geiser v. bad*
chauffe-eau m (onver.) *geiser; boiler*
chauffe-pieds m (onver.) *stoof*
chauffe-plat m [mv: **chauffe-plats**] *komfoor; rechaud*
chauffer I OV WW • *verwarmen; stoken* • INF. *stimuleren; aanzetten* • INF. *stelen; jatten* ★ ~ une affaire *spoed achter een zaak zetten* ★ ~ un élève *een leerling klaarstomen* **II** ON WW *warm worden; warmte (af)geven* ★ INF. ça chauffe *de poppen zijn aan het dansen* **III** WKD WW (**se** ~) • *zich warmen* • *zich opwarmen*
chaufferette v *stoof*
chaufferie v *stookkamer*
chauffe-théière m [mv: **chauffe-théières**] *theelichtje*
chauffeur m • *chauffeur* • *stoker* ★ ~ de dimanche *zondagsrijder*
chauffeuse v *lage stoel* ‹bij het vuur›; *bedbank*
chaulage m *(het) kalken*
chauler OV WW *kalken*

chaume m • *stoppel* ‹v. dak› • *stoppelveld* • *stro*; *strodak*
chaumière v *(met riet bedekte) hut*
chaussée v • *rijweg* • *opgehoogde weg door moerassige streek* • *dam*; *dijk*
chausse-pied m [mv: **chausse-pieds**] *schoenlepel*
chausser I OV WW • *aantrekken* ‹v. schoenen, kousen, bril, ski's› • *aanaarden* ‹v. plant› • *van banden voorzien* ‹auto› ★ combien tu chausses? *welke schoenmaat heb je?* **II** ON WW *passen*; *zitten* ‹v. schoenen› ★ ces sandales me chaussent bien *die sandalen zitten me goed* **III** WKD WW (**se** ~) • *schoenen aantrekken* • *schoenen kopen*
chausse-trape v [**chausse-trappe**] [v mv: **chausse-trap(p)es**] • OOK FIG. *valkuil* • GESCH. *voetangel*
chaussette v *sok* ★ INF. jus de ~ *slootwater* ‹slappe koffie›
chausseur m *schoenenfabrikant*; *schoenhandelaar*
chausson m • *slof* • *(appel)flap* • *lichte, soepele schoen* ‹ballet, schermen› ★ ~ aux pommes *appelflap*
chaussure v • *schoen* • *schoenindustrie* ★ ~ montante/à tige *hoge schoen* ★ ~s à pointes *spikes* ★ trouver ~ à son pied *iets/iem. van zijn gading vinden*
chaut WW → **chaloir**
chauve BNW *kaal*; *onbehaard*
chauve-souris m [mv: **chauves-souris**] *vleermuis*
chauvin I m [v: **chauvine**] *chauvinist* **II** BNW *chauvinistisch*
chauvinisme m *chauvinisme*; *overdreven vaderlandsliefde*
chaux v *kalk* ★ ~ éteinte *gebluste kalk* ★ ~ vive *ongebluste kalk* ★ lait de ~ *witkalk* ★ être bâti à ~ et à sable *een sterk gestel hebben*
chavirer I OV WW *omgooien*; *ondersteboven keren* **II** ON WW • *(om)draaien* • *omslaan* ‹v. schip› • FIG. *ten onder gaan*
chéchia v • *rode soldatenmuts* ‹v. Fr. troepen in Afrika› • *fez*
chef m • *hoofd*; *directeur*; *chef* • *punt*; *artikel* ‹in uitdrukkingen› ★ chef de chantier *opzichter* ★ chef cuisinier *eerste kok* ★ chef d'entreprise *bedrijfsleider*; *ondernemer* ★ chef d'équipe *ploegbaas*; *aanvoerder* ★ chef de l'Etat *staatshoofd* ★ chef de famille *gezinshoofd* ★ chef de file *leider* ★ chef d'orchestre *dirigent* ★ chef de service/de bureau *afdelingschef* ★ chef de train *hoofdconducteur* ★ commandant en chef *opperbevelhebber* ★ chef d'accusation *(voornaamste) punt van beschuldiging* ★ FORM. au premier chef *in de eerste plaats* ★ FORM. du chef de *op gezag van*; *uit hoofde van* ★ de son (propre) chef *op eigen gezag*; *uit eigen beweging*
chef-d'œuvre (*zeg:* sjèdeuvre) m [mv: **chefs-d'oeuvre**] *meesterwerk*
chef-lieu m [mv: **chefs-lieux**] *hoofdplaats*
cheftaine v *akela*
cheik m [**cheikh**] *sjeik*
chelem m [**schelem**] *slem* ‹kaartspel, sport› ★ grand ~ *groot slem*
chemin m • OOK FIG. *weg* (**de** *naar)* • *loper* ‹op trap e.d.› ★ en ~ *onderweg*; *op weg* ★ OOK FIG. ~ battu *gebaande weg* ★ ~ de croix *kruisweg* ★ ~ des écoliers *omweg*; *langere weg* ★ ~ de fer *spoorweg* ★ ~ forestier *bosweg* ★ ~ du paradis *moeilijke weg* ★ aller son ~ *z'n gangetje gaan* ★ ~ faisant *onderweg* ★ faire son ~ *slagen*; *carrière maken*; *ingang vinden* ★ on a fait du ~ *we zijn een flink eind opgeschoten* ★ ne pas y aller par quatre ~s *recht op z'n doel afgaan* ★ montrer le ~ *het voorbeeld geven* ★ ~ vicinal *kleine weg*; *dorpsweg*
chemineau m [mv: **chemineaux**] VERO. *zwerver*; *landloper*
cheminée v • *schoorsteen* • *schoorsteenmantel* • *open haard*; *schouw* • *lampenglas* • *smalle, steile weg tussen rotsen* • *koker*; *schacht*; *verticale afvoerpijp*
cheminement m *(het) voortgaan*; *voortgang*
cheminer ON WW *voortgaan*; *lopen*; *zich ontwikkelen*
cheminot m *spoorwegarbeider*; *spoorwegbeambte*
chemise v • *hemd* • *omslag*; *(papieren) map* • *bekleding*; *omhulsel* ★ changer de ~ *een schoon overhemd aantrekken* ★ changer d'avis/d'opinion comme de ~ *telkens van mening veranderen* ★ je m'en moque/soucie comme de ma première ~ *ik heb er lak aan*
chemiserie v *herenmodezaak*; *hemdenfabriek*
chemisette v *overhemd met korte mouwen*; *overhemdbloes*
chemisier m [v: **chemisière**] *hemdenmaker*; *hemdenverkoper*
chênaie v *eikenbosje*
chenal m [mv: **chenaux**] *vaargeul*; *waterloop*
chenapan m *schelm*
chêne m • *eik* • *eikenhout* ★ en ~ *eiken*
chéneau m [mv: **chéneaux**] *dakgoot*
chêne-liège m [mv: **chênes-lièges**] *kurkeik*
chenet m *haardijzer*
chènevis m *hennepzaad*
chenil m • *hondenhok*; *kennel* • INF. *krot*
chenille v • *rups* • *rupsband* • *chenille* ‹garen›
chenillé BNW *rups-*; *met rupsbanden*
chenu BNW FORM. • *grijs* ‹v. haar› • *besneeuwd* • *zonder bladeren* ★ arbre ~ *kale boom*
cheptel m • *veestapel* • *veepacht*
chèque m *cheque* ★ ~ postal *girocheque* ★ ~ en bois *ongedekte cheque* ★ ~ en blanc *blanco cheque*; FIG. *vrijbrief* ★ faire un ~ *een cheque uitschrijven*
chèque-cadeau m [mv: **chèques-cadeaux**] *cadeaubon*
chèque-livre m [mv: **chèques-livres**] *boekenbon*
chéquier m *chequeboek*
cher I BNW [v: **chère**] • *lief*; *dierbaar* • *duur*; *kostbaar* ★ mon cher *m'n beste*; *m'n waarde* **II** BIJW *duur* ★ ça ne vaut pas cher *dat is niks waard* ★ coûter cher *duur zijn*; FIG. *duur betaald worden* ★ je donnerais cher pour *ik zou er een lief ding voor overhebben om*
chercher I OV WW • *zoeken* • *halen* • INF. *provoceren* ★ envoyer ~ *laten halen* ★ aller ~

C

C

le médecin *de dokter gaan halen* ★ tu l'as cherché! *je hebt erom gevraagd!* ★ il me cherche! *hij zoekt ruzie met me!*; *hij moet mij hebben!* ★ ~ la petite bête *muggenziften*; *vitten* ★ ~ midi à quatorze heures *spijkers op laag water zoeken* **II** ON WW ★ INF. ~ après *zoeken naar* ★ INF. cela va ~ dans les cent francs *dat zal zeker op 100 frank komen* (~ **à**) *trachten te*; *proberen te*

chercheur I m [v: **chercheuse**] *(onder)zoeker* ★ ~ d'or *goudzoeker* **II** BNW [v: **chercheuse**] *(onder)zoekend*

chère I v FORM. *kost*; *maaltijd* ★ faire bonne ~ *lekker eten*; *goede sier maken* **II** BNW → **cher**

chéri I m [v: **chérie**] *lieveling*; *schat* **II** BNW *dierbaar*; *geliefd*

chérir OV WW *beminnen*; *liefhebben*

chérot BNW INF. *duur*

cherté v *duurte*

chérubin m • *cherubijn* • *lief kind*; *engeltje*

chétif BNW [v: **chétive**] • *mager*; *zwak* • *armoedig*; *nietig*; *schamel*

cheval m [mv: **chevaux**] • *paard* • SP. *paard*; *bok* • *paardenkracht* ★ ~ de bataille *stokpaardje* ★ ~ blanc *schimmel* ★ chevaux de bois *draaimolen* ★ ~ à bascule *hobbelpaard* ★ ~ de course *renpaard* ★ ~ de labour OOK FIG. *werkpaard* ★ ~ de selle *rijpaard* ★ ~ de frise *Spaanse ruiter* ★ ~ de trait *trekpaard* ★ ~ pur sang *volbloed paard* ★ ~ marin *zeepaardje* ★ faire du ~ *paardrijden* ★ INF. ~ de retour *recidivist* ★ monter à ~ *te paard stijgen*; *paardrijden* ★ monter sur ses grands chevaux *op zijn achterste benen gaan staan* ★ à ~ *te paard* ★ à ~ (sur) *schrijlings (op)*; *deels in/op het een, deels in/op het ander* ★ à ~ sur le fleuve *op beide oevers* ★ être à ~ sur les principes *beginselvast zijn* ★ travailler comme un ~ *werken als een paard* ★ il n'est si bon ~ qui ne bronche *het beste paard struikelt wel eens* ★ l'œil du maître engraisse le ~ *het oog v.d. meester maakt het paard vet*

chevalement m *(de) stutten*; *schoorbalken*

chevaleresque BNW *ridderlijk*; *ridder-*

chevalerie v • *ridderschap* • *ridderlijkheid*

chevalet m • *(schilders)ezel* • *schraag* • *werkbank* • *kam* ‹v. viool› • *pijnbank*

chevalier m • *ridder* • *ruiter* ‹steltpotige vogel› ★ ~ errant *dolende ridder* ★ LIT. ~ d'industrie *oplichter* ★ ~ de la Légion d'honneur *ridder v.h. Legioen van Eer* ★ FIG. ~ servant *galante ridder* ★ armer ~ *tot ridder slaan*

chevalière v *zegelring*

chevalin BNW *paarden-* ★ race ~e *paardenras*

cheval-vapeur m [mv: **chevaux-vapeur**] *paardenkracht (pk)*

chevauchée v • *ruitertroep* • *rit te paard*

chevaucher I OV WW • *berijden*; *schrijlings zitten op* • *(elkaar) overlappen* **II** ON WW • FORM. *paardrijden* • *elkaar gedeeltelijk overlappen*

chevaux m mv → **cheval**

chevêche v *steenuil*

chevelu I m PLANTK. *wortelhaar* **II** BNW • *behaard* • *langharig*

chevelure v • *haardos*; *hoofdhaar* • FORM. *loof* • *staart v. komeet*

chevet m • *hoofdeinde v. bed* • *(ziek)bed* • VERO. *peluw* • ARCH. *gedeelte v. kerk achter het koor* ★ livre de ~ *lievelingsboek*

cheveu m [mv: **cheveux**] *(hoofd)haar* ★ ~x blancs *grijze haren* ★ se faire des ~x (blancs) *zich zorgen maken* ★ faire dresser les ~x *de haren te berge doen rijzen* ★ tiré par les ~x *met de haren erbij gesleept* ★ raisonnement tiré par les ~x *onlogische redenering* ★ couper les ~x en quatre *muggenziften*; *haarkloven* ★ saisir l'occasion aux ~x *de koe bij de hoorns vatten* ★ se prendre aux ~x *elkaar in de haren vliegen*

chevillard m [**chevilleur**] *grossier in slachtvlees*

cheville v • *enkel* • *vioolsleutel* • *(vlees)haak* • *plug*; *spil*; *pen* • LIT. *stoplap* ★ ~ ouvrière *de spil waar alles om draait* ★ INF. ne pas arriver à la ~ de qn *niet in iemands schaduw kunnen staan*; *niet aan iem. kunnen tippen*

cheviller OV WW *met bouten verbinden*

chèvre I m *geitenkaas* **II** v • *geit* • *schraag*; *bok* ★ faire devenir ~ *ergeren* ★ ménager la ~ et le chou *de kool en de geit sparen*

chevreau m [mv: **chevreaux**] • *geitje* • *geitenleer*

chèvrefeuille m *kamperfoelie*

chevrette v • *geitje* • *reegeit* • *garnaal*

chevreuil m *ree*; *reebok*

chevrier m [v: **chevrière**] *geitenhoeder*

chevron m • *dakspar* • *streep op mouw*; *chevron* ★ tissu à ~s *visgraatstof*

chevronné BNW *ervaren*

chevrotant BNW *bevend* ‹v. stem›

chevrotement m *(het) beven v.d. stem*

chevroter ON WW • *mekkeren* ‹v. geiten› • *met beverige stem spreken* • *jongen krijgen* ‹v. geiten›

chevrotine v *grove (jacht)hagel*

chewing-gum m [mv: **chewing-gums**] *kauwgom*

chez VZ *bij*; *naar* ★ chez moi *(bij mij) thuis* ★ chez soi *thuis* ★ aller chez qn *naar iemands huis gaan* ★ faites comme chez vous *doe alsof u thuis bent* ★ il est de chez nous *hij komt uit onze streek* ★ chez lui ce n'est pas étrange *dat is bij hem niet vreemd*

chez-soi m (onver.) *thuis*; *'n thuis*; *eigen huis*

chiader OV + ON WW ARG. *blokken (voor)*

chialer ON WW INF. *grienen*; *janken*

chiant BNW VULG. *strontvervelend*

chiasse v • *poep* ‹v. insecten› • VULG. *diarree*

chic I m • *goede smaak*; *zwier* • *handigheid*; *slag* ★ bon chic bon genre *keurig en smaakvol* ‹v. voorkomen›; *correct* **II** BNW • *chic*; *elegant* • *sympathiek*; *sportief* • *fijn*; *mieters* ★ chic type *fidele vent* **III** TW ★ chic (alors)! *fijn*; *mieters!*

chicane v • *geruzie* • PEJ. *advocatenstreek* • *uitvlucht*; *haarkloverij* • *chicane*; *zigzagdoorgang*

chicaner I OV WW • *ruzie maken met* ‹in rechtszaak›; *vitten op* • VERO. *betwisten* **II** ON WW • *chicanes gebruiken* ‹in een rechtszaak› • *haarkloven*; *vitten* (**sur** *op)*

chicaneur m [v: **chicaneuse**] • *vitter*

• *zanikerd*
chicanier m [v: **chicanière**] *zeurpiet; pietlut*
chiche I BNW • *mager* • *karig (**de** met)* • VERO. *gierig* ★ pois ~s *grauwe erwten* ★ il n'est pas ~ de le faire *hij durft het niet* **II** TW ★ INF. ~ (que ...)! *wedden (dat ...)!*
chiche-kebab m [mv: **chiche(s)-kebab(s)**] *kebab; lamsspies*
chichi m INF. *kouwe drukte* ★ faire des ~s *zich aanstellen*
chicorée v *cichorei; andijvie* ★ ~ de Bruxelles *witlof* ★ ~ frisée *krulandijvie*
chicos (*zeg:* -kos) BNW *sjiek; piekfijn*
chicot m • *boomstronk* • INF. *stompje* ‹v. tand›
chié BNW INF. *onwijs; te gek*
chiée v VULG. *(hele) zooi*
chien I m [v: **chienne**] • *hond* • *haan* ‹v. geweer› ★ ~ d'attache *kettinghond* ★ ~ de garde *waakhond* ★ ~ de mer *hondshaai* ★ en ~ de fusil *met opgetrokken knieën* ★ ... de ~ *vreselijk; rot-* ★ humeur de ~ *rothumeur* ★ métier de ~ *hondenbaan* ★ temps de ~/~ de temps *hondenweer* ★ vie de ~ *hondenleven* ★ INF. rubrique des ~s écrasés *gemengd (plaatselijk) nieuws* ★ coiffé à la ~ *met wilde haren; met ponyhaar* ★ entre ~ et loup *in de schemering* ★ INF. nom d'un ~! *verrek!* ★ vivre comme ~ et chat *als kat en hond leven* ★ rompre les ~s *een gesprek afbreken* ★ se regarder en ~s de faïence *elkaar strak en boos aankijken* ★ je lui garde un ~ de ma ~ne *ik heb nog een appeltje met hem te schillen* ★ elle a du ~ *ze is sexy; ze heeft charme* ★ ~ qui aboie ne mord pas *blaffende honden bijten niet* ★ arriver comme un ~ dans un jeu de quille *zeer ongelegen komen* ★ INF. ne pas valoir les quatre fers d'un ~ *geen knip voor de neus waard zijn* ★ bon ~ chasse de race *de appel valt niet ver van de boom* ★ qui veut noyer son ~, l'accuse de la rage *wie een hond wil slaan, kan gemakkelijk een stok vinden* **II** BNW • INF. *gierig* • *gemeen* ★ être ~ avec qn *hardvochtig/gierig tegenover iem. zijn*
chiendent m • PLANTK. *kweek(gras)* • INF. *moeilijkheid*
chienlit I m • VERO. *carnavalsmasker* • *vermomming* **II** v *troep; janboel*
chien-loup m [mv: **chiens-loups**] *wolfshond*
chier ON WW VULG. *schijten* ★ à ~ *knudde; naatje* ★ faire ~ *vervelen; op de zenuwen werken* ★ se faire ~ *zich rot vervelen* ★ envoyer ~ *afschepen* ★ ça va ~ *dat wordt hommeles* ★ il n'y a pas à ~ *niks aan te doen*
chieur m [v: **chieuse**] VULG. *vervelend persoon; zeur; trut*
chiffe v • *slechte stof; vod* • INF. *slappeling*
chiffon m • *doek; stofdoek; poetsdoek* • *lomp; vod* ★ ~ de papier *vodje papier* ★ en ~ *verkreukeld; verfrommeld*
chiffonner OV WW • *verkreukelen* • *hinderen; ergeren*
chiffonnier I m *ladekast* **II** m [v: **chiffonnière**] *voddenraper*
chiffrage m • *becijfering* • *codering*
chiffre m • *cijfer; getal* • *bedrag* • *codecijfer* ‹v. slot›; *geheimschrift; cijfer-, lettercombinatie* ‹v. slot› • *monogram* ★ ~ d'affaires *omzet*
chiffrer I OV WW • *berekenen* • *nummeren* • *omzetten in cijferschrift; coderen* • MUZ. *becijferen* ★ ~ des pages *bladzijden nummeren* ★ ~ un télégramme *een telegram coderen* ★ ~ une basse *een bas becijferen* **II** ON WW • *oplopen* ‹v. aantal, bedrag› • *cijferen; rekenen* **III** WKD WW (**se** ~) *bedragen; (op)lopen* ★ se ~ à 2 millions *2 miljoen belopen* ★ se ~ par millions *in de miljoenen lopen*
chiffreur m [v: **chiffreuse**] • *codist* • *cijferaar*
chignole v • INF. *vehikel* • *boor*
chignon m *knot; wrong*
Chili m *Chili*
chilien BNW [v: **chilienne**] *Chileens*
Chilien m [v: **Chilienne**] *Chileen*
chimère v • *hersenschim* • *chimaera*
chimérique BNW *denkbeeldig; hersenschimmig*
chimie v • *scheikunde; chemie* • *onzichtbare (wissel)werking (**entre** tussen)*
chimiothérapie v *chemotherapie*
chimique BNW *scheikundig; chemisch*
chimiste m/v *scheikundige; chemicus*
chimpanzé m *chimpansee*
chine I m *Chinees papier; Chinees porselein* **II** v *uitdragerij*
Chine v *China*
chiner I OV WW • INF. *plagen* • *chineren; vlammen* ‹v. stoffen› **II** ON WW • *vlammen* ‹v. stoffen› • *koopjes zoeken* ‹bij uitdragers e.d.›
chinois I m *(het) Chinees* **II** BNW *Chinees* ★ ombres ~es *Chinese schimmen*
Chinois m [v: **Chinoise**] *Chinees*
chinoiserie v • *Chinees snuisterijtje* • *kleingeestige maatregel; pietluttigheid*
chiot (*zeg:* sjoo) m *jonge hond; pup*
chiottes v mv VULG. *plee*
chiourme v *de galeiboeven*
chiper OV WW INF. • *gappen; afkapen* • *oplopen* ★ ~ un rhume *een kou oplopen*
chipie v INF. *feeks; kreng*
chipolata v *worstje*
chipotage m → **chipoter**
chipoter I ON WW • *treuzelen* ‹bij het werken› • *kieskauwen* • *afdingen (**sur** op)* **II** WKD WW (**se** ~) *met elkaar kibbelen*
chipoteur INF. **I** m [v: **chipoteuse**] • *kieskauwer* • *treuzelaar* • *vitter* • *afdinger; pingelaar* **II** BNW [v: **chipoteuse**] *vitterig; bedillerig*
chipotier m [v: **chipotière**] → **chipoteur**
chips m mv *chips*
chique v • *tabakspruim* • *zandvlo* ★ INF. couper la ~ à *de mond snoeren*
chiqué m INF. *bluf; uitsloverij*
chiquenaude v • *knip met de vingers* • FIG. *duwtje*
chiquer OV WW *pruimen* ‹v. tabak›
chiqueur m *pruimer*
chiromancie (*zeg:* kie-) v *het handlezen*
chiromancien (*zeg:* kie-) m [v: **chiromancienne**] *handlezer*
chiropracteur (*zeg:* kie-) m *chiropracticus*
chiropractie (*zeg:* kieropraktie) v *chiropraxis; chiropraxie*

chiropraticien (*zeg:* kie-) m [v: **chiropraticienne**] → **chiropracteur**

chirurgical BNW [m mv: **chirurgicaux**] *chirurgisch*

chirurgie v *chirurgie* ★ ~ esthétique/plastique *plastische chirurgie* ★ ~ dentaire *tandheelkunde*

chirurgien m [v: **chirurgienne**] *chirurg*

chirurgien-dentiste m/v [mv: **chirurgiens-dentistes**] *kaakchirurg*

chiure v *drek* ‹v. insecten›

chlorate (*zeg:* kloo-) m *chloraat*

chlore (*zeg:* kloor) m *chloor*

chloré (*zeg:* kloorее) BNW *chloorhoudend*

chlorer (*zeg:* klooree) OV WW *chloreren*

chlorhydrique (*zeg:* kloor-) BNW *chloorwaterstof-* ★ acide ~ *zoutzuur*

chlorique (*zeg:* kloor-) BNW ★ acide ~ *chloorzuur*

chloroforme (*zeg:* kloor-) m *chloroform*

chloroformer (*zeg:* kloor-) OV WW *in slaap maken met chloroform*

chlorophylle (*zeg:* kloor-) v *bladgroen*

chlorure (*zeg:* kloor-) m *chloride* ★ ~ d'ammonium *salmiak* ★ ~ de sodium *keukenzout*

chnoque (*zeg:* sjnok) m INF. [**schnock**] *idioot* ★ vieux ~ *ouwe knakker*

choc **I** m • *schok*; *botsing* • MED. *shock* ★ choc en retour *terugslag* ★ ... de choc *radicaal* ★ troupes de choc *stoottroepen* ★ sous le choc *verbijsterd*; *van streek* **II** BNW *opvallend*; *uitdagend*; *schokkend* ★ prix chocs *stuntprijzen*

chochotte v INF. *nuf*

chocolat (*zeg:* -là) **I** m *chocolade* ★ barre de ~ *reep chocolade* ★ ~ chaud *warme chocolademelk* **II** BNW *chocoladekleurig* ★ INF. être ~ *de sigaar zijn*

chocolaterie v *chocoladefabriek*; *chocoladewinkel*

chocolatier m [v: **chocolatière**] • *chocoladefabrikant* • *winkelier in chocolade*

chœur (*zeg:* keur) m *koor*; *rei* ★ enfant de ~ *koorknaap*; *braverik* ★ en ~ *in koor*; *eenstemmig*; *gezamenlijk*

choir ON WW FORM. *vallen* ★ laisser ~ *in de steek laten*; *laten vallen*

choisi BNW *uitgelezen* ★ morceaux ~s *bloemlezing*

choisir OV + ON WW • *kiezen (***entre** *tussen, uit)* • (~ **de**) *besluiten om*

choix m *keus*; *keur* ★ au ~ *naar keus* ★ de second ~ *tweede keus-*; *van mindere kwaliteit* ★ des marchandises de ~ *prima waren* ★ avoir le ~ *mogen kiezen* ★ c'est l'embarras du ~ *men weet niet wat men moet kiezen*; *er is volop keus*

choléra (*zeg:* koo-) m • *cholera* • INF. *kreng*

cholérique (*zeg:* koo-) **I** m/v *cholerapatiënt* **II** BNW *cholera-*

cholestérol (*zeg:* koo-) m *cholesterol*

chômage m • *werkloosheid* • *tijdelijke stilstand v. werk* ★ ~ partiel *werktijdverkorting* ★ ~ saisonnier *seizoenswerkloosheid* ★ ~ technique *arbeidsverlet*; *gedwongen inactiviteit* ★ en ~ *werkloos*

chômé BNW ★ un jour ~ *een vrije dag*

chômedu m INF. ★ être au ~ *in de WW lopen*

chômer **I** OV WW *een feestdag vieren door niet te werken* **II** ON WW • *niet werken* • *werkloos zijn* ★ ne pas ~ *niet stilzitten*; *actief zijn*

chômeur m [v: **chômeuse**] *werkloze*

chope v *bierglas*; *pul*; *glas bier*

choper OV WW INF. • *gappen* • *pakken*; *arresteren* • *oplopen* ‹v. ziekte› ★ se faire ~ *zich laten betrappen*; *gesnapt worden*

chopine v • INF. *fles* • VERO. *drankmaat* ‹ong. halve liter›; *pint*

choquant BNW *stuitend*; *ergerlijk*

choquer OV WW • *een schok geven*; *botsen met* • *schokken*; *ergeren*; *choqueren* ★ INF. ~ les verres *klinken*

choral (*zeg:* kooral) **I** m [mv: **chorals**] *koraal*; *koorgezang* **II** BNW *koor-*

chorale (*zeg:* kooraal) v *zangkoor*

chorégraphe (*zeg:* koo-) m/v *choreograaf*

chorégraphie (*zeg:* koo-) v *choreografie*

chorégraphique (*zeg:* koo-) BNW *choreografisch* ★ art ~ *danskunst*

choriste (*zeg:* koo-) m/v *koorzanger*

chorus (*zeg:* kooruus) m • *instemming* • MUZ. *chorus* ★ faire ~ *in koor herhalen*; *(luid) instemmen*

chose **I** m *dinges* **II** v *ding*; *zaak*; *iets* ★ LIT. la ~ publique *de staat*; *de publieke zaak* ★ autre ~ *iets anders* ★ la même ~ *hetzelfde* ★ pas grand'~ *niet veel bijzonders* ★ peu de ~ *niet veel bijzonders* ★ quelque ~ *iets* ★ quelque ~ de bien *iets goeds* ★ devenir quelque ~ *het ver brengen* ★ y être pour quelque ~ *erbij betrokken zijn* ★ quelque ~ comme ... *ongeveer ...* ★ se croire quelque ~ *zich heel wat voelen* ★ c'est ~ faite *het is voor elkaar/ beklonken* ★ de deux ~s l'une *van twee dingen één*; *of het één of het ander* ★ parler de ~s et d'autres *over koetjes en kalfjes praten* ★ voilà une bonne ~ de faite! *zo, dat zit er op!* ★ ~ dite, ~ faite *zo gezegd, zo gedaan* ★ (dites) bien des ~s à *(doe) de groeten aan* **III** BNW ★ se sentir (tout) ~ *een raar gevoel hebben*

chou m [mv: **choux**] • PLANTK. *kool* • *soes* • *schatje*; *liefje* • *gestrikt lintje*; *rozet* ★ chou à la crème *roomsoes* ★ choux de Bruxelles *spruitjes* ★ chou frisé *boerenkool* ★ chou de Milan *savooiekool* ★ faire chou blanc *bot vangen*; *mislukken* ★ INF. aller planter ses choux *buiten stil gaan leven* ★ bête comme chou *doodeenvoudig* ★ ce qu'elle est chou(te)! *wat is ze een schatje!* ★ entrer dans le chou à *iem. aanvliegen*

choucas (*zeg:* -kà) m *kauw*; *torenkraai*

chouchou **I** m [v: **chouchoute**] *lieveling* **II** m mv *haarbandje*; *polsbandje*

chouchouter OV WW *vertroetelen*

choucroute v *zuurkool*

chouette **I** v *uil* **II** BNW INF. *lief*; *aardig*; *leuk* **III** TW *leuk!* ★ ~ alors! *fijn!*

chou-fleur m [mv: **choux-fleurs**] *bloemkool*

chou-navet m [mv: **choux-navets**] *koolraap*

choupette v *kuifje*

chou-rave m [mv: **choux-raves**] *koolrabi*

choute v *liefje*

choux m mv → **chou**
choyer OV WW • *vertroetelen* • FIG. *cultiveren*; *koesteren*
chrême (*zeg:* krem) m *chrisma*; *zalfolie*
chrétien (*zeg:* kree-) **I** m [v: **chrétienne**] *christen* **II** BNW [v: **chrétienne**] *christelijk* ★ le roi Très Chrétien *de koning van Frankrijk*
chrétienté (*zeg:* kreetsja(n)tee) v *christenheid*
Christ (*zeg:* kriest) m *Christus*
christianiser (*zeg:* kr-) OV WW *kerstenen*
christianisme (*zeg:* kr-) m *christendom*
chromate (*zeg:* kr-) m *chromaat*
chromatique (*zeg:* kr-) BNW • *chromatisch* • *chromosomen-* ★ gamme ~ *chromatische toonladder*
chromatisme (*zeg:* kr-) m *chromatiek*
chrome (*zeg:* kr-) m *chroom*
chromer (*zeg:* kr-) OV WW *verchromen*
chromo (*zeg:* kr-) m • *kleurenlitho* • PEJ. *goedkope kleurenplaat*
chromosome (*zeg:* kr-) m *chromosoom*
chromotypographie (*zeg:* kr-) v *kleurendruk*
chronicité (*zeg:* kr-) v *(het) chronisch karakter* ‹v. ziekte›
chronique (*zeg:* kr-) **I** v • *kroniek* • *vaste rubriek in een krant* ‹in krant› • *geruchten* ★ ~ scandaleuse *lasterpraatjes* ★ défrayer la ~ *in het nieuws zijn*; *over de tong gaan* **II** BNW • *langdurig* • *chronisch*
chroniqueur (*zeg:* kr-) m [v: **chroniqueuse**] • *kroniekschrijver* • *redacteur* ‹v. vaste rubriek›
chrono (*zeg:* kr-) m INF. • *chronometer* • SP. *tijdrit*
chronogramme (*zeg:* kr-) m *chronogram*
chronologie (*zeg:* kr-) v • *tijdrekenkunde*; *chronologie* • *chronologische volgorde*
chronologique (*zeg:* kr-) BNW *chronologisch*
chronométrage (*zeg:* kr-) m *tijdwaarneming*
chronomètre (*zeg:* kr-) m *stopwatch*; *chronometer*
chronométrer (*zeg:* kr-) OV WW *de tijd opnemen van*; *timen* ★ ~ une course *de tijden van een wedstrijd opnemen*
chronométreur (*zeg:* kr-) m *tijdopnemer*
chrysalide (*zeg:* kr-) v *cocon*; *pop*
chrysanthème (*zeg:* kr-) m *chrysant* ★ FIG. inaugurer les ~s *linten doorknippen*
chrysomèle (*zeg:* kr-) m *goudhaantje* ‹soort kever›
chuchotement m *gefluister*
chuchoter OV + ON WW *(in)fluisteren*
chuchoterie v *gefluister*
chuchotis (*zeg:* -tie) m FORM. *geruis*
chuintement m *gesis*; *geslis*
chuinter ON WW • *sissen* • *krassen* ‹v. uil› • *slissen*; *lispelen*
chut (*zeg:* sjuut) TW *sst!*
chute v • *val*; *(het) (af)vallen*; *(het) uitvallen* • *mislukking*; *val* • *(bruuske) daling* • *afval*; *restjes* • *slot* ‹v. vers, muziekstuk› ★ ~ libre *vrije val* ★ ~ d'eau *waterval* ★ ~ des cheveux *haaruitval* ★ la ~ du jour *het vallen v.d. avond* ★ ~ de pierres *vallend gesteente* ★ ~ des reins *lendestreek*; *kruis* ★ la ~ du premier homme *de zondeval* ★ deux de ~ *twee down* ‹bridge›
chuter ON WW • *(bruusk) dalen* • INF. *vallen* • *down gaan* ‹bij kaarten› • INF. *mislukken*; *floppen*; *afgaan*
Chypre v *Cyprus*
chypriote BNW *Cyprisch*
Chypriote m/v *Cyprioot*
ci **I** AANW VNW *dit* ‹in uitdrukkingen› ★ ci et ça *dit en dat*; *een en ander* **II** BIJW *hier* ‹in samenstellingen› ★ ce livre-ci *dit boek* ★ ci-annexé *hierbij gevoegd* ★ ci-après *hierna* ★ ci-contre *hier tegenover*; *hiernaast* ★ ci-dessous *hieronder* ★ ci-dessus *hierboven* ★ ci-devant *voorheen* ★ celui-ci *deze/dit (hier)* ★ ci-gît *hier ligt (begraven)* ★ ci-inclus *ingesloten*; *hierbij* ★ ci-joint *ingesloten*; *hierbij* ★ de-ci de-là *hier en daar* ★ par-ci par-là *hier en daar* ★ un ci-devant *een aanhanger v.h. Ancien Régime*
ciao TW INF. *doei!*
cibiste m/v *amateurzender*; *bakkenist*
cible v • *schietschijf*; OOK FIG. *mikpunt* • *doelgroep* ★ tir(er) à la ~ *schijfschieten*
cibler OV WW *als mikpunt nemen*; *als doelgroep kiezen*; *op een doelgroep afstemmen*
ciboire m R.-K. *ciborie*
ciboule v *bieslook*
ciboulette v *(klein) bieslook*
ciboulot (*zeg:* -loo) m INF. *hoofd*; *kop*
cicatrice v OOK FIG. *litteken*
cicatriciel BNW [v: **cicatricielle**] *litteken-*
cicatrisation v *(het) helen/dichtgaan v. wond*
cicatriser OV + ON WW *helen*; OOK FIG. *genezen*
cidre m *appelwijn*; *cider*
cidrerie v • *ciderfabricage* • *ciderfabriek*
Cie AFK (compagnie) *Mij.*
ciel **I** m [mv: **ciels/cieux**] • *hemel*; *lucht* • *hemel* ‹v. ledikant enz.› ★ ciel bas *laaghangende bewolking* ★ ciel couvert *betrokken lucht* ★ ciel sombre *bewolkte lucht* ★ ciel de plomb *loodgrijze lucht* ★ à ciel ouvert *in de openlucht* ★ le ciel s'éclaircit *de lucht klaart op* ★ vivre sous un beau ciel *in een mooi klimaat leven* ★ remuer ciel et terre *hemel en aarde bewegen* ★ tomber du ciel *als geroepen komen*; *uit de lucht komen vallen* ★ sous le ciel *hier op aarde* ★ sous d'autres cieux *in andere streken* ★ être au ciel *in de hemel zijn*; *dood zijn* ★ aux cieux *in de hemel(en)* ★ grâce au ciel *goddank* ★ au septième ciel *in de zevende hemel* **II** TW ★ (ô) ciel! *hemeltje lief!*
cierge m *waskaars* ★ brûler un ~ à qn *aan iem. dank betuigen* ★ ~ pascal *paaskaars*
cieux m mv → **ciel**
cigale v *cicade*
cigare m • *sigaar* • ARG. *kop* ★ ~ blond *lichte sigaar* ★ ~ brun *zware sigaar*
cigarette v *sigaret*
cigogne v *ooievaar*
ciguë v • *dollekervel* • *gif van dollekervel* ★ boire la ~ *de gifbeker drinken*
cil m *ooghaar*; *wimper* ★ cil vibratile *trilhaartje*
cilice m *haren boetekleed*; *haren gordel*
cillement m *(het) knipperen met de ogen*
ciller ON WW *met de ogen knipperen* ★ je n'ose ~ devant lui *ik durf in zijn bijzijn mijn mond niet open te doen*
cime v *top*; *kruin*; FIG. *toppunt*

ciment m • *cement* • FIG. *hechte band*
cimenter OV WW • *cementeren* • *hechter maken*; *bezegelen* ★ ~ la paix *de vrede bezegelen*
cimenterie v *cementfabriek*
cimeterre m *kromzwaard*
C
cimetière m *begraafplaats*; *kerkhof* ★ ~ de voitures *autokerkhof*
cinabre m *cinnaber*; *vermiljoen*
ciné m INF. *bios*
cinéaste m/v *cineast*
ciné-club m [**cinéclub**] *filmclub*
cinéma m • *bioscoop* • *film(kunst)* • INF. *aanstellerij* ★ aller au ~ *naar de film gaan*
cinémathèque v *filmotheek*
cinématique v *kinematica*; *leer v.d. beweging*
cinématographique BNW *film-*
cinéphile m/v *filmliefhebber*
cinéraire BNW *as-* ★ urne ~ *urn*
cinétique BNW *kinetisch*
cinglant BNW • *striemend* • *kwetsend*; *ruw*; *hard*
cinglé INF. **I** m [v: **cinglée**] *gek* **II** BNW *getikt*; *een beetje gek*
cingler I OV WW • *diep treffen* • *striemen*; *geselen* **II** ON WW *varen*; *zeilen*; *koers zetten (vers naar)*
cinoche m INF. *bios*
cinq (*zeg:* se(n)k) **I** m • *vijf* • *vijfde* ‹v.d. maand› ★ en cinq sec *vlug*; *een-twee-drie* ★ il était moins cinq *het was op het nippertje* ★ reçu cinq sur cinq OOK FIG. *de boodschap is goed overgekomen* **II** TELW *vijf*
cinquantaine v • *vijftigtal* • *vijftigjarige leeftijd*
cinquante I m *vijftig* **II** TELW *vijftig*
cinquantenaire I m • *gouden feest* • *halve-eeuwfeest* • *50e verjaardag* **II** m/v *vijftigjarige*
cinquantième I m *vijftigste deel* **II** TELW *vijftigste*
cinquième I m *vijfde deel* **II** v *tweede jaar v.h. middelbaar onderwijs* ‹in Frankrijk› **III** TELW *vijfde*
cinquièmement BIJW *ten vijfde*
cintre m • *kleerhanger*; *knaapje* • ARCH. *boog* ‹v. gewelf› • *ruimte boven het toneel* ★ plein ~ *rondboog* ★ les ~s *bovenste loges*
cintré BNW • *gebogen* • INF. *gek*; *getikt*
cintrer OV WW • ARCH. *overwelven* • *welven*; *krommen* • *tailleren*
cirage m • *(het) inwrijven*; *(het) boenen* • *(het) poetsen* • *schoensmeer* ★ INF. être dans le ~ *de kluts kwijt zijn*
circoncire OV WW *besnijden*
circoncision v *besnijdenis*
circonférence v • WISK. *cirkelomtrek* • *omtrek*
circonflexe BNW *omgebogen* ★ TYP. accent ~ *leesteken 'dakje' (zoals in fête)*; *accent circonflexe*
circonlocution v *omschrijving*; *omhaal van woorden*
circonscription v • *district* • WISK. *omschrijving* ★ ~ électorale *kiesdistrict*
circonscrire OV WW • *omgrenzen*; *afbakenen*; *beperken* • WISK. *omschrijven*
circonspect (*zeg:* -spe(kt)) BNW *omzichtig*; *bedachtzaam*; *voorzichtig*
circonspection v *omzichtigheid*; *bedachtzaamheid*; *voorzichtigheid*
circonstance v • *omstandigheid* • *gelegenheid* ★ figure de ~ *gelegenheidsgezicht* ★ l'homme de ~ *de geschikte man* ★ dans les ~s *in de (gegeven) omstandigheden* ★ de ~ *van pas komend*; *gelegenheids-*
circonstancié BNW *omstandig*; *uitvoerig*
circonstanciel BNW [v: **circonstancielle**] • TAALK. *bijwoordelijk* • *van de omstandigheden afhangend* ★ complément ~ *bijwoordelijke bepaling* ★ proposition ~le *bijwoordelijke bijzin*
circonvenir OV WW *om de tuin leiden*
circonvolution v *winding*; *kronkeling*; *cirkeling*
circuit m • SP./TECHN. *circuit* • *traject*; *parcours* • *rondrit*; *toer* • *elektrische schakeling* • *kringloop* • *net(werk)* • *omweg* ★ ~ de freinage *remcircuit*; *remleiding* ★ ~ fermé *gesloten circuit*; FIG. *afgezonderdheid* ★ ~ intégré *geïntegreerde schakeling* ★ court-~ *kortsluiting* ★ hors ~ *uitgeschakeld*; FIG. *niet meer meedoend*
circulaire I v *circulaire* **II** BNW *kringvormig*; *cirkelvormig* ★ mouvement ~ *rondgaande beweging*; *kringloop* ★ raisonnement ~ *cirkelredenering* ★ regard ~ *blik in het rond* ★ scie ~ *cirkelzaag* ★ voyage ~ *rondreis*
circulation v • *omloop*; *circulatie* • *verspreiding van ideeën* • *verkeer* ★ ~ de l'air *luchtstroming* ★ la ~ du sang *de bloedsomloop* ★ ~ fluide *vlot doorstromend verkeer* ★ ~ interdite *verkeer gestremd* ★ mettre en ~ *in omloop brengen*
circulatoire BNW *wat de bloedsomloop betreft* ★ appareil ~ *vaatstelsel* ★ troubles ~s *stoornissen in de bloedsomloop*
circuler ON WW • *circuleren*; *rondlopen*; *rondgaan*; *stromen* • *in omloop zijn* • *heen en weer gaan*; *heen en weer rijden* • *zich verspreiden*; *rondgaan* ★ le sang circule dans les veines *het bloed stroomt door de aderen* ★ le bruit circule *het gerucht doet de ronde* ★ circulez! *doorlopen!*
cire v • *was* • *lak* • *oorsmeer* ★ cire à modeler *boetseerwas* ★ cire à cacheter *zegellak* ★ bâton de cire *pijp lak* ★ (figure de) cire *wassen beeld* ★ cachet de cire *lakzegel* ★ manier qn comme de la cire molle *alles met iem. kunnen doen*
ciré I m *oliejas* **II** BNW *was-*
cirer OV WW *boenen*; *met was inwrijven*; *poetsen* ‹v. schoenen› ★ toile cirée *wasdoek*
cireur m [v: **cireuse**] *schoenpoetser*; *iem. die boent*
cireuse v *boenmachine*
cireux BNW [v: **cireuse**] *wasachtig*
cirque m • *circus* • *arena bij de Romeinen* • AARDR. *keteldal* • INF. *gekkenhuis*; *herrie*; *aanstellerij*
cirrhose v *cirrose*
cirrus (*zeg:* -uus) m *vederwolk*; *cirrus*
cisaille v vaak mv *snoeischaar*; *metaalschaar*
cisailler OV WW *doorknippen*; *snoeien*
ciseau m [mv: **ciseaux**] *beitel* ★ (une paire de) ~x *een schaar*
ciseler OV WW • *ciseleren*; *beitelen* • *nauwgezet*

verzorgen; bijschaven ★ ~ son style *zijn stijl perfectioneren*
ciselet m *drijfbeitel*
ciseleur m [v: **ciseleuse**] *graveur; ciseleur*
ciselure v • *(het) drijven van metalen* • *gedreven werk*
cistercien I m [v: **cistercienne**] *cisterciënzer* **II** BNW *cisterciënzer*
citadelle v *citadel; burcht;* OOK FIG. *bolwerk*
citadin I m [v: **citadine**] *stedeling* **II** BNW *stedelijk; stads-*
citation v • *citaat* • JUR. *dagvaarding* ★ MIL. ~ à l'ordre du jour *eervolle vermelding bij dagorder*
cité v • *stad* • *stadswijk* • *complex flatgebouwen* • *stadskern; oudste stadsgedeelte* • GESCH. *stadstaat* ★ la cité céleste *het hemels paradijs* ★ cité ouvrière *arbeiderswijk* ★ cité sainte *heilige stad* ★ cité universitaire *universiteitswijk; campus* ★ droit de cité FIG. *burgerrecht*
citer OV WW • *aanhalen; citeren; noemen* • JUR. *dagvaarden* • MIL. *eervol vermelden*
citerne v • *tank; reservoir* • *regenbak*
cithare v *citer*
citoyen m [v: **citoyenne**] • *burger* • *(tijdens de Fr. Revolutie) aanspreektitel die 'monsieur' verving* ★ INF. un drôle de ~ *een rare snuiter*
citoyenneté v *burgerschap*
citrique BNW ★ acide ~ *citroenzuur*
citron I m • *citroen* • INF. *kop* ★ ~ pressé *uitgeperste citroen; citroenkwast* **II** BNW *citroengeel*
citronnade v *citroenlimonade*
citronnelle v • *citroenkruid; citroenmelisse* • *citroenlikeur* • *citronella(olie)*
citronnier m *citroenboom*
citrouille v • *pompoen* • INF. *kop*
civet m *ragout* ‹v. wild/gevogelte› ★ ~ de lièvre *hazenpeper*
civette v • *civetkat* • *civet* • *bieslook*
civière v *brancard; draagbaar*
civil I m *burger* ★ en ~ *in burgerkleding* ★ dans le ~ *in het burgerleven* **II** BNW • *burgerlijk; burger-* • VERO. *beleefd; beschaafd* ★ cause ~e *civiele zaak* ★ droits ~s *burgerrechten* ★ discordes ~es *burgertwisten* ★ état ~ *burgerlijke stand; burgerlijke staat* ★ guerre ~e *burgeroorlog*
civilisateur I m [v: **civilisatrice**] *beschaver* **II** BNW [v: **civilisatrice**] *beschavend*
civilisation v • *beschaving; civilisatie* • *(Frankrijk)kunde*
civiliser OV WW *beschaven*
civilité I v *beleefdheid; beschaafdheid;* VERO. *wellevendheid* **II** v mv VERO. *beleefdheidsbetuigingen* ★ faire des ~s *complimenten maken*
civique BNW *burgerlijk; burger-* ★ droits ~s *burgerrechten* ★ garde ~ *burgerwacht; nationale reserve*
civisme m *burgerzin*
clabaudage m *loos geblaf; loos geschreeuw; kwaadsprekerij*
clabauder ON WW • *zonder reden blaffen of schreeuwen* • *kwaadspreken* (**contre, sur** *over)*
clabauderie v *geroddel*
clabaudeur m [v: **clabaudeuse**] *kwaadspreker*
clafoutis (*zeg:* -tie) m *vruchtentaart; vlaai*
claie v *vlechtwerk; hekwerk; traliewerk; horde*
clair I m • *licht; helderheid; schijnsel* • *lichte partij* ‹op schilderij›; *dunne plek* ‹in stof› ★ ~ de lune *maneschijn* ★ au ~ *tot klaarheid* ★ au ~ sur *op de hoogte van* ★ tirer une affaire au ~ *een zaak ophelderen* ★ en ~ *ongecodeerd;* FIG. *duidelijk (gezegd)/wel te verstaan* ★ le plus ~ de *het grootste deel van* **II** BNW • *klaar; helder* • *licht* • *duidelijk* • *dun* ‹v. samenstelling› ★ ~ et net *overduidelijk; ronduit* ★ ~ comme le jour *zonneklaar* ★ ~ comme de l'eau de roche *glashelder* ★ des yeux bleu ~ *lichtblauwe ogen* ★ ~ comme deux et deux font quatre *zo klaar als een klontje* **III** BIJW • *duidelijk* • *dun* ‹v. samenstelling› ★ il fait ~ *het is dag* ★ j'y vois ~ maintenant *nu snap ik het* ★ on ne voit plus ~ *ik kan niet goed meer zien*
claire v • *oesterput* • *oester* ‹uit de put›
clairement BIJW *duidelijk*
clairet m *lichtrode wijn*
claire-voie m [mv: **claires-voies**] • *traliewerk; opengewerkte omheining* • ARCH. *rij ramen boven in het schip* ‹gotische kerk› ★ à ~ *met openingen; opengewerkt*
clairière v • *open plek in een bos; laar* • *dunne plek in een weefsel*
clair-obscur m [mv: **clairs-obscurs**] • *halfdonker* • SCHILDERK. *clair-obscur*
clairon m • *klaroen; hoorn* • *hoornblazer*
claironnant BNW *doordringend; schel (klinkend)*
claironner I OV WW FIG. *rondbazuinen* **II** ON WW *op de klaroen blazen*
clairsemé BNW *dun gezaaid; dun* ★ blé ~ *dun gezaaide tarwe* ★ cheveux ~s *dun haar*
clairvoyance v • *doorzicht; inzicht; scherpzinnigheid* • *helderziendheid*
clairvoyant BNW • *scherpziend* • *scherpzinnig* • *helderziend* ★ un(e) ~(e) *een helderziende*
clamecer ON WW INF. [**clamser**] *de pijp uitgaan*
clamer OV WW *uitroepen; uitschreeuwen* ★ ~ son innocence *zijn onschuld volhouden*
clameur v *geschreeuw; geraas*
clamser WW → **clamecer**
clan m • *clan* • FIG. *kliek*
clandestin BNW *heimelijk; clandestien; illegaal* ★ (passager) ~ *verstekeling* ★ publicité ~e *sluikreclame*
clandestinité v • *heimelijkheid* • *ondergronds verzet tijdens oorlog* • *de leden v.d. ondergrondse* ★ dans la ~ *clandestien; ondergedoken*
clapet m • *klep* • INF. *mond; klep* ★ ~ de piston *zuigerklep*
clapier m • *konijnenhok* • INF./FIG. *hok*
clapotage m [**clapotis**] *gekabbel van golven; geklots*
clapoter ON WW *kabbelen; klotsen* ‹v. golven›
clapotis (*zeg:* -tie) m → **clapotage**
clapper ON WW *klakken* ‹met de tong›
claquage m *spierverrekking; zweepslag*
claquant BNW INF. *vermoeiend*
claque I m • *opvouwbare hoge hoed; klakhoed*

C

• VULG. *bordeel* II v • *klap* • *overschoen* • *claque* ★ INF. en avoir sa ~ *er genoeg van hebben*
claquement m *geklap*; *(het) klappen*
claquemurer I OV WW *in een kamer opsluiten* II WKD WW (**se** ~) *zich in zijn kamer opsluiten*
claquer I OV WW • *een klap geven* • *vermoeien*; *uitputten* • INF. *spenderen*; *verpatsen* ★ ~ les portes *met de deuren slaan* ★ INF. je suis claqué *ik ben doodop* II ON WW • *klappen*; *klapperen*; *klakken* • INF. *doodgaan*; *stukgaan* ★ ~ des dents *klappertanden* ★ ~ des mains *in de handen klappen* ★ INF. ~ du bec *niet genoeg te bikken hebben*; *honger hebben* III WKD WW (**se** ~) *zich over de kop werken* ★ se ~ un muscle *een spier verrekken*
claqueter ON WW *klepperen* ‹v. ooievaars›; *kakelen* ‹v. kippen›
claquette v *klepper* ‹ratel; sandaal› ★ (danse à) ~s *tapdans*
clarification v • *klaring*; *zuivering* • FIG. *opheldering*
clarifier OV WW • *helder maken*; *klaren* ‹v. vloeistoffen› • FIG. *ophelderen*
clarine v *koebel*; *schapenbel*
clarinette v *klarinet*
clarinettiste m/v *klarinettist*
clarté v • *licht*; *helderheid*; *klaarheid* • *duidelijkheid*
classable BNW *classificeerbaar*
classe v • *klas(se)* ‹in alle betekenissen› • *schooltijd*; *les* • *stand* • *rang* • MIL. *lichting* ★ ~ de chant *zangles* ★ les ~s moyennes *middenklasse*; *middenstand*; *kleine burgerij* ★ ~ ouvrière *arbeidersklasse* ★ ~ de neige *skikamp* ‹als schoolreis› ★ en ~ *tijdens de les* ★ faire la ~ *les geven* ★ faire ses ~s *ervaring opdoen* ★ avoir de la ~ *klasse/distinctie hebben*; *puik zijn* ★ être de la ~ *van de ouwe hap zijn*; *binnenkort afzwaaien* ★ tenir sa ~ *orde houden*
classement m • *rangschikking*; *classificatie*; *klassement* • *(het) seponeren*
classer OV WW • *rangschikken*; *classificeren*; *op een (rang)lijst plaatsen* • *seponeren* ★ se ~ parmi *gerekend worden tot*; *behoren tot* ★ affaire classée (sans suite) *afgedane zaak* ★ site classé *beschermd landschap*
classeur m • *iem. die indeelt* • *ordner*; *multomap* • *archiefkast*
classicisme m *classicisme*
classificateur I m [v: **classificatrice**] *iemand die indeelt* II BNW [v: **classificatrice**] ★ esprit ~ *ordenende geest*
classification v *classificatie*; *(het) indelen in klassen*
classifier OV WW *classificeren*; *indelen in klassen*
classique I m • *klassieke muziek* • *klassiek werk* • *groot, klassiek schrijver* • *schrijver uit de tijd v.h. classicisme* II v *klassieke wedstrijd*; *klassieker* III BNW • *klassiek* ‹in alle betekenissen› • *traditioneel*; *aloud*; *welbekend* • *voor gebruik op school*; *school-* ★ les langues ~s *de klassieke talen* ‹Grieks en Latijn›
claudication v *(het) hinken*
claudiquer ON WW *hinken*
clause v *clausule*; *beding*
claustral BNW [m mv: **claustraux**] *klooster-*
claustration v *opsluiting*
claustrer OV WW *opsluiten*
claustrophobie v *claustrofobie*; *engtevrees*
claveau m *sluitsteen*
clavecin m *klavecimbel*
claveciniste m/v *klavecimbelspeler*
clavette v *bout*; *pin*; *spie*
clavicorde m *klavichord*
clavicule v *sleutelbeen*
clavier m • *toetsenbord* • *klavier* • *(scala van) mogelijkheden*
clébard m ARG. *hond*
clef [**clé**] (*zeg:* klee) I v • *sleutel* ‹in alle betekenissen› • *klep* ‹muziekinstrument› • *houdgreep* ★ clef anglaise *Engelse sleutel* ★ clef à molette *bahco* ★ clef de sol *g-sleutel* ★ clef de voûte *sluitsteen*; FIG. *hoeksteen* ★ la clef d'un pays *sterke grensvesting* ★ clefs en main *gebruiksklaar*; *bedrijfsklaar* ‹v. fabriek›; *sleutelklaar/direct te aanvaarden* ‹v. nieuwe woning› ★ ... à la clef *in het vooruitzicht* ★ fermer à clef *op slot doen* ★ mettre sous clef *achter slot en grendel doen*; *wegsluiten* ★ prendre la clef des champs *het hazenpad kiezen*; *ervandoor gaan* ★ mettre la clef sous la porte/sous le paillasson *met de noorderzon vertrekken*; *verhuizen* II BNW *sleutel-*; *waar alles om draait* ★ position clé *sleutelpositie*
clématite v *clematis*
clémence v • FORM. *clementie* • *zachtheid* ‹v. weer›
clément BNW • *clement* • *zacht* ‹v. weer›; *mild* ★ ciel ~ *zacht klimaat*
clémentine v *clementine* ‹soort mandarijn›
clenche v [**clenchette**] *klink*
cleptomane m/v *kleptomaan*
cleptomanie v *kleptomanie*; *zucht tot stelen*
clerc (*zeg:* klèr) m • *klerk* • *clericus* • VERO. *geleerde* ★ un pas de ~ *een domme fout* ‹door gebrek aan ervaring›
clergé m *geestelijkheid*; *clerus* ★ ~ régulier *kloosterlingen* ★ ~ séculier *wereldgeestelijken*
clérical I m [mv: **cléricaux**] *klerikaal* II BNW *geestelijk*; *kerkelijk*; *klerikaal*
cléricalisme m *klerikalisme*
clic I m COMP. *(muis)klik* II TW [**click**] *klik!*
clic-clac m (onver.) *bedbank*
cliché m • *cliché* • *gemeenplaats* • *fotonegatief* • *(röntgen)foto*
client m [v: **cliente**] • *cliënt*; *(vaste) klant* • *patiënt* • *afnemer* • *(vreemd) heerschap*; *klant*
clientèle v • *klandizie* • *clientèle*; *klanten*; *cliënten* • *aanhang*
clignement m *(het) knipogen*; *knipoogje*
cligner I OV WW • *met de ogen knipperen*; *knipogen* • *de ogen toeknijpen* II ON WW ★ ~ de l'œil *knipogen* ★ ~ des yeux *met de ogen knipperen*
clignotant m *knipperlicht*; *richtingaanwijzer*
clignotement m • *(het) knipperen met de ogen* • *(het) flikkeren* ‹v. licht›
clignoter ON WW • *flikkeren* • *voortdurend met*

de ogen knipperen
clima AFK INF. (climatisation) *airco*
climat m • OOK FIG. *klimaat* • VERO. *landstreek*
climatique BNW *het klimaat betreffend; weer-* ★ station ~ *herstellingsoord*
climatisation v *airconditioning*
climatiser OV WW • *klimatiseren; de airconditioning verzorgen* • *voorzien van airconditioning*
climatiseur m *klimaatregelaar; airconditioningapparaat*
climatologie v *klimaatkunde*
climatologique BNW *klimatologisch; klimaat-*
climatologue m/v *klimatoloog*
clin d'œil m *knipoogje* ★ en un ~ *in een oogwenk*
clinicien m [v: **clinicienne**] *clinicus*
clinique I v *kliniek* II BNW *klinisch*
clinquant I m • *lovertjes* • *kitsch* • FIG. *klatergoud* II BNW *blinkend; protserig; opzichtig; kitscherig*
clip m *clip* ★ clip vidéo *videoclip*
clique v • *kliek; bende* • *fanfare* ★ INF. prendre ses ~ et ses claques *z'n biezen pakken*
cliquer ON WW COMP. *klikken*
cliquet m • *pal* • *knip* ‹sluiting met veer›
cliqueter ON WW *kletteren; rinkelen; klikken*
cliquetis (*zeg:* -tie) m *gekletter; gerinkel*
clitoris (*zeg:* -ries) m *clitoris*
clivage m • *verschil; verdeeldheid; kloof* • *(het) kloven*
cliver OV WW *kloven*
cloaque m • *riool; vuilnisput* • *modderpoel;* FIG. *poel* • *cloaca* ★ ~ de vices *poel des verderfs*
clochard m [v: **clocharde**] *clochard; vagebond; dakloze*
clochardiser OV WW • *laten verloederen* • *dakloos maken*
cloche I v • *klok* • *stolp* • *klokje* ‹bloem› • *klokhoed* • INF. *zwerver; clochard* • INF. *zwerverswereld* • INF. *sukkel* • *blaar* ★ ~ à fromage *kaasstolp* ★ ~ à plongeur *duikerklok* ★ une jupe ~ *een klokrok* ★ voilà un tout autre son de ~ *dat is een heel ander geluid* ★ sonner les ~s à *een uitbrander geven* ★ INF. se taper la ~ *goed eten* ★ INF. déménager à la ~ de bois *met stille trom vertrekken* II BNW INF. *klunzig* ★ c'est ~! *pech gehad!*
cloche-pied BIJW ★ à ~ *hinke(le)nd*
clocher I m • *(klokken)toren* • *parochie* ★ esprit de ~ *dorpsgeest* II ON WW • *niet kloppen* • VERO. *hinken* ★ INF. il y a qc qui cloche *er hapert iets aan*
clocheton m • *torentje* • *klokje*
clochette v • *klokje* • PLANTK. *klokje*
cloison v • *(tussen)schot;* OOK FIG. *scheidsmuur* • SCHEEPV. *beschot* ★ ~ étanche *waterdicht schot*
cloisonné BNW *in afdelingen verdeeld; beschoten* ‹v. houtwerk›
cloisonner OV WW • *afschutten* • FIG. *in hokjes verdelen; verzuilen*
cloître m • *klooster* • *kloostergang*
cloîtrer I OV WW • *in een klooster opsluiten* • *opsluiten; afzonderen* II WKD WW (**se** ~) OOK FIG. *zich opsluiten*
clonage m *(het) klonen*
clone m *kloon*
cloner OV WW *klonen*
clope m INF. • *saffie; sigaret* • *peukie* ★ des ~s *geen fluit; noppes*
clopin-clopant BIJW OOK FIG. *strompelend*
clopiner ON WW *strompelen*
clopinettes v mv INF. ★ des ~! *noppes!*
cloporte m *pissebed*
cloque v • *(brand)blaar* • *blaasje* ★ VULG. être en ~ *zwanger zijn*
cloquer ON WW *blaren vormen; bladderen*
clore OV WW • *(af)sluiten* • *omheinen* ★ ~ un compte *een rekening afsluiten* ★ ~ la marche *de rij sluiten*
clos (*zeg:* kloo) I m • *omheind bouwland; erf* • *wijngaard* II BNW *(af)gesloten* ★ à huis clos *achter gesloten deuren* ★ à la nuit close *bij/na het invallen van de duisternis* ★ trouver porte close *voor een gesloten deur komen*
clôture v • *omheining* • *(af)sluiting; beëindiging* • *clausuur* ★ ~ électrisée *schrikdraad(afrastering)*
clôturer OV WW • *omheinen* • *(af)sluiten*
clou m • *spijker* • *hoogtepunt; voornaamste attractie; clou* • *steenpuist* • INF. *rammelkast* ‹slechte auto/fiets› • INF. *gevangenis; nor* ★ clou à crochet *duim* ★ clou de girofle *kruidnagel* ★ les clous *voetgangersoversteekplaats* ★ c'était le clou de la soirée *het was het hoogtepunt v.d. avond* ★ maigre comme un clou *broodmager* ★ ça ne vaut pas un clou *dat is geen cent waard* ★ enfoncer le clou *doordrammen* ★ INF. des clous! *noppes!* ★ INF. river son clou à qn *iem. de mond snoeren* ★ INF. mettre au clou *naar de lommerd brengen*
clouage m *(het) vastspijkeren*
clouer OV WW • *vastspijkeren* • FIG. *vastnagelen* • *vastzetten* ★ cloué au lit/à la télé *aan het bed/de tv gekluisterd* ★ INF. ~ le bec à qn *iem. de mond snoeren*
clouter OV WW *met spijkers beslaan* ★ passage clouté *voetgangersoversteekplaats*
clouterie v *spijkerfabriek; spijkerhandel*
clown (*zeg:* kloen) m [v: **clownesse**] • *clown* • FIG. *grappenmaker; pias*
clownerie (*zeg:* kloenrie) v *gekheid; clownsstreek*
clownesque (*zeg:* kloenesk) BNW *clownesk*
club m *club* ‹in alle betekenissen›
cluse v *rotskloof*
CM AFK (cours moyen) ★ CM1/CM2 ≈ *groep 5 en 6 van de basisschool*
CNRS AFK (Centre national de la recherche scientifique) ≈ *zwo; Nederlandse Organisatie voor Zuiver Wetenschappelijk Onderzoek*
CNUCED AFK *Unctad*
co- VOORV *mede-; co-*
coaccusé m [v: **coaccusée**] *medebeschuldigde*
coach (*zeg:* kootsj) m • SP. *coach* • *tweedeursauto*
coacquéreur m *medekoper*
coadjuteur m [v: **coadjutrice**] *coadjutor*
coagulable BNW *stolbaar*
coagulant I m *stollingsmiddel* II BNW *stollend*
coagulation v *stolling*
coaguler I OV WW *doen stollen* II WKD WW

(**se** ~) *stollen*
coalisé I m ⋆ les ~s *de bondgenoten* II BNW *verbonden*
coaliser I OV WW • *verenigen* • *opzetten* (**contre** *tegen*) II WKD WW (**se** ~) *een bondgenootschap sluiten; samenspannen; zich verbinden* (**contre** *tegen*)

C

coalition V • *verbond; vakverbond; (het) samenspannen* • POL. *coalitie*
coaltar m *koolteer*
coassement m *gekwaak* ‹v. kikker›
coasser ON WW *kwaken* ‹v. kikker›
coauteur m • *medeauteur* • *mededader*
coaxial BNW [m mv: **coaxiaux**] *coaxiaal*
cobalt (*zeg:* -balt) m *kobalt*
cobaye (*zeg:* koobaj) m • *cavia* • FIG. *proefkonijn*
cobra m *cobra*
coca m *cola*
cocagne v ⋆ mât de ~ *mast voor het mastklimmen* ⋆ pays de ~ *luilekkerland*
cocaïne v *cocaïne*
cocaïnomane m/v *verslaafde aan cocaïne*
cocaïnomanie v *cocaïneverslaving*
cocarde v *kokarde*
cocardier m [v: **cocardière**] PEJ. *iem. die v.h. leger en v. uniformen houdt; agressief patriot*
cocasse BNW *koddig; zot*
cocasserie v *zotternij*
coccinelle v • *lieveheersbeestje* • INF. *kever* ‹VW›
coccyx (*zeg:* koksies) m *stuit(been)*
coche m GESCH. *grote diligence* ⋆ INF. manquer le ~ *een goede gelegenheid laten voorbijgaan; de boot missen* ⋆ VERO. ~ d'eau *trekschuit*
cocher I m *koetsier* II OV WW • *aankruisen; met een teken merken; aanvinken* • VERO. *inkepen*
cochère BNW ⋆ porte ~ *inrijpoort; koetspoort*
cochon I m • *varken; zwijn* • *varkensvlees* ⋆ ~ d'Inde *Guinees biggetje; marmot(je)* ⋆ ~ de lait *speenvarken* ⋆ ~ de mer *bruinvis* ⋆ copains comme ~s *dikke vrienden* II m [v: **cochonne**] FIG. *zwijn; smeerlap* III BNW [v: **cochonne**] *vuil; smerig; obsceen*
cochonnaille v *varkensvleeswaren*
cochonner OV WW INF. *verknoeien*
cochonnerie v INF. *vuiligheid; smerige streek*
cochonnet m • *varkentje* • *balletje (mikpunt) bij jeu de boules*
cockpit (*zeg:* -piet) m *cockpit*
cocktail m • *cocktail* • *cocktailparty* • FIG. *mengsel*
coco I m • *kokos(noot)* • PEJ. *kerel* • KIND. *ei* • PEJ. *communist* ⋆ mon petit coco *m'n ventje* ⋆ un joli coco *een schurk* II v INF. *cocaïne*
cocon m *cocon* ⋆ s'enfermer dans son ~ *zich afsluiten; eenzelvig zijn*
coconner ON WW *zich verpoppen*
cocorico m *kukeleku* ‹ook scherts. bij Fr. overwinning e.d.›
cocotier m *kokospalm* ⋆ secouer le ~ *de bezem erdoor halen*
cocotte v • *ijzeren pan (met deksel)* • INF. *liefje* • KIND. *kip* • *vrouw van lichte zeden* ⋆ ~-minute *snelkookpan* ⋆ INF. hue ~! *hu (paard)!*
cocu I m *bedrogen echtgenoot* II BNW *bedrogen*
cocufier OV WW VULG. *bedriegen met een ander*
codage m *codering*
code m • JUR. *wetboek* • *voorschriften; regels* • *code* ⋆ en code *in code* ⋆ code civil *burgerlijk wetboek* ⋆ code à barres/code-barres *streepjescode* ⋆ code de commerce *wetboek van koophandel* ⋆ code confidentiel/personnel/secret *pincode* ⋆ code pénal *wetboek van strafrecht* ⋆ code postal *postcode* ⋆ code de la route *wegenverkeersreglement; verkeersregels* ⋆ les phares codes *dimlichten* ⋆ se mettre en code *dimmen*
codébiteur m [v: **codébitrice**] *medeschuldenaar*
coder OV WW *coderen*
codétenu m [v: **codétenue**] *medegevangene*
codex m *receptenboek van apothekers*
codicille m *codicil*
codification v *codificatie*
codifier OV WW *codificeren*
codirecteur m [v: **codirectrice**] *mededirecteur*
coéducation v *gemeenschappelijke opvoeding van jongens en meisjes*
coefficient m • *factor* • *coëfficiënt* ⋆ ~ d'erreur *foutenmarge*
coéquipier m [v: **coéquipière**] *teamgenoot*
coercitif BNW [v: **coercitive**] *dwang-*
coercition v *dwang*
cœur (*zeg:* keur) m • OOK FIG. *hart* • *harten* ‹bij kaartspel› • *maag* ‹in uitdrukkingen› ⋆ de tout (son) ~ *met hart en ziel* ⋆ aller (droit) au ~ *ontroeren; treffen* ⋆ de bon ~ *van ganser harte; graag* ⋆ si le ~ vous en dit *als u er zin in hebt* ⋆ au ~ de l'été *in het hartje v.d. zomer* ⋆ avoir le ~ gros/serré *verdrietig/bedrukt zijn* ⋆ homme de ~ *rechtschapen man* ⋆ avoir le ~ sur la main *genereus zijn* ⋆ mal de ~ *misselijkheid* ⋆ je veux en avoir le ~ net *ik wil er het mijne van weten* ⋆ à ~ ouvert *openhartig*; MED. *openhart-* ⋆ avoir du ~ à l'ouvrage *in zijn werk opgaan; hart voor het werk hebben* ⋆ par ~ *uit het hoofd* ⋆ tenir à ~ *een warm hart toedragen* ⋆ avoir/prendre à ~ *ter harte nemen* ⋆ être de ~ avec qn *iem. moreel steunen* ⋆ loin des yeux, loin du cœu *uit het oog, uit het hart* ⋆ connaître qn par ~ *iem. door en door kennen* ⋆ avoir un ~ d'artichaut *gauw verliefd worden* ⋆ coup de ~ (pour) *plotseling enthousiasme (voor)* ⋆ avoir mal au ~ *misselijk zijn* ⋆ avoir le ~ à *zin hebben in* ⋆ avoir le ~ de *het hart/de moed hebben om* ⋆ un ~ dur *een hardvochtig mens* ⋆ rester sur le ~ OOK FIG. *zwaar op de maag liggen* ⋆ (sou)lever le ~ *misselijk maken; doen walgen* ⋆ avoir du ~ *een goed hart hebben* ⋆ à ~ joie *naar hartenlust*
coexistence v *(het) gelijktijdig bestaan; coëxistentie*
coexister ON WW *gelijktijdig bestaan*
coffrage m • *(het) bekisten* • *(beton)bekisting*
coffre m • *kist* • *kluis; brandkast* • *koffer* • *achterbak* ‹v. auto› • *(meer)boei* • *kast* ‹v. muziekinstr.› • INF. *borstkas* ⋆ ~ d'amarrage *meerboei* ⋆ les ~s de l'Etat *de schatkist* ⋆ avoir du ~ *een flinke adem hebben; een flinke stem hebben; veel energie hebben*

coffre-fort m [mv: **coffres-forts**] *kluis; brandkast*
coffrer OV WW • *bekisten* • INF. *arresteren; in de gevangenis stoppen*
coffret m *kistje; koffertje* ★ ~ à bijoux *juwelenkistje*
cogérance v *gemeenschappelijk beheer*
cogestion v *medezeggenschap*
cogitation v IRON. *overpeinzing*
cogiter ON WW IRON. *nadenken*
cognac m *cognac*
cogne m INF. *smeris; politieagent*
cognée v *grote bijl* ★ ~ de bûcheron *houthakkersbijl* ★ jeter le manche après la ~ *het bijltje erbij neergooien; het opgeven*
cognement m *(het) slaan; (het) kloppen* ‹ook v. motor›
cogner I OV WW • *aanstoten* • *in elkaar slaan* **II** ON WW • *slaan; kloppen* ‹ook v. motor›; *stoten* • *hard slaan; erop slaan* • *hard aankomen; fel branden* ‹v.d. zon› ★ ça va ~! *daar komen klappen van* ★ ça cogne! *het is snikheet!* **III** WKD WW (**se** ~) *zich stoten (**à** aan); oplopen (**contre** tegen)* ★ FIG. se ~ la tête contre les murs *wanhopig naar een uitweg zoeken*
cogneur m *iemand die hard slaat*
cognitif BNW [v: **cognitive**] *cognitief*
cognition v *kenvermogen; cognitie*
cohabitation v • *(het) samenleven; (het) samenwonen* • POL. *cohabitatie* ‹in Fr.›
cohabiter ON WW • *samenwonen* • POL. *cohabiteren*
cohérence v *samenhang*
cohérent BNW *samenhangend; coherent*
cohéritier m [v: **cohéritière**] *mede-erfgenaam*
cohésif BNW [v: **cohésive**] *samenvoegend*
cohésion v *samenhang; cohesie*
cohorte v • INF. *groep* • GESCH. *cohort*
cohue v *mensenmassa; gedrang*
coi BNW [v: **coite**] ★ se tenir coi *zich koest houden* ★ en rester coi *verstomd staan*
coiffe v • *(vrouwen)muts; nonnenkap* • *helm* ‹v. pasgeboren kind› • *voering* ‹v. hoed› • *huls*
coiffé BNW • *gekapt* • *met een hoofddeksel op* • *ingenomen; gesteld/verzot (**de** op)* ★ être ~ d'un chapeau *een hoed op hebben* ★ être né ~ *met de helm geboren zijn*
coiffer I OV WW • *kappen; het haar doen van* • *het hoofd bedekken (**de** met)* • *opzetten* ‹v. hoofddeksel› • FORM. *bedekken* • *aan het hoofd staan van* ★ ~ qn d'un chapeau *iem. een hoed opzetten* ★ ~ sainte Catherine *op haar 25e jaar nog niet getrouwd zijn* ★ INF. le premier chien coiffé *de eerste de beste* **II** WKD WW (**se** ~) • *zich het hoofd bedekken (**de** met); zijn hoed opzetten* • *zijn haren doen; zich kappen* • (**se** ~ **de**) *weglopen met; ingenomen zijn met*
coiffeur m [v: **coiffeuse**] *kapper*
coiffeuse v *kaptafel*
coiffure v • *kapsel* • *hoofddeksel*
coin m • *hoek* • *plekje* • *wig* • *muntstempel; merkstempel* ★ le coin du feu *(het plekje bij) de open haard* ★ coin de terre *lapje grond* ★ un coin perdu *een uithoek; een (afgelegen) gat* ★ du coin *uit de buurt; uit de streek* ★ dans quel coin? *waar (in de buurt)?* ★ au coin d'un bois *op een afgelegen plek* ★ aux quatre coins du monde *overal* ★ INF. aller au petit coin *naar het toilet gaan* ★ regarder qn du coin de l'œil *iem. tersluiks/schuins aankijken* ★ connaître dans les coins *door en door kennen* ★ être marqué au coin de *getuigen van* ★ frappé au coin du bon sens *van gezond verstand getuigend* ★ INF. tu m'en bouches un coin *je verbaast me*
coincement m *(het) vastzitten* ‹v. machine›
coincer OV WW • *klemmen* • *met wiggen vastzetten* • INF./FIG. *klem zetten* • INF. *vangen; in de kraag grijpen* ★ être coincé *klem zitten; geremd zijn* ★ se ~ *vastlopen* ★ INF. ~ la bulle *niks uitvoeren*
coïncidence v • *(het) samenvallen; samenloop van omstandigheden; coïncidentie* • *congruentie*
coïncident BNW • *samenvallend; gelijktijdig* • *congruent*
coïncider ON WW • *overeenkomen* • *samenvallen* • *congrueren*
coin-coin m (onver.) *gekwaak* ‹v. eend›; *kwak-kwak*
coïnculpé m [v: **coïnculpée**] *medebeschuldigde*
coing m *kweepeer*
coït (*zeg:* ko-iet) m *coïtus*
coite BNW → **coi**
coke m • *cokes* • *coke*
col m • *kraag; boord* • *bergpas* • *hals* ‹v. fles e.d.› ★ faux col *losse boord* ★ col roulé *col* ‹v. trui›; *rolkraag* ★ les cols blancs *de kantoormensen*
col-bleu m INF. [m mv: **cols-bleus**] *jantje* ‹matroos›
col-de-cygne m [mv: **cols-de-cygne**] *zwanenhals* ‹buis›
coléoptère m *schildvleugelige; kever*
colère I v *woede; driftbui; toorn* ★ en ~ (contre) *woedend (op)* ★ se mettre en ~ *kwaad/ woedend worden* ★ piquer une ~ *driftig worden* **II** BNW VERO. *opvliegend; driftig*
coléreux BNW [v: **coléreuse**] *driftig; opvliegend*
colérique BNW *driftig; opvliegend*
colibri m *kolibrie*
colifichet m *snuisterij; kleinigheidje; prul*
colimaçon m *huisjesslak* ★ escalier en ~ *wenteltrap*
colin m *koolvis*
colin-maillard m ★ jouer à ~ *blindemannetje spelen*
colique v • *buikpijn; koliek* • INF. *diarree* ★ INF. avoir la ~ *'t in zijn broek doen; bang zijn*
colis (*zeg:* ko-lie) m *pakket; pak; stuk vrachtgoed* ★ ~ postal *postpakket*
colistier m [v: **colistière**] *lijstgenoot*
collabo AFK INF. (collaborateur)
collaborateur m [v: **collaboratrice**] • *medewerker* • *collaborateur* ‹iem. die samenwerkt met de vijand›
collaboration v • *medewerking* • *collaboratie* ‹samenwerking met de vijand›
collaborer ON WW • *medewerken (**à** aan)* • *samenwerken (**avec** met)* • *collaboreren*

C

collage m • *(het) (op)plakken; (het) lijmen* • *collage* • *(het) klaren* ‹v. wijn› • INF. *(het) samenwonen; (het) hokken*

collant I m *maillot; panty; legging* II BNW • *klevend; plakkend; kleverig; kleef-* • *nauwsluitend* • INF. *opdringerig* ★ ce qu'il peut être ~! *wat een klit!*

collapsus (*zeg:* -suus) m *collaps*

collatéral I m [mv: **collatéraux**] • JUR. *zijverwant* • *zijbeuk* II BNW *zijdelings; zij-; collateraal* ★ JUR. ligne ~e *zijlinie* ‹v. geslacht› ★ JUR. parents collatéraux *zijverwanten* ★ nef ~e *zijbeuk* ★ points collatéraux *de windstreken tussen de vier hoofdwindstreken*

collation v • *collatie; vergelijking v.e. kopie met het origineel* • *lichte maaltijd*

collationner I OV WW *collationeren; teksten vergelijken* II ON WW *een lichte maaltijd gebruiken*

colle v • *lijm* • *lastige vraag; strikvraag* • INF. *proefwerk; repetitie* ★ ~ de pâte *stijfsel* ★ ~ de poisson *vislijm* ★ INF. donner une ~ *laten nablijven* ‹op school› ★ INF. pot de ~ *klit* ‹persoon› ★ poser une ~ *een strikvraag stellen*

collecte v • *collecte; inzameling* • *gebed tijdens de mis na het epistel*

collecter OV WW *inzamelen; ophalen*

collecteur I m *collector; verzamelleiding* ★ ~ d'ondes *antenne* II m [v: **collectrice**] *inzamelaar; collectant* III BNW [v: **collectrice**] *verzamel-* ★ égout ~ *hoofdriool*

collectif I m *collectief; groep* ★ ~ budgétaire *begrotingsontwerp* II BNW [v: **collective**] *gezamenlijk; gemeenschappelijk; collectief; groeps-* ★ antenne collective *centrale antenne* ★ billet ~ *groepsbiljet* ★ (nom) ~ *verzamelnaam*

collection v • *verzameling; collectie* • *reeks* ‹boeken›

collectionner OV WW • *verzamelen* • FIG. *grossieren in*

collectionneur m [v: **collectionneuse**] *verzamelaar*

collectivement BIJW *gezamenlijk; collectief*

collectivisme m *collectivisme*

collectiviste I m/v *collectivist* II BNW *collectivistisch*

collectivité v *gemeenschap; overheidslichaam*

collège m • *college* • *middelbare school* ‹onderbouw, basisvorming› ★ ~ électoral *kiescollege* ★ Collège de France *een instituut voor hoger onderwijs in Parijs*

collégial BNW [m mv: **collégiaux**] • *gemeenschappelijk* • *collegiaal* , door een college (geleid) ‹door een college geleid› ★ (église) ~e *collegiale kerk*

collegialement BIJW *collegiaal* ‹door een college›

collégien m [v: **collégienne**] *middelbare scholier*

collègue m/v *collega*

coller I OV WW • *plakken; lijmen* • FIG. INF. *klitten aan* • INF. *opzadelen met; bezorgen; geven* • INF. *(met een strikvraag of lastige vraag) in het nauw brengen* • INF. *laten nablijven* • INF. *laten zakken voor een examen* • *drukken (***à**, **contre** *tegen); vlijen* • *klaren* ‹v. wijn› ★ INF. ~ une beigne à qn *iem. een klap in het gezicht geven* II ON WW • *vastplakken; kleven (***à** *aan)* • *nauw sluiten; spannen* ★ ce pantalon colle sur la jambe *die broek spant om het been* ★ ça lui colle à la peau *dat past helemaal bij hem* ★ ça n'a pas l'air de ~ *het loopt niet lekker, geloof ik* ★ ça ne colle pas entre deux *het klikt niet tussen hen* ★ ça colle à la réalité *dat klopt met de werkelijkheid* ★ INF. ça colle! *afgesproken!; goed!* ★ INF. ~ au cul/au baskets de qn FIG. *aan iem. klitten* • (~ **à**) *nauw aansluiten bij; op de voet volgen*

collerette v OOK FIG. *kraagje*

collet m • VERO. *kraag* • *hals van tand* • *wildstrik* • *halsstuk* ‹vlees› • TECHN. *flens* • VERO. *pelerine* ★ ~ monté *deftig/stijf persoon* ★ prendre qn au ~ *iem. bij de kraag pakken*

colleter I OV WW VERO. *in de kraag pakken* II WKD WW (**se** ~) • *vechten; elkaar in de haren vliegen* • FIG. *worstelen; kampen (***avec** *met)*

colleur m [v: **colleuse**] • *(aan)plakker* • ARG. *examinator*

collier m • *halsband* • *halssnoer* • *halsstuk* ‹vlees›; *halsjuk* • *ringbaard* • *klemring* ★ cheval de ~ *trekpaard* ★ donner un coup de ~ *een grote krachtsinspanning leveren; een moedige poging ondernemen* ★ être franc du ~ *vrijuit, doortastend handelen* ★ INF. prendre le ~ *aan een moeilijke taak beginnen*

collimateur m *collimator* ★ avoir qn dans le ~ *iem. nauwlettend in de gaten houden; het op iem. voorzien hebben*

colline v *heuvel*

collision v OOK FIG. *botsing* ★ ~ en chaîne *kettingbotsing* ★ entrer en ~ *in botsing komen*

collodion m *collodium*

colloïdal BNW [m mv: **colloïdaux**] *colloïdaal*

colloque m • *colloquium; symposium* • *samenspraak*

collusion v *samenspanning; collusie*

collyre m MED. *oogwater*

colmatage m *afdichting*

colmater OV WW *dichtstoppen; dichten*

colocataire m/v *medehuurder*

Cologne v *Keulen*

colombage m ARCH. *vakwerk*

colombe v • OOK POL. *duif* • *onschuldig meisje; duifje* • *staander*

Colombie v *Colombia*

colombien BNW [v: **colombienne**] *Colombiaans*

colombier m • *duiventil* • *formaat papier* ‹93 x 63 cm›

colombophile m/v *duivenmelker*

colon m • *kolonist; planter* • *pachtboer* • INF. *kolonel*

côlon m *dikke darm*

colonel m *kolonel*

colonial I m [mv: **coloniaux**] *koloniaal* II BNW *koloniaal*

colonialiste I m/v *kolonialist* II BNW

kolonialistisch
colonie v *kolonie* ★ ~ de vacances *vakantiekamp* ‹voor schoolkinderen›
colonisateur I m [v: **colonisatrice**] *kolonisator* **II** BNW [v: **colonisatrice**] *koloniserend*
colonisation v *kolonisatie*
coloniser OV WW • *koloniseren* • FIG. *overspoelen*
colonnade v *zuilenrij*; *colonnade*
colonne v • OOK FIG. *kolom*; *zuil*; *stijl* • FIG. *steunpilaar* • MIL. *colonne* ★ ~ de direction *stuurkolom* ★ ~ vertébrale *ruggengraat* ★ les ~s d'Hercule *de zuilen van Hercules* ★ cinquième ~ *vijfde colonne*
colophon m *colofon*
coloquinte v • PLANTK. *kolokwint*; *kwintappel* • INF. *kop*; *hoofd*
colorant I m *kleurstof* **II** BNW *kleurend*
coloration v • *(het) kleuren* • *kleur*
coloré BNW • *gekleurd* • *kleurrijk* ★ ~ d'ironie *ironisch getint*
colorer I OV WW • *kleuren* • *mooier voorstellen*; *verbloemen* **II** WKD WW (**se** ~) *een kleur krijgen*
coloriage m • *kleurentekening* • *(het) kleuren*
colorier OV WW *(in)kleuren*
coloris (*zeg:* -rie) m *coloriet*; *kleurenrijkdom*; *kleurschakering*; OOK FIG. *kleur*
coloriste m/v *colorist*; *kleurenkunstenaar*
colossal BNW [m mv: **colossaux**] *reusachtig*; *kolossaal*
colosse m *kolos*
colportage m *(het) venten*; *colportage*
colporter OV WW • *venten* • *rondvertellen* ★ ~ un bruit *een gerucht verspreiden*
colporteur m [v: **colporteuse**] *marskramer*; *venter*; *colporteur*
colt (*zeg:* kolt) m • *colt* ‹pistool› • *revolver*
coltiner I OV WW *sjouwen* ‹v. onaangenaam werk› **II** WKD WW (**se** ~) *doen*; *opknappen* ‹v. onaangenaam werk›
columbarium (*zeg:* -rjom) m *colombarium*
colza m *koolzaad*
coma m *coma* ★ dans le coma *in coma*
comateux I m [v: **comateuse**] *iem. die in coma is* **II** BNW [v: **comateuse**] *comateus*
combat m *strijd*; OOK FIG. *gevecht* ★ ~ d'avant-garde *voorhoedegevecht* ★ ~ naval *zeegevecht* ★ ~ singulier *tweegevecht* ★ livrer ~ *slag leveren* ★ mettre hors de ~ *buiten gevecht stellen*
combatif BNW [v: **combative**] *strijdlustig*; *strijdbaar*
combativité v *strijdlust*
combattant I m • *(front)soldaat* • *kemphaan* **II** m [v: **combattante**] *vechter*; *strijder*
combattre I OV WW OOK FIG. *bestrijden* **II** ON WW OOK FIG. *strijd leveren*
combien BIJW • *hoeveel* • *hoe(zeer)* ★ ~ de *hoeveel* ★ ~ de temps *hoelang* ★ ~ sommes-nous? *met hoeveel zijn we?* ★ le ~ *de hoeveelste*
combinaison v • *combinatie*; *vereniging* • *samenstelling*; *verbinding* • *opzet*; *(listig) plan*; *foefje* • *onderjurk* • *overall*
combinard I m INF. *linkerd* **II** BNW *link*; *slim*
combine v INF. *truc*; *foefje*
combiné m • CHEM. *verbinding* • *telefoonhoorn* • *corselet* • *afdaling en slalom* ‹ski›
combiner OV WW • *combineren*; *verbinden* • *beramen*; *in elkaar zetten*; *regelen* ★ ~ un plan *een plan bedenken*
comble I m • *toppunt (***de** *van)* • *kap v. gebouw* ★ pour ~ de *tot overmaat van* ★ de fond en ~ *van onder tot boven*; *geheel en al* ★ au ~ du bonheur *dolgelukkig* **II** m mv • *hanenbalken* • *dak* ★ sous les ~s *onder de hanenbalken* **III** BNW *boordevol* ★ la mesure est ~ *de maat is vol*
combler OV WW • *(op)vullen* • *dempen*; *dichtgooien* • *geheel vervullen* ‹v. wensen, behoeften›; *bevredigen* • *overladen*; *overstelpen (***de** *met)* ★ ~ un retard *een achterstand inhalen* ★ FIG. ~ la mesure *de maat volmaken* ★ vous me comblez! *u bent te goed voor me!*; *u verwent me!* ★ je suis comblé *ik ben volmaakt tevreden*
combustibilité v *brandbaarheid*
combustible I m *brandstof* **II** BNW *brandbaar*
combustion v *verbranding*
comédie v • *komedie*; *blijspel* • *aanstellerij*; *komedie*; *raar gedoe* • VERO. *schouwburg* ★ ~ de mœurs *zedenschildering in blijspelvorm* ★ ~ musicale *musical* ★ jouer la ~ *komedie spelen*; *veinzen*
comédien I m [v: **comédienne**] • *toneelspeler* • *blijspelspeler* • *komediant* **II** BNW [v: **comédienne**] *gemaakt*; *aanstellerig*
comédon m *mee-eter*
comestible I m mv *eetwaren* **II** BNW *eetbaar*
comète v • *smal lintje* • *komeet*; *staartster*
comique I m • *(het) komische* • *blijspelschrijver*; *blijspelspeler* **II** BNW • *komisch* • *blijspel-* ★ acteur ~ *blijspelspeler*
comité m *commissie*; *comité*; *bestuur*; *raad* ★ ~ directeur *bestuurscollege* ★ ~ électoral *kiesvereniging* ★ en petit ~ *in besloten kring* ★ ~ d'entreprise *ondernemingsraad*
commandant m • *commandant*; *bevelhebber*; *gezagvoerder* • *majoor* ★ ~ de bord *gezagvoerder* ‹v. vliegtuig›
commande v • *bestelling*; *order*; *opdracht* • *stuurinrichting*; *aandrijving*; *besturing*; *bediening*; *aansturing* ★ faire une ~ *een bestelling doen* ★ livrer sur ~ *op bestelling leveren* ★ de ~ *geveinsd*; *gemaakt* ★ pleurs de ~ *krokodillentranen* ★ fête/jeûne de ~ *verplichte feestdag/vastendag* ★ aux ~s *aan het stuur*; *aan de leiding* ★ ~ à distance *afstandsbediening* ★ à ~ manuelle *met handbediening*
commandement m • *bevel*; *commando*; *aanvoering* • *bevelschrift* • REL. *gebod* ★ les ~s de Dieu *de tien geboden*
commander I OV WW • *bevelen* • *het bevel voeren over*; *aanvoeren* • *afdwingen*; *(ver)eisen* • *bestellen* • *beheersen*; *bestrijken* • *(aan)drijven*; *bedienen*; *(be)sturen* ★ ~ une armée *het bevel voeren over een leger* ★ le fort commande la ville *het fort beheerst de stad* ★ ~ le respect *respect afdwingen* **II** ON WW • *heersen*; *bevelen*; *de baas zijn* • (~ **à**) *heersen over*; FIG. *beheersen* ★ commander à ses passions *zijn hartstochten beheersen*

C

commandeur m *commandeur* ★ ~ de la Légion d'Honneur *commandeur in het Legioen van Eer*
commanditaire I m *(stille) vennoot* II BNW ★ (associé) ~ *stille vennoot*
commandite v *commanditaire vennootschap*
C
commanditer OV WW *geld steken in*
commando m • *kleine gevechtseenheid*; *commando* • *commandostrijder*
comme I BIJW *wat!*; *hoe(zeer)* ★ ~ il est bête! *wat is hij dom!* II VW • *als*; *zoals*; *evenals* • *daar*; *omdat* • *(juist) toen*; *terwijl* ★ ~ ça *zo*; *zomaar* ★ INF. ~ qui dirait *om zo te zeggen* ★ ~ il faut *zoals het hoort* ★ il est ~ mort *hij is als dood* ★ ~ si *alsof* ★ INF. c'est tout ~ *het komt op hetzelfde neer* ★ elle est jolie ~ tout *ze is heel mooi* ★ ~ quoi *waaruit blijkt dat*; *wat erop neerkomt dat*
commémoratif BNW [v: **commémorative**] *ter nagedachtenis* ★ jour ~ *herdenkingsdag*
commémoration v • *nagedachtenis* • *herdenking* ★ ~ des morts *Allerzielen* ★ en ~ de *ter nagedachtenis van*
commémorer OV WW *herdenken*
commençant m [v: **commençante**] *beginner*; *beginneling*
commencement m *begin*; *aanvang* ★ au ~ *in het begin* ★ il y a un ~ à tout *alle begin is moeilijk*
commencer I OV WW *beginnen*; *het begin vormen van* II ON WW • *beginnen* • (~ **à, de**) *beginnen te* • (~ **par**) *beginnen met*
commensal m [mv: **commensaux**] *disgenoot*; *gast*
commensurable BNW *onderling meetbaar*
comment I BIJW • *hoe(?)*; *wat(?)* • *waarom(?)* ★ ~ allez-vous? *hoe gaat het met u?* ★ ~ donc! *natuurlijk!* ★ et ~! *en hoe!*; *en of!* ★ ~ ça? *hoezo?* II TW *wat!*
commentaire m • *commentaar*; *verklarende aantekeningen* • *opmerking*; *aanmerking* ★ cela se passe de ~ *dat heeft geen uitleg nodig*; *commentaar overbodig*
commentateur m [v: **commentatrice**] *commentator*
commenter OV WW *uitleggen*; *becommentariëren*
commérage m *kletspraat*
commerçant I m [v: **commerçante**] *koopman*; *winkelier* ★ petits ~s *kleine middenstanders* II BNW *handeldrijvend* ★ rue ~e *winkelstraat*
commerce m • *handel* • *zaak*; *winkel* • FORM. *omgang* ★ ~ de détail *kleinhandel* ★ ~ extérieur *buitenlandse handel* ★ ~ intérieur *binnenlandse handel* ★ ~ de gros *groothandel* ★ le haut ~ *de grote kooplieden* ★ le petit ~ *de middenstanders*; *de winkeliers* ★ Chambre de ~ *Kamer van Koophandel* ★ Code de ~ *Wetboek van Koophandel* ★ hors ~ *niet in de handel* ★ faire le ~ de *handelen in* ★ être d'un ~ agréable *prettig in de omgang zijn*
commercer ON WW *handel drijven* (**avec** *met*)
commercial BNW [m mv: **commerciaux**] *commercieel*; *handels-* ★ balance ~e *handelsbalans* ★ centre ~ *winkelcentrum* ★ droit ~ *handelsrecht*
commercialiser OV WW *in de handel brengen*; *commercialiseren*
commère v • *moedertje*; *vrouwtje* • *kletskous*
commettant m JUR. *opdrachtgever*; *committent*
commettre I OV WW • *begaan*; *bedrijven* • *aanstellen* • VERO. *in gevaar brengen* • VERO. *toevertrouwen* ★ ~ qn à qc *iem. met iets belasten* ★ ~ sa réputation *zijn reputatie in gevaar brengen* II WKD WW (**se** ~) *zich inlaten*; *zich compromitteren* (**avec** *met*)
comminatoire BNW *dreigend* ★ lettre ~ *dreigbrief*
commis (*zeg:* -mie) I m *bediende*; *klerk*; *kantoorbediende* ★ VERO. ~ voyageur *handelsreiziger* ★ grand ~ de l'Etat *hoge staatsambtenaar* II OV WW (volt. deelw.) → **commettre**
commisération v *medelijden*
commissaire m • *commissaris* • *commissielid* ★ ~ de police *commissaris van politie* ★ ~ de bord *purser* ‹op schip› ★ ~ aux comptes *accountant*
commissaire-priseur m [mv: **commissaires-priseurs**] *veilingmeester*
commissariat m • *commissariaat* • *politiebureau*
commission v • *opdracht* • *boodschap* • *commissie* • *commissiehandel* • *commissieloon* ★ faire des ~s *boodschappen doen* ★ à la ~ *op provisiebasis* ★ petite/grande ~ FIG. *kleine/grote boodschap*
commissionnaire m • ECON. *commissionair*; *makelaar*; *tussenpersoon* • *kruier*; *boodschappenjongen*; *bode*
commissionner OV WW • *opdracht geven tot kopen of verkopen* • *aanstellen*
commissure v *voeg* ★ ~s des lèvres *mondhoeken*
commode I v *ladekast*; *commode* II BNW • *gemakkelijk*; *gerieflijk* • *toegeeflijk*; *inschikkelijk* ★ il n'est pas ~! *hij is een moeilijk mens!*
commodité I v *gerief*; *gemak* II v mv *toilet*; *sanitair*
commotion v • OOK FIG. *schok* • *opschudding* ★ ~ cérébrale *hersenschudding*
commotionner OV WW OOK FIG. *schokken*
commuable BNW *die verzacht kan worden* ‹v. straf›
commuer OV WW *verzachten* ‹v. straf›; *omzetten* (**en** *in*)
commun I m *(het) gewone*; *de meerderheid v.d. mensen*; *de massa* ★ le ~ des mortels *de gewone stervelingen*; *de gewone man* ★ les ~s *de bijgebouwen* ★ hors du ~ *buitengewoon* ★ en ~ *gemeenschappelijk* ★ transports en ~ *openbaar vervoer* ★ avoir en ~ *gemeen hebben* II BNW • *gemeenschappelijk*; *algemeen* • *gewoon*; *alledaags* • *plat*; *ordinair* ★ lieu ~ *gemeenplaats* ★ le sens ~ *het gezond verstand* ★ cela n'a pas le sens ~ *dat is onzin* ★ TAALK. nom ~ *soortnaam* ★ point ~ *punt van overeenkomst* ★ d'un ~ accord *eenstemmig* ★ peu ~ *buitengewoon* ★ faire cause ~e (avec) *gemene zaak maken (met)*
communal I m [mv: **communaux**] ook mv *gemeentegrond*; *gemeentegronden* II BNW *gemeentelijk*; *gemeente-*

communautaire BNW *gemeenschaps-*
communauté v • *gemeenschap* • *gemeenschappelijkheid* • *(geestelijke) broederschap* • JUR. *gemeenschappelijke goederen* ★ ~ de biens *gemeenschap van goederen*
commune v *gemeente* ★ la Commune *de (Parijse) Commune*
communément BIJW *gewoonlijk*
communiant m [v: **communiante**] *communicant*
communicable BNW *mededeelbaar*
communicant BNW *met elkaar in verbinding staand* ★ vases ~s *communicerende vaten*
communicatif BNW [v: **communicative**] • *mededeelzaam* • *aanstekelijk* ★ rire ~ *aanstekelijke lach*
communication v • *mededeling*; *kennisgeving (***à** *aan)* • *omgang*; *verkeer*; *communicatie* • *aansluiting*; *verbinding*; *contact (***avec** *met)* ★ moyen de ~ *middel van verkeer*; *communicatiemiddel* ★ être en ~ avec *in verbinding staan met*; *in (telefoon)gesprek zijn met* ★ donner ~ de *mededelen* ★ prendre ~ de *kennis nemen van*; *inzage krijgen in*
communier I OV WW *de communie uitdelen aan* **II** ON WW • *zich één voelen (***avec** *met)* • *de communie ontvangen*; *communiceren*
communion v • *communie* • *gelijke gezindheid* • *overeenstemming* ★ ~ des saints *gemeenschap der heiligen* ★ en ~ d'idées (avec) *gelijkgestemd (met)*
communiqué m *communiqué*
communiquer I OV WW *mededelen*; *overleggen*; *overbrengen (***à** *aan)* ★ ~ une maladie *een ziekte overbrengen* **II** ON WW • *in verbinding staan* • *in contact staan*; *communiceren (***avec** *met)* **III** WKD WW (**se** ~) • *zich uiten* • *zich uitbreiden*; *overslaan (***à** *naar)*
communisme m *communisme*
communiste I m/v *communist* **II** BNW *communistisch*
commutateur m *schakelaar*
commutatif BNW [v: **commutative**] JUR. *commutatief*; *wat ruil betreft*
commutation v • *commutatie* • *onderlinge verwisseling*; *vervanging* • *verlichting* ‹v. straf› • *(om)schakeling*; *omkering*
commuter OV WW • TECHN. *(om)schakelen* • *vervangen*
compacité v *dichtheid*
compact BNW *compact*; *dicht*
compact-disc m [mv: **compact-discs**] *compact-disc*; *cd*
compagne v • *gezellin* • *echtgenote*
compagnie v • *gezelschap* • *maatschappij* • MIL. *compagnie* ★ dame/demoiselle de ~ *gezelschapsdame* ★ ~ de perdreaux *koppel patrijzen* ★ de bonne ~ *prettig in de omgang*; *beschaafd* ★ en ~ de *in gezelschap van* ★ fausser ~ à qn *iem. in de steek laten*; *er tussenuit knijpen* ★ tenir ~ à *gezelschap houden* ★ IRON. et ~ (et Cie) *en Co* ★ la ~ de Jésus *de jezuïetenorde* ★ INF. salut la ~! *dag allemaal!* ★ aller de ~ avec *vergezellen* ★ voyager de ~ *samen reizen*
compagnon m • *metgezel*; *kameraad* • *echtgenoot*; *levensgezel*; *mannetje* ‹bij dieren› • VERO. *gezel* • *werkman*; *opperman* ★ ~ d'armes *wapenbroeder* ★ ~ de voyage *reisgenoot* ★ bon ~ *vrolijke klant*
compagnonnage m GESCH. • *leertijd v. gezel* • *vakvereniging van werklieden*
comparable BNW *te vergelijken*; *vergelijkbaar (***à** *met)*
comparaison v *vergelijking* ★ degrés de ~ *trappen van vergelijking* ★ par ~ *vergelijkenderwijs* ★ en ~ de/par ~ à/avec *vergeleken met* ★ ~ n'est pas raison *iedere vergelijking gaat mank*
comparaître ON WW *verschijnen* , voor autoriteit, o.a. rechtbank
comparatif I m TAALK. *vergelijkende trap* **II** BNW [v: **comparative**] *vergelijkend*
comparativement BIJW *in vergelijking (***à** *met)*
comparé BNW *vergelijkend* ★ littérature ~e *vergelijkende literatuurwetenschap*
comparer OV WW *vergelijken (***à, avec** *met)*
comparse m/v • *figurant* • *onbelangrijk figuur*; *bijfiguur*
compartiment m • *afdeling*; *vak(je)* • *treincoupé*
compartimentage m • *verdeling* ‹in vakken, afdelingen› • *verzuiling*
compartimenter OV WW *in vakken verdelen*; *in stukjes verdelen*
comparution v JUR. *(het) verschijnen voor de rechtbank*
compas (*zeg:* -pà) m • *passer* • *(scheeps)kompas* ★ INF. avoir le ~ dans l'œil *een timmermansoog hebben*
compassé BNW • *afgemeten* • FIG. *stijf* ★ démarche ~e *afgemeten houding*
compasser OV WW • *afpassen*; *afmeten* • *wikken en wegen*
compassion v *medelijden*; *mededogen (***pour** *met)*
compatibilité v *verenigbaarheid*; *overeenstemming*; *compatibiliteit*
compatible BNW *verenigbaar*; *overeenstemmend*; *compatibel (***avec** *met)*
compatir ON WW *medelijden hebben*; *meevoelen (***à** *met)*
compatissant BNW *medelijdend*; *meewarig*
compatriote m/v *landgenoot*
compendium (*zeg:* ko(n)pe(n)djom) m *compendium*; *kort overzicht*
compensateur BNW [v: **compensatrice**] *vereffenend*; *compenserend*
compensation v • *compensatie* • *vergoeding*; *schadeloosstelling*; *vereffening* ★ en ~ *als compensatie*; *daarentegen* ★ cela fait ~ *dat weegt tegen elkaar op*
compensatoire BNW *vereffenend*; *compensatoir*
compenser I OV WW *compenseren*; *vereffenen*; *vergoeden* **II** WKD WW (**se** ~) *tegen elkaar opwegen*
compère m • *handlanger* • INF. *kerel* • *peter* ★ un rusé ~ *een geslepen kerel*
compère-loriot m [mv: **compères-loriots**] *strontje* ‹op het oog›
compétence v • *bekwaamheid* • *bevoegdheid*; *competentie*
compétent BNW • *bekwaam* • *bevoegd*;

C

competent
compétiteur m [v: **compétitrice**] *mededinger*
compétitif BNW [v: **compétitive**] *concurrerend; competitief*
compétition v • *wedstrijd* • *mededinging; concurrentie* • *competitie*
compétitivité v *(het) concurrerend zijn; concurrentievermogen*
compilateur m [v: **compilatrice**] *compilator*
compilation v *compilatie* ★ disque de ~ *verzamelelpee*
compiler OV WW *compileren*
complainte v *klaaglied*
complaire FORM. **I** ON WW (~ à) *behagen; ter wille zijn* **II** WKD WW (**se** ~ **à, dans**) *behagen scheppen in*
complaisance v • *zelfingenomenheid* • *inschikkelijkheid; vriendelijkheid; welwillendheid* • *welgevallen* ★ ayez la ~ de *wees zo vriendelijk om te* ★ de ~ *onecht (uit welwillendheid)* ★ certificat de ~ *vals attest* ★ sourire de ~ *beleefd glimlachje*
complaisant BNW • *zelfvoldaan* • *welwillend; gedienstig*
complément m • *aanvulling; complement* • TAALK. *bepaling* ★ ~ d'information *nadere informatie* ★ en ~ de *ter aanvulling van* ★ ~ (d'objet) direct *lijdend voorwerp* ★ ~ (d'objet) indirect *meewerkend voorwerp*
complémentaire BNW *aanvullend; complementair*
complet I m *kostuum* **II** BNW [v: **complète**] • *volslagen* • *volmaakt* • *volledig; compleet* • *vol* ‹v. zaal, hotel, bus e.d.›; *uitverkocht* ★ au (grand) ~ *voltallig* ★ pain ~ *volkorenbrood* ★ aliments ~s *volwaardig voedsel* ★ INF. ça serait ~! *dat moest er nog bijkomen!*
complètement BIJW *volledig; totaal*
compléter OV WW *aanvullen; volledig maken; completeren*
complexe I m • *(het) samengestelde; (het) ingewikkelde* • *complex* ‹in alle betekenissen› ★ sans ~s *onbevangen; ongeremd* **II** BNW *ingewikkeld; samengesteld; complex*
complexer OV WW INF. PSYCH. *remmen* ★ complexé *geremd; verlegen*
complexion v • *gestel* • *aard*
complexité v *ingewikkeldheid*
complication v • *ingewikkeldheid* • *verwikkeling; complicatie*
complice I m/v *medeplichtige; handlanger* **II** BNW • *medeplichtig (**de** aan)* • *bevorderend* ★ regard ~ *blik van verstandhouding* ★ le temps était ~ *het weer hielp mee*
complicité v *medeplichtigheid; verstandhouding*
complies v mv *completen*
compliment m *compliment* ‹in alle betekenissen›; *gelukwens* ★ sans ~ *zonder plichtpleging* ★ faire des ~s à qn *iem. gelukwensen (**sur, pour** met)* ★ faites mes ~s à *doe de groeten aan*
complimenter OV WW *gelukwensen; complimenteren (**sur, pour** met)*
complimenteur I m [v: **complimenteuse**] *vleier* **II** BNW [v: **complimenteuse**] *vleiend; complimenteus*
compliqué BNW *ingewikkeld; onoverzichtelijk; moeilijk* ‹v. personen›
compliquer I OV WW *ingewikkeld maken; compliceren* **II** WKD WW (**se** ~) *ingewikkeld/ erger worden*
complot (*zeg:* ko(n)ploo) m *complot; samenzwering*
comploter I OV WW *beramen* **II** ON WW *een complot smeden; samenspannen (**contre** tegen)*
comploteur m [v: **comploteuse**] *samenzweerder*
componction v • REL. *berouw* • *nederigheid* • IRON. *zwaarwichtigheid*
comportement m *gedrag*
comporter I OV WW • *bevatten* • *met zich meebrengen* **II** WKD WW (**se** ~) *zich gedragen*
composant m *samenstellend deel*
composé I m • *samengesteld geheel* • *samenstelling* • CHEM. *verbinding* **II** BNW • *samengesteld (**de** uit)* • *gemaakt; bestudeerd* ★ visage ~ *gelegenheidsgezicht*
composer I OV WW • *samenstellen* • *componeren* ‹v. muziek›; *maken* ‹v. schilderij, beeldhouwwerk›; TYP. *zetten* ★ ~ un numéro *een nummer draaien* ★ ~ son attitude *een passende houding aannemen* ★ ~ son visage *een passend gezicht trekken* **II** ON WW • *een proefwerk maken* • *een schikking treffen; plooibaar omgaan; het op een akkoordje gooien (**avec** met)* **III** WKD WW (**se** ~ **de**) *bestaan uit*
composite BNW *van verschillende stijlen; heterogeen*
compositeur m [v: **compositrice**] • *componist* • *letterzetter* ★ JUR. amiable ~ *bemiddelaar*
composition v • *samenstelling; verbinding; vervaardiging* • *compositie* • *(kunst)werk* • *proefwerk* • *(het) (letter)zetten; zetwerk* ★ de bonne ~ *meegaand*
compost (*zeg:* ko(n)post) m *compost*
compostage m • *compostering* • *(het) afstempelen* ‹v. reisbiljet›
composter OV WW • *composteren* • *afstempelen; knippen* ‹v. reisbiljet›
composteur m • *kniptang* • *afstempelapparaat*
compote m *vruchtenmoes* ★ INF. en ~ *bont en blauw geslagen; tot moes geslagen*
compotier m *(compote)schaal*
compréhensible BNW *begrijpelijk*
compréhensif BNW [v: **compréhensive**] • *begrijpend; begripvol* • *veelomvattend*
compréhension v • *begrip; bevattingsvermogen* • *begrijpelijkheid* ★ avoir la ~ facile *vlug van begrip zijn*
comprendre OV WW • *begrijpen; verstaan; vatten* • *omvatten; bestaan uit* • *erbij rekenen; erbij begrijpen* ★ y compris *met inbegrip van* ★ non compris *niet inbegrepen* ★ faire ~ *duidelijk maken; te verstaan geven* ★ je n'y comprends rien *ik begrijp er niets van* ★ cela se comprend *dat is begrijpelijk; dat spreekt vanzelf*
comprenette v INF. *begrip* ★ il a la ~ un peu dure *hij is wat traag van begrip*

compresse v *kompres; verband*
compresser OV WW *samendrukken*
compresseur I m *compressor* **II** BNW *samendrukkend* ★ rouleau ~ *wals* ‹voor wegen›
compressibilité v *samendrukbaarheid*
compressible BNW *samendrukbaar*
compressif BNW [v: **compressive**] *druk-* ★ bandage ~ *drukverband*
compression v • *samendrukking; compressie* ‹v. motor› • FIG. *inkrimping; bezuiniging* ★ taux de ~ *compressieverhouding*
comprimé m MED. *pastille; tablet*
comprimer OV WW • *samendrukken; samenpersen* • *inkrimpen; verminderen* • *bedwingen* ‹v. gevoelens› ★ air comprimé *perslucht*
compromettre OV WW • *compromitteren; in opspraak brengen* • *in gevaar brengen*
compromis (*zeg:* -mie) m *schikking; vergelijk; compromis*
compromission v • *(het) compromitteren* • *geschipper*
comptabiliser OV WW *in de boeken opnemen*
comptabilité v *boekhouding* ★ ~ en partie double *dubbel boekhouden*
comptable I m/v *boekhouder* **II** BNW • *wat de boekhouding betreft* • *verantwoordelijk (***de** *voor); rekenplichtig* ★ agent ~ *boekhouder*
comptage v • *(het) tellen* • *telling*
comptant I m *contant geld* ★ vendre au ~ *contant verkopen* **II** BNW *contant* ★ prendre pour argent ~ *voor goede munt aannemen* **III** BIJW ★ payer ~ *contant betalen*
compte m • *berekening* • *rekening* • *rekenschap* ★ ~ bancaire/~ en banque *bankrekening* ★ ~ rendu *verslag; recensie; notulen* ★ ~(-)chèques postal/~ courant postal *girorekening* ★ ~ rond *rond getal* ★ le ~ à rebours *het aftellen* ‹bij lancering› ★ ~ courant *rekening-courant* ★ de ~ à demi *voor gezamenlijke rekening* ★ le ~ n'y est pas *het komt niet uit; de berekening klopt niet* ★ à son (propre) ~ *voor eigen rekening* ★ pour mon ~ *wat mij betreft* ★ au bout du ~ *tenslotte* ★ en fin de ~ *per slot van rekening* ★ publier à ~ d'auteur *op kosten van de schrijver publiceren* ★ tout ~ fait *alles welbeschouwd* ★ à bon ~ *goedkoop* ★ donner son ~ à qn *iem. betalen en ontslaan* ★ demander ~ *rekenschap vragen* ★ entrer en ligne de ~ *in aanmerking komen* ★ des laissés pour ~ *in de steek gelatenen; verschoppelingen* ★ être loin du ~ *er helemaal naast zitten* ★ régler son ~ (à) *afrekenen (met)* ★ prendre qc à son ~ *iets voor zijn verantwoording nemen* ★ INF. il a son ~/il en a pour son ~ *hij heeft zijn verdiende loon* ★ rendre ~ de *rekenschap geven van* ★ rendre ses ~s *rekening en verantwoording afleggen* ★ tenir les ~s *de boeken bijhouden* ★ se rendre ~ de *beseffen* ★ s'en tirer à bon ~ *er zonder kleerscheuren van afkomen* ★ tenir ~ de *rekening houden met* ★ les bons ~s font les bons amis *effen rekeningen maken goede vrienden* ★ y trouver son ~ *aan zijn trekken komen* ★ erreur n'est pas ~ *men moet een vergissing kunnen herstellen*
compte-gouttes m (onver.) *druppelflesje* ★ au ~ *druppelsgewijs; mondjesmaat*
compter I OV WW • *tellen* • *rekenen; in rekening brengen* • *van plan zijn te; verwachten; denken te* ★ sans ~ *nog afgezien van* ★ ~ qn au nombre de ses amis/parmi ses amis *iem. tot zijn vrienden rekenen* ★ il compte cet article trop cher *hij rekent te veel voor dit artikel* ★ je compte venir sous peu *ik ben van plan binnenkort te komen* **II** ON WW • *tellen; rekenen* • *meetellen; van belang zijn* ★ à ~ de *vanaf* ‹die datum› ★ ~ parmi/au nombre de *behoren tot* ★ ~ sans *geen rekening houden met* ★ donner sans ~ *met milde hand geven* ★ une syllabe qui ne compte pas *een lettergreep die niet meetelt* • (~ **avec**) *rekening houden met* • (~ **sur**) *rekenen op*
compte-tours m (onver.) *toerenteller*
compteur I m,v [v: **compteuse**] *teller* ‹v. water, gas, elektriciteit› **II** m • *teller* ‹apparaat› • *meter* ‹v. water, gas, elektriciteit› ★ relever le ~ *de meter opnemen*
comptine v *aftelrijmpje*
comptoir m • *tapkast; bar* • *toonbank; balie* • *bank(filiaal)* • GESCH. *factorij*
compulsation v *inzage*
compulser OV WW • JUR. *inzien* • *doorbladeren; nazoeken*
compulsif BNW [v: **compulsive**] *dwangmatig*
comte m *graaf*
comté m *graafschap*
comtesse v *gravin*
con VULG. **I** m • *kut* • *klootzak; lul* ★ faire le con *lullig doen; stom doen* **II** BNW [v: **conne**] *lullig; stom* ★ à la con *klote-*
conard m → **connard**
conasse v → **connasse**
concasser OV WW *fijnstampen; in stukken hakken*
concave BNW *holrond; concaaf*
concavité v • *holheid* • *holte*
concéder OV WW • *verlenen; toestaan (***à** *aan)* • *toegeven*
concentration v *concentratie; samentrekking* ★ camp de ~ *concentratiekamp*
concentré I m *concentraat* ★ ~ de tomates *tomatenpuree* **II** BNW • *in gedachten verdiept* • *geconcentreerd*
concentrer OV WW *concentreren (***sur** *op); samentrekken*
concentrique BNW • *centrumwaarts* • WISK. *concentrisch*
concept (*zeg:* -sept) m *concept; begrip*
conception v • *bevruchting; conceptie* • *begrip; opvatting* • *(het) concipiëren* • *ontwerp* ★ ~ contrôlée *geboortebeperking* ★ l'Immaculée Conception *de Onbevlekte Ontvangenis*
concernant VZ *omtrent; betreffend*
concerner OV WW *betreffen* ★ en ce qui concerne *wat ... betreft* ★ être concerné par *betrokken zijn bij*
concert (*zeg:* -sèr) m • *concert* • *overeenstemming; eensgezindheid* ★ ~ de

C

louanges *eenstemmige lof* ★ de ~ (avec) *eensgezind; samen (met)*

concertation v *(werk)overleg*

concerter I OV WW *beramen; gezamenlijk op touw zetten; afspreken* **II** ON WW *concerteren* **III** WKD WW (**se** ~) *samen overleggen*

concerto m *concerto; concert voor solo-instrument met orkest*

concession v • *concessie* • *toegeving* • *vergunning* ★ ~ à perpétuité *eeuwig graf*

concessionnaire m/v *concessiehouder; (auto)dealer*

concevable BNW *denkbaar; begrijpelijk*

concevoir OV WW • *begrijpen; inzien* • *bedenken; uitdenken* • *ontwerpen; concipiëren* • *ontvangen; zwanger worden* ‹v. kind› ★ être conçu *verwekt worden*

concierge m/v *portier; huisbewaarder; conciërge*

conciergerie v • *portierswoning* • *portiersambt* ★ Conciergerie *gevangenis in Parijs*

concile m *concilie*

conciliable BNW *verenigbaar (***avec** *met)*

conciliabule m • *(het) smoezen* • VERO. *geheime samenkomst*

conciliant BNW *verzoenend; meegaand*

conciliateur I m [v: **conciliatrice**] *verzoener; bemiddelaar* **II** BNW [v: **conciliatrice**] *verzoenend*

conciliation v • *verzoening* • *schikking; bemiddeling*

concilier I OV WW • *verenigen; overeenbrengen (***avec** *met)* • *verzoenen* **II** WKD WW (**se** ~) *verwerven; verkrijgen*

concis (*zeg:* -sie) BNW *beknopt; bondig* ★ style ~ *bondige stijl*

concision v *bondigheid; beknoptheid*

concitoyen m [v: **concitoyenne**] *medeburger*

conclave m *conclaaf*

concluant BNW *overtuigend; afdoend*

conclure I OV WW • *besluiten; beëindigen* • *(af)sluiten; aangaan* • *afleiden; opmaken; concluderen (***de** *uit)* **II** ON WW *concluderen (***à** *tot)*

conclusion v • *gevolgtrekking; conclusie* • *slot; einde* • *(het) (af)sluiten; (het) aangaan* ★ la ~ d'un mariage *het sluiten v.e. huwelijk*

concocter OV WW *bedenken; uitbroeden*

concombre m *komkommer*

concomitant BNW *bijkomstig; begeleidend; samengaand* ★ sons ~s *bijtonen*

concordance v • *overeenstemming; overeenkomst* • *concordantie*

concordant BNW *overeenstemmend*

concordat m • *concordaat* • JUR. *akkoord bij faillissement*

concorde v *eendracht*

concorder ON WW *kloppen; overeenstemmen (***avec** *met)*

concourir ON WW • *samenlopen* • *medewerken (***à** *aan)* • *wedijveren (***pour** *om); mededingen (***pour** *naar)*

concours (*zeg:* -koer) m • *toeloop van volk* • *medewerking; steun* • *samenloop* • *vergelijkend examen* • *wedstrijd; concours* ★ ~ de circonstances *samenloop van omstandigheden* ★ ~ hippique *springconcours* ★ hors ~ *buiten mededinging* ★ ~ agricole *landbouwtentoonstelling*

concret BNW [v: **concrète**] • *concreet* • *vast; dik* ★ (huile) concrète *dikke olie*

concrétion v • *stolling* • *verharding* • *concrement* ★ ~s biliaires *galstenen*

concrétiser I OV WW *concretiseren; vaste vorm geven* **II** WKD WW (**se** ~) • *vaste vorm aannemen* • *werkelijkheid worden*

conçu WW (volt. deelw.) → **concevoir**

concubin m [v: **concubine**] *iem. die ongehuwd samenwoont*

concubinage m *(het) ongehuwd samenwonen; concubinaat*

concupiscence v *zinnelijke begeerte; wellust*

concurremment BIJW *gezamenlijk; gelijktijdig; in concurrentie (***avec** *met)*

concurrence v *concurrentie; mededinging; wedijver* ★ être en ~ avec *in strijd zijn met* ★ faire ~ à *concurreren met* ★ pouvoir soutenir la ~ *kunnen concurreren* ★ jusqu'à ~ de *tot een bedrag van*

concurrencer OV WW *beconcurreren*

concurrent I m [v: **concurrente**] • *concurrent* • *mededinger* • SPORT *deelnemer* **II** BNW *concurrerend*

concurrentiel BNW [v: **concurrentielle**] *concurrerend*

concussion v *knevelarij*

concussionnaire m/v *knevelaar; afperser*

condamnable BNW *afkeurenswaardig*

condamnation v • *veroordeling* • *afkeuring* ★ ~ centrale *centrale (deur)vergrendeling*

condamné m [v: **condamnée**] *veroordeelde*

condamner OV WW • *veroordelen (***à** *tot;* **pour** *wegens)* • *afkeuren* • *opgeven* ‹v. zieke› • *afsluiten* ‹en voorgoed buiten gebruik stellen› • *nopen; doemen (***à** *tot)* • *verbieden*

condensable BNW *verdichtbaar*

condensateur m *condensator*

condensation v *verdichting; condensatie*

condensé BNW • *gecondenseerd* • *beknopt*

condenser OV WW • *verdichten; condenseren* • *beknopt weergeven*

condenseur m *condensor*

condescendance v • *neerbuigende vriendelijkheid; minzaamheid* • VERO. *inschikkelijkheid; toegevendheid*

condescendant BNW • *neerbuigend; minzaam* • VERO. *inschikkelijk; toegevend*

condescendre ON WW (~ **à**) *zich verwaardigen te; zo goed zijn om; inwilligen*

condiment m • *kruiderij; specerij* • FIG. *iets pittigs/kruidigs*

condisciple m/v *medeleerling*

condition v • *voorwaarde* • *omstandigheid* • *toestand; gesteldheid* • *conditie; vorm* • *rang; stand* ★ à ~ de [+ inf.]/à ~ que [+ subj.] *op voorwaarde dat* ★ sous ~ *onder voorbehoud* ★ la ~ humaine *het menselijk lot* ★ mettre en ~ *in de gewenste staat brengen; conditioneren*

conditionné BNW *geconditioneerd; voorwaardelijk*

conditionnel I m TAALK. *voorwaardelijke wijs* **II** BNW [v: **conditionnelle**] *voorwaardelijk*

conditionnement m • *(het) conditioneren*

• *verpakking* ★ ~ de l'air *airconditioning*
conditionner OV WW • *een voorwaarde zijn voor* • *conditioneren* • *beïnvloeden* • *verpakken* ‹v. artikelen› • *van airconditioning voorzien* ★ ces étoffes n'ont pas été bien conditionnées *deze stoffen zijn niet goed geconditioneerd*
condoléances V MV *deelneming*; *rouwbeklag* ★ présenter ses ~ *condoleren*
condom (*zeg:* -dom) M *condoom*
conducteur I M *geleider* ‹v. warmte, elektriciteit› II M [V: **conductrice**] • *bestuurder* ‹v. voertuig› • FORM. *leidsman* ★ ~ de chameaux *kameeldrijver* ★ ~ de travaux *opzichter* III BNW [V: **conductrice**] *geleidend* ★ fil ~ *geleidraad*; FIG. *rode draad*
conductibilité V *geleidingsvermogen*
conductible BNW *geleidend*
conduction V *geleiding*
conduire I OV WW • *begeleiden*; *geleiden*; *brengen* • *besturen* ‹v. voertuig›; *mennen* • *aanvoeren*; *dirigeren* ★ permis de ~ *rijbewijs* ★ ~ une voiture *een auto besturen* ★ ~ une armée *een leger aanvoeren* ★ ~ un orchestre *een orkest dirigeren* II WKD WW (**se** ~) *zich gedragen*
conduit M *pijp*; *goot*; *kanaal*; *buis*; *leiding* ★ ~ auditif *gehoorgang*
conduite V • *leiding* ‹v. buizen› • *(het) leiden*; *leiding*; *begeleiding* • *besturing*; *bestuur* • *(het) rijden* ‹in een auto› • *gedrag* ★ ~ d'eau *waterleiding* ★ ~ de gaz *gasleiding* ★ avoir la ~ d'une armée *een leger aanvoeren*
cône M *kegel* ★ cône tronqué *afgeknotte kegel*
confection V • *(het) maken*; *vervaardiging* • *confectie*
confectionner OV WW *maken*; *vervaardigen*; *bereiden*
confectionneur M [V: **confectionneuse**] • *vervaardiger* • *kledingfabrikant*
confédération V *confederatie*; *(staten)bond* ★ Confédération helvétique *de Zwitserse bondsstaat*
confédéré I M *bondgenoot* II BNW *verbonden*
conférence V • *conferentie*; *beraadslaging* • *voordracht*; *lezing*; *college* ★ ~ de presse *persconferentie* ★ maître de ~s *lector* ★ en ~ (avec) *in bespreking (met)*
conférencier M [V: **conférencière**] *spreker*
conférer I OV WW • *verlenen (***à** *aan)* • *toedienen (***à** *aan)* • VERO. *vergelijken* ★ ~ un titre *een titel toekennen* ★ ~ le baptême *de doop toedienen* ★ conférez (cf.) *vergelijk* II ON WW *beraadslagen*; *confereren (***avec** *met;* **de** *over)*
confesse V ★ aller à ~ *gaan biechten*
confesser I OV WW • OOK FIG. *(op)biechten* • *de biecht afnemen* • *toegeven*; *bekennen* • *belijden* ★ ~ ses péchés *zijn zonden opbiechten* ★ ~ sa foi *zijn geloof belijden* II WKD WW (**se** ~) *biechten* ★ se ~ à un prêtre *te biecht gaan bij een priester*
confesseur M • *biechtvader* • *belijder* ‹uit de tijd v.d. kerkvervolgingen›
confession V • *biecht* • *bekentenis* • *(geloofs)belijdenis*; *confessie*; *gezindte* ★ ~ de foi *geloofsbelijdenis*
confessionnal M [MV: **confessionnaux**] *biechtstoel*
confessionnel BNW [V: **confessionnelle**] *wat de geloofsbelijdenis betreft*; *confessioneel*
confiance V • *vertrouwen (***en***,* **dans** *in)* • *zelfvertrouwen* ★ homme de ~ *vertrouwd man*; *vertrouwensman* ★ place de ~ *vertrouwenspositie* ★ digne de ~ *betrouwbaar* ★ inspirer ~ *vertrouwen inboezemen* ★ en toute ~/de ~ *in vol vertrouwen* ★ faites-moi ~ *heb vertrouwen in me*; *geloof me maar*
confiant BNW • *vol vertrouwen* • *openhartig* • *goedgelovig* • *vol zelfvertrouwen*
confidence V *vertrouwelijke mededeling* ★ en ~ *in vertrouwen*; *vertrouwelijk* ★ être dans la ~ *ingewijd zijn (in het geheim)* ★ mettre qn dans la ~ *iem. in vertrouwen nemen*
confident M [V: **confidente**] *vertrouweling* ★ prendre pour ~ *in vertrouwen nemen*
confidentiel BNW [V: **confidentielle**] *vertrouwelijk*
confier I OV WW *toevertrouwen (***à** *aan)* II WKD WW (**se** ~ **à**) *in vertrouwen nemen*; *vertrouwen op*
configuration V • *uiterlijke vorm* • *configuratie*
configurer OV WW *configureren*; *instellen*
confiné BNW *opgesloten*; *benauwd*
confinement M *opsluiting*; *afzondering*
confiner I OV WW *opsluiten* II ON WW (~ **à**) OOK FIG. *grenzen aan* III WKD WW (**se** ~) • *zich afzonderen* • (**se** ~ **dans**) *zich beperken tot*
confins M MV *grenzen* ★ aux ~ de *aan de uiterste rand van*
confire OV WW *konfijten*; *inmaken*; *inleggen*
confirmatif BNW [V: **confirmative**] *bevestigend*
confirmation V • *bevestiging* • REL. *vormsel*; *confirmatie*
confirmé BNW *ervaren*; *gedegen*
confirmer I OV WW • *bevestigen*; *steunen*; *staven*; *sterken (***dans** *in)* • *het vormsel toedienen aan*; *confirmeren* II WKD WW (**se** ~) *bevestigd worden*; *bewaarheid worden*
confiscable BNW *verbeurbaar*
confiscation V *confiscatie*; *verbeurdverklaring*
confiserie V • *banketbakkerij* • *suikergoedwinkel* • *suikergoed*; *snoep*
confiseur M [V: **confiseuse**] • *banketbakker* • *suikergoedfabrikant*
confisquer OV WW *confisqueren*; *verbeurd verklaren*; *in beslag nemen*
confit (*zeg:* ko(n)fie) I M ★ ~ d'oie *ganzenvlees in vet* II BNW *gekonfijt*; *ingemaakt*; *ingelegd* ★ ~ en dévotion *godzalig*
confiture V *jam*; *vruchtengelei*
confiturerie V *jamfabriek*
conflagration V *grote beroering*; *groot conflict*
conflit (*zeg:* ko(n)flie) M • *conflict*; *botsing*; *strijd* • JUR. *geschil*
confluence V *samenvloeiing*
confluent M *(plaats van) samenvloeiing*
confluer ON WW *samenvloeien*
confondre I OV WW • *verwarren*; *verwisselen (***avec** *met)* • *vermengen* • *in de war brengen*; *verbluffen*; *de mond snoeren* ★ confondu de *versteld van*; *geheel vervuld van* ★ voilà qui me confond *ik sta er verstomd van* ★ tous ...

C

confondus *alle ... zonder onderscheid* **II** WKD WW (**se** ~) *zich vermengen; samenvallen (***avec** *met)* ★ se ~ en excuses *zich uitputten in verontschuldigingen*
conformation v *bouw; gedaante* ★ vice de ~ *lichaamsgebrek*
C
conforme BNW *overeenkomstig (***à** *met)* ★ pour copie ~ *voor eensluidend afschrift*
conformé BNW ★ bien ~ *welgeschapen* ★ mal ~ *mismaakt*
conformément BIJW (~ **à**) *overeenkomstig (met); conform*
conformer I OV WW (~ **à**) *aanpassen aan; schikken naar; regelen naar* **II** WKD WW (**se** ~ **à**) *zich houden aan; zich aanpassen aan; zich conformeren aan*
conformisme m *conformisme*
conformiste I m/v *conformist(e)* **II** BNW *conformistisch*
conformité v *overeenkomst(tigheid)* ★ en ~ de/avec *overeenkomstig*
confort (*zeg:* -for) m *comfort; gerief; gemak* ★ tout ~ *van alle (moderne) gemakken voorzien*
confortable BNW *gerieflijk; gezellig; comfortabel* ★ majorité ~ *ruime meerderheid*
conforter OV WW *(ver)sterken (***dans** *in)*
confraternel BNW [v: **confraternelle**] *collegiaal*
confraternité v *collegialiteit*
confrère m *collega*
confrérie v • REL. *broederschap* • GESCH. *gilde*
confrontation v • *confrontatie* • *vergelijking*
confronter OV WW • *confronteren (***avec** *met)* • *vergelijken; tegenover elkaar stellen* ★ être confronté à qc *met iets geconfronteerd worden*
confus (*zeg:* ko(n)fuu) BNW • *verward; onduidelijk; vaag* • *confuus; beduusd (***de** *van, door)*
confusion v • *verwarring; wanorde* • *verlegenheid; beduusdheid* • *onduidelijkheid* • *(het) verwarren; verwisseling*
congé m • *verlof; vakantie; vrijaf* • *ontslag; opzegging* • *geleidebrief* ★ ~ (de) maladie *ziekteverlof* ★ ~ parental *ouderschapsverlof* ★ jour de ~ *vrije dag* ★ en ~ *met verlof; met vakantie* ★ donner ~ à qn *iem. de huur opzeggen* ★ prendre ~ de *afscheid nemen van* ★ prendre un ~ *verlof opnemen* ★ donner son ~ à qn *iem. ontslaan* ★ prendre son ~ *ontslag nemen* ★ recevoir son ~ *ontslag krijgen*
congédier OV WW *wegzenden; ontslaan*
congé-formation m [mv: **congés-formation**] *studieverlof*
congélateur m • *diepvriezer* • *vriesvak*
congélation v • *invriezing; diepvries* • *bevriezing; stolling* ★ point de ~ *vriespunt*
congeler I OV WW • *invriezen; diepvriezen* • *doen bevriezen; doen stollen* **II** WKD WW (**se** ~) *bevriezen; stollen*
congénère I m/v *soortgenoot* **II** BNW *gelijksoortig*
congénital BNW [m mv: **congénitaux**] OOK FIG. *aangeboren*
congère v *sneeuwhoop*
congestif BNW [v: **congestive**] *congestief*
congestion v • *congestie; bloedaandrang* • *opstopping* ‹v. verkeer› ★ ~ cérébrale *beroerte*
congestionner OV WW • *bloedaandrang veroorzaken bij* • *verstopt doen raken*
conglomérat m *conglomeraat*
conglomérer OV WW *samenhopen*
conglutiner OV WW *aaneenlijmen; doen kleven*
congratulation v VERO. *felicitatie*
congratuler OV WW SCHERTS. *feliciteren*
congre m *zeepaling*
congrégation v • *congregatie* • *christelijke broederschap*
congrès (*zeg:* -grè) m *congres*
congressiste m/v *congresganger*
congru BNW • VERO. *passend; toereikend* • WISK. *congruent* ★ portion ~e *mondjesmaat* ★ réduit à la portion ~e *karig bedeeld*
congruent BNW WISK. *congruent*
congrûment BIJW VERO. *passend*
conifère m *naaldboom; conifeer*
conique BNW *kegelvormig; conisch*
conjectural BNW [m mv: **conjecturaux**] *hypothetisch; verondersteld*
conjecture v *gissing; veronderstelling; vermoeden*
conjecturer OV WW *gissen; veronderstellen; vermoeden*
conjoint I m [v: **conjointe**] *echtgenoot* **II** BNW • *gemeenschappelijk* • *nauw verbonden*
conjointement BIJW *samen (***avec** *met)*
conjoncteur m *automatische schakelaar*
conjonctif BNW [v: **conjonctive**] • *verbindend; bind-* • TAALK. *voegwoordelijk* ★ tissu ~ *bindweefsel*
conjonction v • *(het) samentreffen* • *conjunctie* • TAALK. *voegwoord* ★ ~ de coordination/subordination *nevenschikkend/onderschikkend voegwoord*
conjonctive v *bindvlies* ‹v. oog›
conjonctivite v *bindvliesontsteking*
conjoncture v *conjunctuur; (samenloop van) omstandigheden; toestand*
conjoncturel BNW [v: **conjoncturelle**] *conjunctureel; conjunctuur-*
conjugable BNW *vervoegbaar*
conjugaison v *vervoeging*
conjugal BNW [m mv: **conjugaux**] *echtelijk; huwelijks-*
conjugalement BIJW ★ vivre ~ *als man en vrouw samenleven*
conjugué BNW *gekoppeld; gecombineerd; gezamenlijk*
conjuguer OV WW • TAALK. *vervoegen* • *samenvoegen*
conjurateur m [v: **conjuratrice**] • *(geesten)bezweerder* • *samenzweerder*
conjuration v • *bezwering* • *samenzwering*
conjuré m [v: **conjurée**] *samenzweerder*
conjurer I OV WW *bezweren* ‹in alle betekenissen›; *smeken (***de** [+ inf.] *om)* **II** WKD WW (**se** ~) *samenzweren*
connaissable BNW VULG. *kenbaar*
connaissance v • ook mv *kennis* • *bekende; kennis* • *bewustzijn* ★ à ma ~ *voor zover ik weet* ★ faire la ~ avec/de qn *met iem. kennis*

maken ⋆ c'est une personne de ma ~ *het is een kennis van me* ⋆ être en pays de ~ *in bekend gezelschap zijn* ⋆ en ~ de cause *met kennis van zaken* ‹handelend, sprekend›; *welbewust* ⋆ perdre ~ *het bewustzijn verliezen*; *buiten kennis raken* ⋆ reprendre ~ *weer bijkomen*

connaissement m *cognossement*; *vrachtbrief*

connaisseur I m [v: **connaisseuse**] *kenner* **II** BNW [v: **connaisseuse**] ⋆ regard ~ *kennersblik*

connaître I OV WW • *kennen* • *weten* • *leren kennen* ⋆ ~ de nom, de vue *van naam, van gezicht kennen* ⋆ ne ~ ni Dieu ni diable *aan God noch gebod geloven* ⋆ je ne le connais ni d'Eve ni d'Adam *ik ken hem totaal niet* ⋆ ~ son monde *zijn pappenheimers kennen* ⋆ ~ qc à un sujet *heel wat van een onderwerp afweten* ⋆ il n'y connaît pas grand'chose *hij weet er niet veel van* ⋆ je ne vous connaissais pas ce talent *ik wist niet dat je daar zo goed in was* ⋆ INF. ça me connaît! *daar kan ik van meepraten!* ⋆ il s'y connaît *daar heeft hij verstand van* ⋆ VERO. ~ une femme *een vrouw bekennen* ⋆ INF. je te connais comme si je t'ai fait *ik ken je door en door* **II** ON WW (~ **de**) *berechten*; *tot rechtspreken bevoegd zijn* ⋆ connaître d'une affaire *een zaak moeten berechten*

connard m [**conard**] VULG. *zak*; *idioot*

connasse v VULG. [**conasse**] *stomme trut*

conne I v VULG. *stomme trut* **II** BNW → **con**

connecter I OV WW *aansluiten (***à** *op)*; *verbinden* **II** WKD WW (**se** ~) *inloggen*

connecteur m *aansluiter*; *aansluitklem*; *verbindingsstekker*

connement BIJW INF. → **con**

connerie v VULG. *stommiteit*; *gelul*

connétable m GESCH. *hoogste officier in Frankrijk*

connexe BNW *samenhangend*; *verwant (***à** *met)*

connexion v • *samenhang* • TECHN. *verbinding*; *aansluiting* ⋆ ~ des idées *samenhang van ideeën*

connivence v • *(heimelijke) verstandhouding*; *samenspanning* • VERO. *oogluiking* ⋆ être/agir de ~ avec *onder één hoedje spelen met*

connotation v • *connotatie* • *gevoelswaarde*

connu I BNW *bekend* ⋆ ni vu ni ~ *daar kraait geen haan naar* **II** WW (volt. deelw.) → **connaître**

conque v • *oorholte* • *spiraalvormige schelp*; *tritonshoorn*

conquérant I m [v: **conquérante**] *veroveraar* **II** BNW • *veroverend* • *verwaand*

conquérir OV WW • *veroveren* • *voor zich winnen* ⋆ ~ une montagne *een berg bedwingen* ⋆ ~ les cœurs *alle harten voor zich winnen*

conquête v *verovering* ⋆ faire la ~ de *veroveren* ⋆ air de ~ *zelfvoldaan gezicht*

consacré BNW • *gewijd* • FIG. *geijkt*

consacrer I OV WW • *(in)wijden* • *consacreren* ‹v. wijn en brood› • FIG. *ijken* ⋆ l'usage a consacré ce mot *dat woord is door het gebruik geijkt* • (~ **à**) *(toe)wijden aan* **II** WKD WW (**se** ~ **à**) *zich wijden aan*

consanguin BNW *verwant* ‹v. vaders kant›

consanguinité v • *bloedverwantschap* • *verwantschap* ‹v. vaders kant›

consciemment BIJW *bewust*

conscience v • *bewustzijn*; *besef (***de** *van)* • *geweten* • *plichtsgevoel* ⋆ cas de ~ *gewetenszaak* ⋆ directeur de ~ *geestelijk leidsman*; *biechtvader* ⋆ examen de ~ *gewetensonderzoek* ⋆ liberté de ~ *gewetensvrijheid* ⋆ en ~ *in gemoede*; *oprecht* ⋆ en mon âme et ~ *naar eer en geweten* ⋆ par acquit de ~ *om zich niets te verwijten te hebben* ⋆ avoir la ~ large *een ruim geweten hebben* ⋆ avoir la ~ tranquille/nette *een gerust/zuiver geweten hebben* ⋆ avoir qc sur la ~ *iets op zijn geweten hebben*

consciencieux BNW [v: **consciencieuse**] *plichtsgetrouw*; *nauwgezet*; *consciëntieus*

conscient BNW • *bewust (***de** *van)* • *bij bewustzijn*

conscription v • *conscriptie* • *dienstplicht*

conscrit (*zeg:* -skrie) m • *rekruut*; *dienstplichtige* • INF. *groentje*

consécration v • REL. *consecratie* • *inwijding*; *inzegening* • *bekrachtiging*

consécutif BNW [v: **consécutive**] • *achtereenvolgend* • TAALK. *gevolgaanduidend* ⋆ proposition subordonnée consécutive *gevolgaanduidende bijzin* • (~ **à**) *ten gevolge van*

consécutivement BIJW • *achtereenvolgens* • (~ **à**) *ten gevolge van*

conseil m • *raad(geving)* • *raadgevend lichaam*; *raad* • *raadsman* ⋆ ~ d'administration *raad van bestuur*; *bestuur* ⋆ Conseil constitutionnel *staatsorgaan dat wetten en verkiezingen aan de grondwet toetst* ⋆ ~ de discipline *tuchtraad* ⋆ ~ d'État *Raad van State* ⋆ ~ général *departementaal vertegenwoordigend lichaam* ⋆ ~ de guerre *krijgsraad* ⋆ ~ des ministres *ministerraad* ⋆ ~ municipal *gemeenteraad* ⋆ ~ régional *gewestraad* ⋆ Conseil de sécurité *Veiligheidsraad* ⋆ médecin-~ *controlerend geneesheer* ⋆ le président du ~ *de minister-president* ⋆ de bon ~ *wijs*; *verstandig* ⋆ tenir ~ *beraadslagen* ⋆ sur le(s) ~(s) de *op aanraden van*

conseiller I m [v: **conseillère**] • *raadgever*; *raadsman* • *raadslid* • *raadsheer* ⋆ ~ d'État *staatsraad* ⋆ ~ fiscal *belastingconsulent* ⋆ ~ municipal *gemeenteraadslid* **II** OV WW *(aan)raden*; *adviseren (***à** *aan;* **de** *om)*

consensuel BIJW [v: **consensuelle**] *consensueel* ⋆ dans un esprit ~ *in goed overleg*; *volgens het harmoniemodel*

consensus (*zeg:* -suus) m *consensus* ⋆ large ~ *grote mate van instemming*

consentant BNW *instemmend*; *willig*

consentement m *toestemming*; *instemming* ⋆ du ~ de tous *met algemeen goedvinden*

consentir I OV WW • *toestaan*; *goedvinden* • *verlenen*; *verschaffen (***à** *om)* **II** ON WW ⋆ qui ne dit mot consent *wie zwijgt stemt toe* (~ **à**) *toestemmen in*; *instemmen met*

conséquemment BIJW *bijgevolg* ⋆ ~ à

C

overeenkomstig; ten gevolge
conséquence v • *gevolg; consequentie* • *gevolgtrekking* • VERO. *belang* ★ en ~ *bijgevolg; dienovereenkomstig* ★ en ~ de *overeenkomstig; ten gevolge van* ★ sans ~ *onbelangrijk* ★ lourd de ~s *met verstrekkende gevolgen; ingrijpend* ★ avoir pour ~ *tot gevolg hebben* ★ tirer à ~ *van belang zijn*
conséquent BNW • *consequent* • INF. *van belang* ★ par ~ *bijgevolg*
conservateur I m [v: **conservatrice**] • *conservatief* • *conservator* ★ ~ des eaux et forêts *opperhoutvester* ★ ~ des hypothèques *hypotheekbewaarder* II m *conserveermiddel* III BNW [v: **conservatrice**] • *conservatief* • *behoudend; conserverings-*
conservation v • *behoud; (het) bewaren* • *conservering* ★ de longue ~ *lang houdbaar*
conservatoire I m *conservatorium; muziek- en/of toneelschool* II BNW *conservatoir; behoudend* ★ mesure ~ *maatregel tot behoud*
conserve v *geconserveerd levensmiddel* ★ ~s *conserven* ★ (mis) en ~ OOK FIG. *ingeblikt; in blik* ★ de ~ *samen* ★ naviguer de ~ *in konvooi varen*
conserver I OV WW • *bewaren; behouden* • *conserveren* ★ bien conservé FIG. *goed geconserveerd* II WKD WW (**se** ~) • *goed blijven* • *in stand blijven*
conserverie v • *conservenfabriek* • *conservenindustrie*
considérable BNW *aanzienlijk; belangrijk; aanmerkelijk*
considérant m *considerans; overweging*
considération v • *overweging; beschouwing* • *aanzien; achting (***pour** *voor)* • *beweegreden* ★ en ~ de *gelet op; gezien* ★ sans ~ de *zonder rekening te houden met; ongeacht* ★ sans ~ de personne *zonder aanziens des persoons* ★ prendre en ~ *in aanmerking nemen* ★ agréez l'assurance de ma ~ *hoogachtend*
considérer OV WW • *achten* • *beschouwen* • *overwegen* ★ ~ comme *beschouwen als; houden voor* ★ ~ que [+ ind.] *van mening zijn dat* ★ tout bien considéré *alles wel beschouwd*
consignation v • *statiegeld(heffing)* • JUR. *consignatie*
consigne v • *bagagedepot* • *statiegeld* • *order; consigne* • MIL. *kwartierarrest* • *schoolblijven* ★ ~ automatique *bagagekluis*
consigner OV WW • *in bewaring geven; consigneren* • FORM. *optekenen; noteren* • MIL. *kwartierarrest geven* • *school laten blijven* • *statiegeld heffen op* • *de toegang ontzeggen tot* ★ bouteille non consignée *fles zonder statiegeld; wegwerpfles* ★ ~ qn à la caserne *iem. in de kazerne houden*
consistance v • *vastheid; dichtheid; degelijkheid* • *consistentie; innerlijke samenhang*
consistant BNW • *vast; stevig; degelijk* • *consistent; innerlijk samenhangend*
consister ON WW • (~ **en/dans/à**) *bestaan in* • (~ **en/dans**) *bestaan uit*
consistoire m • *consistorie* • *kerkenraad*
consœur v *vrouwelijke collega*
consolable BNW *troostbaar*
consolant BNW *troostend*
consolateur I m [v: **consolatrice**] *trooster* II BNW [v: **consolatrice**] *troostend*
consolation v *vertroosting; troostend woord; troost* ★ fiche/prix de ~ *troostprijs*
console v • *console* • *bedieningspaneel* ★ ~ de mixage *mengpaneel*
consoler OV WW *(ver)troosten (***de** *over)* ★ ne pas se ~ de *ontroostbaar zijn over; zich er niet overheen kunnen zetten*
consolidation v *versterking; bevestiging; consolidatie*
consolider OV WW *versterken; consolideren* ★ (fonds) consolidés *consols*
consommable BNW *eetbaar; drinkbaar*
consommateur m [v: **consommatrice**] • *consument; verbruiker* • *cafébezoeker*
consommation v • *verbruik* • *consumptie* • *voleindiging; volvoering* ★ prix à la ~ *consumentenprijs* ★ société de ~ *consumptiemaatschappij*
consommé I m *heldere vleesbouillon; consommé* II BNW *doorkneed; volleerd; volmaakt*
consommer I OV WW • *verbruiken; verteren; consumeren* • *volvoeren; volbrengen* ★ ~ le mariage *het huwelijk consommeren* ‹door de bijslaap› II ON WW *iets drinken* ‹in café e.d.›
consomption v *uittering; tering*
consonance v • *wijze van klinken; klank* • *welluidende samenklank; gelijkluidendheid*
consonant BNW *welluidend samenklinkend*
consonne v *medeklinker*
consort (*zeg:* -sor) I m mv PEJ. *deelgenoten in een zaak; consorten* II BNW ★ prince ~ *prinsgemaal*
conspirateur m [v: **conspiratrice**] *samenzweerder*
conspiration v *samenzwering; samenspanning* ★ ~ du silence *(het) doodzwijgen*
conspirer I OV WW VERO. *beramen* II ON WW • *samenzweren; samenspannen* • (~ **à**) *bijdragen tot*
conspuer OV WW *uitjouwen; honen*
constamment BIJW *voortdurend; doorlopend*
constance v *bestendigheid; standvastigheid*
constant BNW *standvastig; onveranderlijk; bestendig; constant* ★ FORM. fait ~ *vaststaand feit*
constante v *constante*
constat (*zeg:* -stà) m *proces-verbaal; verslag v.d. toedracht* ★ ~ d'accident *schadeformulier* ★ dresser un ~ de *constateren; wijzen op*
constatation v *bevinding; constatering; vaststelling*
constater OV WW *constateren; vaststellen; bevinden*
constellation v *constellatie; sterrenbeeld*
consteller OV WW (~ **de**) *bezaaien met* ‹sterren, ridderordes enz.›
consternation v *ontsteltenis; verbijstering*
consterner OV WW *hevig ontstellen; verbijsteren*
constipation v *verstopping; ob-/constipatie*
constipé BNW • *verstopt; hardlijvig* • INF. *gespannen; stijf* ‹v. optreden›
constiper OV WW *verstoppen; constiperen*

constituant I m *bestanddeel* II BNW • *samenstellend* • *(grond)wetgevend* ★ partie ~e *bestanddeel* ★ (Assemblée) ~e *grondwetgevende vergadering; constituante*
constituer I OV WW • *samenstellen; vormen* • *uitmaken; zijn* • *aanwijzen als; benoemen tot* • *(wettig) instellen; constitueren* ★ constitué de/par *samengesteld uit* ★ homme bien constitué *iem. met een sterk gestel* ★ ~ qn prisonnier *iem. in hechtenis nemen* ★ ~ une dot/une rente *een bruidsschat/een jaargeld toekennen* II WKD WW (**se** ~) ★ se ~ prisonnier *zich overgeven; zichzelf aangeven*
constitutif BNW [v: **constitutive**] • *samenstellend* • *wezenlijk* • JUR. *constitutief* ★ élément ~ *bestanddeel*
constitution v • *samenstelling* • *toekenning* ‹v. jaargeld› • *gestel; constitutie* • *grondwet; staatsregeling; constitutie* • *stichting; oprichting* • *benoeming* ★ ~ d'une rente *vastzetting van een jaargeld*
constitutionnel BNW [v: **constitutionnelle**] • *grondwettig; grondwettelijk; constitutioneel* • *voortkomend uit het gestel* ★ droit ~ *staatsrecht*
constricteur BNW *samentrekkend* ★ muscle ~ *sluitspier* ★ boa ~ *boa constrictor*
constriction v *vernauwing; samentrekking*
constructeur m [v: **constructrice**] *bouwer; maker; constructeur*
constructible BNW *bebouwbaar* ‹voorzien v. bouwvergunning›
constructif BNW [v: **constructive**] • *creatief* • *(op)bouwend; constructief*
construction v • *(op)bouw; (het) bouwen* • *gebouw* • TAALK. *constructie; zinsbouw* • WISK. *constructie* ★ bois de ~ *timmerhout* ★ chantier de ~ *bouwplaats; timmerwerf* ★ jeu de ~ *bouwdoos* ★ en (cours de) ~ *in aanbouw*
construire OV WW *(op)bouwen; construeren*
construit WW (volt. deelw.) → **construire**
consul m *consul*
consulaire BNW *consulair*
consulat m *consulaat*
consultant I m [v: **consultante**] • *consulterend geneesheer* • *adviseur* II BNW *raadgevend*
consultatif BNW [v: **consultative**] *raadgevend; advies-* ★ avoir voix consultative *een adviserende stem hebben*
consultation v • *beraadslaging; overleg* • *consult; consultatie; raadpleging* • *advies* ★ cabinet de ~ *spreekkamer v. dokter* ★ (heures de) ~ *spreekuur*
consulter I OV WW • *raadplegen; consulteren* • FORM. *rekening houden met* ★ ~ ses forces *rekening houden met zijn krachten* II ON WW • *spreekuur houden* • *beraadslagen*
consumer I OV WW • *verteren* ‹door vuur› • FIG. *geheel verbruiken; doen wegkwijnen; doen vergaan* II WKD WW (**se** ~) *wegteren; wegkwijnen; vergaan* (**de** *van*)
consumérisme m *consumentisme*
contact (*zeg:* -takt) m • *aanraking; contact* • *omgang* (**avec** *met*) ★ WISK. point de ~ *raakpunt; aanrakingspunt* ★ couper/mettre le ~ *de motor afzetten/aanzetten* ★ prendre ~ avec l'ennemi *voeling krijgen met de vijand*
contacter OV WW *contact opnemen met*
contagieux BNW [v: **contagieuse**] *besmettelijk; aanstekelijk* ★ exemple ~ *aanstekelijk voorbeeld*
contagion v *besmetting; aanstekelijkheid* ★ la ~ du rire *aanstekelijke lach*
contagiosité v *besmettelijkheid*
container (*zeg:* ko(n)tènèr) m *container*
contamination v • *besmetting* • *bezoedeling* • TAALK. *contaminatie*
contaminer OV WW • *besmetten* • *bezoedelen*
conte m • *verhaal; vertelsel* • *praatje; verzinsel* ★ ~ de fées *sprookje* ★ ~ bleu OOK FIG. *sprookje* ★ ~ à dormir debout *sterk verhaal* ★ les ~s de ma Mère l'Oie *de sprookjes van Moeder de Gans*
contemplatif BNW [v: **contemplative**] *beschouwend* ★ ordre ~ *contemplatieve orde*
contemplation v *beschouwing; bespiegeling* ★ rester en ~ devant *peinzend/aandachtig staren naar*
contempler OV WW *beschouwen; (aandachtig) gadeslaan*
contemporain I m *tijdgenoot* II BNW *eigentijds; hedendaags; uit dezelfde tijd; contemporain*
contempteur m [v: **contemptrice**] *verachter*
contenance v • *inhoud* • *oppervlakte* • *houding* ★ faire bonne ~ *zich goed houden* ★ perdre ~ *van streek raken*
contenant m *voorwerp dat iets bevat*
conteneur m *container* ★ ~ à verre *glasbak*
contenir I OV WW • *(kunnen) bevatten; inhouden; beslaan* • *bedwingen; tegenhouden; in toom houden* II WKD WW (**se** ~) *zich bedwingen; zich inhouden*
content I m *bekomst* (**de** *van*) ★ manger tout son ~ *zich dik eten* II BNW *tevreden; blij* (**de** *over, met*) ★ être ~ de sa petite personne *met zichzelf ingenomen zijn*
contentement m • *tevredenheid; voldoening; blijdschap* • *bevrediging* ‹v. wensen, behoeften› ★ ~ passe richesse *tevredenheid gaat boven rijkdom*
contenter I OV WW • *tevredenstellen* • *bevredigen* ‹v. wensen, behoeften› II WKD WW (**se** ~ **de**) *zich tevredenstellen met; zich bepalen tot* ‹slechts het genoemde doen›
contentieux I m JUR. *geschillen* II BNW [v: **contentieuse**] *geschillen betreffend; contentieus*
contenu I m *inhoud* II BNW *ingehouden; bedwongen* ★ colère ~e *ingehouden woede* ★ caractère ~ *gesloten karakter* ★ ~ dans *vervat in*
conter OV WW *verhalen; vertellen* ★ en ~ à qn *iem. iets wijsmaken* ★ ~ des sornettes *kletspraatjes verkopen*
contestable BNW *betwistbaar*
contestataire I m/v *contestant; protesteerder* ‹tegen de gevestigde orde› II BNW *contesterend; protesterend; (maatschappij)kritisch*
contestation v • *betwisting* • *geschil; twist* • *contestatie; protest(beweging)* ★ sans ~ *zonder tegenspraak* ★ mettre en ~ *bestrijden*

C

conteste v ★ sans ~ *ontegenzeglijk*
contester **I** OV WW *betwisten; bestrijden; contesteren* **II** ON WW • POL. *protesteren* • *twisten*
conteur **I** m [v: **conteuse**] *verteller* **II** BNW [v: **conteuse**] *graag vertellend; praatziek*
contexte m *samenhang; context*
contexture v • *weefsel* • *samenhang*
contigu BNW [v: **contiguë**] • *aangrenzend* • FIG. *verwant*
contiguïté v • *belending* • FIG. *verwantschap*
continence v • *kuisheid; onthouding* • *continentie*
continent **I** m • *vasteland; continent* • *werelddeel* ★ l'Ancien Continent *de Oude Wereld* ★ le Nouveau Continent *de Nieuwe Wereld* **II** BNW • MED. *continent* • VERO. *kuis*
continental BNW [m mv: **continentaux**] *continentaal; vasteland(s)-* ★ climat ~ *landklimaat* ★ blocus ~ *continentaal stelsel*
contingence v • *contingentie; gebeurlijkheid* • mv *toevalligheden*
contingent **I** m • MIL. *lichting; contingent* • *aandeel; quota; contingent* **II** BNW *toevallig; contingent*
contingentement m *contingentering*
contingenter OV WW *contingenteren*
continu BNW *aanhoudend; doorlopend; continu* ★ courant ~ *gelijkstroom* ★ fièvre ~e *aanhoudende koorts* ★ fraction ~e *kettingbreuk*
continuateur m [v: **continuatrice**] *voortzetter*
continuation v *voortzetting; vervolg*
continuel BNW [v: **continuelle**] *voortdurend; doorlopend*
continuer **I** OV WW • *doorgaan met; voortzetten; vervolgen* • *verlengen; doortrekken* • *hernieuwen; verlengen* ★ ~ un mur *een muur doortrekken* ★ ~ un bail *een huurcontract verlengen* **II** ON WW • *voortduren; voortgaan* • (~ **à/de**) *doorgaan met*
continuité v *voortduring; voortzetting; continuïteit*
continûment BIJW → **continu**
contondant BNW *stomp*
contorsion v • *verdraaiing* • *gelaatsverwringing* ★ faire des ~s *zich in bochten wringen; zich verkrampt gedragen*
contorsionner WKD WW (**se** ~) OOK FIG. *zich in bochten wringen*
contorsionniste m/v *slangenmens*
contour m *omtrek; omlijning; contour*
contourné BNW • *gebogen; verwrongen* • *gewrongen* ‹v. stijl›
contourner OV WW • *gaan om; lopen om* • FIG. *ontwijken; omzeilen*
contraceptif **I** m *anticonceptiemiddel; voorbehoedmiddel* **II** BNW [v: **contraceptive**] *voorbehoeds-* ★ pilule contraceptive *anticonceptiepil*
contraception v *anticonceptie*
contractant **I** m *contractant* **II** BNW *samentrekkend; contracterend*
contracter **I** OV WW • *aangaan; (af)sluiten* • *doen inkrimpen; doen samentrekken* • *oplopen* ‹v. ziekte› ★ ~ un bail *een huurcontract sluiten* ★ ~ des dettes *zich in schulden steken* ★ ~ une habitude *een gewoonte aannemen* **II** WKD WW (**se** ~) *inkrimpen; samentrekken; verstrakken*
contractile BNW *samentrekbaar*
contraction v *samentrekking; inkrimping; verstarring* ★ avoir des ~s *barensweeën hebben*
contractuel **I** m [v: **contractuelle**] *contractwerknemer; tijdelijke werknemer* ★ (agent) ~ *parkeerwachter* **II** BNW [v: **contractuelle**] *contractueel*
contradicteur m *tegenspreker*
contradiction v • *tegenspraak* • *tegenstrijdigheid; onverenigbaarheid* ★ esprit de ~ *neiging om tegen te spreken; betweterij* ★ ~ dans les termes *contradictio in terminis* ★ en ~ avec *in tegenspraak met; in strijd met*
contradictoire BNW • *(tegen)strijdig (***à** *met)* • *contradictoir; met hoor en wederhoor*
contraignant BNW *dwingend; bindend; hinderlijk*
contraindre **I** OV WW • *dwingen; noodzaken (***à** *tot, om)* • *inhouden; bedwingen* ★ être contraint de *gedwongen zijn om* ★ ~ sa colère *z'n woede inhouden* **II** WKD WW (**se** ~) • *zich inhouden; zich bedwingen* • *zich geweld aandoen; zich forceren (***à** [+ inf.] tot)
contraint **I** BNW *gedwongen; gekunsteld* **II** WW (volt. deelw.) → **contraindre**
contrainte v • *dwang* • *verplichting; last* • *gedwongenheid* • *dwangbevel* ★ sans ~ *ongedwongen* ★ user de ~ *dwangmiddelen gebruiken* ★ JUR. ~ par corps *gijzeling; lijfsdwang*
contraire **I** m *het tegenovergestelde; het tegendeel* ★ au ~ *integendeel; daarentegen* ★ au ~ de *in tegenstelling met* **II** BNW • *tegengesteld (***à** *aan); strijdig (***à** *met)* • VERO. *schadelijk; nadelig (***à** *voor)* • *tegen-* ★ vent ~ *tegenwind* ★ sort ~ *tegenspoed*
contrairement BIJW (~ **à**) *in tegenstelling tot; in strijd met*
contralto m [**contralte**] • *alt(stem)* • *alt* ‹zangeres›
contrariant BNW • *tegenstrevend* • *vervelend; wat de zaak in de war stuurt* ★ esprit ~ *dwarsdrijver*
contrarier OV WW • *tegenwerken; dwarsbomen* • *hinderen; dwarszitten* • *zorgen baren* ★ voilà qui me contrarie *dat zit me dwars* ★ avoir l'air contrarié *zuur kijken* ★ ~ des couleurs *contrasterende kleuren tegenover elkaar zetten*
contrariété v • *misnoegen; ontstemming* • *tegenslag*
contraste m *contrast (***de, entre** *tussen); tegenstelling* ★ faire ~ avec *contrasteren met*
contrasté BNW *contrastrijk*
contraster **I** OV WW *doen contrasteren* **II** ON WW *contrasteren; een tegenstelling vormen (***avec** *met); afsteken (***avec** *bij)*
contrat m *overeenkomst; contract* ★ ~ à durée déterminée *tijdelijk arbeidscontract* ★ ~ de mariage *huwelijkscontract* ★ ~ notarié *notariële akte* ★ ~ social *maatschappelijk*

verdrag ★ remplir son ~ *zich waarmaken*

contravention v • *bekeuring (***pour** *wegens)* • *overtreding* ★ dresser une ~ à *bekeuren* ★ INF. flanquer une ~ à *op de bon slingeren*

contre I m • *tegenstoot*; *tegenaanval* • *doublet* ‹kaarten› • *het tegen* • *klots* ‹bij biljart›; *op een tegenstander botsende bal* ‹bij voetbal e.d.› ★ le pour et le ~ *het voor en tegen* **II** VZ *ertegen* ★ par ~ *daarentegen* ★ être ~ *ertegen zijn* ★ voter ~ *tegenstemmen* ★ je n'ai rien à dire là-~ *ik kan daar niets tegen inbrengen* ★ laisser la porte tout ~ *de deur aan laten staan* **III** VZ *tegen*

contre- VOORV *contra-*; *tegen-*

contre-allée m [mv: **contre-allées**] *ventweg*

contre-amiral m [mv: **contre-amiraux**] *schout-bij-nacht*

contre-attaque m [mv: **contre-attaques**] *tegenaanval*

contre-attaquer OV WW *een tegenaanval doen (op)*

contrebalancer OV WW *compenseren*; *opwegen tegen* ★ INF. je m'en contrebalance *ik heb er maling aan*

contrebande v *smokkelarij*; *smokkelwaar* ★ faire de la ~ *smokkelen* ★ marchandises de ~ *smokkelwaar* ★ passer en ~ *(binnen)smokkelen*

contrebandier I m [v: **contrebandière**] *smokkelaar* **II** BNW [v: **contrebandière**] *smokkel-*

contrebas DEEL V. SAMENST ★ en ~ (de) *lager gelegen (dan)*

contrebasse v • *(contra)bas* • *contrabassist*

contrebassiste m/v *contrabassist*

contrecarrer OV WW *tegenwerken*; *dwarsbomen*

contrecœur I m *haardplaat* **II** DEEL V. SAMENST ★ à ~ *met tegenzin*

contrecoup m *terugslag*; *nawerking* ★ par ~ *van de weersomstuit*

contre-courant m [mv: **contre-courants**] *tegenstroom* ★ à ~ OOK FIG. *tegen de stroom in*

contre-culture m [mv: **contre-cultures**] *tegencultuur*; *underground*

contredanse v • *contradans* • INF. *bekeuring*

contredire I OV WW *tegenspreken*; *in tegenspraak zijn met* **II** WKD WW (**se ~**) *zichzelf/elkaar tegenspreken*

contredit m *verweerschrift* ★ VERO. sans ~ *ontegenzeglijk*

contrée v VERO. *landstreek*

contre-écrou m [mv: **contre-écrous**] *contramoer*

contre-enquête m [mv: **contre-enquêtes**] *tegenonderzoek*

contre-épreuve m [mv: **contre-épreuves**] *controleproef*

contre-espionnage m [mv: **contre-espionnages**] *contraspionage*

contre-expertise m [mv: **contre-expertises**] *tegenonderzoek*; *contra-expertise*

contrefaçon v *namaak*; *vervalsing*

contrefacteur m *namaker*; *vervalser*

contrefaire OV WW • *nabootsen*; *namaken*; *vervalsen* • *veranderen*; *verdraaien* ‹v. stem› • VERO. *voorwenden* ★ ~ la douleur *pijn voorwenden*

contrefait BNW • *nagemaakt*; *onecht* • *misvormd*

contreficher WKD WW INF. ★ je m'en contrefiche *ik heb er maling aan*

contrefil m ★ à ~ *tegen de draad in*

contre-filet m [mv: **contre-filets**] *lendebiefstuk*

contrefort m • *schoormuur*; *steunbeer* • *uitloper* ‹v. gebergte› • *hielstuk*

contre-indication m [mv: **contre-indications**] MED. *contra-indicatie*

contre-indiqué BNW *gecontra-indiceerd*; *te ontraden*

contre-jour m [mv: **contre-jour(s)**] *tegenlicht* ★ à ~ *met de rug naar het licht*; *tegenlicht-*

contre-la-montre m (onver.) *tijdrit*

contremaître m *opzichter*; *ploegbaas*

contre-manifestation m [mv: **contre-manifestations**] *tegendemonstratie*

contremarche v • *contramars* • *optrede*; *stootbord* ‹v. trap›

contremarque v • *controlemerk* • *sortie*; *contramerk*

contre-mesure m [mv: **contre-mesures**] *tegenmaatregel*

contre-offensive m [mv: **contre-offensives**] *tegenoffensief*

contrepartie v • *tegendeel* • *tegenwaarde*; *compensatie* ★ en ~ *als tegenprestatie*; *daartegenover*; *daarentegen* ★ en ~ de *in ruil voor*

contre-pente v [**contrepente**] *tegenhelling*

contre-performance m [mv: **contre-performances**] *teleurstellende prestatie*; *afgang*

contrepet m *komische verspreking* ‹door verwisseling v. klanken›

contrepèterie v *komische verspreking* ‹door verwisseling v. klanken›; *spoonerisme*

contre-pied m [mv: **contre-pieds**] • *tegendeel* • *(het zetten op) het verkeerde been* ★ SP. être à ~ *op het verkeerde been staan* ★ prendre à ~ *op het verkeerde been zetten* ★ prendre le ~ d'une opinion *het tegendeel beweren*

contreplaqué m *triplex*; *multiplex*

contre-plongée m [mv: **contre-plongées**] *(opname in) kikvorsperspectief*

contrepoids m *tegenwicht*

contre-poil BIJW ★ à ~ OOK FIG. *tegen de haren in*

contrepoint m MUZ. OOK FIG. *contrapunt*

contrepoison m *tegengif (à tegen)*

contre-porte m [mv: **contre-portes**] *binnendeur*; *tochtdeur*

contre-productif BNW [v: **contre-productive**] *contraproductief*

contre-publicité v *anti-reclame*

contrer I OV WW *zich (met succes) verzetten tegen*; *dwarsbomen*; *(af)stoppen* **II** ON WW *doubleren* ‹bij bridge›

contre-rail m [mv: **contre-rails**] *contrarail*

contre-réforme v GESCH. *Contrareformatie*

contre-révolution m [mv: **contre-révolutions**] *contrarevolutie*

contre-révolutionnaire I m/v [mv: **contre-révolutionnaires**] *contrarevolutionair* **II** BNW *contrarevolutionair*

C

contreseing m *medeondertekening; contraseign*
contresens (*zeg:* -sa(n)s) m • *misinterpretatie; misvatting* • *tegengestelde betekenis* ⋆ à ~ *averechts; in de verkeerde richting; verkeerd; tegendraads*
contresigner OV WW *medeondertekenen; contrasigneren*
contretemps m *tegenvaller; tegenslag;* FIG. *kink; onverwacht beletsel* ‹om te komen› ⋆ à ~ *te onpas; ongelegen;* MUZ. *tegen de maat in*
contre-torpilleur m [mv: **contre-torpilleurs**] *torpedojager*
contre-valeur m [mv: **contre-valeurs**] *tegenwaarde*
contrevenant m *overtreder*
contrevenir ON WW (~ **à**) *overtreden*
contrevent m *(buiten)vensterluik*
contrevérité v *onwaarheid*
contre-visite m [mv: **contre-visites**] MED. *tweede onderzoek; second opinion*
contre-voie v ⋆ déscendre à ~ *aan de verkeerde kant (v.d. trein) uitstappen*
contribuable m/v *belastingplichtige; belastingbetaler*
contribuer ON WW *bijdragen (**à** tot, in)*
contributif BNW [v: **contributive**] *belasting-* ⋆ part contributive *belastingaanslag*
contribution v • *bijdrage (**à** tot, in)* • *belasting* ⋆ mettre à ~ *gebruik maken (van de diensten) van;* GESCH. *brandschatten*
contrister OV WW FORM. *bedroeven*
contrit (*zeg:* -trie) BNW *berouwvol*
contrition v *berouw* ⋆ acte de ~ *akte van berouw* ⋆ ~ imparfaite *onvolmaakt berouw*
contrôlable BNW *controleerbaar; beheersbaar*
contrôle m • *controle; toezicht* • *beheersing* • *plaats van controle* • *waarmerk op goud en zilver* • *register; naamlijst* • *toetsing; schriftelijke overhoring* ⋆ ~ des naissances *geboorteregeling* ⋆ ~ technique *technische keuring; APK* ⋆ ~ de soi *zelfbeheersing* ⋆ perdre le ~ de sa voiture *de macht over het stuur verliezen*
contrôler OV WW • *controleren; toetsen* • *beheersen* • *waarmerken* ‹v. goud, zilver›
contrôleur I m *controletoestel* II m [v: **contrôleuse**] *controleur* ⋆ ~ (du trafic) aérien *(lucht)verkeersleider*
contrordre m *tegenbevel* ⋆ sauf ~ *behoudens tegenbericht*
controuvé BNW FORM. *verzonnen* ‹onwaar›
controversable BNW *betwistbaar*
controverse v *controverse; discussie*
controversé BNW *omstreden; betwist*
contumace v JUR. *verstek* ⋆ condamner par ~ *bij verstek veroordelen*
contusion v *kneuzing*
contusionner OV WW *kneuzen*
conurbation v *agglomeratie van steden; conurbatie*
convaincant BNW *overtuigend*
convaincre I OV WW • *overtuigen (**de** van); overhalen (**de** [+ inf.] tot)* • *schuldig bevinden (**de** aan)* II WKD WW (**se** ~) *zich overtuigen (**de** van)* ⋆ se ~ que [+ ind.] *zich ervan vergewissen dat*
convaincu I BNW *overtuigd* II WW (volt. deelw.) → **convaincre**
convainquant WW (teg. deelw.) → **convaincre**
convalescence v *beterschap;* MED. *herstel* ⋆ en ~ *aan de beterende hand; herstellende*
convalescent I m [v: **convalescente**] *herstellende zieke* II BNW *herstellend; aan de beterende hand*
convenable BNW • *fatsoenlijk; behoorlijk; gepast* • *geschikt* ⋆ le moment ~ *het geschikte moment*
convenance v • *wat iem. bevalt of gelegen komt; gading; zin* • FORM. *overeenstemming; gelijkheid* ⋆ les ~s *fatsoen; gepastheid* ⋆ pour ~s personnelles *om persoonlijke redenen* ⋆ mariage de ~ *huwelijk uit berekening* ⋆ trouver qc à sa ~ *iets naar zijn gading vinden*
convenir I ON WW • *geschikt zijn (**à**, **pour** voor); passen (**à** bij)* • (~ **à**) *aanstaan (aan); bevallen (aan)* • (~ **de**) *overeenkomen om; afspreken om; erkennen; het eens worden/zijn over* ⋆ c'est convenu! *(dat is) afgesproken!)* ⋆ j'en conviens *dat geef ik toe* ⋆ nous sommes convenus du prix *wij zijn het eens geworden over de prijs* ⋆ convenir que [+ ind.] *afspreken dat; erkennen dat* II ONP WW *gepast zijn (**de** om)* ⋆ il convient que (+ subj.) *het is raadzaam om* ⋆ que convient-il de faire? *wat is raadzaam?* III WKD WW (**se** ~) *bij elkaar passen; het goed met elkaar kunnen vinden*
convention v • *verdrag; overeenkomst; afspraak* • meestal mv *wat gebruikelijk is; gangbare normen; conventie* • *clausule; artikel* • *(partij)bijeenkomst; conventie* ⋆ ~ collective (de travail) *collectieve arbeidsovereenkomst* ⋆ une ~ tacite *een stilzwijgende afspraak* ⋆ une ~ verbale *een mondelinge afspraak* ⋆ langage de ~ *gewone/ gangbare omgangstaal*
conventionné BNW ⋆ médecin ~ *arts met ziekenfondspraktijk*
conventionnel BNW [v: **conventionnelle**] *conventioneel; (bij verdrag) overeengekomen; gebruikelijk*
conventuel BNW [v: **conventuelle**] *kloosterlijk; klooster-*
convenu I BNW *afgesproken* II WW (volt. deelw.) → **convenir**
convergence v OOK FIG. *convergentie* ⋆ ~ des efforts *gemeenschappelijke inspanning*
convergent BNW OOK FIG. *convergerend*
converger ON WW • *convergeren (**vers** naar)* • FIG. *op hetzelfde resultaat gericht zijn; overeenstemmen*
convers (*zeg:* -vèr) BNW *leken-* ⋆ frère ~ *lekenbroeder* ⋆ sœur ~e *lekenzuster*
conversation v *gesprek; conversatie; bespreking* ⋆ avoir de la ~ *gezellig kunnen praten* ⋆ changer la ~ *het gesprek op een ander onderwerp brengen*
converser ON WW *praten; converseren (**avec** met)*
conversion v • *verandering; omzetting; omrekening; omwisseling (**en** in)* • *bekering (**à** tot)* • FIG. *omschakeling; omscholing*

• *zwenking*; *draai* • ECON./COMP. *conversie*
converti I m [v: **convertie**] *bekeerling* ★ prêcher un ~ *iem. proberen te overtuigen van iets, waarvan hij reeds overtuigd is* II BNW *bekeerd*
convertibilité v *omzetbaarheid*; *inwisselbaarheid*
convertible BNW *veranderbaar*; *omzetbaar*; *inwisselbaar*; *converteerbaar*; *herleidbaar* ★ fraction ~ *herleidbare breuk*
convertir I OV WW • *omzetten*; *veranderen*; *omrekenen*; *omwisselen* (**en** *in*) • *bekeren* (**à** *tot*) • ECON./COMP. *converteren* II WKD WW (**se** ~) *zich bekeren* (**à** *tot*); FIG. *omschakelen*; *zich omscholen*
convertisseur m • *bekeerder* • TECHN. *convertor*; *stroomwisselaar* ★ ~ de couple *koppelomvormer*
convexe BNW *bolrond*; *convex*
convexité v *rondheid*; *bolheid*; *convexiteit*
conviction v *overtuiging* ★ pièce à ~ *bewijsstuk*
convier OV WW *uitnodigen*; *noden* (**à** *voor, tot*)
convive m/v *gast* ‹aan tafel›; *disgenoot*
convivial BNW [m mv: **conviviaux**] • *gezellig*; *gastvrij* • *gebruikersvriendelijk*
convivialité v • *gezelligheid*; *gastvrijheid* • *gebruikersvriendelijkheid*
convocation v *oproeping*; *convocatie*
convoi m • *konvooi*; *colonne*; *(bijzonder) transport* • *lijkstoet* • *trein* ★ ~ de marchandises *goederentrein* ★ ~ de prisonniers *gevangenentransport* ★ ~ de voyageurs *reizigerstrein*
convoiement m *konvooiering*
convoiter OV WW *begeren*
convoitise v *begerigheid*; *hebzucht*
convoler ON WW SCHERTS. *trouwen*
convoquer OV WW *bijeenroepen*; *oproepen*; *ontbieden*
convoyage m *konvooiering*
convoyer OV WW • *konvooieren* • *transporteren*
convoyeur I m • *konvooischip* • *begeleider v. konvooi* • *lopende band* II m [v: **convoyeuse**] *begeleider* ★ ~ de fonds *begeleider v. geldtransport*
convulser OV WW *verkrampen*
convulsif BNW [v: **convulsive**] *krampachtig*; *convulsief*
convulsion v • *stuip(trekking)*; *kramp* • FIG. *beroering*
convulsionner OV WW *krampachtig doen samentrekken*
cool (*zeg:* koel) BNW INF. *relaxed*; *cool*; *tof*
coolie (*zeg:* koelie) m *koelie*
coopérant m *ontwikkelingswerker*
coopérateur m [v: **coopératrice**] *medewerker*
coopératif BNW [v: **coopérative**] *samenwerkend*; *behulpzaam*; *coöperatief*
coopération v • *samenwerking*; *medwerking* • *ontwikkelingssamenwerking*
coopérative v *coöperatie*; *coöperatieve vereniging*
coopérer ON WW • *samenwerken* • *meewerken* (**à** *aan, tot*)
cooptation v *coöptatie*
coopter OV WW *coöpteren*
coordinateur m [v: **coordinatrice**] *coördinator*
coordination v *coördinatie*
coordonné BNW • *gecoördineerd*; *bij elkaar passend* • TAALK. *nevengeschikt*
coordonnées v mv • *coördinaten* • *personalia* ★ donnez-moi vos ~ *geef me uw adres, telefoonnummer enz.*
coordonner OV WW • *coördineren* • *ordenen*; *rangschikken* • *afstemmen* (**à**, **avec** *op*)
copain m [v: **copine**] *vriend(je)*; *maat*; *kameraad* ★ (très) ~ avec *(dik) bevriend met*
copeau m [mv: **copeaux**] *spaander*; *krul*
Copenhague v *Kopenhagen*
copiage m • *(het) kopiëren* • *(het) spieken*
copie v • *kopie*; *afschrift*; *afdruk*; *reproductie*; *nabootsing* • *(in het net beschreven) vel*; *(in te leveren) huiswerk/proefwerk/examenwerk* • *kopij* ★ ~ de sauvegarde *reservekopie*; *back-up* ★ revoir sa ~ OOK FIG. *zijn (huis)werk overdoen*
copier OV WW • *kopiëren*; *overschrijven*; *namaken*; *reproduceren*; *nabootsen* • *spieken* (**sur** *bij, van*)
copieur I m [v: **copieuse**] *spieker*; *nabootser* II m *kopieermachine*
copieux BNW [v: **copieuse**] *overvloedig*; *copieus*
copilote m *tweede piloot*
copinage m PEJ. *vriendjespolitiek*
copine v → **copain**
copiner ON WW INF. *bevriend zijn* (**avec** *met*)
copinerie v INF. • *vriendschap* • *vriendenclub*
copiste m/v • *kopiist* • *namaker*; *nabootser*
coprah m [**copra**] *kopra*
coproduction v *coproductie*
copropriétaire m/v *mede-eigenaar*
copropriété v *gemeenschappelijk eigendom*
copte BNW *koptisch*
Copte m/v *kopt*
copulatif BNW [v: **copulative**] *verbindend*
copulation v *paring*
copule v *koppelwerkwoord*
copuler ON WW *paren*; *copuleren*
coq m • *haan* • *weerhaan* • *scheepskok* ★ coq de bruyère *korhaan* ★ le coq gaulois *de Gallische haan* ★ coq d'Inde *kalkoense haan* ★ le coq du village *haantje*; *versierder* ★ au chant du coq *bij het krieken v.d. dag* ★ fier comme un coq *zo trots als een pauw* ★ poids coq *bantamgewicht* ‹boksen› ★ être rouge comme un coq *zo rood zijn als een kreeft* ★ avoir des mollets de coq *spillebenen hebben* ★ passer du coq à l'âne *van de hak op de tak springen* ★ être/vivre comme un coq en pâte *een luizenleventje leiden*; *vertroeteld worden*
coq-à-l'âne m (onver.) *onsamenhangende taal* ★ faire des ~ *van de hak op de tak springen*
coquart m INF. *blauw oog*
coque v • *schaal*; *dop* ‹v. noot, ei e.d.› • *romp* ‹v. schip, vliegtuig› • *kokkel* ★ œuf à la ~ *zachtgekookt ei*
coquelet m *haantje*
coquelicot m *klaproos*
coqueluche v • *kinkhoest* ‹v. bepaald publiek› • *lieveling* ‹v.e. bepaald publiek›; *idool*
coquerie v *kombuis*
coquet BNW [v: **coquette**] • *behaagziek*; *koket*

C

• *elegant*; *keurig* • *leuk*; *lief* ★ une ~te *kokette vrouw*; *flirt* ★ la ~te somme de *het aardige bedrag van*

coqueter ON WW VERO. *koketteren*

coquetier m *eierdopje*

coquetterie v *koketterie*; *behaagzucht*; *geflirt*

coquillage m • *schelpdier* • *schelp*

coquille v • *schelp* • *schaal*; *dop* ‹v. noot, ei e.d.› • *drukfout* • *slakkenhuis* ★ ~ d'œuf *eierschaal* ★ ~ de noix OOK FIG. *notendop* ★ ~ Saint-Jacques *jakobsschelp* ★ rentrer dans sa ~ *in zijn schulp kruipen* ★ sortir de sa ~ *uit zijn schulp komen*

coquillettes v mv *schelpjesmacaroni*; *conchiglie*

coquin I m [v: **coquine**] *schelm*; *schurk* II BNW *ondeugend*; *guitig*

coquinerie v *schelmenstreek*

cor m • *likdoorn* • MUZ. *hoorn* • MUZ. *hoornblazer* • *tak* ‹v. gewei› ★ cor anglais *althobo*; *Engelse hoorn* ★ cerf (de) dix cors *tienender* ★ à cor et à cri *met veel misbaar*; *luidkeels*

corail m [mv: **coraux**] *koraal* ★ ~ rouge *bloedkoraal*

corailleur m [v: **corailleuse**] *koraalvisser*

corallien BNW [v: **corallienne**] *koraal-* ★ formation coralienne *koraalbank*

Coran m *koran*

coranique BNW *koran-*

corbeau m [mv: **corbeaux**] • *raaf* • *kraagsteen* • *onheilsbode* • *schrijver van anonieme brieven*

corbeille v • *mand*; *korf*; *prullenbak* • *bloemperk* • *frontloge* • *(centrale) beursvloer* ★ ~ de fleurs *bloemenmand* ‹v. bruidegom voor bruid› ★ ~ de fruits *fruitmand* ★ ~ à ouvrage *handwerkmandje* ★ ~ (de mariage) *huwelijksgeschenken* ‹m.n.v. bruidegom voor bruid›

corbillard m *lijkkoets*; *lijkwagen*

cordage m • *touwwerk* • *bespanning*; *besnaring* ‹v. racket›

corde v • *touw*; *koord* • *snaar* • *strop* • WISK. *koorde* ★ ~ à ligne *waslijn* ★ ~ lisse *klimtouw* ★ ~ à nœuds *knoopladder* ★ ~ raide *koorddanserstouw*; *slappe koord* ★ ~ à sauter *springtouw* ★ tenir la ~ *de binnenbaan hebben* ‹v. paarden, wielrenners›; *in het voordeel zijn* ★ ~s vocales *stembanden* ★ MUZ. les ~s *de strijkers* ★ instrument à ~s *snaarinstrument* ★ la ~ au cou *met het mes op de keel* ★ mériter la ~ *de strop verdienen* ★ il pleut des ~s *het regent pijpenstelen* ★ prendre un virage à la ~ *een bocht scherp nemen* ★ sauter à la ~ *touwtje springen* ★ tirer les ~s *de touwtjes in handen hebben* ★ (trop) tirer sur la ~ *iem./iets te ver drijven* ★ toucher la ~ sensible *de gevoelige snaar raken* ★ usé jusqu'à la ~ *tot op de draad versleten* ★ avoir plusieurs ~s à son arc *meerdere pijlen op zijn boog hebben* ★ être envoyé dans les ~s *in de touwen gaan* ‹boksen›; FIG. *murw gemaakt worden*

cordeau m [mv: **cordeaux**] • *richtsnoer* ‹letterlijk› • *lont* ★ (tiré) au ~ *lijnrecht*

cordée v • *bundel* • *palingreep* • *bergbeklimmers aan een touw*

cordelette v *touwtje*; *koordje*

cordelier m *franciscaan*

cordelière v • *koord* • *gordelkoord*

corder OV WW • *ineendraaien (tot touw)* • *een touwtje binden om* • *besnaren* ‹v. racket›

corderie v • *touwslagerij* • *touwhandel*

cordial I m [mv: **cordiaux**] *hartversterkend middel* II BNW • *hartelijk* • *hartgrondig* • *hartversterkend*

cordialité v *hartelijkheid*

cordier m • *touwslager* • *touwverkoper* • *staartstuk van strijkinstrument*

cordillère v *bergketen*

cordon m • *touwtje*; *koord*; *snoer*; *band*; *lint* • *ordelint* • *rij*; *kordon* • *rand* ‹v. munt› • *kleine fruitboom* ★ ~ littoral *strandwal* ★ ~ médullaire *ruggenmerg* ★ ~ nerveux *zenuwstreng* ★ ~ ombilical *navelstreng* ★ ~ sanitaire *cordon sanitaire*; *kordon* ★ le grand ~ de la Légion d'Honneur *ordeteken van grootkruis i.h. Legioen van Eer* ★ VERO. tirer le ~ *aan het touw(tje) trekken om de deur te openen* ★ couper le ~ (ombilical) OOK FIG. *de navelstreng doorknippen* ★ délier les ~s *de veters losmaken* ★ tenir les ~s de la bourse *de financiën regelen*

cordon-bleu m [mv: **cordons-bleus**] *keukenprins(es)*

cordonnerie v • *schoenhandel* • *schoenmakerij*

cordonnet m • *koordje* • *tres* • *merk* ‹op muntrand›

cordonnier m [v: **cordonnière**] *schoenmaker* ★ les ~s sont les plus mal chaussés *de schoenmaker draagt vaak de slechtste schoen*

Corée v *Korea*

coréen I m *(het) Koreaans* II BNW [v: **coréenne**] *Koreaans*

Coréen m [v: **Coréenne**] *Koreaan*

coreligionnaire m/v *geloofsgenoot*

coriace BNW • *taai* • *koppig*; *vasthoudend* ★ viande ~ *taai vlees*

cormoran m *aalscholver*

cornac m • *kornak* • INF. *gids*; *leidsman*

cornard m INF. *hoorndrager*; *bedrogen echtgenoot*

corne v • *hoorn*; *gewei* • *hoorn* ‹stof› • *toeter*; *hoorn* • *punt*; *uitsteeksel* • *ezelsoor* ‹aan bladzijde› • *voelhoorn* ‹v. slak e.a.›; *spriet* • SCHEEPV. *gaffel* ★ ~ de brume *misthoorn* ★ ~ à chaussures *schoenlepel* ★ ~ d'abondance *hoorn des overvloeds* ★ bêtes à ~s *hoornvee* ★ bouton en ~ *hoornen knoop* ★ chapeau à trois ~s *driepuntige steek* ★ manche en ~ de cerf *hertshoornen heft* ★ porter des ~s *hoorns op hebben* ‹als bedrogen echtgenoot› ★ INF. faire porter des ~s à un mari *een echtgenoot bedriegen*

corné BNW *hoornachtig*; *hoorn-*

cornée v *hoornvlies*

cornéen BNW [v: **cornéenne**] *hoornvlies-* ★ lentille ~ne *contactlens*

corneille v *kraai* ★ ~ d'église *torenkraai* ★ bayer aux ~s *lanterfanten*

cornélien BNW [v: **cornélienne**] *Corneliaans* ‹zoals in de tragedies van P. Corneille› ★ c'est ~! *wat een dilemma!*; *wat een*

gewetensvraag!
cornemuse v *doedelzak*
corner (*zeg:* (zn) -nèèr; (ww) -nee) **I** m *corner*; *hoekschop* **II** OV WW • *omvouwen* ‹tot ezelsoor› • *rondbazuinen* **III** ON WW • *op een hoorn blazen* • *toeteren* ★ les oreilles me cornent *mijn oren tuiten*
cornet m • *(ijs)hoorntje*; *(punt)zakje* • MUZ. *kornet*; *kornettist* ★ ~ (à dés) *dobbelbeker* ★ ~ à pistons *klephoorn*; *kornet*
cornette I m *kornet* ‹vaandrig› **II** v *nonnenkap*
cornettiste m/v *kornetblazer*
corniaud m • *bastaardhond* • INF. *dom iemand*
corniche v • *kroonlijst* • INF. *voorbereidende klas v.d. militaire academie* ★ (route en) ~ *weg langs een steile berghelling*
cornichon m • *augurk* • INF. *sufferd*
cornier BNW [v: **cornière**] *hoek-* ★ poteau ~ *hoekpaal*
corniste m/v *hoornblazer*
Cornouailles v mv *Cornwall*
cornouiller m *kornoelje*
cornu BNW *gehoornd*
cornue v *retort*
corollaire m *gevolg*; *uitvloeisel*
corolle v *bloemkroon*
coron m *mijnwerkershuis*; *mijnwerkerswijk*
coronaire BNW *krans-* ★ artère ~ *kransslagader*
corporatif BNW [v: **corporative**] *corporatief*; *gilde-* ★ esprit ~ *gildegeest*
corporation v *corporatie*; *gilde*; *genootschap*
corporatisme m • *corporatisme* • *gildegeest*
corporel BNW [v: **corporelle**] *lichamelijk* ★ art ~ *body art* ★ infirmités ~les *lichaamsgebreken* ★ peine ~le *lijfstraf*
corps m • *lichaam*; *lijf(je)* • *lijk* • NAT., CHEM. *voorwerp*; *lichaam*; *stof* • *korps* ‹in alle betekenissen› • *hoofdgedeelte*; *romp* ★ ~ d'armée *legerkorps* ★ ~ de ballet *gezamenlijke dansers en danseressen* ★ ~ de bâtiment *hoofdgebouw* ★ ~ célestes *hemellichamen* ★ ~ délibérant *overlegorgaan* ★ ~ du délit *corpus delicti* ★ ~ diplomatique *de diplomaten bij een mogendheid*; *corps diplomatique* ★ ~ enseignant *onderwijzend personeel*; *lerarenkorps* ★ ~ étranger *lichaamsvreemd/wezensvreemd element* ★ ~ franc *vrijkorps* ★ ~ de garde *hoofdwacht* ★ ~ législatif *wetgevende vergadering* ★ les grands ~ de l'État *de ambtelijke top* ★ ~ médical *de artsen* ★ ~ simple *element* ★ CHEM. ~ solide *vaste stof* ★ ~ à ~ *man tegen man* ★ un ~ à ~ *een gevecht van man tegen man*; *handgemeen* ★ à son ~ défendant *tegen wil en dank* ★ donner ~ à *gestalte geven aan* ★ faire ~ avec *één zijn met* ★ prendre ~ *vaste vorm aannemen* ★ prendre du ~ *dik(ker) worden* ★ se donner ~ et âme *zich met hart en ziel geven* ★ périr ~ et biens *met man en muis vergaan* ★ saisir qn à bras le ~ *iem. om het middel grijpen* ★ avoir le diable au ~ *zich aanstellen*; *vechten als een bezetene* ★ à ~ perdu *blindelings*; *halsoverkop*
corpulence v *gezetheid*; *dikte*; *corpulentie*
corpulent BNW *gezet*; *dik*; *corpulent*
corpuscule m *klein lichaampje*
correct (*zeg:* -rekt) BNW • *juist* • *fatsoenlijk*; *correct*
correcteur I m [v: **correctrice**] • *corrector* • *correctielak* **II** BNW [v: **correctrice**] *correctie-*
correctif I m • *iets wat verbetert of verzacht* • *correctief* **II** BNW [v: **corrective**] *verbeterend*; *correctief*
correction v • *correctheid*; *juistheid*; *correctie* • *verbetering* • *bestraffing*; *pak slaag* ★ maison de ~ *verbeteringsgesticht* ★ sauf ~ *als ik het wel heb*
correctionnel BNW [v: **correctionnelle**] *correctioneel*; *betrekking hebbend op lichte vergrijpen* ★ (chambre) ~le *strafkamer*
corrélatif I m *woord dat in logische betrekking tot een ander staat*; *correlatief* **II** BNW [v: **corrélative**] *correlatief*
corrélation v *correlatie*; *onderlinge betrekking*
correspondance v • *overeenkomst*; *overeenstemming* • *betrekking*; *verstandhouding* • *correspondentie*; *briefwisseling*; *ingekomen stukken* • *aansluiting* ‹v. trein, metro› ★ vente par ~ (V.P.C.) *postorderverkoop*
correspondancier m [v: **correspondancière**] *(handels)correspondent*
correspondant I m • *correspondent* • *zakenrelatie* • *correspondentievriend* **II** BNW *overeenkomend (***à** *met)* ★ angles ~s *overeenkomstige hoeken*
correspondre ON WW • *overeenkomen (***à** *met)* • *in verbinding staan* • *correspondentie voeren (***avec** *met)* ★ ça ne correspond à rien *dat stelt niets voor*
corridor m *gang*; *corridor*
corrigé m *correcte versie* ‹v. huiswerk e.d.›; *oplossing*
corriger I OV WW • *verbeteren*; *corrigeren* • *bestraffen*; *afstraffen*; *slaan* • *herstellen*; *bijstellen* • (~ **de**) *afhelpen van*; *afleren* **II** WKD WW (**se** ~) • *zich beteren* • (**se** ~ **de**) *afleren*
corrigible BNW *voor verbetering vatbaar*
corroborer OV WW *versterken*; *staven*
corrodant I m *bijtmiddel* **II** BNW *bijtend*; *invretend*
corroder OV WW *corroderen*; *uitbijten*; *aantasten*
corroierie v • *leerbereiding* • *leertouwerij*
corrompre I OV WW • *bederven* • *verminken* ‹v. tekst› • *omkopen* **II** WKD WW (**se** ~) *ontaarden*
corrompu BNW • *verdorven* • *ondeugdelijk* • *corrupt*
corrosif I m *bijtmiddel* **II** BNW [v: **corrosive**] *bijtend*; *invretend*
corrosion v • *corrosie* • *aantasting*
corroyage m • *(het) leertouwen* • *(het) gloeiend smeden van metaal*
corroyer OV WW • *leer touwen* • *metaal gloeiend smeden*
corroyeur m *leerbereider*
corrupteur I m [v: **corruptrice**] *omkoper* **II** BNW [v: **corruptrice**] *verderfelijk*
corruptible BNW • *omkoopbaar* • VERO. *bederfelijk*
corruption v • *omkoping*; *corruptie* • *bederf*; *ontaarding* • *verdorvenheid*

C

C

corsage m • *lijfje* ‹v. japon› • *bloes*
corsaire I m • *kaperschip* • *kaper*; *zeerover* **II** BNW ★ (pantalon) ~ *kuitbroek*
corse BNW *Corsicaans*
Corse I v *Corsica* **II** m/v *Corsicaan*
corsé BNW *krachtig*; *sterk*; *pittig*; *pikant* ★ vin ~ *volle wijn*
corselet m *borststuk* ‹v. insect, kleding, harnas›
corser I OV WW *krachtig/spannend/pittig maken* **II** WKD WW (**se** ~) *ingewikkeld worden*; *spannend worden* ★ ça se corse *het wordt menens*
corset m *keurslijf*; *korset*
corso m *corso*
cortège m • *stoet*; *optocht* • *nasleep*; *gevolg* ★ ~ funèbre *rouwstoet*
cortex m *(hersen)schors*; *cortex*
cortical BNW [m mv: **corticaux**] *corticaal*; *schors-*
corvéable BNW GESCH. *verplicht tot herendiensten*
corvée v • *corvee* • *vervelend karwei* • *corveeploeg* • GESCH. *herendienst*
corvette v *korvet*
coryphée m • *uitblinker*; *coryfee* • *aanvoerder v.h. koor* ‹in de Oudheid›
coryza m *neusverkoudheid*
cosaque m *kozak*
cosignataire m/v *medeondertekenaar*
cosmétique I m *schoonheidsmiddel* ★ ~s *cosmetica* **II** BNW *cosmetisch*
cosmique BNW *kosmisch*
cosmogonie v *kosmogonie*; *leer v.d. vorming v.h. heelal*
cosmographie v *kosmografie*
cosmologie v *kosmologie*
cosmonaute m/v *kosmonaut*
cosmopolite I m/v *kosmopoliet*; *wereldburger* **II** BNW *kosmopolitisch*
cosmopolitisme m *kosmopolitisme*; *wereldburgerschap*
cosmos (*zeg:* kosmos) m *kosmos*
cossard INF. **I** m [v: **cossarde**] *luilak* **II** BNW *lui*
cosse v • *dop van peulvruchten* • INF. *luiheid* • *draadklemmetje*; *kabelschoen*
cossu BNW *rijk*; *welgesteld*
costal BNW [m mv: **costaux**] *ribben-*
costar(d) m ARG. *kloffie*; *pak*; *kostuum* ★ INF. tailler un ~ à qn *smoezen/kwaadspreken achter iem. rug om*
costaud BNW INF. *potig*; *sterk*; *solide* ★ un examen ~ *een pittig examen* ★ ~ en maths *goed in wiskunde* ★ elle est ~(e) *ze is sterk*
costume m • *kostuum*; *pak* • *klederdracht*; *kledij* ★ en ~-cravate *keurig in het pak* ‹met stropdas›
costumer I OV WW *verkleden* ★ bal costumé *gekostumeerd bal* **II** WKD WW (**se** ~) *zich verkleden (***en** *als)*
costumier m [v: **costumière**] • *kostuummaker* • *kostuumverkoper* • *kostuumverhuurder* • *kostuumbewaarder* ‹in schouwburg›
cotangente v *cotangens*
cotation v *(beurs)notering*; *marktprijs*
cote v • *(mate van) waardering*; *notering*; *koers*; *cijfer* • *peil*; *hoogte* • *letter/cijfer/nummer voor archiefstukken* ★ cote de clôture *slotkoers* ★ cote officielle *officiële beursnotering* ★ cote de popularité *(mate van) populariteit* ★ hors cote *niet-genoteerd*; *incourant* ★ JUR. faire une cote mal taillée *een vergelijk treffen* ★ INF. avoir la cote (auprès de qn) *goed aangeschreven staan (bij iem.)*; *hoog genoteerd zijn*; *populair zijn*
côte v • *rib* • *ribstuk*; *karbonade* • *scherpe kant*; *ribbel* • *kust* • *helling* ★ la Côte d'Azur *de Rivièra* ★ la Côte d'Or *gebergte in Midden-Frankrijk* ★ la Côte de l'Or *de Goudkust* ★ étoffe à côtes *ribstof* ★ côte à côte *zij aan zij* ★ sur la côte *aan de kust* ★ aller à la côte *schipbreuk lijden voor de kust*; *stranden* ★ être à la côte *op zwart zaad zitten*; *aan lagerwal geraakt zijn* ★ on lui voit les côtes *men kan zijn ribben tellen* ★ INF. avoir les côtes en long *lui zijn* ★ INF. se tenir les côtes *zijn buik vasthouden v.h. lachen*
côté m *zijde*; *kant*; *flank* ★ à côté *ernaast*; *erbij* ★ à côté de *naast* ★ de côté *ter zijde*; *(van) opzij* ★ du côté de *aan de kant van*; *in de richting van*; *van de kant van* ★ de ce côté *aan deze kant* ★ de tous côtés *naar alle kanten*; *van alle kanten* ★ de côté et d'autre *her en der* ★ de l'autre côté *aan de andere kant* ★ bas côté *zijbeuk* ★ le côté faible *zwak*; *zwakke punt* ★ les côtés d'un triangle *de zijden/benen v.e. driehoek* ★ laisser de côté *weglaten*; *laten rusten* ★ mettre de côté *opzij leggen*; *opsparen* ★ mettre les rieurs de son côté *de lachers op zijn hand brengen* ★ je me range de votre côté *ik ben het met u eens* ★ voir de quel côté vient le vent *de kat uit de boom kijken* ★ INF. côté cœur (enz.) *wat het liefdesleven (enz.) betreft*
coteau m [mv: **coteaux**] • *heuveltje* • *helling met wijnstokken*
Côte-d'ivoire v *Ivoorkust*
côtelé BNW *geribd*
côtelette v *kotelet*; *karbonade*
coter OV WW • *een cijfer geven voor* • *nummeren*; *merken* • *aanslaan in de belasting* • *aangeven van peil of hoogte* • *noteren* ‹op de beurs› • FORM. *waarderen* ★ valeurs cotées (à la bourse) *effecten die in de officiële beursnotering zijn opgenomen* ★ il est bien coté *hij staat goed aangeschreven*
coterie v *kliek*; *coterie* ★ esprit de ~ *kliekgeest*
cothurne m GESCH. *toneellaars*
cotidal BNW [m mv: **cotidaux**] ★ courbe ~e *vloedlijn*
côtier I m *kustvaartuig* **II** BNW [v: **côtière**] *kust-* ★ bâtiment ~ *kustvaarder* ★ navigation cotière *kustvaart*
cotillon m *soort dans*; *polonaise*
cotisant I m *contributiebetaler* **II** BNW *contributie betalend*
cotisation v • *contributie* • *premie*; *bijdrage* ‹voor sociale verzekering›
cotiser I ON WW *contributie/premie betalen (***à** *aan, voor)* **II** WKD WW (**se** ~) *geld bij elkaar leggen*; *lappen (***pour** *voor)*
coton m • *katoen* • *watten* • *dons* ‹v. planten, vruchten, vogels› ★ fil de ~ *naaigaren* ★ ~ à repriser *stopgaren* ★ INF. c'est ~ *dat is knap*

moeilijk ★ avoir les jambes en ~ *zich slap voelen* ★ élever un enfant dans du ~ *een kind in de watten leggen* ★ INF. il file un mauvais ~ *hij is er slecht aan toe*
cotonnade v *katoenen stof*
cotonneux BNW [v: **cotonneuse**] • *wattig* • *donzig* • *melig* ‹v. vruchten› • *kleurloos* ‹v. stijl›
cotonnier I m *katoenboom* II BNW [v: **cotonnière**] *katoen-* ★ industrie cotonnière *katoenindustrie*
coton-tige m [mv: **cotons-tiges**] *wattenstaafje*
côtoyer OV WW • *gaan langs* • *omgaan met*; *frequenteren* • FIG. *grenzen aan* ★ ça côtoie le ridicule *dat grenst aan het belachelijke*
cotre m *kotter*
cotte v *werkbroek* ★ ~ de mailles *maliënkolder*
cotylédon m • *cotyledon* • *zaadlob*
cou m *hals*; *nek* ★ jusqu'au cou FIG. *tot over de oren* ★ se jeter au cou de qn *iem. om de hals vallen* ★ se casser/se rompre le cou *zijn nek breken* ★ avoir la bride sur le cou *de volledige vrijheid hebben* ★ prendre ses jambes à son cou *ervandoor gaan* ★ INF. tordre le cou *de nek omdraaien*; *wurgen*
couac m OOK FIG. *valse noot*
couard I m [v: **couarde**] *lafaard* II BNW *laf*
couardise v *lafheid*
couchage m • *het (doen) slapen gaan* • *slaapbenodigdheden* ★ sac de ~ *slaapzak*
couchant I m *(het) westen* II BNW *ondergaand* ★ chien ~ *jachthond* ★ soleil ~ *ondergaande zon*
couche I v • *laag* • *luier* • VERO. *bed*; *legerstede* • *broeibed* ★ les ~s sociales *maatschappelijke lagen* ★ une fausse ~ *een miskraam* ★ INF. en avoir/tenir une ~ *vreselijk dom zijn* II v mv *bevalling* ★ en ~s *in het kraambed*
couché BNW • *liggend* • *schuin* ‹v. schrift› ★ il est ~ *hij ligt*
couche-culotte m [mv: **couches-culottes**] *luierbroekje*
coucher I m • *(het) naar bed gaan* • *onderdak* ★ ~ du soleil *zonsondergang* II OV WW • *naar bed brengen*; *laten overnachten* • *neerleggen* • *in een laag aanbrengen* • *opschrijven*; *vermelden* ★ la pluie a couché les blés *de regen heeft het koren platgeslagen* ★ ~ en joue *aanleggen* ‹v. geweer› III ON WW • *slapen*; *overnachten* • INF. *vrijen*; *naar bed gaan (**avec** met)* ★ la voiture couche dehors *de auto staat 's nachts buiten* ★ ~ à la belle étoile *onder de blote hemel slapen* ★ INF. nom à ~ dehors *onmogelijke naam* IV WKD WW (**se** ~) • *naar bed gaan* • *ondergaan* ‹v. zon› • *gaan liggen* ★ être couché *in bed liggen* ★ le soleil s'est couché *de zon is onder* ★ se ~ avec les poules *met de kippen op stok gaan* ★ place couchée *ligplaats* ‹in trein› ★ allez vous ~! *loop naar de maan!* ★ comme on fait son lit, on se couche *boontje komt om zijn loontje*
couche-tard m/v (onver.) *iem. die laat naar bed gaat*
couchette v • *couchette*; *klein bed* • *krib*; *kooi*
coucheur m ★ INF. mauvais ~ *lastige vent*
couci-couça BIJW INF. *zozo*
coucou I m • *koekoek* • *sleutelbloem* ★ (pendule à) ~ *koekoeksklok* ★ un vieux ~ *een ouderwets vliegtuig* II TW ★ ~! *kiekeboe!*
coude m • *elleboog* • *bocht*; *kromming* ★ se serrer les ~s *elkaar steunen* ★ INF. jouer des ~s *zich een weg banen*; FIG. *zijn ellebogen gebruiken* ★ INF. lever le ~ *graag drinken* ★ ~ à ~ *schouder aan schouder*; *zij aan zij*
coudée v *el* ★ avoir les ~s franches *vrij spel hebben*; *de handen vrij hebben*
cou-de-pied m [mv: **cous-de-pied**] *wreef*
couder OV WW *(haaks) ombuigen*
coudière v *elleboogbeschermer*
coudoyer OV WW *omgaan met*; *in aanraking komen met*
coudre OV WW *naaien*; *hechten* ‹v. wond› ★ machine à ~ *naaimachine* ★ bouche cousue! *mondje dicht!*
coudrier m *hazelaar*
couenne v *zwoerd*
couette v • *staartje* ‹in haar›; *vlechtje* • *(donzen) dekbed*
couffin m • *mand* • *reiswieg*
couguar m [**cougouar**] *poema*
couille v VULG. *kloot* ★ ~ molle *slappeling*
couillon m INF. *klootzak*; *idioot*; *eikel*
couillonner OV WW INF. *bedonderen*
couiner ON WW INF. *piepen*
coulage m • *(het) gieten* ‹v. metaal›; *(het) storten* ‹v. beton› • *spillage*
coulant I m • *schuifring* • *uitloper* ‹v. plant› II BNW • *stromend*; *vloeiend* • *vlot*; *coulant*; *handelbaar* ★ nœud ~ *(lus met) schuifknoop* ★ style ~ *vlotte stijl*
coule v *pij* ★ INF. être à la ~ *van de hoed en de rand weten*
coulé m • MUZ. *binding* • *doorstoot* ‹biljart› • *slepende danspas*
coulée v • *stroom* ‹lava, modder›; *(het) wegstromen* • *(het) gieten* ‹v. metaal›
couler I OV WW • *gieten* ‹v. metaal›; *storten* ‹v. beton› • *laten (ver)glijden*; *(steels) toewerpen* ‹v. blik›; *(steels) toestoppen* ‹v. geld› • OOK FIG. *in de grond boren* ★ ~ une statue dans le plâtre *een standbeeld in gips gieten* ★ ~ la bille *de bal doorstoten* ‹biljart› ★ ~ bas un navire *een schip tot zinken brengen* ★ ~ une pièce de théâtre *een toneelstuk afkraken* ★ ~ qc à l'oreille de qn *iem. iets influisteren* ★ ~ ses jours *z'n dagen doorbrengen* ★ INF. se la ~ douce *een gemakkelijk leventje leiden*; *het ervan nemen* II ON WW • *stromen*; *vloeien* • *(ver)glijden* • *lekken*; *druipen* • *zinken* ‹v. schip› • *ten onder gaan* ★ la chandelle coule *de kaars druipt* ★ son nez coule *zijn neus loopt* ★ ~ de source *van een leien dakje gaan*; *vanzelf gaan*; *vanzelf spreken* ★ ~ sur qc *ergens overheen glijden* ★ ~ bas OOK FIG. *diep zinken* III WKD WW (**se** ~) *glijden*; *glippen*
couleur v • *kleur* • *verf* • mv *gezichtskleur*; *nationale vlag* ★ ~ locale *couleur locale* ★ ~ voyante *opzichtige kleur* ★ gens de ~ *kleurlingen* ★ haut en ~ *hoogrood*; FIG. *kleurrijk* ★ changer de ~ *van kleur verschieten*; *verbleken* ★ sous ~ de *onder het mom van* ★ annoncer la ~ *kleur bekennen* ★ en voir de toutes les ~s *door veel*

C

tegenslagen getroffen worden ⋆ marchand de ~s *drogist* ⋆ tu n'en verras jamais la ~ *dat zie je nooit meer terug* ⋆ télévision ~/en ~(s) *kleurentelevisie*
couleuvre v *gladde slang* ⋆ ~ à collier *ringslang* ⋆ INF. avaler des ~s *beledigingen slikken*; *onzin slikken*

C

coulis (*zeg:* -lie) **I** m • *gezeefde saus*; *puree* • *dunne mortel* ⋆ ~ d'écrevisses *rivierkreeftensoep* ⋆ ~ de framboises *frambozensaus* ⋆ ~ de tomates *tomatenpuree* **II** BNW ⋆ vent ~ *tocht*; *trek*
coulissant BNW *schuif-*
coulisse v • *toneelcoulisse* • *sleuf*; *sponning*; *glijrail* • *schuif(je)* ⋆ porte à ~ *schuifdeur* ⋆ dans les ~s *achter de schermen* ⋆ en ~ *van opzij*; *heimelijk*
coulisser ON WW *(langs een gleuf) schuiven*
couloir m • *(nauwe) gang*; *gangpad*; *wandelgang* • SP. *baan* • *rijstrook* • *'tramrails'*; *dubbelstrook* ‹tennis› ⋆ ~ d'accès *invoegstrook* ⋆ ~ aérien *luchtcorridor* ⋆ ~ (d')autobus *busbaan* ⋆ intrigues de ~ *politieke kuiperijen* ⋆ les bruits de ~ *wat in de wandelgangen gezegd wordt*
coup (*zeg:* koe) m • *stoot*; *slag*; *steek*; *haal*; *schot*; *worp* • *zet* • *daad*; *streek* • *teug* • *keer*; *maal* ⋆ coup bas OOK FIG. *stoot onder de gordel* ⋆ JUR. coups et blessures *(toegebracht) letsel* ⋆ coup de bourse *beursoperatie* ⋆ coup de chien *plotselinge storm* ⋆ coup du ciel *gelukkige gebeurtenis*; *buitengewone gebeurtenis* ⋆ SPORT coup de coin *hoekschop* ⋆ coup de colère *vlaag van woede* ⋆ coup de dent *beet* ⋆ coup de dés *worp met dobbelstenen*; *gokje*; *waagstuk* ⋆ coup de destin/sort *speling van het lot* ⋆ coup droit *forehand* ⋆ coup d'essai *proefstuk*; *eerste poging*; *probeersel* ⋆ coup d'État *staatsgreep* ⋆ coup de flèche *pijlschot* ⋆ coup de force *gewelddaad*; *coup* ⋆ coup de fortune/de veine *gelukkig toeval* ⋆ coup de foudre *bliksemschicht*; *plotselinge verliefdheid* ⋆ coup franc *vrije trap* ‹bij voetbal› ⋆ coup de grâce *genadeslag*; *genadeschot* ⋆ coup de Jarnac *gemene streek* ⋆ donner un coup de main/d'épaule/de pouce *een handje helpen* ⋆ coup de maître *meesterlijke zet* ⋆ coup de mer *stortzee* ⋆ coup monté *doorgestoken kaart*; *afgesproken werk* ⋆ coup d'œil *blik*; *kijk(je)* ⋆ avoir le coup d'œil *een zuiver oordeel hebben*; *er kijk op hebben* ⋆ se donner un coup de peigne *even de haren opkammen* ⋆ coup de pied *trap*; *schop* ⋆ le coup de pied de l'âne *een trap na* ⋆ coup de poing *vuistslag*; *stomp*; *boksbeugel* ⋆ coup de sang *beroerte*; *opvlieger* ⋆ coup de soleil *zonnesteek* ⋆ coup de sonnette *ruk aan de bel* ⋆ INF. coup de téléphone/de fil *telefoontje* ⋆ coup de tête *gril*; *inval*; *kopstoot* ‹bij voetbal› ⋆ coup de théâtre *onverwachte wending* ⋆ coup de tonnerre OOK FIG. *donderslag* ⋆ coup de vent *windstoot* ⋆ coup de volant *ruk aan het stuur* ⋆ à coup(s) de *met (behulp) van* ⋆ à tout coup/à tous (les) coups *telkens* ⋆ à coup sûr *zeker* ⋆ après coup *achteraf* ⋆ du coup *als reactie daarop*; *prompt*; *dan ook* ⋆ d'un seul coup *ineens*; *in één teug* ⋆ tout à coup *plotseling* ⋆ tout d'un coup *ineens* ⋆ porter coup *effect hebben* ⋆ coup sur coup *keer op keer*; *meteen achter elkaar* ⋆ rendre coup sur coup *een klap teruggeven* ⋆ du premier coup *meteen al* ⋆ sur le coup *op slag* ⋆ sur le coup de *op slag van*; *klokslag* ⋆ sous le coup de *onder inwerking van*; *(vallend) onder* ⋆ tué sur le coup *op slag gedood* ⋆ avoir le coup (de main) *er de slag van hebben* ⋆ boire à petits coups *met kleine teugen drinken* ⋆ compter les coups *werkeloos toezien* ⋆ donner un coup à *een beurt geven* ⋆ donner un coup de chapeau *zijn hoed afnemen* ⋆ faire coup double *twee stuks wild in één keer schieten*; *twee vliegen in één klap slaan* ⋆ faire les cent coups/les quatre cents coups *een losbandig leven leiden*; *streken uithalen* ⋆ être au cent coups *overstuur zijn* ⋆ jeter un coup d'œil (sur) *een blik werpen (op)* ⋆ manquer/rater son coup *niet in zijn opzet slagen* ⋆ marquer le coup *er metterdaad op reageren*; *de gelegenheid niet onopgemerkt laten passeren* ⋆ mettre qn dans le coup *iem. erbij betrekken* ⋆ monter un coup à qn *iem. iets lappen* ⋆ prendre un coup *een glaasje drinken* ⋆ en prendre un coup (dur) OOK FIG. *een (zware) klap krijgen* ⋆ prendre un coup de vieux *opeens oud worden* ⋆ tenir le coup *volhouden*; *het uithouden* ⋆ tenter le coup *het erop wagen* ⋆ tirer un coup *een schot lossen*; INF. *een nummertje maken* ⋆ en venir aux coups *slaags raken* ⋆ INF. cela vaut le coup *dat is de moeite waard* ⋆ INF. être dans le coup *meedoen*; *erin verwikkeld zijn*; *ervan weten*; *bij zijn* ⋆ INF. un sale coup (pour la fanfare) *een lelijke tegenvaller*
coupable I m/v *schuldige*; *dader* **II** BNW • *schuldig (***de** *aan)* • *misdadig*; *laakbaar* ⋆ plaider ~ *schuld bekennen*
coupage m *(het) (ver)snijden*
coupant I m *scherp* ‹snede› **II** BNW *snijdend*; *scherp*
coup-de-poing m [mv: **coups-de-poing**] *vuistbijl* ‹prehistorie› ⋆ ~ (américain) *boksbeugel*
coupe v • *wat gehakt (enz.) is of moet worden* • *(het) (be)hakken*; *snijden*; *maaien*; *knippen*; *zagen* • *beker*; *coupe*; *cup*; *bokaal* • *snit*; *coupe* • *doorsnede* • *cesuur* ‹v. verzen›; *afbreking* ‹v. woorden› • *(het) couperen van kaarten* ⋆ la ~ de cheveux *het haarknippen* ⋆ ~ de challenge *wisselbeker* ⋆ ~ à blanc *kaalslag* ⋆ ~ claire *radicale uitdunning*; FIG. *radicale besnoeiing* ⋆ ~ sombre *flinke uitdunning*; FIG. *flinke besnoeiing* ⋆ faire une ~ sombre dans le personnel *veel personeel ontslaan* ⋆ mettre en ~ réglée *stelselmatig exploiteren* ⋆ la ~ est pleine *de maat is vol* ⋆ INF. être sous la ~ de qn *afhankelijk van iem. zijn* ⋆ il y a loin de la ~ aux lèvres *men moet de dag niet prijzen voor het avond is*
coupé m • *gesloten rijtuig met twee plaatsen*; *coupé* • *soort danspas* • *gekapte bal bij tennis*
coupe-circuit m [mv: **coupe-circuits**] *zekering*
coupée v ⋆ (échelle de) ~ *valreep*

coupe-faim m [mv: **coupe-faim(s)**] *eetlustremmer; hapje tussendoor*
coupe-feu m [mv: **coupe-feu(x)**] *brandgang*
coupe-file m [mv: **coupe-files**] *toelatingsbewijs*
coupe-gorge m [mv: **coupe-gorge(s)**] *moordhol; gevaarlijke, beruchte plaats*
coupe-légume(s) m *groentesnijder*
coupelle v *bekertje*
coupe-ongle(s) m *nagelschaar; nageltang*
coupe-papier m (onver.) • *papiersnijmachine* • *vouwbeen*
couper I OV WW • *(door)snijden; afsnijden; (af)knippen; maaien; kappen; (be)hakken; verbreken; onderbreken; afbreken* • *verdelen* • *versperren* • *schrappen; weglaten* • *couperen* ‹v. kaarten› • *introeven; aftroeven* • *versnijden* ‹v. wijn› • *kappen* ‹v. bal› ★ ~ un bras *een arm amputeren* ★ ~ les cheveux *de haren knippen* ★ ~ la communication *het gesprek afbreken; de verbinding verbreken* ★ ~ le courant *de stroom afsnijden* ★ ~ en deux *in tweeën delen* ★ ~ les lignes *door de linies breken* ★ ~ le moteur *de motor afzetten* ★ ~ la retraite *de terugtocht afsnijden* ★ ~ à travers champs/~ au plus court *de kortste weg nemen; de weg afsnijden* ★ INF. ça te le coupe! *daar sta je van te kijken!* • (~ **à**) *zich onttrekken aan; ontkomen aan* ★ tu n'y couperas pas! *daar ontkom je niet aan!* **II** WKD WW (**se** ~) • *zich snijden; elkaar snijden* • *afgebroken worden* • *zich tegenspreken*
couperet m • *hakmes* • *mes v.d. guillotine; valbijl*
couperose v • *couperose; rode vlekken in het gezicht* • *sulfaat; vitriool*
coupeur m [v: **coupeuse**] • *snijder* • *coupeur* ★ ~ de cheveux en quatre *haarklover* ★ ~ de têtes *koppensneller*
coupeuse v *snijmachine*
coupe-vent m [mv: **coupe-vent(s)**] • *bodywarmer* • *windbreker*
couplage m *schakeling; koppeling*
couple I m • *(echt)paar* • *koppel van krachten* ★ un ~ de chevaux *een span paarden* **II** v • VERO. *paar* • *koppelriem*
coupler OV WW *koppelen*
couplet m *couplet; strofe*
coupole v *koepel* ★ la Coupole (de l'Institut) *de Académie française*
coupon m • *coupon* ‹v. stof› • *coupon; rentebewijs* • *plaatsbewijs* ‹voor schouwburg›
coupon-réponse m [mv: **coupons-réponse**] *antwoordcoupon*
coupure v • *onderbreking; afsluiting* ‹v. stroom, gas, water› • *insnijding; snee* • *bankbiljet* • *coupure; schrapping; weglating* • *knipsel* ★ ~ de courant *stroomstoring*
cour v • *binnenplaats; erf* • *hof(houding)* • *(gerechts)hof* ★ cour d'honneur *voorplein* ‹v. kasteel› ★ cour (de récréation) *speelplaats* ‹v. school› ★ côté cour *rechterkant v.h. toneel* ★ INF. la cour du roi Pétaud *een huishouden van Jan Steen* ★ cour d'appel *hof van appel; gerechtshof* ★ cour d'assises *assisenhof* ★ cour de cassation *hof van cassatie; Hoge Raad* ★ cour des comptes *rekenkamer* ★ cour martiale *bijzondere krijgsraad* ★ cour suprême/haute cour *hooggerechtshof* ★ être bien en cour *in de gunst staan* ★ faire la cour à *het hof maken; aanpappen met* ★ jouer dans la cour des grands *bij de groten horen; volwaardig meedoen* ★ tenir cour plénière *een zeer groot gezelschap ontvangen*
courage m • *moed; dapperheid* • *ijver; goede wil* ★ bon ~! *sterkte!* ★ prendre son ~ à deux mains *de stoute schoenen aantrekken*
courageux BNW [v: **courageuse**] *dapper; moedig; flink*
couramment BIJW • *vloeiend; vlot* • *gewoonlijk; dagelijks* ★ parler ~ *vloeiend spreken*
courant I m • *loop; stroom* • OOK FIG. *stroming* • *lopende maand; lopende termijn* ★ ~ d'air *tocht; luchtstroom* ★ ~ alternatif *wisselstroom* ★ ~ continu *gelijkstroom* ★ ~ marin *zeestroming* ★ dans le ~ de *in de loop van* ★ ~ mars *in de loop van maart* ★ être au ~ (de) *op de hoogte zijn (van)* ★ se mettre au ~ *zich op de hoogte stellen* ★ tenir au ~ *op de hoogte houden* ★ le ~ passe entre eux *het klikt tussen hen* **II** BNW • *stromend; lopend; vloeiend* • *gangbaar; gewoon; courant* ★ affaires ~es *lopende zaken* ★ chien ~ *jachthond* ★ compte ~ *rekening-courant* ★ idées ~es *gangbare meningen* ★ langage ~ *omgangstaal* ★ main ~e *trapleuning* ★ mois ~ *lopende maand* ★ le dix ~ (ct) *de 10e dezer* ★ monnaie ~e *gangbare munt* ★ prix ~ *marktprijs*
courante v INF. *diarree*
courbature v *spierpijn; stijfheid*
courbaturé OV WW ★ être ~ *spierpijn hebben; geradbraakt zijn*
courbe I v *curve; kromme lijn; bocht* ‹in de weg›; *kromming* ★ GEO. ~ de niveau *hoogtelijn* **II** BNW *gebogen; krom*
courber I OV WW *krommen; (om)buigen* ★ ~ la tête *het hoofd buigen* **II** ON WW *buigen; krommen* **III** WKD WW (**se** ~) • *ombuigen* • *zich buigen; bukken*
courbette v *serviele buiging; strijkage*
courbure v *kromming; bocht*
coureur I m *loopvogel* **II** m [v: **coureuse**] • *loper; hardloper; wielrenner; coureur* • *loopjongen* ★ ~ des bois *woudloper* ★ ~ de cafés *kroegloper* ★ ~ cycliste *wielrenner* ★ ~ de jupes/de filles *rokkenjager; vrouwenjager*
coureuse v *jongensgek; mannengek*
courge v *pompoen*
courgette v *courgette*
courir I OV WW • *lopen* • *najagen* • *druk bezoeken; aflopen; doorlopen* • INF. *vervelen* ★ ~ les bals *alle bals aflopen* ★ ~ les champs *over de velden zwerven* ★ ~ le cerf *op hertenjacht zijn* ★ ~ sa chance *een kans wagen* ★ ~ un danger *gevaar lopen* ★ ~ les filles/les jupes *achter de vrouwen aanzitten* ★ ~ les honneurs *eer najagen* ★ ~ le marathon *de marathon lopen* ★ ~ les rues *aan iedereen bekend zijn* ‹v. nieuws› ★ INF. c'est couru! *dat is zeker!* **II** ON WW • *hard*

C

lopen; *hollen*; *rennen* • *lopen*; *voortgaan* ★ ~ après *achterna lopen*; *najagen* ★ l'année qui court *het lopende jaar* ★ le bruit court *het gerucht gaat* ★ le malfaiteur court toujours *de dader loopt nog vrij rond* ★ par les temps qui courent *tegenwoordig* ★ INF. tu peux toujours ~! *morgen brengen!* ★ ~ à sa perte *zijn ondergang tegemoet gaan* • (~ **à**) *afgaan op*

C

courlis (*zeg:* -lie) m *wulp*

couronne v • *kroon* ‹in alle betekenissen› • *krans* ★ ~ lunaire *kring om de maan* ★ ~ solaire *corona* ★ ~ mortuaire *grafkrans* ★ ~ périurbaine *ring van steden rond een grote stad* ★ ~ du martyre *martelaarskrans* ★ discours de la ~ *troonrede* ★ joyaux de la ~ *kroonjuwelen* ★ abdiquer la ~ *afstand doen v.d. troon*

couronnement m • *kroning* • *bekroning* • *kroonlijst*; *kroonstuk* ‹v. meubel, gebouw›

couronner OV WW • *kronen* • *bekronen* • *bekransen*; *omkransen* ★ tête couronnée *gekroond hoofd* ★ ~ qn roi *iem. tot koning kronen* ★ couronné de succès *met succes bekroond* ★ ~ une dent *een kroon zetten op een tand of kies* ★ les collines couronnent la vallée *de heuvels omringen de vallei* ★ genou couronné *geschramde/gehavende knie* ★ la fin couronne l'œuvre *eind goed, al goed*

courrai WW (futur) → **courir**

courre OV WW → **chasse**

courrier m • *post* ‹brieven enz.› • *renbode*; *koerier* • *rubriek in een krant* ★ ~ aérien *luchtpost* ★ ~ électronique *e-mail* ★ ~ du cœur *'Lieve Lita'-rubriek* ★ ~ des lecteurs *ingezonden brieven* ★ par retour du ~ *per omgaande* ★ dépouiller son ~ *de post nazien*

courriériste m/v *rubriekschrijver*; *columnist*

courroie v *(leren) riem* ★ ~ de transmission *drijfriem* ★ ~ de ventilateur *V-snaar* ‹v. auto›

courroucer FORM. **I** OV WW *boos maken*; *vertoornen* **II** WKD WW (**se** ~) *boos worden*

courroux m FORM. *toorn*

cours (*zeg:* koer) m • *cursus*; *college*; *les* • *loop* ‹v. hemellichamen, rivier›; *verloop*; *beloop*; *gang* • *laan*; *wandelplaats* • *leerboek* • *omloop*; *roulatie* • *koers*; *(markt)prijs* ★ le ~ de la Bourse *de beurskoers* ★ ~ d'eau *waterloop*; *stroom*; *rivier* ★ ~ inférieur *benedenloop* ★ ~ supérieur *bovenloop* ★ ~ accéléré *spoedcursus* ★ ~ élémentaire un/deux (CE1/CE2) *tweede/derde klas* ‹basisschool› ★ ~ moyen un/deux (CM1/CM2) *vierde/vijfde klas* ‹basisschool› ★ ~ préparatoire (CP) *eerste klas v.d. basisschool* ★ au ~ de/dans le ~ de *in de loop van* ★ SCHEEPV. au long ~ *op de grote vaart* ★ en ~ (de) *aan de gang (met)* ★ en ~ de route *onderweg* ★ ~ du change *wisselkoers* ★ l'année en ~ *het lopende jaar* ★ le ~ de la vie *de levensloop* ★ avoir ~ *les hebben* ★ cette monnaie n'a plus ~ *dit geld is niet meer in omloop* ★ donner libre ~ à *de vrije loop laten aan* ★ faire un ~ *college geven* ★ prendre son ~ *ontspringen* ★ suivre son ~ *z'n beloop hebben* ★ suivre les ~ d'un professeur *college lopen bij een professor*

course v • *(het) hardlopen* ‹v. zuiger›; *ren* • *wedstrijd*; *wedren*; *race* • *reis*; *tocht*; *rit* • *boodschap* • *loop*; *gang* • *slag* ‹v.e. zuiger› • *kaapvaart* ★ ~s de chevaux *paardenrennen* ★ ~ de demi-fond *wedstrijd op de korte baan* ★ ~ de fond *langebaanwedstrijd* ★ ~ de haies *hordeloop* ★ ~ d'obstacles *steeplechase*; *hindernisren* ★ ~ de relais *estafetteloop* ★ la ~ du soleil *de baan van de zon* ★ champ de ~s *paardenrenbaan* ★ ~ de taureaux *stierengevecht* ★ cheval de ~ *renpaard* ★ pas de ~ *looppas* ★ en pleine ~ *in volle vaart* ★ faire la ~ *om het hardst lopen, rijden enz.* ★ faire des ~s *boodschappen doen*

coursier m • *loopjongen* • *strijdros*

coursive v *gang* ‹v. schip, flatgebouw›

court (*zeg:* koer) **I** m *tennisbaan* **II** BNW *kort*; *krap* ★ avoir l'haleine ~e *kortademig zijn* ★ avoir la mémoire ~e *kort van memorie zijn* ★ prendre le plus ~ *de kortste weg nemen* **III** BIJW *kort*; *plotseling*; *snel* ★ à ~ (de) *zonder* ★ être à ~ d'argent *krap bij kas zijn* ★ tout ~ *zonder meer*; *kortom* ★ s'arrêter ~ *plotseling stoppen* ★ couper ~ *een einde maken aan*; *afkappen* ★ demeurer ~ *blijven steken* ★ prendre qn de ~ FIG. *iem. overvallen* ★ tourner ~ *een scherpe draai nemen*; *plotseling van richting veranderen*; *opeens ophouden*

courtage m • *makelaardij* • *commissieloon*; *courtage*

courtaud **I** m [v: **courtaude**] *kort en dik persoon* **II** BNW • *kort en dik* • *met gecoupeerde oren*; *met afgesneden staart*

court-bouillon m [mv: **courts-bouillons**] *visbouillon*; *court-bouillon*

court-circuit m [mv: **courts-circuits**] *kortsluiting*

court-circuiter OV WW *kortsluiting maken in*; FIG. *passeren* ‹v. tussenschakels› ★ ~ la voie hiérarchique *de hiërarchische weg bekorten*

courtepointe v *gestikte deken*

courtier m [v: **courtière**] *makelaar*; *agent*

courtisan m • *hoveling* • *vleier*

courtisane v *(luxe) vrouw v. lichte zeden*; *courtisane*

courtiser OV WW *het hof maken*; *vleien* ★ ~ les Muses *dichten*

courtois BNW • *hoffelijk*; *beleefd* • *hoofs*

courtoisie v *hoffelijkheid*; *beleefdheid*

Courtrai m *Kortrijk*

couru WW (volt. deelw.) → **courir**

couscous (*zeg:* koeskoes) m *koeskoes*

cousette v INF. *naaistertje*

cousin **I** m [v: **cousine**] • *neef*; *(nicht)* • *verwant* ★ ~ germain *volle neef* **II** m *steekmug*

coussin m *(zit)kussen* ★ ~ d'air *luchtkussen* ★ ~ gonflable/de sécurité *airbag*

coussinet m • *lager* • *kussentje*

cousu **I** BNW *genaaid* ★ ~ d'or *schatrijk* ★ INF. c'est du ~ main *het is eersteklas (kwaliteit)* **II** WW (volt. deelw.) → **coudre**

coût (*zeg:* koe) m *(de) kosten*

coûtant BNW *kost-* ★ prix ~ *kostprijs*

couteau m [mv: **couteaux**] *mes* ★ ~ de chasse *hartsvanger* ★ ~ à cran d'arrêt *stiletto* ★ ~ à découper *voorsnijmes* ★ ~ à papier *vouwbeen* ★ jouer du ~ *zijn mes trekken* ★ à couper au ~ *om te snijden* ‹v. spanning›; *potdicht* ‹v. mist, walm› ★ à ~x tirés (avec) *op gespannen voet (met)* ★ second ~ *bijfiguur*; *iem. v.h. tweede plan*

coutelas (*zeg:* -là) m • *groot keukenmes* • *korte brede sabel*

coutelier m *messenfabrikant*; *messenverkoper*

coutellerie v • *messenmakerij* • *snijgerei*; *meswerk*

coûter I OV WW *kosten* ★ ~ la vie *het leven kosten* **II** ON WW • *kosten* • *moeite kosten* ★ ~ cher *duur zijn*; *duur te staan komen* ★ coûte que coûte *tot elke prijs*; *koste wat kost* ★ aveu qui coûte *pijnlijke bekentenis* ★ il m'en coûte de *het valt mij zwaar om*

coûteux BNW [v: **coûteuse**] *duur*; *kostbaar*

coutil m *beddentijk*; *dril* ‹keperstof›

coutre m LANDB. *kouter*

coutume v • *gewoonte*; *gebruik* • *gewoonterecht* ★ de ~ *gewoonlijk* ★ avoir ~ de *gewoon zijn te* ★ une fois n'est pas ~ *eenmaal is geen maal*

coutumier I m *gewoonterecht* **II** BNW [v: **coutumière**] *gewoonte-*; *gewoon* ★ droit ~ *gewoonterecht* ★ il est ~ du fait *daar heeft hij een handje van*

couture v • *(het) naaien*; *naaikunst* • *naad*; *hechting* • *litteken* ★ battre à plate ~ *totaal verslaan* ★ examiner sous toutes les ~s *zorgvuldig onderzoeken*

couturier m *couturier*; *modeontwerper*

couturière v *naaister* ★ répétition des ~s *laatste repetitie voor de generale*

couvain m *broedsel* ‹bij insecten›

couvaison v VERO. *broedtijd*

couvée v • *de eieren die een vogel uitbroedt*; *broedsel* • INF. *kroost*

couvent m • *klooster* • *meisjespensionaat geleid door zusters*

couver I OV WW • *(uit)broeden* • *koesteren* • *beramen* ★ ~ une maladie *een ziekte onder de leden hebben* ★ ~ des yeux *met de ogen verslinden* **II** ON WW *broeien*; OOK FIG. *smeulen*

couvercle m *deksel*

couvert (*zeg:* koevèr) **I** m • *tafelbestek*; *couvert* • *bescherming*; *beschutting* ★ à ~ (de) *beschut (tegen)*; *gedekt (tegen)* ★ sous (le) ~ de *onder bescherming van*; *onder het voorwendsel van* ★ LIT. sous le ~ de la loi *gedekt door de wet* ★ le vivre et le ~ *kost en inwoning* ★ mettre le ~ *de tafel dekken* **II** BNW • *bedekt* • *gekleed* • *gedekt* ★ pays ~ *beboste streek* ★ temps ~ *betrokken weer* ★ il est ~ par les ordres de ses supérieurs *hij wordt beschermd door de orders van zijn superieuren* ★ parler à mots ~s *in bedekte termen spreken* ★ rester ~ *zijn hoed ophouden* • (~ **de**) *bedekt met*; *bezaaid met* **III** WW (volt. deelw.) → **couvrir**

couverte v • SCHERTS. *glazuur* • ARG. *deken*

couverture v • *deken* ‹v. evenement› • *(dak)bedekking* • *kaft*; *boekomslag* • MIL. *dekking* • *schijn*; *voorwendsel* • *(het) verslaan* ‹v.e. evenement›

couveuse v • *couveuse* • *broedmachine* • *broedkip*; *broedse kip*

couvoir m • *broedbedrijf* • *broedruimte*

couvre-chef m SCHERTS. [m mv: **couvre-chefs**] *hoofddeksel*

couvre-feu m [mv: **couvre-feux**] *avondklok*

couvre-joint m [mv: **couvre-joints**] • *deklat* • *voegspecie*

couvre-lit m [mv: **couvre-lits**] *sprei*

couvreur m *leidekker*

couvrir I OV WW • *bedekken (***de** *met)*; *overdekken* • *beschermen*; *dekken* • *dekken* • *verbergen* • *opwegen tegen*; *dekken* • *kleden* • *afleggen* ‹v. afstand›; *bestrijken* • *overstemmen* ‹v. geluid› • *verslaan* ‹v. evenement› • *dekken* ‹v.e. dier› ★ ~ une armeé *een leger dekken* ★ ~ d'éloges *met lof overladen* ★ ~ une enchère *overbieden* ★ ~ d'étoffe *bekleden* ★ ~ le feu *het vuur afdekken* ★ ~ un malade *een zieke toedekken* ★ ~ ses projets *zijn plannen verhelen* ★ les recettes couvrent les dépenses *de inkomsten dekken de uitgaven* **II** WKD WW (**se** ~) • *zich (warm) kleden* • *zijn hoed opzetten* • *betrekken* ‹v.d. lucht› • (**se** ~ **de**) *zich overdekken met*; *zich overladen met*; *zich bezoedelen met*

covoiturage m FORM. *carpooling*

cow-boy m [mv: **cow-boys**] *cowboy*

coxal BNW [m mv: **coxaux**] *heup-*

CP AFK (cours préparatoire) ≈ *groep 3 basisschool*

c.q.f.d. AFK (ce qu'il fallait démontrer) *q.e.d.*

crabe m *krab*

crac TW *krak!*

crachat m • *spuug*; *fluim* • INF. *ridderkruis*

crachement m • *gespuw*; *(het) spuwen* • *gekraak* ‹v. geluidsapparatuur› ★ ~ de sang *bloedspuwing*

cracher I OV WW • *spuwen* • INF. *(geld) dokken* ★ INF. c'est lui/son portrait tout craché *hij is het sprekend*; *het is 'm helemaal* **II** ON WW • *spuwen* • *kraken* ‹v. geluidsapparatuur› ★ ~ au nez *in het gezicht spuwen* ★ INF. ~ sur qn *op iem. spugen* ★ je ne crache pas dessus *daar ben ik niet vies van*

crachin m *motregen*

crachiner ON WW *miezeren*

crachoir m *spuwbak*; *kwispedoor* ★ INF. tenir le ~ *aan één stuk doorpraten*

crachoter ON WW *vaak spuwen*

crack (*zeg:* krak) m • *crack*; *uitblinker* • *crack* ‹drug›

cracking m *(het) kraken* ‹v. olie›

crade BNW INF. [**crado**] *vies*; *goor*

craie v *krijt*; *krijtje* ★ bâton de ~ *pijpje krijt*

craignos (*zeg:* -os) BNW INF. *niet best*; *flut*

craindre I OV WW • *vrezen*; *bang zijn voor* • *niet kunnen tegen* ★ craignant Dieu *godvruchtig* ★ craint l'humidité *droog bewaren* **II** ON WW ★ ça craint! *dat is niet best!*; *dat is flut!* (~ **pour**) *vrezen voor*; *bezord zijn voor*

craint WW (volt. deelw.) → **craindre**

crainte v *vrees*; *ontzag (***de** *voor)* ★ de ~ de/que *uit vrees voor/dat* ★ la ~ de Dieu *de vreze des Heren*

craintif BNW [v: **craintive**] *bang*; *vreesachtig*

cramer I OV WW INF. *verbranden*; *aanbranden*

II ON WW *schroeien; verbranden*

cramoisi I m *karmijn* II BNW *karmijnrood; hoogrood*

crampe v • *kramp* • FIG. INF. *klier; geklier*

crampon m • *kram* • *nop* ‹v. schoen› • *metalen punt* ‹voor houvast› • *hechtwortel* • INF. *klit* ‹persoon›

cramponner I OV WW • *krammen* • INF. *lastig vallen; niet loslaten* II WKD WW (**se** ~) *zich vastklemmen; zich vastklampen (***à** *aan)*

cran m • *keep; kerf; gaatje in riem* • INF. *lef* • *golf in het haar; slag* ★ cran d'arrêt/de sûreté *veiligheidspal* ‹v. wapen› ★ d'un cran *een gaatje (hoger/lager); een eindje (meer/minder)* ★ baisser d'un cran *een toontje lager zingen* ★ descendre d'un cran *achteruitgaan* ★ monter d'un cran *vooruitgaan* ★ INF. être à cran *zich mateloos ergeren*

crâne I m *schedel* ★ il n'a rien dans le ~ *hij is een leeghoofd* ★ mettre dans le ~ *inprenten* II BNW VERO. *kranig*

crâner ON WW INF. *opscheppen; flink doen*

crânerie v VERO. *branie; bluf*

crâneur m INF. [v: **crâneuse**] *opschepper; branieschopper*

crânien BNW [v: **crânienne**] *schedel-* ★ boîte ~ne *hersenpan*

crapaud m • *pad* ‹dier› • *crapaud; lage leuningstoel* • MUZ. *kleine vleugel* • INF. *mormel*

crapouillot m *loopgraafmortier*

crapule v • *smeerlap; schoft* • *gepeupel; grauw*

crapulerie v *gemeenheid*

crapuleux BNW [v: **crapuleuse**] *gemeen; laag*

craquage m *(het) kraken* ‹v. olie›

craque v INF. *opsnijderij; leugenverhaal*

craqueler I OV WW *doen barsten* ‹bijv. v. porselein› II WKD WW (**se** ~) *barsten*

craquelin m *kaakje; krakeling*

craquelure v *barstje in vernis, verf; craquelé*

craquement m *gekraak*

craquer I OV WW • *doen scheuren* • *kraken* ‹v. olie› • *aanstrijken* ‹v. lucifer› • INF. *spenderen; verpatsen* II ON WW • *kraken; knarsen; knappen* • *scheuren; barsten* • *op springen staan* • *in elkaar klappen; afknappen* ★ plein à ~ *overvol* • (~ **pour**) *vallen voor*

craqueter ON WW • *knisteren* • *klepperen* ‹v. ooievaar›

crasse I v • *vuil; stoflaag* • *gemene streek* • *metaalslak* ★ faire une ~ à qn *iem. een loer draaien* II BNW *grof* ★ une ignorance ~ *een grove onwetendheid*

crasseux I m [v: **crasseuse**] *viezerd; smeerpoets* II BNW *vuil; smerig*

crassier m *berg metaalslakken*

crassulacées v mv *vetplanten*

cratère m *krater*

cravache v *karwats; rijzweep*

cravacher I OV WW *met de karwats slaan; aanzwepen* II ON WW INF. *zich uitsloven; aanpezen*

cravate v • *(strop)das* • *wimpel* • *lint v. ridderorde* ★ INF. ~ de chanvre *strop*

cravater OV WW *bij de kraag pakken; in zijn nekvel pakken*

crawl (*zeg:* krol) m *crawl(slag)*

crayeux BNW [v: **crayeuse**] *krijtachtig; krijthoudend*

crayon m • *potlood* • *stift; krijtje* • *potloodtekening* • *manier van tekenen* ★ ~ d'ardoise *griffel* ★ (~) feutre *viltstift*

crayonnage m *potloodschets; krijttekening*

crayonner OV WW • *tekenen met potlood/krijt* • *schetsen*

cré BNW ★ cré nom (de nom)! *verdorie!*

créance v • *vertrouwen; geloof* • *schuldvordering* ★ lettres de ~ *geloofsbrieven* ★ digne de ~ *geloofwaardig* ★ FORM. donner ~ à *geloof hechten aan*

créancier m [v: **créancière**] *schuldeiser*

créateur I m [v: **créatrice**] *schepper; uitvinder; maker* ★ le Créateur *de Schepper; God* II BNW [v: **créatrice**] *scheppend*

créatif BNW [v: **créative**] *creatief*

création v • *schepping; creatie* • *oprichting; instelling* ★ ~ d'un rôle *eerste uitbeelding v.e. rol*

créativité v *creativiteit*

créature v • *schepsel* • *beschermeling; protégé*

crécelle v OOK FIG. *ratel* ★ voix de ~ *schreeuwerige stem*

crèche v • *krib* • *crèche; kinderbewaarplaats*

crécher ON WW INF. *wonen; overnachten*

crédence v • *credenstafel* • *buffet; dientafel*

crédibiliser OV WW *geloofwaardig maken*

crédibilité v *geloofwaardigheid*

crédible BNW *geloofwaardig*

crédit (*zeg:* -die) m • *krediet* ‹in alle betekenissen› • *credit* ★ ~ agricole *landbouwkrediet; boerenleenbank* ★ ~ foncier *grondkrediet(bank)* ★ ~ municipal *stadsbank van lening* ★ carte de ~ *creditcard* ★ établissement de ~ *(krediet)bank* ★ lettre de ~ *kredietbrief* ★ acheter à ~ *op krediet kopen* ★ avoir du ~ *invloed hebben; gezag hebben* ★ faire ~ à qn *iem. krediet geven* ★ ouvrir un ~ à qn *iem. een krediet openen* ★ porter une somme au ~ de qn *een som op iemands credit boeken*

crédit-bail m [mv: **crédits-bails**] *leasing*

créditer OV WW *crediteren (***de** *voor)*; OOK FIG. *op iemands conto schrijven*

créditeur m [v: **créditrice**] *crediteur* ★ compte ~ *creditrekening* ★ solde ~ *creditsaldo*

credo m *credo; geloofsbelijdenis*

crédule BNW *lichtgelovig*

crédulité v *lichtgelovigheid*

créer OV WW • *scheppen; voortbrengen; creëren* • *uitvinden* • *instellen; oprichten* • *benoemen* • *voor het eerst vertolken* ‹v. rol, toneelstuk› ★ ~ des obstacles *hindernissen opwerpen*

crémaillère v *heugel* ★ chemin de fer à ~ *tandradbaan* ★ pendre la ~ *een feestje geven als men een nieuwe woning betrekt*

crémant BNW *licht mousserend* ‹v. champagne›

crémation v *crematie; lijkverbranding*

crématoire BNW *crematie-* ★ four ~ *lijkoven*

crème I v • *crème; zalf* • *room* • *vla* • *soort likeur uit planten* • *gebonden soep* • *puikje* ★ ~ brûlée *gekarameliseerde vla* ★ ~ Chantilly *slagroom* ★ ~ fraîche *(ongeklopte, stijve) room*

★ ~ fouettée *slagroom* ★ ~ glacée *roomijs* ★ ~ de menthe *pepermuntlikeur* ★ un (café) ~ *kopje koffie met room of melk* **II** BNW *crème(kleurig)*
crémerie v *winkel in zuivelproducten*
crémeux BNW [v: **crémeuse**] *roomhoudend; romig*
crémier m [v: **crémière**] *verkoper van zuivelproducten*
crémone v *spanjolet*
créneau m [mv: **créneaux**] • *kanteel; tinne* • *schietgat* • *tijdsruimte; tussenruimte* • *gat in de markt; niche* • *zendtijd* • INF. *(gunstige) gelegenheid* ★ ~ de dépassement *inhaalgedeelte* ★ faire un ~ *achteruit insteken; in file parkeren* ★ monter au ~ *zich in een kwestie mengen; zich als voorvechter opwerpen*
crénelage m • *(kartel)rand* • *karteling*
crénelé BNW • *gekanteeld* • *gekarteld; getand*
créneler OV WW • *van kantelen voorzien* • *uittanden; kartelen*
crénelure v • *kanteelwerk* • *kartelrand*
créole BNW *creools*
Créole m/v *creool*
créosote v *creosoot*
crêpage m *(het) kroezen*
crêpe I m • *crêpe; krip* • *rouwband; floers* • *crêpe(rubber)* ★ ~ de Chine *dikke gekroesde zijde* **II** v *flensje; pannenkoek*
crêper I OV WW *kroezen; krullen; touperen* **II** WKD WW (**se** ~) *kroes worden* ★ INF. se ~ le chignon *elkaar in de haren vliegen* ‹v. vrouwen›
crêperie v *pannenkoekenhuis*
crépi m *pleisterkalk*
crépine v • *soort franje* • *sproeier; rooster*
crépir OV WW *bepleisteren*
crépissage m *bepleistering*
crépitation v *geknetter*
crépitement m *geknetter*
crépiter ON WW *knetteren*
crépon m ★ papier ~ *crêpepapier*
crépu BNW *gekruld; kroezig*
crépusculaire BNW *schemerig* ★ papillons ~s *nachtvlinders*
crépuscule m • *schemering* • FORM. *verval*
cresson m *sterrenkers* ★ ~ alénois *tuinkers* ★ ~ de fontaine *waterkers* ★ ~ des prés *pinksterbloem*
crétacé BNW *krijtachtig; krijt-* ★ le ~ *het Krijt(tijdperk)*
Crète v *Kreta*
crête v • *kam* ‹v. dieren› • *top; bergkam; nok* • *kop* ‹v. golf› ★ (ligne de) ~ *waterscheiding* ★ INF. baisser la ~ *een toontje lager zingen; de moed laten zinken* ★ dresser la ~ *arrogant zijn* ★ VERO. lever la ~ *overmoedig worden*
crétin I m [v: **crétine**] • *stommeling; ezel* • *lijder aan kropziekte* **II** BNW *stom; idioot*
crétinerie v *stompzinnigheid*
crétiniser OV WW *afstompen; duf maken*
crétinisme m • *stompzinnigheid* • *cretinisme*
crétois BNW [v: **crétoise**] *van Kreta; Kretenzisch*
Crétois m [v: **Crétoise**] *Kretenzer*
cretonne v *cretonne*
creusement m [**creusage**] *(het) graven; (het) uithollen*
creuser I OV WW • *uithollen; graven* • FIG. *uitdiepen* ★ ~ un sujet *een onderwerp goed bestuderen* ★ le chagrin a creusé ses joues *het verdriet heeft hem vermagerd* ★ INF. le travail creuse l'estomac *werken wekt de eetlust op; werken maakt hongerig* **II** ON WW *graven* **III** WKD WW (**se** ~) *dieper worden* ★ se ~ la tête/le cerveau/la cervelle *zich het hoofd breken*
creuset m OOK FIG. *smeltkroes*
creux I m *holte; diepte; dieptepunt* ★ avoir un ~ (dans l'estomac) *een holle maag hebben; trek hebben* ★ FIG. au ~ de la vague *in een periode van depressie* **II** BNW [v: **creuse**] *hol; diep* ★ assiette creuse *diep bord* ★ cervelle/tête creuse *leeghoofd* ★ heures creuses *stille uren* ★ joues creuses *ingevallen wangen* ★ mer creuse *holle zee* ★ rivière creuse *diepe rivier* ★ ventre ~ *lege maag* ★ yeux ~ *holle ogen* **III** BIJW *hol* ★ sonner ~ *hol klinken*
crevaison v • *(het) springen* ‹v. band›; *lekke band* • INF. *(het) creperen*
crevant BNW INF. • *vermoeiend* • *om je rot te lachen*
crevasse v *kloof; barst*
crevasser I OV WW *doen barsten* **II** WKD WW (**se** ~) *barsten*
crevé BNW • *kapot; lek* • INF. *dood* • INF. *doodop*
crève v INF. *dood* ★ attraper la ~ *kou vatten* ★ avoir la ~ *verkouden zijn; zich niet lekker voelen*
crève-cœur m [mv: **crève-coeurs**] *hartzeer*
crève-la-faim m INF. (onver.) *hongerlijder*
crever I OV WW • *doen barsten; doorbreken* • *zeer vermoeien* ★ ~ un œil *een oog uitsteken* ★ l'eau a crevé la digue *het water heeft de dijk doorbroken* ★ ça crève les yeux *dat springt in het oog* **II** ON WW • *barsten; springen* • *creperen* ‹v. mens›; *doodgaan* ‹v. plant, dier› • *een lekke band krijgen* ★ il a crevé trois fois *hij heeft drie keer een lekke band gehad* ★ la bombe a crevé *de bom is gebarsten* ★ ~ de jalousie *barsten van jaloezie* ★ INF. ~ de faim *sterven van de honger* ★ INF. ~ de rire *stikken v.h. lachen* **III** WKD WW (**se** ~) *zich vermoeien; zich uitputten* ★ se ~ les yeux *zijn ogen vermoeien* ★ INF. se ~ au travail *zich doodwerken*
crevette v *garnaal*
cri m *kreet; gil; schreeuw; roep* ‹v. dieren› ★ cri du cœur *hartenkreet* ★ à grands cris *luidkeels* ★ le cri des opprimés *het protest der onderdrukten* ★ le cri de la conscience *de stem v.h. geweten* ★ le dernier cri *het nieuwste snufje* ★ pousser de cris *kreten slaken*
criailler ON WW • *krijsen* • *roepen* ‹v. fazant, pauw›
criant BNW • *duidelijk; sprekend* • *schreeuwend* • *hemeltergend; criant*
criard I m [v: **criarde**] *schreeuwlelijk* **II** BNW • *schreeuwerig* • *schel* ★ voix ~e *schelle stem* ★ couleurs ~es *schelle/opzichtige kleuren* ★ dettes ~es *dringende schulden*
criblage m *(het) zeven*

crible m *zeef* ★ passer au ~ *zeven*; FIG. *op de keper beschouwen*
cribler OV WW • *zeven* • (~ **de**) *doorzeven met*; *overladen met* ★ criblé de coups *bont en blauw geslagen* ★ criblé de dettes *tot over de oren in de schuld*

C

cric (*zeg:* kriek) I m *krik*; *dommekracht* II TW *krak!*
cricri m INF. • INF. *krekel* • *sjirpen* ‹v. krekel›
criée v ★ vendre à la ~ *bij opbod verkopen* ★ (vente à la) ~ *verkoping bij opbod*
crier I OV WW • *schreeuwen*; *roepen* • *rondbazuinen* • *bij opbod verkopen* • *uitventen* ★ ~ qc sur les toits *iets van de daken schreeuwen* ★ ~ famine/misère *zijn nood klagen* ★ ~ vengeance *om wraak roepen* II ON WW • *schreeuwen* (**après** *tegen*); *gillen* • *knarsen*; *piepen*; *kraken* • *roepen* ‹v. dieren› ★ ~ à tue-tête *luidkeels schreeuwen* ★ ~ à l'assassin *moord roepen* ★ ~ au feu *brand roepen* ★ ~ au secours *hulp roepen* ★ ~ à l'injustice *schreeuwen dat men onrechtvaardig behandeld wordt*
crieur m [v: **crieuse**] • *schreeuwer* • *straatventer* ★ ~ public *omroeper*
crime m *misdaad* ★ ~ d'État *hoogverraad* ★ ~ de lèse-majesté *majesteitsschennis*
Crimée v *Krim*
criminalité v *misdadigheid*; *criminaliteit*
criminel I m [v: **criminelle**] *misdadiger* II BNW [v: **criminelle**] • *misdadig* • *strafrechtelijk*; *straf-* ★ affaire ~le *strafzaak*
criminologie v *criminologie*
criminologue m/v *criminoloog*
crin m *paardenhaar* ★ matelas en crin *paardenharen matras* ★ à tous crins *met hart en ziel* ★ être comme un crin *narrig zijn*
crincrin m • INF. *slechte viool* • *gekras*
crinière v • *manen* • *haarbos* ‹op helm› • *lange, woeste haren*
crinoline v *hoepelrok*; *crinoline*
crique v • *kreek* • *scheur*
criquet m *veldsprinkhaan*
crise v • *crisis* • *hevige aanval*; *vlaag* ★ ~ ministérielle *kabinetscrisis* ★ ~ du logement *woningnood* ★ ~ de larmes *huilbui* ★ avoir une ~ de nerfs *een zenuwtoeval hebben*; *het op de zenuwen krijgen*
crispant BNW *irritant*
crispation v • *samentrekking* • *irritatie* ★ ~ des muscles *samentrekking v.d. spieren*
crisper I OV WW • *samentrekken*; *verkrampen* • *ongeduldig maken*; *tureluurs maken* ★ poing crispé *gebalde vuist* II WKD WW (**se** ~) *zich ergeren*
crissement m *geknars*
crisser ON WW *knarsen*
cristal m [mv: **cristaux**] *kristal* ★ ~ de roche *bergkristal*
cristallerie v • *(het) maken van kristal* • *kristalfabriek* • *kristalwerk*
cristallin I m *ooglens* II BNW • *kristalhelder* • *kristallijn*; *kristal-* ★ lentille ~e *ooglens*
cristallisation v *kristalvorming*; *kristallisatie*
cristalliser I OV WW *tot kristal maken* II ON WW *kristalliseren* III WKD WW (**se** ~) *kristalliseren*
cristallographie v *kristalbeschrijving*
critère m *criterium*
critérium (*zeg:* -jom) m *criterium*; *(beoordelings)wedstrijd*
critiquable BNW • *laakbaar* • *aanvechtbaar*
critique I v *kritiek* ‹in alle betekenissen› ★ la ~ est aisée et l'art est difficile *de beste stuurlui staan aan wal* ‹bij vrouwen› II m/v *criticus*; *recensent* ★ un ~ d'art *een kunstcriticus* III BNW • *kritisch* • *kritiek*; *beslissend* ★ esprit ~ *kritische geest* ★ examen ~ *kritisch onderzoek* ★ le moment ~ *het beslissende ogenblik* ★ l'âge ~ *de overgangsleeftijd*
critiquer OV WW • *recenseren*; *beoordelen* • *kritiseren*
croassement m • *gekras* ‹v. raven, kraaien› • *geroddel*
croasser ON WW • *krassen* ‹v. raven, kraaien› • *roddelen*
croate I m *(het) Kroatisch* II BNW *Kroatisch*
Croate m *Kroaat*
Croatie v *Kroatië*
croc (*zeg:* kroo) I m • *haak*; *bootshaak* • *hoektand* ‹v. roofdieren› ★ croc de boucher *vleeshaak* ★ moustaches en croc *snor met opstaande punten* ★ INF. avoir les crocs *uitgehongerd zijn* II TW *krak!*
croc-en-jambe m [mv: **crocs-en-jambe**] *(het) beentje lichten*
croche v MUZ. *achtste noot* ★ double ~ *zestiende noot*
croche-pied m [mv: **croche-pieds**] *(het) beentje lichten*; *(het) pootje haken*
crochet m • *haakje*; *haak* • *loper* ‹om slot te openen› • *vierkant haakje* • *haaknaald* • *haakwerk* • *hoekstoot* ‹bij boksen› • *omweg*; *plotselinge draai* ★ faire du ~ *haken* ★ vivre aux ~s de qn *op iemands kosten leven*
crocheter OV WW • *openen met een loper* • *haken*
crocheteur m • *inbreker die zich v.e. loper bedient* • GESCH. *pakjesdrager*
crochu BNW *krom*; *gebogen* ★ nez ~ *haakneus* ★ avoir les doigts/mains ~es *hebberig zijn*
crocodile m *krokodil*
crocus (*zeg:* -uus) m *krokus*
croire I OV WW *geloven*; *denken*; *menen*; *houden voor* ★ ~ qn sur parole *iem. op zijn woord geloven* ★ je crois que non *ik geloof van niet* ★ à ce que je crois *naar ik meen* ★ à l'en ~ *als men hem geloven mag* ★ ne pas en ~ ses yeux *zijn ogen niet kunnen geloven* ★ faire ~ *wijsmaken* ★ ~ de son devoir de *het als zijn plicht beschouwen om* ★ je le crois honnête homme *ik houd hem voor een eerlijk man* ★ je lui crois beaucoup de fantaisie *ik geloof dat hij veel fantasie heeft* II ON WW *geloven* (**à** *aan*; **en** *in*) ★ y ~ dur comme fer *er rotsvast in geloven* III WKD WW (**se** ~) *zichzelf iets verbeelden*; *zich houden voor*
croisade v • *kruistocht* • FIG. *campagne* ★ partir en ~ *op kruistocht gaan*
croisé I m *kruisvaarder* II BNW • *gekruist* • *gekeperd* ★ feu ~ *kruisvuur* ★ mots ~s *kruiswoordraadsel* ★ race ~e *gekruist ras* ★ rester les bras ~s *werkeloos toekijken*

croisée v • *kruispunt* • *venster(kruis)*
croisement m • *(het) kruisen* • *kruispunt* • *kruising* ‹ook v. rassen›
croiser I OV WW • *kruisen* • *tegenkomen* ★ se ~ les bras *werkeloos toezien* ★ ~ des races *rassen kruisen* II WKD WW (**se** ~) • *elkaar kruisen*; *elkaar ontmoeten* • *op kruistocht gaan*
croiseur m SCHEEPV. *kruiser* ★ ~ cuirassé *pantserkruiser*
croisière v • *cruise* ‹v. oorlogsschepen› • *patrouillevaart* ★ vitesse de ~ *kruissnelheid*
croisillon m • *dwarshout* ‹v. kruis, venster› • *dwarsbeuk*; *transept*
croissance v *groei*; *toename*
croissant I m • *wassende maan*; *halvemaan* • *croissant*; *broodje i.d. vorm v.e. halve maan* ★ Le Croissant Rouge *Rode Halve Maan* II BNW *groeiend*; *toenemend*; *wassend*
croître ON WW *groeien*; *wassen* ‹v. water›; *lengen* ‹v. dagen›; *toenemen*
croix v *kruis* ‹in alle betekenissen› ★ ~ ansée *ankh*; *hengselkruis* ‹v. bisschoppen› ★ ~ funéraire *grafkruis* ★ ~ gammée *hakenkruis* ★ ~ pectorale *borstkruis* ‹v. bisschoppen› ★ la Croix-Rouge *het Rode Kruis* ★ ~ ou pile *kruis of munt* ★ la Croix du Sud *het Zuiderkruis* ‹sterrenbeeld› ★ chemin de la ~ *kruisweg* ★ la Descente de Croix *de kruisafneming* ★ mettre en ~ *kruisigen* ★ prendre la ~ *op kruistocht gaan* ★ faire le signe de la Croix *een kruisteken maken* ★ c'est la ~ et la bannière *het heeft heel wat voeten in aarde* ★ tu peux faire une ~ dessus *dat kun je wel vergeten*
croquant I m *boerenpummel* II BNW *knappend*
croque DEEL V. SAMENST ★ à la ~ au sel *alleen met zout bereid*
croque-madame m (onver.) *tosti ham-kaas met gebakken ei*
croque-mitaine m [**croquemitaine**] *boeman*
croque-monsieur m (onver.) *tosti ham-kaas*
croque-mort m INF. [**croquemort**] *lijkdrager*; *kraai*
croquenot INF. m *schoen*
croquer I OV WW • *opknabbelen*; *oppeuzelen* • *schetsen* ★ (joli) à ~ *snoezig* ★ INF. ~ une fortune *een fortuin erdoor draaien* ★ ~ (dans) une pomme *in een appel bijten* ★ INF. ~ un héritage *een erfenis erdoor draaien* II ON WW *knappen*
croquet m *croquet(spel)*
croquette v • *kroket* • *chocoladeflik*
croquis (*zeg:* -ie) m *schets*; *ontwerp*
cross (*zeg:* kros) m *cross-country*
crosse v • *kromstaf* • *hockeystick*; *kolfstok*; *golfclub* • *kolf* ‹v. geweer› • *omgebogen eind* ★ coups de ~ *kolfslagen* ★ mettre la ~ en l'air *zich overgeven* ★ INF. chercher des ~s à qn *ruzie zoeken*
crotale m *ratelslang*
crotte I v *keutel*; *drol* ★ INF. ~ (de bique) *onbelangrijk iets* ★ ~ de chocolat *praline*; *chocolaatje* II TW INF. *stik!*
crotter I OV WW *(met modder) bevuilen* II ON WW INF. *poepen*
crottin m • *paardenvijg* • *geitenkaasje*
croulant I m [v: **croulante**] INF. *oudje* ★ les ~s *de ouwelui* II BNW *bouwvallig*; *afgeleefd*
crouler ON WW OOK FIG. *instorten*; *bezwijken* (**sous** *onder)*
croup m MED. *kroep* ★ faux ~ *pseudokroep*
croupe v • *kruis* ‹v. paard› • *bergkruin* ★ monter en ~ *achter iemand op een paard (enz.) zitten*
croupetons BIJW ★ à ~ *gehurkt*
croupier m [v: **croupière**] *croupier*
croupière v *staartriem* ‹v. paard›
croupion m • *stuit* ‹v. vogel› • SCHERTS. *achterste*
croupir ON WW • *stilstaan en daardoor bederven* ‹v. water› • *vervuilen* • *kwijnen*; FIG. *vegeteren* ★ FIG. ~ dans le vice *zich in het slijk wentelen*
croustade v *warm, knappend pasteitje*
croustillant BNW • *knappend* • FIG. *pikant* ★ gâteau ~ *krokant koekje*
croustiller ON WW *knapperig zijn*
croûte v • *korst* • *roof* ‹op wond› • INF. *slecht schilderij* ★ INF. vieille ~ *ouwe sul* ★ INF. gagner sa ~ *de kost verdienen* ★ INF. casser la/une ~ *een hapje eten*
croûter ON WW INF. *eten*; *bikken*
croûton m • *korstje* • *soldaatje*; *stukje geroosterd brood* ★ INF. vieux ~ *ouwe sul*
croyable BNW *geloofwaardig* ★ pas ~ *ongelofelijk*
croyance v • *geloof (***à** *aan;* **en** *in)* • *mening*; *gevoelen*
croyant I m [v: **croyante**] *gelovige* II BNW *gelovig*
CRS AFK (Compagnies républicaines de sécurité) v *ME* ‹ongeveer›
cru I m *wijngaard*; *(wijn)gewas*; *wijnsoort* ★ un grand cru *een beroemde wijn* ★ INF. du cru *uit de streek* ★ INF. vin du cru *landwijn* ★ de son cru *eigengemaakt*; *van eigen vinding*; *van eigen grond* II BNW • *rauw* • *hard*; *schril* ‹v. kleuren, licht› • *onbewerkt*; *ruw* • *onverteerbaar*; *onrijp* • *schuin*; *onwelvoeglijk*; *ruw*; *cru* ★ soie crue *ruwe zijde* ★ anecdote crue *gewaagde anekdote* ★ monter à cru *zonder zadel rijden* III WW (volt. deelw.) → **croire**
crû WW (volt. deelw.) → **croître**
cruauté v *wreedheid*
cruche v • *kruik* • INF. *sufferd* ★ tant va la ~ à l'eau qu'à la fin elle se casse/se brise *de kruik gaat zo lang te water tot ze barst*
cruchon m *kruikje*
crucial BNW [m mv: **cruciaux**] • *cruciaal*; *beslissend* • *kruisvormig*
crucifère BNW *een kruis dragend*
crucifiement m *kruisiging*
crucifier OV WW • *kruisigen* • *kastijden*
crucifix (*zeg:* -fie) m *kruisbeeld*; *crucifix*
crucifixion v *kruisiging*
cruciforme BNW *kruisvormig* ★ tournevis ~ *kruiskopschroevendraaier* ★ vis ~ *kruiskopschroef*
cruciverbiste m/v *kruiswoordpuzzelaar*
crudité v *rauwheid*; *grofheid* ★ ~s *rauwkost*
crue v • *was v.h. water*; *hoogwater* ‹v. rivier› • FORM. *groei* ★ la rivière est en crue *de rivier*

C

zwelt

cruel BNW [v: **cruelle**] *wreed; gruwelijk*

cruellement BIJW → **cruel**

crûment BIJW • *ruw; onomwonden* • *hel*

crus WW (passé simple) → **croire**

crustacés m mv *schaaldieren*

crypte v • *crypte; grafkelder* ‹onder kerk› • *onderaards gedeelte* ‹v. kerk›

crypter OV WW *scrambelen; coderen* ‹v. signalen› ★ chaîne cryptée *gecodeerde zender; betaal-tv* ‹met decoder›

cryptogame m/v *bedektbloeiende plant; cryptogaam; sporeplant*

cryptogramme m *stuk in geheimschrift*

cryptographie v *geheimschrift*

CU AFK (certificat d'urbanisme) *bouwvoorschrift*

Cuba m *Cuba*

cubage m • *inhoud* • *inhoudsbepaling*

cubain BNW [v: **cubaine**] *Cubaans*

Cubain m [v: **Cubaine**] *Cubaan*

cube I m • *kubus* • *derde macht* • *blokje* ★ élever au cube *tot de derde macht verheffen* **II** BNW *kubiek* ★ mètre cube *kubieke meter* ★ deux mètres cubes *twee kubieke meter*

cuber I OV WW • *tot de derde macht verheffen* • *de inhoud bepalen in kubieke meters* ★ ~ du sable *het aantal kubieke meters zand schatten* **II** ON WW *een inhoud hebben v.e. bepaald aantal kubieke meters* ★ le tonneau cube 100 litres *er gaat 100 liter in een ton* ★ INF. ça cube! *dat loopt in de papieren!*

cubi m *wijncontainer* ‹vijf liter›

cubique BNW • *kubusvormig* • *kubiek* ★ racine ~ *derdemachtswortel*

cubisme m *kubisme*

cubiste I m/v *aanhanger v.h. kubisme* **II** BNW *kubistisch*

cubitus (*zeg:* -tuus) m *ellepijp*

cucu BNW INF. [**cucul**] *onnozel*

cueillaison v *pluktijd; pluk*

cueillerai WW (futur) → **cueillir**

cueillette v *(het) plukken; pluk(tijd); vruchtenoogst*

cueillir OV WW • *plukken; oogsten* ‹v. fruit› • INF. *inrekenen; oppikken* ★ ~ un baiser *een kus stelen*

cuiller (*zeg:* kwiejèr) v [**cuillère**] • *lepel* • SP. *snoeklepel* ★ ~ à soupe *eetlepel* ★ INF. être à ramasser à la petite ~ *er beroerd aan toe zijn*

cuillerée v *lepel(vol)*

cuir m • *leer* • *uitspraakfout* ‹door foutieve verbinding tussen woorden› ★ cuir à rasoir *aanzetriem* ★ cuir chevelu *schedelhuid; behaarde hoofdhuid* ★ cuir de Russie *juchtleer* ★ avoir le cuir épais *een dikke huid hebben*

cuirasse v • OOK FIG. *pantser* • *borstharnas; kuras* ★ défaut de la ~ FIG. *gevoelige plek*

cuirassé I m *pantserschip* **II** BNW • *gepantserd* • *gehard (***contre** *tegen)* ★ navire ~ *pantserschip*

cuirasser OV WW • *pantseren* • *harden (***contre** *tegen)*

cuirassier m *kurassier*

cuire I OV WW *koken; stoven; bakken; braden* ★ ~ à l'eau *koken* ★ un(e) dur(e) à ~ *een ongemakkelijk heer; een lastige tante* **II** ON WW • *koken; stoven; bakken; braden* • FIG. *branden* ★ les yeux me cuisent *mijn ogen branden* ★ faire ~ *koken (enz.)* **III** ONP WW ★ il vous en cuira! *dat zal je opbreken!*

cuisant BNW • *schrijnend* • *grievend* ★ douleur ~e *scherpe pijn*

cuisine v • *keuken* • *kookkunst* • *(het) eten; voedsel* • INF. *gekonkel; kuiperijen* ★ ~-séjour *woonkeuken* ★ ~ roulante *keukenwagen* ★ chef de ~ *chef-kok* ★ batterie de ~ *keukengereedschap* ★ livre de ~ *kookboek* ★ faire la ~ *koken*

cuisiné BNW ★ plat ~ *kant-en-klare maaltijd*

cuisiner I OV WW • *klaarmaken; in elkaar zetten* • INF. *uithoren; de duimschroeven aanleggen* **II** ON WW *koken*

cuisinette v *kitchenette*

cuisinier m [v: **cuisinière**] *kok*

cuisinière v *fornuis*

cuissage m ★ droit de ~ *jus primae noctis*

cuissard m *wielrennersbroek*

cuissarde v *lieslaars*

cuisse v • *dij* • *bout* ‹v. vlees, gevogelte› ★ ~s de grenouille *kikkerbilletjes* ★ se croire sorti de la ~ de Jupiter *het hoog in de bol hebben; verwaand zijn* ★ INF. avoir la ~ légère *een mannengek zijn*

cuisseau m [mv: **cuisseaux**] *kalfslendestuk*

cuisson v • *(het) koken; bakken; braden; stoven* • *gaarheid* • *stekende pijn* ★ ~ du vernis *(het) glazuren*

cuissot m *bout* ‹v. groot wild›

cuistance v INF. *(het) koken; eten*

cuistot m INF. *kok*

cuistre m FORM. *schoolfrik; kwast*

cuistrerie v *schoolvosserij; kwasterigheid*

cuit I BNW *gekookt; gaar; gebakken* ★ terre cuite *terra cotta* ★ cuit à point *juist goed gaar* ★ INF. il est cuit *hij is erbij; hij is de klos* ★ INF. c'est du tout cuit *dat zit gebakken* ★ INF. c'est cuit! *het is mis!; het spel is uit!* **II** WW (présent) → **cuire**

cuite v • *(het) bakken* ‹v. stenen, aardewerk› • *baksel* • *stuk in de kraag* ★ INF. prendre une ~ *zich bedrinken*

cuiter WKD WW INF. (**se** ~) *zich bezatten*

cuivre m *koper* ★ les ~s *koperwerk; kopergravures; koperblazers*

cuivré BNW • *koperkleurig* • *met een helder geluid* ★ voix ~e *heldere stem*

cuivrer OV WW *verkoperen*

cul (*zeg:* kuu) m • INF. *kont; achterste* • *ondereind; achtereind; bodem* • INF. *imbeciel* ★ cul de bouteille *flessengroen* ★ le cul d'une bouteille *de ziel v.e. fles* ★ INF. cul bénit *heilig boontje* ★ INF. faux cul *schijnheilige* ★ INF. faire cul sec *in één teug leegdrinken* ★ péter plus haut que son cul *kouwe kak maken; hoger kakken dan zijn gat* ★ INF. cul par-dessus tête *ondersteboven* ★ INF. en rester sur le cul *paf staan* ★ INF. ils sont comme cul et chemise *ze zijn onafscheidelijk* ★ INF. avoir le cul entre deux chaises *in een ongemakkelijke positie zijn* ★ INF. film de cul *seksfilm* ★ INF. ce petit trou du cul *die kleine*

scheet
culasse v • *kulas* • *cilinderkop* ★ le joint de ~ est défectueux *de koppakking is doorgeslagen*
culbute v • *buiteling* • *zware val* • *bankroet*; FIG. *val*
culbuter I OV WW • OOK FIG. *omverwerpen* • *onder de voet lopen* II ON WW *omslaan*; *tuimelen*; *vallen*
culbuteur m • *kiepkar* • TECHN. *tuimelaar*
cul-de-jatte m [mv: **culs-de-jatte**] • *lamme* • *iem. zonder benen*
cul-de-lampe m [mv: **culs-de-lampe**] *slotvignet* ‹v. boek›
cul-de-sac m [mv: **culs-de-sac**] OOK FIG. *doodlopende straat*; *blinde steeg*
culée v *steunpijler*; *boogpijler*
culinaire BNW *culinair* ★ art ~ *kookkunst*
culminant BNW • *hoogste* • *hoogte-* ★ point ~ *culminatiepunt* ‹v. hemellichaam›; *hoogtepunt*; *hoogste punt*; *toppunt*
culminer ON WW • *(erboven) uitsteken* • *culmineren*; *in het culminatiepunt staan*
culot (*zeg:* -loo) m • INF. *lef*; *durf* • *onderkant* ‹v. huls, pijp›; *fitting* ‹v. gloeilamp› • *(verbrand) bezinksel* ‹in pijp, smeltkroes›
culotte v • *damesslipje*; *(korte) broek* • *bilstuk* ‹v. slachtdier› • *verlies bij het spel* ★ ~s longues *lange broek* ★ cette femme porte la ~ *die vrouw heeft de broek aan*
culotté BNW INF. *brutaal*
culotter OV WW • *een broek aandoen* • *een pijp doorroken*
culpabiliser I OV WW *een schuldgevoel geven* II ON WW *zich schuldig voelen*
culpabilité v *schuld*; *verwijtbaarheid*
culte m • *verering*; *cultus* • *eredienst*; *kerkdienst* • *godsdienst* ★ ~ de la personnalité *persoonsverheerlijking* ★ film(-)~ *cultfilm*
cultivable BNW *bebouwbaar*
cultivateur I m *cultivator*; *lichte ploeg* II m [v: **cultivatrice**] *landbouwer* III BNW [v: **cultivatrice**] *landbouwend*
cultivé BNW • *bebouwd* • *verbouwd* • *ontwikkeld*; *beschaafd*
cultiver OV WW • *cultiveren* ‹v. wetenschappen›; *bebouwen*; *kweken* • *zich interesseren voor*; *beoefenen* • *cultiveren*; *onderhouden* • *ontwikkelen*; *beschaven*
cultuel BNW [v: **cultuelle**] *wat de eredienst betreft*
culture v • *bouw*; *bebouwing* • *kweek*; *teelt* • *bouwland* • *ontwikkeling*; *beschaving*; *opvoeding*; *cultuur* ★ ~ générale *algemene ontwikkeling* ★ ~ physique *gymnastiek* ★ ~ maraîchère *tuinbouw* ★ ~ en alternance/~s alternantes *wisselbouw*
culturel BNW [v: **culturelle**] *cultureel*
culturisme m *bodybuilding*
cumin m *komijn* ★ liqueur de ~ *kummel*
cumul m *opstapeling*; *cumulatie* ★ ~ de mandats *cumulatie van functies* ‹als volksvertegenwoordiger›
cumulard PEJ. m *iem. met meerdere banen*
cumulatif BNW [v: **cumulative**] *cumulatief*
cumuler I OV WW *cumuleren*; *opeenhopen*; *tegelijk uitoefenen* II ON WW *meerdere banen hebben*
cumulus (*zeg:* -luus) m *stapelwolk*; *cumulus*
cunéiforme BNW *wigvormig* ★ écriture ~ *spijkerschrift*
cupide BNW *hebzuchtig*; *inhalig*; *begerig*
cupidité v *hebzucht*; *inhaligheid*; *begerigheid*
curable BNW *geneeslijk*
curage m *(het) schoonmaken*
curatelle v *curatele*
curateur m [v: **curatrice**] *curator*
curatif BNW [v: **curative**] *genezend*; *curatief*
cure v • MED. *kuur* • *pastorie* • *pastoorschap* ★ n'avoir cure de rien *zich nergens om bekommeren*
curé m *pastoor*
cure-dent(s) m *tandenstoker*
curée v • *ingewanden en bloed v. wild dat men aan de jachthonden geeft* • *bejag*; *(het) najagen v.d. buit/v. (vrijgekomen) baantjes*
cure-pipe m [mv: **cure-pipes**] *pijpenreiniger*; *pijpenrager*
curer OV WW *schoonmaken*; *uitbaggeren*
curetage m [**curettage**] MED. *curettage*
cureter OV WW *curetteren*
curial BNW • *pastoors-*; *pastorie-* • *curiaal*
curie v *curie*
curieux I m *(het) zonderlinge*; *eigenaardige* II m [v: **curieuse**] *nieuwsgierige* III BNW [v: **curieuse**] • *nieuwsgierig*; *benieuwd* (**de** *naar*) • *weetgierig* • *eigenaardig*; *zonderling*; *curieus* ★ petite curieuse *nieuwsgierig Aagje*
curiosité v • *nieuwsgierigheid* • *weetgierigheid* • *bezienswaardigheid*; *merkwaardigheid*; *zeldzaamheid*; *curiositeit*
curiste m/v *iem. die een kuur doet in een badplaats*; *kuurgast*
curry m [**cari**] • *kerrie* • *curry*
curseur m • COMP. *cursor* • *schuifregelaar*
cursif BNW [v: **cursive**] • *cursief* • *cursorisch*; *vlot*; *vluchtig*
cursus (*zeg:* -suus) m *studieprogramma*; *leerjaar*
cutané BNW *huid-*
cuti AFK (cutiréaction) *huidtest* ★ virer sa cuti *positief op de huidtest reageren*; FIG. *alles radicaal omgooien*
cutter (*zeg:* koeteur, kuutèr) m *stanleymes(je)*
cuve v *tobbe*; *kuip*; *bak* ★ cuve de réacteur *reactorvat* ★ cuve de vendange *wijnkuip*
cuvée v • *wijnoogst* • *kuipvol* • FIG. *jaargang*; *soort*
cuver I OV WW ★ INF. ~ son vin *zijn roes uitslapen* ★ ~ la colère *de woede laten bedaren* II ON WW *gisten van wijn in de kuip*
cuvette v • *closetpot* • *waskom*; *bak(je)* • *terreininzinking*; *kom*
CV AFK • (curriculum vitae) *cv*; *curriculum vitae* • (cheval-vapeur) *pk*; *paardenkracht*
cyanhydrique BNW ★ acide ~ *blauwzuur*
cyanogène m *cyaan*
cyanure v *cyanide*
cybercafé m *internetcafé*
cyberespace m *cyberspace*
cybernétique I v *cybernetica*; *stuurkunde* II BNW *cybernetisch*
cyclable BNW ★ piste ~ *fietspad*

cyclamen (*zeg:* -mèn) **I** m *cyclamen*; *cyclaam* **II** BNW (onver.) *cyclaamkleurig*
cycle m • *cyclus*; *kringloop* • FORM. *rijwiel* • *studiefase* ⋆ premier/second ~ *onderbouw/bovenbouw* ⋆ le ~ carlovingien *de serie epische gedichten over Karel de Grote en zijn helden*

C

cyclique BNW *cyclisch*
cyclisme m *wielersport*; *(het) fietsen*
cycliste **I** m/v *wielrijder*; *wielrenner* **II** BNW *wieler-* ⋆ course ~ *wielerwedstrijd*
cyclocross m *cyclecross*; *(het) veldrijden*
cyclomoteur m *bromfiets*
cyclomotoriste m/v *bromfietser*
cyclone m • *wervelstorm*; *cycloon* • *lagedrukgebied*
cyclope m *cycloop*
cyclotourisme m *rijwieltoerisme*; *fietsvakantie*
cyclotron m *cyclotron*; *deeltjesversneller*
cygne m *zwaan* ⋆ en col de ~ *sierlijk gebogen* ⋆ le ~ de Cambrai *de zwaan van Kamerijk* ‹Fénelon›
cylindre m *cilinder*; *rol* ⋆ ~ à vapeur *stoomwals*
cylindrée v *cilinderinhoud* ‹v. motoren›
cylindrer OV WW • *de vorm geven v.e. cilinder* • *mangelen*; *walsen*; *rollen*
cylindrique BNW *cilindervormig*
cymbale v *bekken*; *cimbaal*
cynégétique **I** v *jacht(kunst)* **II** BNW *jacht-* ⋆ l'art ~ *de jachtkunst*
cynique **I** m/v *cynicus* **II** BNW *cynisch*
cynisme m *cynisme*
cynologue m/v *kynoloog*
cyprès (*zeg:* -prè) m *cipres*
cyprin m ⋆ ~ (doré) *goudvis*; *goudkarper*
cyrillique BNW *cyrillisch*
cystite v *blaasontsteking*
cytise m *goudenregen*
cytologie v *cellenleer*; *cytologie*
czar (*zeg:* tsar, dzar) m [v: **czarine**] [**tsar**] *tsaar*

D

d m *letter d*
d' VZ → **de**
dab m ARG. *papa*
d'acc AFK INF. (d'accord) *goed*; *o.k.*
dactyle m *dactylus*
dactylo m/v [**dactylographe**] *typist*
dactylographie v *typewerk*
dactylographier OV WW *typen*
dada m • KIND. *paard* • KUNST *dada(beweging)*; *dadaïsme* ⋆ c'est son dada *dat is zijn stokpaardje* ⋆ enfourcher son dada *zijn stokpaardje (gaan) berijden*
dadais m *sufferd*; *onnozele hals*
dague v • *dolk* ‹v. hert› • *eerste gewei*
dahlia m *dahlia*
daigner OV WW • *zich verwaardigen te* • *de goedheid hebben te*
daim m • *damhert* • *suède*; *daim*
dais m *baldakijn*; *troonhemel* ⋆ dais de verdure *bladerdak*; *prieel*
dallage m *tegelvloer*; *betegeling*
dalle v • *vloersteen*; *tegel*; *plavuis* • ARG. *keel* • *plaat* ⋆ INF. avoir la ~ *honger hebben* ⋆ INF. se rincer la ~ *de keel smeren*; *drinken* ⋆ INF. que ~! *niks!*; *noppes!*
daller OV WW *met tegels plaveien*
dalmatien m *dalmatiër*
dalot m *spuigat*
daltonien [v: **daltonienne**] **I** m *kleurenblinde* **II** BNW *kleurenblind*
daltonisme m *kleurenblindheid*
dam m ⋆ au grand dam de *zeer ten nadele/tot schade van*; *zeer tot misnoegen/ergernis van*
damas (*zeg:* dama(s)) m • *damast* • *damaststaal*
Damas *Damascus*
damasquiner OV WW *damasceren*
damassé **I** m *damastkatoen* **II** BNW *damasten*
damasser OV WW *damasceren*
dame **I** v • *dame* • *dam* ‹in damspel› • *dame* ‹in schaakspel› • *vrouw* ‹bij kaartspel› ⋆ dame de charité *deftige dame die armen bezoekt* ⋆ dame de compagnie *gezelschapsdame* ⋆ dame de cœur *hartenvrouw* ⋆ dame (de nage) *roeidol* ⋆ dame du palais/dame d'honneur *hofdame* ⋆ jeu de dames *damspel* ⋆ aller à dame *een dam halen* ⋆ jouer aux dames *dammen* ⋆ faire la grande dame *de deftige dame uithangen* ⋆ mourir pour sa dame *sterven voor zijn geliefde* ‹in de middeleeuwen, v. ridder› **II** TW INF. • *drommels!* • *zeker!*
dame-jeanne m [mv: **dames-jeannes**] *grote, dikke mandfles*
damer OV WW • *tot dam maken* ‹v. damsteen›; *laten promoveren* ‹v. pion› • *vaststampen*; *aanstampen* ⋆ ~ le pion à qn *iem. de loef afsteken*
damier m *dambord* ⋆ en ~ *geblokt*; *geruit*
damnable BNW *verfoeilijk*; *verwerpelijk*; *schandelijk*
damnation v *verdoemenis*
damné **I** m [v: **damnée**] *verdoemde* ⋆ les ~s de

la terre *de verworpenen der aarde* ★ souffrir comme un ~ *verschrikkelijk lijden* II BNW *verdoemd*; *vervloekt* ★ être l'âme ~e de qn *iemands kwade genius zijn* ★ INF. le ~ coquin! *die vervloekte schurk!*

damner OV WW *verdoemen* ★ faire ~ qn *iem. razend maken*

damoiseau m [mv: **damoiseaux**] *saletjonker*

dancing (*zeg:* da(n)-) m VERO. *dancing*

dandinement m *wiegelende gang*

dandiner WKD WW (**se** ~) *wiegelen*; *waggelen*

dandinette v *blinkerd* ‹kunstaas›

dandy m *dandy*

Danemark m *Denemarken*

danger m *gevaar* ★ ~ public *gevaar voor de openbare veiligheid* ★ en ~ de mort *in levensgevaar* ★ hors de ~ *buiten gevaar* ★ conjurer le ~ *het gevaar bezweren*

dangereux BNW [v: **dangereuse**] *gevaarlijk* ★ zone dangereuse *gevarenzone*

dangerosité v *gevaarlijkheid*; *(het) gevaarlijk zijn*

danois I m • *(het) Deens* • *Deense dog* II BNW *Deens*

Danois m [v: **Danoise**] *Deen*

dans VZ • *in* ‹plaats›; *uit*; *op* • *over* ‹tijd›; *binnen* • *in* ‹gesteldheid› • *in* ‹omgeving›; *bij*; *op* ★ dans l'escalier *op de trap* ★ dans une île *op een eiland* ★ dans la rue *op straat* ★ dans l'armée *bij het leger* ★ dans un voyage *op een reis* ★ dans un an *over een jaar* ★ dans la quinzaine *over 14 dagen* ★ dans le temps *indertijd* ★ boire dans un verre *uit een glas drinken* ★ être dans le doute *in twijfel verkeren* ★ être dans l'embarras *in verlegenheid zitten* ★ dans l'intention de *met de bedoeling te* ★ prendre dans l'armoire *uit de kast nemen* ★ cela coûte dans les dix francs *dat kost ongeveer tien frank* ★ être dans les ordres *kloosterling zijn*

dansant I BNW *dans-* ★ soirée ~e *dansavond* II WW (teg. deelw.) → **danser**

danse v • *dans* • *danswijs* • INF. *pak slaag*; *standje* ★ ~ du ventre *buikdans* ★ ~ de Saint-Guy *vitusdans* ★ mener la ~ *gangmaker zijn* ★ entrer dans la ~ *meedoen*; *in actie komen*

danser I OV WW *dansen* ★ ~ une valse *een wals dansen* II ON WW *dansen* ★ son cœur danse *zijn hart popelt* ★ quand le chat est absent, les souris dansent *als de kat van huis is, dansen de muizen*

danseur m [v: **danseuse**] *danser* ★ en danseuse *op de pedalen staand* ‹wielersport›

dantesque BNW *dantesk*

Danube m *Donau*

dard m • *werpspies* • *angel* • *tong* ‹v. slang› • *pijlvormig ornament* • *korte vruchttak* • *sneer*

darder OV WW *werpen, schieten* ‹als een spies› ★ le soleil darde ses rayons *de zon zendt/werpt haar stralen* ★ ~ ses regards sur qn *zijn blik op iem. vestigen*

dare-dare BIJW INF. *in allerijl*; *op stel en sprong*

darne v *moot (vis)*

dartre v *dauwworm*; *huiduitslag*

datage m *datering*

datation v *datering*

date v *datum*; *dagtekening* ★ date limite *uiterste datum* ‹v. houdbaarheid› ★ après date *na dato* ★ de longue date *al lang (bestaand)* ★ de vieille date *oud* ★ nouvelle de fraîche date *recent nieuws* ★ faire date *een keerpunt vormen* ★ être le premier en date *de oudste/eerste zijn*

dater I OV WW *dateren* II ON WW • *dagtekenen*; *dateren (***de** *van, uit)* • *een keerpunt vormen* • *ouderwets zijn* ★ à ~ de *vanaf* ★ une toilette qui date *een ouderwets toilet*

dateur I m *datumaanduiding*; *datumstempel* II BNW [v: **dateuse**] ★ timbre ~ *datumstempel*

datif m *derde naamval*; *datief*

dation v JUR. *geving*; *verlening*

datte v *dadel*

dattier m *dadelpalm*

daube v • *gesmoord vlees* • *(het) stoven* ★ en ~ *gesmoord*; *stoof-*

dauphin m • *dolfijn* • OOK FIG. *(Franse) kroonprins*

daurade v [**dorade**] *goudbrasem*

davantage BIJW • *meer* • *langer* ★ pas ~ *niet meer*; *evenmin* ★ ~ de... *meer*

davier m *(tandarts)tang*

DCA AFK (Défense contre avions) *luchtafweer*

DDASS AFK (Direction dép. de l'action sanitaire et sociale) *departementale sociale dienst* ★ un enfant de la ~ *een voogdijkind*

de VZ • *van*; *over* • *aan* • *aan het* • *als* • *door* • *bij* • *in* • *naar* • *op* • *met* • *(om) te* • *tegen* • *voor* • *uit* • *volgens* ★ de ce côté *aan deze kant* ★ de préférence *bij voorkeur* ★ de jolies fleurs *mooie bloemen* ★ de son propre aveu *volgens zijn eigen bekentenis* ★ quoi de nouveau? *wat is er voor nieuws?* ★ assez d'argent *genoeg geld* ★ de l'argent *geld* ★ pas d'argent *geen geld* ★ aimé de tous *door allen bemind* ★ avide de gloire *begerig naar roem* ★ couvert de gloire *bedekt met roem* ★ il est difficile de *het is moeilijk om te* ★ jaloux de *jaloers op* ★ long d'un mètre *een meter lang* ★ suivi de ses amis *gevolgd door zijn vrienden* ★ l'amour de la patrie *de liefde voor het vaderland* ★ la bataille de Waterloo *de slag bij Waterloo* ★ le chemin de Paris *de weg naar Parijs* ★ une bouteille de vin *een fles wijn* ★ la crainte de la mort *de vrees voor de dood* ★ un écrivain de talent *een schrijver met talent* ★ et les flatteurs d'applaudir! *en de vleiers aan het applaudisseren!* ★ fromage de Hollande *Hollandse kaas* ★ c'est une honte de mentir *het is een schande te liegen* ★ la pensée de ses parents *de gedachte aan zijn ouders* ★ la soif de l'or *de dorst naar goud* ★ une montre d'argent *een zilveren horloge* ★ la ville de Paris *de stad Parijs* ★ abriter de/protéger de *beschermen tegen* ★ boire d'un seul trait *in één teug leegdrinken* ★ il est de France *hij komt uit Frankrijk* ★ disposer de *beschikken over* ★ frapper de l'épée *met de degen treffen* ★ mourir de *sterven aan* ★ se nourrir de *zich voeden met* ★ parler de *spreken over* ★ saluer de la main *met de hand groeten* ★ tirer de l'eau du puits *water putten uit de put* ★ traiter de lâche *als een lafaard behandelen*

dé m • *dobbelsteen* • *dominosteen* ★ dé (à coudre) *vingerhoed* ★ dé chargé/pipé *valse (verzwaarde) dobbelsteen* ★ jouer aux dés *dobbelen* ★ les dés sont jetés *de teerling is geworpen* ★ tenir le dé de la conversation *het hoogste woord voeren* ★ couper en dés *in blokjes snijden*

D

DEA AFK (diplôme d'études approfondies) *postdoctoraal diploma*

dealer I m [**dealeur**] *(drugs)dealer* II ov ww *dealen in*

déambulatoire m *omgang achter het koor v.e. kerk*

déambuler ON WW *rondlopen*; *wandelen*

débâcle m • *ondergang*; *mislukking*; *debacle* • *kruiing*; *ijsgang*

déballage m • *(het) uitpakken* • *uitgepakte goederen*; *boeltje*; *rommeltje* • INF. *(openhartige) bekentenis*

déballer ov ww • *uitpakken* • INF. *te koop lopen met*; *opbiechten*

débandade v *wilde vlucht*; *algemene verwarring* ★ à la ~ *wanordelijk*

débander I ov ww • *het verband wegnemen* ‹v. wond› • *ontspannen* ‹v. boog› II WKD WW (**se** ~) *zich (wanordelijk) verspreiden*

débaptiser (*zeg:* -batie-) ov ww *een andere naam geven*; *omdopen*

débarbouillage m *(het) wassen v.h. gezicht*

débarbouiller I ov ww *het gezicht wassen van* II WKD WW (**se** ~) • *zijn gezicht wassen* • INF. *zich door een moeilijkheid heenslaan*

débarcadère m • *losplaats van schepen*; *steiger* • *perron*

débarder ov ww • *gekapt hout uit bos vervoeren* • *lossen*

débardeur I m *slip-over* II m [v: **débardeuse**] *bootwerker*; *losser*

débarquement m • *ontscheping*; *landing*; *lossing* • *aankomst* ‹met vervoermiddel›

débarquer I ov ww • *lossen*; *ontschepen* • INF. *iem. lozen* II ON WW • *aan wal gaan*; *landen*; *uitstappen* ‹uit vervoermiddel› • INF. *opeens komen aanzetten* ★ un nouveau débarqué *een pas aangekomene*; *nieuweling*

débarras (*zeg:* -rà) m • *rommelkamer*; *berghok* • FIG. INF. *opruiming*; *opluchting* ★ bon ~! *opgeruimd staat netjes!*

débarrasser I ov ww • *ontruimen*; *afruimen* • (~ **de**) *ontdoen van*; *afhelpen van* II WKD WW (**se** ~ **de**) *zich bevrijden van*; *zich ontdoen van*; *afkomen van*

débat (*zeg:* -bà) m *woordenwisseling*; *debat* ★ les ~s d'un procès *de openbare behandeling v.e. proces*

débattre I ov ww *debatteren over*; *bespreken* ★ prix à ~ *prijs n.o.t.k.*; *vraagprijs* ★ ~ le prix *afdingen* II WKD WW (**se** ~) *debatteren*; *discussiëren (**de**, **sur** over)* III WKD WW (**se** ~) *(tegen)spartelen*; *worstelen (**avec** met; **contre** tegen)*

débauchage m → **débaucher**

débauche v • *onmatigheid in eten en drinken* • *losbandigheid* ★ vivre dans la ~ *een losbandig, liederlijk leven leiden*

débauché I m [v: **débauchée**] *losbandig persoon* II BNW *losbandig*; *liederlijk*

débaucher I ov ww • *op het slechte pad brengen* • *overhalen tot staken* • *arbeiders ontslaan* II WKD WW (**se** ~) *tot losbandigheid vervallen*

débecter ov ww INF. *doen walgen*; *niet bevallen*

débile BNW • *achterlijk*; *debiel*; *zwakzinnig* • *zwak*; *tenger*

débilité v *zwakheid*; *uitputting* ★ ~ mentale *zwakzinnigheid*

débiliter ov ww • *verzwakken*; *uitputten* • *ontmoedigen*

débine v INF. *ellende*; *misère*

débiner INF. I ov ww *afkammen*; *zwart maken* II WKD WW (**se** ~) *ervandoor gaan*

débit (*zeg:* -bie) m • *afzet*; *omzet(snelheid)*; *debiet* • *debet(zijde, -nota)* • *gas-, water-, elektriciteitsverbruik in een bepaalde tijd*; *(doorstroom)capaciteit* • *wijze van spreken* • *(het) hakken, snijden enz.* ★ ~ de tabac *winkel voor rookartikelen* ★ VERO. ~ de vin *winkel voor drankwaren* ★ d'un ~ facile *gerede aftrek vindend*; *gemakkelijk pratend* ★ avoir le ~ facile *vlot spreken* ★ au ~ de qn *in iemands debet*; *op iemands rekening*

débitant m [v: **débitante**] *kleinhandelaar*; *slijter*

débiter ov ww • *in het klein verkopen*; *slijten* • *in omloop brengen* • *voordragen*; FIG. *opdissen* • *in stukken hakken/zagen* • *een hoeveelheid water/gas/elektriciteit leveren in een bepaalde tijd* • *op de debetzijde boeken*; *debiteren (**de** voor)* ★ ~ des mensonges *leugens vertellen*

débiteur [v: **débitrice**] I m/v *schuldenaar* II BNW *verschuldigd*; *debet-*

déblai m *afgraving*; *wegruiming* ★ les ~s *het uitgegravene*; *puin*

déblaiement m [**déblayage**] → **déblayer**

déblatérer ON WW INF. (~ **contre**) *heftig uitvaren tegen*; *afgeven op*

déblayer ov ww *afgraven*; *opruimen*; *vrijmaken* ‹v. toegang› ★ FIG. ~ le terrain *de moeilijkheden uit de weg ruimen*; *de weg effenen*

déblocage m • *(het) losmaken*; *vrijmaken* • *deblokkering*

débloquer I ov ww • *vrijmaken* • *deblokkeren* II ON WW INF. *zwammen*; *kletsen* III WKD WW (**se** ~) *loskomen*

débobiner ov ww *v.e. klos of spoel afwikkelen*

déboguer ov ww *debuggen*

déboire m vooral mv *teleurstelling*; *tegenvaller*; *verdriet* ★ essuyer des ~s *teleurstelling ondervinden*

déboisement m *ontbossing*

déboiser ov ww *ontbossen*

déboîtement m *ontwrichting*

déboîter I ov ww *losmaken* ‹uit in elkaar grijpende verbinding›; *ontwrichten* II ON WW *zich losmaken uit een colonne of file*; *van rijstrook veranderen*; *uitvoegen* III WKD WW (**se** ~) *ontwricht raken*; *uit het lid gaan*

débonder ON WW ★ (se) ~ *overstromen*; *zijn hart uitstorten*

débonnaire BNW *goedig* ★ Louis le Débonnaire *Lodewijk de Vrome*
débordant BNW OOK FIG. *overlopend* ★ joie ~e *uitbundige vreugde*
débordé BNW *overladen* ★ ~ de travail *overstelpt met werk*
débordement m • *overstroming* • *uitspatting; ongeregeldheid* • FIG. *uitbarsting* • *stortvloed*
déborder I OV WW • *uitsteken buiten* • *de rand, zoom afnemen van* • *overvleugelen; overstelpen* • MIL. *een omtrekkende beweging maken om* II ON WW • *overstromen; buiten de oevers treden* • *overlopen* ★ ~ de santé *blaken van gezondheid*
débosseler OV WW *uitdeuken*
débotté BIJW ★ au ~ *onvoorbereid; op het moment van aankomst*
débotter OV WW *de laarzen uittrekken*
débouchage m *ontstopping; ontkurking*
débouché m • *uitweg; uitmonding* • *afzet(gebied)* • vaak mv *perspectief; vooruitzichten* ‹op werk›
déboucher I OV WW • *ontkurken; openen* • *doorsteken; ontstoppen* II ON WW *uitlopen; uitkomen (***dans** *in;* **sur** *op)* ★ la rue débouche sur la place *de straat komt uit op het plein*
débouchoir m *ontstopper; plopper*
déboucler OV WW • *losgespen* • *ontkrullen*
déboulé m *sprint*
débouler ON WW • *plotseling opspringen voor de jager* ‹v. haas of konijn› • *naar beneden rollen; tuimelen* • INF. *komen aanzetten*
déboulonner OV WW • *losschroeven* • OOK FIG. INF. *onderuithalen; wippen* ‹uit functie› ★ ~ une réputation *een reputatie omlaaghalen*
débourber OV WW *uit de modder halen; uitbaggeren*
débours (*zeg:* -boer) m mv *voorschot; onkosten* ★ rentrer dans ses ~ *de onkosten eruit halen*
déboursement m *uitbetaling*
débourser OV WW *uitgeven; betalen*
déboussoler OV WW INF. *in de war brengen*
debout (*zeg:* d(e)boe) BIJW *staande; rechtop* ★ ~! *opstaan!* ★ dormir ~ *omvallen v.d. slaap* ★ contes à dormir ~ *onzinnige verhalen* ★ rester ~ *blijven staan; opblijven* ★ ça ne tient pas ~ *dat is onzin* ★ avoir le vent ~ *tegenwind hebben* ★ ne plus tenir ~ *niet meer op zijn benen kunnen staan* ★ place ~ *staanplaats*
débouter OV WW ★ JUR. ~ qn de sa demande *iemands eis afwijzen*
déboutonner I OV WW *losknopen* ★ rire à ventre déboutonné *zijn buik vasthouden v.h. lachen* ★ manger à ventre déboutonné *tot barstens toe eten* II WKD WW (**se** ~) • *de kleren losknopen* • INF. *zeggen wat men denkt*
débraillé I m *slordigheid* ‹v. kleding› II BNW • *slordig* ‹v. kleren› • *ongegeneerd*
débranché BNW INF. *ouderwets*
débrancher OV WW • *uitschakelen* ‹v. elektriciteit, toestel› • *uitrangeren*
débrayage m • *ontkoppeling* • *werkonderbreking* ★ pédale de ~ *koppelingspedaal*
débrayer I OV WW *ontkoppelen* II ON WW *het werk onderbreken; staken*
débridé BNW *ongebreideld; teugelloos*
débrider OV WW • *onttomen* • *losmaken; opensnijden* ‹v. wond› ★ sans ~ *aan één stuk door; zonder ophouden* ★ ~ la mécanique *het mechanisme soepeler maken*
débris (*zeg:* -brie) m mv *overblijfselen; puinhopen*
débrouillard BNW INF. *bijdehand; zich gemakkelijk door moeilijkheden wetend te slaan*
débrouillardise v INF. *handigheid*
débrouille v → **débrouillardise**
débrouiller I OV WW *ontwarren; ophelderen* II WKD WW INF. (**se** ~) *zich door moeilijkheden heenslaan; zich (zien te) redden; het afkunnen* ★ débrouille-toi! *zoek het zelf maar uit!* ★ nous nous ~ons bien à nous seuls *we kunnen het alleen wel (af)*
débroussailler OV WW *van struikgewas ontdoen;* OOK FIG. *het terrein effenen*
débucher OV WW *opjagen* ‹v. wild›
débusquer OV WW • *opjagen* ‹v. wild› • *verjagen* • *opdiepen*
début (*zeg:* -buu) m • *begin* • *debuut; eerste optreden* ★ dès le ~ *vanaf het begin* ★ au ~ (de) *in het begin (van)* ★ faire ses ~s *zijn debuut maken* ★ il n'en est pas à son ~ *hij doet het niet voor het eerst*
débutant m [v: **débutante**] *beginneling; debutant*
débuter ON WW *beginnen; voor het eerst optreden; debuteren*
deçà BIJW ★ deçà, delà *hier en daar; heen en weer* ★ en deçà *aan deze kant* ★ en deçà de ses possibilités *binnen zijn mogelijkheden*
déca AFK INF. (décaféiné) *cafeïnevrije koffie*
décacheter OV WW *ontzegelen; openen*
décade v • *decennium* • *decade*
décadence v *verval; ondergang; decadentie*
décadent BNW *decadent; in verval* ★ les ~s *de kunstenaars uit de school v.h. symbolisme*
décaféiné BNW ★ (café) ~ *cafeïnevrije koffie*
décagone m *tienhoek*
décaisser OV WW • *uitpakken uit een kist* • *uitbetalen*
décalage m • *verschil in tijd of ruimte* • *(het) niet aangepast zijn; gebrek aan overeenstemming* • *verplaatsing; (het) verzetten* ★ ~ horaire *tijdsverschil; jetlag*
décalaminer OV WW *ontkolen*
décalcification v *(bot)ontkalking*
décalcifier OV WW *ontkalken*
décalé BNW *niet afgestemd; niet aangepast*
décaler OV WW • *verplaatsen; verzetten* • *vooruitzetten; achteruitzetten*
décalitre m *decaliter*
décalogue m *de Tien Geboden; decaloog*
décalquage m [**décalque**] *afdruk; overdruk*
décalquer OV WW • *overdrukken; calqueren* • *nabootsen* ★ papier à ~ *calqueerpapier*
décamètre m *decameter*
décamper ON WW • *ervandoor gaan; zijn biezen pakken* • VERO. *het kamp opbreken*
décan m ASTRON. *decade*
décanat m *dekenaat; dekenschap*
décaniller ON WW INF. *ervandoor gaan*

D

décantage m *(het) decanteren*

décantation v → **décantage**

décanter OV WW *decanteren*; *klaren*; OOK FIG. *laten bezinken*

décapage m *(het) afkrabben*; *afbijten*

décapant I m *afbijtmiddel* II BNW FIG. *bijtend*

décaper OV WW *afkrabben*; *afbijten*; *schoonmaken*

décapitation v *onthoofding*

décapiter OV WW *onthoofden*

décapotable BNW ★ une (voiture) ~ *cabriolet*; *auto met afneembare kap*

décapoter OV WW *de kap afnemen* ‹v. auto›

décapsuleur m *flesopener*

décarcasser WKD WW INF. (**se** ~) *zich afsloven*

décathlon m *tienkamp*

décati BNW • *afgetakeld* • *verlept*

décatir I OV WW *ontglanzen* ‹v. stof› II WKD WW (**se** ~) *verleppen*; *aftakelen*

décavé BNW INF. • *geruïneerd* • *platzak*

décéder ON WW *overlijden*

déceler OV WW • *ontdekken* • *aan het licht brengen*; *verraden*

décélération v *vertraging*

décembre m *december*

décemment BIJW *netjes*; *fatsoenlijk*; *fatsoenshalve*

décence v • *fatsoen*; *welgevoeglijkheid* • *tact*; *discretie*

décennal BNW [m mv: **décennaux**] • *tienjarig* • *tienjaarlijks*

décennie v *decennium*

décent BNW • *fatsoenlijk*; *gepast*; *decent* • *redelijk*; *acceptabel*

décentralisation v *decentralisatie*

décentraliser OV WW *decentraliseren*

décentrer OV WW *decentreren* ‹v. lenzen›

déception v *teleurstelling*; *deceptie*

décernement m *toekenning* ‹v. prijs›

décerner OV WW • *toekennen* ‹v. prijs› • *uitvaardigen*

décès (*zeg:* -sè) m *(het) overlijden*

décevant BNW *teleurstellend*

décevoir OV WW *teleurstellen*

déchaîné BNW *onstuimig*; *niet te houden*

déchaînement m *ontketening*; *losbarsting* ★ le ~ de la tempête *het woeden van de storm*

déchaîner I OV WW OOK FIG. *ontketenen* II WKD WW (**se** ~) • *losbarsten*; *woeden* • *razen*; *tekeergaan* (**contre** *tegen*)

déchanter ON WW INF. *een toontje lager zingen*

décharge v • *ontlading* • *ontheffing*; *verlichting* • *rechtvaardiging*; *ontlasting* • *(het) ontladen*; *uitladen* • *kwijting*; *kwitantie* • *(het) losbranden van vuurwapenen*; *salvo* • *vuilnisbelt* • *afvoer*; *afwatering* • ARCH. *ontlasting*; *dwarsstang*; *gewelfboog* ★ témoin à ~ *getuige à décharge* ★ tuyau de ~ *afvoerbuis* ★ pour la ~ de sa conscience *om zijn geweten te ontlasten* ★ porter en ~ *in mindering brengen*

déchargement m • *ontlading* ‹v. wapen› • *lossing*

décharger I OV WW • *ontladen* ‹v. elektriciteit› • *ontheffen*; *verlichten*; *verlossen* (**de** *van*) • *rechtvaardigen*; *vrijpleiten* • *lossen*; *ontladen* • *kwijtschelden*; *kwiteren* • *afschieten* • *ontlasten* • *laten weglopen* ★ ~ sa conscience *zijn geweten ontlasten* ★ ~ sa colère sur qn *zijn woede koelen op iem.* ★ ~ un accusé *een beschuldigde vrijpleiten* ★ ~ un fusil *een geweer ontladen* II ON WW INF. *klaarkomen* ‹orgasme› III WKD WW (**se** ~) ★ se ~ de qc sur qn *iets aan iem. overlaten*; *iets op iem. afschuiven*

décharné BNW *ontvleesd*; *zeer mager*; *schraal*

déchaussé BNW *ongeschoeid*

déchausser I OV WW • *de schoenen uittrekken van* • *de fundamenten/wortels blootleggen van* II WKD WW (**se** ~) *zijn schoenen uittrekken* ★ ses dents se déchaussent *de wortels van zijn tanden liggen bloot*

dèche v INF. *armoede*; *ellende* ★ être dans la ~ *niks te makken hebben*

déchéance v • *(ver)val*; *neergang* • *verlies v.e. recht*; *ontzetting*; *afzetting*

déchet (*zeg:* -sjè) m • mv *afval* • *waardevermindering*; *daling* • FIG. *uitschot*; *verworpeling* ★ ~s radioactifs *radioactief afval* ★ produit de ~ *afbraakproduct*

déchetterie v *afvalstort*; *afvalinzamelingsplaats*

déchiffonner OV WW *ontkreuken*

déchiffrable BNW *ontcijferbaar*

déchiffrage m [**déchiffrement**] *ontcijfering*

déchiffrer OV WW • *ontcijferen* • MUZ. *van het blad spelen of zingen* • *oplossen*

déchiqueter OV WW *verscheuren*; *verknippen*; *onhandig snijden*; OOK FIG. *kapotmaken* ★ PLANTK. feuille déchiquetée *onregelmatig ingesneden blad* ★ style déchiqueté *stijl die zich bezondigt aan te korte zinnen*

déchirant BNW *hartverscheurend*

déchirement m *verscheuring*; *verscheurdheid* ★ ~ de cœur *hevig verdriet*

déchirer I OV WW • OOK FIG. *(ver)scheuren* • *teisteren* • *hekelen* II WKD WW (**se** ~) • *scheuren* • *met elkaar in de clinch liggen*

déchirure v *scheur*

déchoir ON WW *achteruitgaan*; *vervallen* ★ ange déchu *gevallen engel* ★ souverain déchu *afgezette/onttroonde vorst* ★ déchu de ses droits *uit zijn rechten ontzet*

déchristianisation (*zeg:* deekr-) v *ontkerstening*

déchu WW (volt. deelw.) → **déchoir**

de-ci BIJW ★ ~ de-là *hier en daar*

décibel m *decibel*

décidé BNW *beslist*; *vastberaden*; *vastbesloten* (**à** [+ inf.] *om*)

décidément BIJW *waarachtig*; *voorwaar*; *voorzeker*; *inderdaad*

décider I OV WW • *beslissen*; *besluiten* (**de** [+ inf.] *om*) • *doen besluiten*; *overhalen* (**à** *tot, om*); *bepalend zijn voor* II ON WW *beslissen* (**de** *over*) III WKD WW (**se** ~) • *beslist worden* • *besluiten* (**à** *tot, om*) • (**se** ~ **pour**) *zijn keuze laten vallen op*

décideur m [v: **décideuse**] *beslisser*; *beslissingsbevoegde*

décigramme m *decigram*

décilitre m *deciliter*

décimal BNW [m mv: **décimaux**] *tiendelig*; *decimaal* ★ fraction ~e *tiendelige breuk*

★ système ~ *decimaal systeem*
décimale v *decimaal*
décimer ov ww *decimeren*
décimètre m • *decimeter* • *decimeterliniaal*
décisif BNW [v: **décisive**] *beslissend* ★ ton ~ *besliste toon* ★ jeu ~ *tiebreak*
décision v • *beslissing; besluit* • *beslistheid; vastberadenheid* ★ prendre une ~ *een beslissing nemen* ★ rendre une ~ *uitspraak doen*
décisionnaire BNW *beslissingsbevoegd; beslissings-*
déclamateur [v: **déclamatrice**] I m • *declamator* • *hoogdravend schrijver of redenaar* II BNW *hoogdravend; bombastisch*
déclamation v • *declamatie; voordrachtskunst* • *bombast; hoogdravendheid*
déclamatoire BNW *hoogdravend; bombastisch*
déclamer I ov ww *voordragen; declameren* II ON WW (~ **contre**) *uitvaren tegen*
déclaration v • *verklaring* • *liefdesverklaring* • *declaratie; aangifte* ★ ~ de guerre *oorlogsverklaring* ★ ~ d'impôts *belastingaangifte* ★ ~ des revenus *(aangifte) inkomstenbelasting* ★ faire une ~ *een verklaring afleggen*
déclaré BNW *verklaard; openlijk*
déclarer I ov ww • *verklaren; bekendmaken* • *aangeven; opgeven; declareren* ★ ~ un enfant *een kind aangeven* ★ ~ une faillite *een faillissement uitspreken* II WKD WW (**se** ~) • *zich verklaren; zich uitspreken* • *zijn liefde verklaren* • *uitbreken* ‹v. brand, ziekte e.d.› ★ l'hiver se déclare *de winter breekt aan* ★ l'orage se déclare *het onweer barst los*
déclassé I m [v: **déclassée**] *iem. die beneden zijn stand is geraakt; gedeclasseerd* II BNW *beneden zijn stand geraakt*
déclassement m *declassering; achteruitgang in stand*
déclasser ov ww • *declasseren* • *achteruit doen gaan in stand; in een lagere klasse plaatsen* • *de rangschikking verstoren van*
déclenchement m • *ontketening; aanzet; begin* • *ontgrendeling*
déclencher I ov ww • *de stoot geven tot; ontketenen; in gang zetten; in werking stellen* • *ontgrendelen* ★ ~ un fusil *een geweer ontgrendelen* ★ ~ une attaque *een aanval inzetten* II WKD WW (**se** ~) *losbarsten; uitbreken*
déclencheur m *ontspanner* ‹v. fototoestel›
déclic (zeg: -kliek) m • *pal* • FOT. *druk op de knop* • *klik* ‹geluid› ★ ~ automatique *zelfontspanner* ★ il y a eu un ~ *er daagde opeens iets; de zaak kwam opeens in beweging*
déclin m *neergang; verval; afneming* ★ le ~ de l'âge *de levensavond* ★ le ~ des forces *het afnemen der krachten* ★ le ~ du jour *het vallen v.d. avond* ★ le ~ de la lune *het laatste kwartier* ★ être sur son ~ *achteruitgaan; aftakelen; op zijn retour zijn*
déclinable BNW *verbuigbaar*
déclinaison v • *verbuiging* • *declinatie* ‹v. ster›
décliner I ov ww • *verbuigen* • *afslaan; afwijzen; weigeren* • *wraken* • *in diverse vormen/kleuren hebben* ‹v. product› ★ ~ son nom *zijn naam opgeven* II ON WW • *verminderen; afnemen; in verval raken* • *ondergaan; dalen* ‹v. ster› • *afwijken* ‹v. magneetnaald›
déclivité v *helling; glooiing*
décloisonner ov ww *ontzuilen;* FIG. *de scheidsmuren wegnemen van*
déclouer ov ww *de spijkers halen uit*
déco AFK (décoratif) *decoratief*
décocher ov ww • *afschieten* ‹v. pijl› • FIG. *toewerpen* ★ ~ un coup *een klap uitdelen* ★ ~ un regard *een blik toewerpen* ★ ~ un trait à qn *iem. een steek onder water geven*
décoction v *(het) afkoken; afkooksel; aftreksel*
décodage m *decodering; ontcijfering*
décoder ov ww *decoderen; ontcijferen*
décodeur m *decoder*
décoiffer ov ww *de haren in de war brengen van; de kap/het hoofddeksel afnemen van* ★ INF. ça décoiffe! *te gek!; daar sta je van te kijken!*
décoincer ov ww OOK FIG. *los(ser) maken*
décolérer ON WW ★ ne pas ~ *boos blijven*
décollage m • *(het) opstijgen* ‹v. vliegtuig› • *(het) losweken* • *begin van economische vooruitgang*
décollation v LIT. *onthoofding*
décollement m *(het) losmaken/losgaan* ‹v. gelijmde dingen, organen›
décoller I ov ww *losmaken* ‹v. iets dat gelijmd is› ★ oreilles décollées *uitstaande oren* II ON WW • *opstijgen* ‹v. vliegtuig› • FIG. *van de grond komen; loskomen (***de** *van)* • INF. *vermageren* ★ INF. ne pas ~ *niet weg te slaan zijn; blijven plakken* III WKD WW (**se** ~) *losgaan*
décolleté I m *decolleté* ★ ~ en V/en pointe *V-hals* II BNW *met laag uitgesneden hals*
décolleter ov ww *laag uitsnijden; decolleteren*
décolonisation v *dekolonisatie*
décoloniser ov ww *dekoloniseren*
décolorant I m *ontkleuringsmiddel; bleekmiddel* II BNW *ontkleurend*
décoloré BNW *verkleurd; verschoten*
décolorer I ov ww *verkleuren; ontkleuren* II WKD WW (**se** ~) *verschieten; verbleken*
décombres m MV *puin*
décommander I ov ww *afbestellen; afzeggen* II WKD WW (**se** ~) • *het laten afweten* • *afzeggen*
décomposable BNW *ontleedbaar*
décomposer I ov ww • *ontleden; ontbinden (***en** *in)* • *doen bederven* • CHEM. *afbreken* ★ décomposé *vertrokken* ‹v. gezicht›; *ontdaan* ‹v. persoon› II WKD WW (**se** ~) • *bederven; tot ontbinding overgaan* • *ontleed worden* • *verwringen* ‹v. gezicht›
décomposition v • *ontleding* • *ontbinding* ★ produit de ~ *afbraakproduct* ★ la ~ des traits *het verwrongen zijn van gelaatstrekken*
décompresser I ov ww *decomprimeren; de druk verminderen van* II ON WW INF. *zich ontspannen; relaxen*
décompression v *decompressie;* OOK FIG. *ontspanning*
décomprimer ov ww • *ontspannen; de druk*

D

verminderen van • COMP. *decomprimeren*; *uitpakken*
décompte m • *korting*; *aftrek* • *telling*; *nauwkeurige specificatie* ★ trouver du ~ *minder ontvangen dan men dacht*; *een teleurstelling boeken*
décompter I OV WW • *korten*; *aftrekken* • *(af)tellen* **II** ON WW *van slag zijn* ‹v. klok›
déconcentrer OV WW • *decentraliseren*; *spreiden* • *afleiden* ‹v. aandacht›
déconcerter OV WW *in de war brengen/sturen*; *verbijsteren*
déconfit (*zeg:* -fie) BNW *ontdaan*; *in de war*; *beteuterd*
déconfiture V • OOK FIG. *bankroet* • *nederlaag*; *mislukking*; *deconfiture* ★ tomber en ~ *failliet gaan*
décongeler OV WW *ontdooien*
décongestionner OV WW *ontlasten* ‹v. verkeer›
déconnecter I OV WW • OOK FIG. TECHN. *uitschakelen* • *ontkoppelen* ★ être déconnecté *afgehaakt hebben*; *de boel laten waaien* **II** WKD WW (**se** ~) *uitloggen*
déconner ON WW INF. • *flauwekul uitslaan/uithalen*; *lullen* • *kuren hebben* ‹v. apparaten›
déconseiller OV WW *afraden (***de** [+ inf.] om)
déconsidérer OV WW *in aanzien doen dalen*; *in diskrediet brengen*
décontaminer OV WW *ontsmetten*; *gifvrij maken*
décontenancer I OV WW *van zijn stuk brengen*; *zijn houding doen verliezen* **II** WKD WW (**se** ~) *van zijn stuk raken*
décontracté BNW *ontspannen*; *onbezorgd*; *ongedwongen*
décontracter I OV WW *ontspannen* **II** WKD WW (**se** ~) OOK FIG. *zich ontspannen*
décontraction V OOK FIG. *ontspanning*; *ongedwongenheid*
déconvenue V *tegenslag*; *pech* ★ amère ~ *bittere teleurstelling*
décor m • *versiering* • OOK FIG. *decor* • *schijn* ★ pièce à ~s *decorstuk* ★ peintre en ~s *decoratieschilder* ★ entrer dans le(s) ~(s) *van de weg af raken*
décorateur [v: **décoratrice**] **I** m *decorateur* ★ ~ d'intérieur(s) *binnenhuisarchitect*; *interieurontwerper* ★ ~ de théâtre *decormaker* **II** BNW ★ peintre ~ *decorschilder*
décoratif BNW [v: **décorative**] *versierend*; *decoratief*; *sier-* ★ personnage ~ *persoon die een vergadering of feest opluistert door zijn aanwezigheid*
décoration V • *versiering* • *inrichting*; *stoffering* • *decoratie*; *onderscheiding(steken)*
décorer OV WW • *versieren*; *inrichten (***de** *met)* • *decoreren*; *onderscheiden*
décorticage m *(het) pellen*
décortication V *ontschorsing*; *(het) afvallen van de schors*
décortiquer OV WW • *de schors wegnemen van* • *pellen* ★ ~ un texte *een tekst ontleden/nauwkeurig analyseren*
décorum (*zeg:* -rom) m *fatsoen*; *decorum*; *etiquette*
découcher ON WW • *buitenshuis slapen* • *vreemd gaan*
découdre I OV WW • *lostornen* • *de buik openrijten van* **II** ON WW ★ en ~ (avec) *op de vuist gaan (met)*; *het opnemen (tegen)* **III** WKD WW (**se** ~) *losgaan* ‹v. naad›
découler ON WW (~ **de**) *voortvloeien uit*
découpage m • *(het) (aan)snijden*; *(het) uitknippen*; *verknipping* • *uitgeknipte prent* • *draaiboek* ★ ~ électoral *indeling in kiesdistricten*
découper I OV WW • *in stukken snijden*; *voorsnijden* • *uitknippen (***dans** *uit)* • *uitsnijden*; *uithakken*; *uitzagen* ★ couteau à ~ *voorsnijmes* ★ feuille découpée *getand blad* ★ scie à ~ *decoupeerzaag* **II** WKD WW (**se** ~ **sur**) *afsteken/zich scherp aftekenen tegen*
découpeuse V *snijmachine*
découplé BNW ★ bien ~ *goedgebouwd*
découpler OV WW *loskoppelen*
découpure V • *knipsel* • *insnijding*
décourageant BNW *ontmoedigend*
découragement m *moedeloosheid*; *ontmoediging* ★ céder au ~ *volledig de moed verliezen*
décourager I OV WW • *ontmoedigen* • (**de**) *ontraden*; *afbrengen van*; *ervan weerhouden om* **II** WKD WW (**se** ~) *de moed verliezen*
découronner OV WW *onttronen*; *ontkronen* ★ ~ un arbre *de kruin v.e. boom verwijderen*
décousu I m *gebrek aan samenhang* **II** BNW • *losgetornd* • *onsamenhangend* **III** WW (volt. deelw.) → **découdre**
découvert I m • *open terrein* • *tekort*; *deficit* ★ à ~ *onbedekt*; *ongedekt*; *onbeschut*; *openlijk* ★ (crédit à) ~ *blanco krediet* ★ être à ~ de mille francs *duizend frank rood staan* **II** BNW *ongedekt*; *onbedekt*; *onbeschut* ★ la tête ~e *blootshoofds* **III** WW (volt. deelw.) → **découvrir IV** DEEL V. SAMENST
découverte V *ontdekking* ★ aller à la ~ (de) *op ontdekking uitgaan*; *op zoek gaan (naar)*
découvrir I OV WW • *ontdekken* • *ontwaren*; *zien*; *(uit)vinden* • *het deksel/de (be)dekking wegnemen (van)*; *ontbloten* • *openbaren*; *blootleggen*; *onthullen* ★ ~ son jeu *zich in de kaart laten kijken* **II** WKD WW (**se** ~) • *ophelderen* ‹v. weer› • *zich blootgeven* ‹in een gevecht› • *zich openbaren*; *zijn gevoelens laten blijken (***à** *aan)* • *de hoed afnemen* • *zich dunner kleden* • *zich blootwoelen* • *geld voorschieten* • *zichtbaar worden*
décrassage m [**décrassement**] *reiniging*
décrasser OV WW • *schoonmaken*; *reinigen* • *beschaven*; *manieren bijbrengen aan*
décrépir OV WW *(kalk) afbikken*
décrépit (*zeg:* -pie) BNW *afgeleefd*
décrépitude V *verval*; *afgeleefdheid*
décret m *decreet*; *verordening*; *besluit*
décréter OV WW *decreteren*; *verordenen*; *uitvaardigen*
décrier OV WW *in diskrediet brengen*; *verguizen*
décrire OV WW *beschrijven*
décrisper OV WW *minder gespannen maken*
décrochage m → **décrocher**
décrochement m *(het) loshaken*

décrocher I OV WW • *afhaken*; *loshaken*; *van de haak nemen* ‹v. telefoon› • *behalen*; *in de wacht slepen* ‹v. prijs, diploma, baan enz.› ★ bâiller à se ~ la mâchoire *zijn kaken uit elkaar gapen* **II** ON WW • *zich terugtrekken* • INF. *afhaken*; *ermee kappen*

décroissance V *afneming*; *vermindering*

décroissant BNW *afnemend*

décroissement M *afneming*; *vermindering*

décroître ON WW *verminderen*; *afnemen* ★ la rivière décroît *het water v.d. rivier zakt*

décrotter OV WW • *poetsen*; *schoonmaken* • *beschaven*; *manieren bijbrengen aan*

décrottoir M *voetschrapper*

décrue V • *daling* ‹v. water› • *afneming*

décrypter OV WW • OOK FIG. *ontcijferen* • *decoderen*

déçu I BNW *teleurgesteld (***de** *door)* **II** WW (volt. deelw.) → **decevoir**

déculottée V INF. *afgang*; *pak slaag*

déculotter I OV WW *de broek uittrekken van* **II** WKD WW (**se** ~) • *zijn broek uittrekken* • INF. *terugkrabbelen*; *zich kleinmaken*

déculpabiliser OV WW *schuldgevoelens wegnemen bij*

décuple I M *tienvoud* **II** BNW *tienvoudig*

décupler OV WW *vertienvoudigen*

dédaignable BNW *te onderschatten*; *te versmaden*

dédaigner OV WW *minachten*; *verachten*; *versmaden* ★ ~ de *het beneden zich achten om*; *zich niet verwaardigen*

dédaigneux BNW [v: **dédaigneuse**] • *minachtend* • (**de**) *neerkijkend op*; *zich niet verwaardigend om*

dédain M *geringschatting*; *minachting (***de, pour** *voor)* ★ ~ de la mort *doodsverachting*

dédale M *doolhof*

dedans I M *binnenste*; *inwendige* ★ au ~ *van binnen* ★ au(-)~ de *binnen (in)* **II** BIJW *(er) binnen*; *erin*; *van binnen* ★ de ~ *van binnen* ★ en ~ *van binnen*; *naar binnen* ★ regard en ~ *naar binnen gekeerde blik* ★ là-~ *daarbinnen* ★ par ~ *binnenin* ★ mettre ~ *erin laten lopen*; *bedriegen*; *in de gevangenis zetten* ★ INF. ficher qn ~ *iem. erin laten lopen*

dédicace V • *opdracht* ‹in boek› • *kerkwijding* • *feest der kerkwijding*

dédicacer OV WW *van een opdracht voorzien* ‹boek›; *signeren*

dédier OV WW • *(toe)wijden (***à** *aan)*; *inwijden* ‹v. kerk› • *opdragen* ‹v. boek›

dédire WKD WW (**se** ~) • *zijn woord herroepen*; *zijn woord niet houden*; *het laten afweten* • (**de**) *herroepen*; *niet nakomen*

dédit (*zeg:* -die) M • *herroeping* • *afkoopsom* ‹wegens herroeping›

dédommagement M *schadeloosstelling*; *vergoeding* ★ en ~ de *als compensatie voor*

dédommager OV WW *schadeloosstellen (***de** *voor)*; *vergoeden*

dédouanement M • *inklaring*; *uitklaring* • *rehabilitatie*; *eerherstel*

dédouaner OV WW • *inklaren*; *uitklaren* • *van blaam zuiveren*; *rehabiliteren*

dédoublement M *splitsing in tweeën* ★ ~ (de la personnalité) *gespletenheid*

dédoubler OV WW • *de voering wegnemen van* • *in tweeën splitsen* • *aanlengen* ★ ~ un train *een extra trein inzetten*

dédramatiser OV WW *minder dramatisch maken*; *luchtiger opvatten*

déductible BNW *aftrekbaar*

déductif BNW [v: **déductive**] *deductief*; *afleidend*

déduction V • *korting*; *aftrek* • *gevolgtrekking* • *deductie*; *afleiding* ★ ~ faite de *na aftrek van*

déduire OV WW • *aftrekken* • *in mindering brengen (***de** *van)* • *afleiden*; *deduceren*; *concluderen (***de** *uit)*

déesse V *godin*

défaillance (*zeg:* -faj-) V • *zwakheid* • *flauwte*; *onmacht* • *tekortkoming*; *(het) tekortschieten*; *niet-nakoming* • TECHN. *storing*; *defect* ★ sans ~ *feilloos*; *zonder haperen* ★ tomber en ~ *flauwvallen*

défaillant (*zeg:* -faj-) BNW • *zwak*; *verzwakkend*; *onmachtig* • *in gebreke blijvend*

défaillir (*zeg:* -faj-) ON WW • *flauwvallen* • *verzwakken*; *het begeven* • FORM. *in gebreke blijven*; *ontbreken*

défaire I OV WW • *uit elkaar halen*; *losmaken* • *in het ongerede brengen*; *in de war brengen* • *afbreken*; *tenietdoen* ★ ~ un ballot *een baal openmaken* ★ ~ une couture *een naad lostornen* ★ ~ l'ennemi *de vijand totaal verslaan* ★ ~ un lit *een bed omwoelen*; *een bed afhalen* ★ ~ sa valise *zijn koffer uitpakken* ★ ~ un nœud *een knoop losmaken* ★ ~ les vis *de schroeven losdraaien* ★ ses cheveux sont défaits *zijn haren zijn in de war* ★ un visage défait *een ontsteld gelaat* ★ la maladie l'a défait *de ziekte heeft hem verzwakt* • (~ **de**) *ontdoen van*; *afhelpen van* **II** WKD WW (**se** ~) • *losraken*; *in het ongerede raken* • *zijn kleren uittrekken* • (**se** ~ **de**) *zich ontdoen van*; *afkomen van* ★ se défaire d'un employé *een werknemer ontslaan* ★ se défaire d'un ennemi *een vijand ombrengen*

défait BNW • *losgeraakt*; *onopgemaakt* ‹v. bed› • *ontdaan*; *ontredderd*

défaite V *nederlaag*; *mislukking*

défaitisme M *defaitisme*

défaitiste I M/V *defaitist* **II** BNW *defaitistisch*

défalcation V *korting*; *aftrekking*

défalquer OV WW *korten*; *aftrekken (***de** *van)*

défausser I OV WW • *weer rechtbuigen* • *zich ontdoen van* ‹speelkaart› **II** WKD WW (**se** ~) *zich ontdoen van* ‹speelkaart›

défaut M • *gebrek (***de** *aan)*; *manco* • *gebrek*; *onvolkomenheid*; *tekortkoming*; *zwakke plek*; *storing* • *(het) ontbreken*; *verzuim*; JUR. *verstek* ★ ~ corporel *lichaamsgebrek* ★ ~ de fabrication *fabrieksfout* ★ ~ des côtes *plaats waar de ribben eindigen* ★ à ~ de *bij gebrek aan*; *bij ontstentenis van* ★ par ~ JUR. *bij verstek*; WISK. *(op de naaste decimaal) afgerond*; COMP. *bij wijze van standaardinstelling* ★ être en ~ *falen*; *in gebreke blijven* ★ mettre en ~ *op een dwaalspoor brengen* ★ prendre en ~ *op een fout betrappen* ★ donner ~ *verstek laten gaan*

⋆ faire ~ *ontbreken; verstek laten gaan* ⋆ il a les ~s de ses qualités *hij heeft de gebreken die een gevolg zijn van zijn goede hoedanigheden*
défaveur v *ongenade; diskrediet* ⋆ tomber en ~ (auprès de) *uit de gunst raken (bij)*
défavorable BNW *ongunstig* ⋆ être ~ à qc/qn *tegen iem./iets zijn*

D

défavoriser OV WW *benadelen; achterstellen* ⋆ milieu défavorisé *kansarm milieu*
défécation v *ontlasting; stoelgang*
défectif BNW [v: **défective**] *onvolledig; defectief*
défection v • *afvalligheid* • *(het) niet komen opdagen* ⋆ faire ~ *afvallen; afvallig worden; verstek laten gaan*
défectueux BNW [v: **défectueuse**] *gebrekkig; defect*
défectuosité v *gebrek(kigheid); defect*
défendable BNW *verdedigbaar*
défendeur m [v: **défenderesse**] JUR. *verweerder; gedaagde*
défendre I OV WW • *verdedigen (***contre** *tegen)* • *beschermen; beschutten (***de, contre** *tegen)* • *verbieden; ontzeggen (***à** *aan;* **de** [+ inf.] om) ⋆ à son corps défendant *tegen wil en dank* ⋆ ~ du froid *tegen de koude beschermen* ⋆ ~ sa maison à qn *iem. de toegang tot zijn huis ontzeggen* **II** WKD WW (**se** ~) • *zich verdedigen (***contre** *tegen)* • *zich beschermen (***de, contre** *tegen); zich beschutten* • *zich goed weren; zich weten te redden (***en** *in)* • (**se** ~ **de**) *nalaten; zich ontzeggen; zich onthouden; loochenen; ontkennen* ⋆ se défendre de la pluie *zich beschermen tegen de regen* ⋆ je ne saurais m'en défendre *ik kan het niet nalaten* ⋆ je ne m'en défends pas *ik ontken het niet* ⋆ ça se défend *dat is te verdedigen; daar is iets voor te zeggen*
défénestrer I OV WW *uit het raam gooien* **II** WKD WW (**se** ~) *uit het raam springen*
défense v • OOK JUR. *verdediging; verweer; afweer; bescherming* • *verbod* • *slagtand* ⋆ ~ d'entrer *verboden toegang* ⋆ ~ de fumer *verboden te roken* ⋆ sans ~ *weerloos* ⋆ JUR. légitime ~ *noodweer* ⋆ prendre la ~ de *opkomen voor* ⋆ la Défense *kantorenwijk aan de westkant van Parijs*
défenseur m OOK JUR. *verdediger; beschermer; voorvechter*
défensif BNW [v: **défensive**] *verdedigend* ⋆ être sur la défensive *in het defensief zijn; op z'n hoede zijn*
déféquer ON WW *stoelgang hebben; zich ontlasten*
déférence v *eerbied; respect (***pour** *voor)*
déférent BNW *respectvol; eerbiedig*
déférer I OV WW ⋆ ~ qn à la justice/à un tribunal *iem. voor het gerecht dagen* **II** ON WW (~ **à**) *zich schikken in; voldoen aan*
déferlant BNW ⋆ vague ~e *breker* ‹golf› ⋆ une ~e FIG. *een (vloed)golf*
déferlement m • *(het) binnenvallen* • FIG. *storm* • *(het) breken van de golven; branding* ⋆ un ~ d'enthousiasme *een golf van enthousiasme*
déferler I OV WW *ontplooien* ‹v. zeilen› **II** ON WW • *breken* ‹v. golven› • *(als een golf) toestromen* • FIG. *losbarsten*
défi m *uitdaging; opgave* ⋆ lancer un défi à qn *iem. uitdagen* ⋆ mettre qn au défi de faire qc *iem. uitdagen/tarten iets te doen; wedden dat iem. iets niet kan* ⋆ relever le défi *de uitdaging aannemen*
défiance v *wantrouwen; argwaan*
défiant BNW *achterdochtig; wantrouwend*
défibrillateur m MED. *defibrillator*
déficeler OV WW *het touw afdoen van*
déficience v *onvolwaardigheid; gebrek; zwakte*
déficient BNW *onvolwaardig; gebrekkig*
déficit (*zeg:* -siet) m *tekort; deficit* ⋆ couvrir/combler un ~ *een tekort dekken*
déficitaire BNW *een tekort opleverend; onvoldoende; deficitair*
défier I OV WW *uitdagen (***à** *tot); tarten; trotseren* ⋆ ~ le danger *het gevaar trotseren* ⋆ je te défie de ... *wedden dat je niet ...* ⋆ des prix qui défient toute concurrence *zeer concurrerende prijzen* **II** WKD WW (**se** ~ **de**) *wantrouwen* ⋆ se défier de soi-même *geen zelfvertrouwen hebben*
défigurer OV WW • *misvormen; verminken* • FIG. *verdraaien* • *ontsieren*
défilé m • *(berg)engte* • *optocht; stoet; defilé* ⋆ ~ de mode *modeshow*
défiler I OV WW • *een draad halen uit; uitrafelen; afrijgen* • MIL. *beveiligen voor kanonvuur* **II** ON WW • *defileren (***devant** *voor); voorbijtrekken* • *elkaar opvolgen* **III** WKD WW INF. (**se** ~) *ervandoor gaan; zich drukken*
défini BNW *bepaald* ⋆ article ~ *bepaald lidwoord*
définir OV WW • *bepalen; vaststellen* • *definiëren*
définissable BNW *bepaalbaar*
définitif BNW [v: **définitive**] *definitief; beslissend; uiteindelijk* ⋆ sentence définitive *eindvonnis* ⋆ en définitive *ten slotte*
définition v *bepaling; definitie* ‹ook v. beeld(scherpte)› ⋆ par ~ *per definitie*
défiscaliser OV WW *vrijstellen van belasting*
déflagration v *ontploffing*
déflation v *deflatie*
défleurir FORM. **I** OV WW *de bloesem doen vallen van* **II** ON WW *de bloesem verliezen; uitbloeien*
défloration v *ontmaagding*
déflorer OV WW • *van zijn nieuwheid/frisheid beroven* • *ontmaagden*
défoliation v • *bladerval* • *ontbladering*
défonce INF. v *trip* ‹bij drugs›; *(het) high zijn*
défoncé BNW • *ingeslagen; ingedeukt* • *vol gaten en/of kuilen; hobbelig* • INF. *high; stoned*
défoncer I OV WW • *de bodem inslaan van; indeuken; stukmaken; afbreken* • *diep omwerken* ‹v. akker› ⋆ ~ une route *gaten maken in een weg* **II** WKD WW INF. (**se** ~) • *zich keihard uitsloven* • INF. *trippen; high worden*
déformable BNW *vervormbaar* ⋆ zone ~ *kreukelzone*
déformant BNW *vertekenend; vervormend*
déformation v *misvorming; vervorming; deformatie*

déformer OV WW • *misvormen*; *vervormen* • FIG. *verdraaien* ★ chaussée déformée *slecht wegdek* ★ ~ les faits *de feiten verdraaien*
défoulement m → **défouler**
défouler WKD WW (**se** ~) *zich afreageren*; *zich uitleven* ‹v. kinderen›
défraîchi BNW *verlept*
défraîchir I OV WW *van zijn frisheid beroven* II WKD WW (**se** ~) *zijn frisheid verliezen*; *verflensen*
défrayer OV WW *de kosten (terug)betalen van*; *vrijhouden* ★ ~ la conversation *het onderwerp v.e. gesprek zijn*; *over de tong gaan*
défrichage m [**défrichement**] *ontginning*
défricher OV WW OOK FIG. *ontginnen*
défriser OV WW • *ontkrullen* • INF. *tegenstaan*; *niet bevallen*
défroissable BNW *kreukherstellend*
défroisser OV WW *gladstrijken*
défroque V • *ouderwetse plunje*; *afleggertje(s)* • *nagelaten spullen* ‹v. priester/monnik› • *armoedige nagelaten goederen*
défroqué m *uitgetreden priester of monnik*
défroquée V *uitgetreden kloosterzuster*
défroquer I OV WW *het priesterkleed of monnikskleed doen afleggen* II WKD WW (**se** ~) *uittreden*
défunt I m [v: **défunte**] *overledene* II BNW *overleden*
dégagé BNW *onbelemmerd*; *vrij*; *ongedwongen* ★ ciel ~ *wolkeloze hemel*
dégagement m • *vrijmaking*; *losmaking*; *(het) ruimen* • *(het) vrijkomen* ‹v. gas enz.› • *vrije ruimte*; *doorloop* • *inlossing*
dégager I OV WW • *doen vrijkomen*; *losmaken*; *(eruit)halen (***de** *van, uit)* • *ruimen* • *afgeven* ‹v. geur, warmte, damp enz.› • *ontheffen*; *ontslaan (***de** *van)* • *inlossen* ‹v. pand› ★ ~ un ballon *een bal wegwerken* ★ ~ un passage *een doorgang vrij maken* ★ ~ qn de sa parole *iem. van zijn woord ontslaan* ★ ~ un vaisseau *een schip vlot maken* ★ ~ la taille *de lichaamsvormen goed laten uitkomen* II ON WW • *ruimen* • SPORT *de bal (ver) weg trappen* • *uit de weg gaan*; INF. *wegwezen*; *ophoepelen* III WKD WW (**se** ~) • *zich losmaken*; *zich bevrijden (***de** *van, uit)* • *vrijkomen*; *leeg worden* • *afgegeven worden* ‹v. geur, warmte, damp enz.›; *opstijgen (***de** *van, uit)* • *uitkomen*; *blijken (***de** *uit)* ★ le ciel se dégage *de lucht klaart op*
dégaine V INF./PEJ. *(belachelijk) voorkomen* ★ quelle ~! *kijk eens hoe die erbij loopt!*
dégainer OV WW *(uit de schede) trekken* ‹v. wapen›
déganter WKD WW (**se** ~) *zijn handschoenen uittrekken*
dégarnir I OV WW *leeghalen*; *ontdoen (***de** *van)* ★ bouche dégarnie *tandeloze mond* ★ ~ un vaisseau *een schip onttakelen* II WKD WW (**se** ~) *leegraken*; *kaal worden*
dégât m vaak mv *schade*
dégazer ON WW *ontgassen*
dégel m *dooi*; OOK FIG. *ontdooiing*
dégeler I OV WW OOK FIG. *ontdooien* II ONP WW *dooien* III WKD WW (**se** ~) FIG. *loskomen*
dégénérer ON WW *ontaarden (***en** *in)*; *degenereren*
dégénérescence V *ontaarding*; *degeneratie*
dégingandé BNW INF. *slungelachtig*
dégivrage m *(het) ontdooien*; *(het) verwijderen van ijs(afzetting)*
dégivrer OV WW *de ijsafzetting verwijderen van* ★ ~ un réfrigérateur *een koelkast ontdooien*
dégivreur m *ontdooier*; *(achter)ruitverwarming*
déglacer OV WW *ontglanzen* ‹v. papier› ★ ~ une sauce *een saus verdunnen*
déglinguer INF. I OV WW *stukmaken*; *mollen* II WKD WW (**se** ~) *kapot gaan*
déglutir OV WW *(in)slikken*
déglutition V *(het) (in)slikken*
dégobiller OV + ON WW INF. *braken*; *(uit)kotsen*
dégoiser INF. I OV WW *uitflappen*; *afsteken* ‹v. verhalen› II ON WW *praten*; *kletsen*
dégommer OV WW • *ontgommen* • INF. *ontslaan*; *aan de dijk zetten*; *wegwerken*
dégonflé INF. I m [v: **dégonflée**] *schijterd*; *iem. die terugkrabbelt* II BNW *lek*; *leeg* ‹v. band, ballon›
dégonfler I OV WW • *leeg laten lopen* ‹v. band, ballon› • OOK FIG. *minder gezwollen of opgeblazen maken* • *laten zakken* ‹v. prijzen› II ON WW *slinken* III WKD WW (**se** ~) • *leeglopen* • INF. *de moed verliezen*; *terugkrabbelen*
dégorgement m • *lozing*; *afvloeiing*; *doorspoeling* • *afvoerpijp*
dégorgeoir m • *afloop voor water* • *onthaker* ‹hengelsport›
dégorger I OV WW • *lozen*; OOK FIG. *uitbraken* • *doorsteken* ‹v. buis›; *doorspoelen* II ON WW *vocht lozen*; *uitstromen (***dans** *in)*
dégot(t)er INF. I OV WW *op de kop tikken*; *opduikelen* II ON WW VERO. *eruitzien*
dégouliner ON WW *(af)druipen*; *druppelen*
dégourdi BNW *bijdehand*; *pienter*
dégourdir I OV WW *minder stijf maken*; OOK FIG. *losser maken* II WKD WW (**se** ~) *loskomen*; *vlotter (in de omgang) worden* ★ se ~ les jambes *zich wat vertreden*
dégoût m • *afkeer (***de, pour** *van)*; *walging*; *tegenzin* • *onlust* ★ prendre en ~ *een hekel krijgen aan*
dégoûtant BNW • *walgelijk*; *vies* • *misselijk*; *onuitstaanbaar*
dégoûtation V INF. *smerige bende*
dégoûté BNW • *overdreven kieskeurig* • (**de**) *afkerig van*; *beu* ★ il fait le ~ *hij haalt er zijn neus voor op*
dégoûter I OV WW • *doen walgen*; *afkerig maken (***de** *van)* • *tegenstaan* II WKD WW (**se ~ de**) *een hekel krijgen aan*
dégoutter ON WW *lekken*; *druipen*
dégradant BNW *onterend*; *vernederend*
dégradation V • *verslechtering*; *aantasting*; *verval*; *beschadiging* • *degradatie* • *vervloeiing* ‹v. kleuren, licht, beeld› ★ ~ civique *ontzetting uit burgerrechten*
dégrader I OV WW • *degraderen*; *in rang verlagen* • *verlagen*; *onteren*; *vernederen*; *zwakker maken*; *aantasten* • *beschadigen*; *vernielen*; *zwakker maken*; *aantasten* • *doen vervloeien* ‹v. kleuren, licht, beeld› II WKD

D

D

ww (**se** ~) • *verslechteren; zwakker worden; vervallen* • *zich verlagen*
dégrafer I ov ww *loshaken* II WKD ww (**se** ~) *losraken*
dégraissage m • *ontvetting; reiniging* • FIG. *afslanking*
dégraissant I m *ontvlekkingsmiddel* II BNW *ontvettend; ontvlekkend*
dégraisser ov ww • *ontvetten; het vet afscheppen van* • *ontvlekken* • FIG. *afslanken; inkrimpen*
degré m • *graad* • *mate; gehalte* • FORM. *trede; sport* ★ brûlure(s) du premier ~ *eerstegraads verbranding* ★ ~ de latitude, ~ de longitude *breedtegraad, lengtegraad* ★ ~ de parenté *graad van verwantschap* ★ prendre ses ~s *zijn universitaire graad behalen* ★ par ~s *trapsgewijs* ★ ~s de comparaison *trappen van vergelijking* ★ au dernier ~ *in de hoogste graad/mate* ★ prendre qc au premier ~ *iets letterlijk opvatten*
dégréer ov ww SCHEEPV. *aftuigen*
dégressif BNW [v: **dégressive**] *degressief; afnemend*
dégrèvement m *belastingverlichting*
dégrever ov ww *(belasting)verlichting geven aan*
dégriffer ov ww *v.d. merknaam ontdoen* ‹v. kleding e.d.› ★ (vêtements) dégriffés *merkloze (en afgeprijsde) kleren*
dégringolade v INF. *val;* OOK FIG. *tuimeling*
dégringoler INF. I ov ww *afhollen* ★ ~ un escalier *een trap afhollen* II ON WW OOK FIG. *tuimelen; kelderen*
dégrisement m OOK FIG. *ontnuchtering*
dégriser ov ww OOK FIG. *ontnuchteren*
dégrossir ov ww • *ruw bewerken; de hoofdvorm geven aan* • *manieren bijbrengen aan; beschaven* ★ mal dégrossi *onbehouwen*
dégrossissage m → **dégrossir**
déguenillé I m [v: **déguenillée**] *haveloos persoon; schooier* II BNW *in lompen gehuld; haveloos*
déguerpir ON WW *de benen nemen; ervandoor gaan*
dégueu AFK (dégueulasse) INF. *smerig; rot-* ★ c'est pas ~(lasse)! *'t is niet beroerd!*
dégueulasse BNW INF. *smerig; rot-; slecht*
dégueuler ov ww INF. OOK FIG. *(uit)braken*
dégueulis (*zeg:* -lie) m INF. *kots*
déguisé BNW *vermomd; verhuld*
déguisement m • *vermomming* • FORM. *verhulling*
déguiser I ov ww • *vermommen; verkleden* • *verhullen* ★ ~ ses sentiments *zijn gevoelens verbergen* ★ ~ sa voix *zijn stem verdraaien* II WKD WW (**se** ~) *zich vermommen; zich verkleden* (**en** *als*)
dégurgiter ov ww OOK FIG. *ophoesten*
dégustateur m *proever* ‹v. drank›
dégustation v *(het) proeven* ‹v. dranken›
déguster ov ww *proeven* ‹v. dranken›; *savoureren* ★ INF. ~ (des coups) *ervan langs krijgen*
déhancher WKD WW (**se** ~) *heupwiegen(d lopen); een scheve heupstand hebben*
déharnacher ov ww *aftuigen* ‹v. rij-, trekdier›; *uitspannen*
dehors I m • *buitenkant* • vaak mv *uiterlijk voorkomen; uiterlijk; schijn* ★ au(-)~ *van buiten; buiten; aan de buitenkant* ★ au(-)~ de *buiten* ★ juger par les ~ *naar de schijn oordelen* II BIJW *naar buiten; (er)buiten; eruit* ★ de ~ *van buiten* ★ en ~ *van buiten; naar buiten* ★ en ~ de *buiten; met uitzondering van* ★ par ~ *van buiten; buiten om* ★ de ~ en dedans *van buiten naar binnen* ★ coucher ~ *buitenshuis overnachten* ★ mettre ~ *de deur uitzetten; wegjagen* ★ mettre toutes voiles ~ *alle zeilen bijzetten* ★ au-~ il est courageux *als je hem (alleen) van de buitenkant bekijkt, is hij moedig* ★ ne vous penchez pas en ~ *hang niet naar buiten* III TW *eruit!*
déification v *vergoding; vergoddelijking*
déifier ov ww *vergoddelijken*
déisme m *deïsme*
déiste I m/v *deïst* II BNW *deïstisch*
déjà BIJW *al; reeds* ★ comment s'appelle-t-il déjà? *hoe heet hij ook weer?* ★ c'est déjà bien beau *dat is toch wel erg mooi* ★ d'ores et déjà *van nu af aan* ★ du déjà(-)vu *ouwe koek; déjà vu*
déjection v *ontlasting* ★ les ~s *de uitwerpselen*
déjeter I ov ww *krom maken* II WKD WW (**se** ~) *kromgroeien; kromtrekken*
déjeuner I m • *lunch; middagmaal* • *ontbijtservies* ★ petit(-)~ *ontbijt* ★ ~ de soleil *stof die gemakkelijk verschiet; iets van korte duur* II ON WW • *ontbijten* • *lunchen*
déjouer ov ww *verijdelen*
déjuger WKD WW (**se** ~) *op een besluit terugkomen*
delà BIJW ★ deçà, delà *heen en weer; hier en daar* ★ par delà *aan de andere zijde (van)*
délabré BNW • *bouwvallig; vervallen* • *zwak*
délabrement m *bouwvalligheid; verval; slechte staat*
délabrer ov ww *tot verval brengen; bederven* ★ ~ la santé *de gezondheid verwoesten*
délacer ov ww *losrijgen; losmaken*
délai m • *termijn; tijd* • *uitstel; vertraging* ★ à bref ~ *binnen korte tijd* ★ sans ~ *onmiddellijk* ★ dans les plus brefs ~s/dans les meilleurs ~s *zo spoedig mogelijk* ★ dans les ~s (voulus/convenus/impartis) *binnen de gestelde tijd*
délaissement m • *(het) verlaten; (het) in de steek laten* • *eenzaamheid; verlatenheid* • *afstand* ‹v. goederen of rechten›
délaisser ov ww • *verlaten; in de steek laten; verwaarlozen; laten varen* • *afstand doen van* ‹goederen of rechten›
délarder ov ww *het spek afsnijden van*
délassement m *afleiding; ontspanning*
délasser I ov ww *ontspannen; verstrooien; verkwikken* II WKD WW (**se** ~) *zich ontspannen; uitrusten*
délateur m [v: **délatrice**] *aanbrenger; verklikker*
délation v *(het) aanbrengen; (het) verklikken*
délavé BNW • *verschoten; verkleurd; verbleekt* • *doorweekt*
délaver ov ww • *(uit)wassen* ‹v. aquarel› • *doorweken; verregenen*
délayage m • *verdunning* • FIG. *verwatering;*

wijdlopigheid
délayer OV WW • *verdunnen* • FIG. *verwateren*; *wijdlopig maken*
délectable BNW *zeer aangenaam*; *heerlijk*
délectation v *genot*
délecter I OV WW VERO. *verheugen*; *bekoren* **II** WKD WW (**se ~ à, de**) *genoegen scheppen in*; *ervan genieten om*
délégation v • *afvaardiging*; *delegatie* • *(het) delegeren*; *overdracht* ‹v. bevoegdheid›; *lastgeving* ★ par ~ *bij volmacht*
délégué m [v: **déléguée**] *afgevaardigde*; *vertegenwoordiger*; *gemachtigde*
déléguer OV WW • *overdragen* ‹v. bevoegdheid›; *delegeren* • *afvaardigen*; *machtigen*
délestage m → **délester** ★ itinéraire de ~ *omleidingsroute*
délester OV WW • *van ballast ontdoen* • *ontlasten* (**de** *van*); *tijdelijk afsluiten (en omleiden)* ‹v. weg› ★ IRON. ~ qn de 1000 francs *iem. 1000 frank lichter maken*
délétère BNW *schadelijk*; *giftig*; *dodelijk*
délibératif BNW [v: **délibérative**] ★ avoir voix déliberative *stem(recht) hebben* ‹in vergadering›
délibération v *beraadslaging*; *beraad*; *deliberatie*
délibéré I m JUR. *beraadslaging van rechters* **II** BNW • *zelfbewust*; *vastberaden* • *welbewust*; *opzettelijk* ★ de propos ~ *met opzet*
délibérément BIJW *weloverwogen*
délibérer ON WW • *beraadslagen*; *delibereren* • *zich beraden*; *(bij zichzelf) overleggen* (**sur, de** *over*)
délicat BNW • *fijn*; *heerlijk*; *lekker* • *subtiel*; *verfijnd*; *delicaat* • *moeilijk*; *hachelijk*; *netelig* • *nauwgezet*; *gewetensvol*; *fijngevoelig*; *kies* • *teer*; *tenger*; *zwak* • *kieskeurig* • *lichtgeraakt* ★ situation ~e *hachelijke situatie* ★ faire le ~ *kieskeurig zijn*; *moeilijk doen*
délicatesse v • *verfijndheid*; *lekkerheid* ‹v. spijzen›; *fijnheid* • *moeilijkheid*; *hachelijkheid* • *fijngevoeligheid*; *nauwgezetheid*; *kiesheid*; *tact* • *teerheid*; *tengerheid* • *kieskeurigheid* • *lichtgeraaktheid* ★ être en ~ avec qn *met iem. overhoop liggen*
délice I m *genot*; *iets heerlijks* **II** v mv *geneugten*; *genot*; *lust* ★ lieu de ~s *lustoord* ★ faire ses ~s de *veel genoegen scheppen in*
délicieux BNW [v: **délicieuse**] *heerlijk*; *verrukkelijk*; *lekker*
délictueux BNW [v: **délictueuse**] *onrechtmatig*; *strafbaar*
délié I m *dunne (op)haal* ‹v. letter› **II** BNW • *dun*; *fijn* • *schrander* • *los(gemaakt)*; *soepel* ★ avoir la langue ~e *rad van tong zijn*
délier OV WW • *losmaken* • (~ **de**) *vrijmaken van*; *ontheffen van*
délimitation v *afbakening*; *begrenzing*
délimiter OV WW *afbakenen*; *begrenzen*
délinquance v *misdadigheid* ★ ~ juvénile *jeugdcriminaliteit*
délinquant I m [v: **délinquante**] *overtreder*; *delinquent* **II** BNW *misdadig*
déliquescent BNW *in verval*
délirant BNW • *ijlend* • *krankzinnig* • *uitbundig*; *dol*
délire m • *ijlkoorts*; *(het) ijlen* • *geestdrift*; *verrukking* • *waanzin*; *delirium* ★ en ~ *buiten zichzelf*; *uitzinnig*
délirer ON WW • *ijlen*; *raaskallen* • *buiten zichzelf zijn*
délit (*zeg:* -lie) m *misdrijf*; *overtreding*; *delict* ★ le corps du ~ *het corpus delicti* ★ prendre en flagrant ~ *op heterdaad betrappen* ★ ~ de sale gueule/de faciès *ongewenst voorkomen/donkere huidskleur* ‹als reden v. aanhouding of achterstelling›
délivrance v • *afgifte*; *uitreiking* • *bevrijding*; *opluchting* • *verlossing*; *bevalling*
délivrer OV WW • *bevrijden* (**de** *van*) • MED. *verlossen* • *uitreiken*; *afgeven*; *bezorgen* (**à** *aan*)
délocaliser OV WW *elders vestigen*
déloger I OV WW • *verjagen*; *verdrijven* (**de** *uit*) • INF. *eruit gooien* **II** ON WW VERO. *verkassen*; *weggaan* ★ ~ sans tambour ni trompette *met stille trom vertrekken*
déloyal BNW [m mv: **déloyaux**] *oneerlijk*; *ontrouw*; *vals*
déloyauté v *oneerlijkheid*; *trouweloosheid*
delta m *delta* ★ aile (en) ~ *deltavleugel*
deltaplane m • *deltavlieger* • *(het) deltavliegen*
déluge m • OOK FIG. *stortvloed*; *stortbui* • *zondvloed* ★ après nous le ~ *na ons de zondvloed*; *wie dan leeft, die dan zorgt* ★ cela date du ~ *dat is oude kost*
déluré BNW • *gis*; *gewiekst* • *vrijpostig*
démagogie v *demagogie*
démagogique BNW *demagogisch*
démagogue I m/v *demagoog* **II** BNW *demagogisch*
démailler WKD WW (**se ~**) *ladderen* ‹v. panty›
démailloter OV WW *de luiers/windsels afdoen van*
demain BIJW *morgen* ★ ~ soir *morgenavond* ★ (de) ~ en huit/en quinze *morgen over een week/over twee weken* ★ la guerre de ~ *de toekomstige oorlog* ★ l'homme de ~ *het komende geslacht* ★ ~ il fera jour *morgen is er weer een dag* ★ ce n'est pas pour ~/ce n'est pas ~ la veille *zo ver is het nog lang niet*
démancher I OV WW *ontwrichten* **II** WKD WW (**se ~**) INF. *zich inspannen*; *zich uitsloven*
demande v • *verzoek*; *aanzoek*; *aanvraag* (**en** *tot*) • ECON. *vraag* (**de** *naar*) • *bestelling* • *vordering*; *eis* (**en** *tot*) • *verzoekschrift* ★ à la ~ de *op verzoek van* ★ sur ~ *op verzoek*; *op aanvraag*; *op bestelling* ★ ~ en mariage *huwelijksaanzoek* ★ ~ en divorce *eis tot echtscheiding* ★ l'offre et la ~ *vraag en aanbod* ★ à sotte ~, sotte réponse *een gek kan meer vragen dan honderd wijzen kunnen antwoorden*
demandé BNW *veelgevraagd*
demander I OV WW • *vragen* (**à** *aan*); *verzoeken* • *bestellen* • *vorderen*; *eisen*; *vergen* (**à** *van*) ★ ~ qn *iem. te spreken vragen* ★ on vous demande *men vraagt naar u*; *men heeft u nodig* ★ ~ son chemin *naar de weg vragen* ★ ~ l'aumône/la charité *om een aalmoes*

D

vragen ★ ~ le médecin *de dokter laten komen* ★ je ne demande pas mieux (que) *ik wil niets liever (dan); heel graag* ★ ~ compte/raison *rekenschap vragen* ★ ça demande à être vérifié *dat moet nagegaan worden* ★ ~ un poste *naar een betrekking solliciteren* ★ ~ que [+ subj.] *erom vragen dat* ★ il demande à venir *hij vraagt of hij mag komen* ★ il te demande de venir *hij vraagt je om te komen* ★ je ne demande qu'à [+ inf.] *ik doe niets liever dan* ★ ~ qn en mariage *iem. ten huwelijk vragen* ★ INF. ~ après qn *naar iem. vragen* ★ je te demande un peu! *nu vraag ik je!* II WKD WW (**se** ~) *zich afvragen*

D

demandeur I m JUR. [v: **demanderesse**] *eiser* II m [v: **demandeuse**] • *(aan)vrager* • *koper* ★ ~ d'asile *asielzoeker* ★ ~ d'emploi *werkzoekende*

démangeaison v • vaak mv *jeuk* • INF. *aanvechting; veel zin (***de** [+ inf.] *om)*

démanger ON WW *jeuken* ★ la langue lui démange *hij kan niet langer zijn mond houden* ★ ça me démange de ... *ik heb veel zin om ...*

démantèlement m *ontmanteling*

démanteler OV WW *ontmantelen*

démaquillage m *afschminking*

démaquillant I m *reinigingscrème, -melk* II BNW *make-up verwijderend*

démaquiller I OV WW *reinigen van make-up of schmink* II WKD WW (**se** ~) *zich afschminken*

démarcatif BNW [v: **démarcative**] ★ ligne démarcative *grenslijn; demarcatielijn*

démarcation v *afbakening; begrenzing* ★ ligne de ~ *grenslijn; demarcatielijn*

démarchage m *klantenwerving aan huis; colportage*

démarche v • *gang;* OOK FIG. *loop* • *manier van lopen* • FIG. *stap; poging* • *handelswijze; houding* ★ faire une ~ auprès de qn *iem. over/voor iets benaderen*

démarcheur m [v: **démarcheuse**] *colporteur; acquisiteur*

démarier OV WW *uitdunnen* ‹v. gewassen›

démarquage m → **démarquer**

démarquer I OV WW • *van het merk ontdoen (en afprijzen)* • *bedrieglijk nabootsen; plagiëren* • SPORT *vrijspelen* II WKD WW (**se** ~) • SPORT *zich vrijspelen* • *zich profileren; zich distantiëren (***de** *van)*

démarrage m • OOK FIG. *start; vertrek* • SPORT *demarrage* ★ frais de ~ *aanloopkosten* ★ (période de) ~ *aanloopperiode*

démarrer I OV WW • *starten* • INF. *op gang brengen; beginnen* II ON WW • *starten; op gang komen; beginnen; vertrekken* • SPORT *demarreren; wegsprinten*

démarreur m *starter* ‹v. motorvoertuig›

démasquer OV WW *ontmaskeren* ★ ~ ses batteries *zijn bedoelingen verraden*

démâter I OV WW *de mast(en) wegnemen/wegbreken van* II ON WW *de mast(en) verliezen*

démêlé m *twist; geschil; onenigheid* ★ avoir des ~s avec la justice *in aanraking komen met de justitie*

démêler OV WW • *ontwarren* • *ophelderen* • *onderscheiden (***de** *van); doorzien* ★ ~ qn dans la foule *iem. in de menigte herkennen/onderscheiden* ★ se ~ de *zich redden uit* ★ je n'ai rien à ~ avec vous *ik heb niets met u te maken* ★ avoir qc à ~ avec qn *een appeltje met iem. te schillen hebben*

démêloir m *grove kam*

démembrement m *versnippering; verbrokkeling*

démembrer OV WW • *in stukken snijden* ‹v. slachtdier› • *versnipperen; verbrokkelen; verdelen*

déménagement m *verhuizing*

déménager OV + ON WW *verhuizen* ★ INF. sa tête déménage *zijn hoofd is op hol* ★ INF. ça déménage! FIG. *dat is pittige kost!*

déménageur m *verhuizer*

démence v *krankzinnigheid; waanzin*

démener WKD WW (**se** ~) • *tekeergaan* • *zich uitsloven; zich afsloven (***pour** *voor, om)* ★ se ~ comme un possédé *tekeergaan als een bezetene*

dément I m [v: **démente**] *krankzinnige* II BNW *krankzinnig; waanzinnig*

démenti m *ontkenning; logenstraffing; dementi* ★ il en a eu le ~ *hij heeft de kous op de kop gekregen*

démentiel BNW [v: **démentielle**] *krankzinnig; waanzinnig*

démentir I OV WW • *ontkennen; loochenen* • *logenstraffen* • *tegenspreken; weerleggen* • *verloochenen* ★ ~ son caractère *zijn karakter verloochenen* II WKD WW ★ ne pas se ~ *niet aflaten; blijven voortduren*

démerdard BNW INF. *bijdehand; zichzelf reddend*

démerder WKD WW INF. (**se** ~) *het zelf uitzoeken; zich redden*

démérite m FORM. *(het) laakbare; tekortkoming*

démériter ON WW *iets laakbaars doen; verkeerd handelen* ★ ~ auprès de qn *tekortkomen jegens iem.* ★ ~ de qc *iets onwaardig zijn*

démesure v *mateloosheid*

démesuré BNW *mateloos; enorm*

démesurément BIJW *bovenmatig*

démettre I OV WW • *ontwrichten* • (**de**) *ontheffen van* ‹functie› II WKD WW (**se** ~) *ontslag nemen* ★ se ~ de ses fonctions *zijn functie neerleggen*

demeurant DEEL V. SAMENST ★ au ~ *overigens; trouwens*

demeure v • FORM. *woning; verblijf* • VERO. *uitstel* ★ à ~ *voorgoed; permanent* ★ la dernière ~ *de laatste rustplaats* ★ mise en ~ *aanmaning* ★ mettre qn en ~ (de) *iem. aanmanen (te)*

demeuré BNW • *achterlijk* • INF. *weinig snugger*

demeurer ON WW • *verblijven; wonen* • *blijven* ★ ~ court *blijven steken* ★ en ~ là *het daarbij laten; daarbij blijven* ★ où en sommes-nous demeurés? *waar zijn we gebleven?* ★ il n'en demeure pas moins que *dat neemt niet weg dat*

demi I m • *halve* • *glas bier; pilsje* • SP. *halfspeler; middenvelder* II BNW *half* ★ midi et demi *half één overdag* ★ minuit et demi *half één 's nachts* ★ une demi-heure *een half* *uur* ★ la demie *het halve uur* ★ une heure et demie *anderhalf uur* ★ trois heures et demie *half vier* ★ à fourbe, fourbe et demi *baas boven baas* ★ une demie *een halve fles* III BIJW ★ (à) demi *half*

demi- VOORV *half-*

demi-cercle m [mv: **demi-cercles**] *halve cirkel*

demi-dieu m [mv: **demi-dieux**] *halfgod*

demi-finale m [mv: **demi-finales**] *halve finale; halve eindstrijd*

demi-fond m (onver.) *middellangeafstand(swedstrijd); stayerwedstrijd* ‹bij wielrennen›

demi-frère m [mv: **demi-frères**] *halfbroer*

demi-gros m (onver.) ★ (commerce de) ~ *tussenhandel*

demi-heure m [mv: **demi-heures**] *half uur*

demi-jour m [mv: **demi-jour(s)**] *schemerlicht*

démilitariser OV WW *demilitariseren*

demi-mal m [mv: **demi-maux**] ★ il n'y a que ~ *het is niet zo erg*

demi-mesure m [mv: **demi-mesures**] *halve maatregel*

demi-mondaine v VERO. [v mv: **demi-mondaines**] *dame van lichte zeden*

demi-monde m VERO. (onver.) *demi-monde*

demi-mot m ★ entendre à ~ *aan een half woord genoeg hebben*

déminage m *mijnopruiming*

déminer I OV WW *van mijnen ontdoen* II ON WW *mijnen opruimen*

démineur m *mijnenveger*

demi-pause v MUZ. [v mv: **demi-pauses**] *halve rust*

demi-pension m [mv: **demi-pensions**] *half pension; (het) overblijven en middageten* ‹op school›

demi-place m [mv: **demi-places**] *reductiekaartje* ★ payer ~ *half geld betalen*

demi-portion v INF. [v mv: **demi-portions**] *onderkruipsel; pukkie*

demi-produit m [mv: **demi-produits**] *half-fabrikaat*

démis BNW *ontwricht*

demi-saison m [mv: **demi-saisons**] *voorjaar; najaar* ★ paletot de ~ *dunne overjas*

demi-sang m [mv: **demi-sang(s)**] *halfbloed* ‹paard›

demi-sel BNW (onver.) *licht gezouten*

demi-sœur m [mv: **demi-soeurs**] *halfzuster; stiefzuster*

demi-sommeil m [mv: **demi-sommeils**] *halfslaap; slaperigheid*

demi-soupir m MUZ. [m mv: **demi-soupirs**] *achtste rust*

démission v • *ontslag; ontslagneming; (het) aftreden* • *(het) opgeven* ‹v.e. streven, strijd› ★ donner sa ~ *ontslag nemen*

démissionnaire I m/v *aftredend lid* II BNW *aftredend; die zijn ontslag heeft ingediend; demissionair*

démissionner ON WW • *ontslag nemen; aftreden* • INF. *(het) opgeven; er de brui aan geven*

demi-tarif m [mv: **demi-tarifs**] *half geld*

demi-teinte m [mv: **demi-teintes**] *halftint;* OOK FIG. *nuance*

demi-tour m [mv: **demi-tours**] *halve draai* ★ faire ~ *rechtsomkeert maken; omkeren*

démiurge m *demiurg; schepper*

demi-vie m [mv: **demi-vies**] NAT. *halveringstijd*

démobilisation v *demobilisatie*

démobiliser OV WW • *demobiliseren* • *demotiveren*

démocrate I m/v *democraat* II BNW *democratisch*

démocrate-chrétien [v: **démocrate-chrétienne**] I m *christen-democraat* II BNW *christen-democratisch*

démocratie (*zeg:* -sie) v *democratie*

démocratique BNW *democratisch*

démocratisation v *democratisering*

démocratiser OV WW *democratiseren*

démodé BNW *uit de mode; ouderwets; achterhaald*

démoder WKD WW (**se** ~) *uit de mode raken; verouderen*

démographie v *demografie* ★ ~ galopante *sprongsgewijze bevolkingstoename*

démographique BNW *demografisch; bevolkings-*

demoiselle v • *juffrouw* • *waterjuffer* ★ ~ d'honneur *bruidsmeisje* ★ rester ~ *ongetrouwd blijven* ‹v. vrouw›

démolir OV WW • *slopen; afbreken; vernietigen;* OOK FIG. *kapot maken* • INF. *afkraken* • INF. *aftuigen; in elkaar slaan*

démolisseur m [v: **démolisseuse**] *sloper*

démolition v • *afbraak; sloping; vernietiging* • mv *puin*

démon m • *demon; duivel; boze geest* • *guitig kind; rakker* ★ faire le ~ *een leven maken als een oordeel* ★ réveiller les vieux ~s *de oude hartstochten/onlusten/veten wakker roepen; oude wonden openrijten*

démonétiser OV WW *buiten omloop stellen* ‹v. geld›

démoniaque I m/v *iem. die van de duivel bezeten is* II BNW *(van de duivel) bezeten; demonisch; duivels*

démonstrateur m [v: **démonstratrice**] *demonstrateur*

démonstratif BNW [v: **démonstrative**] • *betogend; overtuigend* • *zijn gevoelens uitend; extravert; uitbundig* ★ pronom ~ *aanwijzend voornaamwoord*

démonstration v • *betuiging; betoon* • *bewijs(voering); blijk* • *demonstratie*

démontable BNW *uit elkaar te nemen*

démontage m *(het) uit elkaar nemen; (het) demonteren*

démonte-pneu m [mv: **démonte-pneus**] *bandenlichter*

démonter I OV WW • *uit het zadel werpen* • *uit elkaar nemen; demonteren* • *in de war brengen; uit het veld slaan* ★ une mer démontée *een onstuimige zee* II WKD WW (**se** ~) • *uit elkaar genomen kunnen worden* • *van zijn stuk raken*

démontrable BNW *aantoonbaar*

démontrer OV WW *bewijzen; aantonen; demonstreren*

démoralisation v *demoralisatie*

D

D

démoraliser OV WW *ontmoedigen; demoraliseren*
démordre ON WW ★ ne pas ~ de *vasthouden aan* ★ il n'en démord pas *hij geeft niet op; hij blijft op zijn stuk staan*
démotiver OV WW *démotiveren*
démoulage m *(het) uit de vorm/mal halen*
démouler OV WW *uit de vorm/mal halen*
démultiplier OV WW *het toerental terugbrengen van*
démunir I OV WW ★ être démuni *hulpeloos/behoeftig/platzak zijn* ★ être démuni de qc *zonder iets zitten* (~ **de**) *beroven van; ontdoen van* ‹iets onontbeerlijks› II WKD WW (**se** ~ **de**) *uit handen geven*
démystifier OV WW • *uit de droom helpen* • *rationaliseren* ‹v. iets geheimzinnigs›; *ophelderen*
démythifier OV WW *ontmythologiseren*
dénatalité v *geboortevermindering*
dénationaliser OV WW *denationaliseren; weer tot particulier eigendom maken*
dénaturation v *onbruikbaarmaking* ‹voor consumptie›; *denaturatie*
dénaturé BNW • *ontaard* • *onnatuurlijk* • *gedenatureerd*
dénaturer OV WW • *onbruikbaar maken* ‹voor consumptie›; *denatureren* • *vervalsen; verdraaien* • *doen ontaarden*
dendrite v *dendriet*
dénégation v FORM. *ontkenning; loochening*
déneiger OV WW *sneeuwvrij maken*
déni m JUR. *weigering* ★ déni de justice *rechtsweigering; onrechtvaardigheid*
déniaiser OV WW *wereldwijs maken; de onschuld ontnemen*
dénicher I OV WW • *uit het nest halen* ‹v. vogels, eieren› • *opsporen; (met moeite) vinden; opduikelen* • *(uit zijn schuilplaats) jagen (**de** uit)* ★ ~ des oiseaux *nesten uithalen* II ON WW VERO. • *het nest verlaten* • *ervandoor gaan*
denier m • *duit* ‹oude munt van 1/12 sou› • *penning* • *zilverling* ★ ~s publics *staatsinkomsten; openbare middelen* ★ ~ à Dieu *godspenning* ★ ~ de Saint Pierre *St.-Pieterspenning* ★ payer de ses (propres) ~s *uit eigen zak betalen* ★ VERO. argent placé au ~ vingt *geld dat is uitgezet tegen 5%*
dénier OV WW • *ontkennen* • *ontzeggen; weigeren (à aan)*
dénigrant BNW *denigrerend*
dénigrement m *(het) denigreren; zwartmakerij*
dénigrer OV WW *denigreren; zwartmaken; kleineren*
dénivellation v [**dénivellement**] *hoogteverschil; oneffenheid* ‹v. terrein›
dénombrement m • *opsomming* • *telling*
dénombrer OV WW • *opsommen* • *tellen*
dénominateur m *noemer* ‹v. breuk› ★ ~ commun *gemene deler; gemeenschappelijk kenmerk* ★ réduire au même ~ *onder één noemer brengen* ‹v. breuken›
dénomination v *benaming; benoeming; naam*
dénommer OV WW *(be)noemen* ★ un dénommé X *een zekere X*
dénoncer OV WW • *aan de kaak stellen; hekelen* • *aangeven (**à** bij); verklikken* • JUR. *aanzeggen* • *doen blijken; verraden* • *opzeggen* ‹v. overeenkomst› ★ ~ un traité *een verdrag opzeggen*
dénonciateur [v: **dénonciatrice**] I m *aanbrenger; verklikker* II BNW *aanklagend; iets verradend*
dénonciation v • *(het) aanbrengen; (het) verklikken; aangifte* • *openlijke aanklacht* • *opzegging* ‹v. overeenkomst› • *aanzegging*
dénoter OV WW *te kennen geven; aanduiden; duiden op*
dénouement m *ontknoping*
dénouer OV WW *ontknopen; losknopen; ontwarren;* OOK FIG. *losmaken* ★ les langues se dénouent *de tongen komen los*
dénoyauter OV WW • *ontpitten* • *van infiltranten ontdoen*
denrée v *(eet)waar* ★ ~s alimentaires *levensmiddelen* ★ une ~ rare *iets zeldzaams*
dense BNW • *dicht; compact* • *bondig*
densifier OV WW *de dichtheid vergroten van*
densité v • *dichtheid* • *bondigheid*
dent v • *tand* ‹ook v. rad, kam, blad› • *bergpiek* ★ dent de lait *melktand* ★ dent creuse *holle kies* ★ dent de sagesse *verstandskies* ★ dent de l'œil *oogtand* ‹hoektand uit bovenkaak› ★ en dents de scie *zaagvormig; gekarteld* ★ avoir mal aux dents *kiespijn hebben* ★ faire/percer ses dents *tanden krijgen* ★ grincer des dents *knarsetanden* ★ mordre à belles dents dans *gretig bijten in* ★ entre ses dents *binnensmonds* ★ rire à belles dents *breeduit lachen* ★ rire du bout des dents *lachen als een boer die kiespijn heeft* ★ avoir la dent dure *een scherpe tong hebben* ★ ne pas desserrer les dents *halsstarrig zwijgen* ★ avoir une dent contre qn *gebeten zijn op iem.* ★ ne rien avoir à se mettre sous la dent *niets te eten hebben* ★ manger du bout des dents *kieskauwen; met lange tanden eten* ★ être sur les dents *doodop zijn; zeer gespannen zijn* ★ INF. avoir la dent *hevige honger hebben* ★ déchirer à belles dents *belasteren* ★ avoir les dents longues *zeer geld- of eerzuchtig zijn* ★ armé jusqu'aux dents *tot de tanden gewapend*
dentaire BNW *tand-; tandheelkundig* ★ nerf ~ *tandzenuw* ★ chirurgie ~ *tandheelkunde*
dental BNW *dentaal* ★ (consonne) ~e *tandmedeklinker*
dent-de-lion m [mv: **dents-de-lion**] *paardenbloem*
denté BNW *getand*
dentelé BNW *getand*
denteler OV WW *uittanden; kartelen*
dentelle v *kant* ‹weefsel› ★ ne pas faire dans la ~ *niet zachtzinnig te werk gaan*
dentellier [v: **dentellière**] I m *kantklosser* II BNW *kant-*
dentelure v *gekartelde rand*
dentier m *kunstgebit*
dentifrice I m *tandpasta* II BNW *tandverzorgings-* ★ eau ~ *mondwater* ★ pâte ~ *tandpasta*
dentiste m/v *tandarts*

dentisterie V *tandheelkunde*
dentition V • *(natuurlijk) gebit* • *(het) tanden krijgen*
denture V • *gebit* • TECHN. *tandwerk*
dénudé BNW *(ont)bloot; kaal*
dénuder I OV WW *ontbloten; blootleggen* **II** WKD WW (**se** ~) • *zich uitkleden* • *kaal worden* ‹v. boom›
dénué BNW (~ **de**) *ontbloot van; zonder; -loos* ★ dénué de sens *zinloos*
dénuement m *gebrek; behoeftigheid; nood*
dénuer WKD WW (**se** ~) • *zich te kort doen* • (**se** ~ **de**) *zich iets ontzeggen*
dénutrition V *ondervoeding*
déodorant m *deodorant*
déontologie V *plichtenleer; beroepsethiek*
dépannage m *reparatie* ‹v. weigerend mechanisme›; *technische hulp bij pech* ★ voiture de ~ *takelwagen*
dépanner OV WW • *verhelpen* ‹v. panne, storing›; *repareren* ‹v. weigerend mechanisme› • INF. *uit de brand helpen*
dépanneur m *reparateur; hersteller*
dépanneuse V *takelwagen*
dépaqueter OV WW *uitpakken*
dépareillé BNW • *onvolledig* • *los* ‹niet tot een serie of stel behorend›
dépareiller OV WW *onvolledig maken* ‹v. serie of stel›
déparer OV WW *ontsieren*
départ m • *vertrek; afreis* • *start* • *begin* ★ au ~ *in het begin* ★ faux ~ *valse start* ★ ~ lancé *vliegende start* ★ capital de ~ *beginkapitaal* ★ point de ~ *uitgangspunt; punt van vertrek* ★ prix ~ usine *prijs af fabriek* ★ retour à la case ~ *terug naar 'af'* ★ donner le ~ (à) *het startsein geven (voor)* ★ être sur le ~ *op het punt staan te vertrekken* ★ prendre le ~ *van start gaan* ★ VERO. faire le ~ (de, entre) *onderscheid maken (tussen)*
départager OV WW • *beslissen tussen* ‹meningen, partijen› • *de doorslag geven bij* ‹stakende stemmen›
département m *departement* ‹in alle betekenissen›; *afdeling* ★ les ~s *de provincie* ‹in tegenstelling met Parijs›
départemental BNW [m mv: **départementaux**] *departementaal* ★ route ~e *provinciale weg*
départir I OV WW FORM. *toedelen (**à** aan)* **II** WKD WW (**se** ~ **de**) *afzien van; laten varen*
dépassé BNW *achterhaald; verouderd*
dépassement m • *inhaalmanoeuvre* • *overschrijding*
dépasser I OV WW • *inhalen en voorbijgaan; passeren* • *overschrijden; te buiten gaan* • *overtreffen; hoger zijn dan* ★ ~ les bornes *de perken te buiten gaan* ★ cela dépasse mes moyens *dat gaat mijn middelen te boven* ★ ça me dépasse *daar kan ik niet bij; dat snap ik niet* ★ être dépassé par les événements *de situatie niet meer meester zijn; achter de feiten aanhollen* **II** ON WW *uitsteken (**de** boven, uit)* **III** WKD WW (**se** ~) *zichzelf overtreffen*
dépassionner OV WW ★ ~ un débat *een debat uit de emotionele sfeer halen*
dépatouiller WKD WW INF. (**se** ~) *zich uit de nesten werken*
dépaver OV WW ★ ~ une rue *een straat opbreken*
dépaysement m • *verandering van omgeving* • *onwennigheid; verlorenheid; desoriëntatie*
dépayser OV WW • *van omgeving doen veranderen* • *onwennig maken; van de wijs brengen; desoriënteren*
dépeçage m [**dépècement**] OOK FIG. *(het) in stukken snijden*
dépecer OV WW OOK FIG. *in stukken snijden*
dépêche V • *telegram* • *(ambtelijk) bericht*
dépêcher I OV WW • VERO. *bespoedigen; snel afdoen* • *(snel) zenden* **II** WKD WW (**se** ~) *zich haasten (**de** [+ inf.] met)*
dépeigner OV WW *de haren in de war brengen van*
dépeindre OV WW *afschilderen; beschrijven*
dépenaillé BNW *haveloos; in lompen; slonzig* ★ figure ~e *vervallen gelaat*
dépénaliser OV WW *decriminaliseren*
dépendance V • *afhankelijkheid* • *bijgebouw; dependance* • *verslaving*
dépendant BNW *afhankelijk (**de** van)*
dépendre I OV WW *afnemen* ‹iets wat hangt› **II** ON WW (~ **de**) *afhangen van; afhankelijk zijn van; behoren tot/bij* ★ cela dépend *dat hangt ervan af*
dépens (*zeg:* -pa(n)) m MV *kosten* ★ aux ~ de *ten koste van; op kosten van* ★ apprendre qc à ses ~ *iets tot zijn schade ondervinden; leergeld betalen*
dépense V • *uitgave(n); kosten* • *verbruik* ‹v. water, brandstof, energie›; *aanwending* • VERO. *provisiekamer* ★ ~ physique *lichamelijke inspanning*
dépenser I OV WW • *uitgeven* ‹v. geld› • *verbruiken* ‹v. water, brandstof, energie› • *besteden* ‹v. tijd›; *aanwenden (**à** voor)* ★ ~ sans compter *met geld smijten* **II** WKD WW (**se** ~) *zich inspannen*
dépensier [v: **dépensière**] **I** m *verkwister* **II** BNW *verkwistend*
déperdition V *verlies; verval; afneming*
dépérir ON WW *kwijnen; afnemen; vervallen; achteruitgaan*
dépérissement m *kwijning; verzwakking; verval*
dépersonnaliser I OV WW *depersonaliseren; anoniem maken* **II** WKD WW (**se** ~) *zijn persoonlijkheid verliezen; anoniem worden*
dépêtrer WKD WW (**se** ~ **de**) *redden uit; losmaken van*
dépeuplement m *ontvolking*
dépeupler OV WW *ontvolken* ★ ~ un étang *een vijver leegvissen* ★ ~ une forêt *veel bomen uit een bos halen*
déphasé BNW • NAT. *niet in fase* • INF. *gedesoriënteerd; onaangepast; vervreemd*
dépiauter OV WW INF. • *villen; uitpellen* • FIG. *uitpluizen*
dépilatoire I m *ontharingsmiddel* **II** BNW *ontharend*
dépiler OV WW *ontharen*
dépistage m *opsporing; detectie;* MED. *bevolkingsonderzoek*

dépister OV WW • OOK FIG. *op het spoor komen* • *van het spoor brengen*; *het spoor bijster maken*
dépit (*zeg:* -pie) m *wrevel*; *ergernis*; *verongelijktheid*; FORM. *spijt* ★ en ~ de *in weerwil van*; *ondanks* ★ en ~ du bon sens *onoordeelkundig*
dépité BNW *wrevelig*; *verongelijkt*; *nijdig*

D

dépiter OV WW *wrevelig/verongelijkt maken*; *ergeren*
déplacé BNW *misplaatst* ★ personne ~e *ontheemde*
déplacement m • *verplaatsing*; *overplaatsing* • *waterverplaatsing* ‹v. schip› • *(het) reizen*; *dienst-, zakenreis* ★ frais de ~ *reiskosten*; *verhuiskosten* ★ (match en) ~ *uitwedstrijd* ★ être en ~ *elders zijn werkzaamheden verrichten* ★ cela vaut le ~ *dat is het bezichtigen waard*
déplacer I OV WW • *verplaatsen*; *overplaatsen* • *water verplaatsen* **II** WKD WW (**se** ~) *van plaats veranderen*; *zich (voort)bewegen*; *ergens heengaan*
déplaire I OV WW *mishagen (**à** aan)*; *niet aanstaan* ★ il me déplait que [+ subj.] *ik vind het onaangenaam dat* ★ n'en déplaise à ... *al vindt ... het niet goed* ★ ne vous en déplaise *met uw welnemen* **II** WKD WW (**se** ~) *zich (ergens) niet thuis voelen*
déplaisant BNW *onaangenaam*; *onsympathiek*
déplaisir m *misnoegen*
déplanter OV WW *verplanten*; *verpoten*
déplâtrer OV WW *ontpleisteren*; *van gips ontdoen*
dépliant I m *vouwblad*; *folder*; *opvouwbare kaart* **II** BNW *uitvouwbaar*; *vouw-*
déplier OV WW *ontvouwen*; *openvouwen*; *uitpakken*
déplisser OV WW *de plooien halen uit*; *gladstrijken*
déploiement m • OOK FIG. *ontplooiing*; *ontwikkeling* • *tentoonspreiding* • *verspreide opstelling* ★ ~ de forces *machtsvertoon*
déplombage m • *ontzegeling* • *computerkraak*
déplorable BNW *betreurenswaardig*; *erbarmelijk*
déplorer OV WW *betreuren (**que** [+ subj.] dat)*
déployer OV WW • OOK FIG. *ontplooien*; *ontvouwen* • *uitspreiden*; *verspreid opstellen* • *tentoonspreiden* ★ ~ les ailes *de vleugels uitslaan* ★ rire à gorge déployée *luidkeels lachen*
déplu WW (volt. deelw.) → **déplaire**
déplumé BNW • *zonder veren* • INF. *kaal*
déplumer I OV WW *plukken* ‹v. gevogelte› **II** WKD WW (**se** ~) • *zijn veren verliezen* • INF. *kaal worden*; *zijn haar verliezen*
dépoitraillé BNW INF. *met (deels) ontblote borst*
dépolir OV WW *mat/dof maken* ★ verre dépoli *matglas*
dépolitiser OV WW *depolitiseren*
dépolluer OV WW *zuiveren*
dépollueur BNW [v: **dépollueuse**] *(milieu)zuiverend*
dépollution v *(milieu)zuivering*
dépopulation v *ontvolking*
déportation v *deportatie*
déporté m [v: **déportée**] *gedeporteerde*
déportement m *(het) uit de koers raken*; *(slechte) gedraging*
déporter OV WW • *deporteren* • *uit de koers brengen*
déposant m [v: **déposante**] • *getuige* • *inlegger* ‹v. geld›; *depositogever*
dépose v *(het) wegnemen*
déposer I OV WW • *neerleggen*; *neerzetten*; *(ergens) afzetten* • *wegzetten*; *wegleggen* • *deponeren*; *in bewaring geven* • *afzetten* ‹v. vorst› • *doen bezinken* • *indienen* ‹v. klacht e.d.› ★ marque déposée *gedeponeerd handelsmerk* ★ ~ une marque de fabrique *een fabrieksmerk deponeren* ★ ~ son bilan *zijn faillissement aanvragen* ★ ~ la couronne *afstand doen van de kroon* **II** ON WW • *getuigenis afleggen* • *bezinksel vormen*; *neerslaan*
dépositaire m/v *depothouder*; *bewaarder* ★ ~ d'un secret *iemand aan wie men een geheim heeft toevertrouwd*
déposition v • *getuigenis* • *afzetting* ‹v. vorst› ★ ~ de croix *kruisafneming*
déposséder OV WW • *onteigenen (**de** van)* • *afzetten* ‹v. vorst› • (**de**) *ontnemen*; *ontheffen van* ‹ambt, taak› ★ ~ qn du ballon *iem. v.d. bal zetten*
dépossession v *onteigening*; *ontneming* ‹v. functie, bezit›
dépôt m • *(het) neerzetten*; *(het) neerleggen* • *bewaarplaats*; *opslagplaats*; *depot* • *bezinksel*; *afzetting*; *neerslag* • *huis van bewaring* • *(het) in bewaring geven* • *(het) deponeren*; *indiening* • *deposito*; *inleg* ★ ~ de bilan *faillissementsaanvraag* ★ ~ de garantie *garantie* ★ ~ mortuaire *lijkenhuis* ★ ~ d'ordures *vuilstortplaats* ★ ~ des tramways *tramremise* ★ mandat de ~ *bevel tot aanhouding*
dépoter OV WW *uit de pot nemen*; *overtappen*
dépotoir m • OOK FIG. *vuilnisbelt* • *vuilverwerkingsbedrijf*
dépôt-vente m [mv: **dépôts-ventes**] *uitdragerij v. in bewaring gegeven voorwerpen*
dépouille I v mv *afgevallen/afgestroopte dierenhuid* ★ ~ (mortelle) *stoffelijk overschot* **II** v mv *buit*
dépouillement m • *(het) afstropen*; *vervelling* • *beroving*; *(het) ontdoen van* • *berooide toestand*; *kaalheid*; *soberheid* • *(het) nazien*; *(het) opmaken v.e. overzicht* ★ ~ du scrutin *stemopneming*
dépouiller I OV WW • (**de**) *ontdoen van*; *beroven van* • FIG. *uitkleden*; *plunderen* • *(af)stropen*; *villen* • OOK FIG. FORM. *afleggen* • *(zorgvuldig) bestuderen*; *nazien* ★ dépouillé de *verstoken van*; *zonder* ★ arbre dépouillé *kale boom* ★ style dépouillé *sobere stijl* ★ ~ le scrutin *de stemmen opnemen* ★ ~ le vieil homme *de oude Adam afleggen*; *zich beteren* **II** WKD WW (**se** ~) • *vervellen* • *de bladeren verliezen* • (**se ~ de**) *zich ontdoen van* ★ se dépouiller de toute honte *alle schaamte afleggen*
dépourvu BNW ★ au ~ *onverhoeds* ★ FIG.

prendre au ~ *overvallen; overrompelen* (~ **de**) *verstoken van; zonder* ★ dépourvu de sens *zinloos*
dépoussiérage m *(het) stofvrij maken*
dépoussiérer OV WW • *stofvrij maken; afstoffen* • *een frisse wind laten waaien door;* FIG. *oppoetsen*
dépravation v *verderf; verdorvenheid* ★ ~ des mœurs *zedenbederf*
dépravé I m [v: **dépravée**] *verdorven mens* II BNW *bedorven; verdorven*
dépraver OV WW *bederven; verderven*
dépréciatif BNW [v: **dépréciative**] *ongunstig (bedoeld); geringschattend*
dépréciation v • *geringschatting* • *waardevermindering; depreciatie*
déprécier I OV WW • *geringschatten; kleineren; afkammen* • *in waarde doen dalen; depreciëren* II WKD WW (**se** ~) *in waarde dalen*
déprédateur [v: **déprédatrice**] I m • *plunderaar* • *fraudepleger; verduisteraar* II BNW *verduisterend*
déprédation v • OOK FIG. *plundering; verwoesting* • *geldverduistering*
déprendre FORM. WKD WW (**se** ~ **de**) *zich losmaken van; zich ontdoen van*
dépressif BNW [v: **dépressive**] • *neerdrukkend; ontmoedigend* • *depressief*
dépression v *depressie* ‹in alle betekenissen›; *inzinking* ★ ~ nerveuse *zenuwinzinking*
déprimant BNW *deprimerend; (be)drukkend*
déprime v INF. *neerslachtigheid; depressieve stemming*
déprimé BNW *gedeprimeerd; neerslachtig*
déprimer I OV WW • *neerdrukken; indrukken* • *neerslachtig maken; deprimeren* II ON WW INF. *in een depressieve stemming zijn; down zijn*
déprogrammer OV WW *deprogrammeren; van het programma afvoeren*
dépt AFK (département) *departement*
dépuceler OV WW INF. *ontmaagden*
depuis I BIJW *sindsdien* II VZ • *sedert; sinds* • *vanaf; vanuit* ★ ~ peu *sinds kort* ★ ~ lors *sindsdien* ★ ~ l'étranger *(van)uit het buitenland* III VW (~ **que**) *sinds*
dépuratif I m *bloedzuiverend middel* II BNW [v: **dépurative**] *bloedzuiverend*
députation v • *afvaardiging; deputatie* • *ambt van afgevaardigde; kamerlidmaatschap*
député m [v: **députée**] *afgevaardigde* ★ ~ européen *lid v.h. Europese parlement*
députer OV WW *afvaardigen*
der INF. v ★ la der des ders *de allerlaatste (keer, oorlog)*
déracinement m OOK FIG. *ontworteling*
déraciner OV WW • OOK FIG. *ontwortelen* • *uitroeien* ‹v. ondeugd, misvatting› ★ des déracinés *ontheemden*
déraidir OV WW *soepeler maken*
déraillement m OOK FIG. *ontsporing*
dérailler ON WW • OOK FIG. *ontsporen; van het goede pad raken* • INF. *raaskallen* • INF. *kuren hebben* ‹v. apparaten›
dérailleur m *versnelling; derailleur* ‹v. fiets›
déraison v VERO. *dwaasheid; onverstand*
déraisonnable BNW *onverstandig; onredelijk; dwaas*
déraisonner ON WW FORM. *onzin uitkramen; doordraven*
dérangement m • *wanorde; ongeregeldheid* • *storing; stoornis; last* ★ être en ~ *storing hebben; defect zijn*
déranger I OV WW • *in de war brengen* • *storen; lastig vallen* • *ontregelen; verstoren; van slag brengen; defect maken* ★ être dérangé *gestoord zijn;* INF. *diarree hebben* II WKD WW (**se** ~) *zich moeite geven; de moeite nemen om te komen* ★ ne vous dérangez pas *blijft u zitten; doe geen moeite*
dérapage m • *(het) slippen* • *(het) uit de hand lopen* • *uitglijder*
déraper ON WW • *slippen* • *uit de hand lopen*
dératé BNW ★ INF. courir comme un ~ *rennen als een bezetene*
dératisation v *ontratting; rattenbestrijding*
dératiser OV WW *ontratten*
derby m • *derby* • *(soort) schoen* ★ ~ bateau *bootschoen* ★ ~ détente *vrijetijdsschoen*
derechef BIJW FORM. *wederom; opnieuw*
déréglé BNW • *ontregeld; van slag* • *ordeloos; losbandig* ★ pouls ~ *onregelmatige pols*
dérèglement m • *ontregeling* • *ongeregeldheid; wanorde* • *losbandigheid*
déréglementation v *deregulering*
dérégler OV WW • *ontregelen; storen; van slag brengen* • *losbandig maken*
dérégulation v *deregulering*
dérider I OV WW *opmonteren* II WKD WW (**se** ~) *opgewekt(er) worden; uit de plooi komen; (glim)lachen*
dérision v *spot* ★ tourner en ~ *belachelijk maken* ★ c'est une ~! *dat is bespottelijk!; dat stelt niets voor!*
dérisoire BNW • *belachelijk* • *gering; pover* ★ prix ~ *spotprijs*
dérivatif I m FIG. *afleiding* II BNW [v: **dérivative**] *afleidend*
dérivation v • *afleiding; aftakking; omleiding* • *(het) afdrijven; koersafwijking* ★ boîte de ~ *aftakdoos* ★ canal de ~ *afwateringskanaal*
dérive v • *afdrijving; koersafwijking; drift* • *zwaard* ‹v. schip› • *richtingsroer; kielvlak* ‹v. vliegtuig› ★ aller à la ~ OOK FIG. *op drift raken; mislopen*
dérivé m TAALK., CHEM. *derivaat; afleiding*
dériver I OV WW • *afleiden* (**de** *van, uit*) • *aftakken* ★ produit dérivé *derivaat* ★ courant dérivé *aftakstroom* II ON WW • *afdrijven;* OOK FIG. *uit de koers raken* • (~ **de**) *afgeleid zijn van; voortkomen uit*
dermatite v *huidontsteking; dermatitis*
dermato m/v INF. *dermatoloog*
dermatologie v *dermatologie*
dermatologue m/v *dermatoloog; huidarts*
derme m *lederhuid*
dermique BNW *huid-*
dermite v *huidontsteking*
dernier [v: **dernière**] I m *laatste* ★ petit ~ *benjamin; nakomertje* ★ le ~ des hommes/ des ~s *iem. van het laagste allooi* II BNW • *laatst* • *vorig; jongstleden* • *uiterst; hoogst; laagst* ★ en ~ (lieu) *ten laatste; ten slotte*

D

★ dimanche ~ *verleden zondag* ★ la dernière chose *het laatste* ★ ~ étage *hoogste verdieping* ★ rendre le ~ devoir *de laatste eer bewijzen* ★ rendre le ~ soupir *de geest geven* ★ avoir le ~ mot *het laatste woord hebben* ★ dernière nouveauté *nieuwste mode* ★ au ~ point *in de hoogste graad* ★ le ~ venu *de laatstgekomene* ★ c'est du ~ ridicule *het is hoogst belachelijk*

dernièrement BIJW *onlangs*

dernier-né m [v: **dernière-née**] *laatstgeborene*

dérobade v • *ontwijkend gedrag*; *(het) terugkrabbelen*; *uitvlucht(en)* • *weigering* ‹v. paard›

dérobé BNW *verborgen*; *geheim* ★ à la ~e *stiekem*; *tersluiks* ★ escalier ~ *geheime trap*

dérober I OV WW • *ontfutselen*; *afhandig maken*; *ontnemen*; *ontstelen (***à** *aan)* • *onttrekken (***à** *aan)*; *verbergen* ★ ~ un baiser *een kus stelen* ★ ~ un secret *een geheim ontfutselen* ★ ~ sa marche *zijn middelen geheim houden* ★ ~ la vue à qn *iem. het uitzicht belemmeren* **II** WKD WW (**se** ~) • *ontwijkend reageren*; *wijken*; *het laten afweten*; *niet thuis geven* • *weigeren* ‹v. paard› ★ les jambes, les genoux se dérobaient sous lui *zijn benen weigerden dienst*; *zijn knieën knikten* • (**se** ~ **à**) *zich onttrekken aan*; *zich verbergen voor*; *ontwijken*; *plichten verzaken*

dérogation v • *inbreuk (***à** *op)* • *ontheffing*

déroger ON WW (~ **à**) *afwijken van* ‹regel, wet›

dérouiller I OV WW • *van roest ontdoen* • *lenig maken*; *opfrissen* ‹v. geheugen› • INF. *een pak slaag geven* ★ INF. se ~ les jambes *de benen strekken* **II** ON WW INF. *slaag krijgen*

déroulement m *(het) ontrollen*; *verloop*; *ontwikkeling*

dérouler I OV WW OOK FIG. *ontrollen* ★ COMP. menu déroulant *rolmenu* **II** WKD WW (**se** ~) • OOK FIG. *zich ontrollen* • *zich afspelen*; *verlopen*

déroutant BNW *verwarrend*

déroute v *wanordelijke vlucht*; *aftocht*; *teloorgang*; *afgang*; *hachelijke positie* ★ en ~ *in verwarring*; *ontredderd* ★ mettre en ~ *op de vlucht drijven*

dérouter OV WW • *van koers doen wijzigen* • *op een verkeerd spoor brengen* • *in de war brengen*; *uit het veld slaan*

derrick m *boortoren*

derrière I m *achterzijde*; *achterste deel*; *achterste* ★ porte de ~ *achterdeur* ★ VERO. les ~s *de achterhoede* ★ assurer ses ~s *de aftocht dekken*; *zich indekken* **II** BIJW *erachter*; *achteraan* ★ sens devant ~ *achterstevoren* **III** VZ *achter*

des I LW MV ★ des arbres *bomen* ★ j'ai eu des vacances intéressantes *ik heb een interessante vakantie gehad* **II** SAMENTR / de les / ★ il parle des vacances *hij praat over de vakantie*

dès I VZ *(al) vanaf*; *(al) sinds*; *al in* ★ dès 1700 *reeds in 1700* ★ dès à présent *van nu af aan*; *voortaan* ★ dès la pointe du jour *bij 't krieken v.d. dag* **II** VW (~ **que**) *zodra*

désabonner I OV WW *als abonnee schrappen* **II** WKD WW (**se** ~) *zijn abonnement opzeggen*

désabusé BNW *van zijn illusies beroofd*; *cynisch-onverschillig*

désabuser OV WW VERO. FIG. *de ogen openen*; *ontnuchteren*

désaccord m • *onmin* ‹v. muziekinstrumenten›; *onenigheid*; *meningsverschil (***avec** *met;* **entre** *tussen;* **sur** *over)* • *strijdigheid*; *discrepantie* • *ongelijke stemming* ‹v. muziekinstrumenten› ★ être en ~ (avec) *het oneens zijn (met)*; *in onmin leven (met)*; *in strijd zijn (met)*

désaccordé BNW MUZ. *ontstemd*

désaccorder OV WW • MUZ. *ontstemmen* • *onmin brengen tussen*

désaccoupler OV WW *loskoppelen*

désaccoutumance v *ontwenning (***à** *aan, van)*

désaccoutumer I OV WW (~ **de**) *doen afwennen*; *afleren* **II** WKD WW (**se** ~ **de**) *afwennen*; *afleren*

désacraliser OV WW *ontheiligen*

désadapté BNW *onaangepast*

désaffectation v *(het) onttrekken aan de oorspronkelijke bestemming*

désaffecté BNW *buiten gebruik*; *leegstaand* ‹v. fabrieken e.d.›

désaffecter OV WW *aan de oorspronkelijke bestemming onttrekken*; *buiten gebruik stellen*

désaffection v *verlies van genegenheid*; *afkeer*; *ongenegenheid (***pour** *voor)*

désaffilier I OV WW *als lid schrappen* **II** WKD WW (**se** ~) *zijn lidmaatschap opzeggen*

désagréable BNW *onaangenaam*

désagrégation v *(het) uiteenvallen*; *ontbinding*; *verval*; *desintegratie*

désagréger I OV WW *uiteen doen vallen* **II** WKD WW (**se** ~) *uiteenvallen*

désagrément m *onaangenaamheid*; *ongerief*

désaltérant BNW *dorstlessend*

désaltérer I OV WW OOK FIG. *laven* **II** ON WW *dorstlessend zijn* **III** WKD WW (**se** ~) *zijn dorst lessen*

désamorçage m → **désamorcer**

désamorcer OV WW *onklaar maken* ‹v. bom, mijn, schietwapen›; OOK FIG. *onschadelijk maken* ★ ~ une pompe *een pomp laten leeglopen* ★ ~ un conflit *een conflict in de kiem smoren*

désappointé BNW *teleurgesteld*

désappointement m *teleurstelling*

désappointer OV WW *teleurstellen*

désapprendre OV WW FORM. *verleren*

désapprobateur [v: **désapprobatrice**] **I** m *iem. die afkeurt* **II** BNW *afkeurend*

désapprobation v *afkeuring*

désapprouver OV WW *afkeuren (***que** [+subj.] dat)*; *laken*

désarçonner OV WW • *uit het zadel lichten* • *van zijn stuk brengen*; *de mond snoeren*

désargenté BNW INF. *blut*; *zonder geld*

désargenter OV WW *van de zilverlaag ontdoen*; *ontzilveren*

désarmant BNW FIG. *ontwapenend*

désarmement m *ontwapening*

désarmer I OV WW • OOK FIG. *ontwapenen*; *weerloos maken* • *ontladen*; *in de rust zetten*

‹v. wapen› • *onttakelen* ‹v. schip›; *opleggen* • FORM. *doen bedaren* **II** ON WW • *ontwapenen* • *bedaren* ‹v. agressiviteit› ★ il ne désarme pas *hij weet van geen ophouden*; *hij geeft niet op*
désarroi m *verwarring*; *opschudding*; *ontreddering* ★ en ~ *in de war*; *ontredderd*
désarticuler I OV WW OOK FIG. *ontwrichten*; *uit het lid halen* ★ pantin désarticulé *trekpop* **II** WKD WW (**se** ~) *zich in bochten wringen*
désassembler I OV WW *uit elkaar nemen*; *demonteren* **II** WKD WW (**se** ~) *uit elkaar gaan*
désassorti BNW *onvolledig* ‹v. serie, stel›
désastre m *ramp*; *fiasco*
désastreux BNW [v: **désastreuse**] *rampzalig*; *vreselijk*
désavantage m *nadeel* ★ à son ~ *op ongunstige wijze*
désavantager OV WW *benadelen*
désavantageux BNW [v: **désavantageuse**] *nadelig*; *onvoordelig*; *ongunstig*
désaveu m [mv: **désaveux**] • *ontkenning*; *verloochening* • *afkeuring*
désavouer OV WW • *niet als eigen erkennen*; *(ver)loochenen* • *afkeuren*; *veroordelen* • *herroepen* • *afvallen*; *desavoueren* ★ ~ un enfant *een kind niet erkennen*
désaxé BNW *(geestelijk) onevenwichtig*; *gestoord*
désaxer OV WW OOK FIG. *uit zijn evenwicht brengen*
descellement m *ontzegeling*
desceller OV WW • *ontzegelen* • *(uit het metselwerk) losmaken*
descendance v • *afstamming*; *afkomst* • *nakomelingschap*
descendant I m [v: **descendante**] *afstammeling* **II** BNW *afdalend* ★ ligne ~e *afdalende lijn* ★ marée ~e *eb*
descendre I OV WW • *afdalen*; *afgaan*; *aflopen* • *naar beneden halen*; *naar beneden brengen*; *laten zakken* • *afzetten* ‹v. passagiers›; *uitladen* • INF. *neerschieten*; *doden* **II** ON WW • *(af)dalen (***de** *uit, van)*; *neerdalen*; *naar beneden gaan* • *zakken* • *(in zuidelijke richting) gaan* • *uitstappen*; *afstijgen (***de** *uit, van)* • *zijn intrek nemen* • *een inval doen* • *zich verlagen (***jusqu'à** *tot)* ★ ~ d'un arbre *uit een boom klimmen* ★ ~ à l'hôtel *in een hotel zijn intrek nemen* ★ ~ à terre *aan land gaan*; *landen* ★ ~ de cheval *van het paard stijgen* ★ ~ au tombeau *sterven* ★ ~ en ville *de stad ingaan* ★ FORM. ~ en soi-même *tot zichzelf inkeren* ★ ~ dans la rue *de straat opgaan (om te betogen)* ★ la mer descend *het wordt eb* ★ il est descendu bien bas *hij is diep gezonken* • (~ **de**) *afstammen van*; *afkomstig zijn van*
descente v • *neerdaling*; *(af)daling* • *(het) uitstappen*; *(het) afstappen* • *inval* • *(het) omlaaghalen* • *afvoerpijp* • *helling* • *beddenkleedje*; *badmat* • MED. *uitzakking*; *verzakking* ★ ~ de police *inval van de politie*; *huiszoeking* ★ JUR. ~ sur les lieux *onderzoek ter plaatse* ★ ~ de croix *kruisafneming* ★ INF. avoir une bonne ~ *goed van innemen zijn* ‹eten en drinken›
descriptif I m *technische beschrijving*; *werktekening* **II** BNW [v: **descriptive**] *beschrijvend*; *descriptief* ★ géometrie descriptive *beschrijvende meetkunde*
description v *beschrijving*
désembourber OV WW • *uit de modder halen* • *uit de ellende halen*
désemparé BNW *ontredderd*
désemparer ON WW ★ sans ~ *onafgebroken*; *aan één stuk door*
désemplir ON WW ★ ne pas ~ *altijd vol (mensen) zijn*
désencadrer OV WW *uit de lijst halen*
désenchaîner OV WW *van (de) ketenen bevrijden*
désenchantement m *ontgoocheling*; *teleurstelling*
désenchanter OV WW *ontgoochelen*; *teleurstellen*
désenclavement m *ontsluiting*; *ontwikkeling* ‹v. achtergebleven regio›
désencombrer OV WW *vrijmaken van wat belemmert*; *ontlasten (***de** *van)*
désendettement m *schulddelging*
désenfler I ON WW *doen slinken* **II** ON WW *slinken*
désengagement m *terugtrekking* ‹v. leger, verplichting›
désengager OV WW *ontslaan v.e. verplichting (***de** *van)*
désennuyer OV WW *de verveling verdrijven*
désensabler OV WW *ontzanden*; *uitbaggeren*
désensibilisation v → **désensibiliser**
désensibiliser OV WW *minder gevoelig maken*; *desensibiliseren*
désensorceler OV WW *van de betovering ontdoen*
désentortiller OV WW *uit de war halen*
désépaissir OV WW *minder dik maken*; *uitdunnen*
déséquilibre m • *gebrek aan evenwicht*; *onbalans*; *wanverhouding* • *onevenwichtigheid*
déséquilibré I m [v: **déséquilibrée**] *onevenwichtig persoon*; *psychopaat* **II** BNW *onevenwichtig*
déséquilibrer OV WW OOK FIG. *het evenwicht doen verliezen*; *uit zijn evenwicht brengen*
désert I m • *woestijn*; *woestenij* • *verlaten oord* ★ traversée du ~ *tocht door de woestijn*; *periode van anonimiteit* ‹v. afgebrand politicus› ★ prêcher dans le ~ *voor dovemansoren spreken* **II** BNW *eenzaam*; *verlaten*; *onbewoond* ‹v. eiland›; *onherbergzaam* ‹v. gebied› ★ rue ~e *uitgestorven straat*
déserter I OV WW • *verlaten*; *wegtrekken uit* • *afvallen* ‹v. overtuiging, partij› ★ ~ la bonne cause *de goede zaak in de steek laten* **II** ON WW *deserteren*; *overlopen (***à** *naar)*
déserteur m *deserteur*; *overloper*
désertification v • *desertificatie*; *woestijnvorming* • *ontvolking* ‹v.h. platteland›
désertion v • *desertie* • *afvalligheid* ‹v. partij›
désertique BNW *woestijnachtig*; *woestijn-*
désespérant BNW *wanhopend*; *wanhopig*

D

désespéré I m [v: **désespérée**] *wanhopige* ★ courir comme un ~ *rennen als een bezetene* **II** BNW • *wanhopig* • *hopeloos*
désespérer I OV WW *tot wanhoop brengen; de moed doen verliezen* ★ ~ que [+ subj.] *geen hoop meer hebben dat* **II** ON WW • *wanhopen* • (~ **de**) *wanhopen aan; de hoop opgegeven hebben om/voor* **III** WKD WW (**se** ~) *wanhopig zijn; diep bedroefd zijn*

D

désespoir m *wanhoop; vertwijfeling* ★ en ~ de cause *ten einde raad; als laatste uitweg* ★ je suis au ~ (de) *het spijt me erg (dat)* ★ être/faire le ~ de qn *iem. tot wanhoop brengen* ★ mettre au ~ *wanhopig maken*
déshabillé m *negligé; ochtendjapon*
déshabiller I OV WW OOK FIG. *uitkleden* **II** WKD WW (**se** ~) *zich uitkleden; zijn overkleren uittrekken*
déshabituer I OV WW (~ **de**) *afwennen; afhelpen van; afleren om* **II** WKD WW (**se** ~ **de**) *ontwennen; afleren om*
désherbant m *onkruidverdelgingsmiddel*
désherber OV WW *wieden; onkruid verwijderen uit*
déshérité m [v: **déshéritée**] *misdeelde; behoeftige*
déshériter OV WW • *onterven* • *misdelen*
déshonnête BNW *onfatsoenlijk; onbetamelijk*
déshonneur m *oneer; schande; eerverlies*
déshonorant BNW *onterend; smadelijk*
déshonorer OV WW *onteren;* FIG. *bezoedelen*
déshumaniser OV WW *ontmenselijken*
déshydratation v *uitdroging; vochtverlies*
déshydraté BNW • *ontwaterd* • *uitgedroogd*
déshydrater I OV WW *uitdrogen* **II** WKD WW (**se** ~) *uitdrogen*
désignation v *aanwijzing; aanduiding*
désigner OV WW *aanwijzen (***à** *aan;* **comme** *als;* **pour** *voor); aanduiden* ★ ~ l'heure et le lieu *de tijd en de plaats bepalen*
désillusion v *ontgoocheling; teleurstelling*
désillusionner OV WW *ontgoochelen; teleurstellen*
désincarné BNW • *buiten het lichaam getreden* • VAAK IRON. *onthecht; wereldvreemd*
désinence v *uitgang* ‹v. woord›
désinfectant I m *ontsmettingsmiddel* **II** BNW *desinfecterend; ontsmettend*
désinfecter OV WW *ontsmetten*
désinfection v *ontsmetting*
désintégration v *(het) uiteenvallen; desintegratie*
désintégrer I OV WW *doen uiteenvallen* **II** WKD WW (**se** ~) *uiteenvallen; desintegreren*
désintéressé BNW • *belangeloos; onbaatzuchtig* • (**dans**) *geen belang hebbend bij* • (**de**) *niet meer geïnteresseerd in* • *onpartijdig; onbevooroordeeld*
désintéressement m • *onbaatzuchtigheid; belangeloosheid* • *schadeloosstelling; uitkoping*
désintéresser I OV WW *schadeloosstellen; uitkopen* **II** WKD WW (**se** ~ **de**) *de belangstelling verliezen voor; afstoten*
désintérêt m *gebrek aan interesse; onverschilligheid (***de, pour** *voor)*
désintoxication v • *ontwenning* • OOK FIG. *ontgifting*
désintoxiquer I OV WW • *genezen v.e. verslaving* • OOK FIG. *ontgiften* **II** WKD WW (**se** ~) *een ontwenningskuur ondergaan; afkicken*
désinvolte BNW *ongedwongen; nonchalant; (te) vrij; ongegeneerd*
désinvolture v *ongedwongenheid; (te) vrije manieren; nonchalance*
désir m *verlangen (***de** *naar, om); wens; begeerte* ★ ~ de gain *gewinzucht* ★ prendre ses ~s pour des réalités *aan wensdenken doen*
désirable BNW *wenselijk; begerenswaardig*
désirer OV WW *verlangen; wensen; willen; begeren* ★ ~ que [+ subj.] *willen dat* ★ se faire ~ *op zich laten wachten* ★ ce travail ne laisse rien à ~ *dit werk laat niets te wensen over* ★ le Désiré des Nations *de Messias*
désireux BNW [v: **désireuse**] (~ **de**) *verlangend naar/om te* ★ désireux de plaire *behaagziek*
désistement m *(het) afstand doen (***de** *van); intrekking* ‹v. kandidatuur, aanspraken›
désister WKD WW (**se** ~) • *zich terugtrekken* ‹als kandidaat› • (**se** ~ **de**) *afstand doen van; intrekken*
désobéir ON WW *niet gehoorzamen (***à** *aan)*
désobéissance v *ongehoorzaamheid*
désobéissant BNW *ongehoorzaam*
désobligeance v *onvriendelijkheid*
désobligeant BNW *onvriendelijk; onheus*
désobliger OV WW *onvriendelijk bejegenen; voor het hoofd stoten*
désodorisant m *luchtververser*
désodoriser OV WW *de (onaangename) geur verdrijven uit*
désœuvré I m [v: **désoeuvrée**] *nietsdoener; leegloper* **II** BNW *nietsdoend; inactief; zich gauw vervelend*
désœuvrement m *(het) nietsdoen; ledigheid* ★ par ~ *om de tijd te doden; uit verveling*
désolant BNW *bedroevend; treurig; vervelend*
désolation v • *diepe droefheid; verslagenheid* • *desolaatheid; troosteloosheid* • VERO. *teistering; verwoesting*
désolé BNW • *diep bedroefd (***de** *over)* • *desolaat; troosteloos* ★ (je suis) ~ *het spijt me*
désoler I OV WW • *diep bedroeven* • VERO. *teisteren; verwoesten* **II** WKD WW (**se** ~) *bedroefd zijn (***de** *over)*
désolidariser WKD WW (**se** ~) *niet langer solidair zijn (***de** *met); zich distantiëren (***de** *van)*
désopilant BNW *dol vermakelijk*
désordonné BNW • *ordeloos; slordig* • *buitensporig*
désordre m • *wanorde; verwarring; ongeordendheid* • *losbandigheid* • *onrust* • MV *ongeregeldheden; onlusten* • MED. *stoornis* ★ en ~ *in de war; ongeordend* ★ dans le ~ *in willekeurige volgorde*
désorganisation v *desorganisatie; verwarring; verstoring; ontreddering*
désorganiser OV WW *desorganiseren; verwarring stichten in; verstoren; ontregelen*
désorientation v *desoriëntatie; verwardheid*

désorienter OV WW *desoriënteren; de richting doen kwijtraken; in de war brengen*
désormais BIJW *voortaan; van nu/toen af aan*
désosser OV WW OOK FIG. *uitbenen; ontgraten*
despote I m *despoot; dwingeland* **II** BNW *despotisch; tiranniek*
despotique BNW *despotisch; tiranniek*
despotisme m *despotisme; dwingelandij*
desquamer (*zeg:* -kwa) WKD WW (**se** ~) *vervellen; afschilferen*
desquelles SAMENTR / de lesquelles / → **lequel**
desquels SAMENTR / de lesquels / → **lequel**
DESS AFK (diplôme d'études supérieures spécialisées) *universitair vakdiploma*
dessaisir I OV WW (~ **de**) *ontnemen; de bevoegdheid ontnemen inzake* **II** WKD WW (**se** ~ **de**) *afstand doen van; uit handen geven* ★ se dessaisir d'un titre *afstand doen v.e. titel*
dessaisissement m → **dessaisir**
dessalage m *ontzilting; ontzouting*
dessalé BNW • *ontzout* • INF. *bijdehand; vrijpostig*
dessaler I OV WW • *minder zout maken; laten weken* ‹v. vis› • INF. *wereldwijs maken; minder naïef maken* **II** ON WW • *minder zout worden* • INF. *kapseizen* **III** WKD WW (**se** ~) FIG. *loskomen*
dessaouler (*zeg:* deesoelee) WW → **dessoûler**
dessécher I OV WW • *(uit)drogen*; OOK FIG. *doen verdorren* • *droogleggen* • *uitmergelen; doen vermageren* ★ ~ le cœur *het hart ongevoelig maken* **II** WKD WW (**se** ~) • *uitdrogen*; OOK FIG. *verdorren* • *wegteren; verschrompelen* • *afstompen*
dessein m *plan; bedoeling; opzet* ★ à ~ *met opzet* ★ dans le ~ de *(met de bedoeling) om te*
desseller (*zeg:* dee-) OV WW *afzadelen*
desserrer (*zeg:* dee-) OV WW *los(ser) maken* ‹v. wat strak/geschroefd/geknoopt is› ★ ne pas ~ les dents *geen mond opendoen*
dessert m *dessert; nagerecht*
desserte v • *geregelde verbinding; dienst* • REL. *(het) leiden v.d. dienst* • *dientafeltje* ★ faire la ~ de *dienst doen op*
desservant m *dienstdoend geestelijke*
desservir OV WW • *afruimen* ‹v. tafel› • *de dienst onderhouden met* ‹een bestemming›; *(regelmatig) aandoen* • *de dienst leiden in* ‹kerk, parochie› • *een slechte dienst bewijzen aan; benadelen*
dessication v [**dessiccation**] *(uit)droging*
dessiller (*zeg:* dee-) OV WW ★ ~ les yeux à qn OOK FIG. *iem. de ogen openen*
dessin m • *tekening* • *(het) tekenen; tekenkunst* • *ontwerp; opzet; plan* • *dessin; patroon* • *contour(en); vorm* ★ ~(s) animé(s) *tekenfilm* ★ ~ industriel *technisch tekenen* ★ ~ linéaire *lijntekenen* ★ ~ au trait *lijntekening*
dessinateur m [v: **dessinatrice**] *tekenaar; ontwerper*
dessiner I OV WW • *tekenen; schetsen* • *doen uitkomen; aftekenen* ★ bande dessinée *strip(verhaal)* ★ ~ à la plume *met de pen tekenen* ★ ~ d'après nature *naar de natuur tekenen* ★ ~ les formes *de vormen doen uitkomen* **II** WKD WW (**se** ~) *uitkomen; zich aftekenen; vorm aannemen*
dessouder (*zeg:* dee-) OV WW • *losmaken* ‹wat gesoldeerd was› • ARG. *doden*
dessoûler INF. (*zeg:* dee-) **I** OV WW *ontnuchteren* **II** ON WW *nuchter worden* ★ il ne dessoûle pas *hij is altijd dronken*
dessous I m • *onderste deel; onderkant* • *onderzetter; onderlegger* ★ voisins du ~ *onderburen* ★ avoir le ~ *het onderspit delven; het (moeten) afleggen* ★ connaître le(s) ~ (des cartes) de *het fijne v.d. zaak weten; inside information hebben over* ★ être au trente-sixième ~ *in de put zitten; in de penarie zitten* **II** m mv *(dames)ondergoed* **III** BIJW *(er)onder* ★ de ~ *onderste* ★ vêtements de ~ *ondergoed* ★ en ~ *van onderen; eronder; heimelijk; steels* ★ mettre ~ *op de grond werpen* **IV** VZ ★ de ~ *van onder* ★ en ~ de *onder*
dessous-de-plat m (onver.) *placemat; onderzetter*
dessous-de-table m (onver.) *geld onder de tafel; smeergeld; steekpenningen*
dessus I m • *bovenzijde; bovenste deel* • *bovenstem* • *overkleedje* ★ ~ de la main *rug v.d. hand* ★ ~ du pied *wreef* ★ ~ d'une table *tafelblad* ★ le ~ du panier *het puikje* ★ voisins du ~ *bovenburen* ★ avoir le ~ *de overhand hebben* ★ reprendre le ~ *er weer bovenop komen* **II** BIJW *(er)boven; erop* ★ de ~ *bovenste* ★ habit de ~ *bovenkleed* ★ rang de ~ *bovenste rij* ★ en ~ *(van) boven* ★ sens ~ dessous *ondersteboven* ★ passer ~ à qn *iem. overrijden* ★ mettre le doigt ~ *de spijker op de kop slaan* ★ avoir le vent ~ *boven de wind zijn* **III** VZ ★ de ~ *van ... af (omlaag)*
dessus-de-lit m (onver.) *sprei*
déstabiliser OV WW *destabiliseren; onstabiel maken*
destin m *lot; noodlot; (lots)bestemming*
destinataire m/v *geadresseerde*
destination v *bestemming; plaats van bestemming* ★ avion à ~ de Paris *vliegtuig naar Parijs*
destinée v • *lot; noodlot* • *leven; bestaan*
destiner OV WW *bestemmen (***à** *voor)* ★ se ~ à l'enseignement *het onderwijs in willen*
destituer OV WW *ontzetten (***de** *uit); afzetten*
destitution v *afzetting; ontzetting* ‹uit ambt›
déstocker OV WW *voorraad verminderen*
destrier m *strijdros*
destroyer (*zeg:* destrwajee/destrojeur) m *escortevaartuig; torpedojager*
destructeur [v: **destructrice**] **I** m *vernieler* **II** BNW *vernielend; destructief; vernielzuchtig*
destructible BNW *vernielbaar; afbreekbaar*
destructif BNW [v: **destructive**] *vernielend; afbrekend; destructief*
destruction v *vernieling; verwoesting; vernietiging*
désuet (*zeg:* deesuuè) BNW [v: **désuète**] *verouderd; in onbruik geraakt*
désuétude (*zeg:* -suu-) v *onbruik* ★ tomber en ~ *in onbruik raken*
désuni BNW *verdeeld; onenig; niet-samenhangend*
désunion v *verdeeldheid; tweedracht; onenigheid*

D

D

désunir OV WW *tweedracht zaaien tussen/in; verdelen; scheiden*
détachable BNW *afneembaar*
détachage m *ontvlekking*
détachant m *ontvlekkingsmiddel*
détaché BNW • *los* ‹afzonderlijk; niet bevestigd› • *ongedwongen; onverschillig; losjes* • *ongedwongen* ★ note ~e *niet-gebonden noot* ★ pièces ~es *(losse) onderdelen*
détachement m • *ongedwongenheid; onverschilligheid* • *losmaking; (het) los zijn; onthechting* • MIL. *detachement* • *detachering*
détacher I OV WW • *losmaken* (**de** *van, uit*); OOK FIG. *verwijderen* • *onthechten* • *detacheren* • *ontvlekken* ★ ~ les yeux de qc *de ogen van iets afwenden* ★ ~ les contours *de contouren doen uitkomen* ★ INF. ~ un coup de poing *een stomp toedienen* II WKD WW (**se** ~) • *losgaan; zich losmaken; zich onthechten* (**de** *van, uit*) • *zich aftekenen; afsteken* (**sur** *tegen*)
détail m • *bijzonderheid; detail* • *verkoop in het klein; detailhandel* ★ en ~ *in detail(s); omstandig* ★ entrer/descendre dans le(s) ~(s) *in bijzonderheden treden* ★ vendre en ~, au ~ *in het klein verkopen* ★ faire le ~ de *gedetailleerd beschrijven; specificeren* ★ ne pas faire le/de ~ *zonder omhaal te werk gaan*
détaillant I m [v: **détaillante**] *detaillist* II BNW *in het klein verkopend*
détaillé BNW *gedetailleerd; uitvoerig*
détailler OV WW • *in details vertellen; detailleren* • *in het klein verkopen* • *in stukken hakken*
détaler ON WW INF. *ervandoor gaan*
détartrage m → **détartrer**
détartrant m *antiketelsteenmiddel*
détartrer OV WW *van kalkaanslag/tandsteen ontdoen*
détaxe v *belastingvermindering/-ontheffing* (**sur** *op*)
détaxer OV WW *verminderen/vrijstellen v. belasting*
détecter OV WW *opsporen; ontdekken*
détecteur m *detector* ★ ~ de mouvement *bewegingsmelder*
détection v *opsporing*
détective m • *detective* • *rechercheur*
déteindre I OV WW *ontkleuren* II ON WW • *verkleuren; verschieten* • *afgeven* ‹v. kleuren› • (~ **sur**) *afgeven op* ‹v. kleuren›; *invloed hebben op*
dételer I OV WW *uitspannen; afkoppelen* II ON WW INF. *zich intomen; ermee uitscheiden* ★ sans ~ *zonder ophouden*
détendre I OV WW • OOK FIG. *ontspannen* • *de druk verminderen van* II WKD WW (**se** ~) OOK FIG. *zich ontspannen*
détendu BNW OOK FIG. *ontspannen*
détenir OV WW • *in bezit hebben;* OOK FIG. *in handen hebben* • *gevangen houden; detineren*
détente v • OOK FIG. *ontspanning* • *trekker* ‹v. vuurwapen› • SPORT *katachtige lenigheid; springvermogen* ★ presser la ~ *de trekker overhalen* ★ il est dur à la ~ *hij is op de penning; hij geeft niet graag; hij is traag van begrip*
détenteur m [v: **détentrice**] *houder; bezitter*
détention v • *(het) in bezit houden; bezit* • *gevangenschap; hechtenis; detentie* ★ ~ provisoire *voorarrest*
détenu m [v: **détenue**] *gevangene; gedetineerde*
détergent m *(synthetisch) wasmiddel; detergent*
détérioration v *bederf; beschadiging; verslechtering*
détériorer I OV WW *bederven; schaden; verslechteren* II WKD WW (**se** ~) *verslechteren*
déterminable BNW *bepaalbaar*
déterminant I m *determinant* II BNW • *bepalend* • *beslissend*
déterminatif I m *bepalend woord* II BNW [v: **déterminative**] *bepalend* ★ pronom ~ *bepalingaankondigend voornaamwoord*
détermination v • *vaststelling; bepaling; determinatie* • *beslissing; besluit* • *vastberadenheid; beslistheid*
déterminé BNW • *bepaald; vastgesteld* • *vastbesloten* (**à** *tot, om*)
déterminer I OV WW • *bepalen; vaststellen; determineren* • *veroorzaken; oproepen* • (~ **à**) *doen besluiten tot/om; ertoe brengen om* II WKD WW (**se** ~) *besluiten* (**à** *tot, om*)
déterminisme m *determinisme*
déterrer OV WW • *opgraven* • OOK FIG. *opdiepen* ★ avoir l'air d'un déterré *eruitzien als de dood*
détersif I m *schoonmaakmiddel* II BNW [v: **détersive**] *reinigend*
détestable BNW *afschuwelijk; verfoeilijk; zeer slecht*
détester OV WW *verfoeien; verafschuwen; een hekel hebben aan*
détonant BNW *ontplofbaar*
détonateur m • *slaghoedje; ontstekingsmiddel; detonator* • *wat iets (heftigs) in gang zet*
détonation v *knal; ontploffing; detonatie*
détoner ON WW *ontploffen; knallen*
détonner ON WW • *vals zingen; vals klinken* • *uit de toon vallen; lelijk afsteken; detoneren*
détordre OV WW *uiteendraaien*
détortiller OV WW *ontwarren*
détour m • OOK FIG. *omweg* • *bocht* ★ sans ~ *zonder uitvluchten; zonder gedraai; onomwonden* ★ ça vaut le ~ *dat is het bezichtigen waard* ★ au ~ d'une conversation *terloops (gezegd), tijdens een gesprek*
détourné BNW • OOK FIG. *langs een omweg; niet-rechtstreeks* • *zijdelings; slinks* ★ chemin ~ *omweg* ★ reproche ~ *bedekt verwijt* ★ sens ~ *verdraaide betekenis* ★ par des voies ~es *langs slinkse wegen*
détournement m • *onrechtmatige onttrekking; verduistering* • *omlegging* ‹v. weg›; *omleiding* • *kaping* ‹v. vliegtuig e.d.› ★ JUR. ~ de mineur *onttrekking v.e. minderjarige aan de ouderlijke macht; misbruik v.e. minderjarige* ★ ~ de fonds *verduistering van gelden* ★ ~ de pouvoir *machtsmisbruik; misbruik van bevoegdheid*
détourner I OV WW • *afwenden; afbrengen; afleiden* (**de** *van*) • *omleggen; omleiden;* OOK

FIG. *van richting doen veranderen* • *onrechtmatig onttrekken*; *verduisteren* • *kapen* ‹v. vliegtuig e.d.› • FIG. *verdraaien* • JUR. *misbruiken* ‹v.e minderjarige› • (~ **sur**) *afwentelen op* **II** WKD WW (**se** ~) *zich afwenden*; *afwijken (***de** *van)*
détoxiquer OV WW *ontgiften*
détracteur m [v: **détractrice**] *kleineerder*; *hekelaar*; *criticus*
détraqué INF. **I** m [v: **détraquée**] *geestelijk gestoorde*; *gek* **II** BNW • *ontregeld*; *in het ongerede* • INF. *geestelijk gestoord*; *in de war*
détraquer I OV WW OOK FIG. *in de war maken*; *ontregelen*; *defect maken* **II** WKD WW (**se** ~) *in het ongerede raken*; *kapot gaan*
détrempe v • *tempera(schildering)* • *(het) ontharden van staal*
détremper OV WW • *doorweken* • *verdunnen* • *ontharden* ‹v. staal›
détresse v *nood*; *ellende*; *ontreddering* ★ signal de ~ *noodsignaal*; *alarmknipperlicht* ‹v. auto›
détriment m ★ au ~ de *ten nadele van*; *ten koste van*
détritus (*zeg:* -tuus) m *afval*; *vuilnis*
détroit m *(zee-)engte*; *straat*
détromper OV WW • FIG. *de ogen openen van* ★ détrompez-vous! *geloof dat maar niet!* • (~ **de**) *afhelpen van* ‹waanidee›
détrôner OV WW OOK FIG. *onttronen*
détrousser OV WW VERO. *beroven (***de** *van)*; *uitschudden*
détruire OV WW *vernielen*; *vernietigen*; *verdelgen*; *tenietdoen*
dette v *schuld* ★ ~ flottante *vlottende schuld* ★ ~ publique *staatsschuld* ★ la ~ de la reconnaissance *de plicht tot dankbaarheid* ★ être accablé/criblé/perdu de ~s *tot over de oren in de schulden zitten* ★ qui paye ses ~s, s'enrichit *wie zijn schulden betaalt wordt niet arm* ★ VERO. payer sa ~ à la nature *de tol der natuur betalen*; *sterven*
DEUG AFK (Diplôme d'études universitaires générales) *diploma na twee jaar universitaire studie* ‹eerste fase›; ≈ *propedeuse*
deuil m • *rouw*; *rouwtijd* • *sterfgeval*; *verlies* • *lijkstoet* • *rouwkleding* ★ en ~ *in de rouw* ★ ongles en ~ *nagels met rouwranden* ★ plonger dans le ~ *in rouw dompelen* ★ porter le ~ de qn *over iem. in de rouw zijn* ★ prendre le ~ (pour qn) *de rouw aannemen (om iem.)* ★ INF. tu peux en faire ton ~ *dat kun je wel vergeten*
deux I m *twee* **II** TELW *twee* ★ l'un des deux *een van beiden* ★ en deux mots *in een paar woorden* ★ en moins de deux *in een mum van tijd* ★ de deux choses l'une *van tweeën een* ★ c'est entre les deux *het is er (zo) tussenin*; *zo zo* ★ à deux pas d'ici *hier vlakbij* ★ cela est clair comme deux et deux font quatre *dat is zonneklaar* ★ ... ça fait deux ... *dat zijn twee heel verschillende dingen* ★ jamais deux sans trois *driemaal is scheepsrecht* ★ ne faire ni une ni deux *zich geen tweemaal bedenken* ★ piquer des deux *zijn paard de sporen geven*
deuxième TELW *tweede*
deuxièmement BIJW *ten tweede*
deux-mâts m (onver.) *tweemaster*
deux-pièces m (onver.) • *tweedelig kostuum* • *tweedelig badpak* • *tweekamerflat*
deux-points m (onver.) *dubbele punt*
deux-roues m (onver.) *tweewieler*
deux-temps m (onver.) *tweetaktmotor*
deuzio BIJW INF. *ten tweede*
dévaler I OV WW *snel afgaan* **II** ON WW *snel omlaaggaan*
dévaliser OV WW *beroven*; OOK FIG. *leegplunderen*
dévalorisation v *waardevermindering*
dévaloriser OV WW • *in waarde doen dalen* • *in aanzien doen dalen*; *kleineren*
dévaluation v *devaluatie*; *waardevermindering*
dévaluer OV WW *devalueren*; *in waarde doen verminderen*
devancement m *(het) van te voren gaan*; *(het) vooruitgaan*
devancer OV WW • *gaan/komen vóór*; *vóór zijn*; *voorbijstreven* • *bij voorbaat doen/vervullen* ★ ~ les désirs de qn *iemands wensen voorkomen*
devancier m [v: **devancière**] *voorganger*
devant I m *voorste gedeelte*; *voorzijde* ★ porte de ~ *voordeur* ★ prendre les ~s *vooruitlopen*; *een voorsprong nemen*; *het initiatief nemen* **II** BIJW • *ervoor*; *vooraan*; *vooruit*; *voorop* • *tevoren* ★ (sens) ~ derrière *achterstevoren* ★ marcher ~ *vooruitlopen*; *vooroplopen* ★ passez ~! *gaat u voor!* **III** VZ *voor* ‹plaats›; *tegenover*; *in tegenwoordigheid van* ★ passer ~ une maison *langs een huis gaan*
devanture v • *winkelpui* • *uitstalkast*; *etalage*
dévastateur [v: **dévastatrice**] **I** m *verwoester* **II** BNW *verwoestend*
dévastation v *verwoesting*
dévaster OV WW *verwoesten*
déveine v INF. *pech*
développement m • *ontwikkeling* • *(het) loswikkelen*; *(het) ontvouwen*; *(het) uitpakken* • *uiteenzetting*; *uitwerking* • *verzet* ‹v. fiets› ★ pays en voie de ~ *ontwikkelingsland*
développer I OV WW • *ontwikkelen* ‹ook v. foto's› • *ontvouwen*; *loswikkelen*; *uitpakken* • *uiteenzetten*; *uitwerken* **II** WKD WW (**se** ~) *zich ontwikkelen*; *uitgroeien*
devenir I m *wording*; *ontstaan* **II** ON WW *worden* ★ que deviendra-t-il? *wat zal er van hem worden?*; *wat zal er van hem terechtkomen?*
dévergondage m *losbandigheid*; *schaamteloosheid*
dévergondé BNW *losbandig*; *schaamteloos*; *zedeloos*
dévergonder WKD WW (**se** ~) *schaamteloos optreden*
déverrouiller OV WW *ontgrendelen*
dévers m *(het) overhellen*; *(dwars)helling*
déversement m • *(het) overhellen* • *lozing*; *(uit)storting*
déverser I OV WW *uitstorten*; *lozen*; OOK FIG. *spuien* **II** ON WW *overhellen*; *uit het lood zijn* **III** WKD WW (**se** ~) *zich uitstorten*; *uitstromen*
déversoir m *overlaat*; *overloop*
dévêtir I OV WW *ontkleden* **II** WKD WW (**se** ~)

zich (deels) uitkleden
déviance v *afwijking; deviant gedrag*
déviant BNW *afwijkend; deviant*
déviation v • *afwijking; deviatie* • *wegomleiding*
déviationniste m/v *iem. die van de officiële doctrine afwijkt; dissident*
dévidage m *afwikkeling; afhaspeling*
dévider OV WW • *afwinden; afhaspelen* • INF. *snel opdreunen; afraffelen* ★ ~ un rosaire *een rozenkrans door zijn vingers laten glijden*

D

dévidoir m *haspel*
dévier I OV WW • *doen afwijken (**de** van)*; OOK FIG. *doen afbuigen* • *omleiden* ‹v. verkeer›; *omleggen* II ON WW *afwijken (**de** van)*; *afbuigen*
devin m [v: **devineresse**] *waarzegger* ★ je ne suis pas ~! *ik kan geen koffiedik kijken!*
devinable BNW *voorspelbaar*
deviner OV WW • *raden* • *voorspellen* • *doorzien* ★ ça se devine *dat laat zich raden*
devinette v *raadseltje* ★ poser une ~ *een raadsel opgeven*
devis (*zeg:* -vie) m *kostenraming; prijsopgave; bestek*
dévisager OV WW *aanstaren; monsteren*
devise v • *devies; leus; motto; lijfspreuk; wapenspreuk* • *devies; vreemde valuta*
deviser ON WW FORM. *keuvelen (**de**, **sur** over)*
dévisser I OV WW *losschroeven* II ON WW *neerstorten* ‹v. bergbeklimmer›
dévitaliser OV WW *de zenuw doden van* ‹tand›; *een zenuwbehandeling geven*
dévoilement m *ontsluiering; onthulling*
dévoiler OV WW OOK FIG. *ontsluieren; onthullen*
devoir I m • *plicht* • VAAK MV *huiswerk; taak* ★ par ~ *uit plichtsgevoel* ★ se faire un ~ de *het zijn plicht achten om* ★ se mettre en ~ de *aanstalten maken om* ★ rentrer dans le ~ *zijn plicht weer gaan doen* ★ rendre ses ~s à qn *bij iem. zijn opwachting maken* ★ rendre les derniers ~s à qn *iem. de laatste eer bewijzen* II OV WW (~ **à**) *te danken hebben aan; (ver)schuldig(d) zijn aan; te wijten hebben aan* ★ je lui dois mon bonheur *ik heb mijn geluk aan hem te danken* ★ je lui dois cent florins *ik ben hem honderd gulden schuldig* ★ être dû à *toe te schrijven zijn aan; komen door* ★ il lui doit le respect *hij is hem/haar respect verschuldigd* III WKD WW • (**se** ~ **à**) *zich moeten wijden aan* • (**se** ~ **de**) *moreel verplicht zijn om* ★ cela se doit *dat (be)hoort zo* ★ comme il se doit *zoals het hoort* ★ un roi se doit à son peuple *een koning behoort voor zijn volk te leven* IV HWW • *moeten* • *(wel) zullen* ★ il ne devait pas revoir ses parents *hij zou zijn ouders niet terug zien* ★ je le ferai, dussé-je y passer la nuit *ik zal het doen, zelfs al kost het me de hele nacht*
dévoltage m *vermindering v.d. elektrische spanning*
dévolu I m ★ jeter son ~ sur *zijn keus laten vallen op* II BNW (~ **à**) *vervallen aan; toegevallen aan*
dévolution v *rechtsovergang; devolutie*
dévorateur BNW [v: **dévoratrice**] *verslindend; verterend*
dévorer OV WW *verslinden; verscheuren*; OOK FIG. *verteren* ★ dévoré de remords *verteerd door wroeging* ★ faim dévorante *onverzadigbare honger* ★ ~ des yeux *met de ogen verslinden* ★ ~ un affront *een belediging slikken* ★ ~ son patrimoine *zijn ouderlijk erfdeel erdoor draaien* ★ l'ennui le dévore *hij verveelt zich dood*
dévot I m [v: **dévote**] ★ faux ~ *schijnheilige* II BNW *devoot; vroom*
dévotion v • *vroomheid; devotie* • *verering; cultus (**à** van)* • FIG. *verering; diepe bewondering (**pour** voor)* ★ faire ses ~s *zijn religieuze plichten doen* ★ être à la ~ de qn *iem. met hart en ziel toegewijd zijn*
dévoué BNW *toegewijd (**à** aan)* ★ votre ~ *uw toegenegen*
dévouement m • *toewijding; verknochtheid (**à** aan)* • *offervaardigheid*
dévouer I OV WW VERO. • *(toe)wijden (**à** aan)* • *offeren (**à** aan)* II WKD WW (**se** ~) • *zich (toe)wijden (**à** aan)* • *zich opofferen (**pour** voor)* ★ les soldats se dévouaient pour la patrie *de soldaten offerden hun leven voor het vaderland*
dévoyé BNW *van het goede pad geraakt*
dévoyer I OV WW FORM. • *van de weg afbrengen* • *van het goede pad brengen* II WKD WW (**se** ~) *de verkeerde weg opgaan*; FIG. *ontsporen*
dextérité v *handigheid; vaardigheid*
dextro- VOORV *rechts-*
dextrorsum (*zeg:* -som) BNW *rechtsdraaiend*
di- VOORV *dubbel-; twee-*
dia TW VERO. *haar!* ‹uitroep v. voerlieden›
diabète m *suikerziekte; diabetes*
diabétique I m/v *diabeticus* II BNW *diabetisch*
diable I m • *duivel* • *kerel; duvel; deksels kind* • *steekwagentje* ★ ~ de mer *zeeduivel* ★ avoir le ~ au corps *niet te houden zijn; (als) bezeten zijn* ★ se démener comme un (beau) ~/comme le ~ dans un bénitier *tekeergaan als een bezetene* ★ ne craindre ni Dieu ni ~ *voor de duvel niet bang zijn* ★ envoyer qn au ~ *iem. naar de duivel wensen* ★ faire le ~ à quatre *een hoop stampij maken; al het mogelijke doen* ★ tirer le ~ pour la queue *met moeite kunnen rondkomen* ★ va-t'en au ~! *loop naar de duivel!* ★ voilà le ~ *dat is juist de moeilijkheid* ★ travail fait à la ~ *slordig werk* ★ il fait un froid du ~ *het is duivels koud* ★ il est paresseux en ~ *hij is verdomd lui* ★ au ~ *ver weg; in een uithoek* ★ au ~! *weg met!* ★ le ~, c'est que *het ellendige is dat* ★ c'est le ~ pour *het is een heksentoer om* ★ c'est bien le ~ si ... *het zou wel stug zijn als* ... ★ bon ~ *goeie knul* ★ pauvre ~ *arme drommel* II TW *duivels!; drommels!* ★ que ~! *wat drommels!*
diablement BIJW *verduiveld; drommels*
diablerie v • *duivelskunsten* • *ondeugende streek; kattenkwaad*
diablesse v OOK FIG. *duivelin*
diablotin m • *duiveltje* • *schelmpje; deugniet; dondersteen* • *knalbonbon*
diabolique BNW *duivels; diabolisch*
diaboliser OV WW *als duivel afschilderen;*

verketteren
diabolo m • *diabolo* • *limonade van siroop*
diaconat m *diaconaat*
diaconesse v *diacones*
diacre m *diaken*
diacritique BNW TAALK. *diakritisch; onderscheidend*
diadème m • *diadeem* • FIG. *kroon*
diagnostic (*zeg:* -tiek) m *diagnose*
diagnostique BNW *diagnostisch*
diagnostiquer OV WW *de diagnose stellen van; diagnosticeren*
diagonal BNW [m mv: **diagonaux**] *diagonaal*
diagonale I v *diagonaal* ⋆ lire en ~ *snellezen* **II** BNW → **diagonal**
diagramme m *diagram* ⋆ COMP. ~ de circulation *stroomschema*
dialectal BNW [m mv: **dialectaux**] *dialectisch; dialect-*
dialecte m *dialect*
dialecticien m [v: **dialecticienne**] *dialecticus*
dialectique I v *dialectiek* **II** BNW *dialectisch*
dialogue m *samenspraak; dialoog; gesprek* (**entre** *tussen*) ⋆ c'est un ~ de sourds *ze praten langs elkaar heen*
dialoguer ON WW *een gesprek hebben* (**avec** *met*)
dialoguiste m/v *schrijver v. (film)dialogen*
dialyse v *dialyse*
diamant m *diamant* ⋆ édition ~ *diamanteditie*
diamantaire I m/v • *diamantwerker* • *diamantair* **II** BNW *diamantachtig*
diamanté BNW *van diamant(en) voorzien; diamanten*
diamantifère BNW *diamanthoudend; diamant-*
diamétral BNW [m mv: **diamétraux**] *diametraal* ⋆ ligne ~e *middellijn*
diamétralement BIJW *diametraal* ⋆ ~ opposés *lijnrecht tegenover elkaar staand*
diamètre m • *middellijn* • *doorsnede; diameter*
diane v MIL; VERO. *reveille* ⋆ battre la ~ *de reveille slaan* ⋆ sonner la ~ *de reveille blazen*
diantre TW VERO. *drommels!*
diapason m *diapason* ‹stembereik; stemvork; stemming› ⋆ être au ~ de qn *op iem. ingesteld zijn*; FIG. *op dezelfde golflengte zitten*
diaphane BNW *doorschijnend*
diaphragme m • *middenrif* • *tussenschot* ‹v. vruchten› • *lensopening; diafragma* • *pessarium* • *trilplaatje* ‹in microfoon e.d.›; *membraan*
diaphragmer ON WW *diafragmeren*
diapositive v [**diapo**] *dia*
diapré BNW FORM. *bont; geschakeerd*
diaprure v FORM. *veelkleurigheid; bontheid*
diarrhée v *diarree*
diaspora v *diaspora; verstrooiing*
diatonique BNW *diatonisch*
diatribe v *spotschrift; scherpe kritiek; scherpe uitval* (**contre** *tegen*); *diatribe*
dico m INF. *dictionaire; woordenboek*
dicotylédone BNW *tweezaadlobbig*
dictaphone m *dictafoon*
dictateur m [v: **dictatrice**] *dictator*
dictatorial BNW [m mv: **dictatoriaux**] *dictatoriaal*
dictature v *dictatuur*
dictée v • OOK FIG. *(het) dicteren* • *dictee* ⋆ sous la ~ de *zoals gedicteerd door; zoals ingegeven door* ⋆ écrire sous la ~ *het gedicteerde opschrijven*
dicter OV WW • OOK FIG. *dicteren* • *voorschrijven; opleggen; ingeven*
diction v *dictie; zegging*
dictionnaire m *woordenboek; dictionaire* ⋆ ~ vivant *wandelend woordenboek*
dicton m *spreekwijze; spreuk; gezegde*
didacticiel m *educatieve software*
didactique I v *didactiek* **II** BNW *lerend; didactisch* ⋆ poème ~ *leerdicht*
dièdre I m *tweevlakshoek* **II** BNW *door twee vlakken gevormd*
dièse m MUZ. *kruis; verhogingsteken* ‹ook 'hekje' op toetsenbord e.d.› ⋆ do ~ *cis*
diesel (*zeg:* djeezel) m *diesel*
diéser OV WW MUZ. *een halve toon verhogen*
diète v • *dieet* • *rijksdag; landdag* ⋆ ~ lactée *melkdieet* ⋆ mettre à la ~ *op dieet stellen*
diététicien m [v: **diététicienne**] *diëtist*
diététique I v • *diëtetiek; voedingsleer* • *natuurvoeding* **II** BNW *dieet-*
dieu m [mv: **dieux**] *god* ⋆ comme un dieu *goddelijk mooi* ⋆ l'argent est son dieu *het geld is zijn afgod*
Dieu m *God* ⋆ le bon Dieu *Onze-Lieve-Heer* ⋆ homme de Dieu *Godsman; priester; heilige* ⋆ Dieu merci *goddank* ⋆ plût à Dieu *geve God !* ⋆ il ne craint ni Dieu ni diable *hij is voor de duvel niet bang* ⋆ ne croire ni à Dieu ni à diable *aan God noch gebod geloven* ⋆ recevoir le bon Dieu *de heilige communie ontvangen* ⋆ INF. est-il Dieu possible? *(hoe) is het godsmogelijk?* ⋆ chacun pour soi et Dieu pour tous *ieder voor zich en God voor ons allen* ⋆ l'homme propose et Dieu dispose *de mens wikt, maar God beschikt*
diffamant BNW *lasterlijk*
diffamateur [v: **diffamatrice**] **I** m *lasteraar* **II** BNW *lasterlijk*
diffamation v *laster; kwaadsprekerij; smaad*
diffamatoire BNW *lasterlijk; smaad-* ⋆ écrit ~ *smaadschrift*
diffamer OV WW *belasteren*
différé I m ⋆ en ~ *niet-rechtstreeks* ‹v. uitzending›; COMP. *off-line* **II** BNW *uitgesteld*
différemment BIJW *verschillend; anders*
différence v *verschil* (**de, entre** *tussen*); *onderscheid* ⋆ à la ~ de *in tegenstelling tot* ⋆ faire la ~ *zich gunstig onderscheiden; het winnen*
différenciation v *differentiatie*
différencier OV WW *onderscheiden* (**de** *van*); *differentiëren*
différend m *geschil* (**avec** *met*; **entre** *tussen*) ⋆ partager le ~ *van beide kanten wat toegeven*
différent BNW • *verschillend* (**de** *van*); *anders* • MV *verscheidene*
différentiel I m *differentieel* **II** BNW [v: **différentielle**] • *differentiaal-* • *differentieel*
différentielle v *differentiaal*
différer I OV WW *uitstellen* ⋆ sans ~ *onverwijld* **II** ON WW *verschillen* (**de** *van*); *van mening*

verschillen (**sur** *over)*
difficile BNW *moeilijk; lastig* ★ faire le ~ *moeilijk doen; veeleisend zijn*
difficilement BIJW *moeilijk; moeizaam; bezwaarlijk*
difficulté V *moeilijkheid; probleem; bezwaar* ★ en ~ *in moeilijkheden; in conflict* ★ sans ~ *probleemloos; moeiteloos* ★ soulever une ~ *een tegenwerping maken*
difforme BNW *misvormd; mismaakt; vormeloos*
difformité V *mismaaktheid*
diffraction V *buiging* ‹v. stralen›; *diffractie*
diffus (*zeg:* -fuu) BNW • NAT. *diffuus* • *vaag; onduidelijk* • *wijdlopig*
diffuser OV WW • NAT. *verstrooien* ‹v. straling› • *verspreiden; verbreiden; distribueren* • *uitzenden* ‹per radio of tv› ★ ~ une nouvelle *nieuws verbreiden*
diffuseur M • *verspreider; distributeur* • *diffusor; verdeelinrichting; sproeier* ‹v. carburateur›; *verstuiver*
diffusion V • *verspreiding; verbreiding; verstrooiing; diffusie* • *distributie* • *uitzending* ‹radio, tv›
digérer OV WW • *verteren* • FIG. *verwerken* • *(kunnen) verdragen; verduren; slikken* ★ ~ une offense *een belediging slikken*
digeste BNW INF. *gemakkelijk verteerbaar*
digestibilité V *verteerbaarheid*
digestible BNW *(gemakkelijk) verteerbaar*
digestif I M *digestief; likeurtje* ‹na de maaltijd› II BNW [v: **digestive**] *de spijsvertering bevorderend; spijsverterings-* ★ appareil ~ *spijsverteringsorganen*
digestion V • *(spijs)vertering* • FIG. *verwerking*
digicode M *elektronisch deurslot* ‹met cijfercode›
digital BNW [m mv: **digitaux**] • *digitaal* • *vinger-* ★ empreinte ~e *vingerafdruk*
digitale V *vingerhoedskruid; digitalis*
digitaliser OV WW *digitaliseren; numeriek maken*
digne BNW • *waardig* • (~ **de**) *waard(ig)* ★ digne d'envie *benijdenswaardig* ★ digne de foi *geloofwaardig*
dignitaire M *hoogwaardigheidsbekleder; dignitaris*
dignité V • *waardigheid* • *eigenwaarde*
digression V *uitweiding*
digue V *dijk;* OOK FIG. *dam*
diktat M *dictaat* ‹opgelegde regeling›
dilapidateur [v: **dilapidatrice**] I M *verkwister* II BNW *verkwistend*
dilapidation V *verkwisting; verspilling*
dilapider OV WW *verkwisten; verspillen*
dilatable BNW *uitzetbaar*
dilatation V *uitzetting; verwijding*
dilater I OV WW *doen uitzetten; verwijden* ★ yeux dilatés *opengesperde ogen* ★ ~ le cœur *het hart doen zwellen* ‹v. vreugde› II WKD WW (**se** ~) *uitzetten; zwellen*
dilatoire BNW *vertragend; uitstel beogend; ontwijkend* ‹v. antwoord›
dilection V LIT. *liefde; naastenliefde*
dilemme M *dilemma* ★ être devant/(enfermé) dans un ~ *voor een dilemma staan*
dilettante M/V *dilettant*
dilettantisme M *dilettantisme; amateurisme*
diligemment BIJW → **diligent**
diligence V • FORM. *voortvarendheid; ijver; spoed* • *diligence; postkoets* ★ faire ~ *zich haasten*
diligent BNW FORM. *voortvarend; naarstig; ijverig*
diluant M *verdunningsmiddel*
diluer OV WW *verdunnen;* OOK FIG. *verwateren*
dilution V *verdunning;* OOK FIG. *verwatering*
diluvien BNW [v: **diluvienne**] *(als) van de zondvloed* ★ pluie ~ne *wolkbreuk*
dimanche M *zondag* ★ ~ de Quasimodo *eerste zondag na Pasen* ★ ~ des Rameaux *palmzondag* ★ ~ gras *laatste zondag voor de vasten* ★ air de ~ *opgeruimd gezicht; zondagsgezicht* ★ habillé en ~ *op z'n zondags gekleed* ★ conducteur du ~ *zondagsrijder*
dîme V VERO. *tiend* ‹soort belasting›
dimension V *afmeting;* OOK FIG. *dimensie* ★ à la ~ de *overeenkomend met; passend bij* ★ prendre les ~s de qn FIG. *iem. taxeren*
diminué BNW *verminderd; verzwakt*
diminuer I OV WW • *(ver)minderen; verkleinen; verlagen* • *kleineren* ★ ~ le prix *de prijs verlagen* II ON WW *verminderen; afnemen; kleiner worden; zwakker worden* ★ les jours diminuent *de dagen worden korter* ★ ~ de prix *in prijs dalen* III WKD WW (**se** ~) *zich verlagen; zich verkleinen*
diminutif I M • *verkleinwoord* • *verkleinvorm* ‹v. eigennaam› II BNW [v: **diminutive**] *verkleinend*
diminution V *(ver)mindering; verkleining; verlaging* ★ ~ de prix *prijsverlaging*
dinanderie V *geel koperwerk*
dînatoire BNW ★ déjeuner ~ *uitgebreide warme lunch*
dinde V • *(wijfjes)kalkoen* • *onnozele vrouw; dom gansje*
dindon M • *kalkoen; kalkoense haan* • *domme man; uilskuiken* ★ être le ~ de la farce *het kind v.d. rekening zijn; de klos zijn*
dindonneau M [mv: **dindonneaux**] *jonge kalkoen*
dîner I M *avondmaaltijd; warme maaltijd; diner* II ON WW *de avondmaaltijd gebruiken; warm eten; dineren* ★ (aller) ~ en ville *uit eten gaan* ★ ~ d'un faisan *bij de avondmaaltijd fazant eten*
dînette V • *kleine maaltijd* • *poppenservies*
dîneur M [v: **dîneuse**] • *eter; gast* • *veeleter*
dingo BNW INF. *getikt; gek*
dingue INF. I M/V *gek; malloot* II BNW • *gek; maf* • *ongelooflijk; krankzinnig; onwijs; niet normaal (meer)*
dinguer ON WW INF. *vallen; kukelen* ★ envoyer ~ qn *zich v. iem. afmaken*
dinosaure M • *dinosaurus* • INF. *kopstuk van de oude garde*
diocésain BNW *diocesaan*
diocèse M *diocees; bisdom*
diode V *diode*
dioptrie V *dioptrie*
diphasé BNW *tweefase-*
diphtérie V *difterie*
diphtongue V *tweeklank; diftong*

diplomate I m/v *diplomaat* II BNW *diplomatiek*
diplomatie (*zeg:* -sie) v *diplomatie*
diplomatique I v *oorkondeleer*; *diplomatiek* II BNW • *diplomatiek* • *diplomatisch* ★ maladie ~ *zogenaamde ziekte* ‹als voorwendsel›
diplôme m *diploma*; *akte*; *getuigschrift*
diplômé BNW *gediplomeerd*; *afgestudeerd (***de** *aan;* **en** *in)*
diplômer OV WW *diplomeren*
dipode BNW *tweevoetig*
diptère BNW *tweevleugelig*
diptyque m *tweeluik*; *diptiek*
dire I m *(het) zeggen*; *wat iem. zegt*; *bewering*; *verklaring* ★ au(x) dire(s) de *volgens (zeggen van)* II OV WW *zeggen (***à** *aan)*; *opzeggen* ★ c'est-à-dire *dat wil zeggen* ★ il n'y a pas/ rien à dire *er valt niets tegenin te brengen* ★ pour ainsi dire *om zo te zeggen* ★ pour tout dire *in één woord*; *kortom* ★ aussitôt dit, aussitôt fait *zo gezegd, zo gedaan* ★ c'est beaucoup dire *dat zou te veel gezegd zijn* ★ FORM. si le cœur vous en dit *als u zin hebt* ★ comme qui dirait *als het ware* ★ dites donc! *zeg eens!* ★ ou pour mieux dire *of beter gezegd* ★ (et) dire que *en dan te bedenken dat* ★ sans mot dire *zonder iets te zeggen* ★ c'est dire que *waaruit blijkt dat* ★ on dirait (que) *het lijkt wel (of)* ★ les on-dit/ les qu'en dira-t-on *de publieke opinie*; *de praatjes van de mensen* ★ il n'y a pas à dire *ontegenzeglijk* ★ vous m'en direz tant! *ach zo!* ★ qu'est-ce à dire? *wat betekent dat?* ★ cela en dit long *dat is veelzeggend*; *dat spreekt boekdelen* ★ que veut dire cela? *wat betekent dat?* ★ cela va sans dire *dat spreekt vanzelf* ★ c'est le moins qu'on puisse dire *dat is nog zachtjes uitgedrukt*; *dat mag je wel zeggen* ★ soit dit entre nous *onder ons gezegd* ★ soit dit en passant *dit terzijde* ★ cela ne me dit rien *dat zegt me niets*; *daar voel ik niets voor* ★ c'est tout dit *daarmee is alles gezegd* ★ c'est vite dit *dat is gemakkelijk gezegd* ★ à vrai dire *om de waarheid te zeggen* ★ c'est dit *dat is afgesproken* ★ vous n'avez qu'à dire *u hoeft slechts te bevelen* ★ je ne vous le fais pas dire *u zegt het (immers) zelf* ★ qui ne dit mot, consent *wie zwijgt, stemt toe* III WKD WW (**se** ~) • *bij zichzelf zeggen* • *gezegd worden* • *zeggen te zijn*; *denken te zijn* ★ cela ne se dit pas *dat zegt men niet*
direct (*zeg:* -rekt) I m *directe* ‹bij boksen› ★ (émission en) ~ *rechtstreekse uitzending* II BNW *rechtstreeks*; *direct* ★ ligne ~e *rechte linie* ★ train ~ *doorgaande trein*
directement BIJW → **direct**
directeur [v: **directrice**] I m *directeur*; *hoofd* ★ ~ de conscience *geestelijk leidsman*; *biechtvader* ★ ~ sportif *ploegleider* ‹bij wielrennen› II BNW *leidend*; *richt-* ★ WISK. (ligne) directrice *richtlijn* ★ comité ~ *bestuur*
directif BNW [v: **directive**] • *richtend*; *gericht* • *autoritair*
direction v • *leiding*; *directie* • *richting* • TECHN. *stuurinrichting* ★ toutes ~s *doorgaand verkeer* ‹als aanduiding› ★ ~ assistée *stuurbekrachtiging*
directive v *directief*; *richtlijn*; *instructie*
directoire m • *Directoire* ‹bestuur v. 1795-1799› • *bestuurscollege*; *directie*
directorial BNW [m mv: **directoriaux**] • *wat de directie betreft* • *wat het Directoire betreft*
dirigeable I m *luchtschip*; *zeppelin* II BNW *bestuurbaar*
dirigeant I m [v: **dirigeante**] *leider*; *bestuurder*; *machthebber* II BNW *leidend*; *heersend*
diriger I OV WW • *leiden*; *besturen*; *dirigeren* • *richten (***sur, vers** *naar;* **contre** *tegen)*; *sturen (***sur, vers** *naar)* ★ économie dirigée *geleide economie* II WKD WW • (**se** ~ **contre**) *gericht zijn tegen* • (**se** ~ **vers**) *zich richten naar*; *gaan naar*
dirigisme m *geleide economie*; *dirigisme*
dirigiste BNW *dirigistisch*
discal BNW [mv: **discaux**] *tussenwervelschijf-*
discernement m *onderscheiding(svermogen)*; *oordeel(svermogen)*; *onderkenning*; *inzicht*
discerner OV WW *onderscheiden (***de** *van)*; *onderkennen*; *waarnemen*
disciple m *leerling*; *volgeling*; *discipel* ★ les ~s d'Emmaüs *de Emmaüsgangers*
disciplinaire BNW *disciplinair*; *tucht-*
discipline v *discipline* ‹in alle betekenissen› ★ ~ militaire *krijgstucht* ★ compagnie de ~ *strafcompagnie*
discipliné BNW *gedisciplineerd*
discipliner OV WW *disciplineren*; FIG. *in toom houden*
disco I m *disco* II BNW *disco-*
discobole m GESCH. *discuswerper*
discontinu BNW *discontinu*; *(telkens) onderbroken*
discontinuer ON WW ★ sans ~ *zonder ophouden*; *onafgebroken*
discontinuité v *(het) onderbroken zijn*; *discontinuïteit*
disconvenir ON WW FORM. ★ ne pas ~ de qc *iets niet ontkennen* ★ ne pas ~ que [+ subj.] *niet ontkennen dat*
discophile m/v *discofiel*; *platen-/cd-liefhebber*
discordance v *gebrek aan overeenstemming*; *disharmonie*; *discrepantie (***entre** *tussen)*
discordant BNW *niet overeenstemmend*; *niet bij elkaar passend*; *disharmonisch*; *onwelluidend*; *vloekend* ‹v. kleuren›
discorde v *tweedracht* ★ pomme de ~ *twistappel* ★ semer la ~ *tweedracht zaaien*
discothèque v *discotheek*
discoureur m [v: **discoureuse**] *veelprater*; *kletsmeier*
discourir ON WW *breedvoerig praten*; *uitweiden (***de, sur** *over)*
discours m • *redevoering* • *wat men zegt*; *gepraat*; TAALK. *rede* • *uiteenzetting*; *vertoog (***de** *over)* ★ ~ de réception *intreerede* ★ les parties du ~ *de woordsoorten* ★ ~ (in)direct *(in)directe rede*
discourtois BNW *onbeleefd*; *onhoffelijk*; *onheus*
discrédit (*zeg:* -die) m *diskrediet* ★ jeter le ~ sur *in diskrediet brengen*
discréditer I OV WW *in diskrediet brengen* II WKD WW (**se** ~) *in diskrediet raken*; *zich blameren*

D

D

discret BNW [v: **discrète**] *discreet* ‹in alle betekenissen›; *onopvallend*
discrètement BIJW *discreet*
discrétion v *discretie* ‹in alle betekenissen› ⋆ à ~ *naar believen; zo veel men wil* ⋆ être à la ~ de qn *aan iem. overgeleverd zijn*
discrétionnaire BNW *eigendunkelijk; discretionair*
discriminant BNW FORM. *onderscheidend*
discrimination v • *discriminatie* • FORM. *onderscheiding(svermogen)*
discriminatoire BNW *discriminerend*
discriminer OV WW • FORM. *onderscheiden; onderkennen* • ZELDEN *discrimineren*
disculpation v *(het) (zich) vrijpleiten; bewijs van onschuld*
disculper I OV WW *van blaam zuiveren; disculperen; vrijpleiten (***de** *van)* **II** WKD WW (**se** ~) *zich vrijpleiten; zich rechtvaardigen*
discursif BNW [v: **discursive**] • *redenerend; discursief* • *uitweidend*
discussion v *redetwist; bespreking; discussie* ⋆ cela est sujet à ~ *dat is nog de vraag*
discutable BNW *betwistbaar*
discutailler ON WW INF. *palaveren; bekvechten*
discuté BNW *betwist; omstreden*
discuter I OV WW • *bespreken; discussiëren over* • *betwisten* **II** ON WW *discussiëren; praten; redetwisten (***avec** *met;* **de, sur** *over)*
disert BNW FORM. *welbespraakt*
disette v • *schaarste aan levensmiddelen; hongersnood* • LIT. *schaarste (***de** *aan)*
diseur m [v: **diseuse**] VERO. *zegger; voordrager; mooiprater* ⋆ ~ de bonne aventure *waarzegger* ⋆ ~ de bons mots *moppentapper*
disgrâce v *ongenade* ⋆ tomber en ~ *in ongenade vallen*
disgracié BNW • *in ongenade; uit de gunst* • *misdeeld*
disgracier OV WW *in ongenade doen vallen*
disgracieux BNW [v: **disgracieuse**] *onbevallig; lelijk*
disjoindre I OV WW *(van elkaar) scheiden; uiteenhalen* **II** WKD WW (**se** ~) *losraken*
disjoncter ON WW INF. • *doorslaan* ‹v. zekering› • FIG. *doordraaien; de kluts kwijt zijn*
disjoncteur m *stroomonderbreker; (veiligheids)schakelaar* ⋆ ~ différentiel *aardlekschakelaar*
disjonction v *(het) uiteenhalen; scheiding*
dislocation v • *(het) uiteenvallen; (het) uiteenrukken;* FIG. *ontbinding* • *ontwrichting; dislocatie*
disloquer I OV WW • *uiteenhalen; uiteenrukken;* FIG. *ontbinden* • *ontwrichten* **II** WKD WW (**se** ~) *uiteenvallen*
disparaître ON WW • *verdwijnen; verloren gaan* • *sterven*
disparate I v VERO. *ongelijkheid; discrepantie* **II** BNW *ongelijk(soortig); niet bij elkaar passend; disparaat* ⋆ couleurs ~s *vloekende kleuren*
disparité v *ongelijkheid; discrepantie (***entre** *tussen)*
disparition v • *verdwijning* • *overlijden* ⋆ en voie de ~ *met uitsterven bedreigd*
disparu I BNW • *verdwenen; vermist* • *overleden* **II** WW (volt. deelw.) → **disparaître**
dispatching m *verdeling; verdeelcentrum; verkeerscentrale*
dispendieux BNW [v: **dispendieuse**] FORM. *kostbaar; duur*
dispensaire m *(gratis) geneeskundige dienst; consultatiebureau; polikliniek*
dispensateur m [v: **dispensatrice**] *uitdeler; verstrekker*
dispense v *vrijstelling; ontheffing; dispensatie (***de** *van)*
dispenser I OV WW • *vrijstellen; ontheffen; ontslaan (***de** *van)* • *uitdelen; uitreiken; geven* ⋆ dispense-moi de ça je te dispense de ça *bespaar me dat* **II** WKD WW (**se** ~ **de**) *zich onttrekken aan; de vrijheid nemen iets niet te doen*
disperser I OV WW • *verspreiden; verstrooien* • FIG. *versnipperen* **II** WKD WW (**se** ~) • *zich verspreiden; uiteengaan* • *zijn tijd versnipperen*
dispersion v • *verstrooiing; verspreiding* • *(kleur)schifting; dispersie* • FIG. *versnippering*
disponibilité v • *beschikbaarheid; paraatheid* • MV *beschikbare geldmiddelen* ⋆ mettre en ~ *op non-actief stellen; op wachtgeld zetten* ‹v. militairen, ambtenaren›
disponible BNW • *beschikbaar; paraat* • *op non-actief; op wachtgeld* ‹v. militairen, ambtenaren›
dispos (*zeg:* -poo) BNW ⋆ se sentir frais et ~ *zich fris en monter voelen; zich in vorm voelen*
disposé BNW • *bereid; willig; geneigd (***à** *tot, om)* • *geluimd* ⋆ être bien ~ envers qn *iem. welgezind zijn*
disposer I OV WW • *rangschikken; plaatsen* • *geneigd/bereid maken (***à** *tot, om); voorbereiden; overreden* **II** ON WW *beslissen; beschikken (***de** *over)* ⋆ vous pouvez ~ *u kunt gaan* **III** WKD WW (**se** ~ **à**) *zich gereed maken om*
dispositif m • *inrichting; voorziening* • *apparaat; toestel; mechanisme* • *aangewende middelen; inzet van troepen* ⋆ ~ cœur-poumon artificiel *hart-longmachine*
disposition v • *rangschikking; inrichting; plaatsing; indeling* • *beschikking (***de** *over)* • MV *aanleg (***pour** *voor)* • *gesteldheid; stemming; geneigdheid (***à** *tot, om); vatbaarheid* ‹voor ziekten› • MV *toebereidselen; maatregelen; voorzieningen* • *bepaling; voorschrift* ⋆ avoir à sa ~ *tot zijn beschikking hebben*
disproportion v *wanverhouding; onevenredigheid*
disproportionné BNW • *buiten proportie; bovenmatig; disproportioneel* • (~ **à**) *onevenredig met; niet in verhouding (staand) tot*
dispute v *twist(gesprek); woordenwisseling; onenigheid*
disputer I OV WW • *wedijveren om; betwisten*

*(**à** aan)*; *spelen* ‹v. wedstrijd› • INF. *een standje geven aan* ★ ~ le terrain *het terrein betwisten*; *van geen wijken willen weten* **II** ON WW • *(rede)twisten (**de**, **sur** over)* • (~ **de**) *wedijveren in* **III** WKD WW (**se** ~) • *twisten*; *ruziën* • *betwist worden* • *elkaar betwisten*
disquaire m/v *platenhandelaar*
disqualification (*zeg:* -ka-) v *diskwalificatie*; *uitsluiting*
disqualifier (*zeg:* -ka-) **I** OV WW • *diskwalificeren* • *discrediteren* **II** WKD WW (**se** ~) *zich discrediteren*
disque m • *(grammofoon)plaat* • *schijf* • *discus* ★ ~ compact *compact disc* ★ COMP. ~ dur *harde schijf* ★ ~ de sauvegarde *backupdiskette* ★ ~ intervertébral *tussenwervelschijf* ★ frein à ~ *schijfrem* ★ ~ de stationnement *parkeerschijf* ★ INF. changer de ~ *over iets anders gaan praten*
disquette BNW *diskette*; *floppydisk* ★ ~ de sauvegarde *backupdiskette*
dissection v *sectie* ‹op lichaam›; OOK FIG. *ontleding*
dissemblable BNW *ongelijk(soortig)*; *verschillend (**à**, **de** van)*
dissemblance v *ongelijkheid*; *verschil*
dissémination v *verspreiding*; *uitzaaiing* ★ ~ nucléaire *verspreiding van kernwapens*
disséminer OV WW *verspreiden*; *verstrooien*
dissension v VAAK MV *verdeeldheid*; *onenigheid*; *twist*
dissentiment m *verschil van mening*; *onenigheid (**entre** tussen)*
disséquer OV WW *sectie verrichten op*; OOK FIG. *ontleden*
dissertation v *verhandeling*; *opstel*
disserter ON WW *een verhandeling houden/ schrijven*; *uitweiden (**sur** over)*
dissidence v • *afscheiding*; *scheuring* ‹in partij› • *de dissidenten*
dissident **I** m [v: **dissidente**] *afgescheidene*; *dissident* **II** BNW *afgescheiden*; *andersdenkend*
dissimulateur [v: **dissimulatrice**] **I** m *veinzer*; *huichelaar* **II** BNW *veinzend*
dissimulation v • *veinzerij*; *huichelarij* • *achterhouding*
dissimulé BNW *geveinsd*; *huichelachtig*
dissimuler **I** OV WW *verbergen*; *verhelen*; *ontveinzen*; *achterhouden* **II** ON WW *veinzen* **III** WKD WW (**se** ~) • *zich ontveinzen*; *de ogen sluiten voor* • *zich verbergen*
dissipateur [v: **dissipatrice**] **I** m *verkwister* **II** BNW *verkwistend*
dissipation v • *verkwisting* • *onoplettendheid*; *ongezeglijkheid* ‹v. leerlingen› • *(het) wegtrekken* ‹v. nevel, wolken e.d.› • FORM. *wuftheid*
dissipé BNW • *onoplettend*; *ongezeglijk* ‹v. leerlingen› • FORM. *wuft*
dissiper **I** OV WW • *doen wegtrekken* ‹v. nevel, wolken e.d.›; FIG. *doen vervliegen*; *wegnemen* ‹v. gevoelens› • *verkwisten* • *de aandacht doen verliezen*; *afleiden* ★ le soleil dissipe les nuages *de zon jaagt de wolken uiteen* **II** WKD WW (**se** ~) • FIG. *vervliegen*; *zich oplossen* • *de aandacht verliezen* ★ le brouillard se dissipe *de mist trekt op*

dissociable BNW • CHEM. *ontbindbaar* • *scheidbaar*
dissociation v *(het) (doen) uiteenvallen*; *scheiding*; *dissociatie*
dissocier OV WW • *scheiden* • CHEM. *ontbinden*
dissolu BNW *losbandig*; *zedeloos*
dissolution v • *oplossing* ‹in vloeistof› • *ontbinding* ‹v. organisme, instelling› • *verval*; FIG. *bederf* • *solutie*
dissolvant **I** m *oplossend middel* **II** BNW • *oplossend* • FIG. LIT. *ondermijnend*
dissonance v • *wanklank*; *dissonant(ie)* • *disharmonie (**entre** tussen)*
dissonant BNW • *wanluidend*; *dissonant* • *disharmonisch*
dissoudre **I** OV WW • *oplossen* ‹in vloeistof› • *ontbinden* ‹v. instelling› ★ ~ un mariage *een huwelijk ontbinden* ★ ~ un parti *een partij opheffen* **II** WKD WW (**se** ~) • *(zich) oplossen*; *zich opsplitsen* • *zich opheffen*
dissuader OV WW • (**de**) *afbrengen van*; *ontraden*; *afraden om* • *afschrikken*
dissuasif BNW [v: **dissuasive**] *afschrikkend*; *intimiderend*
dissuasion v • *(het) ontraden* • *afschrikking*
dissyllabe **I** m *tweelettergrepig woord* **II** BNW *tweelettergrepig*
dissymétrie v *asymmetrie*
distance v • OOK FIG. *afstand* • *tussentijd* ★ garder ses ~s *afstand bewaren* ★ tenir à ~ *op een afstand houden*
distancer OV WW • *(inhalen en) achter zich laten* • *diskwalificeren* ‹v. renpaard›
distanciation v *(het) afstandnemen*
distancier WKD WW (**se** ~ **de**) *afstand nemen van*; *zich distantiëren van*
distant BNW • *op zekere afstand (**de** van)*; *verwijderd*; *ver* • *afstandelijk*; *gereserveerd*; *koel* ★ des villes ~es de 10 km *steden op 10 km. afstand (van elkaar)*
distendre OV WW • *uitrekken* • OOK FIG. *losser/ slapper maken*
distillateur m *distillateur*; *likeurstoker*
distillation v *distillatie*
distiller **I** OV WW • *distilleren* • *(druppelsgewijs) afscheiden* • LIT. *van zich doen uitgaan* **II** ON WW *afdruppelen*
distillerie v *distilleerderij*; *stokerij*
distinct (*zeg:* -te(n)(kt)) BNW • *duidelijk (te onderscheiden)* • *verschillend (**de** van)*; *onderscheiden*; *afzonderlijk*
distinctif BNW [v: **distinctive**] *onderscheidend*; *kenmerkend* ★ signe/trait ~ *(onderscheidend) kenmerk*
distinction v • *onderscheid (**entre** tussen)* • *onderscheiding* • *distinctie*; *gedistingeerdheid* ★ sans ~ de personne *zonder aanzien des persoons*
distingué BNW • *gedistingeerd*; *voornaam* • *eminent* ★ avec mes salutations ~es *hoogachtend*
distinguer **I** OV WW • *onderscheiden*; *waarnemen* • *onderscheiden (**de** van; **entre** tussen)*; *uit elkaar houden*; *kenmerken* **II** WKD WW (**se** ~) • *zich onderscheiden (**de** van)*; *verschillen* • *zich gunstig onderscheiden (**par** door)*; *uitblinken* • *te onderscheiden zijn*

distinguo (*zeg:* -te(n)go) m *fijn onderscheid (***entre** *tussen)*
distorsion v • *verdraaiing* ‹in alle betekenissen›; FIG. *vervorming* • MED. *verstuiking* • *discrepantie (***entre** *tussen)*
distraction v • *verstrooidheid* • *verstrooiing*; *ontspanning*; *afleiding* • JUR. *onttrekking*
distraire I OV WW • *verstrooien*; *ontspanning bezorgen* • (**de**) *afleiding bezorgen van*; *afleiden van* ‹werk›; JUR. *onttrekken* II WKD WW (**se** ~) *zich ontspannen*; *afleiding vinden (***de** *van)*
distrait BNW *verstrooid*; FIG. *afwezig*
distribuer OV WW • *verdelen*; *uitdelen (***à** *aan)* • *rondbrengen*; *leveren* • *indelen*; *ordenen* • *de rollen verdelen van* ‹film, toneelstuk› ★ ~ des lettres *brieven bezorgen* ★ ~ des prix *prijzen uitreiken*
distributeur I m,v [v: **distributive**] • *uitdeler*; *bezorger*; *distributeur* • *dealer*; *agent* II m • *(munt)automaat* • TECHN. *verdeler* ★ ~ de billets *geldautomaat* ★ ~ de café *koffieautomaat* ★ ~ de vapeur *stoomschuif*
distributif BNW [v: **distributive**] *verdelend*; *uitdelend*
distribution v • *verdeling*; *uitdeling*; *uitreiking* • *bestelling*; *bezorging*; *voorziening*; *distributie* • *indeling*; *ordening* • *rolbezetting* ★ ~ de prix *prijsuitreiking* ★ tableau de ~ *schakelbord*
district (*zeg:* -triekt) m *district*
dit I BNW *genoemd*; *(zo)genaamd*; *bijgenaamd* II WW (volt. deelw.) → **dire**
dithyrambe m • *dithyrambe* • *overdreven lof*
dito BIJW *dito*; *idem*
diurétique I m *diureticum*; *plasmiddel* II BNW *diuretisch*
diurne BNW *dag-*; *een dag durend* ★ fleur ~ *dagbloem* ★ papillon ~ *dagvlinder*
diva v *diva*
divagation v • VAAK MV *geraaskal*; *onzinnige taal* • VERO. *(af)dwaling*
divaguer ON WW • *raaskallen*; *onzin praten* • VERO. *(af)dwalen*
divan m *divan* ★ ~-lit *slaapbank*
divergence v *divergentie*; *(het) uiteenlopen* ★ ~ (d'opinion) *meningsverschil*
divergent BNW *divergent*; *uiteenlopend*; *verschillend*
diverger ON WW • *divergeren* • FIG. *uiteenlopen*; *verschillen*
divers (*zeg:* -vèr) BNW vaak mv *verschillend*; *verscheiden*; *divers* ★ fait ~ *nieuwsberichtje*; *nieuwtje* ★ faits ~ *gemengd nieuws* ★ les ~ gauche *de kleine linkse partijen*
diversement BIJW *verschillend*; *anders*
diversifier OV WW *afwisselen*; *afwisseling brengen in*; *diversifiëren*
diversion v • *afleiding (***de** *van)*; *verstrooiing* • MIL. *afleidingsmanoeuvre*
diversité v • *verscheidenheid*; *afwisseling* • *verschil*
divertir I OV WW *afleiden*; *vermaken* II WKD WW (**se** ~) • *zich vermaken (***à** [+ inf.] *met)* • (**se** ~ **de**) LIT. *zich vrolijk maken over*
divertissant BNW *onderhoudend*; *vermakelijk*; *afleidend*
divertissement m • *vermaak*; *ontspanning*; *tijdverdrijf* • *divertissement*; *divertimento* • JUR. *verduistering*
dividende m • *dividend* • *deeltal* • *aandeel in een faillissement*
divin I m *(het) goddelijke* II BNW • *goddelijk* • *hemels*; *verrukkelijk* ★ bonté ~e! *grote goedheid!*
divinateur BNW [v: **divinatrice**] *voorspellend*; *waarzeggend*
divination v *waarzeggerij*; *wichelarij*; *helderziendheid*
divinatoire BNW *betrekking hebbend op waarzeggerij/wichelarij* ★ baguette ~ *wichelroede*
divinisation v *vergoddelijking*
diviniser OV WW • *vergoddelijken*; *vergoden* • *verheerlijken*
divinité v • *godheid* • *goddelijke natuur*
diviser OV WW • *delen (***par** *door)*; *verdelen (***en** *in,* **entre** *tussen)*; *opdelen* • *verdeeld maken*; *onenig maken* ★ ~ pour régner *verdeel en heers*
diviseur m *deler* ★ le plus grand commun ~ *de grootste gemene deler*
divisibilité v *deelbaarheid*
divisible BNW *deelbaar (***par** *door)*
division v • *deling* • *verdeling*; *scheiding* • *afdeling*; *gedeelte* • *divisie* • *verdeeldheid* • *deelstreepje*; *koppelteken*
divisionnaire I m *divisiegeneraal* II BNW *divisie-*; *deel-*; *afdelings-*
divorce m • *echtscheiding* • FIG. *scheiding*; *kloof (***entre** *tussen)*
divorcé I m [v: **divorcée**] *iemand die gescheiden is* II BNW *gescheiden (***de** *van)*
divorcer ON WW • *scheiden (***avec, d'avec, de** *van)* • FORM. *breken (***avec** *met)*
divulgation v *(het) ruchtbaar maken*; *verbreiding* ‹v. nieuws, geheimen›
divulguer OV WW *ruchtbaar maken*; *verbreiden* ‹v. nieuws, geheimen›
dix (*zeg:* dies, di (voor medekl)., diez (voor klinker)) I m *tien* II TELW *tien*
dix-huit I m *achttien* II TELW *achttien*
dix-huitième I m *achttiende deel* II TELW *achttiende*
dixième I m *tiende deel* II TELW *tiende*
dixièmement BIJW *ten tiende*
dix-neuf I m *negentien* II TELW *negentien*
dix-neuvième I m *negentiende deel* II TELW *negentiende*
dix-sept I m *zeventien* II TELW *zeventien*
dix-septième I m *zeventiende deel* II TELW *zeventiende*
dizain m *tienregelig couplet*
dizaine v • *tiental* • *tientje* ‹v. rozenkrans› ★ une ~ de ... *(zo'n) tien ...*
djihad (*zeg:* dzjie(j)ad) m *jihad*
do m *do*; *c*
docile BNW *gedwee*; *volgzaam*; *gewillig*; *dociel*
docilité v *gedweeheid*; *volgzaamheid*; *gewilligheid*; *dociliteit*
dock m • *dok* • vaak mv *(haven)pakhuis* ★ dock flottant *drijvend dok* ★ dock de carénage *droogdok*
docker (*zeg:* -keur) m *dokwerker*;

havenarbeider
docte BNW VERO./IRON. *geleerd*
docteur m • *doctor (***en, ès** *in)* • MED. *dokter* ★ ~ de l'Église *kerkleraar* ★ ~ de la loi *schriftgeleerde* ★ être reçu ~ *promoveren*
doctoral BNW [m mv: **doctoraux**] • *doctors-* • PEJ. *gewichtig-geleerd; belerend*
doctorat m *doctorstitel; doctoraat* ★ passer son ~ *promoveren*
doctoresse v VERO. *dokteres*
doctrinaire BNW *doctrinair;* OOK PEJ. *leerstellig*
doctrinal BNW [m mv: **doctrinaux**] *de doctrine betreffend*
doctrine v *doctrine; leer*
document m *document; (bewijs)stuk; bescheid*
documentaire I m *documentaire* **II** BNW *documentair*
documentaliste m/v *documentalist*
documentation v *documentatie*
documenter OV WW *documenteren*
dodeliner OV WW *zachtjes wiegelen* ★ ~ de la tête *knikkebollen*
dodo KIND. m *bed; (het) slapen(gaan)* ★ aller au dodo *naar bed gaan* ★ faire dodo *slapen*
dodu BNW *mollig*
doge m *doge* ‹v. Venetië›
dogmatique I m *dogmaticus* **II** v *dogmatiek* **III** BNW *dogmatisch* ★ ton ~ *stellige toon*
dogmatiser ON WW *dogmatiseren; stelligheden verkondigen*
dogmatisme m *dogmatisme*
dogme m *dogma; geloofspunt; geloofsleer*
dogue m *dog* ★ être d'une humeur de ~ *slecht gehumeurd zijn*
doigt m • *vinger* • *teen* • *vingerdikte; beetje* ★ petit ~ *pink* ★ gros ~ *grote teen* ★ les ~s du pied *de tenen* ★ ~ de gant *vinger v.e. handschoen* ★ un ~ de vin *een slokje wijn* ★ c'est mon petit ~ qui me le dit *dat voel ik aan mijn water* ★ ne pas bouger/lever/ remuer le petit ~ *geen vinger uitsteken* ★ croiser les ~s *de vingers kruisen* ‹om onheil af te wenden› ★ savoir sur le bout du ~ *op zijn duimpje kennen* ★ ils sont comme les deux ~s de la main *ze zijn heel close* ★ l'argent lui brûle les ~s *het geld brandt hem in de zak* ★ donner sur les ~s à qn *iem. op de vingers tikken* ★ avoir de l'esprit jusqu'au bout du ~ *veel verstand hebben; zeer geestig zijn* ★ être à deux ~s de qc *iets heel nabij zijn* ★ mettre le ~ dessus *de spijker op de kop slaan; de vinger op de zere plek leggen* ★ INF. se mettre le ~ dans l'œil *zich schromelijk vergissen; een flater slaan* ★ montrer qn du ~ *iem. met de vinger nawijzen* ★ s'en mordre les ~s *er veel spijt over hebben* ★ ne rien faire de ses dix ~s *niets uitvoeren* ★ obéir du ~ et à l'œil *blindelings gehoorzamen; op zijn wenken bedienen* ★ INF. gagner les ~s dans le nez *op zijn sloffen winnen*
doigté m • MUZ. *aanslag; vingerzetting* • *handigheid; tact*
doigtier m *vingerling*
doit m *debet* ★ doit et avoir *debet en credit*
dol m JUR. *bedrog*
doléances v mv *klachten* ★ présenter ses ~ à qn *zijn beklag bij iem. doen*
dolent BNW *klagend; klagerig*
dollar m *dollar*
dolmen *(zeg:* -mèn) m *dolmen*
DOM AFK (département d'outre-mer) *overzees departement*
domaine m • FIG. *gebied* • OOK FIG. *domein* • *landgoed* ★ ~ de l'État *staatsdomein* ★ ~ public *publiek domein* ★ tomber dans le ~ public *vrij van auteursrechten worden; gemeengoed worden* ★ être du ~ de qn *iemands terrein zijn; tot iemands competentie behoren*
domanial BNW [m mv: **domaniaux**] *tot een (staats)domein behorend; domaniaal*
dôme m • *koepel(dak)* • *dom* ‹kerk› • *koepelberg* ★ dôme des cieux *hemelgewelf* ★ dôme de verdure *bladerdak*
domestication v • *domesticatie* • OOK FIG. *(het) temmen*
domesticité v • *huispersoneel* • VERO. *dienstbaarheid*
domestique I m/v *huisbediende; dienstbode* **II** BNW • *huishoudelijk; huis-* • *binnenlands* • *tam* ★ animaux ~s *huisdieren* ★ guerre ~ *burgeroorlog*
domestiquer OV WW • *tot huisdier maken; domesticeren;* OOK FIG. *temmen* • *knechten* ★ ~ le vent *de wind als energiebron benutten*
domicile m *domicilie; woonplaats; woning* ★ à ~ *aan huis; thuis* ★ sans ~ fixe *zonder vaste woonplaats; dakloos* ★ élire ~ (à)/établir son ~ (à) *zich (metterwoon) vestigen (te)*
domiciliaire BNW *huis-*
domicilié BNW *woonachtig (***à** *te)*
domicilier OV WW ECON. *domiciliëren*
dominant BNW *(over)heersend; dominerend; voornaamste; hoofd-*
dominante v *overheersend kenmerk; hoofdtrek; dominant*
dominateur [v: **dominatrice**] **I** m *heerser* **II** BNW *(over)heersend; heerszuchtig*
domination v *(het) domineren; overheersing; heerschappij*
dominer I OV WW • OOK FIG. *beheersen; overheersen; domineren* • OOK FIG. *uitsteken boven* **II** ON WW *heersen (***sur** *over); overheersen; domineren* **III** WKD WW (**se** ~) *zich beheersen*
dominicain I m [v: **dominicaine**] *dominicaan* **II** BNW *dominicaner; Dominicaans*
Dominicain m [v: **Dominicaine**] *Dominicaan*
dominical BNW [m mv: **dominicaux**] • *zondags* • *des Heren* ★ oraison ~e *gebed des Heren; onzevader*
domino m • *domino* ‹in alle betekenissen›; *dominosteen* • *kroonsteentje* ★ jouer aux ~s *dominoën*
dommage m VAAK MV *schade* ★ ~ corporel *lichamelijk letsel* ★ ~ moral *immateriële/ ideële schade* ★ ~s et intérêts/~s-intérêts *schadevergoeding* ★ (quel) ~! *(wat) jammer!* ★ c'est ~ que tu l'aies dit *het is jammer dat jij het gezegd hebt*
dommageable BNW *nadelig; schadelijk (***à** *voor)*
domotique v *automatisering(sprogrammatuur) t.b.v. de woning*

D

domptable BNW *tembaar; bedwingbaar*
domptage m (afleiding) *(het) temmen*
dompter OV WW • *temmen* • *beteugelen; bedwingen; onderwerpen*
dompteur m [v: **dompteuse**] *temmer; dompteur*
DOM-TOM AFK (départements et territoires d'outre-mer) *overzeese departementen en gebiedsdelen*

D

don m • *gift; schenking* • *gave (***de** *van, om;* **pour** *voor); aanleg* ★ le don du sang *het geven van bloed* ‹als donor› ★ le don de soi *zelfopoffering* ★ faire don de qc à qn *iem. iets schenken* ★ avoir le don des langues *een talenknobbel hebben* ★ avoir le don des larmes *kunnen huilen wanneer men wil*
donataire m/v *begiftigde*
donateur m [v: **donatrice**] *schenker; gever*
donation v *schenking; gift; donatie*
donc (zeg: dɔ(n)(k)) I BIJW *dan; toch* ★ allons donc! *och kom!* ★ comment donc! *hoe heb ik het nu!* II VW *dus; derhalve*
dondon v INF. *dikke vrouw; schommel*
donjon m *slottoren; donjon*
donnant BNW ★ ~ ~ *gelijk oversteken; voor wat hoort wat*
donne v • *(het) geven* ‹v. kaarten› • *gegevenheid; (ontstane) situatie*
donné BNW *gegeven; bepaald* ★ c'est ~ *dat is te geef* ★ étant ~ que *gezien het feit dat; aangezien* ★ étant ~ la situation *gegeven de situatie*
donnée v *gegeven* ★ traiter des ~s *data verwerken*
donner I OV WW • *geven (***à** *aan)* • *voortbrengen; (op)leveren* • INF. *verlinken* ★ ~ (des fruits) *vrucht dragen* ‹v. bomen› ★ ne rien ~ *niets opleveren* ★ ~ à entendre *te verstaan geven* ★ quel âge lui donnes-tu? *hoe oud schat je hem?* ★ ~ l'assaut *bestormen* ★ ~ bataille *slag leveren* ★ ~ le bonjour *groeten* ★ ~ la chasse à *achtervolgen; jacht maken op* ★ ~ un combat *een gevecht leveren* ★ ~ un coup d'épaule *een handje helpen* ★ ~ sa démission *ontslag vragen* ★ ~ le jour/la vie *het leven schenken* ★ ~ sa main *zijn hand schenken* ★ ~ une maladie *een ziekte overbrengen* ★ ~ du monsieur à qn *iem. met 'meneer' aanspreken* ★ ~ la mort à *doden* ★ ~ une pièce *een stuk opvoeren* ★ cela donne à réfléchir *dat geeft te denken* ★ ~ un résultat *resultaat opleveren* ★ je vous le donne en dix/en vingt/en mille *dat raadt u nooit* ★ ~ vue sur *uitzien op* II ON WW • *geven* • *stoten (***contre** *op, tegen)* • *in actie zijn* • (**dans**) *geraken in/tot; vervallen in/tot; zich overgeven aan* • (**sur**) *uitkomen op; uitzien op* ★ ~ au but *het doel raken* ★ ~ sur l'ennemi *de vijand aanvallen* ★ ~ dans un piège *in een hinderlaag vallen; in de val lopen* ★ ~ sur les nerfs *zenuwachtig maken* ★ le soleil me donne dans les yeux *de zon schijnt me in de ogen* ★ INF. ~ dedans *erin tippelen* ★ l'alcool donne dans la tête *alcohol stijgt naar het hoofd* ★ ne savoir où ~ de la tête *geen raad weten* ★ le vent donne dans les voiles *de wind blaast in de zeilen* ★ INF. j'ai déja donné *voor mij hoeft het niet meer; ik heb mijn portie wel gehad* III WKD WW (**se** ~) • *zich geven; zich inzetten* • (**à**) *zich wijden aan; zich overgeven aan* • (**pour**) *zich uitgeven voor* ★ se ~ l'air de *doen alsof* ★ se ~ des airs *groot, gewichtig doen* ★ se ~ du bon temps/s'en ~ *het ervan nemen*
donneur m [v: **donneuse**] • *gever; iem. die graag geeft* • INF. *aangever; verklikker* ★ ~ de sang *bloeddonor*
dont BETR VNW *wiens; waarvan; van wie; wier* ★ la manière dont *de wijze waarop* ★ ce dont *datgene waarvan; datgene waarover*
donzelle v *wicht; grietje*
dopage m *doping*
dopant m *dope*
doper I OV WW *een stimulerend middel geven aan;* OOK FIG. *dopen* II WKD WW (**se** ~) *dope gebruiken*
doping m *doping; stimulerend middel*
dorade v → **daurade**
dorage m • *(het) vergulden* • *verguldsel*
doré BNW • *verguld; goudgeel; goud-* • *goudkleurig; (door de zon) gebruind* ★ la jeunesse dorée *de rijke jongelui* ★ doré sur tranche *verguld op snee*
dorénavant BIJW *voortaan*
dorer I OV WW • *vergulden* • *(goud)bruin kleuren* • *met eigeel bestrijken (en bakken)* ★ ~ sur tranche *op snee vergulden* ★ ~ la pilule *de pil vergulden* II ON WW CUL. *goudbruin worden* III WKD WW (**se** ~) *bruin worden; zonnen*
doreur m [v: **doreuse**] *vergulder*
dorien BNW [v: **dorienne**] *Dorisch*
dorique BNW *Dorisch*
dorloter OV WW *vertroetelen*
dormant I m *kozijn* II BNW • *slapend* • *vast; onbeweeglijk* ★ eau ~e *stilstaand water* ★ châssis ~ *raam dat niet geopend kan worden* ★ pont ~ *vaste brug*
dormeur m [v: **dormeuse**] *(lang)slaper*
dormeuse v *oorknop*
dormir ON WW *slapen* ★ ~ debout *omvallen v.d. slaap* ★ un conte à ~ debout *een onzinnig verhaal* ★ capitaux qui dorment *dood/slapend kapitaal* ★ ~ comme une marmotte/une souche/un loir *slapen als een os, slapen als een roos* ★ ~ la grasse matinée *een gat in de dag slapen* ★ ne ~ que d'un œil *licht slapen; wantrouwen koesteren* ★ ~ sur les deux oreilles *vast slapen; zich veilig, zeker wanen* ★ ~ à poings fermés/d'un profond sommeil *vast slapen* ★ laisser ~ une affaire *een zaak laten rusten* ★ la voiture dort dehors *de auto staat 's nachts buiten* ★ qui dort dîne *wie slaapt, heeft geen honger* ★ il n'est pire eau que l'eau qui dort *stille waters hebben diepe gronden*
dorsal BNW [m mv: **dorsaux**] *rug-; dorsaal* ★ épine ~e *ruggengraat* ★ vertèbre ~e *ruggenwervel*
dorsale v • METEOR. *rug* • *onderzeese (berg)rug*
dortoir m *slaapzaal*
dorure v • *verguldsel* • *(het) vergulden*
doryphore m [**doryphora**] *coloradokever*
dos m *rug* ‹ook v. zaken› ★ de dos *van*

achteren ★ sur le dos de *over de rug(gen) van; ten koste van* ★ le dos d'un papier *de keerzijde v.e. papier* ★ dos crawlé *rugcrawl* ★ à dos d'âne *(rijdend) op een ezel* ★ en dos d'âne *naar beide zijden aflopend* ★ avoir bon dos *een brede rug hebben* ★ courber le dos *(de rug) buigen; bukken; toegeven; zich onderdanig gedragen* ★ être toujours sur le dos de qn *iem. steeds op de huid zitten* ★ ça me fait froid dans le dos *dat bezorgt me koude rillingen* ★ faire le gros dos OOK FIG. *een hoge rug opzetten* ★ ne rien avoir à se mettre sur le dos *niets om aan te trekken hebben* ★ mettre qc sur le dos de qn *iem. iets in de schoenen schuiven* ★ ne pas y aller avec le dos de la cuillère *niet zachtzinnig te werk gaan* ★ monter sur le dos de qn *iem. lastig vallen* ★ se mettre qn à dos *iem. tegen zich innemen* ★ INF. j'en ai plein le dos *ik heb er de buik van vol* ★ tourner le dos *de rug toekeren; de hielen lichten*

dosage m *dosering*

dose v *dosis* ★ forcer la dose *te veel (van het goede) doen* ★ j'en ai eu ma dose *ik heb mijn portie wel gehad*

doser OV WW *doseren; afpassen*

doseur m *doseerapparaat*

dossard m *rugnummer*

dossier m • *dossier; bescheiden* • *map; ordner* • *zaak; kwestie* • *rugleuning*

dot (zeg: dot) v *bruidsschat; inbreng bij huwelijk*

dotal BNW [m mv: **dotaux**] *de bruidsschat betreffend; ingebracht; dotaal*

dotation v • *begiftiging; dotatie* • *toelage; jaargeld* • *uitrusting* (**en** *met*)

doter OV WW • (**de**) *begiftigen met; voorzien van; een toelage/prijzengeld toekennen van* • *een bruidsschat (mee)geven aan*

douairière v • VERO. *douairière* • PEJ. *oud wijf*

douane v *douane* ★ (droits de) ~ *in- en uitvoerrechten*

douanier [v: **douanière**] **I** m *douanebeambte* **II** BNW *douane-; tol-*

doublage m • *verdubbeling* • *(het) voeren* ‹v.e. stof› • *dubbeling; extra bekleding; dubbele scheepshuid* • *nasynchronisatie* • *(het) doubleren* ‹v.e. acteur›

double **I** m • *(het) dubbele; tweevoud* • *doorslag; kopie; duplicaat* • *dubbelganger* • SP. *dubbel(spel)* **II** BNW • *dubbel* • *dubbelhartig* ★ fermer une porte à ~ tour *een deur op het nachtslot doen* ★ être à ~ sens *een dubbele betekenis hebben* **III** BIJW *dubbel* ★ (y) voir ~ *dubbel zien*

doublé m • *dubbel succes; dubbele zege; double* • *verguld of verzilverd messing; doublé*

doubleau m *draagbalk*

double-cliquer ON WW *dubbelklikken*

doublement **I** m • *verdubbeling* • *(het) inhalen; inhaalmanoeuvre* **II** BIJW *dubbel*

doubler **I** OV WW • *verdubbelen* • *dubbelvouwen; dubbelleggen* • *passeren; inhalen; dubbelen* • *voeren* (**de** *met*) ‹v. kleding› • *dubbelen; extra bekleden* • *de rol overnemen van* ‹v. acteur›; *doubleren* • *nasynchroniseren* • INF. *te vlug af zijn* ★ ~ le pas *de pas versnellen* ★ ~ un cap *een kaap ronden* ★ doublé de *en tevens* **II** ON WW *verdubbelen* **III** WKD WW (**se** ~ **de**) *gepaard gaan met; tevens zijn*

doublet m • *doublet; dubbeltal; dubbelvorm* • *valse (edel)steen*

doublure v • *voering* • *extra bekleding* • *plaatsvervangend acteur; doublure*

douce BNW → **doux**

douceâtre BNW • *zoetig* • FIG. *zoetelijk*

doucement **I** BIJW • *zacht; zachtjes* • *kalmpjes; langzaam aan* • *matigjes; slapjes; zozo* • *stilletjes; voorzichtig (aan)* **II** TW *kalmpjes aan!*

doucereux BNW [v: **doucereuse**] • *weeïg zoet* • FIG. *zoetelijk; zoetsappig*

doucette v *veldsla*

douceur v • *zoetheid* • *zachtheid; mildheid* • *zachtzinnigheid; zachtmoedigheid* • *aangenaamheid; liefelijkheid; bevalligheid* • MV *suikergoed* ★ en ~ *zachtjes (aan); met zachte hand* ★ se poser en ~ *een zachte landing maken*

douche v OOK FIG. *douche* ★ ~ écoissaise *wisselbad* ‹warm/koud›; *afwisseling van iets aangenaams en iets onaangenaams*

doucher **I** OV WW OOK FIG. *een douche geven aan; douchen* **II** WKD WW (**se** ~) *(zich) douchen*

doudoune INF. v *donsjack*

doué BNW • *begaafd* • *begiftigd* (**de** *met*) ★ il n'est pas doué *hij kan er niks van; hij is niet snugger* • (~ **pour**) *met aanleg voor; goed in*

douer OV WW (~ **de**) *begiftigen met*

douille v • *fitting* • *(patroon)huls; nippel; mof*

douiller ON WW INF. *dokken; betalen* ★ ça douille *dat is duur; dat tikt aan*

douillet [v: **douillette**] **I** bnw *papkind* **II** BNW • *behaaglijk zacht (en warm); knus* • *kleinzerig; wekelijk*

douillette v *gewatteerde jas*

douleur v • *pijn* • *smart* • MV *weeën* ★ pour un plaisir, mille ~s *het leven biedt meer leed dan lief*

douloureuse v INF. *rekening*

douloureux BNW [v: **douloureuse**] • *pijnlijk* • *droevig; smartelijk*

douma v *doema*

doute m *twijfel; onzekerheid* ★ sans ~ *waarschijnlijk; wellicht* ★ sans aucun ~ *ongetwijfeld; zeker* ★ avoir des ~s sur *bedenkingen hebben over* ★ mettre qc en ~ *iets in twijfel trekken*

douter **I** ON WW • *twijfelen* • (**de**) *twijfelen aan; betwijfelen; niet vertrouwen* ★ ~ que [+ subj.] *betwijfelen of* **II** WKD WW (**se** ~ **de**) *vermoeden; bevroeden; zich indenken* ★ je m'en doutais *ik vermoedde het al; ik dacht het al* ★ se douter que [+ ind.] *vermoeden dat; aannemen dat*

douteux BNW [v: **douteuse**] • *twijfelachtig; onzeker* • *dubieus; verdacht* • *onhelder; groezelig*

douve v • *duig* • *sloot; (wal)gracht*

Douvres *Dover*

doux **I** BNW [v: **douce**] • *zoet* • *zacht; mild* • *zachtzinnig; zachtmoedig* • *aangenaam*

D

• *liefelijk*; *bevallig* • *milieuvriendelijk*; *alternatief* ★ billet doux *liefdesbriefje* ★ eau douce *zoet water*; *zacht water* ★ médecine douce *alternatieve geneeswijzen* ★ énergies douces *milieuvriendelijke/schone energie* ★ prix doux *matige prijs* ★ pente douce *flauwe helling* ★ vent doux *matige wind* ★ doux comme un agneau *zo mak als een lam* ★ il fait doux *het is zacht weer* ★ faire les yeux doux à qn *iem. verliefd aankijken* **II** BIJW ★ INF. filer doux *zoete broodjes bakken* ★ INF. en douce *onopgemerkt*; *stilletjes* **III** TW ★ tout doux! *kalm aan!*; *zacht wat!*

D

doux-amer BNW (onver.) *bitterzoet*

douzaine v *dozijn*; *twaalftal* ★ à la ~ *per dozijn*; *bij dozijnen*

douze I m *twaalf* **II** TELW *twaalf*

douzième I m *twaalfde deel* **II** TELW *twaalfde*

douzièmement BIJW *ten twaalfde*

doyen m [v: **doyenne**] • *oudste in jaren of diensttijd*; *nestor* • *deken* ‹overste› • *decaan*; *voorzitter v. faculteit*

doyenné m *decanaat*

DPLG AFK (diplômé par le gouvernement) *rijksgediplomeerd*

Dr AFK (docteur) *dr.* ‹arts›

draconien BNW [v: **draconienne**] *draconisch*; *overdreven streng*

dragage m *uitbaggering*; *(het) (af)dreggen*

dragée v • *dragee* • *fijne hagel* ‹v.d. jacht› ★ tenir la ~ haute à qn *het iem. niet cadeau doen*

dragon m • *draak* • *dragonder* ★ IRON. ~ de vertu *overdreven deugdzame, preutse vrouw*

dragonne v *sabelkwast*; *lus* ‹als handvat›

drague v • *baggermachine*; *baggermolen* • *sleepnet* • INF. *(het) versieren* ‹v. persoon›; *(het) sjansen*

draguer OV WW • *(af)dreggen*; *(uit)baggeren*; *met een sleepnet vissen op*; *vegen* ‹v. mijnen› • INF. *(trachten te) versieren* ‹v. persoon›; *sjansen met*

dragueur I m *baggeraar* ★ (bateau) ~ *baggerschuit* ★ ~ (de mines) *mijnenveger* **II** m [v: **dragueuse**] *(vrouwen-, mannen)versierder*

drain m *drain*; *draineerbuis*

drainage m *drainage*; *drainering*

drainer OV WW • *draineren* • FIG. *aanzuigen*; *aantrekken*

dramatique BNW • *dramatisch* • *toneel-* ★ auteur ~ *toneelschrijver* ★ acteur ~ *toneelspeler*

dramatisation v *dramatisering*

dramatiser OV WW *dramatiseren*

dramaturge m/v *toneelschrijver*; *dramaturg*

drame m • *drama*; *treurspel*; *(series) toneelwerk* • *afschuwelijke gebeurtenis*; *drama* ★ ~ lyrique *opera* ★ tourner au ~ *op een drama uitlopen*

drap (*zeg:* drà) m • *laken* ‹stof› • *beddenlaken* ★ drap de lit *beddenlaken* ★ drap mortuaire *doodskleed* ★ se mettre entre deux draps *tussen de lakens kruipen* ★ être dans de beaux draps *lelijk in de knoei zitten*

drapé I m *drapering* **II** BNW *gedrapeerd*

drapeau m [mv: **drapeaux**] *vlag* ★ ~ blanc *witte vlag*; *vlag der Bourbons* ★ le (~) tricolore *de nationale driekleur* ★ être sous les ~x *onder de wapenen zijn*; *in militaire dienst zijn* ★ porter le ~ *voorop lopen* ★ se ranger sous le ~ de qn *zich onder iemands vaandel scharen* ★ INF. planter un ~ *weggaan zonder betalen*

draper I OV WW *draperen*; *omhangen*; *(om)hullen* **II** WKD WW (**se** ~ **dans**) OOK FIG. *zich hullen in*

draperie v • *draperie* • *wollen stof* • *lakenhandel*; *lakenweverij*

drap-housse m [mv: **draps-housses**] *hoeslaken*

drapier m • *lakenhandelaar* • *lakenfabrikant*

drastique BNW *drastisch*

dressage m • *dressuur*; OOK FIG. *africhting* • *(het) opzetten*; *(het) opmaken*

dresser I OV WW • *rechtop zetten*; *opzetten*; *oprichten*; *opstellen* • *opmaken*; *gereedmaken* • *africhten*; *dresseren*; OOK FIG. *drillen* • *recht/plat/glad maken* • (**contre**) *opzetten tegen*; *opstoken tegen* ★ ~ un acte *een akte opstellen* ★ MIL. ~ une batterie *een batterij opstellen* ★ ~ une haie *een heg bijknippen* ★ ~ un lit *een bed opmaken* ★ ~ un monument *een monument oprichten* ★ ~ l'oreille *de oren spitsen* ★ ~ un plan *een plan opmaken* ★ ~ la table *de tafel dekken* **II** WKD WW (**se** ~) • *zich oprichten*; *overeind komen*; *zich verheffen* • (**contre**) *opstaan tegen*; *zich keren tegen* ★ se ~ sur la pointe des pieds *op de tenen gaan staan* ★ les cheveux se dressaient sur sa tête *de haren rezen hem te berge*

dresseur m [v: **dresseuse**] *africhter*; *dresseur*

dressing(-room) m *kleedvertrek*

dressoir m *buffet*; *dressoir*

DRH AFK (directeur/direction des ressources humaines) *personeelschef*; *personeelsafdeling*

dribble m SPORT *dribbel*

dribbler SPORT **I** OV WW • *voorbijdribbelen*; *omspelen* • *dribbelen met* ‹de bal› **II** ON WW *dribbelen*

dribbleur m SPORT *dribbelaar*

drill m MIL. OOK FIG. *(het) drillen*

drille m VERO. *zwervend soldaat* ★ joyeux ~ *vrolijke kwant*

dring TW *tingeling* ‹geluid v. bel›

drogue v • *drug* • PEJ. *middeltje* • INF. *troep*; *slechte waar* ★ la ~ *drugs* ★ ~s douces *softdrugs* ★ ~s dures *harddrugs*

drogué I m [v: **droguée**] *drugsgebruiker*; *drugsverslaafde* **II** BNW *verslaafd*

droguer I OV WW • *(te) veel medicijnen toedienen aan* • *drugs laten gebruiken*; *drogeren* **II** WKD WW (**se** ~) • *drugs gebruiken* • *(te) veel medicijnen nemen*

droguerie v *drogisterij*

droguiste m/v *drogist*

droit I m *recht* ‹in alle betekenissen› ★ ~ d'aînesse *eerstgeboorterecht* ★ ~ d'asile *asielrecht* ★ ~ commun *gemeen recht* ‹zonder bijzondere rechtspleging› ★ ~ d'entrée *invoerrecht*; *entreeprijs* ★ les ~s de l'homme *de rechten v.d. mens* ★ ~ international (public) *volkenrecht* ★ ~ pénal *starfrecht* ★ ~s de présence *presentiegelden* ★ ~s de sortie *uitvoerrechten* ★ ~ de vote *kiesrecht* ★ à bon ~ *met recht*; *terecht* ★ à tort ou à ~ *terecht of ten onrechte* ★ de quel ~? *met welk recht?* ★ en ~ *in rechte* ★ avoir ~ à *recht hebben op*; IRON. *te verduren krijgen* ★ un ayant ~ *een rechthebbende* ★ avoir le ~ de/être en ~ de *het recht hebben om* ★ avoir des ~s sur *zeggenschap hebben over*; *aanspraken hebben op* ★ s'adresser à qui de ~ *zich tot de bevoegde persoon/instantie wenden* ★ donner ~ à *gelijk geven aan* ★ étudiant en ~ *student in de rechten* ★ faire son ~ *rechten studeren* ★ faire valoir son ~ *zijn recht doen gelden* ★ le ~ du plus fort *het recht v.d. sterkste* ★ roi de ~ divin *koning bij de gratie Gods* ★ revenir de ~ *rechtens toekomen* ★ force n'est pas ~ *geweld is geen recht* **II** BNW • *recht* • *rechts*; *rechter* • *oprecht*; *rechtschapen*; *rechtdoorzee*; *rechtlijnig* ★ ~ comme un cierge/comme un i *kaarsrecht* ★ se tenir ~ *rechtop staan* ★ être le bras ~ de qn *iemands rechterhand zijn* ★ un coup ~ *een directe* ‹bij boksen› ★ avoir le cœur ~ *oprecht/rechtschapen zijn* ★ avoir le corps ~/la taille ~e *recht van lijf en leden zijn* ★ avoir le sens ~/l'esprit ~ *een helder verstand hebben* **III** BIJW • *recht*; *rechtuit*; *rechtstreeks* • *billijk*; *juist* ★ tout ~ *rechtuit*; *rechtdoor*; *regelrecht* ★ marcher ~ *rechtuit lopen*; FIG. *de rechte weg bewandelen* ★ aller ~ au but *recht op het doel afgaan* ★ juger ~ *juist oordelen*

droite v • *rechterkant* • POL. *rechts* • SP. *rechtse stoot* • *rechte lijn* ★ à ~ de *rechts van* ★ aller à ~ *naar rechts gaan*; *rechts afslaan* ★ tenir sa ~ *rechts houden* ★ l'extrême ~ *extreem rechts*

droitier [v: **droitière**] **I** m • *rechtshandig persoon* • POL. *lid v.d. rechterzijde* **II** BNW • *rechtshandig* • POL. *rechtsgezind*

droiture v *rechtschapenheid*; *oprechtheid*

drolatique BNW LIT. *grappig*; *koddig*

drôle I m/v *grapjas*; *snaak* **II** BNW • *grappig*; *komisch* • *raar* • (~ **de**) *raar*; *heel wat*; *flink*; *enorm* ★ une drôle d'aventure *een eigenaardig avontuur* ★ une drôle d'idée *een gek idee* ★ une drôle de tempête *een flinke storm* ★ un drôle de type *een rare kerel*

drôlement BIJW • *merkwaardig*; *raar* • () *flink*; *enorm* • *grappig*

drôlerie v • *grap(je)* • *het komische*; *grappigheid*

dromadaire m *dromedaris*

droppage m *dropping*

drosser OV WW *doen afdrijven* ‹v. schip›

dru I BNW *dicht (opeen)* ★ barbe drue *volle baard* ★ pluie drue *dichte regen* **II** BIJW • *dicht (opeen)* • *overvloedig*; *flink*

drubble v *blubber*

druide m [v: **druidesse**] *druïde*

druidique BNW *druïden-*

drupe v *steenvrucht*

DST AFK (Direction de la surveillance du territoire) *Binnenlandse veiligheidsdienst*

du SAMENTR / de le / → **le** *van de/van het* ★ du pain et du vin *brood en wijn* ★ le goût du fromage *de smaak van de kaas*

dû I m *(het) verschuldigde* ★ mon dû *wat mij toekomt* ★ à chacun son dû *ieder het zijne* **II** BNW [v: **due**] *verschuldigd*; *vereist* **III** WW (volt. deelw.) → **devoir**

dualisme m *dualisme*

dualiste I m/v *dualist* **II** BNW *dualistisch*

dualité v *dualiteit*; *tweeheid*

dubitatif BNW [v: **dubitative**] *twijfelend*; *twijfel uitdrukkend*

duc m • *hertog* • *ooruil* • VERO. *vierwielig rijtuig* ★ grand-duc *groothertog* ★ grand duc *oehoe* ★ moyen duc *ransuil*

ducal BNW [m mv: **ducaux**] *hertogelijk*

ducasse v BELG./N-FR. *volksfeest*

ducat (*zeg:* -kà) m *dukaat*

duché m *hertogdom* ★ ~-pairie *gebied waaraan de titel van hertog en pair was verbonden*

duchesse v • *hertogin* • *duchesse* ‹ligstoel met leuning› • *zijden stof* • *soort peer* ★ faire la ~ *de deftige dame uithangen*

ductile BNW *rekbaar*

ductilité v *rekbaarheid*

due BNW → **dû**

duel m • *duel* • TAALK. *dualis* ★ SP. duel aérien *kopduel* ★ se battre en duel *duelleren*

duelliste m *duellist*

duettiste m/v *iem. die in een duet speelt of zingt*

dulcinée v *dulcinea*

dûment BIJW *behoorlijk*; *volgens de regels*; *naar de (vereiste) vorm*

dumping m ECON. *dumping*

dune v *duin*

dunette v *kampanje*

Dunkerque *Duinkerken*

duo m • MUZ. *duo*; *duet* • SCHERTS. *duo*; *twee personen bijeen* ★ INF. duo d'injures *scheldpartij*

duodécimal BNW [m mv: **duodécimaux**] *twaalftallig*

duodénum (*zeg:* -nom) m *twaalfvingerige darm*

dupe I v • *bedrogene* • *nietsvermoedend slachtoffer*; *dupe* ★ être la dupe de qn *door iem. beetgenomen/afgezet worden* **II** BNW *beetgenomen*; *bedrogen* ★ être dupe (de) *erin lopen*

duper OV WW *bedriegen*; *beetnemen*

duperie v *bedriegerij*; *fopperij*

duplex I m • TELECOM. *duplexverbinding* ‹uitzenden en ontvangen› • *tweeverdiepingenflat*; *maisonnette* ★ émission en ~ *schakelprogramma* **II** BNW *duplex-*

duplicata m *afschrift*; *duplicaat*

duplicateur m *duplicator*; *kopieermachine*

duplication v *verdubbeling*

duplicité v *dubbelhartigheid*; *dubbelheid*

duquel SAMENTR / de lequel / → **lequel**

dur I m [v: **dure**] *wie of wat hard is* ★ un dur de dur *een keiharde (vent)* ★ construire en dure *in hard materiaal bouwen* ★ coucher sur la dure *op de grond slapen* ★ élever à la dure *Spartaans opvoeden* ★ en voir de dures à qn *het iem. zuur maken* **II** BNW • *hard*; *moeilijk*; *zwaar* • *niet-mild*; *streng*; *hard* ★ OOK FIG. dur comme (le) fer/la pierre *keihard* ★ cœur dur *ongevoelig hart* ★ hiver dur *strenge winter* ★ mer dure *woelige zee*

D

★ temps durs *harde tijden* ★ avoir la tête dure *hardleers zijn* ★ vie dure *hard/zwaar leven* ★ avoir la vie dure OOK FIG. *een taai leven hebben* ★ viande dure *taai vlees* ★ être dur d'oreille *hardhorend zijn* ★ être dur à la peine/tâche *een noeste werker zijn* **III** BIJW *hard* ★ travailler dur *hard werken* ★ y croire dur comme fer *er rotsvast in geloven*

D

durabilité v *duurzaamheid*
durable BNW *duurzaam; blijvend*
durant VZ *gedurende; tijdens* ★ ~ sa vie *tijdens zijn leven* ★ sa vie ~ *zijn leven lang* ★ une heure ~ *een uur lang*
durcir I OV WW *hard maken; verharden* **II** ON WW *hard worden* **III** WKD WW (**se** ~) *hard worden*
durcissement m *hardwording;* OOK FIG. *verharding*
durée v *duur* ★ ~ du (temps de) travail *werktijd* ★ disque de longue ~ *langspeelplaat*
durer ON WW • *duren; voortduren* • *lang duren; lang vallen* • *duurzaam zijn; (lang) meegaan* ★ faire ~ qc *iets lang(er) doen duren; iets rekken* ★ le temps lui dure *de tijd valt hem lang* ★ pourvu que ça dure! *als dat maar zo blijft!*
dureté v • *hardheid* • *hardvochtigheid; strengheid*
durillon m *eelt(knobbel)*
durit(e) v *(rubber)slang*
duvet m • *dons; donshaar* • *(donzen) slaapzak* • *(donzen) dekbed*
duveté BNW *donsachtig*
duveter WKD WW (**se** ~) *donshaar krijgen*
duveteux BNW [v: **duveteuse**] *donsachtig*
dynamique I v • *dynamica* • *dynamiek* **II** BNW *dynamisch*
dynamiser OV WW *dynamisch maken; stimuleren*
dynamisme m • *dynamiek; daadkracht* • *dynamisme*
dynamitage m *(het) opblazen* ‹d.m.v. dynamiet›
dynamite v *dynamiet*
dynamiter OV WW *opblazen* ‹d.m.v. dynamiet›
dynamiteur m [v: **dynamiteuse**] *bedrijver van aanslagen met dynamiet*
dynamo v *dynamo*
dynamomètre m *dynamometer*
dynastie v *dynastie*
dynastique BNW *dynastiek*
dysenterie v *dysenterie*
dysentérique I m/v *dysenteriepatiënt* **II** BNW *dysenterisch*
dysfonctionnement m • *(het) disfunctioneren* • *disfunctie*
dyslexique BNW *dyslectisch*
dyspepsie v *slechte spijsvertering; dyspepsie*

E

e m *letter e* ★ e fermé *gesloten e* ★ e muet/caduc *stomme e* ★ e ouvert *open e*
E AFK (est) *oost(en)*
eau (*zeg:* oo) m [mv: **eaux**] • *water* ‹in alle betekenissen› • MV *water(en)* ‹v. zee, meer, rivier e.d.› • MV *minerale bronwateren; baden* • MV *waterwerken* ‹fonteinen e.d.› • MV; INF. *vruchtwater* ★ eau bénite *wijwater* ★ eau calcaire/dure *hard water* ★ eau de Cologne *reukwater* ★ eau de robinet *kraanwater* ★ eau de source *bronwater* ★ eau de cuisson *kooknat* ★ eau dormante *stilstaand water* ★ eau douce *zacht water; zoet water* ★ eau mère *moederloog* ★ eau potable *drinkwater* ★ eau savonneuse *zeepwater; zeepsop* ★ eaux mortes *doodtij* ★ basses eaux *laagwater* ★ hautes eaux *hoogwater* ★ les grandes eaux de Versailles *de grote waterwerken van Versailles* ★ ville d'eaux *badplaats* ‹kuuroord› ★ dans ces eaux-là *daaromtrent; ongeveer* ★ de la plus belle eau OOK FIG. *van het zuiverste water* ★ être dans les eaux de qn *in iemands zog varen* ★ être en eau *nat bezweet zijn* ★ faire eau *lek zijn* ‹v. boot›; *water maken* ★ laver à grande eau *grondig/met veel water wassen* ★ mettre à l'eau *te water laten* ★ mettre de l'eau dans son vin *water bij de wijn doen* ★ porter de l'eau à la rivière/mer *water naar de zee dragen* ★ prendre de l'eau *water doorlaten; niet waterdicht zijn* ★ prendre les eaux *de baden gebruiken; een badkuur houden* ★ suer sang et eau *water en bloed zweten* ★ tomber à l'eau OOK FIG. *in het water vallen* ★ l'eau m'en vient à la bouche *het water loopt me ervan in de mond* ★ il passera bien de l'eau sous le(s) pont(s) *er zal nog heel wat water door de Rijn (enz.) stromen* ★ il n'est pire eau que l'eau qui dort *stille waters hebben diepe gronden* ★ l'eau va toujours à la rivière *het water loopt altijd naar de zee; geld zoekt geld*
eau-de-vie m [mv: **eaux-de-vie**] *brandewijn*
eau-forte m [mv: **eaux-fortes**] • *ets* • *etszuur*
ébahi BNW *hoogst verbaasd; verbluft; perplex* ★ il resta tout ~ *hij stond stomverbaasd te kijken*
ébahir I OV WW *zeer verbazen* **II** WKD WW (**s'**~) *verbaasd staan*
ébahissement m *(stomme) verbazing*
ébarber OV WW *afvijlen; afbramen*
ébats m mv *gestoei; gedartel* ★ ~ amoureux *liefdesspel* ★ prendre ses ~ *stoeien; zich vermaken*
ébattre WKD WW (**s'**~) *dartelen; stoeien*
ébaubi BNW INF. *verbluft; sprakeloos*
ébauche v • *schets; ruw ontwerp* • FIG. *eerste aanzet* ★ l'~ d'un sourire *een zweem v.e. glimlach*
ébaucher OV WW • *ontwerpen; schetsen; een eerste vorm geven aan* • *(even) vaag vertonen* ★ ~ un sourire *zwakjes glimlachen*
ébauchoir m • *steekbeitel* • *boetseerstift*

ébène v *ebbenhout* ★ cheveux d'~ *pikzwarte haren*
ébénier m *ebbenboom* ★ faux ~ *goudenregen*
ébéniste m *meubelmaker*; *schrijnwerker*
ébénisterie v • *meubelmakerij* • *schrijnwerk*; *fijn meubelwerk*
éberlué BNW *perplex*; *verbouwereerd*
éblouir OV WW • OOK FIG. *verblinden* • *verbluffen*; *epateren*
éblouissant BNW • OOK FIG. *verblindend*; *schitterend* • *verbluffend*
éblouissement m • OOK FIG. *verblinding* • *duizeling* • *verrukking*; *iets prachtigs* ★ j'ai des ~s *het flakkert/schemert me voor de ogen*
ébonite v *eboniet*
éborgner OV WW • *een oog uitsteken* • *knoppen verwijderen* ‹v. fruitboom, plant›
éboueur m *vuilnisman*
ébouillanter I OV WW *in heet water dompelen*; *met heet water overgieten*; CUL. *broeien* II WKD WW (**s'**~) *zich branden aan heet water*
éboulement m *verzakking*; *instorting*; *bergstorting*
ébouler WKD WW (**s'**~) *instorten*; *inzakken en afbrokkelen*
éboulis (*zeg:* -lie) m *puin*; *neergevallen gesteente/grond*
ébouriffant BNW INF. *verbluffend*; *van jewelste*; *vreselijk*
ébouriffer OV WW • *in de war maken* ‹v. haar› • INF. *verbaasd doen staan*; *vreemd doen opkijken*
ébranchage m [**ébranchement**] *snoeiing van takken*
ébrancher OV WW *van takken ontdoen*; *snoeien*
ébranchoir m *(lange) snoeitang*
ébranlement m • *schudding*; *beving*; *wankeling* • FIG. *ondermijning*; FIG. *schok*
ébranler I OV WW • *doen schudden*; *doen trillen*; *doen wankelen*; *verwrikken* • FIG. *aan het wankelen brengen*; *schokken* ★ ~ la santé de qn *iemands gezondheid ondermijnen* II WKD WW (**s'**~) *in beweging komen*
ébrécher OV WW • *door kerven of scherven beschadigen*; *schaarden* • FIG. *een bres slaan in*; *aantasten*
ébriété v FORM. *dronkenschap*
ébrouement m *gesnuif* ‹v. dieren›
ébrouer WKD WW (**s'**~) • *(druk bewegend) snuiven* • *badderen*; *poedelen* • *zich uitschudden*
ébruiter I OV WW *ruchtbaar maken*; *doorvertellen* II WKD WW (**s'**~) *ruchtbaar worden*; *uitlekken*
ébullition v • *(het) koken*; *opborreling* • *beroering*; *opschudding* ★ point d'~ *kookpunt* ★ être en ~ *aan de kook zijn*; *in opwinding zijn*
écaille v • *schub* • *schild* ‹v. schildpad› • *schildpad* ‹stof› • *schilfer* ★ les ~s lui sont tombées des yeux *de schellen zijn hem v.d. ogen gevallen*
écailler I m *oesterverkoper* II OV WW • *schubben* ‹v. vis› • *openen* ‹v. oesters e.d.› III WKD WW (**s'**~) *afschilferen*
écaillère v *oesterverkoopster*
écailleux BNW [v: **écailleuse**] • *schubbig* • *schilferig*
écaillure v • *schilfer*; *bladder* • *schubhuid*
écale v *bolster* ‹v. noot, amandel e.d.›
écaler OV WW *ontbolsteren*; *pellen*
écarlate I v *scharlaken* II BNW *scharlakenrood*
écarquiller OV WW *opensperren* ‹v. ogen›
écart m • OOK FIG. *(tussen)ruimte*; *tijdsruimte*; *spanne* • *verschil*; *afwijking*; *marge (***entre** *tussen)* • *uitwijking*; OOK FIG. *zijsprong*; FIG. *misstap* • KAARTSPEL *(het) opzijleggen*; *weggelegde kaarten* ★ à l'~ *op afstand (***de** *van)*; *afzijdig (***de** *van)*; *terzijde*; *achteraf* ★ grand ~ *spreidzit*; *spagaat* ★ creuser l'~ *het verschil groter maken* ★ tenir à l'~ *erbuiten houden*
écarté I m *ecarté* ‹kaartspel› II BNW • *afgelegen*; *afgezonderd* • *gespreid*; *(ver) uiteen* ★ oreilles ~es *flaporen* ★ yeux ~s *uit elkaar staande ogen* ★ jambes ~es *wijdbeens*
écartèlement m • *vierendeling* • FIG. *verscheurdheid*
écarteler OV WW • *vierendelen* • FIG. *verscheuren*; *heen en weer slingeren (***entre** *tussen)*
écartement m • *verwijdering*; *spreiding* • *tussenruimte*; *wijdte* ★ ~ des rails *spoorbreedte*
écarter I OV WW • *uiteen doen gaan*; *spreiden* • *uit de weg doen gaan*; *verwijderen (***de** *uit, van)*; *afbrengen (***de** *van)* • *van zich afhouden*; *van zich afzetten*; FIG. *terzijde schuiven* • KAARTSPEL *wegleggen* • *uitspreiden* ★ ~ un danger *een gevaar bezweren* ★ ~ la foule *de menigte op een afstand houden* ★ ~ les jambes *de benen spreiden* II WKD WW (**s'**~) • *uiteengaan*; *opzijgaan* • *zich verwijderen (***de** *van)* • *afwijken (***de** *van)*
écart-type m [mv: **écarts-type**] *standaardafwijking*
ecchymose (*zeg:* eekie-) v *blauwe plek*; *bloeduitstorting*
ecclésial BNW [m mv: **ecclésiaux**] *kerkelijk*
Ecclésiaste m BIJBEL *Prediker*
ecclésiastique I m *geestelijke* II BNW *kerkelijk*
écervelé BNW *hersenloos*; *leeghoofdig*; *onbezonnen*
échafaud m *schavot*
échafaudage m • *steiger(werk)* • *opeenstapeling*; OOK FIG. *bouwsel* • *opbouw*
échafauder I OV WW *opbouwen*; MEESTAL FIG. *in elkaar zetten* II ON WW *een steiger oprichten*
échalas (*zeg:* -là) m • *staak om gewassen te steunen* • FIG. *bonenstaak*
échalote v *sjalot*
échancrer OV WW *(rond) uitsnijden* ★ côte échancrée *ingesneden kust* ★ encolure échancrée *(laag) uitgesneden hals*
échancrure v *uitsnijding*; *inham*
échange m • *ruil*; *uitwisseling*; *(ver)wisseling* • *ruilverkeer*; *handel* ★ en ~ *daarvoor (in de plaats)* ★ en ~ de *in ruil voor* ★ les ~s (commerciaux) *het handelsverkeer* ★ libre-~ *vrijhandel* ★ ~ de vues *gedachtewisseling* ★ TENNIS ~ (de balles) *slagenwisseling* ★ faire l'~ de *ruilen*; *uitwisselen*
échangeable BNW *ruilbaar*; *inwisselbaar*
échanger OV WW *ruilen (***contre** *tegen;* **pour**

E

voor); *wisselen*; *uitwisselen (***avec** *met)*
échangeur m • *kruisingsvrij verkeersknooppunt*; *klaverblad*; *fly-over* • *warmtewisselaar*
échangisme m *partnerruil*
échanson m *schenker*
échantillon m *(proef)monster*; OOK FIG. *staal(tje)*; *(steek)proef* ⋆ ~ sans valeur *monster zonder waarde* ⋆ ~ aléatoire *aselecte steekproef* ⋆ donner un ~ de son savoir-faire *zijn bekwaamheid tonen*

E

échantillonnage m • *bemonstering*; *monsterneming* • *monstercollectie*; OOK FIG. *staalkaart* • *(het) nemen van steekproeven*
échantillonner OV WW • *bemonsteren*; *(proef)monsters nemen uit* • *steekproefsgewijs onderzoeken*
échappatoire V *uitvlucht*; *achterdeurtje*; FIG. *uitweg*
échappée V • *doorgangsopening*; *doorkijk(je) (***sur** *op)* • SPORT *ontsnapping(spoging)* • VERO. *uitstapje*
échappement m • *uitlaat* ‹v. motor› • *ontsnapping* ‹v. gas, vloeistof› • *echappement* ‹v. uurwerk›
échapper I OV WW ⋆ l'~ belle *er goed afkomen* ⋆ il ne l'~a pas *hij zal de dans niet ontspringen* **II** ON WW • *ontsnappen (***à** *aan;* **de** *uit)*; *ontkomen* • OOK FIG. *ontglippen*; OOK FIG. *ontvallen*; *ontvallen zijn (***à** *aan;* **de** *uit)* • FIG. *ontgaan (***à** *aan)* ⋆ ~ à la mort *aan de dood ontsnappen* ⋆ laisser ~ l'occasion *de gelegenheid voorbij laten gaan* ⋆ ça m'échappe *dat snap ik niet*; *dat is me ontschoten* ⋆ ce mot m'a échappé *dat woord is mij ontgaan* ⋆ ce mot m'est échappé *dat woord is mij ontvallen* ⋆ la patience m'échappe *ik verlies mijn geduld* **III** WKD WW **(s'~)** *ontsnappen (***de** *uit)*; *ontglippen*
écharde V *splinter*
écharpe V • *sjerp* • *draagband*; *mitella* • *das*; *sjaal* • *schuine balk* ⋆ en ~ *schuin* ‹v.voertuig›; *overdwars* ⋆ prendre en ~ *(van opzij) aanrijden*
écharper OV WW • OOK FIG. *niets heel laten van* • *toetakelen* ‹met iets scherps›
échasse V • OOK FIG. *stelt* • *steltkluut* ‹vogel› ⋆ être monté sur des ~s *gemaakt, hoogdravend spreken*
échassiers m MV *waadlopers* ‹vogelorde›
échauder OV WW • *met heet water begieten*; *in heet water dompelen*; CUL. *broeien* • FIG. *de vingers doen branden*; *ontnuchteren* • *afzetten* ‹v. klant› ⋆ blé échaudé *(door de zon) verzengd graan*
échauffement m • *verhitting* • OOK FIG. *(het) warmlopen*; SPORT *warming-up* • *opwinding* • *(het) broeien*
échauffer I OV WW • VAAK FIG. *verhitten* • *opwinden*; *prikkelen* ⋆ ~ la bile/les oreilles/la tête à qn *iem. kwaad maken* **II** WKD WW **(s'~)** • *opgewonden raken*; FIG. *verhit raken* • SP. *warmlopen*; *zich opwarmen*
échauffourée V • *schermutseling* • *vechtpartij*
échauguette V *wachttoren*
échéance V • *vervaldag*; *fatale datum* • *termijn* • *vervallen bedrag* ⋆ à courte ~ *op korte termijn*; *binnenkort* ⋆ effet à courte ~ *wissel op kort zicht* ⋆ effet à longue ~ *wissel op lang zicht* ⋆ arriver à ~ *vervallen*; *invorderbaar worden*
échéancier m • *agenda*; *tijdschema*; *tijdplanning* • *vorderingenstaat*; *wisselboek*
échéant BNW ECON. *vervallend* ⋆ le cas ~ *als het geval zich voordoet*; *eventueel*
échec m • *mislukking*; *tegenslag*; *nederlaag* • *schaak* • MV *schaakspel* ⋆ l'~ scolaire *het zittenblijven* ⋆ l'~ du berger *herdersmat* ⋆ ~ et mat *schaakmat* ⋆ ~ à la découverte *aftrekschaak* ⋆ ~ perpétuel *eeuwig schaak* ⋆ essuyer un ~ *mislukken* ⋆ voué à l'~ *tot mislukken gedoemd* ⋆ être ~ *schaak staan* ‹v. speler› ⋆ être en ~ *schaak staan* ‹v.d. koning› ⋆ faire ~ à *verijdelen* ⋆ faire ~ (au roi) *schaak geven* ⋆ jouer aux ~s *schaken* ⋆ se solder par un ~ *op een mislukking uitlopen* ⋆ tenir qn en ~ *iem. dwarsbomen*; *iem. in bedwang houden*
échelle V • *ladder* • FIG. *schaal* ⋆ ~ de corde *touwladder* ⋆ ~ des couleurs *kleurengamma* ⋆ ECON. ~ mobile *glijdende schaal* ⋆ ~ sociale *maatschappelijke ladder* ⋆ ~ (des sons) *toonladder* ⋆ à l'~ de *op een schaal van* ⋆ à l'~ mondiale *op mondiaal niveau*; *wereldwijd* ⋆ sur une vaste/grande ~ *op grote schaal* ⋆ faire la courte ~ à qn OOK FIG. *iem. een duwtje omhoog geven* ⋆ ~ 3 plans *3-delige ladder* ⋆ monter à l'~ *happen*; FIG. *op de kast zitten* ⋆ il n'y a plus qu'à tirer l'~ *dat valt niet te verbeteren*
échelon m • *sport* ‹v. ladder› • MIL. *echelon* • FIG. *trap*; *rang*; *niveau* ⋆ à l'~ de *op het niveau van* ⋆ par ~s *trapsgewijze* ⋆ gravir les ~s *opklimmen (in rang)*
échelonnement m → **échelonner**
échelonner OV WW • MIL. *volgens regelmatige tussenruimten/tussenpozen spreiden (***sur** *over)* • MIL. *echelonneren* ⋆ congés/paiements échelonnés *gespreide vakanties/betaling*
écheniller OV WW • *van rupsen ontdoen* • *van ongerechtigheden ontdoen* ‹tekst›
écheveau m [mv: **écheveaux**] • *streng* ‹v. wol e.d.› • *ingewikkelde zaak*; *warboel* ⋆ démêler l'~ d'une affaire *een zaak ontwarren*
échevelé BNW • *met verwarde haren* • *wild*; *tomeloos*; *ordeloos*
écheveler OV WW *de haren in de war maken van*
échevin m *schepen* ‹in België; vroeger in Fr.›; *wethouder* ‹in Ned.›
échine V • *ruggengraat* • *rugstuk van een varken* ⋆ côte ~ *schouderkarbonade* ⋆ avoir l'~ souple *kruiperig zijn* ⋆ frotter l'~ *afrossen* ⋆ plier/courber l'~ FIG. *het hoofd buigen*
échiner WKD WW **(s'~)** *zich afbeulen*; *veel moeite doen (***à** *om)*
échiquier m OOK FIG. *schaakbord* ⋆ en ~ *vierkantsgewijs*; *geruit* ⋆ chancelier de l'Echiquier *minister van Financiën* ‹in Eng.›
écho (*zeg:* eekoo) m • OOK FIG. *echo*; *weerklank* • VAAK MV *nieuwtje(s)* ⋆ se faire l'écho d'une nouvelle *een nieuwtje rondbazuinen* ⋆ trouver un écho *instemming vinden*
échographie V *echografie*

échoir ON WW • *ten deel vallen* ‹v. wissel, termijn›; *toevallen (**à** aan)* • *vervallen* ‹v. wissel, termijn›
échoppe v • *kraam; winkeltje; pothuis; keet* • *etsnaald; burijn*
échotier m [v: **échotière**] *redacteur van de nieuwtjes-/roddelrubriek*
échouage m *stranding*
échouer I OV WW *op het strand zetten; aan de grond zetten* ‹v. schip› II ON WW • SCHEEPV. *stranden; aan de grond lopen* • *mislukken; zakken (**à** voor)*; FIG. *schipbreuk lijden* • FIG. *belanden* III WKD WW (**s'**~) *stranden; aan de grond lopen*
échu WW (volt. deelw.) → **échoir**
écimer OV WW *(af)toppen* ‹v. bomen, planten›
éclaboussement m → **éclabousser**
éclabousser OV WW • *(met modder) bespatten* • *in opspraak brengen* • FIG. *de ogen uitsteken*
éclaboussure v • *(modder)spat; vlek* • VAAK MV *smet* ‹op reputatie›
éclair m • *bliksem(straal); weerlicht* • *flits; flikkering* • FIG. *flits*; FIG. *glimp* • ≈ *geglaceerde roomsoes* ⋆ ~s de chaleur *weerlicht* ⋆ ~s en nappes *zwaar onweer waarbij het aan alle kanten bliksemt* ⋆ il fait des ~s *het weerlicht* ⋆ ~ de génie *geniale inval* ⋆ fermeture ~ *ritssluiting* ⋆ guerre ~ *bliksemoorlog* ⋆ visite ~ *bliksembezoek* ⋆ rapide comme un ~ *bliksemsnel*
éclairage m *verlichting; belichting* ⋆ gaz d'~ *lichtgas* ⋆ sous cet ~ *in dat licht (bezien)*
éclairagiste m/v *lichttechnicus; belichter*
éclairant BNW • *lichtgevend* • *verhelderend*
éclaircie v • *open plek in de wolken*; OOK FIG. *opklaring* • *open plek in een bos*
éclaircir I OV WW • *licht(er) maken; verhelderen; opklaren* • *ophelderen; verduidelijken* • *verdunnen; uitdunnen* ⋆ ~ une sauce *een saus aanlengen* ⋆ ~ les rangs *de gelederen dunnen* II WKD WW (**s'**~) • *opklaren; helderder worden* • *dunner worden* ⋆ s'~ la voix *de keel schrapen*
éclaircissement m *opheldering*
éclairé BNW FIG. *verlicht; verstandig; ontwikkeld* ⋆ un esprit ~ *een verlichte geest*
éclairement m *verlichting; belichting*
éclairer I OV WW • OOK FIG. *verlichten* • *toelichten; verhelderen* • *inlichten (**sur** over); voorlichten* • MIL. *verkennen* II ON WW *licht geven; lichten* III WKD WW (**s'**~) • *verlicht worden* • *zichzelf bijlichten* • *duidelijk worden* • *opklaren* ‹v. gezicht›
éclaireur m [v: **éclaireuse**] *verkenner; padvinder*
éclat (*zeg:* -klà) m • *scherf; splinter; schilfer* • *uitbarsting; knal* • OOK FIG. *schittering; glans; pracht* ⋆ ~ de joie *opwelling van vreugde* ⋆ ~ d'obus *granaatscherf* ⋆ ~ de rire *schaterlach* ⋆ rire aux ~s *schaterlachen* ⋆ ~s de voix *luid geschreeuw* ⋆ voler en ~s *in stukken vliegen* ⋆ faire de l'~ *opzien baren; schandaal verwekken* ⋆ coup d'~ *kunststukje*
éclatant BNW • OOK FIG. *schitterend; stralend; glansrijk* • *schallend; schel* ‹v. geluid› • *opmerkelijk; opvallend; eclatant* ⋆ ~ de santé *blakend van gezondheid*
éclatement m *(het) uiteenbarsten; (het) uiteenvallen; ontploffing*
éclater ON WW • *barsten; springen; ontploffen; uiteenvallen (**en** in)* • *uitbreken; (opeens) aan de dag komen* • *losbarsten; uitbarsten (**en** in)* ⋆ ~ de rire *in lachen uitbarsten* ⋆ la guerre a éclaté *de oorlog is uitgebroken* ⋆ ~ en injures *in scheldwoorden uitbarsten*
éclectique I m *eclecticus* II BNW *eclectisch*
éclectisme m *eclecticisme*
éclipse v • *eclips; zonsverduistering; maansverduistering* • *(tijdelijke) verdwijning/verslapping* ⋆ à ~s *met tussenpozen*
éclipser I OV WW • *verduisteren* ‹v. hemellichaam›; *onzichtbaar maken* • FIG. *in de schaduw stellen* II WKD WW INF. (**s'**~) *stilletjes verdwijnen*
écliptique v *ecliptica*
éclisse v • *spaan* • MED. *spalk*
éclisser OV WW *spalken*
éclopé I m [v: **éclopée**] *kreupele* II BNW *kreupel*
éclore ON WW • *uit het ei komen* • OOK FIG. *ontluiken* ⋆ des fleurs fraîches écloses *pas ontloken bloemen* ⋆ faire ~ *uitbroeden*
éclosion v • *(het) uitkomen* ‹v. ei› • OOK FIG. *ontluiking*
écluse v *sluis* ⋆ ~ à sas *schutsluis*
écluser OV WW • *afsluiten met een sluis* • *schutten* ‹v. boot› • INF. *opzuipen*
éclusier m [v: **éclusière**] *sluiswachter*
éco AFK • (écologie) *ecologie* • (écologique) *ecologisch* • (économie) *besparing; spaargeld* • (économique) *zuinig* ⋆ sciences éco *economiewetenschap*
écobilan m *ecobalans*
écœurant BNW • *walgelijk* • *ergerlijk* • *frustrerend*
écœurement m • *walging* • *ontmoediging; frustratie*
écœurer OV WW • *doen walgen* • *ontmoedigen; frustreren*
éco-industrie v *milieu-industrie*
école v *school* ⋆ École de droit *juridische faculteit* ⋆ ~ des arts et métiers *technische hogeschool* ⋆ ~ des beaux arts *academie voor beeldende kunsten* ⋆ École des Chartes *hogere archiefschool* ⋆ ~ du dimanche *zondagsschool* ⋆ l'~ du soldat *opleiding van rekruten* ⋆ l'École française *de Franse (schilders)school* ⋆ ~ libre *bijzondere (katholieke) school* ⋆ ~ maternelle *kleuterschool* ⋆ ~ militaire *militaire academie* ⋆ Ecole nationale d'administration (ENA) *(elite)hogeschool voor topambtenaren* ⋆ École normale (primaire) *pedagogische academie* ⋆ École normale supérieure (ENS) *hogere opleidingsschool voor leraren* ⋆ ~ primaire *basisschool* ⋆ ~ professionnelle *school voor beroepsonderwijs* ⋆ ~ secondaire *middelbare school* ⋆ grande ~ *(elite)hogeschool voor topfunctionarissen* ⋆ haute ~ *hogeschool* ‹dressuur› ⋆ auto-~ *rijschool* ⋆ vaisseau-~ *opleidingsschip* ⋆ voiture-~ *leswagen* ⋆ aller à l'~ *schoolgaan* ⋆ avoir été à rude ~ *een harde leerschool doorlopen hebben* ⋆ être à bonne ~ *(ergens, bij iem.) een goede leerschool hebben*

E

★ faire l'~ buissonnière *spijbelen* ★ faire ~ *school maken* ★ faire l'~ *lesgeven* ★ sentir l'~ *pedant doen*
écolier [v: **écolière**] I m • *scholier* • INF. *beginneling* II BNW ★ manières écolières *schooljongensmanieren*
écolo AFK • (écologiste) *ecoloog; milieubeschermer; groene* • (écologique) *milieuvriendelijk; milieubewust*
écologie v • *ecologie* • *milieubescherming*
écologique BNW • *ecologisch; milieu-* • *milieuvriendelijk*

E

écologiste I m/v • *ecoloog* • *milieubeschermer; groene* II BNW *milieu-*
éconduire OV WW *afschepen*
économat m • *ambt/kantoor v.d. (huis)beheerder* • VERO. *personeelswinkel*
économe I m/v *(huis)beheerder; administrateur* II BNW *zuinig; spaarzaam* (**de** *met*) ★ (couteau) ~ *dunschiller*
économétrie v *econometrie*
économie v • *economie* • *zuinigheid; spaarzaamheid* • *bezuiniging; besparing* • VAAK MV *besparingen; spaargeld* • FORM. *opbouw; inrichting* ★ ~ dirigée *geleide economie* ★ ~ de marché *(vrije) markteconomie* ★ ~ politique *staathuishoudkunde; (politieke) economie* ★ ~s d'échelle *schaalvoordeel* ★ faire des ~s *sparen; bezuinigen* ★ faire l'~ de qc *zich iets besparen; iets uitsparen* ★ avoir le sens de l'~ *zuinig zijn* ★ il n'y a pas de petites ~s *alle beetjes helpen*
économique BNW • *economisch* • *zuinig; spaarzaam; voordelig* ★ les ~ment faibles *de sociaal zwakkeren* ★ classe ~ *economyclass*
économiser I OV WW *spaarzaam zijn met; bezuinigen op* ★ ~ ses forces *zijn krachten sparen* ★ ~ son temps *zijn tijd goed indelen* II ON WW *sparen; bezuinigen* (**sur** *op*)
économiseur m *brandstofbespaarder; economiser*
économiste m/v *econoom*
écoper I OV WW • INF. *oplopen* ‹v. straf, boete› • SCHEEPV. *(uit)hozen* ★ il a écopé 3 jours d'arrêt *hij heeft 3 dagen arrest gekregen* II ON WW • INF. *het moeten ontgelden* • (~ **de**) *oplopen*
écorce v • *schors; bast* • *schil* ‹v. citrusvrucht› ★ ~ terrestre *aardkorst*
écorcer OV WW *ontschorsen; schillen; pellen*
écorchement m *(het) villen*
écorcher OV WW • *villen* • *ontvellen; schaven* • FIG. *radbraken; verhaspelen* ★ bras écorché *ontvelde arm* ★ (dessin) écorché *opengewerkte tekening* ★ sensibilité d'écorché vif *overdreven gevoeligheid; lichtgeraaktheid* ★ ~ une langue *een taal radbraken* ★ ~ les oreilles (à qn) *(iem.) de oren pijn doen* ★ ~ l'anguille par la queue *bij het eind beginnen* ★ il crie avant qu'on l'écorche *hij schreeuwt al voordat hij geslagen wordt* ★ VERO. se faire ~ *afgezet worden*
écorcheur m [v: **écorcheuse**] • *vilder* • VERO. *afzetter*
écorchure v *schram; ontvelling; schaafwond*
écorner OV WW • *de hoek(en) afbreken/ beschadigen* • FIG. *aanspreken* ★ livre écorné *stukgelezen boek; boek met ezelsoren* ★ ~ ses revenus *zijn kapitaal aanspreken; interen*
écossais I m *Schotse taal* II BNW *Schots* ★ douche ~e *wisselbad*
Écossais m [v: **Écossaise**] *Schot*
Écosse v *Schotland*
écosser OV WW *doppen* ‹v. erwten, peulen›
écosystème m *ecosysteem*
écot m ★ payer son écot *zijn deel (van het gelag) betalen*
écoulement m • OOK FIG. *(het) wegstromen; afvoer; doorstroming* • *(het) verstrijken* ‹v.d. tijd› • *afzet* ‹v. waren›
écouler I OV WW *van de hand doen* ‹v. waren›; *(uit voorraad) verkopen* II WKD WW (**s'**~) • OOK FIG. *wegstromen* • *voorbijgaan; verstrijken* ‹v.d. tijd› • *van de hand gaan* ‹v. waren›
écourter OV WW *bekorten; inkorten*
écoute v • *(het) luisteren; (het) afluisteren* • SCHEEPV. *schoot* ★ appareils d'~ *afluisterapparatuur* ★ heure(s) de grande ~ *prime time* ★ être aux ~s (de qc) *de oren openhouden (voor iets); meeluisteren; afluisteren* ★ être à l'~ de qn *iem. aanhoren* ★ être mis/placé sur ~ *afgeluisterd worden* ★ restez à l'~! *blijf aan uw (radio)toestel!*
écouter I OV WW • *luisteren naar; aanhoren* • *gehoor geven aan; verhoren* ‹v. bede›; *opvolgen* ‹v. raad› ★ n'~ que... *zich slechts laten leiden door...* ★ n'~ que d'une oreille *slechts met een half oor luisteren* II ON WW *luisteren* III WKD WW ★ s'~ parler *zichzelf graag horen praten* ★ s'~ (trop) *te veel aandacht schenken aan zijn kwalen*
écouteur m *telefoonhoorn; koptelefoon*
écoutille v SCHEEPV. *luik(gat)*
écouvillon m *cilindervormige borstel*
écrabouiller OV WW INF. *vermorzelen*
écran m • OOK FIG. *scherm* • *beeldscherm; filmdoek* • FOTO. *filter* ★ le petit ~ *de tv; de buis* ★ à l'~ *op het witte doek* ★ ~ de fumée *rookgordijn* ★ ~ solaire *zonnebrandcrème* ★ société-~ *brievenbusmaatschappij* ★ crever l'~ *triomfen vieren op het witte doek*
écrasant BNW *verpletterend; overweldigend; drukkend*
écrasement m *verplettering*
écraser I OV WW • *verpletteren; vermorzelen; platdrukken* • *in de schaduw stellen* (**de** *met*) • *overrijden* • *overladen; overstelpen* (**de** *met*) • *kleineren* • COMP. *overschrijven* ★ nez écrasé *platte neus* ★ SPORT coup écrasé *smash* ★ ~ une cigarette *een sigaret uitdrukken* ★ ~ une révolte *een opstand neerslaan* ★ INF. en ~ *als een blok slapen* ★ ARG. écrase! *hou op!; hou je kop!* II WKD WW (**s'**~) • *verpletterd worden; zich te pletter rijden; neerstorten* ‹v. vliegtuig› • INF. *zich gedeisd houden*
écraseur m [v: **écraseuse**] INF. *wegpiraat*
écrémage m OOK FIG. *afroming*
écrémer OV WW OOK FIG. *afromen* ★ lait écrémé *magere melk*
écrémeuse v *melkafromer; melkcentrifuge*
écrêter OV WW OOK FIG. *aftoppen*

écrevisse v • *rivierkreeft* • *grote smidstang*
écrier WKD WW (**s'**~) *uitroepen*
écrin m *juwelenkistje; zilvercassette*
écrire OV + ON WW *(op)schrijven* ★ interrogation écrite *schriftelijke overhoring* ★ langue écrite *schrijftaal* ★ il est écrit *er staat geschreven* ★ c'était écrit *het moest zo zijn* ★ ~ comme un chat *hanenpoten schrijven*
écrit I m • *geschrift* • *schriftelijk examen* ★ coucher/mettre par ~ *op schrift stellen* ★ par ~ *schriftelijk* **II** WW (volt. deelw.) → **écrire**
écriteau m [mv: **écriteaux**] *opschrift; bordje*
écritoire v *schrijfetui; schrijfdoos; inktstel*
écriture v • *(het) schrijven; schrift* • *schrijfkunst; schrijfwijze; (hand)schrift* • *boeking* ‹v.e. post› • mv *de boeken; de stukken* ★ ~ anglaise *schuinschrift* ★ ~ de chat *hanenpoot* ★ une jolie ~ *een mooie hand (v. schrijven)* ★ les Écritures (saintes) *de (Heilige) Schrift* ★ employé aux ~s *klerk* ★ tenir les ~s *de boeken bijhouden*
écrivailler ON WW PEJ. *slecht schrijven* ‹v. schrijvers›
écrivailleur m PEJ. [v: **écrivailleuse**] → **écrivassier**
écrivaillon m PEJ. → **écrivassier**
écrivain m *schrijver; auteur* ★ ~ public *iem. die voor anderen brieven of stukken opstelt*
écrivant WW (teg. deelw.) → **écrire**
écrivassier m [v: **écrivassière**] PEJ. *veelschrijver; kladschrijver; scribent*
écrou m • *(schroef)moer* • *proces-verbaal van gevangenzetting; gevangenrol* ★ levée d'~ *invrijheidstelling* ★ ~ à oreilles *vleugelmoer*
écrouer OV WW *gevangen zetten*
écroulement m OOK FIG. *in(een)storting*
écrouler WKD WW (**s'**~) • OOK FIG. *in(een)storten* • *ineenzinken*
écru BNW *ruw* ‹v. garen, stof›; *ongebleekt; ecru*
ecstasy v *ecstasy*
ectoplasme m • *ectoplasma* • SCHERTS. *willoos/ gezichtloos persoon*
écu m • *wapenschild* • GESCH. *schild* • GESCH. *ecu* ‹Europese munteenheid› • GESCH. *oude Franse munt; daalder* ★ avoir des écus *duiten hebben*
écubier m SCHEEPV. *kluisgat*
écueil m OOK FIG. *klip*
écuelle v *kom; nap*
éculé BNW • *afgetrapt* ‹v. schoenen›; *afgesleten* ‹v. hakken› • FIG. *afgezaagd*
écumage m *(het) afschuimen*
écume v OOK FIG. *schuim* ★ ~ (de mer) *meerschuim*
écumer I OV WW OOK FIG. *afschuimen* **II** ON WW • *schuimen* • *schuimbekken (**de** van)*
écumeur m [v: **écumeuse**] *schuimer* ★ ~ de marmite *tafelschuimer* ★ ~ de mer *zeeschuimer*
écumeux BNW [v: **écumeuse**] *schuimend*
écumoire v *schuimspaan*
écureuil m *eekhoorn* ★ L'Écureuil *de spaarbank* ‹bijnaam›
écurie v • *(paarden)stal* • SPORT *renstal* • FIG. *zwijnenstal* ★ entrer comme dans une ~ *ongegeneerd binnenvallen/optreden* ★ fermer l'~ quand les chevaux sont dehors *de put dempen als het kalf verdronken is*
écusson m • *schildje* ‹ook op uniform; v. insecten› • *uithangbord* • *dekplaatje op sleutelgat* • *beenschub* ‹v. vissen›
écuyer m • *schildknaap* • *stalmeester; rijmeester* • *ruiter; pikeur; kunstrijder* ★ grand ~ *opperstalmeester* ★ grand ~ tranchant *oppervoorsnijder*
écuyère v *paardrijdster; amazone; kunstrijdster* ★ bottes à l'~ *rijlaarzen*
eczéma (*zeg:* egzeemà) m *eczeem*
Eden (*zeg:* eedèn) *(hof van) Eden*
édenté BNW *tandeloos*
édenter OV WW *de tanden breken van* ‹kam, zaag›
EDF AFK (Électricité de France) *Frans elektriciteitsbedrijf*
édicter OV WW *uitvaardigen; verordenen*
édicule m *(openbaar) bouwseltje* ‹straatkiosk, -urinoir›
édifiant BNW *stichtelijk*
édification v • *(op)bouw* • *lering; onderricht; stichting*
édifice m • *(groot) gebouw* • FIG. *bouwsel*
édifier OV WW • *(op)bouwen* • *stichten; zedelijk verheffen* • VAAK IRON. *onderrichten; wijzer maken (**sur** over)*
édile m • GESCH. *ediel* • FORM. *de vroede vaderen; het stadsbestuur*
Edimbourg *Edinburg*
édit (*zeg:* eedie) m *edict*
éditer OV WW • *uitgeven* • *redigeren; editen*
éditeur I bnw COMP. *editor; bewerkingsprogramma* **II** m [v: **éditrice**] • *uitgever* • *bezorger* ‹v.e. tekst› **III** BNW [v: **éditrice**] ★ maison éditrice *uitgeverij*
édition v • *uitgave* • *oplaag; editie* • *uitgeversvak* • *(het) editen* ★ maison d'~ *uitgeversmaatschappij*
édito INF. AFK (éditorial) *hoofdartikel*
éditorial [m mv: **éditoriaux**] **I** m *hoofdartikel* **II** BNW *van de uitgever; van de redactie*
éditorialiste m/v *schrijver van hoofdartikelen*
édredon m • *dekbed* • VERO. *eiderdons*
éducable BNW *opvoedbaar*
éducateur [v: **éducatrice**] **I** m • *opvoeder* • *vormingswerker* **II** BNW *opvoedend; vormend; educatief*
éducatif BNW [v: **éducative**] *opvoedend; vormend; educatief*
éducation v • *opvoeding* • *opleiding; scholing; vorming* ★ ~ civique *burgerschapskunde* ★ ~ physique *lichamelijke opvoeding; gymnastiek* ★ ~ sexuelle *seksuele voorlichting* ★ ministère de l'Éducation nationale *ministerie v. Onderwijs* ★ avoir de l'~ *welopgevoed zijn*
édulcorant m *zoetmiddel; zoetje*
édulcorer OV WW • *verzoeten* • FIG. *verzachten; afzwakken*
éduquer OV WW • *opvoeden* • *vormen* ‹v. vaardigheden›
effaçable BNW *(uit)wisbaar*
effacé BNW • *uitgewist* • *vervaagd; verbleekt* • *teruggetrokken; onopvallend*
effacement m • OOK FIG. *(uit)wissing* • *(het) op de achtergrond treden/blijven*

E

E

effacer I OV WW • OOK FIG. *(uit)wissen; uitvegen; uitgommen; doorhalen* • *overvleugelen; overschaduwen* • *intrekken* ‹v. schouders› II WKD WW (**s'**~) • OOK FIG. *uitgewist worden; verbleken; verdwijnen* • *op de achtergrond treden/blijven; zich wegcijferen; uit de weg gaan* ★ s'~ dans la mémoire *uit het geheugen gewist worden*
effaceur m *correctiestift*
effarant BNW *ontstellend; schrikwekkend*
effarement m *ontsteltenis; schrik*
effarer OV WW *ontstellen; verschrikken*
effarouchement m *opschrikking; verschriktheid*
effaroucher I OV WW *verschrikken; schuw maken; afschrikken* II WKD WW (**s'**~) *afgeschrikt/schichtig worden*
effectif I m • *aantal leden* ‹v.e. groep›; *bezetting; sterkte; effectief* • mv *troepen; personeelsleden* II BNW [v: **effective**] *(daad)werkelijk; effectief*
effectivement BIJW *(daad)werkelijk; inderdaad*
effectuer I OV WW *verwezenlijken; uitvoeren; volbrengen; doen* ★ ~ un payement *een betaling doen* ★ ~ une promesse *een belofte volbrengen* II WKD WW (**s'**~) *tot stand komen*
efféminé BNW *verwijfd; verwekelijkt*
effervescence v • *opbruising* • FIG. *gisting; beroering; opwinding* ★ l'~ des passions *het vuur der hartstochten*
effervescent BNW OOK FIG. *bruisend* ★ comprimé ~ *bruistablet*
effet m • *(uit)werking; gevolg* • *(beoogde) indruk; effect* • SPORT *effect* ‹v. bal of slag› • TECHN. *(arbeids)kracht; vermogen; effect* • *handelspapier; wissel; effect* • mv *goederen; spullen; kleren* ★ ~ négociable *verhandelbaar effect* ★ ~s publics *staatspapieren* ★ ~ secondaire *bijwerking; bijverschijnsel* ★ ~s spéciaux *trucages* ★ ~ utile *nuttig effect; rendement* ★ à ~ *op effect berekend* ★ à cet ~ *daartoe* ★ à l'~ de *(met het doel) om* ★ en ~ *inderdaad* ★ sous l'~ de *onder de inwerking/invloed van* ★ avoir pour ~ *als gevolg hebben* ★ faire (de l')~ *indruk maken; opzien baren* ★ faire mauvais ~ *een slechte indruk maken* ★ il me fait l'~ d'être malade *hij lijkt mij ziek te zijn* ★ prendre ~ *in werking treden; van kracht worden* ★ rester sans ~ *vruchteloos zijn* ★ plus de paroles que d'~ *veel geschreeuw en weinig wol*
effeuillage m • *(het) ontbladeren* • INF. *striptease*
effeuiller I OV WW • *ontbladeren* • *ontdoen van kroonbladeren* II WKD WW (**s'**~) *zijn bladeren/kroonbladeren verliezen*
efficace BNW • *doeltreffend; doelmatig; werkzaam; effectief* • *efficiënt*
efficacité v • *doeltreffendheid; doelmatigheid; werkzaamheid; effectiviteit* • *efficiëntie*
efficience v *doelmatigheid; rendement; efficiency*
efficient BNW *doelmatig; efficiënt*
effigie v *afbeelding; beeltenis; beeldenaar* ★ brûler qn en ~ *iem. in effigie (als pop) verbranden*
effilé I m *franje* II BNW *spits toelopend; lang en dun; spichtig*
effiler I OV WW • *uitrafelen* • *uitdunnen* ‹v. haren›; *effileren* • *spits laten toelopen; (bij)punten* II WKD WW (**s'**~) • *rafelen* • *spits toelopen*
effilocher I OV WW *uitrafelen; uitdunnen* II WKD WW (**s'**~) *rafelig worden*
effil(och)ure v *rafel*
efflanqué BNW *broodmager*
effleurage m *lichte massage*
effleurement m OOK FIG. *(het) even aanraken/aanroeren; (het) strijken langs* ★ touche à ~ *tiptoets*
effleurer OV WW • *even aanraken; strijken langs; scheren langs* • FIG. *aanroeren* ★ ~ un sujet *een onderwerp even aanroeren* ★ cela m'a effleuré (l'esprit) *dat is even bij me opgekomen*
efflorescence v • OOK FIG. *(begin van de) bloei* • *efflorescentie; uitslag*
efflorescent BNW OOK FIG. *bloeiend; weelderig*
effluent m *afvoerwater; afvoerrivier* ‹v. meer, gletsjer›
effluve m • vaak mv *uitwaseming* • FIG. *uitstraling*
effondrement m OOK FIG. *in(een)storting*
effondrer WKD WW (**s'**~) OOK FIG. *in(een)storten; in(een)zakken* ★ il était effondré *hij was gebroken/kapot/verslagen*
efforcer WKD WW (**s'**~ **de**) *zich inspannen om; zijn best doen om; pogen te*
effort m • *inspanning; moeite; poging* • NAT. *(druk)kracht; belasting* ★ sans ~ *moeiteloos* ★ faire un ~ *z'n best doen; moeite doen;* INF. *over de brug komen* ★ faire tous ses ~s *al zijn krachten inspannen*
effraction v JUR. *braak*
effraie v *kerkuil*
effranger I OV WW *uitrafelen* II WKD WW (**s'**~) *rafelen*
effrayant BNW • *verschrikkelijk; schrikbarend* • *ontzettend; enorm*
effrayer I OV WW *bang maken; verschrikken; afschrikken* II WKD WW (**s'**~) *schrikken; bang worden*
effréné BNW *tomeloos; mateloos; verwoed*
effritement m OOK FIG. *afbrokkeling; verwering* ‹v. gesteente›
effriter I OV WW *verbrokkelen* II WKD WW (**s'**~) OOK FIG. *afbrokkelen; verweren* ‹v. gesteente›
effroi m *afgrijzen; ontzetting*
effronté I m [v: **effrontée**] *schaamteloos, brutaal iemand* II BNW *brutaal; schaamteloos*
effronterie v *brutaliteit; onbeschaamdheid*
effroyable BNW *vreselijk; verschrikkelijk*
effusion v • VERO. *uitstorting; (het) vergieten* • *ontboezeming; gevoelsontlading; hartelijkheid; warmte* ★ ~ de colère *uitbarsting van woede* ★ ~ de sang *bloedvergieten* ★ avec ~ *gevoelvol; uitbundig*
égailler WKD WW (**s'**~) *zich verspreiden; uiteenstuiven*
égal [m mv: **égaux**] I m *gelijke* ★ à l'égal de *(evenzeer) als* ★ d'égal à égal *op voet van gelijkheid* ★ sans égal *zonder weerga* II BNW • *gelijk (***à** *aan)* • *gelijkmatig; constant* • *effen* • *onverschillig; om het even* ★ caractère égal

gelijkmatig/gelijkmoedig karakter ★ terrain égal *vlak terrein* ★ c'est égal *het doet er niet toe* ★ cela m'est égal *dat is me onverschillig; dat laat me koud* ★ toutes choses égales d'ailleurs *onder overigens gelijkblijvende omstandigheden; ceteris paribus* ★ être toujours égal à soi-même *steeds zichzelf (gelijk) blijven*
égalable BNW *te evenaren*
également BIJW • *eveneens; ook* • *gelijk(elijk)*
égaler OV WW • WISK. *gelijk zijn aan* • *evenaren* (**en** *in*) ★ deux plus deux égalent quatre *twee plus twee is vier*
égalisateur BNW [v: **égalisatrice**] ★ SPORT but ~ *gelijkmaker*
égalisation v • *(het) gelijkmaken* ‹ook sport›; *egalisering* • FIG. *nivellering*
égaliser I OV WW • *gelijkmaken; effenen* • FIG. *nivelleren* II ON WW SPORT *gelijkmaken*
égalitaire BNW *egalitair; gelijkheid nastrevend*
égalitariste I m/v *voorstander van gelijkheid; egal(itar)ist* II BNW *egalitaristisch*
égalité v • *gelijkheid* • *gelijkmatigheid* • *effenheid* • WISK. *gelijkvormigheid* • SPORT *deuce* ★ ~ d'humeur *gelijkmatigheid v. humeur; gelijkmoedigheid* ★ ~ des droits *gelijkberechtiging* ★ SPORT être à ~ *gelijkstaan*
égard m • *achting; eerbied* (**pour** *voor*) • mv *(bewijs van) eerbied/ontzag; beleefdheid; voorkomendheid; attenties; egards* ★ à cet ~ *in dat opzicht* ★ à tous (les) ~s *in ieder opzicht* ★ à l'~ de *ten opzichte van; wat betreft; jegens* ★ eu ~ à *gelet op; gezien* ★ par ~ pour *uit respect voor* ★ avoir ~ à *rekening houden met*
égaré BNW • *verdwaald* • *verdwaasd; verwilderd*
égarement m • *(het) zoekraken* • FIG. *(af)dwaling; verwarring; verdwazing* ★ ~ de l'esprit *verstandsverbijstering*
égarer I OV WW • OOK FIG. *doen (af)dwalen* • *zoekmaken; kwijtraken* • *misleiden; in verwarring brengen* II WKD WW (**s'**~) • *verdwalen;* OOK FIG. *afdwalen* • *zoek raken* ★ des votes qui s'égarent *stemmen die verloren gaan*
égaux m mv → **égal**
égayer I OV WW • *opvrolijken* • *losser maken* II WKD WW (**s'**~) *zich vrolijk maken* (**aux dépens de** *over*)
Egée v ★ (mer) Egée *Egeïsche zee*
égérie v *bezielster; (geheime) raadgeefster;* FIG. *muze*
égide FORM. v *bescherming* ★ sous l'~ de *onder (hoge) bescherming/auspiciën van*
églantier m *egelantier*
églantine v *bloem v.d. egelantier*
églefin m *schelvis*
église v *kerk*
églogue v *ecloge; herdersdicht*
ego m (onver.) *ego; ik*
égocentrique BNW *egocentrisch*
égoïne v *handzaag*
égoïsme m *egoïsme*
égoïste I m/v *egoïst* II BNW *egoïstisch*
égorgement m *(het) kelen*
égorger OV WW *kelen*
égorgeur m [v: **égorgeuse**] *keler; moordenaar*
égosiller WKD WW (**s'**~) • *zich hees schreeuwen* • *luidkeels zingen*
égotisme m *egotisme*
égotiste m/v *egotist; egotripper*
égout (*zeg:* -goe met harde g) m • *riool;* OOK FIG. *goot* • *dakhelling* ★ rat d'~ *rioolruimer* ★ bouche d'~ *rioolput*
égoutier m *rioolwerker*
égouttage m [**égouttement**] • *(het) (laten) uitdruipen* • *drainering* ‹v. grond›
égoutter I OV WW • *laten uitdruipen* • *draineren* ‹v. grond› ★ ~ des légumes *groenten afgieten* II WKD WW (**s'**~) *uitdruipen; (af)druipen*
égouttoir m • *afdruiprek* • *vergiet* • *droogrek*
égrapper OV WW *afristen*
égratigner OV WW • OOK FIG. *licht bezeren; schrammen; krabben* • *licht beschadigen; bekrassen* • *licht omploegen*
égratignure v • *schram; krab* • FIG. *lichte krenking; plagerij*
égrenage m • *(het) ontkorrelen* ‹v. graan› • *(het) afristen*
égrènement m *aaneenschakeling; rij*
égrener I OV WW • *ontkorrelen; uit de aren/ peulen halen; afristen* • *één voor één laten horen* ★ ~ un chapelet *de kralen v.e. rozenkrans door zijn vingers laten glijden* II WKD WW (**s'**~) • *loslaten* ‹v. korrels, peulvruchten› • FIG. *zich aaneenrijgen*
égrillard BNW *schunnig; schuin; gewaagd; wulps*
Egypte v *Egypte*
égyptien BNW [v: **égyptienne**] *Egyptisch*
Égyptien m [v: **Egyptienne**] *Egyptenaar*
égyptologie v *egyptologie*
égyptologue m/v *egyptoloog*
eh (*zeg:* ee) TW *hé!; wel!* ★ eh bien! *welnu!*
éhonté BNW *schaamteloos*
eider m *eidereend*
éjaculation v • *zaadlozing; ejaculatie* • *uitstorting*
éjaculer OV + ON WW *ejaculeren; zaad lozen*
éjectable BNW *uitwerpbaar* ★ siège ~ *schietstoel;* OOK FIG. *schopstoel*
éjecter OV WW • *uitwerpen* • INF. *eruit gooien* ★ être éjecté (d'une voiture) *(uit een auto) geslingerd worden*
éjection v *uitwerping;* OOK FIG. *lozing*
élaboration v → **élaborer**
elaboré BNW *zorgvuldig uitgewerkt/uitgevoerd*
élaborer I OV WW • *opstellen; uitwerken* ‹v. plan enz.› • *verwerken; omzetten; aanmaken* ‹v. stoffen i.h. lichaam› II WKD WW (**s'**~) *uitgewerkt worden; vorm aannemen*
élagage m OOK FIG. *(be)snoeiing*
élaguer OV WW OOK FIG. *(be)snoeien; bekorten*
élagueur m *snoeier; snoeizaag/-mes*
élan m • *snelle beweging; vaart* • *aanloop* • *geestdrift; vervoering; bezieling; elan* • *opwelling; impuls* • *eland* ★ élan vital *levensdrang* ★ prendre son élan *een aanloop nemen*
élancé BNW *rijzig*
élancement m • *stekende pijn; pijnscheut* • FORM. *zielsverlangen*

E

élancer I ON WW *steken* ‹v. wond› II WKD WW (**s'**~) • *vooruitsnellen*; *toesnellen*; *zich werpen (***sur** *op)* • *zich verheffen*; *hoog opschieten* ★ s'~ à la poursuite *de achtervolging inzetten*
élargir I OV WW • *verbreden*; *verwijden*; OOK FIG. *verruimen* • *vrijlaten* ‹v. gevangene› II ON WW • INF. *dikker worden* • *wijder worden* III WKD WW (**s'**~) OOK FIG. *breder/ruimer worden*
élargissement m • *verwijding*; *verbreding*; *verruiming*; *uitbreiding* • *invrijheidstelling*
élasticité v *elasticiteit*; *rekbaarheid*; *soepelheid*; OOK FIG. *veerkracht*
élastique I m *elastiek(je)* II BNW *elastisch*; *rekbaar*; *soepel*; OOK FIG. *veerkrachtig*; OOK FIG. *elastieken* ★ gomme ~ *gomelastiek* ★ avoir une conscience ~ *een ruim geweten hebben*
Elbe I m *Elbe* II v *Elba*
eldorado m *eldorado*
électeur I m *keurvorst* II m [v: **électrice**] *kiezer* ★ grand ~ *kiesman*
électif BNW [v: **élective**] *door keus bepaald*; *door verkiezing benoemd/verkregen*
élection v *verkiezing*; FORM. *keuze* ★ ~s anticipées *vervroegde verkiezingen* ★ d'~ OOK REL. *uitverkoren*; *van iemands keuze* ★ se presenter aux ~s *zich kandidaat stellen*
électoral BNW [m mv: **électoraux**] • *verkiezings-*; *kies-*; *electoraal* • *keurvorstelijk* ★ loi ~e *kieswet* ★ liste ~e *kiezerslijst*
électoraliste BNW *op de kiezersgunst afgestemd*
électorat m • *electoraat*; *kiezersvolk* • *kiesrecht* • *waardigheid v.e. keurvorst* • *keurvorstendom*
électricien m [v: **électricienne**] *elektricien* ★ ingénieur ~ *elektro-ingenieur*
électricité v *elektriciteit* ★ FIG. il y a de l'~ dans l'air *er heerst een geladen sfeer*
électrification v *elektrificatie*
électrifier OV WW *elektrificeren*
électrique BNW • *elektrisch* • FIG. *elektriserend* • *geladen* ‹v.d. atmosfeer›
électriser OV WW OOK FIG. *elektriseren*
électro-aimant m *elektromagneet*
électrocardiogramme m *elektrocardiogram*; *e.c.g.*
électrochimie v *elektrochemie*
électrochoc m OOK FIG. *elektroshock*
électrocuter OV WW *elektrocuteren*
électrocution v *elektrocutie*
électrode v *elektrode*
électro-encéphalogramme m *elektro-encefalogram*; *e.e.g.*
électrogène BNW *elektriciteit ontwikkelend* ★ groupe ~ *stroomaggregaat*; *(mobiele) stroomgenerator*
électrolyse v *elektrolyse*; *ontleding door elektriciteit*
électrolyte m *elektrolyt*
électromagnétique BNW *elektromagnetisch*
électromagnétisme m *elektromagnetisme*
électroménager I m *elektrische huishoudelijke apparatuur* II BNW *elektrisch* ‹v. huishoudelijke apparaten›
électromètre m *elektrometer*
électromoteur I m *elektromotor* II BNW [v: **électromotrice**] *elektromotorisch*
électron m *elektron* ★ FIG. ~ libre *ongeleid projectiel*; *onhandelbaar medelid*
électronicien m [v: **électronicienne**] *elektronicus*
électronique I v *elektronica* II BNW *elektronen-*; *elektronisch*
électrophone m *platenspeler*
électrotechnicien m [v: **électrotechnicienne**] *elektrotechnicus*
électrotechnique I v *elektrotechniek* II BNW *elektrotechnisch*
électrothérapie v *elektrotherapie*
élégamment BIJW *elegant*
élégance v *bevalligheid*; *sierlijkheid*; *stijl*; *elegantie*
élégant BNW *bevallig*; *sierlijk*; *stijlvol*; *elegant*
élégiaque I m *elegiedichter* II BNW *elegisch*
élégie v *elegie*
élément m • *element* ‹in alle betekenissen›; *bestanddeel*; *detail* • mv *grondslagen*; *grondbeginselen* • *factor*; *medeoorzaak* ★ ~s motorisés *gemotoriseerde eenheid* ★ les quatre ~s *de vier elementen* ★ dans son ~ *in zijn element*
élémentaire BNW *elementair* ‹in alle betekenissen›; *basis-* ★ livre ~ *boek dat de beginselen v.e. wetenschap bevat*; *boek voor beginners* ★ INF. c'est ~ *dat is wel het minste*
éléphant m • *olifant* • INF. *partijbonze*
éléphanteau m [mv: **éléphanteaux**] *jonge olifant*
élevage m *teelt* ‹v. dieren›; *veeteelt* ★ ~ industriel/en batterie *bio-industrie*
élévateur I m *heftoestel*; *elevator* II BNW [v: **élévatrice**] *ophijsend*; *optrekkend* ★ chariot ~ (à fourche) *vorkheftruck* ★ (muscle) ~ *hefspier*
élévation v • *verhoging*; *stijging*; OOK FIG. *verheffing (***à** *tot)* • OOK FIG. *verhevenheid* • MIL./REL. *elevatie* ★ ~ de la voix *stemverheffing* ★ ~ (à la puissance) *machtsverheffing* ★ ~ de style *verhevenheid van stijl*
élevé BNW • *opgevoed* • *hoog* • *verheven* ★ bien ~ *beschaafd*; *welopgevoed* ★ mal ~ *ongemanierd*
élève m/v • *leerling* • *jong geteeld exemplaar* ‹plant/dier›
élever I OV WW • *optillen*; *opheffen* • OOK FIG. *verheffen (***à** *tot)* • *verhogen* • *oprichten*; OOK FIG. *(op)bouwen* • *in rang verhogen*; *bevorderen (***à** *tot)* • *grootbrengen*; *opvoeden*; *fokken* • FIG. *opwerpen*; *opperen* ‹v. bedenkingen› ★ ~ la voix (contre) *de stem verheffen (tegen)* ★ ~ une maison *een huis bouwen*; *een huis hoger maken* ★ ~ au carré *tot de tweede macht verheffen* ★ ~ le cœur *het hart verheffen* ★ ~ jusqu'aux nues *hemelhoog prijzen* II WKD WW (**s'**~) • OOK FIG. *zich verheffen* • *omhooggaan*; *omhoogkomen* • FIG. *(op)rijzen*; *opkomen* • *gesticht worden* ★ le brouillard s'élève *de mist trekt op* • (**s'**~ **à**) *bedragen* ★ le prix s'élève à dix francs *de prijs bedraagt tien frank* • (**s'**~ **contre**) *zich verzetten tegen*; *opstaan tegen*
éleveur m [v: **éleveuse**] *fokker*; *veehouder*

elfe m *elf* ‹natuurgeest›

élider OV WW TAALK. *elideren*; *weglaten* ‹v.e. klank›

éligibilité v *verkiesbaarheid*

éligible BNW *verkiesbaar*

élimé BNW *versleten*

élimer OV WW *verslijten* ‹v. stof›

élimination v • *(het) wegwerken*; *verwijdering*; *uitschakeling*; *eliminatie* • *uitscheiding* ‹v. vocht, afvalstoffen› ★ ~ des déchets *afvalverwijdering*

éliminatoire BNW *uitsluiting/uitschakeling tot gevolg hebbend* ★ (épreuve) ~ *voorronde*; *kwalificatiewedstrijd*

éliminer OV WW • *wegwerken*; *uit de weg ruimen*; *uitsluiten*; *uitschakelen*; *elimineren* • *uitscheiden* ‹v. vocht/afvalstoffen›

élire OV WW *(ver)kiezen* ★ ~ qn président *iem. tot voorzitter kiezen*

élision v TAALK. *elisie*; *weglating* ‹v.e. klank›

élite v *elite*; *keur*; *bloem* ★ d'~ *keur-*; *elite-*; *hoogstaand*

élitiste BNW *elitair*

élixir m *elixer* ★ ~ de longue vie *levenselixer*

elle PERS VNW • *zij* ‹voor personen en dingen als onderwerp› • *zij* ‹met klemtoon›; *haar* ‹met klemtoon› • *haar* ‹na voorzetsel› ★ je la cherche, elle *ik zoek háár* ★ cette voiture est à elle *deze auto is van haar* ★ elle est bien bonne! *die is goed!* ★ elles le disent elles-mêmes *ze zeggen het zelf*

ellébore m *nieskruid*

ellipse v OOK TAALK. *ellips*

elliptique BNW OOK TAALK. *elliptisch*

élocution v *spreektrant*; *uitspraak*; *elocutie* ★ défaut d'~ *spraakgebrek* ★ avoir l'~ facile *zich gemakkelijk weten uit te drukken*

éloge m *lof(tuiting)*; *lofrede* ★ ~ funèbre *lijkrede* ★ faire l'~ de *prijzen*

élogieux BNW [v: **élogieuse**] *prijzend*; *lovend*

éloigné BNW *verwijderd*; *ver (***de** *van, uit)*; *afgelegen*

éloignement m • *verwijdering* • *afwezigheid* • *afstand* ‹in ruimte of tijd›; *verte*

éloigner **I** OV WW • *verwijderen (***de** *van, uit)*; *wegnemen*; OOK FIG. *opschuiven* • *afleiden*; *afwenden (***de** *van)* • *vervreemden (***de** *van)* ★ ~ une pensée *een gedachte van zich afzetten* **II** WKD WW **(s'~)** *zich verwijderen (***de** *van)*

élongation v *(spier)verrekking*

éloquemment BIJW → **éloquent**

éloquence v *(wel)sprekendheid*

éloquent BNW *welsprekend*; *veelzeggend*; *veelbetekenend* ‹v. blik, stilte›

élu **I** m • *gekozene*; *gekozen vertegenwoordiger* • *uitverkorene* **II** BNW *verkozen*; *uitverkoren* **III** WW (volt. deelw.) → **élire**

élucidation v *toelichting*; *opheldering*

élucider OV WW *toelichten*; *ophelderen*

élucubration v PEJ. *hersenspinsel*

éluder OV WW *(handig) ontwijken*; *ontduiken*

Élysée v ★ l'~ *het Elysee* ‹presidentieel paleis›

élyséen BNW [v: **élyséenne**] *van het Elysée*; *presidentieel*

élytre m *dekschild* ‹v. insecten›

Em. AFK (Éminence) *Eminentie*

émacié FORM. BNW *uitgemergeld*; *uitgeteerd*

e-mail m *e-mail*

émail m [mv: **émaux**] *email* ‹in alle betekenissen›; *emailwerk*

émaillage m • *(het) emailleren* • *emailleersel*

émailler OV WW • *emailleren* • VAAK IRON. *opsieren (***de** *met)*; *bont schakeren (***de** *met)*

émanation v • *uitvloeiing*; *uitwaseming*; *(kwalijke) dampen* • *emanatie*; *uitvloeisel*

émancipateur [v: **émancipatrice**] **I** m *vrijmaker* **II** BNW *vrijmakend*; *emanciperend*

émancipation v • *emancipatie*; *vrijmaking* • *ontvoogding* • *mondigverklaring*; *meerderjarigverklaring*

émanciper **I** OV WW • *emanciperen*; *vrijmaken* • *ontvoogden* • *mondig/meerderjarig verklaren* **II** WKD WW **(s'~)** *geëmancipeerd/onafhankelijk worden (***de** *van)*; INF. *vrijgevochten worden*

émaner ON WW (~ **de**) *vloeien uit*; *uitgaan van* ‹v. gas, straling, geur›; *voortkomen uit*; *afkomstig zijn van*; FIG. *uitstralen van*

émargement m *(het) aftekenen*; *parafering* ★ feuille d'~ *te paraferen lijst* ‹presentielijst e.d.›

émarger **I** OV WW • *(in de marge) aftekenen*; *paraferen* • *de marge afknippen van* **II** ON WW *bezoldigd worden*

émasculation v • *ontmanning* • *verwekelijking*; *ontkrachting*

émasculer OV WW • *ontmannen* • *verwekelijken*; *ontkrachten*

émaux m mv → **émail**

emballage m • *verpakking*; *emballage* • SPORT *eindspurt*

emballage-cadeau m *cadeauverpakking*

emballement m • *plotseling enthousiasme (***pour** *voor)* ‹v. motor›; *bevlieging* • TECHN. *(het) doorslaan* ‹v. motor›

emballer **I** OV WW • *inpakken*; *verpakken* • INF. *enthousiast maken* • *te snel laten draaien* ‹v. motor›; *opjagen* • INF. *inrekenen*; *oppikken* **II** WKD WW **(s'~)** • *op hol slaan* ‹ook v. motor› • INF. *opgewonden raken*; *opeens boos/enthousiast worden (***pour** *voor)*

emballeur m [v: **emballeuse**] *inpakker*

embarcadère m *aanlegsteiger*

embarcation v *kleine boot*; *schuitje*; *sloep*

embardée v *plotselinge zwenking* ‹v. schip, voertuig›; *zwieper*; *gier*

embargo m *embargo (***sur** *op;* **contre** *tegen)* ★ mettre l'~ *een embargo opleggen*

embarquement m *inscheping*; *(het) instappen*; *(het) inladen*

embarquer **I** OV WW • *inschepen*; *aan boord nemen/krijgen* • *inladen* • INF. *meenemen*; *oppikken*; *inpikken* • INF. *verwikkelen (***dans** *in)* ★ INF. ~ qn dans le train *iem. op de trein zetten* **II** ON WW • *scheep gaan (***pour** *naar)*; *aan boord gaan* • *veel water binnen krijgen* ‹v.e. schip› • *over het dek slaan* ‹v. golven› **III** WKD WW **(s'~)** • *zich inschepen*; *aan boord gaan* • *verwikkeld raken (***dans** *in)*; *zich storten (***dans** *in)* ‹een hachelijke onderneming›

embarras (*zeg:* -rà) m • *verlegenheid* ‹ongemakkelijk gevoel, ongemakkelijke

E

situatie› • *(geld)nood; benardheid; moeilijkheden* ★ ~ gastrique *maagstoornis* ★ (n')avoir (que) l'~ du choix *keus te over hebben* ★ tirer d'~ *uit de nood helpen*
embarrassant BNW *hinderlijk; lastig;* FIG. *pijnlijk*
embarrassé BNW • *in verlegenheid; zich geen raad wetend (***de** *met); bevangen; opgelaten* • *verward; onduidelijk* • *gehinderd; hinderlijk vol*
embarrasser I OV WW • *in verlegenheid brengen* • *hinderen; belemmeren* **II** WKD WW • **(s'~ de)** *zich opzadelen met; zich (overdreven) bekommeren om* • **(s'~ dans)** *verward/verstrikt raken in*

E

embauchage m → **embauche**
embauche v *indienstneming; aanwerving* ★ il n'y a pas d'~ dans cette branche *er is geen werk(gelegenheid) in die bedrijfstak*
embaucher OV WW *in dienst nemen; aanwerven*
embaucheur m [v: **embaucheuse**] *werver; koppelbaas*
embauchoir m *schoenspanner*
embaumement m *balseming*
embaumer I OV WW • *balsemen* • *doen geuren* • *geuren naar* **II** ON WW IRON. *geuren; lekker ruiken*
embaumeur m *(lijk)balsemer*
embellie v • OOK FIG. *opklaring* • *(tijdelijke) windstilte* ‹op zee›
embellir I OV WW • *verfraaien; mooier maken* • *mooier voorstellen* **II** ON WW *mooier worden* **III** WKD WW **(s'~)** *mooier worden*
embellissement m *verfraaiing*
emberlificoter INF. **I** OV WW • *verward doen raken (***dans** *in); verstrikken* • *verlakken* **II** WKD WW **(s'~)** *in de war raken; verstrikt raken (***dans** *in)*
embêtant BNW INF. *vervelend; onaangenaam*
embêtement m INF. *narigheid*
embêter INF. **I** OV WW *lastig vallen; vervelen* ★ être embêté (avec, de, pour) *ermee (in de maag) zitten* **II** WKD WW **(s'~)** *zich vervelen*
emblaver OV WW *met graan inzaaien* ‹v. akker›
emblée DEEL V. SAMENST ★ d'~ *op slag; dadelijk; meteen al*
emblématique BNW *emblematisch; symbolisch*
emblème m *embleem; zinnebeeld; merkteken*
embobeliner INF. OV WW [**embobiner**] FIG. *inpakken; inpalmen*
emboîtage m → **emboîter**
emboîtement m *in elkaar grijpende verbinding*
emboîter I OV WW • *ineenschuiven (***dans** *in)* • *nauw omsluiten* **II** WKD WW **(s'~)** *in elkaar grijpen/passen*
embolie v MED. *embolie*
embonpoint m *gezetheid* ★ prendre de l'~ *dik worden*
embouche v v *(het) vetweiden; vetweide*
emboucher OV WW *aan de mond zetten* ‹v. muziekinstrument› ★ être mal embouché *grof in de mond zijn*
embouchure v • *(uit)monding* • *mondstuk*
embourber I OV WW *in de modder doen vast raken* **II** WKD WW **(s'~)** • *in de modder blijven steken* • *zich vastwerken; verstrikt raken (***dans** *in)*
embourgeoisement m *verburgerlijking*
embourgeoiser I OV WW *burgerlijk maken* **II** WKD WW **(s'~)** *verburgerlijken*
embout m *dopje/opzetstukje aan het eind; (stoot)punt* ‹v. stok, paraplu›
embouteillage m *verkeersopstopping* ★ être pris dans un ~ *in een file staan*
embouteillé OV WW *(door files, overbelasting) verstopt*
emboutir OV WW • *(hol) uitkloppen* ‹v. metalen›; *uitdrijven* • *(met metaal) beslaan* • *botsen op* ‹auto›; *rammen*
emboutissage m → **emboutir**
embranchement m OOK FIG. *vertakking; aftakking; splitsing*
embrancher OV WW *verbinden* ‹v. buizen, (spoor)wegen›; *aansluiten (***à, sur** *op)*
embrasement m • *ontvlamming* • VERO. *gloed; twistvuur*
embraser I OV WW • *in vuur en vlam zetten* • OOK FIG. *in gloed doen raken* **II** WKD WW **(s'~)** *vlam vatten;* OOK FIG. *in gloed raken*
embrassade v *omhelzing; gezoen*
embrasse v *band om gordijn; embrasse*
embrasser I OV WW • *omhelzen; zoenen* • FIG. *omhelzen; aannemen; op zich nemen* • *omvatten; bevatten; (in zich) opnemen* ★ qui trop embrasse, mal étreint *men moet niet te veel hooi op zijn vork nemen* **II** WKD WW **(s'~)** *elkaar omhelzen; zoenen*
embrasure v • *vensteropening; deuropening* • *schietgat*
embrayage m TECHN. *koppeling(smechanisme)*
embrayer I OV WW *koppelen; de koppeling inschakelen van* **II** ON WW • *koppelen; de koppeling laten opkomen* • INF. *beginnen (te werken/te praten) (***sur** *over)* • (~ **sur**) *vat hebben op*
embrigadement m FIG. *rekrutering*
embrigader I OV WW *als lid/deelnemer rekruteren; ronselen* **II** WKD WW **(s'~)** *lid worden; toetreden (***dans** *tot)*
embringuer INF. **I** OV WW *verwikkelen/ betrekken (***dans** *in, bij)* **II** WKD WW **(s'~ dans)** *verwikkeld raken in/bij*
embrocation v MED. *(het aanbrengen van) smeerzalf*
embrocher OV WW • *aan het spit steken* • INF. *spietsen; doorsteken*
embrouillamini INF. m *wanorde; bende*
embrouille v INF. *verwarring(zaaierij); verwarrende, misleidende praatjes*
embrouillé BNW *warrig*
embrouillement m *verwardheid*
embrouiller I OV WW *verward maken* **II** WKD WW **(s'~)** *verward raken (***dans** *in)*
embroussaillé BNW • *vol struiken* • *verwilderd; verward* ‹v. haar, baard›
embrumer OV WW • *nevelig maken* • *somber maken*
embrun m VAAK MV *stuivend spatwater* ‹v. golven›; *buiswater*
embryologiste v *embryoloog*
embryon m • *embryo* • FIG. *kiem*
embryonnaire BNW *embryonaal*

embûches v mv FIG. *valstrikken; voetangels en klemmen* ★ tendre des ~ FIG. *hinderlagen leggen*
embuer I OV WW *met een waas bedekken; doen beslaan* ★ yeux embués (de larmes) *betraande ogen* II WKD WW (**s'**~) *beslaan*
embuscade v *hinderlaag* ★ dresser/mettre une ~ *een hinderlaag leggen* ★ se mettre en ~ *zich verdekt opstellen* ★ tomber dans une ~ *in een hinderlaag lopen/vallen*
embusquer I OV WW • *in hinderlaag leggen* • INF. *aan de frontdienst onttrekken* ★ tireur embusqué *sluipschutter* II WKD WW (**s'**~) • *in hinderlaag gaan liggen* • INF. *zich drukken (voor de frontdienst)*
éméché INF. BNW *aangeschoten; ietwat dronken*
émeraude I V *smaragd* II BNW ★ (vert) ~ *smaragdgroen*
émergence v *(het) opduiken; (plaats van) het aan de dag treden*
émerger ON WW • *opduiken (**de** uit)* • *te voorschijn komen; aan het licht komen; duidelijk worden* • *eruit springen; gunstig opvallen*
émeri m *amaril; polijststeen* ★ bouchon à l'~ *geslepen stop* ★ toile d'~ *schuurlinnen* ★ papier (d')~ *schuurpapier* ★ INF. bouché à l'~ *erg stom*
émerillon m *dwergvalk*
émérite BNW *ervaren en bekwaam; eminent*
emersion v *opduiking*
émerveillement m • *verwondering; verbazing* • *verrukking; iets heerlijks*
émerveiller I OV WW • *verbaasd doen staan* • *in verrukking brengen* II WKD WW (**s'**~) *verwonderd/verrukt zijn (**de** over)*
émétique I m *braakmiddel* II BNW *braakwekkend*
émetteur I m • *zender* • *emittent; uitschrijver van een waardepapier* ★ ~-récepteur *zender-ontvanger* II BNW [v: **émettrice**] • *uitzendend* • *emissie-; zend-* ★ poste ~ *zender* ★ station émettrice *zendstation*
émettre OV WW • *uitgeven* ‹v. effecten, postzegels e.d.›; *in omloop brengen* • *uitstralen* • TELECOM. *uitzenden* • *uiten; uitbrengen* ★ ~ des rayons *stralen uitzenden* ★ ~ un avis *een mening geven* ★ ~ un chèque/un emprunt *een cheque/een lening uitschrijven*
émeu m [**émou**] *emoe*
émeute v *oproer; rel*
émeutier m [v: **émeutière**] *oproerling; opruier*
émiettement m *verkruimeling; verbrokkeling*
émietter I OV WW *verkruimelen; verbrokkelen* II WKD WW (**s'**~) *verkruimelen; verbrokkelen*
émigrant I m [v: **émigrante**] *landverhuizer; emigrant* II BNW *emigrerend*
émigration v • *landverhuizing; emigratie; uitwijking* • *trek* ‹v. dieren›; *migratie*
émigré m [v: **émigrée**] *uitgewekene*
émigrer ON WW • *emigreren* • *(weg)trekken* ‹v. dieren›
émincé m *gerecht van dunne plakjes*
émincer OV WW *in dunne plakjes snijden*
éminemment BIJW *uitermate; hoogst*
éminence v • *verhevenheid; heuvel* • ANATO. *uitsteeksel* • *eminentie* ‹titel› ★ eminence grise *grijze eminentie*
éminent BNW *voortreffelijk; uitstekend; eminent*
émir m *emir*
émirat m *emiraat* ★ Emirats arabes unis *Verenigde Arabische Emiraten*
émissaire I m • *(geheim) afgezant* • *afvoerkanaal; afvoerrivier* ‹v. meer, gletsjer› II BNW *afvoer-* ★ bouc ~ *zondebok*
émission v • *uitzending* ‹radio, tv› • *uitgifte; emissie* ‹v. effecten, postzegels e.d.› • NAT. *uitstraling; afgifte* • *uiting; (het) voortbrengen* ‹v. klanken›
emmagasinage m • *opslag; berging* • FIG. *(het) ophopen; (het) verzamelen*
emmagasiner OV WW • OOK FIG. *opslaan; bergen* • FIG. *ophopen; verzamelen*
emmailloter OV WW *omzwachtelen; inwikkelen;* OOK FIG. *inkapselen*
emmancher OV WW *een steel zetten aan* ★ INF. l'affaire est bien (mal) emmanchée/ s'emmanche bien (mal) *de zaak ziet er (niet) veelbelovend uit*
emmanchure v *armsgat*
emmêlement m • *verwarring* • *(het) door elkaar halen*
emmêler I OV WW *verwarren* II WKD WW (**s'**~) *verward raken*
emménagement m • *(het) intrekken in een nieuwe woning* • mv *accommodatie* ‹op een schip›
emménager ON WW *intrekken (**dans** in) een nieuwe woning*
emmener OV WW • *meenemen; wegbrengen; wegvoeren* • SPORT *aanvoeren*
emment(h)al m *emmentaler (kaas)*
emmerdant BNW VULG. *(stom)vervelend; klierig; rottig; zeikerig*
emmerde v VULG. *narigheid; gedonder; gezeik*
emmerdement m → **emmerde**
emmerder I OV WW VULG. *lastig vallen; vervelen; dwarszitten; de keel uithangen* ★ je l'emmerde! *ik heb schijt aan hem!* ★ être emerdé (avec, de, pour) *ermee (in de maag) zitten* II WKD WW (**s'**~) • *zich (rot) vervelen* • *zich (zinloos) uitsloven (**avec**, **à** [+ inf.] met)*
emmerdeur m [v: **emmerdeuse**] VULG./FIG. *klier; zeikerd*
emmitoufler I OV WW *warm inpakken (**dans** in)* II WKD WW (**s'**~) *zich warm inpakken*
emmurer OV WW *inmetselen tussen vier muren;* OOK FIG. *opsluiten*
émoi m FORM. • *ontroering* • *opschudding; onrust* ★ mettre en émoi *in rep en roer brengen*
émollient I m MED. *verzachtend middel* II BNW *verzachtend*
émolument m mv • *rechtmatig aandeel* ‹v. erfenis, huwelijksgemeenschap› • mv *bezoldiging; traktement; emolumenten*
émondage m [m: **émondement**] OOK FIG. *(be)snoeiing*
émonder OV WW *(be)snoeien*
émotif BNW [v: **émotive**] • *gevoels-* • *vatbaar voor emoties; emotioneel; emotief*
émotion v • *emotie; ontroering* • *beroering*

E

★ INF. tu m'as donné des ~s *ik heb angsten (door je) uitgestaan*
émotionnel BNW [v: **émotionnelle**] *gevoels-*
émotionner OV WW INF. *ontroeren*
émotivité v *vatbaarheid voor emoties; emotionaliteit*
émou m (spellingvariant) → **émeu**
émouchet m *kleine roofvogel; torenvalk*
émouleur m *slijper*
émoulu BNW ★ frais ~ (de) *kersvers (van)* ‹school enz.›
émousser I OV WW • *stomp maken* • OOK FIG. *afstompen* **II** WKD WW (**s'**~) • *stomp worden* • OOK FIG. *afstompen*
émoustillant BNW *aangenaam opwindend; prikkelend; pikant*
émoustiller OV WW *aangenaam opwinden; vrolijk maken*
émouvant BNW *ontroerend; aangrijpend*
émouvoir I OV WW *ontroeren; aangrijpen; bewegen* **II** WKD WW (**s'**~) *ontroerd worden (***de** *door); onrustig worden (***de** *van); opgewonden worden (***de** *van, door, over)* ★ le peuple commence à s'~ *het volk begint roerig te worden*
empaillage m • *(het) matten* ‹v. stoelen› • *(het) opzetten* ‹v. dieren›
empaillé INF. **I** m [v: **empaillée**] *stoethaspel* **II** BNW *onbeholpen*
empaillement m *strovoorraad*
empailler OV WW • *opzetten* ‹v. dieren› • *met stro bekleden; matten* ‹v. stoelen›
empailleur m [v: **empailleuse**] • *matter v. stoelen* • *opzetter v. dieren*
empaler I OV WW *aan een spiets/paal steken; spietsen (***sur** *op)* **II** WKD WW (**s'**~ **sur**) *zich in iets puntigs storten (en doorboord worden)*
empanaché BNW • *bepluimd* • *hoogdravend* ‹v. stijl›
empanacher OV WW *(als) met een pluim versieren*
empaquetage m *(het) inpakken*
empaqueter OV WW *inpakken*
emparer WKD WW (**s'**~ **de**) *zich meester maken van; bemachtigen; overmannen*
empâtement m • *pafferigheid; dikkigheid* • *dik opgebrachte verf(lagen)*
empâter I OV WW • *met deeg bestrijken of vullen* • *kleverig/pafferig/dikkig maken* • *verf in verschillende lagen opbrengen op* ★ langue empâtée *dikke/dubbelslaande tong* **II** WKD WW (**s'**~) *pafferig/dikkig worden*
empathie v *empathie*
empattement m • *uitspringende voet* ‹v. muur›; *brede basis* • *wielbasis* ‹v. voertuig› • TYP. *schreef*
empêchement m *beletsel; verhindering* ★ avoir un ~/être retenu par un ~ *verhinderd zijn; opgehouden worden*
empêcher I OV WW *beletten; verhinderen; (ervan) weerhouden (***de** [+ inf.] om) ★ ~ que [+ subj.] *verhinderen dat* ★ (il) n'empêche que ... *dat neemt niet weg dat; niettemin* **II** WKD WW (**s'**~ **de**) *nalaten te* ★ il ne put s'empêcher de rire *hij kon niet nalaten te lachen; hij moest (wel) lachen*
empêcheur m [v: **empêcheuse**] ★ ~ de tourner en rond *spelbreker*
empeigne v *bovenleer* ‹v. schoenen›
empennage m *stabilisatievlak* ‹v. luchtvaartuig, projectiel›
empenner OV WW *van veren voorzien* ‹pijl›
empereur m *keizer*
empesé BNW • *gesteven* • *gemaakt;* FIG. *stijf*
empeser OV WW *stijven* ‹v. linnen›
empester I ON WW • *met stank vergeven* • *stinken naar* • *verpesten; bederven* **II** ON WW *stinken*
empêtrer I OV WW (~ **dans**) *verward doen raken in; (ver)wikkelen in; verstrikken in* **II** WKD WW (**s'**~ **dans**) *zich verwikkelen in; verwikkeld/verward raken in*
emphase v PEJ. *gezwollenheid; hoogdravendheid*
emphatique BNW • PEJ. *gezwollen; hoogdravend* • TAALK. *emfatisch*
emphysème m MED. *emfyseem*
emphytéotique BNW ★ bail ~ *erfpacht*
empiècement m *opgezet/ingezet stuk* ‹v. kleding›; *pas*
empierrer OV WW *met stenen verharden* ‹v. weg›
empiétement m [**empiètement**] *uitbreiding* ‹ten koste van›; *inbreuk*
empiéter ON WW (~ **sur**) *inbreuk maken op;* FIG. *iets afknabbelen van* ★ la mer empiète sur les côtes *de zee wint veld op de kust*
empiffrer WKD WW INF. (**s'**~) *zich volproppen (***de** *met)*
empilage m [**empilement**] *opstapeling*
empiler OV WW • *opstapelen;* OOK FIG. *opeenhopen* • INF. *afzetten; bedriegen; tillen*
empire m • *keizerrijk* • *rijk; imperium* • *macht; heerschappij; invloed* ★ style Empire *empirestijl* ★ Premier Empire *keizerrijk van Napoleon I* ★ Second Empire *keizerrijk van Napoleon III* ★ l'Empire d'Occident *het West-Romeinse rijk* ★ sous l'~ de *onder invloed van; beheerst door* ★ avoir de l'~ sur ses passions *zijn hartstochten weten te beheersen* ★ pas pour un ~! *voor geen geld (ter wereld)!*
empirer I OV WW *erger maken* **II** ON WW *erger worden; verslechteren*
empirique BNW *empirisch*
empirisme m *empirisme*
empiriste m/v *empirist; empiricus*
emplacement m *plaats* ‹met zekere bestemming›; *terrein; lokatie*
emplâtre m • *kleefpleister; papje* • INF. *zwaar eten* ★ INF. c'est un ~ sur une jambe de bois *dat middel is nutteloos; het is een lapmiddel*
emplette v vaak mv *kleine aankoop; boodschap* ★ faire ses ~s *boodschappen doen; winkelen*
emplir OV WW FORM. *(ver)vullen (***de** *met)*
emploi m • *gebruik; aanwending; besteding* • *baan; betrekking* • *werk(gelegenheid)* • *(toegewezen) rol; emplooi* • *boeking* ‹v.e. post› ★ mode d'~ *gebruiksaanwijzing* ★ ~ du temps *(werk-, studie)rooster* ★ plein(-)~ *volledige werkgelegenheid* ★ sans ~ *ongebruikt; werkloos* ★ faire double ~ *overtollig/dubbelop zijn* ★ avoir un ~ du temps chargé *het druk hebben*

employable BNW *bruikbaar*
employé m [v: **employée**] *werknemer; beambte; bediende* ★ ~s de bureau *kantoorpersoneel*
employer I OV WW • *gebruiken; aanwenden; besteden; zich bedienen van* • *in dienst hebben* **II** WKD WW (**s'**~) • *gebruikt worden* • (**s'**~ **à**) *zijn best doen om; zich bezighouden met*
employeur m [v: **employeuse**] *werkgever*
emplumé BNW *bedekt met veren*
empocher OV WW • FIG. *in de zak steken; beuren; opstrijken* • INF. *incasseren*; FIG. *(moeten) slikken* ★ ~ des coups *klappen krijgen*
empoignade (*zeg:* a(n)pwanj-) V INF. *heftige ruzie*
empoigne (*zeg:* a(n)pwanj) V *(het) grijpen*
empoigner (*zeg:* a(n)pwanjee) **I** OV WW • *grijpen; pakken* • FIG. *boeien; aangrijpen* **II** WKD WW (**s'**~) *(bek)vechten; bakkeleien*
empois m *stijfsel(pap)*
empoisonnant BNW INF. *(stom)vervelend*
empoisonnement m • *vergiftiging* • meestal mv INF. *narigheid; last*
empoisonner I OV WW • OOK FIG. *vergiftigen; met stank vergeven* • *verpesten; vergallen; bederven* • INF. *dwarszitten; vervelen; de keel uithangen* ★ cadeau empoisonné *schijnschoon cadeau* **II** WKD WW (**s'**~) • *zich vergiftigen* • INF. *zich dood vervelen*
empoisonneur m [v: **empoisonneuse**] • *gifmenger* • *(zeden)bederver*
empoissonner OV WW *vis uitzetten in*
emporté BNW *opvliegend; driftig*
emportement m • *drift(bui); opvliegendheid* • VERO. *gemoedsdrift*
emporte-pièce m [mv: **emporte-pièce(s)**] *stansmachine; pons; drevel* ★ à l'~ FIG. *bijtend; vinnig; recht voor z'n raap*
emporter I OV WW • *meenemen*; OOK FIG. *meeslepen* • *wegvoeren*; OOK FIG. *wegrukken* • *in de wacht slepen; winnen; behalen* ★ plat à ~ *meeneem-, afhaalgerecht* ★ ~ la bouche *scherp, pikant zijn* ‹v. etenswaren› ★ l'~ (sur) *het winnen (van)* **II** WKD WW (**s'**~) *driftig worden; nijdig worden (***contre** *op, over)*
empoté BNW *onbeholpen (en sloom); klunzig*
empourprer WKD WW (**s'**~) *purperrood worden; rood aanlopen*
empoussiérer OV WW *bedekken met stof*
empreint BNW • FIG. *gegrift* • (~ **de**) *het stempel dragend van; doortrokken van*
empreinte v • *afdruk; indruk; (voet)spoor* • FIG. *stempel* ★ ~ digitale *vingerafdruk* ★ ~ génétique *genetische vingerafdruk; genenprint* ★ marquer de son ~ *zijn stempel drukken op*
empressé BNW *(dienst)willig; gretig; vol ijver (***à** *om)* ★ agréez mes salutations ~es *hoogachtend*
empressement m *(dienst)willigheid; gretigheid; graagte*
empresser WKD WW (**s'**~) *zich beijveren; zich haasten (***de** *om)* ★ s'~ auprès de/autour de qn *zich uitsloven voor iem.; een en al attenties/gedienstigheid jegens iem. zijn*
emprise v • *invloed; vat (***sur** *op)* • JUR. *onteigening* ★ sous l'~ de *in de ban van*
emprisonnement m *gevangenzetting; gevangenisstraf; gevangenhouding*
emprisonner OV WW • *gevangenzetten* • FIG. *gevangen houden; inkapselen (***dans** *in)* ★ FIG. être emprisonné dans *gevangen/verstrikt zitten in*
emprunt m • *lening* ‹v. iem.› • *(het) geleende* • *ontlening (***à** *aan)* ★ d'~ *onecht; schijn-* ★ nom d'~ *valse naam* ★ vertu d'~ *schijndeugd*
emprunté BNW *gekunsteld; stijf; houterig* ‹v. persoon›
emprunter OV WW • *lenen (***à** *van)* • *ontlenen (***à** *aan); aannemen* ‹v. gewoonte enz.› • *nemen* ‹v.e. weg› ★ ~ le train *de trein nemen*
emprunteur [v: **emprunteuse**] **I** m *lener* ‹v. iem.› **II** BNW *(ont)lenend*
empuantir OV WW *verpesten* ‹v.d.lucht›; *met stank vullen*
ému I BNW *ontroerd; aangedaan; gevoelvol* **II** WW (volt. deelw.) → **émouvoir**
émulation v • *wedijver (***entre** *tussen)* • COMP. *emulatie*
émule m/v *mededinger* ★ se croire l'~ de *zich de gelijke wanen van*
emulsifiant m *emulgator*
émulsion v *emulsie*
en I VNW *ervan; erover* ★ j'en ai trois *ik heb er drie (van)* ★ c'en est assez *dat is genoeg* ★ il n'en croyait pas ses yeux *hij geloofde zijn ogen niet* ★ il s'en faut de beaucoup *het scheelt veel* ★ je m'en tiens à ce que j'ai dit *ik houd me aan hetgeen ik gezegd heb* ★ je vous en prie *alstublieft* ★ où en sommes-nous? *waar zijn we gebleven?* ★ en vouloir à *kwalijk nemen; boos zijn op* ★ j'en suis content *ik ben er blij om* ★ j'en ai assez *ik heb er genoeg van* ★ je m'en souviens *ik herinner het me* **II** BIJW *ervandaan; weg* ★ il en vient *hij komt er vandaan* ★ s'en aller *weggaan* ★ en venir aux injures *elkaar gaan uitschelden* **III** VZ • *in; op; te; aan; naar; tot* • *(gemaakt) van* • *als (een)* • *al* ‹voor tegenw. deelwoord› ★ en tête *aan kop; aan het hoofd* ★ riche en *rijk aan* ★ agir en héros *als een held handelen* ★ en France *in Frankrijk* ★ aller en France *naar Frankrijk gaan* ★ en 1900 *in 1900* ★ en plein champ *in het open veld* ★ dîner en ville *buitenshuis eten* ★ en deux ans *in twee jaar* ★ bordé en or *met goud afgezet* ★ en sabots *op klompen* ★ d'aujourd'hui en quinze *over veertien dagen* ★ venir en aide *te hulp komen* ★ de mal en pis *van kwaad tot erger* ★ montre en or *horloge van goud; gouden horloge* ★ en marchant *al lopend* ★ en forgeant on devient forgeron *al doende leert men*
ENA AFK (École nationale d'administration) *(elite)hogeschool voor topambtenaren*
enamouré BNW [**énamouré**] SCHERTS. *verliefd (***de** *op)*
énarque m INF. *oud-leerling v.d. ENA*
encablure v VERO. SCHEEPV. *kabellengte* ‹ca. 200 m.›
encadré m *kaderartikel; kadertje*

E

encadrement m • *inlijsting; omlijsting; omlijning* • *lijst; kader* • *(bege)leiding* ‹v. personeel, leerlingen›; *kader;* MIL. *encadrering; staf* • ECON. *beperking*
encadrer OV WW • *inlijsten; omlijsten; omlijnen* • *omringen; omgeven* • *begeleiden* ‹v. personeel, leerlingen›; MIL. *encadreren* ★ INF. ne pas pourvoir ~ qn *iem. niet kunnen uitstaan*
encadreur m [v: **encadreuse**] *lijstenmaker*
encager OV WW OOK FIG. *kooien*

E

encaissable BNW *invorderbaar*
encaisse v *kasgeld; financiële reserves*
encaissement m • *incassering; incasso; inning* • *inbedding; ingraving; greppel*
encaisser OV WW • OOK FIG. *incasseren; innen; krijgen* • *inbedden* ‹v. weg, rivier e.d.› ★ chemin encaissé *nauw ingebedde/holle weg* ★ vallée encaissée *diep ingesneden dal* ★ INF. ne pas pouvoir ~ qn *iem. niet kunnen uitstaan*
encaisseur m *wisselloper; incasseerder*
encan m FORM. ★ être/mettre à l'~ *veil zijn/ bieden*
encanailler WKD WW (**s'**~) *zich encanailleren* ‹vaak schertsend›; *zich met gemeen volk afgeven*
encapuchonner OV WW *(als) met een kap bedekken*
encart m *inlegvel*
encarter OV WW • *inleggen* ‹v. bijlage› • *op een karton bevestigen*
en-cas m [**encas**] (onver.) *iets dat van tevoren is klaargemaakt voor geval van nood* ‹vooral v. spijzen›; *hapje* ‹voor onderweg›
encaserner OV WW *kazerneren*
encastrable BNW *inbouw-*
encastrement m • *inbouw* • *keep; sponning*
encastrer OV WW *invatten (***dans** *in); inbouwen* ‹in muur›
encaustique v *boenwas; wrijfwas*
encaustiquer OV WW *met (boen)was inwrijven*
enceindre OV WW *omringen*
enceinte I v • *omsloten ruimte; gebouw; lokatie* • *omheining; omwalling; omsluiting* ★ ~ (acoustique) *(luidspreker)box* ★ dans l'~ de *binnen (de ruimte van)* II BNW *zwanger; in verwachting (***de** *van)* ★ être ~ de quatre mois *in de vijfde maand zijn*
encens (*zeg:* -sa(n)) m *wierook*
encensement m OOK FIG. *bewieroking*
encenser OV WW *bewieroken*
encenseur m *bewieroker*
encensoir m *wierookvat*
encéphale m *hersenen*
encéphalite v *hersenontsteking; encefalitis* ★ ~ spongiforme bovine (ESB) *gekkekoeienziekte (BSE)*
encerclement m *omsingeling; insluiting*
encercler OV WW *omsingelen; insluiten; omringen*
enchaînement m • *aaneenschakeling; opeenvolging; samenhang; (logische) overgang* • *(het) ketenen* ‹v. hond›
enchaîner I OV WW • *ketenen;* OOK FIG. *kluisteren* • *aaneenschakelen; (logisch) in elkaar doen overgaan* ‹v. ideeën, beelden› II ON WW *(meteen) bij het voorgaande aanknopen; op het volgende onderwerp/beeld overgaan (***sur** *op)* III WKD WW (**s'**~) *samenhangen; (logisch) in elkaar overgaan*
enchanté BNW • *verrukt; opgetogen (***de** *over)* • *betoverd; tover-* ★ ~! *aangenaam (kennis te maken)!*
enchantement m • *betovering* • *bekoring; verrukking* • *iets verrukkelijks* ★ comme par ~ *als bij toverslag*
enchanter OV WW • *betoveren* • *bekoren; in verrukking brengen*
enchanteur [v: **enchanteresse**] I m OOK FIG. *tovenaar* II BNW *betoverend; bekoorlijk; verrukkelijk*
enchâsser OV WW • *vatten (***dans** *in)* ‹v. (edel)stenen› • *inlassen (***dans** *in); invoegen* • *in een reliekschrijn zetten*
enchère v *(op)bod* ★ vendre/mettre aux ~s *bij opbod verkopen; in veiling brengen* ★ folle ~ *rouwkoop* ★ une mise aux ~s *een openbare verkoping* ★ faire monter les ~s OOK FIG. *de prijs opdrijven*
enchérir ON WW (~ **sur**) *opbieden tegen; hoger/ verder gaan dan*
enchérisseur m [v: **enchérisseuse**] *opbieder* ★ dernier ~ *meestbiedende*
enchevauché BNW *(dakpansgewijs) over elkaar geplaatst*
enchevêtrement m *warnet; wirwar*
enchevêtrer I OV WW *verwarren; in de war brengen* II WKD WW (**s'**~) *verward raken; verstrikt raken (***dans** *in)*
enchifrené BNW *neusverkouden*
enclave v • *enclave* • *iets wat ingesloten/ uitgespaard is in een geheel*
enclaver OV WW *insluiten; geheel omsluiten; inklemmen*
enclenchement m • *koppeling; inschakelmechanisme* • *(het) op gang brengen/komen*
enclencher OV WW • *koppelen; in elkaar doen grijpen; inschakelen* • *op gang brengen*
enclin BNW (~ **à**) *geneigd tot*
enclore OV WW *omheinen; omgeven*
enclos (*zeg:* -kloo) m • *omheinde ruimte; erf* • *omheining*
enclume v *aambeeld* ★ se trouver entre l'~ et le marteau *tussen hamer en aambeeld zitten; tussen twee vuren zitten* ★ remettre un ouvrage sur l'~ *een werk omwerken*
encoche v *insnijding; keep*
encocher OV WW *inkepen* ★ ~ une flèche *een pijl (met de inkeping) op de boogpees plaatsen*
encodeur m *codeermachine; codeerder*
encoignure v • *hoek* • *hoekkast; hoekmeubel*
encollage m • *(het) lijmen; (het) pappen* • *lijm; stijfsel; pap*
encoller OV WW *met lijm/pap insmeren*
encolure v • *hals* ‹v. paard› • *halsopening; halswijdte; boordmaat* ★ gagner d'une ~ *met een halslengte winnen*
encombrant BNW • *veel plaats innemend; in de weg staand* • *hinderlijk; lastig*
encombre DEEL V. SAMENST ★ sans ~ *probleemloos; vlot verlopend*
encombré BNW *overvol*

encombrement m • *belemmering; opstopping; verstopping* • *opeenhoping; (over)volte; overvoering* • *ingenomen plaatsruimte* ‹v. groot voorwerp›
encombrer ov ww • *belemmeren; versperren* • *hinderen; tot last zijn* • *overladen; vol zetten (***de** *met)*
encontre BIJW ★ à l'~ *ertegenin* ★ à l'~ de *tegen ... in; in tegenspraak met* ★ aller à l'~ de *tegemoet gaan; ingaan tegen; indruisen tegen*
encorbellement m ARCHIT. *uitstek* ★ en ~ *uitspringend; erkervormig*
encore I BIJW • *nog (meer)* • *nog (steeds)* • *nog eens; (al)weer; nu weer* • *en dan ... nog; ook nog* ★ pas ~ *nog niet* ★ et ~! *en dan nog!; en misschien niet eens!* ★ ou ~ *ofwel; of liever* ★ ~ ... si *als ... tenminste; als ... maar* ★ ~ plus grand *nog groter* ★ non seulement ... mais ~ *niet alleen ... maar ook* ★ ~ faut-il ... *maar dan moet je wel/ook ...* ★ comment tu t'appelles ~? *hoe heet je ook weer?* ★ ce vin est cher, ~ est-il mauvais *die wijn is duur en dan is hij nog slecht ook* **II** VW ★ ~...que [+ subj.] *(al)hoewel*
encorner ov ww • *met de hoorns stoten* • FIG. INF. *hoorns opzetten*
encourageant BNW *bemoedigend*
encouragement m *aanmoediging; bemoediging*
encourager ov ww • *aanmoedigen; aansporen (***à** *tot)* • *bevorderen; stimuleren; steunen*
encourir ov ww *zich op de hals halen*
encrage m *(het) inkten*
encrassement m • *(het) vuil maken/worden* • *(aangekoekt) vuil*
encrasser I ov ww *vuil/vet maken; doen aankoeken* **II** WKD WW (**s'**~) *vuil/vet worden; aankoeken*
encre v *inkt* ★ ~ de Chine *Oost-Indische inkt* ★ ~ d'imprimerie *drukinkt* ★ ciel d'~ *inktzwarte lucht* ★ noir comme l'~ *pikzwart* ★ c'est la bouteille à l'~ *dat is een duistere zaak* ★ écrire à qn de sa plus belle ~ *iem. een brief op poten schrijven* ★ faire couler beaucoup d'~ *veel pennen in beweging brengen*
encrer ov ww *inkten*
encreur BNW *inkt-* ★ rouleau ~ *inktrol*
encrier m *inktpot; inktkoker*
encroûtement m • *aankorsting* • FIG. *afstomping*
encroûter I ov ww • *met een korst bedekken* • *met mortel bestrijken* • FIG. *afstompen* **II** WKD WW (**s'**~) • *een korst krijgen* • *afstompen;* FIG. *vastroesten (***dans** *in)*
enculé m VULG. *klootzak*
enculer ov ww VULG. *sodomie bedrijven met; kontneuken* ★ va te faire ~! *lik m'n reet!*
enculeur m VULG. *sodemieter; flikker* ★ ~ de mouches *mierenneuker*
encuver ov ww *inkuipen*
encyclique v *encycliek*
encyclopédie v *encyclopedie* ★ ~ vivante *wandelende encyclopedie*
encyclopédique BNW *encyclopedisch*
encyclopédiste m *encyclopedist*
endémique BNW • *endemisch* • *hardnekkig voortdurend*
endettement m • *schuldenlast; schuld* • *(het) schulden maken*
endetter I ov ww *in de schulden steken* **II** WKD WW (**s'**~) *schulden maken*
endeuiller ov ww *in rouw dompelen; triest maken*
endiablé BNW *razend; wild; onstuimig*
endiguement m [**endigage**] *indijking;* OOK FIG. *indamming*
endiguer ov ww *indijken;* OOK FIG. *indammen*
endimancher WKD WW (**s'**~) *zich op z'n zondags kleden*
endive v vaak mv *witlof*
endocrine BNW *endocrien*
endoctrinement m *indoctrinatie*
endoctriner ov ww *indoctrineren*
endogène BNW *endogeen; inwendig*
endolori BNW *pijnlijk*
endolorir ov ww *pijn doen*
endommagement m *beschadiging*
endommager ov ww *beschadigen; havenen*
endormant BNW *slaapverwekkend*
endormi BNW • *ingeslapen; slapend* • INF. *suf; sloom*
endormir I ov ww • *in slaap maken* • FIG. *in slaap sussen; paaien* • *verdoven; onder narcose brengen* • *doen bedaren* ‹v. pijn, gevoelens› • *(dodelijk) vervelen* • INF. *buiten westen slaan; doden* **II** WKD WW (**s'**~) OOK FIG. *inslapen*
endos (*zeg:* -doo) m [**endossement**] *endossement*
endoscope m *endoscoop*
endoscopie v *endoscopie*
endossataire m/v *geëndosseerde*
endosser ov ww • *aantrekken* ‹v. kleren› • *endosseren* • *op zich nemen* ‹v. verantwoordelijkheid›; *aanvaarden* • *ronden* ‹v. boekrug›
endosseur m *endossant*
endroit m • *plek; plaats; oord* • *goede kant* ‹v.e. stof› ★ à l'~ *met de goede kant naar boven* ★ à l'~ de *ten opzichte van; jegens* ★ de bon ~ *uit goede bron* ★ par ~s *hier en daar* ★ le petit ~ *een zekere plaats; het toilet*
enduire ov ww *insmeren (***de** *met); bestrijken; bepleisteren* ★ couteau à ~ *plamuurmes*
enduit m • *smeersel; laagje; coating; pleisterlaag* • *plamuur*
endurable BNW *draaglijk*
endurance v • *uithoudingsvermogen; taaiheid* • *ausdauer* ★ course d'~ *betrouwbaarheidsrit; duurloop* ★ sport d'~ *duursport*
endurant BNW *weerstand biedend; volhardend; taai*
endurci BNW • *gehard (***à** *tegen)* • *ongevoelig; verhard; verstokt* • *ingeworteld* ★ pécheur ~ *verstokte zondaar* ★ haine ~e *ingewortelde haat*
endurcir I ov ww *harden; gehard maken (***à** *tegen)* **II** WKD WW (**s'**~) • *verharden* • *gehard worden (***à** *tegen)*
endurcissement m *verharding; verstoktheid; ongevoeligheid; gehardheid (***à** *tegen)*
endurer ov ww *verduren; verdragen; lijden; dulden*

énergétique BNW *energetisch*; *energie-*
énergie V OOK FIG. *energie*
énergique BNW • *energiek* • *krachtig*; *werkzaam*
énergisant I m *pepmiddel* II BNW *opwekkend*; *pep-*
énergumène m/v *fanatiekeling*; *bezetene*; *dolleman*; *woesteling*
énervant BNW *irritant*; *enerverend*
énervé BNW *zenuwachtig*; *over z'n toeren*; *opgewonden*; *geïrriteerd*
énervement m *zenuwachtigheid*; *geprikkeldheid*; *opgewondenheid*
énerver I OV WW *enerveren*; *zenuwachtig maken*; *irriteren* II WKD WW (**s'**~) *zich zenuwachtig maken*; *zich opwinden*
enfance v • *kinderjaren*; *jeugd* • *beginstadium*; *oorsprong* ★ petite ~ *prille kinderjaren* ★ dès sa tendre ~ *van kindsbeen af* ★ retomber en ~ *kinds worden* ★ c'est l'~ de l'art *dat is kinderspel/eenvoudig*
enfant m/v OOK FIG. *kind* ★ ~ de l'amour *buitenechtelijk kind*; *liefdesbaby* ★ ~ de la balle *iem. die het (artiesten)vak met de paplepel ingegoten heeft gekregen* ★ ~ de Paris *geboren Parijzenaar* ★ il est bien ~ *hij is erg kinderlijk* ★ ambiance bon ~ *gemoedelijke sfeer* ★ c'est l'~ de son père *het is sprekend zijn vader* ★ l'~ prodigue *de verloren zoon* ★ ~ terrible *dondersteen*; *enfant terrible*
enfantement m → **enfanter**
enfanter OV WW FORM. • *baren* • *voortbrengen*; *scheppen*
enfantillage m • *kinderachtigheid* • *kinderpraat*
enfantin BNW • *kinderlijk* • *kinderachtig* • *kinder-* • *kinderlijk eenvoudig*
enfariner OV WW VERO. *met meel bestrooien* ★ INF. le bec enfariné *(quasi) doodonnozel*
enfer m OOK FIG. *hel*; *inferno* ★ d'~ *hels*; *verschrikkelijk*; INF. *geweldig (mooi)*; INF. *gaaf* ★ les ~s *de onderwereld*; *het dodenrijk* ★ descente aux ~s *hellevaart* ★ les peines de l'~ *de helse smarten* ★ aller en ~ *naar de hel gaan* ★ jouer un jeu d'~ *zeer grof spelen* ★ l'~ est pavé de bonnes intentions *de weg naar de hel is geplaveid met goede voornemens*
enfermement m *opsluiting*
enfermer I OV WW • *opsluiten* • *omsluiten*; *insluiten* II WKD WW (**s'**~) OOK FIG. *zich opsluiten (***dans** *in)*
enferrer WKD WW (**s'**~) • *zich in het zwaard storten* • *zich verstrikken (***dans** *in)* • *zich vastpraten*
enfiévrer I OV WW FIG. *koortsachtig maken*; *enthousiast/opgewonden maken* II WKD WW (**s'**~) *enthousiast worden*; *warm lopen (***pour** *voor)*
enfilade v • *rij*; *reeks*; *aaneenschakeling* • MIL. *(het) enfileren* ★ (pièces en) ~ *(kamers en) suite*
enfiler I OV WW • *rijgen*; *aan(een)rijgen* • *inslaan* ‹v.e. weg› • MIL. *enfileren* • *aanschieten* ‹v. kleren› • VULG. *naaien* ★ ~ des perles *parels rijgen*; *zijn tijd verknoeien* II WKD WW INF. (**s'**~) • *(tot zich) nemen* ‹v. iets aangenaams›; *naar binnen slaan* ‹v. eten, drank› • *(te verduren) krijgen* ‹v. iets onaangenaams›; *(moeten) opknappen*
enfin BIJW • *eindelijk*; *ten slotte* • *kortom* • *nou ja* • *dan toch*
enflammé BNW • *brandend*; *vlammend* • FIG. *in gloed*; *vuurrood*; *vurig*; *laaiend* • MED. *ontstoken*
enflammer I OV WW • *in vlam zetten*; *doen ontbranden*; OOK FIG. *in gloed doen raken* • MED. *doen ontsteken* II WKD WW (**s'**~) • *ontbranden*; *ontvlammen*; OOK FIG. *in gloed raken*; *in vuur en vlam geraken (***pour** *voor)* • MED. *ontsteken*
enflé BNW *gezwollen*
enfler I OV WW OOK FIG. *doen (op)zwellen* II ON WW OOK FIG. *(op)zwellen* III WKD WW (**s'**~) OOK FIG. *(op)zwellen*
enflure v • *(op)zwelling* • *gezwollenheid* ‹v. stijl› • INF. *windbuil*; *snoeshaan*
enfoiré m VULG. *klootzak*; *klojo*
enfoncé BNW • *diep(liggend)*; *ingevallen* ★ yeux ~s *diepliggende ogen* • (~ **dans**) *verdiept in*; *volhardend in*
enfoncement m • *(het) inslaan*; *(het) openbreken*; *(het) intrappen* • *inham*; *inzinking*; *nis*; *holte*
enfoncer I OV WW • OOK FIG. *doen wegzinken (***dans** *in)* • *openbreken*; OOK FIG. *doen bezwijken* • OOK FIG. *inhameren* ★ ~ son chapeau sur la tête *zijn hoed diep over de ogen trekken* ★ ~ la porte *de deur inslaan/intrappen* ★ ~ l'ennemi *de vijand verpletteren* II ON WW OOK FIG. *(weg)zinken* III WKD WW (**s'**~) • OOK FIG. *wegzinken*; *diep binnendringen (***dans** *in)* • *bezwijken* ★ s'~ dans les livres *zich in de boeken verdiepen*
enfouir OV WW *in de grond stoppen*; OOK FIG. *begraven*; *wegstoppen*
enfouissement m *begraving*; *bedelving*
enfourcher OV WW *schrijlings gaan zitten op* ★ ~ son vélo *op zijn fiets stappen* ★ ~ son dada *zijn stokpaardje (gaan) berijden*
enfourner OV WW • *in de oven stoppen* • INF. *erin douwen*
enfreindre OV WW FORM. *overtreden*; *schenden*
enfuir WKD WW (**s'**~) • *(ont)vluchten*; *ontsnappen* • FIG. *heenvlieden*; *vervliegen*
enfumer OV WW • *met rook vullen*; *beroken* • *uitroken*
enfûter OV WW *fusten*
engagé I m [v: **engagée**] MIL. *vrijwilliger* II BNW • *aangeworven* • *geëngageerd*; *maatschappelijk betrokken* • SCHEEPV. *vastzittend*
engageant BNW *vriendelijk*; *innemend*; *uitnodigend*
engagement m • *verbintenis*; *verplichting (***envers** *aan, jegens, tot)*; *belofte* • *(in)dienstneming* • *het (zich) inzetten*; *inzet* • *maatschappelijke betrokkenheid*; *engagement* • *verpanding* • MIL. *schermutseling* • SPORT *aftrap* • SPORT *inschrijving* • *(het) aangaan*; *(het) ingaan* ★ faire face/honneur à ses ~s *zijn verplichtingen nakomen*
engager I OV WW • *(ver)binden* ‹v. sleutel,

geld›; *verplichten (***à** *tot)* • *in dienst nemen* • *erin doen*; *doen ingaan*; *doen opgaan* • *aangaan*; *beginnen* • *verpanden* • *(erin) betrekken*; *inzetten*; *op het spel zetten* • *steken (***dans** *in)* ⋆ ~ le feu *het vuur openen* ⋆ ~ ses capitaux *zijn kapitaal in een zaak steken* ⋆ ~ qn dans une voie *iem. een weg doen inslaan* • (~ **à**) *overhalen om*; *doen besluiten te* **II** WKD WW (**s'**~) • *zich (ver)binden*; *zich verplichten (***à** *tot)* • *dienst nemen* • *zich begeven (***dans** *in)* • *zich engageren* • *een aanvang nemen*; *beginnen* ⋆ s'~ dans un sentier *een pad inslaan*

engeance v *gespuis*; *tuig*

engelure v ⋆ ~s aux mains *winterhanden* ⋆ ~s aux pieds *wintervoeten*

engendrement m • *verwekking* • FIG. *voortbrenging*; *veroorzaking*

engendrer OV WW • *verwekken* • FIG. *voortbrengen*; *veroorzaken*

engin m • *toestel*; *instrument*; *werktuig*; *machine*; *voertuig* • MIL. *raket*; *projectiel*; *bom* • INF. *ding* ⋆ ~ blindé *pantserwagen* ⋆ ~ guidé *geleid projectiel* ⋆ ~s de guerre *oorlogstuig*

englober OV WW • *omvatten* • (**dans**) *opnemen (***dans** *in)*

engloutir OV WW • OOK FIG. *verzwelgen* • *verspillen*

engloutissement m OOK FIG. *verzwelging*

engluer I OV WW • *met lijm insmeren* • *met een lijmstok vangen* ⋆ s'~ dans qc *vastlopen in iets* **II** WKD WW (**s'**~ **dans**) *vastraken/vastlopen in* ‹modder e.d.›

engoncé BNW *tot de kin ingepakt (***dans** *in)*; OOK FIG. *weggedoken*

engorgement m OOK FIG. *verstopping*

engorger I OV WW OOK FIG. *verstoppen* **II** WKD WW (**s'**~) *verstopt raken*

engouement m • *plotseling enthousiasme (***pour** *voor)*; *bevlieging* • MED. *verstopping*

engouer WKD WW (**s'**~ **de**) *weglopen met*; *dwepen met*

engouffrer I OV WW • *in een afgrond storten* • OOK FIG. *verzwelgen* **II** WKD WW (**s'**~ **dans**) *zich storten in*

engoulevent m *nachtzwaluw*

engourdir I OV WW • *stijf/gevoelloos maken* ‹v. ledematen› • *versuft/duf maken*; *afstompen* ⋆ jambes engourdies *stijve/verkleumde benen*; *benen die slapen* **II** WKD WW (**s'**~) • *stijf/gevoelloos worden* ‹v. ledematen› • *versuffen*; *afstompen* • OOK FIG. *insluimeren*

engourdissement m • *verstijving/gevoelloosheid* ‹v. ledematen› • *versuffing*; *afstomping*; *lethargie* • *winterslaap*

engrais m *mest* ⋆ ~ chimique *kunstmest* ⋆ des porcs à l'~ *varkens die vetgemest worden*

engraissage m → **engraissement**

engraissement m • *(het) vetmesten* • *(het) dik/vet worden*

engraisser I OV WW • *vetmesten* • *mesten* ‹v. land›; *verrijken* ‹ook fig.› **II** ON WW • *dik/vet worden* • *rijk(er) worden* **III** WKD WW (**s'**~) *zich verrijken*

engrangement m • *(het) binnenhalen* ‹v.d. oogst› • FIG. *(het) opslaan*

engranger OV WW • *binnenhalen* ‹v.d. oogst› • FIG. *opslaan*

engrenage m *drijfwerk*; OOK FIG. *raderwerk* ⋆ l'~ de la violence *de geweldsspiraal* ⋆ c'est l'~ *van het een komt het ander*; *daar kom je niet uit* ⋆ mettre le doigt dans l'~ *niet meer terug kunnen*

engrener I OV WW • *voorzien van graan* • *in elkaar doen grijpen* ‹v. raderen› ⋆ qui bien engrène, bien finit *een goed begin is het halve werk* **II** WKD WW (**s'**~) *in elkaar grijpen*

engrosser OV WW VULG. *zwanger maken*

engueulade v INF. *scheldpartij*; *uitfoetering*

engueuler INF. **I** OV WW *uitfoeteren* ⋆ se faire ~ *op z'n kop krijgen* **II** WKD WW (**s'**~) *elkaar uitfoeteren*; *ruzie maken*

enguirlander OV WW • *met slingers versieren* • INF. *afsnauwen*

enhardir I OV WW *moed doen vatten*; *aanmoedigen (***à** *om)* **II** WKD WW (**s'**~) *moed vatten*; *zich verstouten*

énième BNW *zoveelste* ⋆ pour la ~ fois *voor de zoveelste maal*

énigmatique BNW *raadselachtig*

énigme v *raadsel* ⋆ (pro)poser une ~ *een raadsel opgeven* ⋆ trouver le mot de l'~ *het raadsel oplossen*

enivrant (*zeg:* a(n)-) BNW OOK FIG. *bedwelmend*

enivrement (*zeg:* a(n)-) m FORM. • FIG. *bedwelming*; *roes*; *opgewondenheid*; *vervoering* • VERO. *dronkenschap*

enivrer (*zeg:* a(n)-) **I** OV WW • *dronken maken* • FIG. *bedwelmen* **II** WKD WW (**s'**~) • *zich bedrinken* • FIG. *bedwelmd raken*

enjambée v *(grote) stap*; *schrede*

enjambement m *enjambement*

enjamber I OV WW • *stappen over* • *overspannen*; *overbruggen* ⋆ ~ un fossé *over een sloot stappen/springen* **II** ON WW *enjamberen*; *doorlopen v.e. vers in het volgende*

enjeu m [mv: **enjeux**] OOK FIG. *inzet*; *wat op het spel staat*

enjoindre OV WW FORM. *gelasten* ⋆ ~ à qn de *iem. gelasten te*

enjôler OV WW *paaien*; *inpalmen*; *bepraten*

enjôleur [v: **enjôleuse**] **I** m *mooiprater* **II** BNW *verlokkend*; *innemend*; *verleidelijk*

enjolivement m *verfraaiing*

enjoliver OV WW OOK FIG. *verfraaien*; *opsmukken*

enjoliveur I m *wieldop*; *sierdop* **II** m [v: **enjoliveuse**] *verfraaier*

enjolivure v *klein versiersel*

enjoué BNW *opgeruimd*; *opgewekt*

enjouement m *opgeruimdheid*; *opgewektheid*

enlacement m • *omstrengeling*; *ineenstrengeling* • *omarming*

enlacer OV WW • *omstrengelen*; *omwinden*; *ineenstrengelen*; *ineenvatten* • *omarmen* ⋆ ~ qn dans ses bras *iem. omhelzen*

enlaidir I OV WW *lelijk maken* **II** ON WW *lelijk worden* **III** WKD WW (**s'**~) *lelijk worden*

enlaidissement m *verlelijking*; *ontsiering*

enlèvement m • *(het) wegnemen*; *(het) weghalen* • *ontvoering* • *(het) innemen*; *(het) behalen* ⋆ ~ des ordures (ménagères)

vuilnisophaal
enlever I OV WW • OOK FIG. *wegnemen; weghalen; ontnemen (***à** *aan)* • *meenemen;* OOK FIG. *meeslepen* • *innemen; behalen; winnen* • *ontvoeren* • *uitdoen* ‹v. kleding›; *afdoen* • *optillen* • *in galop doen gaan* ‹v. paard› • *met verve uitvoeren* ‹v. muziekstuk, kunstwerk› ★ ~ l'auditoire *het publiek pakken* ★ ~ un poste *een post innemen* II WKD WW (**s'**~) *(vlot) verdwijnen*
enlisement m → **enliser**

E

enliser I OV WW • *(in drijfzand/modder) doen wegzinken* • FIG. *doen vastlopen* II WKD WW (**s'**~) *wegzakken (in drijfzand/modder);* FIG. *vast komen te zitten; zich vastwerken (***dans** *in); in het slop raken*
enluminer OV WW • *verluchten* • *vuurrood kleuren* ‹v. gezicht›
enlumineur m [v: **enlumineuse**] *verluchter*
enluminure v • *verluchting* • *miniatuur* ‹schilderkunst› • *hoogrode kleur* ‹v. gezicht› • *bombast* ‹v. stijl›
enneigé BNW *besneeuwd*
enneigement m *besneeuwing* ★ bulletin d'~ *sneeuwbericht* ‹weerbericht›
ennemi [v: **ennemie**] I m *vijand* ★ ~ mortel *doodsvijand* ★ ~ public *volksvijand* II BNW *vijandig; vijandelijk* ★ couleurs ~es *niet bij elkaar passende kleuren* ★ vent ~ *tegenwind*
ennoblir (*zeg:* a(n)-) OV WW *veredelen*
ennoblissement (*zeg:* a(n)-) m *veredeling*
ennuager (*zeg:* a(n)-) I OV WW *bewolken* II WKD WW (**s'**~) *betrekken* ‹v.d. lucht›
ennui (*zeg:* a(n)-) m • *verveling* • vaak mv *iets vervelends; zorg; probleem* ★ l'~, c'est que ... *het vervelende is dat ...* ★ avoir des ~s de santé *met zijn gezondheid sukkelen*
ennuyé (*zeg:* a(n)-) BNW *onaangenaam getroffen; ontstemd; bezorgd*
ennuyer (*zeg:* a(n)-) I OV WW • *vervelen* • *lastig vallen* ★ je suis ennuyé *ik vind het onaangenaam/pijnlijk* ★ ça m'ennuie de ... *ik vind het vervelend om ...* II WKD WW (**s'**~) • *zich vervelen* • (**s'**~ **de**) *(terug)verlangen naar; missen*
ennuyeux (*zeg:* a(n)-) BNW [v: **ennuyeuse**] • *vervelend; saai* • *onaangenaam; lastig*
énoncé m • *bewoording(en)* • *uiteenzetting; vermelding; opgave* • TAALK. *taaluiting; zin*
énoncer OV WW *uiteenzetten; uitdrukken; vermelden*
énonciation v • *verklaring; vermelding; verwoording(en)* • TAALK. *uiting*
enorgueillir (*zeg:* a(n)-) I OV WW *trots maken; hoogmoedig maken* II WKD WW (**s'**~ **de**) *prat gaan op*
énorme BNW *enorm; geweldig; ontzettend; buitengewoon*
énormément BIJW *enorm* ★ ~ de *enorm/geweldig veel*
énormité v • *geweldigheid; enorme grootte; ontzaglijkheid* • *buitensporigheid; afschuwelijkheid* • *stommiteit; enormiteit*
enquérir FORM. WKD WW (**s'**~) *onderzoek doen; navraag doen; informeren (***de** *naar;* **auprès de** *bij)* ★ s'~ si *nagaan of*
enquête v *onderzoek (***sur** *naar, inzake); enquête*
enquêter OV WW *een onderzoek instellen (***sur** *naar, inzake)*
enquêteur m [v: **enquêteuse/enquêtrice**] *enquêteur; iem. die een onderzoek instelt/een enquête houdt*
enquiquinant BNW INF. *(stom)vervelend; klierig*
enquiquiner INF. I OV WW *vervelen; dwarszitten; jennen* ★ je l'enquiquine! *ik heb maling aan hem!* II WKD WW (**s'**~) *zich zinloos vermoeien (***avec, à** [+ inf.] met)
enquiquineur INF. m [v: **enquiquineuse**] FIG. *klier; etter*
enracinement m • *(het) wortel schieten* • *(het) (in)geworteld zijn*
enraciner I OV WW OOK FIG. *wortel doen schieten; doen (in)wortelen* II WKD WW (**s'**~) OOK FIG. *wortel schieten; (in)wortelen* ★ s'~ quelque part *ergens lang blijven plakken*
enragé I m *bezetene; dolleman* ★ un ~ de musique *een muziekfanaat* II BNW • *hondsdol* • *dol; razend; woedend* • *verwoed* ★ chien ~ *dolle hond* ★ être ~ de *dol/verzot zijn op*
enrageant BNW *om dol van te worden; ergerlijk*
enrager ON WW *woedend zijn/worden (***de** *om, omdat)* ★ faire ~ qn *iem. razend maken*
enrayage m *blokkering* ‹v. mechanisme, vuurwapen›
enrayer I OV WW • *doen blokkeren* ‹v. mechanisme, vuurwapen› • FIG. *indammen; een halt toeroepen aan; stuiten* • *de eerste vore ploegen* II WKD WW (**s'**~) • *vastlopen* ‹v. mechanisme› • *weigeren; ketsen* ‹v. vuurwapen›
enrégimenter OV WW PEJ. *(als partijlid) inlijven (***dans** *bij)*
enregistrable BNW *registreerbaar; opneembaar*
enregistrement m *registratie; inschrijving; opname* ‹v. beeld, geluid›; *aangifte* ‹v. bagage›; *(het) inchecken* ‹op vliegveld e.d.› ★ ~ magnétique *bandopname*
enregistrer OV WW *registreren* ‹in alle betekenissen›; *inschrijven; optekenen; opnemen* ‹v. beeld, geluid›; *inchecken*
enregistreur I m *registreerapparaat* II BNW [v: **enregistreuse**] *zelfregistrerend; optekenend* ★ caisse enregistreuse *kasregister*
enrhumé BNW *verkouden*
enrhumer I OV WW *verkouden maken* II WKD WW (**s'**~) *verkouden worden*
enrichir I OV WW • *rijk maken* • FIG. *verrijken (***de** *met); opsieren* II WKD WW (**s'**~) *rijk worden; zich verrijken*
enrichissement m OOK FIG. *verrijking*
enrober I OV WW • *omhullen; met een laagje bedekken* • FIG. *(verhullend, verzachtend) inkleden* II WKD WW (**s'**~) *aankomen* ‹in gewicht›
enrôlement m *aanwerving; (in)dienstneming*
enrôler I OV WW *aanwerven (***dans** *voor); in dienst nemen; aanmonsteren* II WKD WW (**s'**~) *dienst nemen (***dans** *bij); toetreden (***dans** *tot)*
enroué BNW *hees; schor*
enrouement m *heesheid; schorheid*
enrouer I WKD WW (**s'**~) *hees/schor maken* II WKD WW (**s'**~) *hees/schor worden*

enroulement m *oprolling; wikkeling; winding; kronkeling; krulling; krulversiering*
enrouler I OV WW *oprollen; wikkelen* II WKD WW (**s'**~) *zich oprollen; zich wikkelen (***dans** *in)*
enrubanner OV WW *met linten tooien*
ENS AFK (École normale supérieure) *hogere opleidingsschool voor leraren*
ensablement m • *verzanding* • *verzande plaats; zandophoping*
ensabler I OV WW • *met zand bedekken* • *op het zand zetten* ‹v. schip› II WKD WW (**s'**~) • *verzanden* • *in het zand vastraken*
ensacher OV WW *in zakken doen*
ensanglanter OV WW *met bloed bevlekken; bebloed maken* ★ ~ la scène *bloed doen vloeien op het toneel*
enseignant I m *docent; leerkracht* ★ ~s *onderwijzend personeel* II BNW *onderwijzend* ★ corps ~ *onderwijzend personeel; docentenkorps*
enseigne I m GESCH. *vaandrig* ★ ~ de vaisseau *luitenant-ter-zee* II v • *uithangbord; (beeld)merk; logo* • *veldteken; vaandel; standaard* ★ ~ lumineuse *lichtbak; neonreclame* ★ ~s déployées *met vliegende vaandels* ★ être logés à la même ~ *in hetzelfde schuitje zitten* ★ FORM. à telle(s) ~(s) que ... *zo(danig) dat ...* ★ à bon vin il ne faut point d'~ *goede wijn behoeft geen krans*
enseignement m • *onderwijs* • *les; lering* ★ être dans l'~ *bij het onderwijs zijn* ★ ~ libre *bijzonder onderwijs* ★ ~ primaire *lager onderwijs; basisonderwijs* ★ ~ professionnel/technique *beroepsonderwijs* ★ ~ secondaire *middelbaar onderwijs* ★ ~ supérieur *hoger onderwijs* ★ ~ par correspondance *schriftelijk onderwijs*
enseigner OV WW *onderwijzen; onderrichten; leren (***à** *aan)*
ensemble I m • *ensemble* ‹in alle betekenissen› • *geheel; (samenhangende) eenheid* • WISK. *verzameling* ★ théorie des ~s *verzamelingenleer* ★ ~ résidentiel *villawijk* ★ grand ~ *woningcomplex; nieuwbouwwijk* ★ dans l'~ *over het geheel genomen* ★ dans son ~ *in zijn totaliteit* ★ ... d'~ *totaal-* ★ l'~ de *de/het hele; alle* II BIJW *samen; met elkaar; tegelijk* ★ aller ~ *bij elkaar passen*
ensemblier m • *binnenhuisarchitect* • *toneelmeester*
ensemencement m • *inzaaiing* • *(het) uitzetten van pootvis* • *(bacterie)kweek*
ensemencer OV WW • *inzaaien* ‹v. akker› • *pootvis uitzetten in* ‹water› • *bacteriën (enz) brengen op* ‹een voedingsbodem›
enserrer OV WW *(nauw) omsluiten*
ensevelir I OV WW • FORM. *begraven; in een lijkwade wikkelen* • *bedelven* • *verhullen; verbergen* II WKD WW (**s'**~) FIG. *zich begraven; zich afzonderen; verzinken (***dans** *in)* ★ s'~ dans la retraite *zich uit de wereld terugtrekken*
ensevelissement m → **ensevelir**
ensiler OV WW *in silo's doen; inkuilen*
ensoleillé BNW *zonnig*
ensoleillement m *zonnigheid; zonneschijn* ★ heures d'~ *zonne-uren*
ensoleiller OV WW OOK FIG. *zonnig maken*
ensommeillé BNW OOK FIG. *slaperig; slaapdronken*
ensorcelant BNW OOK FIG. *betoverend*
ensorceler OV WW *betoveren; beheksen*
ensorceleur m [v: **ensorceleuse**] • *tovenaar* • *verleider; charmeur*
ensorceleuse v *heks*
ensorcellement m *beheksing;* OOK FIG. *betovering*
ensuite BIJW *vervolgens; daarna*
ensuivre WKD WW (**s'**~) *erop/eruit volgen* ★ il s'ensuit que *daaruit volgt dat* ★ et tout ce qui s'ensuit *en de hele bedoening; enzovoort*
entacher OV WW FIG. *bevlekken; bezoedelen* ★ entaché de *behept met; niet gespeend van*
entaille v • *inkeping; insnijding* • *diepe snijwond*
entailler OV WW *inkepen; inkerven; insnijden*
entame v • *eerste afgesneden stuk; kapje* • *uitkomst* ‹bij kaarten›
entamer OV WW • *(aan)snijden; (aan)breken* • OOK FIG. *aantasten* • *beginnen met; entameren* • *aanspreken* ‹v. kapitaal› ★ ~ une couleur *met een kleur uitkomen*
entartrer OV WW *met ketelsteen bedekken*
entassement m *opeenhoping*
entasser I OV WW *opeenhopen; opstapelen* II WKD WW (**s'**~) *zich opeenhopen; zich samenpakken; zich verdringen*
ente v • *penseelsteel* • VERO. *ent*
entendement m *begrip(svermogen); verstand* ★ ça dépasse l'~ *dat gaat het begrip te boven*
entendeur m ★ à bon ~ salut/demi-mot suffit *een goed verstaander heeft maar een half woord nodig*
entendre I OV WW • *horen; luisteren naar; aanhoren; verhoren* • *begrijpen; verstaan* • *bedoelen; willen; van plan zijn* ★ à l'~ *naar zijn zeggen; volgens hem* ★ je n'y entends rien *ik begrijp er niets van; ik heb er geen verstand van* ★ ~ à demi-mot *dadelijk snappen* ★ donner à/laisser ~ *te verstaan geven; te kennen geven* ★ tu entendras parler de moi! *je hoort nog van me!; je bent nog niet van me af!* ★ qu'entendez-vous par là? *wat bedoelt u daarmee?; wat verstaat u daaronder?* ★ (qu'est-)ce qu'il ne faut pas ~! *wat ze al niet zeggen!* ★ il ne l'entend pas de cette oreille *daar wil hij niet van horen; daar is hij niet van gediend* ★ j'entends que vous fassiez votre devoir *ik wil dat u uw plicht doet* ★ il sait se faire ~ *naar hem wordt geluisterd* II ON WW *horen; gehoor hebben* III WKD WW (**s'**~) • *elkaar horen; elkaar begrijpen* • *(met elkaar) overweg kunnen (***avec** *met)* • *het eens zijn/worden (***sur** *over)* • *te horen zijn* • *opgevat worden* ★ cela s'entend *dat spreekt vanzelf* ★ s'y ~ *er verstand van hebben* ★ ils s'entendent comme larrons en foire *zij spelen onder één hoedje*
entendu I BNW • *afgesproken; overeengekomen* • *begrepen* ★ bien ~ *natuurlijk; vanzelfsprekend* ★ prendre un air ~ *een gezicht trekken alsof men er alles van af weet*

II WW (volt. deelw.) → **entendre**
entente V • *(goede) verstandhouding (***entre** *tussen); overeenstemming; eensgezindheid* • *overeenkomst; afspraak;* POL. *entente* ★ à double ~ *dubbelzinnig*
enter OV WW VERO. *enten (***sur** *op)*
entérinement m *bekrachtiging; ratificatie*
entériner OV WW *bekrachtigen; ratificeren; goedkeuren*
entérite v *enteritis; (dunne)darmontsteking*
enterrement m *begrafenis*

E

enterrer I OV WW *begraven* ★ ~ un secret *een geheim goed bewaren* ★ il a enterré tous ses fils *hij heeft al zijn zoons overleefd* ★ ~ sa jeunesse *zijn jeugd uitluiden* ★ ~ une affaire *een kwestie terzijde leggen/in de doofpot stoppen* II WKD WW (**s'**~) FIG. *zich begraven; teruggetrokken gaan leven*
en-tête m [mv: **en-têtes**] *(brief)hoofd; opschrift*
entêté BNW *koppig*
entêtement m *koppigheid*
entêter I OV WW *naar het hoofd stijgen; bedwelmen* ★ vin entêtant *koppige wijn* II WKD WW (**s'**~) *hardnekkig volharden (***dans** *in)* ★ s'~ à faire qc *iets hardnekkig blijven doen*
enthousiasme m *enthousiasme; geestdrift*
enthousiasmer I OV WW *enthousiasmeren* II WKD WW (**s'**~) • *enthousiast worden* • (**s'**~ **pour**) *dwepen met*
enthousiaste BNW *geestdriftig; enthousiast*
enticher WKD WW (**s'**~ **de**) *verzot raken op; dwepen met*
entier I m *totaliteit; geheel* ★ en ~ *geheel en al* II BNW [v: **entière**] • *heel; geheel; vol(ledig)* • *uit één stuk; onbuigzaam; halsstarrig* ★ tout ~ *geheel en al* ★ un (nombre) ~ *een geheel getal* ★ lait ~ *volle melk* ★ cheval ~ *niet-gecastreerde hengst* ★ le mystère reste ~ *het raadsel blijft (onopgelost)*
entièrement BIJW *geheel en al; volkomen*
entité v *entiteit; eenheid*
entoiler OV WW • *op linnen plakken* • *met linnen voeren*
entôler OV WW INF. *oplichten; tillen; neppen*
entomologie v *entomologie; insectenleer*
entomologiste m/v *entomoloog; insectenkenner*
entonner OV WW • *aanheffen* ‹v. lied› • *in vaten of tonnen gieten* ★ ~ l'éloge/la louange de qn *iemands lof zingen*
entonnoir m OOK FIG. *trechter* ★ en ~ *trechtervormig* ★ vallée en ~ *keteldal*
entorse v • MED. *verstuiking* • FIG. *verdraaiing; inbreuk (***à** *op)*
entortillement m • *omwikkeling; omslingering; kronkeling* • *verwardheid; duisterheid* ‹v. stijl›
entortiller OV WW • *(om)wikkelen (***dans** *in;* **autour** *om)* • *verward maken; verward uitdrukken* • *met mooie woorden paaien; inpalmen; (ver)strikken*
entour m FORM. meestal mv *omgeving* ★ à l'~ de *rondom; om ... heen*
entourage m • *hetgeen omringt* • *entourage; omgeving*
entourer OV WW OOK FIG. *omgeven; omringen (***de** *met); omranden; omcirkelen* ★ ~ qn *iem. in alles steunen* ★ il est bien entouré *hij heeft een kring van toegewijde mensen om zich heen*
entourloupette v INF. *gemene streek*
entournure v *armsgat* ★ gêné aux ~s *slecht op zijn gemak; krap bij kas*
entracte m • *pauze* ‹in theater›; *entr'acte* • FIG. *intermezzo*
entraide v *onderlinge hulp*
entraider WKD WW (**s'**~) *elkaar helpen*
entrailles v mv • *ingewanden* • *(het) binnenste* • FIG. *hart* ★ les ~ de la terre *de schoot der aarde* ★ le fruit de vos ~ *de vrucht van uw schoot* ‹uit het weesgegroet› ★ homme sans ~ *ongevoelig man* ★ ~ de père *vaderliefde; vaderhart*
entrain m *levendigheid; animo; elan* ★ sans ~ *lusteloos*
entraînant BNW *meeslepend*
entraînement m • *training; oefening* • TECHN. *aandrijving* • *meeslepende kracht; drang; impuls* ★ l'~ des passions *de drang van de hartstochten*
entraîner I OV WW • OOK FIG. *meeslepen (***dans** *in); meevoeren* • OOK FIG. *aandrijven; ertoe brengen (***à** *om)* • *met zich meebrengen; tot gevolg hebben* • *trainen; oefenen (***à** *in)* II WKD WW (**s'**~) *trainen; zich oefenen (***à** *in, om)*
entraîneur m [v: **entraîneuse**] • *trainer* • OOK FIG. *gangmaker*
entraîneuse v *animeermeisje*
entrapercevoir OV WW *vluchtig zien*
entrave v • *hinderpaal; belemmering* • *kluister*
entraver OV WW • *hinderen; belemmeren* • ARG. *snappen; begrijpen* • *kluisteren*
entre VZ • *tussen* • *te midden van; onder* ★ d'~ *uit; van; onder* ★ ~ autres *onder andere(n)* ★ ~ tous *in de hoogste mate; bij uitstek* ★ ~ eux *onder elkaar; met elkaar; onderling* ★ l'un d'~ vous *een van u* ★ soit dit ~ nous *onder ons gezegd (en gezwegen)* ★ prendre qn ~ ses bras *iem. in zijn armen nemen*
entre- VOORV • *tussen-* • *elkaar* • *even; een beetje* ★ s'entraider *elkaar helpen*
entrebâillement m *kier* ‹v. deur›
entrebâiller I OV WW *op een kier zetten* II WKD WW (**s'**~) *op een kier staan*
entrechat m • *sprong* • *kruissprong* ‹dans›
entrechoquer OV WW *tegen elkaar stoten*
entrecôte v *ribstuk; entrecote*
entrecouper OV WW *(af en toe) onderbreken*
entrecroisement m *onderlinge kruising; vlechtwerk*
entrecroiser WKD WW (**s'**~) *elkaar kruisen*
entre-deux m (onver.) • *iets ertussenin; middenstuk; tussenstuk* • *penanttafeltje* • *opgooibal* ‹bij basketbal›
entre-deux-guerres m (onver.) *interbellum*
entrée v • *ingang; toegang* • OOK FIG. *intrede; binnenkomst; opkomst* ‹v. acteur› • *toegangsbewijs; toegangsprijs; entree* • *vestibule; hal* • *invoer* ‹v. waren, gegevens›; *input* • *voorgerecht* • *toetreding (***dans** *tot)* • *trefwoord; ingang* ★ l'~ de l'automne *het begin van de herfst* ★ ~ en

possession *inbezitneming* ⋆ ~ de faveur *vrijkaart* ⋆ droit d'~ *invoerrecht* ⋆ ~ en fonctions *ambtsaanvaarding* ⋆ d'~ (de jeu) *(meteen) vanaf het begin* ⋆ avoir ses ~s chez qn *goede connecties hebben met iem.*; *bij iem. over de vloer komen*

entrefaites v mv ⋆ sur ces ~ *op dat moment*; *toen*; *onderwijl*

entrefilet m *klein krantenberichtje*; *entrefilet*

entregent m *openheid*; *vlotheid* ⋆ avoir de l'~ *zich goed kunnen bewegen onder mensen*

entrejambe m *kruis* ‹v. broek›

entrelacement m *verstrengeling*

entrelacer I OV WW *verstrengelen*; *ineenvlechten* II WKD WW (**s'**~) *zich ineenvlechten*; *verstrengeld zijn*

entrelacs (*zeg:* -là) m *loofwerk*

entrelarder OV WW OOK FIG. *doorspekken (***de** *met)* ⋆ viande entrelardée *doorregen vlees*

entremêler OV WW *(ver)mengen (***de** *met)*

entremets m • *(zoet) nagerecht* • VERO. *licht tussengerecht*

entremetteur v [v: **entremetteuse**] PEJ. *koppelaar*

entremettre WKD WW (**s'**~) *bemiddelen (***dans** *in)*; *tussenbeide komen*

entremise v *tussenkomst*; *bemiddeling*

entrepont m *tussendek*

entreposer OV WW • *opslaan (in een entrepot)* • *in bewaring geven*

entrepôt m *opslagplaats*; *pakhuis*; *entrepot*; *stapelplaats*

entreprenant BNW *ondernemend*

entreprendre I OV WW • *ondernemen*; *beginnen (***de** *te)*; *proberen (***de** *te)* • *proberen te winnen*; *proberen te overtuigen* • *aanspreken*; *doorzagen (***sur** *over)* II ON WW (~ **sur**) *inbreuk maken op*

entrepreneur m [v: **entrepreneuse**] • *ondernemer* • *aannemer*

entreprise v • *onderneming*; *bedrijf* • *onderneming*; *karwei* • *aanneming* ‹v. werk› • FORM. *inbreuk (***contre** *op)* ⋆ esprit d'~ *ondernemingsgeest* ⋆ la libre ~ *het vrije ondernemerschap*

entrer I OV WW *inbrengen (***dans** *in)*; *invoeren* ‹v. gegevens› II ON WW • *binnengaan (***dans** *in)*; *ingaan* • (**dans, en, à**) FIG. *treden in*; *(gaan) deelnemen aan/in*; *geraken tot* • (**dans**) *deel uitmaken van*; *gaan in* ⋆ ~ en chaire *de preekstoel beklimmen* ⋆ faire ~ un clou dans un mur *een spijker in een muur slaan* ⋆ ~ en colère *woedend worden* ⋆ ~ dans le commerce *in de handel gaan* ⋆ ~ en convalescence *aan de beterende hand zijn* ⋆ ~ en correspondance avec qn *een briefwisseling met iemand aangaan* ⋆ ~ dans le(s) détail(s) *in bijzonderheden treden* ⋆ ~ dans une famille *door een huwelijk in een familie komen* ⋆ ~ dans les idées de qn *iemands gevoelens delen*; *in iemands gedachten treden* ⋆ faire ~ qc dans un livre *iets in een boek opnemen* ⋆ ~ en guerre *een oorlog beginnen* ⋆ ~ en matière *ter zake komen*; *beginnen* ⋆ ~ au service *in dienst gaan/treden* ⋆ faire ~ qc dans la tête à qn *iem. iets aan het verstand brengen* ⋆ ~ dans la vie *het levenslicht aanschouwen* ⋆ il entre dix mètres d'étoffe dans cette robe *er gaan 10 meter stof in die japon* ⋆ boisson où il entre du sucre *drank die suiker bevat* ⋆ ça n'entre pas dans mes intentions/projets *dat ligt niet in mijn bedoeling*; *dat ben ik niet van plan* ⋆ INF. ~ dans un mur *tegen een muur botsen*

entresol m *tussenverdieping*

entre-temps BIJW *intussen*

entretenir I OV WW • *onderhouden* • *een onderhoud hebben met*; *spreken (***de** *over)* ⋆ ~ la paix *de vrede bewaren* II WKD WW (**s'**~) *zich onderhouden (***avec** *met)*

entretien m • *gesprek* • *onderhoud*

entretoise v *verbindingsstuk*; *dwarshout*; *dwarsstang*

entretuer WKD WW [**entre-tuer**] (**s'**~) *elkaar doden*

entrevoir OV WW • *vaag zien*; *vluchtig zien* • *vaag voorzien*; *voorvoelen*

entrevue v *onderhoud*; *(vraag)gesprek*

entrouvert BNW *half open*; *op een kier*

entrouvrir I OV WW *half openen*; *op een kier zetten*; *van elkaar schuiven* II WKD WW (**s'**~) *op een kier gezet worden*; *half opengaan*

entuber OV WW VULG. *bedonderen*; *belazeren*

énumératif BNW [v: **énumérative**] *enumeratief*; *opsommend*

énumération v *opsomming*

énumérer OV WW *opsommen*

énurésie v *urine-incontinentie*; *(het) bedwateren*; *enuresis*

envahir OV WW • *(massaal) binnendringen in*; *binnenvallen*; OOK FIG. *overspoelen* • *overmannen*; *bevangen*

envahissant BNW • *opdringerig* • *overweldigend*; *voortwoekerend*

envahissement m • *inval*; *overweldiging*; *invasie* • *voortwoekering*; *ongebreidelde verbreiding*

envahisseur m [v: **envahisseuse**] *overweldiger*

envasement m *dichtslibbing*

envaser WKD WW (**s'**~) • *dichtslibben* • *in het slib/de modder blijven steken*

enveloppant BNW • *omhullend* • *innemend*

enveloppe v • *omhulsel* • *omslag*; *envelop* • FORM. *voorkomen*; *schijn* ⋆ ~ (budgétaire) *(beschikbaar) budget* ⋆ sous ~ *onder couvert*

enveloppement m • *(het) omwikkelen*; *(het) inpakken* • *kompres* • *omsingeling*

envelopper I OV WW • *(om)hullen*; *(om)wikkelen*; *inpakken (***dans in***)* • FIG. *(ver)hullen*; *inkleden* • *omsingelen* ⋆ INF. (bien) enveloppé *volslank* II WKD WW (**s'**~ **dans**) *zich wikkelen in*; *zich hullen in*

enveloppe-réponse m [mv: **enveloppes-réponse(s)**] *antwoordenvelop*

envenimer I OV WW • *infecteren* • *verergeren*; *venijnig(er) maken* II WKD WW (**s'**~) • *geïnfecteerd raken* • *verergeren*; *venijnig(er) worden*

envergure v • SCHEEPV. *zeilbreedte*; *spanwijdte* ‹v. vleugels› • FIG. *omvang* • *formaat*; *betekenis* ⋆ prendre de l'~ *in belang toenemen*; *zich uitbreiden* ⋆ de grande ~ *van formaat*; *grootscheeps*

E

E

enverrai ww (futur) → **envoyer**
envers (*zeg:* -vèr) I m • OOK FIG. *keerzijde*; *verkeerde zijde* • *tegendeel*; *tegenhanger* ★ à l'~ *verkeerd (om)*; *ondersteboven*; *binnenstebuiten*; *averechts*; *in de war* ★ l'~ (du décor) *wat zich achter de schermen afspeelt*; FIG. *schaduwzijde* II VZ *jegens* ★ ~ et contre tous/tout *tegen alles en iedereen*
envi FORM. DEEL V. SAMENST ★ à l'envi *om strijd*; *om het hardst*
enviable BNW *benijdenswaardig*
envie v • *zin (de in, om)*; *lust*; *trek (de in)* • *natuurlijke behoefte*; *aandrang (de om)* • *afgunst*; *nijd* • meestal mv *dwangnagel* • *moedervlek* ★ faire ~ *aanlokken* ★ mourir d'~ *branden van verlangen* ★ digne d'~ *benijdenswaardig*; *begerenswaardig* ★ mieux vaut faire ~ que pitié *beter benijd dan beklaagd*
envier OV WW • *benijden* • *begeren* ★ ~ qc à qn *iem. (om) iets benijden* ★ n'avoir rien à ~ (à) *niets te kort komen (bij)*
envieusement BIJW → **envieux**
envieux [v: **envieuse**] I m *afgunstige* ★ faire des ~ *anderen jaloers maken* II BNW *jaloers*; *afgunstig (de op)*
environ BIJW *ongeveer*; *omstreeks*
environnant BNW *omliggend*; *aangrenzend*
environnement m • *omgeving* • *(leef)milieu*
environnemental BNW [m mv: **environnementaux**] *milieu-*
environner OV WW *omringen*; *omgeven*
environs m mv *omgeving* ★ aux ~ de *in de omstreken/buurt van*; *omstreeks*
envisageable BNW *denkbaar*; *te overwegen*
envisager OV WW • *onder ogen zien*; *beschouwen* • *overwegen (de om)*; *van plan zijn*
envoi m • *verzending*; *toezending* • *zending*; *pakket* • COMP. *enter(toets)* • *opdracht* ‹slotcouplet v.e. ballade› ★ coup d'~ *aftrap* ‹bij voetbal›
envol m • *(het) wegvliegen* ‹v. vogels› • *(het) opstijgen* ‹v. vliegtuig› ★ FIG. prendre son ~ *een hoge vlucht nemen*
envolée v • *(het) opvliegen* • FIG. *hoge vlucht*; *snelle stijging* • *gedachtevlucht*
envoler WKD WW (**s'**~) • *wegvliegen*; *opstijgen* ‹v. vliegtuig› • *wegwaaien* • FIG. *vervliegen*; *snel verdwijnen* • FIG. *omhoogvliegen*; *snel stijgen*
envoûtant BNW FIG. *betoverend*
envoûtement m • *betovering* ‹via beeldje› • FIG. *betovering*; *fascinatie*
envoûter OV WW • *betoveren* ‹via beeldje› • FIG. *betoveren*; *fascineren*
envoyé m [v: **envoyée**] *(af)gezant* ★ ~ special *bijzondere correspondent*
envoyer I OV WW • *zenden (à aan)*; *sturen*; *afzenden*; *wegzenden*; *uitzenden* • *gooien*; *schieten*; *slaan* ‹v. bal e.d.› ★ ~ chercher *laten halen* ★ ~ un baiser *een kus toewerpen* ★ ~ qn à la mort *iem. de dood in drijven* ★ ~ qn dans l'autre monde *iem. naar de andere wereld helpen* ★ ne pas l'~ dire *het ronduit zeggen* ★ INF. ~ coucher/paître/promener qn *iem. afpoeieren* II WKD WW INF. (**s'**~) • *(tot zich) nemen* ‹v. iets aangenaams›; *naar binnen slaan* ‹v. eten, drank› • *(te verduren) krijgen* ‹v. iets onaangenaams›; *(moeten) opknappen* ★ s'~ en l'air *genieten*; FIG. *klaarkomen*; *een kick krijgen*
envoyeur m [v: **envoyeuse**] *afzender*
enzyme m *enzym*
éolien BNW [v: **éolienne**] *eolisch*; *wind-*; *van/door de wind*
éolienne I v *windmolen* ‹met rotoren›; *windturbine* II BNW → **éolien**
épagneul m [v: **épagneule**] *spaniël*
épais BNW [v: **épaisse**] • *dik*; *dicht* • *grof*; *log*; *stompzinnig* ★ avoir la langue ~se *moeilijk spreken*
épaisseur v • *dikte* • *dichtheid* • *diepte* ‹als dimensie› • FIG. *diepgang*
épaissir I OV WW *verdikken*; *dichter maken* II ON WW *dikker worden*; *zwaarder worden* III WKD WW (**s'**~) *dikker worden*; *dichter worden*
épaississement m • *verdikking* • *verdichting*
épanchement m • *overvloeiing*; *uitstorting* • *ontboezeming*
épancher I OV WW FIG. *uitstorten*; *ontboezemen* II WKD WW (**s'**~) OOK FIG. *zich uitstorten*; *zijn hart uitstorten*
épandage m *(het) verspreiden*; *(het) uitstrooien*
épandre I OV WW • *verspreiden* • *uitstrooien* II WKD WW (**s'**~) *zich verspreiden*
épanouir I OV WW • *doen ontluiken* • *uitspreiden*; OOK FIG. *ontplooien* • *ophelderen* ‹v. gezicht›; *doen stralen* II WKD WW (**s'**~) • *ontluiken* • *zich ontplooien*; *zich ten volle ontwikkelen* • FIG. *opbloeien*; *ophelderen* ‹v. gezicht›; *stralen*
épanouissement m • *ontluiking* • *ontplooiing*; *volle ontwikkeling*; *bloei* • *(het) stralen* ‹v. gezicht›; *vrolijkheid*
épargnant m [v: **épargnante**] *spaarder*
épargne v • *(het) sparen*; *besparing* • *spaargeld* • *spaarzaamheid* ★ ~ de temps *tijdbesparing* ★ caisse d'~ *spaarbank* ★ vivre de ses ~s *van zijn spaargeld leven*
épargne-logement v (onver.) *bouwspaarfonds*
épargner OV WW *sparen*; OOK FIG. *besparen*
éparpillement m • *verstrooiing*; *verspreiding* • FIG. *versnippering*
éparpiller OV WW • *verstrooien*; *verspreiden* • FIG. *versnipperen*
épars (*zeg:* eepar) BNW *verspreid*; *verstrooid* ★ cheveux ~ *losse, woeste haren*
épatant BNW INF. *prima*; *puik*; *geweldig*; *fantastisch*
épate v INF. *uitsloverij*; *branie*; *bluf*
épaté I BNW • *plat*; *stomp* ‹v. neus› • INF. *verbluft*; *paf* II WW (volt. deelw.) → **épater**
épater OV WW INF. *verbluffen*; *paf doen staan*; *imponeren*
épaulard m *zwaardwalvis*; *orka*
épaule v *schouder* ★ hausser les ~s *zijn schouders ophalen* ★ avoir la tête sur les ~s *met beide benen op de grond staan*; *nuchter zijn* ★ prêter l'~/donner un coup d'~ à qn *iem. een handje helpen*
épaulé-jeté m [mv: **épaulés-jetés**] *drukken (en stoten)* ‹gewichtheffen›

épaulement m • *borstwering* • *steunmuur* • *steile wand*; *steile helling*
épauler OV WW • *(onder)steunen* • *aanleggen* ‹v. geweer›
épaulette v • *epaulet* • *schouderbandje* • *schoudervulling* ★ gagner l'~ *als beloning voor moed tot officier bevorderd worden*
épave v • OOK FIG. *wrak* • *wrakstuk* ★ les ~s d'une fortune *de overblijfselen v.e. vermogen*
épée v *degen*; *zwaard* ★ danse des épées *zwaarddans* ★ à la pointe de l'épée *met geweld* ★ un coup d'épée dans l'eau *een slag in de lucht*; *verspilde moeite* ★ passer au fil de l'épée *over de kling jagen* ★ poursuivre l'épée dans les reins *op de voet achtervolgen*
épeiche v *grote bonte specht*
épeire v ★ ~ diadème *kruisspin*
épeler OV WW *spellen*
épépiner OV WW *ontpitten*
éperdu BNW • *buiten zichzelf (***de** *van)*; *hevig ontdaan* • *hevig*; *hartstochtelijk*; *onstuimig* ★ ~ de bonheur *zielsgelukkig* ★ fuite ~e *overhaaste vlucht*
éperdument BIJW *hevig*; *hartstochtelijk* ★ ~ amoureux *smoorverliefd*
éperlan m *spiering*
éperon m • *spoor* ‹v. ruiter, bloem, haan› • *puntig uitsteeksel*; *ram* ‹v. schip›; *stroombreker* ‹v. brug› • *uitloper* ‹v. gebergte›
éperonner OV WW • *de sporen geven* • *aansporen*
épervier m • *sperwer* • *werpnet*
éphémère I m *eendagsvlieg*; *haft* II BNW • *één dag durend* • *kortstondig*; *vergankelijk*; *efemeer*
éphéméride v • *scheurkalender* • mv *efemeriden*
épi m • *aar*; *kolf* ‹v. maïs› • *wilde lok haar*; *piek* • *dwarsaftakking*; *loodrecht uitsteeksel* ★ en épi *schuin naast elkaar*; *graatvormig*
épice v *specerij*
épicé BNW OOK FIG. *gekruid*; OOK FIG. *pikant*
épicéa m • *spar* • *vurenhout*
épicentre m *epicentrum*
épicer OV WW OOK FIG. *kruiden*
épicerie v • *kruidenierswinkel* • *kruidenierswaren* • *handel in kruidenierswaren* ★ ~ fine *delicatessewinkel*
épicier m [v: **épicière**] *kruidenier*; OOK FIG. *grutter*
épicurien [v: **épicurienne**] I m *epicurist* II BNW *epicuristisch*
épidémie v *epidemie*
épidémique BNW • *epidemisch* • *om zich heen grijpend*; *aanstekelijk*
épiderme m *opperhuid* ★ avoir l'~ sensible *lichtgeraakt zijn*
épidermique BNW • *v.d. opperhuid* • *oppervlakkig*
épier I OV WW *bespieden*; *beloeren*; *gespitst zijn op* ★ ~ l'occasion *op een gelegenheid loeren* II ON WW • *spieden* • *aren krijgen*; *aren schieten*
épieu m [mv: **épieux**] *(jacht)spies*
épigastre m *maagstreek*
épigone m FORM. *epigoon*
épigramme v • *epigram*; *puntdicht* • *hatelijkheid*; *spotternij*
épigraphe v • *epigraaf*; *opschrift* • *motto*
épilation v *ontharing*; *epilatie*
épilatoire BNW *ontharings-*
épilepsie v *epilepsie*; *vallende ziekte*
épileptique I m/v *epilepticus* II BNW *epileptisch*
épiler OV WW *ontharen*; *epileren*
épilogue m • *epiloog*; *slotwoord* • *afloop*; *slot*
épiloguer ON WW *uitweiden*; *nakaarten (***sur** *over)*
épinard I m *spinazie(plant)* II m mv *spinazie*
épine v • *stekel* ‹v. planten, dieren›; *doorn* ‹aan plant, bot› • *doornstruik* • *spitse bergkam* • *moeilijkheid* ★ ~ blanche *meidoorn* ★ ~ dorsale *ruggengraat* ★ être sur des ~s *op hete kolen zitten* ★ tirer à qn une ~ du pied *iem. uit de zorgen helpen*; *iem. uit de verlegenheid redden*
épinette v *spinet*
épineux BNW [v: **épineuse**] • *stekelig*; *doornig* • *netelig*
épine-vinette m [mv: **épines-vinettes**] *berberis*
épingle v *speld* ★ ~ à linge *wasknijper* ★ ~ de sûreté *veiligheidsspeld* ★ FIG. coup d'~ *speldenprik* ★ virage en ~ à cheveux *haarspeldbocht* ★ tiré à quatre ~s *onberispelijk gekleed*; *om door een ringetje te halen* ★ monter en ~ *goed doen uitkomen*; FIG. *opkloppen* ★ tirer son ~ du jeu *zich handig uit een netelige zaak terugtrekken* ★ chercher une ~ dans une botte de foin *een naald in een hooiberg zoeken*
épingler OV WW • *(vast)spelden*; *opspelden* • INF. *in de kraag grijpen*; *snappen* ★ velours épinglé *fijn geribd fluweel*
épinier m *doornstruiken*
épinière BNW ★ moelle ~ *ruggenmerg*
épinoche v *stekelbaars*
épinochette v *stekeltje* ‹vis›
Epiphanie v *Driekoningen*
épiphénomène m *randverschijnsel*; *bijkomstigheid*
épiphyse v *epifyse*
épique BNW • *episch* • INF. *veelbewogen*; *groots*; *opwindend*
épiscopal BNW [m mv: **épiscopaux**] *bisschoppelijk*
épiscopat m *episcopaat*; *bisschopsambt*; *gezamenlijke bisschoppen*; *ambtsperiode v.e. bisschop*
épiscope m • *episcoop* • *periscoop* ‹v. tank›
épisode m *episode*
épisodique BNW • *episodisch* • *bijkomstig* • *incidenteel*
épisodiquement BIJW *incidenteel*; *af en toe*
épissure v • *splitsing* ‹v. touw, kabel› • *splits*
épistolaire BNW *epistolair*; *brief-*
épistolier m [v: **épistolière**] *brievenschrijver*
épitaphe v • *epitaaf*; *grafschrift* • *grafsteen*
épithète v *epitheton*; *toevoegsel*; *benaming* ★ (adjectif) ~ *attributief adjectief*
épître v • *epistel* ‹ook ironisch› • *brief in verzen*
éploré BNW FORM. *(badend) in tranen*; *intreurig*
épluchage m → **éplucher**

E

épluche-légumes m (onv) *aardappelmesje*
éplucher OV WW • *van ongerechtigheden/harde schillen ontdoen*; *schillen*; *(af)pellen* • *uitpluizen*; OOK FIG. *napluizen*
épluchure v • meestal mv *afval* ‹v. groente, vruchten, schaaldieren e.d.›; *schillen* • *(afgehaald) pluis*
épointer OV WW *afpunten*; *stomp maken*
éponge v OOK BIOL. *spons* ★ tissu ~ *badstof* ★ serviette ~ *badhanddoek* ★ passer l'~ sur qc FIG. *de spons over iets halen* ★ jeter l'~ *de handdoek in de ring werpen* ★ passons l'~! *zand erover!*
éponger OV WW • *afsponsen*; *afwissen* • *wegwerken* ‹v. tekort, achterstand e.d.›
épopée v *epos*
époque v • *periode*; *tijdperk*; *tijd* • *tijdstip* ★ faire ~ *epoque maken*; *een belangrijk feit vormen* ★ d'~ *van vroeger*; *antiek* ★ à l'~ *toen(tertijd)*; *vroeger* ★ à l'~ de *ten tijde van* ★ vivre avec son ~ *met zijn tijd meegaan*
épouiller OV WW *ontluizen*
époumoner WKD WW **(s'~)** • *zich hees praten/schreeuwen* • *buiten adem raken*
épousailles v mv SCHERTS. *bruiloft*
épouse v *echtgenote*
épousée v VERO. *bruid*
épouser OV WW • *trouwen met*; *huwen* • FIG. *omhelzen*; *aannemen*; *tot de zijne maken*; *getrouw (gaan) volgen* ★ ~ une opinion *een mening overnemen* ★ ~ un parti *zich bij een partij aansluiten*
époussetage m *(het) afstoffen*
épousseter OV WW • *afstoffen*; *afborstelen* • FIG. *oppoetsen*
époustoufler OV WW *paf doen staan*; *verbluffen*; *verbijsteren*
épouvantable BNW *verschrikkelijk*; *ontzettend*; *afschuwelijk*
épouvantail m • OOK FIG. *vogelverschrikker* • *schrikbeeld*; *boeman*
épouvante v *schrik*; *ontzetting*; *ontsteltenis* ★ film d'~ *griezelfilm* ★ jeter dans l'~ *doen schrikken*
épouvanter OV WW *schrik aanjagen*; *met schrik slaan*; *ontstellen*
époux m *echtgenoot* ★ les ~ *het echtpaar*
éprendre WKD WW **(s'~)** FIG. *vervuld raken (***de** *van)*; *verliefd worden (***de** *op)*
épreuve v • *proef(neming)*; *toets*; *examen* • *beproeving*; *tegenspoed* • *wedstrijd(nummer)* • FOTO. *afdruk* • *drukproef*; *proef(af)druk* ★ ~s écrites *schriftelijk examen* ★ ~ de force *krachtproef*; *krachtmeting* ★ ~ du feu *vuurproef* ★ à l'~ de *bestand tegen* ★ ~ par le feu *vuurproef* ‹godsoordeel› ★ à toute ~ *tegen alles en iedereen bestand*; FIG. *onwrikbaar*; *beproefd* ★ à l'~ des bombes *bomvrij* ★ mettre à (rude) ~ *(zwaar) op de proef stellen*
épris I BNW FIG. *geheel vervuld*; *bezeten (***de** *van)*; *verliefd (***de** *op)* **II** WW (volt. deelw.) → **éprendre**
éprouvant BNW *vermoeiend*; *zwaar*; *veel kracht vergend*
éprouvé BNW • *beproefd*; *deugdelijk bevonden* • *beproefd*; *(zwaar) getroffen*
éprouver OV WW • *beproeven*; *op de proef stellen* • *ondervinden*; *ondergaan*; *voelen* • *testen*; *controleren*
éprouvette v *reageerbuisje*
EPS AFK (éducation physique et sportive) *lichamelijke opvoeding*
épucer OV WW *vlooien*
épuisant BNW *uitputtend*; *afmattend*
épuisé BNW • *uitgeput* ‹ook v. bron, voorraad e.d.› • *niet meer in voorraad* • *verbruikt* ‹v. reserves› ★ un livre ~ *een uitverkocht boek* ★ ~ (de fatigue) *doodmoe*
épuisement m • *uitputting* ‹ook v. bron, voorraad e.d.› • *uitpomping*; *bemaling* ★ jusqu'à l'~ des stocks *zolang de voorraad strekt*
épuiser I OV WW • *uitputten*; *afmatten* • *uitputten*; *opgebruiken* • *leegscheppen*; *bemalen* **II** WKD WW **(s'~)** • *zich uitputten* • *uitgeput raken* ‹v. voorraad e.d.›; *opraken*
épuisette v • *schepnet* • *hoosvat*
épuration v OOK FIG. *zuivering*
épure v *werktekening*
épurer OV WW OOK FIG. *zuiveren (***de** *van)*; INF. *wegzuiveren*
équarrir OV WW • *vierkanten* • *villen en in stukken houwen* ‹v. dood dier› ★ mal équarri FIG. *ongepolijst*; *lomp*; *grof*
équarrissage m • *(het) vierkanten* • *(het) villen en in stukken houwen* ‹v. dood dier›
équarrisseur m *vilder*
équateur (*zeg:* eekw-) m *evenaar* ★ l'Equateur *Ecuador*
équation (*zeg:* eekw-) v WISK./CHEM. *vergelijking* ★ ~ à trois inconnues *vergelijking met drie onbekenden*
équatorial (*zeg:* eekw-) BNW [m mv: **équatoriaux**] *equatoriaal*
équatorien (*zeg:* eekw-) BNW [v: **équatorienne**] *uit Ecuador*
équerre v *(winkel)haak*; *tekendriehoek* ★ d'~/en ~ (avec) *haaks (op)*
équestre BNW *ruiter-*; *(paard)rij-*
équeuter OV WW *van de steel/stelen ontdoen* ‹fruit›
équidés m mv *paardachtigen*
équidistant BNW *op gelijke afstand (***de** *van)*
équilatéral BNW [m mv: **équilatéraux**] *gelijkzijdig* ★ INF. ça m'est ~ *'t is mij om het even*
équilibrage m *(het) in evenwicht brengen*; *(het) uitbalanceren*; *(het) uitlijnen*
équilibre m OOK FIG. *evenwicht*; *evenwichtigheid* ★ perdre l'~ *zijn evenwicht verliezen*
équilibré BNW *evenwichtig*; *uitgebalanceerd*
équilibrer I OV WW • *in evenwicht brengen/houden* • *uitbalanceren*; *uitlijnen* ★ esprit bien équilibré *evenwichtige geest* **II** WKD WW **(s'~)** • *elkaar in evenwicht houden* • *evenwichtig worden*
équilibreur m *stabilisator* ★ organe ~ *evenwichtsorgaan*
équilibriste m/v OOK FIG. *evenwichtskunstenaar*; *koorddanser*
équille v *smelt* ‹vis›
équinoxe m *nachtevening*; *equinox*

équipage m • TECHN. *uitrusting*; *gereedschap* • *bemanning*
équipe v *ploeg* ‹werklieden; sport›; *equipe*; *team*; *groep* ★ ~ de football *voetbalelftal* ★ chef d'~ *ploegbaas*; *aanvoerder v.e. sportploeg* ★ sport d'~ *teamsport* ★ faire ~ avec *een team vormen met*
équipée v • *dwaze onderneming*; *onbezonnen streek* • *uitstapje*
équipement m *uitrusting*; *installatie(s)*; *accommodatie* ★ ~s collectifs *gemeenschapsvoorzieningen*
équiper OV WW *uitrusten*; *toerusten* (**de** *met*); *voorzien* (**de** *van*)
équipier m [v: **équipière**] *lid v.e. team*; *speler*
équitable BNW *rechtvaardig*; *billijk*
équitation v *rijkunst*; *(het) paardrijden*
équité v *rechtvaardigheid(sgevoel)*; *billijkheid*
équivalence v *gelijkwaardigheid*
équivalent I m *equivalent* II BNW *gelijkwaardig* (**à** *aan, met*); *equivalent*
équivaloir ON WW (onr.) (~ **à**) *gelijkwaardig zijn aan*; *gelijkstaan met*
équivoque I v *dubbelzinnigheid* ★ sans ~ *ondubbelzinnig*; *duidelijk* II BNW • *dubbelzinnig* • *dubieus*; *verdacht*
érable m *esdoorn*; *ahorn*
éradication v *uitroeiing*
éradiquer OV WW *uitroeien*
érafler OV WW *schrammen*; *schaven*; *bekrassen*; *schampen*
éraflure v *schram*; *schaafwond*; *kras*
éraillé BNW • *gerafeld*; *geschramd*; *sleets* • *schor*
ère v • *tijdperk*; *tijdvak*; *era* • *jaartelling*
érection v • FORM. *oprichting* ‹v. bouwwerk› • *erectie*
éreintant BNW *afmattend*
éreintement m • *afmatting* • *(het) afkraken*; *vernietigende kritiek*
éreinter I OV WW • *afmatten*; *afbeulen* • FIG. *afmaken*; *(af)kraken* ★ ~ une œuvre *een werk kraken* II WKD WW (**s'~**) *zich afbeulen* (**à** + *inf. met*)
érémiste INF. m/v *bijstandtrekker* ‹die de RMI ontvangt›
érémitique BNW *kluizenaars-*
érésipèle m → **érysipèle**
ergonomie v *ergonomie*
ergot m • *spoor* ‹v. haan›; *hubertusklauw* ‹v. hond› • *moederkoren* • *stift*; *pen* ★ FIG. se dresser sur ses ~s *op zijn achterste poten gaan staan*
ergotage m *haarkloverij*; *vitterij*
ergoter ON WW *muggenziften*; *haarkloven*; *vitten* (**sur** *op*)
ergoteur [v: **ergoteuse**] I m *muggenzifter*; *haarklover* II BNW *muggenzifterig*; *haarklovend*
ergothérapie v *ergotherapie*; *arbeidstherapie*
ériger I OV WW • *oprichten* ‹v. bouwwerk› • FORM. *instellen*; *stichten* • (~ **en**) *verheffen tot* II WKD WW (**s'~ en**) *zich opwerpen als*
ermitage m • VERO. *kluizenaarswoning*; *(h)ermitage* • *afgelegen huis/plek*
ermite m *kluizenaar*; *heremiet*
éroder OV WW OOK FIG. *eroderen*; *uitslijpen*; FIG. *uithollen*
érogène BNW *erogeen*
érosif BNW [v: **érosive**] *uitschurend*; *wegvretend*; FIG. *bijtend*; *erosie-*
érosion v OOK FIG. *erosie*; *uitschuring*; *wegvreting*; FIG. *uitholling*
érotique I v *erotiek* II BNW *erotisch*
érotisme m *(het) erotische*; *erotiek*
errance v *(het) dwalen*; *omzwerving*
errant BNW *dwalend*; *dolend*; *zwervend* ★ chat ~ *zwerfkat* ★ chevalier ~ *dolende ridder* ★ tribus ~es *nomadenstammen* ★ le Juif ~ *de wandelende Jood*
errata m *lijst v. drukfouten*; *errata*
erratique BNW • *zwerf-*; *zwervend* • *onregelmatig* ★ bloc ~ *zwerfkei* ★ fièvre ~ *onregelmatige koorts*
erratum m *erratum*
errements m MV FORM. FIG. *dwaalwegen*; *dwalingen*; *slechte gewoonten*
errer ON WW • *dwalen*; *dolen*; *zwerven* • FORM./FIG. *dwalen*
erreur v *fout*; *vergissing*; *dwaling*; *misvatting* ★ par ~ *bij vergissing* ★ sauf ~ *vergissingen voorbehouden*; *als ik mij niet vergis* ★ ~ de calcul *rekenfout* ★ ~ de jeunesse *jeugdzonde* ★ signal d'~ *foutmelding* ★ ~ sur la personne *persoonsverwisseling* ★ induire en ~ *op een dwaalspoor brengen* ★ être dans l'~ *zich vergissen* ★ tirer de l'~ *uit de waan helpen* ★ vous faites ~ *u vergist zich*
erroné BNW *verkeerd*; *foutief*
ersatz m *ersatz*; *surrogaat*
éructer I OV WW FORM. *uitbraken* ‹v. verwensingen e.d.›; FIG. *oprispen* II ON WW *boeren*; *oprispen*
érudit I m *erudiet*; *geleerde* II BNW *geleerd*; *erudiet*
érudition v *geleerdheid*; *eruditie*
éruptif BNW [v: **éruptive**] • *vulkanisch*; *eruptief* • *vergezeld van uitslag* ★ fièvre éruptive *koorts met uitslag*
éruption v • *eruptie*; OOK FIG. *uitbarsting* • MED. *uitslag* ★ ~ dentaire *(het) doorbreken v.e. tand*
érysipèle m MED. *belroos*; *wondroos*
érythème m *rode huiduitslag*; *erytheem*
es WW (présent) → **être**
ès VZ / en les / *in de* ★ docteur ès lettres *doctor in de letteren* ★ docteur ès sciences *doctor in de wis- en natuurkunde*
ESB AFK (encéphalite spongiforme bovine) *BSE* ‹gekkekoeienziekte›
esbroufe v INF. *uitsloverij*; *branie*; *kouwe drukte*; *kapsones*
esbroufer OV WW INF. *overbluffen*; *afbluffen*
esbroufeur m [v: **esbroufeuse**] INF. *druktemaker*; *dikdoener*; *grootdoener*
escabeau m [mv: **escabeaux**] • *krukje*; *voetenbankje* • *(huishoud)trapje*
escadre v *eskader*; *smaldeel*
escadrille v • SCHEEPV. *flottielje* • LUCHTV. *escadrille*
escadron m *eskadron*; *squadron*
escalade v • *beklimming*; *bergklimming* • JUR. *insluiping* • *escalatie*
escalader OV WW *beklimmen*; *klimmen op/over*
escalator m *roltrap*

escale v • *(tussen)haven*; *aanloophaven*; *landingsplaats* • *tussenstop* ‹v. boot, vliegtuig›; *tussenlanding* ★ faire ~ à *een tussenlanding maken in*; *aandoen* ‹v. (lucht)haven›
escalier m *trap* ★ dans l'~ *op de trap* ★ ~ en (co)limaçon *wenteltrap* ★ ~ roulant/mécanique *roltrap* ★ ~ tournant *wenteltrap* ★ ~ de secours *brandtrap* ★ avoir l'esprit de l'~ *weinig adrem zijn*
escalope v *lapje vlees*; *mootje vis* ★ ~ de veau *kalfsoester*

E

escamotable BNW *wegklapbaar*; *intrekbaar*; *inschuifbaar*
escamotage m → **escamoter**
escamoter OV WW • *(handig) doen verdwijnen*; *wegmoffelen*; *inslikken* ‹v. woorden› • *(handig) ontfutselen*; *achteroverdrukken* • *(handig) ontwijken* • *intrekken* ‹v. landingsgestel›
escamoteur m [v: **escamoteuse**] • *goochelaar* • *zakkenroller*; *gauwdief*
escampette v ★ prendre la poudre d'~ *vluchten*; *het hazenpad kiezen*
escapade v • *slippertje*; *escapade* • *uitstapje*
escarbille v *sintel*
escarboucle v VERO. *karbonkel*
escarcelle v VERO. *buidel*
escargot m *huisjesslak* ★ escalier en ~ *wenteltrap* ★ opération ~ *langzaam-aan-actie*
escarmouche v OOK FIG. *schermutseling*
escarpe VERO. m • *rover*; *overvaller* • *escarpe*; *binnentalud*
escarpé BNW *steil*
escarpement m *steile helling*; *steilte*
escarpin m *dansschoentje*; *pump*
escarpolette v VERO. *schommel*
escarre v *doorligplek*; *korst* ‹door weefselversterf› ★ avoir des ~s *doorliggen*
Escaut m *Schelde*
escient m ★ à bon ~ *welbewust*; *weloverwogen* ★ à mauvais ~ *ondoordacht* ★ VERO. à mon ~ *met mijn medeweten*
esclaffer WKD WW (**s'**~) *schaterlachen*
esclandre m *scène* ‹stampij› ★ faire un ~ *een scène maken*
esclavage m OOK FIG. *slavernij*; *onderworpenheid*; *afhankelijkheid*
esclavagiste I m/v *voorstander v.d. slavernij* II BNW *de slavernij voorstaand* ★ les États ~s *de slavenstaten (in de VS)*
esclave m/v OOK FIG. *slaaf*
escogriffe m INF. *lange slungel*
escomptable BNW *(ver)disconteerbaar*
escompte m *disconto*; *korting* ★ taux d'~ *disconto(voet)*
escompter OV WW • *(ver)disconteren* • *verwachten*; *rekenen op*
escopette v VERO. *donderbus* ‹geweer met wijde tromp›
escorte v *ecorte*; *geleide*; *begeleiding* ★ faire ~ à *begeleiden*
escorter OV WW *begeleiden*; *escorteren*
escorteur m *escortevaartuig*
escouade v *kleine groep*; *kleine troep*; *rot*
escrime v *schermkunst*; OOK FIG. *(het) schermen* ★ faire de l'~ *schermen*
escrimer WKD WW (**s'**~) OOK FIG. *zich weren*; *zich afsloven*; *zich inspannen* (**à** *om)*
escrimeur m [v: **escrimeuse**] *schermer*
escroc (*zeg:* -kroo) m *oplichter*; *zwendelaar*
escroquer OV WW • *oplichten*; *bedriegen* • *afhandig maken (***à** *van)*; *aftroggelen*
escroquerie v *oplichterij*; *zwendel*
esgourde v ARG. *oor*
ésotérique BNW *esoterisch*
ésotérisme m *esoterie*; *ondoorgrondelijkheid*
espace I m • *ruimte*; *tussenruimte*; *tijdruimte* • *(wereld)ruimte*; *luchtruim* ★ ~ vert *groenvoorziening(en)* ★ ~ vital *levensruimte* ★ en l'~ d'une heure *in een uur* II v *spatie*
espacement m • *spatiëring*; *tussenruimte* • *spreiding* ‹in de tijd›
espacer I OV WW • *tussenruimte laten tussen*; *spatiëren* • *tussenpozen laten tussen*; *spreiden* II WKD WW (**s'**~) *grotere tussenruimten vertonen*; *schaarser worden*
espadon m • *zwaardvis* • GESCH. *slagzwaard*
espadrille v *(e)spadrille*; *touwschoen*
Espagne v *Spanje*
espagnol I m *(het) Spaans* II BNW *Spaans*
Espagnol m [v: **Espagnole**] *Spanjaard*
espagnolette v *spanjolet*
espalier m • *spalier*; *(muur, latwerk met) leibomen* • OOK MV SPORT *wandrek*
espar m VAAK MV SCHEEPV. *rondhout*
espèce I v • OOK BIOL. *soort*; *aard*; OOK PEJ. *slag* • JUR. *geval* ★ l'~ humaine *het menselijk geslacht*; *het mensdom* ★ de toute ~ *allerlei* ★ c'est un cas d'~ *dat is een apart geval* ★ en l'~ *in het onderhavige geval* ★ ~ d'imbécile enz. *stuk onbenul*; *stomkop* II v MV *contant geld* ★ payer en ~s *cash betalen* ★ en ~s sonnantes *in klinkende munt*
espérance v *hoop (***de** *op)*; *verwachting* ★ ~ de vie *levensverwachting* ★ avoir en ~ *in het vooruitzicht hebben*
espérantiste I m/v *esperantist* II BNW *Esperanto-*
espéranto m *Esperanto*
espérer I OV WW *hopen*; *verwachten* ★ j'espère vous voir *ik hoop u te zien* ★ j'espère bien! *dat mag ik hopen!* II ON WW • *hopen* • (~ **en**) *vertrouwen hebben in*; *hopen op*
espiègle I m/v *guit*; *snaak* II BNW *guitig*; *olijk*
espièglerie v • *guitigheid* • *guitenstreek*
espion I m *kijkgaatje*; *spionnetje* II m [v: **espionne**] *spion*
espionnage m *spionage* ★ ~ industriel *bedrijfsspionage*
espionner OV WW *bespioneren*; *bespieden*
esplanade v *voorplein*; *esplanade*
espoir m • *hoop (***de** *op)*; *verwachting* • *persoon in wie men zijn hoop stelt*; *jong talent* ★ dans l'~ de *in de hoop te* ★ sans ~ *hopeloos*; *uitzichtloos*
esprit m • *geest* ‹in alle betekenissen› • *geestigheid*; *esprit* ★ ~ de *zin voor*; *oog voor* ★ ~ d'à-propos *gevatheid* ★ ~ de corps *solidariteit* ★ ~ d'épargne *spaarzin* ★ ~ d'équipe *teamgeest* ★ un ~ fort *vrijdenker* ★ ~ frappeur *klopgeest* ★ l'~ des lois *de strekking van de wetten* ★ le Saint(-)Esprit *de Heilige Geest* ★ L'Esprit(-)Saint *de Heilige Geest* ★ l'~

du siècle *de tijdgeest* ★ ~ turbulent *onrustige aard* ★ ~ de vin *spiritus* ★ dans mon ~ *naar mijn mening; volgens mij* ★ homme d'~ *geestig man* ★ large d'~ *ruimdenkend* ★ le malin ~ *de duivel* ★ trait d'~ *geestige zet/ opmerking* ★ avoir l'~ à *in de stemming zijn om/voor* ★ avoir de l'~ *geestig zijn* ★ avoir l'~ de *zo verstandig zijn om* ★ ne plus avoir tous ses ~s *niet meer helemaal goed bij het hoofd zijn* ★ avoir l'~ du commerce *handelsgeest hebben; een commerciële instelling hebben* ★ avoir mauvais ~ *niet van goede wil zijn; kwaadwillig zijn* ★ calmer les ~s *de gemoederen bedaren* ★ entrer dans l'~ de son rôle *zijn rol goed opvatten* ★ faire de l'~ *geestig doen* ★ perdre l'~ *het verstand verliezen* ★ rendre l'~ *de geest geven* ★ reprendre ses ~s *weer tot zichzelf komen* ★ venir à l'~ *voor de geest komen; te binnen schieten* ★ les grands ~s se rencontrent *hier spreken twee verwante geesten*

esquif m FORM. *licht bootje*

esquille v *(bot)splinter*

esquimau I m [mv: **esquimaux**] • *chocoijs* • *Eskimo* ‹taal› II BNW [v: **esquimaude**] *eskimo-*

Esquimau m [mv: **Esquimaux**] [v: **Esquimaude**] *eskimo*

esquintant BNW INF. *doodvermoeiend*

esquinter INF. I OV WW • *kapotmaken; toetakelen* • *afkraken* • *afmatten; afbeulen* II WKD WW (**s'~**) *zich afbeulen (*à [+ inf.] met)

esquisse v • *schets* • FIG. *eerste aanzet; zweem* ★ ~ de sourire *vage glimlach*

esquisser I OV WW • *schetsen; een eerste vorm geven aan* • *(even) vaag vertonen* ★ ~ un sourire *even glimlachen* II WKD WW (**s'~**) *zich aftekenen; zich vaag vertonen*

esquive v *ontwijkende beweging*

esquiver I OV WW OOK FIG. *(handig) ontwijken; omzeilen* II WKD WW (**s'~**) *ontsnappen; ongemerkt ontkomen; wegglippen; zich drukken*

essai m • *proef(neming); beproeving; probeersel; poging* • *essay* (**sur** *over*) • *try* ‹bij rugby› ★ ~ nucléaire *kernproef* ★ pilote d'~ *testpiloot* ★ à l'~ *op proef* ★ faire l'~ de *beproeven*

essaim m • *menigte; drom* • *zwerm* ★ ~ d'abeilles *zwerm bijen*

essaimage m *(het) (uit)zwermen*

essaimer ON WW • OOK FIG. *uitzwermen* • *zich her en der vestigen*

essayage m *(het) passen* ‹v. kleding›

essayer I OV WW *(uit)proberen; (be)proeven; testen; keuren; (aan)passen* ‹v. kleding› II WKD WW (**s'~**) • *proberen (***de** *te)* • (**s'~ à**) *zijn krachten beproeven; trachten* III WKD WW (**s'~ à**) *zijn krachten beproeven op; zich wagen aan*

essayeur m [v: **essayeuse**] • *keurder; keurmeester* • *testrijder* • *passer van kleren*

essayiste m/v *essayist*

essence v • *wezen; essentie* • *vluchtige olie; essence* • *benzine* • *soort* ‹v. bomen› ★ par ~ *uit de aard v.d. zaak; per definitie* ★ prendre de l'~ *tanken*

essentiel I m *hoofdzaak; (het) voornaamste* II BNW [v: **essentielle**] • *wezenlijk* • *essentieel; fundamenteel; onontbeerlijk*

essentiellement BIJW • *hoofdzakelijk* • *wezenlijk*

esseulé BNW FORM. *verlaten; eenzaam*

essieu m [mv: **essieux**] *as* ‹v. voertuig› ★ ~ coudé *krukas*

essor m • FORM. *(het) opvliegen* • FIG. *hoge vlucht; (op)bloei; (volle) ontwikkeling* ★ prendre son ~ *opvliegen;* FIG. *een hoge vlucht nemen; zich (onbelemmerd) ontwikkelen; de vleugels uitslaan*

essorage m *(het) uitwringen; (het) centrifugeren*

essorer OV WW *uitwringen; centrifugeren* ‹v. wasgoed; ook v. sla›

essoreuse v *wringer* ‹voor wasgoed›; *(was-, sla)centrifuge; trommeldroger*

essoufflement m • *(het) buiten adem zijn* • *(het) futloos/onbezield worden*

essouffler I OV WW *buiten adem brengen* II WKD WW (**s'~**) • *buiten adem raken* • *moeilijk kunnen meekomen; futloos/ onbezield worden* ★ s'~ à *tevergeefs proberen te*

essuie-glace m [mv: **essuie-glace(s)**] *ruitenwisser* ★ ~ intermittent *ruitenwisser met intervalschakelaar*

essuie-main(s) m *handdoek*

essuie-meuble(s) m *stofdoek*

essuie-pied(s) m *vloermat*

essuie-tout m (onver.) *keukenrol*

essuie-verres m (onver.) *glazendoek*

essuyage m *(het) schoonmaken; (het) afdrogen; (het) afvegen*

essuyer OV WW • *schoonmaken; afvegen; afdrogen* • *lijden; doorstaan; moeten slikken* ★ ~ un affront *een belediging ondergaan* ★ ~ une perte *een verlies lijden* ★ ~ un refus *een weigering krijgen*

est (*zeg:* [zn/bnw] est) I m *oosten* ★ vent d'est *oostenwind* ★ l'Est *het Oostblok* ★ à l'est de *ten oosten van* II BNW *oostelijk; oost(en)-* ★ est-européen *Oost-Europees* ★ longitude est *oosterlengte* III WW (présent) → **être**

estacade v *paalwerk; pier* ‹in rivier, haven›

estafette v • VERO. *koerier* • *ordonnans*

estafilade v • *houw; snede* ‹in het gezicht› • *ladder* ‹in kous›

estaminet m *cafeetje; kroeg*

estampage m *stempeling; afdruk*

estampe v • *prent; gravure* • *stempel*

estamper OV WW • *stempelen* • INF. *afzetten; oplichten*

estampeur m [v: **estampeuse**] • *stempelaar* • INF. *oplichter*

estampillage m *stempeling; (het) (waar)merken*

estampille v *stempel; (waar)merk*

estampiller OV WW *stempelen; (waar)merken*

est-ce que BIJW ★ ~ tu viens? *kom je?*

ester m *ester*

esthète m/v *estheet*

esthéticien m [v: **esthéticienne**] • *estheticus* • *schoonheidsspecialist*

esthétique I v • *schoonheidsleer; esthetica*

E

• *schoonheid* II BNW *esthetisch; smaakvol* ★ chirurgie ~ *plastische chirurgie*
estimable BNW *achtenswaardig; prijzenswaardig; verdienstelijk*
estimatif BNW [v: **estimative**] *schattend* ★ devis ~ *raming; offerte*
estimation v *schatting; begroting; taxatie*
estime v *achting* ★ être en grande ~ *hoog geacht worden; in hoog aanzien staan* ★ à l'~ *op de gis*

E

estimer I OV WW • *(hoog)achten* • *schatten (à op); ramen; taxeren* • *vinden; menen; achten* II WKD WW (**s'~**) *zich achten* ★ s'~ heureux que *zich gelukkig prijzen dat*
estivage m *zomerbeweiding* ‹v. vee op bergweiden›
estival BNW [m mv: **estivaux**] *zomers; zomer-*
estivant m *zomergast* ‹in vakantieoord›
estoc m *lange degen* ★ frapper d'~ et de taille *steken en houwen; zich uit alle macht weren*
estocade v • OOK FIG. *doodsteek* • *scherpe uitval*
estomac (*zeg:* -mà) m *maag* ★ avoir un ~ d'autruche *een maag van ijzer hebben* ★ avoir l'~ creux *een lege maag hebben* ★ OOK FIG. rester sur l'~ *zwaar op de maag liggen* ★ avoir l'~ dans les talons *uitgehongerd zijn* ★ avoir de l'~ *lef hebben*
estomaquer OV WW INF. *onaangenaam verrassen; perplex doen staan*
estompe v • *doezelaar* • *gedoezelde tekening*
estompé BNW *vaag; wazig*
estomper I OV WW • *doen vervagen; doen verflauwen* • *doezelen* II WKD WW (**s'~**) OOK FIG. *vervagen*
Estonie v *Estland*
estonien I m *(het) Estlands* II BNW [v: **estonienne**] *Estlands*
Estonien m [v: **Estonienne**] *Est*
estourbir OV WW INF. • *in elkaar slaan; doodslaan* • *ontdaan maken*
estrade v *verhoging; podium; optrede; estrade* ★ battre l'~ *langs 's heren wegen lopen; rondzwerven*
estragon m *dragon*
estran m *(nat) strand* ‹tussen eb en vloed›
estropié BNW *kreupel; verminkt; invalide*
estropier OV WW OOK FIG. *kreupel maken* ★ ~ un mot *een woord verdraaien* ★ ~ une langue *een taal radbraken*
estuaire m *estuarium; brede riviermond*
estudiantin BNW *studenten-*
esturgeon m *steur* ‹vis›
et (*zeg:* ee) VW *en*
étable v *(vee)stal*
établi I m *werkbank* II BNW *bestaand; gevestigd*
établir I OV WW • *vestigen; tot stand brengen; instellen; installeren* • *opstellen* • *vaststellen* • VERO. *(een positie) bezorgen* ★ ~ un camp *een kamp opslaan* ★ ~ un compte *een rekening opmaken* ★ ~ un fait *een feit vaststellen* ★ ~ le dialogue *een dialoog aangaan* ★ ~ les fondements *de grondslagen leggen* ★ ~ un juge *een rechter aanstellen* ★ une réputation établie *een gevestigde reputatie* ★ il est établi que *het staat vast dat* II WKD WW (**s'~**) • *zich vestigen* • *zich opwerpen als* • FIG. *vaste voet krijgen* ★ s'~ au coin du feu *bij de haard gaan zitten*
établissement m • *instelling; vestiging* • *instelling; etablissement; inrichting; gebouw* • *opstelling* • *vaststelling* • VERO. *(het) bezorgen v.e. positie; (het) uithuwelijken* • *nederzetting; kolonie* ★ l'~ d'un compte *het opmaken v.e. rekening* ★ l'~ d'un fait *het vaststellen v.e. feit* ★ ~ de bains *badinrichting* ★ ~ de crédit *kredietinstelling*
étage m • *verdieping; etage* • FIG. *trap; laag; niveau* ★ au premier ~ *op de eerste verdieping* ★ gens de bas ~ *mensen van lage stand* ★ fusée à deux ~s *tweetrapsraket*
étagement m *trapsgewijze plaatsing/ligging*
étager I OV WW *trapsgewijs plaatsen* II WKD WW (**s'~**) *trapsgewijs oplopen*
étagère v • *etagère; (wand)rek* • *legplank; boekenplank*
étai m • *steun* • OOK FIG. *stut* • SCHEEPV. *stag*
étaiement m → **étayage**
étain m *tin*
étais WW (imparf.) → **être**
était WW (imparf.) → **être**
étal m [mv: **étals**] • *uitstaltafel* ‹op markt›; *kraam* • *vleesbank*
étalage m • *uitstalling* • *tentoonspreiding; (het) pronken; vertoon* ★ faire ~ de sa richesse *pronken met zijn rijkdom*
étalagiste m/v *etaleur*
étale I m *dood tij* II BNW *stil; onbeweeglijk* ★ mer ~ *stille zee; noch eb noch vloed* ★ navire ~ *stilliggend schip* ★ vent ~ *gelijkmatige wind*
étalement m • *(het) uitstallen; tentoonspreiding* • *(het) (uit)spreiden; (het) uitsmeren* ★ l'~ des vacances *de vakantiespreiding*
étaler I OV WW • *uitstallen; tentoonspreiden; etaleren* • *pronken met; te koop lopen met* • *(uit)spreiden; uitsmeren* (**sur** *over*) • INF. *vloeren* ★ ~ son jeu *zijn kaarten openleggen* II WKD WW (**s'~**) • *zich uitspreiden; zich uitstrekken* (**sur** *op, over*) • *zich (opzichtig) vertonen* • INF. *vallen* • INF. *zich breed maken* ★ s'~ sur l'herbe *languit in het gras gaan liggen*
étalon I m • *hengst; dekhengst* • OOK FIG. *standaard; ijkmaat; etalon* ★ ~-or *gouden standaard* II BNW • *standaard-* • *dek-; fok-* ★ mètre ~ *standaardmeter* ★ taureau ~ *dekstier*
étalonnage m *ijking*
étalonner OV WW *ijken*
étambot m *achtersteven*
étamer OV WW *vertinnen*
étamine v • *meeldraad* • *zeefdoek* • *stamijn* ‹wollen weefsel› ★ filet de l'~ *helmdraad* ★ passer à l'~ *op de keper beschouwen*
étanche BNW *waterdicht; lekdicht* ★ ~ au gaz *gasdicht*
étanchéité v *waterdichtheid*
étancher OV WW • *stelpen; droogleggen* ‹v. bron›; *afdichten* ‹v. lek› • *lessen* ‹v. dorst› • *waterdicht maken*
étançon m *stut; schoor*
étançonner OV WW *stutten; schoren*
étang m *vijver; meertje; plas*
étant WW (teg. deelw.) → **être**

étape v • *rustplaats; pleisterplaats* • *etappe; dagmars; afstand tussen twee rustplaatsen* • *fase* ★ brûler les ~s FIG. *doorhollen; (te) hard van stapel lopen* ★ par ~s *stapsgewijs* ★ faire ~ à *op doorreis verblijven in*

état m • *toestand; staat* • *stand; status; beroep* • *staat; lijst* ★ état de choses *toestand* ★ tenir en bon état *onderhouden* ★ faire état de qc *iets vermelden/aanvoeren; rekening houden met iets* ★ en tout état de cause *in ieder geval* ★ hors d'état de *niet in staat te* ★ état de nature *natuurstaat* ★ en état de *in staat te* ★ état d'âme *gemoedstoestand; (nukkige) stemming* ★ état civil *burgerlijke stand; burgerlijke staat* ★ état militaire *militaire stand* ★ le tiers état *de derde stand* ★ tenir un grand état *op grote voet leven* ★ état de service(s) *staat van dienst* ★ état d'esprit *geestesgesteldheid* ★ à l'état liquide *in vloeibare toestand* ★ être dans tous ses états *in alle staten zijn* ★ être dans un état second *versuft zijn* ★ remettre en état *repareren* ★ état de(s) lieux *inventarisatie* ‹v.e. te ontruimen huurwoning› ★ laisser en l'état *bij het oude laten* ★ sans état d'âme *zonder scrupules; ijskoud* ★ en état *in goede staat; goed werkend* ★ ... de son état ... *van beroep*

État m *staat* ‹land› ★ États-Généraux *Staten-Generaal* ★ chef d'État *staatshoofd* ★ coup d'État *staatsgreep* ★ homme d'État *staatsman* ★ État de droit *rechtsstaat* ★ États de l'Église *Kerkelijke Staat* ★ État(-)membre *lidstaat* ★ État-tampon *bufferstaat* ★ État(-)providence *verzorgingsstaat; welvaartsstaat*

étatique BNW *staats-*

étatiser OV WW *onder staatsbeheer plaatsen*

étatisme m *staatsbemoeienis; etatisme*

état-major m [mv: **états-majors**] • *staf* ‹leiding› • *hoofdkwartier*

États-Unis m mv *Verenigde Staten*

étau m [mv: **étaux**] *bankschroef* ★ être pris/serré comme dans un étau *in de klem zitten*

étayage m [**étaiement**] *(het) schoren; (het) stutten;* OOK FIG. *ondersteuning*

étayer I OV WW • *stutten; schoren* • FIG. *ondersteunen; adstrueren* (**de** *met*) II WKD WW (**s'~ sur**) *steunen op; zich baseren op*

etc. AFK (et c(a)etera) *etc., enz.*

été I m *zomer* ★ en été *'s zomers* ★ été de la Saint-Martin *zomerse herfstdagen* ★ été indien *Indian summer; warme nazomer* II WW (volt. deelw.) → **être**

éteignoir m • *domper* • INF. *spelbreker; zuurpruim; nurks*

éteindre I OV WW • *uitdoven;* OOK FIG. *blussen* • *uitdoen* ‹v. licht›; *afzetten* ‹v. toestel› • *tenietdoen; delgen* ★ ~ le feu *het vuur blussen* ★ ~ la chaux *kalk blussen* ★ ~ une race *een ras uitroeien* ★ ~ une dette *een schuld aflossen* ★ ~ une révolte *een opstand bedwingen* ★ ~ sa soif *zijn dorst lessen* II WKD WW (**s'~**) • *uitdoven; uitgaan* • *wegsterven; verflauwen; tenietgaan* • *(uit)sterven; ontslapen*

éteint BNW • *uitgedoofd;* OOK FIG. *(uit)geblust* • *dof; mat* ★ chaux ~e *gebluste kalk* ★ couleur ~e *doffe kleur* ★ race ~e *uitgestorven ras* ★ voix ~e *doffe stem* ★ volcan ~ *uitgedoofde vulkaan*

étendard m *standaard; vaandel* ★ lever l'~ de la révolte *in opstand komen*

étendoir m • *drooglijn* • *droogplaats*

étendre I OV WW • *uitbreiden* (**à** *tot*); *vergroten* • *uitrekken; uitspreiden; uitleggen; uitstrekken* • *verdunnen; aanlengen* (**de** *met*) ★ ~ du beurre *boter uitsmeren* ★ ~ le linge *de was ophangen* ★ ~ un tapis *een kleed uitleggen* ★ ~ la vue sur *zijn blik laten gaan over* ★ INF. se faire ~ *gevloerd worden; zakken* ‹voor examen› II WKD WW (**s'~**) • *zich uitstrekken; zich uitbreiden; reiken* (**à** *tot*) • (**s'~ sur**) *uitweiden over*

étendu BNW • *uitgestrekt* • *uitgebreid; ruim* • *aangelengd*

étendue v • *uitgestrektheid; uitgebreidheid* • OOK FIG. *omvang* • *tijdsduur*

éternel BNW [v: **éternelle**] *eeuwig*

éterniser I OV WW • *eindeloos lang laten duren; eindeloos rekken* • *vereeuwigen* II WKD WW (**s'~**) • *zich onsterfelijk maken* • *eindeloos lang duren* • INF. *blijven plakken; almaar blijven; almaar doorgaan*

éternité v *eeuwigheid* ★ de toute ~ *sinds onheuglijke tijden*

éternuement m *genies*

éternuer ON WW *niezen*

êtes WW (présent) → **être**

étêter OV WW *van de kop/top ontdoen; afknotten*

éteule v *(graan)stoppel*

éther (*zeg:* eetèr) m *ether*

éthéré BNW *etherisch*

Ethiopie v *Ethiopië*

Ethiopien m [v: **Ethiopienne**] *Ethiopiër*

éthiopien BNW [v: **éthiopienne**] *Ethiopisch*

éthique I v *ethiek* II BNW *ethisch*

ethmoïde BNW ★ (os) ~ *zeefbeen*

ethnie v *etnische groep; bevolkingsgroep*

ethnique BNW • *etnisch* • GESCH. *heidens*

ethnographie v *etnografie*

ethnographique BNW *etnografisch*

ethnologie v *volkenkunde; etnologie*

ethnologique BNW *etnologisch*

ethnologue m/v *volkenkundige; etnoloog*

éthologie v *gedragsleer; ethologie*

éthyle m *ethyl*

éthylène m *ethyleen*

éthylique I m/v *alcoholist* II BNW *ethyl-; alcohol-* ★ intoxication ~ *vergiftiging door ethylalcohol*

éthylisme m *alcoholisme*

étiage m *laagste waterstand; laagwater* ‹v. rivier›

étincelant BNW *schitterend; fonkelend*

étinceler ON WW *schitteren; fonkelen*

étincelle v *vonk;* OOK FIG. *sprankje*

étincellement m *fonkeling; schittering*

étiolement m *(ver)bleking* ‹v. planten›; *verkommering*

étioler I OV WW *doen verkommeren; bleken* ‹v. planten› II WKD WW (**s'~**) *bleek worden; verkommeren*

étique BNW *(brood)mager; spichtig*

étiquetage m *etikettering*

étiqueter OV WW OOK FIG. *van een etiket voorzien*
étiquette V • OOK FIG. *etiket* • *etiquette* ★ manquer à l'~ *tegen de omgangsvormen zondigen*
étirage m *(het) uitrekken*; *(het) trekken* ‹v. draden›
étirer I OV WW *(uit)rekken*; *trekken* ‹v. draden› II WKD WW (**s'**~) OOK FIG. *zich (uit)rekken*; *rekken*
étoffe V • *stof* ‹weefsel› • *stof*; *materiaal* ‹onderwerp› • *aanleg*; *kwaliteiten* ★ avoir l'~ d'un héros *uit het heldenhout gesneden zijn* ★ avoir l'~ d'un chef *een geboren leider zijn*
étoffer I OV WW FIG. *verrijken*; *meer substantie geven aan*; *stofferen (***de** *met)* II WKD WW (**s'**~) *steviger/forser worden*
étoile V • *ster* ‹in alle betekenissen› • *bles* ‹v. paard, rund› ★ ~ du berger/du matin/du soir *Venus* ★ ~ filante *vallende ster* ★ ~ de mer *zeester* ★ ~ Polaire *Poolster* ★ guerre des ~s *ruimteoorlog*; *Star Wars* ‹ruimteschild› ★ coucher à la belle ~/à l'enseigne de l'~ *onder de blote hemel slapen* ★ être né sous une bonne ~ *onder een gelukkig gesternte geboren zijn*
étoilé BNW • *met sterren (bezaaid)* • *stervormig* ‹gebarsten›
étole V *stola*
étonnamment BIJW → **étonnant**
étonnant BNW • *verwonderlijk* • *verbazend*; *opmerkelijk*
étonné BNW *verbaasd*; *verwonderd (***de, par** *over)*
étonnement m *verwondering*; *verbazing*
étonner I OV WW *verwonderen*; *verbazen* II WKD WW (**s'**~) *zich verwonderen (***de** *over)*; *zich verbazen* ★ s'~ que [+ subj.] *verbaasd zijn dat*; *zich (erover) verbazen dat*
étouffant BNW • *verstikkend*; *benauwd*; *drukkend* • FIG. *benauwend*
étouffée DEEL V. SAMENST ★ à l'~ *gestoofd*
étouffement m • *benauwdheid* • *verstikking* • *onderdrukking*; *demping* ★ l'~ d'un scandale *het in de doofpot stoppen van een schandaal*
étouffer I OV WW • *verstikken*; *doen stikken* • *benauwen* • *smoren*; FIG. *onderdrukken*; *dempen* ‹v. geluid› ★ ~ une révolte *een opstand onderdrukken* ★ ~ la voix *de stem dempen* ★ ~ un scandale *een schandaal in de doofpot stoppen* ★ ~ dans l'œuf *in de kiem smoren* II ON WW OOK FIG. *stikken* ★ on étouffe ici *het is hier om te stikken* III WKD WW (**s'**~) • *stikken* • *elkaar verdringen*
étouffoir m • *doofpot* • *demper* ‹v. piano› • *benauwde ruimte*; FIG. *oven*
étoupe V *uitgeplozen touwwerk*; *werk*; *pluis*
étourderie V • *onbezonnenheid*; *lichtzinnigheid* • *onbezonnen daad*
étourdi I m [v: **étourdie**] *warhoofd*; *onbezonnen persoon* II BNW *onbezonnen*; *lichtzinnig* ★ à l'~e *onbezonnen*; *lichtzinnig*
étourdir I OV WW • *(half) verdoven*; *versuffen*; *doen duizelen* • *enigszins stillen* ‹v. pijn, honger› II WKD WW (**s'**~) • *bedwelmd/(half) verdoofd raken (***de** *van)* • *vergetelheid zoeken (***dans** *in)*
étourdissant BNW • *oorverdovend* • *overweldigend*; *verbluffend*
étourdissement m *duizeligheid*; *duizeling*; *versuftheid*; *roes*
étourneau m [mv: **étourneaux**] • *spreeuw* • VERO. *onbezonnen iemand*
étrange BNW *vreemd*; *eigenaardig*; *zonderling*
étranger I m *buitenland* II m [v: **étrangère**] *buitenlander*; *vreemdeling* III BNW • *vreemd*; *buitenlands* • (~ **à**) *vreemd aan*; *niet eigen aan*; *niet betrokken bij*; *niet vertrouwd met*
étrangeté V *vreemdheid*; *zonderlingheid*; *eigenaardigheid*
étranglement m • *vernauwing* • MED. *beklemming* • *wurging* • FIG. *versmoring*; *onderdrukking*
étrangler I OV WW • *wurgen* • FIG. *smoren*; *onderdrukken* • *vernauwen*; *beklemmen* ★ voix étranglée *verstikte stem* II ON WW *stikken* ★ ~ de soif *versmachten van dorst* III WKD WW (**s'**~) • *stikken* • *nauwer worden*
étrangleur I m *chokeklep* ‹v. carburateur› II m [v: **étrangleuse**] *wurger*
étrave V *voorsteven*; *boeg*
être I m • *wezen*; *schepsel*; *individu* • *wezen*; *essentie* • *wezen*; *(het) zijn*; *(het) bestaan* ★ l'Etre suprême *het Opperwezen* II ON WW *zijn* ★ cela ne sera pas *dat zal niet gebeuren* ★ c'est cela *dat is juist* ★ c'est que *dat komt doordat* ★ n'est-ce pas? *nietwaar?* ★ être dix *met zijn tienen zijn* ★ le temps n'est plus que *de tijd is voorbij dat* ★ est-ce que tu veux? *wil je?* ★ c'est bien (de) lui *dat is net iets voor hem* ★ c'est à vérifier *dat moet nagegaan worden* ★ (si ce) n'était *ware er niet*; *zonder* ★ il est médecin *hij is arts* ★ il est malade *hij is ziek* ★ être à l'agonie *op sterven liggen* ★ être de la partie *van de partij zijn* ★ il est de mes amis *hij behoort tot mijn vrienden* ★ FORM. il est des gens qui *er zijn mensen die* ★ il n'en est rien *er is niets van waar* ★ nous sommes lundi *het is maandag* ★ le prix est de dix francs *de prijs bedraagt tien frank* ★ il est à craindre *het is te vrezen* ★ c'est à lui de parler *het is zijn beurt om te spreken* ★ où en sommes-nous? *waar zijn wij gebleven?*; *hoe staan we ervoor?* ★ je suis (tout) à vous *ik ben (geheel) tot uw dienst* ★ vous y êtes *u hebt het geraden* ★ je n'y suis pour rien *ik heb er part noch deel aan*; *het is mijn schuld niet* ★ j'en suis pour mon argent *ik ben mijn geld kwijt* III HWW / v.d. lijdende vorm, v. tijd / • *worden* • *zijn*; *hebben* ★ il était surpris par l'orage *hij werd verrast door het onweer* ★ il est resté *hij is gebleven* ★ il s'est lavé *hij heeft zich gewassen* ★ j'ai été le voir *ik heb hem opgezocht* ★ sois prudent! *wees voorzichtig!*
étreindre OV WW • *omarmen*; *omknellen* • *samentrekken*; *vaster aanhalen* • FIG. *beklemmen*; *bedrukken*; *aangrijpen*
étreinte m • *omarming*; *omsingeling*; *omknelling* • *greep*; OOK FIG. *druk*
étrenner I OV WW *voor het eerst gebruiken* ★ ~ un costume *een kostuum inwijden* II ON WW *de spits afbijten*; *het als eerste moeten*

ontgelden
étrennes v mv *nieuwjaarsgeschenk; nieuwjaarsgratificatie, -fooi* ★ avoir l'étrenne de qc *de eerste zijn die iets gebruikt; de primeur van iets hebben*
étrier m • *beugel* • OOK ANAT. *stijgbeugel* ★ coup de l'~ *glaasje op de valreep; afzakkertje* ★ courir à franc ~ *het paard de vrije teugel laten* ★ avoir le pied à l'~ FIG. *de voet in de stijgbeugel hebben* ★ vider les ~s *zandruiter worden* ★ tenir l'~ à qn FIG. *iem. in het zadel helpen*
étrille v *roskam*
étriller OV WW OOK FIG. *roskammen*
étriper OV WW • *van de ingewanden ontdoen* • OOK FIG. INF. *over de kling jagen; afmaken; afslachten*
étriqué BNW *krap;* OOK FIG. *benepen*
étriquer OV WW *nauwer/te nauw maken*
étrivière v *stijgbeugelriem*
étroit BNW • OOK FIG. *nauw; eng; smal* • OOK FIG. *bekrompen; benepen* ★ amitié ~e *nauwe/ innige vriendschap* ★ discipline ~e *strenge tucht* ★ idées ~es *bekrompen ideeën* ★ sens ~ *strikte zin* ★ être logé à l'~ *klein behuisd zijn* ★ vivre à l'~ *het krap hebben*
étroitesse v • *nauwheid; smalheid* • OOK FIG. *bekrompenheid*
étron m *drol*
étude I v • *studie; bestudering* • MUZ. *etude* • *studiezaal* • *kantoor* ‹v. notaris, advocaat› ★ homme sans ~ *onontwikkeld man* ★ ~ du marché *marktonderzoek* ★ à l'~ *in studie; in onderzoek; in behandeling* II v mv *opleiding; studie* ★ faire ses ~s *studeren* ★ maître d'~s *surveillant* ‹op school›
étudiant m [v: **étudiante**] *student* ★ ~ en médecine *student medicijnen*
étudié BNW *weloverwogen;* OOK FIG. *bestudeerd*
étudier I OV WW • *studeren; instuderen* • *bestuderen; onderzoeken; bekijken* II ON WW *studeren*
étui m *etui; koker; foedraal; doos*
étuve v • *zweetbad* • *droogoven; autoclaaf* ★ quelle ~! *het lijkt hier wel een broeikas!*
étuvée v *gestoofd gerecht* ★ à l'~ *gestoofd*
étuver OV WW • *stoven* • *in een droogoven zetten* • *uitstomen*
étuveur m *droogtoestel; droogoven*
étymologie v *etymologie*
étymologique BNW *etymologisch*
étymologiste m/v *etymoloog*
eu (*zeg:* uu) WW (volt. deelw.) → **avoir**
E.-U. AFK (États-Unis) *VS*
eucalyptus (*zeg:* -tuus) m *eucalyptus*
eucharistie (*zeg:* euka-) v *eucharistie*
euclidien BNW [v: **euclidienne**] *euclidisch*
eugénique I v *eugenese* II BNW *eugenetisch*
euh TW *hm; eh*
eunuque m • *eunuch* • *castraat*
euphémique BNW *eufemistisch*
euphémisme m *eufemisme*
euphonie v *welluidendheid; eufonie*
euphonique BNW *eufonisch; welluidend*
euphorbe v *wolfsmelk*
euphorie v *euforie; opgetogenheid; opgewektheid*
euphorique BNW *euforisch*
euphorisant I m *antidepressivum; euforisant* II BNW *euforiserend; vrolijkstemmend*
eurasien m [v: **eurasienne**] *Euraziër*
euro m *euro*
eurocrate m/v *eurocraat*
eurodéputé m [v: **eurodéputée**] *europarlementariër*
eurodollar m *eurodollar*
euroland(e) m INF. *euroland; eurozone*
euromarché m *Europese markt; euromarkt*
Europe v *Europa*
européaniser OV WW *een Europees karakter geven; europeaniseren*
européen BNW [v: **européenne**] *Europees* ★ les ~nes *de Europese verkiezingen*
Européen m [v: **Européenne**] *Europeaan*
eurotunnel m *Eurotunnel*
Eurovision v *Eurovisie*
eus (*zeg:* uu) WW (passé simple) → **avoir**
eut (*zeg:* uu) WW (passé simple) → **avoir**
eût (*zeg:* uu) WW (imparf. du subj.) → **avoir**
euthanasie v *euthanasie*
eux (*zeg:* eu) PERS VNW • *zij* ‹met nadruk› • *hen* ‹na voorzetsel› ★ ils ne l'ont pas fait, eux! *zíj hebben het niet gedaan!* ★ je suis sorti avec eux *ik ben met hen uitgeweest* ★ ils le disent eux-mêmes *ze zeggen het zelf*
e.v. AFK (en ville) *alhier* ‹op brief›
évacuation v • *lozing* ‹ook uit het lichaam› • *ontruiming* • *evacuatie*
évacuer OV WW • OOK FIG. *lozen; spuien; uitscheiden* • *ontruimen* • *evacueren*
évadé I m [v: **évadée**] *ontsnapte* II BNW *ontsnapt*
évader WKD WW (**s'**~) • *ontsnappen (***de** *uit)*; *ontvluchten* • *de sleur/werkelijkheid ontvluchten; er tussenuit gaan*
évaluable BNW *te schatten*
évaluation v *schatting; raming; taxatie; waardering*
évaluer OV WW *schatten (***à** *op); begroten; ramen; taxeren; waarderen*
évanescent BNW • *geleidelijk verdwijnend; vervliegend; vervagend* • FIG. *ondefinieerbaar*
évangélique BNW • *evangelisch* • *protestants*
évangélisateur [v: **évangélisatrice**] I m *evangelieprediker; zendeling* II BNW *evangeliserend*
évangélisation v *evangelieprediking; evangelisatie*
évangéliser OV WW *het evangelie verkondigen aan; evangeliseren*
évangéliste m *evangelist*
évangile m *evangelie* ★ parole d'~ *zekere waarheid*
évanouir WKD WW (**s'**~) • *(spoorloos) verdwijnen; in rook vervliegen* • *flauwvallen*
évanouissement m • *verdwijning* • *(het) flauwvallen; bezwijming*
évaporateur m *verdamper*
évaporation v *verdamping*
évaporé BNW *lichtzinnig; wuft*
évaporer WKD WW (**s'**~) • *verdampen* • FIG. *vervliegen* • INF. *(opeens/zomaar) verdwijnen*
évasé BNW *wijd uitlopend; met wijde opening*
évasement m *verwijding*

E

évaser I OV WW *verwijden; wijd doen uitlopen* **II** WKD WW (**s'**~) *wijd uitlopen; zich verwijden*
évasif BNW [v: **évasive**] • *ontwijkend* ‹v. houding› • *vaag* ‹v. gebaar›
évasion v • *ontsnapping* • FIG. *vlucht; vlucht uit de sleur/werkelijkheid* • *afleiding* ★ littérature d'~ *ontspanningslectuur* ★ ~ fiscale *belastingontwijking*
évêché m • *bisdom* • *bisschoppelijke residentie*
éveil m • *(het) wakker zijn* • FIG. *(het) ontwaken* ★ en ~ *opmerkzaam; waakzaam; op zijn hoede* ★ donner l'~ à qn *iem. een wenk geven; iem. waarschuwen; iem. op zijn hoede doen zijn*

E

éveillé BNW • *wakker* • *schrander; levendig; wakker* ★ rêve ~ *dagdroom*
éveiller I OV WW • FORM. *wekken* • FIG. *(op)wekken; wakker roepen* • *bewust maken; ontvankelijk maken (**à** voor)* ★ ~ l'attention *de aandacht trekken* ★ il ne faut pas ~ le chat qui dort *men moet geen slapende honden wakker maken* **II** WKD WW (**s'**~) • OOK FIG. *ontwaken; (op)gewekt worden* • *bewust worden; ontvankelijk worden (**à** voor)*
événement m [**évènement**] *gebeurtenis; voorval; evenement*
événementiel BNW [v: **événementielle**] *louter (de) feiten weergevend*
évent m • *luchtgat; luchtkanaal* • *spuitgat* ‹v. walvissen› ★ mettre à l'~ *luchten*
éventail m • OOK FIG. *waaier* • *gevarieerde reeks; gamma (van mogelijkheden); assortiment* ★ en ~ *waaiervormig*
éventaire m *stalletje; tafel/draagmand (enz.) met koopwaar*
éventé BNW • *verschaald* • *in de wind; winderig*
éventer I OV WW • *koelte toewaaien aan* • *luchten* • *blootleggen* • *de lucht krijgen van; bespeuren* **II** WKD WW (**s'**~) • *zich koelte toewaaien* • *verschalen; zijn geur verliezen*
éventrer I OV WW • *de buik openrijten van* • *openbreken; met geweld openen* **II** WKD WW (**s'**~) *zich de buik openrijten; harakiri plegen*
éventualité v *eventualiteit; mogelijkheid* ★ dans l'~ de *in het geval van*
éventuel I m *(het) mogelijke* **II** BNW [v: **éventuelle**] *mogelijk; eventueel*
évêque m *bisschop*
évertuer WKD WW (**s'**~ **à**) *zijn best doen om; zich inspannen om*
éviction v • *verdringing (**de** uit)* ‹een positie›; *verwijdering; uitsluiting; (het) wegwerken* • JUR. *uitwinning*
évidage m [**évidement**] *uitholling; openwerking*
évidemment BIJW • *natuurlijk; vanzelfsprekend* • *klaarblijkelijk*
évidence v *duidelijkheid; zekerheid; klaarblijkelijkheid; vanzelfsprekendheid; evidentie* ★ à l'~ *vanzelfsprekend* ★ de toute ~ *vanzelfsprekend* ★ mettre en ~ *op de voorgrond plaatsen; duidelijk laten uitkomen* ★ se rendre à l'~ *de feiten onder ogen zien; zich erbij neerleggen*
évident BNW *duidelijk; vanzelfsprekend; klaarblijkelijk; evident* ★ INF. ce n'est pas ~ *dat is niet zo eenvoudig*
évider OV WW *uithollen; openwerken*
évier m *gootsteen; aanrecht*
évincer OV WW • *verdringen (**de** uit)* ‹een positie›; *wegwerken; uitsluiten* • JUR. *uitwinnen*
évitable BNW *te vermijden*
évitage m SCHEEPV. *zwaai*
évitement m *uitwijking* ★ voie d'~ *zijspoor*
éviter OV WW *(ver)mijden; ontwijken* ★ évitez qu'il ne te voie *zorg ervoor dat hij je niet ziet* ★ ~ qc à qn *iem. iets besparen*
évocateur BNW [v: **évocatrice**] *oproepend* ‹geesten, beelden, gevoelens›; *evocatief; suggestief; bezwerings-* ★ style ~ *beeldende stijl*
évocation v • *(het) oproepen* ‹v. geesten, beelden, gevoelens›; *evocatie* • *herinnering (**de** aan)*
évoluer ON WW • *manoeuvreren; zwenkingen uitvoeren; (rond)draaien* • *zich (geleidelijk) ontwikkelen; evolueren* • *zich (in bepaalde kringen) bewegen* ★ pays évolué *hoog ontwikkeld land*
évolutif BNW [v: **évolutive**] • *zich (geleidelijk) ontwikkelend; ontwikkelings-; evolutie-; veranderend* • *met (toekomst)mogelijkheden* ‹v. baan› • *voortschrijdend* ‹v. ziekte›
évolution v • *(geleidelijke) ontwikkeling; evolutie* • *manoeuvre; zwenking; draaiing* • *verloop* ‹v. ziekte›
évolutionnisme m *evolutieleer*
évolutionniste m/v *aanhanger van de evolutieleer*
évoquer OV WW • *oproepen* ‹v. geesten, beelden, gevoelens›; *evoqueren* • *gewag maken van; vermelden; aanroeren*
ex- VOORV *ex-; oud-; voormalig*
ex. AFK (exemple) *voorbeeld*
ex m/v *ex*
exacerbation v *verergering;* FIG. *verscherping*
exacerber OV WW *verergeren;* FIG. *verscherpen*
exact (*zeg:* egza(kt) met harde g) BNW • *juist; nauwkeurig; precies; exact* • *stipt (op tijd)* ★ l'heure ~e *de juiste tijd* ★ les sciences ~es *de exacte wetenschappen*
exaction v *afpersing; knevelarij* ★ les ~s d'un régime *de wandaden van een bewind*
exactitude v • *nauwkeurigheid; juistheid; precisie* • *stiptheid; punctualiteit*
exagération v *overdrijving*
exagéré BNW • *overdreven* • *bovenmatig; overtrokken*
exagérer I OV WW *overdrijven* **II** WKD WW (**s'**~) *overschatten* ‹v.e. zaak›
exaltation v • *(opgewonden) opgetogenheid; exaltatie* • *(geest)vervoering; (ziels)verrukking* • *verheerlijking*
exalté I m [v: **exaltée**] *heethoofd; opgewonden persoon; fanaticus* **II** BNW *geëxalteerd; (ziekelijk) opgewonden; in vervoering*
exalter I OV WW • *in vervoering brengen; verrukken* • *geestdriftig maken; opwinden* • *verheerlijken; hemelhoog prijzen* • *intenser maken* **II** WKD WW (**s'**~) *in geestdrift raken*
examen (*zeg:* -me(n)) m • *onderzoek* • *examen* ★ ~ d'entrée/d'admission *toelatingsexamen*

★ ~ de sortie *afsluitend examen* ★ esprit d'~ *onderzoekende/kritische geest* ★ JUR. mise en ~ (de qn) *instelling v.e. (gerechtelijk) (voor)onderzoek (tegen iem.)* ★ être à l'~ *in onderzoek zijn* ★ être admis/reçu à un ~ *voor een examen slagen* ★ être refusé à un ~ *voor een examen zakken* ★ passer un ~ *examen doen*
examinateur m [v: **examinatrice**] *examinator*
examiner OV WW • *onderzoeken; monsteren* • VERO. *examineren*
exanthème m *huiduitslag; exantheem*
exaspérant BNW *zeer irritant; tergend; ergerlijk*
exaspération v • *verbittering; hevige ergernis* • FORM. *(het) intenser worden; verergering*
exaspérer I OV WW • *verbitteren; hevig ergeren; razend maken* • FORM. *verergeren; intenser maken* **II** WKD WW **(s'~)** • *zich hevig ergeren* • FORM. *intenser worden; verergeren*
exaucement m *verhoring; inwilliging*
exaucer OV WW *verhoren* ‹v. bede, bidder›; *inwilligen*
Exc. AFK (Excellence) *Excellentie*
excavateur m *graafmachine; excavateur*
excavation v *uitholling; holte*
excavatrice v *graafmachine*
excaver OV WW *uitgraven*
excédant BNW *zeer irritant; slopend*
excédent m *overschot; teveel; overmaat; surplus* ★ ~ démographique *bevolkingsoverschot* ★ ~ de bagages *overgewicht aan bagage; overvracht* ★ en ~ *te veel; overtollig; surplus-; met een overschot; boventallig*
excédentaire BNW *overtollig; te veel; surplus-; -overschot* ★ solde ~ *batig saldo*
excéder OV WW • *te boven/te buiten gaan; overschrijden* • *hevig irriteren; op de zenuwen werken; te veel zijn voor*
excellence v *uitmuntendheid; voortreffelijkheid* ★ par ~ *bij uitstek*
Excellence v *Excellentie*
excellent BNW *uitmuntend; uitstekend; excellent*
exceller ON WW *uitmunten (***à, dans, en** *in)*
excentré BNW *excentrisch; buiten het centrum gelegen* ‹v. wijk›
excentricité v • *excentrische ligging, uitmiddelpuntigheid; ligging ver van het centrum* • *zonderlingheid; buitenissigheid; excentriciteit*
excentrique I m/v *excentriekeling; zonderling* **II** BNW • *excentrisch* • *buiten het centrum gelegen* ‹v. wijk› • *excentriek; zonderling; buitenissig*
excepté I BNW *uitgezonderd* ★ les enfants ~s *uitgezonderd de kinderen* **II** VZ *uitgezonderd; behalve* ★ ~ les enfants *uitgezonderd de kinderen*
excepter OV WW *uitzonderen (***de** *van)*
exception v *uitzondering (***à** *op)* ★ à l'~ de/~ faite de *met uitzondering van; behalve* ★ par ~ *bij uitzondering* ★ d'~ *buitengewoon; uitzonderings-* ★ sans ~ de *zonder acht te slaan op; ongeacht* ★ faire ~ *een uitzondering vormen*
exceptionnel BNW [v: **exceptionnelle**] *uitzonderlijk; buitengewoon*
exceptionnellement BIJW • *bij wijze van uitzondering* • *buitengewoon*
excès (*zeg:* eksè) m • *overmaat; buitensporigheid; onmatigheid; overdaad* • *uitspatting; exces* ★ (jusqu')à l'~ *overmatig; uiterst; tot het uiterste* ★ ~ de pouvoir *machtsoverschrijding* ★ ~ de vitesse *snelheidsoverschrijding* ★ pousser à l'~ *overdrijven* ★ tomber dans l'~ inverse *in het andere uiterste vervallen*
excessif BNW [v: **excessive**] *overdreven; buitensporig; overmatig; excessief; uiterst*
excipient m *hoofdmassa* ‹v.e. geneesmiddel›; *vulstof; excipiens*
exciser OV WW *wegsnijden; uitsnijden*
excision v • MED. *wegsnijding; uitsnijding* • *besnijdenis*
excitabilité v *prikkelbaarheid*
excitable BNW *prikkelbaar*
excitant I m *opwekkend middel* **II** BNW • *opwindend; meeslepend* • *opwekkend; stimulerend* • *(zinnen)prikkelend*
excitateur [v: **excitatrice**] **I** m FORM. *ophitser; aanstoker* **II** BNW *opwekkend; prikkelend*
excitation v • *opwinding* • *prikkeling; opwekking* • *aansporing; aanzetting (***à** *tot)*
excité I BNW [v: **excitée**] *heethoofd; driftkop* **II** BNW *opgewonden*
exciter I OV WW • *opwinden* • *opwekken; prikkelen; stimuleren* • *aanzetten (***à** *tot); aansporen; ophitsen* ★ ~ la soif *dorst verwekken* ★ ~ un chien *een hond ophitsen* **II** WKD WW **(s'~)** *opgewonden raken (***sur** *over)*
exclamatif BNW [v: **exclamative**] TAALK. *uitroepend*
exclamation v *uitroep* ★ point d'~ *uitroepteken*
exclamer WKD WW **(s'~)** *uitroepen; het uitschreeuwen (***de** *van;* **sur** *over)*
exclu BNW • *niet inbegrepen* • *uitgesloten; buitengesloten (***de** *van)* ★ les ~s de la société *de maatschappelijk misdeelden; de randgroepen; de kansarmen* ★ jusqu'à lundi ~ *tot aan maandag; tot en met zondag*
exclure OV WW *uitsluiten; buitensluiten (***de** *van)*
exclusif BNW [v: **exclusive**] • *uitsluitend; alleen-* • *eenzijdig; compromisloos; absoluut* • *exclusief; apart* ★ ~ de *onverenigbaar met; uitsluitend* ★ vente exclusive *alleenverkoop*
exclusion v *uitsluiting; buitensluiting (***de** *van)* ★ à l'~ de *met uitsluiting van* ★ ~ sociale *maatschappelijke marginalisering* ‹v. kansarmen›
exclusive v *uitsluiting(sbesluit)*
exclusivement BIJW • *uitsluitend* • *niet inbegrepen* ★ du mois de janvier au mois de mars ~ *van januari tót maart*
exclusivité v • *exclusiviteit; exclusief recht; alleenrecht* • *exclusief verhaal; scoop* ★ en ~ *uitsluitend*
excommunication v *excommunicatie; (kerkelijke) ban*
excommunier OV WW *excommuniceren*
excrément m • *uitwerpsel* • VERO. *uitvaagsel*
excréter OV WW MED. *uitscheiden*
excrétion v • *uitscheiding* • mv *uitwerpselen*

E

excroissance V *uitwas*; *uitgroeisel*
excursion V *uitstapje*; *tochtje*; *excursie*
excursionner ON WW *een tochtje maken*
excursionniste m/v *maker v.e. plezierreisje*; *toerist*
excusable BNW *vergeeflijk*; *te verontschuldigen*
excuse V *excuus*; *verontschuldiging* ★ faire des/ses ~s *excuus vragen* ★ INF. faites ~! *neem me niet kwalijk!*
excuser **I** OV WW *verontschuldigen* ★ se faire ~ *zich laten verontschuldigen*; *bericht van verhindering sturen* ★ excusez-moi! *neem me niet kwalijk!* ★ excusez du peu! *alsof het niets was!*; *dat is niet niks!* **II** WKD WW (**s'**~) *zich verontschuldigen (***de** *voor*, **auprès de** *bij)* ★ qui s'excuse, s'accuse *wie zich verontschuldigt, geeft toe dat hij schuldig is*
exécrable BNW *verfoeilijk*; *afschuwelijk*; *walgelijk*
exécration V *aversie*; *walging*; *afschuw* ★ avoir en ~ *verfoeien*
exécrer OV WW *verafschuwen*; *verfoeien*
exécutable BNW *uitvoerbaar*
exécutant m [v: **exécutante**] • *uitvoerende*; *vertolker* • *uitvoerder*; *ondergeschikte*
exécuter **I** OV WW • *uitvoeren* ‹in alle betekenissen›; *realiseren*; *volbrengen* • *terechtstellen* • *executeren*; *gerechtelijk verkopen* • INF. *afmaken*; *afkammen* **II** WKD WW (**s'**~) *besluiten iets (onaangenaams) te doen*; *het gevraagde/vereiste doen*
exécuteur m [v: **exécutrice**] *uitvoerder* ★ ~ testamentaire *executeur-testamentair* ★ VERO. ~ des hautes œuvres *beul*
exécutif **I** m *uitvoerende macht* **II** BNW [v: **exécutive**] *uitvoerend* ★ pouvoir ~ *uitvoerende macht*
exécution V • *uitvoering* ‹in alle betekenissen› • *terechtstelling* • *gerechtelijke verkoop*; *executie* ★ ~! *over en uit!* ‹na een bevel› ★ mettre à l'~ *ten uitvoer brengen*
exécutoire BNW JUR. *uitvoerbaar*; *executoir*
exégèse V *uitlegging*; *(bijbel)tekstverklaring*; *exegese*
exégète m *tekstverklaarder*; *exegeet*
exemplaire **I** m *exemplaar* ★ en double ~ *in tweevoud* **II** BNW *als voorbeeld dienend*; *voorbeeldig*; *exemplarisch*
exemple m *voorbeeld* ★ à l'~ de *in navolging van* ★ par ~ *bij voorbeeld*; *nu nog mooier!* ★ sans ~ *ongehoord* ★ faire un ~ *een voorbeeld stellen* ★ prendre ~ sur *een voorbeeld nemen aan* ★ servir d'~ *tot voorbeeld strekken*
exempt (*zeg:* egza(n) met harde g) BNW (~ **de**) *vrij(gesteld) van*; *gevrijwaard van/voor*; *zonder*; *-loos*
exempter OV WW *vrijstellen (***de** *van)*; *ontheffen*
exemption V *vrijstelling (***de** *van)*; *ontheffing*
exercer **I** OV WW • *africhten*; *oefenen (***à** *in)* • *uitoefenen (***sur** *op)*; *beoefenen* ★ ~ le corps *het lichaam trainen* ★ ~ des recrues *rekruten drillen* ★ VERO. ~ la patience *het geduld op de proef stellen* **II** WKD WW (**s'**~) *praktiseren* ‹v. artsen, advocaten› **III** WKD WW (**s'**~) *(zich) oefenen (***à** *in)*; *trainen*
exercice m • *oefening* • *lichaamsbeweging* • *uitoefening*; *beoefening* • ECON. *boekjaar* ★ faire l'~ *exerceren* ★ prendre/faire de l'~ *beweging nemen* ★ le président en ~ *de zittende president* ★ entrer en ~ *een functie aanvaarden*
exergue m • *(ruimte voor) inscriptie* ‹op munt› • *motto*
exhalaison V *damp*; *uitwaseming*
exhalation V *uitwaseming*
exhaler **I** OV WW • *uitwasemen*; MEESTAL FIG. *uitademen* • *uiten*; *luchten* ★ ~ le dernier soupir *de laatste adem uitblazen* **II** WKD WW (**s'**~) • *zich uiten* • *uitgewasemd worden*; *zich verbreiden* ‹v. geur e.d.›
exhaussement m *ophoging*; OOK FIG. *verhoging*
exhausser OV WW *ophogen*; OOK FIG. *verhogen*
exhaustif BNW [v: **exhaustive**] *uitputtend*; *volledig*; *grondig* ★ étude exhaustive *uitputtende studie v.e. onderwerp*
exhiber **I** OV WW • *pronken met*; *tentoonspreiden* • *vertonen* **II** WKD WW (**s'**~) *zich (opzichtig) laten zien*; *vertoon maken*
exhibition V • *vertoning* • *tentoonspreiding*; *vertoon* ★ match d'~ *demonstratiewedstrijd*
exhibitionnisme m *exhibitionisme*
exhibitionniste **I** m/v *exhibitionist* **II** BNW *exhibitionistisch*
exhortation V *aansporing*; *vermaning*
exhorter OV WW *aansporen (***à** *tot, om)*; *vermanen*
exhumation V OOK FIG. *opgraving*; *(het) opdiepen*
exhumer OV WW OOK FIG. *opgraven*; *opdiepen*
exigeant BNW *veeleisend*
exigence V • *eis*; *vereiste*; *verlangen* • *veeleisendheid*
exiger OV WW *eisen (***de** *van)*; *vereisen*; *verlangen* ★ ~ que (+ subj.) *eisen dat*
exigibilité V *invorderbaarheid*
exigible BNW *opeisbaar*; *invorderbaar*
exigu BNW [v: **exiguë**] *(te) klein*; *bekrompen*; *gering*
exiguïté V *kleinheid*
exil m *ballingschap* ★ (lieu d')exil *verbanningsoord* ★ en exil *in ballingschap*
exilé m [v: **exilée**] *banneling*
exiler **I** OV WW *verbannen (***de** *uit)* **II** WKD WW (**s'**~) *in ballingschap gaan*; *uitwijken*
existant BNW • *bestaand* • *voorhanden*
existence V • *bestaan* • *leven*
existentialisme m *existentialisme*
existentialiste **I** m/v *existentialist* **II** BNW *existentialistisch*
existentiel BNW [v: **existentielle**] *existentieel*
exister ON WW • *bestaan* • *leven* ★ il existe *er is*; *er zijn*
exode V *uittocht*; *exodus* ★ ~ des cerveaux *braindrain*
exonération V *vrijstelling (***de** *van)*; *ontheffing* ‹v. belasting e.d.›
exonérer OV WW *ontheffen* ‹v. belasting e.d.›; *vrijstellen (***de** *van)*
exorbitant BNW *buitensporig*; *exorbitant*
exorbité BNW *uitpuilend* ‹v. ogen›
exorciser OV WW • *bezweren* • *uitdrijven* ‹v.d. duivel› • *de duivel bannen uit*; *exorciseren*
exorcisme m *(duivel)bezwering*;

duiveluitbanning; excorcisme
exorciste m *(duivel)bezweerder; duivelbanner*
exorde m *aanhef* ‹v.e. rede›; *inleiding* ‹v.e. werk›
exotique BNW *uitheems; exotisch*
exotisme m • *uitheemsheid* • *voorliefde voor het vreemde; exotisme*
exp. AFK (expéditeur) *afzender*
expansibilité v *uitzetbaarheid*
expansible BNW *uitzetbaar* ‹v. gassen›
expansif BNW [v: **expansive**] • *expansief; uitzettings-* • *open(hartig); mededeelzaam; uitbundig; zich vlot uitend*
expansion v • *expansie; uitzetting; uitbreiding; groei* • *(het) zich uiten* ★ ~ d'un pays *uitbreiding v.e. land* ★ ~ d'une doctrine *verbreiding v.e. doctrine*
expansionnisme m *expansiepolitiek*
expansionniste I m/v *voorstander van expansiepolitiek* II BNW *expansionistisch*
expansivité v *mededeelzaamheid; behoefte om zich te uiten*
expatriation v *(het) verlaten v.h. vaderland; (het) verdreven worden uit het vaderland*
expatrié m/v [v: **expatriée**] *uitgewekene; emigrant*
expatrier I OV WW *naar het buitenland overbrengen* ‹v. kapitaal› II WKD WW (**s'**~) *zijn vaderland verlaten; uitwijken; emigreren*
expectative v FORM. • *afwachting* • *verwachting; vooruitzicht (***de** *op)* ★ être/ rester dans l'~ *een afwachtende houding aannemen*
expectorant I m *slijmoplossend middel* II BNW *slijmoplossend*
expectoration v *(het) opgeven van slijm*
expectorer OV WW *opgeven* ‹v. slijm›; *ophoesten*
expédient I m *uitweg; (red)middel; noodoplossing; lapmiddel* ★ vivre d'~s *zijn kostje bij elkaar scharrelen* II BNW FORM. *dienstig; passend*
expédier OV WW • *verzenden; (weg)sturen* • *zich afmaken van; (snel) afhandelen* • JUR. *een afschrift afgeven van* ★ ~ qn dans l'autre monde *iem. naar de andere wereld helpen*
expéditeur [v: **expéditrice**] I m *afzender* II BNW *expeditie-; verzend-*
expéditif BNW [v: **expéditive**] *voortvarend; vlot (en afdoend)*
expédition v • *(ver)zending* • *krijgstocht; (ontdekkings)tocht; expeditie* • JUR. *afschrift* • *(het) afhandelen*
expéditionnaire I m/v • *expediënt* • *klerk* II BNW • *afschriften makend* • *expeditie-*
expérience v • *experiment; proef(neming)* • *ervaring; ondervinding* ★ sujet d'~ *proefpersoon* ★ par ~ *bij ondervinding; uit ervaring* ★ faire l'~ de qc *iets ondervinden; iets leren kennen* ★ faire des ~s sur *experimenten uitvoeren op; experimenteren met*
expérimental BNW [m mv: **expérimentaux**] *proefondervindelijk; experimenteel; proef-* ★ sciences ~es *empirische wetenschappen* ★ à titre ~ *bij wijze van proef*
expérimentateur m [v: **expérimentatrice**] *proefnemer*
expérimentation v *proefneming; (het) experimenteren*
expérimenté BNW *ervaren (***en, dans** *in)*
expérimenter I OV WW • *ondervinden* • *beproeven; proeven nemen met* II ON WW *experimenteren*
expert (*zeg:* ekspèr) I m [v: **experte**] *deskundige; expert* ★ ~(-)comptable *accountant* II BNW *bedreven (***dans, en** *in); deskundig* ★ ~ en la matière *ter zake kundig*
expertise v • *deskundig onderzoek; expertise(rapport)* • *taxatie* • *deskundigheid*
expertiser OV WW • *deskundig onderzoeken; aan een expertise onderwerpen* • *taxeren*
expiation v *boete(doening)* ★ l'~ suprême *de doodstraf* ★ Fête de l'Expiation *Grote Verzoendag* ‹Jom Kippoer›
expiatoire BNW REL. *verzoenend; boetend* ★ victime ~ *zoenoffer* ★ mort ~ *zoendood* ‹v. Christus›
expier OV WW REL. *verzoenen; boeten voor*
expiration v • *uitademing* • *vervaltijd; einde v.e. termijn* ★ venir à ~ *aflopen; verlopen; ongeldig worden*
expirer I OV WW *uitademen* II ON WW • *uitademen* • FORM. *sterven; de laatste adem uitblazen* • *aflopen* ‹v.e. termijn›; *vervallen; verlopen; ongeldig worden* • *wegsterven*
explétif I m *expletief* II BNW [v: **explétive**] *expletief*
explicable BNW *verklaarbaar*
explicatif BNW [v: **explicative**] *verklarend; toelichtend*
explication v • *verklaring; uitleg(ging)* • *woordenwisseling; verhelderend gesprek* ★ demander des ~s à qn (sur qc) *iem. rekenschap/opheldering vragen (omtrent, over iets)*
explicitation v *uitdrukkelijke formulering*
explicite BNW *expliciet; duidelijk; uitdrukkelijk*
expliciter OV WW *uitdrukkelijk formuleren; expliciteren*
expliquer I OV WW • *uitleggen (***à** *aan); verklaren* • *uiteenzetten* ★ ceci explique cela *het een verklaart het ander; vandaar* II WKD WW (**s'**~) • *zich nader verklaren (***sur** *over); rekenschap geven* • *verklaard worden; te verklaren zijn* • *het uitpraten (***avec** *met); het uitvechten* • *begrijpen* ★ je ne me l'explique pas *het is mij niet duidelijk; ik begrijp dat niet*
exploit (*zeg:* eksplwà) m • *knappe prestatie* ‹ook ironisch›; *heldendaad; wapenfeit* • JUR. *exploot*
exploitable BNW *ontginbaar; bebouwbaar; exploitabel*
exploitant m [v: **exploitante**] • *ondernemer; (bioscoop)exploitant* • *landbouwer*
exploitation v • *uitbuiting* • *exploitatie; beheer; ontginning* • *(het) geëxploiteerde; exploitatie; bedrijf* ★ système d'~ *bedrijfssysteem*
exploiter OV WW • *exploiteren; beheren; ontginnen* • *uitbuiten* • *ten nutte maken; partij trekken van*
exploiteur m [v: **exploiteuse**] *uitbuiter*

explorateur m [v: **exploratrice**] *onderzoeker; ontdekkingsreiziger*
exploration v *verkenning; doorzoeking; onderzoek; exploratie* ★ voyage d'~ *ontdekkingsreis*
exploratoire BNW *verkennend; onderzoeks-*
explorer OV WW *doorzoeken; afzoeken; verkennen; exploreren*
exploser ON WW • *exploderen; ontploffen* • FIG. *uitbarsten (**en in**)* • *explosief groeien/stijgen*
explosible BNW *ontplofbaar*
E
explosif I m *springstof; explosief* II BNW [v: **explosive**] OOK FIG. *explosief; ontploffend; ontplofbaar*
explosion v • *ontploffing;* OOK FIG. *explosie* • FIG. *uitbarsting* ★ faire ~ *ontploffen* ★ ~ de colère *uitbarsting v. woede*
exponentiel BNW [v: **exponentielle**] *exponentieel*
exportable BNW *exporteerbaar*
exportateur [v: **exportatrice**] I m *exporteur* II BNW *exporterend; export-*
exportation v *export; uitvoer*
exporter OV WW *exporteren; uitvoeren*
exposant I m WISK. *exponent* II m [v: **exposante**] *exposant*
exposé m *uiteenzetting; verslag; exposé*
exposer I OV WW • *tentoonstellen; uitstallen; vertonen; exposeren* • *blootstellen (**à** aan); in gevaar brengen* • *uiteenzetten* • *te vondeling leggen* • FOT. *belichten* ★ maison exposée au midi *huis dat op het zuiden ligt* ★ ~ ses idées *zijn ideeën uiteenzetten* ★ ~ sa vie *zijn leven in de waagschaal stellen* II WKD WW (**s'**~) *zich blootstellen (**à** aan); gevaar lopen; zich blootgeven*
exposition v • *uiteenzetting* • *tentoonstelling; uitstalling; expositie* • FOTO. *belichting* • *ligging* ‹t.o.v. de zon› • *blootstelling (**à** aan)* • *(het) te vondeling leggen* ★ ~ au midi *ligging op het zuiden* ★ l'~ à l'air *het luchten* ★ l'~ d'un tableau *de plaatsing v.e. schilderij ten opzichte v.h. licht* ★ ~ universelle *wereldtentoonstelling* ★ GESCH. l'~ d'un criminel *het aan de kaak stellen v.e. misdadiger* ★ temps d'~ *belichtingstijd*
exprès (*zeg:* -près (bnw/zn), -prè (bijw)) I m *expresbrief; spoedbestelling* II BNW [v: **expresse**] • *expres-; spoed-* • VERO. *uitdrukkelijk* ★ lettre ~ *expresbrief* ★ comme par un fait ~ *uitgerekend (toen)* III BIJW *opzettelijk; expres; speciaal*
express I m • *sneltrein* • *espresso* II BNW *snel-; haastig* ★ train ~ *sneltrein* ★ café ~ *espresso*
expressément BIJW • *uitdrukkelijk* • *expres; speciaal*
expressif BNW [v: **expressive**] *expressief; vol uitdrukking; veelbetekenend*
expression v • *uitdrukking; uiting* • *uitdrukking; zegswijze* • *uitdrukking(skracht); expressie* ★ liberté d'~ *vrijheid van meningsuiting* ★ ~ algébrique *algebraïsche formule* ★ d'~ française *Franssprekend* ★ ~ toute faite *staande uitdrukking* ★ au-delà de toute ~ *onuitsprekelijk* ★ réduire à sa plus simple ~ *tot de eenvoudigste vorm herleiden*
expressionnisme m *expressionisme*
expressionniste I m/v *expressionist* II BNW *expressionistisch*
expressivité v *expressiviteit*
exprimable BNW *uit te drukken*
exprimer I OV WW *uitdrukken; uiten* II WKD WW (**s'**~) *zich uitdrukken; zich uiten*
expropriation v *onteigening*
exproprier OV WW *onteigenen*
expulser OV WW *uitdrijven (**de** uit); (het huis/land) uitzetten; uitwijzen; eruit zetten*
expulsion v *uitdrijving; uitzetting; uitwijzing;* SPORT *(het) van het veld sturen*
expurger OV WW *zuiveren; censureren; kuisen*
exquis (*zeg:* ekskie) BNW *uitgelezen; verfijnd; puik; heerlijk; exquis* ★ douleur ~e *felle plaatselijke pijn*
exsangue BNW OOK FIG. *bloedeloos; bloedarm*
exsudation v *uitzweting*
exsuder OV WW *uitzweten*
extase v *extase; (geest)vervoering; opgetogenheid*
extasier WKD WW (**s'**~) *in vervoering raken; opgetogen zijn (**devant**, **sur** over)*
extatique BNW *extatisch*
extenseur I m • *rektoestel; expander* • *strekspier* II BNW ★ muscle ~ *strekspier*
extensibilité v *rekbaarheid*
extensible BNW OOK FIG. *rekbaar*
extensif BNW [v: **extensive**] *uitbreidend; extensief*
extension v • *uitbreiding; uitzetting; verruiming* • *uitrekking; (het) uitstrekken* • FIG. *omvang* ★ prendre de l'~ *zich uitbreiden* ★ par ~ *in ruimere betekenis; bij uitbreiding*
exténuation v *afmatting; uitputting*
exténuer I OV WW *afmatten; uitputten* II WKD WW (**s'**~) *zich afmatten (**à** [+ inf.] met); (iets) uitentreuren doen*
extérieur I m • *buitenkant; (het) uitwendige* • *buitenwereld* • *buitenland* ★ à l'~ (de) *buiten* ★ de l'~ *van buiten(af)* ★ match à l'~ *uitwedstrijd* ★ les ~s d'un film *de buitenopnamen voor een film* II BNW • *uitwendig; uiterlijk; van buiten; buiten-* • *buitenlands* ★ commerce ~ *buitenlandse handel* ★ ~ à *buiten*
extérieurement BIJW • *uitwendig; (van) buiten* • *uiterlijk; ogenschijnlijk*
extériorisation v *uiting* ‹v. gevoelens›
extérioriser I OV WW *uiten; naar buiten brengen* ‹v. gevoelens› II WKD WW (**s'**~) *zich uiten; zijn gevoelens tonen*
extériorité v *uitwendigheid*
exterminateur [v: **exterminatrice**] I BNW *verdelger* II BNW *verdelgend* ★ l'ange ~ *de engel des verderfs*
extermination v *verdelging; uitroeiing* ★ guerre d'~ *vernietigingsoorlog*
exterminer OV WW *uitroeien; vernietigen; verdelgen*
externat m • *externaat* • *coassistentschap*
externe I m/v • *externe leerling* • *coassistent* II BNW *uitwendig; buiten-* ★ angle ~ *buitenhoek* ★ influence ~ *invloed van buiten*
exterritorialité v *exterritorialiteit*

extincteur I m *brandblusapparaat* ★ ~ à mousse *schuimblusser* II BNW [v: **extinctrice**] *blussend; blus-*
extinction v • *blussing; uitdoving* • *uitsterving; teloorgang* • *delging* ★ en voie d'~ *uitstervend* ★ avoir une ~ de voix *zijn stem kwijt zijn* ★ sonner l'~ des feux *de taptoe blazen*
extirpation v • *uitroeiing; verdelging* • MED. *wegneming*
extirper OV WW • *uitroeien; verdelgen* • *weghalen (***de** *uit)* • *ontlokken (***à** *aan)*
extorquer OV WW *afdwingen; afpersen; aftroggelen (***à** *van)*
extorsion v *afpersing*
extra I m • *extraatje; iets extra's* • *tijdelijke hulpkracht* • *bijverdienste* II BNW *buitengewoon (goed); prima; geweldig* ★ un vin ~ *een zeer goede wijn*
extra- VOORV • *buiten-* • *extra-; super-* ★ extra(-)fin *extra fijn; prima* ★ extraparlementaire *extraparlementair*
extrabudgétaire BNW *extrabudgetair; niet-begroot*
extraconjugal BNW [mv: **extraconjugaux**] *buitenechtelijk*
extracteur m MED. *extractietoestel*
extraction v • *(het) (uit)trekken; extractie* • *(het) delven; (het) winnen* ‹v. grondstoffen› • WISK. *worteltrekking* • VERO. *afkomst* ★ l'~ d'une dent *het trekken van een tand* ★ de basse ~ *van lage afkomst*
extrader OV WW JUR. *uitleveren*
extradition v JUR. *uitlevering*
extrafin BNW *extrafijn; prima*
extrafort I m *naadband* II BNW *zeer sterk* ‹ook v. smaak›
extraire I OV WW *(uit)trekken; (weg)halen (***de** *uit); (op)delven (***de** *uit); onttrekken (***de** *aan)* ★ ~ une dent *een tand trekken* ★ WISK. ~ la racine (carrée) de *de wortel trekken uit* II WKD WW (**s'~ de**) *moeizaam komen uit*
extrait m • *fragment; uittreksel* • *aftreksel; extract*
extrajudiciaire BNW *buitengerechtelijk*
extralégal BNW [m mv: **extralégaux**] *onwettig*
extralucide BNW *helderziend*
extra-muros (*zeg:* -muuros) BIJW *buiten (de muren van) de stad*
extraordinaire I m *(het) niet-alledaagse; iets buitengewoons* ★ par ~ *tegen alle verwachting in; onwaarschijnlijkerwijs* II BNW • *buitengewoon; bijzonder; ongewoon; eigenaardig* • *opmerkelijk; geweldig* ★ ambassadeur ~ *buitengewoon gezant*
extraordinairement BIJW *tegen alle verwachting in*
extrapolation v *extrapolatie*
extrapoler ON WW *extrapoleren*
extra(-)terrestre I bnw *buitenaards wezen* II BNW *buitenaards*
extravagance v *buitensporigheid; dwaasheid; onzinnigheid; extravagantie* ★ dire des ~s *onzin vertellen*
extravagant BNW *buitensporig; onzinnig; extravagant*
extravaguer ON WW VERO./SCHERTS. *onzin praten; gekke dingen doen*
extraversion v *extraversie*
extraverti BNW *extravert*
extrême I m *uiterste* ★ à l'~ *tot het uiterste* ★ l'~ opposé *het andere uiterste* ★ passer d'un ~ à l'autre *van het ene uiterste in het andere vervallen* ★ pousser à l'~ *tot het uiterste drijven; op de spits drijven* ★ les ~s se touchent *de uitersten raken elkaar* II BNW • *extreem; bovenmatig; buitengewoon; enorm* • *uiterst* • *extreem; radicaal* ★ POL. l'~ gauche *uiterst links* ★ POL. l'~ droite *uiterst rechts* ★ douleur ~ *ontzettende pijn* ★ être ~ en tout *steeds in uitersten vervallen*
extrêmement BIJW *buitengewoon; uiterst*
extrême-onction v *laatste oliesel; ziekenzalving*
Extrême-Orient m *Verre Oosten*
extrême-oriental BNW [m mv: **extrême-orientaux**] *in/uit het Verre Oosten*
extrémisme m *extremisme*
extrémiste I m/v *extremist* II BNW *extremistisch*
extrémité v • *(uit)einde; uiterste* • *extremiteit; extreme daad* ★ les ~s *de extremiteiten; handen en voeten; de ledematen* ★ être à la dernière ~ *op sterven liggen* ★ pousser à l'~ *tot het uiterste drijven* ★ en arriver aux pires ~s *overgaan tot het grofste geweld/de ergste wandaden*
extrinsèque BNW *uitwendig; extrinsiek*
extroverti BNW → **extraverti**
exubérance v • *overvloed; weelderigheid; exuberantie* • *uitbundigheid*
exubérant BNW • *overvloedig; weelderig; exuberant* • *uitbundig; opgewonden*
exultation v *gejuich; jubel; grote blijdschap*
exulter ON WW *jubelen (***de** *om, over)*
exutoire m FIG. *uitlaatklep*
ex-voto m (onver.) *ex-voto*
eye-liner m [mv: **eye-liners**] *eye-liner*

F

f m *letter f*

F AFK (franc) *frank* ★ F2, F3 (enz.) *tweekamer-, driekamerflat (enz.)*

fa m MUZ. *fa; f*

fable v • OOK FIG. *fabel(tje)* • *voorwerp van spot*

fabliau m [mv: **fabliaux**] *Frans volksverhaaltje in verzen* ‹13e/14e eeuw›

fablier m *fabelboek*

fabricant m [v: **fabricante**] *fabrikant*

fabricateur PEJ. m [v: **fabricatrice**] *maker; vervaardiger; verzinner*

fabrication v • *fabricage; vervaardiging* • *fabrikaat; makelij*

fabrique v *(kleine) fabriek* ★ marque de ~ *fabrieksmerk* ★ prix départ ~ *prijs af-fabriek* ★ de même ~ *van hetzelfde slag* ★ (conseil de) ~ *kerkfabriek; kerkbestuur*

fabriquer OV WW • *fabriceren; vervaardigen* • *verzinnen* • INF. *uitvoeren; uitspoken*

fabulateur [v: **fabulatrice**] I m *fantast; fabulant* II BNW *vol verzinsels*

fabulation v *(het vertellen van) verzinsels; gefantaseer*

fabuler ON WW *fantaseren; verzinsels vertellen; fabuleren*

fabuleux BNW [v: **fabuleuse**] *fabelachtig; fabuleus; fabel-*

fabuliste m *fabeldichter*

fac AFK INF. (faculté) *faculteit; universiteit*

façade v OOK FIG. *façade; (voor)gevel* ★ de ~ *voorgewend; schijn-* ★ pour la ~ *voor de schijn; voor de show*

face v • *gezicht; gelaat* • *voorkomen; gedaante; aspect* • *beeldzijde* ‹v. munt› • *(opper)vlak* • *kant; zijde* ★ changer de face *van aanzien veranderen* ★ en face *openlijk; in het gezicht; (er)tegenover* ★ en face de/face à *tegenover* ★ la maison d'en face *het huis aan de overkant* ★ face à face (avec) *van aangezicht tot aangezicht (met); oog in oog (met)* ★ faire face à *gekeerd zijn naar; het hoofd bieden aan* ★ faire face à ses engagements *zijn verplichtingen nakomen* ★ portrait de face *portret en face* ★ regarder en face *recht aankijken; onder ogen zien* ★ sauver la face *de schijn redden; zijn gezicht redden* ★ voiture en face *tegenligger* ★ pile ou face *kruis of munt* ★ considérer sous toutes ses faces *van alle kanten bekijken* ★ côté face *kop* ‹v. munt› ★ de face *van voren* ★ perdre la face *zijn gezicht verliezen* ★ à la face du monde *ten overstaan van de hele wereld*

face-à-face m (onver.) • *(radio-, televisie)debat* • *confrontatie*

face-à-main m [mv: **faces-à-main**] *lorgnet met steel*

facétie (*zeg:* -sie) v *grap; poets*

facétieux (*zeg:* -sjeu) BNW [v: **facétieuse**] *grappig; vol grappen; snaaks*

facette v OOK FIG. *facet; vlak(je)* ★ à ~s *met (veel) facetten*

fâché BNW • *boos* (**contre** *op)* • *ontstemd; vol spijt; rouwig* (**de** *om, over)* • *gebrouilleerd; overhoop liggend* (**avec** *met)* ★ INF. ~ après *boos op*

fâcher I OV WW *boos maken; ontstemmen* II WKD WW (**se** ~) • *boos worden* (**contre** *op)* • *gebrouilleerd raken* (**avec** *met); ruzie krijgen*

fâcherie v *onenigheid; gekibbel; (ge)ruzie*

fâcheux [v: **fâcheuse**] I m *hinderlijk persoon; lastpost* II BNW *kwalijk; betreurenswaardig; vervelend; spijtig* ★ il est ~ que [+ subj.] *het is vervelend/jammer dat*

facho INF. I m *fascist* II BNW *fascistisch*

facial BNW [m mv: **faciaux**] *(aan)gezichts-; faciaal* ★ angle ~ *gelaatshoek* ★ chirurgie ~e *gelaatschirurgie* ★ valeur ~e *nominale waarde*

faciès (*zeg:* -sjès) m • *gelaat(strekken); gelaatstype* • *faciës*

facile BNW *gemakkelijk* ★ un argument ~ *een goedkoop argument* ★ caractère ~ *gemakkelijk karakter* ★ esprit ~ *snelle geest* ★ PEJ. femme ~ *vrouw van lichte zeden* ★ style ~ *vlotte stijl* ★ ~ comme bonjour *doodeenvoudig* ★ c'est ~ à dire *dat is gemakkelijk gezegd* ★ ~ à utiliser *gebruiksvriendelijk* ★ ~ à vivre *gemakkelijk in de omgang* ★ avoir le rire ~ *lacherig zijn*

facilement BNW • *gemakkelijk* • *minstens; zeker (wel)*

facilité v • *gemakkelijkheid; gemak* • *vlotheid; vaardigheid; aanleg* • vaak mv *faciliteit; gelegenheid* ★ ~s de paiement *betalingsfaciliteiten; gemakkelijke betalingsvoorwaarden* ★ cet élève a des ~s (pour apprendre) *die leerling leert gemakkelijk* ★ ~ de parole *welbespraaktheid* ★ céder à la ~ *zich er gemakkelijk afmaken*

faciliter OV WW *vergemakkelijken; verlichten*

façon v • *manier; wijze* • mv *manier van doen; handelwijze* • mv *plichtplegingen* • *werk; maaksel; bewerking* ‹v. grond› • *snit; vorm* ★ de toute ~ *in ieder geval; hoe dan ook* ★ de cette ~ *op die manier* ★ de ~ à [+ inf.]/de ~ que [+ subj.] *zo ... dat* ★ c'est une ~ de parler *bij wijze van spreken* ★ sans ~ *eenvoudig(weg); zonder meer; ronduit* ★ non merci, sans ~! *nee dank je, echt niet!* ★ d'une ~ ou d'une autre *op een of andere manier* ★ ~ de voir *zienswijze* ★ d'une ~ générale *in het algemeen (gesproken)* ★ en aucune ~ *geenszins* ★ la ~ dont ... *de manier waarop ...* ★ de ma ~ *van mijn makelij; van mij* ★ ~ cuir *van imitatieleer* ★ faire des ~s *overdreven doen* ★ sans ~s *zonder plichtplegingen; zonder omhaal*

faconde FORM. v *welbespraaktheid*

façonnage m [**façonnement**] *bewerking; (het) vorm geven (aan)*

façonner OV WW *vorm geven aan; bewerken; maken;* OOK FIG. *vormen* ★ ~ l'esprit *de geest vormen* ★ ~ qn à *iem. wennen aan*

fac-similé m [mv: **fac-similés**] *facsimile*

factage m *bezorging; bestelling*

facteur I m *factor* ‹v. muziekinstrumenten› II m [v: **factrice**] *postbode; bouwer*

factice BNW • *kunstmatig; onecht* • *gekunsteld*

factieux [v: **factieuse**] I m *oproermaker* II BNW

oproerig

faction v *(op)roerige groepering*; *factie* ⋆ être de/en ~ *op wacht staan*; *op zijn post zijn*

factionnaire m *schildwacht*

factoriel BNW [v: **factorielle**] *factor-*

factotum (*zeg:* -tom) m *manusje-van-alles*; *factotum*

factrice v → **facteur**

factuel BNW [v: **factuelle**] FORM. *feitelijk*

factum m *schotschrift*; *verweerschrift*

facturation v *facturering*

facture v • *factuur*; *rekening* • *makelij*; *vervaardiging(svorm)*; *(kunstige) uitvoering*

facturer OV WW *factureren*

facturette v *betaalstrookje* ‹bij geldautomaat›

facultatif BNW [v: **facultative**] *naar verkiezing*; *facultatief* ⋆ arrêt ~ *halte op verzoek*

faculté v • *faculteit*; *universiteit* • *bevoegdheid*; *(keuze)mogelijkheid* • *vermogen* (**de** *tot*); *gave*; *bekwaamheid* ⋆ ne plus jouir de toutes ses ~s *niet meer in het volle bezit van zijn geestvermogens zijn* ⋆ VERO. la Faculté *de medische faculteit*; *de medische stand*

fada INF. **I** m/v *dwaas*; *halvegare* **II** BNW *dwaas*; *getikt*

fadaise v *flauwiteit*; *geleuter*

fadasse BNW INF. *erg flauw*; *laf*; *smakeloos*

fade BNW • *flauw*; *smakeloos*; OOK FIG. *zouteloos* • *flets*; *vaal*; OOK FIG. *kleurloos*

fadeur v • OOK FIG. *flauwheid* • OOK FIG. *fletsheid*

fading m *fading*

fagne v *(hooggelegen) ven*

fagot m *(takken)bos* ⋆ (vin) de derrière les ~s *(wijn) van de bovenste plank* ⋆ ça sent le ~ *dat riekt naar de mutsaard*

fagoter OV WW • VERO. *tot takkenbossen binden* • *smakeloos uitdossen* ⋆ mal fagoté *slecht gekleed*

faiblard INF. BNW *zwakjes*; *slapjes*

faible **I** m • *zwak persoon*; *zwakkeling*; *zwakke(re)* • *zwak* (**pour** *voor*) ⋆ prendre qn par son ~ *iem. in zijn zwak tasten* ⋆ les économiquement ~s *de sociaal zwakkeren* ⋆ les ~s d'esprit *de zwakken van geest*; *de zwakzinnigen* **II** BNW • *zwak*; *slap* • *gering*; *klein* ⋆ c'est un esprit ~ *hij heeft geen helder verstand* ⋆ caractère ~ *zwak karakter* ⋆ une ~ quantité *een geringe hoeveelheid* ⋆ un ~ revenu *een klein inkomen*

faiblesse v • *zwakheid*; *zwakte* • *geringheid* • *flauwte*; *bezwijming*

faiblir ON WW *zwakker worden*; *verslappen*; *verflauwen* ⋆ le vent faiblit *de wind gaat liggen*

faïence v *faience*; *geglazuurd aardewerk*

faïencerie v • *handel in plateelwerk*; *plateelfabriek* • *plateelwerk*

faille **I** v • *breuk* ‹in aardkorst› • FIG. *zwakke plek*; *onvolkomenheid* • *feil* • *faille* ‹grove zijden stof› ⋆ sans ~ *solide*; *zonder feilen* **II** WW (subj. présent) → **falloir**

failli **I** m *iem. die failliet is* **II** BNW *failliet* **III** WW (volt. deelw.) → **faillir**

faillible BNW *feilbaar*

faillir ON WW FORM. *tekortschieten* (**à** *in*); *falen* ⋆ ~ à son devoir *in zijn plicht te kort schieten* ⋆ le cœur lui a failli *de moed is hem ontzonken* ⋆ sa mémoire lui a failli *het geheugen liet hem in de steek* ⋆ il a failli tomber *hij is bijna gevallen* ⋆ avoir failli [+ inf.] *bijna iets gedaan hebben*

faillite v *faillissement*; OOK FIG. *bankroet* ⋆ faire ~ *failliet gaan* ⋆ en ~ *failliet*

faim v *honger*; *zucht* (**de** *naar*) ⋆ une faim canine/de loup *honger als een paard* ⋆ manger à sa faim *zijn buik vol eten* ⋆ couper la faim *de eetlust benemen* ⋆ rester sur sa faim *nog honger hebben*; *niet aan zijn trekken komen* ⋆ la faim chasse le loup hors du bois *honger is een scherp zwaard*

faine v [**faîne**] *beukennootje*

fainéant **I** m [v: **fainéante**] *nietsdoener*; *luilak* **II** BNW *nietsdoend*; *lui*

fainéanter ON WW *nietsdoen*; *luieren*; *lanterfanten*

fainéantise v *(het) nietsdoen*; *luiheid*; *ledigheid*; *gelanterfant*

faire **I** OV WW • *maken* (**de** *van*); *voortbrengen* • *doen*; *verrichten* • *doen aan*; *beoefenen* • *afdoen*; *volbrengen*; *beredderen* • *maken tot* • *uitmaken*; *opleveren*; *worden*; *zijn* • *zich voordoen (als)* ‹v. personage›; *eruitzien (als)*; *spelen* ‹v. rol› • *opdoen*; *krijgen* • *lijden aan*; *hebben* • *meegaan*; *bruikbaar blijven* • *wennen* (**à** *aan*) ⋆ ~ des petits *jongen krijgen* ⋆ grand bien vous fasse *wel bekome het u* ⋆ ~ son droit *rechten studeren* ⋆ ~ la guerre *oorlog voeren* ⋆ ~ naufrage *schipbreuk lijden* ⋆ ~ la paix *vrede sluiten* ⋆ ~ une sottise *een dwaasheid uithalen* ⋆ ~ attention *opletten* ⋆ bien, fit-il *goed, zei hij* ⋆ ~ la chambre *de kamer beredderen* ⋆ ~ les chaussures *de schoenen poetsen* ⋆ ~ le lit *het bed opmaken* ⋆ ~ le malade *zich ziek houden* ⋆ ~ l'admiration de tous *aller bewondering opwekken* ⋆ ~ ses dents *tanden krijgen* ⋆ ~ du 80 à l'heure *80 km per uur afleggen/rijden* ⋆ ~ le généreux *de edelmoedige uithangen* ⋆ INF. je vous le fais 100 francs *ik verkoop het u voor 100 frank* ⋆ pour ce ~ *daartoe* ⋆ laisser ~ *laten begaan* ⋆ c'en est fait de lui *het is met hem gedaan* ⋆ INF. ça commence à bien ~! *nu is het welletjes!* ⋆ pour quoi ~? *waarom?*; *waartoe?* ⋆ deux et deux font quatre *twee plus twee is vier* ⋆ il fait deux mètres *hij is twee meter lang* ⋆ rien à ~! *niets aan te doen!* ⋆ INF. j'en ai rien à ~! *daar heb ik niks mee te maken!* ⋆ ça ne fait rien *dat geeft niet(s)* ⋆ INF. il faut le ~! *hoe krijg je het voor elkaar!*; *wat een lef!* ⋆ tu ferais bien de [+ inf.] *je zou er goed aan doen om ...*; *ik zou maar ...* ⋆ en ~ trop *overdrijven*; *te ver gaan* ⋆ ce faisant *zodoende*; *daarop* ⋆ il ne fait qu'arriver *hij is net aangekomen* ⋆ il ne fait que pleurer *hij huilt aldoor* ⋆ fais comme chez toi *doe alsof je thuis bent* ⋆ ça fait que [+ inf.] *vandaar dat*; *daarom* ⋆ faites! *ga uw gang!* ⋆ fasse le ciel que [+ subj.] *de hemel geve dat* ⋆ ce n'est ni fait ni à re~ *het is knoeiwerk* ⋆ ce qui est fait est fait *gedane zaken nemen geen keer* ⋆ ça fait deux ans (que) ... *sinds twee jaar ...* **II** ONP WW ⋆ il fait beau *het is mooi*

F

weer ★ il fait mauvais *het is slecht weer* ★ il fait bon ici *het is hier lekker* ★ il fait du vent *het waait* **III** WKD WW (**se** ~) • *gedaan worden*; *gemaakt worden*; *tot stand komen* • *worden* • *plaatshebben* • *zich maken*; *zich bezorgen* ★ se ~ vieux *oud worden* ★ comment se fait-il que [+ subj.] *hoe komt het dat* ★ se ~ de l'argent *geld verdienen* ★ se ~ la barbe *zich scheren* ★ ça ne se fait pas *zoiets doe je niet* ★ INF. il faut se le ~! *je zal er maar mee opgescheept zitten!* ★ INF. se ~ qn *iem. pakken* ★ INF. s'en ~ *zich bezorgd maken*; *het zich aantrekken* ★ se ~ opérer *zich laten opereren*; *geopereerd worden* ★ se ~ ~ un costume *een pak laten maken* • (**se** ~ **à**) *wennen aan* ★ s'y faire *eraan wennen* **IV** HWW *laten*; *doen* ★ ~ travailler qn *iem. laten werken*

faire-part m (onver.) *kennisgeving* ‹v. geboorte, huwelijk, overlijden›

faire-valoir m (onver.) • *bijfiguur die de kwaliteiten v.e. ander goed doet uitkomen*; *aangever* ‹in theater› • LANDB. *exploitatie*

fair-play **I** m (onver.) *eerlijk spel* **II** BNW / onveranderlijk / *sportief*; *fair*

fais ww (présent) → **faire**

faisabilité v *haalbaarheid* ★ étude de ~ *haalbaarheidsonderzoek*

faisable BNW *doenlijk*

faisan m [v: **faisane**] *fazant* ★ ~ doré *goudfazant* ★ (poule) ~e *fazantenhen*

faisandé BNW *adellijk* ‹v. wild›

faisandeau m [mv: **faisandeaux**] *jonge fazant*

faisander OV WW *adellijk laten worden* ‹v. wild›; *laten besterven*

faisanderie v *fazantenkooi*

faisceau m [mv: **faisceaux**] • OOK FIG. *bundel* • mv *pijlenbundel*; *fasces*; *bijlbundel* ★ ~ lumineux *lichtbundel* ★ mettre les fusils en ~ *de geweren aan rotten zetten*

faiseur m [v: **faiseuse**] • VAAK PEJ. *maker (***de** *van)* • *dikdoener*; *praatjesmaker* ★ ~ d'embarras *iem. die moeilijkheden maakt*

fait **I** m • *feit* • *daad* • *zaak*; *geval* ★ les faits et gestes *het doen en laten* ★ prendre sur le fait *op heterdaad betrappen* ★ hauts faits *heldendaden*; *grote daden* ★ ceci n'est pas mon fait *dit is niet mijn sterkste kant* ★ au fait *ter zake*; *overigens*; *wat ik zeggen wilde* ★ de fait *werkelijk*; *feitelijk*; *de facto* ★ de ce fait *uit dien hoofde*; *daardoor*; *derhalve* ★ du fait de *wegens*; *ten gevolge van* ★ en fait de *inzake* ★ mettre au fait *op de hoogte brengen* ★ être sûr de son fait *zeker van zijn zaak zijn* ★ faits divers *gemengd nieuws* ★ le fait est que *het is een feit dat* ★ en venir au fait *ter zake komen* ★ tout à fait *geheel*; *alleszins*; *inderdaad* ★ état de fait *feitelijke toestand* ★ le fait de parler *het spreken* ★ dire son fait à qn *iem. (flink) de waarheid zeggen* ★ prendre fait et cause pour qn *het voor iem. opnemen* ★ par son fait *door zijn schuld/ toedoen* ★ par le fait *feitelijk*; *in feite* **II** BNW • *gemaakt*; *(af)gedaan* • *volwassen*; *gerijpt* • *gebouwd*; *geschapen* ★ être bien fait (de sa personne) *welgevormd zijn* ★ un costume tout fait *een confectiepak* ★ une idée toute faite *een vooroordeel* ★ expression toute faite *geijkte uitdrukking*; *cliché* ★ être fait pour *geschapen zijn voor*; *geknipt zijn voor*; *dienen voor* ★ tout fait *kant en klaar* ★ voilà qui est fait! *klaar is Kees!* ★ fait main *met de hand gemaakt* ★ INF. être fait (comme un rat) *(als een rat) in de val zitten*; *erbij zijn* ★ bien fait (pour lui) *net goed (voor hem)* • (~ **à**) *gewend aan* **III** WW (présent, volt. deelw.) → **faire**

faîtage m *nok*; *nokbalk*

faîte m • *nok* • *top*; OOK FIG. *toppunt*

faites WW (présent) → **faire**

fait-tout m [**faitout**] (onver.) *kookpan*

faix m VERO. OOK FIG. *last*

fakir m *fakir*

falaise v *steile kust*; *klif*

falbalas (*zeg:* -là) m mv OOK FIG. *tierelantijnen*; *overdreven bedoening*

fallacieux BNW [v: **fallacieuse**] *bedrieglijk*; *vals*; *drog-*

falloir **I** ONP WW • *moeten* • *nodig hebben* • *nodig zijn* ★ il faut que vous partiez *u moet vertrekken* ★ il va ~ agir *er zal iets gedaan moeten worden* ★ comme il faut *zoals het hoort* ★ il le faut *het moet* ★ il me faut de l'argent *ik heb geld nodig* ★ il faut beaucoup de courage pour gravir ce mont *er is veel moed nodig om die berg te beklimmen* ★ faut voir! *dat moet je (ge)zien (hebben)!* ★ il ne fallait pas! *dat was toch niet nodig geweest?!* ★ il fallait y penser *je moet er maar op komen* **II** WKD WW ★ s'en ~ *schelen* ★ il s'en faut de beaucoup *het scheelt veel* ★ il s'en faut de peu/peu s'en faut (que + subj.) *het scheelt weinig (of)* ★ tant s'en faut *bij lange na niet*

falot (*zeg:* -loo) **I** m *(grote) lantaarn* **II** BNW *flets*; OOK FIG. *kleurloos*

falsifiable BNW *falsifieerbaar*

falsificateur m [v: **falsificatrice**] *vervalser*

falsification v *vervalsing*

falsifier OV WW *vervalsen*; *falsifiëren*

falzar m INF. *lange broek*

famé BNW ★ mal famé *berucht*; *ongunstig bekend*

famélique BNW *hongerlijdend*; *uitgehongerd*

fameusement BIJW INF. *erg*; *geweldig*

fameux BNW [v: **fameuse**] • *befaamd*; *beroemd (***par, pour** *om)*; *veelbesproken* • *geweldig*; *fameus*; *uitstekend* ★ un vin ~ *een uitstekende wijn* ★ INF. pas ~ *niet veel zaaks*; *niet best*; *niet veel soeps*

familial BNW [m mv: **familiaux**] *familiaal*; *gezins-*; *huiselijk* ★ réunion ~e *familiereünie*

familiariser **I** OV WW *vertrouwd maken (***avec** *met)*; *wennen* **II** WKD WW (**se** ~) *zich vertrouwd maken (***avec** *met)*; *vertrouwd raken*; *wennen* ★ se ~ avec une langue *zich een taal eigen maken*

familiarité v • *vertrouwelijkheid*; *familiariteit* • *vertrouwdheid*

familier **I** m *geregelde bezoeker*; *huisvriend* **II** BNW [v: **familière**] • *gemeenzaam*; *vertrouwelijk*; *familiaar* • *vertrouwd*; *bekend* ★ animal ~ *huisdier* ★ langage ~ *omgangstaal* ★ voix familière *bekende stem*

familièrement BIJW *vertrouwelijk*; *familiaar*

famille v OOK FIG. *familie*; *gezin* ★ père de ~ *huisvader* ★ un fils de ~ *een jongeman van goeden huize* ★ en ~ *in de familiekring*; *onder elkaar* ★ ~ politique *politieke gezindheid*
famine v *hongersnood* ★ salaire de ~ *hongerloon* ★ crier ~ *zijn nood klagen*
fan m *fan*; *vurig bewonderaar*
fana INF. I m/v *fanaat* II BNW *bezeten (***de** *van)*; *fanatiek*
fanal m [mv: **fanaux**] *lantaarn*; *(sein)lamp*; *lichtbaken*
fanatique I m/v *fanaticus*; *dweper*; *fan* II BNW *dweepziek*; *fanatiek*
fanatiser OV WW *dweepziek maken*; *opzwepen*
fanatisme m *fanatisme*
fane v meestal mv *(oneetbaar, afgevallen) loof* ‹v. radijs, wortel e.d.›; *(afgevallen) blad*
faner I OV WW • OOK FIG. *doen verwelken* • *doen verschieten*; *doen verbleken* • *het gemaaide gras omkeren*; *hooien* ★ beauté fanée *verlepte schoonheid* II WKD WW (**se** ~) *verwelken*; *verschieten*
fanfare v • *fanfare* • INF. *ophef* ★ en ~ *met veel ophef*; *met veel kabaal*
fanfaron [v: **fanfaronne**] I m *snoever*; *opschepper* II BNW *opschepperig*; *snoevend*
fanfaronnade v *snoeverij*; *opschepperij*
fanfaronner ON WW *snoeven*; *opscheppen*
fanfreluche v *versiersel*; *franje*; *tierelantijntje*
fange v FORM. *modder*; OOK FIG. *slijk* ★ traîner dans la ~ *door het slijk halen*
fangeux BNW [v: **fangeuse**] *modderig*
fanion m *vaantje*; *vlaggetje*
fanon m • *halskwab* ‹v. rund› • *baard* ‹v. walvis› • *lel* ‹v. hoenders›
fantaisie v • *fantasie* • *gril*; *luim*; *zin* • *fantasieartikel*; *snuisterij* ★ de ~ *fantasie-* ★ bijoux (de) ~ *prullerige (namaak)sieraden* ★ à sa ~ *naar (eigen) goeddunken*
fantaisiste I m/v • *onconventioneel iemand* • *entertainer* II BNW *aan fantasie ontsproten*; *niet serieus te nemen*; *onconventioneel*; *zogenaamd*
fantasmagorie v *zinsbetovering*; *fantasmagorie*
fantasmagorique BNW *spookachtig*; *bizar*
fantasme m *droombeeld*; *hersenschim*; *fantasie(beeld)*
fantasmer ON WW *wensdromen hebben (***sur** *over)*; FIG. *dromen*; *wensdenken*
fantasque BNW • *grillig* • *zonderling*; *bizar*
fantassin m *infanterist*
fantastique I m *(het) bovennatuurlijke*; *fantastiek* II BNW *fantastisch*; *fantasie-*; *fantasy-* ★ animal ~ *fabeldier*
fantoche m *marionet* ★ gouvernement ~ *marionettenregering*
fantomatique BNW *spookachtig*
fantôme I m • *spook*; *geestverschijning* • *spookbeeld*; *drogbeeld* ★ le Vaisseau ~ *de Vliegende Hollander* II BNW *spook-*; *schijn-* ★ membre ~ *fantoompijn* ★ le vaisseau ~ *het spookschip*; *de Vliegende Hollander*
fanzine m *door fans geredigeerd blaadje*
faon (*zeg:* fa(n)) m *jong hert*; *reekalf*
far m ★ far breton *Bretons eiergebak (met pruimen)*
faramineux BNW [v: **faramineuse**] INF. *fantastisch*; *buitensporig*; *enorm*
farandole v *farandole* ‹Provençaalse slingerdans›
faraud INF. I m [v: **faraude**] *dikdoener*; *kwast* II BNW *dikdoenerig*; *kwasterig*
farce v • *klucht*; *farce* • *grap*; *poets* • *vulsel* ‹voor vlees, vis, gevogelte›; *farce* ★ ~s et attrapes *fopartikelen* ★ faire une ~ à qn *iem. een poets bakken*
farceur m [v: **farceuse**] *grappenmaker*
farci BNW • *(op)gevuld* • FIG. *vol(gestopt)*; *doorspekt (***de** *met)* ★ des tomates ~es *gevulde tomaten*
farcir I OV WW • *doorspekken (***de** *met)*; FIG. *volstoppen* • *vullen* ‹met gekruid gehakt e.d.›; *farceren* II WKD WW INF. (**se** ~) • *(tot zich) nemen* ‹v. iets aangenaams›; *naar binnen werken* • *(te verduren) krijgen* ‹v. iets onaangenaams›; *(moeten) opknappen*

F

fard m *schmink*; *make-up* ★ sans fard *onverbloemd*; *ongekunsteld* ★ INF. piquer un fard *blozen*
fardeau m [mv: **fardeaux**] OOK FIG. *last*; *vracht*
farder OV WW • *schminken*; *opmaken* ‹v. gezicht› • FORM. *verbloemen*; *bemantelen*
farfadet m *kwelduiveltje*; *kobold*
farfelu BNW INF. *raar*; *lijp*; *geschift*; *mesjogge*
farfouiller ON WW INF. *snuffelen*; *rommelen (***dans** *in)*
faribole v *beuzelarij*; *poespas*
farine v *meel* ★ de (la) même ~ *van hetzelfde slag*; *één pot nat* ★ ~ lactée *kindermeel* ★ ~ de forage *boorsel*; *boormeel* ★ INF. rouler qn dans la ~ *iem. beduvelen*
fariner OV WW *met meel bestrooien/bedekken*
farineux I m mv • *meelproducten* • *zetmeelhoudende planten* II BNW [v: **farineuse**] *meelachtig*; *melig*; *kruimig*; *bloemig*
farniente m *(zalig) nietsdoen*
farouche BNW • *wild*; *ongetemd* • *(mensen)schuw* • *woest*; *heftig*; *verwoed* ★ bête ~ *wild dier*
fart (*zeg:* far(t)) m *skiwas*
farter OV WW *met skiwas insmeren*
fascicule m • *aflevering* ‹v.e. verzamelwerk› • *brochure*; *(inleg)blaadje*
fascinant BNW *fascinerend*; *boeiend*
fascinateur BNW [v: **fascinatrice**] FORM. *betoverend*; *fascinerend*
fascination v *betovering*; *fascinatie*; *bekoring*
fasciner OV WW *betoveren*; *biologeren*; *fascineren*
fascisant BNW *fascistoïde*
fascisme m *fascisme*
fasciste I m/v *fascist* II BNW *fascistisch*
fasse WW (subj. présent) → **faire**
fassent WW (subj. présent) → **faire**
fasses WW (subj. présent) → **faire**
fassiez WW (subj. présent) → **faire**
fassions WW (subj. présent) → **faire**
faste I m *pracht(vertoon)*; *praal* II BNW *gunstig*; *voorspoedig* ★ années ~s *hoogtijjaren* ★ jour ~ *geluksdag*
fast-food m [mv: **fast-foods**] *fastfood(restaurant)*
fastidieux BNW [v: **fastidieuse**] *vervelend*;

saai; eentonig
fastoche BNW INF. *gemakkelijk*
fastueux BNW [v: **fastueuse**] • *praalziek; prachtlievend* • *weelderig*
fat (*zeg:* fa(t)) **I** m *verwaande kwast* **II** BNW *verwaand*
fatal BNW [m mv: **fatals**] *fataal; noodlottig; onafwendbaar*
fatalement BIJW *onvermijdelijk(erwijs)*
fatalisme m *fatalisme*
fataliste I m/v *fatalist* **II** BNW *fatalistisch*
fatalité v *noodlot; onvermijdelijkheid; fataliteit; (voorbeschikt) onheil*
F
fatidique BNW *noodlottig; door het noodlot bepaald*
fatigant BNW *vermoeiend*
fatigue v • *vermoeidheid;* OOK TECHN. *moeheid* • *vermoeienis* ★ accablé/mort de ~ *doodmoe*
fatigué BNW • *moe; vermoeid* • *versleten; afgeleefd* ★ ~ d'attendre *het wachten moe*
fatiguer I OV WW • *vermoeien* • *vervelen* • *zwaar belasten; doen zwoegen; uitputten* ‹v. land› ★ ~ la salade *de sla (aanmaken en) omroeren* **II** ON WW • *moe worden* • *zwoegen; het zwaar hebben* ★ poutre qui fatigue *te zwaar belaste balk* **III** WKD WW (**se** ~) • *zich vermoeien* • (**de**) *genoeg krijgen (***de** *van)* • (**à** [+ inf.]) *(vergeefse) moeite doen (***à** *om); zich inspannen om*
fatras (*zeg:* -trà) m *allegaartje; boeltje; rommel; chaos; prullaria*
fatuité v *verwaandheid; ingebeeldheid*
fatwa v *fatwa*
faubourg m • *voorstad* • *buitenwijk*
faubourien [v: **faubourienne**] **I** m *bewoner v.e. voorstad* **II** BNW *voorstedelijk; volks(buurt)-*
fauchage m OOK FIG. *(het) (neer)maaien*
fauchaison v • *maaitijd* • *(het) maaien*
fauche v INF. • *geldnood; penarie* • *(het) jatten*
fauché BNW INF. *blut* ★ ~ comme les blés *volkomen platzak*
faucher I OV WW • OOK FIG. *(af)maaien* ‹v. vuurwapen› • FIG. *wegmaaien; wegrukken* • FIG. *neermaaien; scheppen* ‹omverrijden› • SPORT *onderuithalen* • INF. *snaaien; jatten (***à** *van)* **II** ON WW OOK FIG. *maaien*
faucheur I m *hooiwagen* ‹spin› **II** m [v: **faucheuse**] • *maaier* • *iem. die wegmaait/ vernietigt*
faucheuse v *maaimachine* ★ la Faucheuse *de Dood; de man met de zeis*
faucheux m *hooiwagen* ‹spin›
faucille v *sikkel* ★ la ~ et le marteau *hamer en sikkel*
faucon m • *valk* • POL. *havik* ★ ~ pèlerin *slechtvalk*
fauconneau m [mv: **fauconneaux**] *jonge valk*
fauconnerie v *valkerij* ‹in alle betekenissen›; *valkenhof*
fauconnier m *valkenier*
faudra WW (futur) → **falloir**
faufil m *rijgdraad*
faufilage m *(het) (vast)rijgen*
faufiler I OV WW *(vast)rijgen* **II** WKD WW (**se** ~) *zich (in)dringen; glippen; zich een weg banen (***dans** *in;* **entre** *tussen)*
faune I m *faun* **II** v • *fauna* • FIG. PEJ. *rare vogels; snuiters; gasten; volkje*
faussaire m/v *vervalser*
fausse BNW → **faux**
faussement BIJW • *vals(elijk); verkeerd(elijk)* • *zogenaamd; quasi* ★ d'un air ~ modeste *met gespeelde bescheidenheid*
fausser OV WW • *vervalsen;* FIG. *verdraaien* • *verwringen; verdraaien* ★ ~ sa parole *zijn woord schenden* ★ INF. ~ compagnie à qn *iem. in de steek laten*
fausset m *falset*
fausseté v • *valsheid; onjuistheid* • *onechtheid; onoprechtheid*
faut WW (présent) → **falloir**
faute v • *fout; onjuistheid; vergissing* • *vergrijp; overtreding* • SPORT *overtreding* ★ ~ de frappe *tikfout* ★ FORM. faire ~ *ontbreken* ★ c'est la ~ à/de ... *het is de schuld van ...* ★ ~ de quoi *zo niet* ★ c'est (de) sa ~ *het is zijn schuld* ★ être en ~ *schuld hebben* ★ sans ~ *foutloos; zonder mankeren* ★ ~ de *bij gebrek aan; doordat niet* ★ ~ de mieux *bij gebrek aan beter* ★ ne pas se faire ~ de *niet nalaten te* ★ (sur)prendre qn en ~ *iem. betrappen*
fauter ON WW INF. *een misstap begaan*
fauteuil m *leunstoel; fauteuil; zetel* ★ ~ roulant *rolstoel* ★ ~ multiposition *verstelbare leunstoel* ★ ~ d'orchestre *stallesplaats* ‹in schouwburg› ★ INF. arriver (comme) dans un ~ *gemakkelijk winnen*
fauteur m [v: **fautrice**] *aanstichter; aanstoker* ★ ~ de troubles *onruststoker* ★ ~ de guerre *oorlogshitser*
fautif BNW [v: **fautive**] • *fout(ief); gebrekkig* • *schuldig* ★ mémoire fautive *onbetrouwbaar geheugen*
fautivement BIJW *verkeerd; fout*
fauve I m • *rossige kleur* • *wild dier; (katachtig) roofdier* • *schilder behorend tot het fauvisme* **II** BNW *rossig* ★ les bêtes ~s *de wilde dieren; het roodwild*
fauverie v *roofdierenafdeling*
fauvette v *grasmus*
faux I m • *(het) valse; (het) onjuiste* • *vervalsing; valsheid (in geschrifte); namaak* ★ s'inscrire en faux contre *(de juistheid) aanvechten (van); iets ontkennen/bestrijden* ★ faux en écriture/faux et usage de faux *valsheid in geschrifte* **II** v *zeis* **III** BNW [v: **fausse**] • *vals* ‹onwaar›; *onjuist; verkeerd* • *vals* ‹schijnbaar›; *schijn-; pseudo-* • *vals* ‹nagemaakt› • *vals* ‹onoprecht› • *vals* ‹verkeerd›; *misplaatst* • *vals* ‹onwelluidend› ★ fausse alerte *vals/loos alarm* ★ fausse attaque *schijnaanval* ★ fausse couche *miskraam* ★ faux jour *vals licht* ★ faux départ *valse start* ★ fausse porte *geheime deur* ★ fausse honte *valse schaamte* ★ à faux *vals(elijk)* ★ porter à faux OOK FIG. *ongefundeerd zijn* ★ avoir tout faux *het helemaal mis hebben* ★ faux pas *misstap* ‹ook figuurlijk› ★ faux problème *schijnprobleem* ★ dans une fausse position *in een scheve positie* **IV** BIJW ★ chanter faux *vals zingen* ★ jouer faux *vals spelen*
faux-bourdon m [mv: **faux-bourdons**] • MUZ.

faux-bourdon • BIOL. *dar*

faux-filet m [mv: **faux-filets**] *lende(bief)stuk*

faux-fuyant m [mv: **faux-fuyants**] *uitvlucht*; *smoes*

faux-monnayage m *valsemunterij*

faux-monnayeur m [mv: **faux-monnayeurs**] *valsemunter*

faveur v • *gunst* • *lintje* ★ à la ~ de *onder begunstiging van*; *dankzij* ★ billet de ~ *vrijkaart* ★ prix de ~ *speciale prijs* ★ en ~ de *ten gunste van* ★ traitement de ~ *voorkeursbehandeling* ★ être en ~ (auprès de qn) *(bij iem.) in de gunst staan*

favorable BNW • *gunstig* • *gunstig gezind (***à** *jegens, tegenover)* ★ être ~ à qc *vóór iets zijn*

favori [v: **favorite**] **I** m *favoriet* ★ porter des ~s *bakkebaarden hebben* **II** BNW *geliefkoosd*; *favoriet* ★ jeu ~ *lievelingsspel* ★ mot ~ *stopwoordje*

favoriser OV WW *begunstigen (***de** *met)*; *bevoordelen*; *voortrekken*; *bevorderen*

favoritisme m *vriendjespolitiek*; *voortrekkerij*

fax m *fax*

faxer OV WW *faxen*

fayot m • INF. *witte boon* • PEJ. *uitslover*; *hielenlikker*; *slijmer(d)*; *dienstklopper*

fayoter ON WW INF./PEJ. *zich uitsloven*; *(hielen) likken*

FB AFK (franc belge) *Belgische frank*

féal m SCHERTS. *trouwe dienaar*; *volgeling*

fébrifuge I m *koortsverdrijvend middel* **II** BNW *koortsverdrijvend*

fébrile BNW *koortsig*; OOK FIG. *koortsachtig*

fébrilité v *koortsigheid*; OOK FIG. *koortsachtigheid*; *hectiek*

fécal BNW [m mv: **fécaux**] *fecaal* ★ matières ~es *fecaliën*

fèces v mv *feces*; *fecaliën*

fécond BNW • OOK FIG. *vruchtbaar* • *rijk (***en** *aan)*; *vol (***en** *met)*

fécondateur M [v: **fécondatrice**] *bevruchtend*

fécondation v *bevruchting*

féconder OV WW • OOK FIG. *vruchtbaar maken* • *bevruchten*

fécondité v OOK FIG. *vruchtbaarheid*

fécule v *zetmeel*

féculent I m *zetmeelhoudend gewas/product* **II** BNW • *zetmeelhoudend* • FORM. *drabbig*

fédéral BNW [m mv: **fédéraux**] *federaal*; *(ver)bonds-*

fédéralisation v *federalisering*

fédéraliser OV WW *tot een (staten)bond verenigen*; *federaliseren*

fédéralisme m *federalisme*

fédéraliste I m/v *federalist* **II** BNW *federalistisch*

fédérateur [v: **fédératrice**] **I** m/v FIG. *verbinder*; FIG. *bruggenbouwer* **II** BNW *federatief*; *samenbundelend*

fédératif BNW [v: **fédérative**] *federatief*; *bonds-*

fédération v *federatie*; *bond*

fédéré I m *verbondene*; GESCH. *communard* **II** BNW *(ver)bonds-*

fédérer I OV WW *tot een bond verenigen* **II** WKD WW (**se** ~) *zich in een bond verenigen*

fée I v *fee* ★ conte de fées *sprookje* ★ vieille fée *oude toverkol* ★ la fée du logis *de ideale huisvrouw/huisman* **II** BNW *betoverd*; *tover-*

feed-back m (onver.) *feedback*; *terugkoppeling*

féerie v *feeërie*; *sprookjesachtige voorstelling/wereld*

féerique BNW *sprookjesachtig*; *toverachtig*; *feeëriek*

feignant [v: **feignante**] INF. **I** m → **fainéant** **II** BNW → **fainéant**

feindre OV WW *veinzen*; *voorwenden*; *huichelen* ★ ~ de [+ inf.] *doen alsof*

feint I BNW *geveinsd*; *onecht* **II** WW (volt. deelw.) → **feindre**

feinte I v • *schijnbeweging* • *bedrieglijke toer*; *fopperij* **II** BNW → **feint**

feinter I OV WW • *door een schijnbeweging misleiden* • INF. *beduvelen* **II** ON WW *een schijnbeweging maken*

feldspath m *veldspaat*

fêlé BNW • OOK FIG. *gebarsten* • INF. *getikt*; *niet goed snik*

fêler I OV WW *doen barsten* **II** WKD WW (**se** ~) *barsten*

félicitations v mv • *gelukwensen* • *complimenten* ★ toutes mes ~! *hartelijk gefeliciteerd!*

félicité v • *gelukzaligheid* • meestal mv *geluk*

féliciter I OV WW *gelukwensen (***de** *met)*; *complimenteren* **II** WKD WW (**se** ~) *zich gelukkig prijzen*; *zich verheugen (***de** *met, over)*

félidé m *katachtige*

félin I m *katachtig (roof)dier* **II** BNW OOK FIG. *katachtig*; *katten-*

félon [v: **félonne**] FORM. **I** m *verrader* **II** BNW *trouweloos*

félonie v • FORM. *trouweloosheid*; *verraad* • GESCH. *felonie*; *leenbreuk*

fêlure v OOK FIG. *barst*

femelle I v • BIOL. *wijfje* • PEJ. *vrouwmens*; *wijf* **II** BNW • BIOL. *vrouwelijk*; *wijfjes-* • TECHN. *waar een ander onderdeel in past*; *hol* ★ fiche/prise ~ *contrastekker*

féminin I m • TAALK. *vrouwelijk geslacht* • *(het) vrouwelijke* **II** BNW *vrouwelijk*; *vrouwen-*

féminisation v • *vervrouwelijking* • *feminisering*

féminiser OV WW • *vrouwelijk maken*; *vervrouwelijken* • *feminiseren*; *vrouwvriendelijk maken*

féminisme m *feminisme*

féministe I m/v *feminist* **II** BNW *feministisch*

féminité v *vrouwelijkheid*

femme v *vrouw* ★ ~ de chambre *kamermeisje* ★ ~ de ménage *werkster* ★ INF. bonne ~ *vrouw(tje)*; *wijf* ★ ~ de lettres *schrijfster* ★ ~ enfant *kindvrouwtje* ★ ~ ingénieur *vrouwelijke ingenieur* ★ ~ peintre *schilderes* ★ VERO. prendre ~ *een vrouw huwen*

femmelette v • *zwak, tenger vrouwtje* • *verwijfde man*; *oud wijf*; *slappeling*

fémoral BNW [m mv: **fémoraux**] *dij(been)-*

fémur m *dijbeen*

fenaison v • *(het) hooien* • *hooitijd*

fendillement m *(het) (lichtjes) barsten*

fendiller I OV WW *barstjes maken in* **II** WKD WW (**se** ~) *barstjes krijgen*; *springen* ‹v.d. huid›

fendre I OV WW *splijten*; *kloven* ★ ~ l'air *de lucht doorklieven* ★ ~ l'âme/le cœur *het hart*

F

breken; *hartverscheurend zijn* ★ ~ la foule *door de menigte dringen* ★ geler à pierre ~ *vriezen dat het kraakt* **II** WKD WW (**se** ~) • *barsten*; *splijten* • *een uitval doen* ‹bij schermen› • INF. *over de brug komen (***de** *met)*; *dokken*

fendu BNW *gespleten*; *gebarsten*; *split-* ★ bouche ~e jusqu'aux oreilles *een mond als een schuurdeur*

fenêtre V *raam*; *venster* ‹ook inform.› ★ ~ à guillotine *schuifraam* ★ à la ~ *voor het raam* ★ jeter l'argent par les ~s *zijn geld over de balk gooien*

fenêtré BNW *met (venster)openingen*

fenil M *hooizolder*

fennec M *woestijnvos*

fenouil M *venkel*

fente V • *spleet*; *kloof*; *barst*; *gleuf*; *split* • *uitval* ‹bij schermen›

féodal BNW [m mv: **féodaux**] *feodaal*; *leen-*

féodalisation V *feodalisering*

féodalité V *feodaliteit*; *feodalisme*

fer M • *ijzer* • *ijzeren werktuig* ★ l'âge du fer *het ijzeren tijdperk* ★ chemin de fer *spoorweg* ★ fer doux *weekijzer* ★ fer forgé *smeedijzer* ★ santé de fer *ijzeren gestel* ★ croiser le fer (avec) OOK FIG. *de degens kruisen (met)* ★ INF. tomber les quatre fers en l'air *achterover vallen* ★ fer à friser *krulijzer*; *krultang* ★ fer (à repasser) *strijkijzer* ★ fer à souder *soldeerbout* ★ fer de lance *speerpunt* ‹ook figuurlijk› ★ fer à vapeur *stoomstrijkijzer* ★ fer (à cheval) *hoefijzer* ★ mettre aux fers *in de boeien slaan* ★ de fer *ijzeren* ‹ook figuurlijk› ★ par fer *per spoor*; *per trein* ★ en fer à cheval *hoefijzervormig* ★ avoir plusieurs fers au feu *meerdere ijzers in het vuur hebben* ★ marquer au fer rouge *brandmerken* ★ donner un coup de fer à qc *iets (even) strijken* ★ il faut battre le fer quand il est chaud *men moet het ijzer smeden als het heet is*

ferai WW (futur) → **faire**

fer-blanc M [mv: **fers-blancs**] *blik* ‹metaal›

ferblanterie V *blikslagerij*; *blik(werk)*

férié BNW ★ jour ~ *rustdag*; *feestdag*

férir OV WW VERO. *slaan* ★ sans coup ~ *zonder slag of stoot*

fermage M *pacht(som)*

ferme I V • *boerderij*; *pachthoeve* • *verpachting* ‹v. belasting› • *huurcontract* ★ (bail à) ~ *pacht* ★ ~-laboratoire *proefboerderij* ★ ~ modèle *modelboerderij* ★ donner à ~ *verpachten* ★ prendre à ~ *pachten* **II** BNW • *vast*; *stevig* • *krachtig*; *flink*; *ferm*; *streng* (**avec** *tegen)* • *standvastig* • *vaststaand* ★ la terre ~ *het vasteland* ★ condamnation ~ *onvoorwaardelijke veroordeling* ★ deux ans de prison ~ *twee jaar onvoorwaardelijk* ★ être ~ sur ses jambes *vast op zijn benen staan* ★ d'une main ~ *met vaste hand* ★ parler d'un ton ~ *op ferme toon spreken* **III** BIJW • *flink*; *krachtig* • *vast* ★ travailler ~ *hard werken* ★ s'ennuyer ~ *zich stierlijk vervelen* ★ tenir ~ *volhouden* ★ acheter ~ *een vaste koop sluiten*

fermé BNW • *gesloten*; *besloten* • *ontoegankelijk*; *niet-ontvankelijk (***à** *voor)*

ferment M • *ferment*; *gist(stof)* • FIG. *bron*; FIG. *kiem*

fermentation V OOK FIG. *gisting* ★ être en ~ *gisten*

fermenter ON WW OOK FIG. *gisten*

fermer I OV WW • *sluiten*; *afsluiten (***à** *voor)*; *dichtdoen* • *uitdraaien* ‹v. gas, licht, elektrisch toestel›; *uitdoen* ★ ~ à clef *op slot doen* ★ ~ à double tour *op het nachtslot doen* ★ ~ la bouche *z'n mond houden* ★ ~ la porte sur qn *de deur achter iem. dichtdoen* ★ ~ les yeux sur qc *iets door de vingers zien* ★ INF. ferme-la!/la ferme! *kop dicht!* **II** ON WW *sluiten*; *dichtgaan* ★ ~ mal *slecht sluiten* **III** WKD WW (**se** ~) *zich (af)sluiten (***à** *voor)*; *dichtgaan*; *gesloten worden*

fermeté V • *vastheid*; *stevigheid* • *standvastigheid*; *vastberadenheid*; *fermheid*

fermette V *boerderijtje*

fermeture V *sluiting* ‹in alle betekenissen› ★ ~ éclair *ritssluiting*

fermier [v: **fermière**] **I** M *boer*; *pachter* **II** BNW • *boeren-* • *land-*

fermoir M *slot* ‹v. boek›; *beugel* ‹v. tas›; *sluithaak*; *knip*

féroce BNW • *wild* ‹v. dieren›; *verscheurend* • *wreed*; *onbarmhartig*; *woest* • *verschrikkelijk* ★ bête ~ *wild dier* ★ faim ~ *verschrikkelijke honger*

férocité V • *wreedheid*; *onbarmhartigheid* • *wildheid*; *woestheid*

Féroé M MV ★ les îles ~ *Faeröer(eilanden)*

ferrage M • *(het) beslaan* ‹v. paarden› • *ijzeren beslag*

ferraille V • *oud ijzer*; *schroot* • INF. *ijzerwerk* • INF. *kleingeld* ★ bruit de ~ *gekletter*; *gerammel* ★ tas de ~ OOK FIG. *schroothoop* ★ bon à mettre à la ~ *rijp zijn voor de schroothoop/de sloop*

ferrailler ON WW • OOK FIG. PEJ. *(met de degen) vechten (***contre** *tegen)* • *kletteren*; *rammelen*

ferrailleur M [v: **ferrailleuse**] • OOK IRON. *handelaar in oud ijzer* • *betonvlechter* • *vechtersbaas*; *ruziezoeker*

ferré BNW • *met ijzer beslagen* • *doorkneed (***en** *in)*; *knap*; *goed beslagen* ★ bâton ~ *bergstok* ★ réseau ~ *spoorwegnet* ★ voie ~e *spoorweg* ★ être ~ sur un sujet *goed thuis zijn in een onderwerp*

ferrer OV WW • *(met ijzer) beslaan* • *aanslaan* ‹v. vis› ★ ~ un cheval *een paard beslaan*

ferret M *nestel* ‹v. veter›

ferreux BNW [v: **ferreuse**] • *ijzerhoudend* • CHEM. *ferro-*

ferrique BNW CHEM. *ferri-*; *ijzer-*

ferrite V CHEM. *ferriet*

ferronnerie V • *klein ijzerwerk*; *(sier)smeedwerk* • *ijzerwarenfabriek*

ferronnier M [v: **ferronnière**] • *kunstsmid* • *ijzerhandelaar* • *bevestiger v. hang- en sluitwerk*

ferroutage M *rail-routevervoer*

ferroviaire BNW *spoorweg-* ★ réseau ~ *spoorwegnet*

ferrugineux BNW [v: **ferrugineuse**] *ijzerhoudend*

ferrure v • *ijzerbeslag*; *ijzerwerk* ‹v. deur› • *hoefbeslag*
ferry m [mv: **ferrys, ferries**] *veerboot*
ferry-boat m [mv: **ferry-boats**] *veerboot*
fertile BNW OOK FIG. *vruchtbaar* ★ ~ en *rijk aan*
fertilisant I BNW *bemestingsmiddel* II BNW *vruchtbaarmakend*
fertilisation v *(het) vruchtbaar maken*
fertiliser OV WW *vruchtbaar maken*; *bemesten*; *verrijken*
fertilité v OOK FIG. *vruchtbaarheid*
féru BNW (~ **de**) *verzot op*; *bezeten van*
férule v *plak* ‹v. schoolmeester› ★ être sous la ~ (de) *onder de plak zitten (van)*
fervent I m *vurig bewonderaar/aanhanger (***de** *van)* II BNW *vurig*; *hartstochtelijk*; *innig*; *fervent*
ferveur v FIG. *vuur*; *innigheid*; *hartstocht*; *grote ijver*
fesse v *bil* ★ INF. serrer les ~s *'m knijpen* ★ INF. poser ses ~s *(op zijn krent) gaan zitten* ★ INF. ... de mes ~s *flut-* ★ INF. histoire de ~s *seksavontuurtje*; *schunnig verhaal*
fessée v *pak voor de broek*; OOK FIG. *pak slaag*
fesse-mathieu m [mv: **fesse-mathieux**] *vrek*
fesser OV WW *voor de broek geven*
fessier I m *de billen*; *achterwerk* II BNW [v: **fessière**] *bil-*
festif BNW [v: **festive**] *feest-*
festin m *feestmaal*; *festijn*
festival m [mv: **festivals**] • *festival* • INF./FIG. *fraai(e) staaltje(s)*
festivalier [v: **festivalière**] I m *festivalganger* II BNW *festival-*
festivité v meestal mv *feest(elijkheid)*; *festiviteit*
feston m • *festoen*; *(bloemen)slinger*; *lofwerk* • *festo(e)n*; *gelobde, geborduurde zoom*
festonner OV WW *met festoenen versieren*; *festonneren*
festoyer ON WW *fuiven*; *feestvieren*
fêtard m [v: **fêtarde**] INF. *fuifnummer*; *pretmaker*
fête v • *feest* • *naamdag*; *feestdag* ★ en fête *in feeststemming* ★ jour de fête *feestdag* ★ fête des mères *moederdag* ★ faire fête à qn *iem. feestelijk ontvangen* ★ faire la fête *fuiven*; *veel pret maken* ★ se faire une fête de qc *zich op iets verheugen* ★ ce n'est pas tous les jours fête *het is niet alle dagen kermis* ★ souhaiter la fête à qn *iem. op zijn naamdag gelukwensen* ★ ne pas être à la fête *z'n lol wel op kunnen* ★ être de la fête *van de partij zijn*
Fête-Dieu v *Sacramentsdag*
fêter OV WW • *vieren* • *feestelijk ontvangen*; *fêteren*
fétiche I m *fetisj*; *voorwerp van blinde verering* II BNW *hogelijk vereerd*; *lievelings-*
fétichisme m *fetisjisme*; *blinde verering*
fétichiste I m/v *fetisjist* II BNW *fetisjistisch*
fétide BNW *stinkend*; *walgelijk*
fétidité v *stank*
fétu m *strootje* ★ pas un fétu *geen zier*
feu I m • OOK FIG. *vuur* • *brand* • *licht*; *verkeerslicht*; *kustlicht* • *(gas)pit*; *brander* • *branderigheid*; *gloed* ★ en feu OOK FIG. *in brand*; *gloeiend* ★ feux de Bengale *Bengaals vuur* ★ feu d'artifice *vuurwerk* ★ feu du ciel *bliksem*; *hemelvuur* ★ n'avoir ni feu ni lieu *huis noch haard hebben* ★ faire du feu *vuur aanleggen* ★ être tout feu tout flammes *laaiend enthousiast zijn* ★ mettre à feu et à sang *te vuur en te zwaard verwoesten*; *verwoestend huishouden in* ★ j'en mettrais ma main au feu *ik zou er mijn hand voor in het vuur willen steken* ★ feu Saint-Elme *sint-elmsvuur* ★ prendre feu OOK FIG. *vlam vatten* ★ il n'y voit que du feu *hij begrijpt er niets van*; *het ontgaat hem volkomen* ★ au feu! *brand!* ★ arme à feu *vuurwapen* ★ bouche à feu *vuurmond*; *kanon* ★ coup de feu *schot* ‹v. vuurwapen› ★ être (pris) entre deux feux *tussen twee vuren zitten* ★ faire feu *vuur geven*; *vuren* ★ condamner au feu *tot de brandstapel veroordelen* ★ feu arrière *achterlicht* ★ feu (de) stop *remlicht* ★ feu de position *parkeerlicht*; *navigatielicht* ★ feu de croisement *dimlicht* ★ feux de route *groot licht* ★ feux de stationnement *parkeerlicht* ★ FIG. donner le feu vert FIG. *het groene licht geven* ★ feu roulant *trommelvuur*; OOK FIG. *spervuur* ★ faire feu de tout bois *alles in het werk stellen* ★ jouer avec le feu FIG. *met vuur spelen* ★ mettre le feu à *in brand steken* ★ il n'y a pas le feu! *kalm aan!*; *het heeft niet zo'n haast!* ★ faire mourir à petit feu *tergend langzaam doen sterven* ★ faire feu des quatre fers/pieds *zich het vuur uit de sloffen lopen* ★ feu sacré *heilig vuur* ★ aller au feu *ten strijde trekken*; *vuurvast zijn* ★ dans le feu de l'action *in het vuur van de strijd* ★ mettre pleins feux sur FIG. *in de schijnwerpers zetten* ★ à feu doux *op een zacht pitje* ★ faire long feu *op niets uitlopen*; *mislukken* ★ ne pas faire long feu *niet van lange duur zijn* ★ INF. avoir le feu au derrière/au cul/dans les fesses *gehaast zijn*; *niet stil kunnen zitten* ★ brûler/griller le feu *door rood licht rijden* ★ feux de détresse *alarmknipperlichten* ‹v. auto› ★ feu (de signalisation)/feux tricolores *verkeerslicht(en)* II BNW *wijlen* ★ feu la princesse/la feue princesse *wijlen de prinses*
feudataire m GESCH. *leenman*
feuillage m *gebladerte*; *loof(werk)*
feuillaison v *bladvorming*; *uitbotting*
feuille v • PLANTK. *blad* • *blad* ‹papier›; *vel* • *blad* ‹tijdschrift, krant› • *blad* ‹folie, plaat› • *formulier*; *biljet* ★ ~ morte *dor blad* ★ ~ de vigne *wingerdblad*; FIG. *vijgenblad* ★ ~ volante *los blaadje* ★ ~ de paye *loonstrookje* ★ ~ de présence *presentielijst* ★ ~ de route *marsorder* ★ ~ de chou *prulblaadje*; *vod* ‹tijdschrift, krantje› ★ ~ de placage *fineer* ★ INF. dur de la ~ *hardhorend* ★ trembler comme une ~ *beven als een riet* ★ acier en ~/~ d'acier *plaatstaal*
feuillée v • FORM. *bladerdak* • mv MIL. *veldlatrine*
feuille-morte BNW *met de (gele) kleur van dorre bladeren*
feuillet m • *blad* ‹v. boek›; *blaadje* • *plaatje*; *laagje* • *boekmaag*
feuilleté I m *bladerdeeggebak* II BNW • *bladerig*

F

• *gelaagd*; *gelamineerd* ★ pâte ~e *bladerdeeg*

feuilleter OV WW *doorbladeren* ★ ~ de la pâte *bladerdeeg maken*

feuilleton m *feuilleton*; *(radio-, televisie)serie*

feuillu BNW *bladerrijk* ★ (arbre) ~ *loofboom*

feuillure v *sleuf*; *sponning*

feuler ON WW *blazen* ‹v. kat›; *brullen* ‹v. tijger›

feutrage m *vervilting*

feutre m • *vilt* • *vilten hoed* • *viltstift* ★ crayon(-)~/stylo(-)~ *viltstift*

feutré BNW • *vilten*; *vervilt* • FIG. *gedempt* ★ à pas ~s *sluipend*; *geruisloos*; *op kousenvoeten* ★ en termes ~s *in bedekte termen*

feutrer OV WW *(ver)vilten*

feutrine v *wolvilt*

feux m mv → **feu**

fève v *(wikke)boon*; *tuinboon* ★ la fève des rois *driekoningenboon* ‹boon of figuurtje in driekoningenbrood› ★ fève de cacao *cacaoboon*

février m *februari*

fez m *fez*

fi FORM. TW *foei!* ★ fi donc! *foei!* ★ faire fi de *de neus optrekken voor*; *maling hebben aan*

fiabiliser OV WW *betrouwbaar(der) maken*

fiabilité v *betrouwbaarheid*; *bedrijfszekerheid*

fiable BNW *betrouwbaar*; *bedrijfszeker*

fiacre m *aapje*; *huurrijtuig*

fiançailles v mv *verloving*

fiancé m [v: **fiancée**] *verloofde*

fiancer I OV WW *verloven* II WKD WW (**se** ~) *zich verloven (***avec** *met)*

fiasco m *mislukking*; *fiasco* ★ faire ~ *fiasco lijden*; *mislukken*; *floppen*

fiasque m *mandfles*; *strofles*

fibranne v *celvezel*

fibre v • *vezel* • *gevoel(ens)* ★ ~ de bois *houtwol* ★ ~ optique *optische glasvezel* ★ ~ de verre *glasvezel* ★ avoir la ~ maternelle *een echt moedertje zijn*

fibreux BNW [v: **fibreuse**] *vezelig*; *vezel-*

fibrillation v *fibrillatie*

fibrille v *vezeltje*; *fibril*

fibrome m *bindweefselgezwel*; *fibroom*

fibule v *fibula*

ficelage m *(het) vastbinden met touw*

ficeler OV WW *vastbinden met touw* ★ ~ un paquet *een touwtje om een pakje doen* ★ mal ficelé *raar uitgedost*; *sjofel gekleed* ★ travail bien ficelé *goed stuk werk*

ficelle v • *touwtje* • vaak mv *kneep(je)*; *foefje* • *dun stokbrood* ★ tirer les ~s FIG. *aan de touwtjes trekken* ★ INF. tirer sur la ~ *iets te ver drijven*; *te veel willen*

fichage m *(het) opnemen in een kaartsysteem*

fiche v • *blaadje met gegevens*; *(systeem)kaart*; *briefje*; *bonnetje*; *fiche* • *pin*; *spie*; *stekker*; *plug* • *speelpenning*; *fiche* ★ ~ de contact *stopcontact* ★ ~ domino/multiple *verdeelstekker* ★ ~ technique *blaadje met technische gegevens* ★ ~ de paye *loonstrookje*

ficher I OV WW • *op fiches zetten*; *in een kaartsysteem opnemen*; *ficheren*; *registreren* • *met de punt slaan in*; *indrijven* • INF. *geven*; INF. *doen*; INF. *gooien*; *smijten* ★ fiche-moi le camp *smeer 'm*; *loop naar de bliksem* ★ ~ une gifle *een klap verkopen* ★ je t'en fiche! *dat had je gedacht!* ★ INF. fiche-moi la paix *laat me met rust* ★ INF. ~ qn à la porte *iem. de deur uitgooien* ★ il n'a rien fichu *hij heeft niks uitgevoerd* II WKD WW (**se** ~) INF. *zich werpen*; *(ge)raken* ★ se ~ de *maling hebben aan*; *spotten met* ★ je m'en fiche *ik heb er maling aan*; *het kan me geen steek schelen* ★ se ~ dedans *het mis hebben*

fichier m • *(gegevens)bestand* • *kaartenbak* • *kaartsysteem*

fichtre TW INF. *drommels!*; *verrek!*

fichtrement BIJW INF. *drommels*; *verrekt*

fichu I m *halsdoek*; *hoofddoek*; *fichu* II BNW INF. • *beroerd*; *drommels*; *rot-* • *naar de bliksem*; *verloren* • *in staat (***de** *om)* ★ être mal ~ *slecht in elkaar zitten*; *zich beroerd voelen* ★ il est ~ *het is met hem gedaan* ★ être bien ~ *goed in elkaar zitten*; *goed gebouwd zijn* III WW (volt. deelwoord) → **ficher**

fictif BNW [v: **fictive**] *ingebeeld*; *fictief*; *denkbeeldig*; *gefingeerd*; *schijn-*

fiction v *verzinsel*; *fictie*

fidèle I m/v • *aanhanger*; *getrouwe* • *gelovige* II BNW • *trouw*; *getrouw (***à** *aan)* • *betrouwbaar* ★ être ~ à soi-même *zichzelf zijn*

fidélisation v *klantenbinding*

fidéliser OV WW *voor zich winnen*; *(aan zich) binden* ‹v. klanten›

fidélité v • *trouwheid*; *getrouwheid* • *betrouwbaarheid* ★ haute ~ *hifi*

fiduciaire BNW *fiduciair* ★ (société) ~ *trustmaatschappij*

fief m • GESCH. *leen(goed)* • FIG. *domein*; *bolwerk* ★ fief électoral *kiesdistrict waar men de meerderheid heeft*

fieffé BNW PEJ. *volslagen*; *aarts-*; *verstokt* ★ ~ menteur *aartsleugenaar*

fiel m • *gal* ‹v. dieren› • FIG. *gal*; *wrok*; *bitterheid*

fielleux BNW [v: **fielleuse**] *bitter*; FIG. *gallig*; *hatelijk*

fiente v *drek*; *(vogel)poep*

fienter ON WW *poepen* ‹vooral v. vogels›

fier (*zeg:* fjèr/(ww) fjee) I m ★ faire le fier *zich groot houden*; *uit de hoogte doen* II BNW [v: **fière**] • *trots (***de** *op)* ‹in alle betekenissen› • INF. *deksels* ‹vóór znw.›; *geweldig* ★ âme fière *edele ziel* ★ INF. ne pas être fier *zich klein maken*; *bang/bedremmeld/gegeneerd zijn*; *flink in de rats zitten* III WKD WW (**se** ~ **à**) *vertrouwen op*; *rekenen op*

fièrement BIJW *trots*; *fier*

fierté v *trots* ‹in alle betekenissen›; *fierheid* ★ en tirer ~ *er trots op zijn*

fiesta v INF. *zuippartij*; *feestje*; *boemel(arij)*

fièvre v • *koorts* • FIG. *koortsachtigheid*; *opwinding*; *hectiek* ★ ~ jaune *gele koorts* ★ ~ de l'or *goudkoorts*

fiévreusement BIJW → **fiévreux**

fiévreux BNW [v: **fiévreuse**] OOK FIG. *koortsachtig*; *koortsig*

fifille v INF. *klein meisje*; *dochtertje*

fifre m • *dwarsfluitje* • *pijper*; *fluitspeler*

figer I OV WW *doen stollen*; *stijf doen worden*; OOK FIG. *doen verstarren* ★ expression figée

vaste/versteende uitdrukking ★ un sourire figé *een stijf, gedwongen lachje* ★ figé sur place *als aan de grond genageld* **II** WKD WW (**se** ~) *stollen; stijf worden;* OOK FIG. *verstarren*
fignolage m *minutieuze afwerking; peuterwerk*
fignoler OV WW *minutieus afwerken; bijvijlen*
fignoleur m [v: **fignoleuse**] *pietje precies*
figue v *vijg* ★ ~ de Barbarie *cactusvijg* ★ mi-~, mi-raisin FIG. *halfslachtig; halfhalf; zuurzoet*
figuier m *vijgenboom*
figurant m [v: **figurante**] *figurant*
figuratif BNW [v: **figurative**] *figuratief; beeld-*
figuration v • *voorstelling in beelden* • *de figuranten* • *figurantenrol* ★ faire de la ~ OOK FIG. *(slechts) een figurantenrol spelen*
figure v • *figuur* ‹in alle betekenissen› • *gezicht; gelaat* ★ ~ de style *stijlfiguur* ★ faire ~ de *figureren als; doorgaan voor* ★ faire bonne ~ *een goed figuur slaan* ★ faire piètre ~ *een pover figuur slaan* ★ faire triste ~ *er somber uitzien* ★ INF. se casser la ~ OOK FIG. *op z'n bek gaan* ★ SPORT ~s imposées *verplichte kür* ★ SPORT ~s libres *vrije kür*
figuré BNW • *met afbeeldingen* • *figuurlijk* • *beeldend* ★ style ~ *beeldende stijl* ★ au (sens) ~ *in figuurlijke betekenis*
figurer I OV WW *voorstellen; afbeelden; uitbeelden* **II** ON WW OOK FIG. *figureren* ★ ~ sur une liste *op een lijst voorkomen/staan* ★ ~ parmi les premiers *een van de eersten zijn* **III** WKD WW (**se** ~) *zich voorstellen; zich verbeelden*
figurine v *beeldje*
fil m • OOK FIG. *draad; lijn; snoer* • *(ver)loop* • *scherp; snede* ★ fil à broder *borduurgaren* ★ avoir qn au bout du fil *iem. aan de (telefoon)lijn hebben* ★ fil à coudre *naaigaren* ★ INF. passer un coup de fil à qn *iem. opbellen* ★ donner du fil à retordre *veel te stellen geven; heel wat last bezorgen* ★ fil de fer *ijzerdraad* ★ perdre le fil FIG. *de draad kwijtraken* ★ reprendre le fil *de draad weer opnemen* ★ fil de perles *parelsnoer* ★ fil à plomb *schietlood* ★ fil télégraphique *telegraafdraad* ★ de fil en aiguille *langzamerhand; stukje bij beetje* ★ ne tenir qu'à un fil *aan een zijden draadje hangen* ★ fils de la vierge *herfstdraden* ★ fil dentaire *tandzijde; floss(zijde)* ★ au fil de *in de loop van* ★ au fil de l'eau *met de stroom mee* ★ sans fil *draadloos* ★ pur fil (de lin) *zuiver linnen* ★ sur le fil de rasoir *op het scherp van de snede* ★ de droit fil *recht van draad* ★ couper dans le fil *met de draad mee snijden* ★ c'est cousu de fil blanc *dat ligt er (duimen)dik bovenop; dat is volkomen doorzichtig* ‹v. leugen, bedrog› ★ il n'a pas inventé le fil à couper le beurre *hij heeft het buskruit niet uitgevonden* ★ tenir les fils FIG. *aan de touwtjes trekken* ★ avoir un fil à la patte *een blok aan het been hebben* ★ dans le droit fil de FIG. *(geheel) in de lijn van*
filament m *draadje; vezeltje; gloeidraad*
filandreux BNW [v: **filandreuse**] • *vezelig; met taaie vezels* • *langdradig (en verward)*
filant BNW *stroperig; dikvloeibaar* ★ étoile ~e *vallende ster* ★ pouls ~ *zeer zwakke pols*
filasse v *gehekeld vlas of hennep* ★ blond ~ *vlasblond*
filature v • *spinnerij* • *(het) spinnen* • *(het) schaduwen* ‹v. verdachte e.d.› ★ prendre en ~ *schaduwen*
file v • *rij* ‹achter elkaar› • *rijstrook* ★ à la file/en file *achter elkaar* ★ en file indienne *achter elkaar (lopend); in ganzenpas* ★ file d'attente *rij van wachtenden* ★ chef de file *leider* ★ prendre la file *(achteraan) in de rij gaan staan* ★ stationner en double file *dubbel parkeren*
filer I OV WW • *spinnen;* OOK FIG. *uitspinnen; trekken* ‹v. metaal(draad)› • *vieren* ‹v. lijn› • INF. *geven* • *schaduwen* ‹v. verdachte e.d.› ★ ~ 30 nœuds *30 knopen varen* **II** ON WW • *(langzaam) uitvloeien* • *(hoog) uitschieten* • *snel (weg)gaan;* FIG. *voorbijvliegen* • INF. *ervandoor gaan* • *ladderen* ‹v. kous, maas› ★ ~ à l'anglaise *er stiekem tussenuit knijpen* ★ INF. ~ doux *zoete broodjes bakken*
filet m • *net* • *draadje; vezeltje* • *straaltje; scheutje* • *filet* • *lijntje; randje; bies* ★ coup de ~ *vangst* ★ ~ (de sécurité) *vangnet* ★ ~ de bœuf *ossenhaas* ★ ~ de voix *schraal stemmetje* ★ ~ de fumée *rookpluimpje* ★ ~ (de la langue) *tongriem* ★ ~ (de vis) *schroefdraad* ★ attirer qn dans ses ~s *iem. in zijn strikken vangen* ★ tendre un ~ *een valstrik spannen* ★ bas en ~ *netkous*
filetage m *(het snijden van) schroefdraad*
fileter OV WW *snijden* ‹v. schroefdraad›; *trekken* ‹v. metaaldraad›
fileur m [v: **fileuse**] *spinner*
filial BNW [m mv: **filiaux**] *kinder-; kinderlijk* ★ amour ~ *kinderliefde* ‹jegens ouders›
filiale v *dochteronderneming; filiaal*
filiation v • *afstamming* • *samenhang; opeenvolging*
filière v • FIG. *gewone weg* • *reeks fasen of stappen* • *draadtrekijzer; draadsnij-ijzer* • *filière* ★ suivre la ~ *de normale hiërarchische weg volgen; de leercyclus/productieketen doorlopen; zich omhoogwerken* ★ démanteler une ~ *een (drugs)netwerk oprollen* ★ la ~ agroalimentaire *de voedingsmiddelensector; de bedrijfskolom voor voedingsmiddelen*
filiforme BNW • *draadvormig* • INF. *broodmager*
filigrane m • *filigraan(werk)* • *watermerk* ★ lire en ~ *tussen de regels door lezen*
filin m SCHEEPV. *tros; kabel*
fillasse v PEJ. *meid; trien*
fille v • *dochter* • *meisje* ★ jeune ~ *(jong) meisje* ★ ~ de joie *meisje van plezier* ★ vieille ~ *oude vrijster* ★ rester ~ *ongetrouwd blijven* ‹v. vrouwen› ★ la ~ aînée des rois de France *de universiteit* ★ la ~ aînée de l'Eglise *Frankrijk*
fille-mère m [mv: **filles-mères**] *ongehuwde moeder*
fillette v • *(klein) meisje* • INF. *halve fles (wijn)*
filleul m [v: **filleule**] OOK FIG. *petekind*
film m • *film* • *film; dun laagje; folie* ★ film des évènements *loop/overzicht v.d. gebeurtenissen* ★ le grand film *de hoofdfilm*
filmage m *(het) filmen*
filmer OV WW *(ver)filmen*

filmique BNW *film-; filmisch*
filmologie V *filmkunde*
filmothèque V *(micro)filmarchief*
filon m • *ertsader* • FIG. *goudmijn(tje); luizenbaan*
filou m *schurk; boef(je)*
filouter OV WW • *oplichten; bestelen* (**de** *van*) • VERO. *ontfutselen; bietsen* (**à** *van*)
fils (*zeg:* fies) m OOK FIG. *zoon* ★ un fils de famille *een jongeman van goeden huize* ★ le fils de l'homme *de mensenzoon* ★ de père en fils *van vader op zoon* ★ tel père, tel fils *de appel valt niet ver van de boom* ★ Dumas fils *Dumas junior*

F

filtrage m • *filtrering* • FIG. *schifting*
filtration V *filtrering*
filtre m *filter* ★ (bout) ~ *sigarettenfilter* ★ ~ à air *luchtfilter*
filtrer I OV WW • *filtreren;* OOK FIG. *filteren* • FIG. *zeven;* FIG. *schiften; screenen* II ON WW OOK FIG. *doorsijpelen; filtreren*
fin I V • *einde* • *doel; oogmerk* ★ à la fin *(uit)eindelijk; ten slotte* ★ en fin de compte *per slot van rekening* ★ fins de série *winkelrestanten* ★ mener à bonne fin *tot een goed einde brengen; afmaken* ★ prendre fin *eindigen* ★ mettre fin à *een eind maken aan* ★ tirer/toucher à sa fin *op z'n eind lopen* ★ arriver/en venir à ses fins *zijn doel bereiken* ★ à cette fin *daartoe* ★ la fin justifie les moyens *het doel heiligt de middelen* ★ les fins dernières *de vier uitersten* ★ répond à la fin/des fins! *antwoord nou eens!* ★ à toutes fins utiles *voor zover nodig; ten overvloede* ★ à seule fin de *alleen maar om* ★ arrondir ses fins de mois *wat bijverdienen (om rond te komen)* ★ sans fin *zonder einde; eindeloos* ★ on n'en voit pas la fin *er komt geen einde aan* ★ la fin couronne l'œuvre *eind goed, al goed* II BNW • *fijn* ‹in alle betekenissen› • FIG. *scherp; scherpzinnig; slim* • *bekwaam* ★ pierre fine *echte steen; halfedelsteen* ★ taille fine *slanke taille* ★ au fin fond de *diep in; in het hartje van* ★ le fin mot *het laatste woord; het fijne v.d. zaak* ★ fin connaisseur *groot kenner* ★ jouer aux plus fins (avec) *iem./elkaar te slim af proberen te zijn* ★ le fin du fin *het fijnste v.h. fijnste; het puikje* III BIJW • *fijn* • *volslagen* ★ fin prêt *geheel klaar* ★ moudre fin *fijn malen*
final BNW [m mv: **finaux, finals**] *laatst; eind-; slot-* ★ proposition ~e *doelaanwijzende bijzin*
finale I m MUZ. *finale* II V • *finale; eindstrijd* • *slotlettergreep*
finalement BIJW *ten slotte*
finaliste m/v *finalist* ★ ~ malheureux *verliezend finalist*
finalité V *doel(gerichtheid); finaliteit*
finance V • *financiewezen; geld- en bankwezen; de financiers* • mv *financiën; geldmiddelen* ★ la haute ~ *de grote bankiers/financiers*
financement m *financiering*
financer I OV WW *financieren; bekostigen* II ON WW INF. *dokken*
financier [v: **financière**] I m *financier* II BNW *financieel; geldelijk; geld-*
finasser ON WW INF. *draaien; uitvluchten gebruiken*
finasserie V INF. *draaierij; slimmigheidje*
finaud I m [v: **finaude**] *goochemerd; slimmerd* II BNW *(boeren)slim; goochem*
fine V *fijne brandewijn*
finement BIJW *fijn(tjes)*
finesse V • *fijnheid* • *slankheid* • FIG. *scherpte; scherpzinnigheid; schranderheid; geestigheid* • mv *finesses; nuances*
fini I m • *(het) eindige* • *(fraaie) afwerking* II BNW • *klaar; beëindigd; af(gewerkt)* • *voorbij* • *eindig* • PEJ. *aarts-; volleerd* ★ produit fini *eindproduct* ★ menteur fini *aartsleugenaar* ★ il est fini *het is gedaan met hem*
finir I OV WW • *eindigen, beëindigen; afmaken; afwerken* • *opgebruiken* ★ ~ ses jours *zijn laatste levensdagen slijten* ★ ~ un plat *een gerecht opeten* ★ ~ un verre *een glas leegdrinken* II ON WW • *eindigen; aflopen* ★ il a fini par payer *ten slotte heeft hij betaald* ★ il ~a mal *het zal slecht met hem aflopen* ★ en ~ avec *een eind maken aan; uit de weg ruimen* ★ ~ par faire qc *uiteindelijk (nog) iets doen* ★ tu vas ~ par tomber! *dadelijk val je nog!* ★ n'en pas/plus ~ (de) *steeds maar doorgaan/talmen (met)* ★ pour ~ *ten slotte; uiteindelijk* • (~ **de**) *ophouden met* [+ inf.] • (~ **en**) *eindigen op; uitlopen op*
finish m *laatste inspanning; laatste loodjes;* OOK FIG. *eindsprint* ★ au ~ *tot uitputtens toe; tot het bittere einde*
finissage m *afwerking*
finisseur m [v: **finisseuse**] • *afwerker* • SPORT *finisher*
finition V *afwerking*
finlandais I m *(het) Fins* II BNW *Fins*
Finlandais m [v: **Finlandaise**] *Fin*
Finlande V *Finland*
finnois I m *(het) Fins* II BNW *Fins*
fiole V • *flesje; fiool* • INF. *snuit; smoel*
fiord m [**fjord**] *fjord*
fioritures V MV VAAK FIG. *versieringen; fiorituren; tierelantijnen*
fioul m *stookolie*
firmament m *uitspansel; firmament*
firme V *firma*
fis WW (passé simple) → **faire**
FIS AFK (Front islamique du salut) *FIS* ‹Islamitisch Bevrijdingsfront›
fisc (*zeg:* fiesk) m *fiscus*
fiscal BNW [m mv: **fiscaux**] *fiscaal; belasting-*
fiscalisation V *(het) belastbaar maken; fiscalisering*
fiscaliser OV WW *belasten; fiscaliseren*
fiscalité V *belastingwezen; fiscaliteit*
fissible BNW *splijtbaar*
fissile BNW *splijtbaar*
fission V *splijting; (kern)splitsing*
fissionner OV WW *splijten; splitsen*
fissuration V *splijting; scheurvorming*
fissure V *spleet;* OOK FIG. *barst*
fissurer I OV WW OOK FIG. *splijten* II ON WW *splijten; barsten*
fiston m INF. *zoon; (m'n) jongen*
fistule V *fistel*
fit WW (passé simple) → **faire**

FIV AFK (fécondation in vitro) *in-vitrobevruchting; ivf*
fixage m *(het) fixeren*
fixateur I m • *fixeer(middel); versteviger* • *fixeerspuit* • *fixatief* **II** BNW [v: **fixatrice**] *fixeer-*
fixatif m *fixatief* ‹voor tekeningen, haar›; *fixeermiddel; haarversteviger*
fixation v • *(het) vastmaken* • *bevestiging(smiddel); binding* ‹v. ski› • *(het) vastleggen; vaststelling* • *fixering* ‹v. tekeningen, negatieven e.d.› • *(het) zich vestigen* • PSYCH. *fixatie (***sur** *op)* ★ faire une ~ sur *gefixeerd zijn op*
fixe I m *vast inkomen* **II** BNW *vast; onveranderlijk* ★ beau fixe *mooi en bestendig weer* ★ idée fixe *dwangvoorstelling; idee-fixe* ★ regard fixe *strakke blik* ★ être au beau fixe *mooi en bestendig zijn* ‹v. weer e.d.; ook fig.› ★ à heure fixe *op gezette tijd(en)* ★ prix fixe *vaste prijs* **III** TW MIL. *sta!*
fixer I OV WW • *vastmaken; bevestigen* • *fixeren* ‹v. tekening, negatief e.d.› • *vestigen (***sur** *op)* • *vaststellen; vastleggen* • *strak aankijken; fixeren* ★ ~ une heure *een uur vaststellen* ★ ~ le prix *de prijs bepalen* ★ ~ l'attention sur qc *de aandacht op iets richten* ★ ~ qn sur *iem. uitsluitsel geven over* ★ être fixé sur *gericht zijn op; besloten zijn over; het nodige weten van* **II** WKD WW (**se** ~) • *zich vestigen (***sur** *op)* • *vaste vorm krijgen* ★ se ~ un but *zich een doel stellen* ★ son choix/il s'est fixé sur *zijn keus is gevallen op*
fixité v *strakheid* ‹v. blik›; *vastheid; onveranderlijkheid*
fjord (*zeg:* fjor(d)) m [**fiord**] *fjord*
flac TW *klets!; plons!*
flacon m • *stopfles* • *fles(je); flacon*
flafla m [**fla-fla**] INF. *poeha*
flagada BNW INF. *futloos; slapjes*
flagellation v *geseling; flagellatie*
flagelle m *zweephaar; zweepdraad*
flageller OV WW OOK FIG. *geselen*
flageoler ON WW *knikken* ‹v. knieën›; *trillen* ‹v. benen›
flageolet m *flageolet* ‹in alle betekenissen›
flagorner OV WW LIT. *flikflooien tegen; vleien*
flagornerie v LIT. *flikflooierij; lage vleierij*
flagorneur m [v: **flagorneuse**] LIT. *flikflooier; lage vleier*
flagrant BNW *overduidelijk; flagrant* ★ (pris) en ~ délit *op heterdaad (betrapt)*
flair m • *reukzin* ‹v. dieren› • FIG. *fijne neus; intuïtie (voor iets)*
flairer OV WW • OOK FIG. *ruiken* • OOK FIG. *lucht krijgen van* • *beruiken; besnuffelen*
flamand I m *(het) Vlaams* **II** BNW *Vlaams*
Flamand m,v [v: **Flamande**] *Vlaming*
flamant m *flamingo*
flambage m *(het) zengen; (het) schroeien*
flambant BNW *vlammend* ★ ~ neuf *gloednieuw*
flambard m ★ INF. faire le ~ FIG. *opscheppen*
flambeau m [mv: **flambeaux**] • OOK FIG. *fakkel* • *hoge kandelaar* ★ retraite aux ~x *fakkeloptocht* ★ passer le ~ FIG. *de fakkel doorgeven*
flambée v • *fel vuurtje* • *opwelling; uitbarsting; vlaag* ★ ~ des prix *plotselinge prijsstijging*
flamber I OV WW • *zengen; afbranden; schroeien* • *flamberen* • *erdoor jagen* ‹v. geld› **II** ON WW • *vlammen;* OOK FIG. *branden* • INF. *om grof geld spelen* ★ faire ~ les prix *de prijzen opjagen* ★ INF. être flambé *verloren zijn; geruïneerd zijn*
flambeur INF. m [v: **flambeuse**] *iem. die om grof geld speelt; patser*
flamboiement m OOK FIG. *(het) vlammen*
flamboyant BNW • OOK FIG. *vlammend; schitterend; fonkelend* • ARCHIT. *flamboyant*
flamboyer ON WW OOK FIG. *vlammen; schitteren; fonkelen*
flamingant I m *flamingant; Vlaamsgezinde* **II** BNW • *Vlaamssprekend* • *Vlaamsgezind*
flamme v • *vlam* • FIG. *vuur; gloed* ★ en ~s *in brand; in lichterlaaie* ★ déclarer sa ~ à qn *iem. de liefde verklaren* ★ ~ (postale) *vlag* ‹v. poststempel›
flammèche v *vonk; vuursprank*
flan m *eiervla(gebak)* ★ INF. c'est du flan! *lariekoek!*
flanc (*zeg:* fla(n)) m *zijkant; zij(de); flank* ★ à ~ de coteau *op de helling (v.d. heuvel)* ★ être sur le ~ *doodmoe zijn; bedlegerig zijn;* FIG. *geveld zijn* ★ prêter le ~ à *zich blootstellen aan* ★ INF. tirer au ~ *lijntrekken; niksen; zich drukken*
flancher ON WW INF. *afhaken; opgeven; het laten afweten; het begeven*
Flandre v *Vlaanderen*
flandrin m INF. *lange slungel*
flanelle v *flanel*
flâner ON WW • *flaneren; rondslenteren* • *lummelen; rondhangen*
flânerie v *(het) (rond)slenteren; (het) kuieren*
flâneur m [v: **flâneuse**] • *flaneur; wandelaar* • *lanterfanter*
flanquer OV WW • *flankeren* • INF. *geven; bezorgen* • INF. *smijten* ★ flanqué de *geflankeerd door* ★ ~ une gifle *een klap verkopen*
flapi BNW INF. *bekaf; doodmoe*
flaque v *plas* ★ ~ d'eau *plas water*
flash m • *flits(licht); flitstoestel* • FIG. *flits; gedachteflits; nieuwsflits*
flash-back (*zeg:* flasjbak) m (onver.) *flashback; terugblik*
flasher ON WW (~ **sur**) *vallen op; gecharmeerd zijn van*
flasque I m TECHN. *zijbekleding; zijstuk* **II** v *plat flesje; heupfles* **III** BNW *slap; week*
flatter I OV WW • *vleien (***de** *met);* FIG. *strelen* • *flatteren* • *aaien* ‹v. dieren› ★ ~ les défauts de qn *iemands zwakheden aanmoedigen* **II** WKD WW (**se** ~) (**de**) *zich vleien (***de** *met); zich laten voorstaan (***de** *op)*
flatterie v *compliment(je); vleierij*
flatteur [v: **flatteuse**] **I** m/v *vleier* **II** BNW *vleiend; flatteus*
flatulence v *winderigheid; flatulentie*
flatulent BNW *winderig; flatulent*
flatuosité v • *darmgas* • *flatulentie*
fléau m [mv: **fleaux**] • *plaag* • *dorsvlegel* • *juk* ‹v. weegschaal›
fléchage m *bewegwijzering* ‹met pijlen›

F

fléché BNW *met pijl(en)*
flèche V • *pijl*; *schicht* • *(toren)spits* • *lang en spits voorwerp*; *(dissel)boom*; *arm* ‹v. hijskraan› ★ en ~ *pijlsnel*; *als een pijl*; FIG. *voorop(lopend)* ★ PLANTK. ~ d'eau *pijlkruid* ★ ~ (de lard) *zij spek* ★ faire ~ de tout bois *alle middelen aanwenden*
flécher OV WW *met pijlen markeren*
fléchette V *pijltje* ★ (jeu de) ~s *darts*
fléchir I OV WW • *buigen* • *vermurwen* ★ ~ les genoux (devant) OOK FIG. *knielen (voor)* II ON WW • *(door)buigen* • *zwichten* (**devant** *voor*); *toegeven* • FIG. *verslappen*; *afnemen*; *dalen*
fléchissement M • *(het) (door)buigen* • FIG. *verslapping*; *achteruitgang*; *daling*
F
flegmatique BNW *flegmatiek*
flegme M *flegma*; *onverstoorbare kalmte*
flemmard [v: **flemmarde**] INF. I M *luilak* II BNW *lui*
flemmarder ON WW INF. *luieren*; *niksen*
flemmardise V INF. *luilakkerij*
flemme (*zeg:* flèm) V INF. ★ avoir la ~ *lui/ lamlendig zijn* ★ avoir la ~ de [+ inf.] *geen fut hebben om*
Flessingue V *Vlissingen*
flet M *bot* ‹vis›
flétan M *heilbot*
flétri BNW • *verlept* • *gerimpeld*; *slap* ‹v. huid›
flétrir I OV WW • *doen verwelken*; OOK FIG. *doen verleppen* • OOK FIG. *brandmerken*; *schandvlekken* II WKD WW (**se** ~) *verwelken*; OOK FIG. *verleppen*
flétrissure V • *(het) verwelken*; *verleptheid* • OOK FIG. *brandmerk*; *schandvlek*
fleur V • *bloem*; *bloesem* • OOK FIG. *bloei* • *kaam* ★ en ~(s) *in bloei* ★ ~ (de farine) *bloem* ‹meel› ★ ~s coupées *snijbloemen* ★ la (fine) ~ *het puikje*; *het fijnste* ★ à la ~ de l'âge *in de bloei v.h. leven* ★ à ~ de *aan het oppervlak van* ★ yeux à ~ de tête *uitpuilende ogen* ★ avoir les nerfs à ~ de peau *één bonk zenuwen zijn* ★ sensibilité à ~ de peau *overgevoeligheid* ★ faire une ~ à qn *iem. ter wille zijn* ★ être ~ bleue *sentimenteel, romantisch zijn* ★ INF. comme une ~ *gemakkelijk*; *alsof het niets is*
fleurer FORM. ON WW *geuren naar*; OOK FIG. *rieken naar*
fleuret M *floret*
fleurette V VERO. *bloempje* ★ conter ~ à une fille *een meisje het hof maken*
fleuri BNW • *gebloemd* • *bloeiend*; *in bloei* • *fris* ‹v. teint›; *gezond*; *blozend* • OOK FIG. *bloemrijk*; *wit* ‹v. (baard)haar› ★ la boutonnière ~e *met een bloem in het knoopsgat* ★ Pâques ~es *Palmpasen*
fleurir I OV WW *opfleuren (met bloemen)* II ON WW OOK FIG. *bloeien*; *floreren*
fleuriste M/V *bloemist*
fleuron M • *fleuron*; *bloemvormig ornament* • FIG. *parel (aan de kroon)* ★ le plus beau ~ de *het pronkstuk van*
fleuve I M *rivier*; OOK FIG. *stroom* II BNW *ellenlang* ★ discours-~ *eindeloze toespraak* ★ roman-~ *lange (familie)roman*; *romancyclus*
flexibilité V *flexibiliteit*; *buigzaamheid*; *plooibaarheid*
flexible BNW OOK FIG. *flexibel*; *buigzaam*; *plooibaar*
flexion V OOK TAALK. *buiging*
flibustier M • OOK FIG. *vrijbuiter* • *oplichter*
flic INF. (*zeg:* fliek) M *smeris*
flingue M *vuurwapen*; *blaffer*
flinguer OV WW INF. • *neerschieten* • OOK FIG. *mollen*; *niets heel laten van*
flipper (*zeg:* (zn) -peur) I M *flipper(kast)* II ON WW • INF. *flippen*; *afknappen* • *uit z'n bol gaan*; *in de piepzak zitten*
fliquer OV WW INF. *streng in de gaten houden*
flirt (*zeg:* fleurt) M OOK FIG. *flirt*
flirter ON WW *flirten* (**avec** *met*)
flirteur M [v: **flirteuse**] *flirt(er)*
FLN AFK (Front de libération nationale) *nationaal bevrijdingsfront*
floc I M *plons* II TW *plons!*
floche BNW *vlos*
flocon M *vlok* ★ ~s d'avoine *havervlokken*
floconner ON WW *vlokken vormen*; *vlokken*
floconneux BNW [v: **floconneuse**] *vlokkig*
flonflons M MV *geschetter*
flop M *flop*; *mislukking* ★ faire un flop *floppen*
flopée V INF. *(hele)boel*
floraison V OOK FIG. *bloei*; *bloeitijd*
floral BNW [m mv: **floraux**] *bloem-*; *bloemen-*
floralies V MV *bloemententoonstelling*
flore V *flora*
floréal M *achtste maand v.h. republikeinse jaar* ‹v. 20 of 21 april tot 19 of 20 mei›
florès (*zeg:* -rès) M FORM. ★ faire ~ *opgang maken*
floriculture V *bloementeelt*
Floride V *Florida*
florifère BNW *bloemdragend*
florilège M *bloemlezing*
florin M *gulden*; *florijn*
florissant BNW FIG. *bloeiend*; *welvarend*; *florissant*
flot M • vaak mv *golf* • *opkomend water*; *vloed*; OOK FIG. *stroom* ★ à flots *bij stromen* ★ à flot *vlot*; *drijvend* ★ remettre à flot *weer vlot trekken*; *er weer bovenop helpen*
flottable BNW • *drijvend* • *vlotbaar*
flottage M *(het) (hout)vlotten*
flottaison V ★ SCHEEPV. ligne de ~ *waterlijn*
flottant BNW • *drijvend* • *(los)hangend*; *zwevend* • *wapperend* • *onvast*; *onzeker*; *onbestemd* • *vlottend* ★ côtes ~es *zwevende ribben* ★ dette ~e *vlottende schuld* ★ électorat ~ *zwevende kiezers* ★ monnaie ~e *zwevende valuta* ★ glaces ~es *drijfijs* ★ moteur ~ *zwevende motor* ★ rein ~ *wandelende nier* ★ robe ~e *ruimzittende jurk*
flotte V • *vloot* • *vlotter*; *drijver* • INF. *regen*; *water* ★ ~ aérienne *luchtvloot*
flottement M • *golvende beweging* • *aarzeling*; *besluiteloosheid*; *onzekerheid* • *(het) zweven* ‹v. valuta's›
flotter I WW INF. ★ il flotte *het giet (van de regen)* II OV WW *vlotten* ‹v. hout› III ON WW • *drijven* • *los hangen*; *zweven* • *wapperen* • *weifelen*; FIG. *dobberen* • *zweven* ‹v. valuta's›
flotteur M • *houtvlotter* • *drijver*; *vlotter*;

dobber
flottille v *flottielje; kleine vloot*
flou I m *wazigheid;* OOK FIG. *vaagheid* **II** BNW • *onscherp; wazig;* OOK FIG. *vaag* • *onduidelijk*
flouer OV WW INF./VERO. *beduvelen*
fluctuant BNW *schommelend; fluctuerend*
fluctuation v *schommeling; veranderlijkheid; fluctuatie*
fluctuer ON WW *op- en neergaan; schommelen; fluctueren*
fluet BNW [v: **fluette**] *teer; tenger; iel* ‹v. stem›
fluide I m • *niet-vaste stof; vloeistof* • *fluïdum* **II** BNW • *(dun)vloeibaar* • OOK FIG. *onvast; onbestemd* • *vloeiend* ★ circulation ~ *vlot doorstromend/filevrij verkeer* ★ style ~ *vlotte stijl*
fluidifier OV WW • *vloeibaar maken* • *vlot(ter) laten doorstromen*
fluidité v • *(dun)vloeibaarheid* • *vloeiendheid; vlotte doorstroming* • *onbestemdheid*
fluo AFK INF. (fluorescent) *fluorescerend*
fluor m *fluor*
fluorescence v *fluorescentie*
fluorescent BNW *fluorescerend* ★ tube ~ *tl-buis*
fluorisation v *fluoridering*
fluorure v *fluoride*
flûte I v • *fluit* ‹instrument› • *fluit* ‹lang broodje› • *fluit* ‹glas› • mv INF. *(spille)benen* ★ ~ à bec *blokfluit* ★ ~ de Pan *panfluit; herdersfluit* ★ petite ~ *piccolo* ★ ~ traversière *dwarsfluit* ★ jouer de la ~ *fluit spelen* **II** TW VERO. *verhip!*
flûté BNW *fluitachtig; hoog* ‹v. toon, stem›
flûter ON WW *fluitend laten horen*
flûtiau m [mv: **flûtiaux**] *(kinder)fluitje*
flûtiste m/v *fluitist*
fluvial BNW [m mv: **fluviaux**] *rivier-* ★ port ~ *binnenhaven*
fluviatile BNW • *zoetwater-* • *rivier-*
flux (*zeg:* fluu) m • OOK FIG. *stroom; flux* • OOK FIG. *vloed* ★ flux de paroles *woordenvloed* ★ le flux et le reflux OOK FIG. *eb en vloed*
fluxion v • *fluxie* • *opzwelling*
FMI AFK (Fonds monétaire international) *IMF*
FN AFK (Front national) *Franse rechtsextremistische partij*
FO AFK (Force ouvrière) *sociaal-democratische vakbond*
foc m SCHEEPV. *fok*
focal BNW [m mv: **focaux**] *brandpunts-*
focale v *brandpuntsafstand*
focaliser I OV WW *focussen; concentreren (***sur** *op)* **II** WKD WW (**se** ~) *zijn aandacht concentreren (***sur** *op)*
foehn m *föhn* ‹wind›
foetal (*zeg:* fee-) BNW [m mv: **foetaux**] *foetaal*
foetus (*zeg:* feetuus) m *foetus*
fofolle v → **foufou**
foi v • *geloof* • *gegeven woord* • *vertrouwen (***en** *in)* • *trouw* ★ bonne foi *goede trouw* ★ mauvaise foi *kwade trouw* ★ de bonne foi *te goeder trouw* ★ profession de foi *geloofsbelijdenis* ★ ma foi *op mijn woord; waarachtig; tja* ★ digne de foi *geloofwaardig; betrouwbaar* ★ sur la foi de *op gezag van; uit hoofde van* ★ faire foi de *getuigen van; als bewijs dienen van* ★ ajouter foi à *geloof hechten aan* ★ n'avoir ni foi ni loi *God noch gebod kennen* ★ avoir le foi *gelovig zijn*
foie m *lever* ★ foie gras *ganzenlever; eendenlever* ★ INF. crise de foie *indigestie* ★ INF. avoir les foies *in de rats zitten*
foin I m • *hooi* • *te maaien gras* • INF. *herrie* ★ rhume/fièvre des foins *hooikoorts* ★ faire les foins *maaien; hooien* ★ être bête à manger du foin *zo dom als een ezel zijn* ★ INF. faire du foin *herrie schoppen* **II** TW ★ foin de ...! *weg met ...!*
foire v • *(jaar)beurs; (jaar)markt* • *kermis* • INF. *bende; zootje* ★ INF. faire la ~ *de bloemetjes buiten zetten; boemelen* ★ INF. c'est la ~ d'empoigne *het is pakken wat je pakken kunt; het is graaien, graaien*
foirer ON WW • *doldraaien* ‹v. schroef› • INF. *misgaan*
foireux BNW [v: **foireuse**] *mies; waardeloos; mislukt*
fois v *keer; maal* ★ à la fois *tegelijk* ★ INF. des fois *soms; misschien* ★ une fois pour toutes/ une bonne fois *eens en voor altijd* ★ y regarder à deux fois *zich tweemaal bedenken* ★ (à) chaque fois que *telkens als* ★ une fois que *zodra; als ... eenmaal* ★ par trois fois *tot drie keer toe* ★ une fois *eenmaal; eens* ★ INF. non mais des fois! *hé, zeg!; ho, ho!* ★ c'est trois fois rien *dat stelt niets voor*
foison v *overvloed* ★ à ~ *in overvloed*
foisonnement m • *overvloed; wemeling* • *(het) uitzetten; (op)zwelling*
foisonner ON WW • *krioelen (***de, en** *van); wemelen* • *in overvloed voorkomen;* OOK FIG. *welig tieren* • *uitzetten; (op)zwellen* ★ ~ d'idées *overlopen van de ideeën* ★ cette province foisonne en blé *er is een overvloed van koren in deze streek*
fol BNW → **fou**
folâtre BNW *jolig; opgewekt; dartel*
folâtrer ON WW *dartelen; stoeien*
foldingue INF. BNW *niet goed snik*
folichon INF. BNW [v: **folichonne**] ★ pas ~ *niet leuk; geen lolletje*
folie v *waanzin;* OOK FIG. *dwaasheid* ★ ~ des grandeurs *grootheidswaan(zin)* ★ ~ furieuse *razernij* ★ aimer à la ~ *hartstochtelijk beminnen* ★ faire des ~s *buitensporige dingen/uitgaven doen*
folié BNW • *bebladerd* • *bladvormig*
folio m • *nummer v.e. bladzijde* • *blad; folio*
foliole v *kelkblad*
folioter OV WW *pagineren*
folklore m • *folklore; volkskunde* • INF. *mal gedoe*
folklorique BNW • *folkloristisch; volks-* • INF. *(ietwat) zonderling*
folle I v • *gekkin* • INF. *nicht* ‹homoseksueel›; *mietje* **II** BNW → **fou**
follement BIJW OOK FIG. *waanzinnig*
follet BNW [v: **follette**] *mallig; grillig* ★ esprit ~ *kobold; kabouter* ★ feu ~ *dwaallichtje; kwikzilverachtig persoon(tje)* ★ poil ~ *donshaartjes*
folliculaire m *pruljournalist; prulschrijver*
follicule m BIOL. *zakje; follikel*

F

F

fomentateur m [v: **fomentatrice**] FORM. *onruststoker; aanstoker*
fomenter OV WW FORM. *aanstoken* ‹v. onrust, oproer e.d.›; *aanwakkeren* ★ ~ des troubles *onrust zaaien*
fonçage m → **foncer**
foncé BNW *donker* ‹v. kleur›
foncer I OV WW • *van een bodem(belegsel) voorzien* • *donker(der) maken* • *boren; inheien* ‹v. paal› **II** ON WW • *donker(der) worden* ‹v. kleur› • INF. *razendsnel (te werk) gaan* ★ INF. ~ dans le brouillard *stug doorgaan* • (~ **sur**) *zich storten op*
fonceur m [v: **fonceuse**] INF. *doordouwer; draufgänger*
foncier BNW [v: **foncière**] *grond-* ★ (impôt) ~ *grondbelasting* ★ qualité foncière *grondeigenschap; wezenskenmerk*
foncièrement BIJW FIG. *in de grond; door en door; wezenlijk*
fonction v *functie* ‹in alle betekenissen› ★ ~ publique *overheidsdienst; overheidsambt; overheid* ★ logement de ~ *ambtswoning* ★ en ~ de *naar gelang; afhankelijk van; volgens* ★ être ~ de *afhankelijk zijn van; een functie zijn van* ★ entrer en ~(s) *in functie treden* ★ faire ~ de *dienst doen als* ★ relever de ses ~s *ontslaan*
fonctionnaire m/v *ambtenaar*
fonctionnaliser I OV WW *functioneel maken* **II** WKD WW (**se** ~) *functioneel worden*
fonctionnalité v *functionaliteit*
fonctionnarisme m PEJ. *ambtenarij*
fonctionnel BNW [v: **fonctionnelle**] *functioneel*
fonctionnement m *werking; werkwijze; (het) functioneren*
fonctionner ON WW *werken; lopen; functioneren* ★ cette machine fonctionne bien *deze machine draait goed*
fond m • *bodem* • *kern v.e. zaak; wezen* • *(het) diepste; (het) onderste; (het) achterste* • *ondergrond; achtergrond; fond* • *diepte* • *uithoudingsvermogen* ★ au fond du cœur *in het diepst v.h. hart* ★ aller au fond des choses *de dingen grondig doen* ★ aller au fond *zinken* ★ sans fond *bodemloos* ★ de fond en comble *van onder tot boven; geheel en al* ★ le fond d'une bouteille *het bodempje in een fles* ★ au fond de *in het diepst van; achter in; onder in* ★ à fond *grondig; geheel en al; op topsnelheid* ★ au fond/dans le fond *eigenlijk; in wezen* ★ (course de) fond *langeafstandswedstrijd; langlaufwedstrijd* ★ par vingt mètres de fond *twintig meter diep* ★ de fond *fundamenteel; basis-* ★ au fond des bois *diep in het bos* ★ toucher le fond *op een dieptepunt zijn* ★ fond sonore *achtergrondmuziek; achtergrondgeluid* ★ avoir un bon fond *in wezen een goed mens zijn* ★ au fin fond de *diep in; in het hartje van* ★ le fond et la forme *vorm en inhoud* ★ fond de robe *onderjurk* ★ faire fond sur FIG. *bouwen op; zich verlaten op*
fondamental BNW [m mv: **fondamentaux**] *fundamenteel; essentieel; grond-* ★ pierre ~e *grondsteen*
fondamentalisme m *fundamentalisme*
fondamentaliste I m/v *fundamentalist* **II** BNW *fundamentalistisch*
fondant I m • *fondant* • *smeltmiddel* **II** BNW *sappig; smeltend (in de mond)*
fondateur [v: **fondatrice**] **I** m *stichter; oprichter* **II** BNW *als grondlegger/grondslag dienend*
fondation v • meestal mv *fundament; grondslag(en); fundering* • *stichting* ‹oprichting; rechtspersoon›
fondé [v: **fondée**] **I** m ★ ~ de pouvoir(s) *procuratiehouder; gevolmachtigde; trustee* **II** BNW *gegrond (**sur** op); gerechtvaardigd* ★ je suis ~ à croire *ik heb gegronde redenen om te geloven*
fondement m • vaak mv FIG. *grondslag(en)* • FIG. *grond; reden* • INF. *achterwerk* ★ sans ~ *ongegrond*
fonder I OV WW • *stichten; oprichten; instellen* • *gronden; baseren (**sur** op)* **II** WKD WW (**se** ~ **sur**) *zich baseren op; berusten op*
fonderie v *smelterij; gieterij*
fondeur m [v: **fondeuse**] • *(metaal)gieter; (metaal)smelter* • *langlaufer*
fondre I OV WW • *smelten* • *gieten* ‹v. beeld, klok enz.› • FIG. *doen samensmelten (**en** tot)* **II** ON WW • OOK FIG. *(weg)smelten* • *slinken; verdwijnen;* INF. *vermageren* ★ ~ en larmes *in tranen uitbarsten* • (~ **sur**) *zich storten op; neerkomen op* **III** WKD WW (**se** ~) • OOK FIG. *(weg)smelten* • FIG. *samensmelten* • *verdwijnen; opgaan (**dans** in)*
fondrière v • *modderpoel; dras* • *kuil; kloof*
fonds m • *fonds* ‹in alle betekenissen› • vaak mv *kapitaal; gelden* • *grond(bezit); vastgoed* • FIG. *kapitaal; bezit(tingen)* ★ ~ (de commerce) *zaak; bedrijf; handel* ★ ~ de roulement *bedrijfskapitaal* ★ ~ publics *staatsfondsen* ★ placer son argent à ~ perdu *zijn geld op lijfrente zetten* ★ INF. prêter à ~ perdu *lenen zonder hoop op terugbetaling* ★ INF. être en ~ *goed bij kas zijn*
fondu I m *fading; overvloeiing* ‹v. (film)beelden› ★ ouverture en ~ *invloeier; fade-in* **II** BNW • *gesmolten* • *in elkaar overlopend* ‹v. kleuren›
fondue v *(kaas)fondue* ★ ~ bourguignonne *vleesfondue*
fongique BNW *schimmel-*
font WW (présent) → **faire**
fontaine v • *fontein* • *bron*
fontanelle v *fontanel*
fonte v • *(het) smelten* • TECHN. *(het) gieten* • *gietijzer* • meestal mv *(pistool)holster* • TYP. *letterserie* ★ eaux de ~ *smeltwater* ★ en ~ *gietijzeren*
fonts (*zeg:* fo(n)) m mv ★ ~ (baptismaux) *doopvont*
foot (*zeg:* foet) m INF. *voetbal* ★ jouer au foot *voetballen*
football (*zeg:* foetbol) m *voetbal* ★ jouer au ~ *voetballen*
footballeur m [v: **footballeuse**] *voetballer*
footing m *jogging; (het) trimmen*
for m ★ en/dans son for intérieur *diep in zijn hart*

forage m *(aan)boring; (het) boren*
forain I m *kermisklant* **II** BNW • *kermis-; (jaar)markt-* • VERO. *(van) buiten; (van) elders* ★ fête ~e *kermis*
forban m • *vrijbuiter* • *zeeschuimer*
forçage m • *(het) forceren* ‹v. kasplanten› • *(het) afjagen* ‹v. wild›
forçat m • GESCH. *galeiboef* • *dwangarbeider*
force I v • *kracht; sterkte* • *macht* • *dwang; drang; geweld* ★ à ~ de *door veel (te)* ★ ~ d'esprit *geestkracht* ★ ~ de frappe *atoomwapen; vermogen om toe te slaan* ★ VERO. maison de ~ *gevangenis* ★ (cas de) ~ majeure *overmacht* ★ ~ motrice *drijfkracht;* OOK FIG. *stuwkracht* ★ de toutes ses ~s *uit alle macht* ★ un tour de ~ *een krachttoer* ★ travail de ~ *zwaar werk* ★ ~s aériennes *luchtmacht* ★ à toute ~ *met alle geweld* ★ dans la ~ de l'âge *in de kracht van zijn/haar leven* ★ par la ~ des choses *door de drang der omstandigheden; noodzakelijkerwijs; noodgedwongen* ★ de ~/par (la) ~ *met geweld; onder dwang* ★ avoir ~ de loi *kracht van wet hebben* ★ ~s de l'ordre *politie(macht)* ★ dans toute la ~ du terme *in de ware betekenis van het woord* ★ être de ~ à *in staat zijn om* ★ en ~ *in groten getale; met kracht(vertoon)* ★ une ~ de la nature *een krachtmens* ★ ~s (armées) *strijdkrachten* ★ ~ de vente *verkoopteam* ★ ~ est de [+ inf.] *men kan niet anders dan ...* **II** BIJW *veel; een hoop*
forcé I BNW *geforceerd; gedwongen* ★ atterrissage ~ *noodlanding* ★ une marche ~e *een geforceerde mars* ★ un rire ~ *een gemaakt lachje* ★ travaux ~s *dwangarbeid* ★ ~ de [+ inf.] *gedwongen te* ★ INF. c'est ~! *dat moet wel; geheid!* **II** WW (volt. deelw.) → **forcer**
forcement m *(het) forceren*
forcément BNW *noodzakelijkerwijs; per se; vanzelf(sprekend)*
forcené I m *waanzinnige; dolleman; gestoorde* **II** BNW *uitzinnig; razend; verwoed*
forceps *(zeg:* forseps) m *verlostang* ★ FIG. au ~ *met veel moeite*
forcer I OV WW • *forceren; openbreken* • *dwingen (***à** *tot, te); verplichten; nopen* • *te veel eisen van* • INF. *overdrijven* • *geweld aandoen* ★ ~ la note *een forse rekening indienen* ★ ~ le pas *de pas versnellen* ★ ~ le respect *respect afdwingen* **II** ON WW • *forceren; veel kracht zetten* • *klemmen* ★ INF. ~ sur qc *te veel van iets doen/gebruiken* **III** WKD WW (**se** ~) *zich forceren; zich dwingen (***à** *te)*
forcing m *(het) krachtig aandringen; intensieve inspanning*
forcir ON WW *dikker worden; aankomen*
forer OV WW *(aan)boren; doorboren*
forestier I m *boswachter* **II** BNW [v: **forestière**] • *bos-* • *boswachters-* ★ région forestière *bosachtig gebied* ★ CUL. à la forestière *met paddestoelen bereid*
foret m *(dril)boor; fret*
forêt v *bos;* OOK FIG. *woud* ★ Forêt(-)Noire *Zwarte Woud* ★ ~ vierge *oerwoud* ★ les arbres cachent la ~ *(je kunt) door de bomen het bos niet meer zien*
foreur m *boorder*
foreuse v *boormachine*
forfait m • *(regeling volgens een) vast bedrag; forfait* • FORM. *ernstig vergrijp; misdrijf* ★ à ~ *voor een vast bedrag* ★ travail à ~ *aangenomen werk* ★ déclarer ~ FIG. *verstek laten gaan;* FIG. *zich terugtrekken; opgeven*
forfaitaire BNW *vast, overeengekomen, ineens betaald* ‹v. bedrag›; *forfaitair; all-in*
forfait-séjour m *verblijf all-in*
forfaiture v *plichtsverzaking; ambtsmisdrijf*
forfanterie v *opsnijderij*
forficule m *oorwurm*
forge v • *smidse* • VERO. *ijzergieterij*
forger OV WW OOK FIG. *smeden* ★ ~ à froid *koud smeden* ★ c'est en forgeant qu'on devient ~on *al doende leert men*
forgeron m *smid*
formalisation v *(het) formaliseren*
formaliser I OV WW *formaliseren* **II** WKD WW (**se** ~) *aanstoot nemen (***de** *aan)*
formalisme m *vormelijkheid; formalisme*
formaliste I m/v *formalist* **II** BNW *vormelijk; formalistisch*
formalité v *formaliteit*
format *(zeg:* -mà) m • *formaat* • *opmaak* ‹v. gegevens›
formater OV WW COMP. *formatteren*
formateur [v: **formatrice**] **I** m,v • *vormer; schepper* • *formateur* • *opleider; begeleider* ‹bij scholing› **II** BNW *vormend*
formation v • *vorming* • *groepering; formatie* • *scholing* ★ ~ continue *bijscholing* ★ ~ de combat *slagorde* ★ ~ permanente *permanente educatie*
forme v *vorm* ‹in alle betekenissen› ★ juger sur la ~ *op het uiterlijk beoordelen* ★ chapeau haut de ~ *hoge hoed* ★ en (pleine) ~ *in (top)vorm; in (puike) conditie* ★ sous la ~ de *in de vorm van* ★ dans les ~s *in de vereiste vorm; zoals het hoort* ★ de pure ~ *louter voor de vorm* ★ pour la ~ *voor de vorm; pro forma* ★ en bonne et due ~ *volgens de regels; in de vereiste vorm (opgemaakt)* ★ prendre ~ *vorm aannemen* ★ INF. y mettre les ~s *omzichtig te werk gaan*
formé BNW *gevormd; volgroeid*
formel BNW [v: **formelle**] • *uitdrukkelijk; stellig* • *formeel; vormelijk* ★ je suis ~ *ik weet het zeker*
formellement BIJW • *stellig* • *formeel* ★ ~ interdit *streng verboden*
former I OV WW *vormen* ‹in alle betekenissen›; *ontwikkelen* ★ ~ la jeunesse *de jeugd vormen* ★ ~ une résolution *een besluit nemen* **II** WKD WW (**se** ~) *zich vormen; zich ontwikkelen*
formica m *formica*
formidable BNW *formidabel; geweldig; enorm*
formique BNW ★ acide ~ *mierenzuur*
formol m *formaline*
formulaire m • *formulierboek* • *formulier; vragenlijst*
formulation v *formulering*
formule v • OOK FIG. *formule; formulering*

F

• *methode* • *formulier* ★ ~ développée *structuurformule* ★ nouvelle ~ *nieuwe stijl/opzet*
formuler OV WW *formuleren*; *uiten*; *opstellen* ‹v. geschrift›
fornicateur m [v: **fornicatrice**] *ontuchtige*
fornication V FORM. *ontucht*
forniquer ON WW FORM. *ontucht bedrijven*
forsythia (*zeg:* -siesja) m *forsythia*
fort I m • *fort* • OOK FIG. *sterkste zijde*; *sterkste deel* • *midden*; *hartje* ★ au fort de l'orage *midden in het onweer* ★ au fort de l'hiver *hartje winter* ★ l'histoire est mon fort *geschiedenis is mijn sterke kant* II BNW • OOK FIG. *sterk*; *krachtig* • *fors*; *stevig* • *hevig*; *hard* • *knap*; *goed (***en** *in)* ★ un esprit fort *een vrijdenker* ★ fort comme un Turc *sterk als een beer* ★ se faire fort de [+ inf.] *zich sterk maken (dat men iets kan)* ★ place forte *vesting* ★ c'est plus fort que moi *ik kan niet anders* ★ une forte somme *een aanzienlijk bedrag* ★ une terre forte *een zware grond*; *een taaie grond* ★ une forte tête *een stijfkop* ★ une forte mer *een onstuimige zee* ★ INF. c'est trop fort! *dat gaat te ver!*; *dat is te gek!* ★ être fort de FIG. *bouwen op* ★ femme forte *volslanke vrouw* III BIJW • *krachtig*; *sterk* • *zeer*; *erg* ★ y aller un peu fort *een beetje overdrijven* ★ crier fort *hard schreeuwen* ★ sentir fort *sterk ruiken* ★ avoir fort à faire (avec, pour) *heel wat te stellen hebben (met)*; *er de handen vol aan hebben (om)* ★ INF. faire fort FIG. *flink uitpakken*
fortement BIJW • OOK FIG. *sterk* • *hevig*
forteresse v *vesting* ★ ~ volante *vliegend fort*
fortiche BNW *knap*; *goed (***à**, **en** *in)*
fortifiant I m *versterkend middel* II BNW *versterkend*
fortification v • *(het) versterken* • *vestingwerk*; *versterking*; *fortificatie*
fortifier OV WW • OOK FIG. *(ver)sterken* • *verschansen*
fortin m *klein fort*
fortiori BIJW ★ a ~ *des te meer*; *des te eerder*
fortuit (*zeg:* -twie) BNW *toevallig*; *onvoorzien*
fortune v • *toeval*; *kans* • *fortuin* ‹in alle betekenissen› ★ bonne ~ *geluk(je)* ★ mauvaise ~ *ongeluk*; *tegenspoed* ★ revers de ~ *tegenspoed* ★ les grandes ~s *de zeer rijken* ★ ... de ~ *voorlopig*; *provisorisch*; *nood-* ★ les caprices de la ~ *de grillen van het lot* ★ dîner à la ~ du pot *eten wat de pot schaft* ★ faire ~ *fortuin maken* ★ faire contre mauvaise ~ bon cœur *de moed niet verliezen* ★ tenter ~ *zijn geluk beproeven*
fortuné BNW • *rijk*; *gefortuneerd* • FORM. *fortuinlijk*
forum (*zeg:* -rom) m OOK FIG. *forum*
fosse (*zeg:* foos) v • *kuil*; *gat* • *grafkuil* • *holte* • *mijnschacht* ★ ~ abyssale *diepzeetrog* ★ ~ d'aisances *beerput* ★ ~ commune *algemeen graf*; *massagraf* ★ ~ (d'orchestre) *orkestbak* ★ ~ nasale *neusholte* ★ avoir un pied dans la ~ *met één been in het graf staan*
fossé (*zeg:* foo-) m • *sloot*; *greppel*; *gracht* • FIG. *kloof (***entre** *tussen)*
fossette (*zeg:* foo-) v *kuiltje*
fossile (*zeg:* foosiel) I m OOK FIG. *fossiel* II BNW • OOK FIG. *versteend*; *fossiel* • *erg verouderd*
fossilisation v *verstening*; *fossilisatie*
fossiliser I OV WW OOK FIG. *doen verstenen* II WKD WW (**se** ~) *verstenen*; *fossiliseren*
fossoyeur (*zeg:* fooswa-) m [v: **fossoyeuse**] *doodgraver*
fou I m → **folle** • *gek* • *nar* • *loper* ‹bij schaakspel› ★ fou furieux *dolleman* ★ fou du volant *snelheidsmaniak*; *gevaar op de weg* ★ fou (de Bassan) *jan-van-gent* ★ INF. une histoire de fous *een krankzinnig verhaal* ★ plus on est de fous, plus on rit *hoe meer zielen, hoe meer vreugd* II BNW [m/v: **(voor klinker/stomme h:) fol /folle**] • *dwaas*; *uitzinnig*; *gek* • FIG. *waanzinnig*; *enorm* • *oncontroleerbaar*; *van slag*; *dol* ‹v. wijzer›; *wild* ‹v. planten› ★ le fou rire *de slappe lach* ★ un succès fou *een doorslaand succes* ★ fou à lier *knettergek* ★ fou amoureux *smoorverliefd* ★ mèche folle *weerbarstige lok* • (~ **de**) *dol op* ★ fou de foot *voetbalgek*
fouailler OV WW FORM. OOK FIG. *(met) de zweep geven*
foudre I m *okshoofd* ‹groot wijnvat›; *fust* ★ LIT. un ~ de guerre *ijzervreter*; *geducht krijger* II v *bliksem* ★ coup de ~ *bliksemslag*; *liefde op het eerste gezicht* ★ FIG. les ~s du Vatican *de banvloek v.h. Vaticaan*
foudroiement m OOK FIG. *bliksemslag*; *(het) (als) door de bliksem getroffen worden*
foudroyant BNW • FIG. *verpletterend*; *vernietigend*; *(op slag) dodelijk* • *bliksemend* • *bliksemsnel* ★ poison ~ *snelwerkend vergif* ★ succès ~ *daverend succes*
foudroyer I OV WW • *(als) met de bliksem treffen*; *elektrocuteren* • FIG. *(op slag) vellen*; *plotseling treffen*; *verpletteren*; *verbijsteren* ★ ~ qn du regard *iem. een vernietigende blik toewerpen* II ON WW *bliksemen*
fouet m • *zweep*; OOK FIG. *gesel* • *garde* ‹klopper, mixer› ★ coup de ~ OOK MED. *zweepslag* ★ donner un coup de ~ à *aansporen*; *oppeppen* ★ de plein ~ *regelrecht en met volle kracht*; *vol(op) rakend* ★ se heurter de plein ~ *pal op elkaar botsen*
fouettard m ★ le Père Fouettard *boeman*
fouetter I OV WW • *(met) de zweep geven*; OOK FIG. *geselen*; *striemen* • *klutsen*; *kloppen* • *opzwepen*; *aansporen* ★ crème fouettée *slagroom* II ON WW INF. • *stinken* • *'m knijpen* ★ ~ de la queue *kwispelen*
foufou BNW [v: **fofolle**] INF. *een beetje gek*; *lichtzinnig*
fougasse v *soort ongedesemd brood*
fougère v *varen*
fougue v FIG. *vuur*; *onstuimigheid*; *elan* ★ mât de ~ *bezaansmast*
fougueux BNW [v: **fougueuse**] *vurig*; *onstuimig*; *driftig*
fouille v • *opgraving* • *doorzoeking*; *fouillering* • INF. *(broek)zak*
fouiller I OV WW • *doorzoeken*; *uitgraven*; *fouilleren* • *zorgvuldig uitzoeken*; FIG. *uitdiepen* ★ style fouillé *doorwrochte stijl* ★ ~ une site *(ergens) opgravingen doen* ★ INF. tu peux (toujours) te ~! *vergeet het maar!* II ON

ww *(wroetend) zoeken*; FIG. *(rond)snuffelen*; *(diep) graven* (**dans** *in)*
fouilleur m [v: **fouilleuse**] *opgraver*; *snuffelaar*
fouillis (*zeg:* -jie) m *warboel*; *rommeltje*
fouine v • *steenmarter* • *hooivork*
fouiner ON WW INF. *(rond)snuffelen (in andermans zaken)* (**dans** *in)*
fouineur [v: **fouineuse**] **I** m INF. *snuffelaar (in andermans zaken)*; *nieuwsgierig Aagje* **II** BNW *(onbescheiden) nieuwsgierig*
fouir OV WW *wroeten in*
fouisseur I m *graafdier* **II** BNW [v: **fouisseuse**] *geschikt voor graven*; *wroet-* ⋆ patte fouisseuse *graafklauw*
foulage m • *(het) persen v. stof* • *(het) doordrukken* • *(het) treden/persen v. druiven*
foulant BNW • *pers-* • INF. *afmattend* ⋆ pompe ~e *perspomp*
foulard m • *halsdoek*; *hoofddoek* • *soort zijden stof*; *foulard* ⋆ ~ islamique *chador*
foule v • *menigte*; *gedrang* • *de grote massa* ⋆ en ~ *in groten getale* ⋆ il y a ~ *het is er druk* ⋆ une ~ de *tal van*; *zeer veel* ⋆ attirer les ~s *veel publiek trekken*
foulée v • *(grote) stap* ‹bij het rennen› • vaak mv *gang(en)* ⋆ dans la ~ de *meteen erna*; *in één moeite door*
fouler I OV WW • *persen* • *aandrukken*; *vollen* • FORM. *de voet zetten op* • *verstuiken*; *verzwikken* ⋆ FORM. ~ aux pieds *vertrappen*; FIG. *met voeten treden* ⋆ ~ le sol natal *de geboortegrond betreden* **II** WKD WW ⋆ INF. ne pas se ~ (la rate) *zich niet moe maken*
foulque v *meerkoet*
foulure v *verstuiking*; *verzwikking*
four m • *oven* • *fiasco*; *flop* ⋆ four à micro-ondes *magnetron(oven)* ⋆ four à chaux *kalkoven* ⋆ petit four *gebakje* ⋆ faire un four *mislukken* ⋆ cette pièce est un four (noir) *dat stuk is een prul* ⋆ je ne peux pas être au four et au moulin *ik kan niet alles tegelijk (doen)*
fourbe I m/v *bedrieger*; *gluiperd* **II** BNW *gluiperig*; *bedrieglijk*
fourberie v *bedriegerij*; *schurkenstreek*; *gluiperigheid*
fourbi m INF. • *spullen*; *boeltje*; *rommeltje* • *ding*; *dinges* • *ding*
fourbir OV WW OOK FIG. *polijsten*; *(op)poetsen*
fourbissage m *(het) polijsten*
fourbu BNW *uitgeput*; *doodop*
fourche v • *hooivork*; *mestvork*; *gaffel* • *tweesprong* • *gaffelvormig (onder)deel*; *vork* ‹v. fiets enz.› • *kruis* ‹v. broek› • BELG. *tussenuur* ⋆ ~s patibulaires *galg*
fourcher ON WW ⋆ la langue lui a fourché *hij heeft zich versproken*
fourchette v • OOK FIG. *vork* • *vorkbeen* • *marge* ‹tussen twee uitersten› ⋆ avoir un joli coup de ~ *een flinke eter zijn* ⋆ INF. la ~ du Père Adam FIG. *de tien geboden*; *de vingers* ⋆ dans la ~ de trois à quatre millions *(in de categorie) tussen de drie en vier miljoen*
fourchu BNW *gevorkt*; *gespleten* ⋆ pied ~ *gespleten hoef*; *bokspoot*
fourgon m • *bagagewagen*; *(vracht)wagen* ‹gevangen-,lijk-,veewagen,geldauto enz.› • VERO. *pook*
fourgonner I OV WW *oppoken* **II** ON WW *poken*; *wroeten*; *rommelen*; *snuffelen* (**dans** *in)*
fourgonnette v *bestelwagen(tje)*; *bestelbusje*
fourguer OV WW INF. *van de hand doen* ‹v. gestolen of slechte waar›; *aansmeren*
fourmi v • *mier* • FIG. *nijvere bij* ⋆ travail de ~ *geduldwerk(je)* ⋆ avoir des ~s OOK FIG. *de kriebels hebben*
fourmilier m *miereneter*
fourmilière v OOK FIG. *mierenhoop*
fourmillement m • *gekrioel* • *jeuk*; *kriebeling*
fourmiller ON WW • *krioelen* (**de** *van)* • *kriebelen*
fournaise v • *gloeiende oven* • *vuurzee* • *hete plaats*; *hitte* ‹v.d. strijd›
fourneau m [mv: **fourneaux**] • TECHN. *oven* • *fornuis* ⋆ haut ~ *hoogoven* ⋆ ~ d'une pipe *kop v.e. pijp*
fournée v • *ovenlading*; *ovenvol*; *baksel* • INF. *stel mensen*; FIG. *lading*; *lichting*
fourni BNW • *dicht* ‹v. haar, baard› • *(wel)voorzien*
fournil (*zeg:* -nie) m *bakhuis*; *bakkerij*
fourniment m • *uitrusting v.e. soldaat* • INF. *bullen*; *spullen*
fournir I OV WW • *voorzien* (**en** *van)*; *bevoorraden* • *verschaffen* (**à** *aan)*; *(af)leveren* **II** ON WW (~ **à**) *voorzien in* ⋆ fournir aux besoins *in de behoeften voorzien* **III** WKD WW (**se** ~) *zich voorzien* (**en** *van)* ⋆ se ~ chez qn *zijn inkopen doen bij iem.*
fournisseur m [v: **fournisseuse**] *leverancier* ⋆ ~ d'accès à Internet *internetprovider*
fourniture v • *levering*; *leverantie* • mv *benodigdheden*; *fournituren* • *slakruiden*
fourrage m • *(vee)voer* • *voering* ‹v. kleding›
fourrager I BNW [v: **fourragère**] *voeder-*; *van voedergewassen* **II** OV WW *in de war brengen* ‹v. papieren e.d.› **III** ON WW INF. *rommelen*; *snuffelen* (**dans** *in)*
fourragère v • *foeragewagen* • MIL. *vangsnoer* • *veld met voedergewassen*
fourré I m *kreupelhout*; *struikgewas* **II** BNW • *gevuld* ‹v. bonbons e.d.› • *gevoerd* ‹v. kledingstukken› • *dichtbehaard* ‹v. dieren› ⋆ coup ~ *wederzijdse stoot* ‹bij schermen›; INF. *rotstreek*
fourreau m [mv: **fourreaux**] • *schede* ‹v. wapen›; *foedraal* • *nauwe japon*
fourrer I OV WW • *steken*; *stoppen* (**dans** *in)* • *voeren* ‹v. kledingstukken› • *vullen* ‹v. bonbons e.d.› ⋆ être fourré quelque part *ergens uithangen* ⋆ INF. ~ son nez dans *zijn neus steken in* **II** WKD WW (**se** ~) INF. *(verzeild) raken* (**dans** *in)*; *wegkruipen* ⋆ se ~ qc dans la tête *zich iets in het hoofd halen*
fourre-tout INF. **I** m (onver.) • *rommelkamer*; *rommelkast* • *reistas*; *etui* ‹v. scholieren› • *allegaartje* **II** BNW *van alles bevattend/ behelzend*
fourreur m • *bontwerker* • *bontverkoper*
fourrier m • *foerier* • *voorbode*; *wegbereider*
fourrière v • *(dieren)asiel* • *depot voor weggesleepte auto's*
fourrure v *bont*; *pels*

fourvoiement m FORM./OOK FIG. *(ver)dwaling*
fourvoyer I OV WW OOK FIG *doen (ver)dwalen* II WKD WW (**se** ~) • *verdwalen* (**dans** *in*) • *zich vergissen*
foutaise V INF. *wissewasje; flauwekul*
foutoir m INF. *(beesten)bende; troep*
foutre VULG. I OV WW • *doen* • *geven* • *gooien; smijten* ⋆ ~ qn à la porte *iem. de deur uitgooien* ⋆ ~ le camp *opdonderen; 'm smeren* ⋆ ~ une gifle *een klap verkopen* ⋆ fous-moi la paix! *laat me met rust!* ⋆ il n'a rien foutu *hij heeft niks uitgevoerd* ⋆ je t'en fous! *dat had je gedacht!* ⋆ ça la fout mal *dat is helemaal mis; dat kun je niet maken* ⋆ va te faire ~! *krijg de pleuris!* ⋆ je n'en ai rien à ~! *dat zal me een (rot)zorg zijn!* ⋆ qu'est-ce que ça peut me ~? *dat zal me een (rot)zorg zijn!* ⋆ ~ en l'air *wegsmijten; verpesten* II WKD WW (**se** ~) • *zich werpen; (ge)raken* ⋆ se ~ à poil *zich uitkleden* • (**se** ~ **de**) *maling hebben aan; spotten met* ⋆ je m'en fous *ik heb er maling aan* ⋆ se foutre de (la gueule de) qn *maling hebben aan iemand; iem. een streek leveren* ⋆ se foutre dedans *het mis hebben* ⋆ se foutre du monde *de boel belazeren* III TW VERO. *verdomme*
foutriquet m VERO./INF. *miezerig kereltje*
foutu INF. I BNW • *beroerd; drommels; rot-* • *naar de bliksem; verloren* ⋆ être bien ~ *goed in elkaar zitten; goedgebouwd zijn* ⋆ être mal ~ *slecht in elkaar zitten; zich beroerd voelen* ⋆ il est ~ *het is met hem gedaan* • (~ **de**) *in staat om* II WW (volt. deelw.) → **foutre**
fox-terrier m [mv: **fox-terriers**] *foxterriër*
fox-trot m *foxtrot*
foyer m • *foyer* ‹in theater› • *brandpunt* • OOK FIG. *haard* • *huisgezin; huishouden; thuis* • *tehuis; huis met huurkamers* ⋆ femme au ~ *huisvrouw* ⋆ à double ~ *bifocaal; dubbelfocus-*
frac m *rok(kostuum)*
fracas (*zeg:* -kà) m *lawaai; kabaal; misbaar; ophef*
fracassant BNW • *oorverdovend* • *inslaand als een bom*
fracasser I OV WW *verbrijzelen* II WKD WW (**se** ~) *te pletter slaan/vallen*
fractal I V *fractal* II BNW WISK. *fractaal*
fraction V • WISK. *breuk* • *gedeelte; fractie* • REL. *(het) breken* ‹v.h. brood›
fractionnaire BNW ⋆ nombre ~ *gebroken getal*
fractionnel BNW [v: **fractionnelle**] *die/dat verdelend werkt*
fractionnement m *splitsing in delen; versnippering; fractionering*
fractionner OV WW *in delen splitsen; versnipperen; fractioneren*
fracture V MED./GEO./OOK FIG. *breuk* ⋆ ~ sociale *sociale tweedeling*
fracturer OV WW • MED. *breken* ‹v. bot› • *openbreken; forceren*
fragile BNW • *breekbaar; broos* • *zwak;* OOK FIG. *fragiel*
fragiliser OV WW • *breekbaar(der) maken* • FIG. *verzwakken*
fragilité V • *breekbaarheid; broosheid* • *zwakheid;* OOK FIG. *fragiliteit*
fragment m • *scherf; splinter; brokstuk* • *deel; fragment*
fragmentaire BNW *fragmentarisch*
fragmentation V *fragmentatie;* OOK FIG. *versplintering; opdeling*
fragmenter OV WW *in stukken verdelen*
fragrance V FORM. *geur(igheid)*
frai m • *viskuit; kikkerdril* • *(het) kuitschieten* • *pootvis*
fraîche I V ⋆ à la ~ *in de (avond)koelte* II BNW → **frais**
fraîchement BIJW • *pas; zojuist* • *koel* ‹meestal figuurlijk› ⋆ ~ cueilli *pas geplukt* ⋆ accueillir qn ~ *iemand koeltjes ontvangen*
fraîcheur V • OOK FIG. *koelte* • *frisheid* ‹in alle betekenissen› • *versheid; nieuwheid*
fraîchir ON WW • *aanwakkeren* ‹v. wind› • *fris(ser) worden* ‹v. weer›
frais I m *frisse lucht; koelte; bries(je)* ⋆ prendre le ~ *een luchtje scheppen* ⋆ conserver au ~ *koel bewaren* II m MV *kosten* ⋆ en être pour ses ~ *met de gebakken peren blijven zitten* ⋆ faux ~ *onvoorziene onkosten* ⋆ faire ses ~ *zijn onkosten goed maken; zijn moeite beloond zien* ⋆ se mettre en ~ *onkosten maken; zijn best doen* ⋆ à peu de ~ *zonder veel kosten; zonder veel moeite* ⋆ faire les ~ de *opdraaien voor; de dupe zijn van* ⋆ aux ~ de *op kosten van; ten koste van* ⋆ ~ généraux *algemene (bedrijfs)kosten; overheadskosten* III BNW [v: **fraîche**] • *fris;* OOK FIG. *koel* • *fris; vers* • *recent* ⋆ des troupes fraîches *verse troepen* ⋆ du pain ~ *vers brood* ⋆ rasé de ~ *pas geschoren* ⋆ INF. nous voilà ~ *we staan er mooi op* ⋆ peinture fraîche! *pas geverfd!* IV BIJW • *fris; koel* • *pas; zojuist* ⋆ il fait ~ *het is fris(jes)* ⋆ servir ~ *koel serveren*
fraise V • *aardbei* • *frees; (tandarts)boor* • *pijpkraag* • *aardbeivlek* ‹op lichaam› • INF. *tronie; bek* ⋆ ~s des bois *bosaardbeien* ⋆ INF. sucrer les ~s *(oud en) beverig zijn* ⋆ INF. aller aux ~s *uit vrijen gaan* ⋆ INF./PEJ. ramener sa ~ *(ook) een duit in het zakje doen*
fraiser OV WW *(uit)frezen*
fraiseur m *frezer*
fraiseuse V *freesmachine*
fraisier m *aardbeiplant*
framboise V *framboos*
framboisier m *frambozenstruik*
Franc m [v: **Franque**] *Frank*
franc I m *frank* ⋆ ~ belge *Belgische frank* II BNW [v: **franche**] • *vrij* (**de** *van*) • *openhartig; vrijmoedig; oprecht; frank* • *zuiver; echt* ⋆ ~ de port *franco; portvrij* ⋆ ~he aversion *openlijke/oprechte afkeer* ⋆ ville ~he *vrijstad* ⋆ coup ~ *vrije schop* ⋆ zone ~he *tolvrije zone* III BNW [v: **franque**] *Frankisch* IV BIJW *ronduit; vrijuit* ⋆ à parler ~ *eerlijk gezegd*
français I m *(het) Frans* II BNW *Frans* ⋆ à la ~e *op z'n Frans*
Français m [v: **Française**] *Fransman; Française*
franc-bord m [mv: **francs-bords**] *uiterwaard*
France V *Frankrijk*
Francfort m *Frankfurt* ⋆ saucisse de ~ *knakworst*

franchement BIJW • *zonder aarzelen; resoluut* • *werkelijk; gewoonweg* • *openhartig; vrijmoedig; ronduit*
franchir OV WW *gaan door/over; komen door/ over; passeren; afleggen* ‹v. afstand› ★ ~ des difficultés *moeilijkheden overwinnen* ★ ~ le pas *de beslissende stap doen*
franchisage m *franchising*
franchise v • *vrijdom; vrijheid; vrijstelling* (**de** *van*) • VERO. *asielrecht* • *openhartigheid; vrijmoedigheid* • *franchise* • *eigen risico* ‹v. verzekering› ★ ~ postale *portvrijdom* ★ en ~ *zonder rechten te betalen* ★ agent en ~ *franchisenemer*
franchissable BNW *overkomelijk*
franchissement m *(het) overschrijden; (het) overklimmen*
francilien BNW [v: **francilienne**] *van/uit Ile-de-France*
francisation v *verfransing*
franciscain [v: **franciscaine**] **I** m *franciscaan* **II** BNW *franciscaans*
franciser OV WW *verfransen*
franc-maçon **I** m [mv: **francs-maçons**] *vrijmetselaar* **II** BNW [v: **franc-maçonne**] *vrijmetselaars-*
franc-maçonnerie v *vrijmetselarij*
franco BIJW • *franco* • INF. *vrijuit; ronduit*
franco- VOORV *Frans-* ★ ~néerlandais *Frans-Nederlands*
franco-allemand BNW *Frans-Duits*
franco-français BNW *louter/typisch Frans*
francophile **I** m/v *Fransgezinde* **II** BNW *Fransgezind*
francophobe **I** m/v *iem. die anti-Frans is* **II** BNW *anti-Frans*
francophone BNW *Frans sprekend; Franstalig*
francophonie v *Franse taalgemeenschap*
franc-parler m [mv: **francs-parlers**] *openhartigheid* ★ avoir son ~ *zeggen waar het op staat*
franc-tireur m [mv: **francs-tireurs**] • *franc-tireur* • *iem. die solistisch ageert*
frange v • *franje* • FIG. *grensgebied* • *minderheidsgroep; randgroep* • *pony(haar)*
franger OV WW *versieren met franje*
frangin m [v: **frangine**] INF. *broer; zus*
frangipane v *amandeldeeg* ‹voor gebak›
franglais m *met Engels doorspekt Frans*
franque BNW → **franc**
franquette v ★ INF. à la bonne ~ *zonder plichtplegingen; heel gewoontjes* ★ dîner à la bonne ~ *eten wat de pot schaft*
frappant BNW *treffend; sprekend; frappant*
frappe v • *(het) slaan van munten* • *aanslag* ‹op schrijfmachine, instrument› • MIL. *(verrassings)aanval* • SPORT *slag; trap* • *(het) typen* • INF. *schurk* ★ faute/erreur de ~ *tikfout* ★ INF. une petite ~ *een lieverdje*
frappé BNW INF. *getikt; niet goed snik*
frappe-devant m (onver.) *voorhamer*
frapper **I** OV WW • *slaan* • OOK FIG. *treffen* • *(met ijs) koelen* • *in reliëf bedrukken* ★ ~ une monnaie *een munt slaan* ★ ~ du pied *schoppen; stampen op* ★ ~ les yeux *in het oog springen* ★ ~ du vin *wijn koelen/frapperen* ★ être frappé d'une amende *een boete opgelegd krijgen* **II** ON WW • *(aan)kloppen* • *(toe)slaan* **III** WKD WW (**se** ~) *zich ongerust maken*
frappeur m [v: **frappeuse**] • *iem. die slaat/ klopt* • *munter*
frasque v *kuur; streek; frats*
fraternel BNW [v: **fraternelle**] *broederlijk; als broer(s) en zuster(s)*
fraternellement BIJW → **fraternel**
fraternisation v *verbroedering*
fraterniser ON WW *zich verbroederen* (**avec** *met*)
fraternité v *broederlijkheid; broederschap*
fratricide **I** m *broedermoord; zustermoord* **II** m/ v *broedermoordenaar; zustermoordenaar* **III** BNW ★ guerre ~ *broederoorlog*
fraude v *bedrog; fraude* ★ (faire) passer en ~ *binnensmokkelen*
frauder **I** OV WW *bedriegen* **II** ON WW *bedrog plegen; frauderen*
fraudeur m [v: **fraudeuse**] *bedrieger; fraudeur*
frauduleux BNW [v: **frauduleuse**] *bedrieglijk; frauduleus*
frayer **I** OV WW • *banen* • BIOL. *schuren; schaven* ‹v. gewei, huid› **II** ON WW • *kuit schieten* • *omgaan* (**avec** *met*)
frayeur v *schrik*
fredaine v *onbezonnen streek; escapade*
fredonnement m *geneurie*
fredonner OV + ON WW *neuriën*
free-lance BNW *freelance-*
freezer m *vriesvak*
frégate v *fregat*
frein m OOK FIG. *rem* ★ sans ~ *ongebreideld* ★ ~ de secours *noodrem* ★ ~s assistés *rembekrachtiging* ★ ~ à tambour *trommelrem* ★ ~ à moyeu *terugtraprem* ★ ~ à main *handrem* ★ ~ de la langue *tongriem* ★ mettre un ~ à *beteugelen* ★ donner un coup de ~ OOK FIG. *(even) afremmen* ★ ronger son ~ *zich verbijten*
freinage m OOK FIG. *(het) (af)remmen*
freiner OV + ON WW OOK FIG. *(af)remmen*
frelater OV WW *door vermenging vervalsen; versnijden*
frêle BNW *broos; tenger; frêle*
frelon m *horzel; hoornaar*
freluche v *zijden toefje*
freluquet m VERO. *pedante jonge vent; kwast*
frémir ON WW • *beven; sidderen; rillen* • *ruisen; trillen;* OOK FIG. *bruisen*
frémissement m • *huivering* • *lichte trilling; geruis*
frêne m • *es* • *essenhout*
frénésie v *verwoedheid; razernij* ‹meestal fig.›; *bezetenheid* ★ avec ~ *hartstochtelijk*
frénétique BNW *razend; (als) bezeten; verwoed; frenetiek* ★ applaudissements ~s *uitbundig applaus*
fréquemment BIJW *dikwijls; vaak*
fréquence v *frequentie; menigvuldigheid*
fréquent BNW *herhaald; veelvuldig (voorkomend); frequent*
fréquentable BNW *waar men met goed fatsoen (mee) kan verkeren* ★ peu ~ *ongunstig bekend; beter te mijden*
fréquentation v *omgang* (**de** *met*); *(het)*

F

regelmatig bezoeken ★ éviter les mauvaises ~s *slecht gezelschap mijden*
fréquenté BNW *druk (bezocht)* ★ mal ~ *waar onfatsoenlijk volk komt*; *ongunstig bekend*
fréquenter OV WW *regelmatig bezoeken*; *frequenteren*; *omgang hebben met*
frère I m *broeder* ‹in alle betekenissen›; *broer* ★ ~ d'armes *wapenbroeder* ★ ~ consanguin *halfbroer* ‹v. vaderskant› ★ ~s jumeaux *tweelingbroers* ★ ~s mineurs *minderbroeders* ★ ~ de sang *bloedbroeder* ★ faux ~ *valse broeder*; *verrader*; *hypocriet* ★ ~s prêcheurs *predikheren* ★ ~ de lait *zoogbroeder*; *pleegbroer* ★ partager en ~s *broederlijk delen* ★ ~s ennemis *elkaar bestrijdende broeders* II BNW ★ parti ~ *zusterpartij* ★ peuple ~ *broedervolk*

F

frérot m INF. *broertje*
fresque v OOK FIG. *fresco*
fret (*zeg:* frè) m *vracht(prijs)*
fréter OV WW *(ver)huren* ‹v. (lucht)vaartuig›; *bevrachten*; *charteren*
frétillant BNW *spartelend*; *druk bewegend*; *dartel(end)*
frétillement m *(het) spartelen*; *(het) dartelen*; *beweeglijkheid*
frétiller ON WW *druk bewegen*; *dartelen*; *spartelen*; *trappelen*; *kwispelen* ★ ~ de joie *sidderen van genot*
fretin m • *kleine (ondermaatse) vis* • *uitschot*; *zootje* ★ le menu ~ *klein grut*
frette v *metalen ring of band*; MUZ. *fret*
freudien BNW [v: **freudienne**] *Freudiaans*
freux m *roek*
friable BNW *brokkelig*; *bros*
friand I m • *saucijzenbroodje* • *amandelgebakje* II BNW (~ **de**) *verzot op*; *belust op*
friandise v • *zoete lekkernij* • mv *snoepgoed*; *lekkers*
fric m INF. *geld*; *poen*; *centen*
fricandeau m [mv: **fricandeaux**] *fricandeau*
fricassée v *vleesragout*; *fricassee*
fricatif BNW [v: **fricative**] *schuur-*
fric-frac m INF./VERO. (onver.) *kraakje* ‹inbraak›
friche v *braakland* ★ laisser en ~ OOK FIG. *braak laten liggen*
frichti m INF./VERO. *maaltijd*; *warme hap*; *prak*
fricot m INF. • *ragout* • *(opgestoofd) eten*; *prak*
fricoter INF. I OV WW • *klaarmaken* ‹v. ragout/prak› • *bekokstoven* II ON WW *iets uitvreten*; *sjoemelen*; *rotzooien* (**avec** *met*)
friction v • *wrijving*; OOK FIG. *frictie* • *inwrijving*; *massage* • *friction*
frictionnel BNW [v: **frictionnelle**] *wrijvings-*; *frictie-*
frictionner OV WW *(in)wrijven*
frigidaire m *koelkast*
frigide BNW • *frigide* • *koud*; OOK FIG. *koel*
frigidité v *frigiditeit*
frigo m INF. *koelkast*
frigorifier OV WW *koelen* ‹v. vlees› ★ INF. être frigorifié *verkleumd zijn*
frigorifique I m *koelruimte* II BNW *koelend* ★ camion ~ *koelwagen*
frileux BNW [v: **frileuse**] • *kouwelijk* • *huiverig*; *vreesachtig*; *afwachtend*
frilosité v • *kouwelijkheid* • *huiverigheid*; *afwachtende houding*
frimaire m *3e maand v.d. republikeinse kalender* ‹21 nov - 20 dec›
frimas (*zeg:* -mà) m LIT. vaak mv *koude mist* ‹waaruit rijp neerslaat›; *mistig winterweer*
frime v INF. *mooidoenerij*; *uitsloverij*; *aanstellerij*; *kapsones* ★ pour la ~ *voor de show*
frimer ON WW INF. *dik doen*; *zich uitsloven*; *pronken*
frimeur m [v: **frimeuse**] INF. *mooidoener*; *uitslover*; *showbink*; *patser*
frimousse v INF. *gezichtje*; *snoetje*
fringale v INF. • *geeuwhonger*; *vreselijke honger*; *hongerklop* • *geweldige zin* (**de** *in*)
fringant BNW *vief*; *monter*
fringuer OV WW INF. *kleden*
fringues v mv INF. *kleren*
fripe v vaak mv *oud kledingstuk*; *tweedehands kleding*
friper OV WW *kreukelen*
friperie v • *oude kleren (en spullen)* • *uitdragerij*; *handel in tweedehands kleren*
fripier m [v: **fripière**] *uitdrager*; *handelaar in tweedehands kleren*
fripon [v: **friponne**] I m *deugniet*; *guit* II BNW *ondeugend*; *guitig*
fripouille v INF. *schurk*; *schooier*; *schobbejak*
friqué BNW INF. *rijk*
frire OV + ON WW *bakken*; *braden*; *frituren* ★ pommes frites *patat(es frites)* ★ poêle à ~ *koekenpan*; *braadpan* ★ INF. être frit *de klos zijn*
frisbee m *frisbee*
frise v • *fries* • *plankje*
Frise v *Friesland*
frisé BNW *gekruld*; *met krulhaar* ★ (chicorée) ~e *krulandijvie*
friselis (*zeg:* -lie) m FORM. *geritsel*
friser I OV WW • *krullen*; *friseren* • *scheren/strijken langs* • FIG. *op het randje zijn van*; *dicht (be)naderen* ★ ~ la quarantaine *tegen de veertig lopen* II ON WW *krullen*; *krulhaar hebben*
frisette v • *krulletje* • *schrootje*
frison I m • *(het) Fries* • *krul* II BNW [v: **frisonne**] *Fries*
Frison m [v: **Frisonne**] *Fries*
frisotter I OV WW *in/tot krulletjes draaien* II ON WW *kroezen*
frisquet BNW [v: **frisquette**] *frisjes*
frisson m *huivering*; *rilling*; *lichte trilling* ★ donner le ~ *de (koude) rillingen bezorgen*; *doen griezelen*
frissonnement m *rilling*; *huivering*
frissonner ON WW *huiveren*; *rillen*; *licht trillen*
frisure v • *(het) krullen* • *gekrulde haren*
frit WW (présent, volt. deelw.) → **frire**
frite m [mv: **frites**] meestal mv *patat(es frites)*; *friet* ★ INF. avoir la ~ *zich in vorm voelen*
friterie v *frietkraam*
friteuse v *friteuse*; *frituurpan*
friture v • *(het) bakken* • *bakvet* • *frituur*; *gebakken vis* • INF. *storingsruis* ‹v. radio, tel.›; *geknetter*
fritz m [**Fritz**] INF./VERO. *mof* ‹Duitser›
frivole BNW • *frivool*; *lichtzinnig*

• *oppervlakkig*; *onbeduidend*

frivolité v • *lichtzinnigheid*; *frivoliteit* • *onbeduidendheid*

froc m • *pij*; *monnikskap* • INF. *broek* ★ jeter le froc aux orties *uittreden*

froid I m • *koude* • FIG. *koelheid* • *verkoudheid* ★ j'ai ~ *ik heb het koud* ★ il n'a pas ~ aux yeux *hij is voor geen kleintje vervaard* ★ il fait un ~ de canard/loup/chien *het is verschrikkelijk koud* ★ attraper/prendre ~ *kou vatten* ★ être en ~ avec *een koele verhouding hebben met*; *gebrouilleerd zijn met* ★ jeter un ~ *een pijnlijke stilte veroorzaken*; FIG. *een verkoeling teweegbrengen* ★ coup de ~ OOK FIG. *plotselinge verkoeling*; *verkoudheid* ★ ça donne/fait ~ dans le dos FIG. *daar word je koud van* II BNW • *koud* • FIG. *koel*; *kil*; *onverschillig* ★ cela me laisse ~ *dat laat me koud* III BIJW OOK FIG. *koud* ★ à ~ *koud(weg)*, *droog(weg)*; *onverhoeds* ★ manger ~ *koud eten* ★ battre ~ à qn *iem. koel bejegenen*

froidement BIJW FIG. *koel*; *koudweg*; *onaangedaan*; *in koelen bloede*

froideur v FIG. *koelheid*; *kilheid*; *onaangedaanheid*

froidure v FORM. *koude*

froissement m • *verkreukeling* • *kneuzing*; OOK FIG. *kwetsing* • *geknisper*; *geruis*

froisser I OV WW • *verkreukelen*; *verfrommelen* • *kneuzen*; OOK FIG. *kwetsen* ★ tôle froissée *blikschade* II WKD WW (**se** ~) • *kreuken* • OOK FIG. *gekwetst raken*

frôlement m • *lichte aanraking* • *ritseling*

frôler OV WW • *licht aanraken*; *strijken langs* • FIG. *dicht (be)naderen* ★ ~ l'accident *bijna een ongeluk krijgen*

fromage m *kaas* ★ ~ blanc *kwark* ★ ~ à pâte molle *zachte kaas* ★ ~ de tête *hoofdkaas* ★ ~ fondue *smeerkaas* ★ INF. en faire un ~ *er ophef van maken*; *de zaak dramatiseren*

fromager I m *kapokboom* II m [v: **fromagère**] • *kaasmaker* • *kaasverkoper* • *kaasvorm* III BNW [v: **fromagère**] *kaas-*

fromagerie v • *kaasmakerij* • *kaashandel*

froment m *tarwe*

fronce v *plooi(tje)*

froncement m *gefrons*; *rimpeling*

froncer OV WW • *fronsen*; *rimpelen* • *plooien*

frondaison v • *bladvorming*; *uitbotting* • LIT. *gebladerte*; *lover*

fronde v • *slinger*; *katapult* • *morrende oppositie(partij)*; *oproer(igheid)*; *fronde* ★ GESCH. la Fronde *de Fronde* ‹verzet tegen Mazarin›

fronder I OV WW *morren tegen*; *dwarsdrijven*; *hekelen* II ON WW *morren*; *oppositie voeren* (**contre** *tegen*)

frondeur [v: **frondeuse**] I m • GESCH. *aanhanger v.d. Fronde* • *dwarsdrijver*; *hekelaar*; *oppositievoerder* II BNW *rebels*; *dwars(drijverig)*; *hekelachtig*

front m • *voorhoofd*; FORM. *hoofd* • *voorkant*; *(voor)vlak* • OOK FIG. *front* ★ de ~ *frontaal*; *(pal) van voren*; *rechtstreeks*; *naast elkaar (lopend)*; *tegelijk* ★ au ~/sur le ~ *aan het front* ★ ~ froid *koufront* ★ ~ de mer *zeeboulevard* ★ le ~ d'une montagne *de top v.e. berg* ★ aborder de ~ *doortastend aanpakken* ★ avoir le ~ de *de euvele moed hebben om* ★ faire ~ à *het hoofd bieden aan* ★ mener de ~ *gelijktijdig uitoefenen/doen* ★ FORM. courber le ~ *het hoofd buigen*

frontal BNW [m mv: **frontaux**] • *voorhoofds-* • *frontaal*

frontalier [v: **frontalière**] I m *grensbewoner* II BNW *grens-* ★ (travailleur) ~ *grensarbeider*

frontière I v *grens* II BNW *grens-* ★ ville ~ *grensstad*

frontispice m • *frontispice*; *titelblad* • *voorgevel*

frontiste m/v *aanhanger van het Front National*

fronton m • *fronton* • *(boven)muur* ‹v.h. pelotespel›

frottage m *(het) (in)wrijven*

frottée v • INF. *pak slaag* • *met knoflook ingesmeerde boterham*

frottement m OOK FIG. *wrijving*

frotter I OV WW *(af)wrijven*; *inwrijven* (**de** *met*); *strijken/schuren langs* ★ ~ une allumette *een lucifer afstrijken* II ON WW *wrijven*; *schuren* (**contre** *tegen*); *aanlopen* III WKD WW (**se** ~) • *zich (in)wrijven* ★ se ~ les yeux *zich de ogen uitwrijven* • (**se** ~ **à**) *zich (roekeloos) inlaten met*; *het opnemen tegen* ★ qui s'y frotte, s'y pique *het is geen katje om zonder handschoenen aan te pakken*

frotteur m *sleepcontact*

frottis (*zeg:* -tie) m • MED. *uitstrijkje* • *dunne, doorschijnende kleurlaag* • *glacis*

frottoir m • *wrijflap* • *wrijfborstel*; *wrijfkussen* • *strijkvlak* ‹v. luciferdoos›

froufrou m [**frou-frou**] • *geruis* ‹v. zijde e.d.› • *koket (onder)goed*

froufrouter ON WW *ruisen* ‹v. zijde e.d.›

froussard INF. I m *lafbek* II BNW *bang*; *schijterig*

frousse v INF. *grote angst* ★ avoir la ~ *in de rats zitten* ★ ficher/flanquer la ~ *de stuipen op het lijf jagen*

fructidor m *12e maand v.d. republikeinse kalender* ‹v. 18/19 aug - 16/17 sept›

fructifère BNW *vruchtdragend*

fructification v • *vruchtvorming* • FIG. *(het) vrucht dragen*

fructifier ON WW OOK FIG. *vrucht dragen* ★ faire ~ son argent *zijn geld plaatsen*

fructose m *fructose*; *vruchtensuiker*

fructueux BNW [v: **fructueuse**] • FIG. *vruchtbaar* • *winstgevend*; *succesvol*

frugal BNW [m mv: **frugaux**] *sober*

frugalité v *soberheid*

fruit m • OOK FIG. *vrucht* • *kind* • *opbrengst*; *resultaat* ★ arbre à ~ *vruchtboom* ★ ~ à noyau *steenvrucht* ★ ~ à pépins *pitvrucht* ★ ~ sec *gedroogde vrucht*; *mislukkeling* ★ ~ défendu *verboden vrucht* ★ ~s de mer *zeebanket* ★ sans ~ *vruchteloos* ★ FIG. porter ses ~s *vruchten afwerpen*

fruité BNW *fruitig*

fruiterie v • *fruitbewaarplaats* • *fruithandel*

fruitier I m • *fruitkelder* • *boomgaard* II v [**fruitière**] *kaasmakerij* III m [v: **fruitière**] • *fruitverkoper* • *kaasmaker* IV BNW [v:

fruitière] *vrucht-*; *fruit-* ★ arbre ~ *vruchtboom*
frusques v mv INF. *(oude) kleren*; *plunje*
fruste BNW • *afgesleten*; *verweerd* • FIG. *onbehouwen*; *ongepolijst*; *grof*
frustrant BNW *frustrerend*
frustration v • *frustratie*; *onbevredigdheid* • *ontzegging*; *onthouding*
frustrer OV WW • *teleurstellen (***dans** *in)*; *frustreren* • (~ **de**) *onthouden*; *ontzeggen*; *ontnemen*
FS AFK (franc suisse) *Zwitserse frank*
fuchsia (*zeg:* fuusja/fuuksja) m *fuchsia*
fuel (*zeg:* fjoel) m *stookolie*
fugace BNW *vluchtig*; *kortstondig*; *vergankelijk*
fugacité v *vluchtigheid*; *vergankelijkheid*
fugitif [v: **fugitive**] I m *vluchteling* II BNW • *voortvluchtig* • *voorbijgaand*; *vergankelijk*; *vluchtig*
fugue v • MUZ. *fuga* • *(het) (van huis) weglopen*
fuguer ON WW *(van huis) weglopen*
fugueur [v: **fugueuse**] I m *kind dat van huis wegloopt* II BNW *die/dat van huis wegloopt*
fuir I OV WW *ontvluchten*; *(ver)mijden*; *ontgaan* ★ fuir comme la peste *mijden als de pest* II ON WW • *vluchten (***devant** *voor)*; OOK FIG. *vlieden* • *wijken* • *lekken* ★ front qui fuit *wijkend voorhoofd*
fuite v • *vlucht*; OOK FIG. *(het) vlieden* • *lek* • *(het) lekken* ‹ook v. informatie› • *(het) wijken* ★ en ~ *op de vlucht*; *voortvluchtig* ★ prendre la ~ *op de vlucht slaan* ★ délit de ~ *(het) doorrijden na een ongeluk* ★ point de ~ *verdwijnpunt* ★ ~ des cerveaux *braindrain*
fulgurant BNW • MEESTAL FIG. *bliksemend*; *flitsend*; *lumineus* • *bliksemsnel* ★ douleurs ~es *pijnscheuten*
fulguration v *weerlicht*; OOK FIG. *flits*
fulgurer ON WW MEESTAL FIG. *bliksemen*; *flitsen*
fuligineux BNW [v: **fuligineuse**] *roetachtig*
fulminant BNW • *fulminant*; *donderend*; *razend*; *heftig* • FORM. *ontplofbaar*; *knal-*
fulmination v OOK FIG. *banbliksem*
fulminer I OV WW *slingeren (***contre** *naar, over)* ‹v. banbliksems, verwijten e.d.› II ON WW • *heftig uitvaren*; *fulmineren (***contre** *tegen)* • *ontploffen*; *knallen*
fumage m • *(het) roken* ‹v. levensmiddelen› • *bemesting*
fumaison v → **fumage**
fumant BNW • *rokend* • *dampend* • *ziedend* ‹v. woede› • INF. *fantastisch*; *puik*
fumasse BNW • INF. *woedend* • *wild*
fumé BNW *rook-*; *gerookt* ★ verre fumé *donker glas*; *rookglas*
fume-cigare m (onver.) *sigarenpijpje*
fume-cigarette v (onver.) *sigarettenpijpje*
fumée v *rook*; *damp* ★ les ~s du vin de *bedwelming/roes v.d. wijn* ★ avaler la ~ *inhaleren* ★ partir en ~ OOK FIG. *in rook opgaan* ★ il n'y a pas de ~ sans feu *er is geen rook zonder vuur*
fumer I OV WW • *roken* ‹v. rookwaren› • *roken* ‹v. levensmiddelen› • *bemesten* II ON WW • *roken* • *dampen* • INF. *zieden* ‹v. woede› ★ ~ comme une cheminée/un pompier *roken als een schoorsteen*
fumerie v *opiumkit*
fûmes WW (passé simple) → **être**
fumet m • *(pikante) geur* ‹v. spijzen, dieren› • *(geurige) bouillon*
fumeur m [v: **fumeuse**] *roker*
fumeux BNW [v: **fumeuse**] • *walmend*; *rokerig*; *nevelig* • *warrig*; *wollig*; *vaag*
fumier m • *mest* • MEESTAL FIG. *mesthoop* • INF. *rotzak*
fumigation v *beroking*; *uitroking*
fumigène BNW *rookontwikkelend* ★ bombe ~ *rookbom*
fumiste I m VERO. *kachelsmid* II m/v INF. *grapjurk*; *praatjesmaker*; *schertsfiguur* III BNW INF. *niet serieus te nemen*; *scherts-*
fumisterie v *verlakkerij*; *gebakken lucht*; *snoeverij*; *nep*
fumoir m • *rooksalon* • *rokerij*
fumure v *bemesting*
funambule m/v *koorddanser*
funambulesque BNW • *koorddansers-* • *dwaas*; *buitenissig*
funèbre BNW • *begrafenis-*; *rouw-*; *doods-* • *somber*; *doods* ★ pompes ~s *begrafenisonderneming* ★ oraison ~ *lijkrede* ★ service ~ *rouwdienst*
funérailles v mv *begrafenis*
funéraire BNW *begrafenis-*; *graf-* ★ drap ~ *lijkkleed* ★ pierre ~ *grafsteen*
funérarium (*zeg:* -rjom) m *rouwcentrum*
funeste BNW *funest (***à** *voor)*; *noodlottig*; *rampzalig*
funiculaire I m *kabel(spoor)baan* II BNW ★ tramway ~ *kabeltram*
fur m ★ au fur et à mesure *geleidelijk*; *één voor één* ★ au fur et à mesure de *naar gelang (van)* ★ au fur et à mesure que *naarmate*
furax BNW INF. *woedend*
furet m • *fret* ‹dier› • FIG. *speurneus*; *snuffelaar* • *verstopspelletje* ‹voorwerp dat van hand tot hand gaat›
fureter ON WW • *jagen met een fret* • *(rond)snuffelen*
fureteur [v: **fureteuse**] I m • *jager met een fret* • *snuffelaar* II BNW *(rond)snuffelend*; *spiedend*
fureur v • *woede*; *razernij* • *hartstocht (***de** *voor)* • *verwoedheid* ★ ~ du jeu *speelwoede* ★ entrer en ~ *woedend worden* ★ faire ~ *furore maken*
furibard BNW INF. *spinnijdig*
furibond BNW *woedend*; *razend*
furie v • *woede*; *razernij* • *onstuimigheid* • *helleveeg*; *furie* ★ en ~ *woedend*; *razend*
furieusement BIJW *furieus*
furieux BNW [v: **furieuse**] *woedend (***contre** *op)*; *razend*; *woest* ★ un vent ~ *een hevige wind*
furoncle m *steenpuist*
furtif BNW [v: **furtive**] *steels*; *heimelijk*; *ongezien*
furtivement BIJW → **furtif**
fus WW (passé simple) → **être**
fusain m • *houtskool* • *houtskooltekening* • PLANTK. *kardinaalsmuts*
fuseau m [mv: **fuseaux**] • *spil* • *klos*; *spoel* ★ jambes en ~ *spillebenen* ★ ~ horaire

tijdzone ⋆ en ~ *spilvormig; smal toelopend* ⋆ (pantalon) ~ *skibroek*
fusée v • *raket* • *vuurpijl* • *ontstekingsbuis* • *fusee; spil* ⋆ ~ engin *aandrijfraket* ⋆ ~ éclairante *lichtkogel* ⋆ ~ de rires *lachsalvo*
fuselage m *romp* ‹v. vliegtuig›
fuselé BNW • *spilvormig* • *dun uitlopend* • *gestroomlijnd* ⋆ des doigts ~s *dunne vingers*
fuseler OV WW *stroomlijnen*
fuser ON WW • *wegsmelten* • *vervloeien* ‹v. kleuren› • *knetterend/sissend uiteenspatten* • FIG. *losbarsten*
fusibilité v *smeltbaarheid*
fusible I m • *stop; (smelt)zekering* • INF. *iem. die op de schopstoel zit* II BNW *smeltbaar*
fusil (*zeg:* -zie) m • *geweer* • *aanzetstaal* • VERO. *vuurslag* ⋆ coup de ~ *gepeperde rekening* ⋆ ~ à deux coups *dubbelloopsgeweer* ⋆ bon ~ *goed schutter* ⋆ pierre à ~ *vuursteen* ⋆ FIG. changer son ~ d'épaule *een ommezwaai maken*
fusilier m *fuselier*
fusillade v • *geweervuur; schietpartij; schotenwisseling* • *fusillade*
fusiller OV WW • *fusilleren; neerschieten* • INF. *verknallen; mollen* ⋆ ~ qn du regard *iem. vernietigend aankijken*
fusil-mitrailleur m [mv: **fusils-mitrailleurs**] *machinegeweer*
fusion v • *smelting* • FIG. *samensmelting; vermenging; fusie* ⋆ ~ nucléaire *kernfusie* ⋆ en ~ *gesmolten* ⋆ point de ~ *smeltpunt*
fusionnement m *fusionering; fusie*
fusionner I OV WW FIG. *samensmelten; samenvoegen* II ON WW FIG. *samensmelten; fuseren* (**avec** *met*)
fusse WW (imparf. du subj.) → **être**
fustigation v FORM. *geseling*
fustiger OV WW • *geselen* • *hekelen*
fut WW (passé simple) → **être**
fût I m • *fust; vat* • *schacht* ‹langwerpig hoofddeel›; *handvat* ‹v. boor, zaag enz.›; *blok* ‹v. schaaf› • *boomstam* • *fust; vat* • *lade* ‹v. vuurwapen› ⋆ en fût *op fust* II WW (imparf. du subj.) → **être**
futaie v *(bos van) hoogopgaand hout*
futaille v • *vat; fust* • *de vaten; fustage*
futé BNW *gewiekst; slim; snugger* ‹zie ook bison›
futile BNW *futiel; onbeduidend*
futilité v *onbeduidendheid; futiliteit*
futur I m • *toekomst* • *toekomende tijd* ⋆ dans le ~ *in de toekomst* ⋆ ~ antérieur *voltooid (tegenwoordig) toekomende tijd* ⋆ ~ du passé *onvoltooid verleden toekomende tijd* II m [v: **future**] *aanstaande* ‹bruid(egom)› III BNW [v: **future**] *toekomstig; aanstaand; komend*
futurisme m *futurisme*
futuriste I m/v *futurist* II BNW *futuristisch*
futurologue m/v *futuroloog*
fuyant I m FORM. *verschiet; perspectief* II BNW • *(terug)wijkend* • *ontwijkend* ‹v. blik, gedrag›; *ongrijpbaar; schuw* ⋆ front ~ *wijkend voorhoofd* ⋆ perspective ~e *wijkend perspectief*
fuyard I m [v: **fuyarde**] *vluchteling; deserteur* II BNW *vluchtend*

G

g (*zeg:* zjee) I m *letter g* II AFK (gramme) *gr*
gabardine v *gabardine*
gabarit (*zeg:* -rie) m • *mal; (standaard)model* • *afmetingen; (for)maat* ⋆ du même ~ *van hetzelfde slag/type/kaliber* ⋆ hors ~ *bovenmaats*
gabegie v *wanbeheer; administratieve warboel*
gabelle v *zoutbelasting* ‹1340-1789›
gabelou PEJ. m *(douane-, belasting)commies*
gable m [**gâble**] *puntgevel*
Gabon m *Gabon*
gâchage m → **gâcher**
gâche v • *kalkschop; deegspatel* • *schootplaat* ‹v. slot›
gâcher OV WW • *verspillen; verknoeien* • *aanmaken* ‹v. mortel, kalk› ⋆ ~ le marché *de markt bederven*
gâchette v • *spanveer; trekker* ‹v. vuurwapen› • *sluitveer* ‹v. slot› ⋆ appuyer sur la ~ *de trekker overhalen* ⋆ avoir la ~ facile *schietgraag zijn*
gâcheur m [v: **gâcheuse**] *knoeier; verspiller; bederver*
gâchis (*zeg:* -sjie) m • *mortel* • *knoeiboel; warboel* • *verspilling*
gadget (*zeg:* -dzjet) m • *gadget; grappig ding* • FIG. *wassen neus*
gadin m INF. *val* ⋆ ramasser un ~ *een smak maken*
gadoue v [**gadouille**] INF. *blubber; modder; derrie*
gaélique I m *(het) Gaelisch* II BNW *Gaelisch*
gaffe v • *bootshaak* • INF. *flater* ⋆ INF. faire ~ (à) *opletten (voor); uitkijken (voor)* ⋆ faire une ~ *een flater slaan*
gaffer ON WW INF. *een flater begaan*
gaffeur [v: **gaffeuse**] INF. I m *stoethaspel; blunderaar* II BNW *vaak blunderend; onbeholpen*
gag (*zeg:* gag met harde g's) m • *komisch effect; gag* • INF. *lachertje*
gaga BNW • *kinds; seniel; niet goed wijs* • (~ **de**) *stapelgek op*
gage m • OOK FIG. *waarborg; (onder)pand* • *blijk; bewijs* • mv VERO. *loon* ‹v. dienstbaren›; *gage* ‹v. matroos› ⋆ tueur à gages *huurmoordenaar* ⋆ être aux gages de *in loondienst zijn van* ‹v. dienstpersoneel›; *afhankelijk zijn van* ⋆ mettre en gage *verpanden* ⋆ prêter sur gage *op onderpand lenen*
gager OV WW • VERO. *wedden* • *waarborgen* ⋆ gageons que...! *wedden dat...!*
gageure (*zeg:* -zjuur, abus. -zjeur) v *uitdaging; waagstuk*
gagiste m *pandhouder*
gagnant I m [v: **gagnante**] *winnaar* ‹bij spel of loterij› ⋆ donner ~ *als winnaar doodverven* II BNW *winnend*
gagne-pain m (onver.) • *broodwinning* • *kostwinner* ⋆ perdre son ~ *brodeloos worden*
gagne-petit m (onver.) *kleinverdiener*

G

gagner I OV WW • *verdienen* • *winnen (***à** *van)* • FIG. *winnen; verwerven; krijgen* • *bereiken; gaan naar/in* • FIG. *aangrijpen; overmannen; bevangen* ★ ~ gros *veel verdienen* ★ ~ sa vie *de kost verdienen* ★ ~ du terrain (sur) *veld winnen (op)* ★ ~ le large *zee kiezen* ★ ~ un témoin *een getuige op zijn hand krijgen* ★ ~ qn à une cause *iem. voor een zaak winnen* ★ ~ qn de vitesse *iem. te snel af zijn* ★ ~ du temps *tijd winnen* **II** ON WW • *winnen (***en** *aan)* • *geld verdienen* • *veld winnen (***sur** *op)* • *er beter op worden (***à** *van* [+ inf.]) ★ le feu gagne *de brand breidt zich uit* ★ ~ au vent *oploeven* ★ ~ par deux à zéro *met 2-0 winnen* ★ c'est toujours ça de gagné *dat is alvast meegenomen* ★ ~ à être connu *bij nadere kennismaking meevallen* ★ y ~ *erop vooruitgaan* **III** WKD WW (**se** ~) • *verkregen worden* • *aanstekelijk zijn*

G

gai (*zeg:* gè met harde g) **I** m INF. *homo* **II** BNW • *vrolijk; opgeruimd* • *lichtelijk aangeschoten* • *leuk* • INF. *homo-* ★ avoir le vin gai *een vrolijke dronk hebben*

gaiement BIJW *vrolijk; opgeruimd*

gaieté v *vrolijkheid; lol(letje)* ★ de ~ de cœur *van ganser harte*

gaillard I m • *(flinke) vent; potige kerel* • SCHEEPV. *plecht* **II** BNW • VERO. *vrolijk; opgewekt* • *flink; kloek; potig* • *gewaagd; schuin*

gaillardise v *schuine taal; schuine mop*

gain m • *winst; verdienste; voordeel* • *(het) winnen* ★ avoir/obtenir gain de cause *het pleit winnen; zijn zin/gelijk krijgen*

gaine v • *schede; foedraal; omhulsel* • TECHN. *mantel* • *onderstel* ★ ~(-culotte) *step-in* ★ horloge à ~ *staande klok*

gainer OV WW *overtrekken; (nauw) omhullen*

gaîté v → **gaieté**

gala m *gala(feest)* ★ soirée de gala *gala-avond* ★ habit de gala *galakleding*

galactique BNW *melkweg-; galactisch*

galamment BIJW *hoffelijk* ‹jegens vrouwen›; *galant*

galant I m SCHERTS. *aanbidder; vrijer* ★ LIT. vert ~ *vrouwengek* **II** BNW • *hoffelijk* ‹jegens vrouwen›; *galant* • *op vrijerij gericht; galant* ★ avonture ~e *liefdesavontuurtje* ★ femme ~e *lichte vrouw*

galanterie v • *hoffelijkheid* ‹jegens vrouwen›; *galanterie* • LIT. *liefdesavontuurtje*

galantine v *koud vlees in gelei; galantine*

galapiat m INF. *straatjongen; kwajongen*

galaxie v *melkweg(stelsel)*

galbe m *welving; (fraaie) ronding*

galbé BNW *(fraai) gewelfd*

gale v • *schurft* • *jeukende huiduitslag* • INF. *kreng; rotzak*

galéjade v *sterk verhaal*

galène v *zwavellood* ★ poste à ~ *kristalontvanger*

galère v • *galei* • INF. *doffe ellende* ★ INF. que diable allait-il faire dans cette ~? *waar bemoeide hij zich ook mee?*

galérer ON WW INF. *het moeilijk hebben; ploeteren*

galerie v • *galerij* ‹in alle betekenissen› • *galerie; tentoonstellingszaal* • *onderaardse gang; mijngang* • *winkelgalerij; passage* • *imperiaal* ★ pour la ~ *uit effectbejag; voor de show* ★ amuser/jouer pour la ~ *op het publiek/voor de galerij spelen*

galérien m *galeislaaf* ★ vie de ~ *hondenleven*

galeriste m/v *galeriehouder*

galet m • *strandkei; rolsteen* • *keistrand; kiezelstrand* • TECHN. *rolletje; wieltje*

galetas (*zeg:* -tà) m • VERO. *zolderkamer* • *krot*

galette v • *platte koek* • *scheepsbeschuit* • *rond plat voorwerp; plat kussentje* • INF. *geld; poen* ★ ~ des Rois *driekoningenkoek*

galeux BNW [v: **galeuse**] OOK FIG. *schurftig* ★ FIG. la brebis galeuse *het zwarte schaap*

Galice v *Galicië*

Galilée I v *Galilea* **II** *Galileï*

galiléen BNW [v: **galiléenne**] *Galilees*

galimatias (*zeg:* -tjà) m *onzin; wartaal*

galion m *galjoen*

galipette v INF. *luchtsprong* ★ faire des ~s *bokkensprongen maken; capriolen uithalen*

galle v PLANTK. *gal* ‹op planten, bomen› ★ ~ du chêne *(eiken)galnoot* ★ (noix de) ~ *galappel; galnoot*

Galles ★ le pays de ~ *Wales*

gallican I m *gallicaan* **II** BNW *gallicaans*

gallicanisme m *gallicanisme*

gallicisme m • *gallicisme* • *typisch Franse uitdrukking*

gallinacés m mv *hoenderachtigen*

gallique BNW ★ acide ~ *galnotenzuur*

gallo- VOORV *Gallisch; Frans*

gallois I m *(het) Welsh* **II** BNW *uit Wales*

Gallois m [v: **Galloise**] *Welshman*

gallon m *gallon* ‹inhoudsmaat›

gallo-romain BNW *Gallo-Romeins*

galoche v *klompschoen* ★ menton en ~ *vooruitstekende kinnebak; centenbak*

galon m • *galon; tres; boordsel* • MIL. *streep* ‹distinctief› ★ prendre du ~ *promotie maken; erop vooruitgaan*

galonné m INF. *(onder)officier*

galonner OV WW *galonneren*

galop (*zeg:* -loo) m *galop* ★ au ~ *in galop* ★ grand ~ *gestrekte galop*

galopade v • *galopade* • *(het) hollen*

galopant BNW • *galopperend* • *zeer snel; sprongsgewijs* ★ inflation ~e *hollende inflatie* ★ phtisie ~e *vliegende tering*

galoper I OV WW *laten galopperen; opjagen* **II** ON WW • *galopperen* • *rennen; hollen;* OOK FIG. *(door)draven*

galopin m INF. *straatjongen; kwajongen*

galurin m INF. *hoed*

galvanique BNW *galvanisch*

galvanisation v *galvanisatie*

galvaniser OV WW OOK FIG. *galvaniseren*

galvanomètre m *galvanometer*

galvauder I OV WW *te grabbel gooien; verkwanselen; misbruiken* **II** ON WW *rondhangen; lanterfanten* **III** WKD WW (**se** ~) *zichzelf vergooien; zijn naam te grabbel gooien*

gambade v *luchtsprong*

gambader ON WW *huppelen; dartelen; luchtsprongen maken*

gamberger INF. **I** OV WW *(na)denken over* **II** ON WW *(na)denken over; prakkizeren; piekeren*

gambette I m *tureluur* **II** v INF. *been*

Gambie v *Gambia*

gambiller ON WW INF. *dansen*

gambit (*zeg:* -bie) m *gambiet* ‹schaken›

gamelle v • *eetketel; gamel* • *officiersmess; gamelle* ★ INF. ramasser/prendre une ~ OOK FIG. *op z'n bek gaan*

gamète m *gameet*

gamin I m [v: **gamine**] • *koter; kind; kleine; joch* • *bengel; ondeugd* **II** BNW *(kwa)jongensachtig* ★ elle est encore ~e *ze is nog maar een kind*

gaminerie v *(kwa)jongensstreek; kinderlijk gedrag*

gamme v • *toonladder* • FIG. *gamma; reeks* ‹v. soorten›; *assortiment* ★ bas de ~ *(van) de laagste prijsklasse; van mindere kwaliteit* ★ haut de ~ *(van) de hogere prijsklasse; kwaliteits-* ★ ~ de couleurs *kleurengamma*

gammé BNW ★ croix ~e *hakenkruis*

ganache v • *onderkaak* ‹v. paard› • INF./VERO. *sukkel; domoor*

Gand *Gent*

gandin m VERO. *fat*

gang m *(misdadigers)bende*

ganglion m *ganglion* ★ ~ lymphatique *(opgezette) lymf(e)klier*

gangrène v • *gangreen* • FIG. *kanker; verderf*

gangrener OV WW • MED. *gangreen veroorzaken in* • *verderven*

gangreneux BNW [v: **gangreneuse**] • *gangreneus* • *verdorven; verderfelijk*

gangster m • *gangster* • *oplichter*

gangstérisme m *gangsterpraktijken*

gangue v • *gangsteen* • *omhulsel; korst*

ganse v *(garneer)bandje; koord*

gant m *handschoen* ★ gant de boxe *bokshandschoen* ★ gant de toilette *washandje* ★ se donner les gants *zich zelf de eer geven* ★ jeter le gant à qn *iem. de handschoen toewerpen/uitdagen* ★ INF. prendre des gants (avec) *omzichtig te werk gaan (met); met fluwelen handschoenen aanpakken* ★ relever le gant *de uitdaging aannemen; de handschoen opnemen* ★ cela me va comme un gant *dat past me precies* ★ retourner qn comme un gant *iem. helemaal ompraten*

gantelet m • *gepantserde handschoen* • *handleer*

ganter I OV WW *(iem.) handschoenen aantrekken* ★ ces gants me gantent bien *die handschoenen passen me goed* ★ ~ du sept *maat 7 voor handschoenen hebben* **II** WKD WW (**se** ~) *handschoenen aantrekken/ aanschaffen*

ganterie v • *handschoenenhandel* • *handschoenenfabriek*

gantier m [v: **gantière**] • *handschoenenmaker* • *handschoenenverkoper*

gantois I m [v: **gantoise**] *Gentenaar* **II** BNW *Gents*

garage m • *garage; hangar; stalling* • *garage(bedrijf)* ★ OOK FIG. voie de ~ *zijspoor*

garagiste m/v *garagehouder*

garance I v *meekrap* ‹plant/kleurstof› **II** BNW *meekraprood; vuurrood*

garant I m *waarborg* **II** m [v: **garante**] *borg* ‹persoon› ★ se porter ~ de *borg staan voor; instaan voor*

garantie (*zeg:* -tie) v *waarborg; garantie* ★ donner des ~s *zekerheid verschaffen* ★ c'est sous ~ *er zit garantie op*

garantir OV WW *garanderen; instaan voor; waarborgen; vrijwaren (***de** *tegen, van)* ★ être garanti un an *een jaar garantie hebben*

garce v • *ondeugende meid; rotmeid; kreng(etje)* • *slet* ★ cette ~ de vie *dat rotleven*

garçon m • *jongen* • *kelner* • INF. *vent* ★ rester ~ *niet trouwen* ‹v. man› ★ ~ de boucher *slagersknecht* ★ ~ de courses *loopjongen* ★ ~ manqué *jongensachtig meisje* ★ vieux ~ *oude(re) vrijgezel*

garçonne v ★ à la ~ *jongensachtig* ‹v. vrouw›; *met een rattenkopje*

garçonnet m *jongetje*

garçonnier BNW [v: **garçonnière**] *jongensachtig* ‹v.meisje›

garçonnière VERO. v *vrijgezellenflat*

garde I m • *bewaker; wachter; oppas* • *gardist; wacht* ★ ~ civil *burgerwacht* ★ ~ du corps *lijfwacht* ★ ~ forestier *boswachter* ★ ~ des Sceaux *minister van justitie; grootzegelbewaarder* **II** v • *hoede; toezicht; bewaking; bewaring* • *wacht; lijfwacht; garde* • *gevest* • *gevechtshouding* ‹schermen, vechtsport›; *dekking* ★ être/se tenir sur ses ~s *op zijn hoede zijn* ★ mettre en ~ contre *waarschuwen voor* ★ prendre ~ *oppassen (***à** *voor); zich hoeden (***à** *voor)* ★ corps de ~ *hoofdwacht* ★ pharmacie de ~ *dienstdoende apotheek* ★ être de ~ *(wacht-, nacht)dienst hebben* ★ ~ d'honneur *erewacht* ★ monter la ~ *de wacht betrekken; wacht houden* ★ relever la ~ *de wacht aflossen* ★ officier de ~ *officier v.d. wacht* ★ ~ à vue *voorlopige hechtenis* ‹op politiebureau› ★ (page/feuille de) ~ *schutblad* ‹v. boek› ★ la vieille ~ FIG. *de oude garde* ★ droit de ~ *bewaarrecht; voogdij* ‹over toegewezen kind› ★ sous la ~ de *onder de hoede van* ★ MIL. ~ à vous! *geeft acht!* ★ chien de ~ *waakhond* ★ baisser la ~ *zich blootgeven; minder waakzaam worden* ★ en ~ *in gevechtshouding*

garde-à-vous m ★ au ~ *in de houding*

garde-barrière m/v [mv: **gardes-barrière(s)**] *baanwachter; overwegwachter*

garde-boue m (onver.) *spatbord*

garde-chasse m [mv: **gardes-chasse(s)**] *jachtopziener*

garde-chiourme m [mv: **gardes-chiourme(s)**] • GESCH. *bewaker van galeiboeven* • PEJ. *ruwe opzichter;* FIG. *slavendrijver*

garde-corps m (onver.) • SCHEEPV. *reling* • *leuning*

garde-côte(s) m [mv: **garde-côtes**] *kustbewakingsschip; kustwachter*

garde-feu m (onver.) *vuurscherm*

garde-fou m [mv: **garde-fous**] • *waarschuwing* • *borstwering; leuning*

garde-magasin m [mv: **gardes-magasin(s)**] *magazijnmeester*

garde-malade m/v [m mv: **gardes-malades**]

ziekenverpleger
garde-manger m (onver.) *provisiekast*
garde-meuble(s) m [mv: **garde-meubles**] *meubelbewaarplaats*
gardénia m PLANTK. *gardenia*
garde-pêche m [mv: **garde(s)-pêche**] • *visserijopzichter* • *schip v. visserijpolitie*
garde-port m [mv: **garde-port(s)**] *havenmeester*
garder I ov ww • *bewaren; houden; aanhouden* • *bewaken; behoeden (***de** *voor);* *passen op* • *in acht nemen; nakomen* ★ ~ le lit *het bed houden* ★ ~ le silence *het stilzwijgen bewaren* ★ Dieu vous garde *God behoede u!* **II** WKD WW (**se** ~ **de**) *zich hoeden voor; vermijden te* ★ je m'en garderai bien! *dat zal ik wel laten!*

G

garderie v • *crèche; kinderbewaarplaats* • *boswachterij*
garde-robe m [mv: **garde-robes**] • VERO. *klerenkast* • *garderobe* ‹iemands kleren›
gardeur m [v: **gardeuse**] *hoeder* ‹v. dieren›
garde-voie m [mv: **gardes-voie(s)**] *baanwachter*
garde-vue m (onver.) *oogscherm*
gardien [v: **gardienne**] **I** m *bewaker; wachter* ★ SPORT ~ de but *keeper* ★ ~ de la paix *straatagent* ★ ~ de prison *gevangenbewaarder* ★ ~ d'immeuble *huismeester; conciërge* ★ ~ de nuit *nachtwaker* ★ ~ de musée *suppoost* **II** BNW ★ ange ~ *beschermengel*
gardiennage m • *bewaking* • *peuteropvang*
gardon m *voorn*
gare I v • *station* • SCHEEPV. *aanlegplaats* ★ gare aérienne *luchthaven* ★ gare de marchandises *goederenstation* ★ gare terminus *eindstation* ★ gare routière *busstation; vrachtwagenstation* ★ gare de triage *rangeerterrein* ★ chef de gare *stationschef* **II** TW *pas op!* ★ gare à toi! *wees gewaarschuwd!* ★ sans crier gare *zonder te waarschuwen; onverhoeds*
garenne I m *wild konijn* **II** v • *(eiken)bos met wilde konijnen* • *verpacht viswater* ★ lapin de ~ *wild konijn*
garer I ov ww *stallen; parkeren* ‹v. voertuig›; *meren* ‹v. boot›; *(veilig) wegzetten* **II** WKD WW (**se** ~) • *uitwijken* • *parkeren* • (**se** ~ **de**) *oppassen voor; uit de weg gaan voor; ontwijken*
gargantua m *veelvraat*
gargantuesque BNW *gargantuesk*
gargariser WKD WW (**se** ~) • *gorgelen* • INF. *zwelgen; gulzig genieten (***de** *van)*
gargarisme m • *gorgeldrank* • *gorgeling*
gargote v PEJ. *morsige eetgelegenheid; vreetschuur*
gargouille v *waterspuwer* ‹aan dakgoot›; *spuier*
gargouillement m • *borreling* ‹i.d. maag› • *geklater* ‹v. water›
gargouiller ON WW • *borrelen* ‹v. maag› • *klateren* ‹v. water›
gargouillis (*zeg:* -jie) m → **gargouillement**
garnement m *kwajongen; rakker; bengel*
garni BNW • *gegarneerd; als garnering* • *voorzien* • VERO. *gemeubileerd*
garnir I ov ww • *voorzien (***de** *van); uitrusten (***de** *met)* • *vullen; bekleden; stofferen (***de** *met)* • *garneren; versieren (***de** *met)* ★ bien garni *goed gevuld; met een flinke haardos* **II** WKD WW (**se** ~) *zich vullen* ★ la salle se garnit *de zaal loopt vol*
garnison v *garnizoen*
garnissage m → **garnir**
garniture v • *versiersel; belegsel; bekleedsel; garneersel* • *garnituur; stel; toebehoren* • *pakking* ★ ~ de foyer *haardstel* ★ ~ de frein *remvoering*
garou m ★ (loup-)~ *weerwolf*
garrigue v *(landschap met) doornig struikgewas* ‹in mediterraan gebied›
garrot (*zeg:* -roo) m • *schoft* ‹v. dier› • *knevel; knevelverband* • *wurgpaal*
garrotter OV WW OOK FIG. *knevelen*
gars INF. (*zeg:* gà met harde g) m *jongen; kerel*
gascon BNW [v: **gasconne**] • *Gascons* • VERO. *opschepperig*
Gascon m [v: **Gasconne**] *Gascogner*
gasconnade v VERO. *opschepperij*
gas-oil m [**gasoil**] *dieselolie; gasolie*
gaspillage m *verkwisting*
gaspiller OV WW *verkwisten* ★ ~ son temps *zijn tijd verspillen*
gaspilleur [v: **gaspilleuse**] **I** m *verkwister* **II** BNW *verkwistend*
gastéropodes m mv *buikpotigen; slakken*
gastralgie v *maagpijn*
gastrique BNW *maag-* ★ suc ~ *maagsap*
gastrite v *maagontsteking; gastritis*
gastro-entérite v *maag-darmontsteking*
gastronome m *gastronoom; lekkerbek*
gastronomie v *gastronomie*
gastronomique BNW *gastronomisch*
gâteau m [mv: **gâteaux**] *koek(je); taart(je)* ★ ~x secs *biscuitjes* ★ ~ (de miel) *honingraat* ★ papa/maman-~ *vader/moeder die kinderen verwent* ★ INF. c'est du ~ *dat is kinderspel/ eenvoudig* ★ partager le ~ *de buit delen* ★ FIG. avoir sa part de ~ *zijn deel van de koek krijgen*
gâter I OV WW • *verwennen* • *bederven* ★ nous ne sommes pas gâtés *het zit ons niet mee* ★ ça ne gâte rien *dat kan geen kwaad* **II** WKD WW (**se** ~) • *bederven* • *verslechteren; betrekken* ‹v. weer›
gâterie v *verwennerij*
gâte-sauce m (onver.) *koksjongen*
gâteux BNW [v: **gâteuse**] • *kinds; seniel* • *niet goed wijs* • (~ **de**) *stapelgek op*
gâtisme m *seniliteit; kindsheid*
gauche I m *linker* **II** v *linkerzijde* ★ à/sur la ~ de *links van* ★ la ~ caviar *salonsocialisme* ★ prendre la ~ *links houden* **III** BNW • OOK POL. *links; linker-* • *onhandig; links* • *scheef; krom* **IV** BIJW ★ à ~ *links; naar links* ★ de ~ *links; van links; linker-* ★ passer l'arme à ~ *het hoekje om gaan*
gauchement BIJW *onhandig; links*
gaucher [v: **gauchère**] **I** m *linkshandig persoon* **II** BNW *links(handig); linksbenig*
gaucherie v *onhandigheid*
gauchir I OV WW • *krom maken* • FIG. *verdraaien* **II** ON WW *kromtrekken*

gauchisant BNW POL. *links (georiënteerd)*
gauchisme m *links extremisme*
gauchissement m • *(het) kromtrekken* • FIG. *verdraaiing*
gauchiste I m/v *ultralinks persoon* II BNW *ultralinks*
gaudriole INF. v • *vrijerij*; *seks*; *van dattum* • meestal mv *gewaagde geestigheid*
gaufre v • *wafel* • *honingraat*
gaufrer OV WW *gaufreren*; *figuren drukken in*
gaufrette v *wafeltje*
gaufrier m *wafelijzer*
gaule v • *lange stok*; *staak* • *hengelstok*
Gaule v *Gallië*
gauler OV WW *afslaan* ‹v. vruchten›
gaullisme m *gaullisme*
gaulliste I m/v *gaullist* II BNW *gaullistisch*
gaulois BNW • *Gallisch* • *wat schuin*; *boertig*
Gaulois m [v: **Gauloise**] *Galliër*
gauloiserie v *gewaagde geestigheid*; *boertigheid*
gausser FORM. WKD WW (**se** ~) *schertsen*; *de spot drijven* (**de** *met*)
gavage m *(het) volproppen* ‹met eten›
gave m *bergstroom* ‹in de Pyreneeën›
gaver I OV WW • *vetmesten* • OOK FIG. *volproppen* (**de** *met*) II WKD WW (**se** ~) *zich volproppen* (**de** *met*)
gavotte v *gavotte* ‹dans›
gavroche m *(Parijse) straatjongen*; *lieverdje*
gay [**gai**] INF. I m *homo* II BNW *homo-*
gaz m • *gas* • m mv MED. *winderigheid* ★ gaz naturel *aardgas* ★ gaz de combat *gifgas*; *strijdgas* ★ employé du gaz *meteropnemer*; *gasman* ★ INF. mettre les gaz OOK FIG. *gas geven* ★ INF. (à) pleins gaz *vol gas*; *plankgas* ★ INF. il y a de l'eau dans le gaz *we zitten met een probleem*; *daar komt narigheid van* ★ gaz moutarde *mosterdgas* ★ avoir des gaz *(last van) darmgassen hebben* ★ INF. dans le gaz *slaapdronken*
gazage m *vergassing* ‹v. slachtoffers›
gaze v *gaas* ‹doek›
gazé m *slachtoffer van gifgas*
gazéification v → **gazéifier**
gazéifier OV WW • *gasvormig maken*; *vergassen* • *koolzuurhoudend maken*
gazelle v *gazelle*
gazer I OV WW • *vergassen* ‹v. slachtoffers› • *schroeien in een gasvlam* ‹v. textiel› II ON WW INF. *hard rijden*; *racen* ★ INF. ça gaze *het gaat gesmeerd*; *alles kits*
gazette VERO./BELG. v *krant*
gazeux BNW [v: **gazeuse**] • *gasachtig*; *gasvormig* • *koolzuurhoudend* ★ eau gazeuse *spuitwater*
gazier [v: **gazière**] I m *werknemer bij een gasbedrijf*; *gasman* II BNW *gas-*
gazoduc m *pijpleiding voor gas*
gazogène m *gasgenerator*
gazole m → **gas-oil** *gasoil*
gazoline v *gasoline*; *gasbenzine*
gazomètre m *gashouder*
gazon m • *grasveld*; *grasmat*; *gazon* • *gras* ★ (motte de) ~ *graszode*
gazonner OV WW *met graszoden bedekken*
gazouillement m • *gesjilp* ‹v. vogels› • *gebrabbel* ‹v. kind›; *gemurmel* ‹v. beek›
gazouiller ON WW • *sjilpen* ‹v. vogels› • *brabbelen* ‹v. kind› • *murmelen* ‹v. beek›
gazouillis m → **gazouillement**
GDF AFK (Gaz de France) *Frans gasbedrijf*
geai (*zeg:* zjè) m *Vlaamse gaai*
géant I m [v: **géante**] *reus*; OOK FIG. *gigant* ★ à pas de ~ *met reuzenschreden* II BNW *reusachtig*; *reuzen-*
géhenne v OOK FIG. *hel*; *Gehenna*
geignard I m [v: **geignarde**] *dreiner*; *zeur* II BNW *zeurderig*; *klagerig*
geignement m *gezeur*; *geklaag*
geindre ON WW *kermen*; *dreinen*; *zeuren*
gel m • *vorst*; *vriesweer* • OOK FIG. *bevriezing* • *gel* ★ le gel des salaires *het bevriezen v.d. lonen*
gélatine v *gelatine*
gélatineux BNW [v: **gélatineuse**] *gelatineachtig*
gelé BNW OOK FIG. *bevroren*; *verkleumd*
gelée v • *vorst*; *vriesweer* • *gelei* ★ ~ blanche *rijp* ★ ~ royale *koninginnenbrood*; *koninginnengelei*
geler I OV + ON WW OOK FIG. *bevriezen* ★ tu gèles! *je bent 'koud'!* ‹bij raden› II ONP WW *vriezen* ★ il gèle à pierre fendre *het vriest dat het kraakt* III WKD WW (**se** ~) *bevriezen*; *verkleumen*
gélifié BNW *gegeleerd*
gelinotte v *hazelhoen*
gélule v *gelatinecapsule* ‹om geneesmiddel›
gelure v MED. *bevriezing* ‹v. lichaamsdelen›
Gémeaux m mv ASTROL. *Tweelingen* ★ être ~ *een Tweeling zijn*
gémellaire BNW *tweeling-*
géminé BNW *gepaard*; *twee aan twee*; *dubbel*
gémir ON WW *zuchten*; *kermen*; *kreunen*; *huilen* ‹v. wind›
gémissement m *gekerm*; *gekreun*; *gezucht*
gemme I v • *edelsteen* • *hars* ‹v. den› II BNW ★ sel ~ *steenzout*
gemmé FORM. BNW *versierd met edelstenen*
gémonies v mv ★ vouer aux ~ *publiekelijk verguizen*; *omlaaghalen*
gênant BNW *lastig*; *hinderlijk*; *storend*; *benard*
gencive v • vaak v mv *tandvlees* • INF. *bakkes*; *smoel*
gendarme m • *gendarme*; *agent van de rijkspolitie* • *rotspiek* • INF. *bokking* • *soort hard worstje* ★ faire le ~ *voor politieagent spelen* ★ la peur du ~ *de angst voor bestraffing* ‹waardoor men iets nalaat›
gendarmer WKD WW (**se** ~) *zich boos maken* (**contre** *op*); *de stem verheffen*
gendarmerie v *gendarmerie*; *rijkspolitie(post)*
gendre m *schoonzoon*
gène m *gen* ★ c'est dans les gènes *dat is aangeboren*
gêne v • *last*; *hinder*; *beklemdheid* • *verlegenheid*; *gegeneerdheid*; *gêne* ★ sans gêne *ongegeneerd*
gêné BNW *verlegen*; *gegeneerd*; *in verlegenheid*; *opgelaten* ★ silence gêné *pijnlijke stilte*
généalogie v • *stamboom* • *genealogie*
généalogique BNW *genealogisch* ★ arbre ~ *stamboom*

G

généalogiste m/v *geslachtkundige*
génépi m • *bergalsem* • *likeur daarvan*
gêner I ov ww • *hinderen*; *belemmeren*; *knellen* • *lastig vallen*; *storen* • *in verlegenheid brengen*; *generen* • VERO. *folteren* II WKD WW (**se** ~) *zich generen* ★ ne te gêne pas! *ga gerust je gang!* ★ INF. je vais me ~ *dat zal ik niet laten!*
général I m [mv: **généraux**] *generaal*; *veldheer* ★ ~ de brigade *brigadegeneraal* ★ ~ de division *generaal-majoor* II BNW [m mv: **généraux**] *algemeen* III BIJW ★ en ~ *in/over het algemeen*
générale v • *generale (repetitie)* • *generaalsvrouw* ★ MIL. battre la ~ *alarm/ appel slaan*
G
généralement BIJW • *algemeen*; *globaal* • *in/ over het algemeen*
généralisateur BNW [v: **généralisatrice**] *generaliserend*
généralisation v • *generalisatie* • *algemene verbreiding*
généraliser I ov ww • *generaliseren* • *algemeen verbreiden/toepassen* ★ cancer généralisé *uitgezaaide kanker* II WKD WW (**se** ~) *algemeen/wijdverbreid worden*
généralissime m *opperbevelhebber*
généraliste I m/v • *huisarts* • *allrounder*; *generalist* II BNW *allround* ★ médecin ~ *huisarts*
généralité v *algemeenheid* ★ dans la ~ des cas *in het gros van de gevallen*
générateur I m *generator* II BNW [v: **génératrice**] *voortbrengend*; *voortplantings-* ★ principe ~ *grondbeginsel* ★ ~ de *teweegbrengend*
génération v *generatie* ‹in alle betekenissen›
génératrice v *(gelijkstroom)generator*
générer ov ww *genereren*; *voortbrengen*
généreusement BIJW → **généreux**
généreux BNW [v: **généreuse**] • *edelmoedig*; *grootmoedig*; *genereus* • *vrijgevig*; *gul*; *royaal* • FIG. *rijk* ★ vin ~ *volle wijn*
générique I m *aftiteling*; *titelrol* II BNW *geslachts-*; *soort-*; *generiek* ★ TAALK. terme ~ *soortnaam* ★ (médicament) ~ *locopreparaat*; *merkloos medicijn*
générosité v • *edelmoedigheid*; *generositeit* • *mildheid*; *vrijgevigheid* • FIG. *rijkheid* • *volheid* ‹v. wijn› ★ faire des ~s *overladen met weldaden*
Gênes *Genua*
genèse v *ontstaan*; *wording*; *genese* ★ la Genèse *Genesis*
genêt m *brem*
généticien m [v: **généticienne**] *geneticus*
génétique I v *erfelijkheidsleer*; *genetica* II BNW *genetisch*; *gen-*
gêneur m [v: **gêneuse**] *lastpost*
genévrier m *jeneverbes* ‹struik›
génial BNW [m mv: **géniaux**] • *geniaal* • INF. *geweldig*; *hartstikke goed*
génialité v *genialiteit*
génie m • *geest*; *genius* • *genie* ‹eigenschap en persoon› • *aanleg* (**de voor**); *begaafdheid* • *typische aard* • MIL. *genie(korps)* ★ le ~ d'une langue *het karakter van een taal* ★ de ~ *geniaal* ★ avoir du ~ *vernuftig/geniaal zijn* ★ ~ civil *weg- en waterbouw* ★ mauvais ~ *kwade genius* ★ ~ génétique *gentechnologie*
genièvre m • *jeneverbessenstruik* • *jenever* ★ (baie de) ~ *jeneverbes*
génique BNW *gen-*
génisse v *vaars*
génital BNW [m mv: **génitaux**] *genitaal*; *geslachts-* ★ organes génitaux *genitaliën*
géniteur I m *mannelijk fokdier* II m [v: **génitrice**] SCHERTS. *verwekker* ★ les ~s *de ouders*
génitif m *tweede naamval*; *genitief*
génocide m *volkerenmoord*; *genocide*
Genois m [v: **Genoise**] *Genuees*
génoise v *biscuittaart*
génome m *genoom*
genou m [mv: **genoux**] OOK TECHN. *knie* ★ à ~x *geknield* ★ sur les ~x *op schoot*; INF. *bekaf*
genouillère v • *kniestuk*; *kniebeschermer* • TECHN. *kogelgewricht*
genre m • *genre* ‹in alle betekenissen›; *soort*; *trant*; *stijl*; *type* • TAALK., BIOL. *geslacht* • *manieren* ★ avoir un mauvais ~ *slechte manieren hebben* ★ INF. faire du ~ *aanstellerige manieren hebben* ★ dans le ~ de *zoiets als* ★ ça fait mauvais ~ *dat is onbetamelijk*; *dat kun je niet maken* ★ le ~ humain *het mensdom* ★ scène/tableau de ~ *genrestuk*
gens (*zeg:* zja(n)) m/v mv / voorafgaand bnw neemt v mv-vorm aan / • *lieden*; *mensen* • VERO. *bedienden* ★ jeunes gens *jongelui* ★ gens bien *fatsoenlijke mensen* ★ gens d'église *geestelijken* ★ LIT. gens d'épée *krijgslieden* ★ gens de lettres *letterkundigen* ★ gens de mer *zeelui* ★ LIT. gens de robe *juristen*; *magistraten* ★ droit des gens *volkenrecht* ★ les petites gens *de kleine luiden*; *de kleine man*
gent (*zeg:* zja(n)) v VERO./SCHERTS. *geslacht*; *ras*; *volk* ★ la gent marécageuse *het kikkervolkje* ★ la gent moutonnière *de meelopers*
gentiane v *gentiaan*
gentil [v: **gentille**] I m GESCH. *heiden* ‹niet-joods› II BNW *lief*; *aardig*; *vriendelijk*
gentilhomme m [mv: **gentilshommes**] *edelman*
gentilhommière v *landhuis*; *klein kasteel*
gentillesse v *aardigheid*; *vriendelijkheid* ★ avoir la ~ de *zo vriendelijk zijn om*
gentillet BNW [v: **gentillette**] • *snoezig* • *niet onaardig*
gentiment BIJW • *aardig*; *vriendelijk*; *braaf* • *kalmpjes*
gentleman (*zeg:* dzentleman, dza(n)-) m [mv: **gentlemans/gentlemen**] *gentleman*
génuflexion v *kniebuiging*; *knieval*
géocentrique BNW *geocentrisch*
géode v *geode*
géodésie v *landmeetkunde*; *geodesie*
géodésique BNW *geodetisch*
géographe m/v *aardrijkskundige*; *geograaf*
géographie v *aardrijkskunde*; *geografie* ★ ~ humaine *sociale aardrijkskunde*
géographique BNW *aardrijkskundig*; *geografisch*

geôle v FORM. *gevangenis; kerker*
geôlier m [v: **geôlière**] FORM. *cipier*
géologie v *geologie*
géologique BNW *geologisch*
géologue m/v *geoloog*
géomètre m • *meetkundige* • *landmeter*
géométrie v • *meetkunde; geometrie* • *(regelmatige) onderlinge stand; configuratie* ⋆ ~ analytique *analytische meetkunde* ⋆ ~ descriptive *beschrijvende meetkunde* ⋆ ~ projective *projectieve meetkunde* ⋆ ~ dans l'espace *stereometrie* ⋆ ~ plane *vlakke meetkunde* ⋆ à ~ variable *met variabele (vleugel)stand* ‹v. vliegtuig›; *variabel; naar omstandigheden wisselend; met groot aanpassingsvermogen*
géométrique BNW • *meetkundig; geometrisch* • *nauwkeurig* • *regelmatig en strak van lijn*
géophysicien m [v: **géophysicienne**] *geofysicus*
géophysique I v *geofysica* II BNW *geofysisch*
géopolitique I v *geopolitiek* II BNW *geopolitiek-*
géorgien BNW [v: **géorgienne**] *Georgisch*
Géorgien m/v [v: **Géorgienne**] *Georgiër*
gérance v *beheer; bewindvoering* ⋆ conseil de ~ *raad van beheer*
géranium (*zeg:* -njom) m *geranium*
gérant m [v: **gérante**] *beheerder; bedrijfsleider; gerant*
gerbage m • *(het) in schoven plaatsen* • *opstapeling* ‹v. waren›
gerbe v *schoof; garve; bundel* ⋆ ~ de fleurs *bos bloemen; boeket*
gerbée v *bosje stro*
gerber OV WW • VERO. *in schoven binden* • *opstapelen* ‹v. waren›
gercer I OV WW *doen barsten; doen kloven* ⋆ lèvres gercées *gesprongen lippen* II ON WW *barsten; kloven* III WKD WW (**se** ~) *barsten; kloven*
gerçure v *(haar)barstje; kloof* ‹in huid›
gérer OV WW *beheren; regelen; beheersen*
gerfaut m *giervalk*
gériatre m/v *geriater*
gériatrie v *geriatrie*
gériatrique BNW *geriatrisch*
germain BNW [v: **germaine**] *Germaans* ⋆ cousins ~s *volle neven* ⋆ cousins issus de ~s *achterneven*
Germain m [v: **Germaine**] *Germaan*
germanique BNW *Germaans; Duits*
germaniser OV WW *verduitsen*
germanisme m *germanisme*
germaniste m/v *germanist*
germano- VOORV *Germaans-; Duits-*
germanophile I m/v *Duitsgezinde* II BNW *pro-Duits*
germanophobe I m/v *iemand die anti-Duits is* II BNW *anti-Duits*
germanophone BNW *Duitstalig*
germe v OOK FIG. *kiem* ⋆ ~ pathogène *ziektekiem* ⋆ en ~ *in de kiem*
germer ON WW OOK FIG. *(ont)kiemen*
germicide BNW *kiemdodend*
germinal I m *kiemmaand; zevende maand v.d. republikeinse kalender* ‹21 maart-19 april› II BNW [m mv: **germinaux**] *kiem-*
germination v OOK FIG. *ontkieming*
gérondif m • *gerundium* • *gerondief* ‹tegenw. deelw.; voorbeeld: 'en marchant'›
géronto- VOORV [**géront-**] *geronto-; ouderdoms-*
gérontologue m/v *gerontoloog*
gésier m • *spiermaag* ‹v. vogels› • *maag* ‹v. insecten› • INF. *maag; pens*
gésir ON WW FORM. *liggen* ⋆ ci-gît *hier ligt (begraven)*
gesse v *lathyrus*
gestation v • *zwangerschap; dracht* • *wording* ⋆ en ~ *in wording*
geste I m OOK FIG. *gebaar; geste; daad* ⋆ beau ~ *edele daad; mooi gebaar* II v ⋆ chanson de ~ *middeleeuws heldendicht* ⋆ les faits et ~s *het doen en laten*
gesticulation v • *(het) maken van gebaren; gesticulatie* • FIG. *gescherm*
gesticuler ON WW *(veel) gebaren maken; gesticuleren*
gestion v *beheer; bedrijfsvoering; management*
gestionnaire I m COMP. *toepassingsprogramma* II m/v *beheerder; manager* III BNW *beherend; beheers-*
gestique v *gesticulatie*
gestuel BNW [v: **gestuelle**] *gebaren-; met gebaren*
gestuelle v *gebaren(taal)*
geyser m *heetwaterbron; geiser*
ghetto m *getto*
gibbosité v *bochel; bult*
gibecière v *weitas; tas met schouderband*
gibelotte v *konijnenragout in witte wijn*
giberne v *patroontas*
gibet m • *galg* • *kruishout*
gibier m • *wild* • INF. *prooi; doelwit* ‹persoon› ⋆ ~ de potence *galgenaas* ⋆ menu ~ *klein wild; klein geboefte*
giboulée v *(stort)bui*
giboyeux BNW [v: **giboyeuse**] *wildrijk*
gibus (*zeg:* -buus) m *klakhoed; gibus*
giclée v *guts; plens*
gicler ON WW *(op)spatten; gutsen*
gicleur m *sproeier* ‹v. motor›
gifle v *oorvijg;* OOK FIG. *dreun* ⋆ tête à ~s *rotkop*
gifler OV WW • *een oorvijg geven aan* • *striemen* ‹v. wind, regen›
giga- VOORV *giga-*
gigantesque BNW *reusachtig; gigantisch*
gigantisme m *gigantisme;* OOK FIG. *reuzengroei*
gigaoctet m *gigabyte*
gigogne BNW *met in elkaar passende delen* ⋆ tables ~ *minitafeltjes* ⋆ fusée ~ *meertrapsraket* ⋆ poupée ~ *matroesjka* ⋆ une mère Gigogne *vrouw met veel kinderen*
gigolo m *gigolo*
gigot (*zeg:* -goo met harde g) m • *schapenbout; lamsbout* • *achterpoot van paard* ⋆ manche ~ *pofmouw*
gigoter ON WW INF. *met de benen spartelen; trappelen*
gigue v • *reebout* • *soort dans* • INF. *lange magere meid*
gilet m *vest* ⋆ ~ de sauvetage *zwemvest*
gin (*zeg:* dzjin) m *gin*
gingembre m *gember*

G

gingivite v *tandvleesontsteking*

ginseng (*zeg:* dzjinse(n)) m *ginseng*

girafe v • *giraffe* • *microfoonhengel* ★ INF. peigner la ~ *lijntrekken; maar wat lummelen*

girandole v *girandole*

giration v *draaiing; (het) ronddraaien*

giratoire BNW *ronddraaiend; draai-* ★ sens ~ *circulerende rijrichting* ‹op rotonde/ verkeersplein›

girofle v ★ (clou de) ~ *kruidnagel*

giroflée v *muurbloem; nagelbloem*

girolle v *cantharel*

giron m MEESTAL FIG. *schoot*

girond INF. BNW • *mollig* • *welgevormd*

girouette v *windwijzer;* OOK FIG. *weerhaan*

gisant I m *liggende figuur* ‹op graf› **II** BNW FORM. *liggend*

gisement m • *afzetting; laag* • *(onderaardse) vindplaats* • *peilingshoek* ★ ~ de houille *steenkolenlaag* ★ ~ de gaz *gasbel* ★ ~ d'huîtres *oesterbank* ★ ~ d'or *goudafzetting*

gît WW → **gésir**

gitan [v: **gitane**] **I** m *zigeuner* **II** BNW *zigeuner-*

gîte I m • *onderkomen; logies; vakantiehuisje* • *leger* ‹v. dieren› • *ertslaag* • *onderbilstuk; achterbout* ‹v. rund› ★ le gîte et le couvert *kost en inwoning* **II** v • *slagzij* • *plaats van een schipbreuk* ★ donner de la gîte *overhellen* ‹v. schip›

gîter ON WW • FORM. *overnachten; verblijven; gelegen zijn* • *legeren* ‹v. dieren› • *slagzij maken*

giton m FORM. *schandknaap*

givrage m *ijsafzetting*

givrant BNW *met rijpvorming*

givre m *rijp; rijm*

givré BNW • *berijpt* • *met een wit (suiker)laagje bedekt* • INF. *malende; ver heen* ★ orange ~e *sinaasappelsorbet*

glabre BNW *onbehaard* ★ menton ~ *gladgeschoren kin*

glaçage m • *(het) glaceren* • *suikerglazuur*

glaçant BNW FIG. *ijzig*

glace v • *ijs* • *ijsje* • *spiegelruit; spiegelglas* • *spiegel* • *(auto)ruit; raampje* ★ les ~s *ijsmassa; poolijs* ★ ~s flottantes *drijfijs* ★ (sucre) ~ *poedersuiker; glazuur* ★ rester de ~ *ijzig/onbewogen blijven* ★ rompre/briser la ~ FIG. *het ijs breken*

glacé BNW • *geglaceerd; glacé* • *bevroren; ijskoud* • OOK FIG. *ijzig* • *geglansd; glacé* ★ accueil ~ *koele ontvangst* ★ café ~ *ijskoffie* ★ papier ~ *glanspapier*

glacer I OV WW • *doen verstijven;* MEESTAL FIG. *doen bevriezen* • *glaceren; glanzen* • *doen glanzen; glazuren* ★ ~ du champagne *champagne koelen* ★ cela me glace le sang *dat doet het bloed in mijn aderen stollen* **II** WKD WW (**se** ~) OOK FIG. *bevriezen*

glacerie v • *ijsfabriek* • *(spiegel)glasmakerij*

glaciaire BNW *ijs-; gletsjer-; glaciaal* ★ période ~ *ijstijd*

glacial BNW [m mv: **glacials/glaciaux**] *ijskoud;* OOK FIG. *ijzig*

glaciation v • *verijzing* • *gletsjervorming* • *ijstijd*

glacier m • *gletsjer* • *ijsverkoper; ijsbereider*

glacière v • *ijskist; ijskast* • *koelbox* • MEESTAL FIG. *ijskelder; ijskoud vertrek*

glacis (*zeg:* -sie) m • *glooiing; glacis* • *doorschijnende verflaag; glacis*

glaçon m • *ijsblokje* • *ijsschots* • *ijspegel* • *zeer koel persoon* ★ mes mains sont des ~s *ik heb ijshanden*

glaçure v *glazuur; verglaassel*

gladiateur m *gladiator; zwaardvechter*

glaïeul m *gladiool*

glaire v • *(dik) slijm* • VERO. *rauw eiwit*

glaireux BNW [v: **glaireuse**] *slijmachtig*

glaise v *klei; leem* ★ terre ~ *leem; klei*

glaiseux BNW [v: **glaiseuse**] *leemachtig*

glaisière v *leemgroeve*

glaive m LIT. *zwaard*

gland m *eikel* ‹in alle betekenissen›

glande v *klier* ★ INF. foutre les ~s *op de zenuwen werken*

glander ON WW INF. *lummelen; niksen; klooien*

glandeur m INF. *lui stuk vreten; niksnut*

glandouiller ON WW → **glander**

glandulaire BNW *kliervormig; klier-*

glane v • *(het) aren lezen* • *tros; rist* ‹uien›

glaner I OV WW *bijeenrapen;* FIG. *verzamelen* **II** ON WW *aren lezen*

glapir ON WW • *janken* • *krijsen* • *keffen*

glapissement m *gekrijs; gejank; gekef*

glas (*zeg:* glà) m *(gelui v.d.) doodsklok* ★ sonner le glas de *de doodsklok luiden over; het einde betekenen van*

glaucome m *groene staar; glaucoom*

glauque BNW • *zeegroen* • *droefgeestig; naar(geestig)*

glaviot m INF. *fluim; spuugsel*

glèbe v *bouwland; grond*

glissade v • *(het) (uit)glijden* • *glijbaan* ‹op ijs› • *glijpas* ‹danspas›

glissant BNW *glad* ★ terrain ~ FIG. *glibberig terrein*

glisse v *(wijze van) glijden*

glissement m • *(het) glijden* • OOK FIG. *verschuiving* ★ ~ de terrain *aardverschuiving*

glisser I OV WW • *laten glijden; schuiven* • *steken; stoppen* (**dans** *in*)*; toestoppen* (**à** *aan*) ★ ~ à l'oreille *influisteren* ★ ~ un regard à qn *iem. een steelse blik toewerpen* **II** ON WW • *glijden* (**sur** *over*)*; glippen* • *uitglijden* (**sur** *over*)*; slippen* • *glad/glibberig zijn* • *afschampen* (**sur** *op*)*; (v)luchtig heengaan* (**sur** *over*) • OOK FIG. *afglijden; wegglijden* • *glijbaantje spelen* ★ ~ des mains *uit de handen glippen* ★ faire ~ *schuiven* **III** WKD WW (**se** ~) *(binnen)sluipen; kruipen; glippen*

glissière v *glijstang; glijgoot; schuif; rail* ★ porte à ~ *schuifdeur* ★ ~ de sécurité *vangrail* ★ fermeture à ~ *ritssluiting*

glissoire v *glijbaan* ‹op ijs›

global BNW [m mv: **globaux**] *globaal; totaal-*

globalement BIJW *over het geheel (genomen)*

globaliser OV WW *globaliseren; globaal (voor)stellen*

globalité v *totaliteit*

globe m • *bol* ‹v. lamp› • *globe* • *stolp* • *ballon* ‹v.e. lamp› ★ ~ de l'œil *oogbal* ★ ~ terrestre *aardbol; globe*

globulaire BNW • *bolvormig* • *van de bloedcellen*
globule m • *bolletje*; *pilletje* • MED. *bloedcel*
globuleux BNW [v: **globuleuse**] *bolvormig*; *uitpuilend* ‹v. oog›
gloire v *roem*; *eer*; *glorie* ‹in alle betekenissen› ⋆ se faire ~/tirer ~ de *trots zijn op*; *prat gaan op* ⋆ à la ~ de *ter ere van* ⋆ INF. ce n'est pas la ~! *het is niet best!*
gloriette v • *tuinhuisje* • *vogelhuisje*; *volière*
glorieux BNW [v: **glorieuse**] • *roemrijk*; *roemvol*; *glorieus* • REL. *verheerlijkt* • (~ **de**) *trots op*; *prat gaand op*
glorification v *verheerlijking*
glorifier I OV WW *verheerlijken*; *roemen* II WKD WW (**se** ~ **de**) *zich beroemen op*
gloriole v *verwaandheid*; *ijdelheid*; *kleinzielige trots*
glose v OOK FIG. *glosse*
gloser I OV WW *glosseren* II ON WW • *commentaar geven (***sur** *op)* • *keuvelen (***sur** *over)*
glossaire m *verklarende woordenlijst*; *glossarium*
glotte v *stemspleet* ⋆ coup de ~ *glottisslag*
glouglou m *geklok* ‹v. vloeistof in fles/v. kalkoen›
glouglouter ON WW *klokken* ‹v. vloeistof in fles/v. kalkoen›
gloussement m • *geklok* ‹v. hen› • *gekir*; *gegiechel*
glousser ON WW • *klokken* ‹v. hen› • *giechelen*; *kirren*
glouton [v: **gloutonne**] I m • *gulzigaard*; *slokop* • *veelvraat* ‹dier› II BNW *gulzig*
gloutonnerie v *gulzigheid*
glu v • *vogellijm* • INF. *klit* ‹persoon›; *plakker*
gluant BNW • *kleverig* • FIG. *plakkerig*; *opdringerig*
glucides m mv *koolhydraten*; *gluciden*
glucose v *glucose*
gluten (*zeg:* -tèn) m *kleefstof*; *gluten*
glutineux BNW [v: **glutineuse**] *kleverig*; *lijmachtig*; *glutineus*
glycémie v *bloedsuikerspiegel*
glycérine v *glycerine*
glycine v PLANTK. *blauweregen*
gnangnan INF. I m *lamlendig persoon*; *slome* II BNW *lamlendig*; *sloom*
gneiss m *gneis*
gniole v [**gnôle**] INF. *borreltje*; *neutje*
gnognote v [**gnognotte**] INF. *troep*; *rotzooi*
gnôle v → **gniole**
gnome m *kabouter*; *gnoom*
gnomique BNW *gnomisch*
gnon m INF. *optater*; *dreun*
gnose v *gnosis*
gnosticisme m *gnosticisme*
gnostique I m/v *gnosticus* II BNW *gnostisch*
gnou m *gnoe*
go I m *go* ‹Japans bordspel› II DEEL V. SAMENST ⋆ INF. tout de go *zo maar*; *zonder omslag*
GO AFK (grandes ondes) *lange golf*
goal (*zeg:* gol met harde g) m • VERO. *doelpunt* • *keeper*
gobelet m *beker(tje)*
gobe-mouches m (onver.) • *vliegenvanger* ‹vogelsoort› • VERO. *goedgelovige sul*
gober OV WW • *opslokken* • INF. *klakkeloos geloven*; *slikken*
goberger WKD WW INF. (**se** ~) *het er goed van nemen*; *schransen*; *smullen (***de** *van)*
gobeur m [v: **gobeuse**] • INF. *naïeveling*; *onnozelaar* • *schrok(op)*
godailler ON WW INF. *kreuken*
godasse v INF. *schoen*
godelureau m [mv: **godelureaux**] INF. *fat*
goder ON WW *lubberen*
godet m • *potje*; *napje*; *bakje* • INF. *glaasje*; *neutje* • *(schep)emmer* ⋆ jupe à ~s *klokrok*
godiche BNW *stuntelig*; *onbeholpen*
godille v • SCHEEPV. *wrikriem* • SKISPORT *wedelen* ‹zigzaggend afdalen› ⋆ INF. à la ~ *knudde*
godiller ON WW • SCHEEPV. *wrikken* • SKISPORT *wedelen* ‹zigzaggend afdalen›
godillot m INF. *kistje* ‹soldatenschoen›; *lompe schoen*
godiveaux m mv *worstjes*
goéland m *(grote) zeemeeuw* ⋆ ~ argenté *zilvermeeuw*
goélette v *schoener*
goémon m *zeegras*; *wier*
gogo INF. I m *onnozele hals* II DEEL V. SAMENST ⋆ à gogo *volop*
goguenard BNW *spottend*
goguenardise v *spotternij*
goguette v INF. ⋆ être en ~ *iets aangeschoten zijn*
goinfre m *schrok(op)*
goinfrer WKD WW INF. (**se** ~) *schrokken*; *zich volproppen (***de** *met)*
goinfrerie v *(het) schrokken*; *schrokkerigheid*
goitre m *krop(gezwel)*; *struma*
goitreux [v: **goitreuse**] I m *strumapatiënt* II BNW *krop-* ⋆ tumeur goitreuse *kropgezwel*
golden v *golden delicious* ‹appel›
golf m • *golf(spel)* • *golfbaan* ⋆ golf miniature *minigolf* ⋆ culottes de golf *knickerbocker*
golfe m *golf*; *baai* ⋆ le Golfe (persique) *de Perzische Golf*
golfeur m [v: **golfeuse**] *golfspeler*
gominé BNW *gepommadeerd*
gommage m • *(het) gommen* • *peeling* ‹v.d. huid› • *(het) uitgommen*
gomme v *gom* ‹in alle betekenissen› ⋆ ~ arabique *Arabische gom* ⋆ ~ élastique *gomelastiek*; *gummi* ⋆ INF. à la ~ *waardeloos*; *snert-* ⋆ boule de ~ *gombal* ⋆ INF. mettre la ~ *er vaart achter zetten*
gommer OV WW • *gommen* ‹met gom bestrijken› • *uitgommen* • FIG. *uitwissen*; *verdoezelen*; *negeren*
gommette v *plakkertje*
gommeux BNW [v: **gommeuse**] *gomachtig*; *gom-*
gommier m *gomboom*
gonade v *geslachtsklier*; *gonade*
gond m *(deur)hengsel* ⋆ INF. sortir de ses gonds *uit z'n vel springen*
gondolant BNW INF. *om je dood te lachen*
gondole v • *gondel* • *gondola*; *uitstalbak*
gondoler I ON WW *kromtrekken* II WKD WW (**se** ~) • *kromtrekken* • INF. *zich doodlachen*

G

gondolier m • *gondelier* • *vakkenvuller* ‹in winkel›
gonfalon m GESCH. *oorlogsvaandel*
gonflable BNW *opblaasbaar*
gonflage m *(het) oppompen*
gonflant BNW INF. *irritant*; *ongenietbaar*
gonflé BNW • *(op)gezwollen*; *opgezet*; *vol* • *vervuld* (**de** *van)* • INF. *(honds)brutaal*; *vol lef* ⋆ ~ à bloc *hard opgepomt* ‹v. band›; INF. *vol elan*; *zeer voortvarend*
gonflement m • *opzwelling* • *(het) opblazen*; *(het) oppompen* • *overmatige toename*
gonfler I OV WW • OOK FIG. *doen zwellen*; *vervullen* (**de** *van)* • *oppompen*; *opblazen* • FIG. *opblazen*; *overdrijven*; *opvoeren* • INF. *op de zenuwen werken*; *irriteren* II ON WW *(op)zwellen* III WKD WW (**se** ~) • OOK FIG. *(op)zwellen*; *vervuld raken* (**de** *van)* • FIG. *zich opblazen*
gonflette v INF. • *bodybuilding* • *overdrijving*
gonfleur m *opblaaspomp*
gong m *gong*
goniomètre m *goniometer*
goniométrie v • *goniometrie* • *radiopeiling*
gonzesse v INF. *meid*; *wijf*; *griet*; *liefje*
gordien BNW ⋆ nœud ~ *gordiaanse knoop*
goret m • *big* • *smeerpoets*
gorge v • *keel* • *borst*; *boezem* • *(berg)engte* • *groef* ⋆ prendre à la ~ *het mes op de keel zetten* ⋆ à pleine ~/à ~ déployée *uit volle borst*; *luidkeels* ⋆ couper la ~ *de hals afsnijden*; *kelen* ⋆ INF. faire des ~s chaudes de *de draak steken met* ⋆ rendre ~ *het gestolene teruggeven* ⋆ ça m'est resté dans/en travers de la ~ *dat is me in de keel blijven steken*; *dat zit me (nog steeds) hoog*
gorge-de-pigeon BNW (onver.) *met wisselende weerschijn*; *changeant*
gorgée v *slok*; *teugje*
gorger I OV WW • *volproppen* (**de** *met)* • FIG. *overladen*; *verzadigen* (**de** *met)* II WKD WW (**se** ~) *zich volproppen* (**de** *met)*
gorille m • *gorilla* • INF. *lijfwacht*
gosier m *keel(gat)*; *strot* ⋆ à plein ~ *luidkeels* ⋆ coup de ~ *schreeuw*
gosse m/v INF. *kind*; *koter*; *joch*; *meisje* ⋆ INF. un beau ~ *een stuk*; *een mooie jongen*
gotha m INF. *elite*; *chic*
gothique I m • *gotiek* • *(het) Gotisch* II v *gotisch schrift* III BNW *gotisch*
gotique m *(het) Gotisch*
gouache v *gouache*
gouaille v *spot*; *schimpscheut*
gouailler OV + ON WW INF. *bespotten*; *schamperen*
gouaillerie v *spotternij*; *schamperheid*
gouailleur BNW [v: **gouailleuse**] *spottend*; *schamper*
goualante v INF./VERO. *smartlap*
gouape v INF. *schavuit*; *schoft*
gouda m *Goudse kaas*
goudron m *teer*; *asfalt*
goudronnage m *(het) teren*; *(het) asfalteren*
goudronner OV WW *teren*; *asfalteren*
goudronneuse v *teermachine*
goudronneux BNW [v: **goudronneuse**] *teerachtig*
gouffre m • OOK FIG. *afgrond*; *gapende diepte* • *bodemloze put*; *schrokop* • *maalstroom* ⋆ au bord du ~ *aan de rand van de afgrond* ⋆ un ~ de malheurs/de l'oubli *een poel van ellende/van vergetelheid*
gouge v *holle beitel*; *guts*
gouine v INF. *lesbienne*; *pot*
goujat m *ploert*; *vlerk*; *patjepeeër*
goujaterie v *vlerkerigheid*
goujon m • *grondel* ‹vissoort› • TECHN. *pin*; *bout*
goulag m *goelag*; *strafkamp*
goulasch m [**goulache**] *goulash*
goulée v INF. *mondvol*; *teug*
goulet m *nauwe doorgang*; *engte* ⋆ ~ d'étranglement *bottleneck*; *knelpunt*
goulot m • *hals* ‹v. fles› • INF. *keel*; *strot*; *bek* ⋆ ~ d'étranglement *bottleneck*; *knelpunt* ⋆ boire au ~ *uit de fles drinken*
goulotte v *goot*
goulu I m *schrokop*; *veelvraat* II BNW *gulzig* ⋆ pois ~ *peul*
goulûment BIJW *gulzig*
goupille v *spie*; *pinnetje* ⋆ ~ fendue *splitpen*
goupiller OV WW • *vastpinnen* • INF. *fiksen*; *klaren*; *ritselen* ⋆ ça s'est bien goupillé *dat is lekker gegaan* ⋆ ça s'est mal goupillé *er is niks van terechtgekomen*
goupillon m • *wijwaterkwast* • *(flessen)wisser*
gourbi m • *hut* ‹in N-Afrika› • INF. *stulp*; *krot*
gourd BNW *verkleumd*; *stijf*
gourde I v • *veldfles* • *kalebas* II m/v INF. *trut*; *kluns*; *slome* III BNW *dommig*; *suffig*; *sloom*
gourdin m *knuppel*
gourer WKD WW INF. (**se** ~) *zich vergissen*; *het mis hebben*
gourgandine v VERO. *deerntje*
gourmand I m [v: **gourmande**] *lekkerbek*; *smulpaap* II BNW • *van lekkere spijzen houdend* • *gulzig*; *belust* (**de** *op)* ⋆ repas ~ *fijnproeversmaal*
gourmander OV WW FORM. *een standje geven*; *(streng) berispen*
gourmandise v • *gulzigheid*; *lekkerbekkerij* • meestal mv *lekkernij*
gourme v VERO. *dauwworm* ⋆ jeter sa ~ *zijn eerste gekke streken uithalen*
gourmé BNW FORM. *stijf*; *vormelijk*
gourmet m *lekkerbek*; *fijnproever*
gourmette v • *schakelarmband* • *kinketting*
gourou m *goeroe*
gousse v PLANTK. *peul*; *dop* ⋆ ~ d'ail *teentje knoflook* ⋆ ~ de vanille *vanillestokje*
gousset m *vestzakje*
goût m • *smaak* ‹in alle betekenissen› • INF. *zin* (**à**, **de** [+ inf.] in); *(eet)lust* • *voorliefde*; *geneigdheid* (**de**, **pour** *tot)* ⋆ c'est à mon goût *dat bevalt me* ⋆ au goût du jour *naar de laatste mode* ⋆ de (bon) goût *smaakvol*; *stijlvol* ⋆ de mauvais goût *smakeloos*; *stijlloos* ⋆ prendre goût (à) *de smaak te pakken krijgen (van)* ⋆ à mon goût *naar mijn smaak* ⋆ faute de goût *gebrek aan goede smaak* ⋆ il y en a pour tous les goûts *voor elk wat wils* ⋆ (à) chacun son goût/tous les goûts sont dans la nature *ieder z'n smaak* ⋆ des goûts et des couleurs on ne discute pas *over*

smaak valt niet te twisten
goûter I m *vieruurtje* ‹versnapering rond 16.00 uur› **II** OV WW • *proeven* • *smaken* ‹v. genoegen›; *genieten (van)* • *houden van*; *waarderen* **III** ON WW • *proeven (***à, de** *van)* • *een vieruurtje gebruiken* ‹versnapering rond 16.00 uur› • (~ **de**) *kennis maken met (iets)*; *beproeven*
goutte I v • *druppel* • INF. *beetje drank*; *slokje* • *jicht* ★ ~ à ~ *druppelsgewijs* ★ une ~ d'eau dans l'océan *een druppel op een gloeiende plaat* ★ la ~ d'eau qui fait déborder le vase *de druppel die de emmer doet overlopen* ★ INF. boire la ~ *een borreltje drinken* **II** BIJW ★ ne ... ~ *niets* ★ n'y voir ~ *geen steek zien*
goutte-à-goutte m (onver.) *infuus*
gouttelette v *druppeltje*
goutter ON WW *druipen*; *druppelen*
goutteux [v: **goutteuse**] **I** m *jichtlijder* **II** BNW *jichtig*; *jicht-*
gouttière v • *dakgoot* • *groef*; *gleuf* • MED. *spalk*
gouvernable BNW *bestuurbaar*; *regeerbaar*
gouvernail m OOK FIG. *roer* ★ ~ de profondeur *hoogteroer*
gouvernant I m [v: **gourvernante**] *bestuurder* **II** BNW *besturend*
gouvernante v VERO. • *gouvernante*; *kinderjuffrouw* • *huishoudster* ‹v. vrijgezel›
gouverne v • *besturing* ‹v. boot› • mv *stuurvlakken* ‹v. luchtvaartuig› ★ pour votre ~ *te uwer oriëntatie*
gouvernement m *bestuur*; *regering*; *bewind*
gouvernemental BNW [m mv: **gouvernementaux**] *regerings-*; *gouvernementeel*
gouverner I OV WW *regeren*; *besturen* **II** ON WW • *naar het roer luisteren* ‹v. boot› • *regeren* • *een boot besturen*
gouverneur m *gouverneur*
goyave v *guave*
GPL AFK (gaz de petrole liquéfié) *LPG*
GQG AFK (grand quartier général) *hoofdkwartier*
grabat m *armzalig bed*
grabataire BNW FORM. *bedlegerig*
grabuge m INF. *hommeles*; *bonje*
grâce v • *gunst*; *vriendelijkheid* • OOK REL. *genade*; *gratie* • *gratie*; *bevalligheid* • *dank* ★ bonnes ~s *welwillendheid* ★ être en ~ auprès de qn/être dans les bonnes ~s de qn *bij iem. in de gunst staan* ★ coup de ~ *genadeslag*; *genadeschot* ★ FORM. de ~! *alsjeblieft!* ★ faire ~ de *besparen*; *kwijtschelden*; *vergeven* ★ de bonne ~ *willig*; *graag* ★ de mauvaise ~ *met tegenzin* ★ FORM. rendre ~(s) à *dank zeggen* ★ (action de) ~s *dankgebed* ★ ~ à *dankzij* ★ ~ à Dieu *goddank* ★ les trois Grâces *de drie Gratiën* ★ en état de ~ *in genadestaat*; *in een toestand van euforie* ★ (délai de) ~ *uitstel* ★ par la ~ de Dieu *bij de gratie Gods* ★ il aurait mauvaise ~ à se plaindre *hij mag niet klagen*
gracier OV WW *genade schenken aan*; *gratie verlenen aan*
gracieusement BIJW • *bevallig* • *gratis* • *vriendelijk*; *voorkomend*
gracieuseté v FORM. *beleefdheid*; *minzaamheid*
gracieux BNW [v: **gracieuse**] • *bevallig*; *gracieus* • *vriendelijk*; *beminnelijk* • *gratis* ★ accueil ~ *vriendelijke ontvangst* ★ à titre ~ *gratis*
gracile BNW *tenger*; *rank*
gracilité v *tengerheid*; *rankheid*
gradation v *gradatie*; *trapsgewijze opklimming*
grade m *rang*; *graad* ★ FIG. en prendre pour son ~ *op zijn nummer gezet worden*
gradé I m *onderofficier*; *korporaal* **II** BNW *met een graad* ‹v. niet-officieren›
gradient m *gradiënt*
gradin m • *rij zitplaatsen* ‹v. tribune› • OOK GEO. *(hooggelegen) terras* • *opstapje* ★ les ~s *de tribune* ★ en ~s *geterrasseerd*
graduation v *schaalverdeling*; *graadverdeling*; *graduatie*
gradué BNW • *gegradueerd*; *in graden verdeeld* • *opklimmend*
graduel I m *graduale* **II** BNW [v: **graduelle**] • *gradueel*; *trapsgewijs (opklimmend)* • *geleidelijk*
graduer OV WW • *in graden verdelen* • *trapsgewijs doen toenemen/afnemen*
graffiter OV WW *graffiteren*; *met graffiti (be)schrijven*
graffiti m mv *graffiti*
graillon m • *vettig kliekje* • INF. *fluim* ★ odeur de ~ *vettige baklucht*
graillonner INF. ON WW • *rochelen* • *met vette stem spreken* • *naar afgewerkt vet ruiken*
grain m • *korrel* • *vruchtje*; *bes*; *pitje* • *bolletje*; *kraal* • *graan* • *klein beetje*; *greintje* • *(mate van) oneffenheid*; *grein*; *korrel(igheid)*; *nerf* ‹v. hout, leer› • *bui*; *vlaag* • VERO. *grein* ★ ~ de café *koffieboon* ★ ~ de sable *zandkorreltje* ★ les ~s *het graan* ★ ~ de blé *graankorrel* ★ ~ de raisin *druif* ★ ~ de beauté *moedervlekje* ★ veiller au ~ *op zijn hoede zijn* ★ INF. avoir un ~ *een beetje getikt zijn* ★ mettre son ~ de sel *zich ermee bemoeien*; *zijn duit in het zakje doen*
graine v *zaad*; *zaadje* ★ INF. mauvaise ~ *deugniet(en)* ★ monter en ~ *doorschieten* ‹v. planten›; OOK FIG. *hoog opschieten* ★ FIG. en prendre de la ~ *er een voorbeeld aan nemen* ★ PEJ. ~ de ... ... *in de dop* ★ INF. casser la ~ *een hapje eten*
graineterie v *zaadhandel*
grainetier m [v: **grainetière**] *zaadhandelaar*
graissage m *(het) smeren* ★ huile de ~ *smeerolie*
graisse v • *vet*; *vetheid* • *smeer* ★ prendre de la ~ *dik worden* ★ avoir de la mauvaise ~ *te dik zijn*
graisser OV WW • *invetten*; *smeren* • *met vet bevuilen*
graisseur m *smeerder*
graisseux BNW [v: **graisseuse**] *vettig*; *vetachtig*; *vet-*
graminée v *grasgewas*
grammaire v • *spraakkunst*; *grammatica* • *leer(boek)*
grammairien m [v: **grammairienne**] *taalkundige*; *grammaticus*
grammatical BNW [m mv: **grammaticaux**]

G

spraakkunstig; grammaticaal
gramme m *gram* ★ un ~ six d'alcoolémie *1,6 promille alcoholpercentage*
grand I m • *volwassene* • *grote; vooraanstaande* **II** BNW • *groot* • *hevig; sterk* • *volwassen* • *voornaam* • *groot-; opper-* • *geheel* • *flink* ★ un ~ âge *een hoge leeftijd* ★ ~s amis *dikke vrienden* ★ ~ blessé *zwaargewonde* ★ ~ silence *diepe stilte* ★ les ~es personnes *de grote mensen* ★ le ~ monde *de hogere standen* ★ ~-duc *groothertog* ★ ~ rabbin *opperrabbijn* ★ il fait ~ jour *het is klaarlichte dag* ★ au ~ jour *in het openbaar* ★ un ~ buveur *een stevige drinker* ★ un ~ parleur *een druk prater* ★ un ~ travailleur *een flink werker* ★ il est ~ temps de *het is hoog tijd om* ★ une ~e heure *ruim een uur* **III** BIJW *ruim; in het groot* ★ voir ~ *grootschalig denken* ★ en ~ *in het groot; op grote schaal* ★ ~ ouvert *wijd open*
grand-angle m [mv: **grands-angles**] *groothoeklens*
grand-chose ONB VNW ★ pas ~ *niet veel (zaaks)*
grand-croix v (onver.) *grootkruis*
grand-duc m [mv: **grands-ducs**] *groothertog* ★ (hibou) ~ *oehoe*
grand-ducal BNW [mv: **grand-ducaux**] *groothertogelijk*
grand-duché m [mv: **grands-duchés**] *groothertogdom*
Grande-Bretagne v *Groot-Brittannië*
grande-duchesse m [mv: **grandes-duchesses**] *groothertogin*
grandement BIJW *in hoge mate; erg; ruimschoots; grotelijks*
grand(-)ensemble m [mv: **grands(-)ensembles**] *nieuwbouwcomplex*
grandeur v • *grootte* • *grootheid* • *verhevenheid; macht* • *Hoogheid* ★ ~ nature *(op) ware grootte* ★ du haut de sa ~ *minachtend; uit de hoogte*
grand-faim v ★ avoir ~ *erge honger hebben*
grand-guignolesque BNW *melodramatisch-griezelig*
grandiloquence v *gezwollenheid; hoogdravendheid*
grandiloquent BNW *gezwollen; hoogdravend*
grandiose I m *(het) grootse* **II** BNW *groots; grandioos*
grandir I OV WW • *vergroten; groter doen lijken* • FIG. *verheffen; edeler maken* **II** ON WW *groot worden; (op)groeien; aanzwellen*
grandissime BNW INF. *zeer groot*
grand-livre m [mv: **grands-livres**] *grootboek*
grand-maman KIND. m [mv: **grand(s)-mamans**] *oma*
grand-mère m [mv: **grand(s)-mères**] • *grootmoeder* • INF. *oude vrouw*
grand-messe m [mv: **grand(s)-messes**] OOK FIG. *hoogmis*
grand-oncle m [mv: **grands-oncles**] *oudoom*
grand-papa KIND. m [mv: **grands-papas**] *opa*
grand-peine BIJW ★ à ~ *met veel moeite*
grand-père m [mv: **grands-pères**] • *grootvader* • INF. *oude man*
grand-route m [mv: **grand(s)-routes**] *hoofdweg*
grands-parents m mv *grootouders*
grand-tante m [mv: **grand(s)-tantes**] *oudtante*
grand-voile m [mv: **grand(s)-voiles**] *grootzeil*
grange v *schuur; korenschuur*
granit m [**granite**] *graniet*
granité BNW *korrelig*
graniteux BNW [v: **graniteuse**] *graniet bevattend; graniet-*
granitique BNW *granieten*
granivore I m *zaadetende vogel* **II** BNW *zaadetend; graanetend*
granulaire BNW *korrelig*
granule v • *korreltje* • *pilletje*
granuler OV WW *tot korrels maken; granuleren*
granulés m mv *granulaat*
granuleux BNW [v: **granuleuse**] *korrelig*
graphie v *schrijfwijze; grafie*
graphique I m *grafiek* **II** BNW *grafisch*
graphisme m • *handschrift* ‹schrijfwijze; tekentrant› • *grafische vormgeving*
graphiste m/v *(grafisch) ontwerper*
graphite m *grafiet*
graphiteux BNW [v: **graphiteuse**] *grafiet-; grafiethoudend*
graphologie v *grafologie*
graphologique BNW *grafologisch; schrift-*
graphologue m/v *grafoloog*
grappe v *tros;* OOK FIG. *rist*
grappiller I OV WW • *hier en daar plukken/pakken; opscharrelen* • *behalen* ‹v. voordeel› **II** ON WW • *druiven nalezen* • *scharrelen; sjacheren*
grappillon m *trosje* ‹druiven›
grappin m *werktuig met haken; dreg; (enter)haak; grijper* ★ INF. mettre le ~ sur *beslag leggen op; in z'n klauwen krijgen*
gras I m *vet* ‹v. vlees› ★ en gras *vet(gedrukt/geschreven)* ★ le gras de la main/du pouce *de muis van de hand* ★ il n'y a pas gras (à manger) *het is geen vetpot* **II** BNW [v: **grasse**] *vet* ★ plante grasse *vetplant* ★ 10 pourcent de matières grasses *vetgehalte 10 procent* ★ terre grasse *vruchtbare grond* ★ mardi gras *Vastenavond* ★ faire la grasse matinée *een gat in de dag slapen; uitslapen* **III** BIJW ★ manger gras *vlees eten* ★ parler gras *brouwen*
gras-double m [mv: **gras-doubles**] *runderpens* ‹gerecht›
grassement BIJW • *rijkelijk; ruimschoots* • FIG. *vet* ★ rire ~ *luidruchtig lachen*
grasseyement m *gebrouw* ‹met brouw-r›
grasseyer ON WW *brouwen* ‹met brouw-r›
grassouillet BNW [v: **grassouillette**] *mollig*
gratifiant BNW *voldoening schenkend; bevredigend*
gratification v • *toelage; gratificatie* • *bevrediging*
gratifier OV WW *begunstigen; begiftigen (***de** *met)*
gratin m • *gegratineerd gerecht* • *korstje* ‹v. kruim, kaas› • FIG. INF. *bovenlaag; elite; puikje* ★ au ~ *gegratineerd* ★ ~ dauphinois *gegratineerde aardappelschijfjes*
gratiné BNW • *gegratineerd* • INF. *buitengewoon; kras; te gek*

gratinée v *gegratineerde uiensoep*
gratiner ov ww *gratineren*
gratis (*zeg:* -ties) **I** BNW *gratis* **II** BIJW *gratis*
gratitude v *dankbaarheid (***envers** *jegens)*
gratouiller OV + ON WW → **grattouiller**
grattage m • *(het) afkrabben* • *afkrabsel*
gratte v • *krabijzer; schoffel* • INF. *gesnaaid voordeeltje; snaai*
gratte-ciel m (onver.) *wolkenkrabber*
gratte-cul m [mv: **gratte-cul(s)**] *rozenbottel*
gratte-dos m (onver.) *rugkrabber*
grattement m *gekrab*
gratte-papier m PEJ. (onver.) *pennenlikker*
gratte-pieds m (onver.) *voetschrapper*
gratter I OV WW • *(af)krabben* • *krassen op; (om)schrapen* • INF. *(eraan) overhouden; snaaien; bijeenscharrelen* • INF. *kriebelen* ★ ~ du violon *krassen* **II** ON WW • *(licht) krabben; krassen* • INF. *kriebelen* • INF. *werken; sappelen* • INF. *beknibbelen (***sur** *op)* ★ ~ à la porte *zachtjes kloppen* ★ FIG. ne pas ~ *niet dieper graven* **III** WKD WW (**se** ~) *zich krabben* ★ INF. tu peux toujours te ~! *schrijf dat maar op je buik!*
gratteur m [v: **gratteuse**] ★ ~ de papier *pennenlikker*
grattoir m • *radeermes* • *voetschrapper* • *schraapijzer*
grattouiller OV + ON WW [**gratouiller**] *kriebelen*
gratuit BNW • *gratis; belangeloos* • *ongegrond; gratuit* ★ à titre ~ *gratis*
gratuité v • *kosteloosheid* • *ongegrondheid*
gravats m mv *(steen)gruis; (kalk)puin*
grave I m *lage toon* **II** BNW *ernstig* ‹in alle betekenissen›; *laag* ‹v. stem, toon›
graveleux BNW [v: **graveleuse**] • *gruisachtig; kiezelachtig* • *schuin; schunnig*
gravelle v VERO. *niersteen; blaassteen*
graver OV WW *graveren; etsen;* OOK FIG. *griffen* ★ ~ un disque *een plaat snijden/een cd branden*
graveur m [v: **graveuse**] *graveur; etser* ★ ~ de disques *cd-opnemer*
gravide BNW *drachtig;* FORM. *zwanger*
gravidité v *drachtigheid;* FORM. *zwangerschap*
gravier m *grind; kiezel(zand)*
gravillon m *fijn grind; split; kiezeltje(s)*
gravillonner OV WW *grinden*
gravir OV WW OOK FIG. *(moeizaam) beklimmen*
gravissime BNW *zeer ernstig*
gravitation v *zwaartekracht; gravitatie*
gravitationnel BNW [v: **gravitationnelle**] *zwaartekracht-; gravitationeel*
gravité v • *ernst* ‹in alle betekenissen› • *laagheid* ‹v. stem, toon› ★ centre de ~ *zwaartepunt*
graviter ON WW *draaien (***autour de** *om);* OOK FIG. *graviteren*
gravure v • *(het) graveren; graveerkunst; grafiek* • *gravure; ets* • *prent; plaat* • *(het) opnemen op/(het) branden van cd* ★ ~ sur bois *houtsnede* ★ ~ de mode *modeprent*
gré m • *zin; wil; goedvinden* • VERO. *dank* ★ à son gré *naar zijn zin; naar zijn smaak* ★ bon gré mal gré *tegen wil en dank; goedschiks of kwaadschiks* ★ de gré ou de force *goedschiks of kwaadschiks* ★ de bon gré *vrijwillig; bereidwillig* ★ de mauvais gré *tegen zijn zin* ★ de gré à gré *in der minne* ★ LIT. savoir gré à qn (pour qc) *iem. dank weten (voor iets)* ★ de (son) plein gré *uit vrije wil* ★ contre le gré de *tegen de zin van* ★ LIT. savoir mauvais gré *niet in dank afnemen* ★ au gré de *naar gelang (van)* ★ au gré des flots *als een speelbal van de golven*
grèbe m *fuut*
grec I m *(het) Grieks* **II** BNW [v: **grecque**] *Grieks*
Grec m [v: **Grecque**] *Griek*
Grèce v *Griekenland*
gréco-romain BNW *Grieks-Romeins*
gredin m [v: **gredine**] VERO. *schurk; boef*
gréement m *tuigage*
gréer OV WW *optuigen*
greffage m • *(het) enten* • *(het) transplanteren*
greffe I m *griffie* **II** v • *ent* • *(het) enten* • *transplantatie*
greffer I OV WW • *enten* • *transplanteren* **II** WKD WW (**se** ~ **sur**) *zich voegen bij; er nog bij komen*
greffier m [v: **greffière**] *griffier*
greffon m • *ent* • *transplantaat*
grégaire BNW *in kudden levend; kudde-* ★ esprit ~ *kuddegeest*
grège BNW • *grijsachtig beige* • *ruw* ‹v. zijde›
grégeois BNW ★ feu ~ *Grieks vuur*
grégorien BNW [v: **grégorienne**] *gregoriaans*
grêle I v OOK FIG. *hagel(bui)* **II** BNW • *schriel; spichtig; mager* • *zwak en schril* ‹v. geluid, stem› ★ (intestin) ~ *dunne darm*
grêlé I BNW *pokdalig* **II** WW (volt. deelw.) → **grêler**
grêler I OV WW *vernielen door de hagel; verhagelen* **II** ONP WW *hagelen*
grêlon m *hagelsteen*
grelot m *(rinkel)belletje* ★ attacher le ~ *de kat de bel aanbinden* ★ INF. avoir les ~s *bibberen v. angst*
grelotter ON WW *huiveren; rillen*
greluche v INF./PEJ. *meid; griet; trien; trut*
grenade v • *granaatappel* • *granaat* ★ ~ incendiaire *brandbom*
grenadier m • *granaatboom* • *grenadier*
grenadine v *grenadine*
grenaille v • *(schiet)hagel; schroot* • *graantjes* ‹als kippenvoer›
grenat I m *granaat(steen)* **II** BNW *granaatrood*
grenier m *zolder;* FIG. *korenschuur*
grenouillage m INF. *gekonkel*
grenouille v *kikker* ★ homme-~ *kikvorsman* ★ INF./PEJ. ~ de bénitier *ijverig kerkganger; kwezel*
grenouillère v • *kikkerpoel; kikkerland* • *kruippakje*
grenu BNW *korrelig*
grès (*zeg:* grè met harde g) m *gres*
gréseux BNW [v: **gréseuse**] *zandsteenachtig*
grésil m *fijne hagel; stofhagel*
grésillement m *geknetter; geknisper*
grésiller I ON WW *knetteren; knisperen* **II** ONP WW *stofhagelen*
grève v • *(werk)staking* • *strandje; (kiezel)zandoever* • *zandplaat* ‹in rivier› ★ ~ de la faim *hongerstaking* ★ ~ perlée *prikactie* ★ ~ sauvage *wilde staking* ★ ~ sur le tas *sit-*

G

downstaking ★ ~ du zèle *stiptheidsactie* ★ faire ~ *staken* ★ se mettre en ~ *staken*
grever OV WW FIG. *belasten; bezwaren* (**de** *met*)
gréviste I m/v *staker* II BNW *stakings-*
gribouillage m *kladderwerk; gekrabbel*
gribouille m *klungel; stoethaspel*
gribouiller I OV WW *krabbelig schrijven* II ON WW *kladderen*
gribouillis (*zeg:* -jie) m *kladderwerk; gekrabbel*
grief m vaak mv *grief* (**contre** *jegens*); *klacht; (reden tot) bezwaar* ★ JUR. ~s d'appel *beroepsgronden; beroepschrift* ★ faire ~ de qc à qn *iem. iets verwijten*
grièvement BIJW ★ ~ blessé *ernstig gewond*
griffe v • OOK TECHN. *klauw* • *naamstempel; naammerk(je); logo* • FIG. *stempel; merk* • *hechtrank; klauwier* ★ coup de ~ OOK FIG. *uithaal (met de klauw)* ★ sous la ~ de *in de klauwen van* ★ sortir ses ~s *zijn klauwen uitslaan* ★ FIG. montrer ses ~s *zijn tanden laten zien*
griffé BNW *met een naammerk(je)* ‹v. kleding›
griffer OV WW *krabben* ‹met klauw, nagels›
griffeur BNW [v: **griffeuse**] *krabbend*
griffon m • *griffioen* • *lammergier; vale gier* • *griffon*
griffonnage m *gekrabbel; kladderwerk*
griffonner OV + ON WW *(neer)krabbelen*
griffu BNW *met klauwen; geklauwd*
griffure v *krab; schram* ‹v. klauw, nagels›
grignotage m OOK FIG. *geknabbel* ★ tactique du ~ *salamitactiek*
grignotement m *geknabbel*
grignoter I OV WW • OOK FIG. *oppeuzelen* • FIG./INF. *sprokkelen; bij beetjes erbij krijgen* ★ ~ du temps *wat tijd winnen* II ON WW *knabbelen* (**sur** *aan, op, van*); *met lange tanden eten*
grigou m INF. *vrek*
grigri m [**gri-gri**] *(Afrikaans) amulet*
gril m • *rooster* • *grill* ★ INF. être sur le gril *op hete kolen zitten*
grillade v *geroosterd vlees*
grillage m • *(het) roosteren* • *traliewerk; rooster(werk); rasterwerk*
grillager OV WW *afrasteren; traliën*
grille v • *hek(werk)* • *traliewerk; rooster* • FIG. *rooster; hokjestabel; schema*
grille-pain m (onver.) *broodrooster*
griller I OV WW • *roosteren; roosten; schroeien* • TECHN. *doen doorbranden* • INF. *overslaan;* OOK SP. *inhalen; lappen* • *traliën* ★ ~ le feu *door rood licht rijden* ★ INF. être grillé *er gloeiend bij zijn* II ON WW • *doorbranden* ‹v. gloeilamp› • *hunkeren* (**de** *naar*) • *schroeien; roosteren* ★ ~ d'impatience *popelen; branden van verlangen* ★ on grille ici *het is hier om te stikken*
grillon m *krekel*
grimace v • *grimas; lang gezicht* • mv *aanstellerij; fratsen* • INF. *valse plooi* ★ faire la ~ *zuur kijken; nurks zijn*
grimacer ON WW • *gezichten trekken; grijnzen* • INF. *in valse plooien vallen*
grimacier [v: **grimacière**] I m *aanstellerig persoon* II BNW *aanstellerig*
grimage m *(het) grimeren; (het) schminken*
grimer I OV WW *grimeren; schminken* II WKD WW (**se** ~) *zich grimeren; zich schminken*
grimoire m • *toverboek* • *duistere/onleesbare tekst*
grimpant BNW *klimmend* ★ plante ~e *klimplant*
grimpée v INF. *beklimming; klim*
grimper I OV WW *beklimmen* II ON WW • *klimmen* (**à**, **sur** *in, op*); *klauteren* • FIG. *snel stijgen*
grimpette v INF. *steil weggetje; klimmetje*
grimpeur [v: **grimpeuse**] I m/v *klimmer* II BNW *klim-*
grinçant BNW • *knarsend* • OOK FIG. *schril; wrang*
grincement m *geknars; gepiep*
grincer ON WW *knarsen; piepen* ★ ~ des dents *knarsetanden*
grincheux [v: **grincheuse**] I m *brompot; kniesoor* II BNW *knorrig; nurks*
gringalet m [v: **gringalette**] *schriel ventje; onderkruipsel*
griotte v *griotte*
grippage m OOK FIG. *(het) vastlopen*
grippal BNW [m mv: **grippaux**] *griep-*
grippe v *griep* ★ prendre en ~ *plotseling een hekel krijgen aan*
grippé BNW • *grieperig* • TECHN. *vastgelopen*
gripper I OV WW • OOK FIG. *doen vastlopen* • *doen rimpelen* ‹v. stof› II ON WW • *rimpelen* ‹v. stof› • OOK FIG. *vastlopen* III WKD WW (**se** ~) • OOK FIG. *vastlopen* • *rimpelen* ‹v. stof›
grippe-sou m [mv: **grippe-sou(s)**] *duitendief; vrek*
gris I m *grijze kleur* ★ gris perle *parelgrijs* II BNW • *grijs; grauw* • *aangeschoten; beneveld*
grisaille v • OOK FIG. *grauwte* • *grauwschildering; grisaille*
grisant BNW *opwindend;* OOK FIG. *bedwelmend*
grisâtre BNW *grijsachtig;* OOK FIG. *grauw*
grisbi m VERO./ARG. *geld; poen*
griser I OV WW *benevelen;* OOK FIG. *bedwelmen; opwinden* II WKD WW (**se** ~) OOK FIG. *dronken worden; bedwelmd raken* (**de** *van*)
griserie v • *lichte roes* • FIG. *roes; bedwelming*
grison m *grauwtje* ‹ezel›
grisonnant BNW *grijzend*
grisonner ON WW *grijs worden*
grisou m *mijngas*
grive v *lijster*
grivèlerie v *flessentrekkerij; eetpiraterij*
griveton m INF. *jan soldaat*
grivois BNW *schuin; ietwat schunnig*
grivoiserie v *schuine mop; schuine taal*
grog m *grog*
groggy BNW OOK FIG. *groggy*
grogne v INF. *gemor*
grognement m *geknor; gebrom*
grogner ON WW • *knorren* ‹v. varken›; *grommen* ‹v. beer› • *mopperen* (**contre** *op*); *morren*
grognon I m *brompot* II BNW [v: **grognonne**] *brommerig; knorrig*
groin m OOK FIG. *varkenssnuit*
grol(l)e v INF. *versleten schoen; slof*
grommeler OV + ON WW *brommen; mopperen; knorren*

grommellement m *gemopper*; *geknor*
grondement m • *gebulder*; *gerommel* • *gebrom*; *gegrom*
gronder I OV WW *beknorren* **II** ON WW • *mopperen*; *brommen* • *grommen* ‹v. beer› • *bulderen*; *razen*; *rommelen*
gronderie v *uitbrander*; *standje*
grondeur [v: **grondeuse**] **I** m *brompot* **II** BNW *knorrig*
grondin m *poon* ‹vis›
Groningue *Groningen*
groom (*zeg:* groem met harde g) m *piccolo* ‹in hotel›
gros I m *belangrijkste deel*; *gros* ★ le gros d'une armée *het belangrijkste deel v.e. leger* ★ en gros *in het groot*; *in grote lijnen*; *ruwweg* ★ commerce de/en gros *groothandel* ★ prix de gros *groothandelsprijs* ★ INF. les gros *de hoge omes*; *de rijken* **II** m/v *dikkerd* ★ INF. mon gros *m'n beste* ★ INF. ma grosse *m'n wijf* **III** BNW [v: **grosse**] • *dik* • *ruw*; *grof* • *groot*; *belangrijk*; *hevig*; *erg* • VERO. *drachtig*; *zwanger* ★ gros temps *hondenweer*; *zwaar weer* ★ jouer gros jeu *grof spelen*; *veel wagen* ★ grosse mer *ruwe zee* ★ grosse dent *kies* ★ grosse fièvre *zware koorts* ★ gros mot *lelijk/ongepast woord* ★ gros de FIG. *vol (van)* ★ gros comme le bras *op en top ...*; *een heuse ...* **IV** BIJW • *veel* • *grof* ★ jouer gros *grof spelen* ★ gagner gros *grof geld verdienen* ★ en avoir gros sur le cœur/sur la patate *verdrietig zijn*; *erover inzitten*; *balen*
groseille v *aalbes* ★ ~ à maquereau *kruisbes*
groseillier m *(aal)bessenstruik*
Gros-Jean m ★ être ~ comme devant FIG. *nog even ver zijn*
gros-porteur m [mv: **gros-porteurs**] *jumbojet*
grosse I v • *gros* ‹12 dozijn› • JUR. *afschrift*; *grosse* **II** BNW → **gros**
grossesse v *zwangerschap*
grosseur v • *grootte*; *dikte* • *gezwel*
grossier BNW [v: **grossière**] • *ruw*; *grof* • *lomp*; *plat*; *vulgair* ★ faute grossière *grove nalatigheid*
grossièrement BIJW *ruw*; *lomp*; *grovelijk*
grossièreté v • *ruwheid*; *grofheid*; *lompheid* • *grove taal*
grossir I OV WW • *vergroten*; *dikker maken*; *doen zwellen* • *overdrijven*; *aandikken* **II** ON WW *groter worden*; *dikker worden*; *zwellen*
grossissement m • *(het) dikker worden* • *vergroting* • *overdrijving*
grossiste m/v *grossier*
grosso modo BIJW *grofweg*; *ongeveer*
grotesque I m • *belachelijk persoon* • *het groteske* **II** BNW *belachelijk*; *grotesk*
grotte v *grot*
grouillant BNW *wemelend* (**de** *van*); *krioelend*
grouillement m *gewemel*; *gekrioel*
grouiller I ON WW *wemelen* (**de** *van*); *krioelen* **II** WKD WW (**se** ~) INF. *zich haasten*; *opschieten*
groupe m • *groep*; *groepering* • ECON. *concern* ★ ~ parlementaire *kamerfractie* ★ ~ électrogène *stroomaggregaat* ★ ~ scolaire *scholencomplex* ★ en ~ *groepsgewijs*; *groeps-* ★ cabinet de ~ *groepspraktijk*
groupé BNW *gezamenlijk*; *gemeenschappelijk*
groupement m • *groepering* • *groep*
grouper OV WW • *samenvoegen* • *groeperen*
groupuscule m PEJ. *(splinter)groepje*
grouse v *korhoen*
gruau m [mv: **gruaux**] *gort*; *grutten*
grue v • *kraanvogel* • *(hijs)kraan* • VERO./INF. *snol* ★ faire le pied de grue *lang moeten wachten*
gruger OV WW LIT. *oplichten*; FIG. *uitkleden*; *afzetten*
grumeau m [mv: **grumeaux**] *klonter*
grumeler WKD WW (**se** ~) *klonteren*
grumeleux BNW [v: **grumeleuse**] *klonterig*; *oneffen*
grutier m [v: **grutière**] *hijskraanbestuurder*; *kraandrijver*
gruyère m *gruyère(kaas)*
gué m *doorwaadbare plaats* ★ passer à gué *doorwaden*
guéable BNW *doorwaadbaar*
guéguerre v INF. *oorlogje*; *geruzie*; *gehakketak*
Gueldre v *Gelderland*; GESCH. *Gelder*
guelte v *verkooppremie*
guenilles v mv *lompen*; *vodden*
guenon v • *apin* • INF. *aartslelijke vrouw*
guépard m *jachtluipaard*
guêpe v *wesp*
guêpier m *wespennest* ★ se fourrer dans un ~ *zich in een wespennest steken*
guère BIJW ★ ne ... ~ *nauwelijks*; *bijna niet*; *niet veel*; *niet erg*; *niet lang* ★ ne ... plus ~ *nauwelijks meer* ★ ne ... ~ que *vrijwel alleen*; *hooguit*
guéret m *omgeploegde, niet bezaaide akker* ★ laisser en ~s *braak laten liggen*
guéri BNW *genezen* (**de** *van*); *beter*
guéridon m *rond tafeltje met één poot*; *gueridon*
guérilla v *guerrilla*
guérir I OV WW *genezen* (**de** *van*) **II** ON WW *herstellen*; *genezen*
guérison v *genezing*
guérissable BNW *geneeslijk*
guérisseur m [v: **guérisseuse**] *genezer*
guérite v *wachthuisje*; *hokje*
guerre v OOK FIG. *oorlog*; *strijd* ★ ~ ouverte *verklaarde oorlog*; *openlijke strijd* ★ faire la ~ à *bestrijden*; *oorlog voeren met* ★ la Grande Guerre *de Eerste Wereldoorlog* ★ la drôle de ~ *de schemeroorlog (sept 1939-mei 1940)* ★ ~ des prix *prijzenslag* ★ conseil de ~ *krijgsraad* ★ gens de ~ *militairen* ★ de ~ lasse *strijdensmoe*; *ten einde raad* ★ nom de ~ *schuilnaam* ★ petite ~ *manoeuvres*; *schermutselingen* ★ ~ sainte *heilige oorlog* ★ ~ éclair *blitzkrieg* ★ ~ civile *burgeroorlog* ★ ~ froide *koude oorlog* ★ ~ des nerfs *zenuwenoorlog* ★ ~ psychologique *psychologische oorlogvoering* ★ ~ mondiale *wereldoorlog* ★ ~ de positions *stellingoorlog* ★ c'est de bonne ~ *dat is een geoorloofd middel*; *dat is niet unfair* ★ aller à la ~ *ten strijde trekken* ★ partir en ~ contre *ten strijde trekken tegen* ★ à la ~ comme à la ~ *we moeten er maar het beste van maken*; *er zit niets anders op*

G

guerrier [v: **guerrière**] **I** m *krijger*; *strijder* **II** BNW • *krijgs-* • *oorlogszuchtig*; *krijgshaftig*
guerroyer ON WW FORM. *oorlog voeren (***contre** *tegen)*
guet m *(het) loeren* ★ faire le guet *op de loer liggen*; *op de uitkijk staan* ★ avoir l'œil au guet *een oogje in het zeil houden*
guet-apens (*zeg:* getapa(n)) m [mv: **guets-apens**] • *hinderlaag*; *valstrik* • FIG. *aanslag (***contre** *op)*
guêtre v *slobkous* ★ INF. traîner ses ~s *(ergens) rondhangen*
guetter OV WW *bespieden*; *beloeren*; *afwachten* ★ ~ l'occasion *op een gelegenheid loeren*
guetteur m [v: **guetteuse**] *wachtpost*; *uitkijk*
gueulante v INF. *gejuich*; *getier*; *gejoel*

G

gueulard **I** m,v INF. [v: **gueularde**] INF. *schreeuwlelijk* **II** m *ovenmond* **III** BNW INF. *schreeuwerig*
gueule v • *muil*; *bek* ‹v. dier› • OOK FIG. INF. *smoel*; *bek*; *gezicht* • FIG. *mond*; *opening* ★ INF. ta ~! *hou je smoel!* ★ fine ~ *lekkerbek* ★ INF. casser la ~ à qn *iem. op zijn bek slaan* ★ INF. se casser la ~ OOK FIG. *op z'n bek gaan* ★ INF. avoir de la ~ *smoel hebben*; *iets eigens hebben* ★ INF. pousser un coup de ~ *flink schreeuwen*; *uitvaren* ★ INF. grande ~ *(iem. met) een grote bek* ★ se jeter dans la ~ du loup *zich in het hol van de leeuw wagen* ★ INF. faire la ~ *mokken* ★ INF. se fendre la ~ *zich een bult lachen* ★ INF. être fort en ~ *een grote mond hebben* ★ INF. les ~s noires *de kompels* ★ INF. avoir une bonne ~ *er aardig uitzien*
gueule-de-loup m [mv: **gueules-de-loup**] PLANTK. *leeuwenbek*
gueulement m INF. *geschreeuw*; *gebrul*
gueuler ON WW INF. *schreeuwen*; *blèren*; *uitvaren*
gueuleton m INF. *smulpartij*
gueuletonner ON WW INF. *smullen*
gueuse v • *gietvorm* ‹voor gietijzer› • *gietblok*
gueuserie v VERO. • *schooiersmanieren* • *bedelarij*
gueux [v: **gueuse**] VERO. **I** m • *schooier*; *bedelaar* • *geus* **II** BNW *arm*; *schooierig*
gueuze v [**gueuse**] *geuze*; *geus* ‹bier›
gui m • PLANTK. *mistel* • *giek* ‹dwarshout›
guibolle v [**guibole**] INF. *poot*; *been*
guichet m • *loket* • *(doorgeef)luikje* • *wicket* ‹bij cricket› ★ ~ automatique *geldautomaat* ★ à ~s fermés *voor een uitverkochte zaal*
guichetier m [v: **guichetière**] *loketbediende*
guidage m *geleiding* ‹v.e. bewegend lichaam›; *geleider*
guide **I** m • OOK FIG. *gids* • *geleistang* ★ ~ de montagne *berggids* **II** v • mv *leidsels* • *gids* ‹padvindster› ★ mener la vie à grandes ~s *op grote voet leven*
guider **I** OV WW • *leiden*; *(be)geleiden* • *(op afstand) besturen* **II** WKD WW (**se ~ sur**) *zich richten naar*
guidon m • *stuur* ‹v. fiets› • *vlaggetje* • *vizierkorrel*
guigne v • *kriek* • INF. *pech*
guigner OV WW • *gluren naar* • FIG. *loeren op*; *een oogje hebben op*
guignol m • *poppenkastfiguur*; *handpop* • OOK FIG. *poppenkast* • *janklaassen*; *hansworst* ★ Guignol *Jan Klaassen*
guignolet m *kriekenlikeur*
guilde v OOK FIG. *gilde*
guili-guili TW INF. *kiele-kiele*
Guillaume *Willem*
guilledou m VERO./INF. ★ courir le ~ *op vrijersvoeten gaan*
guillemets m mv OOK FIG. *aanhalingstekens* ★ ~ fermants/ouvrants *aanhalingstekens sluiten/openen*
guilleret BNW [v: **guillerette**] • *vrolijk*; *dartel* • *gewaagd*; *pikant*
guillochis m *golvende lijnversiering*; *guilloche(s)*
guillotine v *guillotine*; *valbijl* ★ fenêtre à ~ *schuifraam*
guillotiner OV WW *guillotineren*
guimauve v • PLANTK. *heemst* • FIG. *weeë kost*; *sentimentele zoetelijkheid* ★ (pâte de) ~ *wit drop*; *marshmallow*; *weke zoetigheid*
guimbarde v • INF. *rammelkast* • *mondharp*
guimpe v • *nonnenkap* • *bovenlijfje*; *frontje*; *mouwloos hemdje*
guincher ON WW INF. *dansen*
guindage m *(het) hijsen*
guindé BNW • *gemaakt*; *opgeschroefd*; FIG. *stijf* • *niet op zijn gemak*; *opgeprikt*
guindeau m *windas*
guinder **I** OV WW • SCHEEPV. *ophijsen* • FIG. *opschroeven* **II** WKD WW (**se ~**) *gemaakt/ opgeschroefd doen*
guinée v • *katoentje* • *guinje*
Guinée v *Guinee* ★ la Nouvelle-~ *Nieuw-Guinea*
guingois BIJW INF. ★ de ~ *scheef*
guinguette v *uitspanning* ‹buiten de stad›
guipure v *doorvlochten kantwerk*; *guipure*
guirlande v *slinger*; *guirlande*
guise v • *zin*; *wil* • *manier*; *wijze* ★ en ~ de *bij wijze van* ★ à votre ~ *zoals u wilt*; *naar uw goeddunken*
guitare v *gitaar*
guitariste m/v *gitaarspeler*
guitoune v INF. *tent*
gus (*zeg:* guus met harde g) m INF. *vent*; *gozer*
gustatif BNW [v: **gustative**] *smaak-*
gustation v *(het) proeven*
guttural BNW [m mv: **gutturaux**] *keel-*; *gutturaal* ★ son ~ *keelklank*
Guyane v *Guyana*
gym v INF. → **gymnastique**
gymkhana m • *behendigheidsspel* • *hindernisrace*
gymnase m • *gymnastieklokaal*; *fitnesscentrum* • *gymnasium* ‹niet in Frankrijk›
gymnaste m/v • *turner*; *gymnast* • GESCH. *sportmeester*
gymnastique **I** v *gymnastiek* **II** BNW *gymnastisch*
gynécée v • GESCH. *vrouwenverblijf* • PLANTK. *stamper*
gynéco AFK INF. → **gynécologue**
gynécologie v *gynaecologie*
gynécologique BNW *gynaecologisch*
gynécologue m/v *gynaecoloog*; *vrouwenarts*
gypse m *gips* ‹mineraal›

gypseux BNW [v: **gypseuse**] *gipsachtig*
gypsophile v *bruidssluier*; *gipskruid*
gyrophare m *zwaailicht*
gyroscope m *gyroscoop*

H

h (*zeg:* asj) **I** m *letter h* ★ h aspiré *aangeblazen h* ★ h muet *stomme h* ★ bombe H *waterstofbom* **II** AFK (heure) *uur* ★ l'heure H *het uur U*
ha TW • *oh!*; *hè!*; *ach!* • *ha!* ‹verwondering› • *haha!* ‹vrolijkheid›
habile BNW • *handig*; *behendig*; *vaardig (***à** *in)* • JUR. *bekwaam*; *bevoegd (***à** *tot)*
habileté v *handigheid*; *behendigheid*; *bekwaamheid*
habilité v JUR. *bevoegdheid (***à** *tot)*
habiliter OV WW JUR. *bevoegd verklaren (***à** *tot)*
habillage m → **habiller**
habillé BNW *gekleed* ★ ~ de/en noir *in het zwart gekleed* ★ ce manteau est très ~ *die mantel staat erg gekleed*
habillement m *kleding*
habiller I OV WW • *kleden*; *aankleden*; *van kleding voorzien* • FIG. *aankleden*; *fatsoeneren*; *afwerken* • *bedekken (***de** *met)* • FIG. *verpakken*; *hullen*; *inkleden (***de** *in)* **II** WKD WW (**s'**~) *zich (aan)kleden*; *gekleed gaan (***de, en** *in)*
habilleur m [v: **habilleuse**] *(aan)kleder* ‹v. acteurs e.d.›
habit (*zeg:* abie) m • mv *kleren* • *(bijzondere) kledij*; *(ambts)gewaad*; *kostuum* • *habijt* • *rok* ‹geklede herenjas› ★ ~ vert *rok van academielid* ★ prendre l'~ *in het klooster gaan* ★ l'~ ne fait pas le moine *schijn bedriegt*
habitabilité v • *bewoonbaarheid* • *beschikbare plaatsruimte*
habitable BNW *bewoonbaar*
habitacle m • *cabine* ‹v. luchtvaartuig, auto› • SCHEEPV. *kompashuisje*
habitant m [v: **habitante**] *bewoner*; *inwoner*
habitat m • *woonomstandigheden* • *habitat*; *woongebied* ‹v. planten, dieren›
habitation v • *woning*; *woonruimte* • *(het) bewonen*
habité BNW • *bewoond* • *bemand* ‹v. ruimtevaartuig›
habiter I OV WW *bewonen*; OOK FIG. *huizen in* **II** ON WW *wonen*
habituation v *gewenning*
habitude v *gewoonte*; *gebruik* ★ d'~ *gewoonlijk* ★ par ~ *uit gewoonte* ★ avoir l'~ de *gewoon zijn om te*; *ervaring hebben met* ★ ce n'est pas dans mes ~s *dat is geen gewoonte van me*
habitué I m *vaste bezoeker*; *vaste klant*; *stamgast* **II** WW (volt. deelw.) → **habituer**
habituel BNW [v: **habituelle**] *gewoon*; *gebruikelijk*
habituellement BIJW *gewoonlijk*
habituer I OV WW (~ **à**) *wennen aan* **II** WKD WW (**s'**~ **à**) *(zich) wennen aan*
hâblerie v FORM. *opschepperij*
hâbleur m [v: **hâbleuse**] *opschepper*; *grootspreker*
hachage m *(het) (fijn)hakken*
hache v *bijl* ★ enterrer la ~ de guerre *de*

H

strijdbijl begraven
haché BNW • *(fijn)gehakt* • *hortend* ★ steak ~ *gehakte biefstuk* ★ style ~ *hortende stijl* ★ viande ~e *gehakt*
hache-légumes m (onver.) *(groente)hakmes*
hacher OV WW • OOK FIG. *(fijn)hakken* • *inkerven* ★ ~ menu *fijnhakken* ★ ~ un discours *een toespraak telkens onderbreken*
hachette v *bijltje*
hache-viande m (onver.) *gehaktmolen*; *vleesmolen*
hachis m *gehakt*; *fijngehakt eten* ★ ~ Parmentier *puree met gehakt*
hachisch (*zeg:* asjiesj) m → **haschisch**
hachoir m • *hakmes* • *hakmolen* • *hakbord*
hachure v *arcering*
hachurer OV WW *arceren*
haddock m *(gerookte) schelvis*
hagard BNW *wild* ‹v. blik e.d.›; *verwilderd*; *verdwaasd*

H

hagiographie v *hagiografie*
haie v • OOK FIG. *haag*; *heg* • SPORT *horde* ★ course de haies *hordeloop*
haillon m *lomp*; *vod*
haillonneux BNW [v: **haillonneuse**] *in lompen gehuld*; *haveloos*
Hainaut m *Henegouwen*
haine v *haat*; *afkeer (***de, pour** *van)* ★ par ~ de *uit haat tegen* ★ avoir de la ~ pour *haten* ★ INF. avoir la ~ *zwaar gefrustreerd zijn*; *vol agressie zijn* ★ prendre en ~ *een hekel krijgen aan*
haineux BNW [v: **haineuse**] *haatdragend*; *hatelijk*; *nijdig*
haïr OV WW *haten*; *verafschuwen* ★ haïr que (+ subj.) *er een hekel aan hebben dat*
haire v *boetekleed*
haïssable BNW *verfoeilijk*
haïtien BNW [v: **haïtienne**] *Haïtiaans*
halage m *(het) jagen/(ver)slepen* ‹v. boot› ★ chemin de ~ *jaagpad*
hâle m *gebruinde kleur* ‹v.d. huid›
hâlé BNW *gebruind*; *getaand* ‹v.d. huid›
haleine v *adem* ★ hors d'~ *buiten adem* ★ de longue ~ *van lange adem*; *langdurig* ★ FORM. tout d'une ~ *in één ruk*; *in één adem* ★ perdre ~ *buiten adem raken* ★ reprendre ~ *weer op adem komen* ★ tenir en ~ *de aandacht boeien van*; *in spanning/ onzekerheid houden*
haler OV WW • *(ver)slepen*; *jagen* ‹v. boot› • *aantrekken*; *optrekken*; *hijsen*
hâler OV WW *bruinen*; *tanen* ‹v.d. huid›
haletant BNW • *hijgend* • FIG. *ademloos (makend)*
halètement m *gehijg*
haleter ON WW • *hijgen* • FIG. *ademloos zijn*
hall (*zeg:* ol) m *hal*
hallali m *hallali* ‹jachtkreet of hoorngeschal bij hertenjacht› ★ sonner l'~ de *de ondergang inluiden van*
halle v *overdekte markt*; *(verkoop)hal* ★ ~(s) au poisson *vismarkt*
hallebarde v *hellebaard* ★ INF. il pleut des ~s *het regent pijpenstelen*
hallebardier m *hellebaardier*
hallucinant BNW *verbijsterend*; *verbluffend*
hallucination v *hallucinatie*; *zinsbegoocheling*
hallucinatoire BNW *hallucinatorisch*
halluciné I m [v: **hallucinée**] *iem. die hallucinaties heeft* II BNW • *verdwaasd*; *wezenloos* • *aan hallucinaties lijdend*
halluciner I OV WW *hallucineren* II ON WW INF. *verbijsterd zijn*
hallucinogène I m *hallucinogeen* II BNW *hallucinerend*
halo m • *halo* ‹lichtkring› • FIG. *aureool*; *glans*
halogène BNW *halogeen* ★ lampe (à) ~ *halogeenlamp*
halte I v • *stilstand*; *rustpauze* • *halte*; *stopplaats*; *rustplaats* ★ faire ~ *halt houden*; *stoppen* II TW *halt!*; *stop!*
halte-garderie m [mv: **haltes-garderies**] *kinderdagverblijf*
haltère m *halter* ★ faire poids et ~s *gewichtheffen*
haltérophile m/v *gewichtheffer*
haltérophilie v *(het) gewichtheffen*
hamac m *hangmat*
Hambourg *Hamburg*
hamburger (*zeg:* -geur met harde g) m *hamburger*
hameau m [mv: **hameaux**] *gehucht*
hameçon m • *vishaak* ★ FIG. mordre à l'~ *toehappen*; *erin vliegen*
hammam m *Turks bad*
hampe v *schacht* ‹langgerekt deel›; *steel*; *stengel*; *vlaggenstok*
hamster m *hamster*
hanap m GESCH. *grote drinkbeker*; *bokaal*
hanche v *heup* ★ les poings sur la ~ *(met) de handen in de zij* ‹uitdagende houding›
handball m [**hand-ball**] *handbal*
handballeur m [v: **handballeuse**] *handballer*
handicap m *handicap* ‹in alle betekenissen›
handicapé I m [v: **handicapée**] *gehandicapte* ★ ~ moteur *motorisch gehandicapte* II BNW *gehandicapt*
handicaper OV WW *handicappen*
hangar m *loods*; *schuur*; *hangar*
hanneton m *(mei)kever* ★ INF. pas piqué des ~s *niet voor de poes*
Hanovre *Hannover*
hanter OV WW • *(rond)spoken in*; *(rond)waren in* • FIG. *achtervolgen* • FORM. *regelmatig bezoeken* ★ maison hantée *spookhuis* ★ ça me hante (l'esprit) *dat laat me niet los*; *dat obsedeert me* ★ dis-moi qui tu hantes, je te dirai qui tu es *waar men mee verkeert, wordt men mee geëerd*
hantise v *obsessie*; *spookbeeld*; *knagende angst (***de** *voor)*
happer OV WW • *happen* ‹v. dieren› • *grijpen*
haquenée v VERO. *hakkenei*
hara-kiri m *harakiri*
harangue v • *toespraak* • *geleuter*; *gepreek*
haranguer OV WW • *toespreken* • FIG. *preken tegen*
haras (*zeg:* arà) m *paardenfokkerij*; *stoeterij*
harassant BNW *afmattend*
harassement m *afmatting*
harasser OV WW *afmatten*
harcelant BNW *lastig*; *hinderlijk*
harcèlement m *(het) lastig vallen*; *kwelling* ★ ~

sexuel *seksuele intimidatie; ongewenste intimiteiten*
harceler OV WW • *teisteren; kwellen* • *aanhoudend lastig vallen (***de** *met)*
harde V • *troep dieren; roedel* • *koppel honden* • *koppelriem* ‹v. honden› • MV *afgedragen kleren; plunje*
hardi I BNW • *stout(moedig); gewaagd* • *brutaal* II TW *vooruit!; zet 'm op!*
hardiesse V • *stoutmoedigheid; onverschrokkenheid; gewaagdheid* • *brutaliteit; lef*
hardware (*zeg:* ardwèr) M COMP. *hardware; apparatuur*
harem (*zeg:* arèm) M *harem*
hareng (*zeg:* -a(n)) M *haring* ★ ~ saur *bokking* ★ sec comme un ~ *zo mager als een lat* ★ serrés comme des ~s *op elkaar gepakt*
harengère V *viswijf*
hargne V *kribbigheid; vinnigheid; bitsheid*
hargneux BNW [v: **hargneuse**] *kribbig; bits; grimmig*
haricot M • *boon* ★ ~s beurre *wasbonen; prinsessenbonen* ★ ~s blancs *witte bonen* ★ ~s mange-tout *peultjes* ★ ~s rouges *bruine bonen* ★ ~s secs *(gedroogde) bonen* ★ ~s verts *sperziebonen* ★ INF. des ~s! *noppes!* ★ INF. c'est la fin des ~s *dat doet de deur dicht!; daarmee houdt alles op!*
haridelle V *magere knol* ‹paard›
harki M *harki* ‹inlands lid v.h. voormalige Fr. leger in Algerije›; ≈ *kniller*
harmonica M *mondharmonica*
harmonie V *harmonie* ‹in alle betekenissen› ★ en ~ avec *goed samengaand met; in goede verstandhouding met*
harmonieux BNW [v: **harmonieuse**] *harmonieus; harmonisch*
harmonique BNW *harmonisch* ★ (son) ~ *bijtoon; boventoon*
harmonisation V *harmonisatie*
harmoniser I OV WW *harmoniseren* II WKD WW (**s'**~) *harmoniëren (***avec** *met)*
harmonium (*zeg:* -njom) M *harmonium*
harnachement M • *(het) optuigen* ‹v.e. rij-, trekdier› • *tuig* • *uitmonstering* ‹v. soldaat e.d.›
harnacher OV WW *optuigen* ‹v.e. rij-, trekdier; ook fig.›
harnais M • *tuig* ‹v. rij-, trekdier; parachutist e.d› • *gareel* • VERO. *harnas* ★ blanchi sous le ~ *in de dienst vergrijsd*
haro M ★ crier haro sur *schande afroepen over; luid afkeuren*
harpagon M *vrek*
harpe V *harp* ★ ~ éolienne *windharp*
harpie V OOK FIG. *harpij*
harpiste M/V *harpspeler*
harpon M • *harpoen* • *enterhaak* • *gevelanker*
harponnage M [**harponnement**] *(het) harpoeneren*
harponner OV WW *harpoeneren*
harponneur M *harpoenier*
hasard M • *toeval; kans* • MV *wisselvalligheden; risico's* ★ au ~ *op goed geluk; willekeurig; zo maar* ★ au ~ de *naargelang (van)* ★ au ~ d'une conversation *terloops (gezegd), tijdens een gesprek* ★ à tout ~ *voor alle zekerheid* ★ de ~ *toevallig* ★ jeu de ~ *kansspel* ★ par ~ *bij toeval; bijgeval; misschien; soms* ★ IRON. comme par ~ *als bij toeval* ★ coup de ~ *meevaller*
hasardé BNW *gewaagd; ongewis*
hasarder I OV WW *wagen; op het spel zetten* II WKD WW (**se** ~) *zich wagen (***à** *aan* [+ inf.])
hasardeux BNW [v: **hasardeuse**] *gewaagd; riskant*
hasch M *hasj*
haschisch M [**hachish**] *hasjiesj*
hase V *wijfjeshaas; wijfjeskonijn; moer*
hâte V *haast; spoed* ★ à la hâte/en (toute) hâte *inderhaast; snel*
hâter I OV WW *verhaasten; versnellen* II WKD WW (**se** ~) *zich haasten (***de** [+ inf.] om)
hâtif BNW [v: **hâtive**] • *overhaast (gedaan)* • *vroegrijp* ‹v. planten›; *vroeg*
hâtivement BIJW *haastig; overhaast*
hauban M *tui(draad); stag* ★ SCHEEPV. les ~s *het (staand) want*
haubert M *pantserhemd; maliënkolder*
hausse V • *stijging; toename* • *verhoging; opzetstuk* ★ à la ~ *naar boven (bijgesteld); à la hausse* ★ être en ~ *stijgen*
haussement M ★ ~ d'épaules *schouderophalen*
hausser I OV WW *verhogen* ★ ~ les épaules *de schouders ophalen* ★ ~ les prix *de prijzen verhogen* ★ ~ le ton *een hoge toon aanslaan* ★ ~ la voix *de stem verheffen* II WKD WW (**se** ~) *zich verheffen; op zijn tenen gaan staan*
haussier M *haussespeculant; haussier*
haut I M • *hoogte* • *bovenste deel; bovenstuk(je)* ★ du haut de *van (boven)af* ★ deux mètres de haut *twee meter hoog* ★ des hauts et des bas *ups and downs* ★ tomber de son haut *languit vallen; stomverbaasd staan* II BNW • OOK FIG. *hoog* • *vroeg* ‹v.e. tijdperk› ★ haut de deux mètres *twee meter hoog* ★ haut en couleur OOK FIG. *fel gekleurd; kleurrijk* ★ la (plus) haute antiquité *de grijze oudheid* ★ haute bourgeoisie *deftige burgerij* ★ en haut lieu *(van) hogerhand* ★ la haute mer *de volle zee* ★ le haut-Rhin *de Boven-Rijn* ★ ton haut *aanmatigende toon* ★ haute trahison *hoogverraad* ★ à haute voix *hardop* ★ marcher la tête haute *met opgeheven hoofd lopen* III BIJW • *hoog* • *luid* ★ (tout) haut *hardop; ronduit* ★ de haut *van bovenaf; uit de hoogte* ★ d'en haut *van boven* ★ en haut *boven(aan); naar boven* ★ de haut en bas *van boven naar beneden; uit de hoogte* ★ là-haut *daarboven* ★ par en haut *bovenlangs* ★ FIG. tomber de haut *diep vallen*
hautain BNW *hooghartig; hoogmoedig; uit de hoogte; hautain*
hautbois M • *hobo* • *hobospeler*
hautboïste M/V *hoboïst*
haut-commissaire M [mv: **hauts-commisaires**] *hoge commissaris*
haut-de-chausse M [mv: **haut-de-chausse(s)**] GESCH. *korte broek*
haut-de-forme M [mv: **hauts-de-forme**] *hoge hoed*
haute-contre I M [mv: **hautes-contre**]

H

contratenor ‹zanger› **II** m [mv: **hautes-contre**] *contratenor* ‹stem›
haute-fidélité v *hifi*
hautement BIJW • *hogelijk*; *hoogst*; *uitermate* • *ronduit*; *openlijk*
hauteur v • *hoogte* • *hoogheid*; *verhevenheid*; *voortreffelijkheid* • *hoogmoed*; *trots* • WISK. *hoogtelijn* ★ à la ~ de *ter hoogte van* ★ être à la ~ d'une tâche *tegen een taak opgewassen zijn* ★ ~ du pôle *poolshoogte* ★ le saut en ~ *het hoogspringen* ★ tomber de (toute) sa ~ *languit vallen*; *op zijn neus kijken*
haut-fond m [mv: **hauts-fonds**] *ondiepte*; *bank*
haut-le-cœur m (onver.) *misselijkheid*; *(het) kokhalzen*
haut-le-corps m (onver.) • *schok* • *bruuske beweging* • *schrikreactie*
haut-lieu m [mv: **hauts-lieux**] *belangrijke plaats*; *centrum* ‹v.e. activiteit›
haut-parleur m [mv: **haut-parleurs**] *luidspreker*
haut-relief m [mv: **hauts-reliefs**] *hoog reliëf*; *haut-reliëf*
hauturier BNW [v: **hauturière**] *buitengaats*; *in volle zee*
havane I m *havanna* **II** BNW *havannabruin*
hâve BNW *(ziekelijk) bleek en mager*; *uitgemergeld*
havre m • *toevluchtsoord* • VERO. *(kleine) zeehaven* ★ ~ de paix *vredig oord*
havresac m • *rugzak*; *knapzak* • VERO. *ransel*
Haye (La) v *Den Haag*
hayon m *achterklep* ‹v. auto›; *vijfde deur*
hé TW *hé daar!*; *hé!*
heaume m *(wapen)helm*
hebdo m INF. → **hebdomadaire**
hebdomadaire I m *weekblad* **II** BNW *wekelijks*
hébergement m *huisvesting*
héberger OV WW *herbergen*; *huisvesten*
hébété BNW *afgestompt*; *stompzinnig*; *(als) versuft*
hébétement m *afgestomptheid*; *stompzinnigheid*; *sufheid*
hébéter OV WW *afstompen*; *stompzinnig maken*; *(als) versuffen*
hébétude v *afstomping*; *versuftheid*
hébraïque BNW *Hebreeuws*
hébreu BNW [m mv: **hébreux**] *Hebreeuws* ★ l'état ~ *Israël*
Hébreu m *Hebreeër*
HEC AFK ((École des) hautes études commerciales) ≈ *managementopleiding*
hécatombe v *bloedbad*; *slachting*; *hecatombe*
hectare m *hectare*
hectogramme m *hectogram*
hectolitre m *hectoliter*
hectomètre m *hectometer*
hédonisme m *hedonisme*
hédoniste I m/v *hedonist* **II** BNW *hedonistisch*
hégémonie v *overwicht*; *hegemonie*
hégire v *hedsjra* ‹begin islamit. tijdrekening›
hein TW *hè?*
hélas (*zeg:* -las) TW *helaas!*
héler OV WW • SCHEEPV. *praaien* • *aanroepen* ‹v. taxi›
hélianthe m *zonnebloem*
hélice v • *(scheeps)schroef*; *propeller* • *spiraal*; *schroeflijn*; *helix* ★ escalier en ~ *wenteltrap*
hélicoïdal BNW [m mv: **hélicoïdaux**] *schroefvormig*
hélicon m *helicon* ‹tuba›
hélicoptère m *helikopter*
héligare v *helihaven*; *luchthaven voor helikopters*
héliographie v *heliografie*
héliogravure v • *heliogravure* • *diepdruk*
héliothérapie v *heliotherapie*; *(hoogte)zontherapie*
héliotrope m *heliotroop*
héliport m *helihaven*; *luchthaven voor helikopters*
héliportage m *helikoptervervoer*
héliporté BNW *vervoerd per helikopter*
hélitreuiller OV WW *(vanuit een helikopter) ophijsen*
hélium (*zeg:* eeljom) m *helium*
hellène BNW *Helleens*; *Grieks*
Hellène m/v *Helleen*; *Griek*
hellénique BNW *Helleens*
hellénisme m *hellenisme*
helléniste m/v *hellenist*
Helvète m/v *Helvetiër*; *Zwitser*
Helvétie v *Helvetië*; *Zwitserland*
helvétique BNW *Helvetisch*; *Zwitsers*
hématie (*zeg:* -tie, -sie) v *rode bloedcel*
hématologie v *hematologie*
hématologiste m/v [**hématologue**] *hematoloog*
hématome m *bloeduitstorting*; *hematoom*
héméralope BNW *nachtblind*
hémicycle m *halfcirkelvormige ruimte*; *amfitheater* ★ l'Hémicycle *vergaderzaal v.d. Franse Nationale Vergadering*
hémiplégie v *halfzijdige verlamming*; *hemiplegie*
hémisphère m • *halve bol* • *halfrond* • *hersenhelft*; *hemisfeer*
hémisphérique BNW *halfrond*
hémistiche m *halfvers*; *hemistiche*
hémoglobine v *rode bloedkleurstof*; *hemoglobine*
hémolyse v *hemolyse*; *afbraak van rode bloedcellen*
hémophile m/v *hemofiliepatiënt*
hémophilie v *hemofilie*; *bloederziekte*
hémoptysie v *bloedspuwing*
hémorragie v • *bloeding* • FIG. *aderlating*; *wegvloeiing*
hémorroïdes v mv *aambeien*
hémostatique I m *bloedstelpend middel* **II** BNW *bloedstelpend*
henné m *henna*
hennir (*zeg:* enier) ON WW *hinniken*
hennissement (*zeg:* enies-) m *gehinnik*
Henri *Hendrik*; *Henk*
hep TW *hé (daar)!*
hépatique BNW *lever-*
hépatite v *leverontsteking*; *hepatitis*
heptagone m *zevenhoek*
heptathlon m *zevenkamp*
héraldique I v *heraldiek*; *wapenkunde* **II** BNW *heraldisch*; *wapenkundig*
héraldiste m/v *heraldicus*; *wapenkundige*

héraut m OOK FIG. *heraut*
herbacé BNW *grasachtig*; *kruidachtig*
herbage m *gras(land)*; *weide*
herbager I m *veefokker*; *vetweider* II OV WW *vetweiden*
herbe v • *gras* • *kruid* • INF. *stuff*; *hasj* ★ fines ~s *keukenkruiden*; *tuinkruiden* ★ mauvaise ~ *onkruid* ★ ~ aux ânes *teunisbloem* ★ en ~ *onrijp*; *nog groen*; FIG. *in de dop* ★ couper l'~ sous le(s) pied(s) de qn *iem. het gras voor de voeten wegmaaien* ★ mauvaise ~ croît toujours *onkruid vergaat niet*
herbeux BNW [v: **herbeuse**] *grazig*; *gras-*
herbicide I m *onkruidverdelgend middel* II BNW *onkruid verdelgend*
herbier m *herbarium*
herbivore I m *planteneter*; *herbivoor* II BNW *plantenetend*
herborisation v *(het) botaniseren*
herboriser ON WW *botaniseren*
herboriste m/v • *kruidenverkoper* • *drogist*
herboristerie v *kruidenwinkel*
herbu BNW *grazig*
hercule *hercules*; *krachtpatser*
hère m *jong hert* ★ LIT. pauvre hère *arme drommel*
héréditaire BNW *erfelijk*; *erf-* ★ ennemi ~ *erfvijand* ★ prince ~ *erfprins*
hérédité v *erfelijkheid*; *overerving* ★ avoir une ~ chargée *erfelijk belast zijn*
hérésie v OOK FIG. *ketterij*
hérétique I m/v *ketter* II BNW *ketters*
hérissé BNW • *rechtopstaand* ‹v. haren, veren›; *stekelig* • (~ **de**) *bezaaid met* ‹stekels, onaangenaamheden›
hérissement m • *(het) rechtop (gaan) staan* • *kregeligheid*
hérisser I OV WW • *rechtop doen staan* ‹v. haren, veren› • *stekelig maken* • *kregel maken* II WKD WW (**se** ~) • *rechtop gaan staan* ‹v. haren, veren› • OOK FIG. *zijn stekels/veren opzetten*
hérisson m • *egel* • *chagrijn*; *nurks* • *(voorwerp met) opstaande punten*; *flessendruiprek*
héritage m • *erfenis* • OOK FIG. *erfgoed* ★ faire un ~ *erven*
hériter OV + ON WW *erven* (**de** *van*) ★ ~ de qc *iets erven*
héritier m [v: **héritière**] OOK FIG. *erfgenaam* ★ ~ de la couronne *troonopvolger*
hermaphrodite I m/v *tweeslachtig wezen*; *hermafrodiet* II BNW *tweeslachtig*
herméneutique I v *hermeneutiek* II BNW *hermeneutisch*
hermétique BNW *hermetisch* ‹in alle betekenissen›; *volstrekt gesloten*; *lucht-/waterdicht*; OOK FIG. *ontoegankelijk*
hermétisme m FORM. *onbegrijpelijke aard*; *hermetisme*
hermine v • *hermelijn* • *hermelijnbont*
herniaire BNW MED. *breuk-* ★ bandage ~ *breukband*
hernie v • MED. *breuk* • *uitstulping* ★ ~ abdominale *ingewandsbreuk* ★ ~ discale *discusprolaps*; *hernia* ‹in de rug› ★ ~ étranglée *beknelde breuk*
héroï-comique BNW *komisch van inhoud en verheven van toon*
héroïne v • *heldin* • *heroïne*
héroïnomane m/v *heroïneverslaafde*
héroïque BNW • *heldhaftig*; *heroïsch* • *helden-*; *episch*
héroïsme m *heldhaftigheid*; *heroïek*
héron m *reiger* ★ ~ cendré *blauwe reiger*
héros (*zeg:* eeroo) m • *held* ‹in alle betekenissen› • *heros*; *halfgod*
herpès (*zeg:* erpès) m *herpes*; *blaasjesuitslag*
hersage m *(het) eggen*
herse v • *eg* • *valpoort*; *valhek* • *bovenlicht* ‹v. toneel› ★ ~ à grappins *dreg*
herser OV WW *eggen*
herseur m [v: **herseuse**] *egger*
hertz m *hertz*
hertzien BNW [v: **hertzienne**] *hertz-*; *zend(er)-* ★ ondes ~nes *radiogolven*; *ether(golven)* ★ relais ~ *straalzender*
hésitant BNW *aarzelend*; *onzeker*
hésitation v *aarzeling*
hésiter ON WW *aarzelen* (**à** [+ inf.] om; **entre** tussen; **sur** over); *weifelen* ★ ~ devant qc *terugdeinzen voor iets*
hétaïre v GESCH. *hetaere*; LIT. *prostituee*
hétéro m/v INF. *hetero*
hétéroclite BNW • *een (kakel)bont geheel vormend*; *allerhande*; *ongelijksoortig* • *buitenissig*
hétérodoxe BNW *onrechtzinnig*; *andersdenkend*; *heterodox*
hétérogène BNW *ongelijksoortig*; *heterogeen*
hétérogénéité v *ongelijksoortigheid*
hétéroptère m *wants*
hétérosexuel [v: **hétérosexuelle**] I m *heteroseksueel* II BNW *heteroseksueel*
hêtraie v *beukenbos*
hêtre m • *beuk* • *beukenhout*
heu TW *eh!*; *tja!*; *hè!*
heure I v • *uur* • *tijd*; *tijdstip* ★ dernière ~ *laatste (levens)uur*; *laatste nieuws* ‹rubriek› ★ cent à l'~ *honderd (kilometer) per uur* ★ ~ locale *plaatselijke tijd* ★ ~ d'été *zomertijd* ★ quelle ~ est-il? *hoe laat is het?* ★ quart d'~ *kwartier* ★ une ~ et quart *kwart over een* ★ il est deux ~s et demie *het is half drie* ★ vous avez l'~? *weet u hoe laat het is?* ★ demander l'~ *vragen hoe laat het is* ★ être à l'~ *op tijd lopen* ‹v. klok›; *(punctueel) op tijd zijn* ★ mettre à l'~ *gelijkzetten* ★ venir à l'~ *op tijd komen* ★ prendre ~ avec *(een tijd) afspreken met* ★ c'est l'~ (de) *het is tijd (om)* ★ il n'a pas d'~ *hij kent geen vaste tijden*; *je kunt altijd op hem rekenen* ★ à ses ~s *bij tijden* ★ se mettre à l'~ *bij de tijd blijven* ★ d'une ~ à l'autre/à toute ~ *ieder ogenblik* ★ tout à l'~ *straks*; *zo-even* ★ sur l'~ *dadelijk*; *meteen* ★ de bonne ~ *vroeg(tijdig)* ★ avant l'~ *voortijdig* ★ à l'~ qu'il est/à l'~ actuelle *tegenwoordig*; *nu* ★ pour l'~ *voor het moment*; *vooralsnog* ★ à la bonne ~ *goed zo*; *mij goed* ★ INF. passer un mauvais quart d'~ *een benauwd ogenblik doorbrengen* II v mv ★ livre d'~s *getijdenboek*
heureusement BIJW • *gelukkig* • *gunstig*; *goed*
heureux [v: **heureuse**] I m *gelukkig mens* ★ faire un ~ *iem. gelukkig maken* II BNW

H

• *gelukkig*; *blij* (**de** *met, om)* • *heuglijk*; *gunstig*; *geslaagd*; *goed* ★ encore ~ que [+ subj.] *nog een geluk dat*
heurt (*zeg:* eur) m *schok*; *stoot*; OOK FIG. *botsing*
heurté BNW • *contrasterend* • *schreeuwend* ‹v. kleuren› • *onharmonisch*; *hortend*
heurter I OV WW • *stoten (tegen)*; *botsen tegen/met* • FIG. *kwetsen*; *aanstoot geven aan* II WKD WW (**se** ~) • *zich stoten* (**à** *aan;* **contre** *tegen)* • OOK FIG. *met elkaar in botsing komen* ★ se ~ à des difficultés *op moeilijkheden stuiten*
heurtoir m • *deurklopper* • *stootblok* ‹voor treinen›
hévéa v *hevea(boom)*
hexagonal BNW [m mv: **hexagonaux**] *zeshoekig*
hexagone m *zeshoek* ★ l'Hexagone *(Europees) Frankrijk*
hexamètre m *hexameter*

H

hiatus (*zeg:* -tuus) m • *gaping*; *hiaat* • *kloof*
hibernal BNW [m mv: **hibernaux**] *winter-* ★ sommeil ~ *winterslaap*
hibernation v *winterslaap*
hiberner ON WW *een winterslaap houden* ★ animal hibernant *winterslaper*
hibou m [mv: **hiboux**] *uil* ★ nid de ~ *bouwvallig huis*
hic (*zeg:* iek) m INF. *moeilijkheid* ★ voilà le hic! *daar zit 'm de kneep!*
hideur v *afschuwelijkheid*; *afzichtelijkheid*
hideux BNW [v: **hideuse**] *afschuwelijk*; *afzichtelijk*
hie v *straatstamper*
hier (*zeg:* (i)jèr) BIJW *gisteren* ★ ne pas être né d'hier *niet van gisteren zijn*
hiérarchie v *hiërarchie*; *rangorde*
hiérarchique BNW *hiërarchisch* ★ par la voie ~ *langs hiërarchische weg*
hiérarchisation v *hiërarchische opbouw*
hiérarchiser OV WW *hiërarchisch ordenen*
hiératique BNW • *hiëratisch* • *stijf*; *streng*; *plechtstatig*
hiéroglyphe m OOK FIG. *hiëroglief*
hi-fi (*zeg:* iefie) I v *hifi* II BNW *hifi*
hi-han TW *ia!* ‹v. ezels›
hilarant BNW *lachwekkend*; *vermakelijk*; *hilarisch* ★ gaz ~ *lachgas*
hilare BNW *vrolijk*
hilarité v *hilariteit*; *(plotselinge) vrolijkheid*
hindou I m [v: **hindoue**] *hindoe* II BNW *hindoes*
hindouisme m *hindoeïsme*
hip TW *hiep!*
hippie m/v *hippie*
hippique BNW *hippisch* ★ concours ~ *springconcours*
hippisme m *paardensport*
hippocampe m *zeepaardje*
hippodrome m *paardenrenbaan*; *hippodroom*
hippogriffe m *legendarisch dier* ‹half paard, half griffioen›
hippopotame m *nijlpaard*
hippy m/v → **hippie**
hirondelle v *zwaluw* ★ ~ de mer *zeezwaluw*; *stern* ★ une ~ ne fait pas le printemps *één zwaluw maakt nog geen zomer*
hirsute BNW • *ruig(behaard)*; *borstelig* • *grof*; *lomp* ★ barbe ~ *ruige baard*
hispanique BNW *Spaans*
hispano- VOORV [**hispan-**] *Spaans-*
hispano-américain BNW *Spaans-Amerikaans*
hispanophone BNW *Spaanstalig*
hisser I OV WW *hijsen* II WKD WW (**se** ~) OOK FIG. *zich omhoogwerken*
histoire v • *geschiedenis* ‹in alle betekenissen› • *verhaal* • vaak mv *onaangenaamheid*; *moeilijkheid*; *geduvel*; *gedoe* ★ ~ sainte *bijbelse geschiedenis* ★ peintre d'~ *historieschilder* ★ c'est une autre ~ *dat is wat anders* ★ sans ~(s) *probleemloos*; *onbesproken*; *onopvallend* ★ pour la petite ~ *terzijde gezegd*; *bij wijze van anekdote* ★ INF. ~ de ... *(zo maar) om te ...* ★ INF. ~ de rire *voor de grap* ★ avoir des ~s avec qn *moeilijkheden hebben met iem.* ★ chercher des ~s à *ruzie zoeken met* ★ faire des ~s *drukte maken* ★ raconter des ~s *leugens vertellen*
histologie v *weefselleer*; *histologie*
historicité v *historiciteit*; *feitelijkheid*
historié BNW ★ lettres ~es *met vignetten of krullen versierde letters*
historien m [v: **historienne**] • *historicus* • *geschiedschrijver*
historiette v *verhaaltje*
historiographe m/v *geschiedschrijver* ‹door de koning benoemd›; *historiograaf*
historique I m *historisch/chronologisch overzicht*; *voorgeschiedenis* II BNW *historisch*
histrion m • GESCH. *kluchtspeler* • PEJ. *potsenmaker*; *schertsfiguur*
hitlérien BNW [v: **hitlérienne**] *Hitler-*; *Hitleriaans*
hit-parade m [mv: **hit-parades**] *hitparade*
hiver m *winter* ★ en ~ *'s winters*
hivernage m • *overwintering* • *winterverblijfplaats* • *regentijd* ‹in de tropen› • *(het) winterklaar maken* • *wintervoer*
hivernal BNW [m mv: **hivernaux**] *winter-*; *winters* ★ station ~e *winterverblijfplaats voor zieken*
hivernant m [v: **hivernante**] *overwinteraar*
hiverner I OV WW • *ploegen voor de winter* • *stallen in de winter* II ON WW *overwinteren*
HLM M/V (habitation à loyer modéré) *goedkope (gesubsidieerde) huurflat*
hobby m [mv: **hobbies/hobbys**] *hobby*
hobereau m [mv: **hobereaux**] • *boomvalk* • *(onaanzienlijke) landjonker*
hochement m *(het) schudden van het hoofd*; *knik*
hochequeue m *kwikstaartje*
hocher OV WW ★ ~ la tête *(van) nee schudden*; *(van) ja knikken*
hochet m • *rammelaar* • LIT. *speeltje*; *aardigheidje*
hockey (*zeg:* okè) m *hockey* ★ ~ sur glace *ijshockey*
hockeyeur m [v: **hockeyeuse**] *hockeyspeler*
holà I v SPORT *wave* II TW *hela!* ★ INF. mettre le holà à *een stokje steken voor*; *een eind maken aan*
holding m *holding*
hold-up m (onver.) *gewapende overval*

hollandais I m *(het) Nederlands* II BNW *Hollands; Nederlands*
Hollandais m [v: **Hollandaise**] • *Nederlander* • *Hollander*
Hollande v *Nederland; Holland*
holocauste m *holocaust*
holocène m *Holoceen*
hologramme m *hologram*
homard m *zeekreeft*
home m *home; thuis*
homélie v *preek; homilie*
homéopathe m/v *homeopaat*
homéopathie v *homeopathie*
homéopathique BNW *homeopathisch*
Homère *Homerus*
homérique BNW *homerisch* ★ rire ~ *homerisch gelach*
home-trainer (*zeg:* oomtrèneur) m [mv: **home-trainers**] *hometrainer*
homicide I m *doodslag* ★ ~ volontaire *moord (met voorbedachte rade)* ★ ~ involontaire *dood door schuld* II BNW VERO. *moordend; dodend*
hominiens m mv *aapmensen en mensachtigen*
hommage m *eerbetoon; hulde* ★ faire l'~ d'un livre à *een boek opdragen aan* ★ présenter ses ~s à *beleefd groeten* ★ rendre ~ à *hulde brengen aan; eren*
hommasse BNW PEJ. *manachtig* ★ femme ~ *manwijf*
homme m • *mens* • *man* ★ ~ d'affaires *zakenman* ★ ~ à femmes *vrouwenversierder; Don Juan* ★ ~ de lettres *schrijver; literator* ★ ~ de loi *jurist* ★ ~ du monde *man v.d. wereld* ★ ~ de paille *stroman* ★ ~ à tout faire *manusje-van-alles* ★ comme un seul ~ *als één man* ★ être ~ à *er de man naar zijn om; in staat zijn om* ★ l'~ propose, Dieu dispose *de mens wikt, maar God beschikt*
homme-grenouille m [mv: **hommes-grenouilles**] *kikvorsman*
homme-mort m [mv: **hommes-morts**] ★ (dispositif d')~ *dodemansknop*
homme-orchestre m [mv: **hommes-orchestres**] • *eenmansorkest* • FIG. *duizendpoot; alleskunner*
homme-sandwich m [mv: **hommes-sandwich(e)s**] *sandwichman*
homo I m INF. *homo* II BNW *homo-*
homo- VOORV *homo-; gelijk-*
homogène BNW *homogeen; gelijksoortig*
homogénéiser OV WW *homogeniseren*
homogénéité v *homogeniteit; gelijksoortigheid*
homologue I m/v • *collega* • *tegenhanger; evenknie* II BNW *gelijkwaardig; overeenkomstig; homoloog (***de** *met)*
homologuer OV WW *homologeren; officieel bekrachtigen/erkennen; vaststellen*
homonyme I m • *homoniem; gelijkluidend woord* • *naamgenoot* II BNW *homoniem (***de** *met); gelijkluidend*
homophile I m/v *homofiel* II BNW *homofiel*
homosexualité v *homoseksualiteit*
homosexuel [v: **homosexuelle**] I m *homoseksueel* II BNW *homoseksueel*
hongre I m *ruin* II BNW *gecastreerd* ‹v. paard›
Hongrie v *Hongarije*
hongrois I m *het Hongaars* II BNW *Hongaars*
Hongrois m [v: **Hongroise**] *Hongaar*
honnête BNW • *eerlijk* • *fatsoenlijk; betamelijk; rechtschapen* • VERO. *beleefd* ★ VERO. un ~ homme *een beschaafd/wellevend man* ★ un homme ~ *een eerlijk/rechtschapen man*
honnêteté v • *eerlijkheid* • *fatsoenlijkheid; rechtschapenheid*
honneur m • *eer* • mv *eer(bewijzen)* • mv *honneurs* ‹hoogste kaarten› ★ d'~ *ere-* ★ en l'~ de *ter ere van* ★ sur l'~ *op (zijn) erewoord* ★ demoiselle d'~ *bruidsmeisje* ★ garçon d'~ *bruidsjonker* ★ parole d'~ *erewoord* ★ place d'~ *ereplaats* ★ point d'~ *erezaak* ★ votre ~ *Edelachtbare* ★ être à l'~/en ~ *gewaardeerd worden* ★ c'est (tout) à son ~ *dat strekt hem/haar tot eer* ★ faire ~ à *eer aandoen; gestand doen* ★ se faire ~ de *trots zijn op* ★ faire les ~s (de la maison) *de honneurs waarnemen; (iem.) welkom heten* ★ rendre les derniers ~s *de laatste eer bewijzen*
honnir OV WW LIT. *honen; smaden* ★ honni soit qui mal y pense *schande over hem die er kwaad van denkt*
honorabilité v • *achtbaarheid* • *betrouwbaarheid*
honorable BNW • *achtbaar; achtenswaardig; fatsoenlijk; behoorlijk* • *betrouwbaar*
honoraire I m mv *honorarium* II BNW • *ere-* ‹v. ambt›; *honorair* • *alleen nog de titel bezittend*
honorer I OV WW • *eren; vereren (***de** *met)* • *tot eer strekken* • *eer aandoen; gestand doen; honoreren* II WKD WW (**s'**~ **de**) *een eer stellen in; trots zijn op*
honorifique BNW *ere-* ‹v. titel› ★ à titre ~ *ere-*
honte v • *schande* • *schaamte* ★ avoir ~ (de) *zich schamen (over, om)* ★ faire ~ à *tot schande strekken; beschaamd maken*
honteux BNW [v: **honteuse**] • *schandelijk; smadelijk* • *beschaamd (***de** *over)*
hooligan (*zeg:* oelie-) m *hooligan; relschopper*
hop TW *vooruit!; hoepla!; hup!*
hôpital m [mv: **hôpitaux**] *ziekenhuis; gasthuis* ★ ~ de jour *dagziekenhuis*
hoquet m *hik*
hoqueter ON WW *hikken*
horaire I m • *dienstregeling; (werk)rooster* • mv *werktijden* ★ ~ mobile/variable/à la carte *variabele/glijdende werktijd(en)* II BNW *per uur; uur-; tijd-*
horde v *horde; bende*
horion m *stomp; opstopper*
horizon m *horizon* ‹in alle betekenissen› ★ tour d'~ *verkennende beschouwing; algemeen overzicht* ‹v.d. stand v. zaken›
horizontal BNW [m mv: **horizontaux**] *horizontaal* ★ (ligne) ~e *horizontale lijn*
horizontalité v *horizontale ligging*
horloge v *(grote) klok* ★ ~ biologique *biologische klok* ★ ~ parlante *(telefonische) tijdmelding* ★ ~ de sable *zandloper* ★ être réglé comme une ~ *een man v.d. klok zijn; stipt zijn*
horloger [v: **horlogère**] I m *klokkenmaker; horlogemaker; klokkenverkoper; horlogeverkoper* II BNW ★ industrie horlogère

klokkenindustrie
horlogerie v • *klokkenmakerij* • *horlogehandel*; *klokkenhandel* • *uurwerken*
hormis VZ FORM. *behalve*
hormonal BNW [m mv: **hormonaux**] *hormonaal*; *hormoon-*
hormone v *hormoon*
horodateur m • *parkeerautomaat* • *datum- en tijdstempel*
horoscope m *horoscoop* ★ dresser l'~ *een horoscoop trekken*
horreur v • *afgrijzen*; *afschuw*; *afkeer (***de** *van)* • *gruwel(ijkheid)*; *verschrikking* ★ film d'~ *griezelfilm* ★ quelle ~! *wat afschuwelijk!*; *wat foeilelijk!* ★ quel musée d'~s! *wat een stel lelijks bij elkaar!* ★ avoir en ~ *een afschuw hebben van* ★ faire ~ à *afschuw inboezemen*
horrible BNW *verschrikkelijk*; *afschuwelijk*; *afgrijselijk*; *gruwelijk*; *foeilelijk*
H
horrifier OV WW *met afschuw slaan*; *ontstellen*
horripilant BNW *ergerlijk*
horripiler OV WW • *kippenvel bezorgen aan* • *ergeren*
hors *(zeg:* or) VZ • *buiten* • *behalve* ★ hors de *buiten* ★ hors de combat *buiten gevecht* ★ hors de prix *erg duur* ★ hors de propos *te onpas*; *ongepast* ★ hors de soi *buiten zichzelf* ★ hors d'usage *afgedankt*; *onbruikbaar*; *buiten gebruik* ★ hors ligne *buitengewoon* ★ hors d'ici! *eruit!*; *ga weg!* ★ hors concours *buiten mededinging* ★ hors jeu *buitenspel* ★ longueur hors tout *globale lengte* ★ mettre hors la loi *buiten de wet plaatsen*
hors-bord m (onver.) *(boot met) buitenboordmotor*
hors-d'œuvre m (onver.) • OOK FIG. *hors d'oeuvre*; *koud voorgerecht* • ARCHIT. *uitstek*
hors-jeu m (onv) *buitenspel(situatie)*
hors-la-loi m (onv) • *vogelvrijverklaarde* • *bandiet*
hors-piste m *(het) skiën buiten de pistes*
hors-texte m (onver.) *buitentekstillustratie*
hortensia m *hortensia*
horticole BNW *tuinbouw-*
horticulteur m [v: **horticultrice**] *tuinder*
horticulture v *tuinbouw*; *sierteelt*
hosanna m • *hosanna* • *juichkreet*
hospice m • *hospitium* • VERO. *gesticht*; *weeshuis*; *armenhuis* • *tehuis*
hospitalier [v: **hospitalière**] I m *hospitaalridder* II BNW • *gastvrij* • *ziekenhuis-* ★ (sœur) hospitalière *liefdezuster*
hospitalisation v *ziekenhuisopname*; *ziekenhuisverblijf*
hospitaliser OV WW *opnemen in een ziekenhuis*
hospitalité v *gastvrijheid*
hospitalo-universitaire BNW *academisch* ‹v. ziekenhuis›
hostellerie v *(chic) landelijk hotel*
hostie v *hostie*
hostile BNW • *vijandig*; *bedreigend* • (~ **à**) *gekant tegen*
hostilité v *vijandigheid*; *vijandelijkheid*
hot-dog m [mv: **hot-dog(s)**] *hotdog*
hôte I m OOK BIOL. *gastheer* II m/v *gast*; *hotelgast*; *logé* ★ table d'hôte *(het) mee-eten als betalend gast*
hôtel m • *hotel* • *openbaar gebouw* ★ ~ de ville *stadhuis* ★ ~ (particulier) *groot herenhuis* ★ maître d'~ *hofmeester*; *oberkelner*; *butler*
hôtel-Dieu m [mv: **hôtels-Dieu**] *gasthuis*; *ziekenhuis*
hôtelier [v: **hôtelière**] I m *hotelhouder* II BNW *hotel-*
hôtellerie v • *(chic) landelijk hotel*; *logement* • *hotelwezen*
hôtesse v • *gastvrouw* • *hotelhoudster* ★ ~ d'accueil *hostess*; *receptioniste* ★ ~ de l'air *stewardess*
hotte v • *rugmand*; *draagkorf* • *rookvang* ★ ~ (aspirante) *afzuigkap*
hou TW *boe!*
houblon m PLANTK. *hop*
houblonner OV WW *hoppen*; *met hop vermengen*
houe v *hak* ‹soort houweel›
houille v *steenkool* ★ ~ blanche *witte steenkool*
houiller BNW [v: **houillère**] *steenkoolhoudend*; *steenkool-*
houillère v *kolenmijn*
houle v OOK FIG. *deining*
houlette v • *herdersstaf* • *bisschopsstaf* • *tuinschopje* ★ sous la ~ de *onder leiding van*
houleux BNW [v: **houleuse**] *woelig*
houp TW *vooruit!*; *hop!*
houppe v • *kwast(je)*; *donsje* • *kuif* • *boomtop*
houppelande v *tabbaard*
houppette v • *poederdonsje*; *kwastje* • *kuifje*
hourdis *(zeg:* -die) m *raapwerk*; *grof pleisterwerk*
hourra I m *gejuich*; *hoera* II TW *hoera!*
hourvari m LIT. *tumult*
houspiller OV WW *uitfoeteren*; *op z'n kop geven*; *afkatten*
housse v • *hoes*; *overtrek* • *dekkleed*
houx m *hulst*
H.S. AFK • (hors service) *buiten werking* • INF. *(dood)op* • (hors sujet) INF. *ernaast (zittend)* • *niet ter zake*
H.T. AFK (hors taxes) *exclusief btw*
hublot m • *patrijspoort* • *raampje* ‹v. toestel›
huche v • *kist* • *trog*
hue TW *vort!* ‹om paard aan te sporen› ★ tirer à hue et à dia *tegen elkaar in werken*
huées v mv *gejoel*; *gejouw*
huer I OV WW *uitjoelen*; *uitjouwen* II ON WW *krassen* ‹v. uil›
huguenot I m [v: **huguenote**] *hugenoot* II BNW *hugenoten-*
Hugues *Hugo*
huilage m *(het) oliën*; *smering*
huile v *olie* ★ ~ de graissage *smeerolie* ★ ~ d'olive *olijfolie* ★ ~ de rose *rozenolie* ★ mer d'~ *spiegelgladde zee* ★ les saintes ~s *het Heilig Oliesel* ★ peint à l'~ *met olieverf geschilderd* ★ les ~s INF. *de hoge pieten* ★ faire tache d'~ *zich (als een olievlek) verspreiden* ★ jeter/mettre de l'~ sur le feu FIG. *olie op het vuur gooien* ★ mettre de l'~ de coude *energie/kracht aanwenden*; *er flink tegenaan gaan* ★ verser de l'~ sur les plaies *troosten* ★ ~ de (foie de) morue/de baleine *traan*
huiler OV WW *oliën*; *smeren* ★ (bien) huilé *geolied*; *gesmeerd lopend*

huilerie v *olieslagerij*
huileux BNW [v: **huileuse**] *olieachtig; vettig*
huilier I m • *olie-en-azijnstel* • *olieslager* • *oliehandelaar* II BNW *olie-*
huis (*zeg:* wie) m VERO. *deur* ★ à huis clos *met gesloten deuren*
huisserie v *deurlijst; raamlijst; kozijn*
huissier m • *deurwaarder* • *bode* ‹bediende›
huit (*zeg:* wie(t)) I m *acht* ★ grand huit *achtbaan* II TELW *acht* ★ mardi en huit *dinsdag over een week*
huitain m *achtregelig vers*
huitaine v *achttal; acht dagen* ★ dans une ~ *over een week*
huitant TELW ZW. *tachtig*
huitième I m *achtste deel* II TELW *achtste*
huitièmement BIJW *ten achtste*
huître v *oester* ★ ~ perlière *pareloester*
huîtrier I m *scholekster* II v [**huîtrière**] *oesterkwekerij* III BNW [v: **huîtrière**] *oester-*
hulotte v *bosuil*
hululer ON WW → **ululer**
hum TW *hm!* ‹twijfel, ongeduld›
humain I m • *(het) menselijke* • *menselijk wezen* II BNW • *menselijk; mensen-* • *menslievend; humaan* ★ sciences ~es *menswetenschappen*
humanisation v *vermenselijking; humanisering*
humaniser I OV WW *vermenselijken; humaniseren* II WKD WW (**s'**~) *menselijker worden*
humanisme m *humanisme*
humaniste I m/v *humanist* II BNW *humanistisch*
humanitaire BNW *humanitair*
humanitarisme m *idealistische menslievendheid*
humanité v • *mensheid* • *menselijkheid* • v mv BELG. *humaniora*
humble BNW • *nederig; deemoedig* • *bescheiden; schamel* ★ VERO. les ~s *de armen; de het gemene volk*
humecter I OV WW *bevochtigen* II WKD WW (**s'**~) *vochtig worden* ★ INF. s'~ le gosier *er eentje pakken*
humer OV WW *opsnuiven; inzuigen; inhaleren*
humérus (*zeg:* -uus) m *opperarmbeen*
humeur v • *humeur; stemming* • VERO. *(lichaams)vocht* ★ d'~ à *in de stemming om* ★ ~ noire *zwartgalligheid* ★ être de bonne/ mauvaise ~ *goed/slecht gehumeurd zijn*
humide BNW *vochtig; nat*
humidificateur m *luchtbevochtiger*
humidifier OV WW *vochtig maken*
humidité v *vochtigheid; vocht* ★ craint l'~ *droog bewaren*
humiliant BNW *vernederend*
humiliation v *vernedering*
humilier OV WW *vernederen; verootmoedigen*
humilité v *nederigheid; bescheidenheid; deemoed*
humoriste I m *humorist* II BNW *humoristisch*
humoristique BNW *humoristisch*
humour m *humor*
humus (*zeg:* -muus) m *teelaarde; humus*
hune v SCHEEPV. *mars*
hunier m *marszeil*
huppe v • *kuif* • *hop* ‹vogel›
huppé BNW • *gekuifd* • INF. *rijk; chic; hooggeplaatst*
hure v *(afgesneden) kop* ‹v. bepaalde dieren›
hurlement m *gehuil; gejank; gebrul*
hurler I OV WW *uitschreeuwen; uitbrullen* II ON WW • *janken; huilen* ‹v. wolven, honden e.d.› • *brullen; schreeuwen* • *loeien; gieren* • *vloeken* ‹v. kleuren›
hurleur I m *brulaap* II BNW [v: **hurleuse**] *huilend; brullend*
hurluberlu m *snuiter; snoeshaan*
hurrah TW → **hourra**
hussard m *huzaar*
hussarde v ★ à la ~ *ruw; onbehouwen*
hutte v *hut(je)*
hyacinthe v • *hyacint* ‹edelsteen› • VERO./ PLANTK. *hyacint*
hybridation v BIOL. *kruising*
hybride I m *bastaard; kruising; hybride* II BNW *hybridisch; bastaard-; gemengd*
hybrider OV WW BIOL. *kruisen*
hydratant BNW *vochtinbrengend*
hydrate m *hydraat*
hydrater OV WW *hydrateren; met water verbinden*
hydraulique I v *hydraulica* II BNW • *hydraulisch* • *waterbouwkundig*
hydravion m *watervliegtuig*
hydre v *hydra*
hydro- VOORV [**hydr-**] *hydr(o)-; water-*
hydrocarbure m *koolwaterstof*
hydrocéphale I m/v *iem. met een waterhoofd* II BNW *hydrocefaal*
hydrocution v *bewustzijnsverlies in koud water*
hydroélectrique BNW [**hydro-électrique**] *hydro-elektrisch; waterkracht-*
hydrofuge BNW *vochtwerend*
hydrofuger OV WW *waterafstotend maken*
hydrogène m *waterstof* ★ bombe à ~ *waterstofbom*
hydroglisseur m *glijboot*
hydrographie v *hydrografie*
hydrologie v *hydrologie*
hydromel m *mede* ‹honingdrank›
hydrophile BNW *wateraantrekkend; hydrofiel*
hydrophobe BNW *aan watervrees lijdend*
hydrophobie v *watervrees*
hydropisie v *waterzucht*
hydrostatique I v *hydrostatica* II BNW *hydrostatisch*
hydrothérapie v *hydrotherapie*
hydrure m *hydride*
hyène v *hyena*
hygiène v *hygiëne; gezondheidsleer; zorg voor de gezondheid*
hygiénique BNW *hygiënisch*
hygiéniste m/v *hygiënist*
hygromètre m *hygrometer; vochtigheidsmeter*
hygrométrie v • *hygrometrie* • *(lucht)vochtigheid*
hymen (*zeg:* iemèn) m • *maagdenvlies; hymen* • LIT. *huwelijk*
hyménée m LIT. *huwelijk*
hyménoptères m mv *vliesvleugeligen*
hymne I m • *lofzang* • *lied* ★ ~ national

H

volkslied **II** v *hymne*
hyper- VOORV *hyper-*; *zeer groot*; *super-*; *over-*
hyperbole v *hyperbool* ‹in alle betekenissen›
hyperbolique BNW *hyperbolisch*
hypermarché m *grote supermarkt*; *hypermarkt*
hypermétrope BNW *verziend*
hypersensible BNW *overgevoelig*
hypertension v *verhoogde bloeddruk*
hypertrophie v • *abnormale groei*; *hypertrofie* • *overdrijving*
hypertrophié BNW *(op)gezwollen*
hyperventilation v *hyperventilatie*
hypnose v *hypnose*
hypnotique **I** m *slaapmiddel* **II** BNW *hypnotisch*
hypnotiser **I** OV WW *hypnotiseren* **II** WKD WW (**s'~ sur**) *in de ban zijn van*
hypnotisme m *hypnotisme*
hypocondriaque **I** m/v *hypochonder* **II** BNW *hypochondrisch*
hypocondrie v *hypochondrie*
hypocrisie v *hypocrisie*; *huichelachtigheid*
hypocrite **I** m/v *hypocriet*; *huichelaar* ⋆ faire l'~ *schijnheilig doen* **II** BNW *hypocriet*; *huichelachtig*
hypodermique BNW *onderhuids*
hypogée m *onderaards graf*
hypoglycémie v *hypoglycaemie*; *te lage bloedsuikerspiegel*
hypophyse v *hypofyse*; *hersenaanhangsel*
hypotension v *te lage bloeddruk*
hypoténuse v *hypotenusa*
hypothécaire BNW *hypothecair* ⋆ caisse ~ *hypotheekbank*
hypothèque v OOK FIG. *hypotheek*
hypothéquer OV WW *een hypotheek nemen op*
hypothermie v *onderkoeling*; *hypothermie*
hypothèse v *hypothese*; *veronderstelling* ⋆ dans l'~ où *in het geval dat* ⋆ en toute ~ *in elk geval*
hypothétique BNW *hypothetisch*
hysope v *hysop*
hystérie v *hysterie* ⋆ ~ collective *massahysterie*
hystérique **I** m/v *hysterisch persoon* **II** BNW *hysterisch*

H

I

i m *letter i* ⋆ i grec *i-grec* ⋆ droit comme un i *kaarsrecht*
iambe m [**ïambe**] *jambe*
iambique BNW [**ïambique**] *jambisch*
ibère BNW *Iberisch*
ibérique BNW *Iberisch*
ibidem BIJW *ibidem*; *op dezelfde plaats*
ibis (*zeg:* iebies) m *ibis* ‹vogel›
iceberg (*zeg:* asj-, ies-) m *ijsberg*
ichtyologie (*zeg:* iek-) v *ichtyologie*; *viskunde*
ichtyologiste (*zeg:* iek-) m/v *viskundige*
ici BIJW *hier* ⋆ d'ici là *in die tussentijd* ⋆ d'ici peu *spoedig* ⋆ d'ici quelques semaines *binnen enkele weken* ⋆ hors d'ici! *eruit!* ⋆ jusqu'ici *tot nu toe* ⋆ par ici *hierheen*; *hierlangs*; *hier in de buurt*
ici-bas BIJW *hier op aarde*
icône v *icoon* ‹in alle betekenissen›
iconoclasme m *beeldenstorm*
iconoclaste m/v *beeldenstormer*
iconographie v • *iconografie*; *beeldbeschrijving* • *beeldmateriaal*
iconologie v *iconologie*; *leer v.d. zinnebeelden*; *verklaring v. beelden*
ictère m *geelzucht*
id. AFK (idem) *id.*; *hetzelfde*; *dezelfde*
idéal [m mv: **idéaux, idéals**] **I** m *ideaal* **II** BNW • *ideaal* • *ideëel*
idéalisation v *idealisering*
idéaliser OV WW *idealiseren*
idéalisme m *idealisme*
idéaliste **I** m/v *idealist* **II** BNW *idealistisch*
idée v • *idee*; *denkbeeld*; *gedachte*; *inval* • *voorstelling*; *begrip* • *gedachten*; *geest* ⋆ idée fixe *dwangvoorstelling* ⋆ idée de derrière la tête *bijgedachte*; *bijbedoeling* ⋆ on n'en a pas idée *men heeft er geen idee van* ⋆ a-t-on idée! *stel je voor!* ⋆ l'idée me venait de *de gedachte kwam bij mij op om te* ⋆ INF. une idée *een beetje* ⋆ avoir dans l'idée que *zich verbeelden dat*; *zo'n idee hebben dat* ⋆ avoir une haute idée de soi *een hoge dunk van zichzelf hebben* ⋆ se changer les idées *wat afleiding zoeken* ⋆ se faire une idée de qc *zich een denkbeeld van iets vormen* ⋆ se faire des idées *zich iets in het hoofd halen* ⋆ venir à l'idée *opkomen* ‹v. gedachte›
idéel BNW [v: **idéelle**] *ideëel*
idem BIJW *idem*; *eveneens*
identifiable BNW *te identificeren*
identification v *vereenzelviging (***à, avec** *met)*; *identificatie*
identifier **I** OV WW • *vereenzelvigen (***à, avec** *met)* • *identificeren*; *herkennen* **II** WKD WW (**s'~ à, avec**) *zich identificeren met*; *zich vereenzelvigen met*
identique BNW *identiek*; *gelijk (***à** *aan)*
identité v *gelijkheid*; *identiteit* ⋆ carte/pièce d'~ *identiteitsbewijs* ⋆ photo d'~ *pasfoto*
idéographie v *beeldschrift*
idéologie v • *ideologie* • PEJ. *(vaag) getheoretiseer*
idéologique BNW *ideologisch*

idéologue m/v • *ideoloog* • PEJ. *doctrinair denker*
ides v mv *idus* ‹in Romeinse jaartelling›
idiomatique BNW *idiomatisch*
idiome m • *idioom*; *taal*; *taaleigen* • *dialect*
idiosyncrasie v • *idiosyncrasie*; *overgevoeligheid* • *eigen aard*; *trekje*
idiot I m [v: **idiote**] *idioot*; *onnozele hals*; *dwaas* ★ l'~ du village *de dorpsgek* II BNW *idioot*; *onnozel*; *dwaas*
idiotie v • *idiotie* • *dwaasheid*; *onnozelheid*; *idioterie*
idiotisme m *idiotisme*; *idiomatische uitdrukking*
idoine BNW VERO./SCHERTS. *geëigend*; *geschikt*
idolâtre I m/v *afgodendienaar* II BNW • *afgodisch* • *verzot (***de** *op)*; *idolaat (***de** *van)*
idolâtrer OV WW *verafgoden*; *op overdreven wijze beminnen*
idolâtrie v • *afgoderij* • *overdreven liefde*
idole v • *afgod* • FIG. *idool*
idylle v *idylle*
idyllique BNW *idyllisch*
if m *taxusboom*; *ijf*
IFOP AFK (Institut français d'opinion publique) ≈ *NIPO*
igloo (*zeg:* iegloe) m [**iglou**] *iglo*; *sneeuwhut*
igname (*zeg:* ie(n)jam, iegnam) v *yam(swortel)*
ignare I m/v *onwetend persoon*; *domoor* II BNW *onwetend*
igné BNW *door vuur gevormd*; *vuur-*
ignifuge BNW *brandwerend*
ignifuger OV WW *onbrandbaar maken*
ignition v NAT. *verbranding*
ignoble BNW • *laag*; *gemeen*; *schandelijk* • *afgrijselijk*; *walgelijk*
ignominie v • *oneer*; *schande* • *schanddaad*
ignominieux BNW [v: **ignominieuse**] *smadelijk*; *schandelijk*
ignorance v *onwetendheid* ★ dans l'~ de *onkundig van* ★ ~ crasse *grove onkunde*
ignorant I m [v: **ignorante**] *onwetend iemand*; *dom iemand* II BNW *onwetend*; *onkundig (***de** *van)*; *dom*
ignoré BNW *onbekend (***de** *bij)*; *miskend*
ignorer OV WW • *niet kennen*; *niet weten* • *negeren*; *miskennen* ★ ne pas ~ que *heel goed weten dat* ★ c'est un poète qui s'ignore *hij is een dichter zonder het zelf te weten*
iguane m *leguaan*
il PERS VNW *hij*; *het* ★ il y a *er is, er zijn* ★ il était ... *er was eens ...* ★ il fait froid *het is koud*
île v *eiland* ★ dans une île *op een eiland* ★ CUL. île flottante *geklopt eiwit op vanillesaus*
iléon m *kronkeldarm*
Iliade v *Ilias*
ilion m *heupbeen*; *ilium*
illégal BNW [m mv: **illégaux**] *onwettig*; *illegaal*
illégalité v *onwettigheid*; *illegaliteit*
illégitime BNW • *onwettig* • *ongeoorloofd*; *onjuist*; *ongegrond* ★ enfant ~ *buitenechtelijk kind*
illégitimité v *onwettigheid*; *ongegrondheid*
illettré I m [v: **illettrée**] • *analfabeet* • VERO. *ongeletterde* II BNW • *analfabetisch* • VERO. *ongeletterd*
illettrisme m *(het) niet of gebrekkig kunnen lezen of schrijven*
illicite BNW *ongeoorloofd*; *onwettig*
illico BIJW INF. *onmiddellijk* ★ ~ presto *onmiddellijk*
illimité BNW *onbegrensd*; *onbeperkt*
illisibilité v *onleesbaarheid*
illisible BNW *onleesbaar*
illogique BNW *onlogisch*
illogisme m *ongerijmdheid*
illumination v • *verlichting* • *feestelijke verlichting* • *ingeving*
illuminé I m [v: **illuminée**] • *ziener* • *warhoofdige dweper* II BNW *verlicht*
illuminer OV WW • *(feestelijk) verlichten*; *illumineren* • FIG. *verlichten*; *inspireren* ★ s'~ de joie *stralen van vreugde*
illusion v *illusie*; *zinsbedrog*; *hersenschim* ★ ~ d'optique *gezichtsbedrog* ★ faire ~ *valse hoop wekken* ★ se faire des ~s (sur) *zich illusies maken (over)*; *zichzelf iets wijsmaken (omtrent)*
illusionner I OV WW *begoochelen (***sur** *omtrent)*; *iets voorspiegelen (aan)* II WKD WW (**s'**~) *zich illusies maken (***sur** *over)*; *zichzelf iets wijsmaken*
illusionnisme m *goochelkunst*; *illusionisme*
illusionniste m/v *goochelaar*; *illusionist*
illusoire BNW *denkbeeldig*; *hersenschimmig*; *illusoir*
illustrateur m [v: **illustratrice**] *illustrator*
illustratif BNW [v: **illustrative**] *illustratief*
illustration v • *illustratie*; *afbeelding*; *plaat* • *voorbeeld*; *illustratie*
illustre BNW *vermaard*; *beroemd*; *illuster*
illustré I m *geïllustreerd blad* II BNW *geïllustreerd*
illustrer I OV WW • *illustreren*; *verluchten* • *illustreren*; *toelichten* • *beroemd maken* ★ carte postale illustrée *prentbriefkaart* II WKD WW (**s'**~) *zich onderscheiden*
illustrissime BNW *allerdoorluchtigst*
îlot m • OOK FIG. *eilandje* • *blok huizen* ★ îlot de calme *oase van rust* ★ îlot de résistance *verzetshaard*
îlotage m *wijksurveillance*
ilote m/v OOK FIG. *heloot*
îlotier m *wijkagent*
ils PERS VNW m mv *zij*
image v • *beeld* ‹in bijna alle betekenissen› • *afbeelding*; *plaat(je)* • *evenbeeld*; *toonbeeld* • *beeldspraak* ★ ~ de marque *image*; *reputatie* ★ ~ d'Epinal *naïef cliché(beeld)*; *stereotype* ★ à l'~ de *naar het (voor)beeld van*; *(net) zoals* ★ livre d'~s *prentenboek* ★ sage comme une ~ *braaf*
imagé BNW *beeldrijk*; *beeldend*
imagerie v • *afbeeldingen*; *prenten* • *verbeelding*; *voorstelling(en)* ★ ~ médicale *röntgenfoto's, echografieën, scans e.d.*
imagier [v: **imagière**] I m *prentenmaker*; *prentenverkoper* II BNW *wat prenten betreft*
imaginable BNW *denkbaar*
imaginaire I m *verbeelding* II BNW *denkbeeldig*; *ingebeeld*; *imaginair*
imaginatif BNW [v: **imaginative**] *vernuftig*; *met verbeeldingskracht*; *verbeeldings-*
imagination v • *verbeelding*;

I

verbeeldingskracht • *hersenschim*; *inbeelding*
imaginer I OV WW • *zich voorstellen* • *uitdenken*; *uitvinden* **II** WKD WW (**s'~**) *zich verbeelden*; *denken*
imam m *imam*
imbattable BNW *onverslaanbaar* ★ prix ~ *spotprijs*
imbécile I m/v • *imbeciel* • *onnozele hals* ★ ~ heureux *simpele (maar gelukkige) ziel* **II** BNW • *imbeciel* • *dom*; *onnozel*
imbécillité v • *imbeciliteit* • *domheid*; *onnozelheid*
imberbe BNW *baardeloos*
imbiber I OV WW *nat maken*; *(door)drenken (***de** *in)* ★ INF. complètement imbibé *straalbezopen* **II** WKD WW (**s'~ de**) *zich volzuigen met*; INF. *zich volgieten met*
imbrication v • *(dakpansgewijze) overlapping* • *nauwe samenhang*
imbriquer I OV WW *dakpansgewijs plaatsen* **II** WKD WW (**s'~**) • *elkaar overlappen* • *in elkaar grijpen*; *nauw samenhangen*
imbroglio (*zeg:* -lj(ie)oo) m • *verwarring*; *verwikkeling* • *toneelstuk met een ingewikkelde intrige*
imbu BNW (~ **de**) *doortrokken van*; *vol van* ★ imbu de soi-même *met zichzelf ingenomen*
imbuvable BNW • *ondrinkbaar* • INF. *ongenietbaar*
imitable BNW *navolgbaar*; *na te doen*
imitateur [v: **imitatrice**] **I** m *nabootser*; *imitator* **II** BNW *nabootsend*
imitatif BNW [v: **imitative**] *nabootsend*
imitation v • *navolging*; *nabootsing*; *imitatie* • *namaak* ★ à l'~ de *in navolging van* ★ en ~ *namaak-* ★ l'Imitation de Jésus Christ *de Navolging van Christus*
imiter OV WW • *nabootsen*; *navolgen*; *imiteren* • *namaken* • *sterk lijken op*
immaculé BNW *vlekkeloos*; *onbevlekt* ★ l'Immaculée Conception *de Onbevlekte Ontvangenis*
immanence v *immanentie*
immanent BNW *immanent*; *in zichzelf bestaand*
immangeable BNW *oneetbaar*
immanquable BNW • *onvermijdelijk* • VERO. *onfeilbaar*
immanquablement BIJW *onvermijdelijk(erwijs)*; *beslist*; *steevast*
immatérialité v *onstoffelijkheid*
immatériel BNW [v: **immatérielle**] *onstoffelijk*; *immaterieel*
immatriculation v *inschrijving*; *registratie* ★ numéro d'~ *registratienummer*; *kenteken* ‹v. voertuig› ★ plaque d'~ *nummerplaat*
immatriculer OV WW *inschrijven (in een register)* ★ immatriculé en Belgique *met een Belgisch nummerbord*
immature BNW *onrijp*; *onvolwassen*
immaturité v *onrijpheid*; *onvolwassenheid*
immédiat BNW *onmiddellijk*; *direct* ★ dans l'~ *voor het moment*
immémorial BNW [m mv: **immémoriaux**] *onheuglijk*; *oeroud*
immense BNW *ontzaglijk*; *geweldig*; *onmetelijk*; *immens*
immensément BIJW *onmetelijk*; *enorm*
immensité v • *onmetelijkheid*; *ontzaglijkheid* • *oneindige ruimte*
immensurable BNW *onmeetbaar*
immerger I OV WW *onderdompelen*; *doen zinken (***dans** *in)* **II** WKD WW (**s'~**) *onderduiken*
immérité BNW *onverdiend*
immersion v • *indompeling*; *onderdompeling* • GEO. *overstroming* ★ l'~ d'un sous-marin *het duiken v.e. onderzeeër*
immettable BNW *niet te dragen* ‹v. kleding›
immeuble I m • *(flat)gebouw* • *onroerend goed* **II** BNW *onroerend*
immigrant m [v: **immigrante**] *immigrant*
immigration v *immigratie*
immigré I m [v: **immigrée**] *immigrant*; *allochtoon* **II** BNW *geïmmigreerd* ★ travailleur ~ *gastarbeider*
immigrer ON WW *immigreren*
imminence v *nabije dreiging*; *(het) op handen zijn* ★ l'~ du danger *de dreiging van het gevaar*
imminent BNW • *onmiddellijk dreigend* • *aanstaand* ★ départ ~ *naderend vertrek*
immiscer WKD WW (**s'~ dans**) *zich bemoeien met*; *zich mengen in*
immixtion v *inmenging*
immobile BNW • *onbeweeglijk* • *onveranderlijk*
immobilier I m *vastgoed(handel/-markt)* **II** BNW [v: **immobilière**] • *onroerend* • *vastgoed-*
immobilisation v → **immobiliser**
immobiliser I OV WW • *onbeweeglijk maken* • *tot staan brengen* • *blokkeren*; *vastzetten* **II** WKD WW (**s'~**) • *tot stilstand komen* • *vast komen te zitten*
immobilisme m FIG. *verstarring*; *conservatisme*
immobilité v • *onbeweeglijkheid* • *daadloosheid*
immodéré BNW *onmatig*; *bovenmatig*
immodeste BNW VERO. *oneerbaar*; *onbetamelijk*
immodestie v VERO. *oneerbaarheid*; *onbetamelijkheid*
immolateur m VERO. *offeraar*
immolation v FORM. • *(het) offeren*; *offerande* • *zelfopoffering*
immoler OV WW FORM. • *(op)offeren (***à** *aan)* • *slachtofferen*
immonde BNW • *smerig*; *vuil*; *onrein* • *laag*; *weerzinwekkend* ★ l'esprit ~ *de duivel*
immondices v mv *straatvuil*; *(huis)vuil*
immoral BNW [m mv: **immoraux**] *immoreel*; *zedeloos*
immoralité v *immoraliteit*; *zedeloosheid*
immortaliser I OV WW *onsterfelijk maken* **II** WKD WW (**s'~**) *zich onsterfelijk maken*
immortalité v *onsterfelijkheid*
immortel [v: **immortelle**] **I** m *onsterfelijke* ★ INF. les 40 Immortels *de leden van de Académie française* **II** BNW *onsterfelijk*; *onvergankelijk*
immortelle v *immortelle*; *strobloem*
immotivé BNW *ongemotiveerd*
immuabilité v *onveranderlijkheid*
immuable BNW *onveranderlijk*
immun BNW FORM. *immuun*; *onvatbaar*
immunisation v *immunisatie*
immuniser OV WW *immuniseren*; OOK FIG. *immuun maken*; *onvatbaar maken (***contre**

voor)
immunitaire BNW *immuun-*
immunité V • OOK FIG. *immuniteit* • *vrijdom; vrijstelling*
immunodéficience V *immunodeficiëntie* ★ syndrome d'~ acquise (SIDA) *aids*
immunologie V *immunologie*
immutabilité V *onveranderlijkheid*
impact (*zeg:* e(n)pakt) M • *schok; stoot; inslag* ‹v. projectiel› • *uitwerking; impact (***sur** *op)* ★ point d'~ *inslagpunt*
impair I M *onhandigheid; flater* II BNW • *oneven* • *ongepaard*
impalpable BNW • *ontastbaar* • FIG. *ongrijpbaar* • *zeer fijn(korrelig)*
imparable BNW • *onafweerbaar* • SPORT *onhoudbaar* • *onweerlegbaar*
impardonnable BNW *onvergeeflijk*
imparfait I M *onvoltooid verleden tijd* II BNW *onvoltooid; onvolledig; onvolmaakt; gebrekkig*
impartial BNW [m mv: **impartiaux**] *onpartijdig*
impartialité V *onpartijdigheid*
impartir OV WW FORM. *toestaan (***à** *aan); verlenen; toebedelen*
impasse V • *doodlopende straat* • FIG. *slop; impasse* • *(het) snijden* ‹bij kaartspel› ★ être dans une ~ *in een impasse zitten; geen uitweg uit een moeilijkheid weten* ★ faire l'~ sur qc *erop speculeren dat iets niet gevraagd wordt* ‹bij examen›
impassibilité V *onbewogenheid; onaandoenlijkheid*
impassible BNW *onbewogen; onaandoenlijk*
impatiemment BIJW → **impatient**
impatience V *ongeduld* ★ VERO./INF. avoir des ~s dans les jambes *de kriebels in de benen hebben*
impatient BNW *ongeduldig* ★ ~ de [+ inf.] *verlangend te*
impatienter I OV WW *ongeduldig maken* II WKD WW (**s'~**) *ongeduldig worden (***de** *over); geërgerd raken (***contre** *jegens)*
impavide BNW FORM. *onbeschroomd; onvervaard*
impayable BNW INF./FIG. *onbetaalbaar; kostelijk*
impayé BNW *onbetaald*
impec BNW INF. → **impeccable**
impeccable BNW • *onberispelijk; feilloos; smetteloos; àf* • *zondeloos*
impédance V *impedantie*
impedimenta M MV FORM. *hinderpalen; belemmeringen*
impénétrabilité V *ondoordringbaarheid*
impénétrable BNW • *ondoordringbaar* • *ondoorgrondelijk*
impénitence V *onboetvaardigheid*
impénitent I M [v: **impénitente**] *onboetvaardige* II BNW *onverbeterlijk; onboetvaardig*
impensable BNW *ondenkbaar*
imper M INF. *regenjas*
impératif I M • *gebiedende wijs* • *gebod; voorschrift; vereiste* II BNW [v: **impérative**] • *gebiedend* • *dringend (geboden)*
impératrice V *keizerin*
imperceptibilité V *onmerkbaarheid*
imperceptible BNW *onmerkbaar; onwaarneembaar*
imperdable BNW *niet te verliezen*
imperfection V *onvolkomenheid; onvolmaaktheid; gebrek*
impérial BNW [m mv: **impériaux**] • *keizerlijk; imperiaal* • *hoogwaardig*
impériale V *imperiaal; bovendek* ‹v. bus›
impérialisme M *imperialisme*
impérialiste I M/V *imperialist* II BNW *imperialistisch*
impérieux BNW [v: **impérieuse**] • *gebiedend* • *dringend (geboden)*
impérissable BNW *onvergankelijk*
impéritie (*zeg:* -sie) V FORM. *onbekwaamheid; onkunde*
imperméabiliser OV WW *ondoorlatend/ waterdicht maken*
imperméabilité V *ondoorlatendheid*
imperméable I M *regenjas* II BNW • *ondoorlatend; waterdicht* • *niet-bevattelijk (***à** *voor)*
impersonnalité V *onpersoonlijkheid*
impersonnel BNW [v: **impersonnelle**] *onpersoonlijk*
impertinence V *onbeschaamdheid; brutaliteit; impertinentie*
impertinent BNW *onbeschaamd; brutaal; impertinent*
imperturbabilité V *onverstoorbaarheid*
imperturbable BNW *onverstoorbaar; onwankelbaar*
impétigo M *huiduitslag; impetigo* ★ ~ larvé *dauwworm*
impétrant M JUR. *iem. die iets verkregen heeft*
impétueusement BIJW → **impétueux**
impétueux BNW [v: **impétueuse**] *woest; onstuimig*
impétuosité V *woestheid; onstuimigheid; drift*
impie FORM. I M/V *goddeloze* II BNW *goddeloos*
impiété V • *goddeloosheid* • *ongelovigheid* • *godslastering*
impitoyable BNW *meedogenloos; onbarmhartig; onverbiddelijk*
implacabilité V *onverzoenlijkheid; onverbiddelijkheid*
implacable BNW *onverzoenlijk; onverbiddelijk*
implant (*zeg:* e(n)pla(n)) M *implantaat*
implantation V • *(duurzame) vestiging* • *inplanting; implantatie* • *(het) ingang vinden*
implanter I OV WW • *(duurzaam) vestigen* • MED. *inplanten* • *ingang doen vinden* II WKD WW (**s'~**) • *zich vestigen* • *ingang vinden*
implication V • *implicatie; gevolg* • *verwikkeling (***dans** *in); betrokkenheid*
implicite BNW *impliciet; stilzwijgend inbegrepen* ★ volonté ~ *onuitgesproken wens*
impliquer OV WW • *veroorzaken; met zich meebrengen* • *bevatten; insluiten; impliceren* • (~ **dans**) *verwikkelen in*
imploration V *smeekbede; aanroeping*
implorer OV WW • *smeken; aanroepen* • *smeken om*
imploser ON WW *imploderen*
implosion V *implosie*
impoli BNW *onbeleefd*

I

impolitesse v *onbeleefdheid*

impondérable I m ★ des ~s *imponderabilia* II BNW • *onweegbaar; zeer licht* • *onberekenbaar; onaanwijsbaar*

impopulaire BNW *impopulair*

impopularité v *impopulariteit*

importable BNW • *invoerbaar* • *niet te dragen* ‹v. kleding›

importance v • *belang(rijkheid); gewicht(igheid)* • *aanzien; gezag* • *omvang; grootte; betekenis* ★ d'~ *van belang* ★ sans ~ *onbetekenend*

important I m *hoofdzaak* ★ faire l'~ *gewichtig doen* II BNW • *belangrijk; gewichtig* • *aanzienlijk; omvangrijk*

importateur [v: **importatrice**] I m *importeur* II BNW *import-; invoer-; invoerend*

importation v *import; invoer*

importer I OV WW *invoeren; importeren* II ON WW *van belang zijn* (**à** *voor*) ★ n'importe *dat doet er niet toe* ★ n'importe qui *onverschillig wie; wie dan ook* ★ n'importe quoi *wat dan ook; zo maar wat* ★ c'est n'importe quoi! *dat lijkt nergens naar!; dat slaat nergens op!* ★ n'importe comment *op wat voor manier dan ook; lukraak; op z'n janboeren fluitjes* ★ qu'importe? *wat doet het ertoe?* ★ peu importe *het doet er weinig toe* III ONP WW *van belang zijn* ★ il importe que [+ subj.] *het is van belang dat*

import-export m *import-export*

importun I m [v: **importune**] *lastig mens* II BNW *lastig; ongelegen; hinderlijk*

importuner OV WW *lastig vallen; hinderen*

importunité v *lastigheid; hinderlijkheid; opdringerigheid*

imposable BNW • *belastbaar* • *belastingplichtig*

imposant BNW *indrukwekkend; imponerend*

imposer I OV WW • *belasten; in de belasting aanslaan* • *opleggen; afdwingen; doen gelden; voorschrijven* (**à** *aan*) ★ figures imposées *verplichte figuren* II ON WW ★ en ~ à qn *iem. imponeren* III WKD WW (**s'~**) • *zich doen gelden; zich opdringen* • *voor de hand liggen; onvermijdelijk zijn* ★ ça s'impose *dat is een must; daar kun je niet omheen*

imposition v • *oplegging* • *belastingheffing* ★ ~ des mains *handoplegging*

impossibilité v *onmogelijkheid* ★ être dans l'~ de *niet in staat zijn te*

impossible I m *(het) onmogelijke* ★ faire l'~ *al het mogelijke doen* ★ si par ~ *in het onwaarschijnlijke geval dat* II BNW *onmogelijk*

imposte v *bovenraam; bovenlicht*

imposteur m *bedrieger*

imposture v *bedrog*

impôt (*zeg:* e(n)poo) m *belasting* ★ ~ sur le revenu *inkomstenbelasting* ★ ~s locaux *gemeentebelastingen* ★ feuille d'~(s) *aanslagbiljet*

impotence v *invaliditeit; gebrekkigheid*

impotent BNW *invalide; gebrekkig*

impraticable BNW • *onuitvoerbaar* • *onbegaanbaar*

imprécation v *verwensing; vervloeking*

imprécis BNW *onduidelijk; onnauwkeurig; vaag*

imprécision v *onduidelijkheid; onnauwkeurigheid; vaagheid*

imprégnation v *doordrenking*

imprégner I OV WW • *doordrenken; doortrekken; verzadigen* (**de** *met*) • *doordringen* (**de** *van*) II WKD WW (**s'~ de**) *doordrongen worden van*

imprenable BNW *onneembaar* ★ vue ~ *(duurzaam) vrij uitzicht*

imprésario m [**impresario**] *impresario*

imprescriptible BNW *onverjaarbaar; onveranderlijk geldend*

impression v • *indruk; impressie* • *(af)druk* • *(het) drukken* ‹v. boeken› • *grondverf*

impressionnabilité v *vatbaarheid voor indrukken; gevoeligheid*

impressionnable BNW *vatbaar voor indrukken; gevoelig*

impressionnant BNW *indrukwekkend*

impressionner OV WW • *indruk maken op* • *inwerken op*

impressionnisme m *impressionisme*

impressionniste I m/v *impressionist* II BNW *impressionistisch*

imprévisibilité v *onvoorzienbaarheid; onvoorspelbaarheid*

imprévisible BNW *onvoorzien(baar); onvoorspelbaar*

imprévoyance v *zorgeloosheid; onvoorzichtigheid; onbedachtzaamheid*

imprévoyant BNW *zorgeloos; onvoorzichtig; onbedachtzaam*

imprévu I m *(het) onvoorziene* ★ en cas d'~ *in onvoorziene omstandigheden* ★ sauf ~ *als er niets tussenkomt* II BNW *onvoorzien; onverwacht*

imprimante v *printer*

imprimé m • *drukwerk; formulier* • *bedrukte stof; imprimé*

imprimer OV WW • *(af)drukken* ‹v. tekst, boek›; *printen; bedrukken* ‹v. stof› • *drukken* (**sur** *op*) • FORM. *inprenten; bijbrengen* • *inboezemen* ★ ~ un mouvement à qc *iets in beweging zetten* ★ s'~ dans la mémoire *zich inprenten*

imprimerie v • *boekdrukkunst* • *drukkerij* • *(het) drukken*

imprimeur m *drukker*

improbabilité v *onwaarschijnlijkheid*

improbable BNW *onwaarschijnlijk*

improbation v FORM. *afkeuring*

improbité v FORM. *oneerlijkheid*

improductif BNW [v: **improductive**] *improductief; niets voortbrengend*

improductivité v *improductiviteit*

impromptu I m *improvisatie; impromptu* II BNW *geïmproviseerd; onverwacht* III BIJW *onvoorbereid; voor de vuist*

imprononçable BNW *onuitspreekbaar*

impropre BNW • *oneigenlijk; onjuist* • (~ **à**) *ongeschikt voor*

impropriété v *onjuistheid;* TAALK. *onjuist gebruik*

improvisateur m [v: **improvisatrice**] *improvisator*

improvisation v *improvisatie*

improviser I OV + ON WW • *improviseren*

• *bombarderen tot* **II** WKD WW **(s'~)** • *geïmproviseerd worden* • *opeens/ onverwachts optreden als*
improviste DEEL V. SAMENST ★ à l'~ *onverwachts; onvoorbereid*
imprudemment BIJW → **imprudent**
imprudence V *onvoorzichtigheid*
imprudent BNW *onvoorzichtig*
impubère BNW FORM. *nog niet geslachtsrijp; prepuberaal; minderjarig*
impubliable BNW *niet uit te geven*
impudemment BIJW → **impudent**
impudence V *onbeschaamdheid; brutaliteit*
impudent BNW *onbeschaamd; brutaal*
impudeur V *schaamteloosheid*
impudicité V FORM. *onkuisheid; ontucht; obsceniteit*
impudique BNW *onkuis; ontuchtig; obsceen*
impuissance V • *machteloosheid; onmacht* • *impotentie*
impuissant BNW • *machteloos; onmachtig* • *impotent* ★ ~ à [+ inf.] *niet bij machte om*
impulser OV WW *stimuleren*
impulsif BNW [v: **impulsive**] *impulsief*
impulsion V *impuls* ‹in alle betekenissen›; *aanzet; aandrang; neiging* ★ sous l'~ de *op instigatie van; gestimuleerd door*
impulsivité V *impulsiviteit*
impunément BIJW *ongestraft; straffeloos*
impuni BNW *ongestraft*
impunité V *straffeloosheid* ★ en toute ~ *geheel straffeloos*
impur BNW • *onzuiver; onrein* • FORM. *onkuis; onzedelijk*
impureté V • *onzuiverheid; onreinheid* • FORM. *onkuisheid; onzedelijkheid* • MV *verontreinigingen*
imputable BNW • *toerekenbaar; toe te schrijven (***à** *aan)* • (~ **à, sur**) *ten laste komend van; te boeken onder/op*
imputation V • *toerekening; toeschrijving* • *aantijging* • *boeking; afschrijving*
imputer OV WW • *toerekenen; toeschrijven (***à** *aan)* • (~ **à, sur**) *ten laste brengen van* ‹een rekening e.d.›; *boeken onder/op*
imputrescible BNW *onbederfelijk*
in (*zeg:* in) BNW INF. *in (zwang)* ★ une boîte in *een 'tent' die 'in' is*
inabordable BNW • *ontoegankelijk; ongenaakbaar* • *onbetaalbaar; te duur* ★ prix ~ *buitensporige prijs*
inaccentué BNW *zonder accent; zonder klemtoon*
inacceptable BNW *onaanvaardbaar*
inaccessible BNW • *ontoegankelijk; ongenaakbaar* • *onbereikbaar (***à** *voor)* • *ongevoelig (***à** *voor)*
inaccoutumé BNW • *ongewoon* • (~ **à**) *niet gewend aan*
inachevé BNW *onvoltooid; onaf*
inactif BNW [v: **inactive**] *niet-werkzaam; werkeloos; inactief*
inaction V *werkeloosheid; ledigheid*
inactivité V *werkeloosheid; ledigheid; inactiviteit* ★ en ~ *op non-activiteit*
inactuel BNW [v: **inactuelle**] *niet-actueel*
inadaptation V *onaangepastheid*
inadapté BNW *onaangepast; gedragsgestoord*
inadéquat (*zeg:* -kwà) BNW *inadequaat; ongeschikt (***à** *voor)*
inadmissibilité V *ontoelaatbaarheid; onaannemelijkheid*
inadmissible BNW *ontoelaatbaar; onaannemelijk*
inadvertance V *onoplettendheid* ★ par ~ *bij vergissing; per ongeluk*
inaliénabilité V *onvervreemdbaarheid*
inaliénable BNW *onvervreemdbaar*
inalliable BNW *onvermengbaar* ‹v. metaal›
inaltérabilité V *onveranderlijkheid*
inaltérable BNW *onveranderlijk; bestendig; steeds goed blijvend; niet aan bederf onderhevig*
inamical BNW [m mv: **inamicaux**] *onvriendelijk*
inamovibilité V *onafzetbaarheid*
inamovible BNW *onafzetbaar*
inanimé BNW • *levenloos; onbezield* • *bewusteloos* ★ regard ~ *doffe blik*
inanité V *nutteloosheid; ijdelheid; futiliteit*
inanition V *ondervoeding; krachteloosheid* ★ tomber d'~ *omvallen van de honger*
inapaisable BNW FORM. *niet te bevredigen* ★ soif ~ *onlesbare dorst*
inapaisé BNW *onbevredigd; ongestild*
inaperçu BNW *onbemerkt* ★ passer ~ *onopgemerkt blijven*
inapplicable BNW *ontoepasselijk; onuitvoerbaar*
inappliqué BNW *niet-ijverig; lui*
inappréciable BNW • *onwaardeerbaar; onschatbaar* • *miniem*
inapprivoisable BNW *ontembaar*
inapte BNW *ongeschikt (***à** *voor); onbekwaam*
inaptitude V *ongeschiktheid; onbekwaamheid*
inarticulé BNW *ongearticuleerd; onduidelijk (uitgesproken)*
inassimilable BNW • *niet te assimileren* • *onverteerbaar*
inassouvi BNW *ongestild; onbevredigd*
inattaquable BNW *onaanvechtbaar; onaantastbaar*
inattendu BNW *onverwacht; onverhoopt*
inattentif BNW [v: **inattentive**] *onoplettend; zonder aandacht (***à** *voor)*
inattention V *onoplettendheid; onbedachtzaamheid* ★ faute d'~ *(vergissing uit) slordigheid*
inaudible BNW • *onhoorbaar* • *niet om aan te horen*
inaugural BNW [m mv: **inauguraux**] *inaugureel; inwijdings-*
inauguration V • *inauguratie; inwijding; opening; onthulling* ‹v. standbeeld› • *inluiding*
inaugurer OV WW • *inaugureren; inwijden; openen; onthullen* ‹v. standbeeld› • *inluiden; introduceren*
inauthenticité V *onechtheid*
inauthentique BNW *onecht*
inavouable BNW *niet te bekennen; schandelijk*
inavoué BNW *waar men niet voor uitkomt; heimelijk*
INC AFK (Institut National de la Consommation) ≈ *Consumentenbond*

I

inca I m *Inca* II BNW (onver.) *Inca-*
incalculable BNW • *ontelbaar* • *onberekenbaar*
incandescence V • *(het) gloeien* • *(withete) gloed* ★ lampe à ~ *gloeilamp*
incandescent BNW *(wit)gloeiend*
incantation V *bezwering; toverformule*
incantatoire BNW *bezwerings-; tover-*
incapable I m/v *incompetent persoon; nietsnut* II BNW • *onbekwaam* • *onbevoegd* • (~ **de**) *niet in staat te/tot*
incapacité V • *onvermogen* • *onbekwaamheid* • *onbevoegdheid* • *arbeidsongeschiktheid* ★ être dans l'~ de *niet bij machte zijn om; niet kunnen*
incarcération V *gevangenzetting; opsluiting*
incarcérer OV WW *gevangenzetten; opsluiten*
incarnat I m *hoogrode kleur; inkarnaat* II BNW *hoogrood*
incarnation V *vleeswording; belichaming; incarnatie*
incarner I OV WW • *incarneren; belichamen* • *uitbeelden* ‹v.e. rol› ★ le diable incarné *de duivel in eigen persoon* ★ ongle incarné *ingegroeide nagel* ★ la prudence incarnée *de voorzichtigheid zelve* II WKD WW (**s'**~) • *belichaamd worden* (**dans** *in*); *een (menselijke) gedaante krijgen* • *ingroeien* ‹v. nagel›
incartade V MEESTAL FIG. *zijsprong; misstap; dwaze streek*
incassable BNW *onbreekbaar*
incendiaire I m/v *brandstichter* II BNW • *brandstichtend* • *opzwepend; opwindend* ★ bombe ~ *brandbom* ★ écrit ~ *opruiend geschrift*
incendie m • *brand* • *(vurige) gloed* ★ ~ volontaire *brandstichting*
incendier OV WW • *in brand steken; doen verbranden* • FIG. *in vuur en vlam zetten* • INF. *uitfoeteren*
incertain I m *(het) onzekere* II BNW • *onzeker; twijfelachtig* • *veranderlijk* • *vaag; onbestemd*
incertitude V • *onzekerheid* • *veranderlijkheid*
incessamment BIJW *aanstonds; dadelijk; binnenkort*
incessant BNW *onophoudelijk; aanhoudend*
incessibilité V JUR. *onvervreemdbaarheid*
incessible BNW JUR. *onvervreemdbaar*
inceste m *incest; bloedschande*
incestueux [v: **incestueuse**] I m *incestpleger; bloedschender* II BNW *incestueus; bloedschendig*
inchangé BNW *onveranderd*
inchoatif (*zeg:* e(n)ko-) BNW [v: **inchoative**] *inchoatief*
incidemment BIJW *toevallig; terloops*
incidence V • *uitwerking; gevolg(en); weerslag* (**sur** *op*) • NAT. *inval* • MED. *incidentie* ★ angle d'~ *invalshoek*
incident I m • *incident; voorval* • *bijkomstige omstandigheid* ★ ~ technique *technische storing* II BNW • *incidenteel; bijkomend* • NAT. *invals-*
incinérateur m *verbrandingsoven*
incinération V • *verbranding* • *lijkverbranding; crematie*
incinérer OV WW • *verbranden* • *verassen; cremeren*
incise V *tussenzin*
inciser OV WW *insnijden*
incisif BNW [v: **incisive**] • *insnijdend* • FIG. *bijtend; scherp*
incision V *insnijding; snee*
incisive V *snijtand*
incitatif BNW [v: **incitative**] *aansporend; stimulerend*
incitation V • *aansporing; aanzetting* • *opruiing* (**à** *tot*)
inciter OV WW *aansporen; aanzetten; ophitsen* (**à** *tot*)
incivil BNW FORM. *onbeleefd*
incivilité V FORM. *onbeleefdheid*
inclassable BNW *niet te classificeren*
inclémence V FORM. • FIG. *hardheid; strengheid* • *guurheid*
inclément BNW FORM. • FIG. *hard; streng* • *guur*
inclinaison V • *inclinatie* • *helling; schuinte* • *nijging* ‹v.h. hoofd›
inclination V • *neiging* (**à** *om*); *voorliefde* (**pour** *voor*) • *buiging; (hoofd)knik* • VERO. *genegenheid* (**pour** *voor*) ★ ~ de tête *hoofdknik* ★ mariage d'~ *huwelijk uit liefde*
incliné BNW • *schuin; hellend; gebogen* • *geneigd* (**à** *om, tot*)
incliner I OV WW • *doen hellen* • *buigen* ★ ~ la tête *het hoofd buigen* • (~ **à**) *aanzetten tot; ertoe brengen om* II ON WW • FORM. *(over)hellen* • (~ **à**) *geneigd zijn om/tot* III WKD WW (**s'**~) • *(over)hellen* • OOK FIG. *(zich) buigen* ★ s'~ devant qc *voor iets buigen/zwichten; iets bewonderen*
inclure OV WW *insluiten* (**dans** *in*)
inclus BNW *ingesloten; inbegrepen* (**dans** *in*) ★ ci-~ *hierbij ingesloten* ★ jusqu'à lundi ~ *tot en met maandag*
inclusif BNW [v: **inclusive**] FORM. *inclusief; insluitend*
inclusion V • *insluiting; opneming* • *insluitsel*
inclusivement BIJW *incluis* ★ jusqu'au 15e siècle ~ *tot en met de 15e eeuw*
incoercible BNW FORM. *onbedwingbaar*
incognito (*zeg:* -konj-) I m *incognito* ★ garder l'~ *zijn naam niet bekend maken* II BIJW *incognito* ★ rester ~ *zijn naam niet bekend maken*
incohérence V *incoherentie; gebrek aan samenhang*
incohérent BNW *incoherent; onsamenhangend*
incollable BNW INF. *die op elke vraag kan antwoorden*
incolore BNW OOK FIG. *kleurloos*
incomber ON WW (~ **à**) *rusten op* ‹v. taak, plicht› ★ il m'incombe de ... *het is aan mij om ...*
incombustible BNW *onbrandbaar*
incommensurabilité V *onmeetbaarheid*
incommensurable BNW • *(onderling) onmeetbaar; incommensurabel* • *onmetelijk*
incommode BNW *hinderlijk; lastig*
incommoder OV WW *lastig vallen; hinderen; storen*
incommodité V *hinder; last; ongerief*
incommunicable BNW *onzegbaar* ★ mondes ~s *onverenigbare werelden*

incomparable BNW *onvergelijkelijk*
incompatibilité V *onverenigbaarheid; incompatibiliteit*
incompatible BNW *onverenigbaar; niet-compatibel (***avec** *met)*
incompétence V *onbekwaamheid; onbevoegdheid; incompetentie*
incompétent BNW *onbekwaam; onbevoegd; incompetent*
incomplet BNW [v: **incomplète**] *onvolledig*
incompréhensible BNW *onbegrijpelijk*
incompréhensif BNW [v: **incompréhensive**] *niet-begrijpend; vol onbegrip*
incompréhension V *onbegrip; miskenning*
incompressible BNW • *niet-samendrukbaar* • *niet-reduceerbaar*
incompris BNW *onbegrepen*
inconcevable BNW • *onvoorstelbaar; ondenkbaar* • *onbegrijpelijk*
inconciliable BNW *onverenigbaar; strijdig (***avec** *met)*
inconditionnel [v: **inconditionnelle**] **I** m *vurig aanhanger* **II** BNW *onvoorwaardelijk*
inconduite V FORM. *wangedrag*
inconfort m *ongerief*
inconfortable BNW *ongeriefelijk*
incongru BNW *onbetamelijk; ongepast; lomp*
incongruité V *onbetamelijkheid; ongepastheid*
inconnaissable BNW *onkenbaar*
inconnu I m *(het) onbekende* **II** m [v: **inconnue**] *(de) onbekende; vreemde(ling)* ★ SCHERTS. un illustre ~ *een onbekende grootheid* ‹persoon› ★ l'~e *de onbekende grootheid; de onbekende* **III** BNW • *onbekend (***à, de** *aan, bij)* • *ongekend*
inconsciemment BIJW • *onbewust* • *onnadenkend*
inconscience V • *onbewustheid* • *onnadenkendheid; onverantwoordelijkheid* • *bewusteloosheid*
inconscient I m *(het) onbewuste* **II** BNW • *onbewust* • *onnadenkend; onverantwoordelijk* • *bewusteloos*
inconséquence V *inconsequentie; onsamenhangendheid*
inconséquent BNW *inconsequent; onsamenhangend*
inconsidéré BNW *onbezonnen; ondoordacht*
inconsidérément BIJW → **inconsidéré**
inconsistance V *inconsistentie; onbestendigheid*
inconsistant BNW *inconsistent; onbestendig*
inconsolable BNW *ontroostbaar*
inconsolé BNW *ongetroost*
inconsommable BNW *oneetbaar; ondrinkbaar*
inconstance V FORM. *wispelturigheid; onstandvastigheid; onbestendigheid; ontrouw*
inconstant BNW FORM. *wispelturig; onstandvastig; onbestendig; ontrouw*
inconstatable BNW *niet te constateren*
inconstitutionnel BNW [v: **inconstitutionnelle**] *ongrondwettelijk; ongrondwettig*
inconstructible BNW *niet-bebouwbaar* ‹zonder bouwvergunning›
incontestable BNW *onbetwistbaar*
incontesté BNW *onbetwist*
incontinence V • *incontinentie* • *gebrek aan zelfbeheersing*
incontinent I BNW • *incontinent* • FORM. *onbeheerst* **II** BIJW VERO. *dadelijk; onmiddellijk*
incontournable BNW *onontkoombaar; waar men niet om heen kan*
incontrôlable BNW *oncontroleerbaar; onbeheersbaar*
incontrôlé BNW *ongecontroleerd; onbeheerst*
inconvenance V *ongepastheid*
inconvenant BNW *ongepast*
inconvénient m *bezwaar; nadeel* ★ je n'y vois pas d'~ *ik heb er niets op tegen*
inconvertible BNW *niet-inwisselbaar*
incorporation V • *(het) (in iets) opnemen; incorporatie* • *inlijving; indeling*
incorporel BNW [v: **incorporelle**] *onlichamelijk; onstoffelijk*
incorporer OV WW • *opnemen; integreren; inbouwen; incorporeren (***à, dans** *in)* • *inlijven (***dans** *bij)*
incorrect (*zeg:* -rekt) BNW • *onnauwkeurig; onjuist; incorrect* • *onbehoorlijk; incorrect (***avec** *jegens)*
incorrection V • *onnauwkeurigheid; onjuistheid* • *ongepastheid; onbeleefdheid*
incorrigible BNW *onverbeterlijk*
incorruptibilité V • *onomkoopbaarheid* • *onbederfelijkheid; onvergankelijkheid*
incorruptible BNW • *onomkoopbaar* • *onbederfelijk; onvergankelijk*
incrédibilité V FORM. *ongeloofwaardigheid*
incrédule I m/v *ongelovige; scepticus* **II** BNW *ongelovig; sceptisch*
incrédulité V *ongeloof; ongelovigheid*
increvable BNW • *die niet kan knappen* ‹v. luchtband› • INF. *niet kapot te krijgen; onvermoeibaar*
incrimination V FORM. *beschuldiging*
incriminer OV WW • *laken* • *beschuldigen* ★ l'article incriminé *het gewraakte artikel*
incroyable BNW *ongelofelijk; onvoorstelbaar*
incroyance V *ongelovigheid*
incroyant I m [v: **incroyante**] *ongelovige* **II** BNW *ongelovig*
incrustation V • *inleg(sel); inzetsel; invatting* • *aankorsting; aanslag; incrustatie*
incruster I OV WW • *inleggen (***de** *met); van inlegwerk voorzien* • *invatten (***dans** *in)* • *met aanslag/aanzetsel bedekken* **II** WKD WW (**s'~**) • *ingelegd/ingebed worden (***dans** *in)* • *aanslag vormen; aankoeken* • INF. *(als bezoeker) blijven plakken (***chez** *bij)*
incubateur I m *broedmachine; couveuse* **II** BNW [v: **incubatrice**] *broed-*
incubation V • *uitbroeding* • *broedtijd* • MED. *incubatie(tijd)*
incuber OV WW *uitbroeden* ‹v. eieren›
inculpation V *beschuldiging; aanklacht*
inculpé m [v: **inculpée**] *beschuldigde; verdachte*
inculper OV WW *beschuldigen; aanklagen (***de** *wegens)*
inculquer OV WW *inprenten; bijbrengen (***à** *aan)*
inculte BNW • *onontwikkeld* ‹v. persoon› • *onbebouwd* ‹v. grond›
incultivable BNW *onbebouwbaar*
inculture V *gebrek aan ontwikkeling* ‹v.

persoon›
incunable m *wiegendruk; incunabel*
incurabilité v *ongeneeslijkheid*
incurable BNW • *ongeneeslijk* • *onverbeterlijk; verstokt*
incurie v *zorgeloosheid; nalatigheid*
incursion v • *inval; (het) binnenvallen (***dans** *in)* • FIG. *uitstapje; zijsprong*
incurver OV WW *buigen; krommen*
indatable BNW *niet te dateren*
Inde v *India* ⋆ les Indes *Indië*
indéboulonnable BNW *niet (uit zijn functie) weg te krijgen*
indécence v *onbetamelijkheid*
indécent BNW *onbetamelijk; onbeschaamd*
indéchiffrable BNW *onontcijferbaar; onleesbaar; onbegrijpelijk*
indécis BNW • *onbeslist* • *besluiteloos* • *onduidelijk; vaag*
indécision v *besluiteloosheid*
indéclinable BNW *onverbuigbaar*
indécomposable BNW *onontleedbaar*
indécrottable BNW INF. *hopeloos dom/ ongemanierd; onverbeterlijk*
indéfectible BNW *onvergankelijk; onverwoestbaar; onfeilbaar*
indéfendable BNW *onverdedigbaar*
indéfini BNW • *onbepaald; onbestemd; vaag* • *onbegrensd; eindeloos* ⋆ article ~ *onbepaald lidwoord*
indéfinissable BNW • *ondefinieerbaar; onbestemd* • *onverklaarbaar*
indéformable BNW *vormvast*
indéfrisable I V VERO. *permanent* ‹kapsel› **II** BNW *niet-ontkrullend*
indélébile BNW OOK FIG. *onuitwisbaar*
indélicat BNW • *onkies; grof* • *oneerlijk*
indélicatesse v • *onkiesheid; grofheid* • *oneerlijkheid*
indemne (*zeg:* -dem-) BNW *ongedeerd; zonder letsel/schade*
indemnisation (*zeg:* -dem-) v *schadeloosstelling; vergoeding*
indemniser (*zeg:* -dem-) OV WW *schadeloos stellen (***de** *voor)*
indemnité (*zeg:* -dem-) v • *toelage; uitkering; vergoeding* • *schadeloosstelling* ⋆ ~ de chômage *WW-uitkering* ⋆ ~ parlementaire *bezoldiging v. parlementsleden*
indémodable BNW *niet aan mode onderhevig*
indémontrable BNW *onbewijsbaar*
indéniable BNW *onloochenbaar; onmiskenbaar*
indépendamment BIJW • *onafhankelijk* • (~ **de**) *los van; afgezien van; behalve*
indépendance v *onafhankelijkheid*
indépendant BNW • *onafhankelijk (***de** *van); zelfstandig* • *met eigen opgang/ingang* ‹v. woning›
indépendantiste I m/v *voorstander van onafhankelijkheid* **II** BNW ⋆ mouvement ~ *onafhankelijkheidsbeweging*
indéracinable BNW *onuitroeibaar*
indescriptible BNW *onbeschrijfelijk*
indésirable I m/v *ongewenst persoon* **II** BNW *ongewenst*
indestructibilité v *onverwoestbaarheid*
indestructible BNW OOK FIG. *onverwoestbaar*
indéterminable BNW *onbepaalbaar; onbestemd*
indétermination v • *besluiteloosheid* • *onbepaaldheid*
indéterminé BNW • *onbepaald; onbestemd* • *besluiteloos*
index m • *index* ‹in alle betekenissen› • *wijsvinger* • TECHN. *wijzer* ⋆ mettre à l'~ OOK FIG. *op de index plaatsen; op de zwarte lijst plaatsen*
indexation v *indexering*
indexer OV WW *indexeren*
indic AFK INF. (indicateur) *verklikker*
indicateur I m • *meter; wijzer; waarschuwingslampje; indicator* • *spoorboekje; gids* ⋆ ~ de vitesse *snelheidsmeter* **II** m [v: **indicatrice**] *verklikker; tipgever* **III** BNW [v: **indicatrice**] *aanwijzend* ⋆ fiche indicatrice *tabkaart* ⋆ poteau ~ *wegwijzer*
indicatif I m • *aantonende wijs; indicatief* • *herkenningsmelodie; herkenningsteken* • *kengetal* **II** BNW [v: **indicative**] *aanwijzend* ⋆ à titre ~ *ter indicatie/informatie* ⋆ plaque indicative *naambordje* ⋆ prix ~ *richtprijs; adviesprijs*
indication v *aanwijzing; aanduiding; indicatie*
indice m • *teken; aanwijzing* • *index(cijfer)* ⋆ ~ d'écoute *kijk-, luisterdichtheid* ⋆ ~ d'octane *octaangehalte* ⋆ ~ des prix *prijsindex*
indiciaire BNW *index-*
indicible BNW FORM. *onuitsprekelijk*
indien BNW [v: **indienne**] • *Indisch; Indiaas* • *indiaans*
Indien m [v: **Indienne**] • *Indiër* • *indiaan*
indienne v *bedrukt katoen*
indifféremment BIJW → **indifférent**
indifférence v *onverschilligheid (***à, pour** *voor)*
indifférencié BNW *ongedifferentieerd*
indifférent I m [v: **indifférente**] *onverschillig persoon* ⋆ faire l'~ *onverschillig doen* **II** BNW *onverschillig (***à** *voor); om het even*
indifférer OV WW INF. *koud laten; onverschillig laten*
indigence v *armoede; gebrek*
indigène I m/v • *inlander* • *inboorling* **II** BNW *inheems; inlands*
indigent I m *arme; behoeftige* **II** BNW *arm; behoeftig; pover*
indigeste BNW OOK FIG. *moeilijk verteerbaar*
indigestion v *slechte spijsvertering; indigestie* ⋆ INF. avoir une ~ de qc *iets moe zijn*
indignation v *verontwaardiging*
indigne BNW *onwaardig; verwerpelijk* ⋆ être ~ de qc/qn *iets/iem. onwaardig zijn*
indigné BNW *verontwaardigd (***de** *over)*
indigner I OV WW *verontwaardigd maken* **II** WKD WW (**s'**~) *verontwaardigd zijn (***de** *over); geërgerd raken (***contre** *jegens)*
indignité v *onwaardigheid; schandelijkheid*
indigo I m *indigo* **II** BNW *indigo(blauw)*
indiqué BNW • *aangewezen; raadzaam* • *aangegeven*
indiquer OV WW *aanduiden; aanwijzen; aangeven; noemen (***à** *aan)*
indirect (*zeg:* -rekt) BNW *indirect; onrechtstreeks; zijdelings* ⋆ voie ~e *omweg* ⋆ complément ~ *meewerkend of oorzakelijk*

voorwerp ★ contribution ~e *indirecte belasting* ★ discours ~ *indirecte rede*
indiscernable BNW *niet te onderscheiden*
indiscipline V *gebrek aan discipline; tuchteloosheid*
indiscipliné BNW *ongedisciplineerd; ongezeglijk; weerbarstig*
indiscret BNW [v: **indiscrète**] • *onbescheiden; indiscreet* • *loslippig*
indiscrètement BIJW → **indiscret**
indiscrétion (*zeg:* -sjo(n)) V • *onbescheidenheid; indiscretie* • *loslippigheid*
indiscutable BNW *onbetwistbaar*
indispensable BNW *onontbeerlijk; onmisbaar; noodzakelijk*
indisponibilité V *(het) niet-beschikbaar zijn*
indisponible BNW *niet-beschikbaar*
indisposé BNW *onwel; ongesteld*
indisposer OV WW • *onwel maken* • *tegenstaan; ongunstig stemmen; innemen* (**contre** *tegen*)
indisposition V *ongesteldheid*
indissociable BNW *niet te scheiden* (**de** *van*)
indissoluble BNW • *onontbindbaar* • *onverbreekbaar*
indistinct (*zeg:* -te(n)) BNW *onduidelijk; vaag*
indistinctement BIJW • *onduidelijk; vaag* • *zonder onderscheid*
individu M *individu; persoon; wezen*
individualiser OV WW *tot individu maken; individualiseren*
individualisme M *individualisme*
individualiste I M/V *individualist* II BNW *individualistisch*
individualité V • *individualiteit; persoonlijkheid* • *eigen aard*
individuel BNW [v: **individuelle**] *individueel; persoonlijk; afzonderlijk* ★ chambre ~le *eenpersoonskamer* ★ maison ~le *eengezinswoning*
indivis BNW *onverdeeld* ‹v. eigendom› ★ propriétaire (par) ~ *mede-eigenaar*
indivisible BNW *ondeelbaar*
indivision V *onverdeeldheid; mede-eigendom*
Indochine V *Indo-China*
indocile BNW *ongezeglijk*
indocilité V *ongezeglijkheid*
indo-européen [v: **indo-européenne**] I M *indo* II BNW *Indo-Europees; Indo-Germaans*
indolence V *indolentie; lusteloosheid; sloomheid*
indolent BNW *indolent; lusteloos; sloom*
indolore BNW *pijnloos*
indomptable BNW OOK FIG. *ontembaar; onbedwingbaar*
Indonésie V *Indonesië*
indonésien BNW [v: **indonésienne**] *Indonesisch*
Indonésien M,V [v: **Indonésienne**] *Indonesiër*
indu BNW • *onbehoorlijk; ongepast; onterecht* • *niet-verschuldigd* ★ à une heure indue *op een ongelukkig/onchristelijk tijdstip* ★ à des heures indues *bij nacht en ontij*
indubitable BNW *ontwijfelbaar*
inducteur I M *inductor* II BNW [v: **inductrice**] *inductie-*
inductif BNW [v: **inductive**] *inductief*
induction V OOK TECHN. *inductie* ★ bobine d'~ *inductieklos*
induire OV WW • *induceren; afleiden* (**de** *uit*) • (~ **à**) *brengen tot; ertoe aanzetten om* ★ induire en erreur *op een dwaalspoor brengen*
indulgence V • *toegeeflijkheid; inschikkelijkheid; mildheid* • *aflaat* ★ ~ plénière *volle aflaat*
indulgent BNW *toegeeflijk; inschikkelijk; mild*
indûment BIJW *onrechtmatig; ten onrechte*
induration V MED. *verharding* ‹v. weefsel›
indurer I OV WW MED. *hard maken* ‹v. weefsel› II WKD WW (**s'**~) *hard worden*
industrialisation V *industrialisatie*
industrialiser OV WW *industrialiseren*
industrie V • *industrie; nijverheid* • *bedrijf(stak)*
industriel [v: **industrielle**] I M *industrieel* II BNW *industrieel; nijverheids-* ★ art ~ *kunstnijverheid* ★ école ~le *technische school; nijverheidsschool* ★ région ~le *industriegebied* ★ INF. en quantité ~le *massaal*
industrieux FORM. BNW [v: **industrieuse**] *handig; bekwaam*
inébranlable BNW *onwankelbaar; onwrikbaar; onverzettelijk*
inédit (*zeg:* -die) I M *onuitgegeven werk* II BNW • *onuitgegeven* • OOK FIG. *nog nooit vertoond; ongekend; volstrekt nieuw*
ineffable BNW *onuitsprekelijk; waar geen woorden voor zijn*
ineffaçable BNW OOK FIG. *onuitwisbaar*
inefficace BNW *ondoeltreffend; inefficiënt* ★ remède ~ *niet-werkzaam geneesmiddel*
inefficacité V *ondoeltreffendheid; inefficiëntie*
inégal BNW [M MV: **inégaux**] • *ongelijk; ongelijkmatig* • *onregelmatig* ‹v. pols› • *oneffen*
inégalable BNW *niet te evenaren; onvergelijkelijk*
inégalé BNW *ongeëvenaard*
inégalitaire BNW *niet-egalitair*
inégalité V • *ongelijkheid; ongelijkmatigheid* • *onregelmatigheid* ‹v. pols› • *oneffenheid*
inélégance V *gebrek aan elegantie; gebrek aan tact*
inélégant BNW *onelegant*
inéligibilité V *onverkiesbaarheid*
inéligible BNW *onverkiesbaar*
inéluctable BNW *onvermijdelijk*
inemployé BNW *ongebruikt*
inénarrable BNW *te gek; dolkomisch*
inepte BNW *onzinnig; dwaas*
ineptie (*zeg:* -sie) V *onzinnigheid; dwaasheid*
inépuisable BNW *onuitputtelijk*
inéquitable BNW *onrechtvaardig; onbillijk*
inerte BNW *traag; loom; bewegingloos; futloos; inert*
inertie (*zeg:* -sie) V *traagheid; futloosheid; inertie*
inespéré BNW *onverwacht; onverhoopt*
inesthétique BNW *onesthetisch*
inestimable BNW *onschatbaar*
inévitable BNW *onvermijdelijk*
inévitablement BIJW *onvermijdelijk(erwijs); noodzakelijkerwijs*
inexact (*zeg:* -a(kt)) BNW • *onnauwkeurig;*

I

onjuist • *niet stipt (op tijd)*
inexactitude v *onnauwkeurigheid*; *onjuistheid*
inexcusable BNW *niet te verontschuldigen*
inexécutable BNW *onuitvoerbaar*
inexistant BNW • *niet-bestaand* • INF. *onbeduidend*; *waardeloos*
inexistence v • FORM. *(het) niet bestaan* • INF. *waardeloosheid*
inexorable BNW *onverbiddelijk*
inexpérience v *onervarenheid*
inexpérimenté BNW • *onervaren* • *nog niet beproefd*
inexpiable BNW • FORM. *onverzoenlijk* • *onvergeeflijk*
inexplicable BNW *onverklaarbaar*; *vreemd*
inexpliqué BNW *onverklaard*
inexploitable BNW • *onontginbaar* • *niet te exploiteren*
inexploité BNW • *onontgonnen* • *niet-geëxploiteerd*
inexploré BNW *nog niet doorzocht*; *onbegaan*
inexpressif BNW [v: **inexpressive**] *uitdrukkingsloos*; *nietszeggend*
inexprimable BNW *onuitsprekelijk*
inexprimé BNW *onuitgesproken*
inexpugnable BNW *onneembaar*
inextensible BNW *niet-rekbaar*
inextinguible BNW *onblusbaar*; *onlesbaar* ★ rire ~ *onbedaarlijk gelach*
in extremis (*zeg:* -mies) BIJW *op het laatste moment*
inextricable BNW OOK FIG. *onontwarbaar*
infaillibilité v *onfeilbaarheid*
infaillible BNW *onfeilbaar*
infailliblement BIJW *onvermijdelijk(erwijs)*; *zonder mankeren*
infaisable BNW *ondoenlijk*
infalsifiable BNW *onvervalsbaar*; *niet-falsifieerbaar*
infamant BNW *onterend*; *smadelijk*
infâme I m/v *eerloze*; *schandelijk mens* II BNW • *eerloos*; *schandelijk*; *laaghartig*; *infaam* • *walgelijk*; *vies*
infamie v • *schande*; *eerloosheid*; *laag(hartig)heid* • *schanddaad*; *beschimping*
infant m [v: **infante**] *infant* ‹kon. prins in Spanje en Portugal›
infanterie v *infanterie*; *voetvolk*
infanticide I m *kindermoord* II m/v *kindermoordenaar* III BNW *schuldig aan kindermoord*
infantile BNW • *kinderachtig*; *infantiel* • MED. *kinder-* ★ OOK FIG. maladie ~ *kinderziekte*
infantilisme m *kinderlijkheid*; *infantiliteit*
infarctus (*zeg:* -tuus) m *infarct* ★ ~ du myocarde *hartinfarct* ★ faire un ~ *een infarct krijgen*
infatigable BNW *onvermoeibaar*
infatuation v FORM. *eigenwaan*; *verwaandheid*
infatué BNW *verwaand*; *zelfingenomen*
infécond BNW FORM. *onvruchtbaar*
infécondité v FORM. *onvruchtbaarheid*
infect (*zeg:* -ekt) BNW *walgelijk*; *weerzinwekkend*; *afschuwelijk*
infecter OV WW • *infecteren*; *besmetten* • VERO. *bederven*; *verpesten*
infectieux BNW [v: **infectieuse**] *besmettelijk*
infection v • *besmetting*; *infectie* • *stank*; *iets walgelijks* • VERO. *bederf*
inféoder OV WW • GESCH. *in leen uitgeven* (**à** *aan)* • *onderwerpen*; *onderhorig maken* (**à** *aan)*
inférence v FORM. *gevolgtrekking*
inférer OV WW FORM. *afleiden*; *opmaken* (**de** *uit)*
inférieur I m [v: **inférieure**] *ondergeschikte* II BNW • *lager* (**à** *dan)*; *onderst*; *benedenst* • *minder*; *geringer* (**à** *dan)*; *inferieur* (**à** *aan)* • *minderwaardig* ★ lèvre ~e *onderlip* ★ la Seine ~e *de Beneden-Seine*
infériorité v • *minderwaardigheid*; *inferioriteit* • *ondergeschiktheid* • *minderheid*
infernal BNW [m mv: **infernaux**] *hels*; *duivels*; *infernaal*
infertile BNW *onvruchtbaar*
infester OV WW *teisteren*; *een plaag zijn voor* ★ infesté de *vergeven van*; *wemelend van*
infidèle I m/v *ongelovige* II BNW • *ontrouw* (**à** *aan)* • *niet-getrouw*; *onbetrouwbaar*; *onnauwkeurig* • VERO. *ongelovig*
infidélité v • *ontrouw* • *onbetrouwbaarheid*; *onnauwkeurigheid*
infiltration v *infiltratie*; *binnendringing*; *insijpeling*
infiltrer I OV WW *langzaam (doen) binnendringen*; *infiltreren* II WKD WW (**s'**~) • *infiltreren* (**dans** *in)*; *(langzaam) binnendringen* • *ingang vinden*
infime BNW *zeer gering*; *miniem*
infini I m *(het) oneindige*; *oneindigheid* ★ à l'~ *tot in het oneindige* ★ FOTO. régler sur l'~ *op oneindig zetten* II BNW *oneindig*; *eindeloos*
infiniment BIJW • *oneindig* • *ten zeerste*; *uiterst*
infinité v • *oneindigheid* • *ontelbaar aantal*
infinitésimal BNW [m mv: **infinitésimaux**] *uiterst klein* ★ calcul ~ *infinitesimaalrekening*
infinitif m *onbepaalde wijs*; *infinitief*
infirme I m/v *gehandicapte* II BNW *invalide*; *gebrekkig*; *gehandicapt*
infirmer OV WW • *ontkrachten*; *ontzenuwen* • JUR. *vernietigen* ★ ~ une sentence *een vonnis nietig verklaren*
infirmerie v *ziekenzaal*; *ziekenboeg*; *medische hulppost*
infirmier m [v: **infirmière**] *ziekenverpleger* ★ infirmière visiteuse *wijkverpleegster* ★ infirmière en chef *hoofdzuster*
infirmité v • *zwakheid* • *gebrek* • *onvolkomenheid*; *onvolmaaktheid*
inflammable BNW *ontvlambaar*
inflammation v MED. *ontsteking*
inflammatoire BNW MED. *ontstekings-*
inflation v OOK FIG. *inflatie* ★ ~ des prix *prijsinflatie*
inflationniste BNW *inflatie-*; *inflatoir*
infléchir I OV WW • OOK FIG. *(om)buigen* • *een andere richting geven aan* ★ voyelle infléchie *klinker met umlaut* ‹klankwijziging› II WKD WW (**s'**~) • *(door)buigen* • OOK FIG. *van richting veranderen*
inflexibilité v • *onbuigbaarheid* • FIG. *onbuigzaamheid*; *onverzettelijkheid*
inflexible BNW • *onbuigbaar* • FIG. *onbuigzaam*; *onverzettelijk*

inflexion v • *buiging*; OOK FIG. *ombuiging* • *stembuiging* • TAALK. *umlaut* ‹klankwijziging›
infliger OV WW *opleggen* ‹v. straf›; *toebrengen (***à** *aan)*; *doen ondergaan*
inflorescence v *bloeiwijze*
influençable BNW *te beïnvloeden*
influence v *invloed (***sur** *op)*
influencer OV WW *beïnvloeden*
influent BNW *invloedrijk*
influer OV WW (~ **sur**) *invloed hebben op*
influx m ★ ~ nerveux *prikkeloverdracht*; FIG. *pit*; *elan*
info AFK INF. (information) *nieuws(berichten)* ★ les infos *het nieuws(journaal)*
informateur m [v: **informatrice**] *informant*; *zegsman*; *tipgever*
informaticien m [v: **informaticienne**] *computerdeskundige*; *informaticus*
informatif BNW [v: **informative**] *informatief*
information v • *informatie*; *inlichting* • JUR. *(voor)onderzoek* ★ les ~s *het nieuws* ★ traitement de l'~ *gegevensverwerking* ★ aller aux ~s *inlichtingen inwinnen*
informatique I v *informatica* **II** BNW *computer-*
informatisation v *informatisering*; *computerisering*
informatiser OV WW *informatiseren*; *computeriseren*
informe BNW • *vormeloos* • *plomp*
informé I m ★ jusqu'à plus ample ~ *in afwachting van nadere informatie*; *tot nader order* **II** BNW *op de hoogte*; *(wel)ingelicht*
informel BNW [v: **informelle**] *informeel*
informer I OV WW *inlichten (***sur** *over)*; *op de hoogte stellen (***de** *van)* **II** ON WW *een gerechtelijk onderzoek instellen (***contre** *tegen)* **III** WKD WW (**s'**~) *zich op de hoogte stellen (***de** *van)*; *informeren (***de** *naar)*
infortune v *ongeluk*; *tegenspoed* ★ compagnon d'~ *broeder in de nood*; *lotgenoot*
infortuné I m FORM. [v: **infortunée**] *ongelukkige* **II** BNW *ongelukkig*; *onfortuinlijk*
infra BIJW ★ voir ~ *zie hieronder*
infraction v *overtreding*; *inbreuk (***à** *op)*; *strafbaar feit* ★ être en ~ *in overtreding zijn*
infranchissable BNW *onoverkomelijk*; *onoverbrugbaar*
infrangible BNW *onbreekbaar*
infrarouge BNW *infrarood*
infrastructure v *infrastructuur*
infréquentable BNW *ongunstig bekend*; *beter te mijden*
infroissable BNW *kreukvrij*
infructueux BNW [v: **infructueuse**] *vruchteloos*; *vergeefs*
infus BNW *aangeboren* ★ avoir la science ~e *de wijsheid in pacht hebben*
infuser I OV WW • *laten trekken* ‹v. thee e.d.› • FIG. *ingeven*; *inboezemen* **II** ON WW ★ laisser ~ *laten trekken* ‹v. thee e.d.›
infusion v • *kruidenthee*; *(het maken v.e.) aftreksel*; *infusie* • FORM. *inboezeming*
ingambe BNW *goed ter been*
ingénier WKD WW (**s'**~ **à**) *zijn best doen om*; *alle moeite doen om*
ingénierie v *engineering*
ingénieur m *ingenieur*; *technoloog* ★ femme ~ *vrouwelijke ingenieur* ★ ~ agronome *landbouwingenieur* ★ ~ du son *geluidstechnicus*
ingénieusement BIJW → **ingénieux**
ingénieux BNW [v: **ingénieuse**] *vernuftig*; *vindingrijk*; *ingenieus*
ingéniosité v *vernuftigheid*; *vindingrijkheid*
ingénu I m [v: **ingénue**] *naïef (jong) persoon* **II** BNW *naïef-oprecht*; *argeloos*; *ongekunsteld*
ingénuité v *argeloosheid*; *ongekunsteldheid*; *onschuld*
ingérable BNW • *onbeheersbaar* • *in te brengen* ‹v. voedsel, geneesmiddel›
ingérence v *inmenging (***dans** *in)*
ingérer I OV WW *via de mond inbrengen* **II** WKD WW (**s'**~ **dans**) *zich mengen in*; *zich bemoeien met*
ingouvernable BNW *niet te regeren*
ingrat BNW • OOK FIG. *ondankbaar (***envers** *jegens)* • *onvruchtbaar*; *bar* • *onaantrekkelijk*; *lelijk* ★ l'âge ~ *de puberteit*
ingratitude v *ondankbaarheid*; *ondank*
ingrédient m *bestanddeel*; *ingrediënt*
inguérissable BNW OOK FIG. *ongeneeslijk*
inguinal BNW [m mv: **inguinaux**] *van de liesstreek* ★ hernie ~e *liesbreuk*
ingurgiter OV WW • *naar binnen proppen/slaan*; *verzwelgen* • FIG. *erin stampen*
inhabile BNW • *onbekwaam*; *onhandig* • VERO. *onbevoegd (***à** *tot)*
inhabileté v *onbekwaamheid*; *onhandigheid*
inhabilité v VERO. *onbevoegdheid*
inhabitable BNW *onbewoonbaar*
inhabité BNW *onbewoond*
inhabituel BNW [v: **inhabituelle**] *ongewoon*
inhalateur m *inhalator* ★ ~ d'oxygène *zuurstofmasker*
inhalation v *inademing*; *inhalatie*
inhaler OV WW *inademen*; *inhaleren*
inhérence v *inherentie*
inhérent BNW *inherent*; *eigen (***à** *aan)*
inhiber OV WW BIOL./PSYCH. *remmen*; *onderdrukken*
inhibiteur m *inhibitor*
inhibition v BIOL./PSYCH. *remming*; *geremdheid*
inhospitalier BNW [v: **inhospitalière**] *ongastvrij*; *onherbergzaam*
inhumain BNW *onmenselijk*
inhumanité v *onmenselijkheid*
inhumation v *begrafenis*
inhumer OV WW *begraven*
inimaginable BNW *onvoorstelbaar*
inimitable BNW *onnavolgbaar*
inimitié v *vijandschap (***contre** *jegens)*
ininflammable BNW *onontvlambaar*
inintelligent BNW *onverstandig*; *dom*
inintelligibilité v *onbegrijpelijkheid*; *onverstaanbaarheid*
inintelligible BNW *onbegrijpelijk*; *onverstaanbaar*
inintéressant BNW *oninteressant*
ininterrompu BNW *onafgebroken*
inique BNW *zeer onrechtvaardig*; *onbillijk*
iniquité v *onrecht*; *onbillijkheid*; *verdorvenheid*
initial BNW [m mv: **initiaux**] *eerste*; *begin-*; *initieel* ★ (lettre) ~e *initiaal*; *beginletter*

★ vitesse ~e *beginsnelheid*

initialement BIJW *aanvankelijk*

initialiser OV WW COMP. *initialiseren*; *formatteren*

initiateur [v: **initiatrice**] **I** m • *baanbreker*; *wegbereider* • *initiatiefnemer*; *initiator* **II** BNW *baanbrekend*; *de weg bereidend*

initiation v • *inwijding (***à** *in)*; *initiatie* • *inleiding (***à** *in)* ★ stage d'~ *beginnerscursus*

initiatique BNW *inwijdings-*; *initiatie-*

initiative v *initiatief* ★ prendre l'~ (de) *het initiatief nemen (tot/om)* ★ syndicat d'~ *VVV* ★ esprit d'~ *ondernemingsgeest*

initié m [v: **initiée**] *ingewijde*; *insider* ★ délit d'~ *misbruik van voorkennis*

initier OV WW *inwijden (***à** *in)*; *(basis)kennis bijbrengen*

injecter OV WW *inspuiten (***dans** *in)*; *injecteren* ★ injecté de sang *bloeddoorlopen* ★ bois injecté *geïmpregneerd hout*

injecteur **I** m • *injectiespuit* • *injector* **II** BNW [v: **injectrice**] *injectie-*

injection v *inspuiting*; *injectie*

injoignable BNW *onbereikbaar* ‹v. persoon›

injonction v *(uitdrukkelijk) bevel*

injouable BNW *onspeelbaar*; *onhaalbaar*

injure v • *belediging*; *krenking* • *scheldwoord*

injurier OV WW • *beledigen* • *uitschelden*

injurieux BNW [v: **injurieuse**] *beledigend*; *smadelijk*

injuste BNW *onrechtvaardig*; *onbillijk*

injustice v *onrechtvaardigheid*; *onbillijkheid*; *onrecht*

injustifiable BNW *niet te rechtvaardigen*

injustifié BNW *ongerechtvaardigd*

inlandsis m *landijs*

inlassable BNW *onvermoeibaar*

inné BNW *aangeboren*

innervation v *verbreiding v.d. zenuwen*; *innervatie*

innocemment BIJW → **innocent**

innocence v • *onschuld* • *ongevaarlijkheid* • *argeloosheid* ★ clamer son ~ *zijn onschuld volhouden*

innocent **I** m [v: **innocente**] ★ les Innocents *de Onnozele Kinderen* **II** BNW • *onschuldig (***de** *aan)* • *ongevaarlijk*; *onschadelijk* • *onnozel*; *argeloos*

innocenter OV WW *onschuldig verklaren*; *vrijpleiten*; *rechtvaardigen*

innocuité v *onschadelijkheid*

innombrable BNW *ontelbaar*; *talloos*

innommable BNW *onnoemelijk (slecht)*; *erbarmelijk*

innovateur [v: **innovatrice**] **I** m *baanbreker*; *iem. die iets nieuws invoert* **II** BNW *innovatief*; *baanbrekend*

innovation v *innovatie*; *vernieuwing*; *nieuwigheid*

innover **I** OV WW *als nieuwigheid invoeren*; *innoveren* **II** ON WW *vernieuwingen invoeren*

inobservance v FORM. [**inobservation**] *niet-naleving*; *niet-nakoming*

inoccupation v FORM. *ledigheid*

inoccupé BNW • *onbezet*; *onbewoond* • *werkeloos*; *nietsdoend*

inoculation v *inenting*; *inoculatie*

inoculer OV WW ★ ~ qc à qn *iem. met iets inenten*; FIG. *iem. met iets besmetten*

inodore BNW • *reukloos* • FIG. *kleurloos*

inoffensif BNW [v: **inoffensive**] *onschadelijk*; *ongevaarlijk*

inondation v • *overstroming* • *onderwaterzetting*; *inundatie* • FIG. *stroom*; *stortvloed*

inondé **I** m [v: **inondée**] *slachtoffer van watersnood* **II** BNW *overstroomd* ★ ~ de larmes *badend in tranen* ★ ~ de soleil *zonovergoten*

inonder OV WW *onder water zetten*; OOK FIG. *overstromen*

inopérable BNW *niet opereerbaar*

inopérant BNW *zonder effect*; *ondoeltreffend*

inopiné BNW *onverwacht*

inopinément BIJW *onverwachts*; *zomaar*

inopportun BNW *ongelegen*; *ontijdig*

inorganique BNW *anorganisch*; *niet-organisch*

inorganisé BNW *ongeorganiseerd*

inoubliable BNW *onvergetelijk*

inouï BNW *ongehoord*; *ongelofelijk*

inox m *roestvrij staal*

inoxydable BNW *roestvrij*

input m COMP. *input*; *invoer*

inqualifiable BNW *schandelijk*; *ongehoord*

in-quarto **I** m (onver.) *kwarto* **II** BNW *in kwarto*

inquiet BNW [v: **inquiète**] • *ongerust (***de** *over;* **pour** *om)*; *bezorgd* • FORM. *rusteloos*; *ongedurig*

inquiétant BNW *verontrustend*; *zorgelijk*

inquiéter **I** OV WW • *verontrusten* • *lastig vallen* **II** WKD WW (**s'**~) *zich ongerust maken (***de** *over)*; *zich bekommeren (***pour** *om)*

inquiétude v *ongerustheid*; *zorg(en)*

inquisiteur [v: **inquisitrice**] **I** m *inquisiteur* **II** BNW *onderzoekend* ★ regard ~ *vorsende blik*

inquisition v • *inquisitie* • *onderzoek*; *naspeuring*

inracontable BNW *niet (na) te vertellen*

insaisissable BNW OOK FIG. *ongrijpbaar*

insalubre BNW *ongezond* ★ déclarer ~ *onbewoonbaar verklaren*

insalubrité v • *ongezondheid* • *onbewoonbaarheid* ‹v. woning›

insane BNW FORM. *onzinnig*; *waanzinnig*

insanité v *onzinnigheid*; *waanzin*

insatiable (*zeg:* -sasj-) BNW *onverzadelijk*; *onstilbaar*

insatisfaction v *onvoldaanheid*; *ontevredenheid*

insatisfait BNW *onvoldaan*; *onbevredigd*

inscription v • *inschrijving* • *inscriptie*; *opschrift* ★ ~ de/en faux *valsheidsprocedure* ★ prendre une ~ *zich laten inschrijven*

inscrire **I** OV WW *inschrijven (***à** *voor, bij)*; *(in)griffen*; *noteren* **II** WKD WW (**s'**~) • *zich (laten) inschrijven (***à** *voor, bij)* • (**s'**~ **dans**) *binnen het kader vallen van*

inscrit **I** m [v: **inscrite**] *ingeschrevene*; *kiesgerechtigde* **II** BNW *ingeschreven*

insécable BNW *ondeelbaar*; *onsnijdbaar*

insecte m *insect*

insecticide **I** m *insecticide* **II** BNW *insectendodend*

insectivore **I** m *insecteneter* **II** BNW *insecten*

etend
insécuriser OV WW *onzeker maken*
insécurité V *onveiligheid; onzekerheid*
INSEE AFK (Institut national de la statistique et des études) ≈ *CBS; Centraal Bureau voor de Statistiek*
insémination V *bevruchting; inseminatie*
inséminer OV WW *(kunstmatig) bevruchten*
insensé BNW *dwaas; waanzinnig*
insensibilisation V *verdoving; (het) onder narcose brengen*
insensibiliser OV WW *verdoven; gevoelloos maken (*à *voor)*
insensibilité V *ongevoeligheid; gevoelloosheid*
insensible BNW • *ongevoelig (*à *voor); gevoelloos* • *onmerkbaar*
inséparable BNW *onafscheidelijk (***de** *van)*
insérer I OV WW *invoegen; opnemen; plaatsen (***dans** *in)* **II** WKD WW (**s'~ dans**) *zich voegen in; zich inpassen in; zich integreren in*
insertion V • *invoeging; opname; integratie (***dans** *in)* • *aanhechting* ‹v. spieren e.d.›
insidieux BNW [v: **insidieuse**] • *verraderlijk; arglistig* • *sluipend* ‹v. ziekte›
insigne I M *insigne* **II** BNW FORM. *buitengewoon; opmerkelijk*
insignifiance V *onbeduidendheid*
insignifiant BNW *onbeduidend; nietig*
insinuant BNW *indringend; vleierig-innemend*
insinuation V *insinuatie*
insinuer I OV WW *insinueren; bedekt te kennen geven* **II** WKD WW (**s'~**) *zich indringen (***dans** *in)*
insipide BNW *smakeloos;* OOK FIG. *flauw;* FIG. *zouteloos*
insipidité V *smakeloosheid;* OOK FIG. *flauwheid*
insistance V *(het) aanhouden; aandrang* ★ avec ~ *nadrukkelijk*
insister ON WW • *aandringen (***auprès de** *bij); aanhouden* • (~ **pour**) [+ inf.] per se willen • (~ **sur**) *de nadruk leggen op*
insociable BNW *ongezellig; eenzelvig*
insolation V • *zonnesteek* • *blootstelling aan de zon; (hoeveelheid) zonneschijn*
insolemment BIJW → **insolent**
insolence V *brutaliteit; onbeschaamdheid; aanmatiging*
insolent BNW • *brutaal; onbeschaamd; aanmatigend* • *buitengewoon; ongehoord*
insolite BNW *ongewoon*
insoluble BNW *onoplosbaar*
insolvabilité V *insolventie*
insolvable BNW *insolvent*
insomniaque BNW *slapeloos*
insomnie V *slapeloosheid*
insondable BNW • *onpeilbaar; mateloos* • *ondoorgrondelijk*
insonore BNW • *geluidloos* • *geluiddempend*
insonoriser OV WW *geluiddicht maken*
insouciance V *zorgeloosheid; achteloosheid*
insouciant BNW *zorgeloos; achteloos; onbekommerd (***de** *om)*
insoucieux BNW [v: **insoucieuse**] FORM. *zorgeloos; onbekommerd (***de** *om)*
insoumis BNW *weerspannig; ononderworpen*
insoumission V *weerspannigheid; ononderworpenheid*
insoupçonnable BNW • *niet te vermoeden* • *boven verdenking verheven; onverdacht*
insoupçonné BNW *onvermoed; onverwacht*
insoutenable BNW • *onhoudbaar; niet vol te houden* • *onverdraaglijk*
inspecter OV WW *aandachtig bekijken; inspecteren*
inspecteur M [v: **inspectrice**] *inspecteur* ★ SCHERTS. ~ des travaux finis *iem. die zich drukt; lijntrekker; chef lege dozen*
inspection V • *inspectie* • *bezichtiging* • *ambt van inspecteur* ★ ~ du travail *arbeidsinspectie* ★ faire l'~ de *inspecteren*
inspirant BNW *inspirerend*
inspirateur M [v: **inspiratrice**] *inspirator; bezieler; instigator*
inspiration V • *inspiratie; ingeving; bezieling* • *inademing* ★ sous l'~ de *op instigatie van* ★ d'~ cubiste *door het cubisme geïnspireerd*
inspiré BNW *geïnspireerd (***de** *door, op); bezield*
inspirer I OV WW • *inspireren; bezielen* • *ingeven; inboezemen* • *inademen* ★ être bien inspiré de [+ inf.] *er goed aan doen om* ★ cela me n'inspire pas *dat lokt me niet/ spreekt me niet aan* **II** WKD WW (**s'~ de**) *zich laten inspireren door; putten uit; handelen/ zijn in de geest van*
instabilité V *instabiliteit; onstandvastigheid*
instable BNW *onstabiel; onvast; onstandvastig*
installateur M *installateur*
installation V • *vestiging; plaatsing* • *inrichting; installatie* • *bevestiging in een ambt*
installer I OV WW • *zetten; plaatsen; vestigen; onderbrengen* • *inrichten; installeren* • *in een ambt bevestigen; aanstellen* **II** WKD WW (**s'~**) • *(op zijn gemak) gaan zitten* • *zich vestigen; zich inrichten; zijn intrek nemen (***dans** *in;* **chez** *bij); zich nestelen* ★ le doute s'est installé *er is twijfel gerezen* • (**s'~ dans**) *volharden in; geheel verwikkeld raken in*
instamment BIJW *dringend; met aandrang*
instance V • OOK JUR. *instantie* • vaak mv *dringend verzoek* ★ avec ~ *met aandrang* ★ en première ~ *in eerste aanleg* ★ sur les ~s de *op aandrang van* ★ être en ~ *aanhangig zijn; (nog) hangende zijn* ★ être en ~ de *op het punt staan te* ★ être en ~ de divorce *in scheiding liggen* ★ introduire une ~ (contre) *een geding aanhangig maken (tegen)*
instant I M *ogenblik* ★ à l'~ *ogenblikkelijk; zojuist* ★ à chaque ~ *ieder ogenblik* ★ par ~s *nu en dan* ★ pour l'~ *voor het moment; vooralsnog* ★ dans un ~ *zo dadelijk* **II** BNW FORM. • *dringend* • *imminent; dreigend*
instantané I M VERO. FOTO. *momentopname* **II** BNW • *kortstondig* • *plotseling; ogenblikkelijk* • *instant-*
instantanéité V *plotsheid*
instantanément BIJW *ogenblikkelijk*
instar DEEL V. SAMENST ★ FORM. à l'~ de *naar het voorbeeld van*
instauration V *stichting; instelling; invoering*
instaurer I OV WW *stichten; instellen* **II** WKD WW (**s'~**) *in zwang komen; een aanvang nemen*
instigateur M [v: **instigatrice**] *aanzetter;*

aanstoker; instigator
instigation V ★ à/sur l'~ de *op instigatie/ aanraden van*
instiller OV WW • *indruppelen* • FORM. *inboezemen*
instinct (*zeg:* -ste(n)) m *instinct* ★ d' ~/par ~ *instinctmatig; instinctief* ★ ~ de conservation *drang/instinct tot zelfbehoud*
instinctif BNW [v: **instinctive**] *instinctief; instinctmatig; spontaan*
instit AFK INF. (instituteur/institutrice) *onderwijzer(es)*
instituer I OV WW • *instellen; oprichten; stichten* • *benoemen; aanstellen als* II WKD WW (**s'**~) • *ingesteld worden; tot stand komen* • *zich opwerpen als*
institut m *instituut; instelling; inrichting* ★ ~ de beauté *schoonheidssalon* ★ l'Institut de France *geleerd genootschap dat de vijf Académies omvat*
instituteur m [v: **institutrice**] • *onderwijzer* • VERO. *stichter*
institution v • *instelling; stichting; oprichting* • *inrichting; (onderwijs)instelling; instituut* ★ ~ d'héritier JUR. *erfstelling*
institutionnaliser OV WW *institutionaliseren*
institutionnel BNW [v: **institutionnelle**] *institutioneel*
instructeur m *instructeur* ★ juge ~ *rechter v. instructie*
instructif BNW [v: **instructive**] *leerzaam; instructief*
instruction v • *onderricht; onderwijs; opleiding* • *scholing; ontwikkeling; kennis* • *instructie;* COMP. *opdracht* • mv *aanwijzingen* • JUR. *(voor)onderzoek* ★ juge d'~ *rechter v. instructie* ★ ~ civique *burgerschapskunde; maatschappijleer*
instruire I OV WW • *onderrichten; onderwijzen; opleiden* • *verwittigen; op de hoogte brengen* (**de** *van)* ★ JUR. ~ un procès *vooronderzoek doen* II WKD WW (**s'**~) • *kennis opdoen; leren* • *zich op de hoogte stellen* (**de** *van)*
instruit BNW *ontwikkeld* ‹v. persoon›; *geestelijk gevormd*
instrument m • *instrument* ‹in alle betekenissen› • *werktuig* • *bewijsstuk; document* ★ ~ à cordes *snaarinstrument* ★ ~ à vent *blaasinstrument*
instrumental BNW [m mv: **instrumentaux**] • *instrumentaal* • *instrumenteel*
instrumentation v • *instrumentatie* • *instrumentarium*
instrumenter I OV WW MUZ. *instrumenteren* II ON WW JUR. *akten opmaken*
instrumentiste m/v *instrumentalist*
insu m ★ à l'insu de *buiten (mede)weten van* ★ à mon insu *buiten mijn weten*
insubmersible BNW *onzinkbaar*
insubordination v *weerspannigheid; ongehoorzaamheid; insubordinatie*
insubordonné BNW *ongehoorzaam; weerspannig*
insuccès m *mislukking; wansucces*
insuffisamment BIJW *onvoldoende*
insuffisance v • *ontoereikendheid; (het) tekortschieten* • mv *onvolkomenheden* • MED. *insufficiëntie* ★ ~ cardiaque *hartzwakte*
insuffisant BNW • *onvoldoende* • *onbekwaam*
insufflation v *inblazing*
insuffler OV WW OOK FIG. *inblazen*
insulaire I m/v *eilandbewoner* II BNW *eiland(en)-; insulair*
insularité v *positie als eiland*
insuline v *insuline*
insultant BNW *beledigend*
insulte v • *belediging* • *aanfluiting; krenking (***à** *van)*
insulter I OV WW *beledigen; honen* II ON WW FORM. (~ **à**) *spotten met (iets); een belediging zijn voor*
insulteur m *belediger*
insupportable BNW • *onverdraaglijk* • *onuitstaanbaar*
insupporter OV WW INF. *onverdraaglijk zijn voor; tegenstaan*
insurgé I m [v: **insurgée**] *oproerling; opstandeling* II BNW *oproerig; opstandig*
insurger WKD WW (**s'**~) *in opstand komen; protesteren (***contre** *tegen)*
insurmontable BNW *onoverkomelijk; onbedwingbaar*
insurrection v *opstand; oproer*
insurrectionnel BNW [v: **insurrectionnelle**] *oproerig; opstandig*
intact (*zeg:* e(n)takt) BNW *ongeschonden; gaaf; ongerept; intact*
intangible BNW *onaantastbaar; onschendbaar*
intarissable BNW *onuitputtelijk; onstuitbaar (stromend, pratend)*
intégral BNW [m mv: **intégraux**] *volkomen; volledig; onverkort; integraal* ★ calcul ~ *integraalrekening*
intégrale v • WISK. *integraal* • *volledig werk; volledige uitgave*
intégralité v *volledigheid; totaliteit* ★ dans son ~ *in zijn geheel*
intégrant BNW *integrerend; wezenlijk (erbij horend)*
intégration v *integratie*
intègre BNW *integer; onkreukbaar*
intégrer I OV WW *integreren (***dans, à** *in)* II ON WW INF. *toegelaten worden (***à** *tot)* ‹een 'grande école'› III WKD WW (**s'**~) *integreren; opgenomen worden (***dans, à** *in)*
intégrisme m *fundamentalisme*
intégriste I m/v *fundamentalist* II BNW *fundamentalistisch*
intégrité v *integriteit* ‹in alle betekenissen›
intellect (*zeg:* -lekt) m *intellect; verstand*
intellectualisme m *intellectualisme*
intellectualiste BNW *intellectualistisch*
intellectuel [v: **intellectuelle**] I m *intellectueel* II BNW *geestelijk; verstandelijk; intellectueel*
intelligemment BIJW → **intelligent**
intelligence v • *verstand; intelligentie* • *begrip (***de** *van); inzicht* • *verstandhouding* • mv *(geheime) contacten* • *intelligent wezen;* FIG. *brein* ★ l'~ des affaires *zakelijk inzicht* ★ agir d'~ avec *samenspannen/heulen met*
intelligent m *intelligent; verstandig*
intelligentsia v *intelligentsia*
intelligibilité v *begrijpelijkheid; verstaanbaarheid*

intelligible BNW *begrijpelijk; verstaanbaar*
intello AFK INF. (intellectuel(le)) *intellectueel*
intempérance V FORM. *onmatigheid*
intempérant BNW FORM. *onmatig*
intempéries V MV *slecht weer; weer en wind*
intempestif BNW [v: **intempestive**] *te onpas; misplaatst*
intemporel BNW [v: **intemporelle**] • *tijdloos* • *immaterieel*
intenable BNW *onhoudbaar; niet (vol) te houden*
intendance V *huishoudelijk beheer* ‹v. instelling›; *(dienst voor) materiële zaken; intendance*
intendant M *beheerder; intendant*
intense BNW *intens; hevig; fel; druk* ‹v. verkeer›
intensément BIJW → **intense**
intensif BNW [v: **intensive**] *intensief; hevig; krachtig*
intensification V *intensivering*
intensifier I OV WW *intensiveren* II WKD WW (**s'**~) *intensiever worden*
intensité V *intensiteit; hevigheid; sterkte*
intensivement BIJW → **intensif**
intenter OV WW *aandoen* ★ ~ un procès (à, contre) *een proces aanspannen (tegen)*
intention V *bedoeling; voornemen; opzet; intentie* ★ à l'~ de qn *(bestemd) voor iem.* ★ dans l'~ de *(met de bedoeling) om* ★ avoir l'~ de *van plan zijn te* ★ faire un procès d'~ à qn *iem. kwade bedoelingen toedichten*
intentionné BNW *gezind* ★ bien ~ *met goede bedoelingen* ★ mal ~ *met kwade bedoelingen*
intentionnel BNW [v: **intentionnelle**] *opzettelijk*
inter M SPORT *binnenspeler*
interactif BNW [v: **interactive**] *interactief*
interaction V *wisselwerking; interactie*
intercalaire BNW *ingelast; in te voegen* ★ jour ~ *schrikkeldag* ★ (feuillet) ~ *inlegvel; tabkaart*
intercaler OV WW *inlassen; invoegen; tussenvoegen (***dans** *in)*
intercéder ON WW *tussenbeide komen; een goed woordje doen (***auprès de** *bij;* **pour** *voor)*
intercepter OV WW *onderscheppen;* FIG. *opvangen*
intercepteur M *jachtvliegtuig*
interception V *onderschepping*
intercesseur M FORM. *bemiddelaar; voorspraak*
intercession V FORM. *bemiddeling; voorspraak*
interchangeable BNW *(onderling) verwisselbaar*
interclasse M *korte pauze* ‹tussen twee lessen›
intercommunal BNW [m mv: **intercommunaux**] *intercommunaal*
interconnecter OV WW *koppelen*
interconnexion V *koppeling*
intercontinental BNW [m mv: **intercontinentaux**] *intercontinentaal*
intercostal BNW [m mv: **intercostaux**] *tussen de ribben; tussenrib-*
interdépendance V *onderlinge afhankelijkheid*
interdépendant BNW *onderling afhankelijk*
interdiction V • *verbod (***de** *tot)* • *schorsing; ontzetting* ‹uit ambt; v. bep. rechter› ★ ~ de sortir *uitgaansverbod* ★ ~ légale *ontzetting van burgerrechten*
interdire I OV WW • *verbieden; ontzeggen (***à** *aan;* **de** *te)* • *verhinderen; onmogelijk maken (***de** *te)* • *schorsen; ontzetten* ‹uit ambt; v. bep. rechter› ★ ~ que [+ subj.] *verbieden dat; onmogelijk maken dat* II WKD WW (**s'**~) *zich (iets) ontzeggen; weigeren (***de** *te)*
interdisciplinaire BNW *interdisciplinair*
interdit I M • *verbod; taboe* • *schorsing* ‹v. rechten›; REL. *interdict* ★ jeter l'~ sur *uitsluiten; boycotten* II BNW • *verboden* • *geschorst; ontzet* ‹uit ambt; v. bep. rechter› • *sprakeloos; onthutst* ★ ~ de séjour *getroffen door een verblijfsverbod; uitgewezen*
intéressant BNW *interessant; belangwekkend; aantrekkelijk* ★ faire l'~ *interessant doen; zich aanstellen*
intéressé I M [v: **intéressée**] *betrokkene; belanghebbende* II BNW • *geïnteresseerd* • *belang hebbend; betrokken (***à** *bij)* • *door eigenbelang gedreven; berekenend*
intéressement M *winstdeling* ‹voor werknemer›
intéresser I OV WW • *interesseren; belang inboezemen* • *deelgenoot maken* ‹in een zaak›; *betrekken (***à** *bij)* • *aangaan; betreffen* II WKD WW (**s'**~ **à**) *belangstellen in*
intérêt M • *belangstelling (***pour** *voor); interesse* • *belang; nut; eigenbelang* • vaak mv *interest; rente* ★ ce livre a de l'~ *dit boek is interessant* ★ centre d'~ *aandachtsgebied* ★ dommages et ~s *schadevergoeding* ★ ~ composé *samengestelde interest* ★ par ~ *uit eigenbelang* ★ INF. il y a ~! *terecht!; daar is alle reden voor!* ★ avoir ~ à *er goed aan doen om* ★ entrer dans/défendre les ~s de qn *iemands belangen behartigen* ★ porter/prendre ~ à *belangstellen in*
interface V • COMP. *interface* • NAT. *grensvlak* ‹tussen twee fasen›; OOK FIG. *raakvlak*
interférence V • *interferentie* • *tussenkomst*
interférer ON WW *interfereren (***avec** *met); (nadelig) inwerken*
intérieur I M • *(het) inwendige; (het) innerlijke; (het) binnenste* • *gezinsleven; huiselijke haard* • *binnenland* • *binnenspeler* ★ à l'~ (de) *binnen (in)* ★ ministre de l'Intérieur *minister v. Binnenlandse Zaken* II BNW • *inwendig; innerlijk; binnen-* • *binnenlands* ★ cour ~e *binnenplaats*
intérim (*zeg:* -riem) M • *tussentijd* • *(verschaffing van) tijdelijk werk* ★ par ~ *waarnemend; ad interim; interim-* ★ agence d'~ *uitzendbureau* ★ assurer l'~ (de) *tijdelijk de functie waarnemen (van)* ★ faire de l'~ *uitzendwerk doen*
intérimaire I M/V *uitzendkracht* II BNW *tijdelijk; waarnemend; interimair* ★ travail ~ *tijdelijk (uitzend)werk*
intérioriser OV WW *verinnerlijken*
interjection V • *tussenwerpsel* • JUR. *aantekening van beroep*
interjeter OV WW ★ JUR. ~ appel *in beroep gaan*
interligne V *ruimte/tekst tussen twee regels; interlinie*
interligner OV WW *interliniëren*
interlocuteur M [v: **interlocutrice**] *gesprekspartner*

I

interlope BNW • *illegaal; smokkel-* • *verdacht; louche* ★ commerce ~ *sluikhandel*

interloqué BNW *verbluft; sprakeloos*

interloquer OV WW *van zijn stuk brengen; verbluffen*

interlude V • *tussenspel* • *pauzefilmpje* ‹tv›

intermède M • *tussenspel* • FIG. *intermezzo*

intermédiaire I M • *tussenkomst; bemiddeling* • *overgang* ★ par l'~ de *door bemiddeling van; via* II M/V *bemiddelaar; tussenpersoon* III BNW *tussenliggend* ★ gare ~ *tussenstation* ★ temps ~ *tussentijd*

interminable BNW *eindeloos*

interministériel BNW [v: **interministérielle**] *interministerieel*

intermittence V *intermittentie; gedurige onderbreking* ★ par ~ *bij tussenpozen*

intermittent BNW *intermitterend; telkens onderbroken* ★ pouls ~ *onregelmatige polsslag*

internat M • *internaat* • *(het) intern zijn van leerlingen* • *inwonend coassistentschap*

international [M MV: **internationaux**] I M *international* II BNW *internationaal* ★ droit ~ (public) *volkenrecht* ★ match ~ *interlandwedstrijd*

internationaliser OV WW *internationaal maken*

internationalisme M *internationalisme*

internaute M/V *internetgebruiker; netsurfer*

interne I M • *interne leerling* • *inwonend assistent in een ziekenhuis* II BNW *inwendig; innerlijk; intern; binnen-* ★ angle ~ *binnenhoek* ★ oreille ~ *binnenoor*

internement M *internering; opname in gesloten inrichting*

interner OV WW • *interneren; opsluiten* • *opnemen in een gesloten inrichting*

Internet M *internet*

interpellateur M [v: **interpellatrice**] *interpellant*

interpellation V • *aanroeping* • *interpellatie* • *sommatie* • *aanhouding* ‹door politie, voor identificatie›

interpeller OV WW • *(bruusk) toespreken; aanroepen* • *interpelleren* • *sommeren* • *aanhouden* ‹door politie, voor identificatie› • *ter harte gaan; de aandacht vergen van*

interphone M *huistelefoon; intercom*

interplanétaire BNW *interplanetair*

interpoler OV WW *tussenvoegen; invoegen; interpoleren*

interposer I OV WW • *tussenplaatsen* • *tussenbeide doen komen; aanwenden* ★ par personne interposée *via een tussenpersoon; door iemands bemiddeling* II WKD WW (**s'**~) • *zich ertussen plaatsen* • *tussenbeide komen (***entre** *tussen;* **dans** *in)*

interposition V *tussenplaatsing*

interprétariat M *tolkenberoep* ★ école d'~ *tolkenschool*

interprétation V • *verklaring; uitlegging; interpretatie* • *vertolking*

interprète M/V • OOK FIG. *tolk* • *vertolker* • *uitlegger; verklaarder*

interpréter OV WW • *uitleggen; verklaren; interpreteren* • *vertolken; als tolk vertalen*

interprofessionnel BNW [v: **interprofessionnelle**] *meerdere beroep(sgroep)en omvattend*

interrègne M *tussenregering; interregnum*

interrogateur [v: **interrogatrice**] I M *examinator* II BNW *vragend*

interrogatif BNW [v: **interrogative**] *vragend* ★ pronom ~ *vragend voornaamwoord*

interrogation V • *ondervraging* • *vraag(zin)* • *overhoring* ★ point d'~ *vraagteken*

interrogatoire M *ondervraging; verhoor*

interroger I OV WW • *ondervragen; uitvragen; verhoren* • *mondeling examineren; overhoren* • FIG. *te rade gaan bij; raadplegen* ‹v. informatiedrager› II WKD WW (**s'**~) *zich vragen stellen; zich beraden (***sur** *over); zich (iets) afvragen*

interrompre I OV WW • *onderbreken; afbreken; storen* • *in de rede vallen* II WKD WW (**s'**~) *ophouden (***de** [+ inf.] met); *stoppen*

interrupteur I M,V [v: **interruptrice**] *iemand die in de rede valt* II M *schakelaar* ★ ~ différentiel *aardlekschakelaar* III BNW [v: **interruptrice**] *onderbrekend; storend*

interruption V • *onderbreking* • *(het) in de rede vallen; interruptie* ★ sans ~ *onafgebroken*

interscolaire BNW *intersc(h)olair*

intersection V • *snijding; kruising* • *snijvlak* ★ point d'~ *snijpunt* ★ ligne d'~ *snijlijn*

interstice M *tussenruimte; spleet; kier*

intersyndical BNW [M MV: **intersyndicaux**] *van/tussen verschillende vakbonden*

intertitre M *tussenkop; tussentekst* ‹v. (stomme) film›

intertropical BNW [M MV: **intertropicaux**] *tussen de keerkringen; intertropisch*

interurbain BNW *interlokaal*

intervalle M • *tussenruimte (***entre** *tussen); afstand* • *tussentijd; (tussen)poos; interval* ★ par ~s *van tijd tot tijd* ★ sans ~ *onophoudelijk* ★ à six jours d'~ *zes dagen later*

intervenant M [v: **intervenante**] *tussenkomende partij; spreker* ‹in debat›

intervenir ON WW • *tussenbeide komen; ingrijpen; interveniëren (***dans** *in); bemiddelend optreden* • *zich voordoen; tot stand komen* • FIG. *een rol spelen; bijdragen (***dans** *in)*

intervention V • *tussenkomst; bemiddeling* • *interventie;* OOK MED. *ingreep* • *bijdrage* ‹aan debat›; *toespraak*

interversion V *omkering; verwisseling*

intervertir OV WW *omkeren; verwisselen*

interview (*zeg:* -vjoe) V *interview*

interviewer I M *interviewer* II OV WW *interviewen*

intervieweur M [v: **intervieweuse**] *interviewer*

intestat BNW *zonder testament; intestaat*

intestin I M • *darm* • MV *ingewanden* ★ ~ grêle *dunne darm* ★ gros ~ *dikke darm* II BNW FORM. *intern (uitgevochten)* ★ guerre ~e *burgeroorlog*

intestinal BNW [M MV: **intestinaux**] *darm-; ingewands-* ★ vers intestinaux *spoelwormen*

intime I M/V *boezemvriend; intimus* II BNW • *intiem; vertrouwelijk; privé* • *innerlijk;*

innig ★ ami ~ *boezemvriend* ★ journal ~ *dagboek* ★ liens ~s *nauwe (vriendschaps)banden*
intimé m [v: **intimée**] *gedaagde* ‹in hoger beroep›
intimer OV WW • *dagvaarden* • FORM. *aanzeggen* ★ ~ l'ordre de *het bevel geven te; gelasten te*
intimidation v *intimidatie*
intimider OV WW *intimideren*
intimiste BNW *intimistisch; intiem* ‹v. sfeer›
intimité v • *intimiteit* • *privacy; privésfeer* • *knusheid; beslotenheid* • FORM. *(het) binnenste;* FIG. *(het) diepste* ★ dans la plus stricte ~ *in alle beslotenheid/stilte*
intitulé m *titel; opschrift*
intituler I OV WW *(be)titelen* II WKD WW (**s'**~) • *zich noemen* • *(het genoemde) als titel hebben*
intolérable BNW • *onverdraaglijk* • *onduldbaar*
intolérance v *onverdraagzaamheid; intolerantie*
intolérant BNW *onverdraagzaam; intolerant*
intonation v *intonatie* ‹in alle betekenissen›
intouchable I m *onaanraakbare; paria* II BNW • *onschendbaar; onaantastbaar* • *onaanraakbaar*
intox v [**intoxe**] INF. → **intoxication**
intoxication v • *vergiftiging* • *indoctrinatie; desinformatie* ★ ~ alimentaire *voedselvergiftiging*
intoxiqué m [v: **intoxiquée**] *verslaafde (***de** *aan)*
intoxiquer OV WW • *vergiftigen* • *indoctrineren; door desinformatie beïnvloeden*
intracommunautaire BNW *binnen de gemeenschap; intracommunautair*
intraduisible BNW *onvertaalbaar*
intraitable BNW *onvermurwbaar (***sur** *inzake)*
intra-muros BIJW *binnen de (muren van) de stad*
intramusculaire BNW *intramusculair*
intransigeance v *onverzettelijkheid; compromisloosheid; starheid*
intransigeant BNW *onverzettelijk; compromisloos; star*
intransitif BNW [v: **intransitive**] *onovergankelijk; intransitief*
intransmissible BNW *onoverdraagbaar*
intransportable BNW *onvervoerbaar*
intraveineux BNW [v: **intraveineuse**] *in de aderen; intraveneus*
intrépide BNW *onverschrokken; stoutmoedig*
intrépidité v *onverschrokkenheid*
intrigant I m [v: **intrigante**] *intrigant; konkelaar* II BNW *intrigant; konkelend*
intrigue v • *intrige; gekonkel* • *intrige; plot*
intriguer I OV WW *intrigeren* II ON WW *intrigeren; geheime plannen smeden (***contre** *tegen)*
intrinsèque BNW *intrinsiek; wezenlijk*
introducteur m [v: **introductrice**] *iem. die introduceert; inleider; invoerder*
introductif BNW [v: **introductive**] *inleidend*
introduction v • *inleiding* • *introductie* • *(het) inbrengen*
introduire I OV WW • *binnenleiden* • *inleiden* • *introduceren (***auprès de** *bij;* **dans** *in)* • *inbrengen (***dans** *in)* • *invoeren* II WKD WW (**s'**~) • *binnendringen; binnensluipen* • *zich toegang verschaffen (***dans** *tot)* • *ingang vinden*
intronisation v • *inhuldiging; intronisatie* • *(plechtige) invoering*
introniser OV WW • *inhuldigen; introniseren* • *(plechtig) invoeren; ingang doen vinden*
introspection v *zelfbeschouwing; introspectie*
introuvable BNW *onvindbaar*
introverti BNW *introvert*
intrus (*zeg:* e(n)truu) m [v: **intruse**] *indringer*
intrusion v *indringing; binnendringing (***dans** *in); intrusie*
intuber OV WW MED. *intuberen*
intuitif BNW [v: **intuitive**] *intuïtief*
intuition v *intuïtie; voorgevoel*
inuit BNW *eskimo-*
Inuit m/v *Eskimo*
inusable BNW *onverslijtbaar*
inusité BNW *ongebruikelijk*
inutile BNW • *nutteloos* • *vergeefs; onnodig* ★ ~ de ... *het heeft geen zin om ...*
inutilisable BNW *onbruikbaar*
inutilisé BNW *ongebruikt*
inutilité v • *nutteloosheid* • *onnodigheid* • *vruchteloosheid*
invalidation v *ongeldigverklaring*
invalide I m/v *invalide* II BNW • *invalide; arbeidsongeschikt* • VERO. *ongeldig*
invalider OV WW *ongeldig verklaren/maken*
invalidité v • *invaliditeit; arbeidsongeschiktheid* • VERO. *ongeldigheid*
invariable BNW *onveranderlijk*
invasion v • *invasie; inval* • *(het) binnendringen*
invective v • *scheldwoord* • mv *scheldpartij*
invectiver I OV WW INF. *uitschelden* II ON WW VERO. (~ **contre**) *schelden op; uitvaren tegen*
invendable BNW *onverkoopbaar*
invendu I m *onverkocht artikel* II BNW *onverkocht*
inventaire m • *inventaris; boedelbeschrijving* • *opsomming; lijst*
inventer OV WW • *uitvinden; ontdekken* • *verzinnen* ★ ça ne s'invente pas *zoiets verzin je niet*
inventeur m [v: **inventrice**] • *uitvinder* • *ontdekker*
inventif BNW [v: **inventive**] *vindingrijk; inventief*
invention v • *uitvinding* • *ontdekking* • *verzinsel* • *vindingrijkheid*
inventivité v *vindingrijkheid; inventiviteit*
inventorier OV WW *inventariseren*
inventrice v → **inventeur**
invérifiable BNW *niet na te gaan; onverifieerbaar*
inverse I m *(het) tegendeel; (het) tegenovergestelde* ★ à l'~ *omgekeerd; daarentegen; daartegenover* ★ à l'~ de *in tegenstelling tot* II BNW *omgekeerd; tegenovergesteld*
inversement BIJW • *omgekeerd* • *daarentegen; daartegenover* ★ ~ proportionnel (à)

omgekeerd evenredig (aan)
inverser OV WW *omkeren*; *omzetten*
inversion V *omkering*; *omzetting*; *inversie*
invertébré BNW *ongewerveld*
inverti BNW *geïnverteerd*
investigateur [v: **investigatrice**] **I** m *onderzoeker* **II** BNW *onderzoekend*; *vorsend*
investigation V *onderzoek*; *nasporing*
investir **I** OV WW • OOK FIG. *investeren (***dans** *in)* • MIL. *omsingelen* • (~ **de**) *bekleden met* ‹ambt, gezag e.d.› ⋆ investir qn de sa confiance *iem. zijn vertrouwen schenken* **II** WKD WW (**s'**~ **dans**) *zich intensief wijden aan*; *zich overgeven aan*
investissement m • *investering* • *omsingeling*
investisseur m *investeerder*
investiture V *bevestiging* ‹in ambt›; *benoeming*; *investituur*
invétéré BNW • *ingeworteld* • *verstokt*; *onverbeterlijk* ⋆ alcoolique ~ *gewoontedrinker*
invincible BNW OOK FIG. *onoverwinnelijk*; *onweerstaanbaar*
inviolabilité V *onschendbaarheid*
inviolable BNW *onschendbaar*
inviolé BNW *ongeschonden*
invisibilité V *onzichtbaarheid*
invisible BNW OOK FIG. *onzichtbaar*
invitation V • OOK FIG. *uitnodiging (***à** *tot, voor)*; *invitatie* • *verzoek*; *aansporing*
invite V *stille wenk*; *hint*
invité m [v: **invitée**] *gast*; *genodigde*
inviter **I** OV WW • OOK FIG. *uitnodigen (***à** *tot, voor, te)*; *inviteren* • *verzoeken (***à** *te)*; *manen (***à** *tot)* **II** WKD WW (**s'**~) *zichzelf uitnodigen*; *ongevraagd komen*
in vitro BNW ⋆ fécondation ~ *in-vitrofertilisatie*
invivable BNW *onleefbaar*; *ongenietbaar*
invocation V *aanroeping*; *invocatie*
involontaire BNW *onvrijwillig*; *onwillekeurig*; *onopzettelijk*; *ongewild*
invoquer OV WW • *aanroepen*; *inroepen* • *aanvoeren*; *zich beroepen op*
invraisemblable BNW • *onwaarschijnlijk*; *ongelofelijk* • *potsierlijk*; *onmogelijk*
invraisemblance V *onwaarschijnlijkheid*
invulnérabilité V *onkwetsbaarheid*
invulnérable BNW *onkwetsbaar*
iode m *jodium*
iodé BNW *jodiumhoudend*
iodure m *jodide*
ion m *ion*
ionien BNW [v: **ionienne**] *Ionisch*
ionique BNW → **ionien**
ioniser OV WW *ioniseren*
iota m *jota* ⋆ pas un iota *totaal niets*
irai WW (futur) → **aller**
Irak m [**Iraq**] *Irak*
Irakien m [v: **Irakienne**] *Irakees*
irakien BNW [v: **irakienne**] *Irakees*
Iran m *Iran*
iranien BNW [v: **iranienne**] *Iraans*
Iranien m [v: **Iranienne**] *Iraniër*
Iraqien m [v: **Iraqienne**] → **Irakien**
iraqien BNW [v: **iraqienne**] → **irakien**
irascible BNW FORM. *prikkelbaar*; *lichtgeraakt*
iris *(zeg:* ieries) m • *iris* ‹in alle betekenissen› • *regenboog(kleuren)*
irisation V *irisatie*; *regenboogkleuren*
irisé BNW *regenboogkleurig*; *iriserend*
irlandais **I** m *(het) Iers* **II** BNW *Iers*
Irlandais m [v: **Irlandaise**] *Ier*
Irlande V *Ierland*
ironie V *ironie*
ironique BNW *ironisch*
ironiser ON WW *ironisch spreken (***sur** *over)*; *ironiseren*
ironiste m/v VERO. *ironisch spreker/schrijver*
irons WW (futur) → **aller**
irradiation V • OOK FIG. *uitstraling* • *bestraling*
irradier **I** OV WW *bestralen* **II** ON WW OOK FIG. *(uit)stralen*
irraisonné BNW *onberedeneerd*
irrationnel BNW [v: **irrationnelle**] *irrationeel* ‹in alle betekenissen›
irrattrapable BNW *niet goed te maken*
irréalisable BNW *onuitvoerbaar*; *niet te verwezenlijken*
irréalisme m *gebrek aan realisme*
irréaliste BNW *onrealistisch*
irréalité V *onwezenlijkheid*
irrecevable BNW • JUR. *niet-ontvankelijk* • *niet-inwilligbaar*; *niet-aanvaardbaar*
irréconciliable BNW *onverzoenlijk*
irrécouvrable BNW *oninbaar*
irrécupérable BNW • *niet meer te gebruiken*; *niet-herwinbaar* • *niet meer te socialiseren* ‹v. persoon›; *reddeloos verloren*
irrécusable BNW *onweerlegbaar*; *onwraakbaar*
irréductible BNW • *onverzettelijk* • *onherleidbaar*; *niet-reduceerbaar*
irréel BNW [v: **irréelle**] • *onwezenlijk* • *irreëel*
irréfléchi BNW • *onnadenkend*; *onbedachtzaam* • *ondoordacht*
irréflexion V *onnadenkendheid*; *onbedachtzaamheid*
irréfragable BNW *onweerlegbaar*
irréfutable BNW *onweerlegbaar*
irrégularité V *onregelmatigheid*
irrégulier BNW [v: **irrégulière**] • *onregelmatig* • *ongeregeld* • *illegaal*; *in strijd met de regels* • *wisselvallig (presterend)* ⋆ verbe ~ *onregelmatig werkwoord*
irrégulièrement BIJW → **irrégulier**
irréligieux BNW [v: **irréligieuse**] *ongodsdienstig*
irréligion V • *ongodsdienstigheid* • *ongeloof*
irrémédiable BNW *onherstelbaar*; *hopeloos*
irrémédiablement BIJW *onherstelbaar*; *onherroepelijk*; *voorgoed*
irrémissible BNW FORM. *onvergeeflijk*
irremplaçable BNW *onvervangbaar*
irréparable BNW *onherstelbaar*
irrépréhensible BNW FORM. *onberispelijk*
irrépressible BNW *onbedwingbaar*
irréprochable BNW *onberispelijk*
irrésistible BNW *onweerstaanbaar*
irrésolu BNW • *besluiteloos*; *weifelend* • *onopgelost*
irrésolution V *besluiteloosheid*
irrespect m FORM. *oneerbiedigheid*
irrespectueux BNW [v: **irrespectueuse**] *oneerbiedig*
irrespirable BNW *niet in te ademen*; *verstikkend*

irresponsabilité V • *onverantwoordelijkheid* • POL. *onschendbaarheid* • JUR. *ontoerekeningsvatbaarheid*

irresponsable BNW • *onverantwoordelijk* • POL. *onschendbaar* • JUR. *ontoerekeningsvatbaar*

irrétrécissable BNW *krimpvrij*

irrévérence V *oneerbiedigheid*

irrévérencieux BNW [v: **irrévérencieuse**] *oneerbiedig*

irréversibilité V *onomkeerbaarheid*

irréversible BNW *niet-omkeerbaar*

irrévocable BNW *onherroepelijk*

irrigable BNW *bevloeibaar*

irrigateur M *besproeier*; *irrigator*

irrigation V *irrigatie*; *bevloeiing* ★ MED. ~ sanguine *doorbloeding*

irriguer OV WW • *bevloeien*; OOK MED. *irrigeren* • MED. *bloed/lichaamsvocht toevoeren naar* ⟨organen⟩

irritabilité V *prikkelbaarheid*

irritable BNW *prikkelbaar*

irritant I M VERO. *irriterend middel* II BNW *irriterend*; *irritant*

irritation V OOK MED. *irritatie*; *geprikkeldheid*

irrité BNW OOK MED. *geïrriteerd*; *geprikkeld*; *geërgerd* (**de** *over*); *boos* (**contre** *op*)

irriter I OV WW OOK MED. *irriteren*; *prikkelen* II WKD WW (**s'**~) *boos worden* (**contre** *op*); *zich ergeren* (**de** *aan*)

irruption V *inval*; *binnendringing* ★ faire ~ *binnenvallen*; *(opeens) binnendringen*

Isaïe *Jesaja*

isard M *(Pyreneese) gems*

islam M *islam*

islamique BNW *islamitisch*

islamiser OV WW *islamiseren*

islamisme M • *mohammedanisme* • *islamitisch activisme*

islandais I M *(het) IJslands* II BNW *IJslands*

Islandais M [v: **Islandaise**] *IJslander*

Islande V *IJsland*

isobare I V *isobaar* II BNW *isobaar*

isocèle BNW *gelijkbenig*

isolable BNW *isoleerbaar*

isolant I M *isolerend middel*; *isolerende stof* II BNW *isolerend*

isolateur I M *isolator* II BNW [v: **isolatrice**] *isolerend*

isolation V *isolatie*

isolationnisme M *isolationisme*

isolé BNW • *alleenstaand* • *afgezonderd*; *eenzaam* • *geïsoleerd* (**de** *van*) • *apart* ★ cas ~ *op zichzelf staand geval*

isolement M • *afzondering*; *eenzaamheid*; *isolement* • *isolatie*

isolément BIJW *afzonderlijk*; *apart* (**de** *van*)

isoler I OV WW • *afzonderen* (**de** *van*) • *isoleren* ⟨in alle betekenissen⟩ • *afzonderlijk beschouwen* II WKD WW (**s'**~) *zich afzonderen* (**de** *van*)

isoloir M *stemhokje*

isomère I M *isomeer* II BNW *isomeer*

isotherme BNW *isotherm* ★ sac ~ *koeltas* ★ (ligne) ~ *isotherm*

isotope M *isotoop*

Israël M *Israël*

israélien BNW [v: **israélienne**] *Israëlisch*

Israélien M [v: **Israélienne**] *Israëliër*; *Israëli*

israélite BNW • *Israëlitisch* • *joods*

Israélite M/V *Israëliet*

issu BNW (~ **de**) *afkomstig van*; *geboren uit*; *voortgekomen uit*

issue V • *uitgang* • FIG. *uitweg* (**à** *uit*) • *afloop* • MV *(oneetbaar) afval* ★ ~ de secours *nooduitgang* ★ à l'~ de *na afloop van* ★ sans ~ *doodlopend* ⟨v. weg⟩; FIG. *zonder uitweg*; FIG. *uitzichtloos*

isthme M *(land)engte*

italianisme M *italianisme*

Italie V *Italië*

italien I M *(het) Italiaans* II BNW [v: **italienne**] *Italiaans*

Italien M [v: **Italienne**] *Italiaan*

italique I M *cursiefletter* ★ en ~(s) *cursief* II BNW *cursief*

item I M *item* II BIJW *eveneens*; *idem*

itératif BNW [v: **itérative**] *herhaald*; *iteratief*

itération V *herhaling*

itinéraire M *(reis)route*

itinérant BNW *rondtrekkend*; *reizend*

IUT AFK (Institut universitaire de technologie) ≈ *TU (Technische Universiteit)*

IVG AFK (interruption volontaire de grossesse) *abortus provocatus*

ivoire M • *ivoor* • *ivoren (kunst)voorwerp* • *tandbeen* ★ en ~ *ivoren* ★ noir d'~ *ivoorzwart*

ivoirien BNW [v: **ivoirienne**] *Ivoriaans*

ivraie V *raaigras* ★ séparer le bon grain de l'~ *het kaf van het koren scheiden*

ivre BNW OOK FIG. *dronken* (**de** *van*) ★ ivre mort *stomdronken*

ivresse V • *dronkenschap* • *vervoering*; FIG. *bedwelming*; *roes*

ivrogne I M/V *dronkaard* II BNW *aan de drank verslaafd*

ivrognerie V *dronkenschap*; *drankzucht*

J

j (*zeg:* zjie) m *letter j* ★ le jour J *de grote dag; D-day*
j' PERS VNW → **je**
jabot m • *krop* ‹v. vogel› • *jabot; bef* ‹aan hemd›
jacassement m • *(het) klappen* ‹v. ekster› • *gekwebbel; geklets*
jacasser ON WW • *kwebbelen; kletsen* • *klappen* ‹v. ekster›
jacasseur [v: **jacasseuse**] I m *kletskous* II BNW *babbelziek*
jachère v • *(het) braak liggen* • *braakland* ★ OOK FIG. laisser en ~ *braak laten liggen*
jacinthe v *hyacint*
jacobin I m GESCH. *jakobijn* ‹fel republikein› II BNW *jakobijns*
Jacques • *Jakobus; Jakob* • GESCH. *spotnaam voor Franse boer*
jacquet m *soort triktrakspel*
J
jactance v • FORM. *snoeverij* • INF. *geklets; gezwam*
jacter ON WW INF. *kletsen; zwammen*
jaculatoire BNW ★ oraison ~ *schietgebedje*
jacuzzi m *jacuzzi; bubbelbad*
jade m • *jade* • *jaden (kunst)voorwerp*
jadis (*zeg:* -dies) I BNW ★ au temps ~ *(in) vroeger (tijd)* II BIJW *vroeger; eertijds*
jaguar m *jaguar*
jaillir ON WW • *plotseling naar voren komen; plotseling ontstaan* • *opspringen; opwellen; opspuiten;* OOK FIG. *oplaaien* • *(voor)uitsteken* ★ les réactions ~ent de tous côtés *de reacties kwamen ineens van alle kanten*
jaillissement m → **jaillir**
jais m *git* ★ de jais/noir comme du jais *gitzwart*
jalon m • *bakenstok* • FIG. *baken; richtsnoer* ★ poser les ~s (de qc) *de weg bereiden (voor iets); (iets) uitstippelen*
jalonnement m *afbakening; afpaling*
jalonner I OV WW • OOK FIG. *afbakenen; afpalen* • FIG. *(doorlopend) markeren* ★ jalonné de *een lange reeks vormend van; rijk aan* II ON WW *bakenstokken plaatsen*
jalouse v → **jaloux**
jalousement BIJW *jaloers; angstvallig*
jalouser OV WW *jaloers zijn op*
jalousie v • *jaloezie; afgunst* • *zonneblind; jaloezie* ★ ~ de métier *broodnijd*
jaloux [v: **jalouse**] I m *jaloers persoon* ★ faire des ~ FIG. *schele ogen maken* II BNW • *afgunstig; jaloers (***de** *op)* • FORM. *alert (***de** *op); angstvallig bedacht (***de** *op)* ★ ~ de sa liberté *zeer gehecht aan zijn vrijheid*
jamaïquain BNW [**jamaïcain**] *Jamaicaans*
Jamaïque v *Jamaica*
jamais BNW • *ooit; altijd* • *nooit* ‹zonder ww› ★ à (tout) ~ *voor altijd* ★ ne ... ~ *nooit* ★ ne ... ~ que *nooit/niets anders dan* ★ pour ~ *voor altijd* ★ au grand ~ *nooit ofte nimmer* ★ je ne le vois ~ *ik zie hem nooit* ★ je ne le verrai plus ~ *ik zal hem nooit meer zien* ★ si ~ tu le vois *mocht je hem zien* ★ on ne sait ~ *je weet maar nooit*
jambage m • *opstaande stut; (deur-, venster)stijl* • *poot; neerhaal* ‹v. letter›
jambe v • *been; poot* ‹v. dier› • *broekspijp* • *schoor; steun(balk)* ★ ~ de bois *houten been* ★ les ~s d'un compas *de benen v.e. passer* ★ prendre ses ~s à son cou *de benen nemen* ★ fuir à toutes ~s *in allerijl vluchten* ★ il me tient la ~ *hij houdt me aan de praat* ★ il est dans mes ~s *hij loopt me voor de voeten* ★ INF. ça me fait une belle ~ *daar schiet ik niet veel mee op* ★ il fait tout par-dessus la ~ *hij doet alles met de Franse slag* ★ n'avoir plus de ~s/avoir les ~s coupées *niet meer op zijn benen kunnen staan* ‹v. moeheid› ★ courir à toutes ~s *zo hard lopen als men kan* ★ traîner les ~s *moeilijk lopen*
jambière v • *beenbeschermer* • *beenwarmer*
jambon m *ham* ★ ~ blanc/cuit *gekookte ham*
jambonneau m [mv: **jambonneaux**] • *soort mossel* • *hammetje*
janissaire m GESCH. *janitsaar*
jansénisme m *jansenisme*
janséniste I m/v *jansenist* II BNW *jansenistisch*
jante v *velg*
janvier m *januari*
Japon m *Japan*
japonais I m *(het) Japans* II BNW *Japans*
Japonais m [v: **Japonaise**] *Japanner*
jappement m *gekef*
japper ON WW *keffen*
jaquette v • *jacquet* ‹lange jas› • *stofomslag* ‹v. boek› • *jacketkroon*
jardin m *tuin* ★ ~ fruitier *boomgaard* ★ ~ ouvrier *volkstuin* ★ ~ potager *moestuin* ★ ~ public *park; plantsoen* ★ ~ des plantes *botanische tuin* ★ ~ d'hiver *wintertuin* ★ ~ d'Eden *hof van Eden* ★ ~ secret *iemands intiemste gedachten; iemands privéwereldje* ★ ~ d'enfants *kleuterschool; peuterspeelzaal* ★ jeter une pierre dans le ~ de qn *iem. een steek onder water geven*
jardinage m *(het) tuinieren*
jardiner ON WW *tuinieren* ‹uit liefhebberij›
jardinerie v *winkel voor tuinbenodigdheden*
jardinet m *tuintje*
jardinier [v: **jardinière**] I m *tuinier; tuinman* II BNW *tuin-*
jardinière v • *bloembak; jardinière* • *fijngesneden gekookte groenten* ★ potage à la ~ *groentesoep*
jargon m • *koeterwaals* • *jargon*
jargonner ON WW *onbegrijpelijke taal spreken*
jarre I m *stekelhaar* ‹in wol, vacht› II v • *aarden kruik/pot* • NAT. *Leidse fles*
jarret m • *knieholte* • *spronggewricht* ‹v. dieren› • *schenkel* • TECHN. *uitsteeksel; knik; knie* ★ avoir du ~ *goed kunnen lopen*
jarretelle v *jarretelle; kousophouder*
jarretière v *kousenband*
jars (*zeg:* zjar) m *gent* ‹mannetjesgans›
jaser ON WW • *kletsen; roddelen (***sur** *over); (ver)klappen* • *klappen; krijsen* ‹v. vogels›
jaseur I m *pestvogel* II m [v: **jaseuse**] *babbelaar; kletskous* III BNW [v: **jaseuse**] *babbelziek*
jasmin m *jasmijn*

jaspe m *jaspis*
jatte v *kommetje*; *mok*
jauge v • *peilstok*; *(ijk)maat* • *vereiste inhoud*; *standaardmaat*; SCHEEPV. *tonnenmaat* ★ ~ d'essence *benzinemeter*
jaugeage m • *peiling*; *inhoudsbepaling*; *meting* • *ijkloon*
jauger I OV WW • *de inhoud bepalen van*; *peilen*; *meten* • FIG. *peilen*; *naar waarde schatten* II ON WW • *een diepgang hebben van* • *een tonnage hebben van*; *meten*
jaunâtre BNW *geelachtig*
jaune I m *gele kleur*; *(het) geel* ★ ~ d'œuf *eierdooier* ★ ~ citron *citroengeel* II m/v • PEJ. *werkwillige*; *stakingsbreker*; *lid v.e. gele (werkgeversgezinde) vakbond* • *iemand v.h. gele ras* III BNW *geel* IV BIJW *geel* ★ rire ~ *lachen als een boer die kiespijn heeft*
jaunet BNW [v: **jaunette**] *geelachtig*
jaunir I OV WW *geel maken* II ON WW *geel worden*
jaunisse v *geelzucht* ★ INF. en faire une ~ *zich groen en geel ergeren*
jaunissement m *(het) vergelen*
java v *soort dans* ★ INF. faire la java *de bloemetjes buiten zetten*; *pret maken*
javanais I m *(het) Javaans* II BNW *Javaans*
Javanais m [v: **Javanaise**] *Javaan*
Javel v ★ eau de ~ *bleekwater*
javelliser OV WW *chloreren* ‹v. water›
javelot m • *werpspies*; *speer* • SPORT *(het) speerwerpen*
jazz (*zeg:* dzjaz) m *jazz*
jazzman m [mv: **jazzmen/jazzmans**] *jazzmusicus*
J.-C. AFK [**J.C.**] (Jésus-Christ) *J.C.*
je PERS VNW (voor klinker en stomme h: j') *ik*
jean (*zeg:* dzjien) m [**jeans**] • *spijkerbroek* • *spijkerstof*
Jean *Johannes*; *Jan*
jean-foutre m INF. (onver.) *jandoedel*; *sukkel*
jeannette v • *strijkplankje*; *mouwplank* • *(gouden) kruisje om de hals*
jeep (*zeg:* (d)zjiep) v *jeep*
je-m'en-foutisme m INF. *(schromelijke) onverschilligheid*; *lamlendigheid*
je-ne-sais-quoi m (onver.) ★ un ~ *een bepaald iets*; *iets onbestemds*
jérémiade v INF. vaak mv *jeremiade*; *jammerklacht*
jerrycan m [**jerricane**] *jerrycan*
jersey m *jersey*
jésuite I m OOK FIG. *jezuïet* II BNW OOK FIG. *jezuïtisch*
jésuitique BNW OOK FIG. *jezuïtisch*
jésuitisme m OOK FIG. *jezuïtisme*
jésus m • *Jezusbeeldje* • *lief kind*
Jésus (*zeg:* zjeezuu) *Jezus*
Jésus-Christ (*zeg:* zjeezuukrie) m *Jezus Christus*
jet m • *(het) werpen*; *worp* • *(krachtige) straal* • *(het) gieten* ‹v. metaal› • PLANTK. *loot* • *straalvliegtuig*; *jet* ★ jet d'eau *waterstraal*; *(spring)fontein* ★ jet à la mer *(het) overboord werpen v.d. lading* ★ premier jet *voorontwerp*; *(ruwe) schets* ★ à un jet de pierre *op een steenworp* ★ d'un (seul) jet *ineens* ★ laver au jet *schoonspuiten* ‹v. auto› ★ imprimante à jet d'encre *inkjetprinter*
jetable BNW *wegwerp-*
jeté m • *jeté* ‹danssprong› • *tafelloper* • *(het) stoten* ‹bij gewichtheffen›
jetée v • *havenhoofd*; *pier* • *pier* ‹op luchthaven›
jeter I OV WW • *werpen*; *(weg)gooien* • *uitstoten*; *slaken* • *leggen* ‹v. grondslag›; *slaan* ‹v. brug› • *gieten* ‹v, metaal› • FIG. *zaaien*; *teweegbrengen* ★ ~ (à) bas *omverhalen* ★ ~ un coup d'œil (sur) *een blik werpen (op)* ★ c'est (bon) à ~ *dat kun je wel weggooien* ★ ~ qc sur le papier *iets snel op papier zetten* ★ ~ des feux *schitteren* ★ ~ à la face/à la figure/au nez *verwijten*; *naar het hoofd slingeren* ★ ~ un cri *een kreet slaken* ★ ~ les yeux sur qn *zijn oog op iem. laten vallen* ★ INF. en ~ *puik/indrukwekkend zijn* • (~ **dans**) FIG. *dompelen in*; *doen geraken in/tot* ★ jeter dans l'embarras *in verlegenheid brengen* ★ jeter dans la crainte *bevreesd maken* II WKD WW (**se** ~) • *zich werpen*; *zich storten* ★ se ~ au cou de qn *iem. om de hals vallen* ★ se ~ aux bras de qn *zich in iemands armen werpen* • (**se** ~ **dans**) *uitmonden in*
jeton m • *muntje*; *(speel)penning*; *fiche* • INF. *klap*; *dreun* ★ FIG. faux ~ *onbetrouwbare vent*; *huichelaar* ★ INF. vieux ~ *ouwe knar* ★ INF. faux comme un ~ *erg vals* ★ INF. avoir les ~s *in de piepzak zitten*
jeu m [mv: **jeux**] • OOK FIG. *spel* • *stel* ‹v. bijeenbehorende zaken›; *set* • *werking* • TECHN. *speling* ★ jeu de cartes *kaartspel* ★ jeu de mots *woordspeling* ★ jeu de dames *damspel* ★ jeu d'échecs *schaakspel* ★ jeu d'enfant OOK FIG. *kinderspel* ★ jeu de hasard *kansspel* ★ les jeux du hasard *de spelingen van het lot* ★ jeu de jambes *voetenwerk* ★ jeu de paume *kaatsbaan* ★ jeu de quilles *kegelbaan* ★ jeu de société *gezelschapsspel* ★ un jeu d'avirons *een stel riemen* ★ jeux d'eau *waterwerken* ‹fonteinen e.d.› ★ par jeu *voor de grap*; *speels* ★ hors jeu *buitenspel* ★ c'est vieux jeu *dat is ouderwets* ★ avoir beau jeu *gemakkelijk/vrij spel hebben* ★ cacher son jeu *zich niet in de kaart laten kijken* ★ calmer le jeu *de gemoederen bedaren* ★ être en jeu *op het spel staan* ★ faites vos jeux! *inzetten!* ★ FIG. les jeux sont faits *de kaarten zijn geschud* ★ faire le jeu de qn *iem. (onbedoeld) in de kaart spelen* ★ se faire un jeu de qc *ergens een spelletje van maken*; FIG. *om iets lachen* ★ jouer le jeu *zich aan de regels houden*; *eerlijk (mee)doen* ★ jouer le grand jeu FIG. *flink uitpakken* ★ jouer (le) double jeu *dubbel spel spelen* ★ jouer gros jeu *grof spelen*; *gevaarlijk spel spelen* ★ ce n'est qu'un jeu pour lui *dat is maar kinderspel voor hem* ★ cela n'est pas de/du jeu *dat is niet volgens de regels*; *dat is niet eerlijk* ★ mettre en jeu *inzetten*; *aanwenden* ★ entrer en jeu OOK FIG. *gaan meespelen* ★ entrer dans le jeu de qn *iemands spel meespelen*; *met iem. meedoen* ★ se piquer/prendre au jeu *de smaak te pakken krijgen*; *stug doorgaan*

J

jeudi m *donderdag* ⋆ Jeudi saint *Witte Donderdag* ⋆ INF. la semaine des quatre ~s *sint-juttemis*
jeun DEEL V. SAMENST ⋆ à jeun *nuchter* ‹niets gegeten hebbend›; *op de nuchtere maag*
jeune I m/v *jongere* II BNW • *jong* • *recent*; *nieuw* • *onschuldig*; *groen* • *jeugdig* ‹na zn› • *junior* • INF. *krap* ⋆ les ~s gens *de jongelui*
jeûne m *(het) vasten*; OOK FIG. *onthouding*
jeûner ON WW *vasten*
jeunesse v • *jeugd*; *kinderjaren* • *jongheid*; *frisheid* • *jeugd*; *jongeren* ⋆ première ~ *prille jeugd* ⋆ erreur/péché de ~ *jeugdzonde* ⋆ ~ dorée *rijke jongelui* ⋆ les ~s hitlériennes *de Hitlerjugend*
jeunet BNW INF. [v: **jeunette**] *piepjong*
jeunot m INF. *jonkie*
jeux m mv → **jeu**
jiu-jitsu (*zeg:* zjuuzjietsuu) m *jioe-jitsoe*
JO AFK • (Journal officiel) *Staatscourant* • (Jeux olympiques) *Olympische Spelen*
joaillerie v • *juwelierszaak* • *juwelen* • *juweliersvak*
joaillier m [v: **joaillière**] *juwelier*
job m INF. *job*; *baantje*
jobard I m *sufferd* II BNW *onnozel*; *oerdom*
Joconde v ⋆ la ~ *de Mona Lisa*
jodler ON WW *jodelen*
jogger ON WW *joggen*
jogging m • *(het) joggen* • *joggingpak* ⋆ faire du ~ *joggen*
joie v *vreugde*; *genot*; *plezier* ⋆ joie de vivre *levensvreugde* ⋆ fille de joie *meisje van plezier* ⋆ faire la joie de qn *iem. gelukkig stemmen* ⋆ se faire une joie de qc *zich in/op iets verheugen* ⋆ INF. ce n'est pas la joie *het is geen pretje*; *leuk is anders* ⋆ mettre en joie *vrolijk maken*
joignable BNW *bereikbaar* ‹v. persoon›
joindre I OV WW • *samenvoegen*; *bijeenvoegen*; *verbinden*; *verenigen* • *zich voegen bij* • *bereiken* ‹v. persoon› ⋆ j'ai essayé de le ~ par téléphone *ik heb geprobeerd hem via de telefoon te bereiken* ⋆ ~ les mains *de handen vouwen* ⋆ ~ l'utile à l'agréable *het nuttige met het aangename verenigen* • (~ **à**) *voegen bij*; *paren aan* II ON WW *passen*; *(aan)sluiten* ⋆ planches qui joignent bien *planken die goed aaneensluiten* ⋆ la fenêtre joignait mal *het raam sloot slecht* III WKD WW (**se** ~) • *samenkomen* • (**se** ~ **à**) *zich voegen bij*; *zich aansluiten bij*
joint I m • *naad*; *las*; *verbinding*; *voeg* • *pakking* • *koppeling* • ARG. *joint* • VERO. *gewricht* ⋆ trouver le ~ *de zaak op de goede manier aanpakken*; *het antwoord vinden* II BNW • *bijgevoegd* • *samengevoegd* ⋆ ci-~ *hierbij ingesloten* ⋆ pièces ~es *bijlagen* ⋆ les mains ~es *met gevouwen handen*
jointif BNW [v: **jointive**] *aaneensluitend*
jointoyer OV WW *voegen* ‹v. metselwerk›
jointure v • *gewricht* • *voeg*; *verbinding*
jojo INF. I m ⋆ un affreux jojo *een etter (van een kind)* II BNW (onver.) ⋆ pas très jojo *niet zo fraai/leuk*
joker (*zeg:* (d)zjokèr) m • *joker* • *onverwacht redmiddel*
joli I m ⋆ c'est du joli! *dat is me wat moois/fraais!* ⋆ c'est du joli d'en parler ainsi *het is fraai om zo te praten* II BNW • OOK IRON. *leuk* • *knap*; *mooi*; *aardig* ‹om te zien› ⋆ joli comme un cœur *beeldschoon*; *snoezig*
joliesse v *(het) mooie*; *schoonheid*
joliment BIJW • *aardig*; *knap* • *erg*; *behoorlijk* ⋆ il est ~ riche *hij is behoorlijk rijk*
jonc m • *bies*; *riet*; *rietstengel* • *gladde ring/armband* • ARG. *geld*
jonchée v • *wat op de grond gestrooid/verspreid ligt* • *soort kaasje* ‹v. in een mandje uitgedropen wrongel›
joncher OV WW *bedekken*; *bestrooien*; *bezaaien* (**de** *met*)
jonchère v *biesbos*
jonction v *vereniging*; *verbinding*; *aansluiting*; *samenkomst*
jongler ON WW • *jongleren* • (~ **avec**) FIG. *goochelen met*; *handig/moeiteloos omgaan met*
jonglerie v PEJ. *handigheidje*; FIG. *gegoochel*
jongleur m • *jongleur* • FIG. *goochelaar* • *middeleeuws minstreel*
jonque v *jonk* ‹schip›
jonquille I m *geelwit* II v *tijloos*; *gele narcis*
Jordanie v *Jordanië*
jordanien BNW [v: **jordanienne**] *Jordaans*
Jordanien m [v: **Jordanienne**] *Jordaniër*
jouable BNW • *(be)speelbaar* • *haalbaar*; *doenlijk*
joue v OOK TECHN. *wang* ⋆ coucher/mettre en joue *aanleggen* ‹v. vuurwapen› ⋆ en joue! *legt aan!*
jouer I OV WW • *spelen* • *op het spel zetten*; *inzetten* (**sur** *op*) • *voorwenden*; *spelen (voor)* • VERO. *bedriegen*; *beetnemen* ⋆ rien n'est joué *het is nog lang niet uitgemaakt*; *alles is nog mogelijk* II ON WW • *spelen* • FIG. *een rol spelen*; *gelden* • *in werking zijn*; *bewegen* ⋆ à toi de ~! *het is jouw beurt!*; *nu jij!* ⋆ c'est pour ~ *het is voor de grap* ⋆ bien joué! *goed gedaan!*; *goed zo!* ⋆ faire ~ *doen werken*; *aanwenden* ⋆ cette loi ne joue pas pour nous *deze wet geldt niet voor ons* ⋆ faire ~ la corde sensible *op het gevoel werken* • (~ **à**) *spelen* ‹v. spel, sport› ⋆ jouer aux billes *knikkeren* ⋆ jouer à cache-cache *verstoppertje spelen* ⋆ jouer aux dames *dammen* ⋆ jouer au tennis *tennissen* ⋆ jouer au grand seigneur *de grote meneer uithangen* • (~ **de**) *(be)spelen* ‹v. muziekinstrument›; *hanteren*; *gebruiken* ⋆ jouer du piano *piano spelen* ⋆ jouer du couteau *met een mes goochelen/steken* ⋆ jouer de malchance *pech hebben* • (~ **sur**) *speculeren op/in* ⋆ jouer sur les mots *woordspelingen maken* III WKD WW (**se** ~) • *gespeeld worden*; *zich afspelen* • *op het spel staan* ⋆ (comme) en se jouant *spelenderwijs* ⋆ INF. se la ~ *zich iets inbeelden*; *spelen voor* • (**se** ~ **de**) *spotten met*; *lachen om*
jouet m • *stuk speelgoed* • FIG. *speelbal*; *slachtoffer*; *voorwerp van spot*
joueur [v: **joueuse**] I m *speler* ⋆ ~ de bourse *speculant* ⋆ il est mauvais ~ *hij is een slecht verliezer* II BNW • *speels* • *goklustig*

joufflu BNW *bolwangig*
joug (*zeg:* zjoe) m OOK FIG. *juk*
jouir ON WW • *genieten (***de** *van)* • *klaarkomen*; *een orgasme hebben* • (~ **de**) *het genoot hebben van*; FIG. *genieten*; *bezitten* ★ le pays jouit d'un bon climat *het land heeft een fijn klimaat*
jouissance v OOK JUR. *genot* ★ les ~s de la vie *de geneugten van het leven* ★ avoir la ~ de *in het bezit/genot zijn van*
jouisseur m [v: **jouisseuse**] *(levens)genieter*; *genotzoeker*
joujou m [mv: **joujoux**] KIND. *speeltje* ★ INF. faire ~ *spelen* ‹v. kind›; *zich amuseren*
joule m *joule* ‹eenheid van arbeid›
jour m • *dag* • *daglicht*; OOK FIG. *licht* • mv *(levens)dagen*; *leven* • *gat*; *opening*; *tussenruimte* ★ le jour de l'an *nieuwjaarsdag* ★ l'autre jour *onlangs* ★ d'un jour à l'autre *van de ene dag op de andere*; *binnenkort* ★ un jour ou l'autre *op een dag*; *vroeg of laat* ★ un de ces jours *een dezer dagen* ★ jour pour jour *op de dag af* ★ beauté d'un jour *kortstondige schoonheid* ★ les beaux jours *de mooie tijd*; *de jonge jaren*; *de voorspoed* ★ du jour au lendemain *van de ene dag op de andere*; *zomaar ineens* ★ de nos jours *tegenwoordig*; *in onze tijd* ★ ces derniers jours *de laatste tijd* ★ de jour *overdag* ★ tous les deux jours *om de dag* ★ un beau jour *op een goede dag* ★ au jour le jour *van dag tot dag*; *gestaag* ★ de tous les jours *alledaags* ★ beau comme le jour *beeldschoon* ★ clair comme le jour *klaar als een klontje* ★ avant le jour *voor dag en dauw* ★ faux jour *vals licht* ★ sous un faux jour *in een verkeerd daglicht* ★ en plein jour *op klaarlichte dag* ★ au petit jour *in de ochtendschemering* ★ il fait jour *het is licht/dag* ★ demain il fera jour *morgen is er weer een dag* ★ se faire jour *aan het licht komen*; *zich manifesteren* ★ à jour *op de hoogte*; *bijgewerkt*; *up-to-date*; *opengewerkt*; *ajour* ★ percé à jour *onthuld*; *ontmaskerd* ★ les vieux jours *de oude dag* ★ ce n'est pas mon jour *ik heb mijn dag niet* ★ c'est le jour et la nuit *dat is een verschil als van dag en nacht* ★ ses jours sont en danger *hij verkeert in levensgevaar* ★ donner le jour *het leven schenken* ★ mettre à jour *bijwerken* ★ mettre au jour *aan het licht brengen*; *blootleggen* ★ mettre fin à ses jours *zich het leven benemen* ★ se montrer sous un jour favorable *zich van zijn goede kant laten zien* ★ se montrer sous son vrai jour *zijn ware gezicht tonen* ★ prendre (un) jour *een dag afspreken* ★ tenir les livres à jour *de boeken bijhouden* ★ venir au jour *ter wereld komen* ★ vivre au jour le jour *van de hand in de tand leven* ★ voir le jour OOK FIG. *het levenslicht aanschouwen*
Jourdain m *Jordaan*
journal m [mv: **journaux**] • *dagblad*; *krant*; *tijdschrift* • *journaal* ‹in alle betekenissen› ★ ~ (intime) *dagboek* ★ ~ de bord *logboek* ★ ~ télévisé *televisiejournaal* ★ Journal officiel ≈ *Staatscourant*
journalier [v: **journalière**] **I** m *dagloner* **II** BNW *dagelijks*
journalisme m *journalistiek*
journaliste m/v *journalist*
journalistique BNW *journalistiek*
journée v • *dag*; *werkdag* • *dagreis* ★ être payé à la ~ *per dag betaald worden*
journellement BIJW *dagelijks*; *geregeld*
joute v OOK FIG. *steekspel*
jouvence v ★ fontaine/bain/source de ~ *verjongingsbron*
jouvenceau m [v: **jouvencelle**] VERO. *jongeling*
jovial BNW [m mv: **joviaux**] *joviaal*; *opgeruimd*
jovialité v *jovialiteit*; *opgeruimdheid*
joyau m [mv: **joyaux**] OOK FIG. *juweel*; *kleinood* ★ le plus beau ~ de son écrin *het kostbaarste dat hij bezit*
joyeux BNW [v: **joyeuse**] *vrolijk*; *opgeruimd*; *vreugdevol* ★ joyeuse entrée *blijde intocht*
jubé m *oksaal*
jubilaire BNW • *zijn vijftigjarig jubileum vierend* • REL. *jubel-* ★ année ~ *jubeljaar*
jubilation v *jubel(stemming)*
jubilé m • *gouden jubileum* • REL. *jubeljaar*
jubiler ON WW *(innerlijk) schik hebben*; *jubelen*
jucher I OV WW *hoog plaatsen*; *hoog zetten (***sur** *op)* ★ juché sur *boven op* **II** ON WW • *op een hoge plaats zitten* ‹v. vogels (kippen, fazanten)› • INF. *hoog wonen* **III** WKD WW (**se** ~) *hoog gaan zitten* ‹v. vogels›
judaïque BNW *joods*
judaïsme m *joodse godsdienst*; *jodendom*
judas (*zeg:* -dà) m • *verrader*; *judas* • *kijkgaatje*; *luikje*
Judée v *Judea*
judéo-chrétien BNW [v: **judéo-chrétienne**] *joods-christelijk*
judiciaire BNW *gerechtelijk*; *rechterlijk*
judicieux BNW [v: **judicieuse**] *verstandig*; *oordeelkundig*
judo m *judo*
judoka m/v *judoka*
juge m/v • *rechter*; *scheidsrechter* • *beoordelaar* ★ juge d'instance *kantonrechter* ★ juge d'instruction *rechter van instructie*; *rechter-commissaris* ★ VERO. juge de paix *vrederechter*; *kantonrechter* ★ REL. les Juges *Richteren* ★ juge de ligne *lijnrechter* ★ juge de touche *grensrechter* ★ être juge et partie *rechter in eigen zaak zijn*
jugé m ★ au jugé *op de gis*; *op de gok*; *op goed geluk*
jugement m • *oordeel*; *beoordeling* • *oordeelsvermogen*; *verstand*; *kritisch inzicht* • JUR. *uitspraak*; *vonnis*; *berechting* ★ Jugement dernier *laatste Oordeel* ★ GESCH. ~ de Dieu *godsoordeel* ★ ~ de valeur *waardeoordeel*
jugeote v INF. *gezond verstand*
juger I OV WW • *(be)oordelen*; *beschouwen als*; *vinden* • *rechtspreken over*; *uitspraak doen in*; *vonnissen* ★ (en force de) chose jugée *(in kracht van) gewijsde* **II** ON WW • *oordelen (***de** *over)* ★ à en ~ par *te oordelen naar* ★ au ~ *op de gis*; *op de gok*; *op goed geluk* • (~ **de**) *zich voorstellen*; *zich indenken* ★ vous pouvez juger de ma joie *u kunt zich voorstellen hoe blij ik was*

J

jugulaire I V • *stormband van helm; kinband* • *keelader* II BNW *keel-*
juguler OV WW *een halt toeroepen; beteugelen;* FIG. *smoren*
juif [v: **juive**] I m *jood* ★ le juif errant *de wandelende Jood* II BNW *joods*
juillet m *juli*
juin m *juni*
jujube v *jujube* ‹in alle betekenissen›
juke-box m (onver.) *jukebox*
jules m INF. *vent* ‹vriend(je), vrijer, echtgenoot›
Jules *Julius; Juul*
julien BNW [v: **julienne**] *Juliaans* ★ calendrier ~ *Juliaanse tijdrekening*
julienne v ★ ~ de légumes *fijngesneden (soep)groente; groentesoep*
jumbo-jet m [mv: **jumbo-jets**] *jumbojet*
jumeau I m [mv: **jumeaux**] • vaak mv *tweeling; meerling* • *tweelingbroer* ★ vrais, faux ~x *eeneiige, twee-eiige tweeling(en)* II BNW OOK FIG. *tweeling-* ★ frères ~x *tweelingbroers* ★ lits ~x *lits-jumeaux*
J
jumelage m • *paring; koppeling* • *jumelage* ‹band tussen zustersteden›
jumeler OV WW • *paarsgewijze samenvoegen; koppelen* • *door jumelage verbinden* ★ villes jumelées *zustersteden* ★ fenêtres jumelées *tweelingvenster*
jumelle I v • *tweelingzus* • mv *verrekijker* ★ ~s de théâtre *toneelkijker* II BNW OOK FIG. *tweeling-* ★ sœurs ~s *tweelingzussen*
jument v *merrie*
jumping m *springconcours*
jungle (*zeg:* jzo(n)gl) v *rimboe; jungle*
junior I m/v *junior* II BNW *junior*
junkie m *junkie*
junte v *junta*
jupe v • *rok* • *zuigerwand*
jupe-culotte m [mv: **jupes-culottes**] *broekrok*
jupette v *kort rokje*
jupon m *onderrok* ★ coureur de ~s *rokkenjager*
jurassien BNW [v: **jurassienne**] *van de Jura*
jurassique m *Jura(periode)*
juré I m [v: **jurée**] *jurylid; gezworene* ★ les jurés *de (gerechts)jury* II BNW ★ ennemi juré *gezworen vijand* ★ traducteur juré *beëdigd vertaler*
jurer I OV WW *(be)zweren; onder ede bevestigen* ★ ~ ses grands dieux *bij hoog en laag be(z)weren* ★ ~ la perte de qn *iem.'s ondergang zweren* ★ INF. juré! *echt waar!* II ON WW • *zweren* • *vloeken (***après, contre** *op, tegen)* • *vloeken (***avec** *met)* ‹v. kleuren› ★ ~ de [+ inf.]/~ que *zweren dat* ★ ~ de qc *ergens een eed op (durven) doen* ★ ne ~ que par FIG. *zweren bij* ★ il ne faut ~ de rien *je kunt nooit weten wat er nog gebeuren kan* ★ je te jure! *echt waar!;* INF. *het is toch wat!* III WKD WW (**se ~ de**) *zich heilig voornemen om*
juridiction v • *jurisdictie* ‹in alle betekenissen›; *rechtsmacht; rechtspleging; rechtsgebied* • *rechtscollege* ★ INF. cela n'est pas de votre ~ *dat gaat u niks aan*
juridictionnel BNW [v: **juridictionnelle**] *rechterlijk; (ge)rechts-*
juridique BNW *juridisch; gerechtelijk; rechts-*
jurisconsulte m *rechtsgeleerde*
jurisprudence v *rechtspraak; jurisprudentie* ★ faire ~ *een precedent scheppen* ‹v. rechterlijke uitspraak›; *gezaghebbend zijn*
juriste m/v *jurist; rechtsgeleerde*
juron m *vloek*
jury m *jury* ‹ook bij rechtbank›; *examencommissie*
jus m • *sap; vleesnat* • INF. *koffie* • INF. *elektrische stroom* ★ jus de réglisse *dropwater* ★ jus de la treille *wijn* ★ pur jus FIG. *rasecht; onvervalst* ★ INF. tomber au jus *in het water vallen* ★ INF. ça vaut le jus *dat is de moeite waard* ★ laisser cuire qn dans son jus *iem. in zijn sop laten gaarkoken*
jusant m *eb*
jusqu'au-boutisme m *extremistische politiek/ gedragslijn*
jusqu'au-boutiste m/v *iem. die tot het uiterste wil gaan; extremist; onverzettelijk iemand*
jusque VZ *tot* ★ jusqu'à *tot (aan); zelfs* ★ jusqu'ici *tot hier toe; tot nu toe* ★ ~-là *tot daar; tot zover; tot dan toe* ★ INF. j'en ai ~-là *het zit me tot hier* ★ jusqu'à ce que [+ subj.] *totdat* ★ aller jusqu'à [+ inf.] *zover gaan dat; zelfs* ‹het genoemde doen› ★ il hait jusqu'à ses frères *hij haat zelfs zijn broers*
justaucorps m • GESCH. *wambuis* • *balletpakje*
juste I m • *rechtvaardige* • *(het) rechtvaardige* ★ au ~ *precies* ★ qu'est-ce que c'est au ~? *wat is dat precies/eigenlijk?* II BNW • *rechtvaardig; rechtmatig; billijk* • *juist; nauwkeurig; precies* • *krap; nauw(sluitend)* ‹v. kleren› ★ ~ orgueil *gewettigde trots* ★ le ~ milieu *het juiste midden* ★ voix ~ *zuivere stem* ★ on est ~ *men zit krap* ★ rien de plus ~ *dat is niet meer dan billijk* III BIJW • *juist; precies* • *krap* • *slechts* ★ chanter ~ *zuiver zingen* ★ viser ~ *zuiver mikken* ★ tout ~ *ternauwernood; maar net* ★ comme de ~ *zoals het hoort*
justement BIJW • *precies; net* • *rechtvaardig; terecht*
justesse v *juistheid; nauwkeurigheid; zuiverheid* ★ ~ de la voix *zuiverheid v.d. stem* ★ de ~ *op het kantje af; maar net*
justice v • *rechtvaardigheid; recht; gerechtigheid* • *gerecht; justitie; rechtspraak* ★ en bonne ~ *naar recht en billijkheid* ★ avoir la ~ de son côté *het recht aan zijn kant hebben* ★ faire/rendre ~ à *recht laten wedervaren aan* ★ faire ~ de *ontzenuwen; afrekenen met* ★ se faire ~ *zich recht verschaffen; de hand aan zichzelf slaan* ★ rendre la ~ *rechtspreken* ★ ce n'est que ~ *het is niet meer dan billijk*
Justice v *Vrouwe Justitia*
justiciable I m/v *justitiabele* II BNW (**~ de**) JUR. *te berechten door; onderhevig aan; onderworpen aan; in aanmerking komend voor*
justicier m [v: **justicière**] *handhaver v.h. recht; (eigenmachtig) bestrijder van onrecht*
justificatif I m *bewijsstuk* II BNW [v: **justificative**] • *rechtvaardigend* • *als bewijs dienend; bewijs-*

justification v • *rechtvaardiging* • *staving; bewijs* • *regellengte; uitvulling* ‹v.e. regel›
justifier I OV WW • *rechtvaardigen; vrijpleiten* (**de** *van)* • *wettigen* • *bewijzen; aantonen* • *uitvullen* ‹v.e. regel› II ON WW (~ **de**) *aantonen; bewijzen* III WKD WW (**se** ~) • *zich rechtvaardigen; zich vrijpleiten (***de** *van)* • *te rechtvaardigen zijn*
jute m • *jute* ‹stof› • PLANTK. *juteplant*
juteux I m MIL./ARG. *adjudant* II BNW [v: **juteuse**] • *sappig* • INF. *voordelig; winstgevend*
juvénile BNW *jeugdig* ★ délinquence ~ *jeugdcriminaliteit*
juvénilité v FORM. *jeugdigheid*
juxtalinéaire BNW ★ traduction ~ *vertaling naast de tekst*
juxtaposer OV WW *naast elkaar plaatsen*
juxtaposition v *plaatsing naast elkaar; nevenschikking*

K

k I m *letter k* II AFK *kilo*
K7 AFK (cassette) *(audio-, video)cassette*
kabyle BNW *Kabylisch*
kafkaïen BNW [v: **kafkaïenne**] • *naar Kafka; kafkaiaans* • *beklemmend*
kaiser m GESCH. *keizer Wilhelm II*
kaki BNW *kaki(kleurig)*
kaléidoscope m • *caleidoscoop* • *snelle opeenvolging van beelden, indrukken*
kamikaze m *kamikazepiloot; kamikazevliegtuig*
kangourou m *kangoeroe*
kaolin m *kaolien; porseleinaarde*
karaté m *karate*
karatéka m/v *karateka*
kart (*zeg:* kart) m *skelter*
karting m *(het) skelteren*
kas(c)her BNW ARG. *koosjer*
kayac m [**kayak**] *kajak*
kebab m *kebab*
Kenya m *Kenia*
kenyan BNW [v: **kenyane**] *Keniaans*
képi m *kepie*
kératite v *hoornvliesontsteking; keratitis*
kermesse v • *weldadigheidsfeest* • *kermis* ‹in Nederland, België en N.-Frankrijk›
kérosène m *kerosine*
ketchup m *ketchup*
keuf m ARG. *smeris*
khâgne m/v → **cagne**
khmer I m *(het) Khmer; (het) Cambodjaans* II BNW [v: **khmère**] *Khmers*
Khmer m [v: **Khmère**] *Khmer*
kibboutz m *kibboets*
kidnapper OV WW *ontvoeren; kidnappen*
kidnappeur m [v: **kidnappeuse**] *ontvoerder*
kif-kif BNW INF. *het zelfde*
kiki m INF. *keel; strot*
kilo m *kilo*
kilogramme m *kilo(gram)*
kilométrage m *aantal gereden kilometers; kilometerstand*
kilomètre m *kilometer*
kilométrer OV WW • *meten in kilometers* • *van kilometerpalen voorzien* ‹v.e. weg›
kilométrique BNW *kilometer-* ★ borne ~ *kilometerpaal*
kilo-octet m [mv: **kilo-octets**] *kilobyte*
kilowattheure m *kilowattuur*
kiné AFK • (kinésithérapeute) *fysiotherapeut* • (kinésithérapie) *fysiotherapie;* Z-N *kinesie*
kinésithérapeute m/v • *fysiotherapeut* • *heilgymnast*
kinésithérapie v • *fysiotherapie* • *heilgymnastiek*
kiosque m • *kiosk* ‹kraampje› • *tuinhuis; koepel* • *toren; opbouw* ‹v.e. schip› ★ ~ à musique *muziektent*
kirsch m *kersenbrandewijn; kirsch*
kit m *bouwpakket*
kitch m *kitsch*
kitchenette v *keukentje*
kitsch I m *kitsch* II BNW *kitsch-; kitscherig*

kiwi m *kiwi*
klaxon m *claxon*
klaxonner ON WW *claxonneren*
kleenex m *papieren zakdoekje*
kleptomanie v *kleptomanie*
km/h AFK (kilomètre(s)-heure) *km/u*; *kilometer per uur*
knout m *knoet*
K.O. AFK (knock-out) *k.o.*
koala m *koalabeertje*
kolkhoze m *kolchoz*
kolkhozien BNW [v: **kolkhozienne**] *kolchozen-*
kopeck m *kopeke* ‹Russische munt›
korrigan m [v: **korrigane**] *kwelgeest*
kot m Z-N *kast*; *kot*; *studentenkamer*
kouglof m CUL. *tulband*
Koweït m *Koeweit*
koweïtien BNW [v: **koweïtienne**] *Koeweits*
krach (*zeg:* krak) m *beurscrisis*; *(beurs)krach*
kraft m *sterk (pak)papier*
kummel m *kummel* ‹likeur of specerij›
kurde BNW *Koerdisch*
kyrielle v *reeks*; *sleep*; *sliert*
kyste m • BIOL. *blaasje* • MED. *cyste*; *blaasgezwel*

L

l I m *letter l* II AFK (litre) *liter*
l' LW → **le** *de*; *het*
la I m MUZ. *la*; *a* II PERS VNW *haar*; *hem*; *het* III LW *de*; *het*
là I BIJW • *daar*; *er* • *vandaar* • *op dat moment* • *daarin* ★ celui-là *die daar*; *hij daar* ★ de là *van die plaats* ★ là-bas *daarginds* ★ çà et là *hier en daar* ★ ce livre-là *dat boek* ★ de là sa richesse *vandaar zijn rijkdom* ★ là-dedans *daarin* ★ là-dessous *daaronder* ★ là-dessus *daarop* ★ là-haut *daarboven* ★ par là *daarlangs*; *daarheen* ★ d'ici là *intussen* ★ mais de là à prétendre que *maar om daarom nu te beweren dat* II TW • *nou, zie je wel* • *ziezo* • *kom, kom* ‹troost› ★ oh là là! *o jee!*
label (*zeg:* labèl) m • *garantielabel* • *kwaliteitsmerk*; *herkomstaanduiding* • *etiket*
labeur m • *zware arbeid* • *groot werk*
labial BNW [m mv: **labiaux**] *wat de lippen betreft* ★ lecture ~e *liplezen*
labilité v *labiliteit*
labo m INF. *lab*
laborantin m [v: **laborantine**] *laborant*
laboratoire m *laboratorium*
laborieux BNW [v: **laborieuse**] • *werkzaam*; *ijverig* • *bewerkelijk*; *moeilijk* ★ les classes laborieuses *de werkende stand*
labour m *(het) omploegen*; *(het) bewerken v.d. grond* ★ les ~s *de omgeploegde akker*
labourable BNW *beploegbaar*
labourage m *(het) bewerken v.d. grond*; *(het) ploegen*
labourer OV WW • *de grond bewerken*; *ploegen*; *omspitten* • *omwoelen v.d. grond* • *openrijten*; *openkrabben* ★ ~ le visage *het gezicht openkrabben*
laboureur m *ploeger*
labrador m *labrador* ‹hond›
labyrinthe m • OOK FIG. *doolhof*; *labyrint* • *inwendige v.h. oor*
lac (*zeg:* lak) m *meer* ★ Lac Léman *Meer van Genève* ★ lac Majeur *Lago Maggiore* ★ lac des Quatre Cantons *Vierwoudstedenmeer* ★ FIG. tomber dans le lac *in het water vallen*
lacer OV WW *dichtrijgen*; *vastsnoeren* ★ ~ ses chaussures *zijn veters strikken*
lacérer OV WW • OOK FIG. *verscheuren* • *snijden in*
lacet m • *veter*; *rijgsnoer* • *haarspeldbocht* • *strik* ‹om wild te vangen› • *(gevlochten) band*
lâche I m/v *lafaard* II BNW • *laag*; *laf* • *slap*; *los* • *krachteloos*; *zwak* ★ action ~ *laffe daad*
lâchement BIJW • *nonchalant* • *laf*; *op laffe wijze*
lâcher I m *(het) oplaten/loslaten* ‹alléén v. duiven, ballonnen› II OV WW • *losser maken* • *loslaten*; *laten gaan* • *lossen* • *in de steek laten* • *laten ontvallen* ★ ~ la bride *de teugels vieren* ★ INF. ~ un pet *een wind laten* ★ ~ une écluse *een sluis openzetten* ★ ~ pied *afhaken*;

wijken; *vluchten* ★ ~ des pigeons *duiven oplaten* ★ ~ prise *loslaten* ★ INF. ~ un vent *een wind laten* ★ ~ un coup de fusil *een schot lossen* ★ ~ une sottise *zich iets doms laten ontvallen* **III** ON WW *breken*; *het begeven*; *weigeren* ‹v. mechanisme›

lâcheté v • *lafheid* • *zwakheid* • *laagheid* ★ une ~ *een laffe streek*

lâcheur m [v: **lâcheuse**] • *iem. die zijn vrienden laat vallen* • *spelbreker*

lacis (*zeg:* -sie) m • *netwerk* ‹v. draden, zenuwen, vaten› • *doolhof*

laconique BNW *laconiek*; *onverschillig*; *kort en krachtig*

lacrymal BNW [m mv: **lacrymaux**] *wat tranen betreft* ★ glande ~e *traanklier*

lacrymogène BNW *traanverwekkend* ★ gaz ~ *traangas*

lacs (*zeg:* là) m • *strik*; *valstrik* • *trektouw*

lactaire I m PLANTK. *melkzwam* **II** BNW *wat melk betreft*

lactation v • *melkafscheiding* • *(het) zogen*

lacté BNW *melk-*; *melkachtig* ★ régime ~ *melkdieet* ★ fièvre ~e *borstontsteking* ★ farine ~e *kindermeel* ★ voie ~e *melkweg*

lactique BNW ★ acide ~ *melkzuur*

lactoduc m *melkleiding*

lactose m *lactose*; *melksuiker*

lacunaire BNW *met leemtes*; *onvolledig*

lacune v • *leemte*; *gemis*; *lacune* • *opening*; *holte* ★ combler une ~ *een leemte aanvullen*

lacustre BNW *meer-*; *op de oevers van of in een meer levend* ★ plantes ~s *meerplanten* ★ habitation ~ *paalwoning*

lad m *staljongen*

là-dedans BIJW *daarin*; *daarbinnen* ★ il y a du vrai ~ *daar zit wat waars in*

là-dessous BIJW *daaronder*

là-dessus BIJW *daar(boven)op*

ladite BNW → **ledit**

ladre I m LIT./VERO. *gierigaard* ★ tache de ~ *plekken zonder pigment en vaak ook zonder haar* ‹bij dieren› **II** BNW *gortig* ‹v. dieren›

ladrerie v • *gortigheid* ‹het hebben van lintwormlarven› • LIT. *grote gierigheid*

lagon m • *strandmeertje* • *lagune* ‹v. atol›

lagune v *lagune*; *strandmeer*; *kleine baai aan zee*

là-haut BIJW *daar boven*

La Haye *Den Haag*

lai I m • *leek* • *klein middeleeuws verhalend of lyrisch gedicht* **II** BNW *van een leek* ★ frère lai *lekenbroeder* ★ sœur laie *lekenzuster*

laïc m → **laïque**

laïcisation v *laïcisering*; *deconfessionalisering*

laïciser OV WW *laïciseren*

laïcité v • *scheiding tussen kerk en staat* • *wereldlijk, neutraal karakter*

laid I m [v: **laide**] *lelijk persoon* **II** BNW • *lelijk* • *lelijk*; *slecht* ★ laid à faire peur *lelijk als de nacht*

laideron I v *lelijk(e) vrouw of meisje* **II** BNW [v: **laideronne**] *lelijk*

laideur v • *lelijkheid* • *afschuwelijkheid*; *slechtheid*

laie v • *wijfje v. everzwijn* • *recht bospad*; *brandgang*

lainage m • *wollen stof* • *wollen kledingstuk* • *schaapsvacht* • *kaarding*

laine v *wol*; *wollen stof* ★ bas de ~ *wollen kous*; INF. *sok met spaargeld* ★ ~ de verre *glaswol* ★ se laisser manger la ~ sur le dos *zich de kaas van het brood laten eten*

laineux BNW [v: **laineuse**] *wollig*

lainier [v: **lainière**] I m • *wolhandelaar* • *wolwerker* **II** BNW *wat wol betreft* ★ industrie lainière *wolindustrie*

laïque I m/v *leek* **II** BNW • *zonder kerkelijke binding*; *niet confessioneel* • *wereldlijk*; *van leken* ★ enseignement ~ *openbaar onderwijs*

laisse v • *hondenriem* • *strofe* ‹v. heldendicht› • *vloedlijn*; *gedeelte v.h. strand dat bij eb of vloed droog is* • *aanslibbing* ★ tenir qn en ~ *iem. strak houden*

laissé-pour-compte I m [mv: **laissés-pour-compte**] INF. *verschoppeling* **II** BNW • *geweigerd*; *onverkoopbaar* ‹artikel› • *ongewenst* ‹persoon›

laisser OV WW • *laten*; *toelaten* • *vergeten*; *laten staan*; *laten liggen* • *nalaten*; *overslaan*; *laten rusten* • *overlaten*; *toevertrouwen* • *geven*; *nalaten* • *verkopen* ‹voordelig› • *verlaten* • *overlaten* ★ ~ faire les choses *de zaken op hun beloop laten* ★ laissez dire *laat de mensen maar kletsen* ★ ~ faire *veroorloven*; *toestaan* ★ laissez faire, laissez dire *laat de boel maar waaien* ★ LIT. ne pas ~ de *niet nalaten*; *niet ophouden* ★ c'est à prendre ou à ~ *'t is kiezen of delen* ★ je te le laisse pour 100 florins *voor 100 gulden mag je 't van me hebben* ★ adieu, je vous laisse *vaarwel, ik verlaat u* ★ ~ à désirer *te wensen overlaten*

laisser-aller m (onver.) • *ongedwongenheid*; *zorgeloosheid* • *onachtzaamheid*

laisser-faire m (onver.) *beleid waarbij men niet ingrijpt*; *laisser faire*

laissez-passer m (onver.) *toegangsbewijs*; *geleidebiljet*

lait m • *melk* • *op melk gelijkend vocht* • *zog*; *moedermelk* ★ lait maigre *afgeroomde melk* ★ lait battu *karnemelk* ★ lait de coco *kokosmelk* ★ lait U.H.T. *gesteriliseerde melk* ★ petit-lait *wei* ★ INF. vache à lait *melkkoetje* ★ lait fermenté *karnemelk* ★ INF. boire du lait *voldaan zijn*; *zeer tevreden zijn*; *gelukkig zijn* ★ cochon de lait *speenvarken* ★ battre du lait *karnen* ★ sucer avec le lait *iets met de paplepel ingegoten krijgen*

laitage m • *melkproduct* • *zuivel*

laitance v [**laite**] *hom*

laiterie v • *melkverwerking*; *zuivelfabriek* • *zuivelindustrie*

laiteux BNW [v: **laiteuse**] *melkachtig*

laitier [v: **laitière**] I m • *melkboer*; *melkverkoper* • *ijzerslak* **II** BNW *melk-* ★ (vache) laitière *melkkoe*

laiton m *geelkoper*; *messing*

laitue v *sla* ★ ~ pommée *kropsla*

laïus INF. (*zeg:* lajuus) m • *geklets* • *toespraak*; *speech*

lama m • *lama* ‹priester› • *lama* ‹dier›

lamaneur m *loods*

lambeau m [mv: **lambeaux**] • *afgescheurd stuk* ‹stof, papier, vlees› • *flard*; *brokstuk*

L

lambin I m [v: **lambine**] *treuzelaar* **II** BNW *langzaam; treuzelig*
lambiner ON WW *treuzelen*
lambris m • *wandbekleding; lambrisering* • *plafondbekleding* • *laag gipsmortel* ★ LIT. ~ dorés *prachtige kamers; rijke huizen*
lambrisser OV WW • *betimmeren; lambriseren* • *bepleisteren*
lame v • *golf* • *lemmet* • *dun metalen of houten plaatje* • *scheermesje* ★ lame de fond *grondzee* ★ lame de scie *zaagblad* ★ une bonne lame/une fine lame *iem. die goed met de degen kan omgaan* ★ visage en lame de couteau *mager, scherp gezicht*
lamé BNW *doorwerkt met goud- of zilverdraad*
lamelle v *metaalplaatje; lamel*
lamentable BNW • *slecht; erbarmelijk* • *droevig; jammerlijk*
lamentation v • *jammerklacht; weeklacht; klaaglied* • *gejammer*
lamenter WKD WW (**se** ~) *jammeren; weeklagen* (**sur** *over*)
lamier m *dovenetel*
laminage m → **laminer**
laminer OV WW • *lamineren* • *pletten* • *sterk verminderen*
lamineur m *pletter*
laminoir m *pletmachine* ★ FIG. passer au ~ *een harde leerschool doorlopen*
L
lampadaire m • *lampvoet* • *lantaarn(paal); schemerlamp; staande lamp*
lampant BNW ★ pétrole ~ *petroleum als brandstof voor lamp*
lampe v *lamp* ★ ~ à arc *booglamp* ★ ~ à incandescence *gloeilamp* ★ ~ de mineur *mijnwerkerslamp* ★ ~ au néon *neonlamp* ★ ~ à acétylène *carbidlamp* ★ ~ à souder *soldeerlamp* ★ ~ de sûreté *veiligheidslamp* ★ INF. s'en mettre plein la ~ *zich volstoppen met eten en drinken*
lampée INF. v *grote slok; grote teug*
lamper OV WW INF. *gulzig (leeg)drinken*
lampion m • *lampion* • VERO. *vetpotje* • INF. *oog* ★ demander qc sur l'air des ~s *iets in spreekkoor vragen*
lampiste m • *lampenist* • INF. *ondergeschikte*
lampisterie v *lampenopslag- en onderhoudsruimte*
lamproie v *lamprei* ‹vis›
lampyre m *glimworm*
lance v • *lans* • *lansier* • *straalpijp; sproeier* • *(slot)pennetje* ‹v. armband› • *ijzeren punt* ‹op hek› • MED. *lancet* ★ ~ d'incendie *brandspuit*
lancé BNW FIG. *gelanceerd; (iem.) die het 'gemaakt' heeft; bekend*
lancée v *vaart* ★ continuer sur sa ~ *doorrollen; doorrijden (enz.)*
lance-flammes m (onver.) *vlammenwerper*
lance-fusées m (onver.) *bazooka*
lance-grenades m (onver.) *granaatwerper*
lancement m • *(het) werpen* • *tewaterlating* ‹v. schip› • *(het) op de markt brengen; (het) lanceren* • *(het) slaan v.e. brug* ★ ~ du disque *discuswerpen* ★ ~ du poids *kogelstoten*
lance-pierres m (onver.) *katapult*
lancer I m • *worp; (het) werpen* ‹v. discus, kogel› • *(het) werpen; (het) vissen met werphengel* • *(het) opjagen* ‹v. wild› • *(het) loslaten* ‹v. duiven› **II** OV WW • *werpen; (af)schieten; lanceren; toewerpen (***à** *naar)* • *op de markt brengen; lanceren* • *in beweging zetten; loslaten; laten vertrekken; vaart geven aan; voortjagen* ★ ~ un livre *een boek uitgeven* ★ ~ un article *een artikel in de handel brengen* ★ ~ un coup de pied *een schop toedienen* ★ ~ un vaisseau *een schip te water laten* ★ ~ un cerf-volant *een vlieger oplaten* ★ départ lancé *vliegende start* **III** WKD WW (**se** ~) • *zich werpen; zich storten; toeschieten* • *naam maken; op de voorgrond treden* • (**se** ~ **dans**) FIG. *zich storten in; roekeloos beginnen aan* ★ se lancer dans des explications *zich uitputten in (het geven van) verklaringen*
lance-roquettes m (onver.) *raketwerper*
lancette v • *lancet* • *lancetboog; spitsboog* ★ arc à ~ *lancetboog*
lanceur I m,v [v: **lanceuse**] • *iem. die iets op touw zet, invoert* • *werper* ★ lanceuse de mode *vrouw die een nieuwe mode introduceert* ★ ~ d'affaires *projectontwikkelaar* **II** m *draagraket*
lancier m *lansier*
lancinant BNW • *stekend; zich uitend door scheuten* • *kwellend; obsederend* ★ douleur ~e *stekende pijn*
lanciner I OV WW *kwellen; obsederen* **II** ON WW *steken* ‹v. pijn›
landau m [mv: **landaus**] • GESCH. *landauer* ‹rijtuig› • *kinderwagen*
lande v *dorre vlakte; heideveld*
Landes v mv *(de) Landes*
landgrave m GESCH. *landgraaf*
langage m • *taal; spraak* • *taalgebruik* ★ ~ chiffré *cijferschrift* ★ COMP. ~ machine *machinetaal* ★ ~ technique *vaktaal*
langagier BNW [v: **langagière**] *talig; taal-*
lange v *luier* ★ dans les ~s *in de kinderschoenen*
langer OV WW *een luier omdoen*
langoureux VERO. BNW [v: **langoureuse**] *smachtend; kwijnend; verlangend*
langouste v *zeekreeft zonder scharen*
langoustine v *kleine zeekreeft*
langue v • *tong* • *taal* • *tongvormig voorwerp* ★ ~ maternelle *moedertaal* ★ ~ verte *argot* ★ INF. mauvaise ~ *boze tong* ★ INF. ~ de vipère *kwaadspreker* ★ avaler sa ~ *zwijgen; zich de tong afbijten* ★ avoir la ~ trop longue *geen geheim kunnen bewaren* ★ se mordre la ~ *zich op de tong bijten* ★ avoir la ~ bien pendue *een kletskous zijn* ★ prendre ~ *ruggespraak houden* ★ tirer la ~ à qn *de tong tegen iem. uitsteken;* FIG. *op een houtje bijten* ★ avoir la ~ bien affilée *niet op zijn mondje gevallen zijn* ★ donner sa ~ aux chats *het opgeven* ‹v. raadsel› ★ ~ de terre *landtong* ★ qui ~ a, à Rome va *wie vraagt, komt overal terecht*
langue-de-chat m [mv: **langues-de-chat**] *kattentong* ‹koekje›
languette v • *tongetje* • *tong* ‹v. balans, schoorsteen› • *lip* ‹v. schoen› • BIOL. *slip*

‹lang dun aanhangsel› • *klep* ‹v. blaasinstrument› • TECHN. *pen* ‹als houtverbinding›

langueur v • *apathie*; *traagheid*; *loomheid* • *smachtend verlangen*

languir ON WW • *smachten (*de *naar)* • *lusteloos zijn*; *zich (dodelijk) vervelen* • *verslappen*; *verflauwen*; *futloos zijn* ★ se ~ *zich vervelen* ★ la conversation languit *het gesprek verslapte*

languissant BNW • *langdradig* • VERO. *kwijnend*; *krachteloos* • *smachtend*

lanière v *dunne lange riem*

lansquenet m • *landsknecht* • *lansquenet* ‹soort kaartspel›

lanterne v • *lantaarn* • ARCHIT. *glazen koepeltje op gebouw* • *stadslicht* ★ ~ magique *toverlantaarn* ★ ~ sourde *dievenlantaarn* ★ ~ vénitienne *lampion* ★ ~ rouge *rode lantaarn*; FIG. *hekkensluiter* ★ INF. prendre des vessies pour des ~s *het helemaal mis hebben*

lanterner ON WW *treuzelen*; *lanterfanten* ★ INF. faire ~ *aan het lijntje houden*

laotien BNW [v: **laotienne**] *van, uit Laos*

lapalissade v *waarheid als een koe*

laper I OV WW *oplikken* II ON WW *likken*

lapereau m [mv: **lapereaux**] *jong konijn*

lapidaire I m • *kleine slijpsteen* • *edelsteenslijper*; *edelsteenverkoper* II BNW • *steen-*; *lapidair* • *in steen gehouwen* • *bondig* ★ style ~ *bondige, kernachtige stijl*

lapidation v *steniging*

lapider OV WW • *stenigen* • *fel aanvallen*; *fel bekritiseren*

lapin m *konijn* ★ ~ domestique *tam konijn* ★ ~ de garenne *wild konijn* ★ ~ sauvage *wild konijn* ★ c'est un fameux ~ *het is een kranige kerel* ★ chaud ~ *hitsig type*; *geile bink* ★ INF. poser un ~ à qn *z. niet aan een afspraak houden*; *niet komen op een afgesproken plaats*

lapinière v *konijnenberg*; *konijnenhok*

lapis(-lazuli) m *lapis lazuli*; *lazuursteen*

lapon I m *(het) Laps* II BNW [v: **laponne**] *Laplands*

Lapon m [v: **Laponne**] *Lap*; *Laplander*

Laponie v *Lapland*

laps (*zeg:* laps) I m ★ laps de temps *tijdsverloop* II BNW *ketters*; *afvallig*

lapsus (*zeg:* -suus) m *vergissing*

laquais m *lakei*

laque I m *gelakt artikel* II v • *lak* • *lakvernis* • *haarlak*

laquelle VNW → **lequel**

laquer OV WW *lakken*

larbin INF. m • *knecht* • *onderdanig persoon*

larcin m • *kleine diefstal* • *plagiaat*

lard m *spek* ★ lard de poitrine *buikspek* ★ faire du lard *dik worden van het nietsdoen* ★ un gros lard *een dikke vetzak* ★ tête de lard! *varkenskop!*

larder OV WW • *larderen*; OOK FIG. *doorspekken* • *doorsteken*

lardon m • *reepje spek* • TECHN. *vulstuk* • INF. *kind*

lares m mv • GESCH. *huisgoden* • *huiselijke haard*

largage m *(het) loslaten*; *(het) wegschieten*

large I m • *breedte* • *volle zee* ★ de long en ~ *heen en weer* ★ un mètre de ~ *een meter breed* ★ au ~ de Marseille *ter hoogte/voor de kust van Marseille* ★ prendre le ~ *in zee steken*; *ervandoor gaan* ★ au ~!, au ~! *maak ruim baan!* II BNW • *breed*; *groot*; *wijd* • *ruim* • *vrijgevig* ★ PEJ. avoir la conscience ~ *een ruim geweten hebben* ★ avoir les idées ~s *ruimdenkend zijn* III BIJW • *ruim*; *wijd* • *ruim*; *niet bekrompen*

largement BIJW *ruimschoots*; *met ruime hand*; *met ruime blik* ★ ~ répandu *wijdverbreid*

largesse v *vrijgevigheid* ★ faire des ~s *met milde hand geld uitdelen*

largeur v • *breedte* • *brede blik*; *onbekrompenheid*

larguer OV WW • SCHEEPV. *vieren*; *losgooien* • INF. *afpoeieren*; *afdanken* • *laten vallen* ‹v. parachute, bommen›; *wegschieten* ‹v. cabine› ★ être largué SPORT *gelost zijn*; FIG. *niet meer meekunnen*

larigot m • *soort oude fluit* • *orgelregister* ★ boire à tire-~ *zuipen*

larme v • *traan* • *teugje*; *druppeltje* • *boomsap* • *druppel(vormig versiersel)* ★ ~ de vin *druppeltje wijn* ★ rire aux ~s *tranen lachen*; *zich tranen lachen* ★ pleurer à chaudes ~s *hete tranen schreien* ★ fondre en ~s *hete tranen schreien* ★ avoir des ~s dans la voix *met door tranen verstikte stem spreken*

larmoiement m • *gehuil* • *(het) tranen* ‹v. ogen›

larmoyant BNW • *huilerig* • *tranend*

larmoyer ON WW • *huilen* • *tranen* ‹v. ogen›

larron m VERO. *dief* ★ REL. le bon et le mauvais ~ *de goede en de slechte moordenaar* ‹bij de kruisiging› ★ le troisième ~ *de lachende derde* ★ s'entendre comme ~s en foire *onder één hoedje spelen*; *dief en diefjesmaat zijn*

larvaire BNW • *van de larve* • *in wording* ★ forme ~ *larvetoestand*

larve v *larve*

larvé BNW *latent*; *verkapt*

laryngale v TAALK. *keelklank*

laryngite v *laryngitis*; *ontsteking v.h. strottenhoofd*

larynx (*zeg:* -e(n)ks) m *strottenhoofd*

las BNW [v: **lasse**] *moe*; *beu* ★ je suis las de vivre *ik ben het leven moe* ★ de guerre lasse *strijdensmoe*

lascar m *slimme, uitgeslapen kerel*

lascif BNW [v: **lascive**] *wellustig*; *wulps*

laser m *laser* ★ rayon ~ *laserstraal*

lassant BNW *vervelend*

lasse BNW → **las**

lasser OV WW • *vermoeien*; *vervelen* • *ontmoedigen*; *afschrikken*

lassitude v • *moeheid* • *neerslachtigheid*

lasso m *lasso*

latent BNW • *latent* • *verborgen*

latéral BNW [m mv: **latéraux**] *zij-* ★ porte ~e *zijdeur*

latex (*zeg:* -eks) m *melksap*; *soort verf*; *latex*

latin I m *(het) Latijn* ★ bas ~ *middeleeuws latijn* ★ ~ classique *klassiek latijn* ★ ~ de cuisine *potjeslatijn* ★ ~ populaire *volkslatijn* ★ j'y perds mon ~ *ik snap er niets van* **II** BNW *Latijns*

latinisme m *eigenaardige latijnse uitdrukking*

latino-américain BNW *Latijns-Amerikaans*

latitude v • GEO. *breedtegraad* • *streek*; *klimaat* • *vrijheid van handelen* ★ ~ Nord *noorderbreedte* ★ ~ boréale *noorderbreedte* ★ ~ Sud *zuiderbreedte* ★ ~ australe *zuiderbreedte*

LATR AFK (lésion attribuable au travail répétitif) *RSI*

latrines v mv *latrine*

latte v *lat*

latter OV WW *van latten voorzien*

lattis (*zeg:* -tie) m *latwerk*

laudanum m *laudanum*

laudatif BNW [v: **laudative**] *lovend*

lauréat **I** m [v: **lauréate**] *de bekroonde*; *prijswinnaar* **II** BNW *bekroond*

laurier m • *laurier* • *lauwer* ★ se reposer sur ses ~s *op zijn lauweren rusten*

laurier-rose m [mv: **lauriers-roses**] PLANTK. *oleander*

lavable BNW *afwasbaar*; *wasecht*

lavabo m *wastafel*; *wasruimte* ★ les ~s *het toilet*

lavage m *(het) wassen* ★ ~ d'estomac *maagspoeling* ★ ~ de cerveau *hersenspoeling*

lavallière **I** v *soort dasstrik* **II** BNW *vaalbruin*

lavande v *lavendel*

lavandière v • *wasvrouw* • *kwikstaart*

lavasse INF. v *slootwater* ★ ce café est une vraie ~ *die koffie is net slootwater*

lave v *lava*

lave-glace m [mv: **lave-glaces**] *ruitensproeier* ‹v. auto›

lave-linge m (onver.) *wasmachine*

lavement m *darmspoeling*

laver **I** OV WW • *wassen*; *afwassen*; *schoonmaken*; *spoelen*; *uitspoelen* • *uitwissen*; *zuiveren*; *vrijpleiten (***de** *van)* • *mengen met water* ★ se ~ les dents *zijn tanden poetsen* ★ INF. ~ la tête à qn *iem. een fikse uitbrander geven* ★ INF. ~ son linge sale en famille *familieonenigheden onder elkaar behandelen* **II** WKD WW (**se** ~) *zich wassen* ★ se ~ la figure *zijn gezicht wassen* ★ je m'en lave les mains *ik was mijn handen in onschuld*

laverie v *wasplaats*; *wasserette* ★ ~ automatique *wasserette*

lavette v • *vaatdoekje* • PEJ./INF. *slapjanus* • VULG. *tong*

laveur m [v: **laveuse**] *wasser*

laveuse v *wasmachine*

lave-vaisselle m (onver.) *afwasmachine*

lavis m • *(het) wassen v.e. tekening* • *gewassen tekening* ★ faire un dessin au ~ *een gewassen tekening maken*

lavoir m • *openbaar washuis* • *(cementen) wasbak* • *ertswasmachine*; *wolwasmachine*

laxatif **I** m *laxeermiddel* **II** BNW [v: **laxative**] *laxeer-*; *laxerend*

laxisme m • *laxisme* • *verregaande toegeeflijkheid*; *laksheid*

laxiste BNW • *slap*; *laks* • *zonder principes*

layette v *babyuitzet*

layon m *jagerspad*

lazaret m *quarantainegebouw*

lazzi m *spottende grap*; *geestigheid*

le **I** PERS VNW [mv: **les**] *hem*; *haar*; *het* ★ je le connais *ik ken hem, het* ★ je les donne à ma tante *ik geef ze aan mijn tante* **II** LW [mv: **les**] *de*; *het*

lé m • *baan, strook* ‹v. stof of behang› • *(breedte v.e.) jaagpad*

leader (*zeg:* liedeur) **I** m • *leider/aanvoerder v.h. klassement* • *hoofdartikel* • *partijleider* **II** BNW *leidinggevend*; *toonaangevend*

leadership m *leiderschap*

leasing m *huurkoop*; *leasing*

léchage m • *(het) te zorgvuldig bewerken* • INF. *(het) vleien*

léché BNW FIG. *gelikt*

lèche INF. v ★ faire de la ~ *slijmen*

lèche-bottes m INF. (onver.) *slijmerd*; *hielenlikker*

lèche-carreau(x) m INF. *(het) bekijken van winkeletalages*

lèche-cul m INF. [m mv: **lèche-culs**] *slijmerd*; *hielenlikker*

lèchefrite v *lekbak*

lécher **I** OV WW • *likken*; *oplikken*; *aflikken*; *even aanraken* • *zorgvuldig afwerken* ‹v. (literair) kunstwerk› ★ ~ les bottes à qn. *iemands hielen likken* ★ ~ les vitrines *de etalages bekijken* ★ INF. portrait léché *gelikt portret* ★ ours mal léché *ongelikte beer* **II** WKD WW (**se** ~) *elkaar likken*; *zich likken* ★ se ~ les doigts *zijn vingers aflikken*

lécheur INF. m [v: **lécheuse**] *vleier*

lèche-vitrines m INF. (onver.) ★ faire du ~ *winkels kijken*; *winkelen*

leçon v • *les*; *raadgeving* • *les* ★ faire la ~ à qn *iem. de les lezen* ★ faire réciter la ~ *de les overhoren* ★ prendre des ~s *les nemen* ★ ~ particulière *privéles* ★ réciter la ~ *de les opzeggen*

lecteur **I** m • COMP. *leesapparaat* • *afspeelapparatuur*; *speler* ★ ~ de disquettes *diskdrive* **II** m [v: **lectrice**] • *lezer*; *voorlezer* • *(buitenlands) docent* ‹vreemdetalenonderwijs›

lecture v • *(het) (voor)lezen* • *lectuur* • *inzicht* • COMP. *inlezen* ★ en première ~ *bij eerste lezing* ★ donner ~ de qc *iets oplezen*; *voorlezen*

ledit BNW *(boven)genoemd*

légal BNW [m mv: **légaux**] *wettelijk*; *wettig* ★ médecine ~e *forensische geneeskunde*

légalisation v • *legalisatie* • *bekrachtiging*

légaliser OV WW • *legaliseren*; *wettigen* • *bekrachtigen*

légalité v *wettigheid*

légat (*zeg:* -gà met harde g) m • GESCH. *legaat* • *pauselijk gezant*

légataire m/v *erfgenaam* ★ ~ universel *universeel erfgenaam*

légation v • *gezantschap* • *gezantschapsgebouw* ★ personnel de ~ *personeel v.e. gezantschap*

légendaire **I** m • *legendeschrijver* • *legendeverzameling* **II** BNW • *legendarisch* ‹tot de legenden behorend› • *beroemd*; *legendarisch*

légende v • *legende* • *opschrift op munt* • *legenda*; *verklaring v. tekens* ‹bijv. v. kaart›; *verklarende tekst* • *heiligenleven*
léger BNW [v: **légère**] • *licht* • *dun*; *fijn*; *luchtig* • *gering*; *klein*; *mild* • *zorgeloos*; *oppervlakkig*; *onverstandig* • *gewaagd*; *pikant* ★ elle a une taille légère *ze is slank* ★ impôts ~s *milde belastingen* ★ d'un pied ~ *zorgeloos*; *snel* ★ à la légère *lichtzinnig*; *oppervlakkig*; *losjes* ★ avoir le cœur ~ *zorgeloos zijn* ★ anecdote légère *pikante anekdote* ★ avoir la main légère *handig zijn in iets*; *mild gezag uitoefenen*; *gauw slaan* ★ terre légère *lichte grond* ★ thé ~ *slappe thee* ★ vin ~ *lichte wijn*
légèrement BIJW • *licht*; *lenig* • *licht*; *een beetje* • *te gemakkelijk* • *lichtzinnig* • *sierlijk* ★ marcher ~ *sierlijk lopen*
légèreté v • *lichtheid* • *lichtzinnigheid*; *oppervlakkigheid*; *onnadenkendheid* • *veranderlijkheid*; *wispelturigheid*
légiférer ON WW • *wetten maken* • *regels opstellen*
légion v • *legioen* • *zwerm*; *horde*; *grote menigte* • *gendarmeriekorps* ★ ~ étrangère *vreemdelingenlegioen* ★ ~ d'honneur *legioen van eer* ★ être ~ *zeer talrijk zijn*
légionnaire m • GESCH. *legioensoldaat* ‹in Romeins leger› • *soldaat v.h. vreemdelingenlegioen* • *lid v.h. Legioen van Eer*
législateur [v: **législatrice**] I m • *wetgever* • *opsteller van regels op het gebied v. wetenschap of kunst* II BNW *wetgevend*
législatif BNW [v: **législative**] • *wetgevend* • *parlements-* • *wets-* ★ pouvoir ~ *wetgevende macht*
législation v • *wetgeving* • *rechtswetenschap*
législature v *zittingsduur v. wetgevend lichaam*
légiste I m/v *rechtsgeleerde*; *jurist* II BNW *wat wetten of politie betreft* ★ médecin ~ *politiedokter*
légitimation v • *echtverklaring*; *legitimatie* • LIT. *rechtvaardiging*
légitime I v • *wettig erfdeel* • INF. *echtgenote* II BNW • *wettig*; *legitiem* • *rechtmatig*; *geoorloofd*; *billijk* ★ ~ défense *wettige zelfverdediging*
légitimer OV WW • *wettigen*; *echt verklaren* • *rechtvaardigen*
légitimiste m/v • *legitimist*; *aanhanger der erfopvolging* • *aanhanger der Bourbons*
légitimité v • *wettigheid*; *echtheid* • *gegrondheid*; *rechtmatigheid*
legs (*zeg:* lè(g) met harde g) m • FIG. *erfenis* • *legaat*
léguer OV WW OOK FIG. *nalaten*; *vermaken*
légume I m • *groente* • PLANTK. *dop* ★ ~s secs *peulvruchten* II v ★ INF. grosse ~ *hoge ome*
légumier I m *groenteschaal* II BNW [v: **légumière**] *groente-*
légumineux BNW [v: **légumineuse**] *peulvruchtdragend*
lei m mv → **leu**
leitmotiv (*zeg:* lajt-, let-) m [**leitmotive/ leitmotivs**] *leidmotief*
lem m *maanlander*
Léman ★ le lac ~ *het Meer van Genève*
lemme m *lemma*
lémurien m *halfaap*
lendemain m • *volgende dag* • *dag erna* ‹na een gebeurtenis› • *gevolg* ★ le ~ matin *de volgende morgen* ★ du jour au ~ *ineens*
lénifiant BNW • MED. *kalmerend*; *verzachtend* • *rustgevend*; *kalmerend*
lénifier OV WW *kalmeren*; *verzachten*
lénitif FORM. I m • MED. *verzachtend middel* • *verlichting* II BNW [v: **lénitive**] • MED. *kalmerend* • *verzachtend*
lent BNW *langzaam*; *traag* ★ il est lent à faire qc *hij heeft veel tijd nodig om iets te doen*
lente v *neet*
lenteur v *traagheid*; *langzaamheid*
lenticulaire BNW [**lenticulé**] *lensvormig*
lentille v • *lens* • *sproet* • *linze*
léonin BNW • *tot de leeuw behorend* • *die één partij eenzijdig bevoordeelt* ★ contrat ~ *contract waarbij een der partijen het grootste deel krijgt* ★ partage ~ *leeuwendeel*
léopard m *luipaard*
LEP AFK (lycée d'enseignement professionnel) *mbo-school*
lépidoptères m mv *vlinderachtigen*
lèpre v • *melaatsheid*; *lepra* • *geheel van kale plekken* • *om zich heen grijpende kwaal, plaag*
lépreux [v: **lépreuse**] I m *melaatse* II BNW • *melaats* • *met kale, uitgebeten, vuile plekken*
léproserie v *leprozenhuis*
lequel [v mv: **lesquelles**] I VR VNW *welke* II BETR VNW *die*; *dat*; *welke*
les LW → **le**
lesbien BNW [v: **lesbienne**] • *uit Lesbos* • *lesbisch*
lesbienne v *lesbienne*
lèse DEEL V. SAMENST ★ crime de lèse-majesté *majesteitsschennis*
lèse-majesté v *majesteitsschennis*
léser OV WW • OOK FIG. *kwetsen*; *verwonden* • *schenden*; *benadelen*
lésine FORM. v *gierigheid*
lésiner ON WW (~ **sur**) *bezuinigen op*
lésion v • *kwetsing*; *beschadiging* • JUR. *benadeling*; *schade* • MED. *laesie*
lesquels VNW [vrouwelijk meervoud: **lesquelles**] → **lequel**
lessivable BNW *wasbaar*
lessivage m → **lessiver**
lessive v • *wasmiddel* • *was* • *wasgoed* • *loog* • INF. *zuivering*; *opruiming*; FIG. *schoonmaak* ★ faire la ~ *de was doen*
lessivé BNW INF. *kapot*; *uitgeput*
lessiver OV WW • CHEM. *logen* • *(af)wassen* • *afnemen* ‹v. muren, houtwerk› • FIG. INF. *uitkleden*; *uitschakelen* ‹v. tegenstander›
lessiveuse v *wasmachine*
lessiviel BNW [v: **lessivielle**] *was-*
lest (*zeg:* lest) m *ballast* ★ navire sur lest *schip zonder lading* ★ jeter du lest *ballast uitwerpen*; FIG. *een groot offer brengen om een zaak te redden*
leste BNW • *vlug*; *rap* • *grof*; *gewaagd*; *schuin* ★ ~ en affaires *vlot in zaken*
lester I OV WW • SCHEEPV. *ballasten* • INF. *vullen*

L

• *verzwaren* ⟨v. visnet⟩ **II** WKD WW (**se** ~) INF. *zich volproppen*
let BNW *net*; *let* ⟨tennis⟩
létal BNW [m mv: **létaux**] *dodelijk*
léthargie v • MED. *verdoving*; *lethargie* • *onverschilligheid*; *ongevoeligheid*
léthargique BNW • *slaapzuchtig* • *onverschillig* ★ sommeil ~ *zeer langdurige slaap*
lette BNW *Letlands*
letton I m *(het) Lettisch*; *(het) Letlands* **II** BNW [v: **lettonne**] *Lettisch*; *Letlands*
Letton m [v: **Lettonne**] *Let*; *Letlander*
Lettonie v *Letland*
lettre I v • *letter* • *brief* ★ à la ~ *stipt*; *letterlijk* ★ avant la ~ *zijn tijd vooruit*; *voordat dat begrip (enz.) maar bestond* ★ ~ de cachet GESCH. *bevel tot inhechtenisneming* ⟨tijdens het Ancien Régime⟩ ★ ~ de change *wissel* ★ ~ chargée *aangetekende brief* ⟨met aangegeven geldswaarde⟩ ★ ~ de crédit *kredietbrief* ★ (~ de) faire-part *aankondiging van huwelijk, overlijden* ★ ~ de voiture *vrachtbrief* ★ ~ recommandée *aangetekende brief* ⟨zonder aangegeven waarde⟩ ★ en toutes ~s *voluit* **II** v mv *letteren*; *letterkunde*
lettré I m [v: **lettrée**] *geleerde* **II** BNW *geletterd*; *belezen*
lettrine v • *kolomtitel* • *verwijzingsletter* • *(versierde) (hoofd)letter boven hoofdstuk*
leu m *leu* ⟨Roemeense munteenheid⟩ ★ à la queue leu leu *achter elkaar*; *op een rijtje*
leucémie v *leukemie*
leucémique I m/v *leukemiepatiënt* **II** BNW *van leukemie*
leucocyte m *witte bloedcel*; *leukocyt*
leur I PERS VNW *hun*; *(aan) hen*; *haar* ★ je le leur donnerai *ik zal het hun geven* ★ il y ont mis du leur *ze hebben het hunne/ hun steentje bijgedragen* **II** BEZ VNW [mv: **leurs**] • *hun*; *haar* • *van hen, haar*; *de/het hunne* ★ les femmes et leurs maris *de vrouwen en hun echtgenoten* ★ les leurs *de hunnen*; *hun familieleden* ★ le/la leur, les leurs *die van hen*
leurre m • *lokvogel* • *lokaas*; *bedrog*
leurrer I OV WW • *lokken* ⟨v. valk d.m.v. lokvogel⟩ • *aanlokken*; *bedriegen* **II** WKD WW (**se** ~) *zich illusies maken*
levage m • *(het) opheffen* • *(het) rijzen* ⟨v. deeg⟩ • *(het) oprichten*
levain m • *gist*; *zuurdesem* • *kiem*; *bron*; *aanleiding* ★ FORM. ~ de discorde *twistappel*
levant I m • *oosten*; *Orient* • GESCH. *(de) Levant* **II** BNW *opkomend*; *rijzend* ★ soleil ~ *opkomende zon*
levantin I m *Levantijn*; *bewoner van het Nabije Oosten* **II** BNW *Levantijns*; *afkomstig uit het Nabije Oosten*
levé I m • MUZ. *opslag*; *opmaat* • *meting* ★ voter par assis et levé *stemmen bij zitten en opstaan* **II** BNW *opgeheven*
levée v • *(het) opnemen*; *(het) wegnemen* • MIL. *lichting* • *sluiting* ⟨v. vergadering⟩ • *heffing*; *inning* • *lichting* ⟨v. brievenbus⟩ • *inzameling*; *(het) binnenhalen* • *slag in het kaartspel* • *opheffing* • *dijk*; *wal* ★ ~ d'un pansement *het wegnemen v.e. verband* ★ la ~ des grains *het binnenhalen v.h. graan* ★ ~ des scellés *opheffing v.e. beslag*
lever I m • *(het) opstaan* • *(het) opkomen v.d. zon* • *(het) ophalen* ⟨v. scherm⟩ • *(het) opmaken*; *(het) schetsen* ★ ~ de rideau *éénakter waarmee een schouwburgvoorstelling begint* ★ le ~ d'un plan *het opmaken v.e. plattegrond* **II** OV WW • *optillen*; *opheffen*; *oplichten*; *ophalen* • *opheffen*; *af-/wegnemen*; *weghalen* • *uit bed halen* • *inzamelen*; *oogsten*; *heffen*; *innen* • *lichten v. brievenbus* • *lichten v. troepen* • *opslaan* • *opmaken*; *tekenen* • *opjagen* ⟨v. wild⟩ ★ ~ l'ancre *het anker lichten* ★ OOK FIG. ~ les épaules *de schouders ophalen* ★ INF. ~ le coude *pimpelen* ★ ~ la main sur qn *iem. slaan* ★ ~ le pied *ervandoor gaan* ★ FIG. ~ le masque *het masker afleggen* ★ ~ un pont-levis *een ophaalbrug ophalen* ★ ~ une séance, un siège *een zitting opheffen, sluiten* ★ ~ les scellés *een beslag opheffen*; *de zegels verbreken* ★ ~ des impôts *belasting heffen* ★ ~ les yeux *de ogen opslaan* ★ ~ un plan *een kaart, plattegrond opmaken* **III** ON WW • *opkomen van gewassen* • *rijzen* ⟨v. deeg⟩ **IV** WKD WW (**se** ~) • *opstaan* • *opkomen* ⟨v. zon, maan, sterren⟩ • *opsteken v.d. wind* • *omhoog gaan*
lève-tard m/v (onver.) *langslaper*
lève-tôt m/v (onver.) *vroege vogel*
levier m • *hefboom* • *hendel aan machine* • *zwengel v.e. pomp* • FIG. *drijfveer* ★ ~ de changement de vitesse *versnellingshendel*
lévite m • *leviet* • *priester*
lévogyre BNW *linksdraaiend*
levraut m *jonge haas*
lèvre v • *lip* • GEO. *rand van breuk/scheur* • *rand* ⟨v. wond, schelp⟩ • mv MED. *wondranden* • mv ANAT. *schaamlippen* ★ du bout des ~s *met weinig overtuiging* ★ sourire du bout des ~s *flauwtjes lachen* ★ elle n'a pas desserré les ~s *ze heeft geen mond opengedaan*
levrette v • *wijfjeshazewind* • *kleine Italiaanse hazewind*
lévrier m *windhond*
levure v *gist* ★ ~ de bière *biergist*
lexical BNW [m mv: **lexicaux**] *lexicaal*; *de woordenschat betreffend*
lexicographe m/v *lexicograaf*; *maker v. woordenboek*
lexicographie v • *(het) samenstellen v.e. woordenboek* • *lexicografie*
lexicologie v *lexicologie*; *leer van de woordenschat*
lexique m • *klein woordenboek* • *woordenschat v.e. taal*; *lexicon* • *woordenlijst bij een bepaald schrijver*
Leyde *Leiden*
lézard m • *hagedis* • *hagedissenleer* ★ faire le ~ *zich in de zon koesteren*
lézarde v • *spleet*; *scheur in een muur* • TECHN. *tres*; *galon*
lézarder I OV WW *doen scheuren*; *doen barsten* **II** ON WW *slenteren*; *luieren in de zon* **III** WKD WW (**se** ~) *splijten*; *scheuren*
liaison v • MIL. *verbinding*; *verband*;

samenhang • *metselspecie* • *(het) binden*; *bindmiddel* ‹bij koken› • MUZ. *boog*; *verbindingsteken* • TAALK. *verbinding tussen twee woorden* ‹bij uitspraak› • *samenwerking*; *band*; *liefdesbetrekking* ⋆ ~ dans des idées *verband tussen ideeën* ⋆ ~ postale *postverbinding* ⋆ faire la ~ *verbinden*
liane v *slingerplant*; *liaan*
liant I m • *bindmiddel*; *verharder* • *veerkracht*; *soepelheid bij dansen* • *innemendheid*; *vriendelijkheid* II BNW • *buigzaam*; *lenig* • *vriendelijk*; *innemend*
liard m *duit*
liasse v *bundel*
Liban m *Libanon*
libanais BNW *Libanees*
Libanais m [v: **Libanaise**] *Libanees*
libation v • GESCH. *plengoffer* ⋆ faire d'amples ~s *'m stevig raken*
libelle m *pamflet*
libellé m *bewoording*; *inhoud*; *tekst*
libeller OV WW • *opstellen* ‹v. akte› • (~ **en**) *uitdrukken in*
libelliste VERO. m/v *pamfletschrijver*
libellule v *libel*; *waterjuffer*
libéral I m [v: **libérale**] *liberaal* II BNW • POL. *liberaal*; *tolerant* • *vrijgevig*; *gul* • *liberaal* ⋆ les professions ~es *de vrije beroepen* ⋆ arts libéraux *vrije kunsten*
libéralement BIJW *rijkelijk*
libéralisation v *liberalisatie*
libéraliser OV WW *liberaler maken*
libéralisme m *liberalisme*; *tolerantie*
libéralité v • FORM. *vrijgevigheid*; *gulheid* • *(gulle) gift*
libérateur [v: **libératrice**] I m *bevrijder* II BNW • *bevrijdings-* • *bevrijdend* ‹v. lach›
libération v • *bevrijding*; *invrijheidstelling* • *delging* ‹v. schuld› • *(het) vrijkomen* ‹v. stof, energie› • *emancipatie*
libérer I OV WW • *in vrijheid stellen* • *bevrijden* *(**de** van, uit)* • MIL. *uit dienst ontslaan* • *delgen* ‹v. schuld› • *vrijgeven* ‹v. prijzen› • *vrijmaken* ‹v. doorgang› • *ontlasten* ‹v. geweten› II WKD WW (**se** ~) • *zich bevrijden* • *zijn schuld betalen*
libéro m SP. *libero*
libertaire I m *anarchist* II BNW *anarchistisch*
liberté v • *vrijheid*; *ongebondenheid* • *vrijheid*; *recht* • *vrijheid*; *vrije wil* • *vrijpostigheid* ⋆ mettre en ~ *in vrijheid stellen* ⋆ ~ de la presse *vrijheid van drukpers* ⋆ prendre des ~s *zich vrij(postig)heden veroorloven*
libertin I m [v: **libertine**] • *losbandig persoon* • LIT. *vrijdenker* II BNW • *losbandig*; *zedeloos* • *gewaagd* ‹v. dingen›
libertinage m • *losbandigheid*; *zedenloosheid* • LIT. *vrijdenkerij*
libidineux BNW [v: **libidineuse**] *wellustig*; *wulps*
libido v *erotische drift*; *libido*
libraire m/v *boekhandelaar*
librairie v *boekhandel*; *boekwinkel*
libre BNW • *vrij*; *onafhankelijk* • *vrij*; *onbezet*; *niet-gebonden* ‹ongetrouwd, niet verloofd› • *vrijpostig*; *vrijmoedig* • *schuin*; *gewaagd* ⋆ ~ arbitre *vrije wil* ⋆ école ~ *bijzondere school* ⋆ être ~ comme l'air *zo vrij zijn als een vogel in de lucht* ⋆ ~-pensée *vrijdenkerij* ⋆ ~-penseur *vrijdenker* ⋆ ~ à vous de *het staat u vrij te*
libre-échange m (onver.) *vrijhandel*
libre-penseur m [mv: **libres-penseurs**] *vrijdenker*
libre-service m [mv: **libres-services**] • *zelfbediening* • *zelfbedieningszaak*
librettiste m/v *maker van een libretto*
Libye v *Libië*
libyen BNW [v: **libyenne**] *Libisch*
Libyen m [v: **Libyenne**] *Libiër*
lice v • *strijdperk* • *omheining* ⋆ entrer en lice *in het krijt treden*
licence v • *vergunning*; *verlof* • SPORT *licentie* • ONDERWIJS *licentiaat* ‹ongeveer: kandidaats› • *vrijheid op kunstgebied* • VERO. *misbruik v. vrijheid* • VERO. *losbandigheid*; *uitspatting* ⋆ prendre des ~s avec qn *zich te grote vrijheden tegenover iem. veroorloven* ⋆ ~ en droit *licentiaat in de rechten* ⋆ ~ ès lettres *licentiaat in de letteren*
licencié m [v: **licenciée**] • *bezitter van een licence* ‹v. sportbond›; *licentiaat* • *licentiehouder* • *lid* ‹v. sportbond› • *ontslagene*
licenciement m *ontslag*
licencier OV WW *ontslaan*; *afdanken*
licencieux BNW [v: **licencieuse**] *losbandig*; *schuin*; *gewaagd*
lichen (*zeg:* liekèn) m • *korstmos* • MED. *lichen*
lichette INF. v *stukje*
licite BNW *geoorloofd*; *toegestaan*
licorne v *eenhoorn*
licou m [**licol**] *halster*
lie v • *droesem*; *grondsop* • *uitvaagsel* ⋆ FORM. la lie du peuple *de heffe des volks* ⋆ boire le calice jusqu'à la lie *de lijdensbeker tot de bodem ledigen*
lied m *Duits lied*
liège m *kurk*
Liège *Luik*
liégeois BNW *Luiks* ⋆ café ~ *ijskoffie met slagroom*
lien m • *snoer*; *koord* • OOK FIG. *band* • *boei* ⋆ lien conjugal *huwelijksband*
lier I OV WW • OOK FIG. *binden* *(**à** aan)*; OOK FIG. *verbinden*; *vastbinden* • *aanknopen*; *doen ontstaan* ⋆ lier une sauce *een saus binden* ⋆ lier amitié avec qn *vriendschap met iem. sluiten* II WKD WW (**se** ~) *zich verbinden* ⋆ se lier d'amitié avec qn *vriendschap met iem. sluiten*
lierre m *klimop*
liesse v • VERO. *vrolijkheid* • *uitgelatenheid* ⋆ LIT. être en ~ *vrolijk zijn*
lieu I m [mv: **lieux**] • *plaats*; *plek* • *oorzaak*; *reden* ⋆ avoir tout lieu de *alle reden hebben om te* ⋆ donner lieu à *aanleiding geven tot* ⋆ VERO. lieux d'aisance *wc* ⋆ au lieu de *in plaats van* ⋆ avoir lieu *plaats vinden* ⋆ lieu commun *gemeenplaats* ⋆ n'avoir ni feu ni lieu *dakloos zijn* ⋆ en premier lieu *op de eerste plaats* ⋆ saint lieu *heiligdom* ⋆ en temps et lieu *te zijner tijd en plaatse* ⋆ tenir lieu de *vervangen* II m mv *woning*; *huis*

L

III DEEL V. SAMENST ★ au lieu que (+ subj.) *terwijl*
lieu(-)dit m [mv: **lieux(-)dits**] *gehucht*; *buurtschap*
lieue v *mijl (4,444 km)*; *klein uur gaans* ★ ~ de terre, ~ commune *Franse mijl (4,444 km)* ★ ~ marine *zeemijl (5,555 km)* ★ il est à cent/ mille ~s d'ici *hij is er met zijn gedachten niet bij* ★ bottes de sept ~s *zevenmijlslaarzen*
lieutenant m • *(eerste) luitenant* • *plaatsvervanger* ★ ~ de vaisseau *luitenant-ter-zee 1e klasse*
lièvre m *haas* ★ courir le même ~ *hetzelfde doel nastreven* ★ avoir une mémoire de ~ *kort van memorie zijn* ★ être poltron comme un ~ *een hazenhart hebben* ★ il ne faut pas courir deux ~s à la fois *men moet niet twee verschillende doeleinden najagen* ★ FIG. (sou)lever un ~ *een delicate kwestie aanroeren*
lifter OV WW • *faceliften* • SPORT *topspin geven aan*
liftier m *liftboy*
lifting m *facelift*
ligament m *gewrichtsband*
ligature v • *(het) afbinden* • MED. *ligatuur*; *knoop* • *band om boom* • *(het) opbinden* ‹v. planten› • *sjorring* • *dubbele letter* • TYP./MUZ. *koppelteken* • TAALK. *koppelwoord*
ligaturer OV WW • MED. *afbinden* • *opbinden*
lige BNW • GESCH. *leenplichtig* • *zeer toegewijd*
lignage m • BIOL. *stam*; *afstamming* • TYP. *regelaantal*
ligne v • *lijn*; *verbinding*; *linie*; *(richt)lijn*; *houding* • *regel* • *vissnoer* • *streep* ‹1/12 duim› ★ ~ aérienne *luchtlijn* ★ ~ de démarcation *demarcatielijn*; *scheidingslijn* ★ ~ équinoxiale *evenaar* ★ navire de ~ *slagschip* ★ troupes de ~ *linietroepen* ★ ~ de conduite *gedragslijn* ★ franchir la ~ *de evenaar passeren* ★ en ~ *on line* ★ hors ~ *buitengewoon*; COMP. *off line* ★ pêcher à la ~ *hengelen* ★ avoir la ~ *een slank figuur hebben* ★ aller à la ~ *een nieuwe alinea openen* ★ TEL. être en ~ *aan de lijn zijn*
lignée v • *geslacht*; *nakomelingschap* • *geestelijke verwantschap*
ligneux BNW [v: **ligneuse**] *houtachtig*
lignifier WKD WW (**se** ~) *houtig worden*; *verhouten*
lignite m *bruinkool*
ligoter OV WW *knevelen*; *binden*
ligue v • *(ver)bond*; *vereniging* • POL. *bond*; *liga* • *complot*; *samenspanning*
liguer I OV WW *in een verbond verenigen* II WKD WW (**se** ~) • *samenspannen* (**contre** *tegen)* • *een verbond aangaan*
ligueur m [v: **ligueuse**] *lid v. (extreem rechtse) politieke liga*
lilas (*zeg:* -là) I m *sering* II BNW *lila*
liliacée v *lelieachtige*
Lille *Rijsel*
lilliputien [v: **lilliputienne**] I m *lilliputter* II BNW *dwergachtig*
limace v • INF. *hemd* • *naaktslak*
limaçon m • *huisjesslak* • *slakkenhuis* ‹v. oor› ★ escalier en ~ *wenteltrap*
limage m *(het) vijlen*
limaille v *vijlsel*
limande v • *schar* ‹vis› • TECHN. *lat*; *liniaal*
limbe I m • *limbus* • PLANTK. *bladschijf* • ASTROL. *kring*; *rand* II m mv *voorgeborchte* ★ FIG. être encore dans les ~s *nog in wording zijn*
lime v • *vijl* • *limecitroen*
limer OV WW *vijlen*
limier m OOK FIG. *speurhond*
liminaire BNW *als inleiding* ★ épître ~ *voorrede in briefvorm aan het begin v.e. boek*
limitatif BNW [v: **limitative**] *beperkend*
limitation v *beperking*; *begrenzing*
limite v *grens*; *limiet*; *grenswaarde* ★ ~ de charge *laadvermogen* ★ prix ~ *maximumprijs* ★ vitesse ~ *maximumsnelheid*
limiter I OV WW *begrenzen*; *beperken* (**à** *tot)* II WKD WW (**se** ~) • *zich beperkingen opleggen* • (**se** ~ **à**) *zich beperken tot*
limitrophe BNW *grens-*; *aangrenzend* (**de** *aan)*
limogeage m INF. *ontslag*
limoger INF. OV WW *aan de dijk zetten* ‹v. hoge ambtenaar of officier›
limon m • *limoen*; *soort citroen* • *slijk*; *slib*; *leem* • *disselboom*; *lamoen*
limonade v • *limonade* • *cafébedrijf*
limonadier m [v: **limonadière**] • *limonadeverkoper* • *caféhouder*
limonaire m *pierement*
limoneux BNW [v: **limoneuse**] *slib bevattend*
limousin BNW *uit Limoges*; *uit de Limousin*
Limousin m [v: **Limousine**] *bewoner van Limoges*; *bewoner van de Limousin*
limousine v • *grofwollen mantel of cape* ‹uit de Limousin› • VERO. *limousine*; *auto*
limpide BNW OOK FIG. *helder*; *doorzichtig*; *open* ★ style ~ *heldere stijl* ★ visage ~ *open gezicht*
limpidité v *helderheid*; *doorzichtigheid*; *openheid*
lin m • *vlas* • *linnen*; *lijnwaad* ★ graine de lin *lijnzaad* ★ huile de lin *lijnolie*
linceul m *lijkkleed*; *lijkwade*
linéaire BNW • *lijn-* • *lineair* • PLANTK. *lijnvormig* ★ dessin ~ *lijntekening*
linéament m • *lijn*; *trek* ‹v. gezicht› • *schets*; *ontwerp*
linge m • *linnen*; *linnengoed* • *ondergoed* • *doek* ★ ~ de table *tafellinnen* ★ changer de ~ *zich verschonen* ★ blanc comme un ~ *zo wit als een doek* ★ INF. il faut laver son ~ sale en famille *men moet de vuile was niet buiten hangen*
lingère v *linnenjuffrouw*
lingerie v • *linnenhandel* • *linnenkamer* • *ondergoed*
lingot m *baar*; *staaf*
lingual BNW [m mv: **linguaux**] *tong-*; *linguaal* ★ consonne ~e *tongmedeklinker*
linguiste m/v *taalkundige*; *linguïst*
linguistique I v *taalkunde*; *taalwetenschap*; *linguïstiek* II BNW *taalkundig*; *taal-*; *linguïstisch*
liniment m *smeersel*; *zalf*
linoléum (*zeg:* -eeom) m [**lino**] *linoleum*
linon m *fijn linnen*
linotte v *kneu* ★ INF. tête de ~ *domoor*;

uilskuiken
linteau m [mv: **linteaux**] *bovendrempel* ‹v. deur, raam›; *latei*
lion m [v: **lionne**] • *leeuw* • *moedig man* • ASTROL. *Leeuw* ★ lion de mer *zeeleeuw*
lionceau m [mv: **lionceaux**] *leeuwenwelp*
lipide m *lipide*; *vetstof*
liposuccion v *liposuctie*; *(het) wegzuigen van vetweefsel*
lippe v *dikke onderlip* ★ INF. faire la ~ *lelijk kijken*
lippu BNW *met een dikke onderlip*
liquéfaction v *vloeibaarmaking*; *vloeibaarwording*
liquéfiable BNW • *vloeibaar te maken* • *verdichtbaar*
liquéfier I OV WW *vloeibaar maken* **II** WKD WW (**se** ~) • *vloeibaar worden* • *alle moed verliezen*
liquette v INF. *hemd(je)*
liqueur v • *likeur* • *alcohol- en/of suikergehalte*
liquidateur m JUR. *vereffenaar* ★ ~ judiciaire *curator*
liquidation v • *vereffening*; *liquidatie*; *afwikkeling* • *uitverkoop* ★ ~ judiciaire *faillissement* ★ ~ de fin d'année *balansopruiming*
liquide I m • *vloeistof*; *vocht* • *sterke drank* **II** BNW • *vloeibaar* • ECON. *vlottend*; *liquide* • *vloeiend* ‹v. medeklinker: m, l, n, r› ★ l'élément ~ *het vloeibaar element*; *het water* ★ argent ~ *contant geld*
liquider OV WW • *vereffenen*; *liquideren* • *uitverkopen* • INF. *afdoen*; *een einde maken aan*; *wegwerken*; *oplossen* ‹v. conflict›; *uit de weg ruimen* ‹v. personen›
liquidité v • *vloeibaarheid* • ECON. *liquiditeit* • mv *liquide middelen*
liquoreux BNW [v: **liquoreuse**] *zoet en krachtig tegelijk*; *likeurachtig*
lire I v *lire* **II** OV WW • *(door)lezen* ‹ook door apparaat›; *voorlezen (***à** *aan)*; *aflezen* • *ontcijferen*; *begrijpen* • *zien*; *bespeuren* • COMP. *inlezen* ★ avoir beaucoup lu *belezen zijn* ★ lire l'avenir *de toekomst voorspellen* ★ lire sur le visage de qn *op iemands gezicht aflezen*
lis (*zeg:* lies, [ww] lie) **I** m *lelie* ★ lis des vallées *lelietje-van-dalen* ★ fleur de lis *wapen der Bourbons* **II** WW → **lire**
Lisbonne *Lissabon*
liseré m *boordsel*; *bies*
liséré m • *zoom*; *rand* • *smal omboordsel*
lisérer OV WW [**liserer**] *omboorden*; *omzomen*
liseron m *winde*
liseur m [v: **liseuse**] *iem. die veel leest*
liseuse v • *briefopener*; *papiervouwer* • *boekomslag* • *iem. die veel leest* • *bedjasje* • *leeslampje*
lisibilité v *leesbaarheid*
lisible BNW • *leesbaar* • *waard om te lezen*
lisière v *zelfkant* ‹v. stof›; *zoom*; *rand*
lissage m *(het) gladmaken/polijsten/glanzend maken*
lisse I v • *schering* ‹v. weefgetouw› • *reling* **II** BNW *glad*
lisser OV WW • *glad maken*; *polijsten*; *glanzend maken* • *met een dunne laag suiker bedekken*
listage m *listing*; *uitdraai*
liste v • *lijst* • *bles* ‹v. paard› ★ ~ électorale *kiezerslijst* ★ ~ noire *zwarte lijst* ★ être sur la ~ rouge *een geheim telefoonnummer hebben*
lister OV WW COMP. *lijsten*
lit m • *bed*; *ledikant* • *bedding* • *huwelijk* • *laag* ★ lit de camp *veldbed* ★ lit clos *bedstee* ★ lit de gazon *grasveld* ★ lit du vent *windstreek* ★ faire le lit *het bed opmaken* ★ un enfant du premier lit *een kind uit het eerste huwelijk* ★ garder le lit *het bed houden* ‹v. zieken› ★ comme on fait son lit, on se couche *de mens is gewoonlijk de oorzaak van zijn eigen ongeluk*
litanie v • REL. *litanie* • *lange, vervelende opsomming*
lit-cage m [mv: **lits-cages**] *metalen opklapbed*
litchi m *lychee* ‹exotische vrucht›
literie v *beddengoed*
litho v *lithografie*; *litho*
lithographe m *steendrukker*
lithographie v [**litho**] • *steendruk* • *lithografie* • *steendrukkerij*
lithographier OV WW *steendrukken*
lithographique BNW *wat steendruk betreft*
litière v • *kattenbakstrooisel* • *stalstro* • GESCH. *draagstoel*; *draagbaar* ★ LIT. faire ~ de *geringschatten*; *met voeten treden*
litige m *geschil*; *twistpunt*
litigieux BNW [v: **litigieuse**] *betwistbaar*; *omstreden*
litote v *stijlfiguur waarbij men minder zegt dan men bedoelt*; *litotes*
litre I m • *liter* • *litermaat*; *kan* **II** v REL. *rouwband met initialen van overledene*
litron INF. m *liter wijn*
littéraire BNW *letterkundig*; *literair*
littéral BNW [m mv: **littéraux**] • *letterlijk* • JUR. *schriftelijk*; WISK. *geschreven in letters*
littérateur m PEJ. *literator*; *schrijver*; *iemand die geheel opgaat in de literatuur*
littérature v • *literatuur*; *letterkunde* • *(kunst van) het schrijven*
littoral [m mv: **littoraux**] **I** m *kuststreek* **II** BNW *tot de kust behorend* ★ montagnes ~es *kustgebergte*
Lituanie v [**Lithuanie**] *Litouwen*
lituanien I m *(het) Litouws* **II** BNW [v: **lituanienne**] *Litouws*
Lituanien m [v: **Lituanienne**] *Litouwer*
liturgie v *liturgie*
liturgique BNW *liturgisch*
livide BNW • *doodsbleek* • *loodkleurig*
lividité v *lijkkleur*; *doodsbleekheid*
living-room m [**living**] [m mv: **living-rooms**] *huiskamer*; *woonkamer*
livrable BNW *leverbaar*
livraison v • *levering* • *aflevering* ‹v. boek e.d.› ★ délai de ~ *levertijd* ★ faire ~ de *afleveren* ★ prendre ~ de *in ontvangst nemen*; *afhalen*
livre I m • *boek* • *uitgeverswereld* ★ tenir les ~s *de boeken bijhouden* ★ ~ de bord *scheepsjournaal* ★ ~ de caisse *kasboek* ★ ~ de cuisine *kookboek* ★ grand ~ *grootboek* ★ ~ d'heures *getijdenboek* ★ ~ d'or *gastenboek* ★ à ~ ouvert *voor de vuist weg* ★ teneur des ~s

L

boekhouder **II** v • *pond (sterling)* ‹munteenheid› • *pond* ‹gewicht›
livre-cassette m [mv: **livres-cassettes**] *luisterboek*; *cassetteboek*
livrée v *dienstkleding*; *livrei*
livrer **I** ov ww • *leveren*; *afleveren* (**à** *aan, bij*) • *overleveren*; *uitleveren*; *overgeven* ★ ~ bataille *slag leveren* **II** wkd ww (**se** ~ **à**) *zich toeleggen op*; *zich aangeven bij* ‹de politie›; *zich uiten tegenover*
livresque BNW *boeken-*; *theoretisch*
livret m • *boekje* • *libretto*; *operatekst* • *rapport* • *catalogus* ★ ~ de caisse d'épargne *spaarbankboekje* ★ ~ de famille *trouwboekje* ★ MIL. ~ individuel *zakboekje*
livreur [v: **livreuse**] **I** m *bezorger* **II** BNW *leverend*; *bezorgend*
lob m SPORT *lob*
lobby m [mv: **lobbies**] *lobby*
lobe m *lob*; *kwab* ★ lobe de l'oreille *oorlel*
lobé BNW • MED. *gelobd* • ARCHIT. *kwab-*; *kwabachtig*
lober **I** ov ww *lobben* **II** on ww *passeren met een boogbal*
lobotomie v *lobotomie*
lobule m *kwab*; *lelletje*
local [m mv: **locaux**] **I** m *lokaal*; *zaal*; *ruimte* **II** BNW *plaatselijk*
localisable BNW *lokaliseerbaar*

L

localisation v • *lokalisatie*; *plaatsbepaling* • *begrenzing*
localiser **I** ov ww • *lokaliseren*; *plaats bepalen van* • *begrenzen* ★ ~ une maladie *een ziekte lokaliseren* ★ ~ un incendie *een brand tot een bepaalde plaats beperken* **II** wkd ww (**se** ~) *zich lokaliseren*; *zich tot een bepaalde plaats beperken*
localité v • *plaats*; *plek* • *dorp*
locataire m/v *huurder*
locatif **I** m TAALK. *lokatief* **II** BNW [v: **locative**] • *wat de huurder of het gehuurde betreft*; *huur-* • TAALK. *van plaats* ★ valeur locative *huurwaarde*
location v • *(het) huren*; *(het) verhuren* • *huurprijs* • *reservering*; *plaatsbespreking* • *gehuurd huis*
location-vente m [mv: **locations-ventes**] • *huurkoop* • *leasing*
locaux m mv → **local**
loch (*zeg:* lok) m • SCHEEPV. *log* • *loch* ‹in Schotland› ★ filer le loch *loggen*
loche v *modderkruiper*
lock-out m (onver.) *uitsluiting v. werknemers*
lock-outer ov ww *sluiten v. onderneming* ‹om een staking te breken›
locomoteur BNW [v: **locomotrice**] *(voort)bewegend*; *(voort)bewegings-*
locomotion v *vervoer*; *voortbeweging*
locomotive v • *locomotief* • *stuwende kracht*; FIG. *motor*
locuteur m [v: **locutrice**] *spreker*
locution v *uitdrukking*
loden (*zeg:* -dèn) m • *loden stof* • *loden mantel*
loess m *löss*
lof m *loef(zijde)* ★ aller au lof *oploeven*
lofer on ww *oploeven*
loft (*zeg:* loft) m *loft*
logarithme m *logaritme*
loge v • *hutje*; *hok*; *box* ‹v. paarden› • *houthakkershut* • *portierswoning* • *kermistent* • *schouwburgloge* • *vrijmetselaarsloge* • *loggia* • *kleedkamer* • ANAT. *lichaamsholte* • PLANTK. *zaadhuisje*
logeable BNW *bewoonbaar*
logement m • *(eenvoudige) woning* • *huisvesting* • *inkwartiering* • *onderkomen* ★ crise du ~ *woningnood*
loger **I** ov ww • *huisvesten* • *logies verschaffen* • *onderbrengen*; *plaatsen* ★ ~ une balle dans la tête *een kogel door het hoofd jagen* ★ la balle s'est logée dans le bras *de kogel is in de arm blijven steken* **II** on ww • *wonen* • *logeren*; *verblijven*
logeur m [v: **logeuse**] *kamerverhuurder*
loggia v *loggia*
logiciel m *software*; *programmatuur*
logicien m [v: **logicienne**] • *kenner der logica* • *iem. die streng logisch redeneert*
logique **I** v *logica* **II** BNW • *logisch* ‹behorend tot of overeenkomstig met› • *logisch*; *juist* • *rationeel* ★ rester ~ avec soi-même *consequent blijven*
logis m *huis*; *woning* ★ corps de ~ *hoofdgebouw* ★ la folle du ~ *de verbeelding*
logistique **I** v • *wiskundige logica* • *logistiek* **II** BNW *logistiek*
logo m *logo*; *beeldmerk*
loi v • *wet* • *macht*; *heerschappij*; *kracht* • *gehalte* ‹v. munt› ★ hors la loi *vogelvrij* ★ loi martiale *krijgswet* ★ homme de loi *rechtsgeleerde*; *advocaat* ★ loi morale *zedenwet* ★ loi naturelle *natuurwet* ★ la loi du plus fort *het recht v.d. sterkste* ★ se faire une loi de *zich tot plicht rekenen om te* ★ tomber sous le coup de la loi ... *onder wetsartikel ...vallen*
loin BIJW • *ver* ‹v. plaats›; *veraf* • *ver* ‹v. tijd› ★ loin des yeux, loin du cœur *uit het oog, uit het hart* ★ aller loin *het ver brengen* ★ cette arme porte loin *dat wapen draagt ver* ★ au loin *in de verte* ★ d'aussi loin qu'il me vit *zodra hij mij zag* ★ je suis loin de ... *ik zou nooit ...* ★ revenir de loin *van een gevaarlijke ziekte genezen*; *aan de dood ontsnappen*
lointain **I** m *verte* **II** BNW *ver (verwijderd)* ‹v. plaats of tijd›
loir m *relmuis* ★ dormir comme un loir *slapen als een roos, als een marmot* ★ INF. être paresseux comme un loir *erg lui zijn*
loisible BNW *geoorloofd* ★ il vous est ~ de ... *het staat u vrij te ...*
loisir m • *vrije tijd* • *hobby* ★ à ~ *op zijn gemak* ★ ~s *vrijetijdsbesteding*
lolo m KIND. *melk*
lombago m → **lumbago**
lombaire BNW *van de lendenen*; *lumbaal* ★ douleur ~ *lendepijn* ★ ponction ~ *lumbaalpunctie*
lombes m mv *lendenen*
lombric m *regenworm*
l'on PERS VNW → **on**
londonien BNW [v: **londonienne**] *Londens*
Londonien m [v: **Londonienne**] *Londenaar*

Londres *Londen*
long I m ★ au long *uitvoerig* ★ aller par le plus long *de langste weg nemen* ★ deux mètres de long *twee meter lang* ★ de long en large *heen en weer* ★ le long de *langs* ★ tomber de tout son long *languit vallen* **II** BNW [v: **longue**] • *lang* ‹v. plaats› • *lang* ‹langdurig› • *dun*; *aangelengd* ★ avoir les dents longues *zeer eerzuchtig zijn* ★ long de trois mètres *drie meter lang* ★ avoir le bras long *veel invloed hebben* ★ INF. être long à faire qc *iets lang uitstellen* ★ il ne fut pas long à comprendre que ... *hij begreep al snel dat ...* ★ sauce longue *aangelengde saus* **III** BIJW *veel*; *lang* ★ en savoir long *er heel wat van weten*
longanimité v *geduld*
long-courrier I m [mv: **long-courriers**] *langeafstandsvliegtuig* **II** BNW *lange afstands-*
longe v • *halster* • *leidsel* • *lendestuk* ‹v. vlees›
longer OV WW • *liggen langs*; *zich bevinden langs*; *zich uitstrekken langs* • *lopen/rijden/varen langs*
longeron m *brugligger*
longévité v • *levensduur* • *lang leven*; *hoge ouderdom*
longiligne BNW *rijzig*
longitude v *geografische lengte* ★ ~ est *oosterlengte* ★ ~ ouest *westerlengte*
longitudinal BNW [m mv: **longitudinaux**] *in de lengte*
longtemps I m *lang*; *lange tijd* ★ il y a ~ *lang geleden* ★ avant ~ *binnenkort* **II** BIJW *lang*; *(gedurende) lange tijd*
longue I v ★ à la ~ *op den duur* **II** BNW → **long**
longuement BIJW • *breedvoerig* • *lang*
longuet I m *lang broodje* **II** BNW INF. *(wel) wat lang*
longueur I v • *lengte* • *lange duur*; *langdurigheid* • *langzaamheid* ★ ~ d'onde *golflengte* ★ LIT. tirer en ~ *rekken*; *op de lange baan schuiven* ★ FIG. (ne pas) être sur la même ~ d'onde *(niet) op dezelfde golflengte zitten* **II** v mv *langdradigheid*; *langdradig gedeelte* ‹bijv. v. boek›
longue-vue m [mv: **longues-vues**] *verrekijker*
look m *look*
looping m *looping*; *figuur uit de luchtacrobatiek*
lopette v INF. *mietje*; *flikker*
lopin m VERO. *stukje*; *lapje* ★ ~ de terre *stukje grond*
loquace BNW *spraakzaam*
loquacité v *spraakzaamheid*
loque v • *lomp*; *flard* • *wrak* ★ ~ (humaine) *menselijk wrak*
loquet m *deurklink*
loqueteux BNW [v: **loqueteuse**] • *in lompen gehuld* • *aan flarden gescheurd*
lorgner OV WW • *van opzij bekijken* • *met een toneelkijker bekijken* • *azen op*; FIG. *loeren op* ★ ~ une place *op een plaats azen*
lorgnette v *toneelkijker*
lorgnon m *lorgnet (met handvat)*
loriot m *wielewaal*
lorrain I m *(het) Lotharings* **II** BNW [v: **lorraine**] *Lotharings*
Lorrain m [v: **Lorraine**] *Lotharinger*
Lorraine v *Lotharingen*
lors (*zeg:* lor) **I** BIJW VERO. *toen* ★ dès lors *dientengevolge*; *vanaf die tijd* ★ dès lors que *vanaf het ogenblik dat*; *zodra* ★ pour lors *in dat geval* **II** VZ ★ lors de *ten tijde van*; *op het ogenblik van* ★ FORM. lors même que *zelfs wanneer*
lorsque VW [**lorsqu' voor klinker**] • *toen* ‹gelijktijdig›; *wanneer* • *terwijl* ‹gelijktijdig en tegenstellend›
losange m • HER. *ruit* • MUZ. *ruitnoot*
lot (*zeg:* loo) m • *deel*; *aandeel* • *(levens)lot* • *lot in loterij* • *perceel*; *partij* ★ gagner le gros lot *de hoofdprijs winnen*
loterie v OOK FIG. *loterij* ★ mettre en ~ *verloten*
loti BNW ★ être bien loti *goed af zijn* ★ être mal loti *slecht af zijn*
lotion v *(haar)wasmiddel*; *lotion* ★ ~ capillaire *haarmiddel*
lotionner OV WW *een lotion geven*; *met een lotion insmeren*
lotir OV WW • *verkavelen* • *sorteren*
lotissement m • *verkoop per perceel* • *verkaveling* • *verkaveld terrein*; *perceel*
loto m *lotto*
lotte v *kwabaal*
lotus (*zeg:* -tuus) m *lotus(bloem)*
louable BNW • *prijzenswaard*; *bewonderenswaardig* • *te verhuren*
louage m • *huur* • *huurprijs*
louange v *lof*; *compliment* ★ chanter les ~s de qn *iemands lof zingen*; *iem. de hemel in prijzen*
louanger FORM. OV WW *prijzen*
louangeur [v: **louangeuse**] **I** m VERO. *lofredenaar* **II** BNW *lovend*
loubar INF. m [**loubard**] *relschopper*; *jong bendelid*; *randgroepjongere*
loubard m → **loubar**
louche I m *iets verdachts* **II** v • *soeplepel* • *gereedschap* **III** BNW • *niet helder*; *troebel* • *verdacht*; *dubbelzinnig*
loucher ON WW *scheel kijken*
louer I OV WW • *prijzen (***de, pour** *om)* • *huren* • *verhuren* • *(plaats)bespreken* ★ à ~ *te huur* **II** WKD WW (**se ~ de**) *erg tevreden zijn over*
loueur m [v: **loueuse**] *verhuurder*
loufiat m INF. *kelner*
loufoque INF. BNW *gek*; *niet goed snik*
loufoquerie INF. v • *gekte* • *gekke streek*; *gek woord*
lougre m *logger*
louis m *goudstuk van 20 francs (vóór 1928)*
Louis *Lodewijk*
louise-bonne m [mv: **louises-bonnes**] *bonne-louise* ‹peer›
loukoum m *Turks fruit*
loulou m • *keeshond* • INF. *schat*
louloutte v INF. *schatje*
loup (*zeg:* loe) m • *wolf* • *satijnen mom of halfmasker* • TYP. *blunder*; *leemte in kopie* • *schatje* • *baars* ★ loup de mer *zeerob* ‹dier; zeeman› ★ jeune loup *jong, ambitieus politicus* ★ entre chien et loup *in de schemering* ★ être connu comme le loup blanc *bekend staan als de bonte hond* ★ faim

L

de loup *honger als een paard* ★ froid de loup *vinnige koude* ★ hurler avec les loups *huilen met de wolven in het bos* ★ marcher à pas de loups *sluipen*
loup-cervier m [mv: **loups-cerviers**] *lynx; los*
loupe v • *loep* • *knoest* • *vetgezwel*
louper OV WW • *verknoeien* • INF. *missen* ★ ~ le train *de trein missen* ★ ça n'a pas loupé *dat kon niet missen*
loup-garou m [mv: **loups-garous**] *weerwolf*
loupiot INF. m *kind; jochie*
loupiote v INF. • *lampje* • *pitje*
lourd I BNW • *zwaar* • *drukkend; loom* • *lomp; plomp; langzaam* ‹v. geest› • *grof* ★ aliment ~ *zware kost* ★ temps ~ *zwaar, drukkend weer* ★ ~e faute *grove fout* ★ ~ de conséquences *met ernstige/verstrekkende gevolgen* ★ avoir la main ~e *hard toeslaan;* FIG. *te veel schenken/afwegen* II BIJW ★ ne pas peser ~ dans la balance *niet veel gewicht in de schaal leggen* ★ INF ça ne fait pas ~ *dat is niet veel* ★ INF ne pas en faire ~ *niet veel uitvoeren* ★ se tromper ~ement *zich sterk/ zwaar vergissen*
lourdaud I m [v: **lourdaude**] *lomperik* II BNW *bot; lomp*
lourde v INF. *deur*
lourder OV WW INF. *de deur uitwerken*
lourdeur v • *zwaarte* • *loomheid* • *lompheid; logheid; langzaamheid* • *grofheid*
loustic m *grappenmaker*
loutre v • *otter* • *otterbont*
Louvain *Leuven*
louve v • *wolvin* • *soort fuik*
louveteau m [mv: **louveteaux**] • *jonge wolf* • *welp bij de padvinders*
louvoiement m *uitvlucht; het laveren*
louvoyer ON WW • *laveren* • *schipperen; uitwegen zoeken*
lover I OV WW SCHEEPV. *opschieten* ‹v. touw› II WKD WW (**se** ~) *zich oprollen*
loyal BNW [m mv: **loyaux**] • *eerlijk; betrouwbaar; fair* • *trouw; toegewijd* ★ ARG. à la ~e *eerlijk*
loyalisme m *trouw; loyaliteit*
loyaliste I m/v *loyalist; aanhanger* II BNW *regeringsgetrouw*
loyauté v • *betrouwbaarheid* • *eerlijkheid* • *trouw; toewijding* • *deugdelijkheid*
loyaux BNW → **loyal**
loyer m • *huur; huurprijs* • *rente*
L.S.D. AFK *LSD*
lu WW (volt. deelw.) → **lire**
lubie INF. v *gril; kuur*
lubricité v *wulpsheid; geilheid; wellust*
lubrifiant I m • *smeersel* • *smeermiddel* II BNW *smeer-; smerend; vetmakend*
lubrification v → **lubrifier**
lubrifier OV WW *oliën; (in)smeren*
lubrique BNW *wulps; geil; wellustig*
lucarne v • *dakvenster; zolderraampje* • *kleine opening* ‹in muur›
lucide BNW FIG. *helder;* FIG. *scherp; scherpzinnig*
lucidité v • *helderheid; scherpzinnigheid* • *helderziendheid*
luciole v *glimworm*
lucratif BNW [v: **lucrative**] *winstgevend; voordelig; lucratief*
lucre m *winst; voordeel*
ludique BNW *spel-; wat het spel betreft*
ludothèque v *spelotheek*
luette v *huig*
lueur v • *schijnsel* • *schittering* • *straal; vleugje* ★ une ~ d'espoir *een straaltje hoop*
luge v *kleine slee*
luger ON WW *sleetje rijden*
lugubre BNW • *doods* • *akelig; somber; naar*
lui I WW (volt. deelw.) → **luire** II PERS VNW • *hij* ‹als onderwerp› • *hem* ‹als lijd. vw of vz. vw.› • *hem/haar* ‹als meew. vw.› ★ il veut cela, lui *hij wil dat* ★ sans lui *zonder hem* ★ je lui ai téléphoné *ik heb hem/haar gebeld* III WKG VNW *zich(zelf)* ★ l'égoiste ne pense qu'à lui *de egoïst denkt alleen maar aan zichzelf*
lui-même PERS VNW *hijzelf* ★ de ~ *uit zichzelf* ★ TEL ~! *(daar) spreekt u mee!*
luire ON WW • *schijnen* • *schitteren; blinken*
luisant I m *glans* ★ ~ d'une étoffe *glans v.e. stof* II BNW *glanzend; schitterend* ★ ver ~ *glimworm*
lumbago (*zeg:* lo(n)-, le(n)-) m *spit*
lumière I v • OOK FIG. *licht* • *kijkgat* ★ faire la ~ sur qc *ophelderen* ★ mettre en (pleine) ~ *signaleren; in het licht zetten* II v mv *verlichting; kennis; intelligentie* ★ le siècle des ~s *de (18e) eeuw van de Verlichting*
lumignon m • *lampje; lichtje* • *brandende pit* ‹v. kaars› • *eindje kaars*
luminaire m • *verlichtingstoestel; verlichting* • *kerkverlichting; kerkkaars; toorts*
luminance v *helderheid; lichtsterkte*
luminescent BNW *lichtgevend in het donker*
lumineux BNW [v: **lumineuse**] *lichtgevend; helder* ★ enseigne lumineuse *lichtreclame* ★ cortège ~ *lichtstoet* ★ esprit ~ *heldere geest*
luminosité v • *helderheid* • TECHN. *helderheid; lichtsterkte* ★ la ~ du ciel *helderheid v.d. hemel*
lump (*zeg:* le(n)p, lu(n)p) BNW ★ œufs de lump *namaakkaviaar*
lunaire I v PLANTK. *judaspenning* II BNW • *wat de maan betreft* • *maanvormig* ★ paysage ~ *maanlandschap*
lunaison v *tijd tussen twee nieuwe manen*
lunatique BNW *grillig*
lunaute m *maanreiziger*
lunch m *lichte maaltijd* ‹op recepties›; *staande lunch*
lundi m *maandag*
lune v • *maan* • INF. *vollemaansgezicht* • INF. *achterste* ★ poisson-lune *maanvis* ★ lune de mer *maanvis* ★ lune d'eau *witte waterlelie* ★ lune de miel *wittebroodsweken* ★ clair de lune *maneschijn* ★ être dans la lune *dromen* ★ tomber de la lune *zeer verwonderd staan kijken* ★ demander/vouloir la lune *het onmogelijke eisen; iets onmogelijks willen doen*
luné BNW *halvemaanvormig* ★ mal luné *slecht gehumeurd* ★ bien luné *goed gehumeurd*
lunetier m [v: **lunetière**] *brillenmaker; brillenverkoper; opticien*
lunette I v • *verrekijker* • *horlogerand;* MIL.

lunet; ronde opening • *wc-bril* • *gat in de guillotine waardoor de veroordeelde zijn hoofd steekt* ★ ~ arrière *achterruit* II v mv *bril*
lunetterie v • *vak v. brillenmaker* • *brillenzaak*
lunettier m → **lunetier**
lunule v • *maantje* ‹v. nagel› • WISK. *figuur in de vorm v.e. halve maan*
lupanar m VERO. *bordeel*
lupin m PLANTK. *lupine*
lupus (*zeg:* luupuus) m *lupus; chronische huidtuberculose*
lurette INF. v ★ il y a belle ~ *het is een hele tijd geleden*
luron m [v: **luronne**] *vrolijk iemand* ★ gai ~ *vrolijke Frans*
lus ww (passé simple) → **lire**
lustrage m • *(het) glanzen* ‹v. stoffen› • *(het) polijsten* ‹v. glas›
lustral BNW [m mv: **lustraux**] *reinigend; de reiniging betreffend*
lustre m • *glans* • *glansmiddel* • *kroonluchter; hanglamp* • *lustrum* ★ depuis des ~s *al tijden/jaren lang*
lustrer OV WW • *glanzen; glanzend maken* • *glimmend maken* ‹v. stoffen door het gebruik›
lustrine v *glanskatoen*
lut I m ★ lut de silicone *siliconenkit* II ww → **lire**
Lutèce *Lutetia* ‹oude naam voor Parijs›
luth m • *luit* • *lier*
luthéranisme m *lutherse leer*
lutherie v • *(de) strijkinstrumenten* • *strijkinstrumentenhandel; strijkinstrumentenwinkel* • *fabricage v. strijkinstrumenten*
luthérien [v: **luthérienne**] I m *lutheraan* II BNW *luthers*
luthier m • *bouwer, fabrikant van snaarinstrumenten* • *handelaar in snaarinstrumenten*
luthiste m/v *luitspeler*
lutin I m • *kabouter; kwelgeest* • *ondeugend iemand* II BNW *koddig*
lutiner OV WW *vrijpostig plagen* ‹v. vrouw›
lutrin m • *koorlessenaar* • *zangerskoor*
lutte v *strijd; worsteling* ★ de haute ~ *met geweld*
lutter ON WW • *worstelen* • *strijden (***contre** *tegen)* • *wedijveren (***contre** *met)*
lutteur m • *worstelaar* • *vechter; strijder*
luxation v *ontwrichting; verrekking*
luxe m • *weelde; luxe* • *overvloed* ★ un luxe de *een overvloed aan; rijkelijk veel* ★ c'est du luxe *dat is overbodige weelde*
Luxembourg m *Luxemburg*
luxembourgeois BNW *Luxemburgs*
Luxembourgeois m [v: **Luxembourgeoise**] *Luxemburger*
luxer OV WW *ontwrichten; verstuiken*
luxueux BNW [v: **luxueuse**] *weelderig; overdadig; luxueus*
luxure v • *ontucht* • *zingenot*
luxuriance v • *weelderigheid* ‹v. vegetatie› • FIG. *overvloed*
luxuriant BNW • *weelderig* ‹v. vegetatie› • *rijk; overvloedig* ★ style ~ *beeldrijke stijl*
luxurieux BNW [v: **luxurieuse**] *ontuchtig*
luzerne v *rupsklaver*
lycée m *middelbare school* ★ ~ classique ≈ *gymnasium* ★ ~ moderne ≈ *atheneum*
lycéen m [v: **lycéenne**] *leerling v. lycée; middelbare scholier*
lycène v *blauwtje* ‹soort vlinder›
lymphangite v *lymfvatenontsteking*
lymphatique I m/v • *traag iemand* • *lymfatisch* • *flegmatiek* II BNW • *lymfe-; lymfatisch* • *traag; flegmatiek* ★ vaisseaux ~s *lymfvaten*
lymphe v *lymfe*
lynchage m *(het) lynchen*
lyncher OV WW • *lynchen* • *mishandelen* ‹door menigte›
lynx (*zeg:* le(n)ks) m *los; lynx* ★ yeux de lynx *scherpe ogen*
lyonnais BNW *van/uit Lyon*
Lyonnais m *inwoner van Lyon*
lyophilisé BNW *gevriesdroogd*
lyre v • *lier* ‹instrument› • *lyrische dichtkunst* • *liervogel*
lyrique I m *lyriek* II v *lyriek; lyrische poëzie* III BNW *lyrisch* ★ comédie ~ *komische opera* ★ tragédie ~ *grote opera*
lyrisme m • *lyriek; lyrische stijl* • *lyrische poëzie* • *geestvervoering; bezieling*
lys (*zeg:* lies) m *lelie*

M

m I m *letter m* II AFK • (mètre) *meter* • (milli-) *milli-* • (masculin) *mannelijk*
M. AFK (monsieur) *meneer; de heer*
m' PERS VNW → **me**
ma BEZ VNW → **mon**
M.A. AFK (Moyen Age) *Middeleeuwen*
maboul INF. I m [v: **maboule**] *gek; halve gare* II BNW *gek; mal*
mac m ARG. *souteneur; pooier*
macabre BNW • *wat de dood of een lijk betreft* • *griezelig; afschuwelijk; macaber* ★ danse ~ *dodendans*
macadam m *soort steenslag; macadam*
macaque I m *makaak* II m/v *lelijk iemand*
macaron m • *bitterkoekje* • *knoetje* ‹boven oor› • *ronde decoratie* • INF. *stomp; klap*
macaroni m *macaroni* ★ PEJ. un (mangeur de) ~ *een spaghettivreter* ‹Italiaan›
macaronique BNW *geschreven in potjeslatijn*
macchabée m INF. *lijk*
macédoine v • *macedoine* • *mengelmoes* ★ ~ de légumes *gemengde groenten* ★ ~ de fruits *vruchtensla*
Macédoine v *Macedonië*
macédonien BNW [v: **macédonienne**] *Macedonisch*
Macédonien m [v: **Macédonienne**] *Macedoniër*
macération v *(het) in de week zetten*
macérer I OV WW • *laten weken* • *kastijden* II ON WW *weken*
Mach (*zeg:* mak) m *mach* ★ voler à Mach 2 *2 mach vliegen*
mâche v *veldsla*
mâchefer m *slakken* ‹v. steenkool›
mâcher OV WW *kauwen; voorkauwen* ★ ne pas ~ ses mots *er geen doekjes om winden* ★ ~ la besogne à qn *iem. het werk gemakkelijk maken*
machette v *kapmes*
machiavélique BNW • *machiavellistisch* • *gewetenloos; sluw*
machiavélisme m • *machiavellisme* • *gewetenloosheid; sluwheid*
machin m INF. *ding(es)*
machinal BNW [m mv: **machinaux**] *werktuiglijk*
machination v *samenzwering; kuiperij*
machine v • *machine; werktuig* • *toestel* • *schrijfmachine* • *toneelmachine voor de decors* • *geheel; samenstelling* • *locomotief* • *automaat; robot* ★ ~ infernale *helse machine* ★ ~ à laver *wasmachine* ★ ~ à vapeur *stoommachine* ★ faire ~ arrière *achteruit rijden; achteruit varen* ★ ~ à calculer *rekenmachine* ★ ~ à coudre *naaimachine* ★ ~ administrative *ambtelijk apparaat* ★ ~ à sous *speelautomaat*
machiner OV WW *bedenken; aanleggen; smeden* ★ ~ une conspiration *een complot smeden*
machinerie v • *machinerieën* • *machinekamer*
machinisme m *mechanisatie; machinale arbeid*
machiniste m/v • *machinist* • *autobusbestuurder* • *toneelknecht*
machisme (*zeg:* ma(t)sj-) m *machismo*
macho (*zeg:* matsjoo) m *macho*
mâchoire v • *kaak* • *bek* ‹v. nijptang› ★ ~ inférieure *onderkaak* ★ ~ supérieure *bovenkaak* ★ ~ de frein *remblok*
mâchonner OV WW • *langzaam kauwen* • *prevelen*
mâchouiller OV WW INF *steeds kauwen op*
mâchurer OV WW *bekladden; met zwart besmeren*
maçon m [v: **maçonne**] *metselaar* ★ abeille ~ne *metselbij* ★ franc-~ *vrijmetselaar*
mâcon m *mâconwijn*
maçonnage m • *(het) metselen* • *metselwerk*
maçonner OV WW • *metselen* • *dichtmetselen*
maçonnerie v • *metselwerk* • *vrijmetselarij*
maçonnique BNW *van de vrijmetselaars*
macramé m *macramé*
macro- VOORV *macro-; (zeer) groot*
macrobiotique BNW *macrobiotisch*
macrocéphale BNW *groothoofdig*
macrocosme m *macrokosmos; heelal*
macro-économie v *macro-economie*
macromolécule v *macromolecule*
macrophotographie v *macrofotografie*
maculage m *(het) bekladden*
macule v *vlek*
maculer OV WW *bevlekken; bekladden*
madame m [mv: **mesdames**] *mevrouw* ★ GESCH. Madame *schoonzuster van de Franse koning*; VERO. *titel v. vrouw van adel*
madeleine v • *licht gebak* • *soort druif; soort peer; soort pruim; soort perzik* ★ INF. pleurer comme une Madeleine *heel hard huilen*
mademoiselle m [mv: **mesdemoiselles**] *juffrouw*
madère m *maderawijn*
madone v *madonnabeeld; Maria-afbeelding*
madras (*zeg:* -as) m • *madras* ‹soort katoen› • *hoofddoek*
madré BNW • *gevlekt; geaderd* • *slim; uitgeslapen*
madrier m *zware plank, balk*
madrigal m [mv: **madrigaux**] *madrigaal*
madrilène BNW *Madrileens*
maelstrom m OOK FIG. *maalstroom*
maestria (*zeg:* maèstrieja) v *meesterschap* ★ avec ~ *virtuoos*
maffia v [**mafia**] *maffia*
maffieux I m *maffioso* II BNW [v: **maffieuse**] *maffioos*
mafflu BNW FORM. *met dikke wangen*
magasin m • *winkel* • *magazijn; pakhuis* • *magazijn* ‹v. geweer› ★ grand ~ *warenhuis* ★ mettre en ~ *opslaan*
magasinage m • *(het) opslaan in een pakhuis* • *bewaarloon*
magasinier m [v: **magasinière**] *magazijnmeester*
magazine m • *tijdschrift* • ≈ *periodieke tv- of radiorubriek*
mage m ★ les Rois mages *de Drie Koningen*
Maghreb m *Maghreb* ‹N-Arika ten westen v.d. Nijl›
maghrébin BNW *Maghrebijns*
magicien m [v: **magicienne**] *tovenaar*

magie v *toverij; toverkracht* ★ ~ noire *zwarte kunst*
magique BNW • *magisch; toverachtig* • *betoverend* ★ lanterne ~ *toverlantaarn*
magister INF. m *schoolfrik*
magistral BNW [m mv: **magistraux**] • *meesterlijk* • FORM. *schoolmeesterachtig* ★ remède ~ *volgens recept bereid medicijn*
magistrat m *magistraat*
magistrature v • *overheidsambt* • *ambtstijd* • *rechterlijke macht* ★ ~ debout *de staande magistratuur; het openbaar ministerie* ★ ~ assise *de zittende magistratuur; de rechters*
magma (*zeg:* magma) m • *vloeibare vulkaanmassa; magma* • *mengelmoes*
magnanime BNW *edelmoedig; verheven*
magnanimité v *edelmoedigheid; verhevenheid*
magnat m *magnaat* ★ les ~s de la finance *de grootfinanciers*
magner WKD WW INF. → **manier**
magnésie v *magnesia*
magnésium (*zeg:* -zjom) m *magnesium*
magnétique BNW *magnetisch* ★ bande ~ *geluidsband*
magnétisation v *magnetisering*
magnétiser OV WW *magnetiseren*
magnétiseur m [v: **magnétiseuse**] *magnetiseur*
magnétisme m *magnetisme*
magnéto INF. m *bandrecorder*
magnétophone m *bandrecorder*
magnétoscope m *videorecorder*
magnétoscoper OV WW *opnemen* ‹op de video›
magnétothèque v *geluidsbandenverzameling*
magnificence v • *pracht; luister* • FORM. *vrijgevigheid*
magnifier OV WW *verheerlijken; idealiseren*
magnifique BNW *prachtig; fantastisch*
magnolia m [**magnolier**] PLANTK. *magnolia*
magnum (*zeg:* magnom) m *magnum* ‹grote wijnfles›
magot m • *staartloze aap* • *lelijke man* • INF. *spaarpot* • *verborgen geld*
magouille v POL./INF. *gekonkel*
magouiller ON WW INF. *konkelen*
magouilleur m [v: **magouilleuse**] INF. *konkelaar*
magret m ★ ~ de canard *eendenborst(filet)*
mahométan VERO. BNW *mohammedaans*
mahométisme VERO. m *mohammedanisme*
mai m • *mei* • GESCH. *meiboom*
maigre I m *(het) magere; mager vlees* ★ fausse ~ *vrouw die slanker lijkt dan ze is* **II** BNW • *mager* • *dun; karig* • *ondiep* ★ jours ~s *onthoudingsdagen* ★ repas ~ *karig maal* ★ faire ~ *geen vlees eten*
maigrelet BNW [v: **maigrelette**] *een beetje mager*
maigrement BIJW *magertjes; dunnetjes*
maigreur v • *magerheid* • *schraalheid; karigheid*
maigrichon [v: **maigrichonne**] **I** m *mager iemand* **II** BNW *een beetje mager*
maigriot [v: **maigriotte**] **I** m *mager iemand* **II** BNW *een beetje mager*
maigrir I OV WW *mager doen lijken* **II** ON WW *vermageren*
mail m • *kolf* ‹bij kolfspel› • *kolfspel* • *maliebaan*
mailbox v *mailbox*
mailer m *postbrief*
mailing (*zeg:* mee-) m *mailing*
maillage m • *maaswijdte* • *(dichtheid v.e.) netwerk*
maille v • *steek* ‹bij breiwerk› • *malie* • GESCH. *kleine munt van 1/2 penning* ★ cotte de ~s *maliënkolder* ★ avoir ~ à partir *een appeltje te schillen hebben; ruzie maken*
maillet m *houten hamer*
mailloche v • *grote houten hamer* • *trommelstok*
maillon m • *maasje* • *schakel v.e. ketting*
maillot m • *tricotkostuum* • *maillot* • *nauwsluitende trui* • *badpak* • VERO. *luier* ★ SPORT ~ jaune *gele trui* ★ ~ de bain *badpak*
main v • *hand* • *slag* ‹in het kaartspel› • *boek papier* ‹25 vel› • *emmerhaak* • SPORT *hands* ★ à main armée *gewapenderhand* ★ battre des mains *applaudisseren; in de handen klappen* ★ tendre la main *de hand uitsteken (voor een aalmoes)* ★ INF. prendre qn la main dans le sac *iem. op heterdaad op diefstal betrappen* ★ négocier sous main *in het geheim onderhandelen* ★ être en bonnes mains *in goede handen zijn* ★ il a une canne à la main *hij heeft een stok in de hand* ★ changer de mains *van eigenaar veranderen* ★ avoir le cœur sur la main *mild zijn* ★ dans la main *in de (gesloten) hand* ★ de main en main *van hand tot hand* ★ donner à pleines mains *met gulle hand geven* ★ avoir en mains *in handen hebben* ★ entre les mains de *in de macht van; in handen van* ★ faire main basse *zich meester maken; de hand leggen op* ★ fait à la main *handgemaakt* ★ forcer la main *dwingen* ★ avoir la haute main *de lakens uitdelen* ★ joindre les mains *de handen vouwen* ★ se laver les mains d'une chose *ergens geen schuld aan hebben* ★ lever la main sur qn *de hand tegen iem. opheffen* ★ il a les mains liées *hij kan niet doen wat hij wil; zijn handen zijn gebonden* ★ de longue main *lang van tevoren; al lang* ★ mettre la dernière main à qc *de laatste hand aan iets leggen* ★ fait de main de maître *met meesterhand gemaakt* ★ mettre la main à l'œuvre *de hand aan het werk slaan* ★ mettre la main à la pâte *de handen uit de mouwen steken* ★ n'y aller pas de main morte *flink aanpakken* ★ passer la main *afstand doen; werk doorgeven* ★ porter la main sur *de hand slaan aan* ★ avoir sous la main *bij de hand hebben* ★ tenir par la main *bij de hand houden* ★ tenir qc de première main *iets uit de eerste hand hebben* ★ tomber sous la main *in handen vallen* ★ en un tour de main *in een handomdraai* ★ en venir aux mains *slaags raken* ★ avoir une belle main *een goede hand van delen hebben* ‹in het kaartspel› ★ prendre en main *ter hand nemen; op zich nemen* ★ petite main *leerling-naaister* ★ main courante *trapleuning*

main-d'œuvre m [mv: **mains-d'oeuvre**] • *werkkrachten* • *arbeid*; *handenarbeid* ★ ~ non qualifiée *ongeschoolde werkkrachten*
main-forte v (onver.) ★ prêter ~ *hulp verlenen*
mainlevée v *opheffing* ‹v. beslag›
mainmise v *beslag*
maint FORM. (*zeg:* me(n)) BNW *menig* ★ ~es fois *menigmaal* ★ à ~es reprises *herhaaldelijk*
maintenance v • *(het) onderhouden* • MIL. *onderhoudsdienst*
maintenant BIJW *nu*; *thans*
maintenir I OV WW • *vasthouden* • *handhaven* • *volhouden*; *staande houden* II WKD WW (**se** ~) *gehandhaafd worden*; *zich handhaven*
maintien m • *handhaving* • *houding*
maire m *burgemeester* ★ INF. être passé devant le ~ *keurig getrouwd zijn*
mairie v *gemeentehuis*
mais I BIJW ★ FORM. il n'en peut mais *hij kan het niet helpen* II VW *maar* ★ mais non *wel nee* ★ mais oui *wel ja*
maïs m *maïs*
maison I v • *huis* • *geslacht*; *huis* • *firma* ★ à la ~ *thuis*; *naar huis* ★ ~ d'arrêt *huis v. bewaring*; *gevangenis* ★ la Maison-Blanche *Het Witte Huis* ★ ~ de campagne *landhuis* ★ gens de ~ *personeel*; *bedienden* ★ ~ de maître *herenhuis* ★ ~ mère *moederhuis v.e. klooster* ★ ~ militaire *militair tehuis* ★ ~ mortuaire *sterfhuis* ★ ~ du roi *hofhouding* II BNW • *zelfgemaakt* • INF. *fantastisch*; *zeer geslaagd* ★ tarte ~ *zelfgemaakte taart* ★ un diplôme ~ *een onofficieel diploma* ★ un succès ~ *een fantastisch succes*
maisonnée v IRON. *familie*; *huisgenoten*
maisonnette v *huisje*
maître [v: **maîtresse**] I m • *meester*; *baas*; *patroon* • *eigenaar* • *onderwijzer* • *titel van advocaat of notaris* • *meester in een gilde* ★ ~ de forges *eigenaar v. ijzersmelterijen* ★ ~ d'hôtel *ober*; *hofmeester* ★ coup de ~ *succes* ★ il est ~ de ses passions, de sa voix *hij beheerst zijn hartstochten, zijn stem* ★ voiture de ~ *eigen rijtuig* ★ ~ d'armes *schermleraar* ★ ~ d'école *schoolmeester* ★ ~ de conférences *lector* ★ passer ~ *zeer handig worden* ★ les bons ~s font les bons valets *zo meester, zo knecht* ★ l'œil du ~ engraisse le cheval *het oog v.d. meester maakt het paard vet* ★ tel ~, tel valet *zo meester, zo knecht* ★ ~ nageur *zwemleraar* ★ je ne suis pas ~ de refuser *ik kan niet weigeren* II BNW • *eerste*; *voornaamste* • *bekwaam*; *flink* • ≈ *hoogste* ★ ~ clerc *eerste klerk* ★ une ~sse femme *een flinke vrouw* ★ un ~-filou *een meester-schelm* ★ un atout ~ *hoogste troef*
maître-autel m [mv: **maîtres-autels**] *hoofdaltaar*
maître-cuisinier m [mv: **maîtres-cuisiniers**] *chef-kok*
maîtresse I v *minnares* ★ ~ ancre *plechtanker*; *hoofdanker* II BNW → **maître**
maîtrisable BNW *beheersbaar*; *bedwingbaar*
maîtrise v • *beheersing*; *heerschappij (***de** *over)* • *meesterschap* • *koorknapenschool* ★ ~ de soi-même *zelfbeheersing* ★ avec ~ *handig*; *bekwaam* ★ agent de ~ *opzichter*
maîtriser I OV WW • *bedwingen*; *beheersen* • *onder controle brengen* ★ ~ ses passions *zijn hartstochten beheersen* II WKD WW (**se** ~) *zich beheersen*
majesté v • *majesteit* • *deftigheid* ★ Sa Majesté Très Chrétienne *de koning van Frankrijk* ★ Sa Majesté Catholique *de koning van Spanje*
majestueux BNW [v: **majestueuse**] *verheven*; *statig*; *majestueus*
majeur I m *middelvinger* ★ lac Majeur *lago Maggiore* II BNW • *grootst* • *meerderjarig* • MUZ. *grote terts*; *majeur* ★ en la ~ *in A groot* ★ la ~e partie *het grootste deel* ★ intérêt ~ *zeer groot belang* ★ force ~e *overmacht*
major m • MIL. *kapitein-kwartiermeester* • *beste kandidaat* ‹bij schoolexamen›
majoration v *prijsverhoging*
majordome m *hofmeester*
majorer OV WW *verhogen* ‹v. prijs›
majorette v *majorette*
majoritaire BNW *waarbij de meerderheid beslist* ★ système ~ *meerderheidsstelsel*
majorité v • *meerderheid* • *meerderheid v. stemmen* • *meerderjarigheid* ★ ~ silencieuse *zwijgende meerderheid*
Majorque v *Mallorca*
majuscule v *hoofdletter*
mal I m [mv: **maux**] • *pijn*; *ziekte*; *kwaal* • *kwaad* • *het kwade* • *het slechte*; *het erge* • *verdriet*; *leed* • *ramp* • *moeite* ★ LIT. Mal du siècle *Weltschmerz* ★ mal à la tête *hoofdpijn* ★ mal de cœur *misselijkheid* ★ être en mal d'enfant *barensweeën hebben* ★ faire mal *pijn doen* ★ mal du pays *heimwee* ★ dire du mal de qn *kwaadspreken van iem.* ★ faire du mal à *benadelen* ★ le mal est que *het erge is dat* ★ il n'y a pas de mal! *dat is niet erg!* ★ les maux de la guerre *de verschrikkingen v.d. oorlog* ★ se donner du mal *moeite doen* ★ en mal de *zonder* II BNW (meestal onver.) ★ cette eau-forte n'est pas mal *die ets is niet slecht* ★ INF. elle n'est pas mal *ze ziet er aardig uit* ★ être mal avec qn *ruzie hebben met iem.* III BIJW *slecht*; *verkeerd* ★ de mal en pis *van kwaad tot erger* ★ prendre mal *kwalijk nemen* ★ mal à propos *te onpas* ★ se trouver mal *flauwvallen* ★ pas mal de *tamelijk veel* ★ il va mal *het gaat slecht met hem* ★ il est au plus mal *hij is er beroerd aan toe/op sterven na dood*
malabar m ARG. *bink*
malade I m/v *zieke*; *patiënt* II BNW • *ziek* • *niet goed meer* • *wrak* ★ une chaise ~ *een wrakke stoel* ★ tomber ~ *ziek worden*
maladie v • *ziekte*; *kwaal* • INF. *woede*; *hartstocht*; *manie* ★ ~ de la vache folle *gekkekoeienziekte* ★ en faire une ~ *zich opwinden*; *theater maken*
maladif BNW [v: **maladive**] *ziekelijk*; *zwak*
maladresse v *onhandigheid*
maladroit BNW *lomp*; *onhandig*
mal-aimé BNW *niet geliefd*
malais I m *(het) Maleis* II BNW *Maleis*
Malais m [v: **Malaise**] *Maleier*
malaise m • *lichte ongesteldheid*; *onprettig gevoel*; *gevoel v. onbehaaglijkheid* • *slapte in*

M

zaken
malaisé BNW *moeilijk; ongemakkelijk*
Malaisie v *Maleisië*
malandrin m VERO. *schooier*
malappris I m *lomperd* II BNW *lomp; ongemanierd*
malaria v *malaria*
malavisé FORM. BNW *onberaden; onbezonnen*
malaxage m *(het) kneden*
malaxer OV WW *kneden*
malaxeur m *kneedmachine*
Malaysia v *Maleisië*
malchance v *pech; tegenspoed* ★ jouer de ~ *door pech achtervolgd worden*
malchanceux [v: **malchanceuse**] I m *pechvogel* II BNW *ongelukkig*
malcommode BNW *onpraktisch*
mal-connaissance v *gebrekkige kennis*
maldonne v *(het) verkeerd geven* ‹bij kaarten›
mâle I m *mannetje* II BNW • *mannelijk* • *krachtig; flink*
malédiction v • FORM. *vervloeking; verwensing* • *ongeluk; noodlot*
maléfice m *betovering; hekserij*
maléfique BNW *noodlottig*
malencontreux BNW [v: **malencontreuse**] *ongelukkig*
mal-en-point BIJW • *er slecht aan toe* • *in slechte staat*
malentendant BNW *slechthorend*
malentendu m *misverstand*
mal-être m (onver.) *onbehagen*
malfaçon v *fout; gebrek*
malfaisance v *boosaardigheid; kwaadwilligheid*
malfaisant BNW *boosaardig; schadelijk* ★ influence ~e *slechte invloed*
malfaiteur m [v: **malfaitrice**] *boosdoener*
malfamé BNW [**mal famé**] *slecht bekendstaand* ‹bijv. wijk, straat›
malformation v *misvorming; afwijking*
malfrat m INF. *boef*
malgache I m/v *Madagas(kische)* II BNW *Madagaskisch*
malgracieux BNW [v: **malgracieuse**] VERO. *onheus; onbeleefd*
malgré VZ • *ondanks; in weerwil van* • *niettegenstaande* ★ ~ moi *tegen mijn wil; ongewild*
malhabile BNW *onhandig*
malheur m *ongeluk; onheil; ramp* ★ ~ à ...! *wee ...!* ★ par ~ *bij ongeluk* ★ INF. faire un ~ *een ongeluk begaan; een reuzesucces hebben* ★ à qc ~ est bon *er is altijd een geluk bij een ongeluk* ★ jouer de ~ *ongelukkig spelen* ★ le grand ~! *zo erg is het niet!* ★ porter ~ *ongeluk aanbrengen*
malheureusement BIJW *helaas; ongelukkig (genoeg); ongelukkigerwijze*
malheureux [v: **malheureuse**] I m *ongelukkige* ★ petit ~ ! *kleine sufferd !* II BNW • *ongelukkig* • *ellendig; bedroevend* • *zonder succes* • *onbetekenend; onnozel* ★ avoir la main malheureuse *alles breken wat men aanraakt; ongelukkig zijn in het spel*
malhonnête BNW • *oneerlijk* • *onbeleefd; onheus*
malhonnêteté v • *oneerlijkheid* • *onbeleefdheid; onheusheid*
malice v • *boosaardigheid; kwaadwilligheid* • *boos opzet* • *plaagzucht* ★ enfant plein de ~ *kleine pestkop* ★ ne pas y entendre ~ *niets kwaads in de zin hebben; het niet kwaad bedoelen* ★ sans ~ *enigszins naïef; onschuldig*
malicieusement BIJW • *boosaardig; kwaadwillig* • *guitig*
malicieux BNW [v: **malicieuse**] • *boosaardig; kwaadwillig* • *guitig*
maligne BNW → **malin**
malignité v • MED. *schadelijkheid; kwaadaardigheid* • LIT. *spot* • *boosaardigheid*
malin BNW [v: **maligne**] • *boosaardig* • MED. *schadelijk; kwaadaardig* • LIT. *spotziek* • INF. *slim; sluw* ★ FORM. esprit ~ *duivel* ★ joie maligne *leedvermaak* ★ ce n'est pas bien ~ *het is niet moeilijk* ★ faire le ~ *de slimmerik uithangen*
malingre BNW *zwak; sukkelend*
malintentionné BNW *kwaadwillig; met slechte bedoelingen*
malle v *reiskoffer* ★ faire sa ~ ★ INF. se faire la ~ *de benen nemen*
malléabilité v • *smeedbaarheid* • FIG. *kneedbaarheid*
malléable BNW • *smeedbaar* • *soepel; buigzaam; gedwee* ★ caractère ~ *gedwee karakter*
mallette v *koffertje*
mal-logé BNW *slecht gehuisvest*
malmenage m *te grote druk; overspanning*
malmener OV WW • *ruw behandelen* • *toetakelen; mishandelen*
malnutrition v *ondervoeding*
malodorant BNW *onwelriekend*
malotru I m [v: **malotrue**] *lomperd; vlegel* II BNW *lomp*
malpropre I m *gemene kerel* II BNW • *onzindelijk; vuil* • *onzedelijk*
malpropreté v • *onzindelijkheid; vuilheid* • *onfatsoenlijkheid*
malsain m OOK FIG. *ongezond; gevaarlijk* ★ côte ~e *gevaarlijke kust*
malséant FORM. BNW *ongepast; onbetamelijk*
malsonnant FORM. BNW *aanstotelijk; onbetamelijk*
malstrom m *maalstroom*
malt m *mout*
maltais BNW *Maltees; Maltezer*
Maltais m [v: **Maltaise**] *Maltezer*
Malte *Malta*
malter OV WW *mouten*
maltraiter OV WW • *mishandelen* • *hardvochtig behandelen*
malus (*zeg:* -luus) m *malus; boete*
malveillance v *kwaadwilligheid*
malveillant I m *kwaadwillige* II BNW *kwaadwillig*
malvenu BNW • *ongegrond* • *achtergebleven in de groei; schriel* ★ FORM. être ~ de/à *niet het recht hebben om*
malversation v *verduistering; malversatie; ambtsmisdrijf*
maman v *mama; moeder* ★ INF. belle-~ *schoonmama* ★ INF. bonne-~ *oma* ★ KIND.

M

grand-~ *oma*
mamelle v *borst*
mamelon m • *tepel* • *ronde heuvel*
mamie v INF. *oma*
mammifère I m *zoogdier* **II** BNW *zogend*
mammographie v *mammografie*
mammouth m *mammoet*
mamours m mv ★ INF faire des ~ à qn *met iem. (een potje) vrijen*
management m *management*
manager m [**manageur**] • ECON. *manager; directeur* • SPORT *manager; coach*
manant m *boerenkinkel*
manche I m • *steel; heft; handvat; hals* • *stuurknuppel* ‹v. vliegtuig› ★ ~ à balai *bezemsteel* ★ jeter le ~ après la cognée *meteen het bijltje erbij neerleggen* ★ INF. être du côté du ~ *de sterkste partij steunen* **II** v • *mouw* • SPORT *set* ‹tennis› • SP *manche* • *buis; pijp* ★ avoir qn dans sa ~ *iem. achter de hand hebben* ★ INF. c'est une autre paire de ~s *dat is heel wat anders* ★ tirer qn par la ~ *iem. aan de mouw trekken; iem. iets verzoeken* ★ ~ à air *luchtzak* ‹voor bepalen v. windrichting›; SCHEEPV. *luchtkoker*
Manche (La) v *het Kanaal*
mancheron m • *bovenmouw* • *ploegstaart*
manchette v • *manchet* • *noot in de marge* • *kop* ‹v. krant›
manchon m • *mof* • *gloeikousje* • *huls; koppelbus*
manchot I m *pinguïn* **II** m [v: **manchote**] *éénhandig persoon; éénarmig persoon* **III** BNW *éénhandig; éénarmig* ★ INF. ne pas être ~ *handig zijn*
mandant m [v: **mandante**] *lastgever; opdrachtgever*
mandarin m PEJ. *mandarijn; invloedrijke intellectueel*
mandarine v *mandarijntje*
mandarinier m *mandarijnboom*
mandat m • *mandaat; volmacht; opdracht* • *bevelschrift* • *postwissel* ★ ~-poste *postwissel* ★ ~ télégraphique *telegrafische postwissel* ★ ~ de virement *girobiljet* ★ ~ d'arrêt/de dépôt *bevel tot inhechtenisneming* ★ ~ d'amener *bevel tot voorgeleiding*
mandataire m/v *gevolmachtigde; afgevaardigde*
mandat-carte m [mv: **mandats-cartes**] *postwissel*
mandater OV WW • *machtiging verlenen* • *per postwissel betalen*
mandchou BNW *uit Mantsjoerije*
Mandchourie v *Mantsjoerije*
mandement m *mandement*
mander OV WW • VERO. *melden; berichten* • *ontbieden* • VERO. *bevelen*
mandibule v • *onderkaak* • *bovendeel/ benedendeel v. snavel* ★ INF. les ~s *de kaken*
mandoline v *mandoline*
mandrin m *spil* ‹as›
manège m • *rijbaan; rijschool* • *(het) africhten v. paarden* • *tredmolen* • *manier v. doen; handelwijze*
mânes m mv *schimmen der doden*
manette v • *handvat; hendel* • *joystick*

M

manganèse m *mangaan*
mangeable BNW *eetbaar*
mangeaille v • *voeder voor dieren* • INF. *eten*
mangeoire v *trog; ruif; etensbakje*
manger I m *(het) eten* **II** OV WW • *eten; opeten; vreten* • *verslinden; verbruiken* • *verteren; verbrassen; verkwisten* • *uitvreten* • *doen verdwijnen* ★ ~ qn de caresses *iem. met liefkozingen overladen* ★ ~ dans la main *uit de hand eten; mak zijn* ★ INF. ~ ses mots *zijn woorden inslikken* ★ ~ de la vache enragée *veel ontberingen lijden* ★ ~ des yeux *met de ogen verslinden* ★ ses cheveux lui mangent la figure *zijn haren maken een gedeelte van zijn gelaat onzichtbaar* **III** ON WW *zijn maaltijden gebruiken* **IV** WKD WW (**se** ~) • *elkaar opeten; elkaar verslinden* • *gegeten worden*
mange-tout m [**mangetout**] (onver.) VERO. *verkwister* ★ pois ~ *peulen*
mangeur m [v: **mangeuse**] • *eter* • *veeleter* • *verkwister* ★ gros ~ *stevig eter* ★ PEJ. ~ de grenouilles *Fransman*
mangouste v • *mango* • *mangoeste*
mangue v *mango*
maniabilité v *hanteerbaarheid*
maniable BNW • *gemakkelijk hanteerbaar; wendbaar* • *gedwee; handelbaar*
maniacodépressif I m *manisch-depressief iemand* **II** BNW [v: **maniacodépressive**] *manisch-depressief*
maniaque I m/v *maniak* **II** BNW • *maniakaal* • *manisch*
manichéen BNW [v: **manichéenne**] *dualistisch*
manie v • *manie* • *zonderlinge hebbelijkheid; verzotheid* • *overdreven neiging* ★ ~ de la persécution *achtervolgingswaan* ★ avoir la ~ des tableaux *verzot zijn op schilderijen*
maniement m • *hantering; behandeling; bediening* • *beheer*
manier I OV WW • *hanteren; behandelen; bedienen* • *beheren* **II** WKD WW (**se** ~) • VULG. *opschieten* • *gemakkelijk te hanteren zijn* ★ cette moto se manie bien *je kunt makkelijk op die motor rijden*
maniéré BNW *gekunsteld; aanstellerig; gemaakt*
manière I v • *wijze; manier* • *stijl* ‹v. kunstenaar› • *gekunsteldheid* ★ à sa ~ *op zijn manier* ★ de cette ~ *op die manier* ★ la ~ dont *de wijze waarop* ★ employer la ~ forte *geweld/dwang gebruiken* **II** DEEL V. SAMENST ★ de ~ à/que *zodat*
maniérisme m *gekunsteldheid*
manieur m *iem. die iets hanteert; iem. die met iets omgaat* ★ PEJ. ~ d'argent *geldman; bankier*
manif (*zeg:* -nief) v • *manifestatie; betoging* •
manifestant m [v: **manifestante**] *manifestant; betoger; demonstrant*
manifestation v • *uiting; verkondiging* • *manifestatie; betoging; demonstratie* • *gebeuren*
manifeste I m *manifest; openbare verklaring* **II** BNW *duidelijk; klaarblijkelijk*
manifester I OV WW *uiten; openbaren* **II** ON WW *manifesteren; een betoging houden; demonstreren* **III** WKD WW (**se** ~) • *zich*

aandienen • *zich openbaren; zich manifesteren* • *zich uiten (***par** *door)* • *zich melden; van zich laten horen*
manigance v *kuiperij; streek*
manigancer ov ww *bedisselen; bekonkelen*
manille I m *manillasigaar* II v • *pandoerspel* • *schakel*
manioc m *maniok; cassave*
manip v → **manipulation**
manipulateur m • *bereider; bewerker* • *seinsleutel*
manipulation v • *behandeling; bewerking* • *geknoei* • *manipulatie*
manipuler ov ww • *behandelen; bewerken* • *knoeien; manipuleren*
manitou m *Grote Geest der indianen; Manitoe* ★ INF. grand ~ *machtig persoon; hoge ome*
manivelle v *kruk; handvat; slinger* ‹v. auto›
manne v • *grote mand met twee handvatten* • *overvloedig voedsel; manna*
mannequin m • *mannequin* • *etalagepop* • *stropop; onzelfstandig iemand* • *hoge, nauwe mand*
manœuvrable BNW *bestuurbaar; manoeuvreerbaar*
manœuvre I m *ongeschoold arbeider* II v • *bediening; besturing; (het) rangeren* ‹v. treinen› • *handelwijze; kunstgreep* • *manoeuvre* ‹v. troepen› • SCHEEPV. *want* ★ fausse ~ *verkeerde wending* ★ champ de ~ *exercitieveld*
manœuvre-balai m [mv: **manoeuvres-balais**] *putjesschepper; ongeschoold arbeider*
manœuvrer I ov ww *manoeuvreren; hanteren; besturen* II on ww • *manoeuvreren* • *militaire oefeningen houden* • *handelen; sluwe middelen gebruiken*
manœuvrier m • *tacticus* • *bekwaam zeeman; bekwaam officier*
manoir m • *landgoed* • *groot (land)huis*
manomètre m *manometer*
manouche m/v INF. *zigeuner*
manquant I m [v: **manquante**] *afwezige* II BNW *ontbrekend*
manque I m *tekort; gebrek (***de** *aan); (het) ontbreken* ★ (par) ~ de *bij gebrek aan* ★ ~ de parole *woordbreuk* ★ ~ de respect *oneerbiedigheid* ★ ~ à gagner *winstderving* ★ (état de) ~ *ontwenningsverschijnselen* ‹bij drugs› II v INF. ★ à la ~ *lelijk; slecht; beschadigd*
manqué BNW *mislukt* ★ c'est un garçon ~ *ze had een jongen moeten zijn*
manquement m • *vergrijp (***à** *tegen)* • *gebrek*
manquer I ov ww • *laten voorbijgaan; verzuimen; missen* • *slecht uitvoeren* ★ ~ la classe *spijbelen* ★ ~ une occasion *een gelegenheid laten voorbijgaan* ★ ~ le train *de trein missen* II on ww • *een fout begaan; een misslag begaan* • *mislukken* • *missen; gebrek hebben aan* • *ontbreken; in de steek laten* ★ sans ~ *zeker; zonder mankeren* ★ il manque de courage *het ontbreekt hem aan moed* ★ le temps me manque *de tijd ontbreekt mij* ★ les forces lui ont manqué *zijn krachten hebben het begeven* • (~ **à**) *te kort schieten* ★ manquer à sa parole *zijn woord niet houden* ★ je n'y manquerai pas *ik zal het zeker doen; ik zal het niet vergeten* • (~ **de**) *weinig schelen of; verzuimen te; nalaten te* ★ il ne manquera pas de venir *hij komt zeker* ★ il a manqué de tomber *hij is bijna gevallen; het scheelde weinig of hij was gevallen* III ONP WW *ontbreken; missen* ★ il lui manque dix florins *hij komt tien gulden te kort* ★ il ne ~ait plus que ça! *dat moest er nog bij komen!*
mansarde v *dakkamertje; zolderkamertje*
mansardé BNW *met schuine wanden*
mansuétude v *zachtmoedigheid*
mante v VERO. *wijde mantel* ★ ~ (religieuse) *bidsprinkhaan*
manteau m [mv: **manteaux**] • *mantel;* FIG. *dekmantel* • *schoorsteenmantel* ★ sous le ~ *in het geheim*
mantille v *mantilla*
mantisse v *mantisse*
Mantoue v *Mantua*
mantra m (onver.) *mantra*
manucure m/v *manicure*
manucurer ov ww *manicuren*
manuel I m *handleiding; handboek* II BNW [v: **manuelle**] *wat de hand betreft* ★ travail ~ *handwerk; handenarbeid*
manuellement BIJW *met de hand*
manufacture v *fabriek*
manufacturer ov ww *vervaardigen*
manufacturier BNW [v: **manufacturière**] *industrie-*
manu militari BIJW *met geweld*
manuscrit (*zeg:* -krie) I m *handschrift; manuscript* II BNW *met de hand geschreven*
manutention v • *behandeling* • *laden en lossen*
manutentionnaire m/v *magazijnbediende*
manutentionner ov ww *behandelen; verwerken*
mappemonde v *wereldkaart met de twee halfronden* ★ ~ céleste *sterrenkaart*
maquer WKD WW (**se** ~) INF *verkering krijgen (***avec** *met)*
maquereau m [mv: **maquereaux**] • *makreel* • *souteneur; pooier*
maquerelle v *bordeelhoudster*
maquette v • *maquette; model; verkleinde afbeelding* • *schets* • *dummy* ‹v. boek›; *lay-out*
maquettiste m/v *opmaker; lay-outer*
maquignon m • *paardenkoopman* • *handige tussenpersoon*
maquignonnage m *paardenhandel*
maquignonner ov ww • *de gebreken van een paard op handige wijze verbergen* • *knoeien*
maquillage m • *(het) opmaken* ‹v. gezicht›; *(het) grimeren; (het) schminken* • *make-up* • *vervalsing*
maquiller ov ww • *het gezicht opmaken; grimeren; schminken* • *vervalsen*
maquilleur m [v: **maquilleuse**] *grimeur*
maquis (*zeg:* -kie) m • *dicht kreupelhout* • *warwinkel; warnet* • *illegaliteit* ★ GESCH. le Maquis *het Franse verzet (WO II)*
maquisard m *onderduiker; verzetsman*
marabout m • *maraboe* ‹vogel› • *heilig muzelman* • *kleine moskee* • *heilig voorwerp*

M

• *kleine ronde tent*
maracas (*zeg:* marakas) m mv *sambaballen*
maraîchage m *groenteteelt*
maraîcher [v: **maraîchère**] **I** m *groentekweker* **II** BNW *wat groente betreft* ★ culture maraîchère *(het) verbouwen v. groenten*
marais m • *moeras* • *tuingrond*; *groentekwekerij* ★ ~ salant *zoutpan* ★ le Marais *oude wijk in Parijs*
marasme m • MED. *buitengewone magerheid* • *soort paddestoel* • *lusteloosheid* • *verval* ★ l'industrie est dans le ~ *de industrie is in verval*
marasquin m *maraskijn* ‹soort likeur›
marathon **I** m *marathon* **II** BNW *marathon-*
marathonien m *marathonloper*
marâtre v • *slechte moeder* • *stiefmoeder*
maraudage m *diefstal* ‹v. vruchten, groenten›; *stroperij*
maraude v *veldstroperij* ★ en ~ *langzaam rijdend op zoek naar een vrachtje* ‹v. taxi›
marauder ON WW • *langzaam rijden op zoek naar een vrachtje* ‹v. taxi›; *snorren* • *plunderen*; *roven* • *stelen* ‹v. vruchten, groenten›
maraudeur m [v: **maraudeuse**] • *snorder* • *plunderaar*; *stroper*
marbre m • *marmer* • *marmeren voorwerp*; *beeld* • *wrijfsteen voor verf* • *corrigeersteen* ★ carrière de ~ *marmergroeve* ★ de ~ *steenkoud*; *ongevoelig*
marbré BNW *gemarmerd*
marbrer OV WW *marmeren*
marbrerie v • *marmerverwerking* • *marmerbedrijf*
marbrier [v: **marbrière**] **I** m *marmerbewerker*; *maker v. grafstenen en -monumenten* **II** BNW *marmer-*; *wat betrekking heeft op marmer*
marbrure v • *marmering* • *lichte huidvlek(ken)*
marc (*zeg:* mar) m • *mark* ‹munt› • *droesem*; *bezinksel* ★ marc de café *koffiedik* ★ marc de raisin *druivenmoer*
marcassin m *jong wild zwijn*; *frisling*
marchand **I** m [v: **marchande**] • *winkelier* • *koper* • *koopman* • *handelaar* ★ ~ forain *marktkoopman* ★ ~ des quatre-saisons *groente- en fruithandelaar* ★ KIND. ~ de sable *zandmannetje* **II** BNW • *v.d. handel* • *handelsprijs* • *handeldrijvend* • *(gemakkelijk) verkoopbaar* ★ prix ~ *fabrieksprijs* ★ valeur ~e *handelswaarde* ★ marine ~e *koopvaardijvloot* ★ navire ~ *koopvaardijschip* ★ ville ~e *handelsstad*
marchandage m • *(het) afdingen* • *onderaanneming*
marchander **I** OV WW • *afdingen* • JUR. *aannemen v. akkoordwerk* • *karig zijn met* **II** ON WW • *als koppelbaas optreden* • *marchanderen* ★ il n'y a pas à ~ *u moet een besluit nemen*
marchandeur m [v: **marchandeuse**] • *afdinger*; *pingelaar* • *koppelbaas* • *onderaannemer*
marchandisage m *merchandising*
marchandise v *koopwaar* ★ faire valoir sa ~ *iets in een gunstig daglicht plaatsen* ★ train de ~s *goederentrein*
marche v • *trede* ‹v. trap› • GESCH. *mark*; *grensgebied* • *trapper*; *pedaal* • *(het) lopen* • *loop* • *gang* • MIL. *dagmars*; *mars* • *optocht* • *vooruitgang*; *ontwikkeling* • *verloop* • MUZ. *mars* ★ se mettre en ~ *zich in beweging zetten* ★ en avant! ~! *voorwaarts mars!* ★ la ~ d'une machine *het lopen v.e. machine* ★ la ~ des étoiles *de loop v.d. sterren* ★ la ~ d'un navire *de vaart v.e. schip* ★ faire ~ arrière *in zijn achteruit zetten*
marché m • *markt* • *koop*; *verkoop* • *contract*; *overeenkomst* • *afzetgebied* ★ ~ aux bestiaux *veemarkt* ★ Marché commun *euromarkt* ★ ~ couvert *overdekte markt* ★ ~ noir *zwarte markt* ★ ~ aux puces *vlooienmarkt* ★ (à) bon ~ *goedkoop* ★ en être quitte à bon ~ *er goedkoop afkomen* ★ faire bon ~ de qc *ergens niet veel om geven* ★ faire son ~ *inkopen doen* ★ ~ du travail *arbeidsmarkt* ★ conclure un ~ *een overeenkomst aangaan* ★ ~ des changes *deviezenmarkt* ★ ~ de l'emploi *arbeidsmarkt* ★ par-dessus le ~ *daarenboven*; *daar (komt) nog bij*
marchepied m • *trede* • *loopplank*; *treeplank* • *trapje*; *voetbankje* • *voetpad langs een kanaal* ‹t.o. jaagpad› ★ servir de ~ *als middel dienen om vooruit te komen*
marcher **I** m SPORT *(het) lopen* ‹met de bal› **II** ON WW • *lopen*; *gaan* • *marcheren*; *optrekken* • *zeilen*; *rijden* • *lopen*; *functioneren* • *voortschrijden* ‹v.d. tijd› • *voortgaan* • *trappen* (**sur, dans** *op, in*) • INF. *erin trappen*; *erin vliegen* ★ il ~a *hij doet 't wel (wat hem gezegd is)* ★ ~ droit *zich goed gedragen* ★ ~ au pas *in de pas lopen* ★ ~ à quatres pattes *op handen en voeten lopen* ★ ~ sur le pied de qn *iem. op de tenen trappen*; *iem. kwetsen* ★ cette montre ne marche pas *dit horloge loopt niet* ★ cette affaire ne marche pas *die zaak schiet niet op* • (~ **à**) *afgaan op* ★ marcher à sa perte *zijn ondergang tegemoet gaan*
marcheur [v: **marcheuse**] **I** m • *loper*; *wandelaar* • SP *snelwandelaar* ★ être bon ~ *goed kunnen lopen* **II** BNW *lopend*; *wat lopen betreft* ★ des animaux ~s *dieren die kunnen lopen*
marcotte v *aflegger*; *loot*; *stek*
marcotter OV WW *marcotteren*; *afleggen*
mardi m *dinsdag* ★ ~ gras *Vastenavond*
mare v *poel*; *plas* ★ mare de sang *bloedplas*
marécage m *moeras*
marécageux BNW [v: **marécageuse**] *moerassig*; *drassig*
maréchal m [mv: **maréchaux**] *maarschalk* ★ ~ de camp *veldmaarschalk* ★ ~ des logis *wachtmeester*
maréchalat m *maarschalksrang*
maréchale v *maarschalksvrouw*
maréchal-ferrant m [mv: **maréchaux-ferrants**] *hoefsmid*
maréchaussée v *marechaussee*
maréchaux m mv → **maréchal**
marée v • *getij* • *verse zeevis* • *grote massa* ‹mensen› ★ ~ basse *eb* ★ grande ~ *springvloed* ★ ~ haute *vloed* ★ ~ noire *olievervuiling* ‹op strand› ★ aller contre

vents et ~s *doorzetten ondanks alles* ★ arriver comme ~ en carême *juist van pas komen* ★ INF. tenir la ~ *tegen een stootje kunnen*
marelle v *hinkelspel*
marémoteur BNW [v: **marémotrice**] *die de bewegingskracht van het getij gebruikt* ★ usine, centrale marémotrice *getijdecentrale*
mareyeur m [v: **mareyeuse**] *handelaar in zeevis*
margarine v *margarine*
marge v • *rand; kant* • *marge; kantlijn* • *speling; speelruimte* ★ ~ de manœuvre *speelruimte* ★ demeurer en ~ *afzijdig blijven*
margelle v *stenen rand v.e. put*
marginal [m mv: **marginaux**] I m *randfiguur* II BNW *aan de rand; aan de kant; bijkomstig* ★ note ~e *kanttekening* ★ entreprise ~e *randbedrijf* ★ famille ~e *aan de zelfkant levend gezin*
marginalisation v → **marginaliser**
marginaliser OV WW *buiten spel zetten; buiten de maatschappij plaatsen*
marginalité v *randbestaan*
margoulette v INF. *smoel; bek*
margoulin m INF. *klein koopmannetje*
margrave m *markgraaf*
marguerite v *margriet(achtige)*
marguillier m *kerkmeester; koster*
mari m *man; echtgenoot*
mariable BNW *huwbaar*
mariage m • *huwelijk* • *bruiloft* • *combinatie; vereniging* ★ ~ d'intérêt *verstandshuwelijk* ★ ~ de raison *verstandshuwelijk* ★ ~ mixte *gemengd huwelijk*
marial BNW *Maria-; van de Heilige Maagd*
Marianne v *Marianne; Franse republiek* ★ le pays de ~ *Frankrijk*
marié I m [v: **mariée**] *bruidegom; bruid* ★ les jeunes ~s *de jonggehuwden* II BNW *getrouwd*
marie-jeanne v INF. (onver.) *marihuana*
marier I OV WW • *in het huwelijk verbinden* • *uithuwelijken* • *vermengen; verbinden; samenvoegen; combineren (***à** *met)* II WKD WW (**se** ~) *trouwen*
marieur m [v: **marieuse**] *koppelaar*
marihuana v [**marijuana**] *marihuana*
marin I m *zeeman; matroos* II BNW *zee-; van de zee* ★ col ~ *matrozenkraag* ★ avoir le pied ~ *zeebenen hebben*
marina v *watersportplaats; vakantieoord* ‹aan het water›
marinade v • *marinade* • *gemarineerd vlees*
marine I m *marinier* II v • *zeemacht; marine* • *zeewezen* • SCHILDERK. *zeestuk* ★ ~ marchande *koopvaardijvloot* ★ infanterie de ~ *de mariniers* III BNW ★ (bleu) ~ *marineblauw*
mariner OV WW *marineren* ★ INF laisser ~ qn *iem. lang laten wachten*
maringouin m *mug; muskiet* ‹o.a. in Canada›
marinier [v: **marinière**] I m *binnenschipper* II BNW *van de scheepvaart*
marinière v • *uien-wijnsaus* • *damesblouse* • *zwemslag* ★ moules (à la) ~ *mosselen in lichte uiensaus*
marin-pêcheur m [mv: **marins-pêcheurs**] *zee(kust)visser*
mariol [v: **mariolle**] I m *handige jongen* ★ faire le ~ *de bink uithangen* II BNW *slim; gewiekst*
marionnette v • *pop uit marionettenspel* • *willoos mens; karakterloos mens*
marital BNW [m mv: **maritaux**] *v.d. man; v.d. echtgenoot*
maritime BNW *zee-; zeevaart-* ★ ville ~ *zeehaven*
maritorne v INF. *lelijk wijf; slons*
marivaudage m FORM. *gezochte taal*
marivauder ON WW *gezochte complimentjes maken*
marjolaine v PLANTK. *marjolein*
mark m *mark* ‹munt›
marketing m *marketing*
marlou m ARG. *pooier; souteneur*
marmaille v INF. *troep kleine kinderen*
marmelade v *vruchtenmoes; marmelade* ★ être dans la ~ *finaal in de puree zitten* ★ en ~ INF. *in elkaar geslagen;* INF. *verbrijzeld; tot pap geworden*
marmite v • *kookketel; ijzeren pot* • *eten* ★ ~ norvégienne *hooikist* ★ cela fait bouillir la ~ *daar moet de schoorsteen van roken*
marmiton m *koksjongen*
marmonnement m *gemompel*
marmonner OV WW *mompelen*
marmoréen BNW [v: **marmoréenne**] • *marmerachtig* • *ongevoelig; ijskoud*
marmot m INF. *kleuter; jongetje; jochie; dreumes* ★ croquer le ~ *lang en ongeduldig staan of lopen te wachten*
marmotte v *marmot* ★ dormir comme une ~ *vast slapen*
marmotter OV WW *mompelen; prevelen*
marmouset m • *bespottelijk beeldje* • *soort haardijzer* • INF. *jongetje; klein mannetje*
marne v *mergel*
marner I OV WW *mergelen* II ON WW • SCHEEPV. *hooglopen* • INF. *ploeteren*
marneux BNW [v: **marneuse**] *mergelachtig*
marnière v *mergelgroeve*
Maroc m *Marokko*
marocain I m *(het) Marokkaans* II BNW *Marokkaans*
Marocain m [v: **Marocaine**] *Marokkaan*
maronner INF. ON WW *mopperen; morren*
maroquin m • *marokijnleer* • INF. *ministerportefeuille*
maroquinerie v • *marokijnbereiding* • *fabriek v. marokijnleer* • *handel in marokijnleer* • *voorwerp v. marokijnleer*
maroquinier m • *lederbewerker* • *handelaar in marokijnleer*
marotte v • *zotskap* • INF. *stokpaardje*
marquage m • *(het) merken; (het) brandmerken* • *(het) opschrijven* • SPORT *(het) dekken; dekking*
marquant BNW *opvallend; van betekenis*
marque v • *merk; teken* • *indruk; afdruk* • *brandmerk* • *kenteken* • *gewicht* • *fiche* ‹in spel› • *(tussentijdse) score* • *blijk; bewijs* ★ SPORT à vos ~s! *op uw plaatsen!* ★ ~ de pas *voetafdruk* ★ personnage de ~ *belangrijke figuur*
marqué BNW • *duidelijk* • *getekend* • *vastgesteld; bepaald* • *gemerkt* ★ une

M

tendance très ~e *een uitgesproken neiging* ★ traits ~s *scherp getekend gezicht* ★ prix ~ *vastgestelde prijs*
marquer I OV WW • *aangeven; aanwijzen* • *brandmerken* • *kenmerken* • *tonen* • *stempelen* • *scoren* • *merken; tekenen* • *opschrijven; noteren* • SP. *dekken* ★ ~ le prix *de prijs aangeven* ★ ~ le pas *de pas aangeven* ★ la fatigue marque son visage *de vermoeidheid is op zijn gezicht te lezen* ★ ~ un but *een doelpunt maken; scoren* **II** ON WW • *zich onderscheiden* • *sporen achterlaten* • SPORT *scoren* ★ il marque mal *hij ziet er slecht (gekleed) uit*
marqueté BNW • *ingelegd* • *gespikkeld*
marqueterie V *mozaïekwerk*
marqueur M • *stift* • *opschrijver; marker* • *merker* • *maker v.e. doelpunt*
marquis M *markies*
marquise V • *markiezin* • *afdak; zonnescherm* • GESCH. *tweezitsbankje*
marraine V • *meter; petemoei* • GESCH. *soldatenmoeder*
marrant BNW INF. *leuk*
marre BIJW INF. ★ j'en ai ~ *ik baal ervan; ik heb er genoeg van*
marrer WKD WW INF. **(se ~)** • *lol hebben* • *zich een bult lachen*
marron I M • *kastanje* • *de kleur kastanjebruin* • ARGOT *opstopper* ★ ~s glacés *gekonfijte kastanjes* ★ ~ d'Inde *wilde kastanje* **II** BNW [V: **maronne**] • *kastanjebruin* • *weggelopen* ★ avocat ~ *advocaat v. louche zaken* ★ une esclave ~ne *een weggelopen slavin* ★ être ~ *beetgenomen zijn* ★ il m'a fait ~ *hij heeft me te pakken gehad*
marronnier M *kastanjeboom*
mars (*zeg:* mars) M *maart*
Mars *Mars* ‹planeet›
marseillais BNW *uit Marseille*
Marseillaise V *Marseillaise* ‹Frans volkslied›
marsouin M • *bruinvis* • *zeesoldaat*
marsupial [M MV: **marsupiaux**] **I** M *buideldier* **II** BNW *buideldragend*
marte V → **martre**
marteau M [MV: **marteaux**] • *hamer* • *pianohamertje* • *deurklopper* • SPORT *(slinger)kogel* ★ INF. être ~ *een beetje getikt zijn* ★ ~ d'enclume *voorhamer* ★ ~ pneumatique *pneumatische hamer* ★ ~ piqueur *drilboor* ★ requin-~ *hamerhaai*
marteau-piqueur M [MV: **marteaux-piqueurs**] *pneumatische hamer; sloophamer*
martel M ★ se mettre ~ en tête *zich zorgen maken*
martelage M • *(het) hameren* • *het merken v. bomen*
martèlement M • *(het) hameren* • *(het) (op)dreunen*
marteler OV WW • *hameren (op); beuken op* • *duidelijk uitspreken* • *toetsen duidelijk aanslaan*
martial BNW [M MV: **martiaux**] • *krijgshaftig* • CHEM. *ijzerhoudend* ★ arts martiaux *vechtsporten* ★ cour ~e *krijgsraad* ★ loi ~e *krijgswet*
martien BNW [V: **martienne**] *van Mars*
Martien M [V: **Martienne**] *bewoner van Mars*
martinet M • *karwats* • *grote fabriekshamer* • *gierzwaluw*
martingale V • *hulpteugel* • *rugceintuur* • *berekende inzet*
martiniquais BNW *van/uit Martinique*
martin-pêcheur M [MV: **martins-pêcheurs**] *ijsvogel*
martre V • *marter* • *marterbont* ★ ~ blanche *hermelijn* ★ ~ domestique *steenmarter* ★ ~ mineure *wezel*
martyr M [V: **martyre**] *martelaar*
martyre M *marteldood; marteling*
martyriser OV WW *martelen*
marxiser I OV WW *marxistisch maken* **II** WKD WW **(se ~)** *marxistisch worden*
marxisme M *marxisme*
marxiste I M/V *marxist* **II** BNW *marxistisch*
mas (*zeg:* ma(s)) M *landhuis* ‹in Zuid-Frankrijk›
mascara M *mascara*
mascarade V • *maskerade; vermomming* • *groep gemaskerde mensen*
mascaret M *springvloed; vloedgolf*
mascotte V *mascotte; gelukspop; persoon die geluk brengt*
masculin I M TAALK. *(het) mannelijk geslacht* **II** BNW *mannelijk* ★ mode ~e *herenmode*
masculiniser OV WW *mannelijk maken*
masculinité V *mannelijkheid*
maso M/V INF. → **masochiste**
masochisme M *masochisme*
masochiste I M/V *masochist* **II** BNW *masochistisch*
masque M • *masker; mom* • *schermmasker* • FORM. *uiterlijk; gelaatsuitdrukking* ★ ~ à gaz *gasmasker* ★ ~ facial/de beauté *schoonheidsmasker* ★ ~ mortuaire *dodenmasker* ★ arracher le ~ à qn *iem. ontmaskeren* ★ lever le ~ *het masker afleggen*
masquer OV WW • *maskeren; vermommen* • *verbergen* ★ bal masqué *gemaskerd bal*
massacrant BNW *lastig; onuitstaanbaar*
massacre M • *bloedbad; slachting; moord* • INF. *slechte uitvoering*
massacrer OV WW • *slachten; vermoorden; doodslaan* • INF. *verknoeien; bederven*
massacreur M • *moordenaar* • INF. *knoeier*
massage M *massage*
masse V • *massa; menigte; hoop* • *vormloze massa* • *kas; pot* • *kapitaal; fonds* • *moker* ★ en ~ *in groten getale; gezamenlijk* ★ ~ active *actief* ★ ~ passive *passief*
massepain M *marsepein; amandelkoekje*
masser I OV WW • *masseren* • *masseren* ‹biljart› • *samentrekken* ‹v. troepen› **II** WKD WW **(se ~)** *zich verzamelen*
massette V • PLANTK. *lisdodde* • *houten hamer*
masseur I M *massageapparaat* **II** M [V: **masseuse**] *masseur*
massicot M *snijmachine* ‹voor papier›
massif I M • *dichte groep bomen* • *berggroep* ★ ~ de fleurs *bloembed* **II** BNW [V: **massive**] • *massief; vol; dicht* • *log; lomp* • *geweldig groot* • *massaal*
massification V *grootschaligheid; massificatie*
mass media M MV [**mass-médias**]

M

massamedia
massue v *knots* ★ coup de ~ *zware slag*; *ramp* ★ argument ~ *dodelijk argument*
mastic (*zeg:* -tiek) **I** m • *stopverf*; *kit* • *warboel* • *grove fout* ‹in drukkerij› **II** BNW *lichtbeige*
masticage m *(het) vullen met kit/stopverf*
masticateur BNW *kauw-* ★ muscle ~ *kauwspier*
mastication v *(het) kauwen*
mastiquer OV WW • *met stopverf stoppen* • *kauwen*
mastoc INF. **I** m *lomperd* **II** BNW *lomp*; *grof*; *potig*
mastodonte m • *mastodont* • INF. *kolos*
mastroquet INF. m • *kroegbaas* • *kroeg*
masturbation v *masturbatie*
masturber I OV WW *bevredigen* ‹seksueel› **II** WKD WW (**se** ~) *masturberen*; *zichzelf bevredigen*
m'as-tu-vu m [v: **m'as-tu-vue**] *opschepper*
masure v *ruïne*; *krot*
mat (*zeg:* mat) **I** m *mat* ‹in schaakspel› ★ être sous le mat *bijna mat staan* **II** BNW • *dof*; *mat* • *mat* ‹in schaakspel› ★ échec et mat *schaakmat*
mât (*zeg:* mà) m *mast* ★ mât d'artimon *bezaansmast* ★ mât de cocagne *klimmast* ★ mât de fortune *noodmast* ★ mât de misaine *fokkenmast* ★ mât de pavillon *vlaggenmast*
matamore m *pocher*; *snoever*; *grootspreker*
match m [mv: **match(e)s**] *wedstrijd*; *match* ★ faire ~ nul *gelijk spelen* ★ jouer la balle de ~ *op matchpoint staan*
matelas (*zeg:* -là) m *matras* ★ ~ pneumatique *luchtbed* ★ ~ d'air *luchtlaag* ‹tussen twee wanden›
matelasser OV WW • *volstoppen*; *opvullen* • *van kussens voorzien* ★ un tissu matelassé *een gewatteerde stof* ★ porte matelassée *tochtdeur*
matelassier m [v: **matelassière**] *matrassenmaker*
matelot m *matroos*
matelote v • *visschotel* • *matrozendans* ★ à la ~ *op matrozenmanier*
mater I v INF. *moeder* **II** OV WW • *temmen*; *bedwingen*; *klein krijgen* • *mat zetten* • *moffelen* • ARG. *gluren*; *loeren*
mâter OV WW *van masten voorzien*
matérialisation v *verstoffelijking*
matérialiser I OV WW *stoffelijk voorstellen*; *stoffelijk maken* ★ voie matérialisée *weg met verkeersstrepen* **II** WKD WW (**se** ~) *werkelijkheid worden*
matérialisme m *materialisme*
matérialiste I m/v *materialist* **II** BNW *materialistisch*
matérialité v *stoffelijkheid*
matériau m • *bouwmateriaal* • *materiaal* ‹voor literair werk› • mv *(bouw)materialen* • m mv FIG. *grondstoffen*
matériel I m • COMP. *hardware* • *materieel* **II** BNW [v: **matérielle**] • *stoffelijk*; *lichamelijk*; *materieel* • *tastbaar*; *concreet*
maternant BNW *moederlijk bezorgd*
maternel BNW [v: **maternelle**] • *moederlijk* • *van moederskant* ★ école ~le *kleuterschool*
maternelle v *kleuterschool*
maternellement BIJW *moederlijk*
materner OV WW *bemoederen*
maternité v • *moederschap* • *kraamkliniek* ★ congé ~ *moederschapsverlof*
math v mv [**maths**] INF. *wiskunde*
mathématicien m [v: **mathématicienne**] *wiskundige*
mathématique I v VERO. *mathematica* **II** BNW • *wiskundig* • *logisch*
mathématiques v mv *wiskunde*
mathématiser OV WW *wiskundig formuleren*
matheux m [v: **matheuse**] INF. *wiskundestudent*
maths v mv *wiskunde*
matière v • *stof*; *grondstof*; *materie* • *onderwerp*; *stof* • *leervak* • *aanleiding*; *reden* ★ ~s fécales *uitwerpselen* ★ ~ première *grondstof* ★ entrer en ~ *aan het eigenlijke onderwerp komen* ★ en ~ de *op het gebied van* ★ donner ~ à ★ être ~ à *aanleiding geven tot*
Matignon m ★ (l'hôtel) ~ *ministerie v.d. Fr. minister-president*
matin I m *ochtend*; *morgen* ★ de bon ~ ★ de grand ~ *vroeg in de morgen* ★ un beau ~ *op een goeie dag* ★ ce ~ *vanmorgen* ★ le ~ *'s morgens* **II** BIJW • *ochtend* • FORM. *vroeg* ★ dimanche ~ *zondag ochtend*
mâtin I m • *waakhond* • *rakker* **II** TW INF. *drommels!*
matinal BNW [m mv: **matinaux**] *wat de morgen betreft* ★ être ~ *vroeg opgestaan zijn*
mâtiné BNW • *bastaard-*; *gekruist* ‹m.b.t. dieren› • *vermengd met*
matinée v • *morgen* • *middagvoorstelling*; *middagconcert* ★ faire la grasse ~ *uitslapen*
mâtiner OV WW *kruisen* ‹v. honden›
matines v mv *metten*
matois FORM. **I** m *sluwe vos* **II** BNW *slim*; *uitgeslapen*; *doortrapt*
maton m • *gestremde melk* • ARG. *gevangenbewaarder*
matou m • *kater* • *onaangenaam mens* ★ vilain ~ *gemene kerel*
matraque v *knuppel*; *gummistok*
matraquer OV WW • *(neer)knuppelen* • INF. *een belachelijk hoge rekening indienen*
matraqueur m *knuppelaar*
matriarcal BNW [m mv: **matriarcaux**] *matriarchaal*
matriarcat m *matriarchaat*
matrice v • *matrijs* • *matrix* • *legger* • VERO. *baarmoeder* ★ ~ du rôle des contributions *belastingkohier*
matriciel BNW [v: **matricielle**] • *matrix-* • *kohier-*
matricule I m *registratienummer*; *stamboeknummer* **II** v *naamlijst*; *register*
matrimonial BNW [m mv: **matrimoniaux**] *wat huwelijk betreft*; *echtelijk*
matrone v *deftige oudere dame*; *matrone*
maturation v *(het) rijpen*; *rijpwording*
mature BNW *rijp*
mâture v *mastwerk*
maturité v • *rijpheid* • *geestelijke rijpheid*; *volkomen ontwikkeling* ★ ~ précoce

M

vroegrijpheid; voorlijkheid ★ avec ~ *bedachtzaam*
maudire OV WW *vervloeken; verwensen*
maudit I m [v: **maudite**] *verdoemde* ★ le Maudit *de duivel* II BNW *vervloekt; ellendig* ★ temps ~ *vreselijk weer*
maugréer ON WW *mopperen; tegensputteren*
maure BNW [**mauresque**] *Moors*
Maure m/v *Moor* ★ tête de ~ *donkerbruin*
Maurice v ★ l'île ~ *Mauritius*
mausolée m *praalgraf; mausoleum*
maussade BNW • *somber; triest* • *nors; humeurig*
maussaderie v *knorrigheid; gehumeurdheid*
mauvais I m • *(het) slechte; (het) kwade* • *slecht mens* II BNW *slecht; kwaad; verkeerd; ondeugend; gemeen* ★ les ~ anges *de duivels* ★ ~ bruits *ongunstige praatjes* ★ il fait ~ *het is slecht weer* ★ ~ garnement *deugniet* ★ ~e langue *boze tong* ★ mer ~e *woelige, onstuimige zee* ★ ~e plaisanterie *misplaatste grap* ★ ~ sujet *losbol* ★ ~e tête *driftkop* ★ faire ~ visage à qn *iem. koel behandelen* III BIJW *slecht; verkeerd* ★ sentir ~ *stinken*
mauve I m *lichtpaarse kleur* II v PLANTK. *malva; kaasjeskruid* III BNW *lichtpaars; mauve*
mauviette INF. v *slappeling; teer, mager persoon*
maux m mv → **mal**
max AFK (maximum) *maximum*
maxi BNW *maxi-*
maxillaire I m *kaakbeen* II BNW *wat de kaak betreft*
maxima
maximal BNW [m mv: **maximaux**] *maximum-; hoogste*
maximalisation v → **maximisation**
maximaliser OV WW → **maximiser**
maximaliste BNW *maximalistisch;* GESCH. *bolsjewistisch*
maxime v *grondstelling; stelregel; spreuk*
maximisation v *maximalisering*
maximiser OV WW • *tot een maximale hoogte brengen* • WISK. *maximaal waarderen*
maximum (*zeg:* -mom) I m *(het) hoogste; (het) meeste; (het) grootste* ★ thermomètre à maxima *maximumthermometer* ★ faire le ~ *al het mogelijke doen* II BNW *hoogste; maximum*
Mayence *Mainz*
mayonnaise v *mayonaise*
mazette I v *stumper* II TW *kolossaal!*
mazette! TW *tjonge!; ongelofelijk!*
mazout (*zeg:* -zoet) m • *stookolie* • *huisbrandolie*
mazouter I OV WW *met stookolie overgieten; door stookolie onbruikbaar maken* II ON WW *olie tanken*
me PERS VNW *me; mij*
Me AFK (maître) *meester*
mea-culpa m ★ faire son ~ *schuld bekennen*
méandre m • *bocht* ‹v. rivier› • *list*
méat m BIOL. *gang; buis*
mec m INF. *(flinke) kerel; vent*
mécanicien m [v: **mécanicienne**] • *werktuigkundige* • *machinist; bestuurder* • *monteur*
mécanique I v • *mechaniek; mechanisme* • *werktuigkunde; mechanica* • *machine* II BNW • *werktuigkundig* • *werktuiglijk; mechanisch*
mécanisation v *mechanisatie*
mécaniser OV WW • *tot een werktuig maken* • *mechaniseren*
mécanisme m • *mechaniek* • *inrichting; samenstelling* • *techniek* • *mechanisme*
mécano m INF. → **mécanicien**
mécénat m *mecenaat*
mécène m *mecenas*
méchamment BIJW • *gemeen; boosaardig; moedwillig* • INF. *ontzettend* ★ ~ tard *hartstikke laat*
méchanceté v • *boosaardigheid; slechtheid* • *gemene streek* • *boosaardig woord* ★ sans ~ *zonder boos opzet*
méchant I m [v: **méchante**] *slecht mens* ★ faire le ~ *fel reageren* II BNW • *boos; boosaardig; slecht* • *onaangenaam; lelijk* • *ondeugend; stout* ★ (attention) chien ~! *wacht u voor de hond!* ★ pas ~ *niet erg; onschuldig* ‹v. wondje e.d.›
mèche v • *kous* ‹v. lamp› • *touw* ‹v. zweep› • *lont* • *haarlok* • *pit* ‹v. kaars› • *boorijzer* ★ ARG. il n'y a pas ~ *er is geen middel* ★ INF. être de ~ avec qn *met iem. onder één hoedje spelen* ★ vendre la ~ *een geheim verraden*
méchoui m *schaap aan het spit*
mécompte m • *misrekening* • *teleurstelling*
méconduire WKD WW (**se** ~) *zich misdragen*
méconnaissable BNW *onherkenbaar*
méconnaissance v FORM. *miskenning*
méconnaître OV WW FORM. *miskennen*
méconnu BNW *miskend*
mécontent BNW *ontevreden*
mécontentement m *ontevredenheid*
mécontenter OV WW *ontevreden maken*
Mecque (La) v *Mekka*
mécréant I m [v: **mécréante**] *ongelovige* II BNW *ongelovig*
médaille v *gedenkpenning; medaille*
médaillé BNW *medaillewinnaar; gedecoreerde*
médailler OV WW *een medaille toekennen aan*
médaillon m • *medaillon* • *rond stuk vlees*
médecin m *arts; dokter* ★ ~ de famille ★ ~ généraliste *huisarts* ★ ~ consultant *consulterend arts* ★ ~ légiste *patholoog-anatoom* ★ ~ des armées *militaire arts* ★ le Médecin malgré lui *Dokter tegen wil en dank*
médecine v *geneeskunde* ★ docteur en ~ *doctor in de medicijnen*
média m *(massa)medium*
médian BNW *middelste; wat het midden betreft* ★ ligne ~e *zwaartelijn*
médiane v • *zwaartelijn* • *mediaan*
média(s) m [**media(s)**] *(massa)media*
médiat BNW *middellijk*
médiateur [v: **médiatrice**] I m • *bemiddelaar* • *ombudsman* II BNW *bemiddelend*
médiathèque v *mediatheek*
médiation v *bemiddeling*
médiatique BNW *van/in de media*
médiatiser OV WW *via de media bekendmaken*
médical BNW [m mv: **médicaux**] *geneeskundig;*

medisch
médicament m *geneesmiddel*
médicamenteux BNW [v: **médicamenteuse**] *geneeskrachtig*
médicastre m VERO. *kwakzalver*
médication v *geneeswijze; medicatie*
médicaux BNW → **médical**
médicinal BNW [m mv: **médicinaux**] *geneeskrachtig; medicinaal*
médico- VOORV *medisch-*
médico-légal BNW [m mv: **médico-légaux**] *v. gerechtelijke geneeskunde*
médico-social BNW [m mv: **médico-sociaux**] *medisch-sociaal*
médiéval BNW [m mv: **médiévaux**] *middeleeuws*
médiévisme m *kennis, studie van de Middeleeuwen*
médiéviste m/v *kenner van de Middeleeuwen*
médiocre I m *(het) middelmatige* **II** BNW • *middelmatig* • *matig; bescheiden*
médiocrité v • *middelmatigheid* • *matige welvaart*
médire ON WW *kwaadspreken (***de** *van)*
médisance v *kwaadsprekerij; laster*
médisant I m [v: **médisante**] *kwaadspreker* **II** BNW *kwaadsprekend*
méditatif BNW [v: **méditative**] *peinzend*
méditation v *overdenking; overweging; overpeinzing; meditatie*
méditer I OV WW • *overdenken* • *beramen* **II** ON WW • *mediteren* • (~ **sur**) *peinzen over*
Méditerranée v *Middellandse Zee*
méditerranéen BNW [v: **mediterranéenne**] *mediterraan*
médium (*zeg:* meedjom) m • MUZ. *middenregister* • SCHILDERK. *bindmiddel* • *medium*
médius (*zeg:* -djuus) m *middelvinger*
médoc m *médoc* ‹bordeauxwijn›
médullaire BNW *mergachtig* ★ os ~ *mergbeen*
méduse v *(zee)kwal* ★ Méduse *Medusa*
méduser OV WW • *doen verstijven v. schrik* • *fascineren*
meeting m • *meeting* • *sportontmoeting* ★ ~ aérien *vliegshow*
méfait m *misdrijf; wandaad* ★ les ~s de l'alcool *de schadelijke gevolgen van alcoholgebruik*
méfiance v *wantrouwen*
méfiant BNW *wantrouwend*
méfier WKD WW (**se ~ de**) *wantrouwen* ★ il ne se méfie de rien *ij heeft niets door*
méga- VOORV *meg(a)*
mégalithe m *megaliet*
mégalomane I m/v *lijder aan grootheidswaanzin* **II** BNW *megalomaan*
mégalomanie v *grootheidswaanzin*
méga-octet m [mv: **méga-octets**] *megabyte*
mégaphone m *geluidsversterker; scheepsroeper; megafoon*
mégarde v *vergissing* ★ par ~ *per ongeluk*
mégatonne v *megaton*
mégawatt m *megawatt*
mégère v *furie; helleveeg* ★ la Mégère apprivoisée *de Getemde Feeks*
mégot (*zeg:* -goo met harde g) m INF. *peukje*
mégoter OV WW INF. *beknibbelen; bezuinigen (***sur** *op)*
méhari m *dromedaris; mehari*
meilleur I m *(het) beste* ★ pour le ~ et pour le pire *in voor- en tegenspoed; door dik en dun* **II** BNW • *beter* • *beste* ★ ~ marché *goedkoper* ★ j'en passe et des ~es! *en dan heb ik het nog niet over de rest!*
méjuger OV WW FORM. *verkeerd beoordelen*
mélancolie v *droefgeestigheid; zwaarmoedigheid; melancholie* ★ INF. ne pas engendrer la ~ *erg vrolijk, lollig zijn*
mélancolique BNW *droefgeestig; zwaarmoedig; melancholisch*
mélanésien BNW [v: **mélanésienne**] *uit, van Melanesië*
mélange m • *mengsel* • *(het) mengen* ★ ~ de races *kruising v. rassen* ★ sans ~ *ongestoord* ‹v. geluk›
mélanger OV WW • *(ver)mengen; roeren* • *overhoophalen*
mélangeur m *mengmachine* ★ ~ de béton *betonmolen* ★ ~ de son *mengpaneel* ‹v. geluid› ★ robinet ~ *mengkraan*
mélasse v *suikerstroop* ★ être dans la ~ *in de puree zitten*
mêlé BNW *gemengd* ★ société mêlée *bont gezelschap*
mêlée v • *strijdgewoel; handgemeen* • *vechtende menigte* • *heftige woordenstrijd* • SPORT *scrum*
mêler I OV WW • *mengen; vermengen (***à, avec** *met)* • *wassen* ‹v. kaarten› • *verwarren; in wanorde brengen* ★ ~ qn à une affaire *iem. bij een zaak betrekken* • (~ **dans**) *wikkelen in* **II** WKD WW (**se ~**) • *versmelten; zich vermengen* • (**de**) *zich bemoeien met; verstoren; de moed hebben te* • (**à**) *zich mengen tussen; zich voegen bij; zich begeven onder*
mélèze v *lork; lariks*
méli-mélo INF. m [mv: **mélis-mélos**] *mengelmoes; allegaartje; zootje*
mélisse v *melis(se)*
mélo m INF. *melodrama* ★ un film qui tourne au mélo *een film die de kant van het melodrama opgaat*
mélodie v • *wijs* • *welluidendheid*
mélodieux BNW [v: **mélodieuse**] *welluidend; melodieus*
mélodique BNW *melodisch*
mélodramatique BNW *melodramatisch*
mélodrame m • *melodrama* • *drama met instrumentale begeleiding*
mélomane I m/v *hartstochtelijk muziekliefhebber* **II** BNW *melomaan*
melon m • *meloen* ★ chapeau ~ *dophoed*
mélopée v • *dreun* • *recitatief*
membrane v • *membraan; vlies* • *plaatje*
membraneux BNW [v: **membraneuse**] *vliezig*
membre m *lid* ★ les ~s *de ledematen*
membré BNW FORM. ★ bien ~ *flink van lijf en leden*
membru BNW FORM. *grof gebouwd*
membrure v • *(de) ledematen* • *paneel*
mémé v INF. *oma*
même I m ★ cela revient au même *dat komt*

M

op hetzelfde neer **II** VNW • *zelfde* • *zelf* ★ la même chose *hetzelfde* ★ en même temps *tegelijkertijd* ★ pour cela même *daarom juist* ★ moi-même *ik zelf* **III** BIJW *zelfs* ★ à même de *in staat te* ★ boire à même la bouteille *zo uit de fles drinken* ★ de même *eveneens* ★ de même que *evenals* ★ quand même *toch* ★ tout de même *toch*

mémento m • *memento uit de mis* • *aantekening* • *agenda* • VERO. *kort overzicht; beknopt handboek*

mémère v INF. • *dikke oude vrouw* • *oma*

mémoire I m • *rekening* • *verslag; verhandeling* • mv *memoires; persoonlijke gedenkschriften* **II** v • *geheugen* • *herinnering* • *nagedachtenis* ★ COMP. ~ morte *ROM* ★ COMP. ~ vive *RAM* ★ de ~ *uit het hoofd* ★ pour ~ *pro memorie* ★ de ~ d'homme *sinds mensenheugenis* ★ en ~ de *ter herinnering aan*

mémorable BNW *gedenkwaardig*

mémorandum (*zeg:* -dom) m • *diplomatieke nota* • *aantekening* • *aantekenboekje*

mémorial m [mv: **mémoriaux**] • *aantekenboek* • *gedenkboek*

mémorialiste m/v *schrijver v. gedenkschriften*

mémorisation v *(het) van buiten leren*

mémoriser OV WW *van buiten leren; memoriseren*

menaçant BNW *dreigend*

menace v • *(be)dreiging* • *dreigement* ★ lourd de ~s *dreigend; onheilspellend* ★ ~ en l'air *loze bedreigingen*

M

menacer OV WW *dreigen* (**de** *te*)*; bedreigen* ★ ~ ruine *op invallen staan*

ménage m • *huishouden* • *huisgezin* • *inboedel; huisraad* ★ femme de ~ *werkster* ★ pain de ~ *eigengebakken brood; gewoon brood* ★ scène de ~ *huiselijke twist* ★ ~ à trois *driehoeksverhouding* ★ faire le ~ *het huishouden doen* ★ faire bon/mauvais ~ avec qn *goed/slecht met iem. overweg kunnen*

ménagement m *omzichtigheid* ★ sans ~ *zonder enige consideratie*

ménager I BNW [v: **ménagère**] • (**de**) *spaarzaam met; zuinig met* • *huishoudelijk* ★ travaux ~s *huishoudelijke werkzaamheden* ★ VERO. école ménagère *huishoudschool* **II** OV WW • *regelen; tot stand brengen* • *maken; aanbrengen* • *sparen; voorzichtig omgaan met; ontzien* • *bezorgen; verschaffen* ★ ~ un entretien *een gesprek regelen* ★ ~ ses paroles *niet erg spraakzaam zijn* ★ ne pas ~ sa peine *geen moeite ontzien* ★ je vous ménage une surprise *ik bezorg u een verrassing* **III** WKD WW (**se** ~) • *zich sparen; op zijn gezondheid letten* • *zich verschaffen; zichzelf bezorgen*

ménagère v • *huisvrouw* • *etui* • *tafelzilver*

ménagerie v *beestenspel; dierentuin*

ménagiste m *bedrijf voor huishoudelijke artikelen*

mendiant I m [v: **mendiante**] *bedelaar* **II** BNW *bedelend* ★ les ordres ~s *de bedelorden*

mendicité v *bedelarij* ★ en être réduit à la ~ *tot de bedelstaf gebracht zijn*

mendier OV WW *bédelen*

mendigot VERO. m *bedelaar*

menées v mv *gekonkel*

mener I OV WW • *leiden; brengen; voeren* • *behandelen* • *aanvoeren; leiden* • *rijden; besturen* ★ ~ à bien *tot een goed einde brengen* ★ ~ grand bruit *een hels kabaal maken* ★ cela ne mène à rien *dat loopt op niets uit* ★ INF. ne pas en ~ large *in een moeilijk parket zitten* ★ ~ la vie dure à qn *het iem. moeilijk maken* **II** ON WW • *voorop lopen* • SPORT *de leiding hebben* ★ ~ à *voeren naar* ‹v. weg› ★ notre équipe mène par 3 à 1 *ons team staat met 3-1 vóór*

ménestrel m *minstreel*

ménétrier m *speelman*

meneur m [v: **meneuse**] *leider; aanvoerder* ★ ~ de jeu *spelleider; aanstichter*

menhir (*zeg:* mènier) m *menhir* ‹prehistorisch rotsblok›

méninge v *hersenvlies* ★ INF. les ~s *de hersens*

méningite v *hersenvliesontsteking; meningitis*

ménisque m *meniscus*

ménopause v *menopauze*

menotte v • *handje* • mv *handboeien*

mensonge m • *leugen* • *illusie* ★ songes, ~s *dromen zijn bedrog* ★ ~ officieux *leugentje om bestwil*

mensonger BNW [v: **mensongère**] *leugenachtig; bedrieglijk*

menstruation v *menstruatie*

menstruel BNW [v: **menstruelle**] *menstrueel*

mensualisation v • *maandelijkse uitbetaling* • *overschakeling op maandsalaris*

mensualiser OV WW • *maandelijks uitbetalen* • *als maandsalaris gaan uitbetalen*

mensualité v • *maandelijks salaris* • *maandelijkse bijdrage* ★ payer par ~s *in maandelijkse termijnen betalen*

mensuel I m *maandblad* **II** BNW [v: **mensuelle**] *maandelijks*

mensuration v *lichaamsmeting* ★ les ~s *lichaamsmaat*

mental BNW [m mv: **mentaux**] *geestelijk; innerlijk* ★ aliénation ~e *krankzinnigheid* ★ calcul ~ *het hoofdrekenen* ★ restriction ~e *innerlijk voorbehoud*

mentalement BIJW *in gedachten* ★ calculer ~ *uit het hoofd rekenen*

mentalité v *geestesgesteldheid*

menterie v VERO. *leugen*

menteur [v: **menteuse**] **I** m *leugenaar* **II** BNW *leugenachtig*

menthe v *munt* ★ ~ poivrée *pepermunt*

menthol m *menthol*

mention v *vermelding* ★ faire ~ de *vermelden* ★ rayer les ~s inutiles *doorhalen wat niet van toepassing is*

mentionner OV WW *vermelden*

mentir ON WW *liegen* ★ bon sang ne peut ~ *de appel valt niet ver van de boom*

menton m *kin* ★ double ~ *onderkin*

mentonnière v • *kinband; stormband* • *kinhouder* ‹voor viool›

mentor m FORM. *leidsman; mentor*

menu I m OOK INFORM. *menu* ★ par le menu *in bijzonderheden* **II** BNW *klein; dun* ★ menu bétail *klein vee* ★ menus frais *kleine kosten* ★ menue monnaie *kleingeld* ★ FORM. menu

peuple *de gewone man* **III** BIJW *fijn; klein; in kleine stukjes* ★ hacher menu *fijnhakken*
menuet m *menuet*
menuiserie v • *timmermanswerkplaats* • *timmerwerk; schrijnwerk* • *schrijnwerkersvak*
menuisier m *timmerman; schrijnwerker*
méphistophélique BNW FORM. *duivelachtig; mefistofelisch*
méphitique BNW *verstikkend*
méprendre WKD WW (**se** ~) *zich vergissen (***sur** *in)* ★ se ressembler à s'y ~ *sprekend op elkaar lijken*
mépris m *verachting; minachting* ★ au ~ de *in weerwil van*
méprisable BNW *verachtelijk*
méprisant BNW *minachtend*
méprise v *vergissing* ★ par ~ *bij vergissing*
mépriser OV WW *minachten; verachten*
mer v • *zee* • *grote plas; grote oppervlakte* ★ basse mer *laag water* ★ ce n'est pas la mer à boire *het is niet zo moeilijk* ★ coup de mer *stortzee* ★ une goutte d'eau dans la mer *een druppel op een gloeiende plaat* ★ un homme à la mer *man overboord* ★ homme de mer, gens de mer *zeeman, zeelui* ★ mer du Nord *Noordzee* ★ par mer *op zee* ★ en haute mer *in volle zee* ★ prendre la mer *het ruime sop kiezen* ★ mer de sable *zandzee*
mercanti PEJ. m *koopman*
mercantile BNW *op winst uit* ★ esprit ~ *koopmansgeest*
mercantilisme m *handelsgeest*
mercenaire I m MIL. *huurling* **II** BNW *omkoopbaar; voor geld* ★ troupes ~s *huurtroepen*
mercerie v • *garen- en bandhandel* • *garen en band*
merceriser OV WW *glanzen ‹v. katoen›*
merchandising m *merchandising*
merci I m *bedankje* **II** v FORM. *genade; willekeur* ★ être à la ~ de qn *aan iem. overgeleverd zijn* ★ sans ~ *meedogenloos* **III** TW *dank je wel* ★ IRON. grand ~ *ik zou je danken !* ★ Dieu ~ *goddank*
mercier m [v: **mercière**] *koopman in garen en band; stoffenkoopman*
mercredi m *woensdag* ★ le ~ des Cendres *Aswoensdag*
mercure m *kwikzilver*
Mercure *Mercurius*
mercuriale v FORM. *standje; uitbrander*
mercurochrome m *mercurochroom; jodium*
merde INF. **I** v • *poep* • *narigheid* • *nietsnut* ★ il ne se prend pas pour une ~ *hij heeft een hoge dunk van zichzelf* **II** TW *shit!; verdorie!* ★ ~ alors! *verdomme!*
merder ON WW VULG. *(zitten) kloten; op niets uitlopen; misgaan*
merdeux [v: **merdeuse**] INF. **I** m *snotaap* **II** BNW *bevuild*
merdier m INF. *rotzooi*
merdique BNW INF. *snert-*
merdoyer ON WW ARG. • *blijven zitten ‹school›* • *zich vast lullen*
mère I v • *moeder* • *vrouw; vrouwtje* ★ branche mère *hoofdtak* ★ la mère patrie *het moederland* ★ la reine mère *de koninginmoeder* **II** BNW *eerst* ★ la mère laine *de fijnste wol v.h. schaap*
merguez v *scherp gekruid worstje*
méridien I m *meridiaan* **II** BNW [v: **méridienne**] *wat de meridiaan betreft; wat het zuiden betreft* ★ exposition ~ne *ligging op het zuiden*
méridienne v • *meridiaan* • *siësta*
méridional [m mv: **méridionaux**] **I** m *bewoner van Zuid-Frankrijk* **II** BNW *zuidelijk*
meringue v *schuimpudding*
mérinos (*zeg:* -noos) m • *merinosschaap* • *merinoswol*
merise v *wilde kers*
merisier m *wilde kersenboom*
méritant BNW *verdienstelijk*
mérite m *verdienste* ★ se faire un ~ de qc *zich op iets beroemen*
mériter OV WW *verdienen* ★ il a bien mérité de la France *hij heeft zich erg verdienstelijk gemaakt jegens Frankrijk* ★ toute peine mérite salaire *de werkman is zijn loon waard*
méritoire BNW *verdienstelijk*
merlan m • *wijting ‹vis›* • INF. *kapper*
merle m *merel* ★ FIG. ~ blanc *witte raaf* ★ fin ~ *slimme vos* ★ vilain (beau) ~ *lelijk of onaangenaam mens*
merlette v *wijfjesmerel*
merlin m • *slagershamer* • *kloofbijl* • SCHEEPV. *driedraadstouw*
merlu m *heek ‹vis›*
merluche v *stokvis*
mérovingien BNW [v: **mérovingienne**] *Merovingisch*
merveille v *wonder* ★ à ~ *uitstekend; voortreffelijk* ★ faire ~ *wonderen doen* ★ les Sept Merveilles du monde *de zeven wereldwonderen*
merveilleux I m *(het) wonderbare; (het) bovennatuurlijke* **II** BNW [v: **merveilleuse**] *verbazend; uitstekend; wonderbaar*
mes BEZ VNW mv → **mon**
mésalliance v *huwelijk beneden zijn/haar stand*
mésallier WKD WW (**se** ~) *beneden zijn/haar stand trouwen*
mésange v *mees* ★ ~ bleue *pimpelmees* ★ ~ charbonnière *koolmees*
mésaventure v *tegenspoed; ongeval*
mescaline v *mescaline*
mesdames v mv → **madame**
mesdemoiselles v mv → **mademoiselle**
mésentente v *slechte verstandhouding*
mésestime v *minachting; geringschatting*
mésestimer FORM. OV WW *onderschatten; geringschatten*
mésintelligence FORM. v *slechte verstandhouding*
Mésopotamie v *Mesopotamië*
mésopotamien BNW [v: **mésopotamienne**] *uit/van Mesopotamië*
mesquin BNW • *gierig; karig* • *eng(hartig); bekrompen; kleingeestig*
mesquinerie v • *bekrompenheid; kleingeestigheid* • *gierigheid; karigheid*

M

mess m *mess*
message m *boodschap; zending; mededeling; melding* ⋆ ~ publicitaire *reclamespot; reclamefilmpje*
messager m [v: **messagère**] *bode; voorbode; boodschapper* ⋆ ~ du malheur *ongeluksbode*
messagerie(s) v *vervoersonderneming* ⋆ messagerie électronique *e-mail*
messe v • *mis; misoffer* • *muziek voor een mis* ⋆ ~ basse *stille mis* ⋆ grand-~ *hoogmis* ⋆ ~ de minuit *nachtmis* ⋆ INF. faire des ~s basses *(staan, zitten) smoezen*
messianique BNW *Messiaans*
messie m [**Messie**] *Messias*
messieurs m mv → **monsieur**
messire m VERO. *heer*
mesurable BNW *meetbaar*
mesurage m *meting*
mesure v • *maat* • *maatregel* • *matiging* ⋆ passer la ~ *te ver gaan* ⋆ prendre la ~ *de maat nemen* ⋆ sur ~ *op maat; naar maat* ⋆ à ~ ⋆ au fur et à ~ *achtereenvolgens* ⋆ sans commune ~ avec *in geen verhouding tot* ⋆ à ~ que *naarmate* ⋆ donner toute sa ~ *tonen wat men kan* ⋆ faire bonne ~ *een goede maat geven* ⋆ outre ~ *bovenmate* ⋆ être en ~ de faire qc *in de gelegenheid zijn iets te doen*
mesuré BNW • *afgemeten* • *behoedzaam; gematigd*
mesurer I OV WW • *meten; afmeten* • *afmeten naar; in overeenstemming brengen met* ⋆ ~ ses forces *zijn krachten meten* ⋆ ~ ses paroles *zijn woorden wikken* ⋆ ~ ses efforts *zich inhouden* **II** WKD WW (**se** ~) • *elkaar meten* • (**se** ~ **avec**) *zich meten met*
mésuser OV WW FORM. (**de**) *misbruik maken van*
métabolisme m *metabolisme; stofwisseling*
métacarpe m *middelhand*
métairie v *pachthoeve*
métal m [mv: **métaux**] *metaal* ⋆ ~ jaune *goud* ⋆ métaux précieux *edele metalen*
métallique BNW *metaalachtig* ⋆ fil ~ *metaaldraad*
métallisé BNW *gemetalliseerd; metallic*
métallo INF. m → **métallurgiste**
métallurgie v *metaalbewerking; metallurgie*
métallurgique BNW *metaalverwerkend; metallurgisch*
métallurgiste m *metaalbewerker*
métamorphose v *gedaanteverwisseling; metamorfose*
métamorphoser I OV WW *veranderen* **II** WKD WW (**se** ~) *van gedaante verwisselen (**en** in)*
métaphore v *zinnebeeldige uitdrukking; metafoor*
métaphorique BNW *metaforisch; figuurlijk* ⋆ style ~ *bloemrijke stijl*
métaphysicien m [v: **métaphysienne**] *metafysicus*
métaphysique I v *metafysica* **II** BNW *metafysisch*
métastase v *metastase; uitzaaiing*
métatarse m *middelvoet*
métathèse v *letteromzetting*
métaux m mv → **métal**
métayage m *pachtakte*
métayer m [v: **métayère**] *pachter*
métempsycose v *zielsverhuizing*
météo I m *weerkundige* **II** v → **météorologie III** BNW *weer(s)-*
météore m *meteoor*
météorique BNW *meteorisch* ⋆ pierres ~s *meteoorstenen*
météorite v *meteoorsteen*
météorologie v • *weerkunde* • *meteorologische dienst* • *weerkundig instituut*
météorologique BNW *weerkundig*
météorologiste m/v [**météorologue**] *weerkundige*
métèque m PEJ. *buitenlander; allochtoon*
méthadone v *methadon*
méthane m *moerasgas; methaan*
méthanier m *gastanker*
méthode v • *methode* • *leerboek*
méthodique BNW *methodisch; stelselmatig*
méthodiste I m/v *methodist* **II** BNW *methodistisch*
méthodologie v • *methodeleer* • *methodiek*
méthyle m *methyl*
méthylène m *methylalcohol*
méticuleux BNW [v: **méticuleuse**] *angstvallig; pietluttig; zorgvuldig*
méticulosité v *angstvalligheid; pietluttigheid*
métier m • *ambacht; vak; beroep* • *weefgetouw* ⋆ avoir du ~ *ervaring hebben* ⋆ faire ~ de qc *zijn taak vervullen; gewoon zijn iets te doen* ⋆ jalousie de ~ *broodnijd* ⋆ mettre sur le ~ *ondernemen; op touw zetten* ⋆ chacun son ~, les vaches seront bien gardées *schoenmaker, blijf bij je leest*
métis [v: **métisse**] (*zeg:* -ties) **I** m *kleurling* **II** BNW *van gemengd ras; gekruist*
métissage m *kruising van rassen*
métisser OV WW *kruisen*
métonymie v *metonymia*
métrage m • *(het) meten* • *lengte* ‹v. stof, film› ⋆ court-~ *korte film* ⋆ long ~ *speelfilm*
mètre m • *meter* • *metrum* ⋆ ~ carré *vierkante meter* ⋆ ~ courant *strekkende meter* ⋆ ~ cube *kubieke meter* ⋆ ~ pliant *duimstok*
métrer OV WW *met de meter meten*
métreur m *opmeter*
métrique I v *verzenleer* **II** BNW • *metriek* • *metrisch; wat het metrum betreft* ⋆ quintal ~ *gewicht v. 100 kg* ⋆ système ~ *metriek stelsel* ⋆ tonne ~ *gewicht v. 1000 kg*
métro m *metro*
métro-boulot-dodo m *dagelijkse sleur*
métrologie v *leer v. maten en gewichten*
métronome m *metronoom*
métropole v • *wereldstad; hoofdstad* • *moederland* • *aartsbisschoppelijke residentie*
métropolitain I m VERO. *Parijse metro* **II** BNW • *hoofdstedelijk* • *het moederland betreffend* • *aartsbisschoppelijk* • *tot het moederland behorend*
métropolite m *metropoliet*
mets (*zeg:* mè) m *gerecht*
mettable BNW • *aan te trekken* • *draagbaar* ‹v. kleren›
metteur m [v: **metteuse**] *steller; plaatser* ⋆ ~ en scène *regisseur* ⋆ ~ en ondes *radioregisseur* ⋆ TYP. ~ en pages *opmaker*

M

mettre I OV WW • *plaatsen*; *leggen*; *zetten*; *doen*; *steken* (**dans** *in*) • *aantrekken*; *aandoen* • *besteden*; *uitgeven* • *aannemen*; *veronderstellen* • *vertalen*; *overzetten* ★ ~ en bouteilles *bottelen* ★ INF. ~ les bouts *vertrekken* ★ ~ de côté *opzij leggen*; *sparen* ★ ~ au point *tot stand brengen* ★ ~ à l'épreuve *op de proef stellen* ★ ~ le feu à *in brand steken* ★ ~ fin à *een eind maken aan* ★ ~ en joue *aanleggen* ‹v. geweer› ★ ~ la dernière main à un travail *de laatste hand aan een werk leggen* ★ ~ la main à la plume *de pen opnemen* ★ ~ au net *in het net schrijven* ★ ~ en prison *in de gevangenis zetten* ★ ~ en vente *in de verkoop brengen* ★ ~ à sec *droogleggen* ★ ~ un vaisseau à la mer *een schip te water laten* ★ ~ la table ★ ~ le couvert *de tafel dekken* ★ ~ dehors ★ ~ à la porte *de deur uitzetten* ★ ~ bas *neerleggen*; *jongen* ★ bien mis *goed gekleed* ★ ~ de l'argent à *geld zetten op* ★ mettons qu'il ait raison *laten we aannemen dat hij gelijk heeft* ★ ~ dans *steken in* • (~ **à**) *doen over*; *besteden* ★ mettre trois heures à faire ses devoirs *drie uur over zijn huiswerk doen* II WKD WW (**se** ~) *zich zetten*; *zich plaatsen*; *gaan zitten* ★ se ~ en tête *zich in het hoofd zetten*; *zich verbeelden* ★ se ~ en colère *woedend worden* ★ se ~ au lit *naar bed gaan* ★ se ~ en route *zich op weg begeven* ★ se ~ à *beginnen te* ★ se ~ à table *aan tafel gaan* ★ INF. s'en ~ partout *helemaal onder (de rommel) komen te zitten* ★ se ~ bien avec qn *het goed met iem. kunnen vinden* ★ je n'ai rien à me ~! *ik heb niets om aan te trekken!* ★ s'y ~ *aan de slag gaan*

meuble I m *meubel* II BNW • *los* ‹v. grond› • *roerend* ★ biens ~s *roerende goederen*

meublé I m *gemeubileerde kamer* ★ habiter en ~ *in een gemeubileerd appartement wonen* II BNW *gemeubileerd*

meubler I OV WW • *meubileren* • *vullen* ‹v. stilte› ★ ~ ses loisirs *zijn vrije tijd vullen* II WKD WW (**se** ~) *zich installeren*; *zich meubels aanschaffen*

meuf v INF. *vrouw*; *meisje*

meuglement m *geloei*

meugler ON WW *loeien*

meuh TW *boe!*

meule v • *molensteen* • *slijpsteen* • *grote platte kaas* • *hooischelf* • INF. *zware motor(fiets)*

meuler OV WW *slijpen*

meulière v • *soort vuursteen* • *molensteengroeve*

meunerie v *molenaarsvak*; *meelfabricage*

meunier [v: **meunière**] I m *molenaar* ★ CUL. à la meunière *met bloem/paneermeel bedekt en gebakken* II BNW • *meel-* • *molen-*

meure WW (subj. présent) → **mourir**

meurent WW (subj. présent) → **mourir**

meures WW (subj. présent) → **mourir**

meurs WW (présent) → **mourir**

meurt WW (présent) → **mourir**

meurtre m *moord* (**de** *op*)

meurtrier [v: **meurtrière**] I m *moordenaar* II BNW • *moorddadig* • *verwoestend* • *levensgevaarlijk*

meurtrière v *schietgat*

meurtrir OV WW *kwetsen*; *kneuzen*

meurtrissure v • *kwetsing*; *kneuzing* • *gekneusde plek* ‹bij vruchten›

Meuse v *Maas*

meusien m [v: **meusienne**] *van de Maas*

meute v • *menigte*; *troep* • *koppel jachthonden*

mévente v *achteruitgang v.d. verkoop*

mexicain BNW *Mexicaans*

Mexicain m [v: **Mexicaine**] *Mexicaan*

Mexico m *Mexico(stad)*

Mexique m *Mexico*

mezzanine v • *insteekverdieping* • *insteekvenster*

mezzo-soprano m/v [mv: **mezzo-sopranos**] *mezzo(sopraan)*

MF AFK • (modulation de fréquence) *FM* • (million(s) de francs) *miljoen(en) francs*

Mgr AFK (Monseigneur) *mgr.*

mi I m MUZ. *E*; *mi*; *e-snaar* II VOORV *half*; *midden*

miam-miam TW *mmm!* ‹lekker›

miaou TW *miauw!*

miasme m *stank*; *kwalijke geur*

miaulement m *gemiauw*

miauler ON WW *miauwen*

mi-bas m (onver.) *kniekous*

mica m *mica*; *glimmer*

mi-carême v *halfvasten*

miche v • *rond brood*; *mik* • v mv ARG. *billen*

micheline v *dieseltrein*

mi-chemin DEEL V. SAMENST ★ à ~ *halverwege*

mi-clos BNW *half gesloten/half dicht*

micmac m INF. *gekonkel*; *wanorde*; *louche gedoe*

mi-corps DEEL V. SAMENST ★ à ~ *tot aan het middel*

mi-côte DEEL V. SAMENST ★ à ~ *halverwege de helling*

mi-course DEEL V. SAMENST ★ à ~ *halverwege (de wedstrijd)*

micro I m • *microfoon* • *kleine computer* II VOORV *(zeer) klein*

micro- VOORV *zeer klein*; *micro*

microbe m • *bacterie* • *ziekteverwekker* • *uk* ‹peuter›

microbien BNW [v: **microbienne**] *microbisch*

microbiologie v *microbiologie*

microbus m *microbus*

microcéphale BNW *kleinhoofdig*

microchirurgie v *microchirurgie*

microclimat m *microklimaat*

microcosme m *wereld in het klein*; *microkosmos*

micro-économie v *micro-economie*

micro-électronique v *micro-elektronica*

microfiche v *microfilm*

microfilm m *microfilm*

micro-informatique v *micro-informatica*

micromètre m *micrometer*

micron m *micron*

micro-ondes m *magnetron*

micro-ordinateur m [mv: **micro-ordinateurs**] VERO. *personal computer*

micro-organisme m *micro-organisme*

microphone m *microfoon*

microphotographie v *microfotografie*

M

microprocesseur m *microprocessor*
microscope m *microscoop*
microscopique BNW • *microscopisch* • *zeer klein*
microsillon m *langspeelplaat*
miction v *(het) wateren; (het) lozen v. urine*
midi m • *middag; 12 uur 's middags* • *zuiden* ★ en plein midi *op klaarlichte dag* ★ chercher midi à quatorze heures *spijkers op laag water zoeken*
Midi m *zuiden van Frankrijk*
midinette v • *Parijs ateliermeisje* • *naïef stadsgrietje*
mie v • *kruim* • VERO. *vriendin*
miel m *honing* ★ lune de miel *wittebroodsweken* ★ doux comme le miel *honingzoet*
mielleux BNW [v: **mielleuse**] *zoetsappig; poeslief*
mien BEZ VNW [v: **mienne**] *de/het mijne* ★ les miens *mijn familie; de mijnen* ★ j'y ai mis du mien *ik heb mijn steentje bijgedragen*
miette v • *kruimel* • *stukje; brokje; deeltje* • *overblijfsel* ★ mettre en ~s *in gruizelementen gooien*
mieux I m *(het) betere; (het) beste* ★ faute de ~ *bij gebrek aan beter* ★ pour le ~ *opperbest* ★ aller de ~ en ~ *vooruitgaan* ★ à qui ~ ~ *om strijd* ★ au ~ *opperbest* ★ je ne demande pas ~ *ik wil niets liever; ik heb niets liever* ★ faire de son ~ *zijn best doen* II BIJW • *beter* • *liever* ★ tant ~ ! *des te beter !* ★ aller/être/se porter ~ *het beter maken* ★ pour ~ dire *juister gezegd* ★ il vaut ~ *het is beter om* ★ j'aime ~ me promener *ik wandel liever* ★ elle est ~ que sa sœur *ze ziet er beter uit dan haar zuster* ★ ~ vaut tard que jamais *beter laat dan nooit*
mieux-être m (onver.) *grotere welvaart*
mieux-vivre m (onver.) *grotere welvaart*
mièvre BNW *gekunsteld; popperig; zoetelijk*
mièvrerie v *gekunsteldheid; popperigheid; zoetelijkheid*
mi-fugue mi-raisin BNW • *lauw* ‹v. ontvangst› • *dubbelzinnig* ‹v. antwoord›
mignard BNW *gemaakt vriendelijk, lief*
mignardise v *aanstellerige liefheid; popperigheid*
mignon [v: **mignonne**] I m *lieveling; schat* II BNW *lief; aardig*
mignonnet BNW *(poes)lief*
migraine v *migraine; schele hoofdpijn*
migrant I m [v: **migrante**] *migrant* II BNW *migrerend*
migrateur BNW [v: **migratrice**] *trekkend* ★ oiseaux ~s *trekvogels*
migration v • *landverhuizing* • *vogeltrek*
migratoire BNW *trek-* ★ solde ~ *migratieoverschot*
migrer ON WW *trekken; verhuizen; migreren*
mijaurée v *aanstelster* ★ faire la ~ *aanstellerig doen* ‹v. vrouw›
mijoter I OV WW • *zacht stoven* • *langzaam voorbereiden* • FIG. *uitbroeden* II ON WW *zacht koken*
mil I m • *gierst* • *soort knots* ‹voor gymnastiek› • *duizend* II TELW *duizend*

M

milan m *wouw*
Milan *Milaan*
mildiou m *meeldauw*
mile m *Engelse mijl*
milice v • *militie* • *leger; troepen*
milicien m [v: **milicienne**] *lid v.e. militie*
milieu m [mv: **milieux**] • *midden* • *omgeving; kring* • *middenweg* • *onderwereld* ★ au beau ~ *precies in het midden* ★ le juste ~ *de juiste middenweg* ★ il n'y a pas de ~ *er is geen middenweg* ★ SPORT ~ de terrain *middenvelder*
militaire I m *militair* II BNW *militair; krijgskundig; wat oorlog betreft* ★ exactitude ~ *militaire stiptheid* ★ venir à l'heure ~ *precies op tijd komen*
militant I m *activist* II BNW • *strijdend* • *politiek actief*
militantisme m • *actieve politieke houding* • *propaganda*
militarisation v *militarisatie*
militariser OV WW *op militaire wijze inrichten; militariseren*
militarisme m *militarisme*
militariste I m/v *militarist* II BNW *militaristisch*
militer ON WW • *strijden* • *politiek actief zijn*
mille I m • *duizend* • *mijl* ★ FIG. taper dans le ~ *midden in de roos schieten* II TELW *duizend* ★ des ~ et des cents *zeer veel* ★ je vous le donne en ~ *u raadt het nooit*
mille-feuille I m *tompoes* II v • PLANTK. *duizendblad* • *millefeuille*
millénaire I m • *duizendtal* • *duizend jaar; millennium* II BNW *duizendjarig; uit duizend bestaande* ★ nombre ~ *duizendtal*
millénium m • *duizendjarig rijk* • *bloeitijd*
mille-pattes m (onver.) *duizendpoot*
millésime m *jaartal* ‹op munten, v. wijn›
millésimé BNW *van jaartal voorzien*
millet m *gierst*
milliaire BNW *wat een mijl betreft* ★ borne ~ *mijlpaal*
milliard m *miljard*
milliardaire I m/v *miljardair* II BNW *een miljard bezittend*
millième I m *duizendste deel* II BNW *duizendste*
millier m *duizendtal*
milligramme m *milligram*
millilitre m *milliliter*
millimétré BNW *millimeter-*
millimètre m *millimeter*
million m *miljoen*
millionième BNW *miljoenste*
millionnaire I m/v *miljonair* II BNW *één of meer miljoenen bezittend*
mime I m • *mime* • *klucht met gebarenspel* ‹bij de Grieken en Romeinen› II m/v • *pantomimespeler* • *imitator*
mimer OV WW *nabootsen; imiteren*
mimétisme m • *mimicry* • FIG. *nabootsing*
mimi I m • *zoen* • KIND. *poes* • *schatje* II BNW INF. *lief; schattig*
mimique I v *mimiek; gebarenspel* II BNW *wat gebarenspel betreft; mimisch*
mimosa m *mimosa*
minable INF. I m/v INF. *sukkel; kruk* II BNW *sjofel; ellendig*

minage m *(het) leggen van mijnen*
minaret m *minaret*
minauder ON WW *overdreven lief doen; aanhalen*
minauderie v *liefdoenerij; aanhaligheid*
minaudier BNW [v: **minaudière**] *overdreven lief; aanhalig*
mince I BNW • *slank; dun; smal* • *pover; gering* II TW INF. *verhip* ★ INF. ~ de costar! *wat een pak !*
minceur v • *dunheid; smalheid; slankheid* • *poverheid; geringheid*
mine v • *uiterlijk; gezicht; voorkomen* • *mijn; groeve* • *mijn; springlading* ★ avoir bonne/mauvaise mine *er goed/slecht uitzien* ★ faire bonne/mauvaise mine à qn *iem. vriendelijk/onvriendelijk ontvangen* ★ faire mine de *net doen alsof* ★ faire des mines *overdreven lief doen; aanstellerig lief doen* ★ INF. mine de rien *zonder dat het opvalt; alsof er niets aan de hand is/was* ★ fourneau de mine *mijngat* ★ mine antichar *antitankmijn* ★ mine flottante *drijvende mijn* ★ mine magnétique *magnetische mijn* ★ mine de plomb *potlood* ★ la mine d'un crayon *de stift v.e. potlood*
miner I OV WW *mijnen leggen; ondermijnen* II WKD WW (**se** ~) *zich zorgen maken*
minerai m *erts*
minéral [m mv: **minéraux**] I m *mineraal; delfstof* II BNW *mineraal* ★ eau ~e *mineraalwater*
minéralier m *ertsschip*
minéraliser OV WW *in erts omzetten*
minéralogie v *delfstofkunde*
minéralogique BNW *delfstofkundig* ★ plaque ~ *nummerbord*
minéraux m mv → **minéral**
minerve v • *plooikraag* • *gipskraag*
minet INF. m [v: **minette**] *poesje; schatje*
minette v *verzorgd meisje*
mineur I m,v [v: **mineure**] *minderjarige* II m • *mijnwerker* • MIL. *mineur* III BNW • MUZ. *mineur; klein(e terts)* • *mijn-* • *kleiner; minder* • *minderjarig* ★ ouvrier ~ *mijnwerker* ★ l'Asie Mineure *Klein-Azië*
mini BNW *mini; kort*
mini- VOORV *klein; kort; mini*
miniature I v • *miniatuur* ‹versierde hoofdletter› • *gekleurde tekening* ‹in oude manuscripten› • *kleine aquarel* ★ en ~ *in het klein* ★ golf ~ *midgetgolf* II BNW *zeer klein*
miniaturisation v *verkleining*
miniaturiste m *miniatuurschilder*
minibus (*zeg:* -buus) m *minibus*
minicassette v • *cassette(bandje)* • *cassetterecorder*
minichaîne v *miniset*
minidisque m *diskette; floppy*
minier BNW [v: **minière**] *mijn-* ★ industrie minière *mijnindustrie*
minigolf m *midgetgolf*
minijupe v *minirok*
minima DEEL V. SAMENST ★ JUR. appel à ~ *beroep van het OM tegen te lichte straf*
minimal BNW [m mv: **minimaux**] *minimum-*
minime I m SPORT *jeugdspeler; junior* II BNW *zeer klein*
minimisation v *minimalisering*
minimiser OV WW • *tot het minimum terugbrengen* • *onderschatten; (te) laag inschatten; te min doen over* • *bagatelliseren*
minimum (*zeg:* -mom) I m *(het) kleinste; minimum* ★ au ~ *op zijn minst* ★ ~ vital *bestaansminimum* II BNW *minimum; kleinste*
miniski m *korte ski; miniski*
ministère m • *ministerie* • *ambt; bediening*
ministériel BNW [v: **ministérielle**] *ministerieel*
ministrable BNW *ministeriabel*
ministre m • *minister* • *bedienaar v.e. godsdienst* ★ ~ d'Etat *minister zonder portefeuille* ★ ~ plénipotentiaire *gevolmachtigd minister* ★ VERO. ~ du culte *priester*
Minitel m *Viditel*
minium (*zeg:* mienjom) m *menie*
minois m *aardig gezichtje; snoetje*
minoritaire BNW *v.d. minderheid*
minorité v • *minderheid* • *minderjarigheid*
Minorque v *Menorca*
minoterie v *meelfabriek*
minotier m *meelfabrikant*
minou m INF. • *liefje* • *katje; poesje*
minuit m *middernacht; twaalf uur 's nachts* ★ messe de ~ *nachtmis*
minus (*zeg:* -nuus) m INF. *klungel*
minuscule I v *kleine letter* II BNW *zeer klein*
minutage m *timing (tot op de minuut)*
minute I v • *minuut* • *ogenblik; moment* • JUR. *origineel/minuut v.e. akte* ★ ~! *kalm wat!* ★ je suis à la ~ *ik ben precies op tijd* ★ je reviens dans une ~ *ik kom onmiddellijk terug* II BNW *snel(klaar)-*
minuter OV WW • *de minuut v.e. akte opmaken* • *(tot op de minuut) timen*
minuterie v • *wijzerwerk* ‹v. klok, horloge› • *tijdschakelaar* • *automatische trappenhuisverlichting*
minuteur m • *tijdschakelaar* • *eierwekker*
minutie (*zeg:* -sie) v • *kleinigheid; beuzelarij* • *uiterste nauwkeurigheid*
minutieusement BIJW *uiterst nauwkeurig*
minutieux (*zeg:* -siejeu) BNW [v: **minutieuse**] *uiterst nauwkeurig*
miocène I m *Mioceen* II BNW *mioceen*
mioche INF. m/v *kleuter*
mirabelle v *mirabel* ‹kleine gele pruim›
mirabellier m *mirabellenboom*
miracle m • *wonder* • *middeleeuws mirakelspel* ★ crier (au) ~ *in extase raken* ★ par ~ *(als) door een wonder*
miraculé BNW *door een wonder genezen*
miraculeux BNW [v: **miraculeuse**] *wonderbaarlijk*
mirador m *hoge uitkijkpost*
mirage m • *luchtspiegeling* • *zinsbedrog*
miraud BNW → **miro**
mire v • *mikpunt* • *(het) mikken* • *baak* • *testbeeld* ‹tv› ★ ligne de mire *richtlijn* ★ point de mire *mikpunt* ★ cran de mire *vizierkeep*
mirer I OV WW • FORM. *spiegelen* • *schouwen* ‹tegen het licht› II WKD WW (**se** ~) FORM. *zich spiegelen; zich bekijken*
mirette v INF. *oog*

M

mirifique BNW *buitengewoon; verbazend; wonderbaarlijk*
mirliflore m VERO. • *saletjonker* • *ijdeltuit*
mirliton m *mirliton; rietfluitje*
miro BNW (onver.) *kortzichtig; bijziend*
mirobolant BNW INF. *buitengewoon; verbazend*
mirodrome m *peepshowgelegenheid*
miroir m *spiegel* ★ ~ ardent *brandglas* ★ écriture en ~ *spiegelschrift* ★ œufs au ~ *spiegeleieren*
miroitement m *(weer)spiegeling; flikkering*
miroiter ON WW *(weer)spiegelen; flikkeren* ★ faire ~ qc aux yeux de qn *iem. iets voorspiegelen*
miroiterie v • *spiegelfabriek* • *spiegelhandel*
miroitier m [v: **miroitière**] *spiegelfabrikant; spiegelhandelaar*
miroton m [**mironton**] *soort vleesragout met uien*
mis I BNW *gedekt* ‹v. tafel› ★ bien mis *goed gekleed* II WW (volt. deelw.) → **mettre**
misaine v ★ mât de ~ *fokkenmast* ★ (voile de) ~ *fokkenzeil*
misanthrope I m/v *mensenhater* II BNW *misantropisch; mensenhatend*
misanthropie v *mensenhaat*
miscible BNW *mengbaar*
mise v • *(het) leggen/zetten/stellen/plaatsen* • *inzet; pot* • *kleding* ★ SCHEEPV. mise à l'eau *tewaterlating* ★ mise au point *voltooiing* ★ mise-bas *(het) werpen v. jongen* ★ mise en bouteilles *(het) bottelen* ★ mise en garde *waarschuwing* ★ mise en eau *inundatie* ★ mise en scène *regie* ★ mise au tombeau *graflegging* ★ mise en vente *het in de handel brengen* ★ cela n'est pas de mise *dat past niet*
miser I OV WW (~ **sur**) *rekenen op; wedden op* ★ miser sur les deux chevaux *zich aan beide kanten indekken* II ON WW *inzetten*
misérabilisme m *pessimistische inslag*
misérable I m/v • *ongelukkige; arme* • *ellendeling; schurk* II BNW *ellendig; ongelukkig; arm*
misère v • *ellende; nood* • *kleinigheid; wissewasje* • *misère* ‹bij kaartspel› ★ ~ noire *bittere armoede* ★ salaire de ~ *hongerloon* ★ faire des ~s *plagen* ★ c'est une ~ *het is erg vervelend*
miséreux [v: **miséreuse**] I m *arme stakker* II BNW *arm; armoedig*
miséricorde v *barmhartigheid; goedertierenheid; ontferming* ★ des œuvres de ~ *werken v. barmhartigheid* ★ à tout péché ~ *er is vergiffenis voor iedere zonde*
miséricordieux BNW [v: **miséricordieuse**] *barmhartig; goedertieren*
misogyne I m/v *vrouwenhater* II BNW *vrouwen hatend*
misogynie v *vrouwenhaat*
missel m *missaal; misboek*
missile m *raket; geleid projectiel* ★ ~ air-air *raket vanuit de lucht op een luchtdoel* ★ ~ air-sol *raket vanuit de lucht op een gronddoel*
missilier m *raketspecialist*
mission v • *opdracht* • *zending* • *missie* • *dienstreis*
missionnaire I m/v *missionaris; zendeling* II BNW *missie-*
missive v *brief; bericht*
mistigri m • INF. *poes* • *klaverenboer in sommige kaartspelen*
mistoufle v INF. *ellende; rotstreek*
mistral m *koude, droge noordenwind in het Z.O. v. Frankrijk; mistral*
mitage m *horizonvervuiling; aantasting van het landschap* ‹door hoogbouw›
mitaine v *vingerloze handschoen*
mite v • *mijt* • *mot*
mité BNW • *waar de mot in zit* • INF. *armoedig*
mi-temps I m (onver.) *halve baan* ★ travailler à ~ *parttime werken* II v SPORT *halftime; rust*
miter I OV WW *aantasten* ‹door hoogbouw› II WKD WW (**se** ~) *worden aangetast* ‹door motten›
miteux BNW [v: **miteuse**] *armzalig; sjofel*
mitigé BNW • *gematigd; afgezwakt* • *vermengd (de met)*
mitiger OV WW VERO. *verzachten; matigen*
mitigeur m *thermostatische mengkraan*
mitonner I OV WW • *langzaam laten koken; laten sudderen* • *lang en voorzichtig voorbereiden* II ON WW *zachtjes koken; sudderen*
mitoyen BNW [v: **mitoyenne**] *in het midden liggend* ★ mur ~ *mandelige (gemeenschappelijke) muur*
mitoyenneté v *mandeligheid; het gemeenschappelijk zijn*
mitraillade v *schrootvuur*
mitraillage m *(het) neermaaien*
mitraille v • *schroot* • INF. *kleingeld*
mitrailler OV WW • *met een mitrailleur beschieten* • *bestoken* • *fotograferen* ‹achter elkaar› • *met schroot beschieten* ★ ~ de questions *met vragen bestoken*
mitraillette v *draagbare mitrailleur; stengun*
mitrailleur m *mitrailleurschutter*
mitrailleuse v *mitrailleur*
mitral BNW [m mv: **mitraux**] *mijtervormig*
mitre v • *mijter* • *schoorsteenkap*
mitron m • *bakkersjongen* • *schoorsteenpot*
mi-voix DEEL V. SAMENST ★ à ~ *halfluid*
mixage m • *geluidsmenging* • *(het) mixen*
mixer I m *mixer* II OV WW *mixen* ‹film/geluid›
mixeur m *mixer* ‹apparaat›
mixité v *gemengdheid; gemengd karakter*
mixte I m SPORT *gemengd dubbel* II BNW *gemengd*
mixtion v *menging* ‹v. geneesmiddelen›
mixture v *mengsel; mixtuur*
MLF AFK (mouvement de libération des femmes) *vrouwenbeweging*
Mlle AFK [v mv: **Mlles**] (Mademoiselle) VERO. *mej.; mevrouw; mevr.*
MM. AFK (Messieurs) *Mijne Heren; M.H.*
Mme AFK [v mv: **Mmes**] (Madame) *mevrouw; mevr.*
mnémotechnique I v *mnemotechniek* II BNW *mnemotechnisch; wat het geheugen helpt* ★ moyen ~ *geheugensteuntje*
mob AFK (mobylette) VERO. *brommer*
mobile I m • *mobiel* • *lichaam in beweging* • *drijfveer; motief* • *soldaat v.d. garde mobile*

II BNW • *beweeglijk*; *beweegbaar* • *veranderlijk* ★ fêtes ~s *veranderlijke feestdagen* ★ garde ~ *burgerwacht*
mobilier I m *huisraad*; *meubilair* II BNW [v: **mobilière**] *roerend* ★ saisie mobilière *inbeslagname v. roerend goed* ★ vente mobilière *gerechtelijke verkoop v. roerend goed*
mobilisable BNW *te mobiliseren*
mobilisateur BNW [v: **mobilisatrice**] *mobiliserend*
mobilisation v *mobilisatie*
mobilisé I m *gemobiliseerde* II BNW *gemobiliseerd*
mobiliser OV WW • *mobiliseren* • *een beroep doen op iemands diensten*
mobilité v • *beweeglijkheid*; *beweegbaarheid* • *veranderlijkheid*; *wispelturigheid*
mobilophone m *mobilofoon*
mobylette v INF. *brommer(tje)*
mocassin m • *indianenschoen* • *instapper*
mochard BNW INF. *lelijk*
moche BNW INF. *lelijk*; *gemeen*
mocheté v INF. *lelijkerd*
modal BNW [m mv: **modaux**] • *modaal*; TAALK. *van wijze* • *van de toonsoort*
modalité v • *modaliteit*; TAALK. *wijze* • *toonsoort*
mode I m • *wijze* • *modaliteit* • *toonaard* ★ mode d'emploi *gebruiksaanwijzing* ★ mode d'un verbe *wijs v.e. werkwoord* II v • *mode* • *manier* ★ à la mode *in de mode* ★ personnage à la mode *gevierd persoon* ★ passé de mode *uit de mode*
modelage m *modellering*
modelé m *weergave v.d. vormen*; *reliëf*
modèle m *model*; *voorbeeld* ★ ~ réduit *ontwerp*; *maquette* ★ prendre ~ sur qn *aan iem. een voorbeeld nemen*
modeler OV WW • *boetseren*; *modelleren* • (~ **sur**) *regelen naar*; *navolgen*
modeleur m • *boetseerder* • *beeldenfabrikant*
modélisme m *modelbouw*
modéliste m/v *modellenmaker*; *modelbouwer*
modem m *modem*
modérateur I m *regulateur* II BNW [v: **modératrice**] *matigend*
modération v *gematigdheid* ★ ~ d'une peine *verzachting v.e. straf*
modéré BNW • *gematigd* • *matig*
modérer I OV WW *matigen*; *verzachten* ★ ~ ses prix *zijn prijzen verlagen* II WKD WW (**se** ~) *zich matigen*
moderne I m • *(het) moderne* • *modern schrijver* II BNW *modern*; *nieuw*; *nieuwerwets* ★ enseignement ~ *Middelbaar Onderwijs zonder klassieke talen*
modernisateur m [v: **modernisatrice**] *vernieuwer*
modernisation v *modernisering*
moderniser OV WW *moderniseren*; *verjongen*; *vernieuwen*
modernisme m • *smaak voor het moderne* • REL. *modernisme*
moderniste m/v • *voorstander v.h. moderne* • REL. *modernist*
modernité v *moderniteit*
modeste BNW • *bescheiden*; *nederig* • *zedig* • *eenvoudig*
modestie v • *bescheidenheid* • *zedigheid* • *eenvoud*
modicité v *geringheid* ★ ~ du prix *billijkheid v. prijs*
modifiable BNW *veranderbaar*
modificateur BNW [v: **modificatrice**] *wijzigend*
modificatif BNW [v: **modificative**] *wijzigings-*
modification v *wijziging*
modifier I OV WW • *wijzigen*; *veranderen* • TAALK. *bepalen* II WKD WW (**se** ~) *veranderen*; *gewijzigd worden*
modique BNW *matig*; *gering* ★ prix ~ *billijke prijs*
modiste v *modiste*
modulable BNW • *aanbouw-* • FIG. *flexibel* ★ TECHN. système ~ *systeembouw*; *aanbouwsysteem*
modulaire BNW *modulair*
modulation v • *verandering* • *stembuiging* • MUZ. *modulatie*
module m • *module* ‹in alle betekenissen› • *(eenheid van) maat*; *maatstaf* • *middellijn* ‹v. medailles of munten› • WISK. *modulus* • *element* • *bouwsteen* • *lesblok*
moduler I OV WW • *golflengte veranderen* • *met veel stembuiging voordragen* • *aanpassen* II ON WW *moduleren*
modus vivendi (*zeg:* moduusvieve(n)die) m (onver.) *modus vivendi*
moelle (*zeg:* mwal) v • *merg* • FORM. *het belangrijkste* • *plantenmerg*; *pit* ★ ~ épinière *ruggenmerg* ★ os à ~ *mergpijp* ★ jusqu'à la ~ (des os) *door en door*; *geheel en al* ★ ~ de sureau *vlierpit*
moelleux (*zeg:* mwaleu) I m • *het zachte* • *soepelheid van beweging* II BNW [v: **moelleuse**] *zacht*; *mollig* ★ étoffe moelleuse *zachte stevige stof* ★ vin ~ *zachte zoete wijn* ★ voix moelleuse *lieflijke en toch volle stem*
moellon (*zeg:* mwalo(n)) m *breuksteen*
mœurs (*zeg:* meur(s)) v mv *zeden*; *gewoonten*; *gebruiken* ★ certificat de bonnes vie et ~ *bewijs van goed zedelijk gedrag* ★ la police des ~ *de zedenpolitie* ★ de ~ faciles *van lichte zeden*
mohair m *mohair*; *angorawol*
moi I m *(het) ik* II PERS VNW *mij*; *ik* ★ à moi! *help!* ★ de vous à moi *onder ons gezegd en gezwegen*
moignon m *stomp* ‹v. arm›
moi-même PERS VNW • *(ik)zelf* • *mijzelf* ★ de ~ *vanzelf*; *van mij uit*
moindre BNW *kleiner*; *minder*; *geringer* ★ le ~ *het kleinste*; *het minste*; *het geringste*
moine m • *monnik* • *monniksrob* • VERO. *beddenwarmer*; *beddenpan*
moineau m [mv: **moineaux**] *mus* ★ manger comme un ~ *een kleine eter zijn* ★ brûler, tirer sa poudre aux ~x *veel kosten maken voor onbelangrijke dingen* ★ un vilain ~ INF. *een gemene kerel*
moins I m • *minteken* • *(het) minste* ★ le ~ qu'on puisse dire *het minste dat men kan zeggen* II BIJW • *minder* • *minst* ★ ~ de *minder dan* ★ de ~ en ~ *hoe langer hoe minder* ★ en

M

~ *in mindering* ★ en ~ de rien *in een oogwenk* ★ n'en pas ~ *toch; niettemin* ★ rien ~ que *werkelijk; allesbehalve* ★ tout au ~ *ten minste; minstens* ★ au ~ *minstens; toch* ★ il n'est pas malade au ~? *hij is toch niet ziek?* ★ du ~ *ten minste* ★ pas le ~ du monde *volstrekt niet; in het minst niet* ★ interdit aux ~ de 18 ans *verboden voor personen onder de 18* **III** VZ *min(us)* ★ douze ~ huit égale quatre *twaalf min acht is vier* ★ huit heures ~ dix *tien voor acht* **IV** DEEL V. SAMENST ★ à ~ que [+ subj.] *tenzij* ★ à ~ de *tenzij*

moins-value v [mv: **moins-values**] • *verminderde opbrengst* • *waardevermindering*

moire v • *gevlamde stof* • LIT. *weerschijn*

moirer OV WW *wateren; vlammen* ‹v. stoffen›

mois m • *maand* • *maandloon* ★ six mois *een half jaar*

moïse m *tenen wiegje*

Moïse *Mozes*

moisi I m *schimmel* ★ sentir le ~ *muf ruiken* **II** BNW *beschimmeld*

moisir I OV WW *doen beschimmelen* **II** ON WW *schimmelen; beschimmelen* ★ INF. ~ quelque part *ergens lang blijven*

moisissure v *schimmel*

moisson v • *oogst* • *oogsttijd* • *grote hoeveelheid* ★ faire la ~ *oogsten*

moissonner OV WW *oogsten* ★ ~ des lauriers *lauweren oogsten*

moissonneur m [v: **moissonneuse**] *oogster*

moissonneuse v *maaimachine*

moissonneuse-batteuse m [mv: **moissonneuses-batteuses**] *maai- en dorsmachine*

moissonneuse-lieuse m [mv: **moisonneuses-lieuses**] *maai- en bindmachine*

moite BNW *klam*

moiteur v *klamheid*

moitié v • *helft* • INF. *wederhelft* ★ à ~ *half* ★ à ~ chemin *halverwege* ★ à ~ prix *voor de halve prijs* ★ de ~ *voor de helft*

moka m • *mokkataart* • *mokkakoffie*

mol BNW → **mou**

molaire I v *kies* **II** BNW CHEM. *molair* ★ dent ~ *kies*

molasse v → **mollasse**

mole v *mol*

môle m *havenhoofd*

moléculaire BNW *moleculair*

molécule v *molecule*

moleskine v *soort imitatieleer*

molester OV WW *molesteren; mishandelen*

molette v • *kartelrad* • *radertje* ★ clé à ~ *bahco*

mollasse I v [**molasse**] *zachte kalksteen* **II** BNW *week; slap*

mollasserie v INF. *slapheid; karakterloosheid*

mollasson INF. BNW [v: **mollassonne**] *erg slap; erg week*

molle BNW → **mou**

mollement BIJW • *zacht* • *slap; week; lui* • *slapjes; niet hard; zwak*

mollesse v • *zachtheid; weekheid* • *slapheid*

mollet I m *kuit* **II** BNW [v: **mollette**] *zacht; week* ★ œuf ~ *zacht gekookt ei* ★ pain ~ *licht wit brood*

molletière v *beenwindsel*

molleton m *molton*

molletonner OV WW *moltoneren*

mollir I OV WW *zacht maken* ★ ~ une ligne *een snoer laten vieren* ‹bij vissen› **II** ON WW • *week worden* • *verzwakken* ★ le vent mollit *de wind gaat liggen*

mollo BIJW [**mollot**] ARG. *rustig aan*

mollusque m • *weekdier* • INF. *sufferd; onnozele hals*

molosse m *grote waakhond*

môme INF. **I** m *klein kind* **II** v *meisje*

moment I m *ogenblik; moment* ★ à tout ~ *ieder ogenblik* ★ au ~ de *op het ogenblik van; op het punt van* ★ d'un ~ à l'autre *ieder ogenblik* ★ à ce ~ *op dat ogenblik; toen* ★ en ce ~ *op dit ogenblik; nu* ★ un ~! *wacht eens even!; luister eens!* ★ par ~s *nu en dan* **II** DEEL V. SAMENST ★ au ~ où *op het ogenblik dat* ★ du ~ que *daar; aangezien; sedert; zodra; als*

momentané BNW *kortstondig*

momentanément BIJW *gedurende een ogenblik; tijdelijk*

momie v • *mummie* • INF. *schraal, mager persoon* • *houten klaas*

momification v *het tot mummie maken; mummificeren*

momifier I OV WW *mummificeren; tot mummie maken* **II** WKD WW (**se** ~) • *tot mummie worden* • *ongevoelig worden*

mon BEZ VNW [v/mv: **ma/mes**] *mijn* ★ mon capitaine! *kapitein!* ‹bij aanspreken›

monacal BNW [m mv: **monacaux**] *wat monniken betreft; monachaal* ★ la vie ~e *het monnikenleven*

monachisme m *monnikswezen*

monarchie v *éénhoofdig bestuur; monarchie*

monarchique BNW *monarchaal; éénhoofdig*

monarchisme m *monarchisme*

monarchiste I m/v *aanhanger v.h. monarchisme* **II** BNW *monarchistisch*

monarque m *alleenheerser; vorst; monarch*

monastère m *klooster*

monastique BNW *monastiek; klooster-* ★ vie ~ *kloosterleven*

monaural BNW [m mv: **monauraux**] • BIOL. *monauraal* • MUZ. *mono-*

monceau m [mv: **monceaux**] *stapel; hoop; opeenhoping*

mondain I m [v: **mondaine**] *werelds mens* **II** BNW *werelds*

mondanité v *wereldsgezindheid*

monde m • *wereld* • *mensen* ★ passer dans l'autre ~ *sterven* ★ habiter au bout du ~ *erg afgelegen wonen* ★ mettre au ~ *ter wereld brengen* ★ le mieux du ~ *opperbest* ★ partie du ~ *werelddeel* ★ pas le moins du ~ *niet in het minst* ★ c'est le ~ renversé *dat is de omgekeerde wereld* ★ nous avons du ~ *we hebben gasten* ★ le beau ~ *de chic* ★ homme du ~ *man v.d. wereld* ★ le petit ~ *de kinderen; de gewone lui* ★ tout le ~ *iedereen* ★ Monsieur Tout le ~ *de kleine man*

monder OV WW • *schoonmaken* • *pellen; schillen* ★ orge mondé *gepelde gerst*

mondial BNW [m mv: **mondiaux**] *van de wereld; mondiaal*

mondialisation v *mondialisering; (het) zich over de hele wereld verspreiden*
mondialiser OV WW • *wereldwijd maken* • *wereldwijd verspreiden; wereldwijd bekend maken*
mondialité v *mondialiteit; universaliteit*
monégasque BNW *van Monaco; Monegaskisch*
monétaire BNW *wat munten betreft; monetair*
monétariste I m/v *monetarist* II BNW *monetaristisch*
monétiser OV WW *als geld in omloop brengen*
mongol BNW *Mongools*
Mongol m [v: **Mongole**] *Mongool*
Mongolie v *Mongolië*
mongolien BNW [v: **mongolienne**] *mongoloïde*
mongolique BNW *Mongools*
mongolisme m *mongolisme; syndroom van Down*
moniteur I m • *monitor* • *controleprogramma* II m [v: **monitrice**] • *instructeur; (jeugd)leider* • *student-assistent* ★ ~ d'auto-école *rij-instructeur* ★ ~ de ski *skileraar*
monitoire BNW *waarschuwend*
monitoring m [**monitorage**] *monitoring*
monnaie v *munt; geld; wisselgeld* ★ la Monnaie *de Munt* ★ ~ de compte *rekenmunt* ★ INF. payer qn en ~ de singe *zich met mooie praatjes van iem. afmaken* ★ battre ~ *munt slaan* ★ rendre à qn la ~ de sa pièce *iem. met gelijke munt betalen* ★ c'est ~ courante *dat is heel gewoon; dat is schering en inslag* ★ auriez-vous la ~ de cent francs? *kunt u honderd frank klein maken/wisselen?*
monnaie-du-pape m [mv: **monnaies-du-pape**] PLANTK. *judaspenning*
monnayable BNW *verkoopbaar*
monnayer OV WW • *munten* • *te gelde maken*
monnayeur m [v: **monnayeuse**] *munter* ★ faux ~ *valse munter*
mono- VOORV *mono-; enkel-; een-*
monobloc BNW *uit één stuk*
monochrome BNW *éénkleurig*
monocle m *ooglas; monocle*
monocorde I m *monochord(ium)* II BNW • *éénsnarig* • *ééntonig*
monocratie (*zeg:* -sie) v *alleenheerschappij*
monoculture v *monocultuur*
monogame BNW *monogaam*
monogamie v *monogamie*
monogramme m *naamcijfer; monogram*
monographie v *monografie; verhandeling over één onderwerp of één persoon*
monokini m *monokini*
monolingue BNW *eentalig*
monolithe I m *monument uit één steenblok gemaakt; monoliet* II BNW *monolithisch; uit één steenblok gevormd*
monolithique BNW • *monolithisch* • *hecht (aaneengesloten)*
monologue m *alleenspraak; monoloog* ★ ~ intérieur *innerlijke monoloog; zelfgesprek; gedachtestroom*
monologuer ON WW • *in zichzelf praten* • *een monoloog houden*
monomane VERO. I m/v *monomaan* II BNW *monomaan*
monomaniaque BNW *monomaan*
monomanie v *monomanie* ★ ~ de la persécution *achtervolgingswaan*
monôme m *studentenpolonaise*
monomoteur BNW *eenmotorig*
monoparental BNW *eenouder-*
monophonique BNW • MUZ. *eenstemmig* • *mono* ‹via één geluidskanaal›
monoplace BNW *met één plaats*
monoplan m *eendekker*
monopolie m • *monopolie (**de** van); alleenverkoop; alleenhandel* • *uitsluitend recht; alleenbezit*
monopolisation v *monopolisering*
monopoliser OV WW • *de alleenverkoop hebben* • *tot een monopolie maken; monopoliseren*
monopoliste I m/v *monopolist* II BNW *monopolistisch*
monorail (*zeg:* -raj) m • *monorail* • *hangspoor* ‹met één rail›
monosyllabe I m *eenlettergrepig woord* II BNW *eenlettergrepig*
monosyllabique BNW *eenlettergrepig*
monothéisme m *monotheïsme; eengodendom*
monothéiste m/v *aanbidder van één God; monotheïst*
monotone BNW *eentonig; monotoon*
monotonie v • *eentonigheid; monotonie* • *eenvormigheid*
monovalent BNW *eenwaardig*
monseigneur m [mv: **messeigneurs**] • *Zijne Excellentie* ‹bisschop› • *Zijne Doorluchtigheid* ‹vorst›
monsieur m [mv: **messieurs**] • *mijnheer* • *heer* ★ Monsieur *titel v.d. oudste broer v.d. Franse koning* ★ ces messieurs *de heren* ★ faire le ~ *gewichtig doen; dik doen*
monstre I m *monster; gedrocht* ★ ~ de travail *workaholic* ★ ~ sacré *vedette; superstar; topfiguur* II BNW *geweldig*
monstrueux BNW [v: **monstrueuse**] • *monsterachtig; gedrochtelijk* • *geweldig; verbazend groot*
monstruosité v • *monsterachtigheid; gedrochtelijkheid* • *iets monsterachtigs*
mont (*zeg:* mo(n)) m *berg* ★ par monts et par vaux *over bergen en dalen* ★ mont Cervin *Matterhorn* ★ promettre monts et merveilles *gouden bergen beloven*
montage m • *(het) in elkaar zetten; montering* • *montage* ‹v. film enz.› • *(het) naar boven brengen* • *(het) omhoog komen* ‹v. melk e.d.› • *inbouw (**dans** in)* ★ chaîne de ~ *lopende band*
montagnard I m [v: **montagnarde**] *bergbewoner* II BNW *in de bergen wonend*
montagne v • *berg; gebergte* • *stapel; berg* ★ chaîne de ~s *bergketen* ★ ~s russes *roetsjbaan*
montagneux BNW [v: **montagneuse**] *bergachtig*
montant I m • *stijl* • *totaal bedrag* • *geur* II BNW • *stijgend; klimmend; opkomend* • *hooggesloten* ‹v. jurk› ★ chemin ~ *klimmende weg* ★ marée ~e *opkomend getij*
mont-de-piété m [mv: **monts-de-piété**] *bank v. lening*

M

monte v *dekking v. dieren*
monté BNW • *goed voorzien* • *bereden*; *te paard zittend* • *ineengezet* • INF. *nijdig*; *woedend* ★ être ~ en habits *goed in de kleren zitten* ★ être bien ~ *een goed paard hebben* ★ un coup ~ *afgesproken werk* ★ collet ~ *waanwijs iemand* ★ ~ en couleur *hooggekleurd*
monte-charge m (onver.) *goederenlift*
montée v • *(het) bestijgen*; *(het) instijgen*; *(het) opstijgen* • *helling*; *steile weg*
monte-en-l'air m INF. (onver.) *inbreker*
monténégrin BNW *uit Montenegro*
monte-plats m (onver.) • *bordenlift* • *etenslift*; *keukenlift*
monter I OV WW • *bestijgen*; *beklimmen* • *naar boven brengen*; *ophijsen* • *opwinden*; *ophitsen* (**contre** *tegen)* • *monteren*; *zetten* ‹v. edelstenen›; *in elkaar zetten* • *inrichten v.e. huis* • *op touw zetten* • *dekken* ‹v. dieren› ★ ~ la garde *de wacht betrekken* ★ ~ la tête à qn. *iem. het hoofd op hol brengen* ★ ~ un escalier *een trap opgaan* ★ ~ un cheval *een paard berijden* ★ ~ le son *het geluid harder zetten* ★ ~ une affaire *een zaak op touw zetten* II ON WW • *klimmen* (**à**, **sur** *in, op)*; *stijgen*; *naar boven gaan* • *opklimmen* • *stijgen*; *duurder worden* • *rijden* • *bedragen* ★ ~ à cheval *paard rijden* ★ ~ sur les planches *toneelspeler worden* ★ ~ en voiture *instappen* ‹in auto, trein› ★ ~ en grade *tot een hogere rang bevorderd worden* ★ ~ à bicyclette *fietsen* III WKD WW (**se** ~) • *zich aanschaffen*; *zich voorzien van* ★ se ~ en qc *zich voorzien van iets* ★ se ~ en linge *linnengoed aanschaffen* ★ se ~ la tête *zich opwinden* • (**se** ~ **à**) *bedragen*
monteur m [v: **monteuse**] • *monteur* • VERO. *zetter* ‹v. edelstenen› • *cutter* ‹v. film›
montgolfière v *luchtballon*; *montgolfière*
monticule m *bergje*; *heuvel*
montrable BNW *toonbaar*
montre v • *horloge* • *uitstalling* • *uitstalkast* • *vertoon* ★ course contre la ~ *tijdrit* ★ faire ~ de *tentoonspreiden*
montre-bracelet m [mv: **montres-bracelets**] *polshorloge*
montrer I OV WW *tonen*; *vertonen*; *laten zien*; *wijzen* ★ ~ du doigt *met de vinger nawijzen* II WKD WW (**se** ~) • *zich vertonen*; *verschijnen* • *blijken*; *zich tonen*
montreur m [v: **montreuse**] *vertoner* ★ ~ d'ours *berenleider*
monture v • *rijdier* • *montuur* • *zetting*
monument m • *monument* • *gedenkteken* • *groot of zeer mooi gebouw*
monumental BNW [m mv: **monumentaux**] *monumentaal*; *groots*; *geweldig*
moquer WKD WW (**se** ~) • *voor de gek houden* • *spotten* (**de** *met)*; *bespotten*; *uitlachen* (**de** *met)* • *maling hebben* (**de** *aan)* • FORM. *schertsen* ★ je m'en moque pas mal *'t kan me geen steek schelen* ★ vous vous moquez! *u meent het?!*
moquerie v *spotternij*
moquette v *tapijt*; *trijp*; *moquette*
moquetter OV WW *met vast tapijt beleggen*
moqueur [v: **moqueuse**] I m *spotter* II BNW • *spottend* • *spotziek*
moraine v *morene*
moral I m *stemming*; *moreel*; SPORT *moraal* II BNW [m mv: **moraux**] • *zedelijk*; *moreel* • *geestelijk* • *fatsoenlijk* ★ facultés ~es *geesteseigenschappen*
morale v *moraal*
moralisateur [v: **moralisatrice**] I m *moralist* II BNW *moraliserend*
moraliser I OV WW • *zedelijk verheffen* • *de les lezen* II ON WW *zedenpreken houden*
moralisme m *moralisme*
moraliste m/v *moralist*
moralité v • *zedelijkheid* • *les*; *moraal* • LIT. *moraliteit*
moratoire I m *moratorium* II BNW *wat uitstel betreft* ★ intérêts ~s *rente wegens te late betaling*
moraux BNW → **moral**
morbide BNW • *wat ziekte betreft* • *ziekelijk*; *ongezond*
morbidité v • *ziektetoestand* • *ziektecijfer*
morceau m [mv: **morceaux**] • *brok*; *hap*; *stuk* • *stuk* ‹wat gebroken is› • *stuk* ‹kunstwerk, vrouw› ★ tomber en ~x *stukvallen* ★ ARG. casser/manger/lâcher/cracher le ~ *doorslaan*; *gaan praten*; *bekennen* ★ c'est un ~! *dat is een stuk!*
morceler OV WW *verbrokkelen*
morcellement m *verbrokkeling*
mordant I m • *scherpte* • *beits* • MUZ. *mordent* II BNW • *bijtend*; *invretend* • *bits*; *scherp* ★ voix ~e *schelle stem*
mordicus (*zeg:* -kuus) BIJW *hardnekkig*
mordiller OV WW *knabbelen op*
mordoré BNW *goudbruin*
mordorer I OV WW *goudbruin maken* II WKD WW (**se** ~) *goudbruin worden*
mordre I OV WW • *bijten* • *aantasten* ★ ~ la ligne (continue) *over de lijn/(doorgetrokken) middenstreep gaan* ★ ~ la poussière *in het stof bijten* II ON WW • *uitbijten* • *houden* ‹v. anker› • *overschrijden* • (~ **à**) *plezier hebben in* ★ mordre à la musique *plezier krijgen in de muziek* • (~ **dans**) *bijten in* • (~ **sur**) *aantasten*; *vat krijgen op*; *invreten* III WKD WW (**se** ~) ★ se ~ les doigts *hevig berouw hebben*
mordu I BNW ★ c'est un ~ de football *het is een voetbalgek* II WW (volt. deelw.) → **mordre**
more BNW → **maure**
More m/v → **Maure**
moresque BNW → **more**
morfil m *braam* ‹in metaal›
morfondre WKD WW (**se** ~) *tot vervelens toe staan te wachten*
morganatique BNW *morganatisch*
morgue v • *laatdunkendheid*; *verwaandheid* • *lijkenhuis*
moribond I m [v: **moribonde**] *stervende* II BNW *stervend*
moricaud INF. I m [v: **moricaude**] PEJ. *gekleurd iemand* II BNW *donkerbruin*
morigéner OV WW *de les lezen*
morille v *morielje*; *eetbare paddestoel*
morillon m • *kuifeend* • *soort blauwe druif*

• *kleine smaragd* • *paddestoel*
mormon BNW [v: **mormone**] *mormoons*
mormonisme m *leer v.d. mormonen*
morne BNW *somber*; *doods*; *triest*
mornifle v INF. *muilpeer*
morose BNW *knorrig*; *somber*
morosité v *somberheid*; *knorrigheid*
Morphée *Morpheus*
morphème m *morfeem*
morphine v *morfine*
morphinomane I m/v *morfinist* II BNW *verslaafd aan morfine*
morphinomanie v *verslaafdheid aan morfine*
morphologie v *morfologie*; *vormenleer*
morphologique BNW *morfologisch*; *betrekking hebbend op de vormenleer*
morpion INF. m • *platluis* • *jochie*
mors (*zeg:* mor) m *bit* ‹v. paard› ★ prendre le mors aux dents *op hol slaan*; *driftig worden*
morse m • *walrus* • *morsealfabet*
morsure v *beet*; OOK FIG. *wond*; *schade*
mort I m *dode*; *blinde* ‹in kaartspel› ★ faire le mort *zich dood houden* ★ le Jour des Morts *Allerzielen* II v *dood*; *(het) overlijden* ★ la mort de l'âme ★ la mort éternelle *de eeuwige verdoemenis* ★ mort à! *weg met!* ★ avoir la mort dans l'âme *diep bedroefd zijn* ★ mort civile *verlies v. burgerrecht* ★ condamner à mort *ter dood veroordelen* ★ être à deux doigts de la mort, à l'article de mort *op sterven liggen* ★ haïr à mort *dodelijk haten* ★ mourir de sa belle mort *een natuurlijke dood sterven* ★ freiner à mort *een noodstop maken* III BNW *dood*; *overleden* ★ la chandelle est morte *de kaars is uit* ★ eau morte *stilstaand water* ★ langue morte *dode taal* ★ nature morte *stilleven* ★ point mort *dode punt*; *vrijloop* ‹v. auto› ★ morte saison *slappe tijd* ★ SPORT temps mort *time-out*
mortadelle v *soort grove worst*
mortaise v *keep*; *tapgat*
mortaiser OV WW *een keep maken in*
mortalité v • *sterfelijkheid* • *sterftecijfer*
mort-aux-rats v (onver.) *rattenkruit*
morte I v *dode* II BNW → **mort**
morte-eau m [mv: **mortes-eaux**] *dood tij*
mortel [v: **mortelle**] I m *sterveling* II BNW • *dodelijk* • *sterfelijk* • *hevig* • *vervelend* ★ FORM. dépouille ~le *stoffelijk overschot* ★ péché ~ *doodzonde* ★ coup ~ *genadeslag*; *doodsteek* ★ ennemi ~ *doodsvijand*
mortellement BIJW • *dodelijk* • *vreselijk*; *buitengewoon* ★ ~ ennuyeux *ontzettend vervelend*
morte-saison m [mv: **mortes-saisons**] *slappe tijd*
mortier m • *mortel* • *vijzel*; MIL. *mortier*
mortification v • *kastijding*; *versterving* • *vernedering* • *(het) besterven*; *(het) adellijk worden* ‹v. wild›
mortifier OV WW • *kastijden*; *versterven* • *besterven*; *malser maken* ‹v. vlees› • *vernederen*; *grieven*
mortinatalité v • *doodgeborenen* • *het dood geboren worden*
mort-né I m [v: **mort-née**] *doodgeborene* II BNW • *doodgeboren* • *gedoemd te mislukken*
mortuaire BNW *de doden of het lijk betreffend* ★ drap ~ *lijkkleed* ★ maison ~ *sterfhuis* ★ extrait ~ *uittreksel uit de dodenregisters* ★ registre ~ *dodenregister*
morue v • *kabeljauw* • VERO. *slet*
morutier m • *kabeljauwvisser* • *schip voor de kabeljauwvangst*
morve v • *droes* • *snot*
morveux [v: **morveuse**] I m INF./FIG. *snotneus* II BNW • *snotterig* • *droezig* ‹m.b.t. paarden› ★ qui se sent ~ (qu'il) se mouche *wie de schoen past, trekke hem aan*
mosaïque I v • *mozaïek* • *bonte mengeling* II BNW *Mozaïsch*
mosan BNW *Maas-*
Moscou *Moskou*
moscovite I m/v *Moskoviet* II BNW *Moskovisch*
mosellan BNW *van de Moezel*
Moselle v *Moezel*
mosquée v *moskee*
mot m • *woord* • *gezegde* ★ qui ne dit mot consent *wie zwijgt stemt toe* ★ ne dire mot *geen woord zeggen* ★ ne souffler mot *geen woord zeggen* ★ mot à mot *woord voor woord*; *woordelijk* ★ à mots couverts *in bedekte termen* ★ au bas mot *minstens* ★ bon mot *geestige opmerking*; *kwinkslag* ★ mots croisés *kruiswoordraadsel* ★ dernier mot *laagste prijs* ★ avoir son mot à dire *een woordje meespreken* ★ se donner le mot *met elkaar afspreken* ★ en un mot *kortom* ★ le fin mot de l'histoire *het fijne v.d. zaak* ★ grands mots *dikke woorden* ★ gros mots *scheldwoorden* ★ jeu de mots *geestigheid*; *woordspeling* ★ manger ses mots *onduidelijk spreken* ★ mot d'ordre *wachtwoord* ★ mot propre *het juiste woord* ★ il n'en sait pas le premier mot *hij weet er geen steek van* ★ trancher le mot *het kind bij zijn naam noemen* ★ mot de passe *wachtwoord*; *password*
motard m • *motoragent* • INF. *motorrijder*
motel m *motel*
motet m *motet*
moteur I m • *motor* • *beweegkracht*; *drijfkracht* • *leider* ★ ~ à deux temps *tweetaktmotor* ★ ~ à explosion *explosiemotor* ★ ~ flottant *zwevende motor* ★ ~ à réaction *straalmotor* ★ ~ rotatif *wankelmotor* II BNW [v: **motrice**] *bewegend* ★ force motrice *beweegkracht* ★ rôle ~ *leidende rol*
motif m • *beweegreden*; *drijfveer*; *motief* • *thema* ‹v. kunstwerk›
motion v *voorstel*; *motie* ★ ~ de censure *motie van wantrouwen*
motivation v *motivatie*
motivationnel BNW [v: **motivationnelle**] *motivatie-*
motiver OV WW *rechtvaardigen*; *wettigen*
moto v *motor(rijwiel)*
moto- VOORV *motor-*
motocross m *motorcross*
motoculteur m *motorploeg*
motocyclette v *motorfiets*
motocyclisme m *motorsport*
motocycliste m/v *motorrijder*
motonautisme m *motorbootsport*

M

motoneige v *sneeuwscooter*
motopompe v *motorpomp*
motorisation v *motorisering*
motoriser OV WW *motoriseren*
motrice I v *motorwagen* II BNW → **moteur**
motricité v *motoriek*
motte v • *aardklomp* • GESCH. *hoogte* • *kluit* ★ ~ de beurre *kluit boter*
motus (*zeg:* -tuus) TW ★ ~ (et bouche cousue)! *mondje dicht!*
mou I m • *(het) weke*; *(het) slappe* • INF. *slappeling* • *long* ‹v. bep. geslachte dieren› • ARG. *hersenpan* ★ donner du mou *vieren* II BNW [v: **molle**] • *zacht* • *slap*; *willoos* • *zwak*
mouchard m • INF. *verklikker*; *stille agent* • MIL. *verkenningsvliegtuig*
mouchardage INF. m • *spionage* • *(het) klikken*
moucharder INF. I OV WW *bespioneren*; *verklikken* II ON WW • *spioneren* • *klikken*
mouche v • *vlieg* • *schoonheidspleister* • *sikje* • *roos* ‹v. schietschijf› ★ ~ à bœufs *horzel* ★ fine ~ *slimmerd* ★ ~ à miel *bij* ★ pattes de ~ *hanenpoten* ★ prendre la ~ *om een kleinigheid opstuiven* ★ INF. quelle ~ le pique? *waarom wordt hij boos?* ★ on aurait entendu voler une ~ *je kon een speld horen vallen* ★ faire ~ *in de roos schieten* ★ SPORT poids ~ *vlieggewicht*
moucher I OV WW • *snuiten* ‹v. neus, kaars› • INF. *afrossen* II WKD WW (**se** ~) *zijn neus snuiten*
moucheron m • *mugje*; *vliegje* • *ventje*
moucheté BNW *gevlekt*; *gespikkeld*
moucheter OV WW *spikkelen*
mouchette v • ARCHIT. *druiplijst* • *soort schaaf*
moucheture v *vlek*; *stippel*
mouchoir m *zakdoek*
mouchure v *snot* ‹v. neus, kaars›
moudre OV WW *malen* ★ être moulu *geradbraakt zijn*
moue v *lelijk gezicht*; *pruillip* ★ faire la moue *pruilen*
mouette v *meeuw*
mouffette v *skunk*; *stinkdier*
moufflet INF. m [v: **moufflette**] *kleine opdonder*; *uk*
moufle I m *porseleinoven* II v *want* ‹handschoen›
mouflet INF. m [v: **mouflette**] → **moufflet**
mouflon m *moeflon* ‹wild schaap›
moufter INF. ON WW *tegensputteren*
mouillage m • *(het) bevochtigen* • *ankerplaats* • *(het) toevoegen v. water* ‹aan drank›
mouillé BNW • *nat*; *vochtig* • TAALK. *gepalataliseerd* ★ l ~ *l uitgesproken als j* ★ n ~ *n in de uitspraak gevolgd door een j*
mouiller I OV WW • *nat maken*; *bevochtigen* • *water toevoegen* ‹aan drank, saus› ★ ~ l'ancre *het anker uitwerpen* II ON WW *ankeren* III WKD WW (**se** ~) • *nat worden* • INF. *iets riskeren*; *zich compromitteren*
mouillette v *stuk brood* ‹om in te dopen›
mouilleur m *bevochtiger* ‹voor postzegels, etiketten› ★ ~ de mines *mijnenlegger*
mouillure v • *bevochtiging* • *vochtigheid* • *vochtplek*
mouise v ARG. *misère*; *penarie*
moujik m *moezjiek*; *Russische boer*
moukère v ARG. *vrouw*
moulage m • *(het) gieten* • *afgietsel*
moulant BNW *strak (zittend)*; *als een tweede huid*
moule I m • *gietvorm* • *model* ★ ~ à gâteau *bakvorm* II v • *mossel* • INF. *domoor*; *uilskuiken*
moulé BNW • *gevormd* • *gedrukt* ★ lettre ~e *drukletter*
mouler OV WW • *vormen*; *gieten* • *de vormen doen uitkomen* • *strak zitten*
mouleur m *gieter*
moulin m • *molen* • INF. *motor* ★ ~ à eau *watermolen* ★ ~ à vent *windmolen* ★ c'est un ~ à paroles *hij/zij ratelt maar door* ★ on ne peut être à la fois au four et au ~ *men kan geen twee dingen tegelijk doen*
mouliner OV WW • *pureren* • *tweernen* ‹v. zijde›
moulinet m • *molentje* • *haspel* • *molen* ‹v. werphengel› • *tourniquet* • *draaiende beweging* ★ faire des ~s *een ronddraaiende beweging maken*
moulinette v *groentesnijder*
moult (*zeg:* moelt) BIJW IRON. *veel*
moulu BNW *gemalen* ★ or ~ *stofgoud*
moulure v *lijstwerk*
moumoute v • *jasje* ‹v. schaapsleer› • *pruik* • KIND. *poesje*
mourant I m [v: **mourante**] *stervende* II BNW • *stervend* • *wegstervend*; *kwijnend*
mourir ON WW • *sterven* (**de** *aan, van*) • *wegsterven* ‹v. geluid› • *uitgaan* ‹v. vuur, licht› • *ophouden*; *verdwijnen* ★ à ~ *zeer* ★ ~ de sa belle mort *een natuurlijke dood sterven* ★ ~ de peur *het besterven v. angst* ★ ~ de rire *barsten v.h. lachen*
mouroir m PEJ. *sterfhuis*
mouron m • *guichelheil* • *muur* ★ INF. se faire du ~ *zich zorgen maken*
mourrai WW (futur) → **mourir**
mouscaille v → **mouise**
mousquet m *musket*
mousquetaire m *musketier*
mousqueton m • *sluithaak* • VERO. *karabijn met korte loop*
moussaillon m *scheepsjongen*
mousse I m *scheepsjongen* II v • *mos* • *schuim* • *mousse* ★ ~ de caoutchouc, de latex *schuimrubber* III BNW *bot*; *stomp*
mousseline v *neteldoek* ★ pommes ~ *romig geslagen aardappelpuree* ★ sauce ~ *Hollandse saus met slagroom*
mousser ON WW *schuimen* ★ INF. faire ~ qn *iem. roemen*; *iem. ophemelen*
mousseux I m *mousserende wijn* II BNW [v: **mousseuse**] *schuimend*
mousson v *moesson*
moussu BNW *bemost*
moustache v *snor*; *knevel*
moustachu BNW *met een snor*
moustiquaire v *muskietennet*; *klamboe*
moustique m *muskiet*; *mug*
moût (*zeg:* moe) m *most*
moutard m INF. *dreumes*; *kleuter*

moutarde v *mosterd* ★ INF. la ~ lui monte au nez *hij begint boos te worden*
moutardier m • *mosterdpotje* • *mosterdfabrikant* ★ INF. se croire le premier ~ du pape *een hoge dunk van zichzelf hebben*
mouton m • *schaap* • *schapenvlees* • *schapenleer* • *verklikker* ‹zogenaamde gevangene› • *heiblok* • *klokkenbalk* • mv *stofwolken* • mv *schapenwolkjes* • mv *schuimkoppen* ★ revenons à nos ~s *laten we op ons onderwerp terugkomen*
moutonnant BNW *woelig*
moutonné BNW • *gekruld* • *wollig* ★ nuages ~s *schapenwolkjes*
moutonner I OV WW INF. *iemand laten praten* ‹om hem te verlinken› II ON WW *schuimen* ‹v. golven›
moutonnier BNW [v: **moutonnière**] • *schapen-* • *volgzaam als een schaap*
mouture v • *maalsel* • *(het) malen* • *maalgeld* • *mengkoren* • *nieuwe versie*
mouvance v *invloedssfeer*
mouvant BNW *bewegend* ★ sables ~s *drijfzand* ★ force ~e *beweegkracht*
mouvement m • OOK FIG. *beweging*; *loop* • *verkeer* • *schommeling* ‹v. prijzen› • *gisting*; *opschudding* • *aandoening* • *verplaatsing* • *actie in een kunstwerk* • *mechanisme* ‹v. uurwerk› • MUZ. *deel* • MUZ. *tempo* ★ mettre en ~ *in beweging brengen* ★ ~ perpétuel *perpetuum mobile* ★ un ~ de pitié *een opwelling van medelijden* ★ de son propre ~ *uit eigen beweging* ★ ~ de troupes *troepenverplaatsing* ★ suivre le ~ *met de stroom meegaan*
mouvementé BNW • *levendig* • *veelbewogen* ★ style ~ *levendige stijl* ★ vie ~e *veelbewogen leven*
mouvoir I OV WW • *aanzetten* • *in beweging brengen* ★ être mû par l'électricité *elektrisch aangedreven worden* II WKD WW (**se** ~) *zich bewegen*
moyen I m • *middel* • *reden*; *grond* ★ par le ~ de *dank zij* ★ au ~ de *met behulp van*; *door middel van* ★ il n'y a pas ~ de ... *het is onmogelijk te ...* ★ il a les ~s! *hij kan het zich permitteren!* II BNW [v: **moyenne**] *gemiddeld*; *middelmatig*; *middelbaar* ★ cours ~ *middelbare cursus*; *middenkoers* ★ ~ terme *middelterm* ★ le Français ~ *de doorsnee Fransman* ★ INF. pas ~! *onmogelijk!*; *dat gaat niet!*
moyen-âge m *Middeleeuwen*
moyenâgeux BNW [v: **moyenâgeuse**] • *als in de Middeleeuwen* • *verouderd* • VERO. *middeleeuws*
moyen-courrier [m mv: **moyen-courriers**] I m *vliegtuig voor middellange afstand* II BNW *voor middellange afstand*
moyennant VZ *door middel van*; *(in ruil) voor*; *tegen* ★ ~ quoi *waarmee*; *waardoor*
moyenne I v *gemiddelde* ★ en ~ *gemiddeld* ★ faire du 100 de ~ *gemiddeld honderd rijden* II BNW → **moyen**
moyennement BIJW *gemiddeld*
Moyen-Orient m *Midden-Oosten*
moyen-oriental BNW [m mv: **moyen-orientaux**] *van, uit, in het Midden-Oosten*
moyeu m [mv: **moyeux**] *naaf*
MST AFK (maladie sexuellement transmissible) *SOA*
mû WW (volt. deelw,) → **mouvoir**
mucosité v *slijm*
mucoviscidose v *taaislijmziekte*
mucus (*zeg:* -kuus) m *slijm*
mue I v • *(het) ruien*; *verharing*; *vervelling* • *ruitijd* • *(het) breken der stem*; *stemwisseling* • *mesthok* • *verandering* • *afgeworpen gewei, vel, enz.* II WW (volt. deelw.) → **mouvoir**
muer ON WW • *ruien*; *verharen*; *vervellen* • *breken* ‹v. stem› ★ se muer en *veranderen in*
muet [v: **muette**] I m *stomme* II BNW • *stom* • *stil*; *zwijgend* • *sprakeloos* ★ sourd-muet *doofstom* ★ film muet *stomme film* ★ jeu muet *stil spel*
mufle m • *snuit* • *lomperd*
muflerie v *lompheid*
muflier m PLANTK. *leeuwenbek*
mugir ON WW • *loeien* • *gieren* ‹v. wind›; *bulderen* ‹v.d. zee›
mugissement m • *geloei* • *(het) gieren* ‹v. wind› • *gebulder* ‹v. golven›
muguet m • *lelietje-van-dalen* • MED. *candidiasis*; *spruw*
muid VERO. m • *mud* • *vat*
mulâtre [v: **mulâtresse**] I m *mulat* II BNW *halfbloed*
mule v • *muilezelin* • *muiltje* ★ être têtu comme une mule *erg koppig zijn*
mulet m *muilezel*
muletier m [v: **muletière**] *muilezeldrijver*
mulot m *veldmuis*
multicolore BNW *veelkleurig*
multidisciplinaire BNW *multidisciplinair*
multiforme BNW *veelvormig*
multilatéral BNW [m mv: **multilatéraux**] *veelzijdig*; *multilateraal*
multimillionnaire I m/v *multimiljonair* II BNW *(vele) miljoenen bezittend*
multinational BNW *multinationaal* ★ entreprise ~e *multinational*; *multinationale onderneming*
multiple I m *veelvoud* II BNW *veelvoudig*; *menigvuldig* ★ grossesse ~ *meerlingenzwangerschap* ★ prise ~ *meervoudige contactdoos*
multiplex m *schakelbord*
multipliable BNW *vermenigvuldigbaar*
multiplicande m *vermenigvuldigtal*
multiplicateur m *vermenigvuldiger*
multiplicatif BNW [v: **multiplicative**] *vermenigvuldigings-*
multiplication v • *vermenigvuldiging* • *versnelling* ‹v. fiets› ★ table de ~ *tafel v. vermenigvuldiging*
multiplicité v *menigvuldigheid*
multiplier I OV WW *vermenigvuldigen (***par** *met)* II ON WW *zich vermenigvuldigen* III WKD WW (**se** ~) *zich vermenigvuldigen*
multipropriété v *(vakantie)woning met timesharing*
multiracial BNW [m mv: **multiraciaux**]

M

multiraciaal
multirisque BNW ★ assurance ~ *gecombineerde verzekering*
multitude v *menigte*
Munich (*zeg:* muuniek) *München*
munichois BNW *uit München*
municipal BNW [m mv: **municipaux**] *gemeentelijk* ★ conseil ~ *gemeenteraad* ★ conseiller ~ *gemeenteraadslid* ★ GESCH. garde ~e *gemeentelijke gendarmerie te Parijs*
municipales v mv *gemeenteraadsverkiezingen*
municipalisation v *onteigening*
municipaliser OV WW *onteigenen* ‹ten bate v.d. gemeente›
municipalité v • *raadhuis* • *Burgemeester en Wethouders* • *gemeentebestuur*
municipaux BNW → **municipal**
munificence v FORM. *vrijgevigheid*; *mildheid*
munir OV WW (~ **de**) *voorzien van*
munition v *(am)munitie* ★ pain de ~ *commiesbrood* ★ ~s de bouche *mondvoorraad*
muqueux BNW [v: **muqueuse**] *slijmig* ★ membrane muqueuse *slijmvlies*
mur m *muur* ★ dans nos murs *in onze stad* ★ mur creux *spouwmuur* ★ entre quatre murs *tussen vier kale muren*; *in de gevangenis* ★ mettre qn au pied du mur *iem. in het nauw drijven* ★ mur mitoyen *mandelige (gemeenschappelijke) scheidingsmuur* ★ mur de soutènement *steunmuur* ★ faire le mur *er tussenuit knijpen*; SPORT *een muurtje neerzetten*
mûr BNW • *rijp* • *ervaren*; *ontwikkeld* • INF. *dronken* ★ âge mûr *rijpere leeftijd* ★ après mûre réflexion *na rijp overleg*
murage m *(het) ommuren*
muraille v • *zware, hoge muur* • *huid* ‹v. schip›
mural BNW [m mv: **muraux**] *van de muur* ★ carte ~e *wandkaart* ★ peinture ~e *muurschildering*
mûre v • *moerbei* • *braam*
murène v *murene* ‹vis›
murer OV WW • *ommuren* • *dichtmetselen* • *inmetselen* ★ se ~ dans son silence *zich in zwijgen hullen*
muret m [**muretin**] *muurtje*
murettte v *muurtje*
mûrier m *moerbeiboom* ★ ~ sauvage *braamstruik*
mûrir I OV WW • *rijpelijk overdenken* • *doen rijpen* ★ ~ un projet *een plan laten rijpen* II ON WW *rijp worden*
mûrissage m [**mûrissement**] *(het) rijpen*
murmure m • *gemurmel*; *geruis*; *gemompel* • *gemopper*; *gemor*
murmurer I OV WW *zachtjes mompelen* II ON WW • *murmelen*; *ruisen* • *mopperen*; *mompelen* ★ ~ entre ses dents *in zijn baard brommen*; *binnensmonds mompelen*
musaraigne v *spitsmuis*
musarder ON WW INF. *lanterfanten*; *zijn tijd verbeuzelen*
musc m • *muskus* • *musk* ‹soort parfum›
muscade v • *muskaatnoot* • *goochelballetje*
muscadet m • *muskaatwijn* • *droge witte Loirewijn*
muscat m • *muskaatdruif* • *muskaatwijn*
muscle m *spier*
musclé BNW • *gespierd* • FIG. *energiek*; *sterk*
muscler OV WW *gespierd maken*
musculaire BNW *wat spieren betreft* ★ force ~ *spierkracht*
musculation v *krachttraining*; *bodybuilding*
musculature v *spierstelsel*
musculeux BNW [v: **musculeuse**] *gespierd*
muse v *muze* ★ FORM. taquiner la Muse *dichten*
museau m [mv: **museaux**] • *snuit* ‹v. dier› • INF. *gezicht*; *tronie*
musée m *museum*
museler OV WW *muilkorven*
muselière v *muilband*; *muilkorf*
musellement m OOK FIG. *(het) muilkorven*
muser ON WW FORM. *beuzelen*; *lanterfanten*
musette v • *soort accordeon*; *kleine scherp klinkende hobo*; *doedelzak* • *linnen schoudertas* • *spitsmuis* ★ bal ~ *dansgelegenheid met musette-muziek*
muséum (*zeg:* muzeeòm) m *museum voor natuurlijke historie*
musical BNW [m mv: **musicaux**] *muzikaal* ★ comédie ~e *musical*
musicalité v *muzikaliteit*; *muzikaal gevoel*
musicassette v *muziekcassette*
music-hall m [mv: **music-halls**] *variété(theater)*
musicien [v: **musicienne**] I m *muzikant*; *musicus* II BNW *muzikaal*
musicologie v *muziekwetenschap*
musique v • *muziek* • *toonkunst* • *muziekkorps* ★ ~ de chambre *kamermuziek* ★ faire de la ~ *muziek maken* ★ mettre en ~ *op muziek zetten* ★ ~ vocale *vocale muziek* ★ chef de ~ *dirigent v. fanfare, harmoniekorps* ★ connaître la ~ *weten hoe het in elkaar zit*
musiquette v *lichte muziek*
musqué BNW *naar musk ruikend* ★ rat ~ *muskusrat*
must m *must*
musulman BNW *mohammedaans*
mutant m *mutant*
mutation v • *verandering* • *mutatie* • *overplaatsing*; *verwisseling* ★ droits de ~ *overschrijvingskosten*
muter OV WW *overplaatsen*
mutilation v *verminking*
mutilé m *verminkte* ★ ~ de guerre *oorlogsinvalide*
mutiler OV WW *verminken*
mutin I m *oproermaker*; *muiter* II BNW • *opstandig* • FORM. *guitig*
mutiner WKD WW (**se** ~) *muiten*
mutinerie v *oproer*; *muiterij*
mutisme m • *stomheid* • *hardnekkig zwijgen*
mutité v *stomheid*
mutualiste m/v *lid v.e. vereniging voor onderlinge verzekering of steun*
mutualité v • *wederkerigheid* • *systeem v. onderlinge hulp en verzekering*
mutuel BNW [v: **mutuelle**] *onderling*; *wederkerig* ★ assurance ~le *onderlinge verzekering* ★ société d'assurance ~le *onderlinge verzekeringsmaatschappij*
mycologie v *leer der zwammen*

M

mycose v *schimmelziekte*
myélite v *ruggenmergontsteking*
mygale v *vogelspin*
myocarde m *hartspier*
myopathie v • *spierziekte* • *spierverval*
myope I m/v *bijziende* II BNW *kortzichtig*; *bijziend*
myopie v *bijziendheid*
myosotis (*zeg:* -ties) m *vergeet-mij-nietje*
myriade v *ontelbare menigte*; *tienduizendtal*
myriapode m *duizendpoot*
myrmidon m INF. *dwerg*; *dreumes*
myrrhe v *mirre*
myrtille v *blauwe bosbes*
mystère m • *geheim* • *middeleeuws mysteriespel* • CUL. *soort gebak* ★ avec ~ *geheimzinnig* ★ faire ~ de *geheim houden*
mystérieux BNW [v: **mystérieuse**] *geheimzinnig*
mysticisme m *mysticisme*
mystifiant BNW *misleidend*
mystificateur [v: **mystificatrice**] I m *bedotter*; *fopper* II BNW *foppend*; *misleidend*
mystification v *fopperij*; *bedotterij*; *misleiding*
mystifier OV WW *foppen*; *bedotten*; *bedriegen*
mystique I v *mystiek* II m/v *mysticus* III BNW *geheimzinnig*
mythe m *mythe*; *fabel*; *verdichtsel*
mythifier OV WW *tot mythe maken*
mythique BNW *mythisch*
mythologie v *mythologie*; *godenleer*; *fabelleer*
mythologique BNW *mythologisch*
mythomane I m/v *iem. met een ziekelijke neiging tot liegen of verzinnen*; *mythomaan* II BNW *mythomaan*

N

n I m *letter n* II AFK (nom) *zelfstandig naamwoord*
N. AFK • (nord) *noord(en)* • (nitrogène) *stikstof*
n' BIJW → **ne**
na KIND. TW *nou!*
nabab m *rijkaard*
nabot m *dwerg*
nacelle v • *bootje* • *gondel van ballon*
nacre v *paarlemoer*
nacré BNW *parelmoerachtig*
nacrer OV WW *een paarlemoerglans geven aan onechte parels*
nadir m *voetpunt* ‹sterrenkunde›
naevus (*zeg:* neevuus) m [mv: **naevus/naevi**] *moedervlek*
nage v • *(het) zwemmen* • *(het) roeien* ★ à la nage *zwemmend* ★ nage libre *vrije slag* ★ se jeter à la nage *in het water springen om te zwemmen* ★ être (tout) en nage *door en door bezweet zijn*
nageoire v *vin*
nager ON WW • *zwemmen* • *drijven* • *roeien* • INF. *niet weten wat te doen*; *niet begrijpen* ★ ~ dans le sang *baden in bloed* ★ ~ dans l'opulence *zwemmen in het geld*; *baden in rijkdom* ★ ~ entre deux eaux *de kool en de geit sparen* ★ il nage dans ce costume *hij zwemt in dat pak*
nageur m [v: **nageuse**] • *zwemmer* • *roeier*
naguère BIJW *onlangs*
naïade v *waternimf*
naïf [v: **naïve**] I m *onnozele hals* II BNW • *kinderlijk*; *argeloos* • *onnozel* • *ongekunsteld*
nain I m [v: **naine**] *dwerg* II BNW *dwergachtig*
naissance v • *geboorte* • *afkomst* • *begin* • *ontstaan*; *wording*; *oorsprong* ★ aveugle de ~ *blindgeboren* ★ contrôle des ~s *geboorteregeling* ★ ~ de cheveux *haargrens* ★ la ~ du jour *het krieken v.d. dag* ★ prendre ~ dans *ontstaan uit*
naissant I BNW *beginnend* II WW (teg. deelw.) → **naître**
naître ON WW • *geboren worden* • *ontstaan* ★ il naquit à Londres *hij werd geboren in Londen* ★ le jour commence à ~ *de dag breekt aan* ★ faire ~ l'idée *op de gedachte brengen*
naïveté v • *ongekunsteldheid* • *kinderlijkheid*; *argeloosheid*; *naïviteit* • *onnozelheid*
naja m *brilslang*
Namur v *Namen*
nana v INF. *vrouw*; *meisje*
nanan m INF. *iets fijns*; *lekkers*
nanisme m *dwergachtigheid*
nanti I m *rijke* II BNW *rijk*
nantir OV WW • *onderpand geven bij schulden* • (~ **de**) *voorzien van*
nantissement m *pand* ★ droit de ~ *pandrecht*
napalm m *napalm*
naphtaline m [**naphtalène**] *naftaline*
naphte m *nafta* ‹aardolieproduct›
Naples *Napels*
napoléon m GESCH. *goudstuk v. 20 francs*

napoléonien [v: **napoléonienne**] I m *aanhanger v. Napoleon* II BNW *napoleontisch*
napolitain BNW *Napolitaans* ★ tranche ~e *cassata-ijs*
Napolitain m [v: **Napolitaine**] *Napolitaner*
nappe v • *tafellaken* • *brede vlakte* ★ ~ d'autel *altaardwaal* ★ ~ de brouillard *mistbank* ★ ~ d'eau *grote watervlakte* ★ ~ de feu *vuurzee*
napper OV WW • *(als) met een tafellaken bedekken* • *met een saus overgieten*
napperon m *kleedje* ★ ~ individuel *placemat*
naquit WW (passé simple) → **naître**
narcisse m • PLANTK. *narcis* • FORM. *zelfingenomene*
narcissisme m *narcisme*; *ik-cultus*
narcodollars m mv *drugsdollars*
narcose v *narcose*; *verdoving*
narcotique I m *verdovend middel*; *slaapmiddel* II BNW *verdovend*
narco-trafiquant m,v [v: **narco-trafiquante**] *drugshandelaar*
narguer OV WW INF. *treiteren*; *bespotten*
narguilé m [**narghileh**] *Turkse waterpijp*; *nargileh*
narine v *neusgat*
narquois BNW *spottend*
narrateur m [v: **narratrice**] *verteller*
narratif BNW [v: **narrative**] *verhalend*
narration v • *vertelling*; *verhaal* • *opstel over een opgegeven onderwerp*
narrer OV WW *verhalen*; *vertellen*
narthex m *voorportaal v. basiliek*
narval m [mv: **narvals**] *narwal* ‹vis›
nasal BNW [m mv: **nasaux**] *neus-* ★ son ~ *neusklank*
nasaliser OV WW *in een neusklank veranderen*
nasarde v • *knip voor de neus* • *uitdaging* ★ FIG. recevoir une ~ *een klap in het gezicht krijgen*
naseau m [mv: **naseaux**] *neusgat* ‹v. dier›
nasillard BNW ★ voix ~e *neusstem*
nasillement m *(het) door de neus spreken*
nasiller ON WW *door de neus spreken*
nasse v *fuik*
natal BNW [m mv: **natals**] *v.d. geboorte*; *geboorte-* ★ pays ~ *geboorteland*
nataliste BNW *die het geboorteaantal wil vergroten* ★ politique ~ *politiek die de groei v.h. geboorteaantal als doel heeft*
natalité v *geboortecijfer*
natation v *(het) zwemmen*; *zwemsport*
natatoire BNW *wat zwemmen betreft* ★ BIOL. vessie ~ *zwemblaas*
natif [v: **native**] I m *inboorling* II BNW • *geboren* • *zuiver* ★ ~ de Bordeaux *in Bordeaux geboren* ★ à l'état ~ *in statu nascendi* ★ vertu native *aangeboren goede eigenschap* ★ or ~ *zuiver goud*
nation v *volk*; *natie* ★ la Société des Nations *de Volkerenbond* ★ Nations Unies *Verenigde Naties*
national BNW [m mv: **nationaux**] *nationaal*; *van het volk* ★ fête ~e *nationale feestdag* ‹in Frankrijk 14 juli›
nationalisation v *nationalisatie*
nationaliser OV WW *nationaliseren*
nationalisme m *nationalisme*; *overdreven gevoel v. vaderlandsliefde*
nationaliste I m/v *nationalist* II BNW *nationalistisch*
nationalité v • *nationaliteit* • *volksgroep van dezelfde afkomst of met dezelfde eigenschappen* • *volkskarakter*
national-socialisme m *nationaal-socialisme*
national-socialiste I m/v *nationaal-socialist* II BNW *nationaal-socialistisch*
Nativité v • *geboorte(dag) v. Christus* • *Kerstmis*
natte v • *mat* • *vlechtwerk* • *haarvlecht*
natter OV WW *vlechten*
naturalisation v • *naturalisatie* • *(het) wennen aan een (vreemd) klimaat* • *(het) opzetten* ‹v. dieren›; *(het) prepareren* ‹v. planten, dieren›
naturaliser OV WW • *naturaliseren* • *wennen aan een vreemd klimaat* • *opzetten* ‹v. dieren›; *prepareren* ‹v. planten, dieren›
naturalisme m • *natuurlijkheid* • *naturalisme* ‹kunstrichting› • *natuurleer*
naturaliste I m/v • *bioloog*; *natuurvorser* • *naturalist* • *preparateur* II BNW *naturalistisch*
nature I v • *natuur* • *aard*; *inborst* • *persoonlijkheid* ★ contre ~ *onnatuurlijk*; *tegennatuurlijk* ★ INF. dans l'état de ~ *naakt* ★ forcer la ~ *meer willen doen dan men kan* ★ ~ morte *stilleven* ★ peint d'après ~ *naar de natuur geschilderd* ★ de sa ~ *van nature* ★ être de ~ à *geschikt zijn om*; *in staat zijn om* ★ en ~ *in natura* II BNW ★ café ~ *zwarte koffie* ★ une personne ~ *een natuurlijk mens* ★ grandeur ~ *levensgroot*
naturel I m • *aard*; *inborst* • *natuurlijkheid* ★ au ~ *in werkelijkheid* II m [v: **naturelle**] • *inboorling* • *autochtoon* III BNW [v: **naturelle**] *natuurlijk* ★ enfant ~ *onecht kind* ★ gaz ~ *aardgas* ★ loi ~le *natuurwet* ★ sciences ~les *natuurwetenschappen* ★ vin ~ *onvervalste wijn*
naturellement BIJW • *natuurlijk* • *van nature* • *eenvoudig*; *gemakkelijk*
naturisme m • *natuurgeneeswijze* • *naturalisme* • *naturisme*; *nudisme*
naturiste I m/v *naturist*; *nudist* II BNW *nudistisch*; *van nudisten*
naturopathe m/v *natuurgenezer*
naturopathie v *natuurgeneeskunde*
naufrage m *schipbreuk*; *mislukking* ★ faire ~ *schipbreuk lijden*
naufragé I m *schipbreukeling* II BNW *vergaan*; *gestrand*
nauséabond BNW *walgelijk*
nausée v *misselijkheid*; FIG. *walging* ★ cela me donne la ~ *daar walg ik van*
nauséeux BNW [v: **nauséeuse**] *misselijk(makend)*; *walgelijk*
nautique BNW *wat de scheepvaart betreft* ★ sport ~ *watersport* ★ carte ~ *zeekaart* ★ centre ~ *watersportcentrum*
naval BNW [m mv: **navals**] *wat het zeewezen betreft* ★ combat ~ *zeeslag* ★ école ~e *zeevaartschool*
navale v *zeevaartschool*
navarin m *lamsragout*
navarrais BNW *uit Navarra*

navet m • *raap; knol* • INF. *prul; waardeloos kunstwerk*
navette v • *weversspoel* • *spoel v. naaimachine* • *raapzaad* • *raapolie* • *wierookschaaltje* ★ faire la ~ *pendelen; heen en weer reizen* ★ ~ spatiale *ruimteveer; ruimtependel*
navigabilité v *bevaarbaarheid*
navigable BNW *bevaarbaar*
navigant BNW *varend; vliegend*
navigateur [v: **navigatrice**] **I** m • *zeevaarder* • *bestuurder v.e. vliegtuig* **II** BNW *zeevarend*
navigation v • *scheepvaart* • *navigatie* ★ ~ aérienne *luchtvaart* ★ ~ fluviale *riviervaart* ★ ~ maritime *zeevaart* ★ ~ sous-marine *onderzeevaart*
naviguer ON WW • *varen* • *sturen* • *surfen* ‹op internet› ★ il nous faut ~ avec prudence *hier moeten we voorzichtig te werk gaan*
navire m *schip* ★ ~-citerne *tankschip* ★ ~ transport *transportschip*
navire-école m [mv: **navires-écoles**] *opleidingsschip*
navrant BNW *hartverscheurend*
navré BNW *diep bedroefd* ★ je suis ~ *het spijt me zeer*
navrer OV WW *diep bedroeven; het hart verscheuren*
nazi I m [v: **nazie**] *nazi* **II** BNW *nazistisch*
nazisme m *nazisme*
NB AFK (nota bene) *let wel!; NB*
N.-D. AFK (Notre Dame) *Heilige Maagd*
ne BIJW [**n' voor klinker en stomme h**] • *niet* ‹meestal in verbinding met 'pas'› • *(vaak onvertaald)* ★ il est plus riche que vous ne pensez *hij is rijker dan u denkt*
N-E AFK (nord-est) *noordoost(en)*
né I BNW *geboren* **II** WW (volt. deelw.) → **naître**
néanmoins BIJW *nochtans; niettemin*
néant m • *niet; niets* • *nietigheid* ★ signes particuliers: ~ *bijzondere kenmerken: geen* ★ réduire à ~ *vernietigen* ★ tirer du ~ *scheppen* ★ tirer qn du ~ *iem. van niets tot iets laten komen*
nébuleuse v *nevelvlek* ‹v. sterren›
nébuleux BNW [v: **nébuleuse**] • *bewolkt; nevelachtig* • *somber; bezorgd* • *onbegrijpelijk; duister*
nébulosité v • *nevelachtigheid* • *duisterheid; onbegrijpelijkheid*
nécessaire I m • *(het) noodzakelijke; (het) nodige* • *etui met benodigdheden; doos* ★ manquer du ~ *een tekort hebben aan het allernoodzakelijkste* ★ ~ de toilette *toilettas* **II** BNW *nodig; noodzakelijk*
nécessité v • *noodzaak; noodzakelijkheid* • *dwang* • *armoede; gebrek* ★ être de première ~ *dringend noodzakelijk zijn* ★ ~ fait loi *nood breekt wet* ★ par ~ *noodgedwongen*
nécessiter OV WW *noodzakelijk maken*
nécessiteux [v: **nécessiteuse**] **I** m ★ les ~ *de armen* **II** BNW *behoeftig*
nec plus ultra m (onver.) *(het) allerbeste*
nécrologe v • *lijst van overledenen* • VERO. *necrologie*
nécrologie v *in memoriam; levensgeschiedenis v. een of meer overledenen*
nécrologique BNW *necrologisch* ★ article ~ *levensschets van overledene* ★ rubrique ~ *overlijdensberichten*
nécromancie v *geestenbezwering; oproeping v. doden*
nécromancien m [v: **nécromancienne**] *geestenbezweerder*
nécrophage BNW *v. dode dieren levend*
nécropole v • *dodenstad* • *begraafplaats*
nécrose v *necrose; weefselversterf*
nectar m • *honingsap* • *godendrank*
nectarine v *nectarine* ‹soort perzik›
néerlandais I m *(het) Nederlands* **II** BNW *Nederlands*
Néerlandais m [v: **Néerlandaise**] *Nederlander*
néerlandophone BNW *Nederlandstalig*
nef v • *schip* ‹v. kerk› • LIT. *schip* ★ nef principale *hoofdbeuk* ★ nef latérale *zijbeuk*
néfaste BNW *noodlottig* ★ jour ~ *ongeluksdag*
nèfle v *mispel* ★ INF. des ~s! *morgen brengen!; kun je denken!*
néflier m *mispelboom*
négateur [v: **négatrice**] **I** m *iem. die de gewoonte heeft te ontkennen* **II** BNW *ontkennend*
négatif I m FOTO. *negatief* ★ dans la négative *in geval van afzegging/afwijzing/weigering* **II** BNW [v: **négative**] *ontkennend* ★ pôle ~ *negatieve pool; kathode*
négation v • *ontkenning; weigering* • *ontkennend woord* ‹zoals 'ne', 'non'›
négativité v *negatieve houding*
négligé I m *kamerjas* **II** BNW *slordig; verwaarloosd*
négligeable BNW *te verwaarlozen* ★ quantité ~ *iets waarmee men geen rekening hoeft te houden*
négligemment BIJW *slordig; nalatig*
négligence v • *slordigheid; nalatigheid* • *zorgeloosheid*
négligent BNW *slordig; nalatig*
négliger I OV WW *verwaarlozen; veronachtzamen* ★ ~ de faire qc *verzuimen iets te doen* ★ ~ l'occasion *de gelegenheid voorbij laten gaan* **II** WKD WW (**se** ~) *zijn kleding, gezondheid of werk verwaarlozen*
négoce m FORM. *handel*
négociable BNW *verhandelbaar*
négociant m *handelaar; groothandelaar*
négociateur m [v: **négociatrice**] *onderhandelaar*
négociation v • *onderhandeling* • *het verhandelen v. wissels*
négocier I OV WW • *onderhandelen over* • *verhandelen* **II** ON WW *groothandel drijven* (**avec** *met*)
nègre I m [v: **négresse**] • *neger* • *ghostwriter* ★ petit ~ *koeterwaals* ★ tête-de-~ *bruinzwart* ★ INF. travailler comme un ~ *werken als een paard* **II** BNW *neger-*
négrier I m • *slavenhandelaar* • *slavenschip* **II** BNW *wat slaven betreft* ★ vaisseau ~ *slavenschip*
négrillon m [v: **négrillonne**] *negertje*
négritude v *(het) neger zijn; negercultuur*
négroïde BNW *negerachtig; negroïde*
neige v • *sneeuw* • *grijze haren* • *ijs met suiker*

N

en vruchtensap • INF. *cocaïne* ★ les ~s éternelles *de eeuwige sneeuw* ★ être bloqué par la ~ *ingesneeuwd zijn* ★ faire boule de ~ *een sneeuwbaleffect hebben*; *snel aangroeien* ★ où sont les ~s d'antan? *waar is die goede oude tijd gebleven?* ★ œufs battus en ~ *stijf geklopt eiwit*
neiger ON WW *sneeuwen*
neigeux BNW [v: **neigeuse**] *besneeuwd*
néné INF. m [**nénet**] *borst*; *tiet*
nénette v INF. • *maîtresse* • *meisje*; *vrouw* • *kop*
nenni BIJW VERO. *neen*
nénuphar m [**nénufar**] *waterlelie*
néo- VOORV *neo-*; *nieuw-*
néolithique I m *Neolithicum* II BNW *neolithisch*
néologisme m *nieuw woord*
néon m *neon*
néonazi I m [v: **néonazie**] *neonazi* II BNW *neonazistisch*
néophyte m/v • *nieuwbekeerde* • *iem. die pas nieuwe denkbeelden heeft aangenomen* • *beginneling*
néo-zélandais BNW *Nieuw-Zeelands*
néphrétique I m/v *nierlijder* II BNW *wat de nieren betreft*
néphrite v *nierontsteking*
népotisme m *nepotisme*; *vriendjespolitiek*
Neptune m *Neptunus*
néréide v *waternimf*
nerf (*zeg:* nèr) m • *zenuw* • *kracht* ★ crise de nerfs *zenuwtoeval* ★ avoir ses nerfs *weer last van zijn zenuwen hebben* ★ nerf de bœuf *bullenpees* ★ INF. taper sur les nerfs *zenuwachtig maken* ★ guerre des nerfs *zenuwoorlog* ★ avoir du nerf *flink zijn*
nerveux BNW [v: **nerveuse**] • *wat de zenuwen betreft* • *zenuwachtig*; *nerveus* • *krachtig*; *gespierd* • *zenig* ‹v. vlees› • *pittig* ‹v. auto›
nervosité v • *zenuwachtigheid*; *nervositeit* • *pittigheid* ‹v. auto›
nervure v • *ribbe van een gewelf* • *bladnerf*
n'est-ce pas? BIJW *niet(waar)?*
net (*zeg:* net) I m ★ mettre au net *in het net schrijven* II BNW [v: **nette**] • *helder*; *zuiver* • *schoon*; *zindelijk* • *duidelijk* • *netto* ★ esprit net *heldere geest* ★ photo nette *scherpe foto* ★ réponse nette *kort en duidelijk antwoord* ★ il veut en avoir le cœur net *hij wil er het zijne van weten* ★ prix net *nettoprijs* ★ faire place nette *schoon schip maken* III BIJW • *ronduit*; *duidelijk* • *plotseling*; *ineens* ★ dire tout net *ronduit zeggen* ★ refuser net *vierkant weigeren* ★ trancher net *er ineens een eind aan maken*
nettement BIJW • *helder*; *duidelijk* • *ronduit* • VERO. *netjes*; *zindelijk*
netteté v • *zindelijkheid*; *reinheid* • *helderheid*; *duidelijkheid*; *scherpte* ‹v. foto›
nettoiement m *schoonmaak* ★ service de ~ *reinigingsdienst*
nettoyage m *schoonmaak*; *reiniging* ★ ~ à sec *(het) chemisch reinigen*
nettoyant m *schoonmaakmiddel*
nettoyer OV WW • *schoonmaken*; *leeghalen* • INF. *verpatsen*; *ruïneren*; *stelen*; *opmaken* • INF. *liquideren*; *doden* ★ ~ une bouteille *een fles tot de bodem leegdrinken*
nettoyeur m [v: **nettoyeuse**] *schoonmaker*
neuf I m *negen* II BNW [v: **neuve**] • *nieuw* • *onervaren* ★ flambant neuf *spiksplinternieuw* ★ du neuf *iets nieuws* ★ remettre à neuf *vernieuwen* III TELW *negen*
neurasthénie v *zenuwzwakte*
neurasthénique I m/v *zenuwzwak iemand* II BNW • *zenuwzwak* • *depressief*
neurochirurgie v *neurochirurgie*
neuroleptique I m *zenuwstillend middel* II BNW *zenuwstillend*
neurologie v *zenuwleer*; *neurologie*
neurologique BNW *neurologisch*
neurologiste m/v [**neurologue**] *zenuwarts*; *neuroloog*
neurone m *neuron*; *zenuwcel*
neurovégétatif BNW [v: **neurovégétative**] ★ système ~ *vegetatief zenuwstelsel*
neutralisation v • *(het) neutraliseren* • *(het) onzijdig maken*
neutraliser OV WW • *onzijdig verklaren* • *verijdelen* • INF. *tot zwijgen brengen* • CHEM. *neutraliseren* ★ ~ un projet *een plan verijdelen*
neutralisme m POL. *afzijdigheid*
neutraliste m *voorstander v. neutraliteit*
neutralité v *onzijdigheid*; *neutraliteit*
neutre I m *onzijdig geslacht* II BNW • *onzijdig*; *neutraal* • *onovergankelijk* ‹v. werkwoord› • *kleurloos* ★ rester ~ *neutraal blijven*
neutron m *neutron* ★ bombe à ~s *neutronenbom*
neuvaine v *novene*
neuvième I m *negende deel* II TELW *negende*
neuvièmement BIJW *ten negende*
névé m *firnsneeuw*; *harde gletsjersneeuw*; *ijsplaat*
neveu m [mv: **neveux**] *neef* ‹oomzegger of tantezegger› ★ ~ à la mode de Bretagne *achterneef*
névralgie v • *zenuwpijn*; *neuralgie* • *hoofdpijn*
névralgique BNW *wat zenuwpijnen betreft*; *neuralgisch*
névrite v *zenuwontsteking*
névropathe m/v *zenuwlijder*
névrose v *neurose*
névrosé m *neuroticus*
névrotique BNW *neurotisch*
nez m *neus* ★ se casser le nez *de deur gesloten vinden* ★ mener qn par le nez, par le bout du nez *met iem. doen wat men wil* ★ se bouffer le nez *elkaar in de haren vliegen* ★ mettre/fourrer son nez quelque part *ergens zijn neus in steken* ★ parler du nez *door de neus spreken* ★ rire au nez de qn *iem. in zijn gezicht uitlachen* ★ ne pas voir plus loin que le bout de son nez *niet verder kijken dan zijn neus lang is* ★ piquer du nez *vooroverzakken*; *duiken* ‹v. vliegtuig, auto bij remmen› ★ INF. se piquer le nez *zich bezatten* ★ nez à nez *vlak tegenover elkaar* ★ nez aquilin *arendsneus* ★ avoir du nez *een fijne neus hebben* ★ LIT. nez camard *platte neus* ★ faire un pied de nez *een lange neus trekken* ★ mettre le nez à la fenêtre *naar buiten kijken* ★ montrer le bout de son nez *even z'n neus laten zien*

N

NF AFK (norme française) *bewijs dat een merk/product voldoet aan de wettelijke voorschriften in Frankrijk*
ni VW *noch* ★ ni ...ni ... *noch ... noch ...*
niable BNW *te ontkennen; loochenbaar*
niais I m [v: **niaise**] *sul; onnozele hals* II BNW *dom; onnozel*
niaiserie v • *onnozelheid* • *kletspraat*
niche v • *hondenhok* • *alkoof; nis* • INF. *poets* ★ guitenstreek
nichée v • *nestvol* • INF. *troep kinderen*
nicher I OV WW *plaatsen* II ON WW *nestelen* III WKD WW (**se** ~) • *zich nestelen* • *zich verbergen*
nichoir m *broedkooi*
nichon m INF. *tiet*
nickel m *nikkel* ★ c'est ~ chez eux *alles glimt/is piekfijn bij hen*
nickeler OV WW *vernikkelen* ★ les pieds nickelés *rijke lui die niet graag geven*
nicotine v *nicotine*
nid m • *nest* • *hol* • *woning* ★ nid-de-poule *kuil/gat in de weg* ★ petit à petit l'oiseau fait son nid *alle dagen een draadje is een hemdsmouw in het jaar*
nid d'abeilles m • *smokwerk* • *wafelstof*
nid-de-pie m [mv: **nids-de-pie**] *uitkijkpost; kraaiennest*
nid-de-poule m [mv: **nids-de-poule**] *gat/kuil* ‹in wegdek›
nidification v *nestbouw*
nidifier ON WW *een nest bouwen*
nièce v *nicht* ‹oomzegster of tantezegster› ★ ~ à la mode de Bretagne *achternicht*
nielle I m *niëllo* II v *brand in het koren; aaltjesziekte*
nième BNW *nde; zoveelste*
nier OV WW *loochenen; ontkennen* ★ nier une dette *ontkennen dat men een schuld heeft*
nigaud I m [v: **nigaude**] *domoor; uilskuiken; sufferd* II BNW *onnozel; dom*
nigauderie v • *onnozelheid* • *stomme streek*
nihilisme m *nihilisme*
nihiliste I m/v *nihilist* II BNW *nihilistisch*
Nil m *Nijl*
nimbe m *stralenkrans; nimbus*
nimber OV WW *met een stralenkrans omgeven*
nimbus (*zeg:* -buus) m *grote regenwolk*
Nimègue *Nijmegen*
n'importe WW → **importer**
nippe v mv *oude plunje*
nipper INF. I OV WW *van kleren voorzien* II WKD WW (**se** ~) *zich in de kleren steken*
nippon BNW [v: **nippone**] *Japans*
nique v ★ faire la ~ à qn *iem. uitlachen*
niquer OV WW VULG. *neuken*
nirvana m *nirwana*
nitouche BNW ★ une sainte ~ *een heilig boontje*
nitrate m *nitraat*
nitreux BNW [v: **nitreuse**] *salpeterachtig*
nitrique BNW ★ acide ~ *salpeterzuur*
nitrite m *nitriet*
nitroglycérine v *nitroglycerine*
niveau m [mv: **niveaux**] • *niveau; peil; hoogte; stand* • *vloeistofspiegel* • *waterpas* ★ de ~ *waterpas* ★ au ~ de *even hoog als* ★ ~ de vie *levensstandaard*
niveler OV WW • *waterpassen* • *waterpas maken* • *gelijkmaken; nivelleren*
nivellement m • *nivellering; (het) gelijkmaken van standen of diensten* • *(het) even hoog maken* • *(het) waterpassen*
nivôse m *sneeuwmaand* ‹vierde maand v.d. republikeinse kalender›
no AFK (numéro) *nr., no*
N-O AFK (nord-ouest) *noordwest(en)*
nobiliaire I m *adelboek* II BNW *adellijk*
noble I m/v *edele* II BNW • *adellijk* • *edel; verheven* ★ les parties ~s *de edele delen*
noblesse v • *adel; adeldom* • *(het) edele; edelheid; verhevenheid* ★ ~ oblige *hoge afkomst legt iem. verplichtingen op* ★ ~ de cœur *zielenadel* ★ ~ de style *verhevenheid van stijl*
noce v *bruiloft; bruiloftspartij* ★ INF. faire la noce *fuiven; boemelen* ★ INF. ne pas être à la noce *niet voor zijn plezier uit zijn*
noceur m [v: **noceuse**] *fuiver; boemelaar*
nocif BNW [v: **nocive**] *schadelijk*
nocivité v *schadelijkheid*
noctambule I m/v • *slaapwandelaar* • *nachtbraker* II BNW *slaapwandelend*
noctambulisme m • VERO. *(het) slaapwandelen* • *nachtbrakerij*
nocturne I m • MUZ. *nocturne* • *nachtgetijde* ★ match en ~ *avond-/lichtwedstrijd* II v *koopavond* III BNW *nachtelijk* ★ oiseau ~ *nachtvogel*
nodal BNW [m mv: **nodaux**] ★ ligne ~e *knooplijn*
nodosité v *knoest; knobbel*
nodule m *knoopje; knobbeltje*
Noé m *Noach*
Noël m *kerstlied* ★ arbre de Noël *kerstboom* ★ père Noël *kerstman* ★ petit Noël *kerstcadeautje* ★ à la Noël *met Kerstmis* ★ un noël *een kerstlied*
nœud m • *knoop; strik* • *knoop* ‹1660 meter› • *knobbel v. vinger en teen* • *kronkeling v. slang* • *knoop v. golf* • *knoest; kwast v. boom* • *verwikkeling* ‹v. toneelstuk› • *kern* • FIG. *band* ★ ~ papillon *vlinderstrik* ★ ~ glissant *lus; schuifknoop* ★ ~ de communications *knooppunt v. wegen* ★ ~ gordien *gordiaanse knoop* ★ ~ de cravate *dasstrik* ★ ~ de vipères *adderkluwen* ★ filer 12 ~s à l'heure *12 knopen per uur varen* ★ avoir un ~ à la gorge *een brok in de keel hebben*
noir I m • *zwarte (kleur); zwartsel; donkere kleur* • *blauwe plek* ★ noir d'ivoire *ivoorzwart* ★ d'un noir de jais *gitzwart* ★ INF. un petit noir *een kopje zwarte koffie* ★ être en noir *in het zwart gekleed zijn; rouwkleding dragen* ★ voir tout en noir *alles somber inzien* II BNW • *zwart* • *donker* • *vuil* • *bedroefd; somber; droefgeestig* • *afschuwelijk; snood; ongelukkig* • INF. *dronken* ★ ciel noir *betrokken lucht* ★ pain noir *roggebrood* ★ raisin noir *blauwe druif* ★ marché noir *zwarte handel* ★ caisse noire *geheim fonds* ★ noir de coups *bont en blauw geslagen* ★ il fait nuit noire *het is stikdonker*
noirâtre BNW *zwartachtig*
noiraud I m [v: **noiraude**] *donker iemand*

N

II BNW • *zwartbruin* • *met zwarte haren en donkere huid*
noirceur V • *donkere vlek* • *gemeenheid; schandelijkheid* • *schandelijke daad; schandelijk woord* • *somberheid; zwartgalligheid* • *zwartheid; donkerheid*
noircir I OV WW OOK FIG. *zwart maken* II ON WW *zwart worden* III WKD WW (**se** ~) *zwart worden; donker worden*
noircissement M OOK FIG. *(het) zwart maken*
noircissure V *zwarte vlek*
noire V • *zwarte (vrouw)* • MUZ. *kwart(noot)*
noise FORM. V *ruzie; twist* ⋆ chercher ~ *ruzie zoeken*
noisetier M *hazelaar*
noisette V • *hazelnoot* • *hazelnootbruin* • *klontje* ⋆ une ~ de beurre *een klontje boter*
noix V *noot* ⋆ noix de coco *kokosnoot* ⋆ noix de galle *galnoot* ⋆ noix de veau *schouderstuk v.e. kalf* ⋆ INF. à la noix *waardeloos; nutteloos*
noliser OV WW *bevrachten* ‹v. schip›
nom M *naam* ⋆ nom de baptême *doopnaam* ⋆ nom d'un chien! *verdorie!* ⋆ nom commun *gewoon zelfstandig naamwoord* ⋆ nom de dieu *gvd* ⋆ du nom de *geheten* ⋆ nom de famille *achternaam* ⋆ nom de guerre *schuilnaam; pseudoniem* ⋆ nom de nombre *telwoord* ⋆ INF. petit nom *voornaam* ⋆ nom propre *eigennaam* ⋆ INF. un nom à rallonge(s) *een ingewikkelde naam*
nomade I M *nomade* II BNW • *zwervend* • JUR. *zonder vaste woon- of verblijfplaats*
nomadisme M *zwervend bestaan*
nombre M • *getal; aantal* • *getal van een woord* ‹ev of mv› • *telwoord* • *meerderheid; overmacht* • *numerus* • *harmonie; evenredigheid* ⋆ ~ cardinal *hoofdtelwoord* ⋆ ~ ordinal *rangtelwoord* ⋆ bon ~ de *tal van* ⋆ en ~ *in groten getale* ⋆ au ~ de *onder* ⋆ au ~ de 20 *20 in getal* ⋆ ~ entier *geheel getal* ⋆ faire ~ *meetellen* ⋆ ~ fractionnaire *breuk* ⋆ ~ premier *ondeelbaar getal* ⋆ ~ rond *rond getal* ⋆ sans ~ *talrijk; ontelbaar* ⋆ serez-vous du ~? *zult u er ook bij zijn?*
nombreux BNW [V: **nombreuse**] *talrijk* ⋆ famille nombreuse *kinderrijke familie*
nombril M *navel*
nombrilisme M *(het) navelstaren*
nomenclature V *naamlijst; woordenlijst*
nominal BNW [M MV: **nominaux**] • *van de naam* • *in naam* ⋆ appel ~ *het afroepen der namen* ⋆ valeur ~e *nominale waarde* ⋆ être le chef ~ *in naam het hoofd zijn*
nominatif I M *eerste naamval* II BNW [V: **nominative**] *de naam bevattend* ⋆ état ~ *naamlijst*
nomination V *benoeming; aanstelling*
nominativement BIJW *bij name*
nommé BNW *genoemd* ⋆ un ~ A. *een zekere A.* ⋆ à point ~ *als geroepen; juist van pas*
nommément BIJW *met name*
nommer I OV WW • *noemen* • *een naam geven* • *benoemen* ⋆ à point nommé *op de kop af; op het juiste ogenblik* ⋆ ~ qn. maire *iem. tot burgemeester benoemen* II WKD WW (**se** ~) • *zich noemen* • *heten*
non I M *nee(stem)* ⋆ répondre par un non *ontkennen; weigeren* II BIJW *neen; niet* ⋆ non pas *niet* ⋆ non plus *ook niet; evenmin* ⋆ non seulement *niet alleen* ⋆ je ne dis pas non *ik wil (het) graag* III VW ⋆ non (pas) que [+ subj.] *niet dat*
non-activité V *non-activiteit*
nonagénaire I M/V *negentigjarige* II BNW *negentigjarig*
non-agression V *(het) niet aanvallen* ⋆ pacte de ~ *niet-aanvalsverdrag*
non-aligné BNW *niet-gebonden*
non-alignement M *(het) zich verzetten tegen blokvorming*
nonante TELW BELG./ZW. *negentig*
non-assistance V ⋆ JUR. ~ à personne en danger *(het) niet bijstaan van iemand die in gevaar verkeert*
non-belligérance V *(het) niet deelnemen aan een oorlog*
nonce M *nuntius*
nonchalance V *slordigheid; onverschilligheid*
nonchalant BNW *slordig; onverschillig*
nonciature V *nuntiatuur*
non-combattant I M [MV: **non-combattants**] *niet-strijder* II BNW *niet strijdend*
non-conformisme M *non-conformisme*
non-conformiste I M/V *non-conformist* II BNW *non-conformistisch*
non-conformité V *gebrek aan overeenstemming*
non(-)figuratif BNW [V: **non(-)figurative**] *non-figuratief; abstract*
non-fumeur M [MV: **non-fumeurs**] *niet-roker*
non-ingérence V *niet-inmenging*
non-inscrit BNW POL. *fractieloos*
non-intervention V *non-interventie*
non-lieu M *ontslag v. rechtsvervolging*
nonne V VERO. *non*
nonnette V • *nonnetje* ‹vogel› • *soort rond koekje*
nonobstant I BIJW *desondanks* II VZ *niettegenstaande; ondanks*
non-prolifération V POL. *non-proliferatie; (het) niet verbreiden*
non-recevoir M ⋆ opposer une fin de ~ *niet ontvankelijk verklaren*
non-retour M ⋆ point de ~ *point of no return*
non-sens M *onzin*
non-valeur M [MV: **non-valeurs**] • *prul* • *waardeloos persoon*
non-violence V *geweldloosheid*
non-violent BNW *geweldloos*
nord M • *noorden* • *noordenwind* ⋆ cap nord *Noordkaap* ⋆ étoile du nord *Poolster* ⋆ INF. perdre le nord *de kluts kwijtraken* ⋆ pôle nord *noordpool* ⋆ le Grand Nord *het hoge Noorden*
nord-africain I M *Noord-Afrikaan* II BNW *Noord-Afrikaans*
nord-américain I M *Noord-Amerikaan* II BNW *Noord-Amerikaans*
nord-est M *noordoosten*
nordique BNW *noords*
nord-ouest M *noordwesten*
noria V *jakobsladder*
normal BNW [M MV: **normaux**] *gewoon; regelmatig* ⋆ école ~e *kweekschool* ⋆ école ~e

supérieure *school ter opleiding voor leraar bij het m.o.*
normale I v • *loodlijn* • *raakvlak* II BNW → **normal**
normalement BIJW *in gewone omstandigheden; normaliter*
normalien m [v: **normalienne**] *kwekeling; leerling v.d. école normale supérieure*
normalisation v *normalisatie; normalisering*
normaliser OV WW *normaliseren*
normand I m *(het) Normandisch* II BNW *Normandisch*
Normand m *Normandiër* ★ les ~s *de Noormannen* ★ réponse de ~ *ontwijkend antwoord*
Normandie v *Normandië*
normatif BNW [v: **normative**] *normatief*
normaux BNW → **normal**
norme v *maatstaf; regel; norm*
noroît m *noordwest(enwind)*
Norvège v *Noorwegen*
norvégien I m *het Noors* II BNW [v: **norvégienne**] *Noors*
Norvégien m [v: **Norvégienne**] *Noor*
nos VNW mv → **notre**
nostalgie v *heimwee* (**de** *naar*); *nostalgie*
nostalgique BNW *vol heimwee; door heimwee veroorzaakt*
nota m [**nota bene**] • *let wel* • *opmerking; noot*
notabilité v • *aanzienlijkheid* • *aanzienlijk persoon*
notable I m/v *aanzienlijk persoon* II BNW *aanzienlijk; opmerkelijk*
notablement BIJW *opmerkelijk; veel*
notaire m *notaris*
notamment BIJW *in het bijzonder; bijvoorbeeld; vooral*
notarial BNW [m mv: **notariaux**] *notarieel*
notariat m *notariaat*
notarié BNW *notarieel*
notation v • *schrijfwijze* • *(het) geven v. cijfers* • *notatie* ★ ~ musicale *muzieknotatie*
note v • *noot; toon* • *aantekening; notitie* • *cijfer* • *punt* • *nota* • *rekening; nota* ★ prendre des notes *aantekeningen maken* ★ prendre note de *nota van iets nemen* ★ note diplomatique *diplomatieke nota* ★ fausse note *storend detail* ★ (ne pas) être dans la note *er (niet) bij passen*
noter OV WW • *optekenen; noteren* • *in noten opschrijven* • *waarderen met een cijfer of opmerking* ★ notez bien ceci! *let hier wel op!* ★ notez bien que *merk op; vergeet niet dat ...* ★ être mal noté *slecht aangeschreven staan*
notice v *kort bericht*
notificatif BNW [v: **notificative**] *aankondigend*
notification v *aankondiging*
notifier OV WW *aankondigen; meedelen*
notion v • *kennis; begrip* • *notie* • mv *grondbeginselen; basiskennis*
notoire BNW • *algemeen bekend* • *notoir*
notoirement BIJW *klaarblijkelijk*
notoriété v *algemene bekendheid* ★ il est de ~ publique *het is algemeen bekend*
notre BEZ VNW *ons; onze*
nôtre BEZ VNW *(het)/(de) onze* ★ les ~s *onze bloedverwanten; onze partijgenoten* ★ il est des ~s *hij staat aan onze kant* ★ serez-vous des ~s? *komt u ook?*
Notre-Dame v • *Onze-Lieve-Vrouw* • *Onze-Lieve-Vrouwekerk*
Notre-Seigneur m *Onze-Lieve-Heer*
notule v *korte noot*
nouba INF. v • *fuif* • *pret*
noué BNW • *geknoopt* • *gespannen*
nouer I OV WW • *(aan)knopen* • *binden; met een strik vastmaken* • *op touw zetten; smeden* ‹v. complot› ★ ~ amitié *vriendschap aanknopen* II ON WW *zich zetten* ‹v. vruchten› ★ avoir la gorge nouée *geen woord kunnen uitbrengen* III WKD WW (**se** ~) • *een knoop vormen; in de knoop gaan* • *aangeknoopt worden* • *gesmeed worden* ‹v. complot› • *zich zetten* ‹v. vruchten›
noueux BNW [v: **noueuse**] *knoestig*
nougat m *noga*
nougatine v *praline*
nouille v • INF. *sukkel; sufferd; kluns* • mv *noedels*
nounou v KIND. → **nourrice**
nounours KIND. m *(teddy)beer*
nourri BNW • *vol* • *krachtig* ★ feu ~ *intensief (geweer)vuur* ★ logé et ~ *met kost en inwoning*
nourrice v • *voedster; min* • *verzorgster* • *reservetank; reserveblik* ★ mettre un enfant en ~ *een kind bij een min doen*
nourricier BNW [v: **nourricière**] *voedend* ★ père ~ *voedstervader* ★ sol ~ *voedingsbodem*
nourrir OV WW • *voeden; zogen* • *opvoeden* • *onderhouden; koesteren* ★ ~ l'espoir *de hoop koesteren*
nourrissant BNW *voedzaam*
nourrisson m *zuigeling*
nourriture v *voedsel*
nous PERS VNW *wij; ons* ★ chez nous *thuis*
nous-mêmes PERS VNW • *(wij)zelf* • *(ons)zelf*
nouveau I m • *(het) nieuwe; nieuws* • *nieuweling* II BNW [m mv: **nouveaux**] • *nieuw; ander* • *onervaren* ★ le nouvel an *nieuwjaar* ★ les ~x mariés *het pas getrouwde echtpaar* ★ ~ riche *parvenu* ★ ~ venu *nieuwgekomene* ★ à ~ *van voren af aan* ★ de ~ *opnieuw* ★ être ~ dans qc *onervaren, een nieuweling in iets zijn* ★ de nouvelles têtes *nieuwe gezichten*
nouveau-né I m [v: **nouveau-née**] *pasgeborene* II BNW *pasgeboren*
nouveauté v • *nieuwheid* • *nieuwigheid* • *pas uitgekomen boek* • *pas uitgekomen artikel* • *modeartikel* ★ des ~s *modeartikelen* ★ magasin de ~s *modemagazijn*
nouvelle I v • LIT. *novelle* • *nieuws; bericht; tijding* • *nieuweling* ★ ~s à la main *korte anekdoten in een krant* ★ nous avons eu de ses ~s *wij hebben bericht van hem gekregen* ★ vous aurez de mes ~s! *wij spreken elkaar nog wel nader!* ★ demander, prendre des ~s de qn. *vragen hoe iemand het maakt* ★ point de ~s, bonnes ~s *geen nieuws is goed nieuws* II BNW → **nouveau**
nouvellement BIJW *onlangs; pas*
Nouvelle-Orléans (La) v *New Orleans*

N

Nouvelle-Zélande v *Nieuw-Zeeland*
nouvelliste m • *nieuwtjesjager* • *novelleschrijver* • *journalist*
novateur [v: **novatrice**] **I** m *hervormer*; *baanbreker* **II** BNW *baanbrekend*; *hervormend*
novembre m *november*
novice I m/v • *novice* ‹r.-k.› • *beginneling* • *lichtmatroos* **II** BNW • *onervaren*; *ongeschoold* • *onschuldig*
noviciat m • *leertijd* • *noviciaat* • *noviciaatshuis*
noyade v *verdrinking*
noyau m [mv: **noyaux**] • *pit*; *steen* • *kern*
noyautage m • *cellenbouw* ‹als propagandamiddel› • *infiltratie*
noyauter OV WW • *infiltreren* • *penetreren in* ‹organisatie›
noyé m [v: **noyée**] *drenkeling*
noyer I m • *notenboom* • *notenhout* **II** OV WW • *verdrinken* • *overstromen* ★ qui veut ~ son chien l'accuse de la rage *wie een hond wil slaan vindt licht een stok* ★ ~ le poisson *een tegenstander van de wijs brengen* ★ être noyé dans la foule *in de menigte opgaan* ★ ~ son chagrin *zijn verdriet verdrinken* ★ yeux noyés de larmes *ogen vol tranen* **III** WKD WW (**se** ~) *verdrinken* ★ aller se ~ *zich verdrinken* ★ se ~ dans un raisonnement *niet uit een redenering kunnen komen*
nu I m *(het) naakt*; *naakt model* ★ à nu *naakt*; *bloot* ★ mettre à nu *blootleggen* **II** BNW *bloot*; *naakt*; *kaal* ★ épée nue *blote degen* ★ mur nu *kale muur* ★ nu-pieds/pieds nus *blootsvoets* ★ paysage nu *kale, dorre streek* ★ vérité toute nue *naakte waarheid* ★ nu-tête, tête nue *blootshoofds*

N

nuage m *wolk* ★ bonheur sans ~s *onverstoord geluk* ★ être dans les ~s *verstrooid zijn* ★ ~ de lait *scheutje melk* ★ ~ de poussière *stofwolk*
nuageux BNW [v: **nuageuse**] • *bewolkt* • *onduidelijk*; *vaag*
nuance v *(kleur)schakering*; *klein verschil*; *nuance*
nuancé BNW *subtiel*; *genuanceerd*
nuancer OV WW *nuanceren*; *schakeren*
nubile BNW *huwbaar*
nubilité v *huwbaarheid*; *huwbare leeftijd*
nucléaire I m *kernenergie* **II** BNW *kern-* ★ fission ~ *kernsplitsing* ★ explosif ~ *kernspringstof* ★ armes ~s *kernwapens*
nudisme m *naaktloperij*; *nudisme*
nudiste m/v *naaktloper*; *nudist*
nudité v • *naaktheid*; *blootheid* • *dorheid*
nue I v *wolk* ★ porter aux nues *hemelhoog prijzen* ★ tomber des nues *kijken of men het in Keulen hoort donderen* **II** BNW → **nu**
nuée v • *dikke wolk* • *zwerm*
nue-propriété m [mv: **nues-propriétés**] *bloot eigendom*
nuire ON WW (~ **à**) *benadelen*; *schaden*
nuisance v *overlast*; *vervuiling*
nuisette v *kort nachthemd*
nuisible BNW *schadelijk*
nuit v • *nacht* • *duisternis* ★ nuit blanche *slapeloze nacht* ★ de nuit *'s nachts* ★ nuit et jour *dag en nacht* ★ il fait nuit *het is donker* ★ il fait nuit noire *het is stikdonker* ★ la nuit tombe *de avond valt*
nuitamment BIJW *'s nachts*
nuitée v • *nacht* • *prijs v.e. nacht logies*; *overnachting*
nul I m *niemand* **II** BNW [v: **nulle**] *waardeloos*; *onbeduidend*; *nietig* ★ homme nul *onbeduidend persoon* ★ match nul *gelijk spel* ★ nul et non avenu *van generlei waarde* **III** VNW [v: **nulle**] *geen*; *geen enkel(e)*; *nergens* ★ je ne peux le trouver nulle part *ik kan het (hem) nergens vinden*
nullard INF. **I** m *nul* **II** BNW *waardeloos*
nullement BIJW *geenszins*; *in het geheel niet*
nullité v • *nietigheid* • *onbeduidendheid*; *onbenulligheid* • *onbeduidend persoon*; *onbenullig persoon*
numéraire I m • *klinkende munt* • *het in omloop zijnde gemunte geld* **II** BNW *wat de wettelijke waarde v. geld betreft* ★ valeur ~ *numerieke waarde*
numéral [m mv: **numéraux**] **I** m *telwoord* **II** BNW *wat een getal aanduidt* ★ adjectif ~ *telwoord*
numérateur m *teller v.e. breuk*
numération v *telling* ★ ~ décimale *tientallig stelsel*
numérique BNW • *het aantal betreffend* • COMP. *digitaal* ★ supériorité ~ *overmacht*; *numerieke meerderheid*
numéro m • *nummer* • *prijskaartje* • *rare kerel* ★ ~ de code *pincode* ★ INF. t'as fait un faux ~! *je zit er mooi naast!*
numérotage m *nummering*
numéroter OV WW *nummeren*
numismate m *munten- en penningkenner*
numismatique v *penningkunde*
nu-pieds BNW *blootsvoets*
nuptial (*zeg:* nuupsiejal) BNW [m mv: **nuptiaux**] *wat de bruiloft of het huwelijk betreft* ★ bénédiction ~e *huwelijksinzegening*
nuptialité v *aantal huwelijken in een land*
nuque v *nek*
nurse (*zeg:* neurs) v *kindermeisje*
nu-tête BNW *blootshoofds*
nutritif BNW [v: **nutritive**] *voedzaam*; *voedend* ★ valeur nutritive *voedingswaarde*
nutrition v *voeding*
nylon m *nylon*
nymphe v • *nimf*; *bekoorlijk meisje* • *pop*; *cocon*
nymphéa m *witte waterlelie*
nymphette v *kindvrouw*; *lolita*
nymphomane I v *nymfomane* **II** BNW *nymfomaan*
nymphomanie v *nymfomanie*

O

o m *letter o*
O. AFK *west(en)*
ô TW *o!*
OAS AFK (Organisation de l'armée secrète) *geheime leger in Algerije* ‹tijdens onafhankelijkheidsstrijd›
oasis (*zeg:* -zies) v *oase*
obédience v • *(klooster)gehoorzaamheid* • *klooster, afhangend v.e. moederhuis*
obéir ON WW *gehoorzamen*; *gehoor/gevolg geven* (**à** *aan*) ★ ~ à la force *voor geweld zwichten*
obéissance v • *gehoorzaamheid* (**à** *aan*) • *onderdanigheid*; *afhankelijkheid*
obéissant BNW *gehoorzaam*
obélisque m *obelisk*
obérer OV WW *bezwaren* ‹met schuld›
obèse I m/v *gezet iem.* **II** BNW *zwaarlijvig*
obésité v *zwaarlijvigheid*
objecter OV WW *tegenwerpen*
objecteur m ★ ~ de conscience *principieel dienstweigeraar*
objectif I m • *objectief* ‹v. kijker›; *lens* • *doel* **II** BNW [v: **objective**] *objectief*
objection v *tegenwerping*; *bedenking* (**à** *omtrent, tegen*)
objectivement BIJW *op objectieve wijze*
objectiver OV WW *objectief voorstellen*
objectivité v *objectiviteit*
objet m • *voorwerp*; *object* • *doel* • *betr.* ‹in brief e.d.›
objurgation v / meestal mv / *flinke uitbrander*; *scherp verwijt*
oblat (*zeg:* -là) m *oblaat* ‹r.-k.›
oblation v • *offer*; *offerande* • *oblatie*
obligataire m/v *obligatiehouder*
obligation v • *verplichting* • *obligatie*
obligatoire BNW • *verplicht* • *bindend* • INF. *onvermijdelijk* ★ arrêt ~ *vaste halte* ★ service ~ *dienstplicht*
obligé I m [v: **obligée**] ★ je suis votre ~ *ik ben u zeer verplicht* **II** BNW *onvermijdelijk*; *verplicht* ★ je vous suis ~ *ik ben u dankbaar*
obligeamment BIJW *welwillend*; *behulpzaam*; *voorkomend*
obligeance v *welwillendheid*; *behulpzaamheid*; *voorkomendheid* ★ ayez l'~ de *wees zo vriendelijk te*
obligeant BNW *welwillend*; *vriendelijk*; *gedienstig*; *voorkomend*
obliger I OV WW • *verplichten* • *dwingen*; *noodzaken* **II** WKD WW (**s'**~) *zich verplichten*; *een verplichting op zich nemen*
oblique I v *schuine lijn* **II** BNW • *schuin*; *scheef* • *slinks*; *dubbelzinnig*
obliquer ON WW *in schuine richting lopen* ★ ~ à droite *rechts uitwijken*
obliquité v *schuinte*; *scheefheid*
oblitération v *afstempeling* ‹v. postzegels›
oblitérer OV WW • *uitwissen* • *onbruikbaar maken* • *verstoppen v. vaten* ★ ~ un timbre *een postzegel afstempelen*
oblong BNW [v: **oblongue**] *langwerpig*
obnubiler OV WW • *verduisteren*; *benevelen* • *kwellen*
obole v • VERO. *penning*; *duit* • *obool* • *kleine gave*; *kleine bijdrage*
obscène BNW *onzedelijk*; *gemeen*; *obsceen*
obscénité v *onzedelijkheid*; *gemeenheid*; *obsceniteit*
obscur BNW • *duister*; *donker* • *onbekend*; *verborgen*; *obscuur* • *onduidelijk*
obscurantisme m • *obscurantisme* • *domhouderij*
obscurantiste m/v *iem. die voorstander is van het dom houden der massa*
obscurcir I OV WW • *verduisteren*; *donker maken* • *onduidelijk maken* **II** WKD WW (**s'**~) *donker worden*; *duister worden* ★ son front s'obscurcit *zijn gelaat betrok*
obscurcissement m *verduistering*; *(het) donker worden*
obscurément BIJW • *duister* • *onduidelijk* • *onbekend*; *verborgen*
obscurité v • *duisternis* • *onduidelijkheid* • *verborgenheid*; *vergetelheid*
obsédé m *bezetene*; *maniak*
obséder OV WW *lastig vallen*; *kwellen*; *hinderen* ★ être obsédé par une idée *bezeten zijn van een idee*
obsèques v mv *uitvaart*; *plechtige begrafenis* ★ ~ nationales *staatsbegrafenis*
obséquieux BNW [v: **obséquieuse**] *kruiperig*; *overbeleefd*
obséquiosité v *kruiperigheid*; *overbeleefdheid*
observable BNW *waarneembaar*
observance v • REL. *naleving* • *kloosterregel*
observateur [v: **observatrice**] **I** m • *waarnemer* • *onderzoeker* • *toeschouwer* • *militair waarnemer* • *iem. die regels naleeft* **II** BNW *onderzoekend*
observation v • *naleving v. regels* • *waarneming* • *observatie* • *opmerking*; *aanmerking* ★ poste d'~ *waarnemingspost* ★ faire des ~s *aanmerkingen maken*
observatoire m • *observatorium* • *meteorologisch instituut*; *sterrenwacht*
observer I OV WW • *naleven*; *nakomen* • *waarnemen*; *gadeslaan* • *in het oog houden*; *in de gaten houden* • *opmerken* ★ je vous fais ~ que *ik maak u er opmerkzaam op dat* **II** WKD WW (**s'**~) • *zich in acht nemen* • *elkaar gadeslaan* • *zichzelf bestuderen*
obsession v • *obsessie*; *kwellende gedachte*; *(het) geobsedeerd zijn* • VERO. *(het) kwellen*; *hinderen*
obsessionnel BNW [v: **obsessionnelle**] *dwangmatig*
obsidienne v *lavaglas*
obsolète BNW *obsoleet*; *verouderd*
obstacle m *hinderpaal*; *hindernis*; *obstakel* ★ faire ~ à *verhinderen*
obstétrical BNW [m mv: **obstétricaux**] *verloskundig*; *obstetrisch*
obstétricien m [v: **obstétricienne**] *verloskundige*
obstétrique v *verloskunde*; *obstetrie*
obstination v *koppigheid*; *hardnekkigheid*
obstiné I m [v: **obstinée**] *stijfkop* **II** BNW *hardnekkig*; *koppig*; *obstinaat*

obstinément BIJW *hardnekkig; koppig*
obstiner I OV WW *koppig maken* **II** WKD WW ★ s'~ dans son refus *bij zijn weigering blijven* (**s'~ à**) *hardnekkig volhouden*
obstruction V • *obstructie* • MED. *verstopping* ★ SPORT faire de l'~ *obstructie plegen; opzettelijk hinderen van een tegenstander*
obstruer OV WW • *verstoppen* • *versperren*
obtempérer ON WW (~ **à**) *gehoorzamen (aan); nakomen*
obtenir OV WW • *verkrijgen* • *bereiken* ‹v. doel› • *behalen* ‹v. resultaat›
obtention V *verkrijging; verwerving*
obturateur I M *afsluiter; sluiter* ‹v. fototoestel› **II** BNW [v: **obturatrice**] *sluitend*
obturation V • *afsluiting* • *vulling* ‹v. kies›
obturer OV WW • *afsluiten* • *vullen* ‹v. kies›
obtus (*zeg:* -tuu) BNW *stomp; bot* ★ angle ~ *stompe hoek*
obus (*zeg:* -buu) M *granaat* ★ obus de rupture *brisantgranaat*
obusier M *houwitser; mortier*
obvier ON WW (~ **à**) *verhinderen; tegengaan* ★ obvier à un inconvénient *een nadeel ondervangen*
oc TW VERO. *ja* ‹in het Zuiden van Frankrijk› ★ langue d'oc *Zuid-Franse taal in de Middeleeuwen*
ocarina M *ocarina*
occase V INF. *buitenkansje*
occasion V • *gelegenheid* • *omstandigheid* • *oorzaak* • *buitenkansje; koopje* ★ à l'~ *bij gelegenheid* ★ avoir l'~ de *gelegenheid hebben om te* ★ livres d'~ *tweedehands boeken*
occasionnel BNW [v: **occasionnelle**] • *aanleidend* • *toevallig* ★ cause ~le *aanleiding*
occasionnellement BIJW *bij gelegenheid*
occasionner OV WW *veroorzaken*
occident M *westen*
occidental [m mv: **occidentaux**] **I** M ★ les Occidentaux *de westerlingen* **II** BNW *westers; westelijk*
occidentaliser OV WW *verwestersen*
occipital BNW [m mv: **occipitaux**] *wat het achterhoofd betreft*
occiput (*zeg:* -puut) M *achterhoofd*
occire OV WW SCHERTS. *koud maken; doden*
occitan I M *(het) Occitaans; langue d'oc* **II** BNW *Occitaans*
occlusif BNW [v: **occlusive**] *afsluitend*
occlusion V *(af)sluiting*
occultation V *verduistering v.e. hemellichaam*
occulte BNW *verborgen; geheim* ★ sciences ~s *geheime/occulte wetenschappen*
occulter OV WW • *bedekken* • *versluieren* • *verbloemen*
occultisme M *occultisme; leer van het occulte*
occupant M [v: **occupante**] • *bewoner* • *inzittende* • *bezetter*
occupation V • *bezigheid; werk* • *inbezitneming; bezetting*
occupé BNW • *bezet* • (~ **à**) *bezig (met); druk*
occuper I OV WW • *bezetten* • *bezighouden; werk geven* • *in beslag nemen* ‹v. tijd› • *bekleden* • *beslaan; plaats innemen* • *bewonen* **II** WKD WW (**s'~ de**) *zich bezighouden met; zorgen voor*
occurrence V *gelegenheid; omstandigheid* ★ en l'~ *in dit geval*
OCDE AFK (Organisation de coopération et de développement économiques) *OESO*
océan M *oceaan* ★ ~ glacial du Sud *Zuidelijke IJszee* ★ ~ Arctique *Noordelijke IJszee* ★ ~ glacial du nord *Noordelijke IJszee* ★ ~ Atlantique *Atlantische Oceaan* ★ ~ Indien *Indische Oceaan* ★ ~ Pacifique *Stille Zuidzee* ★ ~ Antarctique *Zuidelijke IJszee*
océanien BNW [v: **océanienne**] • *Oceanisch* • *v.d. oceaan*
océanique BNW *v.d. oceaan*
océanographie V *oceaanstudie*
océanographique BNW *wat de oceaanstudie betreft*
ocelle M *oogvlek*
ocelot M *Mexicaanse tijgerkat*
ocre V *oker*
ocré BNW *okerkleurig*
octaèdre M *achtvlak*
octane M *octaan*
octante TELW VERO. BELG./ZW. *tachtig*
octave V • MUZ. *octaaf* • *achtregelig vers*
octet M *byte*
octobre M *oktober*
octogénaire I M/V *tachtigjarige* **II** BNW *tachtigjarig*
octogonal BNW [m mv: **octogonaux**] *achthoekig*
octogone I M *achthoek* **II** BNW *achthoekig*
octosyllabe BNW [**octosyllabique**] *achtlettergrepig*
octroi M • *toekenning; verlening* • *stedelijke belasting op levensmiddelen* • GESCH. *tol; toladministratie* • *bureau waar deze rechten betaald worden*
octroyer OV WW *toekennen; verlenen*
oculaire I M *oculair* ‹v. verrekijker› **II** BNW *v.d. ogen* ★ témoin ~ *ooggetuige*
oculiste M/V *oogarts*
odalisque V *haremvrouw; odalisk*
ode V *ode; lofdicht*
odeur V *geur; reuk* ★ les ~s *parfum*
odieusement BIJW *afschuwelijk; schandelijk*
odieux I M *schandelijkheid; afschuwelijkheid* **II** BNW [v: **odieuse**] *afschuwelijk; schandelijk; verfoeilijk*
odontologie V *tandkunde*
odorant BNW *geurig; welriekend*
odorat (*zeg:* -rà) M *reuk; reukzin*
odoriférant BNW *welriekend; geurig*
odyssée V • *odyssee* • *avontuurlijk reisverhaal* • *woelig bestaan; moeizame tocht*
OEA AFK (Organisation des états américains) *OAS*
oecuménique BNW *oecumenisch; algemeen*
oecuménisme M • *oecumenische beweging* • FIG. *ontzuiling*
oedème M *oedeem; ziekelijke vochtophoping*
oedipe M *Oedipuscomplex*
Oedipe *Oedipus*
œil (*zeg:* uij; (mv) jeu) M [mv: **yeux**] • *oog* • *oog* ‹opening› • *oog* ‹knop› • *vet(ogen)* ★ loin des yeux, loin du cœur *uit het oog, uit het hart* ★ INF. coûter les yeux de la tête

O

erg duur zijn ★ INF. se battre l'~ de *geen zier geven om* ★ INF. pour les beaux yeux de qn *alleen om iem. plezier te doen* ★ en un clin d'~ *in een oogwenk* ★ jeter un coup d'~ *een blik werpen* ★ entre quatre yeux *onder vier ogen* ★ ne pas en croire ses yeux *zijn ogen niet kunnen geloven* ★ ne dormir que d'un ~ *licht slapen* ★ cela saute aux yeux *het springt in het oog; dat is duidelijk* ★ cela crève les yeux *dat springt in het oog; dat is duidelijk* ★ dévorer/couver des yeux *met de ogen verslinden* ★ ~ pour oeil, dent pour dent *oog om oog, tand om tand* ★ INF. à l'~ *gratis; op de pof* ★ avoir l'~ à tout *overal op letten* ★ avoir l'~ sur qn *een oogje op iemand houden* ★ avoir l'~ américain *meteen opmerken; een praktische kijk hebben* ★ faire de l'~ *een knipoogje geven* ★ être tout yeux *een en al oog zijn* ★ n'avoir pas froid aux yeux *niet bang uitgevallen zijn* ★ ouvrir de grands yeux *grote ogen opzetten* ★ ne pas pouvoir fermer l'~ *niet kunnen slapen* ★ fermer les yeux sur qc *iets oogluikend toestaan; een oogje dichtdoen voor iets* ★ fermer les yeux de qn *iem. in zijn laatste ogenblikken bijstaan* ★ ~ poché *blauw oog* ★ ouvrir l'~ *opletten; zijn ogen de kost geven* ★ à vue d'~ *zienderogen* ★ INF. mon ~! *dat zal wel !; je tante !* ★ le mauvais ~ *het boze oog* ★ coucher à l'~ *gratis overnachten*

œil-de-bœuf m [mv: **oeils-de-boeuf**] *rond of ovaal venster*

œil-de-chat m [mv: **oeils-de-chat**] *kattenoog; soort kwarts*

œil-de-perdrix m [mv: **oeils-de-perdrix**] *eksteroog; likdoorn*

œillade v *knipoogje*

œillère v • *oogklep* • *oogbadje* ★ avoir des ~s *de dingen slechts van één kant zien; bevooroordeeld zijn*

œillet m • *anjelier* • *vetergat* • *metalen ringetje in vetergat*

œilleton m *rond kijkgaatje; zoeker;* PLANTK. *oog*

œillette v • *tuinpapaver* • *papaverolie*

oekase m *keizerlijk decreet* ‹in Rusland›; OOK FIG. *oekaze*

oenologie v *leer v. wijnbouw en wijnbereiding*

oesophage m *slokdarm*

oestrogène m *oestrogeen*

œuf (*zeg:* uf; (mv) eu) m *ei* ★ ~ à la coque *zachtgekookt ei* ★ donner un ~ pour avoir un boeuf ★ ~ dur *hardgekookt ei* ★ ~ au plat *spiegelei* ★ ~ sur le plat *spiegelei* ★ plein comme un ~ *tjokvol* ★ ~ de Pâques *paasei* ★ mettre tous ses ~s dans le même panier *alles op één kaart zetten* ★ écraser/étouffer dans l'~ *in de kiem smoren*

œuvre I m • *gezamenlijke werken; oeuvre* ‹v. kunstenaar› • MUZ. *opus* • *bouwwerk* ★ hors d'~ *aangebouwd* ★ le grand ~ *de steen der wijzen* ‹alchemie› II v • *werk* • *voortbrengsel* • *liefdadigheidsinstelling* • *zetting* • *romp* ‹v. schip› ★ ~s d'art *kunstwerken* ★ bois d'~ *timmerhout* ★ l'exécuteur des hautes ~s *de beul* ★ faire ~ de *zich gedragen als* ★ mettre en ~ *aanwenden; in het werk stellen* ★ se mettre à l'~ *aan het werk gaan*

œuvrer ON WW *werken*

offensant BNW *beledigend*

offense v • *belediging* • *zonde; schuld*

offensé BNW *beledigd*

offenser I OV WW • *beledigen* • *beschadigen; kwetsen* II WKD WW (**s'~**) • *elkaar beledigen* • (**s'~ de**) *zich beledigd achten door; boos worden over*

offenseur m *belediger*

offensif BNW [v: **offensive**] *aanvallend; offensief*

offensive v MIL./FIG. *offensief*

offert WW (volt. deelw.) → **offrir**

offertoire m *offertorium* ‹r.-k.›

office I m • *ambt; betrekking* • *kantoor; bureau* • *dienst* • *officie; kerkdienst* • *bijkeuken* ★ d'~ *ambtshalve* ★ ~ de publicité *reclamebureau* ★ ~ du Tourisme *vereniging voor vreemdelingenverkeer; VVV* ★ ~ des morts *dodenmis* II v *bijkeuken; provisiekamer*

officialiser OV WW *officieel bevestigen; officieel bekrachtigen*

officiant m *priester die de mis opdraagt*

officiel I m SPORT *official* II BNW [v: **officielle**] *officieel* ★ journal ~ *Staatscourant* ★ INF. ~! *zeker weten!*

officiellement BIJW *officieel*

officier I m • *officier* • VERO. *ambtenaar* • *officier in een ridderorde* ★ ~ subalterne *officier t/m kapitein* ★ ~ supérieur *hoofdofficier* ‹v. majoor t/m kolonel› ★ ~s généraux *opperofficieren; generaals* ★ ~ de paix *vrederechter* ★ ~ de santé *plattelandsdokter die geneeskundige praktijk mocht uitoefenen zonder dokterstitel* ★ ~ d'académie *universitaire onderscheiding* ★ ~ de l'instruction publique *titel die een graad hoger is dan die van officier d'Académie* ★ ~ de la Légion d'honneur *officier in het legioen van eer* II ON WW *de mis opdragen*

officieux BNW [v: **officieuse**] *onofficieel; officieus*

officinal BNW [m mv: **officinaux**] *in gebruik zijnde als geneesmiddel* ★ plantes ~es *geneeskrachtige kruiden*

officine v • *apotheek* • FIG. *broeinest*

offrande v • *offerande* • *gave*

offrant m *bieder* ★ le plus ~ *de hoogste bieder*

offre v *aanbod; bod* ★ l'~ et la demande *vraag en aanbod* ★ ~ ferme *vaste offerte*

offrir I OV WW *aanbieden; bieden; offreren (***à** *aan)* II WKD WW (**s'~**) • *zich aanbieden* • *zich voordoen* ★ s'~ qc *zich op iets trakteren*

offset I m *offsetdruk* II v *offsetmachine* III BNW *offset*

offusquer I OV WW • *aanstoot geven; ergeren* • VERO. *verduisteren* ★ être offusqué par qc *aanstoot aan iets nemen* II WKD WW (**s'~ de**) *z. ergeren aan*

oflag m *Duits gevangenkamp voor officieren gedurende de laatste wereldoorlog*

ogival BNW [m mv: **ogivaux**] *van de spitsbogen; ogiefvormig* ★ VERO. style ~ *gotische stijl*

ogive v *spitsboog; ogief* ★ ~ nucléaire *kernkop*

ogre m [v: **ogresse**] *menseneter; reus*

O

oh TW *och!*; *o!*; *wel!*

ohé TW *hé daar!*; *ahoi*

ohm m *ohm*

oie v • *gans* • *domoor* ★ oie blanche *onschuldig meisje* ★ jeu de l'oie *ganzenbord* ★ contes de ma Mère l'Oie *sprookjes v. Moeder de Gans* ★ pas de l'oie *paradepas*

oignon (*zeg:* onjo(n)) m • *ui* • *bloembol* • *eeltknobbel aan de voeten* • *knol* ‹horloge› ★ INF. en rang d'~s *in een rij* ★ aux petits ~s *piekfijn* ★ INF. occupe-toi de tes ~s! *bemoei je met je eigen zaken!*

oïl TW VERO. *ja* ★ langue d'oïl *taal van Noord-Frankrijk in de Middeleeuwen*

oindre OV WW *zalven*; *oliën*

oint **I** m *gezalfde* **II** BNW *gezalfd*

oiseau m [mv: **oiseaux**] *vogel* ★ INF. drôle d'~ *vreemde snoeshaan* ★ petit à petit l'~ fait son nid *alle dagen een draadje, is een hemdsmouw in het jaar* ★ ~ de proie *roofvogel* ★ à vol d'~ *in rechte lijn* ★ ~ de bon augure *geluksbode* ★ ~ de mauvais augure *ongeluksbode* ★ ~ de passage *trekvogel* ★ FIG. un ~ rare *een witte raaf*

oiseau-mouche m [mv: **oiseaux-mouches**] *kolibrie*

oiseleur m *vogelaar*

oiselier m *vogelkoopman*

oisellerie v • VERO. *het kweken van vogels* • VERO. *vogelkwekerij* • *vogelhandel*

oiseux BNW [v: **oiseuse**] *nutteloos*; *overbodig* ★ paroles oiseuses *ijdele praatjes*

oisif BNW [v: **oisive**] • *lui* • *zonder bezigheden*

oisillon m *vogeltje*

oisivement BIJW *lui*; *nietsdoend*

oisiveté v *nietsdoen*; *ledigheid* ★ l'~ est la mère de tous les vices *ledigheid is des duivels oorkussen*

oison m [v: **oisonne**] • *gansje* • INF. *stommeling*; *sukkel*

OIT AFK (Organisation internationale du travail) *IAO*

O.K. TW *o.k.*; *okay*

olé **I** BNW ★ un peu olé *een tikje gewaagd* **II** TW *olé!*

oléagineux BNW [v: **oléagineuse**] *olieachtig*; *oliehoudend*

oléiculture v *olijventeelt*

oléine v *oleïne*; *olievetstof*

oléoduc m *pijpleiding v. olie*; *olieleiding*

olfactif BNW [v: **olfactive**] *wat de reuk betreft*

olfaction v *reuk*

olibrius (*zeg:* -juus) m • *vreemde snoeshaan* • VERO. *opschepper*

olifant m *drinkhoorn*; *ivoren hoorn v. Roland*

oligarchie v *familieregering*

oligarchique BNW *bestuurd door een familieregering*

oligoéléments m mv *sporenelementen*

olivaie v *olijventuin*

olivâtre BNW *olijfkleurig*

olive v • *olijf* • *olijfvormig architectonisch ornament* • *olijfgroen* • *tussenschakelaar*

olivette v • *olijventuin* • *(ovaal) tomaatje*

olivier m *olijfboom* ★ mont des Oliviers *Olijfberg*

ollé TW → **olé**

olographe BNW *eigenhandig geschreven*

OLP AFK (Organisation de libération de la Palestine) *PLO*

Olympe m • *Olympus* • LIT. *hemel*

olympiade v *periode van vier jaar tussen twee Olympische spelen*

olympien BNW [v: **olympienne**] *olympisch*; *majestueus*

olympique **I** m/v *olympisch kampioen* **II** BNW *olympisch* ★ jeux ~s *Olympische spelen*

ombelle v *scherm*

ombellifère **I** v *schermbloemige plant* **II** BNW *schermbloemig*

ombilic m *navel*

ombilical BNW [m mv: **ombilicaux**] *v.d. navel* ★ cordon ~ *navelstreng*

ombrage m • *achterdocht*; *argwaan* • *lommer*; *gebladerte* ★ faire ~ *argwaan opwekken*

ombragé BNW *beschaduwd*; *lommerrijk*

ombrager OV WW • *overschaduwen* • *beschaduwen*

ombrageux BNW [v: **ombrageuse**] • *schichtig* • *achterdochtig*

ombre **I** m *vlagzalm* **II** v • *lommer* • *schaduw* • *schaduwbeeld*; *schim* • *duisternis* • *schijn*; *spoor* • *omber* ‹kleurstof› ★ à l'~ de *in de schaduw van*; *beschut door* ★ rester dans l'~ *verborgen blijven* ★ ~ d'un doute *spoor v. twijfel* ★ ~s chinoises *schimmenspel* ★ tu me fais de l'~ *je staat in het licht* ★ FIG. mettre qn à l'~ *iem. opsluiten*

ombrelle v *kleine parasol*

ombrer OV WW *schaduw aanbrengen in schilderij*

ombreux BNW [v: **ombreuse**] *schaduwrijk*

Ombrie v *Umbrië*

OMC AFK (Organisation mondiale du commerce) *Wereldhandelsorganisatie*; *WTO*

oméga m *laatste letter v.h. Griekse alfabet* ★ l'alpha et l'~ *het begin en het einde*

omelette v *omelet*

omettre OV WW *weglaten*; *nalaten*; *verzuimen*

omis WW (volt. deelw.) → **omettre**

omission v • *weglating*; *omissie* • *verzuim* ★ sauf erreur ou ~ *vergissing of weglating voorbehouden* ★ pécher par ~ *uit nalatigheid zondigen*

omnibus (*zeg:* -buus) m *omnibus* ★ train ~ *boemeltrein*

omnipotence v *almacht*

omnipotent BNW *almachtig*

omniprésence v *alomtegenwoordigheid*

omniprésent BNW *alomtegenwoordig*

omniscience v *alwetendheid*

omniscient BNW *alwetend*

omnisport- BNW • *sport-* • *voor alle sporten*

omnium m *algemene handelsmaatschappij*; SPORT *omnium*

omnivore **I** m *allesetend dier* **II** BNW *allesetend*

omoplate v *schouderblad*

OMS AFK (Organisation mondiale de la santé) *WGO*; *WHO*

on VNW *men* ‹ook wel ik, jij, hij, wij, zij, jullie, u› ★ le qu'en dira-t-on *de openbare mening*

onagre m *wilde ezel*

once v • *ounce*; *ons* • *sneeuwpanter*

oncle m *oom*

onction v *zalving; wijding* ★ extrême-~ *Heilige Oliesel*
onctueux BNW [v: **onctueuse**] • *zalfachtig* • *smeuïg* • *zalvend*
onctuosité v *vettigheid*
onde v • *golf* • VERO. *water* ★ O.C. *korte golf* ★ P.O. *kortegolf* ★ O.M. *middengolf* ★ G.O. *lange golf* ★ longueur d'onde *golflengte* ★ ondes lumineuses *lichtgolven* ★ mise en ondes *microfoonbewerking* ★ ondes sonores *geluidsgolven* ★ sur les ondes *op radio en tv*
ondé BNW *gegolfd*
ondée v *stortbui*
ondin m [v: **ondine**] *watergeest; waternimf*
on-dit m (onver.) ★ les ~ *de praatjes v.d. mensen*
ondoiement m • *golving* • *nooddoop* ‹r.-k.›
ondoyant BNW • *golvend* • *veranderlijk; wispelturig*
ondoyer I OV WW *de nooddoop toedienen* II ON WW *golven; wapperen*
ondulant BNW *golvend* ★ drapeaux ~s *wapperende vlaggen*
ondulation v • *golving* • *haargolf*
ondulatoire BNW *golvend* ★ mouvement ~ *golfbeweging*
onduler I OV WW *golven; onduleren* ★ carton ondulé *golfkarton* II ON WW *golven*
onduleux BNW [v: **onduleuse**] *golvend*
onéreux BNW [v: **onéreuse**] • *kostbaar* • *bezwarend* ★ JUR. à titre ~ *tegen vergoeding*
ongle m *nagel; klauw* ★ se faire les ~s *zijn nagels verzorgen* ★ jusqu'au bout des ~s *in hart en nieren; door en door* ★ se rogner les ~s *op zijn nagels bijten* ★ savoir sur le bout des ~s *op zijn duimpje kennen; op zijn duimpje weten*
onglée v *dode, tintelende vingers*
onglet m • *verstek* • *oortje; tab* ★ boîte à ~s *verstekbak*
onglier m *nagelgarnituur*
onguent m *zalf*
ongulé BNW *met hoeven*
onirique BNW *droom-*
oniromancie v *droomuitlegging*
onomastique BNW *naam-*
onomatopée v *klanknabootsing*
ont WW (présent) → **avoir**
ontologie v *leer v.h. zijn*
ONU AFK (Organisation des Nations Unies) *VN; Verenigde Naties*
onusien [v: **onusienne**] I m *VN-ambtenaar* II BNW *VN-*
onyx m *onyx* ‹fijne agaat›
onze I m *elf* II TELW *elf*
onzième I m *elfde deel* II TELW *elfde*
OPA AFK (offre publique d'achat) *overname(bod)* ‹op aandelen›
opacifier I OV WW *ondoorschijnend maken* II WKD WW (**s'**~) *ondoorschijnend worden*
opacité v *ondoorschijnendheid*
opale v *opaal*
opalin BNW *opaalachtig*
opaque BNW *ondoorschijnend*
OPEP AFK (Organisation des pays exportateurs de pétrole) *OPEC; organisatie van olie-exporterende landen*
opéra m • *opera* • *operagebouw* ★ ~ bouffe *komische opera* ★ ~ comique *halfernstige, halfkomische opera waarin de zang afgewisseld wordt met het gesproken woord* ★ ~ sérieux *opera met tragisch onderwerp*
opérable BNW *opereerbaar*
opérant BNW *werkzaam*
opérateur [v: **opératrice**] I m,v • *operateur; bediener* ‹v. apparatuur› • *cameraman* II m WISK. *operator*
opération v • *operatie* • *werking* • *onderneming* • *krijgsverrichting* • *bewerking* ★ ~ chimique *chemische reactie* ★ les ~s fondamentales *de hoofdbewerkingen der rekenkunde*
opérationnel BNW [v: **opérationnelle**] *operationeel*
opératoire BNW *wat een operatie betreft* ★ médecine ~ *operatieve geneeskunde*
opercule m *deksel*
opérer I OV WW • *teweegbrengen; maken; doen* • *opereren* ★ ~ des miracles *wonderen doen* II ON WW *werken; uitwerking hebben* ★ le remède commence à ~ *het geneesmiddel begint te werken* III WKD WW (**s'**~) *geschieden*
opérette v *operette*
ophtalmie v *oogontsteking*
ophtalmologie v *oogheelkunde*
ophtalmologique BNW *oogheelkundig*
ophtalmologiste m/v [m: **ophtalmologue**] *oogarts*
ophtalmoscope m *oogspiegel*
opiacé I m *opiaat* II BNW *opium bevattend; opiumhoudend*
opimes v mv *grote buit; grote winst*
opiner ON WW *van mening zijn; zijn mening te kennen geven* ★ ~ du bonnet *stilzwijgend toestemmen* ★ ~ du chef *knikken*
opiniâtre BNW • *hardnekkig* • *koppig; stijfhoofdig*
opiniâtreté v *koppigheid; stijfhoofdigheid; hardnekkigheid*
opinion v • *mening; opinie* • *openbare mening* ★ braver l'~ (publique) *de openbare mening trotseren*
opiomane I m/v *iem. die verslaafd is aan opium* II BNW *aan opium verslaafd*
opiomanie v *verslaafdheid aan opium*
opium (zeg: opjom) m *opium*
opossum m *buidelrat*
opportun BNW *gelegen; geschikt; van pas*
opportunisme m • *opportunisme* • *politiek die zich richt naar de omstandigheden*
opportuniste I m/v *opportunist* II BNW *zich regelend naar de omstandigheden; beginselloos*
opportunité v • *geschiktheid* • *gunstig moment*
opposable BNW *tegenover elkaar te stellen; opponeerbaar* ‹v. duim en vingers›
opposant I m *opponent; bestrijder* II BNW *verwerend*
opposé I m *tegendeel; tegenovergestelde* ★ c'est tout l'~ *dat is precies het tegenovergestelde* ★ à l'~ de *in tegenstelling met* II BNW • *tegenoverliggend; tegenoverstaand* • *tegengesteld* (**à** *aan*) ★ angles ~s *overstaande hoeken*

O

opposer I OV WW • *tegenoverstellen* • *tegenwerpen* ⋆ ce match oppose R à O *in deze wedstrijd staan R en O tegenover elkaar* II WKD WW (**s'**~ **à**) *zich verzetten tegen*; *opponeren*
opposite m *(het) tegengestelde*; *tegendeel* ⋆ à l'~ de *tegenover*
opposition v • *tegenstelling* • *verschil* • *oppositie(partij)* • *tegenstand*; *verzet* ⋆ par ~ à *in tegenstelling met* ⋆ faire de l'~ *oppositie voeren* ⋆ faire ~ à ⋆ mettre ~ à *zich verzetten tegen*; *verzet aantekenen tegen*
oppresser OV WW • *benauwen*; *beklemmen* • *kwellen* ⋆ ~ la poitrine *de borstkas beklemmen*
oppresseur I m *onderdrukker* II BNW *onderdrukkend*
oppressif BNW [v: **oppressive**] *onderdrukkend*
oppression v • *benauwdheid* • *onderdrukking*; *verdrukking*
opprimer OV WW *onderdrukken*; *verdrukken*
opprobre m *schande*; *vernedering*; *schandvlek*
optatif BNW [v: **optative**] *wensend*; *optatief*
opter ON WW *kiezen (***pour** *voor)*
opticien m [v: **opticienne**] *opticien*
optimal BNW [m mv: **optimaux**] *optimaal*
optimaliser OV WW → **optimiser**
optimisation v *optimalisering*
optimiser OV WW *optimaliseren*
optimisme m *optimisme*; *blijmoedigheid*
optimiste I m/v *optimist* II BNW *optimistisch*
optimum I m *het best bereikbare*; *het hoogst bereikbare* II BNW *hoogste*; *maximum* ⋆ température optima *maximum temperatuur* ⋆ conditions ~s/optima *perfecte omstandigheden*
option v • *keus* • *recht v. voorkeur* • *optie* • mv *extra's* ‹v. auto bijv.› ⋆ matière à ~ *keuzevak*
optionnel BNW [v: **optionnelle**] *keuze-*; *facultatief*
optique I v • *perspectief* • *optica*; *leer v.h. licht* II BNW *optisch*; *v.h. licht*; *v.h. gezicht* ⋆ angle ~ *gezichtshoek* ⋆ fibre ~ *glasvezel* ⋆ nerf ~ *oogzenuw*
opulence v *rijkdom*; *weelde*; *overvloed*
opulent BNW *rijk*; *weelderig*; *overvloedig*
opuscule m *werkje*
or I m • *goud* • *goudgeld* • *goudgeel* ⋆ cœur d'or *hart v. goud* ⋆ être cousu d'or *schatrijk zijn* ⋆ or en feuilles *bladgoud* ⋆ payer au poids de l'or *zeer duur betalen* ⋆ valeur or *goudwaarde* ⋆ valoir son pesant d'or *zijn gewicht in goud waard zijn* ⋆ cheveux d'or *goudgele, blonde haren* II BIJW *welnu*; *nu* ⋆ Or, un beau jour *Op zekere dag, nu*
oracle m *orakel* ⋆ ton d'~ *besliste toon*
orage m *onweer*; FIG. *storm*
orageux BNW [v: **orageuse**] • *onweerachtig*; OOK FIG. *stormachtig*; *onrustig* • *verhit* ‹v. debat›
oraison v • *gebed* • *rede* ⋆ ~ dominicale *Onze Vader* ⋆ ~ funèbre *lijkrede*
oral [m mv: **oraux**] I m *mondeling examen* II BNW • *mondeling* • *tot de mond behorend* • *oraal* ⋆ examen oral *mondeling examen* ⋆ tradition orale *mondelinge overlevering* ⋆ cavité orale *mondholte*
orange I m *oranje kleur* II v *sinaasappel* III BNW *oranje*
orangé I m *oranjekleur v.d. regenboog* II BNW *oranje*; *oranjeachtig*
orangeade v *ranja*
oranger I m • *sinaasappelboom* • *sinaasappelkoopman* ⋆ fleur d'~ *oranjebloesem* II OV WW *een oranje kleur geven*
orangeraie v *sinaasappelplantage*
orangerie v • *winterkas* • *sinaasappelplantage*
orang-outan m [**orang-outang**] [m mv: **orangs-outan(g)s**] *orang-oetan*
orateur m [v: **oratrice**] *spreker*; *redenaar*
oratoire I m *huiskapel*; *kapelletje* II BNW *redekunstig*; *retorisch*; *oratorisch* ⋆ art ~ *redenaarskunst*
oratorio m *oratorium*; *muzikaal (geestelijk) drama*
orbe I m • *kring v. planeet*; *baan v. planeet* • *hemellichaam* II BNW ⋆ mur orbe *blinde muur*
orbiculaire BNW *(k)ringvormig*
orbital BNW [m mv: **orbitaux**] *wat de planeetbaan betreft*
orbite v • *(planeet)baan* • *oogholte* ⋆ ~ d'attente *parkeerbaan* ⋆ placer sur ~ *in een baan brengen* ⋆ la mise sur ~ *het in een baan brengen*
orchestral (*zeg:* ork-) BNW [m mv: **orchestraux**] *van het orkest*; *orkestraal*
orchestrateur (*zeg:* ork-) m [v: **orchestratrice**] MUZ. *bewerker*
orchestration (*zeg:* ork-) v *orkestzetting*; *orkestratie*
orchestre (*zeg:* ork-) m *orkest* ⋆ chef d'~ *dirigent* ⋆ fauteuils d'~ *stalles*
orchestrer (*zeg:* ork-) OV WW *voor orkest bewerken*
orchidée (*zeg:* orkie-) v *orchidee*
ordalie v *godsgericht in de Middeleeuwen*
ordinaire I m • *gewoonte*; *(het) gewone* • *gewone kost* • *normale benzine* ⋆ comme à l'~ *als gewoonlijk* ⋆ d'~ *gewoonlijk* ⋆ sortir de l'~ *ongewoon zijn* ⋆ ~ de la messe *vaste gebeden v.d. mis* II BNW *gewoon*; *alledaags*; *middelmatig*
ordinal BNW [m mv: **ordinaux**] *rangschikkend* ⋆ nombre ~ *rangtelwoord*
ordinateur m *computer*; *rekenmachine*
ordination v • *priesterwijding* • *(het) (be)rekenen*; *(het) calculeren*
ordonnance v • *inrichting*; *regeling*; *schikking*; *samenstelling* • *bevel*; *verordening*; *bevelschrift* • *recept* • MIL. *ordonnans* ⋆ officier d'~ *adjudant*
ordonnancement m • *regie* • *machtiging tot betaling*
ordonnateur [v: **ordonnatrice**] I m *regelaar*; *bestuurder* II BNW *ordenend*; *regelend*
ordonné BNW *geregeld*; *ordelijk*
ordonnée v *ordinaat*; *y-as*
ordonner OV WW • *inrichten*; *schikken*; *regelen*; *ordenen* • *voorschrijven* • *wijden* • *bevelen*; *gelasten* ⋆ maison bien ordonnée *goed ingericht huis*
ordre m • *orde* • *rang*; *rangschikking*; *volgorde*

• *bevel*; *order* • *order*; *bestelling* • *gevechtsorde* • *stijl* • *stand* ★ avoir de l'~ *netjes zijn* ★ ~ du jour *agenda* ★ ~ monastique *kloosterorde* ★ mot d'~ *wachtwoord* ★ porter un militaire à l'~ du jour *een militair eervol vermelden* ★ rentrer dans l'~ *weer tot rust komen*; *op zijn pootjes terecht komen* ★ faire rentrer dans l'~ *weer in het gareel brengen* ★ de premier ~ *eersterangs* ★ je suis à vos ~s *ik ben tot uw dienst* ★ billet à ~ *orderbriefje* ★ les ~s mineurs *de kleine wijdingen*

ordure v • *vuil* • *vuilnis*; *vuile woorden*; *vuile daden*; *vuile geschriften*

ordurier BNW [v: **ordurière**] *vuil* ★ écrivain ~ *vuilschrijver*

orée v *rand* ‹v. bos›; *zoom*

oreille v • *oor* • *gehoor* • *oor* ‹v. kan› • *ezelsoor* ‹aan bladzijde› • INF. *centen* ★ frotter les ~s à qn *iem. afranselen* ★ montrer le bout de l'~ *zich verraden* ★ ouvrir les ~s *aandachtig luisteren* ★ prêter l'~ *luisteren* ★ se faire tirer l'~ *gemaand moeten worden* ★ l'~ basse *met hangende pootjes* ★ dire à l'~ *influisteren* ★ tendre l'~ *de oren spitsen* ★ échauffer les ~s *ergeren*; *kwaad maken* ★ être tout ~s *een en al oor zijn* ★ faire la sourde ~ *Oost-Indisch doof zijn* ★ avoir de l'~ *een zuiver gehoor hebben* ★ être dur de l'~ *hardhorend zijn*

oreiller m *hoofdkussen*

oreillette v • *boezem v.h. hart* • *oorklep*

oreillons m mv *bof*

ores BIJW *nu* ★ d'ores et déjà *nu reeds*; *van nu af aan*

orfèvre m *goud- of zilversmid*

orfèvrerie v • *goudsmidswerk* • *goudsmidskunst* • *goudsmidswinkel*

orfraie v *visarend*

organdi m *soort lichte, stijve mousseline*

organe m • *orgaan* • *stem* • *werktuig* • *tolk*; *orgaan*

organigramme m *organigram*; *stroomdiagram*

organique BNW • *wat de zintuigen betreft* • *organisch* • *organiek*

organisateur [v: **organisatrice**] **I** m *organisator* **II** BNW *organiserend*

organisation v • *opzet*; *structuur*; *indeling* • *organisatie*

organisé BNW • BIOL. *van organen voorzien* • *georganiseerd*; *geregeld*; *ingericht* • *systematisch* • *bij een organisatie aangesloten* ★ tête bien ~e *helder hoofd*

organiser OV WW *organiseren*; *regelen*; *inrichten*

organisme m *organisme*; *lichaam*; *gestel*

organiste m/v *organist*

orgasme m *orgasme*

orge I m ★ orge mondé *gepelde gerst* ★ orge perlé *geparelde gerst* **II** v *gerst*

orgeat m *orgeade*; *amandelmelk*

orgelet m *strontje* ‹op oog›; *hordoleum*

orgiaque BNW *als v.e. orgie*; *orgiastisch* ★ débauches ~s *wilde uitspattingen*

orgie v *orgie*; *zwelgpartij* ★ une ~ de fleurs *een overvloed aan bloemen*

orgue m *orgel* ★ ~ de Barbarie *draaiorgel* ★ point d'~ *fermate*

orgueil m *hoogmoed*; *trots* ★ faire l'~ de *de trots zijn van*

orgueilleusement BIJW *hoogmoedig*; *trots*

orgueilleux [v: **orgueilleuse**] **I** m v *hoogmoedig iem.* **II** BNW *hoogmoedig*; *trots*

orient m • *oriënt*; *oosten* • *glans v.e. parel* ★ l'Extrême-Orient *Het Verre Oosten*

orientable BNW *verstelbaar*; *draaibaar*

oriental BNW [m mv: **orientaux**] *oosters*

orientalisme m • *liefde voor het Oosten, de oosterse volken* • *kennis der oosterse volken, zeden, talen*

orientaliste I m/v *orientalist* **II** BNW *gericht op het exotische*

orientation v • *oriëntatie*; *(het) zich oriënteren* • *ligging* • *richting*; *koers* ★ ~ professionnelle *beroepsvoorlichting*

orienté BNW • *gelegen*; *georiënteerd* • *tendentieus* ★ ~ à l'est *op het oosten liggend*

orienter I OV WW • *richten (***vers** *naar, op)* • *naar de wind zetten* ‹v. zeilen›; *leiden* ★ marché bien orienté *willige markt* **II** WKD WW (**s'~**) • *de richting vaststellen* • *zich op de hoogte stellen*; *zich oriënteren*

orifice m *opening*; *mond*; *gat*

oriflamme v *oud banier v.d.Franse koningen*

origan m *oregano*; *marjolein*

originaire BNW *aangeboren*; *oorspronkelijk* ★ ~ de *afkomstig uit*

original I m [mv: **originaux**] • *origineel* • *oorspronkelijk manuscript/schilderij/tekst* • *voorbeeld* **II** m [v: **originale**] *zonderling (iemand)* **III** BNW [m mv: **originaux**] • *origineel*; *oorspronkelijk* • *zonderling*

originalité v • *oorspronkelijkheid* • *eigenaardigheid*; *originaliteit*

origine v *oorsprong*; *afkomst*; *afstamming* ★ dès l'~ *van meet af aan* ★ à l'~ *oorspronkelijk*; *aanvankelijk* ★ tirer son ~ de *afstammen van*; *afkomstig zijn van*

originel BNW [v: **originelle**] *oorspronkelijk*; *aangeboren* ★ péché ~ *erfzonde*

originellement BIJW *van het begin af*

oripeau m *klatergoud*

oripeaux m mv *oude, opzichtige kleren*

ORL AFK • (oto-rhino-laryngologiste) *KNO-arts* • (oto-rhino-laryngologie) *KNO*

orme m *iep*; *olm*

ormeau m [mv: **ormeaux**] *jonge iep*; *jonge olm*

ornement m • *versiersel* • *sieraad* • *ornament* • *priestergewaad*

ornemental BNW [m mv: **ornementaux**] *versierend* ★ plante ~e *sierplant*

ornementation v *versieringskunst*; *(het) aanbrengen v. versieringen*

ornementer OV WW *met ornamenten versieren*

orner OV WW *versieren*; *verfraaien (***de** *met)*

ornière v • *wagenspoor* • *sleur*

ornithologie v *vogelkunde*

ornithologue m/v *ornitholoog*; *vogelkenner*

ornithorynque m *vogelbekdier*

orographie v *bergbeschrijving*

oronge v *amaniet* ★ fausse ~ *vliegenzwam*

orpaillage m *(het) goud wassen*

orpailleur m *goudwasser*; *goudzoeker*

Orphée *Orpheus*

O

orphelin m [v: **orpheline**] *wees*
orphelinat m *weeshuis*
orphéon m *fanfare*
ORSEC AFK (Organisation des secours) ★ plan ~ *(overheids)rampenplan*
orteil m *teen* ★ gros ~ *grote teen*
orthodontie (*zeg:* -tie) v *gebits-/kaakregulatie*
orthodontiste m/v *orthodontist*
orthodoxe I m/v *rechtzinnige* II BNW • *rechtzinnig; streng religieus* • *orthodox*
orthodoxie v *rechtzinnigheid*
orthogonal BNW [m mv: **orthogonaux**] *rechthoekig*
orthographe v *schrijfwijze; spelling* ★ faute d'~ *spelfout*
orthographier OV WW *volgens de spelregels schrijven*
orthographique BNW *volgens de spelling*
orthopédie v *heilgymnastiek; orthopedie*
orthopédique BNW *lichaamsgebreken herstellend*
orthopédiste I m/v *orthopedist; orthopeed* II BNW *heilgymnastiek betreffend; orthopedisch* ★ médecin ~ *orthopedisch arts*
orthophonie v *verbetering v. spraakgebreken*
orthophoniste m/v *orthofoniespecialist; logopedist*
ortie v *brandnetel* ★ ~ blanche *witte dovenetel* ★ ~ de mer *zeenetel*
ortolan m *ortolaan* ‹vogel›
orvet m *hazelworm*
os (*zeg:* os; (mv) oo) m *been; bot* ★ n'avoir que les os et la peau *broodmager zijn; vel over been zijn* ★ en chair et en os *in levenden lijve* ★ donner un os à ronger à qn *iem. wat te kluiven geven* ★ mouillé jusqu'aux os *doornat* ★ ne pas faire de vieux os *jong sterven*
o.s. AFK (ouvrier spécialisé) *ongeschoold arbeider*
oscillant BNW *schommelend; slingerend; aarzelend*
oscillateur m *toestel waarmee trillingen opgewekt kunnen worden; oscillator*
oscillation v *slingering; schommeling*
oscillatoire BNW *oscillatie-*
osciller ON WW • *slingeren; schommelen* • *weifelen; aarzelen*
oscillographe m *oscillograaf* ★ ~ cathodique *oscilloscoop*
osé BNW *gewaagd; gedurfd*
oseille v • *zuring* • INF. *geld*
oser OV + ON WW *durven; wagen*
oseraie v • *met tenen beplante grond* • *griend*
osier m • *teenwilg* • *teen* ★ panier d'~ *tenen mand*
osmose v OOK FIG. *osmose*
osmotique BNW *osmotisch*
ossature v • *beenderstelsel; skelet* • *ribwerk* ‹v. gewelf›
osselet m • *beentje; botje* • *bikkel* ★ jouer aux ~s *bikkelen*
ossements m mv *gebeente v. dode mensen of dieren*
osseux BNW [v: **osseuse**] *benig; knokig*
ossification v • *beenvorming* • *verbening*
ossifier OV WW *verbenen*

O

ossu BNW *benig; met grove beenderstructuur*
ossuaire m • *grafkelder; knekelhuis* • *hoop beenderen*
Ostende *Oostende*
ostensible BNW *in het oog lopend; uiterlijk; openlijk*
ostensoir m *monstrans* ‹r.-k.›
ostentation v *uiterlijk vertoon; pronkzucht; show*
ostentatoire BNW *pronkerig; opzichtig*
ostéologie v *beenderleer*
ostéoporose v *osteoporose; botontkalking*
ostracisme m • *verbanning* • *uitsluiting*
ostréiculteur m *oesterkweker*
ostréiculture v *oesterteelt*
ostrogoth m • GESCH. *Oost-Goot* • *vreemde snoeshaan; lomperik*
otage m *gijzelaar* ★ prise d'~s *gijzeling*
OTAN AFK (Organisation du traité de l'Atlantique Nord) *NAVO*
otarie v *zeeleeuw*
ôter I OV WW • *wegnemen; afnemen; ontnemen* • *uittrekken* • *verjagen* • WISK. *aftrekken* ★ 3 ôté de 5 égale 2 *5-3=2* ★ ôter un habit *zijn kleren uittrekken* ★ cela n'ôte rien à son mérite *dat doet niets af aan zijn verdienste* II WKD WW (**s'**~) INF. *weggaan* ★ ôte-toi de là *ga daar weg; smeer 'm*
otite v *oorontsteking*
oto-rhino-laryngologiste m/v [**oto-rhino**] *keel-, neus- en oorarts*
ottoman BNW *Turks*
ou VW *of*
où BIJW *waar; waarheen; waarin; waarop* ★ d'où *vanwaar; waaruit* ★ où que *waar ... ook; waarheen ... ook* ★ d'où vient que *hoe komt het, dat* ★ le moment où *het ogenblik dat; het ogenblik waarop*
OUA AFK (Organisation de l'unité africaine) *OAE*
ouailles v mv SCHERTS. *schaapjes; kudde*
ouais TW • *nee maar!; nou nou!* •
ouate v *watten*
ouater OV WW *watteren;* FIG. *dempen*
oubli m • *(het) vergeten; vergeetachtigheid* • *vergetelheid* ★ ~ de soi-même *zelfverloochening*
oublier I OV WW *vergeten* II WKD WW (**s'**~) • *vergeten worden* • *zich vergeten; zich te buiten gaan* • *zijn belangen verwaarlozen* • *de tijd vergeten*
oubliettes v mv *kerker* ★ FIG. tomber dans les ~ *in de vergetelheid raken*
oublieux BNW [v: **oublieuse**] *vergeetachtig*
oued m • *(droogvallend) stroompje* ‹Sahara› • *wadi*
ouest (*zeg:* west) m *westen*
ouest-allemand BNW *West-Duits*
ouf TW *hè* ‹zucht v. verlichting›
oui BIJW *ja* ★ mais oui *wel zeker* ★ il dit que oui *hij zegt van wel*
ouï-dire m (onver.) ★ par ~ *van horen zeggen*
ouïe v • *gehoor* • *kieuw* • *klankgat op muziekinstrument* • *spleet opzij v.e. motorkap* ★ être tout ouïe *een en al oor zijn*
ouille TW *au !*
ouïr OV WW JUR. *horen* ★ j'ai ouï dire que *ik*

heb gehoord dat
ouistiti m *penseelaapje; zijdeaapje*
oukase m *oekaze; keizerlijk bevelschrift* ‹vroeger in Rusland›
ouragan m *orkaan* ★ arriver comme un ~ *aan komen rennen*
Oural m *Oeral*
ourdir OV WW • *scheren* • *smeden; beramen*
ourler OV WW *zomen*
ourlet m *zoom*
ours (*zeg:* oers) m *beer* ★ ours blanc *ijsbeer* ★ ours gris *grizzlybeer* ★ ours mal léché *ongelikte beer* ★ ours en peluche *teddybeer*
ourse v *berin* ★ Grande Ourse *Grote Beer* ★ Petite Ourse *Kleine Beer*
oursin m • *berenhuid* • *zee-egel*
ourson m *beertje*
oust TW [**ouste**] *vort!*
out BIJW *out* ‹tennis›
outarde v *trapgans*
outil (*zeg:* oetie) m *werktuig; gereedschap*
outillage m *werktuigen; machines; materieel*
outillé BNW *voorzien; toegerust*
outiller OV WW *uitrusten; van gereedschap voorzien*
output m *uitdraai; output*
outrage m *belediging; smaad* ★ les ~s du temps *de tand des tijds; de gebreken v.d. oude dag*
outrageant BNW *beledigend*
outrager OV WW *beledigen; smaden; kwetsen*
outrageusement BIJW • *beledigend* • *buitengewoon; verschrikkelijk*
outrageux BNW [v: **outrageuse**] • *extreem* • *beledigend; smadelijk*
outrance v *(het) uiterste* ★ à ~ *tot het uiterste*
outrancier BNW [v: **outrancière**] *overdreven; extreem*
outre I v *leren (wijn-, water)zak* II BIJW *verder* ★ en ~ *bovendien; daarenboven* ★ passer ~ *doorgaan* ★ passer ~ à *voorbijgaan aan* III VZ • *aan de overzijde* • *behalve* IV VW ★ ~ que *niet alleen (dat) ... maar ook*
outre- VOORV *over-; aan de overzijde van*
outré BNW • *overdreven* • *verontwaardigd*
outre-Atlantique BIJW *aan de overzijde van de Atlantische Oceaan*
outrecuidance v *verwaandheid; aanmatiging*
outrecuidant BNW *verwaand; hooghartig*
outre-Manche BIJW *aan de overzijde van het Kanaal*
outremer m • *lazuursteen* • *ultramarijnblauw*
outrepasser OV WW *overschrijden; te buiten gaan*
outrer OV WW • *overbelasten* • *overdrijven* • *tot het uiterste drijven* • *hogelijk ergeren*
outre-Rhin BNW *aan de andere kant v.d. Rijn*
outre-tombe BIJW *vanuit het graf; vanuit het hiernamaals*
outsider (*zeg:* autsaideur) m *outsider*
ouvert I BNW • *open* • *openlijk* ★ à bras ~s *met open armen* ★ guerre ~e *verklaarde oorlog* ★ à livre ~ *van het blad; onvoorbereid* II WW (volt. deelw.) → **ouvrir**
ouvertement BIJW *openlijk*
ouverture v • *opening; (het) openen* • *voorspel; ouverture* • *begin* • *voorstel* • *uitweg; middel* ★ ~ d'esprit *ontvankelijkheid* ★ ~ d'une séance *opening v.e. zitting* ★ ~s de paix *vredesonderhandelingen*
ouvrable BNW *wat te bewerken is* ★ jour ~ *werkdag*
ouvrage m • *verdedigingswerk* • *werk* ★ se mettre à l'~ *aan het werk gaan* ★ ~ de femme *dameshandwerkje*
ouvrager OV WW *kunstig bewerken; fijn versieren*
ouvrant BNW *openend; opengaand* ★ toit ~ *schuifdak*
ouvré BNW • *bewerkt* • *met ruiten; met figuren*
ouvre-boîte m [mv: **ouvre-boîtes**] *blikopener*
ouvre-bouteille m [mv: **ouvre-bouteilles**] *flessenopener*
ouvreuse v *ouvreuse*
ouvrier [v: **ouvrière**] I m *arbeider; werkman* II BNW *werkend; wat arbeiders betreft* ★ classe ouvrière *arbeidersklasse* ★ cheville ouvrière *spil waar alles om draait*
ouvrir I OV WW • *openen; opendoen; openmaken* • *een opening maken* • *bovenaan staan; openen* • *beginnen; openen* ★ ~ de grands yeux *grote ogen opzetten* ★ ~ l'appétit *de eetlust opwekken* ★ ~ une liste *bovenaan een lijst staan* II ON WW • *open zijn* • *opengaan* ‹v. deur enz.› ★ magasin qui ouvre le dimanche *winkel die 's zondags open is* III WKD WW (**s'**~) • *opengaan* • *een opening maken* ★ s'~ sur *uitkomen op* ★ s'~ à qn *iem. een geheim toevertrouwen* ★ s'~ un chemin *zich een weg banen*
ovaire m *eierstok; ovarium*
ovale I m *ovaal* ★ en ~ *ovaalvormig* II BNW *ovaal*
ovaliser OV WW *ovaal maken*
ovation v *ovatie; luid applaus*
ovationner OV WW *toejuichen*
overdose v *overdosis*
Ovide *Ovidius*
oviducte m *eileider*
ovin BNW *wat schapen betreft*
ovipare BNW *zich door eieren voortplantend*
ovni AFK (objet volant non identifié) *ufo*
ovoïde BNW *eivormig*
ovulaire BNW *eicel-*
ovulation v *ovulatie; eisprong*
ovule m *eicel*
oxycoupeur m *snijbrander*
oxydable BNW *oxideerbaar; roestbaar*
oxydation v *oxidatie; (het) roesten*
oxyde m *zuurstofverbinding; oxide*
oxyder I OV WW *oxideren* II WKD WW (**s'**~) *roesten*
oxygénation v *verbinding met zuurstof*
oxygéné BNW • *zuurstofhoudend* • *geblondeerd* ‹v. haar› ★ eau ~e *waterstofperoxide*
oxygène m *zuurstof*
oxygéner I OV WW • *met zuurstof verbinden* • *bleken v. haren* II WKD WW (**s'**~) • INF. *zich opfrissen* • INF. *frisse lucht inademen* ★ s'~ les cheveux *zich blonderen*
oyez FORM. *hoort!*
ozone m *ozon* ★ la couche d'~ *de ozonlaag*
ozoniser OV WW • *in ozon omzetten* • *behandelen met ozon*

O

P

p I m *letter p* II AFK (page) *blz.*; *pag.*
P. AFK (Père) *Pater*
Paca AFK (Provence-Alpes-Côte d'Azur)
pacage m *weiland* ★ droit de ~ *weiderecht*
pacemaker m *pacemaker*
pacha m *pasja*
pachyderme m *dikhuidig dier*; *pachyderm*
pacificateur [v: **pacificatrice**] I m *vredestichter* II BNW *vrede brengend*; *verzoenend*; *bemiddelend*
pacification v *vredestichting*; *bevrediging*; *pacificatie*
pacifier OV WW *tot rust brengen*; *bevredigen*; *pacificeren*
pacifique BNW • *vreedzaam* • *vredelievend* ★ (océan) Pacifique *de Stille/Grote Oceaan*
pacifisme m *pacifisme*; *beweging die de wereldvrede voorstaat*
pacifiste I m/v *voorstander v.d. (wereld)vrede*; *pacifist* II BNW *wat de vrede betreft*; *pacifistisch*
pack m • *pakijs* • *draagkarton* • *voorhoede* ‹rugby›
package m COMP. *softwarepakket*
pacotille v *rommeltje*; *bocht* ★ de ~ *waardeloos*
Pacs AFK (Pacte civil de solidarité) *geregistreerd partnerschap* ‹ook tussen bloedverwanten›
pacser ON WW *zich door een 'Pacs' verbinden* ★ être pacsés *als geregistreerde partners samenleven*
pacte m *verdrag*; *overeenkomst*; *pact*
pactiser ON WW *een verdrag sluiten* ★ ~ avec sa conscience *het met zijn geweten op een akkoordje gooien*
pactole m FIG. *goudmijn*
paddock m • *paddock* ‹paardensport› • INF. *bed*
Padoue *Padua*
paf I BNW INF. *dronken* II TW *klets!*; *pats!*; *poef!*
paf! TW *klets!*
pagaie (*zeg:* pagè met harde g) v *pagaai*
pagaille v [**pagaïe**] *janboel*; *rommel* ★ en ~ *in wanorde*
paganiser OV WW *heidens maken*
paganisme m *heidendom*
pagayer ON WW *pagaaien*
page I m *page*; *edelknaap* II v *bladzijde*; *pagina* ★ mettre en pages *opmaken* ★ mise en page *opmaak*; *lay-out* ★ INF. être à la page *bij zijn*; *op de hoogte zijn*
pagel m *zeebrasem*
pageot m INF. *nest*; *bed*
pageoter WKD WW INF. (**se** ~) *gaan pitten*
pagination v *paginering*; *paginatuur*; *paginaopmaak*
paginer OV WW *pagineren*
pagne m *lendedoek*
pagode I v • *pagode* • *afgod* ★ manche ~ *wijd openvallende mouw* II BNW ★ manche ~ *mouw die nauw is tot de elleboog en breed uitloopt naar de pols*
paie (*zeg:* pè) v [**paye**] • *(het) betalen* • *soldij*; *loon* • *schuldenaar*
paiement m [**payement**] • *betaling* • *betaalde som*
païen [v: **païenne**] (*zeg:* paje(n)) I m *heiden* II BNW • *heidens* • *goddeloos*
paillard m • VERO. *bedelaar* • *wellusteling*
paillardise v • *ontucht*; *wellust* • *schunnig woord*; *schunnig verhaal*
paillasse I m *paljas*; *hansworst* II v • *stromatras* • INF. *prostituee* • *afdruipplaats* ‹v. aanrecht›
paillasson m • *vloermat* • *dekmat*
paille I v • *stro* • *rietje* • *metaalschilfer* • IRON. *kleinigheid* • mv *peanuts* ★ être sur la ~ *doodarm zijn* ★ feu de ~ *strovuur* ★ homme de ~ *stroman* ★ tirer à la courte ~ *strootje trekken* ★ ~ de bois/de fer *houtwol/staalwol* II BNW *strogeel*
pailler I m • *plaats waar men het stro legt*; *strozolder* • *strohoop* II OV WW *met stro omwikkelen*; *met stro bedekken* ★ ~ une chaise *een stoel matten*
pailleter OV WW *met lovertjes versieren*
paillette v • *lovertje* • *korreltje goud in rivierzand*
paillis m *strooisel*
paillon m • *grote lover* • *strohuls* • *schalm v. stalen ketting* • *dun koperen plaatje als onderlaag* • *stuk soldeersel*
paillote v *strohut*
pain m • *brood* • *stuk*; *klomp* • INF. *ontstopper* ★ bon comme du pain *doodgoed* ★ pain bis *bruin brood* ★ pain complet *volkorenbrood* ★ pain d'épice *peperkoek* ★ gagner son pain *zijn kost verdienen* ★ pain noir *roggebrood* ★ ôter le pain de la bouche *het brood uit de mond stoten* ★ pain perdu *wentelteefje* ★ petit pain *broodje* ★ se vendre comme des petits pains *als warme broodjes over de toonbank gaan*; *erg vlug verkocht worden* ★ pour une bouchée de pain *voor een appel en een ei* ★ pain de fantaisie *luxebrood* ★ pain de savon *stuk zeep* ★ pain de sucre *suikerbrood*
pair I m • *gelijke* • *lid v.d. Chambre des Pairs* ‹(1815-1848)› • *paladijn v. Karel de Grote* • *pari* ‹koers› • *pariteit v. koersen* ★ au pair *gevoed en gehuisvest zonder betaling* ★ de pair *op gelijke voet* ★ hors (de) pair *zonder weerga* ★ au pair *à pari* II BNW *even* ★ pair ou impair *even of oneven*
paire v *paar* ★ une ~ de ciseaux *een schaar* ★ une ~ de lunettes *een bril* ★ une ~ de pincettes *een tang* ★ c'est une autre ~ de manches *dat is andere koek*
pairie v *pairschap*
paisible BNW *vreedzaam*; *rustig*
paître I OV WW • *laten grazen*; *weiden* • *afgrazen* II ON WW *grazen* ★ INF. envoyer ~ qn *iem. wegsturen* III WKD WW (**se** ~) *zich voeden*
paix (*zeg:* pè) I v *vrede*; *rust*; *kalmte* ★ faire la paix *vrede sluiten* ★ signer la paix *vrede sluiten* ★ respirer la paix *pais en vree ademen* ★ INF. fichez-moi la paix *laat me met rust* ★ laisser en paix *met rust laten* II TW ★ la paix! *still!* ★ paix donc! *koest*; *stil!*
pajot m → **pageot**

Pakistan m *Pakistan*
pakistanais BNW [v: **pakistanaise**] *Pakistaans*
Pakistanais m [v: **Pakistanaise**] *Pakistani*
pal m [mv: **pals**] *aan één eind gepunte paal; staak*
palabrer INF. ON WW *kletsen; palaveren*
palabres v mv *oeverloos geklets*
palace m *groot deftig hotel*
paladin m • *paladijn* ‹v. Karel de Grote› • *dolende ridder* • *ridderlijke held*
palais m • *paleis* • *paleis v. justitie* • *zeer deftig huis* • *verhemelte* ★ avoir le ~ fin *een fijne smaak hebben*
palan m *takel*
palanque v *versperring bestaande uit naast elkaar gezette palen*
palanquin m *draagstoel*
palatal BNW [m mv: **palataux**] *v.h. verhemelte* ★ voyelle, consonne ~e *palatale klinker, medeklinker*
palatin BNW • *v.h. verhemelte* • *v.h. paleis* • *v.d. Palts* ★ comte ~ *paltsgraaf*
Palatinat m *Palts*
pale v • *blad v.e. roeiriem* • *schroefblad* • REL. *palla*
pâle BNW *bleek* ★ bleu pâle *lichtblauw* ★ MIL. se faire porter pâle *zich ziek melden*
palefrenier m *palfrenier; stalknecht*
palefroi m *paradepaard*
paléographe I m/v *paleograaf* II BNW *wat de paleografie betreft*
paléographie v *paleografie; leer v.h. oude handschrift*
paléolithique I m *de oude steentijd; Paleolithicum* II BNW *paleolithisch*
paléontologie v *paleontologie; leer v.d. fossiele organismen*
paléontologiste m/v [**paléontologue**] *paleontoloog*
paleron m CUL. *schouderstuk*
Palestine v *Palestina*
palestinien m [v: **palestinienne**] *Palestijns*
Palestinien m [v: **Palestinienne**] *Palestijn*
palet m • *werpschijf* • *puck* ‹hockey›
paletot m *overjas; mantel*
palette v • *schilderspalet* • SPORT *racket* • *boterspaan; spatel*
palétuvier m *mangrove; wortelboom*
pâleur v *bleekheid*
Palice ★ une vérité de Monsieur de La ~ *een waarheid als een koe*
pâlichon BNW [v: **pâlichonne**] *bleekjes*
palier m • *trapportaal; overloop* • *vlak gedeelte* ‹v. weg, spoorbaan› • *rustige, stabiele periode* • *lager* • FIG. *trap; niveau; fase* ★ ~ à billes *kogellager*
palière BNW ★ marche ~ *bovenste trede v.e. trap*
palindrome m *palindroom*
pâlir I OV WW *doen verbleken* II ON WW *bleek worden; verbleken*
palissade v *omheining v. palen; paalwerk*
palissandre m *palissander* ‹hout›
palladium m *hoeksteen; waarborg*
palliatif I m • *tijdelijk werkend pijnstillend middel* • *lapmiddel* II BNW [v: **palliative**] *pijnstillend; tijdelijk werkend* ★ un remède ~ *een pijnstillend middel*
pallier OV WW • MED. *verzachten* • *verbloemen*
palmarès (*zeg:* -rès) m • *lijst v. prijswinnaars; erelijst* • *hitparade; top-tien*
palme v • *palmboom* • *palmtak* • *zwemvlies* ★ huile de ~ *palmolie* ★ ~s académiques *het onderscheidingsteken v.d. officiers d'Académie en v.d. Officiers de l'Instruction publique* ★ la ~ du martyre *de martelaarskroon* ★ remporter la ~ *de overwinning behalen*
palmé BNW • *handvormig* • *met zwemvliezen* • INF. *gedecoreerd met de palmes académiques*
palmeraie v *palmbos*
palmier m *palmboom*
palmipède m *zwemvogel*
palmure v *zwemvlies*
palombe v *ringduif*
palonnier m *stuurpedaal v. vliegtuigen*
pâlot BNW [v: **pâlotte**] *bleekjes*
palourde v *(eetbaar) schelpdier; venusschelp*
palpable BNW • *tastbaar* • *duidelijk* ★ vérité ~ *tastbare waarheid*
palpation v *betasting en beklopping*
palper OV WW • *bevoelen; betasten* • INF. *opstrijken* ‹v. geld›
palpeur m *taster; sensor*
palpitant BNW • *trillend; kloppend* • *boeiend*
palpitation v *trilling; (hart)klopping*
palpiter ON WW *trillen; kloppen* ‹v. hart› ★ ~ de joie *popelen v. vreugde*
palplanche v • *schoeiplank* • mv *beschoeiing; damwand*
paltoquet m *lummel; mispunt; nietsnut*
paluche INF. v *hand*
paludéen BNW [v: **paludéenne**] *tot de moerassen behorend* ★ fièvre ~ne *moeraskoorts*
paludisme m *moeraskoorts; malaria*
palustre BNW *in moerassen levend, groeiend*
pâmer WKD WW (**se** ~) • *in zwijm vallen; flauw vallen* • *buiten zichzelf zijn* ★ se ~ d'admiration devant qc *weg zijn van iets*
pâmoison v *bezwijming* ★ IRON. tomber en ~ *in zwijm vallen*
pamphlet (*zeg:* -flè) m *schotschrift; pamflet*
pamphlétaire m *schrijver v. schotschriften; pamfletschrijver*
pamplemousse m/v *pompelmoes; grapefruit*
pampre m *wijnrank*
pan I m • *muurvak* • *pand* ‹v. kledingstuk› II TW *pats!* ★ pan! pan! *pief paf!*
pan- VOORV *pan-; al-*
panacée v *geneesmiddel voor alle kwalen; panacee*
panachage m *vermenging*
panache m • *vederbos* • *pluim* • *zwierige dapperheid* ‹vermengd met branie› ★ ~ de fumée *rookpluim*
panaché BNW • *met een pluim* • *veelkleurig* • *gemengd* ★ légumes ~s *gemengde groenten* ★ glace ~e *gemengd ijs*
panacher I OV WW • *met een pluim versieren* • *veelkleurig maken* • *mengen* ★ BELG. ~ (une liste électorale) *panacheren; tegelijk kiezen* II ON WW *veelkleurig worden* III WKD WW (**se** ~) *veelkleurig worden*
panade v • *broodsoep; broodpap* • INF. *ellende*

P

panama m *panamahoed*
panaméricanisme m *pan-Amerikanisme*
panarabisme m *pan-Arabisme*
panard m INF. *voet; poot*
panaris (*zeg:* -rie) m MED. *omloop; fijt*
pancarte v *bordje; opschrift*
pancréas (*zeg:* -as) m *alvleesklier; pancreas*
Pandore v *Pandora*
panégyrique m *lofrede*
paner OV WW *paneren* ★ escalope panée *Wiener schnitzel*
panier m • *mand* • *soort hoepelrok* ★ balle au ~ *basketbal* ★ le dessus du ~ *het beste* ★ réussir un ~ *een punt maken bij basketbal* ★ ~ à ouvrage *werkmandje* ★ ~ percier *verkwister* ★ ~-repas *lunchpakket* ★ ~ à salade *slamand*; INF. *boevenwagen* ★ c'est un ~ de crabes *dat is een slangenkuil*
panier-repas m [mv: **paniers-repas**] *lunchpakket*
panification v *broodbereiding*
panifier OV WW *brood maken van*
paniquard m INF. *paniekzaaier*
panique I v *paniek* II BNW *panisch*
paniqué BNW *in paniek*
panne v • *motorpech; storing* • VERO. *lomp* • *trijp* • *onbeduidende, ondankbare rol v. toneelspeler* ★ VERO. être dans la ~ *in de ellende zitten* ★ en ~ *stuk; kapot; defect* ★ être en ~ *pech hebben* ★ être en ~ sèche *zonder benzine zitten* ★ rester en ~ *blijven steken* ★ ~ de courant *elektrische storing* ★ être en ~ de qc *even iets niet hebben* ★ ~ d'électricité *stroomuitval*
panneau m [mv: **panneaux**] • SCHEEPV. *luik* • *paneel* • *vak* • *bord* • *hazenstrik; konijnenstrik* • *verkeersbord* • *baan* ‹v. stof› ★ ~-réclame *reclamebord* ★ donner dans le ~ ★ tomber dans le ~ *in de val lopen*

panneton m *baard v.e. sleutel*
panonceau m • *uithangbord* • *reclamebord; reclamebiljet*
panoplie v • *gamma* • *wapenrek* • *volledige (wapen)uitrusting* • FIG. *arsenaal*
panorama m *panorama*
panoramique I m *panoramashot* ‹opname› II BNW *panoramisch*
pansage m *(het) roskammen; (het) verzorgen* ‹v. dieren›
panse v • INF. *pens; buik* • *buik v.e. vaas*
pansement m • *(het) verbinden* • *verband*
panser OV WW • *verbinden* • *roskammen; verzorgen* ‹v. dieren›
pansu BNW *dikbuikig*
pantagruélique BNW *herinnerend aan Pantagruel* ‹reus uit de werken van Rabelais› ★ repas ~ *overdadig maal*
pantalon m *lange broek*
pantalonnade v *klucht*
pantelant BNW • *hijgend* • *trillend*
panthéisme m *pantheïsme*
panthéiste I m/v *pantheïst* II BNW *pantheïstisch*
panthéon m • *Griekse of Romeinse tempel voor alle goden* • *alle goden*
panthère v *panter*
pantin m • *beweegbare pop* • *ledenpop; mens zonder vaste overtuigingen*
pantographe v • *tekenaap* • *stroomafnemer* ‹op tram, trein›
pantois INF. BNW *stomverbaasd* ★ rester ~ *stomverbaasd zijn*
pantomime I v *gebarenspel; (panto)mime* II BNW *met gebarenspel*
pantouflard m INF. *huismus*
pantoufle v *pantoffel* ★ en ~s *op zijn slofjes* ★ INF. raisonner comme une ~ *redeneren als een kip zonder kop*
panure v *paneermeel*
PAO AFK (publication assistée par ordinateur) *dtp (desktop publishing)*
paon (*zeg:* pa(n)) I m *pauwoog* ‹vlinder› II m [v: **paonne**] • *pauw* • *verwaand/trots persoon*
papa m *pa; papa; vader* ★ INF. à la papa *op z'n dooie akkertje*
papal BNW [m mv: **papaux**] *pauselijk*
papauté v • *pausdom* • *pauselijke regering* • *de opeenvolgende pausen*
papaye v *papaja*
pape m • *paus* • FIG. *onbetwistbaar leider*
papelard I m INF. *papier* II m [v: **papelarde**] VERO. *schijnheilige; kwezel* III BNW *schijnheilig; kwezelig*
papelardise VERO. v *schijnheiligheid; kwezelarij*
paperasse v *waardeloos papier, geschrift*
paperasserie v *papieren rompslomp; papierwinkel*
paperassier m *verzamelaar van oude papieren; snuffelaar in oude papieren*
papeterie v • *papierfabriek* • *papierhandel; papierwinkel* • *schrijfmap*
papetier [v: **papetière**] I m • *papierfabrikant* • *papierhandelaar* II BNW *papier-*
papi m KIND. *opa*
papier m • *papier* • *geschrift; stuk* • *waardestuk; wissel* ★ ~ bible *zeer dun boekpapier* ★ ~ hygiénique *wc-papier* ★ ~ buvard *vloeipapier* ★ ~-calque *calqueerpapier* ★ ~ couché *geschept papier* ★ ~ émeri *schuurpapier* ★ ~ joseph *mailpapier* ★ ~ journal *krantenpapier* ★ ~ à lettres *postpapier* ★ ~ peint *behang* ★ ~ recyclé *kringlooppapier* ★ être réglé comme du ~ à musique *slaafse gewoonten hebben* ★ rayez cela de vos ~s! *reken er maar niet op!* ★ ~ sensible *fotopapier* ★ ~ vélin *velijnpapier* ★ ~ d'aluminium *aluminiumfolie* ★ INF. être dans les petits ~s de qn *bij iem. in een goed blaadje staan*
papier-monnaie m (onver.) *papiergeld*
papille v *papil*
papillon m • *vlinder* • *vlinderstrik; vlinderdasje* • *bekeuring; klein aanplakbiljet* • *lichtzinnig, wuft mens* • *vleermuisbrander* • *vleugelmoer* ★ voir des ~s noirs *sombere ideeën hebben* ★ brasse ~ *vlinderslag*
papillonner ON WW INF. *van de hak op de tak springen; wispelturig zijn*
papillote v • *papillot* • *bonbon in een papiertje* ★ CUL. en ~ *in folie gebakken*
papilloter I OV WW VERO. *papillotten zetten* II ON WW • *knipperen* ‹met de ogen› • *schitteren* • *dansen* ‹v.licht›
papisme m *papisme; paapsheid*
papiste I m *paap* II BNW *paaps(gezind)*
papotage m *gebabbel; geklets*

papoter ON WW *babbelen*
papouille INF. v *handtastelijkheid; gefrunnik*
paprika m *paprika*
papule v *puistje*
papyrus (*zeg:* -ruus) m • *papyrus* • *manuscript op papyrus*
Pâque v • *Joods paasfeest* • *Paaslam*
paquebot m *mailboot; pakketboot*
pâquerette v *madeliefje*
Pâques m mv *Pasen* ★ faire ses ~ *Pasen houden* ★ ~ fleuries *Palmpasen* ★ à ~ ou à la Trinité *met sint-juttemis*
paquet m • *pak; pakket; bundel* • *een grote hoeveelheid* ★ faire ses ~s *zijn boeltje bijeenpakken; vertrekken* ★ INF. avoir son ~ *een uitbrander krijgen* ★ ~ de mer *stortzee* ★ INF. un ~ de nerfs *één bonk zenuwen* ★ lâcher son ~ à qn *iem. ongezouten kritiek geven* ★ (y) mettre le ~ *er volop tegenaan gaan;* FIG. *flink uitpakken*
paquetage m *soldatenplunje*
par VZ *door; bij; op; per; met; uit; over* ★ par-ci par-là *hier en daar; heen en weer* ★ commencer par *beginnen met* ★ il finit par tomber *tenslotte viel hij* ★ par conséquent *bijgevolg* ★ par crainte *uit vrees* ★ par-delà *aan de andere kant van* ★ par-dessus *over* ★ par-derrière *van achteren* ★ par-devant *in tegenwoordigheid van* ★ de par *in naam van* ★ par hasard *bij toeval* ★ par ici *hierlangs* ★ par une belle journée *op een mooie dag* ★ par là *daarlangs* ★ aller à Paris par Lille *via Rijssel naar Parijs gaan* ★ de par la loi *in naam van de wet*
para INF. m/v *parachutist*
parabole v • *gelijkenis* • WISK. *parabool*
parabolique BNW • *parabolisch* • *figuurlijk; in de vorm v.e. gelijkenis* ★ antenne ~ *schotelantenne; satellietschotel*
parachèvement m *voltooiing*
parachever OV WW *voltooien*
parachutage m *dropping*
parachute m *parachute; valscherm*
parachuter OV WW • *droppen* • INF. *neerpoten*
parachutisme m *(het) parachutespringen*
parachutiste m/v *parachutist; valschermspringer*
parade v • *parade* • *uiterlijk vertoon; pronk* • *afweer v.e. stoot bij het schermen* • *vertoning voor een kermistent om het publiek te trekken* • *(het) plotseling tot stilstand brengen v.e. paard* ★ faire ~ de *pronken met* ★ lit de ~ *praalbed*
parader ON WW • *paraderen; voorbijtrekken v. troepen* • *opschepperig doen; pronken* • SCHEEPV. *kruisen*
paradigme m *voorbeeld v.e. verbuiging; voorbeeld v.e. vervoeging; paradigma*
paradis (*zeg:* -die) m • *paradijs* • *hemel* • *paradijsachtig land* • *engelenbak*
paradisiaque BNW *paradijsachtig*
paradisier m *paradijsvogel*
paradoxal BNW [m mv: **paradoxaux**] • *paradoxaal; in strijd met de algemene opvatting* • *schijnbaar ongerijmd*
paradoxe m *schijnbare ongerijmdheid*
parafe m *paraaf*
parafer OV WW *paraferen*
paraffine v *paraffine*
paraffiner OV WW *in paraffine drenken* ★ papier paraffiné *paraffinepapier*
parafoudre m TECHN. *bliksemafleider*
parage m mv *streek; omgeving* ★ de haut ~ *van hoge afkomst*
paragraphe m • *paragraaf* • *paragraafteken*
paraître I m *schijn* II ON WW • *verschijnen* • *schijnen; lijken* • *in het oog lopen; uitblinken; opvallen* • *blijken* ★ le livre a paru hier *het boek is gisteren verschenen* ★ elle ne paraît pas son âge *ze lijkt niet zo oud als ze is* III ONP WW ★ il paraît que *het schijnt dat* ★ il y paraît *het blijkt*
parallaxe v *parallax* ‹astronomie›
parallèle I m • *vergelijking* • *breedtecirkel* ★ faire un ~ entre ... *een parallel trekken tussen ...* II v • *evenwijdige lijn* • *parallelloopgraaf* III BNW *parallel; alternatief* ★ ~ à *evenwijdig; parallel met*
parallélépipède m *parallellepipedum*
parallélisme m • *parallellisme* • *(het) uitlijnen* ‹v. wielen›
parallélogramme m *parallellogram*
paralyser OV WW *verlammen; lam leggen*
paralysie v *verlamming*
paralytique I m/v *lamme* II BNW *verlamd*
paramédical BNW *paramedisch*
paramètre m *parameter*
paramilitaire BNW *paramilitair*
parangon m • *soort drukletter* • *zuivere diamant; zuivere parel* • VERO. *voorbeeld* • *zwart marmer* ‹uit Griekenland of Egypte› ★ un ~ de vertu *een toonbeeld van deugd*
paranoïa v *paranoia*
paranoïaque I m/v *lijder aan paranoia* II BNW *paranoïde*
paranormal BNW [m mv: **paranormaux**] *paranormaal*
parapente m • *zeilscherm* • *paragliding*
parapet (*zeg:* -pè) m • *borstwering* • *leuning*
paraphe m [**parafe**] • *streep onder handtekening* • *paraaf*
parapher OV WW [**parafer**] *paraferen*
paraphrase v • *parafrase* • *langdradige tekst*
paraphraser OV WW *parafraseren*
paraplégie v *paraplegie; verlamming van beide benen*
paraplégique BNW *paraplegisch*
parapluie m *paraplu*
parascolaire BNW *buitenschools*
parasitaire BNW *klaplopend; parasitair*
parasite I m • *parasiet* • *klaploper* • *stoorzender* II BNW • *woekerend* • *overbodig; hinderlijk* ★ plante ~ *woekerplant*
parasiter ON WW *parasiteren*
parasitisme m • *klaploperij* • *(het) woekeren*
parasol m *parasol*
paratonnerre m *bliksemafleider*
paratyphoïde v *paratyfus*
paravent m *kamerscherm*
parbleu TW *drommels!; verduiveld!; nou en of!*
parc m • *park* • *door sloten omgeven weide* • *opslagplaats* • *parkeerplaats* • *wagenpark* ★ parc à huîtres *oesterbank* ★ parc de stationnement souterrain *ondergrondse*

P

parkeergarage ★ parc à bébé *box* ★ parc du matériel roulant *wagenpark*
parcage m • *(het) parkeren; parkeerplaats* • *(het) afsluiten van vee in een weide*
parcellaire BNW *in gedeelten; in percelen*
parcelle v • *deeltje* • *stuk bouwland; kavel*
parce que I BIJW *daarom* II VW [**parce qu' voor klinker**] *omdat*
parchemin m *perkament*
parcheminé BNW *perkamentachtig*
parcheminer OV WW *het uiterlijk geven v. perkament*
par-ci BIJW ★ ~ par-là *overal (en nergens)* ★ maman ~, maman par-là *mama voor en achter*
parcimonie v *schrielheid* ★ avec ~ *spaarzaam; mondjesmaat*
parcimonieusement BIJW *karig; schriel*
parcimonieux BNW [v: **parcimonieuse**] *karig; schriel*
parcmètre m [**parcomètre**] *parkeermeter*
parcourir OV WW • *doorlopen; doorlezen* • *doorkruisen/bereizen* ‹v. land› • *afleggen* ‹v. afstand›
parcours m *traject; weg*
par-delà VZ *aan de andere kant van*
par-derrière I BIJW *achterlangs; achterom* II VZ *achter ... (langs)*
par-dessous VZ *onder; eronder(door)*
pardessus m *overjas*
par-dessus VZ *over; erover(heen)* ★ ~ le marché *op de koop toe*
par-devant VZ *in tegenwoordigheid van*
par-devers VZ *ten overstaan van*
pardi TW *verdraaid!; verdorie!*
pardon m • *vergiffenis; pardon* • *bedevaart in Bretagne* ★ ~! *sorry!; pardon!*
pardonnable BNW *vergeeflijk*
P
pardonner I OV WW • *vergeven* • *excuseren* • *sparen* ★ cette maladie ne pardonne pas *die ziekte is dodelijk* ★ cette erreur ne pardonne pas *die fout is onvergeeflijk* II WKD WW (**se** ~) • *zichzelf (iets) vergeven* • *vergeeflijk zijn*
paré BNW • (~ **à**) *klaar om* • (~ **contre**) *voorbereid op* • (~ **de**) *versierd met*
pare-avalanches m (onver.) *lawinewering*
pare-balles I m (onver.) *kogelvanger* II BNW *kogelvrij* ★ gilet ~ *kogelvrij vest*
pare-boue m (onver.) *spatbord*
pare-brise m (onver.) *voorruit* ‹v. auto›
pare-chocs m • *bumper* • SCHERTS. *borsten*
pare-feu m (onver.) *brandscherm; brandgang* ‹in bos›
pareil [v: **pareille**] I m *gelijke; weerga* ★ rendre la ~le *met gelijke munt betalen* ★ sans ~ *weergaloos* ★ INF. c'est du ~ au même *dat is lood om oud ijzer* II BNW *gelijk; dergelijk* ★ en ~ cas *in een dergelijk geval*
pareillement BIJW *eveneens; ook*
parement m • *altaarparement* • *oplegsel; opslag v. mouw* • *kantsteen v.e. straat* • *buitenzijde v.e. muur*
parenchyme m *celweefsel*
pare-neige m (onver.) *sneeuwscherm*
parent m [v: **parente**] *bloedverwant* ★ association de(s) ~s d'élèves *oudervereniging*
parental BNW [m mv: **parentaux**] *ouderlijk* ★ congé ~ *ouderschapsverlof*
parenté v • *verwantschap* • *verwanten*
parenthèse v • *haakje* • *tussenzin* • *uitweiding* ★ ouvrir une ~ *uitweiden* ★ entre ~s *tussen twee haakjes*
paréo m *pareo; lendendoek*
parer I OV WW • *afweren; afwenden; pareren* • *schoonmaken* ‹v. groenten, fruit› • *gereed houden; gereed leggen* • *versieren (***de*** met); opschikken* ★ SCHEEPV. ~ une ancre *een anker gereed houden* II ON WW (~ **à**) *verhelpen; maatregelen nemen tegen* III WKD WW (**se** ~) *zich opschikken (***de*** met)*
pare-soleil m (onver.) • *zonneklep* • FOT. *zonnekap*
paresse v • *luiheid* • *langzaamheid; traagheid* ★ avec ~ *langzaam*
paresser ON WW *luilakken*
paresseux I m *luiaard* ‹dier› II m [v: **paresseuse**] *luilak* III BNW [v: **paresseuse**] *lui; langzaam*
pare-vent m (onver.) *windscherm*
parfaire OV WW • *voltooien* • *aanvullen*
parfait I m • *(het) volmaakte* • *volmaaktheid* • *ijscrème met koffiesmaak* II BNW *volmaakt; uitmuntend; perfect* III WW (volt. deelw.) → **parfaire**
parfaitement BIJW • *volmaakt; volkomen; perfect* • *ja* • *zeker*
parfois BIJW *soms*
parfum m • *geur; reuk* • *parfum* • *waas; vleugje* ★ INF. être au ~ de *weet hebben van*
parfumer OV WW *geurig maken; parfumeren* ★ glace parfumée à la fraise *ijs met aardbeiensmaak*
parfumerie v • *parfumerie; winkel voor reukwerk* • *bereiding v. reukwerk* • *reukwerk*
parfumeur m [v: **parfumeuse**] • *parfumeur* • *reukwerkmaker* • *reukwerkverkoper*
pari m • *weddenschap* • *inzet bij een weddenschap* ★ faire/engager un pari *een weddenschap aangaan* ★ pari mutuel *totalisator* ★ pari tiercé *weddenschap op drie paarden*
paria m *paria; verschoppeling*
pariade v • *paartijd* • *paring* ‹v. vogels› • *paar* ‹v. vogels›
parier OV WW *wedden* ‹om› ★ il y a gros à ~ que ... *het zit er dik in dat ...*
pariétal BNW [m mv: **pariétaux**] *v.d. wand; v.d. muur* ★ dessin ~ *holentekening; grottekening*
parieur m [v: **parieuse**] *wedder*
Parigot INF. m [v: **Parigote**] *Parijzenaar*
Paris *Parijs* ★ monsieur de ~ *de beul*
parisianisme m • *Parijse gewoonte; Parijse manier* • *Parijse uitdrukking*
parisien BNW [v: **parisienne**] *uit/van Parijs*
Parisien m [v: **Parisienne**] *Parijzenaar*
paritaire BNW *paritair samengesteld*
parité v • *pariteit* • *gelijkheid*
parjure I m *meineed* II m/v *meinedige* III BNW *meinedig*
parjurer WKD WW (**se** ~) *meineed plegen*
parka m/v *parka*

parking m • *parkeerplaats* • *het parkeren*
par-là BIJW → **par-ci**
parlant BNW • *sprekend* • *expressief* • *sprekend* ‹gelijkend› ★ film ~ *sprekende film* ★ portrait ~ *goed gelijkend portret* ★ les chiffres sont ~s *de cijfers spreken voor zich*
parlement m • *parlement* • *hooggerechtshof (vóór 1791)*
parlementaire I m/v *lid van het parlement*; *volksvertegenwoordiger* **II** BNW *parlementair*
parlementarisme m *parlementair stelsel*
parlementer ON WW *onderhandelen*
parler I m • *uitspraak*; *wijze v. spreken* • *dialect* **II** OV WW ★ ~ littérature *over literatuur spreken* ★ ~ anglais *Engels spreken* ★ ~ affaires *over zaken spreken* **III** ON WW • *klinken* • *spreken* (**à**, **avec** *met*); *praten* ★ cette note ne parle pas *die noot klinkt niet* ★ ~ mal *kwaad spreken* ★ ~ du nez *door de neus spreken* ★ ~ d'or *wijze woorden spreken* ★ trouver à qui ~ *zijn man vinden* ★ ~ à qn *met iem. spreken* ★ ~ bien *prijzen* ★ de qui voulez-vous ~? *wie bedoelt u?* ★ faire ~ de soi *van zich doen spreken* ★ ~ de la pluie et du beau temps *over koetjes en kalfjes praten* ★ ~ en maître *met gezag spreken* ★ sans ~ de *(geheel) afgezien van*; *om nog maar te zwijgen van* ★ INF. tu parles! *het mocht wat!*; *en of!* **IV** WKD WW (**se** ~) • *gesproken worden* • *elkaar spreken*
parleur m [v: **parleuse**] *veelprater* ★ un beau ~ *een praatjesmaker*
parloir m *spreekkamer*
parlote v *gewauwel*
parlotte v *babbeltje*
parme BNW *paars*
parmesan m *Parmezaanse kaas*
parmi VZ *onder*; *tussen*; *te midden van*
parnassien [v: **parnassienne**] **I** m *dichter uit de Parnasschool* **II** BNW • *v.d. Parnassus* • *wat een groep realistische dichters uit het midden v.d. 19e eeuw betreft* ★ école ~ne *Parnasschool*
parodie v *parodie*
parodier OV WW • *een parodie maken op* • *door nabootsing belachelijk maken*; *parodiëren*
parodiste m/v *schrijver v. parodieën*
paroi v *wand*
paroisse v • *parochie* • *de parochianen* • *parochiekerk* ★ n'être pas de la ~ *vreemdeling zijn*
paroissial BNW [m mv: **paroissiaux**] *parochieel* ★ église ~e *parochiekerk*
paroissien m [v: **paroissienne**] • INF. *snuiter* • *parochiaan* • *misboek*; *gebedenboek* ★ un drôle de ~ *een rare snuiter*
parole v • *woord*; *gezegde* • *spraak* • *voorstel* ★ la ~ de Dieu *de Heilige Schrift* ★ le don de la ~ *de gave des woords* ★ homme de ~ *iem. die zijn woord houdt* ★ ma ~ (d'honneur) *op mijn erewoord!* ★ couper la ~ *in de rede vallen* ★ perdre la ~ *stom worden* ★ ~ de paix *vredesvoorstel* ★ n'avoir qu'une ~ *woord houden* ★ je vous crois sur ~ *ik geloof u op uw woord*
parolier m [v: **parolière**] *librettist*; *tekstschrijver*
paronyme m • *klankverwant woord* • *stamverwant woord*; *paroniem*
paroxysme m *toppunt*; *hoogste graad*
parpaing m *doorgaande bindsteen*; *blok*
Parque v *de dood*
parquer I OV WW • *in een omheinde ruimte opsluiten* • *parkeren* ‹v. auto's› **II** ON WW *in een omheinde ruimte opgesloten zijn*
parquet m • *(parket)vloer* • *parket* ‹deel v. rechtszaal› • *Openbaar Ministerie* • *ruimte op de beurs voor makelaars*
parqueter OV WW *een parketvloer leggen in*
parrain m • *peter* • *naamgever* • *iem. die een ander als lid van een vereniging voorstelt* • *peetvader*; *godfather*
parrainage m *peterschap*; *meterschap*; *sponsoring*; *beschermheerschap*
parrainer OV WW *sponsoren*; *steunen*
parricide I m *vadermoord*; *moedermoord* **II** m/v *vadermoordenaar*; *moedermoordenaar* **III** BNW *wat vadermoord of moedermoord betreft*
parsemer OV WW *bezaaien* (**de** *met*); *bestrooien*; *overal verspreid zijn*
part I m • JUR. *pasgeborene* • VERO. *(het) jongen werpen* **II** v • *aandeel*; *part*; *deel* • *plaats*; *kant* ★ prendre en bonne part *goed opnemen* ★ à part entière *volledig* ★ prendre en mauvaise part *verkeerd opnemen* ★ avoir part à *deel hebben aan*; *delen in* ★ INF. avoir part au gâteau *delen in de winst* ★ faire part de *meedelen* ★ lettre de faire-part *huwelijksbericht*; *verlovingsbericht*; *doodsbericht* ★ la part du lion *het leeuwendeel* ★ prendre part à *deelnemen aan* ★ pour ma part *voor mijn part* ★ à part *apart*; *terzijde* ★ à part moi *bij mij zelf* ★ autre part *ergens anders* ★ de part en part *door en door* ★ de part et d'autres *van (aan) weerskanten* ★ de la part de *uit naam van* ★ de toutes parts *aan (van) alle kanten* ★ ne ... nulle part *nergens* ★ quelque part *ergens*; INF. *de wc*
partage m • *verdeling* • *deel* • *gelijkheid*; *staking v. stemmen* ★ faire le ~ de *verdelen* ★ ~ du travail *jobsharing* ★ ~ du temps *timesharing*
partageable BNW *verdeelbaar*
partager I OV WW *delen* (**avec** *met*); *verdelen* (**entre** *tussen*); *bedélen* **II** ON WW *deel hebben* **III** WKD WW (**se** ~) • *verdeeld worden* • *onder elkaar delen*
partance v *ogenblik v. vertrek* ★ en ~ *op het punt v. vertrekken*
partant I m • *vertrekkende* • SPORT *aan de start verschijnende loper (enz.)* **II** BNW ★ INF. être ~ pour *er/daar vóór zijn* **III** BIJW *bijgevolg*
partenaire m/v *partner*; *maat*
partenariat m *partnerschap*
parterre m • *bloembed* • *parterre* ‹in schouwburg› • *de toeschouwers die parterre zitten*
parti I m • *partij* • *(huwelijks)partij* • *besluit* • *voordeel*; *profijt* ★ esprit de ~ *partijgeest* ★ prendre le ~ de qn *iemands partij kiezen* ★ prendre son ~ de qc *zich bij iets neerleggen* ★ ~ pris *vooropgezette mening* ★ être de ~

P

pris *partijdig zijn* ★ tirer ~ de *profiteren van* ★ faire un mauvais ~ à qn *iem. mishandelen* **II** BNW • *weg*; *vertrokken* • INF. *dronken*; *aangeschoten* **III** WW (volt. deelw.) → **partir**

partial BNW [m mv: **partiaux**] *partijdig*

partialité V *partijdigheid*

participant I m [v: **participante**] *deelnemer* **II** BNW *deelhebbend*; *deelnemend*

participation V • *aandeel*; *deelhebbing*; *deelneming* • *inspraak*

participe m *deelwoord* ★ ~ passé *voltooid deelwoord* ★ ~ présent *tegenwoordig deelwoord*

participer ON WW • (~ **à**) *deel hebben in*; *meedoen aan* • (~ **de**) *iets hebben van*; *steunen op*

particularisation V • *(het) afdalen in bijzonderheden* • *(het) beperken tot één enkel geval*

particulariser OV WW • *in bijzonderheden treden*; *omstandig verhalen* • *tot één geval beperken*

particularisme m *particularisme*; *eigenheid*

particularité V *bijzonderheid*

particule V • *deeltje* • *voorvoegsel*; *achtervoegsel* ★ ~ (nobiliaire) *adellijk voorvoegsel (= **de**)*

particulier I m • *(het) bijzondere* • *(het) afzonderlijke* ★ en ~ *in het bijzonder*; *onder vier ogen* **II** m [v: **particulière**] • *particulier persoon* • INF. *heerschap* **III** BNW [v: **particulière**] • *bijzonder* • *eigen*; *apart* • *bijzonder*; *vreemd*; *zonderling* ★ leçon particulière *bijles* ★ chambre particulière *eigen kamer* ★ ~ à *eigen aan*

partie V • *deel* • *partij* ‹in spel›; *feest*; *muziek* • JUR. *partij* • *(strijdende) partij* • *partij* ‹waren› • *vak* ★ tenue des livres en ~ simple *enkel boekhouden* ★ tenue des livres en ~ double *dubbel boekhouden* ★ ~ du discours *rededeel*; *woordsoort* ★ les ~s nobles *de edele delen* ★ quitter la ~ *iets opgeven* ★ ~ de chasse *jachtpartij* ★ ~ adverse *tegenpartij* ★ être juge et ~ *rechter zijn in eigen zaak* ★ prendre qn à ~ *iem. aanklagen*; *iem. de schuld geven* ★ ~s belligérantes *strijdende partijen* ★ ce n'est que ~ remise *uitstel is geen afstel* ★ se constituer ~ civile *zich civiele partij stellen*; *schadeloosstelling eisen*

partiel BNW [v: **partielle**] *gedeeltelijk* ★ éclipse ~le *gedeeltelijke verduistering* ‹v. maan, zon›

partiellement BIJW *gedeeltelijk*

partir I OV WW VERO. *verdelen* ★ avoir maille à ~ avec qn *een appeltje met iem. te schillen hebben* **II** ON WW • *vertrekken (**à**, **en**, **pour** naar)* • *uitgaan van*; *komen uit* • *weggaan*; *overgaan* ‹v.ziekte›; *wegtrekken* ‹v. pijn› ★ ~ pour *vertrekken naar* ★ le coup part *het schot gaat af* ★ ~ en guerre *ten oorlog trekken* ★ ~ d'un éclat de rire *uitbarsten in lachen* ★ faire ~ un moteur *een motor starten* ★ cela part d'un bon sentiment *het is goed bedoeld* ★ à ~ de *vanaf*

partisan m [v: **partisane**] • *partizaan*; *lid v.e. ongeregelde troep* • *aanhanger*

partitif BNW [v: **partitive**] *delend*

partition V • *indeling*; *verdeling v.e. wapenschild* • *splijting* • *partituur*

partouse INF. V [**partouze**] *orgie*; *seksparty*; *groepsseks*

partout BIJW *overal* ★ deux jeux ~ *twee-twee*; *'two games all'* ‹bij tennis› ★ quarante ~ *deuce* ‹bij tennis›

parturition V • *bevalling* • *(het) werpen v. jongen*

paru WW (volt. deelw.) → **paraître**

parure V • *tooi*; *sieraad*; *opschik* • *garnituur v. parels of diamanten* • *stel damesondergoed*

parution V *verschijning* ‹v. boek enz.›

parvenir ON WW • *aankomen*; *bereiken*; *komen tot*; *slagen (in)* • *fortuin maken*; *in de wereld slagen*

parvenu m [v: **parvenue**] *parvenu*

parvis (*zeg:* -vie) m *kerkplein*

pas I m • *schrede*; *stap*; *pas* • *voetafdruk* • *drempel* • *zee-engte* • *bergpas* • *trede v.e. trap* • *danspas* ★ pas à pas *voetje voor voetje* ★ à pas comptés *met afgemeten tred* ★ à deux pas *zeer dichtbij* ★ à pas de loup *geluidloos*; *sluipend* ★ pas de clerc *flater* ★ pas de course *looppas* ★ de ce pas *op staande voet* ★ emboîter le pas *meedoen*; *op de hielen lopen*; *in iemands voetspoor treden* ★ faire les cent pas *heen en weer lopen* ★ faux pas *misstap* ★ marcher à pas de géant *zeer snel lopen*; *snelle vorderingen maken* ★ marcher sur les pas de qn *iem. navolgen* ★ marquer le pas *de pas aangeven* ★ mettre qn au pas *iem. tot rede brengen*; *iem. mores leren* ★ pas de l'oie *paradepas* ★ presser le pas *opschieten* ★ franchir le pas *door de zure appel heenbijten* ★ le pas de Calais *het Nauw v. Calais* ★ mauvais pas *gevaarlijke plaats*; *hachelijke onderneming* **II** BIJW *niet* ★ ce n'est pas que [+ subj.] *niet dat* ★ INF. pas mal *nogal wat* ★ pas du tout *helemaal niet*

pascal BNW [m mv: **pascaux**] *wat Pasen betreft* ★ l'agneau ~ *het paaslam*

pas-de-porte m (onver.) *overnamesom*

passable BNW *redelijk*; *matig*; *wat er mee door kan*; *voldoende*

passablement BIJW *tamelijk*

passade V • *doortocht*; *doorreis*; *kort uitstapje* • *gril*; *kortstondige verliefdheid*; *affaire*

passage m • *doortocht*; *voorbijgaan*; *overtocht* • *overtochtsprijs* • *recht van doorgang* • *gang*; *doorgang*; *overgang* • *overdekte straat* • *smalle loper* • *passage* ‹in boek, muziekstuk›; FIG. *overgang* • MUZ. *loopje* ★ oiseau de ~ *trekvogel* ★ ~ clouté *oversteekpunt voor voetgangers* ★ ~ à niveau *overweg* ★ ~ interdit *doorgang verboden*; *eenrichtingsverkeer* ★ examen de ~ *overgangsexamen* ★ ~ nuageux *overtrekkende wolkenvelden* ★ ~ protégé *voorrang bij (de volgende) kruising* ★ SPORT ~ du témoin *(het) overgeven van het estafettestokje*

passager [v: **passagère**] **I** m *passagier in een voertuig*; *inzittende* **II** BNW *kortstondig*; *voorbijgaand*

passant I m,v [v: **passante**] *voorbijganger* **II** m *lus(je)* **III** BNW *druk* ★ une rue ~e *een drukke straat*

passation V *(het) passeren v.e. akte* ★ ~ des pouvoirs *overdracht van de bevoegdheden*

passe **I** m INF. *vrijbiljet voor spoorwegen* **II** v • *(het) doorgaan; (het) doortrekken* ‹v. vogels› • SPORT *voorzet* • *uitval bij schermen* • *toeslag; opgeld* • *vaargeul; nauwe doorgang* • SPORT *pass* • *inzet in het spel bij een nieuwe zet* ★ mot de ~ *wachtwoord; password* ★ maison de ~ *rendez-vousHuis* ★ être en ~ de *op het punt staan* ★ être dans une bonne ~ *in een gelukkige periode verkeren* ★ être dans une mauvaise ~ *een zware tijd doormaken*

passé **I** m • *verleden* • *verleden tijd* ★ ~ composé *voltooid tegenwoordige tijd* ★ comme par le ~ *zoals vroeger* ★ ~ simple *tweede verleden tijd* **II** BNW • *voorbij; verleden* • *volleerd* ★ il est dix heures ~es *het is over tienen* **III** VZ *na*

passe-droit m [mv: **passe-droits**] • *bevoorrechting* • *gunst*

passe-lacet m [mv: **passe-lacets**] *rijgpen; rijgnaald*

passement m *passement; franjewerk*

passementer OV WW *versieren met passementwerk*

passementerie v • *passementwerk* • *passementhandel* • *passementmakerij*

passementier m [v: **passementière**] • *passementmaker; galonmaker* • *passementverkoper; galonverkoper*

passe-montagne m [mv: **passe-montagnes**] *bivakmuts*

passe-partout **I** m (onver.) • *loper* ‹sleutel› • *lijst waarachter men tekeningen kan schuiven* • *trekzaag* **II** BNW • *doorsnee-* • *gelijkvormig*

passe-passe m (onver.) *handige bedriegerij* ★ tour de ~ *goocheltruc*

passe-plat m [mv: **passe-plats**] *doorgeefluik*

passepoil m *boordsel; galon*

passeport m *paspoort*

passer **I** OV WW • *oversteken; overtrekken; overlopen* • *passeren; voorbijgaan; te boven gaan* • *overbrengen; overzetten* • *overhandigen; aanreiken* • *aantrekken; omslaan* • *passeren; afsluiten* • *zeven; ziften* • *inschrijven* • *doorbrengen* • *afleggen* • *bevredigen; stillen* • *overslaan* • *vergeven* • *strijken* ★ cela passe mes forces *dat gaat mijn krachten te boven* ★ ~ un habit *een kledingstuk aantrekken* ★ ~ un contrat *een contract afsluiten* ★ ~ en compte *boeken* ★ ~ le temps *de tijd doorbrengen* ★ ~ un examen *een examen afleggen* ★ ~ une envie *een behoefte bevredigen* ★ ~ une faute *een fout vergeven* ★ le film passe *de film draait* ★ TELECOM. je vous passe Monsieur X *ik geef u/verbind u door met mijnheer X* ★ SPORT ~ le ballon à *de bal afspelen/afgeven aan* ★ ~ les vitesses *schakelen* **II** ON WW • *gaan; overgaan; gaan door; gaan langs* • *doortrekken; voorbijgaan* • *verdwijnen; voorbijgaan; verlopen* ‹v. tijd› • *sterven* • *bevorderd worden tot* • *verbleken; verschieten* • *aangenomen worden* ‹v. wetten› • *uitsteken* ★ ~ du coq à l'âne *van de hak op de tak springen* ★ ~ chez qn *bij iem. aangaan* ★ ~ à l'ennemi *naar de vijand overlopen* ★ il faut en ~ par là *daar zit niets anders op* ★ on ne passe pas *verboden toegang* ★ ~ en proverbe *spreekwoordelijk worden* ★ ~ sur les détails *de details overslaan* ★ un ange passe *daar gaat een dominee voorbij* ★ ~ capitaine *bevorderd worden tot kapitein* ★ sa chemise passe *zijn overhemd steekt er onderuit* ★ passe pour cette fois *okay, voor deze keer dan* • (~ **pour**) *doorgaan voor* **III** WKD WW (**se** ~) • *gebeuren; plaatsvinden* • *verlopen; voorbijgaan* • *verwelken; verschieten; verschalen* ★ se ~ de qc *zich van iets onthouden; iets missen; iets ontberen; buiten iets kunnen*

passereau m [mv: **passereaux**] *mus*

passerelle v • *vlonder; loopplank* • *commandobrug v.e. schip* ★ ~ à gibier *wildovergang* ★ ~ télescopique *slurf*

passe-temps m (onver.) *tijdverdrijf; hobby*

passe-thé m (onver.) *theezeefje*

passeur m [v: **passeuse**] • *veerman* • *(mensen)smokkelaar*

passible BNW *gevoelig* ★ ~ de *strafbaar met*

passif **I** m • *passiva; schulden* • TAALK. *lijdende vorm; passief; passivum* **II** BNW [v: **passive**] • *passief* • *lijdend* ★ obéissance passive *blinde gehoorzaamheid* ★ voix passive *lijdende vorm*

passiflore v *passiebloem*

passion v • *hartstocht* • *het lijden v. Christus* • *passieverhaal* • *passiespel* ★ la ~ du vrai *de zucht naar het ware* ★ avoir la ~ des tableaux *gek zijn op schilderijen*

passionnant BNW *boeiend; opwindend; meeslepend*

passionné BNW *hartstochtelijk*

passionnel BNW [v: **passionnelle**] *wat de hartstocht betreft* ★ crime ~ *misdaad uit hartstocht/jaloezie*

passionner OV WW *in hartstocht brengen; opwinden*

passivement BIJW *lijdelijk*

passivité v *lijdelijkheid; passiviteit*

passoire v *zeef; vergiet*

pastaga m *koeterwaals*

pastel **I** m • *pastel* • *pasteltekening* **II** BNW *van pastel* ★ crayon ~ *pastelpotlood*

pastelliste m/v *pasteltekenaar*

pastèque v *watermeloen*

pasteur m • *herder* • *dominee* ★ le Bon Pasteur *de Goede Herder*

pasteurisation v *pasteurisering*

pasteuriser OV WW *pasteuriseren*

pastiche m *pastiche; imitatie v.e. kunstwerk*

pasticher OV WW *imiteren; namaken; pasticheren*

pasticheur m [v: **pasticheuse**] • *namaker* • *nabootser*

pastille v • *pastille* • *rondje* ★ ~ de chocolat *chocolaatje* ★ ~ verte *groene (voorruit)sticker* ‹milieuveilige auto›

pastis (*zeg:* -ties) m • *pastis* ‹alcoholhoudende drank› • INF. *geknoei*

pastoral **I** m *genre v.h. herdersdicht/v.d. herdersroman* **II** BNW • *van de herders; landelijk* • *v.d. bisschop* • *geestelijk* ★ poésie ~e *herdersdicht* ★ croix ~e *bisschopskruis*

pastorale v • *pastorale* • *herdersdicht, -roman, -*

P

spel, -stuk, -zang

pastorat m • *predikambt* • *duur v. dit ambt*

pastourelle v • *herderinnetje* • *herdersliedje uit de Middeleeuwen*

pat (*zeg:* pat) **I** m *patzet* **II** BNW *pat* ‹in schaakspel›

patachon m INF. ⋆ mener une vie de ~ *als een fuifnummer leven*

patapouf m INF. • *dikke, zware man* • *plof; zware val* • *ploffend geluid*

pataquès (*zeg:* -kès) m *verkeerde woordverbinding*

patate INF. v • *pieper; patatje* • *sukkel* ⋆ ~ douce *zoete aardappel; bataat* ⋆ en avoir gros sur la ~ *veel verdriet hebben*

patati TW *enzovoort, enzovoort*

patatras (*zeg:* -trà) TW *bons!; plof!; pats!*

pataud INF. m • *jonge hond met dikke poten* • *zware, dikke man; lomperd*

pataugeoire v *kikkerbadje*

patauger ON WW • *in de modder ploeteren* • *zich vastpraten; niet uit een moeilijkheid weten te komen*

patchouli m *patchoeli(olie)*

patchwork m *patchwork*

pâte I v • *deeg; beslag* • *deegachtige massa; pasta* • *gestel; karakter* • *verflaag* ⋆ mettre la main à la pâte *de handen uit de mouwen steken* ⋆ pâte d'amandes *amandelpers* ⋆ pâte dentrifice *tandpasta* ⋆ pâte à papier *papierpap* **II** v mv *pasta; deegwaren*

pâté m • *pastei* • *inktvlek* ⋆ pâté de foie gras *ganzenleverpastei* ⋆ pâté de maisons *blok huizen*

pâtée v • *vogelvoer* • *voer voor dieren*

patelin I m • *iem. die door het gebruik v. mooie woorden een ander bedriegt* • INF. *negorij; gat* **II** BNW *zalvend schijnheilig*

patène v *pateen*

patenôtre v • VERO. *onzevader* • PEJ. *elk ander gebed* • INF. *kraal v.e. rozenkrans* • *rozenkrans*

patent BNW *duidelijk; klaarblijkelijk* ⋆ lettre ~e *open brief v.d. koning, die voorzien was v.h. staatszegel*

patente v • *gezondheidspas* • *patentbelasting; bedrijfsbelasting*

patenté BNW *voorzien v.e. patent*

patenter OV WW • *patentbelasting heffen* • *octrooi verlenen*

pater m *grote kraal* ‹v. rozenkrans›

Pater m *onzevader* ‹gebed›

patère v • *Romeinse offerschaal* • *kapstokhaak; gordijnhaak*

paternalisme m *paternalisme; bevoogding*

paternaliste BNW *paternalistisch; bevoogdend*

paterne BNW *vaderlijk*

paternel I m INF. *ouwe heer; vader* **II** BNW [v: **paternelle**] • *van vaders kant* • *vaderlijk*

paternellement BIJW *vaderlijk*

paternité v *vaderschap*

pâteux BNW [v: **pâteuse**] • *deegachtig; klef; melig* ‹v. fruit›; *dik; troebel* ‹v. inkt› • *droog* ‹v. mond›

pathétique I m *het ontroerende; het hartstochtelijke* **II** BNW *roerend; aangrijpend*

pathogène BNW *pathogeen; ziekte verwekkend*

pathologie v *ziekteleer*

pathologique BNW *wat de ziekteleer betreft*

pathologiste m/v *ziektekundige*

pathos (*zeg:* patos) m *bombast; gezwollenheid*

patibulaire I m VERO. *galg* **II** BNW *van de galg* ⋆ fourches ~s *galg* ⋆ mine ~ *galgentronie*

patiemment BIJW *geduldig*

patience v • *geduld* • *patiencespel* • MIL. *knopenschaar* ⋆ la ~ vient à bout de tout *geduld overwint alles* ⋆ prendre son mal en ~ *z'n ziel in lijdzaamheid bezitten* ⋆ prendre ~ *geduld oefenen*

patient I m [v: **patiente**] • *iem. die een lijfstraf moet ondergaan* • *patiënt* **II** BNW *geduldig; lijdzaam*

patienter ON WW *geduld oefenen*

patin m • *schaats* • *grondbalk* • *remblok* ⋆ ~ à roulettes *rolschaats* ⋆ ~ de frein *remblok; remschoen*

patinage m • *(het) schaatsenrijden* • *(het) doorslaan/slippen* ‹v. wiel› ⋆ ~ artistique *het kunstrijden* ⋆ ~ de vitesse *hardrijden op de schaats* ⋆ ~ à roulettes *rolschaatsen*

patine v • *groenachtige laag op oud brons* • *aanslag op oude schilderijen*

patiner I OV WW • INF. *betasten; bevoelen* • *een groenachtige kleur geven aan brons* • *een schilderij patine geven om het oud te doen lijken* **II** ON WW • *schaatsenrijden* • *doorslaan/ doorslippen* ‹v. wiel›

patinette v *autoped*

patineur m [v: **patineuse**] *schaatsenrijder*

patinoire v *ijsbaan*

patio (*zeg:* pasjo, patjo) m *betegelde binnenplaats*

pâtir ON WW • *lijden* • *kwijnen*

pâtisserie v • *gebak* • *banketbakkerswinkel* • *banketbakkerij*

pâtissier m [v: **pâtissière**] *banketbakker* ⋆ crème pâtissière *banketbakkersroom*

patois m • *dialect; tongval* • *taal eigen aan een bepaalde groep personen*

patoiser ON WW *'patois' spreken; plat praten*

patouiller I OV WW *ruw aanpakken* **II** ON WW *(rond)baggeren; ploeteren*

patraque I v • *oude kast; kapot klokje* ‹horloge› • *(menselijk) wrak* **II** BNW *gammel; beroerd*

pâtre m *herder*

patriarcal BNW [m mv: **patriarcaux**] • *aartsvaderlijk* • *patriarchaal*

patriarcat (*zeg:* -kà) m • *patriarchaat* • *ambtsduur v.d. patriarch*

patriarche m • *aartsvader* • *eerbiedwaardige grijsaard* • *patriarch*

patriciat m *patriciaat; de gezamenlijke patriciërs*

patricien [v: **patricienne**] **I** m • *patriciër* • *voorname man of vrouw; aristocraat* **II** BNW *patricisch*

patrie v • *vaderland* • *geboorteplaats* • *bakermat* ⋆ mère ~ *moederland*

patrimoine m *ouderlijk erfdeel; erfgoed*

patriotard BNW *chauvinistisch*

patriote I m/v *vaderlander* **II** BNW *vaderlandslievend*

patriotique BNW *vaderlandslievend*

patriotisme m *vaderlandsliefde*

patron I m,v [v: **patronne**] • *werkgever; baas* • *patroon; beschermheilige* • *beschermer* • *schipper* II m *model; patroon*
patronage m • *bescherming door een patroonheilige* • *beschermheerschap* • *weldadigheidsvereniging* • *patronaat* • *patronaatsgebouw*
patronal BNW [m mv: **patronaux**] • *v.d. beschermheilige* • *v.d. werkgever* ★ fête ~e *patroonsfeest* ★ syndicat ~ *werkgeversvereniging* ★ cotisation ~e *werkgeversbijdrage*
patronat m • *(het) patroon zijn* • *de werkgevers*
patronner OV WW • *steunen; begunstigen* • *maken volgens een patroon* ★ ~ une robe *een jurk volgens een patroon maken*
patronnesse v • *beschermvrouw v.e. liefdadigheidsfeest* • *dame die weldadigheidsvereniging of patronaat leidt*
patronyme m *patroniem; familienaam*
patronymique BNW ★ nom ~ *familienaam*
patrouille v • *patrouille* • *ronde*
patrouiller ON WW • *patrouilleren* • *(in de modder) ploeteren*
patrouilleur m *patrouilleschip; patrouillevliegtuig; patrouillerend soldaat*
patte v • *poot* • INF. *poot; hand; voet* • *handigheid* • *voet v. glas* • *leertje; lus; klep* • *klauw(ijzer)* ★ coup de ~ *steek; venijnige zet* ★ ~s de mouche *hanenpoten* ★ ~s d'araignée *lange, dunne vingers* ★ ~s de lapin *tochtlatjes* ‹soort bakkebaard› ★ bas les ~s! *handen thuis!* ★ à quatre ~s *op handen en voeten* ★ graisser la ~ à qn *iem. met geld omkopen* ★ faire ~ de velours *er vriendelijk in laten stinken; zich lief voordoen* ★ tomber sous la ~ de qn *in iemands handen vallen* ★ montrer ~ blanche *zich legitimeren* ★ ce peintre a de la ~ *deze schilder is handig* ★ ~ d'épaule *schouderklep*
patte-d'oie v [m mv: **pattes-d'oie**] • *kruispunt v. wegen* • *kraaienpootje* ‹bij oog›
pattemouille v *vochtige doek; strijkdoekje*
pâturage m *weiland; weide*
pâture v • INF. *voedsel voor mensen* • *voedsel voor dieren* • *prooi* ★ mettre en ~ *de wei insturen* ★ vaine ~ *vrije weide* ★ livrer en ~ *overleveren*
pâturer I OV WW *afgrazen* II ON WW *weiden; grazen*
paume v • *palm v.d. hand* • *kaatsspel* ★ jeu de ~ *kaatsbaan*
paumé BNW INF. • *verdwaasd* • *diep ongelukkig; ellendig; uit zijn doen*
paumelle v • *tweerijige gerst* • *deurhengsel*
paumer I OV WW • *met de platte hand slaan* • INF. *grijpen; pakken* • INF. *verliezen* II WKD WW (**se** ~) INF. *verdwalen; verkeerd rijden*
paupérisation v *verarming; verpaupering*
paupérisme m *algemene armoede*
paupière v *ooglid* ★ fermer les ~s *inslapen* ★ fermer les ~s à qn *iem. de ogen sluiten* ★ ouvrir les ~s *ontwaken*
paupiette v *blinde vink*
pause v • *rust; tussenpauze* • MUZ. *teken voor een hele maat rust; hele maat rust* ★ ~ café *koffiepauze*
pauser ON WW *een maat rust hebben*
pauvre I m/v *arme* II BNW • *arm; armoedig; armzalig* • *ongelukkig; slecht* ★ le ~ homme *de arme man* ★ un ~ hère *een arme drommel*
pauvresse v *arme vrouw; bedelares*
pauvret m [v: **pauvrette**] *arme ziel*
pauvreté v *armoede; ellendige toestand* ★ ~ n'est pas vice *armoede is geen schande*
pavage m • *plaveisel; bestrating* • *(het) bestraten; (het) plaveien*
pavaner WKD WW (**se** ~) *paraderen; een hoge borst opzetten*
pavé m • *straatsteen* • *bestrating; plaveisel* • *vloer* • *straat* • *dikke pil* ‹boek› • *kaderartikel* • *dik stuk rundvlees* ★ SPORT les pavés du nord *de kasseien in N-Frankrijk* ★ pavé numérique *numeriek toetsenblok* ★ battre le pavé *straatslijpen* ★ être sur le pavé *op straat staan* ★ tenir le haut du pavé *de eerste plaats innemen* ★ c'est un pavé dans la mare *dat is een steen in de vijver; dat veroorzaakt beroering*
pavement m • *bestrating* • *bevloering*
paver OV WW • *bestraten* • *bevloeren*
paveur m *straatmaker*
pavillon m • *paviljoen; tuinhuis; koepel; zomerhuis* • *oorschelp* • *grammofoonhoorn* • *vlag* • *dak* ‹v. auto› • *ronde of vierkante tent* • *hemel v.e. bed* • REL. *velum* • *eengezinswoning* ★ ~ de chasse *jachthuis* ★ abaisser le ~ ★ amener le ~ *de vlag strijken* ★ battre ~ français *onder Franse vlag varen*
pavois m • VERO. *groot schild* • *vlaggenversiering v.e. schip* ★ élever sur le ~ *verheerlijken; op het schild zetten* ‹v. iem. die tot vorst gekozen is›
pavoiser I OV WW *met vlaggen versieren* II ON WW *vlaggen*
pavot m *papaver* ★ ~ rouge *klaproos*
payable BNW *betaalbaar*
payant I m *betalend bezoeker* II BNW • *betalend* • *waarvoor men betaalt* • *lonend*
paye (*zeg:* pèj) v *loon*
payement m • *betaling* • *betaalde som*
payer I OV WW • *betalen* • *belonen* ★ ~ pour les autres *voor een ander opdraaien* ★ ~ d'audace *brutaal optreden; iets riskeren* ★ ~ cher *duur te staan komen* ★ il me le paiera *ik zal het hem betaald zetten* ★ ~ qn de retour *iem. een wederdienst bewijzen; iem. met gelijke munt betalen* II ON WW *betalen* (**pour** *voor*); *lonen* ★ ~ de sa personne *zijn leven wagen; zelf handelen* ★ ~ d'audace *iets riskeren* ★ ne pas ~ de mine *er niet uit zien* III WKD WW (**se** ~) • *betaald worden* • *beloond worden; gestraft worden* • *geld afhouden* • *zichzelf trakteren op* ★ se ~ la tête de qn *iem. voor de gek houden* ★ se ~ un voyage *zichzelf op een reisje trakteren* ★ se ~ de *zich tevreden stellen met*
payeur m [v: **payeuse**] • *betaler* • *betaalmeester*
pays m • *land; vaderland; landstreek* • *geboorteplaats* • INF. *plaatsgenoot; streekgenoot* ★ pays en voie de développement *ontwikkelingsland* ★ les gens du pays *de mensen uit de streek* ★ pays

perdu *afgelegen streek* ⋆ voir du pays *reizen* ⋆ mal du pays *heimwee* ⋆ vin de pays *landwijn*
paysage m *landschap*
paysager BNW *landschap(s)-*
paysagiste I m/v *landschapschilder* II BNW ⋆ peintre ~ *landschapschilder* ⋆ (architecte) ~ *tuin- en landschapsarchitect*
paysan [v: **paysanne**] I m *boer* ⋆ à la ~ne *op zijn boers* II BNW *boers*
paysannat m → **paysannerie**
paysannerie v • *boerenstand* • *boerenromannetje* • *schilderij met boers tafereel* • *boers toneelstuk*
Pays-Bas m mv *Nederland*
pays-pilote m [mv: **pays-pilotes**] *gidsland*
PC AFK • (poste de commandement) MIL. *commandopost* • (parti communiste) *CP* • (personal computer) *pc*
p.c.c. AFK (pour copie conforme) *c.c.*
PCV AFK (paiement contre vérification) *collect call* ⋆ téléphoner en PCV *collect call bellen*
P.D.G. AFK [**P.d.g.**] (président-directeur général) *president-directeur*
péage m *tol(geld)* ⋆ chaîne à ~ *betaal-tv*
peau m [mv: **peaux**] • *vel*; *huid* • *diploma* • *trom* • *bereide huid*; *leer* • *schil* • *vel op melk* ⋆ INF. avoir qn dans la peau *gek op iem. zijn*; *smoorverliefd op iem. zijn* ⋆ vendre cher sa peau *zijn huid duur verkopen* ⋆ risquer sa peau *zijn leven wagen* ⋆ VULG. peau de balle! *niks!* ⋆ faire peau neuve *nieuwe spullen aantrekken*; *totaal v. gedrag veranderen*; *totaal omzwaaien* ⋆ diminuer comme une peau de chagrin *langzaam kleiner worden, tot er niets meer over is*
peaufiner OV WW *netjes afwerken*
peau-rouge m *indiaan*; *roodhuid*
peausserie v • *huidenhandel* • *lederbewerking*
peaussier m • *leerbereider* • *handelaar in leer*
pécari m *muskuszwijn*
peccadille v *pekelzonde*; *klein vergrijp*
péché m *zonde*; *misstap* ⋆ ~ mignon *pekelzonde*
pêche v • *perzik* • *visvangst* • *vangst* ‹het gevangene› • INF. *klap* ⋆ ~ à la ligne *het hengelen* ⋆ permis de ~ *visakte*
pécher ON WW *zondigen*; *een misstap begaan*
pêcher I m *perzikboom* II OV WW • INF. *opduikelen* • *(op)vissen* ⋆ ~ à la ligne *hengelen* ⋆ FIG. ~ en eau trouble *in troebel water vissen*
pêcherie v *visplaats*; *visgrond*
pécheur [v: **pécheresse**] I m *zondaar* II BNW *zondig* ⋆ femme pécheresse *zondares*
pêcheur [v: **pêcheuse**] I m *visser* ⋆ ~ à la ligne *hengelaar* II BNW *vissend* ⋆ bateau ~ *vissersboot*
pécore v • VERO. *dier* • *onnozel schepsel*; *stommeling*
pectoral [m mv: **pectoraux**] I m • *borstspier* • *hoestmiddel* II BNW • *v.d. borst* • *voor de borst* ⋆ muscle ~ *borstspier* ⋆ fleurs ~es *hoestkruiden*
pécule m *spaarduitje*
pécuniaire BNW *geld-*; *geldelijk* ⋆ peine ~ *geldstraf*

P

pédagogie v *opvoedkunde*
pédagogique I v *opvoedkunde* II BNW *opvoedkundig*
pédagogue I m/v • *opvoedkundige* • PEJ. *schoolvos*; *frik* II BNW *schoolmeesterachtig*
pédale v • *pedaal* ‹v. auto, fiets, orgel› • *trapper* ‹v.fiets› • INF. *pederast* ⋆ INF. perdre les ~s *de kluts kwijt zijn*
pédaler ON WW • *fietsen* • *op een pedaal trappen* • INF. *hard lopen*; *hard rijden* ⋆ INF. ~ dans la choucroute *geen klap opschieten*
pédaleur m [v: **pédaleuse**] INF. *fietser*
pédalier m • *voetklavier* • *trapas*
pédalo m *waterfiets*
pédant I m • VERO. *schoolmeester* • *schoolvos*; *betweter*; *wijsneus* II BNW *schoolmeesterachtig*
pédanterie v *schoolmeesterachtigheid*; *betweterij*
pédantesque BNW *schoolmeesterachtig*
pédantisme m *schoolmeesterachtigheid*
pédé INF. m *flikker*
pédéraste m [**pédé**] *homo*; *flikker*
pédérastie v *pederastie*
pédestre BNW *voet-*; *te voet* ⋆ statue ~ *standbeeld ten voeten uit*
pédiatre m/v *kinderarts*
pédiatrie v *kindergeneeskunde*
pédicule m *steel*
pédicure m/v *voetverzorger*; *pedicure*
pedigree m *stamboek* ‹v. rasdieren›
pédoncule m *steel*
pédophile m/v *pedofiel*
pedzouille INF. m/v *boer*
peeling (*zeg:* pieling) m *peeling*
Pégase *Pegasus*
pègre v ARG. *(de) onderwereld* ‹misdaad›
peignage m *(het) kammen v. wol*; *(het) hekelen v. vlas*
peigne m • *kam* • *vlaskam*; *hekel* ⋆ passer au ~ fin *iets nauwkeurig bestuderen*
peigne-cul m PEJ. *pummel*
peignée v • *wol/vlas dat men in één keer kamt/hekelt* • INF. *pak slaag*
peigner I OV WW • *kammen* • *kammen v. wol*; *hekelen v. vlas* • *netjes afwerken*; *in de puntjes verzorgen* ⋆ laine peignée *kamgaren* II WKD WW (**se** ~) • *zich kammen* • *elkaar in de haren vliegen*
peignoir m • *kapmantel* • *badjas* • *ochtendjas*
peinard BNW INF. *rustig*; *onbezorgd*
peindre OV WW • *schilderen*; *beschilderen* • *beschrijven* ⋆ papier peint *behang*
peine v • *straf* • *moeite* • *smart*; *leed* • *zorg*; *angst*; *onrust* ⋆ ~ capitale *doodstraf* ⋆ sous ~ de *op straffe van te* ⋆ sous ~ de mort *op straffe des doods* ⋆ à grand-~ *met veel moeite* ⋆ à ~ *nauwelijks*; *ternauwernood* ⋆ donnez-vous la ~ de *wees zo goed te* ⋆ homme de ~ *sjouwer* ⋆ mourir à la ~ *zich dood werken* ⋆ perdre sa ~ *vergeefse moeite doen* ⋆ c'est ~ perdue *dat is vergeefse moeite* ⋆ faire de la ~ à qn *iem. verdriet aandoen* ⋆ toute ~ mérite salaire *iedere moeite moet beloond worden* ⋆ se mettre en ~ de *zich bezorgd maken over*
peiner I OV WW • *vermoeien* • *verdrieten*; *leed doen* II ON WW *zwoegen* III WKD WW (**se** ~) *zich afbeulen*; *zwoegen*

peint ww (volt. deelw.) → **peindre**
peintre m *schilder* ★ ~ en bâtiment *huisschilder* ★ ~ du dimanche *zondagsschilder*
peinture v • *schilderkunst* • *schildering*; *schilderij* • *verf* • *schildering*; *beschrijving* ★ ~ à l'huile *het schilderen met olieverf* ★ ~ murale *muurschildering* ★ en ~ *in schijn*
peinturlurer INF. OV WW *bont beschilderen*
péjoratif BNW [v: **péjorative**] *ongunstig* ★ terminaison péjorative *ongunstige uitgang* ‹v. woord›
Pékin • *Peking* • *gekleurde zijden stof* • ARG./MIL. *burger*
pékinois I m *pekinees* ‹hond› II BNW *uit Peking*
pelage m • *haar/vacht* ‹v. dier› • *(het) schillen*
pelé I m *kaalhoofdige* II BNW • *kaal* • *geschild*
pêle-mêle I m • *verwarring*; *warboel* • *fotolijst* ‹voor verzameling foto's› II BIJW *door elkaar*; *verward*
peler I OV WW • *ontharen* • *schillen*; *pellen* II ON WW *vervellen* III WKD WW (**se** ~) • *kaal worden* • *vervellen*
pèlerin m • *pelgrim* • *grote haai*
pèlerinage m • *pelgrimstocht* • *bedevaartplaats*
pèlerine v *pelerine* ‹soort mantel›
pélican m *pelikaan*
pelisse v *pels*; *pelsmantel*; *pelsjas*
pellagre v MED. *pellagra*
pelle v • *schop*; *spade* • *riemblad* ★ ~ à charbon *kolenschop* ★ ~ à tarte *taartschep* ★ INF. ramasser une ~ *vallen* ★ INF. remuer l'argent à la ~ *schatrijk zijn* ★ ~ mécanique *grijper*; *grijpkraan*
pelletée v *schopvol*
pelleter OV WW *met de schop omwerken*
pelleterie v • *(het) bontwerken* • *bontwerk* • *bonthandel*
pelleteur m *grondwerker*
pelleteuse v *graafmachine*
pelletier [v: **pelletière**] I m • *bontwerker* • *bontverkoper* II BNW *wat bont betreft* ★ marchand ~ *bonthandelaar*
pellicule v • *vlies*; *velletje*; *schilfer* • *fotofilm*
pelliculeux BNW [v: **pelliculeuse**] *schilferig* ‹door roos›
pelotage m • *(het) tot een kluwen winden* • INF. *(het) strelen*; *(het) betasten*
pelote v • *bal* • *speldenkussen* • *Baskisch kaatsspel* • *kluwen* ★ INF. faire sa ~ *geld vergaren* ★ avoir les nerfs en ~ *één bonk zenuwen zijn*
peloter I OV WW • *tot een kluwen maken*; *opwinden* • *mishandelen* • INF. *vleien*; *flikflooien*; *betasten* II ON WW *met een bal spelen* ‹kaatsen, biljart›
peloteur m [v: **peloteuse**] • *kluwenwinder* • *vleier* • *handtastelijk iem.*
peloton m • *kluwentje* • *groep personen* • *groepje renners in een wedstrijd* • MIL. *peloton* ★ ~ de tête *koppeloton*
pelotonner I OV WW *tot een kluwen maken*; *opwinden* II WKD WW (**se** ~) • *een kluwen vormen* • *ineenduiken*; *ineenkruipen*
pelouse v • *grasperk* • *middenveld v.d. renbaan*
peluche v • *pluche*; *pluis* • *dier van pluche*
pelucher ON WW *pluizen*
pelucheux BNW [v: **pelucheuse**] *pluizig*
pelure v • *schil* • INF. *kleren*
pelvien BNW [v: **pelvienne**] *van het bekken* ★ fracture ~ne *bekkenfractuur*
pénal BNW [m mv: **pénaux**] *wat straffen betreft* ★ code ~ *wetboek v. strafrecht* ★ loi ~e *strafwet*
pénalisation v *strafpunten*
pénaliser OV WW *straf opleggen*; *(be)straffen*
pénalité v • *straf* • *strafschop*
penalty m [mv: **penalties, penaltys**] *penalty*; *strafschop*; *strafbal*
pénard BNW INF. *onbezorgd*; *rustig*
pénates m mv *huisgoden* ★ INF. rejoindre ses ~ *naar huis terugkeren*
penaud BNW *beteuterd*; *beschaamd*
penchant I m • *helling* • *neiging* (**à**, **pour** *tot*) • *genegenheid* (**pour** *voor*) II BNW • *hellend* • *schuin* • *wankelend*; *achteruitgaand*
penché BNW *scheef*; *schuin* ★ écriture ~e *schuinschrift*
pencher I OV WW *buigen*; *doen overhellen* ★ ~ la tête *het hoofd schuin houden* II ON WW • *overhellen*; *scheef staan* • *geneigd zijn* ★ faire ~ la balance *de schaal doen overslaan* ★ ~ pour *gokken op* III WKD WW (**se** ~) *zich buigen*; *zich bukken* ★ se ~ sur *bestuderen*
pendable BNW *in aanmerking komend om gehangen te worden* ★ cas ~ *halszaak* ★ tour ~ *boevenstreek*
pendaison v *(het) (op)hangen* ★ ~ de crémaillère *feestje bij het betrekken v.e. woning*
pendant I m • VERO. *draagriem* • *tegenhanger*; *pendant* II BNW *hangend* ★ JUR. cause ~e *aanhangige zaak* III VZ *gedurende* IV VW ★ ~ que [+ ind.] *terwijl*
pendard m INF. *galgenaas*
pendeloque v • *peervormig juweel, als oorhanger gebruikt* • *hanger aan een lichtkroon*
pendentif m • *hangboog v. gewelf* • *hanger aan een halskettinkje*
penderie v *klerenrek*; *hangkast*
pendiller ON WW *bungelen*; *wapperen*
pendouiller ON WW *slap hangen*
pendre I OV WW *(op)hangen* II ON WW *hangen*; *afhangen* ★ cela lui pend au nez *dat staat hem te wachten* III WKD WW (**se** ~) • *zich vastklampen* • *zich ophangen*
pendu I BNW *hangend* ★ avoir la langue bien ~e *niet op zijn mondje gevallen zijn* II WW (volt. deelw.) → **pendre**
pendulaire BNW *slingerend*
pendule I m *slinger* II v *pendule*; *klok*
pendulette v *klokje*
pêne m *tong* ‹v. slot›
pénétrable BNW *doordringbaar*
pénétrant BNW • *doordringend* • *schrander*
pénétration v • *het doordringen*; *penetratie* • *schranderheid*
pénétrer I OV WW • *doordringen*; *binnendringen*; *indringen* • *penetreren* • *begrijpen* ★ ~ le cœur *diep ontroeren* II ON WW *doordringen*; *binnendringen*; *indringen* III WKD WW (**se** ~) *zichzelf onderzoeken* ★ se ~ de *zich doordringen van*; *zich in de geest*

P

prenten
pénible BNW • *moeilijk; lastig* • *smartelijk; pijnlijk; ongelukkig; penibel*
péniche V • VERO. *lichte sloep* • *grote aak* ★ ~ de débarquement *landingsvaartuig*
pénicilline V *penicilline*
péninsulaire BNW *v.e. schiereiland*
péninsule V *groot schiereiland*
pénis (*zeg:* -nies) m *penis*
pénitence V • *boete; boetvaardigheid* • *berouw* • *penitentie* • *straf* ★ les psaumes de la ~ *de boetpsalmen* ★ le tribunal de la ~ *de biechtstoel*
pénitencier m *tuchthuis; strafinrichting*
pénitent I m [v: **pénitente**] *boeteling; biechteling* II BNW *berouwvol; boetvaardig* ★ vie ~e *leven v. boete*
pénitentiaire BNW ★ établissement ~ *strafinrichting*
penne V *vleugelpen; staartpen*
pénombre V *halfdonker; schemering*
pensable BNW *denkbaar*
pensant BNW ★ bien ~ *weldenkend*
pense-bête m [mv: **pense-bêtes**] • *knoop in de zakdoek* • *memo*
pensée V • *gedachte; denkbeeld* • *mening* • *plan* • *ontwerp* • *driekleurig viooltje* ★ dire sa ~ *zijn mening geven* ★ la ~ d'un roman *de strekking v.e. roman*
penser I m LIT. *gedachte* II OV WW *denken; geloven* ★ qu'est-ce qui vous fait ~ cela? *hoe komt u daar op?* III ON WW • *denken; menen* • *geloven* • *van plan zijn; zich voornemen* • *op het punt zijn* ★ pensez donc! *stel u eens voor!* ★ pensez à vous! *neem u in acht!* ★ il a pensé mourir *hij dacht te sterven* ★ INF. penses-tu! *dat had je gedacht!; niks hoor!*
penseur [v: **penseuse**] I m *denker* ★ libre-~ *vrijdenker* II BNW *peinzend; dromend*

P

pensif BNW [v: **pensive**] *peinzend; nadenkend; dromend*
pension V • *kostgeld* • *kosthuis; pension* • *kostschool* • *kostgeld op school* • *jaargeld; toelage* ★ ~ de retraite *pensioen* ★ ~ complète *volpension*
pensionnaire m/v • *kostganger* • *kostleerling* • *iem. die een jaargeld, een toelage ontvangt* • *pensionaris* ★ grand-~ *raadpensionaris*
pensionnat m *pensionaat*
pensionné I m *gepensioneerde* II BNW *gepensioneerd*
pensionner OV WW *een jaargeld toekennen; een toelage toekennen*
pensivement BIJW *peinzend; dromerig*
pensum (*zeg:* pe(n)som) m • *strafwerk* • *vervelend schrijfwerk*
pentaèdre m *vijfvlak; pentaëder*
pentagonal BNW [m mv: **pentagonaux**] *vijfhoekig*
pentagone I m *vijfhoek* II BNW *vijfhoekig*
pentamètre m *vijfvoetig vers; pentameter*
pentathlon m *vijfkamp*
pente V • *helling; glooiing* • *neiging* • *afhangende strook; val v.e. gordijn* ★ aller en ~ *hellen* ★ s'engager sur une ~ dangereuse *het hellend vlak opgaan*
Pentecôte V *Pinksteren*
penture V *hengsel*
pénultième I V *voorlaatste lettergreep* II BNW *voorlaatste*
pénurie V *gebrek; schaarste; grote armoede*
pépé m INF. *opa*
pépée V • KIND. *pop* • INF. *vrouw; meisje*
pépère I m • KIND. *opa* • *rustige dikzak* II BNW INF. *rustig*
pépie V *pip* ★ INF. avoir la ~ *een droge keel hebben*
pépiement m *gepiep*
pépier ON WW *piepen* ‹v. jonge vogels›
pépin m • *pit* • INF. *pech* • INF. *paraplu*
pépinière V • *jong boompje dat nog verplant moet worden* • *boomkwekerij* • *oefenschool; kweekschool*
pépiniériste I m *boomkweker* II BNW ★ jardinier ~ *boomkweker*
pépite V *klomp; brok*
pepsine V *pepsine*
péquenaud PEJ. m [**péquenot**] *boer*
perçage m *doorboring*
percale V *zeer fijne katoenen stof*
perçant BNW *doordringend; scherp*
perce V • *boor* • *gat in blaasinstrument*
percée V • *opening; gat* • *doorbraak* ‹v. straten; in de sport›; *doorkijk in een bos*
percement m • *doorboring; doorgraving* • *doorbraak; tunnel*
perce-neige m/v [mv: **perce-neige(s)**] *sneeuwklokje*
perce-oreille m [mv: **perce-oreilles**] *oorworm*
percepteur [v: **perceptrice**] I m *belastingontvanger* II BNW *geluidopvangend*
perceptibilité V • *waarneembaarheid* • *invorderbaarheid v. belastingen*
perceptible BNW • *waarneembaar* • *invorderbaar*
perceptif BNW [v: **perceptive**] *wat het waarnemen betreft*
perception V • *gewaarwording; waarneming* • *perceptie* • *het innen v. belastingen* • *ambt v. ontvanger*
percer I OV WW • *doorboren* • *doorbreken* ‹v. straten› • *doordringen* • *openbreken* • *doorgronden* • *doorsteken* ★ ~ un coffre-fort *een brandkast kraken* ★ ~ un mystère *een mysterie oplossen* ★ LIT. ~ le cœur *het hart breken; het hart verscheuren* ★ ~ un tunnel *een tunnel boren* II ON WW • *doorbreken; opengaan* ‹v. zweer› • *doorschemeren; zich verraden* • *opvallen; bekend worden* • *doorkomen* ‹v. tanden›
perceur m [v: **perceuse**] *iemand die boort*
perceuse V *boormachine* ★ ~ à percussion *klopboor*
percevable BNW • *waarneembaar* • *invorderbaar*
percevoir OV WW • *waarnemen* • *invorderen; innen*
perche V • *baars* • *staak; lange stok; roede; polsstok; hengelstok* • *bonenstaak* ‹lange man› • *gewei* ★ saut à la ~ *polsstoksprong* ★ tendre la ~ à qn *iem. de reddende hand bieden*
percher I ON WW • *zitten* ‹v. vogels› • INF. *wonen* ★ voix haut perchée *schelle stem*

II WKD WW (**se** ~) *hoog gaan zitten*
percheur BNW [v: **percheuse**] *zittend* ‹v. vogels›
perchiste m/v • *polsstok(hoog)springer* • *degene die microfoon vasthoudt aan 'hengel'*
perchoir m • *vogelstok*; *kippenrek* • POL. *voorzitterszetel (Nationale Vergadering)*
perclus (*zeg:* -kluu) BNW *verlamd*; *lam* ★ être ~ de rhumatismes *stijf van de reuma zijn*
percolateur m *percolator*
perçu WW (volt. deelw.) → **percevoir**
percussion v • *stoot*; *schok* • MED. *onderzoek v.h. lichaam door kloppen* ★ instrument de ~ *slaginstrument*
percussionniste m/v *drummer*; *slagwerker*
percutant BNW *door een schok afgaand* ★ un projectile ~ *een schokgranaat* ★ argument ~ *ijzersterk argument*
percuter OV WW • *slaan tegen*; *stoten tegen* • MED. *bekloppen*
percuteur m *slagpin*
perdant m *verliezer*
perdition v • *nood*; *gevaar* • *verderf*; *ondergang* ★ navire en ~ *schip in nood* ★ lieu de ~ *plaats des verderfs*
perdre I OV WW • *verliezen* • *beschadigen*; *bederven* • *in het verderf storten*; *te gronde richten* • *doen verdwalen* ★ ~ son chemin *verdwalen* ★ ~ contenance *van zijn stuk raken* ★ à ~ haleine *om buiten adem van te raken* ★ ~ l'occasion *de gelegenheid voorbij laten gaan* ★ ~ sa peine *vergeefse moeite doen* ★ ~ pied *geen grond meer voelen* ★ ~ son temps *zijn tijd verknoeien* ★ ~ terre SCHEEPV. *het vaste land niet meer zien* ★ ~ de vue *uit het gezicht verliezen* II ON WW • *verliezen* • *achteruitgaan* III WKD WW (**se** ~) • *verdwalen* • *verdwijnen*; *verloren gaan* • *zich in het verderf storten* • *schipbreuk lijden* • *vergaan* • *wegsterven* • *zich verdiepen (in)*; *opgaan (in)* ★ se ~ dans la foule *in de menigte opgaan* ★ je m'y perds *dat kan ik niet meer volgen*
perdreau m [mv: **perdeaux**] *jonge patrijs*
perdrix (*zeg:* -drie) v *patrijs*
perdu I BNW • *verloren*; *verdwenen* • *verspild* • *opgegeven* • *te gronde gericht* • *verborgen*; *afgelegen* ★ pays ~ *uithoek*; *afgelegen dorp* ★ emballage ~ *wegwerpverpakking* ★ malade ~ *door artsen opgegeven patiënt* ★ à corps ~ *blindelings* ★ pour un (de) ~ dix de retrouvés *voor hem tien anderen* II WW (volt. deelw.) → **perdre**
perdurer ON WW *voortduren*; *aanhouden*
père m • *vader*; *stamvader* • *pater* • *schepper*; *stichter* ★ de père en fils *van vader op zoon* ★ Dieu le Père *God de Vader* ★ Père de l'Eglise *kerkvader* ★ le Père éternel *God* ★ père nourricier *voedstervader* ★ le Saint-Père *de paus* ★ père spirituel *geestelijk leidsman*
pérégrination v *omzwerving*
péremption v *verjaring* ★ date de ~ *vervaldatum*
péremptoire BNW • *beslissend*; *afdoend* • *betrekking hebbend op verjaring* ★ un argument ~ *een afdoend argument*
pérennité v *lange duur*; *het voortduren*
péréquation (*zeg:* -kwa-) v ECON. *gelijktrekking*; *lastenverdeling*; *verevening*
perfectibilité v *vatbaarheid voor vervolmaking*
perfectible BNW *vatbaar voor vervolmaking*
perfection v *volmaaktheid*; *voortreffelijkheid* ★ à la/dans la ~ *in de perfectie*
perfectionnement m *vervolmaking*
perfectionner I OV WW *vervolmaken* II WKD WW (**se** ~) *volmaakter worden*; *verbeterd worden* ★ se ~ dans qc *zich in bekwamen iets*
perfectionniste m/v *perfectionist*
perfide I m/v *trouweloze*; *valsaard* II BNW *vals*; *trouweloos*; *verraderlijk*
perfidie v *trouweloosheid*; *valsheid*
perforant BNW *doorborend*
perforateur [v: **perforatrice**] I m *ponstypist* II BNW *doorborend*
perforation v *doorboring*
perforatrice v • *ponstypiste* • *ponsmachine* • *boormachine* • *perforeermachine*
perforé BNW • *geperforeerd* • *pons-* ★ carte ~e *ponskaart*
perforer OV WW • *doorboren*; *perforeren* • *ponsen*
perforeuse v *perforeertoestel*
performance v *prestatie* ‹in sport›
perfusion v • *infuus* • *seruminspuiting* ★ être sous ~ *aan het infuus liggen*
pergola v *pergola*
péricarde m *hartzakje*
péricardite v *pericarditis*; *hartzakontsteking*
péricarpe v *vruchthulsel*; *zaadhulsel*
péricliter ON WW *in gevaar zijn*; FIG. *wankelen*; FIG. *op vallen staan*
péril (*zeg:* -riel) m *gevaar* ★ au ~ de *op gevaar van* ★ à ses risques et ~s *op eigen risico* ★ LIT. il y a ~ en la demeure *uitstel is gevaarlijk*
périlleux BNW [v: **périlleuse**] *gevaarlijk* ★ saut ~ *salto mortale*
périmé BNW • *verouderd*; *achterhaald* • *verlopen*; *ongeldig*
périmer I ON WW *verjaren*; *vervallen*; *verlopen* II WKD WW (**se** ~) *bederven*
périmètre m *omtrek*
périnée m • *perineum* • *dam*
période I m *toppunt* II v • *tijdperk*; *tijdvak* • *omloop*; *omlooptijd* • *halfwaardetijd* • *volzin* • *herhalingsoefening*
périodicité v *geregelde terugkeer*
périodique I m *tijdschrift* II BNW *geregeld terugkerend*; *periodiek* ★ fraction ~ mixte *gemengd repeterende breuk* ★ fraction ~ simple *zuiver repeterende breuk* ★ serviette/garniture ~ *maandverband*
périoste m *beenvlies*
péripatéticien [v: **péripatéticienne**] I m *peripateticus* ‹volgeling van Aristoteles› ★ LIT. ~ne *prostituee*; *vrouw die tippelt* II BNW *peripatetisch*
péripétie (*zeg:* -sie) v • *wederwaardigheid*; *verwikkeling* • *plotselinge verandering*
périphérie v *omtrek*
périphérique I m • *randapparatuur* • *ringweg* II BNW *aan de buitenzijde gelegen* ★ boulevard ~ *ringweg*
périphrase v *omschrijving*

P

périphrastique BNW *omschrijvend*
périple m *omzeiling*
périr ON WW *vergaan; omkomen; sneuvelen* ★ LIT. ~ corps et biens *met man en muis vergaan* ★ LIT. ~ d'ennui *zich dood vervelen*
périscope m *periscoop*
périssable BNW *vergankelijk; bederfelijk*
périssoire v *kano*
péristaltique BNW *peristaltisch*
péristyle m *zuilengalerij*
péritel BNW ★ prise ~ *scartaansluiting*
péritoine m *buikvlies*
péritonite v *buikvliesontsteking*
perle v • OOK FIG. *parel* • *kraal* • *gasbelletje* • LIT. *zeer witte tand* ★ ~ fine *echte parel*
perlé BNW • *parelachtig; parelvormig* • *versierd met parels* • *zeer fijn bewerkt* • *helder* ★ orge ~ *geparelde gerst* ★ broderie ~e *parelborduurwerk* ★ grève ~e *prikactie* ★ rire ~ *parelende lach*
perler I OV WW • *parelgerst maken* • *zeer fijn bewerken* • MUZ. *een loopje voortreffelijk uitvoeren* II ON WW *parelen* ‹v. zweet›
perlier [v: **perlière**] I m *handelaar in parels* II BNW *parels bevattend* ★ huître perlière *pareloester*
perlimpinpin m ★ poudre de ~ *wondermiddeltje*
permanence v • *duurzaamheid; onafgebroken duur* • *onafgebroken zitting; (het) aanblijven* • *vaste dienst* • *gebouw dat steeds open is voor het publiek* • *overblijf(studie)ruimte* ★ ~ de police *politienachtpost* ★ en ~ *voortdurend* ★ être de ~ *dienst hebben; stand-by zijn*
permanent I m *partijfunctionaris* II BNW *blijvend; duurzaam; onafgebroken*
permanente I v *permanent* II BNW → **permanent**
permanenter OV WW *permanenten*
perméabilité v *doordringbaarheid*
perméable BNW • *doordringbaar* • FIG. *ontvankelijk (à voor)*
permettre I OV WW *toestaan; veroorloven; vergunnen* ★ permettez! *met uw verlof!* ★ il se croit tout permis *hij denkt zich alles te kunnen permitteren* II WKD WW (**se** ~) • *veroorloofd worden* • *de vrijheid nemen; zich veroorloven*
permis (*zeg:* -mie) I m *vergunning; akte; vervoerbiljet; verlof* ★ ~ de chasse *jachtakte* ★ ~ de conduire *rijbewijs* ★ ~ de séjour *verblijfsvergunning* II WW (volt. deelw.) → **permettre**
permissif BNW [v: **permissive**] • *permissief; tolerant* • *vrij; ongedwongen*
permission v • *toestemming; verlof; vergunning* • MIL. *kort verlof*
permissionnaire m/v • *houder v.e. vergunning; houder v.e. akte* • *verlofganger*
permutabilité v *verwisselbaarheid*
permutable BNW *verwisselbaar*
permutation v *verwisseling; verandering*
permuter I OV WW *ruilen; verplaatsen; verwisselen* II ON WW ★ ~ avec qn. *van ambt ruilen met iem.*
pernicieux BNW [v: **pernicieuse**] *verderfelijk; schadelijk* ★ fièvre pernicieuse *kwaadaardige koorts*
péroné m *kuitbeen*
péroraison v *slot v.e. rede; peroratie*
pérorer ON WW *lang en hoogdravend spreken*
Pérou m *Peru*
perpendiculaire I v *loodlijn* II BNW *loodrecht*
perpète BIJW [**perpette**] INF. ★ à ~ *voor altijd; eeuwig*
perpétration v *(het) bedrijven; (het) begaan* ‹v. misdaad›
perpétrer OV WW *bedrijven; begaan* ‹v. misdaad›
perpétuation v *instandhouding*
perpétuel BNW [v: **perpétuelle**] • *eeuwig* • *levenslang* • *voortdurend; onophoudelijk; bestendig* ★ mouvement ~ *perpetuum mobile* ★ exil ~ *levenslange verbanning*
perpétuer I OV WW *doen voortduren; vereeuwigen; in stand houden* II WKD WW (**se** ~) *blijven bestaan; voortduren; zich voortplanten*
perpétuité v *voortduring; eeuwigheid* ★ à ~ *voor eeuwig*
perplexe BNW *verlegen; onthutst*
perplexité v *verlegenheid; verslagenheid*
perquisition v *huiszoeking; gerechtelijk onderzoek*
perquisitionner ON WW *huiszoeking doen*
perron m *stoep; bordes*
perroquet m • OOK FIG. *papegaai* • INF. *glas absint*
perruche v • *wijfjespapegaai* • *parkiet* • SCHEEPV. *bovenkruiszeil*
perruque v *pruik*
perruquier m *pruikenmaker; kapper*
pers (*zeg:* per) BNW *blauwgroen*
persan BNW *Perzisch*
perse BNW *Perzisch*
Perse I v *Perzië* II m/v *Pers*
persécuter OV WW • *vervolgen* • *lastig vallen; plagen*
persécuteur m [v: **persécutrice**] *vervolger*
persécution v *vervolging* ★ délire de la ~ *vervolgingswaanzin*
persévérance v *standvastigheid; volharding*
persévérant BNW *standvastig; volhardend*
persévérer ON WW • *doorzetten; volhouden* • *voortduren*
persienne v *zonneblind*
persiflage m *bespotting; spotternij*
persifler OV WW *bespotten; belachelijk maken*
persifleur m [v: **persifleuse**] *spotter*
persil (*zeg:* -sie) m *peterselie*
persillé BNW *met fijngehakte peterselie* ★ fromage ~ *kruidkaas* ★ viande ~e *doorregen vlees*
Persique BNW ★ le golf ~ *de Perzische Golf*
persistance v *bestendigheid; duurzaamheid; volharding*
persistant BNW *bestendig; aanhoudend; volhardend* ★ feuilles ~es *groenblijvende bladeren*
persister ON WW *aanhouden; volharden; voortduren*
personnage m • *persoon* • *hoog persoon; belangrijk persoon; personage* • *personage* ‹in roman, toneelstuk› • *rol*

P

personnaliser OV WW • *verpersoonlijken* • JUR. *rechtspersoonlijkheid geven aan*
personnalité V • *persoonlijkheid* • *persoon* • VERO. *persoonlijke belediging* • *egoïsme*
personne I V • *persoon*; *mens* • *persoonlijkheid* ★ il est bien fait de sa ~ *hij heeft een knap uiterlijk* ★ ~ civile *burgerlijk persoon* ★ en ~ *persoonlijk* ★ les grandes ~s *de volwassenen* ★ jeune ~ *jong meisje* ★ ~ morale *rechtspersoon* ★ payer de sa ~ *meevechten*; *zelf meedoen* ★ JUR. sans acception de ~ *zonder aanzien des persoons* **II** VNW • *niemand* • *iemand* ★ ~ ... ne *niemand* ★ sans voir ~ *zonder iemand te zien*
personnel I m *personeel* **II** BNW [v: **personnelle**] • *persoonlijk* • *egoïstisch* ★ contribution ~le *personele belasting* ★ pronom ~ *persoonlijk voornaamwoord*
personnellement BIJW *persoonlijk*
personnification v *verpersoonlijking*; *personificatie*
personnifier OV WW *verpersoonlijken*; *personifiëren* ★ la bonté personnifiée *de goedheid in eigen persoon*
perspectif BNW [v: **perspective**] *perspectivisch*
perspective V • *vooruitzicht* • *perspectief* • *vergezicht* ★ en ~ *in het vooruitzicht*
perspicace BNW *scherpzinnig*
perspicacité v *scherpzinnigheid*
persuader I OV WW *overtuigen*; *overhalen* **II** WKD WW (**se** ~) *zich verbeelden*; *geloven*
persuasif BNW [v: **persuasive**] *overtuigend*
persuasion v *overtuiging*; *overreding*
perte V • *verlies* • *verderf*; *ondergang* • *plaats waar een rivier in de grond verdwijnt* ★ courir à sa ~ *zijn ondergang tegemoet gaan* ★ la ~ de l'âme *de verdoemenis* ★ à ~ de vue *zover het oog reikt* ★ en pure ~ *geheel onnodig*; *vergeefs* ★ vendre à ~ *met verlies verkopen* ★ FIG. être en ~ de vitesse *aan invloed/betekenis verliezen* ★ avoir des ~s de mémoire *(af en toe) aan geheugenverlies lijden*
pertinemment BIJW *gepast*; *van pas*; *ter zake dienend*
pertinence v *gepastheid*; *juistheid*
pertinent BNW *gepast*; *juist*; *afdoend*
pertuis (*zeg:* -twie) m • VERO. *gat*; *opening* • *rivierengte*; *nauwe doorvaart* • *zeegat* • *sluisopening*
perturbateur [v: **perturbatrice**] **I** m *verstoorder*; *onruststoker* **II** BNW *verstorend*
perturbation v *storing*; *verstoring*
perturber OV WW *(ver)storen*
péruvien BNW [v: **péruvienne**] *Peruviaans*
pervenche I v *maagdenpalm* **II** BNW *paarsblauw*; *helblauw*
pervers (*zeg:* -vèr) **I** m [v: **perverse**] *verdorven mens* **II** BNW *pervers*; *verdorven*
perversion v *ontaarding*; *perversie* ★ ~ des mœurs *zedenbederf*
perversité v *perversiteit*; *verdorvenheid*
perverti BNW *pervers*; *verdorven*
pervertir OV WW • *verderven*; *ontaarden* • *verdraaien*; *vervalsen* ★ ~ un texte *een tekst vervalsen*
pervertissement m *verval*; *verderf*; *ontaarding*
pesage m • *(het) wegen* • *plaats waar wordt gewogen*
pesant I m *gewicht* ★ valoir son ~ d'or *zijn gewicht in goud waard zijn* **II** BNW • *zwaar* • *log* • *moeilijk*; *drukkend*
pesanteur v • *zwaartekracht* • *zwaarte*; *gewicht* • *logheid*; *gebrek aan sierlijkheid*; *gebrek aan schranderheid* • *drukkend gevoel* ★ ~ d'estomac *zwaar gevoel op de maag*
pèse-bébé m [mv: **pèse-bébés**] *babyweegschaal*
pesée v • *(het) wegen* • *wat men in één keer weegt* • *(het) oplichten met een hefboom*; *druk*
pèse-lettre m [mv: **pèse-lettres**] *brievenweger*
pèse-personne m [mv: **pèse-personnes**] *personenweegschaal*
peser I OV WW • *wegen* • *afwegen*; *wikken en wegen* ★ ~ ses paroles *zijn woorden afwegen* ★ tout bien pesé *alles wel beschouwd* **II** ON WW • *wegen* • *zwaar vallen*; *tot last zijn* ★ ~ sur *drukken op* ★ ~ sur l'estomac *zwaar op de maag liggen* ★ ~ sur la décision de qn *iemands beslissing beïnvloeden*
pessaire m *pessarium*
pessimisme m *pessimisme*
pessimiste I m/v *pessimist* **II** BNW *pessimistisch*
peste I v • LIT. *ondeugd* • *pest* • *verderfelijke leer*; *plaag*; *verderf* ★ ~ soit de ...! *naar de duivel met ...!* ★ ~ bubonique *builenpest* **II** TW *verhip!*; *drommels!*
pester ON WW *uitvaren*
pesticide m *pesticide*; *bestrijdingsmiddel*
pestiféré I m [v: **pestiférée**] *pestlijder* **II** BNW *lijdend aan pest*
pestilence v *verderfelijke leer*
pestilentiel BNW [v: **pestilentielle**] • *aangetast door pest*; *besmettelijk*; *pestverwekkend* • *ondraaglijk* ‹v. stank›
pet (*zeg:* pè) m *scheet*; *wind* ★ ça ne vaut pas un pet (de lapin) *dat is geen snars waard*
pétale m *bloemblad*
pétanque v *petanque*; *jeu de boules*
pétant BNW INF. *klokslag* ★ à neuf heures ~es *om negen uur precies*
pétarade v *(ge)knal*
pétarader ON WW *knallen*
pétard m • *rotje*; *voetzoeker* • INF. *sensationeel nieuws*; *lawaai* • VULG. *achterwerk* • VULG. *revolver* • ARG. *sigaret gemaakt van hasj of marihuana*
pétaudière v *rumoerige vergadering*; *huishouden v. Jan Steen*
pet-de-nonne m [mv: **pets-de-nonne**] *(appel)beignet*; *poffertje*
péter INF. ON WW • *breken*; *springen*; *knappen* • *een wind laten* • *knappen*; *knapperen*; *knetteren*
pètesec BNW [**pète-sec**] *bits*
péteux INF. m [v: **péteuse**] *bangelijk iemand*
pétillant BNW • *knetterend* • *fonkelend* ‹v. geest› • *parelend* ‹v. wijn› • *schitterend* ‹v. ogen›
pétillement m *(het) knetteren*; *(het) fonkelen*; *(het) parelen*; *(het) schitteren*
pétiller ON WW *knetteren*; *fonkelen*; *parelen*; *schitteren*

pétiole m *bladsteel*
petiot BNW INF. *klein*
petit I m [v: **petite**] • *kind* • *jong* ‹v. dieren› ★ les ~s *de kleine luiden* **II** BNW • *klein*; *nietig* • *kleingeestig* • *lief*; *aardig*; *best* ★ au ~ bonheur *op goed geluk* ★ ~ à ~ *langzamerhand*; *beetje voor beetje* ★ en ~ *in het klein* ★ le ~ jour *de vroege ochtend* ★ ~ doigt *pink* ★ mon ~ ami *mijn vriendje*
petit-beurre m [mv: **petits-beurre**] *petit-beurre*; *soort droog biskwietje*
petit-bourgeois PEJ. **I** m [v: **petite-bourgeoise**] *kleine burgerman* **II** BNW *kleinburgerlijk*; *bekrompen*
petit(-)déjeuner m [mv: **petits(-)déjeuners**] *ontbijt*
petite-fille m [mv: **petites-filles**] *kleindochter*
petitement BIJW • *klein*; *met kleine hoeveelheden* • *minstens* • *kleingeestig* • *laag*
petite-nièce m [mv: **petites-nièces**] *achternicht*
petitesse v • *kleinheid*; *geringheid* • *kleingeestigheid* • *kleingeestige of lage daad*
petit-fils m [mv: **petits-fils**] *kleinzoon*
petit-gris m [mv: **petits-gris**] • *segrijnslak*; *kleine wijngaardslak* • *petit-gris* ‹bontsoort›
pétition v *verzoekschrift*; *petitie*
pétitionnaire m/v *indiener v.e. verzoekschrift*
petit-lait m *(melk)wei*
petit-maître m [v: **petite-maîtresse**] VERO. *fat*; *nuf*
petit-nègre m INF. *gebroken Frans*
petit-neveu m [mv: **petit-neveux**] *achterneef*
petits-enfants m mv *kleinkinderen*
petit-suisse m [mv: **petits-suisses**] *dubbele roomkwark*
pétoche v INF. *rats* ★ j'ai la ~ *ik knijp 'm*; *ik zit in de rats*
pétoire v INF. • *proppenschieter* • *brommer*
peton m INF. *voetje*
pétrel m *stormvogel*
pétri I BNW • *gevormd* • *doorkneed* ★ LIT. ~ de *vol van* ★ LIT. ~ d'orgueil *zeer trots* **II** WW (volt. deelw.) → **pétrir**
pétrification v *verstening*
pétrifier OV WW • *verstenen* • *doen verstijven* ‹v. schrik›
pétrin m *bakkerstrog* ★ INF. être dans le ~ *in verlegenheid zijn* ★ INF. mettre dans le ~ *in het nauw brengen*
pétrir OV WW • OOK FIG. *kneden* • *vormen*
pétrissage m [**pétrissement**] • *soort massage* • *(het) kneden*
pétrochimie v *petrochemie*
pétrochimique BNW *petrochemisch*
pétrodollar m *oliedollar*
pétrographie v *leer der gesteenten*
pétrole m *petroleum*; *(ruwe) olie* ★ crise du ~ *oliecrisis*
pétrolette v INF. *motorfiets*
pétrolier I m *tanker* **II** BNW [v: **pétrolière**] *petroleum-*; *olie-* ★ navire ~ *olietanker* ★ production pétrolière *olieproductie*
pétrolifère BNW *petroleumhoudend*; *petroleumvoortbrengend*; *olie-*
pétulance v *uitgelatenheid*; *dartelheid*; *wildheid*
pétulant BNW *uitgelaten*; *dartel*; *dol*; *wild*
pétunia m *petunia*
peu I m *(het) weinige*; *beetje* ★ un peu *een beetje* ★ pour un peu ... *het scheelde maar weinig, of ...* ★ attendez un peu *wacht even* ★ dites un peu *zeg eens* **II** BIJW *weinig* ★ dans peu *binnenkort* ★ sous peu *binnenkort*; *weldra* ★ peu à peu *langzamerhand* ★ à peu près *ongeveer* ★ depuis peu *sinds kort* ★ quelque peu *een beetje* ★ tant soit peu *een weinig*; *enigszins* **III** VW ★ pour peu que *als ... slechts*
peuh TW *kom nou!*; *het mocht wat!*
peuplade v *volksstam*
peuple m • *volk* • *populier* ★ VERO. petit ~ *de lagere volksklassen*
peuplement m • *(het) bevolken* • *bevolking*
peupler I OV WW *bevolken* **II** ON WW *zich vermenigvuldigen*; *zich voortplanten* **III** WKD WW (se ~) *zich bevolken*
peupleraie v *bos v. populieren*
peuplier m *populier* ★ ~ argenté *zilverpopulier* ★ ~ tremble *ratelpopulier*
peur I v *vrees*; *angst*; *schrik* ★ avoir grand'peur *erg bang zijn* ★ avoir peur de *bang zijn voor* ★ avoir peur pour *bezorgd zijn voor* ★ avoir une peur bleue *doodsangsten uitstaan* ★ de peur de *uit vrees te* ★ en être quitte pour la peur *er met de schrik afkomen* ★ faire peur à *schrik aanjagen* ★ laid à faire peur *aartslelijk*; *foeilelijk* ★ mourir de peur *omvallen van schrik* ★ prendre peur *bang worden* **II** VW ★ de peur que [+ subj.] *uit vrees dat*
peureux [v: **peureuse**] **I** m *bangerd* **II** BNW *bang*
peut WW (présent) → **pouvoir**
peut-être BIJW • *misschien* • *toch zeker* • *zou ik denken*
peuvent WW (présent) → **pouvoir**
peux WW (présent) → **pouvoir**
pèze v ARG. *geld*
pff(t) TW *pf!*; *ach wat!*
p.g.c.d. AFK (plus grand commun diviseur) *g.g.d.*
pH AFK (potentiel (d')hydrogène) *zuurgraad*
phacochère m *wrattenzwijn*
phaéton m • *koetsier* • *licht open rijtuig voor vier personen*
phagocyte m *fagocyt*; *vreetcel*
phagocyter OV WW FIG. *opslokken*
phalange v • *lid v. vinger of teen*; *kootje* • *falanx* ‹slagorde bij Romeinen en Grieken› • LIT. *leger* • *naam van sommige politieke partijen* ‹in Spanje›
phalangiste m *lid der Spaanse of Libanese falanx*; *falangist*
phalène v *nachtvlinder*; *spanrupsvlinder*
phallique BNW *fallisch*
phallocrate m *macho*
phallocratie (*zeg:* -sie) v *machowereld*; *mannenmaatschappij*
phallus (*zeg:* -luus) m • *fallus*; *mannelijk lid* • *soort paddestoel*
phantasme m *gezichtsbedrog*; *fantasiebeeld*
pharamineux BNW [v: **pharamineuse**] INF. *geweldig*; *daverend* ★ un succès ~ *een*

P

daverend succes
pharaon m • *farao* • *soort hazardspel* ‹faro›
phare m • *autolamp* • *vuurtoren* • SCHEEPV. *tuig* • *gids*; *leider* ★ ~s de recul *achteruitrijlampen* ★ ~-code *dimlicht* ★ les ~s et les codes *groot- en dimlicht* ★ LIT. ~ de Messine *straat van Messina*
pharisaïque BNW • *farizees* • *schijnheilig*; *huichelachtig*
pharisaïsme m • *farizees karakter* • *schijnheiligheid*; *huichelarij*
pharisien m *farizeeër*
pharmaceutique I v *farmaceutica* II BNW *apothekers-*; *farmaceutisch*
pharmacie v • *artsenijbereidkunde*; *farmacie* • *apotheek* ★ ~ de famille *huisapotheek* ★ ~ de poche *zakapotheek*
pharmacien m [v: **pharmacienne**] *apotheker*
pharmacologie v *geneesmiddelenleer*
pharmacologique BNW *wat de geneesmiddelenleer betreft*
pharmacopée v *receptenhandboek voor apothekers*; *farmacopee*
pharyngite v *keelontsteking*
pharynx (*zeg:* -re(n)ks) m *keelholte*
phase v • *stadium*; *fase* • *schijngestalte* ‹v. planeet› ★ FIG. en ~ avec *op één lijn met*
Phébus • *Apollo* • *duistere hoogdravende stijl* • *wartaal*
phénicien BNW [v: **phénicienne**] *Fenicisch*
phénix (*zeg:* -nieks) m • *feniks*; *mythologische vogel* • *uitblinker*; *hoogvlieger*
phénol m *fenol*; *carbolzuur*
phénoménal BNW [m mv: **phénoménaux**] • *wonderbaarlijk*; *buitengewoon* • *wat verschijnselen betreft*
phénomène m • *natuurverschijnsel* • *fenomeen* • *abnormaliteit*; *wonderdier*; *wondermens*; *fenomeen* • *origineel mens*; *eigenaardig mens* • *verschijnsel*
philanthrope m/v *mensenvriend*; *weldoener*; *filantroop*
philanthropie v *mensenliefde*; *filantropie*
philanthropique BNW *menslievend*; *filantropisch*
philatélie v • *postzegelkunde*; *filatelie* • *het verzamelen v. postzegels*
philatéliste m/v *postzegelverzamelaar*
philharmonique BNW *muziek minnend*; *filharmonisch*
philhellène m/v *vriend v.d. Grieken*; *filhelleen*
philhellénisme m *liefde tot de Grieken*
Philippe m *Filips* ★ ~ le Bel *Filips de Schone*
Philippines v mv *(de) Filippijnen*
philippique v *heftige rede, tegen een bepaald persoon gericht*
Philistin m *Filistijn*
philo INF. v • *filosofie*; *wijsbegeerte* • *hoogste klas v.e. lyceum*
philologie v *taalwetenschap*; *filologie*
philologique BNW *taalkundig*
philologue m/v *taalgeleerde*
philosophal BNW ★ la pierre ~e *de steen der wijzen*
philosophe I m/v *wijsgeer*; *filosoof*; *wijze* II BNW *wijsgerig*
philosopher ON WW *filosoferen*
philosophie v • *wijsbegeerte*; *filosofie* • *wijsheid* • *hoogste klas v.e. lyceum*
philosophique BNW *wijsgerig*; *filosofisch*
philtre m *liefdesdrank*; *toverdrank*
phlébite v *aderontsteking*
phlegmon m *flegmone*; *weefselontsteking*
phlox m *flox*
phobie v *ziekelijke angst*; *fobie*
phobique m/v *fobiepatiënt*
phonème m *spraakklank*; *foneem*
phonéticien m *foneticus*
phonétique I v *klankleer*; *fonetiek* II BNW *wat de spraakklank betreft*; *fonetisch*
phonique BNW *wat de klanken, de stem betreft*; *geluids-*
phono m INF. *grammofoon*
phonographe m *fonograaf*
phonologie v *fonologie*
phonologique BNW *fonologisch*
phonothèque v *fonotheek*; *geluidsarchief*
phoque m *zeehond*
phosphate m *fosfaat*
phosphaté BNW ★ engrais ~ *fosfaatmeststof*
phosphore m *fosfor*
phosphoré BNW *fosforhoudend*
phosphorer ON WW INF. *de grijze cellen laten werken*
phosphorescence v *fosforescentie*; *het lichten in het duister*
phosphorescent BNW *lichtend*; *fosforescerend*
phosphorique BNW *fosforhoudend*
photo INF. v *foto*; *opname*; *kiek* ★ faire de la ~ *kieken* ★ prendre en ~ *fotograferen*
photochimie v *fotochemie*
photocomposition v *(het) fotozetten*
photocopie v *fotokopie*
photocopier OV WW *fotokopiëren*
photocopieur m [v: **photocopieuse**] *kopieerapparaat*
photoélectrique BNW *foto-elektrisch*
photo-électrique BNW *foto-elektrisch*
photo-finish m [mv: **photos-finish**] *finishfoto*
photogénique BNW *zeer geschikt om gefotografeerd of gefilmd te worden*; *fotogeniek*
photographe m/v *fotograaf*
photographie v • *(het) fotograferen* • *foto(grafie)*
photographier OV WW • *fotograferen* • *zeer nauwkeurig beschrijven*
photographique BNW *fotografisch* ★ papier ~ *fotopapier*
photogravure v *lichtdruk*
photolithographie v *lichtsteendruk*
photomaton m *(pas)fotoautomaat*
photomètre m *fotometer*
photométrie v *meting der lichtsterkte*
photomontage m *fotomontage*
photon m *foton*
photophobie v *lichtschuwheid*
photo-robot v *montageportret*
photoroman m *fotoroman*
photosensible BNW *lichtgevoelig*
photostyle m *lichtpen*
photosynthèse v *fotosynthese*
photothèque v *fotoarchief*; *beeldarchief*
phototypie v *lichtdruk*

phrase v • *zin* • MUZ. *frase* ★ faire des ~s *fraaie, maar holle woorden gebruiken* ★ sans ~s *kort en goed*
phraséologie v • *bombastisch, hol gepraat* • *zinsbouw*
phraser ON WW *mooie, maar zinledige zinnen maken*
phraseur m [v: **phraseuse**] • *iem. die mooie, maar inhoudsloze zinnen vormt* • *praatjesmaker*
phréatique BNW ★ nappe ~ *grondwater(niveau)*
phrénique BNW *wat het middenrif betreft*
phrénologie v *schedelleer*
phrygien BNW [v: **phrygienne**] *Frygisch* ★ bonnet ~ *Frygische muts*
phtisie v *tering*
phtisique VERO. I m/v *teringlijder* II BNW *teringachtig*
phylactère m *amulet*; *talisman*
phylloxéra m *druifluis*
physalis (*zeg:* -lies) m *jodenkers*; *lampionplant*
physicien m [v: **physicienne**] *natuurkundige*
physico-chimie v *fysische scheikunde*
physico-mathématique BNW *wis- en natuurkundig*
physiocrate m/v GESCH. *econoom die de landbouw beschouwde als de enige bron van volkswelvaart*
physiocratie v *leer der fysiocraten*; *fysiocratie*
physiologie v *fysiologie*; *leer der levensverrichtingen*
physiologique BNW *fysiologisch*
physiologiste m/v *fysioloog*
physionomie v • *gelaat*; *gelaatsuitdrukking*; *uiterlijk*; *voorkomen* • *eigen aard*
physionomiste BNW *die meteen een gezicht terugkent*
physiothérapie v *fysiotherapie*
physique I m • *lichaam*; *gestel* • *uiterlijk* II v *natuurkunde* III BNW • *lichamelijk*; *stoffelijk*; *fysiek* • *natuurlijk*; *natuurkundig*
phytothérapie v *fytotherapie*; *kruidenbehandeling*
piaf m INF. *mus*
piaffement m *getrappel* ‹v. paarden›
piaffer ON WW • OOK FIG. *trappelen* • *grootdoen*; *drukte maken* ★ ~ d'impatience *trappelen van ongeduld*
piaillard INF. I m *schreeuwer*; *krijser* II BNW *huilerig*; *krijsend*
piaillement m *gekrijs*; *geschreeuw*
piailler ON WW *krijsen*; *schreeuwen*
piailleur m [v: **piailleuse**] *schreeuwer*; *huilebalk*
pianissimo BIJW • INF. *kalmpjes aan* • MUZ. *zeer zacht*
pianiste m/v *pianist*
pianistique BNW *piano-*; *wat de piano, het pianospelen betreft*
piano I m [**piano-forte**] *piano* ★ ~ à queue *vleugel* II BIJW MUZ. *zachtjes*
pianoter ON WW • *op een piano rammelen* • *trommelen*
piaule v INF. *kamer*; *huis*
piaulement m • *gepiep v. kuikens* • *geschreeuw*
piauler ON WW • *piepen v. kuikens* • *schreeuwen*
PIB AFK (produit intérieur brut) *BNP*
pic m • *houweel* • *pook* • *bergtop*; *piek* • *specht* ★ INF. à pic *loodrecht*; *net op tijd*; *van pas* ★ couler à pic *zinken als een baksteen* ★ tomber à pic *als geroepen komen*
picaillons m mv INF. *geld*
picard BNW *Picardisch*
picaresque BNW ★ roman ~ *schelmenroman*
pichenette v • INF. *knip met de vingers* • *kunstkapertje* ‹spel met mes›
pichet (*zeg:* -sjè) m *wijnkarafje*
pickpocket m *zakkenroller*
pick-up m *pick-up*
picoler ON WW INF. *hijsen*; *zuipen*
picoleur m [v: **picoleuse**] INF. *pimpelaar*
picorer OV WW • *stropen* • *pikken* • FIG. *tegen heug en meug wat eten*
picot m • *steenbrekershamer* • *visnet voor platvis*
picotement m *jeuk*; *huidprikkeling*
picoter OV WW • *prikkelen* • *pikken* • *plagen*
picotin m • *havermaat voor een paard* • *maat haver*
picrate m INF. *azijn*
pictogramme m *pictogram*
pictural BNW [m mv: **picturaux**] *van de schilderkunst*
pic-vert m *groene specht*
pie I v • *ekster* • INF. *kletskous* ★ jaser comme une pie *erg kletsen* II BNW • *bont* • *vroom* ★ vache pie *bonte koe*
Pie *Pius*
pièce v • *stuk* ‹onderdeel; ook in schaakspel› • *stuk* ‹geheel› • *kamer*; *vertrek* • *toneelstuk* • *geldstuk* • *vuurmond* • *vat* • *document* • *fooi* ★ ~ à ~ *stuk voor stuk* ★ tout d'une ~ *uit één stuk* ★ de toutes ~s *van top tot teen*; *geheel en al* ★ dix francs (la) ~ *tien francs per stuk* ★ ~ d'eau *vijver* ★ ~ de théâtre *toneelstuk* ★ travailler à la ~ *op stukloon werken* ★ mettre en ~s *verbrijzelen* ★ mettre/tailler en ~s l'ennemi *de vijand in de pan hakken* ★ donner la ~ *een fooi geven* ★ ~ montée *piramidevormige taart*
piécette v *geldstukje*
pied m • *voet* • *poot* • *voet* ‹maat› • *versvoet* ★ mettre pied à terre *afstijgen*; *uitstappen*; *voet aan wal zetten* ★ portrait en pied *portret ten voeten uit* ★ prendre pied *vaste voet krijgen* ★ ne savoir sur quel pied danser *niet weten wat men doen moet* ★ de la tête aux pieds *van top tot teen* ★ de pied en cap *van top tot teen* ★ lâcher pied *vluchten*; *terrein verliezen* ★ de pied ferme *standvastig* ★ sur pied *op de been* ★ faire des pieds et des mains *(zijn) uiterste best doen* ★ à pied *te voet* ★ donner un coup de pied *een trap geven* ★ IRON. au petit pied *in het klein*; *in miniatuur* ★ alors tu n'auras plus pied *dan heb je geen poot meer om op te staan* ★ avoir un pied dans la tombe *met één been in het graf staan* ★ coup de pied *schop* ★ le pied du lit *het voeteneinde* ★ pied de porc *varkenspootje* ★ sécher sur pied *van verdriet verteren* ★ pied de table *tafelpoot* ★ pied de veau *kalfspoot* ★ mettre sur pied *opzetten*;

voorbereiden ★ prendre au pied de la lettre *letterlijk opvatten* ★ faire un pied de nez à qn *een lange neus tegen iem. trekken* ★ au pied levé *onvoorbereid; voor de vuist weg* ★ FIG. cela lui fera les pieds *dat is een goede les voor hem/haar; dat zal hem/haar leren* ★ INF. comme un pied *heel slecht* ★ INF. c'est le pied! *dat is klasse/geweldig!*

pied-à-terre m *pied-à-terre; buitenhuisje*

pied-bot m [mv: **pieds-bots**] *horrelvoet*

pied-d'alouette m [mv: **pieds-d'alouette**] *ridderspoor*

pied-de-biche m [mv: **pieds-de-biche**] • *koevoet* • *knop van een bel* • *klauwhamer* • *worteltang* • *voetje* ‹v. naaimachine›

pied-de-poule m [mv: **pieds-de-poule**] *pied-de-poule; hanenvoet*

pied-droit m [**piédroit**] • *dragende muur* • *post* ‹v. deur, venster›

piédestal m [mv: **piédestaux**] *voetstuk; piëdestal*

pied-noir m [mv: **pieds-noirs**] *Fransman uit Algerije*

piège m • *strik; val* • *valstrik* ★ question ~ *strikvraag* ★ prendre au ~ *in de val lokken* ★ tomber dans le ~ *in de val lopen*

piégeage m *jacht met vallen of strikken*

piéger OV WW • *vangen met strikken of vallen* • *een boobytrap aanbrengen* ★ lettre piégée *bombrief* ★ voiture piégée *autobom*

pie-grièche m [mv: **pies-grièches**] • *bonte ekster* • *helleveeg*

piémontais BNW *uit Piemont*

piéride v *koolwitje*

pie-rouge BNW *roodbont*

pierraille v *gruis; grind; puin*

pierre v • *steen* • *niersteen; galsteen* • *harde plek in vruchten* ★ ~ à fusil *vuursteen* ★ ~ angulaire *hoeksteen* ★ ~ à plâtre *gips* ★ c'est une ~ dans ton jardin! *die zit!* ★ ~ d'achoppement *steen des aanstoots* ★ ~ de touche *toetssteen* ★ faire d'une ~ deux coups *twee vliegen in één klap slaan* ★ ~ philosophale *steen der wijzen* ★ ~ ponce *puimsteen* ★ ~ qui roule n'amasse pas mousse *een rollende steen vergaart geen mos*

Pierre *Petrus; Peter; Piet*

pierreries v mv *edelstenen*

pierreux BNW [v: **pierreuse**] *vol stenen; steenachtig*

pierrot m • INF. *mus* • *pierrot* • INF. *stomkop*

piétaille v • PEJ. *infanterie* • *voetgangers*

piété v • *vroomheid; piëteit* • *liefde; eerbied* ★ ~ filiale *kinderliefde*

piétinement m *getrappel*

piétiner I OV WW *vertrappen; trappen op* II ON WW • *trappelen; stampvoeten* • *stilstaan; stagneren* ★ affaire qui piétine *zaak die niet opschiet*

piétisme m *piëtisme*

piétiste m/v *piëtist*

piéton [v: **piétonne**] I m *voetganger* II BNW ★ sentier ~ *voetpad*

piétonnier BNW [v: **piétonnière**] *voetgangers-* ★ zone piétonnière *voetgangersgebied*

piètre BNW *armzalig; pover*

pieu m [mv: **pieux**] • INF. *bed*; INF. *nest* • *(puntige) paal; heipaal*

pieusement BIJW • *vroom* • *vol eerbied*

pieuter WKD WW INF. (**se** ~) *zijn nest in kruipen*

pieuvre v • *inktvis* • FIG. *uitzuiger*

pieux BNW [v: **pieuse**] • *vroom* • *eerbiedig en liefdevol* ★ ~ mensonge *leugentje om bestwil*

pif INF. I m • *neus* • *grote neus; kokker* II TW *pief!; pang!*

piffer INF. OV WW [**pifer**] ★ ne pas pouvoir ~ qn *iem. niet kunnen luchten of zien*

pifomètre INF. m *flair* ★ au ~ *op zijn gevoel*

pige v • *(willekeurige) maat* • *(regel)tarief* ‹v. journalist› • INF. *jaar* ★ faire la pige à qn *iem. de loef afsteken*

pigeon m • *duif* • *sufferd; onnozele hals* ★ gorge-de-~ *paarsachtige kleur met weerschijn* ★ ~ vole *alle vogels vliegen!* ‹kinderspel› ★ ~ voyageur *postduif*

pigeonnant BNW ★ soutien-gorge ~ *push-upbh*

pigeonne v *wijfjesduif*

pigeonneau m [mv: **pigeonneaux**] • *duifje* • *sufferd* • *onnozele hals*

pigeonner OV WW INF. *bedotten; beetnemen*

pigeonnier m *duiventil*

piger INF. OV WW • *bekijken; bewonderen* • *begrijpen; snappen* • VERO. *pakken; nemen; oplopen* • *betrappen* ★ ~ un rhume *een verkoudheid oplopen*

pigiste m/v *freelance journalist*

pigment m *pigment; kleurstof*

pigmentaire BNW *pigment-*

pigmentation v *pigmentvorming*

pigmenter OV WW *(met pigment) kleuren*

pigne v *pijnappel*

pignocher ON WW • *kieskauwen* • *schilderen met kleine streekjes*

pignon m • *puntgevel* • *tandwiel; kamrad* ★ INF. avoir ~ sur rue *een goedlopende winkel hebben; een eigen huis hebben*

pignouf INF. m • *vlegel* • *vrek*

pilaf m *pilavrijst*

pilage m *(het) stampen*

pilastre m *pilaster*

Pilate *Pilatus*

pile I v • *stapel; hoop* • *pijler* • *zuil; batterij* • *pak slaag* • *muntzijde v.e. geldstuk* ★ pile nucléaire *kernreactor* ★ pile ou face *kruis of munt* II BIJW ★ à huit heures pile *precies om 8 uur* ★ s'arrêter pile *plotseling stoppen* ★ ça tombe pile *dat komt als geroepen*

piler OV WW *fijnstampen*

pileux BNW [v: **pileuse**] *v.h. haar*

pilier m • *pijler; pilaar* • FIG. *steunpilaar* • *vaste bezoeker* • *prop* ‹rugby› ★ ~ de bar *kroegloper*

pillage m *plundering*

pillard I m [v: **pillarde**] *plunderaar* II BNW ★ abeille ~e *roofbij*

piller OV WW • *plunderen* • *plagiaat plegen* ★ pille! *pak ze!* ‹aanmoedigingskreet voor jachthonden›

pilleur m [v: **pilleuse**] *plunderaar*

pilon m • *stamper* • *heiblok* • *vogelbout* • *houten been* ★ mettre un ouvrage au ~ *de oplaag v.e. boek vernietigen*

pilonnage m • *(het) stampen* • *zwaar bombardement*

pilonner OV WW • *stampen*; *vaststampen*; *er instampen* • *heftig beschieten of bombarderen*
pilori m *schandpaal* ★ mettre au ~ ★ clouer au ~ *aan de kaak stellen*
pilosité v *beharing*
pilot (*zeg:* -loo) m *heipaal*
pilotage m • *heiwerk*; *paalwerk* • *(het) loodsen*; *loodswezen* • *(het) besturen* ‹v. auto, vliegtuig› ★ ~ sans visibilité *blindvliegen*
pilote I m • *piloot*; *bestuurder*; *stuurman v. schip* • *loods* • *loodsmannetje* ‹visje› **II** BNW • *wat loods betreft* • *voorbeeld*; *model* ★ bateau-~ *loodsboot* ★ ballon ~ *loodsballon*
piloter OV WW • *van heipalen voorzien* • *besturen* • *rondleiden*; *als gids dienen*
pilotis (*zeg:* -tie) m *heipaal*; *heiwerk*
pilulaire BNW *pilvormig*
pilule v *pil* ★ INF. dorer la ~ *de pil vergulden*
pimbêche I v *kat*; *feeks* **II** BNW *kattig*; *snibbig*
piment m *Spaanse peper*
pimenter OV WW • *kruiden met Spaanse peper* • *kruiden* ★ FIG. ~ un récit *een verhaal kruiden*
pimpant BNW • *elegant*; *schitterend*; *keurig* • *leuk*; *vlot*
pimprenelle v *pimpernel*
pin m *den* ★ pin maritime *zeeden* ★ pin sylvestre *grove den*
pinacle m *tinne*; *top van een gebouw* ★ porter au ~ *hemelhoog verheffen*
pinacothèque v *schilderijenmuseum*
pinailler ON WW *muggenziften*
pinailleur INF. m [v: **pinailleuse**] *muggenzifter*
pinard m INF. *alledaagse wijn*
pinasse v *pinas*; *lichte boot*
pince v • *(het) knijpen* • *kneep* • *tang*; *pincet* • *koevoet* • *snijtand van herbivoren* • *schaar v.e. kreeft* ★ ~ de cycliste *broekknijper* ★ ~ à linge *wasknijper* ★ ~ universelle *combinatietang* ★ INF. serrer la ~ à qn *iem. een poot/de vijf geven*
pincé BNW • *gekunsteld*; *stijf* • *samengeknepen*
pinceau m [mv: **pinceaux**] • *penseel* • *wijze v. schilderen* • *lichtstreep* • INF. *voet*
pincée v *wat men tussen duim en vinger kan pakken* ★ ~ de tabac *snuifje*
pincement m • *(het) knijpen*; *kneep* • *(het) afknijpen* ‹v. jonge knoppen› • *(het) tokkelen* ★ FIG. ~ au cœur *steek door het hart*
pince-monseigneur v [**pinces-monseigneur**] *breekijzer*
pince-nez m (onver.) *lorgnet*
pincer I OV WW • INF. *betrappen* • *knijpen* • *afknijpen v. jonge knoppen of v.h. uiteinde der takken* • *pakken*; *arresteren* • *bijten*; *prikken* ★ INF. ça pince (dur) *het is (bitter) koud* **II** ON WW INF. ★ en ~ pour qn *verliefd zijn op iem.*
pince-sans-rire m (onver.) *droogkomiek*
pincette v • *tangetje* • *vuurtang*; *tang* ★ INF. il n'est pas à prendre avec des ~s *je zou hem met geen tang aanpakken*
pinçon m *kneep*; *blauwe plek na een kneep*
pinède v [**pineraie**] *dennenbos*
pingouin m *pinguïn*
ping-pong m *tafeltennis*
pingre INF. **I** m/v *gierigaard* **II** BNW *gierig*
pingrerie v *gierigheid*; *inhaligheid*
pin-pon TW *nabootsing van brandweersirene*
pin's (*zeg:* pins) m *speldje*; *button*
pinson m *vink*
pintade v *parelhoen*
pinte v *pint* ★ INF. se payer une ~ de bon sang *zich geweldig amuseren*
pinter I OV WW *drinken* **II** ON WW INF. *zuipen*; *pimpelen*
pin up v *pin-upgirl*
pioche v *houweel*
piocher I OV WW • *openhakken met een houweel* • INF. *hard blokken op* **II** ON WW *blokken*; *hard studeren* ★ FIG. ~ dans le tas *op goed geluk ergens (iets) uit halen*
piocheur m [v: **piocheuse**] *blokker*; *harde werker*
piolet m *gletsjerhouweel*
pion m • INF. *surveillant op school* • *pion* ‹in schaakspel› • *damsteen* ★ INF. damer le pion à qn *iem. de loef afsteken*
pioncer ON WW INF. *maffen*
pionne v PEJ. *surveillante* ‹v. internaat›
pionnier m • MIL. *geniesoldaat*; *pionier* • *pionier*; *baanbreker*
pioupiou m INF. *infanterist*
pipe v • *(tabaks)pijp* • *groot wijnvat* ★ INF. casser sa pipe *sterven*
pipeau m [mv: **pipeaux**] • *schalmei*; *herdersfluit*; *lokfluit* • *lijmstok*
pipelet INF. m [v: **pipelette**] • *kletskous* • *conciërge*
pipeline m [**pipe-line**] *pijpleiding* ‹voor olie, gas›
piper OV WW VERO. *bedriegen* ★ ~ des dés *dobbelstenen verzwaren* ★ ~ des cartes *kaarten merken* ★ ne pas ~ (mot) *geen woord zeggen*
pipette v *pipet*
pipi m KIND. *plasje* ★ faire pipi *een plasje doen* ★ la dame pipi *de toiletjuffrouw*
piquant I m • *stekel*; *prikkel*; *punt* • *(het) geestige*; *(het) aantrekkelijke* **II** BNW • *stekend*; *stekelig*; *scherp* • *scherp*; *pikant* • *scherp*; *vinnig* • *geestig*; *aantrekkelijk* ★ mot ~ *scherp woord*
pique I m *schoppen* ‹in kaartspel› **II** v • *spies*; *piek* • VERO. *onenigheid*; *twist* ★ à la ~ du jour *voor dag en dauw* ★ envoyer/lancer des ~s à qn *iem. steken onder water geven*
piqué I m • LUCHTV. *duikvlucht* • *soort katoenen stof* **II** BNW • *gestoken door insecten* • *zuur* ‹v. wijn› • *gepikeerd*; *kwaad* • INF. *een beetje getikt* ★ ~ des vers *wormstekig*
pique-assiette m [mv: **pique-assiettes**] *klaploper*
pique-feu m [mv: **pique-feu(x)**] *pook*
pique-nique m [mv: **pique-niques**] *picknick*
pique-niquer ON WW *picknicken*
pique-niqueur m [v: **pique-niqueuse**] *picknicker*
pique-notes m *liaspen*
piquer I OV WW • *steken (in)*; *prikken (in)*; *doorsteken* • *stikken* ‹naaien› • *larderen v. vlees* • *bijten v.e. slang*; FIG. *kwetsen* • *duiken*; *in duikvlucht dalen* • *prikkelen*; *bijten* • *pikeren bij biljartspel* • *doen*; *maken*;

krijgen • *jatten*; *pikken* ★ piqué des vers *wormstekig* ★ ~ une tête *in het water duiken* ★ ~ un chien *een uiltje knappen* ★ INF. ~ une crise de nerfs *een toeval krijgen* ★ faire ~ son chien *zijn hond laten inslapen* ★ ~ la curiosité *de nieuwsgierigheid wekken* ★ INF. ~ un cent mètres *een sprintje trekken* **II** ON WW *zuur worden* ‹v. wijn› ★ ~ des deux *de sporen geven* ★ ~ du nez *in een duikvlucht terechtkomen* **III** WKD WW (**se** ~) • *zich prikken*; *zich steken*; *spuiten* • *verschalen*; *zuur worden* • *boos worden* ★ LIT. se ~ d'honneur *iets niet op zich laten zitten* ★ INF. se ~ le nez *zich bedrinken* • (**se** ~ **de**) *zich laten voorstaan op*

piquet m • MIL. *piket* • *paaltje* • *tentpaal*; *haring* • *piketspel* ★ ~ de grève *stakingspost* ★ être au ~ *in de hoek staan* ‹op school›

piquetage m *het afpalen*; *afzetting met paaltjes*

piqueter OV WW • *afpalen* • *spikkelen*

piquette v *slechte wijn*

piqueur **I** m,v [v: **piqueuse**] *machinestikker* **II** m • *bereden jachtknecht*; *pikeur* • *opzichter* • *steenbikker* **III** BNW [v: **piqueuse**] *stekend*; *prikkend*

piqûre v • *steek*; *prik*; *beet v.e. slang* • *gat, veroorzaakt door wormen of motten* • *stiksel* • MED. *inspuiting*

piranha m *piranha*

piratage m *(het) illegaal kopiëren*; *(het) hacken*

pirate **I** m • *zeerover*; *kaper*; *piraat* • *zeeroversschip* • *afzetter* • *rover* • *illegaal kopieerder*; *hacker* **II** BNW *illegaal*; *piraten-* ★ émetteur ~ *piratenzender*

pirater ON WW • *zeeroof plegen* • *hacken* ★ ~ une cassette *een cassette illegaal kopiëren*

piraterie v *piraterij*; *zeeroverij*

pire **I** m *(het) slechtste*; *(het) ergste* **II** BNW *erger*; *slechter* ★ il n'est pire eau que l'eau qui dort *stille waters hebben diepe gronden*

piriforme BNW *peervormig*

pirogue v *prauw*

piroguier m *prauwvoerder*

pirouette v • FIG. *omzwaai* • *omzwenking op één been*; *draai op de tenen* • *draaitolletje* ★ répondre par une ~ *zich er met een grapje af maken*

pirouetter ON WW *ronddraaien op één been*; *ronddraaien op de tenen*; *pirouetteren*

pis (*zeg:* pie) **I** m • *uier* • *ergste* ★ de pis en pis *steeds erger* ★ de mal en pis *hoe langer hoe erger* **II** BIJW *erger*; *slechter* ★ au pis-aller *in het ergste geval* ★ qui pis est *wat erger is* ★ tant pis *wat kan het mij schelen*; *des te erger*

pis-aller m (onver.) *lapmiddel*; *noodsprong*

pisciculteur m *viskweker*

pisciculture v *visteelt*

pisciforme BNW *visvormig*

piscine v • *zwembad* • *doopbekken* ★ ~ en plein air *openluchtbad*

piscivore **I** m *visetend dier* **II** BNW *visetend*

Pise *Pisa*

pissaladière v *Provençaalse pizza*

pissat m *urine* ‹v. dieren›

pisse v *urine*

pisse-froid m INF. (onver.) *kniesoor*

pissement m INF. • *(het) wateren* • *(het) spuiten* ‹v. kraan›

pissenlit m *paardenbloem* ★ salade de ~ *molsla*

pisser OV + ON WW VULG. *wateren*; *plassen*; *spuiten* ‹v. kraan›

pisseur m [v: **pisseuse**] VULG. *iem. die veel watert*; *pisser*

pisseux INF. BNW [v: **pisseuse**] *urineachtig*; *urinekleurig*

pissoir INF. m • *pisbak* • *urinoir*

pissotière INF. v *urinoir*

pistache v *groene amandel*

pistachier m *pistacheboom*

piste v • *renbaan*; *ijsbaan*; *piste* • *dansvloer* • *rijwielpad*; *ruiterpad* • *spoor* ★ ~ d'envol *startbaan* ★ ~ (de ski) de fond *langlaufloipe* ★ ~ magnétique *magneetstrip* ★ ~ sonore *geluidsspoor* ★ être sur la ~ de qn *iem. op het spoor zijn*

pister OV WW *volgen*; *nalopen*

pistil m *stamper*

pistole v *pistool* ‹oude munt›

pistolet m • *mal* • *broodje* • *pistool* ‹vuurwapen›; *verfspuit* • INF. *kerel* ★ un drôle de ~ *een rare kerel*

pistolet-mitrailleur m [mv: **pistolets-mitrailleurs**] *machinepistool*

piston m • *zuiger* ‹v. pomp, motor› • *drukknop* • INF./FIG. *kruiwagen*

pistonner OV WW *voorthelpen*

pistou m ★ au ~ *met (fijngemaakte) basilicum*

pitance v VERO. *rantsoen*; *portie*

pitchpin m *hout v. Noord-Amerikaanse den*

piteux BNW [v: **piteuse**] *erbarmelijk*; *treurig*; *beklagenswaardig*

pithécanthrope m *aapmens*

pithiviers m *amandelgebak*

pitié v *medelijden* ★ prendre ~ de ★ prendre en ~ *medelijden krijgen met* ★ INF. à faire ~ *erbarmelijk* ★ avoir ~ de *medelijden hebben met* ★ faire ~ *medelijden opwekken* ★ sans ~ *meedogenloos* ★ il vaut mieux faire envie que ~ *beter benijd dan beklaagd*

piton m • *ringbout*; *ringschroef* • *hoge bergtop*

pitoyable BNW *erbarmelijk*; *beklagenswaardig*

pitre m *hansworst*; *pias*

pitrerie v *hansworsterij*

pittoresque **I** m *het schilderachtige* **II** BNW • *schilderachtig*; *pittoresk* • *wat de schilderkunst betreft* • *typisch*

pivert m *groene specht*

pivoine v *pioenroos*

pivot m • *spil*; *as* • *drijfveer* • *datgene waar alles om draait* • PLANTK. *hartwortel* ★ dent à/sur ~ *stifttand*

pivotant BNW *draaiend*

pivoter ON WW *draaien* ‹om spil, as›

pixel m *pixel*; *beeldpunt*

pizza v *pizza*

pizzeria v *pizzeria*

PJ AFK INF. (police judiciaire) *opsporingsdienst*; *recherche*

placage m *(het) maken van fineerwerk*

placard m • *muurkast* • *aanplakbiljet*; *plakkaat* • *stroken(druk)proef* • VERO. *schotschrift*

placarder OV WW • *aanplakken* • VERO.

P

belachelijk maken in een schotschrift
place v • *plaats* • *betrekking; ambt; post* • *rangnummer* • *plein* • *beurs; markt* ★ ~ assise *zitplaats* ★ ~ debout *staanplaats* ★ ne pas tenir en ~ *geen rust of duur hebben* ★ ~ publique *plein* ★ ~ d'armes *exercitieveld* ★ ~ forte *vesting* ★ à la ~ de *in plaats van* ★ faire ~ à *plaats maken voor* ★ faire ~ nette *schoonmaken* ★ retourner le fer dans la ~ *zout in de wonden strooien*
placé BNW ★ être bien ~ pour faire qc *in een goede positie verkeren om iets te doen*
placebo m *placebo*
placement m • *(het) bezorgen v. werk* • *verkoop* • *geldbelegging* • *plaatsing* ★ bureau de ~ *arbeidsbemiddelingsbureau*
placenta (*zeg:* -e(n)ta) m *nageboorte; placenta; moederkoek*
placer I OV WW • *plaatsen* • SPORT *plaatsen* ‹een rangnummer geven› • *een betrekking bezorgen* • *verkopen; afzetten* • *beleggen* ‹v. geld› II WKD WW (**se** ~) • *plaats nemen; gaan staan; gaan zitten* • *in dienst treden*
placet m *verzoekschrift; smeekschrift*
placeur m [v: **placeuse**] *plaatsaanwijzer* ★ placeuse de spectateurs *ouvreuse*
placide BNW *kalm; bedaard; vreedzaam*
placidité v *bedaardheid; kalmte*
placier m [v: **placière**] • *handelaar die aan de deur verkoopt* • *marktmeester*
plafond m • *plafond* • *plafondschildering* • *maximumsnelheid; maximumhoogte* • *maximumuitgifte v.e. bank* • *hoogte v. wolken*
plafonnage m *plafonnering*
plafonnement m • *(het) bereiken v.e. limiet* • *(het) vaststellen v.e. limiet*
plafonner I OV WW • *plafonneren* • *een plafondschildering aanbrengen* II ON WW • *op maximumhoogte vliegen; met maximumsnelheid rijden* • *het hoogtepunt bereikt hebben* • (~ **à**) *een top(snelheid) hebben van*
plafonneur m *stukadoor*
plafonnier m *plafondlamp*
plage v • *strand* • *achterdek* ‹v. schip› • *tijd(spanne)* • *(tussen)ruimte* • *(programma)blok* ★ ~ de silence *lege ruimte op geluidsband* ★ ~ arrière *hoedenplank* ‹v. auto›
plagiaire I m/v *letterdief; plagiaris; plagiator* II BNW *die zich schuldig maakt aan letterdieverij*
plagiat m *letterdieverij; plagiaat*
plagier OV WW *naschrijven*
plagiste m/v *strandverhuurder*
plaid (*zeg:* plèd) m • *reisdeken; plaid* • VERO. *pleidooi* • *gerechtszitting*
plaidant BNW *pleitend*
plaider I OV WW *bepleiten; verdedigen* ★ ~ coupable *schuld bekennen* II ON WW • *een proces voeren* • *pleiten*
plaideur m [v: **plaideuse**] • *pleiter* • *iem. die graag procedeert*
plaidoirie v *pleidooi*
plaidoyer m *pleidooi*
plaie v • *wond* • *plaag; ramp; gesel* ★ LIT. mettre le doigt sur la ~ *de vinger op de wonde leggen* ★ les sept ~s d'Egypte *de zeven plagen van Egypte*
plaignant m *aanklager*
plain-chant m [mv: **plains-chants**] *gregoriaanse zang*
plaindre I OV WW • *beklagen* • *betreuren; spijt hebben over* II WKD WW (**se** ~) • *klagen* • *een aanklacht indienen*
plaine v *vlakte*
plain-pied m ★ de ~ *gelijkvloers;* FIG. *zonder omwegen; zonder moeite* ★ se sentir de ~ avec qn *zich gelijkwaardig aan iem. voelen*
plaint WW (présent) → **plaindre**
plainte v • *klacht* • *verwijt* • *aanklacht* ★ porter ~, déposer une ~ *een aanklacht indienen*
plaintif BNW [v: **plaintive**] *klagend*
plaintivement BIJW *op klagende toon*
plaire I ON WW *bevallen; behagen; aanstaan* II ONP WW *behagen; bevallen* ★ plaise à Dieu ★ plût à Dieu *God geve ...; God gave ...* ★ à Dieu ne plaise *God verhoede* ★ plaît-il? *pardon?* ★ s'il vous plaît *alstublieft* III WKD WW (**se** ~) • *elkaar bevallen* • *graag iets doen* • *goed gedijen* ‹v. plant› ★ le gibier se plaît dans les bois *wild leeft graag in bossen* ★ se ~ à *behagen scheppen in; graag ergens zijn; bevallen* ★ se ~ à la campagne *graag buiten zijn* ★ se ~ avec qn *graag in iemands gezelschap verkeren*
plaisamment BIJW • *aardig* • *koddig; belachelijk*
plaisance v VERO. *plezier* ★ bateau de ~ *plezierjacht*
plaisancier m *bezitter v.e. plezierjacht*
plaisant I m • *het grappige* • *grappenmaker* ★ mauvais ~ *iem. die zich vermaakt ten koste van anderen* II BNW • *aardig* • *koddig* • VERO. *belachelijk*
plaisanter I OV WW *voor de gek houden* II ON WW *schertsen; grappen maken*
plaisanterie v *grap; scherts* ★ ~ à part *in ernst gesproken* ★ entendre la ~ *goed tegen een grapje kunnen* ★ par ~ *voor de grap*
plaisantin m *flauwe grappenmaker*
plaisir m • *plezier; pret; vermaak; genot* • *welbehagen; wil* ★ à ~ *zonder reden; uit de duim gezogen* ★ au ~ (de vous revoir)! *tot genoegen!* ★ par ~ *voor zijn genoegen* ★ partie de ~ *uitstapje* ★ prendre ~ à *genoegen scheppen in* ★ faire ~ à qn *iem. een genoegen doen* ★ car tel est notre bon ~ *het behaagt ons*
plan I m • *tekening; plattegrond* • *plat vlak* • *verwijdering* • *opname* • *ontwerp* • *plan; voornemen* ★ plan incliné *hellend vlak* ★ plan de sustentation *vleugel v.e. vliegtuig* ★ lever un plan *een schetsplan maken* ★ premier plan *voorgrond* ★ deuxième plan *achtergrond* ★ reléguer au second plan *naar de achtergrond schuiven* ★ gros plan *close-up* ★ laisser en plan *in de steek laten* II BNW *vlak; plat* ★ angle plan *vlakke hoek*
planche v • *plank* • *graveerplaat* • *gravure* • *(tuin)bed* • ARG. *schoolbord* ★ ~ à roulettes *skateboard* ★ ~ à voile *surfplank* ★ ~ de surf sur neige *snowboard* ★ faire de la ~ à voile

surfen ★ INF. faire la ~ *onbeweeglijk op de rug drijven bij het zwemmen*
plancher I m • *vloer; bodem; niveau* • *dek* ★ INF. débarrasser le ~ *eruit geschopt worden; weggaan* ★ INF. mettre le pied au ~ *plankgas geven* ★ INF. le ~ des vaches *de vaste wal* II ON WW *een oplossing bedenken voor* ‹schoolopgave›; *zweten op*
planchette v *plankje*
planchiste m/v *plankzeiler; surfer*
plancton m *plankton*
planer I OV WW TECHN. *vlak maken; plat maken* II ON WW *zweven* ★ vol plané *glijvlucht* ★ laisser ~ *laten (voort)bestaan* ‹v. twijfel, verdenking›
planétaire I m *planetarium* II BNW *van de planeten*
planète v *planeet*
planeur m • *polijster* • *zweefvliegtuig*
planificateur m *planner*
planification v *planning*
planifier OV WW *leiden volgens een bepaald plan; plannen* ★ économie planifiée *geleide economie*
planimétrie v *vlakke meetkunde*
planisphère m *wereldkaart of hemelkaart der beide halfronden*
planning m *planning* ★ ~ familial *gezinsplanning*
planque v INF. • *schuilplaats* • *rustig baantje*
planqué m *onderduiker*
planquer INF. I OV WW *wegstoppen* II WKD WW (**se** ~) *zich verstoppen; onderduiken*
plant (*zeg:* pla(n)) m • *stek* • *aanplanting*
plantain m *weegbree*
plantaire BNW *voetzool-*
plantation v • *plantage* • *(het) plaatsen* ‹v. toneeldecor› • *(het) planten* • *aanplanting*
plante v • *plant* • *zool* ★ ~ du pied *voetzool*
planté BNW ★ être bien ~ sur ses jambes *stevig op zijn benen staan*
planter I OV WW • *oprichten; plaatsen; planten* • *beplanten* (**de** *met*) ★ ~ un drapeau *een vlag plaatsen* ★ ~ une échelle *een ladder neerzetten* ★ INF. ~ là qn *iem. in de steek laten* ★ ~ un clou *een spijker inslaan* ★ rester planté devant qc *stokstijf voor iets blijven staan* II WKD WW (**se** ~) • *onbeweeglijk blijven staan* • *van de weg raken; mislukken* (**à** *in*) • COMP. *crashen; plat gaan* • *zich vergissen* (**de** *in*)
planteur m [v: **planteuse**] *planter*
plantigrade m *zoolganger*
planton m • MIL. *oppasser* • *ordonnans* ★ être de ~ *plantondienst hebben*
plantureux BNW [v: **plantureuse**] • *overvloedig* • *vruchtbaar* ★ une femme plantureuse *een forse, dikke vrouw*
plaque v • *plaat(je)* • *plak/tablet* ‹chocola› • *ster v.e. ridderorde* ★ ~ d'immatriculation *nummerplaat* ★ ~ commémorative *gedenkplaat* ★ ~ photographique *fotografische plaat* ★ ~ tournante *draaischijf* ★ ~ dentaire *tandplak* ★ ~ d'égout *putdeksel* ★ être à côté de la ~ *er volledig naast zitten*
plaqué m *verguld of verzilverd metaal* ★ chaîne en ~ *vergulde/ verzilverde ketting*
plaquer OV WW • *opleggen; vergulden; verzilveren* • INF. *in de steek laten* • SPORT *tackelen* ★ ~ qn contre le mur *iem. tegen de muur drukken* ★ MUZ. ~ un accord *een akkoord aanslaan* ★ en chêne plaqué *van eikenfineer*
plaquette v • *plaatje; schijfje* • *dun boekje* ★ ~ sanguine *bloedplaatje*
plasma m *plasma*
plasmatique BNW *plasma-*
plastic m *plastiekbom*
plasticage m [**plastiquage**] *aanslag met een kneedbom*
plasticité v *kneedbaarheid*
plastifier OV WW *plastificeren*
plastique I m *plastic* II v *beeldhouwkunst; boetseerkunst; plastiek* III BNW • *kneedbaar* • *beeldend* • *van plastic* ★ arts ~s *beeldende kunst* ★ matière ~ *plastic* ★ chirurgie ~ *plastische chirurgie*
plastiquer OV WW *met een kneedbom doen ontploffen*
plastron m • *borstharnas* • *borstlap voor het schermen* • *mikpunt* • *groep soldaten die tijdens een oefening de vijand voorstelt* • *borststuk v.e. hemd* • *frontje*
plastronner I OV WW *voorzien v.e. plastron; beschermen* II ON WW *pronken*
plat (*zeg:* plà) I m *schaal; schotel* ★ faire tout un plat de qc *ergens een kwestie van maken* ★ servir à qn un plat de son métier *iem. een poets bakken* ★ plat de résistance *hoofdgerecht* ★ SPORT faux plat *vals plat* ‹v. weg› ★ mettre les petits plats dans les grands *onkosten maken (om iem. te onthalen)* II BNW • *vlak; plat* • *onbeduidend; alledaags* • *overbeleefd; onderdanig* • *gemeen; laag* ★ assiettes plates *platte borden* ★ tomber à plat ventre *plat op de buik vallen* ★ calme plat *volkomen windstilte (op zee)* ★ cheveux plats *sluike haren* ★ mer plate *stille zee* ★ tomber à plat *languit vallen; mislukken* ★ mon pneu est à plat *mijn band is leeg* ★ je me sens à plat *ik voel me uitgeput*
platane m *plataan*
plat-bord m [**plats-bords**] *dolboord*
plateau m [mv: **plateaux**] • *dienblad* • *schaal v.e. balans* • *hoogvlakte* • *zandplaat* • *toneel* • *set; deel v.e. filmstudio* • *draaitafel* ★ COMP. ~ de commande *console*
plate-bande m [mv: **plates-bandes**] • *border* • *zoom; rand; lijst* ★ marcher sur les plates-bandes de qn *onder iemands duiven schieten*
platée v • *schotelvol* • ARCHIT. *(de) fundamenten*
plate-forme m [mv: **plates-formes**] • *platform; balkon* • *plat dak* • *verkiezingsprogramma*
platement BIJW *alledaags; banaal; plat*
platine I m *platina* II v • *slotplaat* • *geweerplaat* • *horlogeplaat* • *draaitafel* • INF. *tong* ★ ~ (à) cassette *cassettedeck*
platiné BNW *platinablond* ★ vis ~es *contactpuntjes* ‹v. auto›
platiner OV WW • *met een laag platina bedekken* • *blonderen v. haren* ★ blonde

P

platinée *vrouw met platinablond haar*
platitude v • *gemeenheid; laagheid* • *onbeduidendheid; platheid; alledaagsheid*
platonicien [v: **platonicienne**] I m *aanhanger van Plato* II BNW *platonisch*
platonique BNW *platonisch*
platonisme m • *leer v. Plato* • *platonische liefde*
plâtrage m • *pleisterwerk* • *(het) bepleisteren*
plâtras m *kalkpuin; afval van pleisterkalk*
plâtre m • *pleister; gips* • *pleisterkalk* • *gipsen beeld* • *pleisterwerk* ★ INF. battre comme ~ *afrossen* ★ FIG. essuyer les ~s *startproblemen hebben; met kinderziektes te kampen hebben*
plâtrer OV WW • *bepleisteren* • *gipsen; in het gips zetten* • *bemesten met kalk* • *klaren met gips* ‹v. wijn› • *blanketten*
plâtrerie v *pleisterwerk*
plâtreux BNW [v: **plâtreuse**] *met gips bedekt*
plâtrier m *pleisterwerker; stukadoor*
plâtrière v • *pleistergroeve* • *kalkoven*
plausibilité v *geloofwaardigheid; aannemelijkheid*
plausible BNW *aannemelijk; geloofwaardig*
play-back (*zeg:* pleebak) m (onver.) *playback*
plèbe v *plebs*
plébéien [v: **plébéienne**] I m *plebejer* II BNW *plebejisch*
plébiscitaire BNW *wat een volksstemming betreft*
plébiscite m *volksstemming*
plébisciter OV WW *bij een volksstemming kiezen*
plectre m *plectrum*
Pléiade v *groep van zeven dichters uit de Franse Renaissance*
plein I m • *volheid; volledigheid; gevulde ruimte* • *massief* ★ battre son ~ *op zijn hoogtepunt zijn; in volle gang zijn* ★ faire le ~ *voltanken* II BNW • *vol* • *volledig; geheel* • *drachtig* ★ à ~s bords *boordevol* ★ en ~ air *in de open lucht* ★ avoir le cœur ~ *verdriet hebben* ★ en ~ jour *midden op de dag* ★ un jour ~ *een volle, gehele dag* ★ ~e lune *volle maan* ★ ~e mer *volle zee* ★ ~ pouvoir *volmacht* ★ ~ de soi-même *egoïstisch* ★ INF. être ~ *dronken zijn* ★ à ~s poumons *uit volle borst* ★ voix ~e *volle stem* ★ roue ~e *dicht wiel* III BIJW ★ INF. tout ~ *volop* ★ INF. avoir tout ~ d'amis *vrienden zat hebben*
plein-emploi m *volledige werkgelegenheid*
plénier BNW [v: **plénière**] • *volledig* • *voltallig* ★ indulgence plénière *volle aflaat*
plénipotentiaire I m/v *gevolmachtigde* II BNW ★ ministre ~ *gevolmachtigd minister*
plénitude v *volheid; volledigheid*
pléonasme m *overtollig gebruikt woord*
pléonastique BNW *pleonastisch*
pléthore v *overvloed* (**de** *aan*)
pléthorique BNW • *overvloedig* • *volbloedig* • *overvol* ‹v. klas›
pleur m *traan* ★ essuyer les ~s *troosten* ★ LIT. les ~s de l'aurore *de morgendauw*
pleurage m *flutter*
pleural BNW [m mv: **pleuraux**] *wat het borstvlies betreft*
pleurard INF. I m [v: **pleurarde**] *huilebalk* II BNW *huilerig*
pleurer I OV WW *bewenen; betreuren* II ON WW *huilen; schreien* ★ ~ après qc *ergens om blijven zeuren*
pleurésie v *pleuris*
pleurétique BNW • *pleurisachtig* • *lijdend aan pleuris*
pleureur [v: **pleureuse**] I m *huilebalk* II BNW • *huilerig* • *vaak huilend* ★ saule ~ *treurwilg*
pleurnichement m *gegrien*
pleurnicher ON WW INF. *grienen*
pleurnicherie v INF. *gegrien*
pleurnicheur [v: **pleurnicheuse**] I m *griener; dreiner* II BNW *grienerig; huilerig*
pleurote m *oesterzwam*
pleut WW (présent) → **pleuvoir**
pleutre m *lafbek; lammeling; mispunt*
pleutrerie v *lafheid*
pleuvasser ONP WW [**pleuv(i)oter**] INF. *motregenen*
pleuvoir ONP WW *regenen* ★ il pleut à verse ★ il pleut à torrents *het stortregent*
plèvre v *borstvlies*
plexus (*zeg:* -suus) m *zenuwvlecht* ★ ~ solaire *zonnevlecht*
pli m • *enveloppe* • *brief* • *rimpel* • *knik* • *vouw; plooi* • *slag bij kaartspel* ★ prendre un bon/mauvais pli *een goede/slechte gewoonte aannemen* ★ sous ce pli *hierbij ingesloten* ★ pli chargé *aangetekende brief* ★ une mise en pli *een watergolf* ★ INF. cela ne fera pas un pli *dat loopt vanzelf* ★ pli de terrain *terreinplooi*
pliable I m *vouwfiets* II BNW • *vouwbaar* • *plooibaar; gedwee*
pliage m *(het) vouwen; (het) plooien*
pliant I m *vouwstoeltje* II BNW • *buigzaam* • *plooibaar; gedwee* ★ table ~e *klaptafel*
plie v • *bot* • *schol* ★ plie franche *schol*
plier I OV WW • *dichtvouwen; vouwen* • *buigen* • *wennen; onderwerpen* • *plooien* ★ INF. ~ bagage *zijn biezen pakken* ★ ~ les genoux *door de knieën zakken* ★ ~ qn à la discipline *iem. aan discipline onderwerpen* II ON WW • *buigen; doorbuigen* • *zwichten; wijken; toegeven* III WKD WW (**se** ~) • *buigen* • *zich schikken*
plinthe v *plint*
plissage m *(het) plooien*
plissé m *plooisel; plissé*
plissement m • *aardplooiing* • *(het) plooien*
plisser I OV WW • *plooien* • *fronsen* ‹v. voorhoofd›; *toeknijpen* ‹v. ogen› II ON WW *plooien hebben; plooien*
pliure v • *vouw* • *(het) vouwen* ‹bladen v.e. boek› ★ ~ du genou *knieholte*
ploiement m *plooiïng; buiging*
plomb (*zeg:* plo(n)) m • *lood* • *(jacht)hagel* • *gootsteen v. lood of zink* • *loodje* ‹om te verzegelen› • *peilloodje* ‹v. vissers› • *stop* ★ à ~ *loodrecht; in het lood* ★ avoir du ~ dans l'aile *zijn ondergang nabij zijn; aan de rand v.h. graf staan* ★ sommeil de ~ *zeer zware slaap* ★ mine de ~ *potlood* ★ fil à ~ *schietlood*
plombage m • *(het) beleggen met lood; (het) solderen* • *(het) plomberen; vulling* ‹v. tand/kies› • *(het) aanhechten v.e. loodje*

P

plombé BNW • *loodkleurig* • *voorzien v. lood*
plomber OV WW • *met lood beslaan* • *v.e. loodje voorzien* • *plomberen* • *met een schietlood controleren*
plomberie V • *loodgietersvak* • *loodgieterswerk* • *loodgieterij* • *water- en gasleidingen*
plombier m *loodgieter*
plombier-zingueur m *loodgieter*
plombifère BNW *loodhoudend*
plonge v *(het) bordenwassen*
plongeant BNW *duikend* ★ décolleté ~ *diep uitgesneden decolleté* ★ une vue ~e *een uitzicht van boven naar beneden*
plongée v • *(het) onderduiken* • *duik* • *filmopname van bovenaf* ★ ~ sous-marine *diepzeeduiken*
plongeoir m *duikplank* ‹bij het duiken›; *springtoren*
plongeon m • *duik*; *onderduiking* • *duiker* • INF. *diepe buiging* ★ faire un ~ *duiken* ★ INF. faire le ~ *in geldmoeilijkheden zitten*
plonger I OV WW • *onderdompelen* • *stoten* • *werpen*; *slingeren* ★ être plongé dans ses rêveries *in zijn dromen verzonken zijn* ★ ~ un poignard dans le cœur de qn *iem. een dolk in het hart stoten*; FIG. *iemands hart wonden* ★ ~ qn dans le cachot *iem. in het cachot gooien* II ON WW • *duiken* • *van boven naar beneden kijken* • *verdwijnen* III WKD WW (**se** ~) • *zich onderdompelen*; *duiken* • *zich overgeven aan*; *zich verdiepen in*
plongeur I m *waterspreeuw* II m [v: **plongeuse**] • *duiker* • *bordenwasser* ‹in restaurant›
plot m *contactblok*; *contactschuif*
plouc I m PEJ. *boerenkinkel* II BNW *boers*
plouf TW *plons!*; *plof!*
ploutocrate m/v *persoon die machtig is door zijn rijkdom*
ploutocratie v *heerschappij v.h. geld*
ployer I OV WW *(door)buigen* II ON WW *buigen*; *zwichten* III WKD WW (**se** ~) • *zich schikken* • *zich buigen*
plu WW (volt. deelw.) → **plaire**
plucher ON WW [**pelucher**] *pluizen*
pluches v mv INF. *(het) schoonmaken v. groente*
pluie v • *regen* • *bui* ★ ~ d'orage *onweersbui* ★ ~ de balles *kogelregen* ★ ~s acides *zure regen* ★ le temps est à la ~ *er zit regen in de lucht* ★ parler de la ~ et du beau temps *over koetjes en kalfjes praten* ★ faire la ~ et le beau temps *invloedrijk, machtig zijn* ★ il n'est pas tombé/né de la dernière ~ *hij is niet van gisteren* ★ après la ~ le beau temps *na regen komt zonneschijn*
plumage m *gevederte*
plumard m • *veren stoffer* • INF. *bed*
plume v • *veer* • *gevederte* • *pen* • *schrijver* • *stijl* • INF. *bed* ★ dessin à la ~ *pentekening* ★ homme de ~ *schrijver* ★ nom de ~ *schuilnaam*
plumeau m [mv: **plumeaux**] *plumeau*; *stoffer*
plumer OV WW OOK FIG. *plukken*
plumet m *vederbos*
plumeux BNW [v: **plumeuse**] • *vederachtig* • *bedekt met veren*
plumier m *pennenbakje*; *pennenkoker*
plumitif m • *protocol v.e. rechtszitting* • *pennenlikker*; *bureaucraat*
plupart v • *grootste deel* • *de meesten* ★ la ~ d'entre nous sont d'accord *de meesten van ons zijn het ermee eens*
plural BNW [m mv: **pluraux**] *veelvoudig*
pluralisme m *pluralisme*; *veelvormigheid*
pluralité v • *veelheid* • *meerderheid*
pluriannuel BNW [v: **pluriannuelle**] *meerjarig*
pluridisciplinaire BNW *multidisciplinair*
pluriel I m *meervoud* II BNW [v: **plurielle**] *meervoudig*
plurilingue BNW *meertalig*
plus (*zeg:* pluus; pluu (voor bnw, bijw)) I m • *(het) meeste* • *plus(teken)* • *plus(punt)* II BIJW • *plus* • *meer* ★ tout au plus *hoogstens*; *ten hoogste* ★ d'autant plus (que) *des te meer (omdat)* ★ de plus en plus *hoe langer hoe meer* ★ on ne peut plus heureux *allergelukkigst* ★ plus ou moins *min of meer* ★ qui plus qui moins *de een minder, de ander meer* ★ de plus *bovendien* ★ qui plus est *bovendien* ★ au plus *hoogstens* ★ (ne pas) non plus *evenmin*; *ook niet*
plusieurs I BNW *vele*; *verschillende*; *verscheidene* II VNW *velen*
plus-que-parfait (*zeg:* pluus-) m *voltooid verleden tijd*
plus-value (*zeg:* pluu-) m [mv: **plus-values**] • *waardevermeerdering* • *toeslag op loon* • *meerwaarde*
plut WW (passé simple) → **plaire**
plutonium (*zeg:* -njom) m *plutonium*
plutôt BIJW • *eerder* • *liever* • *nogal* ★ voyez ~ *kijk maar eens*
pluvial BNW [m mv: **pluviaux**] *van de regen* ★ eaux ~es *regenwater*
pluvier m *plevier*
pluvieux BNW [v: **pluvieuse**] *regenachtig*
pluviomètre m *regenmeter*
pluviôse m *5e maand v.d. republikeinse kalender* ‹v. 20, 21 of 23 januari tot 1›
pluviosité v *regenachtigheid*
p.m. AFK (post meridiem) *p.m.*; *na de middag*
PME AFK (petites et moyennes entreprises) *MKB/KMO*
PMU AFK (pari mutuel urbain) *soort sporttotalisator*
PNB AFK (produit national brut) *BNP*
pneu m [mv: **pneus**] • *luchtband* • *stadstelegram* • *band*
pneumatique I m • *luchtband* • *stadstelegram* II v *leer der gassen* III BNW *van de lucht*; *door lucht gedreven*
pneumonie v *longontsteking*
pneumonique I m/v *longpatiënt* II BNW *lijdend aan longontsteking*
pochade v • *met enkele penseelstreken uitgevoerd schilderstuk*; *vlotte schets* • *vlug geschreven werk*
pochard INF. I m *zuiplap* II BNW *dronken*
poche v • *zak* • *scheplepel*; *grote soeplepel* • *krop* • *zaknet* • *wal onder de ogen* • INF. *GSM* ★ livre de ~ *pocketboek* ★ BIOL. ~ des eaux *vruchtzak*; *vochtblaas* ★ INF. c'est dans la ~ *het is dik voor mekaar*; *het is kinderlijk eenvoudig* ★ acheter chat en ~ *een kat in de*

P

zak kopen
poché BNW *met wallen*
pocher **I** OV WW • *pocheren* ‹v. eieren› • *een ruwe schets maken* ★ ~ l'œil à qn *iem. een blauw oog slaan* **II** ON WW *opbollen*; *valse plooien maken*
pochette V • *zakje* • *klein netje* • *pochet* • *plat passerdoosje* • *hoesje*
pochette-surprise M [mv: **pochettes-surprises**] *verrassingspakket*
pochoir M *sjabloon*
podium (*zeg:* podjom) M *podium*
poêle (*zeg:* pwal) **I** M • *kachel* • *lijkkleed* **II** V *braadpan*; *koekenpan* ★ INF. tenir la queue de la ~ *het heft in handen hebben*
poêler (*zeg:* pwa-) OV WW *stoven*; *in een braadpan of koekenpan bakken*
poêlon (*zeg:* pwa-) M *kleine braadpan*; *kleine koekenpan*
poème M *gedicht*
poésie V • *poëzie*; *dichtkunst* • *dichterlijkheid* • *gedicht*
poète M *dichter* ★ femme ~ *dichteres*
poétesse V *dichteres*
poétique **I** V *regels voor de verskunst*; *poëtica* **II** BNW *dichterlijk*; *poëtisch*
poétiser **I** OV WW *dichterlijk maken* **II** ON WW *dichten*
pogne V INF. *hand*
pognon M INF. *geld*
pogrom M [**pogrome**] *pogrom*
poids (*zeg:* pwà) M • *gewicht* • *kogel* ‹voor kogelslingeren› • *last* • *aanzien* ★ il ne fait pas le ~ *hij is er niet tegen opgewassen* ★ ~ et mesures *maten en gewichten* ★ ~ mouche *vlieggewicht* ‹bokssport› ★ ~ volumique *soortelijk gewicht* ★ ~ plume *vedergewicht* ‹bokssport› ★ ~ à vide *eigen gewicht* ‹v. vliegtuig› ★ avoir deux ~, deux mesures *met twee maten meten* ★ donner du ~ à ses paroles *zijn woorden kracht bijzetten* ★ ~ lourd *zwaargewicht*; *vrachtwagen* ★ ~ public *waag* ★ ~ mort *last*
poignant BNW *grievend*; *schrijnend*
poignard M *dolk* ★ coup de ~ *dolksteek*
poignarder OV WW *doorsteken met een dolk*
poigne (*zeg:* pwanj) V • *kracht in de handen* • *energie*
poignée V • *handvol* • *handvat*; *greep*; *knop* ★ ~ de main *handdruk*
poignet M *pols(gewricht)*
poil M • *haar*; *(de) haren* • *haarkleur* ‹v. dieren› ★ INF. à poil *spiernaakt* ★ INF. au poil *reuze-*; *precies (op tijd)*; *prima* ★ brave à trois/à quatre poils *ijzervreter* ★ de tout poil *van allerlei slag* ★ INF. être de mauvais poil *slecht gehumeurd zijn* ★ poil follet *vlashaar* ★ monter un cheval à poil *zonder zadel rijden* ★ INF. reprendre du poil de la bête *de moed niet verliezen*; *opknappen na een ziekte* ★ INF. avoir un poil dans la main *een hekel aan werken hebben*
poilant BNW INF. *grappig*
poiler WKD WW INF. (**se** ~) *zich kapotlachen*
poilu **I** M • *ijzervreter* • *soldaat v.d. oorlog van 1914-'18* **II** BNW *behaard*
poinçon (*zeg:* pwe(n)so(n)) M • *priem* • *goud- of zilvermerk* • *muntstempel* • *vat* • *pons*
poinçonnage M • *(het) stempelen*; *(het) merken* • *(het) knippen* ‹v. kaartjes›
poinçonnement M → **poinçonnage**
poinçonner OV WW • *merken*; *stempelen* • *kaartjes knippen*
poinçonneur M [v: **poinçonneuse**] *kaartjesknipper*
poinçonneuse V *ponsmachine*
poindre (*zeg:* pwe(n)dr) **I** OV WW *steken* **II** ON WW *aanbreken v.d. dag*; *gloren v.d. dag*
poing (*zeg:* pwe(n)) M • *vuist* • *boksbeugel* ★ coup de ~ *stomp* ★ dormir à ~s fermés *slapen als een roos*
point (*zeg:* pwe(n)) **I** M • *punt*; *stip* • *punt*; *graad* • *kantwerk*; *borduurwerk* • *steek bij naaiwerk* • *punt* ‹onderwerp› • *punt bij het spel* • *oog* • *positie v.e. schip* • *cijfer*; *aantekening* • *steek* ‹v. pijn› • *ogenblik*; *begin* ★ ~ d'exclamation *uitroepteken* ★ ~ d'interrogation *vraagteken* ★ ~ d'intersection *snijpunt* ★ ~ de chute *eindpunt*; *tijdelijke verblijfplaats* ★ ~-virgule *puntkomma* ★ ~ de vue *oogpunt* ★ un ~ c'est tout! *en daarmee uit!* ★ ~ d'appui *steunpunt* ★ caractère de 5 ~s *vijfpuntsletter* ★ deux-~s *dubbele punt* ★ être sur le ~ de *op het punt staan te* ★ au dernier ~ *in de hoogste mate* ★ ~ d'ébullition *kookpunt* ★ ~ de fusion *smeltpunt* ★ au ~ mort *in z'n vrij* ‹bij auto› ★ le ~ capital *de hoofdzaak* ★ rendre des ~s à qn *iem. iets voorgeven* ★ faire le ~ d'un navire *het bestek opmaken* ★ bon/mauvais ~ *goed/slecht cijfer* ★ ~ de côté *steek in de zij* ★ le ~ du jour *het begin v.d. dag*; *de dageraad* ★ à ~ *van pas*; *op tijd* ★ à ~ nommé *precies*; *juist van pas* ★ à ce ~ *zozeer* ★ le bifteck est à ~ *de biefstuk is iets doorbakken* ‹medium› ★ son project est au ~ *zijn plan is goed georganiseerd* ★ mal en ~ *ziek* ★ ~ de côté *steek in de zij* **II** BIJW *niet* ★ il n'écoute ~ *hij luistert niet*
pointage M • *prikklokcontrole* • *naamcontrole* • *(het) richten* ‹v. kanon›
pointe (*zeg:* pwe(n)t) V • *punt*; *spits* • *draadnagel* • *landtong* • *graveernaald* • *geestigheid*; *pointe* • *het doorbreken*; *een zweempje*; *een beetje*; *begin*; *het aanbreken* ★ en ~ *spits toelopend* ★ heure de ~ *spitsuur* ★ industrie de ~ *speerpuntindustrie* ★ (chaussures à) ~s *spikes* ★ à la ~ de l'épée *met geweld* ★ LIT. la ~ du jour *het aanbreken v.d. dag* ★ de ~ *geavanceerd*; *ultramodern*; *top-*; *leidend* ★ pousser une ~ *iets verder gaan*; *doorrijden*
pointer (*zeg:* pwe(n)-) **I** OV WW • *steken* • *aanpunten* • *opnemen*; *aantekenen* • *aankruisen* • *richten* • *stellen* ★ ~ un canon *een kanon richten* ★ ~ une note *een noot voorzien v.e. punt* ★ ~ les oreilles *de oren spitsen* ★ ~ son doigt *wijzen* ★ se ~ chez qn *bij iem. (komen) opdagen/binnenvallen* **II** ON WW • *opstijgen* • *ontkiemen* • *steigeren* • *bijleggen* ‹jeu de boules› • *klokken* • *zich aftekenen*
pointeur M • *richter* ‹v. kanon› • *stemopnemer* • COMP. *aanwijzer*; *pointer*

P

pointeuse v *prikklok*
pointillé m • *stippeltekening* • *stippellijn* • *geperforeerde rand* ⋆ FIG. en ~ *tussen de regels; impliciet*
pointiller I OV WW • *stippelen* • *bevitten* ⋆ ligne pointillée *stippellijn* II ON WW VERO. *vitten; kibbelen*
pointilleux BNW [v: **pointilleuse**] *pietluttig*
pointillisme m *pointillisme*
pointu BNW • *spits; puntig* • FIG. *scherp* • *specialistisch; geavanceerd* ‹v. industrie›
pointure v *maat* ‹v. (hand)schoenen, hoed›
point-virgule m *puntkomma*
poire v • *peer* ‹vrucht› • *peer* ‹v. lamp› • INF. *domoor; sufferd* • INF. *gezicht* ⋆ ~ d'angoisse *bittere pil* ⋆ ~ tapée *gedroogde peer* ⋆ ~ électrique *lichtschakelaar* ‹aan koord› ⋆ INF. entre la ~ et le fromage *aan het dessert* ⋆ INF. garder une ~ pour la soif *een appeltje voor de dorst bewaren*
poireau m [mv: **poireaux**] • *prei* • *wrat* ⋆ INF. faire le ~ *lang moeten wachten*
poireauter ON WW INF. *wachten*
poirier m *perenboom* ⋆ faire le ~ *op zijn hoofd (gaan) staan*
poiroter ON WW INF. *wachten*
pois (*zeg:* pwà) m • *erwt* • *stip* ⋆ pois cassé *spliterwt* ⋆ pois chiche *grauwe erwt* ⋆ petits pois *doperwtjes* ⋆ pois de senteur *lathyrus*
poison m • *vergif* • INF. *kreng; stuk vergif*
poissard BNW ⋆ style ~ *platte stijl* ‹v. plebs›
poisse v INF. *pech*
poisser OV WW • *met pek besmeren* • *bevuilen*
poisseux BNW [v: **poisseuse**] • *pekachtig; kleverig* • *smerig*
poisson m • *vis* • mv ASTROL. *Vissen* ⋆ ~ d'avril *aprilmop* ⋆ faire une queue de ~ *snijden* ‹in het verkeer› ⋆ comme un ~ dans l'eau *op zijn gemak* ⋆ les gros ~s mangent les petits *de machtigen verdrukken de zwakken* ⋆ ~ rouge *goudvis* ⋆ ~ sans boisson est poison *vis moet zwemmen*
poisson-chat m [mv: **poissons-chats**] *meerval*
poissonnerie v • *viswinkel* • *visafslag*
poissonneux BNW [v: **poissonneuse**] *visrijk*
poissonnier I m *vissersschip* II m [v: **poissonnière**] *vishandelaar*
poissonnière v *vispan*
poitevin BNW *uit Poitou of Poitiers*
poitrail (*zeg:* -traj) m • *borst v. paard* • *borstriem*
poitrinaire I m/v *tbc-lijder* II BNW *aan tbc lijdend*
poitrine v • *borst* • *longen*
poivre m *peper* ⋆ ~ long *Spaanse peper* ⋆ INF. ~ et sel *peper- en zoutkleurig*
poivré BNW • *gepeperd* • FIG. *schuin*
poivrer I OV WW *peperen* II WKD WW (**se** ~) INF. *dronken worden*
poivrier m • *peperboom* • *peperbus*
poivrière v • *peperbus* • *peperplantage*
poivron m • *Spaanse peper* • *paprika*
poivrot INF. m *dronkenlap*
poix v *pek*
poker m *poker*
polaire BNW • *v.d. polen* • *wat elektrische of magnetische polen betreft* ⋆ cercle ~ *poolcirkel* ⋆ étoile ~ *Poolster* ⋆ glace ~ *poolijs*
polar m INF. *politieroman*
polarisation v *polarisatie*
polariser OV WW • *polariseren* • *op zich concentreren* ‹aandacht›
polarité v *polariteit*
polaroïd m *polaroid(camera)*
polder (*zeg:* -dèr) m *polder*
poldériser OV WW *inpolderen*
pôle m • *tegenstelling* • *pool*
polémique I v *polemiek; pennenstrijd* II BNW *polemisch; strijdend*
polémiquer ON WW *polemiseren; een pennenstrijd voeren*
polémiste m/v *iem. die een pennenstrijd voert; polemicus*
polenta (*zeg:* -e(n)-) v *polenta*
poli I m *glans* II BNW • *glad; glanzend* • *beschaafd* • *beleefd*
police v • *politie* • *polis* • TYP. *font; lettertype* ⋆ ~ judiciaire *recherche*
policé BNW *beschaafd; geciviliseerd*
policer OV WW *beschaven*
Police-secours v *alarmdienst van de politie*
polichinelle m • *hansworst* • *wisselvallig mens; 'weerhaan'* ⋆ secret de ~ *geheim dat iedereen kent*
policier [v: **policière**] I m *politiebeambte* II BNW *politie-; misdaad-* ⋆ roman ~ *detective(roman)* ⋆ film ~ *detectivefilm* ⋆ mesure policière *politiemaatregel*
policlinique v *polikliniek*
poliment BIJW *beleefd*
polio I v *polio(myelitis); kinderverlamming* II m/v *poliopatiënt*
poliomyélite v *kinderverlamming*
poliomyélitique I m/v *poliopatiënt* II BNW *polio-*
polir OV WW • *polijsten* • *beschaven* • *bijschaven; afwerken; verfijnen*
polissage m *(het) polijsten*
polisseur m [v: **polisseuse**] *polijster*
polissoir m *polijststeen; polijstbank*
polisson [v: **polissonne**] I m • *straatjongen; straatmeid* • *kwajongen; snaak; rakker* • *gemeen sujet* II BNW *ondeugend; schuin*
polissonner ON WW *kwajongensstreken uithalen*
polissonnerie v • *kwajongensstreek* • *schuine taal; schuine mop*
politesse v *beleefdheid; beschaafdheid* ⋆ brûler la ~ *een afspraak om iem. te ontmoeten niet nakomen; vertrekken zonder te groeten*
politicard PEJ. m *politicus*
politicien m [v: **politicienne**] *politicus*
politicologue m/v *politicoloog*
politique I m • *staatsman; politicus* • *handig mens; tacticus* II v • *politiek* • *staatkunde* • *handigheid; tact* III BNW • *politiek; staatkundig* • *handig; slim; tactisch* ⋆ homme ~ *politicus*
politiser OV WW *een politiek karakter geven*
politologie v *politicologie*
polka v *polka* ‹dans›
pollen (*zeg:* polèn) m *stuifmeel*
pollinisation v *bestuiving* ⋆ ~ directe *zelfbestuiving*

P

polluant I m *schadelijke stof* II BNW *vervuilend* ★ non ~ *milieuvriendelijk; milieuveilig*
polluer OV WW *vervuilen; bezoedelen; schenden; verontreinigen*
pollueur m *vervuiler*
pollution v *vervuiling; verontreiniging; bezoedeling; schending*
polo m • *polo* ‹balspel› • *polohemd*
polochon m INF. *peluw; rolkussen*
Pologne v *Polen*
polonais I m *(het) Pools* II BNW *Pools*
Polonais m [v: **Polonaise**] *Pool*
poltron [v: **poltronne**] I m *lafaard* II BNW *laf*
poltronnerie v *lafheid*
polychrome BNW *veelkleurig*
polyclinique v *niet-specialistische kliniek*
polycopie v • *stencil* • *vermenigvuldiging*
polycopié BNW *gestencild*
polycopier OV WW • *stencilen* • *vermenigvuldigen*
polyculture v *gelijktijdige verbouw van verschillende gewassen*
polyèdre m *veelvlak*
polyester m *polyester*
polyéthylène m [m: **polythène**] *polyethyleen; polytheen*
polygame BNW *veelwijvig*
polygamie v *veelwijverij*
polyglotte I m/v *kenner van vele talen* II BNW *veeltalig*
polygonal BNW [m mv: **polygonaux**] *veelhoekig*
polygone m *veelhoek*
polygraphe m *veelschrijver*
polymère m *polymeer*
polymorphe BNW *veelvormig*
polymorphisme m *veelvormigheid*
polynésien BNW [v: **polynésienne**] *Polynesisch*
polynôme m *veelterm*
polype m *poliep*
polyphonie v *meerstemmigheid*
polyphonique BNW *meerstemmig; polyfoon*
polysémie v *meerduidigheid* ‹v. woord›
polystyrène m ★ ~ (expansé) *polystyreen* ‹schuim›
polytechnicien m [v: **polytechnicienne**] *leerling v.d. Ecole polytechnique*
polytechnique BNW *veel kunsten of wetenschappen omvattend*
Polytechnique v *TH ter opleiding van ingenieurs en artillerie-/genieofficieren*
polythéisme m *veelgoderij*
polythéiste I m/v *veelgodendienaar* II BNW *veel goden dienend*
polythène m → **polyéthylène**
polyvalent BNW • *veelwaardig* • *veelzijdig; multifunctioneel*
pomélo m *pomelo; grapefruit*
pommade v *pommade; haarzalf*
pomme v • *appel* • *knop* ★ LIT. ~ de discorde *twistappel* ★ ~s frites *in olie gebakken aardappels (in reepjes)* ★ ~s nature *gekookte aardappels* ★ ~ de pin *dennenappel* ★ ~ de terre *aardappel* ★ INF. tomber dans les ~s *flauwvallen* ★ ~ d'arrosoir *sproeikop* ★ ~s de terre en robe de chambre/des champs *in de schil gekookte aardappelen* ★ ~s vapeur *gestoomde aardappelen* ★ INF. pour ma ~ *voor mij*
pommé BNW • *rond* • INF. *volkomen; volmaakt* ★ chou ~ *sluitkool*
pommeau m [mv: **pommeaux**] • *degenknop* • *zadelknop*
pommelé BNW *met grijze en witte vlekken* ★ cheval (gris) ~ *appelschimmel* ★ ciel ~ *lucht met schapenwolkjes*
pommelle v *rooster v.e. goot*
pommer ON WW *kroppen* ‹v. sla, kool›
pommette v • *knopje* • *koon*
pommier m *appelboom*
pompage m *(het) (op)pompen*
pompe v • *pomp* • INF. *schoen* • *praal; pracht; luister* ★ ~s funèbres *begrafenisonderneming* ★ ~ aspirante *zuigpomp* ★ INF. avoir un coup de ~ *zich plotseling uitgeput voelen* ★ INF. à toute ~ *vliegensvlug* ★ ARG. un (soldat de) deuxième ~ *een eenvoudig (2e klas) soldaat* ★ ~ foulante *perspomp* ★ ~ à incendie *brandspuit* ★ ~ aspirante et foulante *zuigperspomp* ★ ~ à vélo *fietspomp*
pomper OV WW • *(op)pompen; opzuigen* • *spieken; afkijken* • *vermoeien* • INF. *zuipen*
pompette BNW INF. *lichtelijk aangeschoten*
pompeux I m *het hoogdravende* II BNW [v: **pompeuse**] • *luisterrijk; statig* • *hoogdravend*
pompier I m • *brandweerman* • *pompenfabrikant; brandspuitenfabrikant* II BNW [v: **pompière**] *hoogdravend*
pompiste m/v *pompbediende; houder van een benzinepomp*
pompon m *kwastje; pompon* ★ INF. avoir le ~ *de kroon spannen* ★ VERO. avoir son ~ *lichtelijk aangeschoten zijn*
pomponner I OV WW • *met kwastjes versieren* • *versieren; mooi maken* II WKD WW (**se** ~) *zich opdirken*
ponant m VERO. *(het) westen*
ponçage m *(het) polijsten met puimsteen*
ponce v ★ pierre ~ *puimsteen*
ponceau I m [mv: **ponceaux**] • *bruggetje* • PLANTK. *klaproos* II BNW *felrood*
poncer OV WW • *met puimsteen polijsten* • *plamuren*
ponceuse I v *polijstmachine* II BNW → **ponceux**
ponceux BNW [v: **ponceuse**] *puimsteenachtig*
poncif I m • *doorgeprikte tekening* • *banaal literair werk/schilderij* II BNW [v: **poncive**] • *doorgeprikt* ‹v. tekening› • *banaal*
ponction v • *prik; punctie* • *aderlating* ‹geld›
ponctionné BNW *benadrukt; bepaald (door kleine dingen)*
ponctionner OV WW *een punctie verrichten bij*
ponctualité v *stiptheid; nauwkeurigheid*
ponctuation v *het zetten v. leestekens* ★ signe de ~ *leesteken*
ponctué BNW *bepaald (door kleine dingen); benadrukt*
ponctuel BNW [v: **ponctuelle**] *stipt; nauwkeurig; op tijd*
ponctuer OV WW • *leestekens plaatsen* • *stippelen* • *onderstrepen* ★ ~ une phrase *leestekens in een zin plaatsen* ★ ~ un mot d'un geste *een woord met een gebaar onderstrepen*

P

pondaison v *legtijd*

pondérateur BNW [v: **pondératrice**] *het evenwicht bewarend*

pondération v • *evenwicht* • *bezadigdheid*; *evenwichtigheid*

pondéré BNW *kalm*; *evenwichtig*

pondérer OV WW *in evenwicht brengen*; *in evenwicht houden*

pondéreux BNW [**pondéreuse**] *zwaar*

pondeur I m INF. *veelschrijver* II BNW *leggend* ★ poule pondeuse *leghen*

pondeuse I v • *leghen* • *veelschrijfster* II BNW → **pondeur**

pondre OV WW • *leggen* • INF. *maken*

poney (*zeg:* -nè) m *pony* ‹paardje›

pongiste m/v *tafeltennisser*

pont m • *brug* • *scheepsdek* • *dag tussen twee feestdagen* ★ Ponts et Chaussées ≈ *Rijkswaterstaat* ★ pont aérien *luchtbrug* ★ pont de bateaux *schipbrug* ★ pont suspendu *hangbrug* ★ jeter un pont *een brug slaan* ★ pont tournant *draaibrug* ★ faire le pont *op een dag tussen twee feestdagen niet werken* ★ pont arrière/avant *achter-/vooras* ‹auto› ★ couper les ponts avec qn *het contact met iem. verbreken*

pontage m ★ ~ coronarien *bypass*

ponte I m • *speler tegen de bankier bij roulette* • INF. *invloedrijk persoon*; *hoge ome* II v • *(het) eieren leggen* • *legtijd* • *de gelegde eieren*

ponter I OV WW *v.e. dek voorzien* II ON WW *tegen de bankier spelen* ‹bij roulette›

pontier m *brugwachter*

pontife m • INF. *gewichtig doend kopstuk*; *gewichtig doend leider* • *priester* ★ souverain ~ *paus*

pontifical [m mv: **pontificaux**] I m *ceremonieboek v. pausen en bisschoppen* II BNW *bisschoppelijk*; *pauselijk*

pontificat m • *pauselijke waardigheid* • *pauselijke regering*

pontifier ON WW • *optreden als hogepriester* • *deftig doen*; *hoogdravend praten*; *gewichtig doen*

pont-levis m [mv: **ponts-levis**] *ophaalbrug*

ponton m • *schipbrug*; *ponton* • *gevangenisschip* ★ ~-grue *drijvende kraan*

pontonnier m *brugwachter*

pool (*zeg:* poel) m • *pool* • *groep*; *team*

pop I m/v *pop(muziek)* II BNW (onver.) *pop-*

pope m *Russisch priester*

popeline v *popeline*

popote INF. v • *keuken* • *restaurant* • *huishouden* • *gemeenschappelijke tafel* ★ faire la ~ *koken* ★ ~ d'officiers *officierstafel*

popotin m INF. *achterste*; *billen*

populace v *plebs*; *gepeupel*

populacier BNW [v: **populacière**] *volks*; *plat*; *ordinair*

populage m *dotterbloem*

populaire I m *(het) volk*; *(de) massa* II BNW • *algemeen bemind*; *populair* • *v.h. volk*; *geschikt voor het volk* ★ livre ~ *populair boek*

populariser OV WW • *populariseren*; *voor iedereen begrijpelijk maken* • *algemeen bemind maken*

popularité v *populariteit*; *volksgunst*

population v *bevolking*

populeux BNW [v: **populeuse**] *volkrijk*

populiste I m/v *populist* II BNW *populistisch* ★ parti ~ *volkspartij*

populo m INF. *(het) lagere volk*; *(de) massa*

porc (*zeg:* por) m • *varken*; *zwijn* • *varkensvlees* • *vuilpoes*; *zwijn* • *smeerlap* • *schrokker*

porcelaine v *porselein*

porcelainier [v: **porcelainière**] I m • *porseleinwerker* • *porseleinfabrikant* II BNW *wat porselein betreft* ★ industrie porcelainière *porseleinindustrie*

porcelet m *big*

porc-épic m [mv: **porcs-épics**] *stekelvarken*

porche m *portaal*

porcher m [v: **porchère**] *varkenshoeder*

porcherie v *varkensstal*

porcin BNW *v.d. varkens* ★ race ~e *varkensras*

pore m *porie*

poreux BNW [v: **poreuse**] *poreus*

porno BNW *porno-*

pornographe m/v *vuilschrijver*

pornographie v *vuilschrijverij*; *pornografie*

pornographique BNW *pornografisch*

porosité v *poreusheid*

porphyre m *porfier*

porphyrique BNW *porfierhoudend*; *porfierachtig*

port (*zeg:* por) m • *haven* • *rustplaats*; *toevluchtsoord* • *(het) dragen* • SCHEEPV. *tonnage* • *porto* • *houding* • *Pyreneeënpas* • COMP. *uitgangspoort* ★ port entrée *invoerpoort* ★ arriver à bon port *behouden en wel aankomen* ★ faire naufrage au port *in het zicht v.d. haven stranden* ★ franco de port *franco* ★ en port dû *ongefrankeerd* ★ en port payé *gefrankeerd*

portable I m • *gsm* • *laptop* II BNW *draagbaar*

portage m *(het) dragen*

portail (*zeg:* -taj) m *hoofdingang* ‹v. kerk›

portant I m *hengsel* ‹v. koffer› II BNW • *dragend* • *gezond* ★ tirer à bout ~ *van dichtbij schieten* ★ bien ~ *goed gezond* ★ mal ~ *ziek*

portatif BNW [v: **portative**] *draagbaar* ★ poste (de radio) ~ *portable radio*

porte v • *deur* • *poort* • *bergpas*; *bergengte* • *oog v.e. haak* ★ à la ~ de ★ aux ~s de *dichtbij* ★ ~ brisée *schuifdeur* ★ fausse ~ *loze deur* ★ ~ à glissière *schuifdeur* ★ ~ matelassée *tochtdeur* ★ mettre à la ~ *de deur uitzetten* ★ mettre la clef sous la ~ *met de noorderzon vertrekken* ★ prendre la ~ *weggaan*; *zijn biezen pakken* ★ refuser sa ~ à qn *weigeren iem. te ontvangen* ★ faire du ~ à ~ *huis aan huis verkopen* ★ journée ~s ouvertes *open dag* ★ FIG. entre deux ~s *inderhaast*

porté BNW ★ ~ sur qc *een zwak voor iets hebbend* (~ à) *geneigd tot*

porte-à-faux m (onver.) *overstek*; *overhangend gedeelte* ★ en ~ *(in) wankel (evenwicht)*

porte-aiguilles m *naaldenkoker*

porte-à-porte m (onver.) *huis-aan-huisverkoop*

porte-avions m *vliegdekschip*

porte-bagages m *bagagedrager*; *imperiaal*
porte-billets m *kleine portefeuille*
porte-bonheur m (onver.) *mascotte*
porte-clefs m • VERO. *cipier* • *sleutelring*; *sleutelhanger*
porte-conteneurs m (onver.) *containerschip*
porte-couteau m [mv: **porte-couteaux**] *messenlegger*
porte-crayon m [mv: **porte-crayons**] *potloodhouder*
porte-documents m *aktetas*; *diplomatentas*
porte-drapeau m [mv: **porte-drapeaux**] *vaandeldrager*
portée v • *afstand*; *bereik* • *betekenis*; *belang* • *draagwijdte v. geweer* • *notenbalk* • *worp*; *dracht* ⋆ à ~ de main *binnen handbereik*
porte-enseigne m VERO. (onver.) *vaandeldrager*
porte-épée m (onver.) *degenriem*
portefaix m *pakjesdrager*
porte-fenêtre m [mv: **portes-fenêtres**] *openslaande glazen deur*
portefeuille m • *portefeuille*; *brieventas* • *ministersambt* • *aandelen*; *geldswaardig papier* ⋆ société de ~ *beleggingsmaatschappij*
porte-malheur m (onver.) *ongeluksbode*
portemanteau m [mv: **portemanteaux**] • *kapstok* • *valies*
porte-mine m [mv: **porte-mine(s)**] *vulpotlood*
porte-monnaie m (onver.) *portemonnee*
porte-parapluies m *paraplubak*
porte-parole m (onver.) • *woordvoerder* • *spreekbuis*
porte-plume m [mv: **porte-plumes**] *penhouder*
porter I OV WW • *dragen* • *bij zich hebben* • *brengen* • *richten* • *opbrengen* • *verdragen* ⋆ LIT. ~ les armes *soldaat zijn* ⋆ ~ qn aux nues *iem. verheerlijken*; *iem. ophemelen* ⋆ ~ une somme d'argent *een bedrag aan geld bij zich hebben* ⋆ ~ qc au compte de qn *iem. iets in rekening brengen* ⋆ ~ à domicile *aan huis bezorgen* ⋆ ~ plainte *klagen*; *een klacht indienen* ⋆ ~ témoignage *getuigen* ⋆ LIT. ~ ses pas *zijn schreden richten* ⋆ ~ un toast *een toast uitbrengen* ⋆ ~ bien son vin *goed de wijn verdragen* ⋆ ~ secours *helpen* ⋆ être porté disparu *als vermist opgegeven worden/ zijn* ⋆ se faire ~ malade *zich ziek melden* ⋆ ~ son effort sur *zijn inspanningen richten op* • (~ **à**) *aanzetten tot* **II** ON WW • *rusten (op)*; *steunen (op)* • *(groot) bereik hebben*; *(ver) dragen* ‹v. vuurwapen› • *dragen* ‹drachtig zijn› • *stevenen*; *varen* • *betrekking hebben* • *treffen*; *raken* ⋆ ~ contre *stoten tegen* ⋆ ~ à la tête *naar het hoofd stijgen* ⋆ aussi loin que porte la vue *zo ver het oog reikt* **III** WKD WW (**se** ~) • *gedragen worden* • *zich begeven* • (**sur**) *zich richten op*; *vallen op* ‹keuze›; *slaan op* ‹virus› ⋆ se ~ bien/ mal *het goed/ slecht maken* ⋆ comment vous portez-vous? *hoe maakt u het?* ⋆ se ~ candidat *zich kandidaat stellen* ⋆ se ~ garant *garant blijven*
porte-savon m [mv: **porte-savons**] *zeepbakje*
porte-serviettes m *handdoekenrek*
porte-skis m (onver.) *skidrager*
porteur [v: **porteuse**] **I** m • *drager* • *witkiel* • *toonder* • *brenger* ⋆ chaise à ~s *draagstoel* ⋆ payable au ~ *betaalbaar aan toonder* ⋆ ~ de nouvelles *nieuwsbezorger* ⋆ ~ de données *informatiedrager* ⋆ avion gros ~ *jumbojet* **II** BNW ECON. *veelbelovend*; *met toekomstmogelijkheden* ⋆ mère porteuse *draagmoeder*
porte-vent m [mv: **porte-vent(s)**] *windpijp v.e. orgel*
porte-voix m *megafoon*; *scheepsroeper*; FIG. *spreekbuis*
portier m [v: **portière**] *portier* ⋆ ~ électronique *elektronische deuropener* ‹gebouw›
portière v • *portier* • *deurgordijn* • *deel v.e. schipbrug*
portillon m *deurtje*
portion v *deel*; *portie*
portique m • *overdekte galerij* • *portaal*; *poortje* • *schommelpalen*
porto m *portwijn*
portrait m • *karakterbeschrijving* • *portret* • INF. *gezicht* ⋆ se faire abîmer le ~ *zich in elkaar laten timmeren*
portraitiste m *portretschilder*
portrait-robot m • *montageportret* • *prototype*; *profiel*
portraiturer OV WW *het portret maken*; *portretteren*
port-salut m *Franse kaassoort*
portuaire BNW *v.e. haven*
portugais I m *(het) Portugees* **II** BNW *Portugees*
Portugais m [v: **Portugaise**] *Portugees*
portugaise v *Portugese oester*
POS AFK (Plan d'Occupation des Sols) *bestemmingsplan*
pose v • *aanstellerij* • *(het) leggen/plaatsen/ zetten*; *(het) aanbrengen* • *houding*; *pose* • FOTO. *belichting* • *het poseren* • *tijdopname* ⋆ temps de pose *belichtingstijd*
posé BNW • *rustig*; *bedaard*; *ernstig* • *vast* ‹v. stem›
posément BIJW *rustig*; *bedaard*
posemètre m *belichtingsmeter*
poser I OV WW • *leggen*; *zetten*; *plaatsen*; *aanbrengen* • *neerleggen* • *bekendheid geven*; *aanzien verschaffen* • *aannemen*; *onderstellen* ⋆ ~ une dent *een tand inzetten* ⋆ ~ une question *een vraag stellen* ⋆ ~ des rideaux *gordijnen ophangen* ⋆ ~ les armes *de wapens neerleggen* ⋆ ~ en principe *als beginsel aannemen* **II** ON WW • *zich aanstellen* • *rusten*; *steunen* • *poseren* • INF. *wachten* ⋆ faire ~ qn *iem. laten wachten* **III** WKD WW (**se** ~) • *gaan zitten* • *landen* • *gesteld worden* ‹v. vraag› • *zich richten* (**sur** *op)* ‹v. blik› • (**se** ~ **en**) *zich uitgeven voor*; *zich voordoen als*; *zich opwerpen als*
poseur m [v: **poseuse**] • *plaatser*; *aanlegger* • *aansteller*
positif I m • FOTO. *positief* • *(het) zekere* • *(het) praktische* • *kamerorgel* • *stellende trap* **II** BNW [v: **positive**] • *zeker*; *stellig* • *bevestigend*; *positief* • WISK. *positief* • NAT. *positief* • FOTO. *positief* ⋆ esprit ~ *verstandsmens* ⋆ FOTO. épreuve positive *positief*

P

position v • *ligging; plaatsing; positie* • *houding* • *betrekking* • MIL. *stelling*
positionner OV WW *positioneren*
positivement BIJW *positief; stellig; vast*
positivisme m *ervaringswijsbegeerte*
positiviste m/v *aanhanger v.h. positivisme*
posologie v MED. *dosering*
possédant I m *kapitalist* II BNW *bezittend; rijk*
possédé I m • *bezetene* ‹door duivel› • *dolleman* ★ crier comme un ~ *als een bezetene schreeuwen* II BNW *bezeten* ★ être ~ du démon *van de duivel bezeten zijn*
posséder I OV WW • *bezitten* • *beheersen; de baas zijn* • INF. *bedriegen; bedotten* II WKD WW (**se** ~) *zich beheersen* ★ il ne se possède pas de joie *hij is buiten zichzelf van vreugde*
possesseur m *bezitter*
possessif BNW [v: **possessive**] *bezittelijk* ★ pronom ~ *bezittelijk voornaamwoord*
possession v • *bezit; bezitting* • *bezetenheid* ★ entrer en ~ *in bezit komen* ★ prendre ~ de *in bezit nemen*
possibilité v *mogelijkheid*
possible I m *(het) mogelijke* ★ faire son ~ *zijn best doen* II BNW *mogelijk* ★ au ~ *uiterst; aller-* ★ avare au ~ *aartsgierig* ★ le mieux ~ *zo goed mogelijk* ★ le moins de fautes ~ *zo weinig mogelijk fouten*
post- VOORV *post-; na-*
postal BNW [m mv: **postaux**] *post-* ★ carte ~e *briefkaart* ★ carte ~e illustrée *prentbriefkaart* ★ colis ~ *postpakket*
postchèque m *girobetaalkaart*
postdater OV WW *een latere dagtekening vermelden dan de ware*
poste I m • *betrekking; post* • *radiostation* • *toestel* • *post v.e. soldaat* • *wachthuis* • *op post staande soldaat* ★ ~ de police *politiepost* ★ relever un ~ *een post aflossen* ★ ~ à clavier *druktoetsfelefoon* II v • *postkantoor* • *brievenpost* ★ jeter une lettre à la ~ *een brief op de post doen*
poster (*zeg:* (zn) -èr) I m *poster* II OV WW • *uitzetten; opstellen* • *op de post doen* ★ travail posté *werk in ploegendienst*
postérieur I m INF. *achterste* II BNW • *later* • *achterste*
postériorité v *(het) later zijn*
postérité v *nageslacht*
postface v *nabericht*
posthume BNW • *geboren na de dood v.d. vader* • *uitgegeven na de dood v.d. schrijver; nagelaten; postuum*
postiche I m *haarstukje; toupet* II BNW • *vals; nagemaakt; voorgewend* • *bijgevoegd* ★ douleur ~ *voorgewende pijn*
postier m *postbeambte*
postillon m *postiljon* ★ ~ d'amour *overbrenger v. liefdesbrieven* ★ INF. envoyer des ~s *vochtig spreken*
postillonner ON WW *met consumptie spreken*
postlude m *naspel*
postmoderne BNW *postmodern*
postopératoire BNW *na de operatie*
post-scriptum (*zeg:* -tom) m *postscriptum; naschrift; PS*
postsynchronisation v *nasynchronisatie*
postsynchroniser OV WW *nasynchroniseren*
postulant m [v: **postulante**] • *sollicitant* • *iem. die in een klooster wil treden*
postulat m *stelling die men zonder bewijs aanneemt*
postuler OV WW *solliciteren naar*
posture v • *houding* • *toestand* • *positie*
pot (*zeg:* poo) m • *pot; kan; po* • *vleespot* • *kan* ‹oude maat› • *papierformaat* ‹40 bij 31 cm› • INF. *mazzel* ★ pot d'échappement *knalpot* ★ INF. payer les pots cassés *de schade betalen; het gelag betalen* ★ pot à fleurs *bloempot* ★ à la fortune du pot *wat de pot schaft* ★ découvrir le pot aux roses *het geheim ontdekken* ★ tourner autour du pot *eromheen draaien* ★ manque de pot! *pech (gehad)*
potable BNW • *drinkbaar* • *vloeibaar* • *middelmatig* • *acceptabel* ★ eau ~ *drinkwater* ★ or ~ *vloeibaar goud*
potache m INF. *leerling v.e. middelbare school*
potage m *soep*
potager I m • *moestuin* • *keukenfornuis* II BNW [v: **potagère**] *eetbaar* ★ jardin ~ *moestuin* ★ plantes potagères *groenten*
potasse v *potas*
potasser OV WW INF. *erin stampen*
potassium m *kalium*
pot-au-feu I m (onver.) • *stoofpot van rundvlees met diverse groenten* • *stoofvlees* • *stoofpot* II BNW INF. *huiselijk*
pot-de-vin m [mv: **pots-de-vin**] *steekpenning*
pote m INF. *vriend; maatje*
poteau m [mv: **poteaux**] • *paal* • *eindpunt; vertrekpunt* ‹paardensport› ★ ~ indicateur *wegwijzer* ★ ~ télégraphique *telegraafpaal* ★ se faire battre sur le ~ *op de streep geklopt worden*
potée v • *potvol; kanvol* • *stoofschotel*
potelé BNW *mollig*
potence v • *galg* • *kruk* ★ gibier de ~ *galgenaas*
potentat m • *absoluut vorst v.e. grote staat* • *despoot; heerser;* FIG. *potentaat*
potentialité v *mogelijkheid*
potentiel I m • TECHN. *potentieel* • TAALK. *voorwaardelijke wijs* • *elektrische spanning; potentiaal* II BNW [v: **potentielle**] *potentieel; mogelijk*
poterie v • *aardewerk* • *pottenbakkerij* • *pottenbakkerskunst* • *metalen vaatwerk*
poterne v *sluippoort*
potiche v • *grote vaas van versierd porselein* ‹Verre Oosten› • INF. *randfiguur*
potier m [v: **potière**] • *pottenbakker* • *verkoper van aardewerk*
potin INF. m • *lawaai; herrie* • *kletspraatje*
potiner ON WW • *kletsen* • *kwaadspreken*
potion v *drankje*
potiron m *pompoen*
pot-pourri m *potpourri*
potron-minet m ★ dès ~ *bij het krieken van de dag*
pou m [mv: **poux**] *luis* ★ chercher des poux à qn *op iem. vitten*
pouah TW *bah!*
poubelle v *vuilnisemmer; vuilnisbak*

P

pouce I m • *duim* • *grote teen* • *duim* ‹maat› • *klein beetje*; *klein stukje* ★ manger sur le ~ *uit het vuistje eten* ★ mettre les ~s *zich gewonnen geven* II TW *stop!*
poucet m *duimpje* ★ Le Petit Poucet *Klein Duimpje*
poudre v • *stof* • *poeder* • *buskruit* ★ jeter de la ~ aux yeux *zand in de ogen strooien* ★ ~ de perlimpinpin *kwakzalversmiddel* ★ tabac en ~ *snuif* ★ ne pas avoir inventé la ~ *het buskruit niet uitgevonden hebben*
poudrer OV WW *bepoederen*
poudrerie v *kruitfabriek*
poudreuse I v • *verstuiver* • *suikerstrooier* • *kaptafel* II BNW → **poudreux**
poudreux BNW [v: **poudreuse**] *stoffig*
poudrier m *poederdoos*
poudrière v • *kruitmagazijn* • OOK FIG. *kruitvat*
poudroiement m *(het) stuiven* ‹v. weg›
poudroyer I OV WW *met stof bedekken* II ON WW *stuiven*; *bedekt zijn met stof*
pouf I m *poef* II TW *plof!*; *boem!*
pouffer ON WW ★ ~ de rire *stikken v.h. lachen*
pouillerie v • INF. *grote armoede* • *gierigheid* • *smeerboel*
pouilleux [v: **pouilleuse**] I m *arme drommel* II BNW • *vol luizen* • *onvruchtbaar*; *kaal* • *smerig* ★ la Champagne pouilleuse *het dorre deel van Champagne*
poulailler m • *kippenhok* • *poelier* • *engelenbak*
poulain m • *veulen* • *iem. die onder leiding staat v.e. trainer*; *beginneling*
poulaine v *voorsteven* ★ souliers à la ~ *schoenen met omhoogstaande spitse punten*
poularde v *gemeste jonge kip*
poule v • *kip*; *wijfje* ‹v. sommige vogels› • *wedstrijd*; *spel*; *poule*; *groep* • *inzet v.e. speler* • *pot bij spel* • INF. *vrouw v. lichte zeden*; *snol*; *deerntje*; *liefje* ★ ~ d'eau *waterhoentje* ★ ~ faisane *wijfjesfazant* ★ ~ d'Inde *kalkoense hen* ★ avoir la chair de ~ *kippenvel hebben* ★ ~ mouillée *besluiteloos persoon*; *bangerd* ★ tuer la ~ aux œufs d'or *de kip met de gouden eieren slachten*

P

poulet m • *kip* ‹als gerecht› • *kuiken* • INF. *politieagent*
poulette v • VERO. *jonge hen* • INF. *liefje*; *schatje*
pouliche v *merrieveulen*
poulie v • *katrol* • *schijf*
pouliner ON WW *werpen* ‹v. paarden›
poulinière BNW ★ jument ~ *fokmerrie*
poulpe m *inktvis*
pouls (*zeg:* poe) m *pols(slag)* ★ ~ rapide *snelle pols* ★ prendre le ~ *de polsslag opmeten* ★ tâter le ~ à qn *iem. de pols voelen*
poumon m *long* ★ à pleins ~s *uit volle borst* ★ ~ d'acier *ijzeren long*
poupard I m • *bakerkind* • VERO. *bakerpop* II BNW *dik en rond*; *met bolle wangen*
poupe v *achtersteven* ★ avoir le vent en ~ *de wind in de zeilen hebben*
poupée v • *pop* • *kostuumpop* • INF. *verband om een vinger*
poupin BNW *popperig*
poupon m • *baby* • *mollig kind*
pouponner OV WW *vertroetelen*
pouponnière v • *zuigelingenafdeling* • *looprek*
pour I m ★ le pour et le contre *het voor en het tegen* II VZ • *voor* • *bestemd voor* • *in plaats van* • *naar* • *ter wille van*; *uit liefde voor* • *om te*; *ten einde te* • *als*; *voor* • *voor de tijd van* • *om*; *wegens* • *tegen de prijs van* • *tegen* • *wat betreft* • *al*; *hoewel*; *ofschoon* ★ partir pour Paris *naar Parijs vertrekken* ★ pour l'amour de Dieu *in godsnaam* ★ il faut manger pour vivre *men moet eten om te leven* ★ avoir pour effet *als gevolg hebben* ★ pour un an *voor een jaar* ★ pour cinq francs *voor vijf francs* ★ remède pour la fièvre *medicijn tegen de koorts* ★ pour moi je ne partirai pas *wat mij betreft ga ik niet weg* ★ pour être riche il n'en est pas moins malheureux *hoewel hij rijk is, is hij er niet minder ongelukkig door* ★ pour lors *toen* III VW ★ pour que [+ subj.] *opdat* ★ pour peu que *hoe weinig ook*; *zo ... al*; *als maar* ★ pour pas que *om te voorkomen dat*
pourboire m *fooi*; *drinkgeld*
pourceau m [mv: **pourceaux**] *varken*; *zwijn*
pourcentage m *percentage*
pourchasser OV WW *najagen*
pourfendeur m VERO. *geweldpleger*
pourfendre OV WW *te lijf gaan*
pourlécher I OV WW INF. *aflikken* II WKD WW (**se** ~) *likkebaarden*
pourparlers m mv *onderhandelingen*
pourpier m *postelein*
pourpoint m *wambuis*
pourpre I m • *purperkleur* • *netelroos* II v • *purperverf* • *purperen stof* • *purperen kleed*; *purperen mantel* • LIT. *bloed* III BNW *purperrood*; *donkerrood* ★ ~ de colère *rood aangelopen van woede*
pourpré BNW *purperkleurig*
pourquoi I m *(het) waarom*; *vraag* II BIJW *waarom* III VW *waarom* ★ c'est ~ *daarom*
pourrai WW (futur) → **pouvoir**
pourri I m ★ sentir le ~ *bedorven ruiken* II BNW *verrot* ★ temps ~ *vochtig ongezond weer*
pourrir I OV WW • *doen verrotten* • *verwennen* ‹v. kind› • *te gronde richten* ‹met geld› II ON WW • *verrotten*; *vergaan*; *bederven* • *verslechteren* ★ laisser ~ une grève *een staking laten doodbloeden*
pourrissement m • *bederf* • *snelle achteruitgang*
pourriture v *verrotting*
poursuite v • *vervolging* • *achtervolging* • *(het) voortzetten* • FIG. *(het) najagen*
poursuivant m • *aanklager*; *vervolger* • *dinger*; *sollicitant*
poursuivre OV WW • *achtervolgen* • *vervolgen* • *dingen naar*; *najagen* • *voortzetten* ★ poursuivez! *gaat u verder!*
pourtant BIJW *toch*; *evenwel*; *echter*
pourtour m • *omtrek* • *rand*
pourvoi m *beroep*
pourvoir I OV WW • *voorzien* • *uithuwelijken*; *v.e. betrekking voorzien* II ON WW (~ **à**) *voorzien in* III WKD WW (**se** ~) *zich voorzien (van)* ★ se ~ en cassation *in hoger beroep gaan*
pourvoyeur m [v: **pourvoyeuse**] *leverancier*

pourvu que VW / + subj. / *mits*
poussa m [**poussah**] • *duikelaartje* • *dikzak*
pousse v • *het uitkomen; de groei* • *loot* • *wijnziekte die de wijn troebel maakt*
poussé BNW • *grondig* • TECHN. *opgevoerd* ★ plaisanterie trop ~e *te ver doorgevoerde grap*
pousse-café m INF. (onver.) *glaasje likeur of cognac na de koffie*
poussée v • *duw; stoot* • *aanval* • *drang* ★ ~ de fièvre *koortsaanval* ★ ~ démographique *bevolkingsexplosie* ★ POL. ~ vers la gauche *ruk naar links*
pousse-pousse m (onver.) *riksja*
pousser I OV WW • *(voort)duwen; drukken; stoten* • *aandrijven; aanzetten* • *doorzetten; voortzetten* • *toebrengen* • *slaken; uitstoten* • *schieten* ‹v. loten› • *opdrijven* ‹bij verkopingen› • *voorthelpen; pousseren* • *zeggen* • INF. *zingen* • INF. *opzij leggen; opzij zetten; overdrijven* ★ ~ à bout *tot het uiterste drijven* ★ ~ trop loin *te ver drijven* ★ ~ le feu *het vuur opporren* ★ ~ un cri *een gil geven* ★ ~ un écolier *een scholier voorthelpen* ★ ~ une chanson *een liedje zingen* II ON WW • *groeien* • *duwen; stoten* • *voorwaarts gaan; doorgaan; doorrijden* ★ ~ à la roue *meehelpen* ★ à la va-comme-je-te-pousse *lukraak* ★ INF. faut pas ~ *je moet ook niet overdrijven* III WKD WW (**se** ~) • *elkaar duwen; elkaar stoten* • *opzij gaan* • *vooruit trachten te komen; zich vooruitwerken* ★ pousse-toi *ga eens opzij* ★ se ~ dans le monde *zich vooruitwerken*
poussette v • *kinderwagen* • *(het) duwen* ‹v. wielrenner› • *(het) langzaam in een file rijden* • *winkelwagentje*
poussier m *kolengruis; afval*
poussière v *stof* ★ mordre la ~ *in het zand bijten* ★ réduire en ~ *vernietigen* ★ mille francs et des ~s *duizend frank en nog wat*
poussiéreux BNW [v: **poussiéreuse**] *stoffig*
poussif BNW [v: **poussive**] *kortademig; dampig*
poussin m • *kuiken* • *kindje*
poussoir m *knop; drukknop*
poutre v • *balk* • SPORT *evenwichtsbalk*
poutrelle v *balkje*
pouvoir I m • *macht* • *volmacht* • *invloed* • *vermogen* ★ ~ d'achat *koopkracht* II OV WW • *kunnen* • *mogen* ★ je n'y peux rien *ik kan er niets aan doen* ★ je n'en puis mais *het is mijn schuld niet* ★ je n'en peux plus *ik kan niet meer* ★ puis-je entrer? *mag ik binnenkomen?* ★ puisse-t-il réussir! *moge hij slagen!* ★ elle est on ne peut plus aimable *ze is alleraardigst* III WKD WW (**se** ~) *mogelijk zijn* ★ il se peut que *het is mogelijk dat*
Pr AFK (professeur) *prof*
pragmatique BNW *pragmatiek; pragmatisch*
pragmatisme m *pragmatisme*
prairial m *negende maand v.h. republikeinse jaar* ‹20 mei tot 18 juni›
prairie v *wei(de)*
praline v *suikeramandel*
praliner OV WW *bakken in suiker*
praticable I m *praktikabel; reëel decorstuk* ‹toneel› II BNW • *uitvoerbaar; bruikbaar* • *begaanbaar*
praticien m [v: **praticienne**] *praktiserend geneesheer; praktiserend advocaat*
pratiquant I m *iem. die zijn godsdienstige plichten vervult* II BNW *zijn godsdienstige plichten vervullend; meelevend*
pratique I v • *praktijk; manier v. doen* • *(het) omgaan met* • *rechtspraktijk* • *klant; klandizie* • *gebruik; gewoonte* ★ mettre en ~ *in praktijk brengen; toepassen* ★ vieille ~ *oud gebruik* II BNW *praktisch*
pratiquer I OV WW • *uitoefenen; beoefenen; praktiseren* • *aanleggen; maken; uitvoeren* • *omgaan met; verkeren* ‹in gezelschap› • *toepassen* II ON WW *zijn godsdienstplichten vervullen*
pré m *kleine weide*
préadolescent m *kind in de prepuberteit* ‹10-13 j›
préalable I m *vooroordeel* II BNW *voorafgaand* ★ au ~ *vooraf; eerst*
préambule m • *inleiding* • FIG. *voorbode*
préau m [mv: **préaux**] • *overdekte speelplaats* • *binnenplaats v. klooster; binnenplaats v. gevangenis*
préavis m • *preadvies* • *opzegging*
prébende v *prebende*
précaire BNW *onzeker; onbestendig*
précarité v *onzekerheid; onbestendigheid*
précaution v *voorzorg; voorzorgsmaatregel*
précautionneux BNW [v: **précautionneuse**] *voorzichtig*
précédemment BIJW *van tevoren; al eerder*
précédent I m • *precedent* • *voorafgaand geval* ★ sans ~ *ongekend; zonder voorbeeld* II BNW *voorafgaand*
précéder OV WW • *voorafgaan* ‹tijd› • *vooruitgaan; lopen vóór* ‹plaats› ★ il m'a précédé de dix minutes *hij was er tien minuten eerder dan ik*
précepte m • *voorschrift* • *les*
précepteur m [v: **préceptrice**] • *opvoeder* • *gouverneur; gouvernante* • VERO. *huisleraar*
prêche m • *protestantse preek* • *protestantse Kerk* • *protestantse godsdienst*
prêcher I OV WW • *prediken; verkondigen* • *aanbevelen* II ON WW *preken* ★ ~ d'exemple *een goed voorbeeld geven*
prêcheur m [v: **prêcheuse**] *iem. die graag vermaningen geeft* ★ frère ~ *dominicaan*
prêchi-prêcha m INF. *geklets vanaf de kansel*
précieuse v • LIT./GESCH. *precieuse; elegante, beschaafde vrouw* • *aanstelster*
précieusement BIJW *zorgvuldig*
précieux BNW [v: **précieuse**] • *kostbaar* • *belangrijk* • *aanstellerig; gezocht* ★ pierre précieuse *edelsteen*
préciosité v *aanstellerigheid; gemaaktheid*
précipice m • *afgrond* • *ondergang*
précipitamment BIJW *haastig; in allerijl*
précipitation v • *overhaasting* • CHEM. *neerslag* ★ les ~s *de neerslag* ‹regen, sneeuw›
précipité I m *neerslag* II BNW • *haastig* • *overhaast* ‹v. vertrek, beslissing›
précipiter I OV WW • *verhaasten; overhaasten* • *versnellen* • *werpen; neerwerpen; neerslaan*

P

• CHEM. *neerslaan* **II** WKD WW (**se ~**) • *zich werpen; zich storten* • *voortsnellen* • CHEM. *neerslaan* ⋆ se ~ à la porte *naar de deur snellen* ⋆ se ~ dans le vide *zich omlaag storten*
précis (*zeg:* -sie) **I** m *beknopt overzicht* **II** BNW • *nauwkeurig; juist; precies* • *beknopt* ⋆ à huit heures ~es *precies om acht uur* ⋆ style ~ *beknopte stijl*
précisément BIJW *nauwkeurig; juist; precies* ⋆ pas ~ *niet bepaald*
préciser OV WW *nauwkeurig aangeven; nauwkeurig beschrijven; preciseren*
précision V *nauwkeurigheid; juistheid; precisie* ⋆ instrument de ~ *precisie-instrument; zeer gevoelig, precies aangevend instrument*
précité BNW *voornoemd*
précoce BNW • *voortijdig; vroeg; vroeg ontwikkeld; vroeg invallend* ‹v. winter› • *vroegrijp* ⋆ enfant ~ *vroeg ontwikkeld kind*
précocité V • *vroegrijpheid* • *voortijdigheid; vroege ontwikkeling*
précompter OV WW *vooruit aftrekken*
préconçu BNW *vooropgezet* ⋆ idée ~e *vooroordeel*
préconiser OV WW • *bevoegd verklaren v.e. bisschop* • *aanprijzen*
précurseur I m *voorloper; voorbode* **II** BNW ⋆ signe ~ *voorteken*
prédateur m *roofdier*
prédécesseur m *voorganger*
prédestination V *voorbeschikking*
prédestiner OV WW *voorbeschikken; uitverkiezen; bestemmen; predestineren*
prédéterminer OV WW *vooruit bepalen*
prédicant m *dominee*
prédicat m *gezegde; predikaat*
prédicateur m [v: **prédicatrice**] *predikant*
prédication V *prediking; predikatie*
prédiction V *voorspelling*
prédilection V *voorliefde; voorkeur* ⋆ de ~ *lievelings-; voorkeurs-*
prédire OV WW *voorspellen*
prédisposé BNW (~ **à**) *ontvankelijk voor; met aanleg voor*
prédisposer OV WW • *beïnvloeden* • (**à**) *vatbaar maken voor*
prédisposition V *vatbaarheid; aanleg*
prédominance V *overheersing; overwicht*
prédominer OV WW *overheersen; de overhand hebben*
préélectoral BNW [m mv: **préélectoraux**] *van voor de verkiezing(en)*
préemballé BNW *voorverpakt*
prééminence V • *voorrang* • *superioriteit*
prééminent BNW *voornaam(st)*
préemption V *voorkoop* ⋆ droit de ~ *voorkeursrecht*
préétablir OV WW *van tevoren vaststellen*
préexistence V *voorbestaan*
préexister ON WW *van tevoren bestaan*
préfabrication V *prefabricatie; montagebouw*
préfabriqué BNW *geprefabriceerd; prefab* ⋆ maison ~e *huis waarvan de verschillende onderdelen vóór de bouw zijn klaargemaakt*
préface V • *voorbericht; voorwoord* • REL. *prefatie*

P

préfacer OV WW ⋆ ~ un livre *een voorwoord schrijven in een boek*
préfacier m *schrijver* ‹v.e. voorwoord›
préfectoral BNW [m mv: **préfectoraux**] *prefect-*
préfecture V • *stad waar een prefect zetelt* • *gebied waarover een prefect gesteld is* • *waardigheid v. prefect* ⋆ ~ de police *hoofdcommissariaat v. politie*
préférable BNW *verkieslijk*
préféré BNW *geliefkoosd; lievelings-*
préférence V *voorkeur* ⋆ de ~ *bij voorkeur*
préférentiel BNW [v: **préférentielle**] *wat voorkeur betreft* ⋆ tarif ~ *voorkeurstarief*
préférer OV WW (**à**) *verkiezen; de voorkeur geven aan* ⋆ ik heb dit liever dan dat ⋆ il préfère rester *hij blijft liever* ⋆ je préfère ceci à cela
préfet m *prefect* ‹hoofd v. departement› ⋆ ~ de police *hoofdcommissaris v. politie*
préfiguration V *aankondiging; voorproefje*
préfigurer OV WW • *voorafbeelden* • *doen vermoeden*
préfinancement m *voorfinanciering*
préfixe m *voorvoegsel; prefix*
préhenseur BNW *grijp-* ⋆ organe ~ *grijporgaan*
préhensile BNW *grijpend* ⋆ une queue ~ *een grijpstaart*
préhension V *(het) grijpen*
préhistoire V *voorhistorische tijd; prehistorie*
préhistorique BNW *voorhistorisch; prehistorisch*
préjudice m *schade; nadeel; benadeling* ⋆ au ~ de *ten nadele van* ⋆ sans ~ de *onverminderd; behoudens*
préjudiciable BNW *schadelijk; nadelig*
préjugé m • *vooroordeel* • *vroeger vonnis in een overeenkomstige zaak*
préjuger OV WW • *van tevoren beoordelen zonder grondig onderzoek* • *voorlopig vonnissen*
prélasser WKD WW (**se ~**) • *z'n gemak ervan nemen; een gewichtige houding aannemen* • *het er even van nemen* ⋆ se ~ au soleil *lekker in de zon liggen*
prélat m *prelaat*
prélature V • *waardigheid v. prelaat* • *kerkelijk gebied v.e. prelaat*
prélavage m *voorwas*
prêle V [**prèle**] PLANTK. *paardenstaart*
prélèvement m • *(het) afhouden/inhouden; heffing* • *afboeking* • *monster* ‹om onderzocht te worden› ⋆ ~ automatique *automatische afschrijving* ⋆ faire un ~ de sang *bloed afnemen*
prélever OV WW • *afhouden; heffen; afboeken; opnemen* ‹v. geld› • *nemen van monsters*
préliminaire I m mv *inleidende besprekingen/ onderhandelingen* **II** BNW *inleidend; voorafgaand*
prélude m • *voorbode* • *inleiding; voorspel*
préluder ON WW *een voorspel spelen*
prématuré BNW *te vroeg; vroegtijdig; voorbarig; prematuur*
prématurément BIJW *te vroeg; vroegtijdig; voorbarig* ⋆ mourir ~ *vóór zijn tijd sterven*
préméditation V • *opzet; voorbedachten rade*

• *het van tevoren overdenken*
prémédité BNW *vooropgezet* ★ meurtre ~ *moord met voorbedachten rade*
préméditer OV WW *vooraf overdenken; beramen*
prémices V MV • *begin* • *eerstelingen* • *eerste werken v.e. kunstenaar*
premier [V: **première**] **I** M *(de/het) eerste* ★ au ~ *op de eerste (verdieping)* ★ les trois ~s *de eerste drie* ★ arriver le ~ *als eerste aankomen* ★ jeune ~ *jeune premier;* TON. *jonge held* **II** BNW *eerste; beste* ★ matières premières *grondstoffen* ★ nombre ~ *ondeelbaar getal* **III** TELW *eerste*
première I V • *première* • *zesde jaar v.h. middelbaar onderwijs* ‹in Frankrijk› • *eerste klas* ‹in trein› • *eerste versnelling* **II** BNW → **premier**
premièrement BIJW *ten eerste; in de eerste plaats*
premier-né M [V: **première-née**] *eerstgeborene*
prémilitaire BNW ★ instruction ~ *militaire vooropleiding*
prémisse V *premisse; uitgangspunt*
prémolaire V *voorkies; valse kies*
prémonition V *voorgevoel*
prémonitoire BNW *waarschuwend* ★ symptôme ~ *voorteken*
prémunir I OV WW *beveiligen* **II** WKD WW (**se** ~) *zich beveiligen; zich beschermen*
prenable BNW • *inneembaar* • *omkoopbaar*
prenant BNW • *nemend; ontvangend* • *grijpend* • *boeiend*
prénatal BNW [M MV: **prénatals**] *vóór de geboorte; prenataal*
prendre I OV WW • *betrappen; vangen* • *inslaan* ‹v. weg› • *krijgen; oplopen* • *innemen; gebruiken; eten; drinken* • *aannemen; pakken; aanpakken; grijpen; nemen* • *stelen* • *aanvallen* • *innemen; veroveren* • *afhalen* ★ je vous y prends! *daar betrap ik je!* ★ ~ sur le fait *op heterdaad betrappen* ★ ~ en faute *betrappen* ★ ~ froid *kou vatten* ★ ~ un rhume *een verkoudheid oplopen* ★ ~ le voile *non worden* ★ ~ de l'âge *oud worden* ★ ~ à cœur *ter harte nemen* ★ c'est à ~ ou à laisser *graag of niet* ★ ~ à témoin *tot getuige nemen* ★ ~ congé *afscheid nemen* ★ ~ le deuil *de rouw aannemen* ★ ~ les devants *vooruitlopen* ★ ~ femme *trouwen* ★ ~ feu *vlam vatten* ★ ~ la fuite *vluchten* ★ ~ en grippe *een hekel krijgen* ★ ~ le large *het ruime sop kiezen* ★ le ~ haut *een hoge toon aanslaan* ★ ~ mal *kwalijk nemen* ★ ~ la mer *zich inschepen; zee kiezen* ★ ~ qn. au mot *iem. aan zijn woord houden* ★ ~ la mouche *opstuiven* ★ ~ son parti *berusten; zich schikken* ★ ~ en pitié *medelijden krijgen* ★ ~ son vol *opstijgen; opvliegen* ★ à tout ~ *alles welbeschouwd* ★ cela prend 2 heures *dat kost 2 uur* ★ ~ mille francs *duizend francs berekenen* ★ COMP. ~ en charge *ondersteunen* • (~ **pour**) *aanzien voor; houden voor* **II** ON WW • *wortelen* • *vlam vatten* • *bevriezen; stollen; dik worden* • *slagen; succes hebben* • *overkomen* • *bekomen* • *prikkelen; bijten; aantasten* • *indruk maken; inslaan; vat hebben* • *afslaan* ★ le feu prit à la maison *het huis is in brand gevlogen* ★ un livre qui n'a pas pris *een boek dat niet is aangeslagen* ★ il lui en prendra mal *het zal hem slecht bekomen* ★ qu'est-ce qui vous prend? *wat heb je?; wat scheelt je?* ★ ~ au nez *de neus prikkelen* ★ ~ à la gorge *op de keel slaan* ★ ~ à travers champs *dwars door de velden gaan* **III** WKD WW (**se** ~) • *elkaar nemen* • *beklemd raken* • *zich vastklampen* • *bevriezen; stollen; dik worden* • *gevangen worden* ★ se ~ aux cheveux *elkaar in de haren vliegen* ★ se ~ à un clou *aan een spijker blijven haken* ★ s'y ~ bien/mal *het goed/slecht aanleggen* ★ comment vous y êtes-vous pris? *hoe hebt u dat aangelegd?* ★ s'en ~ à qn *iem. iets verwijten* ★ se ~ à *beginnen te* ★ se ~ pour *zich houden voor* ★ se laisser ~ au piège *in de val lopen* ★ se ~ d'amitié pour qn *vriendschap voor iem. opvatten* ★ se ~ de vin *beneveld raken*
preneur [V: **preneuse**] **I** M • *nemer* • *koper* • *gebruiker* • *huurder* ★ ~ de son *geluidstechnicus* **II** BNW *nemend; vangend*
prenne WW (présent subj.) → **prendre**
prennent WW (présent (subj.)) → **prendre**
prennes WW (présent subj.) → **prendre**
prénom M *voornaam*
prénommé BNW *voornoemd*
prénommer OV WW *een voornaam geven*
prénuptial BNW [M MV: **prénuptiaux**] *vóór het huwelijk*
préoccupant BNW *zorgwekkend*
préoccupation V • *bezorgdheid* • *vooringenomenheid*
préoccuper OV WW *bezorgd maken*
préparateur M [V: **préparatrice**] • *opleider; repetitor* • *amanuensis*
préparatifs M MV *toebereidselen; voorbereidende maatregelen*
préparation V • *voorbereiding* • *opleiding* • *(toe)bereiding* • *preparaat*
préparatoire BNW *voorbereidend*
préparer I OV WW • *voorbereiden; opleiden* • *gereedmaken* • *bereiden; prepareren* ★ plat préparé *kant-en-klaar gerecht* ★ ~ un examen *studeren voor een examen* **II** WKD WW (**se** ~) • *zich voorbereiden (**à** op)* • *zich gereed maken* **pour** *voor* • *komen opzetten* ‹v. onweer›
prépension V BELG. *brugpensioen*
prépondérance V *overwicht*
préponderant BNW • *overwegend* • *beslissend*
prépondérant BNW *overwegend; beslissend* ★ la classe ~e *de heersende klasse* ★ voix ~e *beslissende stem*
préposé I M *beambte* ★ le ~ au guichet *de loketbeambte* **II** BNW (~ **à**) *belast met*
préposer OV WW *aanstellen*
préposition V *voorzetsel; prepositie*
prépositionnel BNW [V: **prépositionnelle**] *van het voorzetsel*
prépuce M *voorhuid*
préretraite V *vervroegde uittreding; VUT*
préretraité M *vutter*
prérogative V *voorrecht; prerogatief*
préromantisme M *periode die de romantiek*

P

inleidt
près I BIJW *dichtbij* ⋆ à beaucoup près *op geen stukken na* ⋆ à cela près *dat uitgezonderd* ⋆ à peu près *ongeveer* ⋆ de près *van nabij* ⋆ rasé de près *gladgeschoren* ⋆ il n'y regarde pas de si près *hij kijkt zo nauw niet* II VZ • *bij* • *bijna; ongeveer* • *op het punt te* ⋆ JUR. ambassadeur près la cour *gezant bij het hof* ⋆ près de 100 francs *rond de 100 francs* ⋆ il est près de partir *hij staat op het punt te vertrekken* • (~ **de**) *bij; dicht bij*
présage (*zeg:* -zaazj) m • *voorspelling* • *voorteken*
présager (*zeg:* -zaazjee) OV WW *voorspellen*
présalaire m *studieloon*
pré-salé m [mv: **prés-salés**] *kwelderland*
presbyte I m/v *iemand die verziend is* II BNW *verziend*
présbytère m *pastorie*
presbytie (*zeg:* -sie) v *verziendheid*
prescience v *voorkennis*
préscolaire BNW *betreffende de tijd vóór men verplicht naar school moet*
prescription v • *voorschrift* • *recept* • JUR. *verjaring; prescriptie*
prescrire I OV WW • *voorschrijven* • *laten verjaren* II WKD WW (**se** ~) *verjaren*
prescrit BNW *voorgeschreven*
préséance v *voorrang* ⋆ par ordre de ~ *naar (in volgorde van) belangrijkheid*
présélection v *keuze van tevoren; voorselectie*
présélectionner OV WW • *in de eerste selectie plaatsen* • *voorprogrammeren*
présence v *tegenwoordigheid; aanwezigheid; presentie* ⋆ faire acte de ~ *tegenwoordig zijn; zich laten zien* ⋆ en ~ de *in tegenwoordigheid van; met het oog op*
présent I m • *cadeau; geschenk; gave* • *(het) tegenwoordige* • *tegenwoordige tijd* ⋆ à ~ *tegenwoordig* ⋆ LIT. faire ~ de *schenken* II BNW • *tegenwoordig* • *aanwezig* ⋆ par la ~e *bij deze*

P

présentable BNW *toonbaar*
présentateur m [v: **présentatrice**] *presentator; aanbieder; voorsteller*
présentation v • *aanbieding* • *verzorging; aankleding* • *voorstelling; presentatie* • *voordracht* ⋆ sur ~ de *op vertoon van*
présentement BIJW VERO. *tegenwoordig*
présenter I OV WW • *aanbieden* • *voorstellen; presenteren* • *voordragen* ⋆ ~ les armes *het geweer presenteren* ⋆ ~ des difficultés *moeilijkheden opleveren* II ON WW ⋆ ~ bien *een goede indruk maken* III WKD WW (**se** ~) • *zich voorstellen* (**à** *aan, bij*) • *zich voordoen* • *zich vertonen; verschijnen* • *zich (aan)melden* • *zich laten aanzien* ⋆ une difficulté se présente *er doet zich een probleem voor* ⋆ tu ne peux pas te ~ comme ça *zo kun je je niet vertonen* ⋆ cette affaire se présente bien *die zaak laat zich gunstig aanzien*
présentoir m *display; toonbankdoos*
présérie v *serie van proefmodellen*
préservatif m *condoom; voorbehoedmiddel*
préservation v *bescherming; beveiliging*
préserver OV WW (~ **de**) *behoeden voor; beschermen tegen*
présidence v *voorzitterschap; presidentschap*
président m *voorzitter; president* ⋆ GESCH. ~ du Conseil *minister-president*
présidente v • *voorzitster* • *vrouw v.e. president*
présidentiable BNW *geschikt voor het presidentschap*
présidentiel BNW [v: **présidentielle**] *v.d. president; v.d. voorzitter; presidentieel*
présider I OV WW *presideren; voorzitten* II ON WW • *leiden; regelen* • (~ **à**) *leiding hebben bij*
présignalisation v ⋆ triangle de ~ *gevarendriehoek*
présomptif BNW [v: **présomptive**] *vermoedelijk*
présomption v • *vermoeden* • *eigenwaan; verwaandheid*
présomptueux BNW [v: **présomptueuse**] *verwaand*
présonorisation v *playback*
presque BIJW *bijna*
presqu'île v *schiereiland*
pressage m *het persen*
pressant BNW • *aandringend* • *dringend*
presse v • *pers* ‹drukpers, wijnpers› • *de kranten; de pers* • *gedrang* • *aandrang* • INF. *haast* ⋆ ~ à copier *kopieerpers* ⋆ sous ~ *ter perse*
pressé BNW • *haastig; gehaast* • *uitgeperst* • *dringend* • *in het nauw gedreven; gekweld* ⋆ aller au plus ~ *het dringendste het eerst afhandelen* ⋆ ~ de faim et de soif *door honger en dorst gekweld*
presse-bouton BNW (onver.) *(vol)automatisch*
presse-citron m (onver.) *citroenpers*
presse-fruits m (onver.) *vruchtenpers*
pressentiment (*zeg:* pree-) m *voorgevoel*
pressentir (*zeg:* pree-) OV WW • *een voorgevoel hebben van* • *polsen*
presse-papiers m (onver.) *presse-papier*
presse-purée m (onver.) *aardappelstamper*
presser I OV WW • *drukken; uitdrukken; persen; uitpersen* • *bestoken; op de hielen zitten* • *verhaasten; bespoedigen* II ON WW *dringen; haast hebben* ⋆ rien ne presse *er is geen haast bij* ⋆ allons, pressons! *kom, een beetje tempo!* III WKD WW (**se** ~) • *zich haasten* • *elkaar verdringen*
pressing m • *(het) persen* • *perserij*
pression v • *druk; drukking* • *dwang; pressie* ⋆ ~ artérielle *bloeddruk* ⋆ bière (à la) ~ *bier van het vat*
pressoir m • *perskamer; pershuis* • *wijnpers; vruchtenpers; oliepers*
pressurage m • *(het) uitpersen* • *perswijn*
pressurer OV WW • *uitpersen* • FIG. *uitzuigen; afpersen*
pressurisé BNW ⋆ cabine ~e *luchtdrukcabine*
prestance v *statig uiterlijk; krijgshaftig uiterlijk*
prestataire m ⋆ ~ de services *dienstverlener* ‹persoon, bedrijf›
prestation v • *levering; lening* • *prestatie* ⋆ ~ de serment *aflegging v.e. eed*
preste BNW *vlug; handig*
prestesse v *handigheid; vlugheid*
prestidigitateur m [v: **prestidigitatrice**]

goochelaar
prestidigitation v *goochelarij*
prestige m • VERO. *begoocheling; zinsbedrog* • *prestige; invloed; gezag*
prestigieux BNW [v: **prestigieuse**] • *beroemd* • VERO. *begoochelend; oogverblindend* • *prestigieus*
presto BIJW *zeer snel*
présumable BNW *vermoedelijk*
présumé BNW *vermoedelijk*
présumer OV WW • *vermoeden* • *geloven; denken* ★ trop ~ de ses talents *zijn talenten overschatten*
présupposé m *vooronderstelling*
présupposer OV WW *vóóronderstellen*
présupposition v *vóóronderstelling*
présure v *stremsel*
prêt (zeg: prè) I m • *(het) lenen* • *geleende som; lening* ★ prêt d'honneur *voorschot met een lage rente aan een student* II BNW • *klaar; gereed* • (~ **à**) *klaar voor*
prêt-à-jeter I m [mv: **prêts-à-jeter**] *wegwerpartikel* II BNW ★ une mentalité de ~ *een wegwerpmentaliteit*
prêt-à-porter m [mv: **prêts-à-porter**] *confectiekleding*
prétendant m • *iem. die aanspraak op iets maakt* • *troonpretendent* • VERO. *vrijer; aanbidder v.e. vrouw*
prétendre I OV WW • *beweren* • *eisen; willen; verlangen* II ON WW (~ **à**) *opeisen; aanspraak maken op; pretenderen; dingen naar* III WKD WW (**se** ~) ★ il se prétend malade *hij beweert dat hij ziek is*
prétendu I m [v: **prétendue**] REGIONAAL *verloofde; aanstaande* II BNW *zogenaamd*
prête-nom m [mv: **prête-noms**] *stroman*
prétentieusement BIJW • *aanmatigend* • *gezocht*
prétentieux BNW [v: **prétentieuse**] • *aanmatigend* • *gezocht* ★ style ~ *gezochte stijl*
prétention v • *vordering; eis* • *aanmatiging; verwaandheid; pretentie*
prêter I OV WW • *lenen; verlenen* • *toeschrijven* ★ ~ le flanc *zich blootstellen* ★ ~ l'oreille *luisteren* ★ ~ secours *hulp verlenen* ★ ~ serment *een eed afleggen* II ON WW • *geld lenen* • *rekken* • *aanleiding geven tot* III WKD WW (**se** ~) • *geleend worden* • (**se** ~ **à**) *toestemmen in; zich lenen tot*
prétérit (zeg: -riet) m *verleden tijd*
préteur m *pretor*
prêteur [v: **prêteuse**] I m *lener; geldschieter* II BNW *(graag) lenend*
prétexte m *voorwendsel*
prétexter OV WW *voorwenden*
prétoire m • *kantongerecht* • *rechtszaal* • *pretorium*
prétorien BNW [v: **prétorienne**] • *v.d. pretor* • *v.d. keizerlijke lijfwacht*
prêtre m *priester* ★ ~-ouvrier *priester die in een fabriek werkt*
prêtresse v *priesteres*
prêtrise v *priesterschap*
preuve v • *bewijs* • *proef* ★ faire ~ de *blijk geven van* ★ faire ses ~s *zijn sporen verdienen*
preux I m *dappere* II BNW *dapper*
prévaloir ON WW *de overhand hebben (***contre** *op); prevaleren* ★ se ~ de *zich laten voorstaan op*
prévaricateur [v: **prévaricatrice**] I m *plichtverzaker* II BNW *zijn plicht verzakend*
prévarication v *plichtverzuim*
prévariquer ON WW *zijn plicht verzuimen*
prévenance v *voorkomendheid; gedienstigheid*
prévenant BNW *voorkómend; gedienstig*
prévenir OV WW • *voorkómen* • *waarschuwen (***de** *voor)* ★ ~ les questions de qn *iemands vragen vòòr zijn* ★ être prévenu en faveur de qn *voor iem. ingenomen zijn*
préventif BNW [v: **préventive**] *voorbehoedend* ★ détention préventive *voorlopige hechtenis*
prévention v • *voorlopige hechtenis* • *vooringenomenheid* • *staat v. beschuldiging*
préventivement BIJW • *voorlopig* • *uit voorzorg*
prévenu I m [v: **prévenue**] *verdachte* II BNW • *verwittigd* • *vooringenomen* • *beschuldigd*
prévisible BNW *te voorzien; voorspelbaar*
prévision v *vooruitzicht; verwachting* ★ en ~ de *met het oog op*
prévoir OV WW *voorzien*
prévôt m • VERO. *provoost* ‹titel v. verschillende officieren› • *officier-commissaris bij een krijgsraad*
prévoyance v • *(het) voorzien* • *voorzorg; bedachtzaamheid*
prévoyant BNW • *met vooruitziende blik; vooruitziend* • *bedachtzaam; zorgzaam*
prévu I BNW *voorzien; afgesproken* II WW (volt. deelw.) → **prévoir**
prie-Dieu m (onver.) *bidstoel*
prier OV WW • *bidden* • *verzoeken* • *smeken* ★ je vous (en) prie *alstublieft; gaat uw gang* • (~ **à**) *uitnodigen om; uitnodigen* • (~ **de**) *verzoeken om*
prière v • *gebed* • *verzoek* • *smeekbede* ★ ~ de ne pas fumer *verzoeke niet te roken*
prieur m [v: **prieure**] *prior*
prieuré m • *kloostergemeente bestuurd door de prior* • *waardigheid v. prior*
primaire BNW *eerste; laagste; primair* ★ école ~ *lagere school; basisschool*
primat m • *primaat* • *het belangrijker zijn*
primate m • BIOL. *primaat* • INF. *stom rund*
primauté v • *voorrang* • *het belangrijker zijn* • *primaatschap*
prime I v • *premie* • REL. *eerste getijde* • *soort halfdoorschijnend bergkristal* • *prime* ★ ~ de fin d'année *kerstgratificatie* II BNW *eerste* ★ de ~ abord *op het eerste gezicht* ★ ~ jeunesse *prille jeugd*
primer OV WW • *overtreffen; te boven gaan* • *een premie toekennen*
primerose v *stokroos*
primesautier BNW [v: **primesautière**] *zijn eerste opwellingen volgend; spontaan; impulsief*
primeur v • *nieuwheid; versheid* • mv *eerste groenten/vruchten* ★ avoir la ~ de qc *ergens de primeur van hebben*
primevère v *sleutelbloem*
primitif BNW [v: **primitive**] *oorspronkelijk; oudste; primitief* ★ couleurs primitives

P

hoofdkleuren ⋆ l'Eglise primitive *de oudste christenkerk* ⋆ langue primitive *oertaal* ⋆ mot ~ *stamwoord* ⋆ temps ~ *grondtijd*
primitifs m *primitieven*
primitivement BIJW *oorspronkelijk*; *aanvankelijk*
primo BIJW *ten eerste*
primogéniture v *eerstgeboorte* ⋆ droit de ~ *eerstgeboorterecht*
primo-infection m [mv: **primo-infections**] *primo-infectie*; *eerste infectie*
primordial BNW [m mv: **primordiaux**] *oorspronkelijk*; *oudste*
prince m *vorst*; *prins* ⋆ le ~ des Apôtres *de Heilige Petrus* ⋆ INF. être bon ~ *een gemakkelijk, goedmoedig karakter hebben* ⋆ ~ de l'Eglise *kerkvorst* ⋆ ~ du sang *prins v.d. bloede* ⋆ le ~ des ténèbres *de duivel*
prince-de-galles m (onver.) *Schotse ruit*
princeps (*zeg:* -seps) BNW ⋆ édition ~ *eerste uitgave*
princesse v *prinses*; *vorstin* ⋆ haricots ~ *sperziebonen* ⋆ INF. aux frais de la ~ *op staatskosten*; *op kosten v.d. baas* ⋆ INF. faire la ~ *de deftige dame uithangen*
princier BNW [v: **princière**] *prinselijk*; *vorstelijk*
principal [m mv: **principaux**] **I** m • *hoofdzaak* • *hoofdsom* • *directeur v.e. gemeentelijke middelbare school* **II** BNW *voornaamste*; *hoofd-* ⋆ proposition ~e *hoofdzin*
principalement BIJW *vooral*; *hoofdzakelijk*
principat m • *vorstelijke waardigheid* • *keizerlijke waardigheid bij de Romeinen*
principauté v • *vorstendom*; *prinsdom* • *vorstelijke, prinselijke waardigheid*
principe m • *begin* • *oorsprong*; *bron* • *beginsel*; *principe* • *grondslag*; *wet* • *element*; *bestanddeel* ⋆ dans le ~ *in den beginne* ⋆ ~ d'Archimède *wet van Archimedes*

P

printanier BNW [v: **printanière**] • *lente-*; *voorjaar(s)-* • *jeugdig* ⋆ fleurs printanières *lentebloemen*
printemps m • *lente*; *voorjaar* • LIT. *jeugd* ⋆ au ~ *in de lente*
priorat m • *priorschap* • *prioraat*
prioritaire BNW *voorrangs-*; *voorkeurs-* ⋆ être ~ *voorrang hebben*
priorité v *voorrang (***sur** *boven, op)*; *prioriteit* ⋆ ~ à droite *voorrang van rechts*
pris I BNW • *ontleend* • *aangetast* • *bevangen* • *bezet* • *gevangen* • *bevroren* • *stijf* ‹v. crème› ⋆ pris de fièvre *koortsig* ⋆ journée prise *bezette dag* ⋆ taille bien prise *welgevormde gestalte* **II** WW (volt. deelw., passé simple) → **prendre**
prise v • *(het) (in)nemen* ‹ook v. stad›; *(het) grijpen*; *(het) pakken* • *buit*; *vangst* • *(het) stollen*; *dichtvriezen* • *aansluiting*; *contactdoos*; *stopcontact* • *vat* ⋆ ~ de possession *inbezitname* ⋆ ~ de son *geluidsopname* ⋆ ~ de tabac *snuifje* ⋆ ~ de terre *aarding* ⋆ ~ de vue *opname* ‹v. film, foto› ⋆ ~ d'air *luchtkoker* ⋆ ~ d'armes *parade* ⋆ ~ de bec *scheldpartij* ⋆ ~ de corps *hechtenis* ⋆ ~ d'eau *kraan* ⋆ ~ directe *rechtstreekse overbrenging* ‹v. auto› ⋆ lâcher ~ *loslaten* ⋆ donner ~ *houvast geven* ⋆ ~ de judo *judogreep* ⋆ faire une ~ de sang *bloed afnemen* ⋆ ~ mâle *stekker* ⋆ ~ femelle *contrastekker* ⋆ ~ (de courant) *stopcontact*; *contactdoos* ⋆ donner ~ à *aanleiding geven tot* ⋆ être aux ~s avec *worstelen met*
priser I OV WW • *schatten* • *waarderen* • *opsnuiven* ⋆ ~ du tabac *tabak snuiven* **II** ON WW *snuiven*
priseur m • *schatter* • *snuiver*
prismatique BNW *prismatisch*
prisme m *prisma*
prison v • *gevangenis* • *gevangenschap*; *gevangenisstraf* ⋆ ~ ferme *onvoorwaardelijke gevangenisstraf* ⋆ faire de la ~ *zitten* ⋆ mettre en ~ *gevangen zetten*
prisonnier m [v: **prisonnière**] *gevangene* ⋆ faire ~ *gevangen nemen* ⋆ ~ de guerre *krijgsgevangene* ⋆ ~ d'opinion *politieke gevangene*
privatif BNW [v: **privative**] *ontkennend*; *de afwezigheid uitdrukkend* ⋆ jardin ~ *tuin voor privégebruik* ⋆ peine privative de liberté *vrijheidsstraf*
privation v • *gemis* • *ontbering* • *verlies*; *beroving*
privatisation v *privatisering*
privatiser OV WW *privatiseren*
privautés v mv *vrijpostigheden*
privé I m *particulier leven* ⋆ ECON. dans le ~ *in de particuliere sector* **II** BNW • *particulier*; *privé* • *huiselijk*; *privaat*; *privé-* • *tam* ⋆ vie ~e *privéleven*
priver I OV WW *beroven (***de** *van)* **II** WKD WW ⋆ se ~ de qc *zich iets ontzeggen*; *iets nalaten* ⋆ il ne se prive pas *hij neemt het er goed van*
privilège m *privilege*; *voorrecht*
privilégié I m [v: **privilégiée**] *bevoorrechte*; *rijke* **II** BNW *bevoorrecht* ⋆ actions ~es *preferente aandelen*
privilégier OV WW *privilegiëren*; *bevoorrechten*
prix (*zeg:* prie) m • *prijs* • *prijs* ‹beloning› • *waarde* • *loon*; *prijs* ‹straf› • *prijswinnaar* ⋆ au prix de *vergeleken met*; *ten koste van* ⋆ prix fait *overeengekomen prijs* ⋆ à prix fixe *tegen vaste prijs* ⋆ à tout prix *tot elke prijs*; *koste wat het kost* ⋆ mettre à prix la tête de qn *een prijs op iemands hoofd zetten* ⋆ Prix de Rome *staatsprijs aan aankomende kunstenaars* ⋆ distribution de prix *prijsuitdeling* ⋆ hors de prix *peperduur* ⋆ prix imposé *(door de overheid) vastgestelde prijs* ⋆ de prix *van hoge waarde* ⋆ prix courant *marktprijs*; *marktwaarde* ⋆ prix de lancement *introductieprijs* ⋆ au prix fort *voor de volle prijs*
pro m *prof* ⋆ un joueur pro *een profspeler*
probabilité v *waarschijnlijkheid*
probable BNW *waarschijnlijk*
probant BNW *overtuigend*; *afdoend* ⋆ preuve ~e *overtuigend bewijs*
probatoire BNW *overtuigend* ⋆ examen ~ *tentamen*
probe BNW *rechtschapen*; *eerlijk*
probité v *rechtschapenheid*; *eerlijkheid*
problématique BNW *twijfelachtig*
problème m • *vraagstuk*; *probleem* • FIG.

raadsel

procédé m • *handelwijze* • *bereidingswijze*; *manier v. werken*; *methode*; *procédé* • *pomerans* ‹v. biljartkeu› ⋆ de bons ~s *goede bejegening*

procéder ON WW • *te werk gaan*; *handelen* • *procederen* • (~ **à**) *overgaan tot* • (~ **de**) *voortkomen uit*; *het gevolg zijn van*

procédure v • *methode*; *procedure* • *rechtspleging*

procédurier BNW [v: **procédurière**] • *bedreven in de rechtspleging* • *pleitziek*

procès (*zeg:* -sè) m *proces*; *rechtszaak* ⋆ faire le ~ de qn *iem. systematisch bekritiseren*

processeur m *processor*

procession v • *processie* • *stoet*; *rij*

processionnel BNW [v: **processionnelle**] *wat een processie betreft*

processus (*zeg:* -suus) m • *verlenging*; *voortzetting* • *ontwikkeling*; *verloop*

procès-verbal m [mv: **procès-verbaux**] • *proces-verbaal* • *verslag*; *notulen* ⋆ dresser ~ *een proces-verbaal opmaken*

prochain I m *naaste* II BNW • *naburig* • *aanstaande*; *volgende* ⋆ la semaine ~e *de volgende week* ⋆ à la ~e! *tot ziens!*

prochainement BIJW *eerstdaags*; *binnenkort*

proche I BNW • *naburig*; *naast* • *nabij* • *naaste verwant* ⋆ l'heure est ~ *het uur is nabij* II BIJW *dichtbij* ⋆ de ~ en ~ *geleidelijk aan*; *steeds meer* III VZ (~ **de**) *dichtbij*

Proche-Orient m *Nabije Oosten*

proches m mv *naaste verwanten*

proclamation v *afkondiging*; *bekendmaking*

proclamer OV WW • *afkondigen*; *bekendmaken* • *uitroepen* ⋆ ~ qn roi *iem. tot koning uitroepen*

proconsul m *proconsul*

procréateur [v: **procréatrice**] I m *verwekker* ⋆ les ~s *de ouders* II BNW *scheppend*; *voortbrengend*

procréation v *voortplanting*; *procreatie* ⋆ ~ (médicalement) assistée *(medisch begeleide) kunstmatige voortplanting*

procréer OV WW *verwekken*; *voortbrengen*

procuration v *volmacht*

procurer I OV WW *bezorgen*; *verschaffen* II WKD WW (**se** ~) *aanschaffen*

procureur m *gevolmachtigde* ⋆ ~ de la République *officier van justitie*

prodigalité v *verkwisting*

prodige I m *wonder* ⋆ tenir du ~ *aan het wonderbaarlijke grenzen* II BNW *wonderlijk* ⋆ enfant ~ *wonderkind*

prodigieux BNW [v: **prodigieuse**] • *wonderlijk* • *verbazend*; *buitengewoon*

prodigue I m/v *verkwister* II BNW *verkwistend*; *kwistig* ⋆ l'Enfant ~ *de Verloren Zoon*

prodiguer OV WW • *kwistig zijn met* • *niet sparen*; *niet ontzien* • *verkwisten* ⋆ LIT. ~ des soins à qn *iem. buitengewoon goed verzorgen* ⋆ ~ sa santé *z'n gezondheid niet ontzien*

producteur [v: **productrice**] I m *voortbrenger*; *producent* II BNW *voortbrengend*; *productief*

productible BNW *produceerbaar*

productif BNW [v: **productive**] • *winstgevend* • *vruchtbaar*; *productief*

production v • *voortbrenging* • *voortbrengsel*; *product* • *vertoning v.e. toneelstuk* • *filmproductie* • *film* • *overlegging*

productivité v • *productiviteit* • *rentabiliteit*

produire I OV WW • *voortbrengen*; *produceren* • *veroorzaken* • *vertonen*; *overleggen* • *uiten* • *bijbrengen v. getuigen* • *opbrengen* ⋆ ~ son opinion *z'n mening uiten* II WKD WW (**se** ~) • *zich vertonen*; *optreden* • *overgelegd worden* • *gebeuren*

produit m • OOK FIG. *product*; *voortbrengsel* • *opbrengst* • *afstammeling* ⋆ ~ dérivé *bijproduct* ⋆ ~ fini *eindproduct*

proéminence v • *verhevenheid* • *het uitsteken*

proéminent BNW *vooruitstekend*

prof m INF. *leraar*; *professor*

profanateur [v: **profanatrice**] I m *heiligschenner* II BNW *(heilig)schennend*

profanation v *heiligschennis*; *ontwijding*; *profanatie* ⋆ ~ de sépulture *grafschennis*

profane I m/v • *leek*; *buitenstaander* • *(het) wereldlijke* II BNW • *heiligschennend* • *wereldlijk*; *profaan*

profaner OV WW • *ontwijden*; *schenden*; *profaneren* • *misbruiken*

proférer OV WW *uiten*; *uitspreken*

professer OV WW • *openlijk belijden* • *uitoefenen* • *onderwijzen*; *doceren* ⋆ ~ un métier *een beroep uitoefenen*

professeur m *leraar*; *docent*; *professor* ⋆ ~ de faculté *gewoon hoogleraar*

profession v • *betrekking*; *beroep*; *beroepsgroep* • *belijdenis*; *bekentenis* • *professie* ‹v. kloosterling› ⋆ ~ de foi *geloofsbelijdenis*

professionnalisme m *professionaliteit*

professionnel [v: **professionnelle**] I m *beroepsspeler*; *professional* II BNW *v.h. vak*; *v.h. beroep* ⋆ école ~le *technische school* ⋆ enseignement ~ *technisch onderwijs* ⋆ devoirs ~s *beroepsplichten*

professoral BNW [m mv: **professoraux**] *v.d. hoogleraar*; *v.d. leraar* ⋆ ton ~ *schoolmeesterachtige, verwaande toon*

professorat m *leraarschap*; *professoraat*

profil m • *profiel*; *zijaanzicht* • *profiel*; *doorsnede* • COMP. *configuratie*

profilé m *profielijzer*

profiler I OV WW *van opzij tekenen*; *in doorsnee tekenen*; *profileren* II WKD WW (**se** ~) *zich aftekenen*

profit (*zeg:* -fie) m • *voordeel*; *nut*; *profijt* • *winst* ⋆ au ~ de *ten bate van* ⋆ mettre à ~ *benutten* ⋆ compte des ~s et pertes *winst- en verliesrekening*

profitable BNW • *winstgevend* • *nuttig*; *heilzaam*

profiter ON WW • *voordeel hebben (**de** van)*; *zich ten nutte maken*; *profiteren* • *voordeel opleveren*; *nuttig zijn (**à** voor)* • *vorderingen maken*; *vooruitgaan* • *groeien*; *aankomen* ⋆ bien mal acquis ne profite jamais *onrechtvaardig verkregen goed gedijt niet* • (~ **sur**) *verdienen op*

profiterole v *profiterole*; *soesje*

profiteur m [v: **profiteuse**] *profiteur*; *iem. die profiteert* ⋆ VERO. ~ de guerre *oweeër*

profond BNW • *diep* • *diepzinnig* • *zeer groot*;

P

zeer hevig ★ nuit ~e *stikdonkere nacht*
profondément BIJW *diep; erg*
profondeur V • *diepte* • *hoogte; dikte* • *lengte* • *diepzinnigheid* • *ondoorgrondelijkheid* ★ FOT. ~ de champ *dieptescherpte*
profusion V • *overvloed; overdaad* • *verkwistend* ★ à ~ *overvloedig*
progéniture V *kroost*
progiciel M *softwarepakket; applicatieprogramma*
programmable BNW *programmeerbaar*
programmateur I M *programmeermachine; programmakiezer* II M [V: **programmatrice**] *samensteller v. programma*
programmation V *programmering*
programme M • *program(ma)* • *leerplan*
programmer I OV WW • *programmeren* • *instellen* • INF. *voorzien; plannen* II ON WW *een programma samenstellen*
programmeur M [V: **programmeuse**] *programmeur*
progrès M *vooruitgang; vordering*
progresser ON WW • *vooruitkomen* • *vooruitgaan; vorderingen maken* • *zich uitbreiden; zich verbreiden*
progressif BNW [V: **progressive**] • *geleidelijk opklimmend; progressief* • *vooruitgaand*
progression V • *progressie* • *geleidelijke opklimming* • WISK. *reeks*
progressiste I M/V *vooruitstrevend persoon* II BNW *vooruitstrevend*
progressivement BIJW *geleidelijk*
progressivité V • *progressiviteit* • *progressie* ‹belasting›
prohiber OV WW *verbieden* ★ armes prohibées *verboden wapenen* ★ temps prohibé *verboden tijd* ‹voor jacht, visvangst›
prohibitif BNW [V: **prohibitive**] • *verbiedend* • *exorbitant (hoog); onbetaalbaar*
prohibition V • *verbod* • *drankverbod*
proie V *prooi; buit* ★ en ~ à *ten prooi aan* ★ oiseau de ~ *roofvogel*
projecteur M • *projector* • *schijnwerper; zoeklicht; koplamp*
projectile M *werptuig; projectiel*
projection V • *(het) werpen* • *projectie* • *(het) projecteren* ‹v. film enz.› • *lichtbeeld* ★ appareil à ~ *projectietoestel*
projectionniste M *filmoperateur*
projet M *plan; ontwerp; schets; project* ★ ~ de loi *wetsontwerp*
projeter OV WW • *werpen* • *projecteren* (**sur** *op*) • *beramen; ontwerpen* ★ l'auto fut projetée contre un arbre *de auto werd tegen een boom geslingerd*
prolapsus (*zeg:* -suus) M *verzakking; prolaps*
prolégomènes M MV *prolegomena; inleidende opmerkingen*
prolétaire I M *proletariër* II BNW *proletarisch*
prolétariat M *proletariaat*
prolétarien BNW [V: **prolétarienne**] *proletarisch*
prolétariser OV WW *proletariseren*
prolifération V *sterke toename; verspreiding*
proliférer ON WW OOK FIG. *zich snel vermenigvuldigen; snel groeien; voortwoekeren*
prolifique BNW *zeer snel vermenigvuldigend*
prolixe BNW *langdradig; omslachtig; breedsprakig*
prolixité V *langdradigheid; omslachtigheid*
prolo M INF. *proleet*
prologue M *voorrede; voorspel; inleiding; proloog*
prolongateur M *verlengsnoer*
prolongation V *verlenging*
prolongement M *verlengde; verlengstuk*
prolonger I OV WW *verlengen; prolongeren* (**de** *met)* II WKD WW (**se** ~) • *lang(er) duren; zich voortzetten* • *doorlopen* ‹v. weg›
promenade V • *wandeling; tochtje; ritje* • *park; wandelplaats* ★ ~ en bateau *boottocht* ★ ~ en vélo *fietstocht* ★ ~ à cheval *ritje te paard*
promener I OV WW • *laten rondgaan* • *wandelen met; uitlaten; rondleiden; laten lopen* ★ ~ ses regards *z'n ogen laten rondgaan* ★ ~ sa main sur *zijn hand laten glijden over* ★ ~ un enfant *met een kind wandelen* II WKD WW (**se** ~) • *wandelen* • *een ritje maken; een tochtje maken* ★ INF. envoyer se ~ qn *iem. wegsturen* ★ INF. j'ai tout envoyé ~ *ik heb alles in de steek gelaten* ★ se ~ à cheval *een ritje te paard maken* ★ se ~ en voiture *een autotochtje maken*
promeneur M [V: **promeneuse**] *wandelaar*
promenoir M • *overdekte wandelplaats* • *staanplaatsen in schouwburg*
promesse V *belofte*
prometteur I M ZELDEN *iem. die veel belooft* II BNW [V: **prometteuse**] *veelbelovend*
promettre I OV WW • *beloven* • *voorspellen* ★ ~ monts et merveilles *gouden bergen beloven* ★ le ciel promet de la pluie *de lucht voorspelt regen* II ON WW *beloven* ★ enfant qui promet *veelbelovend kind* ★ IRON. ça promet! *dat belooft wat!* III WKD WW (**se** ~) • *elkaar beloven* • *zich voornemen* • *verwachten; rekenen op*
promis I M [V: **promise**] *verloofde* II BNW ★ la terre ~e *het beloofde land* ★ ~ au succès *veelbelovend*
promiscuité V *promiscuïteit; ordeloze vermenging; willekeurige (seksuele) omgang*
promo AFK INF. → **promotion**
promontoire M *voorgebergte; hoge kaap*
promoteur M [V: **promotrice**] *promotor; promotion-officer; projectontwikkelaar*
promotion V • *bevordering; promotie* • *de bevorderden* • *verbreiding* • *reclame*
promotionnel BNW [V: **promotionnelle**] *(verkoop) bevorderend*
promouvoir OV WW *bevorderen* ★ être promu chef *bevorderd worden tot chef*
prompt (*zeg:* pro(n)) BNW • *snel; vlug* • *voorbijgaand; van korte duur* • *voortvarend* • *snel begrijpend; vlug v. verstand* • *opvliegend; kort aangebonden* ★ avoir l'esprit ~ *snel van begrip zijn*
promptitude V • *snelheid; vlugheid* • *voortvarendheid* • *opvliegendheid; drift* ★ ~ d'esprit *vlugheid v. verstand; levendigheid v. geest*
promulgation V *uitvaardiging; afkondiging*
promulguer OV WW *uitvaardigen; afkondigen*

prône m *mispreek*
prôner I ov ww • *een preek houden voor* • *aanprijzen; ophemelen* ★ ~ les fidèles *een preek houden voor de gelovigen* II on ww *vervelende zedenpreken houden*
pronom m *voornaamwoord*
pronominal bnw [m mv: **pronominaux**] *voornaamwoordelijk* ★ verbe ~ *wederkerend werkwoord*
prononçable bnw *uit te spreken*
prononcé I m jur. *uitspraak* II bnw • *scherp* • *vast* ★ traits ~s *scherpe trekken* ★ caractère ~ *uitgesproken karakter*
prononcer I ov ww *uitspreken* ★ ~ un arrêt *een vonnis vellen* ★ ~ un discours *een redevoering houden* ★ ne se prononcent pas *geen mening* II wkd ww (**se** ~) • *uitgesproken worden* • *zijn mening zeggen*
prononciation v *uitspraak*
pronostic (*zeg:* -tiek) m • *prognose* • *voorteken*
pronostiquer ov ww *voorspellen; prognosticeren*
pronostiqueur m [v: **pronostiqueuse**] • *tipgever* ‹m.n. in paardensport› • *voorspeller*
propagande v *propaganda*
propagandiste m/v *propagandist*
propagateur m [v: **propagatrice**] *verbreider*
propagation v • *voortplanting* • *verbreiding* • *verspreiding*
propager ov ww • *voortplanten* • *verbreiden* • *propageren*
propane m *propaan*
propédeute I m/v *propedeusestudent* II bnw *voorbereidend*
propédeutique v • *propedeuse* • *voorbereidende verplichte cursus vóór het hoger onderwijs* • *voorbereidend onderwijs*
propension v *geneigdheid; neiging (***à** *tot)*
prophète m [v: **prophétesse**] *profeet* ★ ~ de malheur *ongeluksprofeet* ★ nul n'est ~ en son pays *een profeet wordt in zijn eigen land niet geëerd*
prophétie (*zeg:* -sie) v • *profetie* • *voorspelling*
prophétique bnw *profetisch*
prophétiser ov ww *profeteren; voorspellen*
prophylactique bnw *voorbehoedend; profylactisch*
prophylaxie v *profylaxe*
propice bnw (~ **à**) *gunstig voor; genadig*
propitiatoire bnw *verzoenend* ★ sacrifice ~ *zoenoffer*
proportion v • *verhouding* • *afmeting* • *evenredigheid; proportie* ★ à ~/toutes ~s gardées *naar verhouding* ★ à ~ que *naarmate* ★ en ~ de *in verhouding tot*
proportionnalité v *onderlinge verhouding; evenredigheid*
proportionné bnw *goed gevormd; goed gebouwd*
proportionnel bnw [v: **proportionnelle**] *evenredig (***à** *met, aan); proportioneel*
proportionnellement bijw *naar evenredigheid*
proportionner ov ww • *in overeenstemming brengen met; proportioneren* • *afmeten naar*
propos m • *plan* • *gesprek* • *praatje; kwaadsprekerij* • *zaak; doel; onderwerp v. gesprek* ★ avoir le ~ de *het plan hebben om* ★ de ~ délibéré *met opzet* ★ ~ de table *tafelgesprekken* ★ hors de ~ ★ mal à ~ *te onpas; ongelegen* ★ à ~ *van pas; op de juiste tijd* ★ à ~ de *naar aanleiding van* ★ hors de ~, mal à ~ *te onpas; ongelegen* ★ à tout ~ *te pas en te onpas*
proposer I ov ww • *uitloven* ‹v. prijs› • *voorstellen* • *bieden* • *voordragen* ‹v. kandidaat› • *opgeven* ‹v. onderwerp›; *uitschrijven* ‹v. prijsvraag› II wkd ww (**se** ~) • *zich voornemen; van plan zijn* • *zich aanbieden; solliciteren*
proposition v • *volzin* • *voorstel* • *voordracht* • wisk. *stelling*
propre I m • *eigendom* • *kenmerk; kenmerkende eigenschap* • *het eigen(e)* • *buiten de huwelijksgemeenschap vallend bezit* • *eigenlijke betekenis* ★ avoir en ~ *in eigendom hebben* ★ le ~ du temps *het tijdeigen* ★ le ~ des saints *het eigen der heiligen* ★ mettre un texte au ~ *een tekst in het net schrijven* ★ ça lui appartient en ~ *dat is iets speciaals van hem/haar* ★ c'est du ~! *'t is wat moois!* II bnw • *eigen* • *eigenlijk* • *geschikt* • *zindelijk; schoon; rein; netjes; proper* ★ nom ~ *eigennaam* ★ de sa ~ main *eigenhandig* ★ sens ~ *eigenlijke betekenis* ★ ~ à *geschikt voor* ★ inf. ~-à-rien *nietsnut; deugniet*
proprement bijw • *netjes* • *fatsoenlijk; keurig* • *juist; precies* • *eigenlijk; in de eigenlijke betekenis* ★ à ~ parler *eigenlijk* ★ la France ~ dite *het eigenlijke Frankrijk*
propret bnw *keurig; netjes*
propreté v *zindelijkheid*
propriétaire m/v *eigenaar; huiseigenaar* ★ faire le tour du ~ *iem. zijn huis en landerijen (tuin) laten zien*
propriété v • *eigendom* • *eigendom v. onroerend goed* • *eigenschap* • *juist gebruik v.e. woord* ★ ~ littéraire *auteursrecht* ★ ~ foncière *grondbezit*
proprio m/v inf. *eigenaar; huiseigenaar*
propulser ov ww *voortdrijven*
propulseur m *middel om voort te drijven* ‹schroef, propeller›
propulsif bnw [v: **propulsive**] *voortbewegend* ★ roue propulsive *drijfrad*
propulsion v *(het) voortdrijven* ★ ~ par réaction *straalaandrijving*
prorata m (onver.) ★ au ~ de *in verhouding tot*
prorogation v *uitstel; verdaging; verlenging*
proroger ov ww *uitstellen; verdagen; verlengen*
prosaïque bnw *prozaïsch; alledaags*
prosaïsme m • *gebrek aan dichterlijkheid* • *alledaagsheid; nuchterheid*
prosateur m *prozaschrijver*
proscription v • *vogelvrijverklaring* • *verbanning* • *afschaffing*
proscrire ov ww • *vogelvrij verklaren* • *verbannen* • *afschaffen*
proscrit I m [v: **proscrite**] • *vogelvrij verklaarde* • *balling* II bnw • *vogelvrij verklaard* • *verbannen* • *afgeschaft; verboden*
prose v • *proza* • rel. *soort Latijns hymne*

P

prosélyte m/v *pas bekeerde; bekeerling*
prosélytisme m *zucht om te bekeren*
prosodie v *prosodie*
prospecter OV WW • *prospecteren; exploreren op bodemschatten* • *acquireren; klanten werven*
prospecteur m [v: **prospectrice**] • *iem. die een terrein onderzoekt naar metalen* • *(goud)zoeker* • *prospector*
prospection v • *prospectie; exploratie* • *research; marktonderzoek* • *studiereis i.v.m. research* • *klantenwerving*
prospectus (*zeg:* -tuus) m *prospectus*
prospère BNW *voorspoedig; bloeiend*
prospérer ON WW *bloeien; voorspoed hebben*
prospérité v *bloei; welvaart; voorspoed*
prostate v *prostaat*
prostatique I m *prostaatpatiënt* II BNW *prostaat-*
prosternation v [**prosternement**] *voetval; (het) neerknielen*
prosternement m → **prosternation**
prosterner I OV WW *ter aarde werpen* II WKD WW (**se** ~) *zich ter aarde werpen; neerknielen (***devant** *voor)*
prostituée v *publieke vrouw*
prostituer OV WW • *aan prostitutie overgeven; prostitueren* • *te schande maken; vergooien*
prostitution v *prostitutie*
prostration v • *(het) plat voorover liggen* • *grote neerslachtigheid*
prostré BNW *neerslachtig*
protagoniste m • *voorvechter* • *hoofdpersoon; protagonist*
protecteur [v: **protectrice**] I m *beschermer; protector* II BNW *protectie-; beschermend*
protection v *bescherming; protectie* ★ prendre qn sous sa ~ *iem. onder zijn hoede nemen*
protectionnisme m *protectionisme*
protectionniste BNW *protectionistisch*
protectorat m *protectoraat*
protégé m [v: **protégée**] *beschermeling*
protège-cahier m [mv: **protège-cahiers**] *schriftomslag*
protéger OV WW • *beschermen (***de, contre** *tegen)* • *begunstigen; aanbevelen* ‹v. kandidaat› • *veilig stellen; dekken*
protège-slip m [mv: **protège-slips**] *inlegkruisje*
protège-tibia m [mv: **protège-tibias**] *scheenbeschermer*
protéine v *eiwitstof; proteïne*
protestant I m [v: **protestante**] *hervormde* II BNW *hervormd*
protestantisme m *protestantisme*
protestataire I m/v *iem. die protesteert* II BNW *protesterend*
protestation v • *betuiging* • *protest*
protester I OV WW *verzekeren; betuigen* II ON WW • (~ **contre**) *opkomen tegen; protesteren tegen* • (~ **de**) *betuigen; de verzekering geven van*
protêt (*zeg:* -tè) m *protest v.e. wissel*
prothèse v *aanzetting v.e. kunstmatig lid; prothese* ★ ~ auditive *gehoorapparaat* ★ ~ dentaire *kunstgebit*
prothésiste m *prothesemaker* ★ ~ dentaire *tandtechnicus*
protide m *eiwit; proteïne*
protocolaire BNW *volgens het protocol; volgens de etiquette*
protocole m • *verslag; notulen* • *etiquette; protocol*
proton m *proton* ‹waterstofkern›
protoplasme m [**protoplasma**] *celplasma; celvocht*
prototype m • *oervorm* • *volmaakt voorbeeld*
protoxyde m *monoxide; hydroxide*
protozoaire m *laagste diervorm; infusiediertje; protozoön*
protubérance v *uitwas; knobbel*
protubérant BNW *uitstekend*
prou BIJW *veel* ★ ni peu ni prou *in het geheel niet* ★ LIT. peu ou prou *min of meer*
proue v *voorsteven*
prouesse v • *heldendaad* • *moed*
prouver OV WW *bewijzen*
provenance v • *oorsprong; herkomst* • *uitgevoerd product*
provençal I m *(het) Provençaals* II BNW [m mv: **provençaux**] *Provençaals* ★ à la ~e *met knoflook en peterselie*
provenir ON WW *voortkomen; afkomstig zijn (***de** *van)*
proverbe m • *spreekwoord* • *klein blijspel dat een spreekwoord tot grondslag heeft* ★ LIT. passer en ~ *spreekwoordelijk worden*
proverbial BNW [m mv: **proverbiaux**] *spreekwoordelijk*
providence v • *voorzienigheid* • *beschermengel* ★ état ~ *verzorgingsstaat*
providentiel BNW [v: **providentielle**] *door de Voorzienigheid bepaald*
province v • *provincie* • *Frankrijk/de Fransen buiten Parijs*
provincial [m mv: **provinciaux**] I m • *provinciaal; plattelander* • *bewoner van Frankrijk buiten Parijs* • *gewestelijk overste* ‹in kloosterorde› II BNW • *provinciaal* • *plattelands; kleinsteeds*
provincialisme m • *provincialisme* • *kleinsteedsheid* • *gewestelijke uitdrukking*
proviseur m *rector* ‹v. lyceum›
provision v • *voorraad* • *dekkingssom; dekking* • JUR. *voorlopige toewijzing* ★ faire ses ~s *inkopen doen* ★ sans ~ *ongedekt* ‹v. cheque›
provisionnel BNW [v: **provisionnelle**] *voorlopig* ★ accompte ~ *voorlopige aanslag*
provisoire I m *voorlopige toestand* II BNW *voorlopig*
provocant BNW • *uitdagend; provocerend* • *prikkelend*
provocateur [v: **provocatrice**] I m *uitdager; provo* ★ agent ~ *iem. die strafbare handelingen uitlokt om de overtreder in de val te laten lopen* II BNW *uitdagend; provocerend* ★ ton ~ *provocerende toon*
provocation v *provocatie; uitdaging*
provoquer OV WW • *uitdagen; provoceren* • *ophitsen; aanzetten* • *uitlokken* • *veroorzaken*
proxénète m/v *souteneur; koppelaar*
proxénétisme m *koppelarij*
proximité v *nabijheid* ★ à ~ de *in de buurt van*

P

prude I v *preutse vrouw* II BNW *preuts*
prudemment BIJW • *voorzichtig*; *behoedzaam* • *wijselijk*
prudence v *voorzichtigheid*; *behoedzaamheid*
prudent BNW *voorzichtig*; *behoedzaam*
pruderie v *preutsheid*
prud'homie v *rechtschapenheid*
prud'homme m • VERO. *wijs en rechtschapen man* • *lid v.d. raad v. overleg* ‹v. bedrijf, fabriek›
prudhommesque BNW *burgerlijk*; *banaal*
prune I v • *pruim* • INF. *prent*; *bon* ★ INF. pour des ~s *voor niets* II BNW *paars*
pruneau m [mv: **pruneaux**] • *gedroogde pruim* • INF. *blauwe boon* ‹kogel›
prunelle v • *vrucht v.d. sleedoorn* • *oogappel*
prunellier m *sleedoorn*
prunier m *pruimenboom*
prurigineux BNW [v: **prurigineuse**] • *jeukend* • *jeuk veroorzakend*
prurigo m *jeukende huiduitslag*
prurit (*zeg:* -riet) m *jeuk*
Prusse v *Pruisen*
prussien BNW [v: **prussienne**] *Pruisisch*
prussique BNW ★ acide ~ *blauwzuur*
PS AFK (Parti Socialiste) *socialistische partij*
P.-S. AFK (post-scriptum) *PS*
psalmiste m • *psalmdichter* • *koning David*
psalmodie v • *psalmgezang* • *het opdreunen*
psalmodier OV + ON WW • *psalmzingen* • *opdreunen*
psaume m *psalm* ★ ~s de la pénitence *boetpsalmen*
psautier m • *psalmboek* • *rozenkrans* • *boekpens*
pseudo- VOORV *vals*; *onecht*; *zogenaamd*
pseudonyme I m *schuilnaam*; *pseudoniem* II BNW *een schuilnaam voerend*
psitt TW [**pst**] *pst!*
psittacisme m *napraterij*
psittacose v *papegaaienziekte*
psoriasis (*zeg:* -zies) m *psoriasis*
pst TW → **psitt**
psy m INF. *psycholoog*; *psychiater*
psychanalyse (*zeg:* -ka-) v *psychoanalyse*
psychanalyser (*zeg:* -ka-) OV WW • *via psychoanalyse behandelen* • *via psychoanalyse onderzoeken*
psychanalyste (*zeg:* -ka-) m/v *psychoanalyticus*
psyché (*zeg:* -sjee) v • *psyche* • *grote toiletspiegel*
psychè (*zeg:* -sjè) v *psyche*
psychédélique (*zeg:* -kee-) BNW *psychedelisch*
psychiatre (*zeg:* -kie-) m/v *psychiater*
psychiatrie (*zeg:* -kie-) v *psychiatrie*
psychiatrique (*zeg:* -kie-) BNW *psychiatrisch*
psychique (*zeg:* -sjiek-) BNW *psychisch*
psychisme (*zeg:* -sjiesm-) m *(het) psychische leven*; *psyche*
psycho (*zeg:* -koo) v *psychologie*
psychodrame (*zeg:* -koo-) m *psychodrama*
psychologie (*zeg:* -koo-) BNW *psychologie*
psychologique (*zeg:* -koo-) BNW *psychologisch*
psychologue (*zeg:* -koo-) m/v *psycholoog*
psychopathe (*zeg:* -koo-) m/v *psychopaat*
psychose (*zeg:* -koo-) v *psychose* ★ ~ collective *massasuggestie*
psychosomatique (*zeg:* -koo-) BNW *psychosomatisch*
psychotechnique (*zeg:* -koo-) BNW ★ test ~ *geschiktheidstest*
psychothérapie (*zeg:* -koo-) v *psychotherapie*
psychotique (*zeg:* -koo-) BNW *psychotisch*
psychotrope (*zeg:* -koo-) m *psychofarmacon*
PTT AFK (Postes, Télécommunications et Télédiffusion) *PTT*
pu WW (volt. deelw.) → **pouvoir**
puant I m *lage, gemene vent* II BNW • *stinkend* • *onbeschaamd*; *brutaal* ★ mensonge ~ *onbeschaamde leugen*
puanteur v *stank*
pub I m *pub*; *kroeg* II v INF. *reclame*
pubère m/v *puber*
pubertaire BNW *puberteits-*
puberté v *puberteit*
pubis (*zeg:* -bies) m *schaambeen* ★ poils de ~ *schaamhaar*
publiable BNW *wat gepubliceerd kan worden*
public I m • *publiek* • *de mensen* ★ en ~ *in het openbaar* II BNW [v: **publique**] *openbaar*; *publiek* ★ la chose publique *de Staat* ★ droit ~ *staatsrecht* ★ électronique grand ~ *consumentenelektronica* ★ rendre ~ *openbaar maken* ★ être bon ~ *een dankbare toehoorder/toeschouwer zijn*
publicain m *tollenaar*; *belastinggaarder*
publication v • *publicatie*; *bekendmaking* • *uitgave* • *uitgegeven werk*
publiciste m/v VERO. • *publicist*; *schrijvend journalist* • *reclameman*; *reclamevrouw*
publicitaire I m/v *reclameman* II BNW *publicitair*; *reclame-*
publicité v • *openbaarheid* • *reclame*; *publiciteit*; *het adverteren* ★ ~ lumineuse *lichtreclame* ★ page de ~ *reclameblok* ‹radio, tv›
publier OV WW • *bekendmaken*; *openbaar maken* • *uitgeven*; *publiceren* • *adverteren*
publiphone m *kaarttelefooncel*
publipostage m *mailing*
publiquement BIJW *in het openbaar*
publireportage m *advertorial*
puce I v • *vlo* • COMP. *chip* ★ INF. avoir la puce à l'oreille *ongerust zijn*; *op zijn hoede zijn* ★ carte à puce(s) *chipkaart*; *magneetkaart* II BNW *donkerbruin*
pucelage m INF. *maagdelijkheid*
pucelle v *maagd* ★ La Pucelle *Jeanne d'Arc*
puceron m *bladluis*
pucier m INF. *bed*; *nest*
pudding m *plumpudding*
pudeur v • *schaamtegevoel* • *kuisheid* • *bescheidenheid* ★ sans ~ *op onbeschaamde wijze*
pudibond BNW • *preuts* • *bedeesd*
pudibonderie v • *preutsheid* • *grote bedeesdheid*
pudicité v *kuisheid*
pudique BNW *kuis*
puer I OV WW *stinken naar* II ON WW *stinken*
puéricultrice v *kinderverzorgster*; BELG. *kleuterleidster*
puériculture v *kinderzorg*
puéril BNW • *kinderlijk* • *kinderachtig*; *pueriel*

P

puérilité v *kinderachtigheid*
puerpéral BNW ★ fièvre ~e *kraamvrouwenkoorts*
pugilat m *vuistgevecht*
pugiliste m *bokser*
pugnace BNW *strijdlustig*
pugnacité v *strijdlustigheid*; *vechtlust*
puîné VERO. **I** m [v: **puînée**] *jongere broer of zuster* **II** BNW *later geboren* ‹v. kind›
puis (*zeg:* pwie) **I** WW → **pouvoir II** BIJW • *daarna*; *vervolgens* • *bovendien*; *overigens*
puisage m *(het) putten*
puisard m *zinkput*
puisatier I m *putgraver* **II** BNW *putten gravend* ★ ouvrier ~ *putgraver*
puiser OV WW • *putten*; *scheppen* (**à**, **dans** *uit*) • *ontlenen* • *halen* ★ ~ aux sources *tot de bron afdalen*
puisque VW [**puisqu' voor klinker**] • *immers* • *daar* ★ ~ tu sors *als je toch uitgaat*
puissamment BIJW *verbazend*; *machtig* ★ ~ riche *schatrijk*
puissance v • *macht*; *vermogen* • WISK. *macht* • *invloed* • *mogendheid* • *arbeidsvermogen* ★ les ~s infernales ★ la ~ des ténèbres *de duivels* ★ les ~s célestes *de Machten* ‹engelenkoor›
puissant I m *machtige* ★ Le Tout-Puissant *de Almachtige* **II** BNW • *machtig* • *krachtig* • *invloedrijk*; *hooggeplaatst* • *dik*; *zwaarlijvig*
puisse WW (présent subj.) → **pouvoir**
puissent WW (présent subj.) → **pouvoir**
puisses WW (présent subj.) → **pouvoir**
puissiez WW (présent subj.) → **pouvoir**
puissions WW (présent subj.) → **pouvoir**
puits (*zeg:* pwie) m *put* ★ ~ de science *wonder v. geleerdheid* ★ ~ de mine *mijnschacht*
pull (*zeg:* puul) m *trui*
pullman m *pullmanwagen*
pull-over m [mv: **pull-overs**] *trui*
pullulation v *snelle voortplanting*; *voortwoekering*
pullulement m *snelle voortplanting*; *voortwoekering*
pulluler ON WW • *voortwoekeren*; *zich snel vermenigvuldigen* • *krioelen*; *wemelen*
pulmonaire BNW *van de longen*
pulpe v • *vruchtvlees* • *moes* • *pulp*
pulpeux BNW [v: **pulpeuse**] • *moesachtig* • *vlezig*
pulsation v *polsslag*
pulser OV WW *voortstuwen*
pulsion v *drift*; *drang*
pulvérisateur m *toestel om een vloeistof te verstuiven*; *pulverisator*
pulvérisation v *verstuiving*; *(het) sprayen*
pulvériser OV WW • *tot stof verbrijzelen*; *vermalen* • *verstuiven*; *sproeien*; *sprayen* • *vernietigen* • *ontzenuwen* ★ ~ une objection *een tegenwerping ontzenuwen*
pulvérulence v *poedervorm*
pulvérulent BNW *poedervormig*
puma m *poema*
punaise I v • *wandluis* • *punaise* **II** TW INF. *verdraaid!*
punch m • *punch* • INF. *dynamiek*
punching-ball m [mv: **punching-balls**] *boksbal*
punique BNW *Punisch* ★ foi ~ *trouweloosheid*
punir OV WW *straffen* (**de** *voor*)
punissable BNW *strafbaar*
punitif BNW [v: **punitive**] *straffend* ★ expédition punitive *strafexpeditie*
punition v • *(het) straffen* • *straf*
punk I m/v *punk(er)* **II** BNW *punk-*
pupille I v • *oogappel* • *pupil* ‹v. oog› **II** m/v *minderjarige wees*; *pleegkind*
pupitre m *lessenaar*; *tafel* ★ ~ image *beeldmontagetafel*
pupitreur m [v: **pupitreuse**] *deskoperator*
pur BNW *zuiver*; *rein*; *puur* ★ en pure perte *vruchteloos* ★ pur sang *volbloed*
purée v • *brei*; *puree* • INF. *narigheid*; *armoede* ★ ~ de pois *erwtensoep*; *dikke mist*
purement BIJW • *zuiver*; *rein* • *alleen*; *enkel* ★ ~ et simplement *enkel en alleen*
pureté v *reinheid*; *zuiverheid*
purgatif I m *purgeermiddel* **II** BNW [v: **purgative**] *purgerend*
purgation v • *purgering* • *purgeermiddel*
purgatoire m *vagevuur*
purge v • *purgering* • *purgeermiddel* • POL. *zuivering*
purger OV WW • *reinigen*; *zuiveren* (**de** *van*) • *bevrijden* • *ontluchten* ‹v. radiator› • *een purgeermiddel toedienen* ★ ~ une hypothèque *een hypotheek aflossen* ★ ~ sa peine *z'n straf uitzitten*
purificateur [v: **purificatrice**] **I** m *zuiveraar* **II** BNW *reinigend*
purification v *reiniging*; *zuivering* ★ REL. la Purification *Maria-Lichtmis* ‹r.-k. feestdag› ★ ~ ethnique *etnische zuivering*
purifier OV WW *reinigen*; *zuiveren*
purin m *gier* ‹mest›
purisme m *overdreven zucht naar (taal)zuiverheid*
puriste m/v *(taal)zuiveraar*
puritain I m [v: **puritaine**] • *puritein*; *streng protestant* • *iem. van (overdreven) strenge levensopvatting* **II** BNW *puriteins*; *overdreven streng*
puritanisme m • *leer der puriteinen* • *(te) strenge levensopvatting*
purpurin BNW *purperkleurig*
pur-sang m (onver.) *raspaard*; *volbloed*
purulence v *ettering*
purulent BNW *etterend*
pus (*zeg:* puu) **I** m *etter* **II** WW (passé simple) → **pouvoir**
pusillanime BNW *kleinmoedig*; *laf*
pusillanimité v *kleinmoedigheid*; *lafhartigheid*
pustule v *zweertje*; *puistje*
pustuleux BNW [v: **pustuleuse**] *puistig*
put WW (passé simple) → **pouvoir**
putain VULG. **I** v • *hoer* • (~ **de**) *rot-* ★ quel putain de temps *wat een rotweer* **II** TW *te gek!*; *verdomme!*
putassier BNW [v: **putassière**] *hoerig*
putatif BNW [v: **putative**] *vermeend*
pute v VULG. *hoer*
putois m *bunzing*
putréfaction v *rotting*
putréfier I OV WW *doen rotten* **II** WKD WW

P

(**se** ~) *rotten*
putrescent BNW *rottend*
putrescible BNW *spoedig rottend*
putride BNW *rottend*; *bedorven*
puzzle (*zeg:* puuz(e)l) m *legpuzzel*
P.-V. AFK [**p.-v.**] (procès-verbal) *proces-verbaal*
PVC AFK *pvc*; *polyvinylchloride*
PVD AFK (pays en voie de développement) *ontwikkelingsland*
pygmée m *pygmee*; *dwerg*
pyjama m
pylône m *mast*; *toren*
pyramidal BNW [m mv: **pyramidaux**] • *kolossaal*; *enorm* • *piramidevormig* ★ succès ~ *enorm succes*
pyramide v *piramide*
pyrénéen BNW [v: **pyrénéenne**] *uit de Pyreneeën*
Pyrénées v mv *Pyreneeën*
pyrex m *ovenvast soort glas*
pyrite v *pyriet*
pyrograver OV WW *brandschilderen*
pyrogravure v *(het) branden v. figuren in hout of leer*
pyromane m/v *pyromaan*
pyromètre m *pyrometer*
pyrotechnie v *(het) maken v. vuurwerk*
pyrotechnique BNW *wat het maken v. vuurwerk betreft*
pyrrhonisme m *twijfelzucht*; *scepticisme*
Pythagore *Pythagoras*
python m *python* ‹slang›

Q

q m *letter q*
qc AFK (quelque chose) *iets*
QCM AFK (questionnaire à choix multiple) *multiple-choicevragen*
QG AFK (quartier général) *hoofdkwartier*
QI AFK (quotient intellectuel) *IQ*
qn AFK (quelqu'un) *iemand*
qu' VR VNW → **que**
quadragénaire (*zeg:* k(w)a-) **I** m/v *veertigjarige*; *veertiger* **II** BNW *veertigjarig*
quadragésime (*zeg:* k(w)a-) v *veertigdaagse vasten* ★ dimanche de la Quadragésime *eerste zondag in de vasten*
quadrangulaire (*zeg:* k(w)a-) BNW *vierhoekig*
quadrant (*zeg:* ka-) m *kwadrant*
quadrature (*zeg:* k(w)a-) v *kwadratuur*
quadriennal (*zeg:* k(w)a-) BNW [m mv: **quadriennaux**] • *vierjarig* • *vierjaarlijks*
quadrilatère (*zeg:* k(w)a-) m *vierhoek*
quadrillage (*zeg:* ka-) m • *geruit patroon* • MIL. *controlenet(werk)*
quadrille (*zeg:* ka-) **I** m *quadrille* ‹dans› **II** v • VERO. *troep ruiters* • *groep stierenvechters*
quadrillé (*zeg:* ka-) BNW *geruit*
quadriller (*zeg:* ka-) OV WW *in ruiten verdelen*
quadrimoteur (*zeg:* k(w)a-) **I** m *viermotorig vliegtuig* **II** BNW *viermotorig*
quadriphonie (*zeg:* k(w)a-) v *quadrafonie*
quadriréacteur (*zeg:* k(w)a-) **I** m *viermotorig straalvliegtuig* **II** BNW *viermotorig*
quadrisyllabique (*zeg:* k(w)a-) BNW *vierlettergrepig*
quadrumane (*zeg:* k(w)a-) BNW *vierhandig* ‹v. dieren›
quadrupède (*zeg:* k(w)a-) BNW *viervoetig*
quadruple (*zeg:* k(w)a-) **I** m *viervoud* **II** BNW *viervoudig*
quadrupler (*zeg:* k(w)a-) OV + ON WW *verviervoudigen*
quadruplés (*zeg:* k(w)a-) m/v [v mv: **quadruplées**] *vierling*
quai (*zeg:* kè) m • *kade* • *perron* ★ le quai d'Orsay *(het ministerie v.) Buitenlandse Zaken*
quaker (*zeg:* kweekeur) m [v: **quakeresse**] *quaker*
qualifiable (*zeg:* ka-) BNW • *te kwalificeren*; *te omschrijven* • SPORT *die voor kwalificatie in aanmerking komt*
qualificatif (*zeg:* ka-) **I** m *kwalificatie*; *bepalend woord* **II** BNW [v: **qualificative**] *kwalificerend*; *bepalend*
qualification (*zeg:* ka-) v *kwalificatie*; *benoeming*; *betiteling*
qualifié (*zeg:* ka-) BNW • *gekwalificeerd*; *bekwaam*; *bevoegd* • SPORT *gekwalificeerd* • *geschoold* ★ vol ~ *diefstal onder verzwarende omstandigheden* • (~ **pour**) *geschikt om*
qualifier (*zeg:* ka-) **I** OV WW • *plaatsen* • *geschikt maken*; *geschikt zijn* • *kwalificeren*; *bepalen*; *benoemen*; *betitelen* **II** WKD WW (**se** ~) SPORT *zich kwalificeren*; *zich plaatsen*

Q

qualitatif (*zeg:* ka-) BNW [v: **qualitative**] *kwalitatief*
qualité (*zeg:* ka-) v • *hoedanigheid*; *kwaliteit* • *aanleg*; *talent* • *titel* • *bevoegdheid* ★ en ~ de *als*; *in de hoedanigheid van* ★ personne de ~ *voornaam, adellijk persoon*
quand I BIJW *wanneer?* ★ ~ même *echter*; *toch* II VW • *als*; *wanneer* • *terwijl* • *al*; *zelfs al(s)* ★ ~ tu auras fini ce livre, tu me le diras *als je dat boek uit hebt, moet je het me zeggen* ★ ~ l'un disait oui, l'autre disait non *terwijl de een ja zei, zei de ander nee* ★ ~ (même) tu l'aurais voulu, tu ne l'aurais pas pu *al zou je het gewild hebben, dan had je het nog niet gekund* ★ ~ même *al*; *zelfs al*
quant VZ (~ **à**) *wat betreft* ★ quant à moi, je ne le fais pas *ik doe het niet*
quant-à-soi m *afstandelijkheid* ★ tenir son/se tenir sur son ~ *zich groot houden*; *zich op een afstand houden*
quantième I m • *zoveelste* • *datum* II BNW VERO. *hoeveelste*
quantifier OV WW *kwantificeren*; *bepalen*; *meten*; *in cijfers uitdrukken*
quantitatif BNW [v: **quantitative**] *kwantitatief*
quantité v • *hoeveelheid*; *aantal*; *kwantiteit* • *grote hoeveelheid*; *een groot aantal* ★ ~ de gens *een heleboel mensen*
quantum (*zeg:* k(w)a(n)tom) m • *kwantum* • *hoeveelheid*; *bedrag* • *deel*
quarantaine v • *veertigtal* • *veertigjarige leeftijd* • *quarantaine*
quarante I m *veertig* ★ les Quarante *de leden v.d.Franse Academie* II TELW *veertig* ★ VERO. les ~ heures *de veertigurige werkweek*
quarantième I m *veertigste deel* II TELW *veertigste*
quart I m • *vierde deel*; *kwart* • *kwart liter*; *kwart pond*; *kwart vat*; *kwart okshoofd* • SCHEEPV. *wacht* ★ aux trois ~s ivre *stomdronken* ★ les trois ~s du temps *meestentijds* ★ ~ de cercle *kwadrant* ★ le ~ d'heure de Rabelais *het ogenblik van betalen* ★ il est deux heures et ~ *het is kwart over twee* ★ il est deux heures moins le ~ *het is kwart vóór twee* ★ INF. passer un mauvais ~ d'heure *een benauwd ogenblik doormaken* ★ ~ d'heure *kwartier* ★ être de ~ *de wacht hebben* II BNW *vierde* ★ le ~ monde *de vierde wereld*
quarte v • VERO. *maat v. twee pinten* • MUZ. *kwart* • *vierde parade* ‹schermen›
quarteron m • PEJ. *handjevol* • VERO. *kwart pond*
quartette m *kwartet*
quartier m • *wijk* • MIL. *kwartier* • *kwart* • *brok*; *stuk* • *kwartier* ‹v.d. maan› • HER. *kwartier* ★ ~ général *hoofdkwartier* ★ ~ de terre *stuk land* ★ bas ~ *achterbuurt* ★ Quartier Latin *Parijse studentenwijk* ★ premier ~ *eerste kwartier* ★ ils n'ont pas fait de ~ *ze hebben iedereen gedood*
quartier-maître m [mv: **quartiers-maîtres**] *kwartiermeester*
quarto BIJW *ten vierde*
quartz m *kwarts*
quasi BIJW [**quasiment**] *bijna*; *ongeveer*; *quasi*
quaternaire I m GEO. *quartair* II BNW • *vierdelig* • *door vier deelbaar* • GEO. *quartair*
quatorze I m • *veertien* • *nel* ‹bij kaartspel› II TELW • *veertien* • *veertiende* ★ Louis XIV *Lodewijk de veertiende*
quatorzième I m *veertiende deel* II TELW *veertiende*
quatrain m *vierregelig vers*; *kwatrijn*
quatre I m *vier* II TELW *vier* ★ descendre/monter l'escalier ~ à ~ *de trap af-/opvliegen* ★ dire à qn ses ~ vérités *iem. ongezouten de waarheid zeggen* ★ INF. se mettre en ~ *zijn uiterste best doen*; *zich inspannen*
quatre-mâts m (onver.) *viermaster*
quatre-vingt I m *tachtig* II TELW *tachtig* ★ les années ~ *de tachtiger jaren*; *de jaren tachtig* ★ mon grand-père a ~s ans *mijn opa is tachtig jaar*
quatre-vingt-dix I m *negentig* II TELW *negentig*
quatre-vingt-dixième I m *negentigste deel* II TELW *negentigste*
quatre-vingtième I m *tachtigste deel* II TELW *tachtigste*
quatrième I m *vierde deel* II v *derde jaar v.h. middelbaar onderwijs* ‹in Frankrijk› III TELW *vierde*
quatrièmement BIJW *ten vierde*
quatuor m • MUZ. *kwartet* • INF. *viertal* ★ ~ à cordes *strijkkwartet*
que [**qu'**] I VR VNW *wat* ★ que faites-vous ? *wat doet u ?* II BETR VNW *die*; *dat*; *wat*; *welke* ★ advienne que pourra *wat gebeurt, gebeurt* ★ ce que *wat*; *hetgeen* ★ la ville que tu as visitée *de stad die je bezocht hebt* III BIJW • *waarom?* • *wat!* ★ VERO. que n'êtes-vous venu à temps? *waarom bent u niet op tijd gekomen?* ★ que de monde! *wat een mensen!* ★ que je suis heureux! *wat ben ik blij!* IV VW • *dat*; *dan* • *drukt bevel of wens uit* • *als*; *opdat*; *tot(dat)* • *ter herhaling v.e. ander voegwoord* ★ plus grand que *groter dan* ★ ne ... que *slechts*; *pas* ★ qu'il parte tout de suite ! *hij moet onmiddellijk vertrekken!* ★ que je meure, si ... *ik moge sterven, als ...* ★ qu'il appelle, tout le monde accourt *als hij roept, komt iedereen aanrennen* ★ venez ici que je vous voie mieux *kom eens hier, opdat ik je beter kan zien* ★ attendez que je sois là *wacht tot ik er ben* ★ quand on est intelligent et qu'on a de l'énergie, on peut aller loin *wanneer men een goed verstand heeft en energiek is, kan men het ver brengen* ★ c'est un beau pays que la France *Frankrijk is een mooi land* ★ je dis que non *ik zeg nee* ★ qu'est-ce que la vie? *wat is het leven?*
Québec m *Quebec*
québécois I m *(het) Frans in Quebec* II BNW *uit Quebec*
Québécois m [v: **Québécoise**] *inwoner van Quebec*
quel BNW [v: **quelle**] / vragend bijv.nw. / • *welk*; *welke*; *hoe*; *wat*; *wie* • *wat een!*; *welk een!* ★ quelle heure est-il? *hoe laat is het?* ★ quel est votre nom ? *wat is uw naam ?* ★ quel est cet homme? *wie is die man?* ★ quelle déveine! *wat een pech!* • (~ **que**) *welke ook*; *wie ook*; *wat ook* ★ quel qu'il soit

Q

wie hij ook is ⋆ quels que soient vos projets *wat uw plannen ook zijn*
quelconque BNW • *een of ander; welke ook* • *alledaags; middelmatig* ⋆ un livre ~ *een of ander boek*
quelque I BNW • *enkele; enige; weinige* • *enig; enige; een of ander* ⋆ ~ chose *iets* ⋆ ~ part *ergens* • (~ **que**) *welke .. ook* ⋆ quelques intentions que vous ayez *welke bedoelingen u ook heeft* **II** BIJW *ongeveer* ⋆ il a ~ huit ans *hij is ongeveer acht jaar* ⋆ ~ peu *enigszins* ⋆ ~ bon qu'il soit *hoe goed hij ook is*
quelquefois BIJW *soms*
quelques-uns ONB VNW [v mv: **quelques-unes**] *enige(n); sommige(n)*
quelqu'un ONB VNW • *iemand* • *belangrijk persoon*
quémander I OV WW *nederig verzoeken* **II** ON WW *bedelen*
quémandeur m [v: **quémandeuse**] *bedelaar*
quenelle v *balletje kalfsvlees; fijngemalen vis of vlees ter opvulling v.e. pastei of wild*
quenotte v INF. *melktand*
quenouille v *spinrokken* ⋆ arbre en ~ *spilboom*
quéquette v KIND. *piemel; plasser*
querelle v *twist; onenigheid* ⋆ chercher ~ à *ruzie zoeken met*
quereller I OV WW *twisten met* **II** WKD WW (**se** ~) *twisten*
querelleur [v: **querelleuse**] **I** m *ruziezoeker* **II** BNW *twistziek*
quérir OV WW *halen* ⋆ envoyer ~ *laten halen*
questeur m • *quaestor* • *met financieel beheer en administratie belast lid der Kamer*
question v • *vraag* • *kwestie; vraagpunt* • GESCH. *foltering; pijnbank* ⋆ ~ brûlante *brandende vraag* ⋆ ~ de confiance *vertrouwenskwestie* ⋆ de quoi est-il ~? *waar gaat het over?* ⋆ mettre en ~ *in twijfel trekken* ⋆ la ~ est de savoir si ... *de vraag is of ...*
questionnaire m *vragenlijst*
questionner OV WW *ondervragen*
questionneur m [v: **questionneuse**] *iem. die graag en veel vraagt*
quête v • *(het) zoeken* • *(geld)inzameling; collecte* ⋆ se mettre en ~ *op zoek gaan*
quêter I OV WW • *zoeken* • *opsporen* ‹v. wild› • *bedelen om; hengelen naar* ⋆ ~ des louanges *naar lovende woorden hengelen* **II** ON WW *collecteren; giften inzamelen*
quêteur [v: **quêteuse**] **I** m • *zoeker* • *collectant* **II** BNW • *zoekend; opsporend* • *bedelend* ⋆ chien ~ *speurhond* ⋆ moine ~ *bedelmonnik*
quetsche v *kwets* ‹pruim›
queue v • *staart* • *rij* • PLANTK. *steeltje* • VULG. *pik* • *handvat; steel* • *einde;* FIG. *staartje* • *sleep v.e. japon* • *biljartkeu* ⋆ finir en ~ de poisson *op niets uitlopen* ⋆ prendre la ~ *in de rij gaan staan* ⋆ faire la ~ *in de rij staan* ⋆ à la ~ leu leu *achter elkaar op een rij*
queue-de-pie m [mv: **queues-de-pie**] *rokkostuum*
qui I VR VNW *wie* ⋆ qui est-ce ? *wie is dat ?* **II** BETR VNW • *die; dat; wie; welke* • *wat* ⋆ sauve qui peut *redde zich, wie zich redden kan* ⋆ le livre qui me plaît *het boek dat me bevalt* ⋆ qui pis est *wat erger is*
quiche v *quiche*
quiconque VNW • *ieder die; al wie* • *wie (dan) ook*
quidam m SCHERTS. *individu* ⋆ un ~ *een zeker iemand*
quiétude v *rust; gemoedsrust*
quignon m INF. *homp brood*
quille v • *kegel* • INF. *been* • SCHEEPV. *kiel* • *langwerpige fles* • MIL. *(het) afzwaaien; demobilisatie*
quincaillerie v • *ijzerhandel* • *ijzerwaren*
quincaillier m *ijzerhandelaar*
quinconce m ⋆ en ~ *per vijf gegroepeerd* ‹als de ogen van een dobbelsteen›
quinine v *kinine*
quinquagénaire I m/v *vijftigjarige; vijftiger* **II** BNW *vijftigjarig*
quinquennal BNW [m mv: **quinquennaux**] • *vijfjaarlijks* • *vijfjarig* ⋆ plan ~ *vijfjarenplan*
quinquet m • *soort petroleumlamp* • INF. *oog*
quinquina m *kina*
quint TELW VERO. *vijf* ⋆ Sixte Quint *Sixtus de Vijfde* ⋆ Charles Quint *Karel de Vijfde*
quintal m [mv: **quintaux**] *centenaar* ‹100 kg›
quinte v • MUZ. *kwint* • *vijfkaart* • *hoestbui*
quintessence v *kwintessens; het voornaamste; beste*
quintette v *kwintet*
quinteux BNW [v: **quinteuse**] VERO. *grillig; humeurig*
quintuple I m *vijfvoud* **II** BNW *vijfvoudig*
quintuplés m mv *vijfling*
quinzaine v • *vijftiental* • *veertien dagen*
quinze I m *vijftien* **II** TELW • *vijftien* • *vijftiende* ⋆ ~ jours *veertien dagen* ⋆ Louis Quinze *Lodewijk de vijftiende*
quinzième I m *vijftiende deel* **II** TELW *vijftiende*
quinzièmement BIJW *op de vijftiende plaats*
quiproquo m *vergissing; misverstand*
quittance v *kwitantie*
quitte BNW • *quitte* • *vrij; ontslagen van* ⋆ en être ~ pour la peur *er met de schrik afkomen* ⋆ ~ à *op gevaar af van*
quitter I OV WW • *opgeven* • *verlaten* • *afstaan* • *afleggen; uittrekken* ⋆ ~ ses études *zijn studie opgeven* ⋆ ne quittez pas *blijf aan de lijn* ‹telefoon› ⋆ ~ le monde *in het klooster gaan* ⋆ ~ ses droits *zijn rechten afstaan* ⋆ ~ ses habits *zijn kleren uittrekken* **II** WKD WW (**se** ~) *uit elkaar gaan*
quitus (*zeg:* -tuus) m *kwijting* ⋆ donner ~ *decharge verlenen*
qui-vive m (onver.) ⋆ être sur le ~ *op zijn hoede zijn*
quoi I VR VNW *wat* ⋆ quoi de plus utile que l'étude? *wat is er nuttiger dan de studie?* **II** BETR VNW *(met voorzetsel) wat* ⋆ avoir de quoi vivre *voldoende hebben om te kunnen leven* ⋆ donnez-moi de quoi écrire *geef mij schrijfgereedschap* ⋆ il n'y a pas de quoi vous fâcher *er is geen reden om kwaad te worden* ⋆ à quoi *waaraan* ⋆ après quoi *waarna* ⋆ de quoi *het nodige om; voldoende om* ⋆ pas de quoi *niet te danken* ⋆ avoir de quoi *er warmpjes bijzitten* **III** ONB VNW ⋆ quoi que *wat ook* ⋆ quoi que vous disiez *wat u ook*

Q

zegt ★ quoi qu'il en soit *hoe het ook zij* **IV** TW *wat?*; *hoe?*
quoique VW / met subj. / *hoewel*; *ofschoon*
quolibet m *spottende opmerking*
quorum (*zeg:* k(w)orom) m *vereiste aantal leden om te kunnen stemmen*; *quorum*
quote-part m [mv: **quote-parts**] *aandeel*; *bijdrage*; *quota*; *quotum*
quotidien I m • *alledaagsheid* • *dagblad* **II** BNW [v: **quotidienne**] • *dagelijks* • *alledaags*
quotidiennement BIJW *dagelijks*
quotient m *quotiënt* ★ ~ intellectuel *intelligentiequotiënt*
quotité v *quotiteit*; *evenredig bedrag*

Q

R

r m *letter r*
rab INF. m [**rabiot**] *extra* ‹v. eten› ★ en rab *extra*; *gratis* ★ faire du rab *overuren maken*
rabâchage m *(het) eindeloos herhalen*
rabâcher OV + ON WW *voortdurend herhalen*; *zaniken*
rabâcheur m [v: **rabâcheuse**] *zeurkous*; *zaniker*
rabais m *korting*; *afslag*; *prijsvermindering* ★ vendre au ~ *met korting verkopen*
rabaisser I OV WW • *lager plaatsen*; *neerhalen* • *terugbrengen*; *verminderen* • *vernederen* ★ ~ la voix *zachter spreken* ★ ~ le prix de *de prijs verlagen van* **II** WKD WW (**se** ~) *zich vernederen*; *zich verlagen*
rabat m • *overslag* ‹v. kledingstuk›; *bef* • *drijfjacht*; *klopjacht*; *het drijven*
rabat-joie I m (onver.) *spelbreker*; *zuurpruim* **II** BNW (onver.) *chagrijnig*
rabattage m *(het) kappen van takken*; *(het) opdrijven van wild*
rabatteur m [v: **rabatteuse**] • *drijver* ‹bij drijfjacht› • PEJ. *ronselaar*; *werver*
rabattre I OV WW • *neerslaan* • *gladstrijken* • *afdoen* ‹v.d. prijs›; *verminderen* • *verkorten* • *vernederen* • *opdrijven* ‹v. wild› ★ en ~ *bakzeil halen* ★ col rabattu *liggende kraag* ★ ~ un arbre *de takken afkappen tot aan de stam* ★ il en a bien rabattu *hij is zijn illusies kwijt* **II** WKD WW (**se** ~) • *een andere weg inslaan*; *van richting veranderen*; *invoegen* • *plotseling v. onderwerp*; *v. gesprek veranderen* ★ ~ sur *uiteindelijk accepteren*
rabbi m [**rabbin**] *rabbijn*
rabbinique BNW *rabbijnen-*; *rabbijns*
rabelaisien BNW [v: **rabelaisienne**] *als Rabelais*; *rabelaisiaans*; *vrijgevochten*
rabibocher OV WW • INF. *oplappen*; *herstellen* • *verzoenen*
rabiot INF. m • *overschot*; *extra eten* • MIL. *verlenging van de diensttijd wegens straf* • *overwerk*
rabioter INF. **I** OV WW *inpikken* **II** ON WW *schnabbelen*; *winst maken*
rabique BNW *wat hondsdolheid betreft*
râble m • *rugstuk v. haas of konijn* • *vuurhaak*
râblé BNW ★ lièvre bien ~ *haas met mooie brede rug*
rabot m *schaaf*
rabotage m *(het) schaven*
raboter OV WW *schaven*; FIG. *bijschaven* ★ ~ son style *zijn stijl bijschaven*
raboteur m *schaver*
raboteuse v *schaafmachine*
raboteux BNW [v: **raboteuse**] OOK FIG. *ruw*; *ongelijk*; *hobbelig*
rabougri BNW PLANTK. *niet uitgegroeid*; *verschrompeld*; *klein*
rabougrir I OV WW *doen verschrompelen* **II** ON WW *verschrompelen*; *kwijnen*; *niet groeien* **III** WKD WW (**se** ~) *verschrompelen*
rabouter OV WW *aan elkaar zetten*; *samenvoegen*

rabrouer OV WW *afsnauwen*
racaille v *gespuis*; *gepeupel*; *geteisem*
raccommodable BNW *te herstellen*
raccommodage m *(het) herstellen*; *verstellen*
raccommodement m *verzoening*
raccommoder I OV WW • *verstellen*; *herstellen* • *verzoenen* **II** WKD WW (**se** ~) *zich met elkaar verzoenen*
raccommodeur m [v: **raccommodeuse**] *hersteller*; *versteller*
raccompagner OV WW *thuisbrengen*
raccord m • *verbindingsstuk* • *samenvoeging*; *aaneenhechting* ⋆ ~ de plans *overgang tussen twee scènes* ⋆ INF. faire un ~ *even de make-up bijwerken*
raccordement m *samenvoeging*; *verbinding* ⋆ voie de ~ *aansluitingsspoor*
raccorder I OV WW *samenvoegen*; *verbinden (**à** met)* **II** WKD WW (**se** ~ **avec**) *aansluiten bij*
raccourci m • *verkorting* • *uittreksel*; *samenvatting* • *kortere weg* ⋆ en ~ *in het kort*; *in het klein*
raccourcir I OV WW *verkorten*; *weg afsnijden* ⋆ à bras raccourcis *met volle kracht* **II** ON WW *korter worden*
raccourcissement m *verkorting*
raccroc (*zeg:* -kroo) m *gelukswor p*; *geluksstoot* ‹o.a. bij biljarten› ⋆ par ~ *toevallig*; *door stom geluk*
raccrocher I OV WW • *(weer) ophangen* • *aanklampen* **II** ON WW • *een geluksstoot maken* • *ophangen* ‹telefoon› **III** WKD WW (**se** ~) OOK FIG. *zich vastklampen (**à** aan)*
race v • *ras* • *geslacht* ⋆ chien de race *rashond*
racé BNW *rasecht*
rachat m • *terugkoop* • *vrijkoping* • *afkoop* • *aflossing* ⋆ prix de ~ *afkoopsom*
rachetable BNW • *wat teruggekocht kan worden* • *aflosbaar* • *afkoopbaar*
racheter I OV WW • *afkopen* • *aflossen*; *goedmaken* • *terugkopen* • *vrijkopen* ⋆ ~ ses péchés *zijn zonden uitboeten* **II** WKD WW (**se** ~) • *weer goed maken*; *teruggekocht worden* • *zich vrijkopen*
rachidien BNW [v: **rachidienne**] *v.d. ruggengraat*
rachis (*zeg:* -sjies) m *wervelkolom*; *ruggengraat*
rachitique I m/v *iem. die aan Engelse ziekte lijdt* **II** BNW • *lijdend aan Engelse ziekte* • *achtergebleven*; *schriel*
rachitisme m *Engelse ziekte*; *rachitis*
racial BNW [m mv: **raciaux**] *wat het ras betreft*
racine v • *wortel* • *oorsprong* • *stamwoord* ⋆ WISK. ~ carrée *vierkantswortel* ⋆ WISK. ~ cubique *derdemachtswortel* ⋆ pousser des ~s *wortels krijgen* ⋆ prendre ~ *wortel schieten*; *ergens lang blijven*
racisme m *rassenpolitiek*; *racisme*
raciste I m/v *racist* **II** BNW *racistisch*
racket (*zeg:* -kèt) m *geldafpersing*
racketteur m *afperser (onder bedreiging)*
raclage m *(het) afschrapen*
raclée v • *nederlaag* • INF. *pak slaag*
raclement m ⋆ ~ de gorge *(het) schrapen van de keel*
racler I OV WW *afschrapen*; *afkrabben* **II** ON WW ⋆ INF. ~ du violon *op de viool krassen* **III** WKD WW (**se** ~) ⋆ se ~ la gorge *zijn keel schrapen*
raclette v *schraapijzer*; *krabbertje*; *schraapkaas*
racloir m *schraapijzer*
raclure v *schraapsel*
racolage m • GESCH. *(het) ronselen* • *(het) tippelen*
racoler OV WW GESCH. *ronselen*; *werven*; *aanklampen* ‹door prostituee›
racoleur m [v: **racoleuse**] *propagandist*; *ronselaar*; *klantenlokker*
racoleuse v *tippelaarster*
racontable BNW *te vertellen*
racontar m *praatje*
raconter I OV WW *vertellen*; *verhalen* **II** WKD WW (**se** ~) *elkaar vertellen*; *van zichzelf vertellen*
raconteur m [v: **raconteuse**] *iem. die veel vertelt*
racorni BNW *verhard*; *ongevoelig*
racornir I OV WW *verhoornen*; *hard maken* **II** WKD WW (**se** ~) *inschrompelen*; *hard worden*; *vermageren*
racornissement m *verharding*
radar m *radar*
radariste m/v *radarspecialist*
rade v SCHEEPV. *rede* ⋆ rester en rade *blijven liggen*; *stagneren* ‹v. project›
radeau m [mv: **radeaux**] *vlot*
radial BNW [m mv: **radiaux**] • *radiaal(-)* • *v.d. straal* • *v.h. spaakbeen* ⋆ pneu ~ *radiaalband* ⋆ couronne ~e *stralenkroon*
radiale v *ontsluitingsweg*
radiant I m *radiant* **II** BNW *stralend* ⋆ point ~ *uitstralingscentrum*
radiateur m *radiator*
radiation v • NAT. *straling* • *doorhaling*
radical [m mv: **radicaux**] **I** m • *stam v.e. woord* • *aanhanger v.e. radicale partij* • *wortelteken* **II** BNW • *radicaal* • *de kern v.d. zaak betreffend*; *grondig*; *volstrekt* • *v.d. wortel*
radicalisation v *radicalisering*
radicaliser WKD WW (**se** ~) *radicaliseren*
radicalisme m *radicalisme*
radicelle v *wortelvezel*
radié BNW *straalvormig*
radier OV WW *schrappen*
radiesthésie v *ontvankelijkheid voor aardstralen*
radiesthésiste m/v *wichelroedeloper* ⋆ baguette de ~ *wichelroede*
radieux BNW [v: **radieuse**] *stralend*
radin INF. **I** m *gierigaard* **II** BNW *gierig*
radiner INF. **I** ON WW *eraan komen* **II** WKD WW (**se** ~) *eraan komen*
radinerie v *gierigheid*
radio I m • *radiogram* • *marconist*; *radiotelegrafist* **II** v • *radio* • *radiotoestel* • *röntgenfoto* **III** VOORV *radio-*; *röntgen-*; *stralings-*
radioactif BNW [v: **radioactive**] *radioactief*
radioactivité v *radioactiviteit*
radioamateur m *radioamateur*
radiocommunication v *radioverkeer*; *radioverbinding*
radiodiffuser OV WW *uitzenden*
radiodiffusion v • *radio-uitzending* • *radio-omroep* ⋆ une association de radio-diffusion

R

een radio-omroep
radiogramme m *röntgenbeeld; draadloos telegram*
radiographie v *röntgenfoto; röntgenfotografie*
radiographier OV WW *doorlichten; een röntgenopname maken*
radiographique BNW *röntgen-; radiografisch*
radioguidage m *verkeersberichten* ‹op de radio›; *draadloze besturing*
radio-isotope m [mv: **radio-isotopes**] *radio-isotoop*
radiologie v MED. *(het) bestralen*
radiologique BNW *radiologisch; röntgen-*
radiologue m/v [**radiologiste**] • *radioloog* • *röntgenoloog*
radiophare m *radiobaken*
radiophonie v *(het) draadloos telefoneren*
radiophonique BNW *radio-*
radioreportage m *radioverslag*
radio-réveil m [mv: **radios-réveils**] *wekkerradio*
radioscopie v *radioscopie; onderzoek met röntgen-stralen*
radio-taxi m [mv: **radio-taxis**] *met mobilofoon uitgeruste taxi*
radiotélégraphie v *draadloze telegrafie*
radiotéléphone m *mobilofoon; autotelefoon*
radiotéléphonie v *draadloze telefonie*
radiotélévisé BNW *via radio en tv uitgezonden*
radiothérapie v *röntgentherapie; radiotherapie*
radis (*zeg:* -die) m • *radijs* • INF. *geld* ★ n'avoir plus un ~ *geen rooie cent meer hebben*
radium (*zeg:* radjom) m *radium*
radius (*zeg:* -djuus) m *spaakbeen; radius*
radotage m *gebazel*
radoter ON WW *bazelen; leuteren*
radoteur m [v: **radoteuse**] *kletskous; raaskaller*
radoub (*zeg:* -doe) m *reparatie* ‹v. schip›; *kalfatering* ★ bassin de ~ *droogdok* ★ ARG. être au ~ *in het ziekenhuis liggen*
radouber OV WW *kalefateren*
radoucir I OV WW *verzachten* II WKD WW (**se** ~) *bedaren; zachter worden* ‹v.h. weer›
radoucissement m *verzachting; leniging; verbetering* ‹v.h. weer›
rafale v • *rukwind* • *serie schoten; salvo* ‹v. wapen›
raffermir OV WW OOK FIG. *versterken; steviger maken*
raffermissement m *versterking; (het) steviger worden*
raffinage m *raffinering*
raffiné BNW • *geraffineerd* • OOK FIG. *verfijnd*
raffinement m • *gezochtheid* • *verfijning* ★ ~ de cruauté *toppunt van wreedheid*
raffiner I OV WW • *zuiveren* • *raffineren* • OOK FIG. *verfijnen* II ON WW *tot het uiterste gaan*
raffinerie v *raffinaderij*
raffineur m *raffinadeur*
raffoler ON WW (~ **de**) *dol zijn op* ★ raffoler de musique *verzot zijn op muziek*
raffut (*zeg:* -fuu) m INF. *lawaai*
rafiau m [**rafiot**] *gammele schuit*
rafistolage INF. m *(het) oplappen*
rafistoler OV WW INF. *oplappen*
rafle v • *plundering* • *razzia* • *afgeriste tros druiven of bessen*
rafler OV WW INF. *pikken; plunderen; wegkapen; oogsten; binnenhalen* ‹medaille›
rafraîchir I OV WW • *verfrissen; koelen* ‹v. dranken, etenswaren› • *bijwerken; herstellen; ophalen* • *punten bijknippen* ‹v. haar› ★ ~ un tableau *een schilderij opknappen* ★ ~ la mémoire *het geheugen opfrissen* II ON WW *koelen; afkoelen* ‹v. dranken, etenswaren› III WKD WW (**se** ~) • *koel worden* • *zich opfrissen; iets fris drinken* ★ le temps se rafraîchit *het wordt fris*
rafraîchissant I m *verfrissend middel* II BNW OOK FIG. *verfrissend*
rafraîchissement m • *verfrissing; afkoeling; opfrissing; koel drankje* • *(het) ophalen van kleuren*
rafting m *rafting* ‹wildwatersport›
ragaillardir OV WW *opvrolijken*
rage v • *hondsdolheid* • *woede* • *zucht; manie* • *pijn* ★ faire rage *woeden* ★ rage de dents *hevige kiespijn* ★ avoir la rage de faire des vers *verzot zijn op verzen maken*
rageant BNW *vervelend; beroerd*
rager ON WW *razen; tieren*
rageur BNW [v: **rageuse**] *opvliegend; driftig*
raglan I m *raglan(jas)* II BNW *raglan-*
ragondin m *beverratbont; beverrat*
ragot I m • *kletspraatje* • *jong wild zwijn* II BNW *kort en dik*
ragoût m *ragout*
ragoûtant BNW *aantrekkelijk;* VAAK IRON. *smakelijk*
rai m • *straal* • *houten spaak*
raï m *raï(muziek)*
raid (*zeg:* rèd) m • *inval* • *afstandsrit; afstandstocht* ★ raid aérien *luchtaanval*
raide I BNW • *steil* • *onbuigzaam; stijf; strak* • *gewaagd; moeilijk te geloven* ★ des propos ~s *gewaagde voorstellen* ★ c'est ~! *dat is kras!* ★ un caractère ~ *een onbuigzaam karakter* II BIJW *strak; steil* ★ ~ mort *morsdood* ★ SPORT renvoyer la balle ~ *de bal hard retourneren*
raideur v • *stijfheid; strakheid; starheid* • *steilheid* • *onverzettelijkheid; onbuigzaamheid*
raidillon m *steil paadje*
raidir I OV WW *stijf maken; strak maken; spannen* II WKD WW (**se** ~) • *zich schrap zetten* • *stijf worden*
raidissement m *verstijving*
raidisseur m *draadspanner*
raie v • *rog* • *haarscheiding* • *streep; lijn* • *ondiepe vore* ★ raie des fesses *bilnaad*
raifort m *mierikswortel*
rail (*zeg:* raj) m • *rail* • *trein; treinverkeer*
railler I OV WW *bespotten; voor de gek houden* II ON WW *gekscheren*
raillerie v *scherts; spotternij* ★ ~ à part *alle gekheid op een stokje* ★ entendre ~ *tegen een grapje kunnen*
railleur [v: **railleuse**] I m *spotter* II BNW *spottend*
rail(-)route BNW (onver.) ★ transport rail-route *railroutevervoer*
rainer OV WW • *een sleuf maken in* • *groeven*

R

rainette v • *boomkikvors* • *renet*
rainure v *sponning*; *reet*; *groef*; *gleuf*
rainurer OV WW • *een sleuf maken in* • *groeven*
raisin m • *druif* • *papierformaat van 65 bij 50 cm* ★ ~ noir *blauwe druif* ★ ~ sec *rozijn* ★ ~ de Corinthe *krent*
raisiné m • *druivengelei*; *druivenjam* • VERO. *bloed*
raison v • *rede* • *verstand* • *reden*; *oorzaak* • *rekenschap* • *gelijk* ★ âge de ~ *jaren des onderscheids* ★ entendre ~ *naar rede luisteren* ★ mariage de ~ *verstandshuwelijk* ★ comme de ~ *zoals billijk is* ★ se faire une ~ *zich schikken* ★ à plus forte ~ *reden te meer om* ★ en ~ de *wegens* ★ rendre ~ *rekenschap geven* ★ à ~ de *tegen de prijs van*; *naargelang* ★ avoir ~ *gelijk hebben* ★ ~ sociale *firmanaam*
raisonnable BNW • *redelijk*; *verstandig* • *billijk*; *schappelijk*
raisonnement m *redenering*; *argumentatie*
raisonner I OV WW • *beredeneren* • *redeneren over* • *tot rede brengen*; *tot andere gedachten brengen* II ON WW *redeneren*; *discussiëren*
raisonneur I m [v: **raisonneuse**] • *redeneerder* • *tegenstribbelaar* • *drammer* II BNW [v: **raisonneuse**] *tegenstribbelend*; *die graag redeneert*
rajeunir I OV WW *jonger maken*; *verjongen*; *vernieuwen* II ON WW *jonger worden* III WKD WW (**se** ~) *zich voor jonger uitgeven dan men is*
rajeunissant BNW *verjongend*; *verjongings-*
rajeunissement m *verjonging*; *vernieuwing*
rajout m • *toevoegsel* • *aanbouw*
rajouter OV WW *weer toevoegen* ★ INF. vous en rajoutez! *u overdrijft!*
rajustement m *(het) fatsoeneren*; *(het) weer in orde brengen*; *herstel*; *herziening*
rajuster I OV WW *fatsoeneren*; *weer in orde brengen*; *herzien*; *herstellen*; *rechtzetten* II WKD WW (**se** ~) *z'n kleren fatsoeneren*
râle m • *gerochel*; *gereutel* • *ral* ‹dier›
râlement m *gereutel*
ralenti I m • *vrijloop*; *(het) stationair draaien* ‹v. motor› • *slow-motion* ★ travailler au ~ *op halve kracht werken* ★ film au ~ *vertraagde film* II WW (volt. deelw.) → **ralentir**
ralentir I OV WW *vertragen*; *verminderen*; *afremmen* ★ ~ sa marche *langzamer gaan lopen* II ON WW *snelheid minderen* III WKD WW (**se** ~) *langzamer worden*
ralentissement m • *vermindering* • *vertraging*
ralentisseur m • *remmechanisme* • *remstof* • *verkeersdrempel*
râler ON WW • *reutelen* • INF. *schreeuwen* ‹v. pauw›; *mopperen*
râleur [v: **râleuse**] I m *mopperaar* II BNW *mopperig*
ralliement m • *aansluiting (à bij) een partij* • *het opnieuw verzamelen*; *hereniging* ★ mot de ~ *wachtwoord* ★ point de ~ *verzamelplaats*; *trefpunt*
rallier I OV WW • *weer verzamelen*; *weer verenigen* • *tot overeenstemming brengen* ★ MIL. ~ son poste *zijn plaats/post weer innemen* II WKD WW (**se** ~) • *zich herenigen* • *zich weer voegen bij* • *onderschrijven*
rallonge v • *verlengstuk*; *verlengsnoer* • INF. *extraatje*
rallongement m *verlenging*
rallonger I OV WW *verlengen* ★ ~ une table *een tafel uittrekken* ★ cela me rallonge *dat is (wel) een omweg voor me* II ON WW *langer worden* III WKD WW (**se** ~) • *langer worden* • INF. *er langer over doen*
rallumer OV WW • *weer aansteken* • *weer aanzetten/aandoen* ‹v. apparaat, licht› • OOK FIG. *weer doen opvlammen* ★ ~ une guerre *een oorlog weer doen oplaaien*
rallye (*zeg:* ralie) m *rally* ★ ~-automobile *autorally*
ramadan m *ramadan*
ramage m • *loofwerk*; *bloemwerk op stoffen* • *gekwetter* ‹v. vogels› • *gebabbel*
ramager ON WW *zingen*; *kwetteren* ‹v. vogels›
ramassage m *(het) bijeenbrengen*; *(het) verzamelen* ★ ~ scolaire *schoolophaaldienst*
ramassé I BNW • *kort en bondig* • *ineengedrongen* II WW (volt. deelw.) → **ramasser**
ramasse-miettes m (onver.) *kruimeldief*
ramasser I OV WW • *oprapen* • *verzamelen*; *bijeenbrengen* • INF. *inrekenen* ★ ~ ses forces *zijn krachten verzamelen* II WKD WW (**se** ~) • *ineenduiken* • INF. *weer opstaan* • *vallen* • FIG. *zakken* ‹examen›
ramasseur m [v: **ramasseuse**] • *inzamelaar* • *opraper* ★ un ~ de balles de tennis *een ballenjongen*
ramasseuse v *opraapmachine*
ramassis (*zeg:* -sie) m *samenraapsel*; *zootje*
rambarde v *reling*
ramdam m INF. *kabaal*
rame v • *roeiriem* • *koppel wagons* ‹v. metro›; *rij wagons* • *staak*; *rijshout* • *riem papier* • *sleep* ‹m.b.t. boten› ★ haricots à rames *stokbonen*
rameau m [mv: **rameaux**] • *twijg*; *takje* • *zijlinie*; *vertakking* ★ dimanche des Rameaux *palmzondag*
ramée v *lover*; *gekapt loofhout*
ramener I OV WW • *opnieuw brengen* • *herstellen*; *terugbrengen* • *weer leggen*; *zetten* • *herleiden* ★ INF. ~ sa fraise *opscheppen*; *protesteren*; *tekeergaan* ★ INF. la ~ *protesteren*; *tekeer gaan*; *opscheppen* ★ ~ à la vie *weer tot leven brengen* II WKD WW (**se** ~) • INF. *terugkomen* • *herleid worden* ★ son raisonnement se ramène à ceci *zijn redenering komt hierop neer*
ramequin m *kaasgebakje*
ramer I OV WW PLANTK. *stokken zetten bij* II ON WW • INF. *zich uitsloven* • *roeien*
rameur m [v: **rameuse**] *roeier*
rameuter OV WW *bijeenroepen*; *optrommelen*
ramier m *houtduif* ★ pigeon ~ *ringduif*
ramification v • *vertakking* • *netwerk*
ramifier WKD WW (**se** ~) OOK FIG. *zich vertakken*
ramolli I m *kinds mens* ★ un vieux ~ *een kindse oude gek* II BNW • *zacht geworden* • *kinds*
ramollir I OV WW *week maken*; OOK FIG. *doen verslappen* II WKD WW (**se** ~) • *week worden* • OOK FIG. *verslappen*

R

ramollissement m *verslapping; verweking*
ramollo BNW INF. *kinds; stompzinnig*
ramonage m → **ramoner**
ramoner OV WW *schoorsteenvegen*
ramoneur m *schoorsteenveger*
rampant BNW • *kruipend* • *kruiperig* ★ SCHERTS. personnel ~ *grondpersoneel*
rampe v • *trapleuning* • *helling* • *voetlicht* ★ ~ d'accès *inrijstrook* ‹bijv. v. garage› ★ ~ de lancement *lanceerinrichting* ★ fièvre de la ~ *plankenkoorts* ★ passer la ~ *óverkomen* ★ FIG. tenir bon la ~ *zich niet klein laten krijgen*
ramper ON WW *kruipen*
ramponneau m INF. *dreun; optater*
ramure v • *takwerk* • *gewei*
rancard m • INF. *afspraakje* • ARG. *tip; inlichting* ★ filer un ~ *een afspraak maken*
rancart m ★ mettre au ~ *afdanken*
rance I m *de ranzigheid* ★ INF. sentir le ~ *oud zijn; ranzig smaken; ranzig ruiken* II BNW *ranzig*
ranch m *ranch*
ranci BNW *ranzig*
rancir ON WW *ranzig worden*
rancœur m *wrok; wrevel*
rançon v • *losgeld* • FIG. *prijs (***de** *voor)*
rançonnement m • *vrijlating tegen losgeld* • *afpersing; afzetterij*
rançonner OV WW • *afpersen; losgeld eisen* • *afzetten* • *belasten*
rançonneur m [v: **rançonneuse**] OOK FIG. *afzetter*
rancune v *wrok* ★ sans ~! *even goeie vrienden!*
rancunier BNW [v: **rancunière**] *haatdragend*
randonnée v *zwerftocht; lange tocht; trektocht*
randonneur m [v: **randonneuse**] • *toerfietser* • *trekker*
randonneuse v *toerfiets*
rang m • *rang; plaats* • *rij* • *gelid* • *stand* ★ se mettre sur les rangs *meedoen; meedingen*
rangée v *reeks; rij*
rangement m • *(het) opruimen* • *rangschikking*
ranger I OV WW • *rangschikken; op een rij zetten* • *parkeren* • *opruimen* • *onderwerpen* • *varen langs* II WKD WW (**se** ~) • *zich opstellen; zich scharen* • *opzij gaan* • *zich onderwerpen* • *een gevestigd leven gaan leiden* ★ se ~ du parti de qn *iemands partij kiezen*
ranimer OV WW • *aanwakkeren* • *reanimeren* • FIG. *doen herleven; doen opleven; bijbrengen* • *nieuwe moed geven* ★ ~ un noyé *een drenkeling bijbrengen*
rantanplan TW → **rataplan**
rap m *rap(muziek)*
rapace I m *roofvogel* II BNW • *roofzuchtig* • *hebzuchtig*
rapacité v • *roofzucht* • *hebzucht*
râpage m *(het) raspen*
rapatriement m • *repatriëring* • *terugkeer naar het vaderland*
rapatrier OV WW *repatriëren; naar het vaderland terugzenden*
râpe v • *rasp* • *afgeriste druiventros* ★ râpe anglaise *raspvijl* ★ râpe à fromage *kaasschaaf*
râpé I m INF. *geraspte kaas* ★ INF. c'est râpé *dat is mislukt; dat kun je wel vergeten* II BNW *tot op de draad versleten*
râper OV WW • *raspen; vijlen* • *tot op de draad verslijten* ‹v. kleding, stoffen›
rapetassage INF. m *(het) verstellen; (het) oplappen*
rapetasser OV WW • FIG. PEJ. *bijschaven* • INF. *oplappen; verstellen*
rapetissement m *verkleining*
rapetisser I OV WW • FIG. *kleineren* • *verkorten; verkleinen* II ON WW *korter worden; kleiner worden* III WKD WW (**se** ~) *kleiner worden*
râpeux BNW [v: **râpeuse**] • *wrang* ‹v. smaak› • *ruw*
raphia m *raffia*
rapiat INF. (*zeg:* -pjà) BNW *gierig*
rapide I m • *stroomversnelling* • *sneltrein* II BNW • *vlug; snel* • *steil*
rapidité v • *steilheid* • *snelheid*
rapiéçage m *(het) verstellen; (het) inzetten v.e. stuk*
rapiécer OV WW *een stuk zetten in; verstellen; oplappen*
rapière v *rapier*
rapin m • VERO. *schildersleerling* • PEJ. *kladschilder*
rapine v • *roof; plundering* • *gestolen goed*
raplapla BNW (onver.) *plat; slap; doodop*
raplatir OV WW *opnieuw plat maken*
rappareiller OV WW *weer aanvullen*
rappel m • *terugroeping* • *herinnering* • *herhaling* • *betaling v. achterstallig loon* • *amnestie* ★ descente en ~ *afdaling met zekering* ★ MIL. battre le ~ *oproepen* ★ un ~ à l'ordre *een uitbrander* ★ sonner le ~ *verzamelen blazen*
rappelé BNW *opnieuw opgeroepen*
rappeler I OV WW • *terugroepen* • *herhaaldelijk roepen* • *herinneren* • *gelijken op* ★ ~ à l'ordre *tot de orde roepen* ★ rappelez-moi votre nom *hoe heet u ook weer?* II WKD WW (**se** ~) *zich herinneren*
rappliquer I OV WW *opnieuw toepassen* II ON WW INF. *weer komen opdagen*
rapport m • *opbrengst* • *rapport; verslag* • *overeenkomst* • *verhouding; verstandhouding* • *betrekking* • *betrekking; omgang* ★ en plein ~ *met hoge opbrengst* ★ par ~ à *met betrekking tot* ★ INF. ~ à *wat betreft* ★ sous le ~ de *wat betreft* ★ sous ce ~ *in dat opzicht* ★ sous tous les ~s *in alle opzichten* ★ des ~s d'amitié *vriendschapsbetrekkingen* ★ en ~ avec *in overeenstemming met; overeenkomstig*
rapportage m INF. *(het) klikken*
rapporter I OV WW • *terugbrengen* • *meebrengen* • *opbrengen* • *apporteren* • *rapporteren; verhalen; vermelden* • *doen teruggaan tot* • *(ver)klikken* • *herroepen* ★ ~ un fait au moyen âge *een feit in de Middeleeuwen situeren* II WKD WW (**se** ~) *met elkaar overeenstemmen* ★ se ~ à *betrekking hebben op* ★ s'en ~ à *zich verlaten op*
rapporteur I m *gradenboog* II m [v: **rapporteuse**] • *rapporteur; verslaggever* • *klikspaan*
rapprendre OV WW *weer leren*

R

rapproché BNW *dichtbij (elkaar); dicht achter elkaar* ★ protection ~e *persoonlijke bewaking*
rapprochement m • *(het) bij elkaar brengen* • *vergelijking* • *verzoening*
rapprocher I OV WW • *bij elkaar brengen* • *verzoenen* • *dichterbij brengen* • *vergelijken* • *dichterbij halen* ‹d.m.v. kijker› II WKD WW (**se** ~) • *dichterbij komen* • *tot elkaar komen*
rapsodie v *rapsodie*
rapt (*zeg:* rapt) m *schaking; ontvoering*
raquette v • SPORT *racket* • *tafeltennisbat* • *sneeuwschoen*
rare BNW • *zeldzaam* • *buitengewoon; zeer verdienstelijk* • *dun* ★ un homme rare *een buitengewoon man* ★ une barbe rare *een dunne baard* ★ gaz rares *edelgassen* ★ INF. elle se fait rare *ze komt zelden meer langs*
raréfaction v • *(het) zeldzamer worden* • *vermindering* ‹v. aanbod› • CHEM. *verdunning*
raréfier I OV WW *zeldzamer maken; verdunnen* II WKD WW (**se** ~) *zeldzamer worden*
rarement BIJW *zelden*
rareté v • *zeldzaamheid* • *zeldzaam voorwerp* • *geringe frequentie*
rarissime BNW *uiterst zeldzaam*
ras (*zeg:* rà) I m *sterke stroom* ‹in zee-engte› ★ à ras bord *tot de rand* ★ au ras de *tot aan* ★ ras de marée *vloedgolf* II BNW • *kort geknipt; kortharig* • *vlak* ★ INF. j'en ai ras le bol *ik heb er schoon genoeg van* ★ barbe rase *kort geknipte baard* ★ en rase campagne *in het open veld* ★ faire table rase *schoon schip maken*
rasade v *glasvol*
rasage m *(het) scheren*
rasant BNW • *even rakend; scherend langs* • INF. *vervelend* ★ vol ~ *scheervlucht*
rascasse v *schorpioenvis* ‹voor in de bouillabaisse›
rase-mottes m (onver.) ★ voler en ~ *vlak langs de grond vliegen*
raser I OV WW • *scheren* • *scheren langs* • *met de grond gelijk maken* • INF. *vervelen* ★ ~ de près *glad scheren* ★ ~ un navire *de masten v.e. schip kappen* II WKD WW (**se** ~) • INF. *zich vervelen* • *zich scheren*
raseur m [v: **raseuse**] • INF. *vervelende zeur* • *scheerder*
ras-le-bol m INF. *ergernis*
rasoir m • *scheermes* • INF. *vervelende vent*
rassasier OV WW OOK FIG. *verzadigen* ★ ~ ses yeux de *zijn ogen uitkijken op*
rassemblement m • *verzameling; (het) verzamelen* • *oploop* ★ sonner le ~ *laten aantreden*
rassembler I OV WW • *opnieuw verzamelen; weer bijeenbrengen* • *verzamelen; bijeenbrengen* ★ ~ ses forces *al zijn krachten verzamelen* ★ ~ ses esprits *weer tot zichzelf komen* II WKD WW (**se** ~) *bij elkaar komen; weer bij elkaar komen*
rassembleur m [v: **rassembleuse**] *bindend element*
rasseoir I OV WW • *weer neerzetten; weer plaatsen* • *geruststellen; kalmeren* II WKD WW (**se** ~) • *weer gaan zitten* • *tot kalmte komen*
rasséréner I OV WW • *weer helder maken* • *weer kalm maken* II WKD WW (**se** ~) • *weer helder worden* • *weer kalm worden*
rassis BNW • *oudbakken* ‹v. brood› • *bezonnen; bezadigd*
rassortiment m → **réassortiment**
rassortir OV WW → **réassortir**
rassurant BNW *geruststellend*
rassurer OV WW *geruststellen*
rat I m • *rat* • *schat* • *gierigaard* ★ elle y est comme un rat dans un fromage *ze voelt er zich prettig* ★ INF. il est fait comme un rat *hij is de pineut* ★ à bon chat bon rat *leer om leer* ★ rat de bibliothèque *boekenwurm* ★ rat d'église *kerkloper* ★ rat d'hôtel *hoteldief* ★ viens là, mon petit rat ! *kom eens hier, schatje !* II BNW *gierig*
rata m VERO. *slecht eten*
ratage m *mislukking; flop*
rataplan TW [**rantanplan**] *tromgeroffel*
ratatiné BNW • *gerimpeld; verschrompeld* • INF. *in de prak*
ratatiner I OV WW • *doen verschrompelen* • INF. *afmaken* • INF. *inmaken* II WKD WW (**se** ~) • FIG. *ineenkrimpen* • *verschrompelen; rimpelen*
ratatouille v • *ratatouille* • *ratjetoe*
rate v • *milt* • *wijfjesrat* ★ se dilater la rate *zich een bult lachen* ★ ne pas se fouler la rate *liever lui dan moe zijn*
raté m • *(het) ketsen* ‹v. vuurwapen› • *(het) haperen* ‹v. motor› • *mislukkeling* • mv *storingen; strubbelingen*
râteau m [mv: **râteaux**] • *hark* • *harkje* ‹v. croupier›
râteler OV WW (aanharken) *bijharken*
râtelier m • *ruif* • *rek* • *kunstgebit; gebit* ★ manger à deux ~s *van twee walletjes eten*
rater I OV WW • *missen* • *niet krijgen* • *zakken voor* ★ ~ un perdrix *een patrijs missen* ★ ~ une place *geen plaats krijgen* II ON WW • *ketsen* ‹v. vuurwapen› • *mislukken*
ratiboiser OV WW • INF. *inpikken; stelen* • *ruïneren*
raticide m *rattenvergif*
ratier m *rattenvanger*
ratière v *rattenval*
ratification v *bekrachtiging; ratificatie*
ratifier OV WW *ratificeren; bekrachtigen*
ratiociner ON WW *eindeloos redeneren*
ration v *rantsoen; portie*
rationaliser OV WW • *rationaliseren* • *praktischer inrichten*
rationalisme m *rationalisme*
rationaliste I m/v *rationalist* II BNW *rationalistisch*
rationalité v *rationaliteit; meetbaarheid*
rationnel BNW [v: **rationnelle**] • *op de rede gegrond; rationeel* • WISK. *rationaal; meetbaar* • *theoretisch* ★ mécanique ~le *theoretische mechanica*
rationnellement BIJW *rationeel; verstandig*
rationnement m *rantsoenering*
rationner OV WW *op rantsoen stellen*
ratissage m *(het) aanharken; schoffelen;* MIL. *uitkammen*
ratisser OV WW • *aanharken* • *schoffelen* • MIL.

R

uitkammen • INF. *bestelen*
raton m • *ratje* • *wilde kat* • *kaastaartje* • PEJ. *Arabier* ★ ~ laveur *wasbeer*
RATP AFK (Régie autonome des transports parisiens) *openbaar vervoer in Parijs (metro,bus)*
rattachement m • *(het) verbinden; aanhechten* • POL. *aansluiting; terugkeer*
rattacher I OV WW • *weer binden; weer verbinden; weer vastmaken* • *verbinden; vastknopen* • *in verband brengen* **II** WKD WW (**se** ~) *samenhangen*
rattrapage m *(het) inhalen* ★ un cours de ~ *een inhaalles*
rattraper I OV WW • FIG. *herstellen* • *inhalen; weer inhalen* • *weer vangen; terugkrijgen* ★ on ne m'y ~a plus *dat zal me niet weer overkomen* **II** WKD WW (**se** ~) • *zich vastgrijpen* • *geld terugwinnen* • *tijd inhalen* • *achterstand inlopen*
raturage m *doorhaling*
rature v *doorhaling*
raturer OV WW *doorhalen*
rauque BNW *rauw; schor*
ravage m *verwoesting*
ravagé BNW • *getekend* • INF. *maf*
ravager OV WW • FIG. *vervormen* • *verwoesten*
ravageur [v: **ravageuse**] **I** m *verwoester* **II** BNW OOK FIG. *verwoestend*
ravalement m • *bepleistering* • *uitholling v.e. muur* • *gevelreiniging* • *(het) snoeien; (het) knotten* • VERO. *vernedering; kleinering*
ravaler I OV WW • OOK FIG. *weer inslikken* • *opknappen* ‹v. muren› • *verlagen; kleineren; inkorten* ‹v. tak› **II** WKD WW (**se** ~) *zich verlagen*
ravaudage m • *(het) verstellen; (het) oplappen* • FIG. *knoeiwerk;* FIG. *lapwerk*
ravauder OV WW *oplappen; verstellen*
rave I m *rave* ‹houseparty› **II** v *knol*
ravier m *ovaal schaaltje*
ravigote v *ravigotesaus*
ravigoter OV WW INF. *opkikkeren*
ravin m *ravijn*
ravine v • *klein ravijn; bergbeekje* • *bergstroombedding*
ravinement m *(het) uithollen v.d. bodem; (het) wegspoelen*
raviner OV WW *uithollen; wegspoelen* ★ visage raviné *gegroefd gezicht*
ravioli m mv *ravioli*
ravir OV WW • *ontrukken; ontroven; ontvoeren* • *verrukken; vervoeren* ★ à ~ *verrukkelijk*
raviser WKD WW (**se** ~) *zich bedenken; van mening veranderen*
ravissant BNW *schitterend; bekoorlijk; verrukkelijk*
ravissement m • VERO. *schaking; ontvoering* • *verrukking; vervoering*
ravisseur [v: **ravisseuse**] **I** m *ontvoerder; rover; schaker* **II** BNW *rovend*
ravitaillement m *voedselvoorraad; proviandering; ravitaillering*
ravitailler OV WW *provianderen; ravitailleren*
ravitailleur m *bevoorradingsvliegtuig/-vaartuig; bevoorrader*
raviver OV WW • *verlevendigen* • *aanwakkeren* ★ ~ l'espérance *de hoop doen herleven* ★ ~ le feu *het vuur aanwakkeren*
ravoir I m *soort net* **II** OV WW • *terugkrijgen* • INF. *weer schoon krijgen* ★ il ne peut pas ~ cette machine *hij kan die machine niet weer in orde krijgen*
rayage m • *(het) doorhalen* • *trek* ‹v. vuurwapen›
rayé BNW *gestreept*
rayer OV WW • *doorhalen* • *strepen trekken* • *bekrassen* • *royeren*
rayon m • *lichtstraal; straal* • WISK. *straal* • *spaak* • *vore* • *plank* ‹v. (boeken)kast› • *honingraat* • *afdeling v.e. grote winkel; rayon* ★ ~ d'espérance *sprankje hoop* ★ ~s X *röntgenstralen*
rayonnage m • *gezamenlijke planken* ‹v. (boeken)kast› • *(het) trekken v. voren*
rayonnant BNW • *stralend* • *stervormig* ★ pouvoir ~ *uitstralingsvermogen* ★ style ~ *hoog-gotische stijl*
rayonne v *kunstzijde; rayon*
rayonnement m *straling; uitstraling*
rayonner ON WW • *zich verspreiden* • *stralen; uitstralen; schitteren* • *voren trekken*
rayure v • *band; streep* • *doorhaling* ★ ~ d'une étoffe *de strepen van een stof*
raz m → **ras**
raz-de-marée m (onver.) *vloedgolf*
razzia (*zeg:* ra(d)zjà) v *razzia; strooptocht*
razzier OV WW *leegplunderen; overvallen*
R.D. AFK (rive droite) *rechter Seineoever*
RDA AFK (République démocratique allemande) GESCH. *DDR*
ré m *re; de noot d*
réa AFK (réanimation) *reanimatie*
réabonner I OV WW *opnieuw abonneren* **II** WKD WW (**se** ~) *zich opnieuw abonneren*
réac m INF. → **réactionnaire**
réacteur m • *straalmotor* • *reactor* ★ ~ nucléaire *kernreactor*
réactif I m *reageermiddel; reagens* **II** BNW [v: **réactive**] *reagerend*
réaction v • *reactie; respons* • *uitwerking* ★ à ~ *straal-* ★ ~ en chaîne *kettingreactie*
réactionnaire I m/v *reactionair* **II** BNW *reactionair*
réactiver OV WW *reactiveren; weer werkzaam maken*
réadaptation v • *revalidatie* • *nieuwe aanpassing* • *reclassering*
réadapter OV WW • *revalideren* • *weer aanpassen; reclasseren*
réagir ON WW • *strijden* (**contre** *tegen*)*; reageren* • *zijn uitwerking hebben* (**sur** *op*) ★ ~ contre ses passions *vechten tegen zijn hartstochten*
réajuster WW → **rajuster**
réalisable BNW *uitvoerbaar; realiseerbaar*
réalisateur [v: **réalisatrice**] **I** m • *producer; uitvoerder* • *regisseur* **II** BNW *scheppend; realiserend*
réalisation v • *uitvoering; verwezenlijking; realisatie* • *productie* ‹m.b.t. film, radio en televisie› • *werkstuk* • *tegeldemaking*
réaliser I OV WW • *zich realiseren* • *uitvoeren; realiseren; verwezenlijken* • *te gelde maken*

R

II WKD WW (**se** ~) *werkelijkheid worden; zich ontplooien*
réalisme m *realisme*
réaliste I m/v *realist; realistisch kunstenaar* II BNW *realistisch*
réalité v *werkelijkheid; realiteit* ★ en ~ *in werkelijkheid; in feite*
réanimation v *reanimatie*
réanimer OV WW • *reanimeren* • FIG. *doen herleven*
réapparaître ON WW *weer verschijnen*
réapparition v *wederverschijning*
réapprendre OV WW *opnieuw (aan)leren*
réapprovisionnement m *(het) weer aanvullen v.d. voorraad*
réapprovisionner OV WW *opnieuw bevoorraden*
réarmement m *herbewapening*
réarmer OV WW • *herbewapenen* • *opnieuw laden* ‹v. wapen›
réassortiment m *(het) opnieuw bevoorraden; nieuwe sortering*
réassortir OV WW *opnieuw bevoorraden; aanvullen*
réassurance v *herverzekering*
réassurer OV WW *herverzekeren*
rebaptiser OV WW *herdopen*
rébarbatif BNW [v: **rébarbative**] • *moeilijk en naar* • *stuurs; nors*
rebâtir OV WW OOK FIG. *weer (op)bouwen; herbouwen*
rebattre OV WW • *opnieuw schudden* ‹v. kaarten› • *opnieuw vullen* ‹v. matras› ★ ~ les oreilles à qn de qc *iem. tot vervelens toe over iets aan de kop zeuren*
rebattu I BNW *afgezaagd* II WW (volt. deelw.) → **rebattre**
rebelle I m/v *rebel* II BNW • *weerspannig; opstandig; rebels* • *hardnekkig* ★ les esprits ~s *de gevallen engelen* ★ maladie ~ *hardnekkige ziekte* • (~ **à**) *afkerig van*
rebeller WKD WW (**se** ~) *in opstand komen; zich verzetten; rebelleren* (**contre** *tegen*)
rebellion v • *oproer; muiterij; rebellie* • *opstandelingen* • *verzet*
rebelote TW ★ INF. et ~! *daar gaan we weer!*
rebiffer WKD WW INF. (**se** ~) *tegenspartelen; het vertikken*
rebiquer ON WW INF. *omkrullen*
reblochon m *reblochonkaas*
reboisement m *herbebossing*
reboiser OV WW *herbebossen*
rebond m *terugsprong; opsprong v.e. bal; rebound*
rebondi BNW *bol; dik; rond* ★ des joues ~es *bolle wangen*
rebondir ON WW • *terugstuiten; opspringen v.e. bal* • FIG. *opleven; een andere wending nemen; weer ter sprake komen*
rebondissement m • *(het) terugstuiten; (het) opspringen* • FIG. *opleving*
rebord m • *opstaande rand* • *kant* • *kraag*
reboucher OV WW *weer een kurk/stop doen op/in* ‹fles›; *weer dichtstoppen*
rebours I m • *(het) tegen de draad ingaan* • *(het) omgekeerde* ★ à/au ~ *tegen de draad in; averechts* ★ le compte à ~ *het aftellen* ★ au ~ de *in tegenstelling tot* II BNW *onhandelbaar; stug*
rebouter OV WW INF. *zetten* ‹v. gebroken ledematen›
rebouteux m INF. *(botten)kraker*
reboutonner OV WW *weer dichtknopen*
rebrousse-poil DEEL V. SAMENST ★ à ~ *tegen de haren in* ★ FIG. prendre qn à ~ *iem. voor het hoofd stoten*
rebrousser OV WW *tegen de draad in kammen; tegen de draad in strijken* ★ ~ chemin *op zijn schreden terugkeren*
rebuffade v • *ruwe afwijzing* • *onheuse ontvangst*
rébus (*zeg:* -buus) m • *rebus* • FIG. *raadsel*
rebut (*zeg:* -buu) m • *afval* • *uitschot; uitvaagsel* ★ mettre au ~ *afdanken*
rebuter OV WW • *tegenstaan* • VERO. *afwijzen; ruw bejegenen* • *ontmoedigen*
recacheter OV WW *weer verzegelen*
récalcitrant BNW *weerspannig; onwillig; recalcitrant*
recaler INF. OV WW *afwijzen op een examen; laten zakken voor een examen*
récapitulatif BNW [v: **récapitulative**] *recapitulerend*
récapitulation v *recapitulatie*
récapituler OV WW *samenvatten; recapituleren*
recel m *heling; (het) verbergen van misdadiger(s)*
receler OV WW [**recéler**] • *helen; verduisteren* • *geheim houden*
receleur m [v: **receleuse**] *heler*
récemment BIJW *onlangs*
recensement m • *volkstelling* • *telling*
recenser OV WW *inventariseren; tellen*
recenseur m *teller; volksteller*
récent BNW *pas gebeurd; kort geleden; recent; nieuw*
récépissé m *ontvangstbewijs; reçu*
réceptacle m • *verzamelplaats* • *bloembodem*
récepteur I m • *ontvangtoestel* • *telefoonhoorn* • *radiotoestel* II BNW [v: **réceptrice**] *ontvangend* ★ antenne réceptrice *ontvangstantenne*
réceptif BNW [v: **réceptive**] *vatbaar* ‹voor ziekten›; *receptief; ontvankelijk* (**à** *voor*)
réception v • *ontvangst* • *receptie* • *toelating* • SPORT *(bal)aanname* ★ accuser ~ *de ontvangst bevestigen*
réceptionnaire I m/v *ontvanger* ‹persoon› II BNW *ontvangst-*
réceptionner OV WW *goederen bij ontvangst keuren*
réceptionniste m/v *receptionist*
réceptivité v *ontvankelijkheid; vatbaarheid* ‹voor ziekten›
récessif BNW [v: **récessive**] *recessief*
récession v *recessie*
recette v • *recept* • *opbrengst; ontvangst* • *ontvangerskantoor* • *ambt van ontvanger*
recevabilité v *ontvankelijkheid*
recevable BNW • *geldig; aanvaardbaar* • JUR. *ontvankelijk*
receveur m [v: **receveuse**] • *ontvanger* • *conducteur* • *iem. die bloed ontvangt* ★ ~ des postes *directeur v.h. postkantoor*

R

recevoir I OV WW • *ontvangen; krijgen* • *toelaten* • *aannemen* • *ontvangen; onthalen* ★ ~ toutes les formes *alle vormen aannemen* II ON WW *bezoek ontvangen* III WKD WW (**se** ~) SPORT *terechtkomen*
rechange m *(het) verwisselen* ★ chercher une solution de ~ *een gelijksoortige oplossing zoeken* ★ une pièce de ~ *een reserveonderdeel*
rechanger OV WW *weer wisselen*
rechaper OV WW *coveren* ‹v. band›
réchapper ON WW *ontkomen; ontsnappen*
recharge v • *(het) opnieuw laden* • *nieuwe lading* • *nieuwe vulling*
rechargeable BNW *oplaadbaar; bijvulbaar*
rechargement m • *(het) opnieuw laden; vullen* • *ophoging* ‹v. (spoor)weg›
recharger OV WW • *opnieuw laden* • *opnieuw beladen; opladen* • *opnieuw begrinten; opnieuw bestraten; ophogen* ‹v. weg of spoorweg›
réchaud m *komfoor* ★ ~ à gaz *gasstel*
réchauffage m *(het) opwarmen*
réchauffé I m • *opgewarmd eten* • *oude kost; oud nieuws* II BNW *opgewarmd*
réchauffement m *(het) warmer worden*
réchauffer I OV WW • *opwarmen* • *verwarmen; aanvuren; opwekken* II WKD WW (**se** ~) *zich warmen*
rechausser OV WW • *weer schoeien* • *weer met aarde bedekken; met aarde opvullen/ versterken*
rêche BNW • *ruig; ruw* • *scherp; wrang* • *stug; nors*
recherche v • *onderzoek; nasporing; navorsing* • *(het) zoeken; streven (***de** *naar)* • VERO. *aanzoek* • *verfijning* • *gezochtheid* ★ partir à la ~ de *op zoek gaan naar* ★ faire des ~s *naspeuringen doen* ★ faire de la ~ *research doen* ★ la ~ de *het streven naar* ★ moteur de ~ *zoekmachine* ‹internet›
recherché BNW • *verfijnd* • *gezocht; gewild* • *gemaakt; gekunsteld*
rechercher OV WW • *opnieuw zoeken* • *zoeken naar* • *onderzoeken; nasporen* • *nastreven; dingen naar* ★ ~ en mariage *ten huwelijk vragen*
rechigner ON WW • VERO. *een zuur gezicht trekken* ★ sans ~ *zonder morren* • (~ **à**) *geen zin hebben*
rechute v • *hernieuwde aanval* ‹v. ziekte› • *terugval*
rechuter ON WW *weer instorten*
récidive v • *recidive; herhaling v.e. misdrijf* • *(het) in dezelfde fout vervallen* • *nieuwe aanval* ‹v. ziekte›; *recidive*
récidiver ON WW • *in dezelfde misdaad/fout vervallen* • *terugkomen; opnieuw optreden* ‹v.e. ziekte›
récidiviste m/v *recidivist*
récif m *rif; klip*
récipiendaire m/v • *geslaagde* ‹voor universitaire examens› • *nieuw lid dat plechtig ontvangen wordt*
récipient m *recipiënt; vat*
réciprocité v *wederkerigheid*
réciproque I v WISK. *(het) omgekeerde* ★ rendre la ~ *met gelijke munt betalen* II BNW *wederkerig* ★ verbe ~ *wederkerig werkwoord*
réciproquement BIJW ★ et ~ *en omgekeerd*
récit m • *verhaal* • MUZ. *recitatief*
récital m [mv: **récitals**] *solo-uitvoering; recital*
récitant I m *iem. die de recitatieven zingt; commentator* ‹bij radio, film, toneelstuk› II BNW MUZ. *solo-*
récitatif m *recitatief*
récitation v *voordracht; (het) opzeggen; op te zeggen tekst*
réciter OV WW • *opzeggen; voordragen; reciteren* • *verhalen*
réclamation v • *reclame; eis tot genoegdoening* • *klacht; protest*
réclame v *aanprijzing; reclame*
réclamer I OV WW • *eisen* • *vereisen* • *dringend verzoeken* II ON WW *protesteren* III WKD WW (**se** ~) *zich beroepen; zich laten voorstaan (***de** *op)*
reclassement m • *reclassering* • *nieuwe inschaling* • *herclassificatie; herindeling*
reclasser OV WW *opnieuw indelen; opnieuw inschalen*
reclus (*zeg:* -kluu) I m [v: **recluse**] *kluizenaar* II BNW • *opgesloten* • *afgezonderd*
réclusion v • *opsluiting* • *afzondering*
recoiffer OV WW • *de hoed weer opzetten* • *opnieuw kappen*
recoin m OOK FIG. *verborgen hoek; uithoek* ★ coins et ~s *hoeken en gaten*
reçois WW → **recevoir**
reçoive WW → **recevoir**
recoller I OV WW *weer vastplakken* II ON WW SPORT *zich weer bij het peloton voegen* III WKD WW (**se** ~) INF. *weer bij elkaar intrekken*
récolte v OOK FIG. *oogst* ★ faire la ~ *oogsten*
récolter OV WW • OOK FIG. *oogsten* • *bijeenbrengen* ‹geld›
recommandable BNW *aanbevelenswaardig* ★ individu peu ~ *onbetrouwbaar/verdacht persoon*
recommandation v • *raadgeving* ‹v. brief› • *aanbeveling* • *(het) aantekenen*
recommander I OV WW • *aanbevelen* • *op het hart drukken; opdragen* • *aantekenen* ‹v. brieven› II WKD WW (**se** ~) • *zichzelf aanbevelen* • (**se** ~ **de**) *zich beroepen op*
recommencement m *(het) opnieuw beginnen; herhaling*
recommencer OV + ON WW *opnieuw beginnen*
récompense v *beloning* ★ en ~ de *als beloning voor*
récompenser OV WW • *schadeloos stellen* • *straffen* • *belonen*
recomposer OV WW • *opnieuw samenstellen* • TYP. *overzetten*
recompter OV WW *overtellen*
réconciliateur [v: **réconciliatrice**] I m *bemiddelaar; vredestichter* II BNW *verzoenend*
réconciliation v *verzoening*
réconcilier I OV WW *verzoenen* II WKD WW (**se** ~) *zich verzoenen (***avec** *met)*
reconduction v • *voortzetting* ‹v. politiek› • *verlenging* ‹v. huur, pacht›; *hernieuwing* ‹v. contract›
reconduire OV WW • *uitgeleide doen* • *naar huis brengen; terugbrengen* • *hernieuwen* ‹v.

R

contract⟩
réconfort m *troost; steun*
réconfortant I m *versterkend middel* **II** BNW *troostend; versterkend*
réconforter OV WW • *versterken* • *troosten*
reconnaissable BNW *herkenbaar*
reconnaissance V • *herkenning* • *erkenning* • *erkentelijkheid; dankbaarheid* • *verkenning* • *onderzoek* • *reçu; schuldbewijs* ★ aller en ~ *op verkenning uitgaan*
reconnaissant BNW *dankbaar; erkentelijk*
reconnaître I OV WW • *herkennen* (**à** *aan*) • *erkennen* • *verkennen* ★ reconnu coupable *schuldig bevonden* ★ se faire ~ *zich bekend maken* **II** WKD WW (**se** ~) • *zichzelf herkennen* • FIG. *tot zichzelf komen; zich oriënteren* ★ se ~ coupable *berouw hebben*
reconnu I BNW *erkend* **II** WW (volt. deelw.) → **reconnaître**
reconquérir OV WW *heroveren;* FIG. *herwinnen*
reconquête V *herovering*
reconsidérer OV WW *in heroverweging nemen*
reconstituant I m *versterkend middel* **II** BNW *versterkend*
reconstituer OV WW • *reconstrueren* • *opnieuw samenstellen* • *herstellen*
reconstitution V • *(het) opnieuw samenstellen* • *herstel* • *overzicht* • *reconstructie* ★ ~ de carrière *loopbaanoverzicht* ⟨t.b.v. pensioenvaststelling⟩
reconstruction V *wederopbouw; reconstructie*
reconstruire OV WW *opnieuw opbouwen; reconstrueren*
reconversion V • *omscholing* • *omschakeling* • *overplaatsing (binnen bedrijf)*
reconvertir OV WW • *omschakelen* (**en** *op*) • *omscholen*
recopier OV WW *overschrijven*
record m *record* ★ battre un ~ *een record breken* ★ détenir un ~ *een record op zijn naam hebben* ★ établir un ~ *een record vestigen*
recorder OV WW *opnieuw bespannen* ⟨v. racket, snaarinstrument⟩
recordman m [mv: **recordmen**] *recordhouder*
recordwoman m [mv: **recordwomen**] *recordhoudster*
recoucher I OV WW *weer naar bed brengen* **II** WKD WW (**se** ~) *weer naar bed gaan*
recoudre OV WW *weer aannaaien; opnieuw naaien; hechten*
recoupement m *toetsing; verificatie*
recouper OV WW • *opnieuw couperen* ⟨v. kaarten⟩ • *weer snijden* • *versnijden* ⟨v. wijn⟩ • *kloppen met*
recourber I OV WW *ombuigen; opnieuw buigen* **II** WKD WW (**se** ~) *zich krommen*
recourir ON WW • *weer hardlopen* • (~ **à**) *zijn toevlucht nemen tot*
recours m • *toevlucht* • *eis tot schadeloosstelling* • *beroep* ★ en dernier ~ *als laatste redmiddel* ★ avoir ~ à *zijn toevlucht nemen tot* ★ ~ en cassation *cassatieberoep* ★ ~ en grâce *gratieverzoek*
recouvrable BNW *invorderbaar*
recouvrement m • *(het) terugkrijgen* • *herstel* • *inning* • *het overtrekken* • *bedekking; overtrek* ★ ~ des forces *(het) weer op krachten komen*
recouvrer OV WW INF. • *terugkrijgen* • *innen*
recouvrir OV WW • *geheel bedekken* (**de** *met*) • *opnieuw bedekken* • *omvatten* • FIG. *verbergen*
recracher OV + ON WW *weer (uit)spuwen*
récré V *pauze*
récréatif BNW [v: **récréative**] • *genoeglijk; vermakelijk* • *recreatief*
récréation V • *ontspanning* • *recreatie* • *pauze; speeltijd*
recréer OV WW *herscheppen*
récréer I OV WW *ontspannen; vermaken* **II** WKD WW (**se** ~) *zich ontspannen*
recrépir OV WW *opnieuw bepleisteren*
recreuser OV WW *opnieuw uitdiepen*
récrier WKD WW (**se** ~) • *luidkeels protesteren* • FORM. *een kreet slaken*
récriminations V MV • *verwijt* • *tegenbeschuldiging*
récriminer ON WW (**contre**) *scherp bekritiseren; verwijten uiten*
récrire OV WW *overschrijven*
recroqueviller I OV WW *doen krimpen* **II** WKD WW (**se** ~) • *krimpen; ineenschrompelen* • FIG. *ineenkruipen*
recru BNW *uitgeput; oververzadigd*
recrudescence V MED. *toename; verergering*
recrudescent BNW *toenemend*
recrue V • MIL. *rekruut* • *nieuw lid*
recrutement m *aanwerving; rekrutering; nieuwe lichting*
recruter I OV WW *aanwerven; aanvullen; rekruteren* **II** WKD WW (**se** ~) *aangevuld worden; nieuwe leden krijgen*
recruteur m *werver*
recta BIJW *stipt; juist*
rectal BNW [m mv: **rectaux**] *rectaal*
rectangle I m *rechthoek* **II** BNW *rechthoekig*
rectangulaire BNW • WISK. *rechthoekig* • *loodrecht op elkaar staand*
recteur I m • *voorzitter v. academie* • *rector* ⟨v. klooster⟩ • *pastoor* ⟨in Bretagne⟩ **II** BNW [v: **rectrice**] *sturend* ★ les plumes rectrices *de stuurpennen* ⟨v. vogel⟩
rectifiable BNW *verbeterbaar*
rectificatif I m *rectificatie* **II** BNW [v: **rectificative**] *rectificerend; verbeterend* ★ note rectificative *rectificatie*
rectification V • *verbetering; rectificatie* • CHEM. *zuivering*
rectifier OV WW • *recht maken* • *rectificeren; verbeteren; herstellen* • CHEM. *zuiveren*
rectiligne BNW *rechtlijnig*
rectitude V • *rechtheid* • *juistheid*
recto m *voorzijde* ⟨v. blad papier⟩
rectoral BNW [m mv: **rectoraux**] *rectoraal*
rectorat m *rectoraat* ⟨v. universiteit⟩
rectrice V → **recteur**
rectum (*zeg:* -tom) m *endeldarm*
reçu I m *ontvangstbewijs* **II** BNW *algemeen aanvaard; geslaagd* ★ idées reçues *gangbare ideeën* **III** WW (volt. deelw.) → **recevoir**
recueil m *verzameling*
recueillement m *overpeinzing*
recueilli BNW *stemmig; in overpeinzing*

recueillir I OV WW • *oogsten; verzamelen* • *ontvangen* • *opnemen* • *erven* **II** WKD WW (**se** ~) *zich aan gepeins overgeven; mediteren*
recuire OV WW • *opnieuw koken; opkoken* • TECHN. *ontlaten*
recul m • *(het) teruggaan* • *terugstoot* ‹v. vuurwapen› • SPORT *uitloopruimte* ★ phare de ~ *achteruitrijlamp* ★ prendre du ~ *afstand nemen* ★ feu de ~ *achteruitrijlamp*
reculade v • *(het) terugwijken; (het) teruglopen; (het) teruggaan; terugtocht* • *aarzeling*
reculé BNW • *ver verwijderd* • *afgelegen* ★ époque ~e *vroege periode*
reculer I OV WW • *achteruit plaatsen* • *uitstellen* ★ ~ une chaise *een stoel achteruitschuiven* ★ ~ les bornes *de grenzen verleggen* **II** ON WW • *achteruitgaan; achteruitlopen; terugtreden* • FIG. *terugschrikken (***devant** *voor); aarzelen;* FIG. *terugkrabbelen*
reculons DEEL V. SAMENST ★ à ~ *achteruit*
récupérable BNW *terug te krijgen; herwinbaar; in te halen*
récupération v *(het) herkrijgen; (het) terugwinnen*
récupérer I OV WW • *terugkrijgen* • *inhalen* ‹v. tijd› • *recyclen* ★ ~ qn *na omscholing weer in dienst nemen* **II** ON WW *recupereren; herstellen*
récurage m *(het) schoonmaken; (het) schuren*
récurer OV WW *schoonmaken; schuren*
récurrence v *herhaling; terugkeer*
récurrent BNW *steeds terugkerend*
récusable BNW *twijfelachtig;* JUR. *wraakbaar*
récusation v *wraking*
récuser I OV WW JUR. *wraken* ★ ~ un témoin *een getuige verwerpen* **II** WKD WW (**se** ~) *zich onbevoegd verklaren*
recyclable BNW • *om te scholen* • *te hergebruiken/recyclen*
recyclage m • *recycling* • *omscholing; herscholing* • *verandering van studierichting*
recycler OV WW • *hergebruiken* • *bijscholen; omscholen*

R

rédacteur m [v: **rédactrice**] *redacteur*
rédaction v • *(het) opstellen* • *redactie; redactiebureau* • *opstel*
rédactionnel BNW [v: **rédactionelle**] *redactioneel*
reddition v • *overgave* • JUR. *overlegging*
redéfinir OV WW *herdefiniëren*
redemander OV WW • *opnieuw vragen* • *terugvragen*
rédempteur BNW *verlossend* ★ le Rédempteur *de Verlosser*
rédemption v *verlossing*
redéploiement m • *herstructurering* • MIL. *hergroepering*
redescendre I OV WW *weer neerlaten; weer naar beneden brengen* **II** ON WW *weer naar beneden komen; weer afdalen*
redevable BNW (~ **de**) *erkentelijk; schuldig; verschuldigd*
redevance v *op vaste tijd te betalen som*
redevenir ON WW *weer worden*
redevoir OV WW *nog schuldig zijn*
rédhibitoire BNW ★ JUR. vice ~ *koopvernietigend gebrek*
rediffuser OV WW *heruitzenden; herhalen*
rédiger OV WW *opstellen; redigeren*
redingote v *geklede jas*
redire I OV WW • *herhalen* • *opnieuw vertellen* **II** ON WW *afkeuren; aanmerkingen maken* ★ il n'y a rien à ~ à sa conduite *er valt op zijn gedrag niets aan te merken*
redistribution v *herverdeling*
redite v *nodeloze herhaling*
redondance v • *overtolligheid; wijdlopigheid* • *redundantie*
redondant BNW • *overtollig; wijdlopig* • *redundant* ★ un style ~ *een wijdlopige stijl*
redonner I OV WW *opnieuw geven; teruggeven* **II** ON WW • (**dans**) *weer vervallen in* • MIL. *opnieuw aanvallen*
redorer OV WW *opnieuw vergulden* ★ ~ son blason *een rijke partij trouwen (v.e. arme edelman)*
redoublant m *zittenblijver; doublant*
redoublé BNW • *verdubbeld; vermeerderd* • *versneld* ★ pas ~ *versnelde pas*
redoublement m • *verdubbeling* • *verergering*
redoubler I OV WW • *verdubbelen* • *vermeerderen* • *doubleren* • *opnieuw voeren* ‹v. kledingstuk› ★ ~ une classe *blijven zitten* **II** ON WW *verdubbelen; toenemen; sterker worden* ★ ~ de *verdubbelen*
redoutable BNW *geducht; verschrikkelijk*
redoute v • MIL. *kleine schans* • VERO. *openbare plaats waar feesten gegeven worden* ★ ~ costumée *gemaskerd bal*
redouter OV WW *vrezen; duchten*
redoux m *korte dooiperiode*
redresse DEEL V. SAMENST INF. ★ un mec à la ~ *een kerel die van wanten weet*
redressement m • *(het) weer recht maken* • *wederoprichting* • *herstel* ★ ~ fiscal *(belasting)aanslagwijziging; navordering* ★ VERO. maison de ~ *verbeteringsgesticht*
redresser I OV WW • *weer recht maken* • *weer recht zetten* • *verbeteren; herstellen* • *gelijkrichten* **II** WKD WW (**se** ~) • *zich weer oprichten* • *een trotse houding aannemen*
redresseur m *gelijkrichter* ‹v. elektriciteit› ★ ~ de torts *bestrijder van onrecht; wereldverbeteraar*
réducteur I m *reductiemiddel;* FOTO. *verkleiningstoestel* ★ ~ de son *geluiddemper* **II** BNW [v: **réductrice**] *reducerend*
réductible BNW *herleidbaar*
réduction v • *vermindering; korting; verkleining* • *reductie* • *herleiding* • MED. *zetting* ★ ~ des heures de travail *arbeidstijd/-duurverkorting* ★ échelle de ~ *verkleinde schaal*
réduire I OV WW • *verminderen; verkleinen* • *omzetten* • *herleiden* • MED. *zetten; reduceren* • *onderwerpen* • *indikken* ‹v. saus› ★ ~ à *brengen tot; nopen tot* ★ ~ à la mendicité *tot de bedelstaf brengen* ★ en être réduit à *gedwongen zijn om te* **II** WKD WW (**se** ~) • *verminderd worden* • *uitlopen op; neerkomen op*
réduit I m • *nis; verborgen hoekje* • *hokje* **II** BNW *verkleind; verlaagd; beperkt*

réduplication v *verdubbeling*
réécrire ww → **récrire**
réécriture v *(het) herschrijven*
réédification v *wederoprichting*
réédifier FORM. OV WW • *weer oprichten; weer opbouwen* • *herstellen*
rééditer OV WW • *weer uitgeven* • INF./FIG. *weer beginnen*
réédition v • *heruitgave* • INF./FIG. *herhaling*
rééducation v • *revalidatie* • *heropvoeding*
rééduquer OV WW • *revalideren* • *opnieuw opvoeden*
réel I m *(de) werkelijkheid* II BNW [v: **réelle**] *wezenlijk; werkelijk; reëel*
réélection v *herverkiezing*
rééligible BNW *herkiesbaar*
réélire OV WW *herkiezen*
réellement BIJW *werkelijk; wezenlijk*
réémetteur m *steunzender*
réemploi m *hergebruik*
réemployer OV WW *weer gebruiken*
réengagement m → **rengagement**
réengager WW → **rengager**
réescompte m *herdiscontering*
réévaluation v *revaluatie; herwaardering*
réévaluer OV WW *revalueren; herwaarderen*
réexaminer OV WW *herkeuren; opnieuw onderzoeken*
réexportation v *wederuitvoer*
ref. AFK (référence) *verwijzing; kenmerk*
refaire I OV WW • *overdoen; overmaken* • *in orde brengen; herstellen; opknappen* • INF. *beetnemen* • *afpikken* ★ c'est à ~ *dat moet nog eens overgedaan worden* II WKD WW (**se** ~) • *zich veranderen* • *overgedaan worden* • (**à**) *weer wennen aan* • *weer op kracht komen* • *zijn schulden weer vereffenen* ‹spel› ★ on ne se refait pas *je kunt jezelf nu eenmaal niet veranderen*
réfection v • *herstel* • *maaltijd* ‹in kloosters›
réfectoire m • *eetzaal* • *refter*
référé m *uitspraak in kort geding; kort geding*
référence v *bron* ‹m.b.t. citaten›; *verwijzing; referentie* ★ ouvrage de ~ *naslagwerk*
référendaire m *referendaris*
référendum (*zeg:* -dom) m *volksstemming; referendum*
référer I ON WW ★ en ~ à *verslag uitbrengen van* II WKD WW (**se** ~ **à**) *verwijzen naar; zich beroepen op; kijken naar, in*
refermer OV WW *weer sluiten*
refiler OV WW INF. *aansmeren; aan de hand doen*
réfléchi BNW • *teruggekaatst* • *bedachtzaam* • *doordacht* • TAALK. *wederkerend* ★ verbe ~ *wederkerend werkwoord*
réfléchir I OV WW *terugkaatsen; reflecteren* II ON WW *nadenken (***à, sur** *over); overpeinzen* III WKD WW (**se** ~) *zich weerspiegelen*
réfléchissant BNW *weerkaatsend*
réflecteur I m *reflector* II BNW [v: **réflectrice**] *weerkaatsend*
réflectif BNW • *denk-* • BIOL. *reflex-*
reflet (*zeg:* -flè) m • *weerschijn; weerspiegeling* • FIG. *afspiegeling* • *spiegelbeeld* ★ à ~s changeants *met wisselende weerschijn; changeant*
refléter I OV WW *weerspiegelen;* FIG. *weergeven* II WKD WW (**se** ~) *zich weerspiegelen* ★ se ~ dans *zich weerspiegelen in*
refleurir I OV WW *weer met bloemen sieren* II ON WW FIG. *opbloeien; weer bloeien*
reflex I m *reflexcamera* II BNW *reflex-*
réflexe I m *reflex* II BNW ★ mouvement ~ *reflexbeweging*
réflexible BNW *weerkaatsbaar*
réflexion v • *weerkaatsing; reflectie* • *overdenking; opmerking* ★ ~ faite *bij nader inzien*
refluer ON WW • *terugvloeien* • *terugkeren van grote menigten*
reflux (*zeg:* -fluu) m • *eb* • *(het) terugkeren*
refondre I OV WW • *opnieuw smelten* • *omwerken* II ON WW *opnieuw smelten*
refonte v • *omsmelting* • *omwerking*
réformable BNW *verbeterbaar; hervormbaar*
réformateur [v: **réformatrice**] I m *hervormer* II BNW *hervormend*
réformation v • *hervorming* • *Hervorming*
réforme v • MIL. *afkeuring* • *hervorming; verbetering; afschaffing v. misbruiken* ★ mettre à la ~ *afkeuren; afdanken*
Réforme v GESCH. *Hervorming*
réformé BNW • *hervormd* • *afgekeurd*
reformer OV WW *opnieuw formeren/vormen*
réformer I OV WW • *afschaffen* ‹v. misbruik› • *hervormen* • *reformeren* • MIL. *afkeuren* II WKD WW (**se** ~) *zijn leven beteren*
réformiste I m/v *voorstander v. hervorming* II BNW *hervorming eisend*
refoulé I m [v: **refoulée**] *gefrustreerd iem.* II BNW *gefrustreerd*
refoulement m *(het) terugdrijven; (het) onderdrukken;* PSYCH. *(het) verdringen*
refouler OV WW • *terugdrijven* • *onderdrukken; inhouden* • PSYCH. *verdringen* ★ ~ sa colère *zijn woede onderdrukken*
réfractaire I m *dienstweigeraar* II BNW • *weerspannig* • *vuurvast*
réfracter OV WW *breken v. stralen*
réfraction v *straalbreking*
refrain m FIG. *liedje; refrein* ★ c'est toujours le même ~ *het is altijd hetzelfde liedje*
réfrangible BNW *breekbaar*
refréner OV WW [**réfréner**] *beteugelen*
réfrigérant I m *koeler* II BNW • FIG. *koel* • *(ver)koelend* ★ mélange ~ *verkoelend mengsel*
réfrigérateur m *koelkast; koelcel*
réfrigération v *koeling*
réfrigérer OV WW *koelen*
réfringent BNW *straalbrekend; lichtbrekend*
refroidir I OV WW • *afkoelen;* FIG. *bekoelen* • INF. *koud maken; vermoorden* II ON WW *afkoelen; bekoelen* III WKD WW (**se** ~) *kouder worden; kou vatten* ★ son ardeur se refroidit *zijn ijver wordt minder*
refroidissement m • *verkoeling; afkoeling* • *verkoudheid* • *verflauwing; bekoeling* ★ attraper un ~ *een kou vatten*
refroidisseur m *koeler*
refuge m • *toevluchtsoord* • *toeverlaat* • *vluchtheuvel* • *schuilhut; berghut*
réfugié m [v: **réfugiée**] • *vluchteling;*

R

uitgewekene • GESCH. *protestant die uitgeweken was na de herroeping v.h. Edict v. Nantes*
réfugier WKD WW (**se** ~) *vluchten (***auprès de** *naar, bij)*; FIG. *vluchten (***dans** *in)*; *uitwijken*
refus (*zeg:* -fuu) m *weigering* ★ ~ de priorité *(het) geen voorrang verlenen* ★ INF. ce n'est pas de ~ *daar zeg ik geen nee tegen*
refuser I OV WW • *weigeren* • *ontzeggen* • *afwijzen* • *afslaan* ‹v. aanbod› **II** WKD WW (**se** ~) • (**à**) *weigeren* • *geweigerd worden*; *zich ontzeggen* ★ une telle offre ne se refuse pas *een dergelijk bod sla je niet af* ★ il ne se refuse rien *hij neemt het er goed van*
réfutable BNW *weerlegbaar*
réfutation v *weerlegging*
réfuter OV WW *weerleggen*
regagner OV WW • *terugwinnen* • *terugkeren in, naar*; *weer bereiken*; *zich weer voegen bij* • *inhalen* • *terugkrijgen* ★ ~ le temps perdu *de verloren tijd inhalen*
regain m • *nagras* • *wederopleving* ★ ~ de jeunesse *tweede jeugd*
régal m [mv: **régals**] • *lievelingsgerecht*; FIG. *traktatie*; *genot* • VERO. *feestmaal* ★ un ~ pour les yeux *een lust voor het oog*
régalade v *houtvuurtje* ★ INF. boire à la ~ *naar binnen gooien*
régaler I OV WW • *een goede maaltijd aanbieden* • *trakteren* • *egaliseren* **II** WKD WW (**se** ~) • *lekker eten* • *genieten* ★ je me suis régalé *het heeft me prima gesmaakt*; FIG. *ik heb erg genoten*
régalien BNW [v: **régalienne**] GESCH. *koninklijk*
regard m • *blik* • *controle* • *mangat* ★ au ~ de *ten opzichte van* ★ en ~ *ertegenover* ★ ~ d'égout *rioolmond*
regardant INF. BNW *precies*; *zuinig*
regarder I OV WW • *kijken naar/op*; *bekijken*; *beschouwen* • *uitzien op* • *aangaan* ★ ~ comme *houden voor* ★ ma maison regarde (vers) le nord *mijn huis ligt op het noorden* ★ ça ne te regarde pas *dat gaat je niet aan* **II** ON WW *kijken* ★ ~ à *letten op* ★ y ~ à deux fois *zich tweemaal bedenken* ★ ~ à un franc *op een franc kijken* ★ ~ sur *uitzien op* **III** WKD WW (**se** ~) • *zichzelf bekijken* • *elkaar aankijken* • *tegenover elkaar liggen*; *tegenover elkaar staan* • *zich houden (voor)* ★ FIG. il ne s'est pas regardé *hij zou (eens) bij zichzelf moeten beginnen*
regarnir OV WW *aanvullen*; *opnieuw garneren*; *opnieuw stofferen*
régate v • *regatta* • *zelfbinder*
regel m *weer invallende vorst*
régence v *regentschap*
régénérateur I m *regenerator*; *warmtewisselaar* **II** BNW [v: **régénératrice**] *herstellend*
régénération v *herstel*; *wedergeboorte*
régénérer OV WW *herstellen*; *weer doen opleven*; *hervormen*
régent m • *bestuurder* • *regent* • *leraar in een middenklas* ‹in België›
régenter OV WW • VERO. *onderrichten* • *bevelen*; *de baas spelen over* ★ ~ une classe *een klas leiden*

R

reggae m *reggae*
régicide m • *koningsmoord* • *koningsmoordenaar*
régie v • *technische leiding* ‹toneel, film, radio, tv›; *regiekamer* • *openbaar nutsbedrijf*; *regie*
regimber ON WW *tegenstribbelen*
régime m • *regime* • *stelsel* • *leefregel* • *dieet* • *beheer*; *bestuur* • *tros* • *toerental* • TAALK. *voorwerp* ★ suivre un ~ *dieet houden* ★ ~ des prisons *gevangeniswezen* ★ ~ matrimonial *huwelijksvoorwaarden* ★ l'Ancien Régime *het ancien régime (in Fr. vóór 1789)* ★ aller à plein ~ *zo snel mogelijk gaan* ★ marcher à plein ~ OOK FIG. *op volle toeren draaien*
régiment m • MIL. *regiment* • INF. *militaire dienst* • *massa*
régimentaire BNW *v.h. regiment*
région v • *gewest*; *landstreek*; *regio* • *sfeer*; *gebied*
régional I m *gewestelijk telefoonnet* **II** BNW [m mv: **régionaux**] • *gewestelijk*; *regionaal* • MED. *plaatselijk*
régionalisation v *regionalisatie*
régionalisme m • *regionalisme*; *streven naar gewestelijke vrijheid of cultuur* • TAALK. *plaatselijke uitdrukking*
régionaliste I m/v *regionalist* **II** BNW *regionalistisch*; *streek-*
régir OV WW • *regelen* • VERO. *regeren*; *besturen* • VERO. *beheren* • TAALK. *regeren*; *gevolgd worden door* ★ ~ les affaires *de zaken regelen of beheren*
régisseur m [v: **régisseuse**] • *beheerder* • *technisch leider* ‹bij film, toneel›
registre m • *register*; *inschrijvingsboek* • *(stem)register* • *(orgel)register*
réglable BNW • *regelbaar* • *afstelbaar*; *verstelbaar* • *betaalbaar*
réglage m • *regeling*; *afstelling* • *liniëring* ★ bouton de ~ *regelknop*
réglé BNW • *geregeld* • *gelinieerd* • *ordelijk* • *regelmatig* ★ pouls ~ *regelmatige pols* ★ être ~e *ongesteld zijn*
règle I v • *liniaal* • *regel*; *voorschrift* • *orde* ★ dans les ~s *volgens voorschrift* ★ en ~ générale *in de regel* ★ il est de ~ que *het is regel dat* **II** v mv *menstruatie*; *ongesteldheid* ★ avoir ses ~s *ongesteld zijn*
règlement m • *bepaling*; *regeling* • *reglement* • *afrekening* ★ en ~ de *ter voldoening van* ★ ~ judiciaire *gerechtelijke schikking*
réglementaire BNW *reglementair*
réglementation v *reglementering*; *regelgeving*
réglementer OV WW *reglementeren*; *regelen*
régler I OV WW • *liniëren* • *regelen* • *bepalen*; *vaststellen* • *beslechten*; *schikken* • *gelijkzetten* • *afstellen* • *vereffenen* ★ ~ un différend *een geschil beslechten* ★ ~ une pendule *een klok gelijkzetten* ★ ~ sa dépense *zijn uitgaven beperken* ★ INF./FIG. ~ son compte à qn *met iem. afrekenen* **II** WKD WW (**se** ~) ★ se ~ sur *een voorbeeld nemen aan*
réglisse v *drop*; *zoethout*
réglo BNW (onver.) *correct*; *in orde*
régnant BNW • *heersend* • FIG. *overheersend*
règne m • *regering* • *regeringstijd*

• *heerschappij; macht* • *rijk* ★ ~ animal *dierenrijk* ★ ~ végétal *plantenrijk*
régner ON WW • *regeren* • *beheersen* • *heersen* ★ faire ~ l'ordre *orde scheppen*
regonfler I OV WW • INF. *weer moed geven* • *weer vullen* ★ je lui ai regonflé le moral *ik heb hem opgepept* II ON WW *weer zwellen; weer stijgen*
regorger ON WW *overlopen; overvloeien* ★ ~ de *overvol zijn met; rijkelijk bedeeld zijn met*
régresser ON WW *achteruitgaan; minderen*
régressif BNW [v: **régressivie**] *teruggaand; achteruitgaand; regressief*
régression V *regressie; achteruitgang*
regret M • *verdriet* • *spijt* • *berouw* (**de** *over*) • *verlangen* ★ à ~ *met tegenzin*
regrettable BNW *betreurenswaardig*
regretter OV WW • *betreuren; spijt hebben van* • *terugverlangen naar; missen* ★ je regrette que [+ subj.] *het spijt mij dat*
regroupement M *hergroepering*
regrouper OV WW *verenigen; hergroeperen*
régularisation V *regularisatie; ordening*
régulariser OV WW • *in overeenstemming brengen met de regels; regulariseren* • *regelen* • *normaliseren; reguleren* ‹v. rivier›
régularité V • *regelmatigheid; geregeldheid* • *regelmaat* • *stiptheid*
régulateur I M *regelaar; regulator* II BNW [v: **régulatrice**] *regelend*
régulation V *regeling*
régulier BNW [v: **régulière**] *stipt; regelmatig; geregeld; regulier* ★ vol ~ *lijnvlucht* ★ clergé ~ *ordesgeestelijken*
régulièrement BIJW • *volgens de regels* • *gewoonlijk* • *regelmatig*
régurgitation V MED. *oprisping*
réhabilitation V • *renovatie* • *eerherstel; rehabilitatie*
réhabiliter OV WW • *in eer herstellen; rehabiliteren; in rechten herstellen* • *renoveren*
réhabituer WKD WW (**se** ~) *weer wennen (*à *aan)*
rehaussement M *verhoging*
rehausser OV WW • *verhogen* • *sterker doen uitkomen*
réimporter OV WW *weer invoeren*
réimposition V *nieuwe belasting*
réimpression V *herdruk*
réimprimer OV WW *herdrukken*
rein M *nier* ★ les reins *de lendenen; taille* ★ coup de reins *spitaanval* ★ mal aux reins *pijn in de rug* ★ avoir les reins solides *gezond en sterk zijn* ★ casser les reins à qn *iem. in elkaar timmeren* ★ se casser les reins *zich uitsloven* ★ se donner un tour de reins *zijn rug verrekken*
réincarcérer OV WW *weer in de gevangenis zetten*
réincarnation V *wedergeboorte; reïncarnatie*
réincarner WKD WW (**se** ~) *reïncarneren*
réincorporer OV WW *weer inlijven*
reine V • *koningin* • *koningin; dame* ‹in het schaakspel›
reine-claude M [mv: **reines-claudes**] *reine-claude* , pruim
reine-marguerite M [mv: **reines-marguerites**] *Chinese sterrenbloem*
reinette V *renetappel*
réinscrire OV WW *opnieuw inschrijven*
réinsérer OV WW • *reclasseren* • *resocialiseren* • *weer opnemen*
réinsertion V • *resocialisatie* • *wederopname* ‹in de maatschappij› ★ ~ sociale *reclassering*
réinstallation V • *herstel in een ambt* • *hernieuwde vestiging*
réinstaller I OV WW *in een ambt herstellen* II WKD WW (**se** ~) *weer gaan wonen bij*
réintégration V *(het) herstellen; (het) weer in bezit stellen van; reïntegratie*
réintégrer OV WW • *weer benoemen; weer in bezit stellen* • *zich weer vestigen in* • *weer terugkeren (***dans** *bij/in); reïntegreren*
réinvestir OV WW *weer investeren*
réitératif BNW [v: **reitérative**] *herhalend*
réitération V *herhaling*
réitérer OV WW *herhalen*
reître M • FORM./FIG. *vechtjas* • GESCH. *Duitse cavalerist*
rejaillir ON WW • *opspatten; spatten* • (~ **sur**) *afstralen op; neerkomen op*
rejaillissement M • *(het) terugkaatsen* • *(het) opspatten*
rejet (*zeg:* -zjè) M • *(het) terugwerpen* • *verwerping* • TAALK. *enjambement* • *uitgegraven aarde* • *loot* • *uitstoot* ‹v. schadelijke stoffen› • MED. *afstoting* ★ ~ d'une loi *verwerping van een wet*
rejetable BNW *te verwerpen* ★ cette excuse est ~ *dit excuus kan geweigerd worden*
rejeter OV WW • *terugwerpen* • *terugslaan* • *verwerpen; afwijzen* • *opnieuw werpen* ★ ~ la faute sur *de schuld afschuiven op*
rejeton M • *loot* • *afstammeling; telg*
rejoindre I OV WW • VERO. *weer bij elkaar brengen; herenigen* • *voegen bij* • *inhalen* • *lijken op;* FIG. *verwant zijn met* II WKD WW (**se** ~) • *samenkomen* • *overeenkomen* ‹v. meningen›
rejouer I OV WW *overspelen* II ON WW *verder spelen*
réjoui BNW *verheugd; opgeruimd*
réjouir I OV WW *opvrolijken; verheugen* ★ ~ la vue *het oog strelen* II WKD WW (**se** ~) *zich verheugen (***de** *over)*
réjouissance V *vreugde; vrolijkheid* ★ des ~s *feestelijkheden*
réjouissant BNW *verheugend; vermakelijk*
relâche I M • *(het) ophouden* • *ontspanning* ★ sans ~ *onophoudelijk* ★ faire ~ *niet spelen* ‹v. toneelgezelschap›; *gesloten zijn* II V • SCHEEPV. *onderbreking v.e. reis* • *noodhaven* ★ faire ~ *een haven aandoen*
relâché BNW *los; losbandig* ★ mœurs ~es *losse zeden*
relâchement M • *vrijlating* • *ontspanning* • VERO. *diarree* • *verslapping* • *rust; ontspanning*
relâcher I OV WW • *slap maken; ontspannen* • *vrijlaten* ★ ~ un prisonnier *een gevangene vrijlaten* II ON WW SCHEEPV. *binnenlopen* III WKD WW (**se** ~) *minder ijverig worden; verslappen; verflauwen*

R

relais m • TECHN. *relais* • VERO. *pleisterplaats* • *tussenpersoon* • *aflossing* ⋆ ~ (routier) *wegrestaurant; motel* ⋆ course de ~ *estafetteloop* ⋆ prendre le ~ de qn *iem. aflossen*
relance v *verhoogde inzet* ‹spel›; FIG. *opleving*
relancer OV WW • *opnieuw werpen; terugwerpen* • *weer op gang brengen; starten* • *weer opjagen* ‹wild› • *lastig vallen* • *inzet verhogen* ‹spel› • *herinneren aan*
relaps (*zeg:* -laps) I m [v: **relapse**] *relaps; afvallige; ketter* II BNW *weer afvallig*
relater OV WW • *verhalen* • JUR. *vermelden*
relatif BNW [v: **relative**] *betrekkelijk; relatief* ⋆ pronom ~ *betrekkelijk voornaamwoord* ⋆ ~ à *betrekking hebbend op*
relation v • *verhouding; betrekking* • *omgang; betrekking; relatie* • *kennis; bekende* • *verslag; verhaal; relaas* ⋆ ~ de cause à effet *oorzakelijk verband* ⋆ ~ publiques *public relations*
relationnel BNW [v: **relationnelle**] *relatie-*
relativement BIJW • *met betrekking (***à** *tot)* • *verhoudingsgewijs* • *betrekkelijk; relatief*
relativiser OV WW *relativeren*
relativité v *betrekkelijkheid; relativiteit*
relax INF. BNW *ontspannen(d)* ⋆ fauteuil ~ *luie stoel*
relaxation v • *ontspanning; verslapping* • JUR. *invrijheidstelling*
relaxe v INF. *ontspanning*
relaxer I OV WW • *doen verslappen; ontspannen* • JUR. *in vrijheid stellen* II WKD WW (**se** ~) *zich ontspannen; relaxen*
relayer I OV WW • *aflossen* • TELECOM. *relayeren; doorzenden; heruitzenden* II WKD WW (**se** ~) *elkaar aflossen*
relayeur m [v: **relayeuse**] *estafetteloper*
relégation v *uitwijzing; verbanning* ⋆ zone de ~ *degradatiezone*
reléguer OV WW • *verbannen; uitwijzen* • *terzijde leggen* ⋆ ~ au second plan *op de achtergrond schuiven*
relent m • *muffe geur; walm* • FIG. *zweempje*
relevé I m *overzicht; staat* ⋆ ~ du compteur *meterstand* ⋆ ~ d'identité bancaire (RIB) *bankgegevens* II BNW • *omgeslagen* • *hoog; hooggeplaatst* • *edel* • CUL. *pikant*
relève v *aflossing*
relèvement m • *herstel* • *(het) wederoprichten* • *(het) opmaken v.e. staat* • GEO. *plaatsbepaling* • *opheffing* • *verhoging* ⋆ ~ de salaire *loonsverhoging*
relever I OV WW • *oplichten* • *opslaan* • *weer rechtop zetten; weer opbeuren; weer oprichten* • FIG. *verheffen; weer tot bloei brengen* • *doen herleven; aanwakkeren* • *de aandacht vestigen op* • *aflossen* • FIG. *ontslaan* • *verhogen; doen uitkomen* • *de plaats bepalen van* • *opmeten* • *kruiden* • *opheffen* ⋆ ~ les cahiers *de schriften ophalen* ⋆ ~ le courage *moed inspreken* ⋆ ~ d'un vœu *v.e. gelofte ontslaan* ⋆ ~ les couleurs *de kleuren ophalen* ⋆ ~ la beauté *de schoonheid doen uitkomen* ⋆ ~ la tête *het hoofd opheffen* II ON WW • *genezen; weer opknappen* • (~ **de**) *afhangen van; ondergeschikt zijn aan; vallen onder; behoren tot* III WKD WW (**se** ~) • *weer opstaan* • *genezen; omhooggaan; weer op krachten komen* • *elkaar aflossen* ⋆ s'en ~ *er weer bovenop komen*
releveur I m • *hefmachine* • *hefspier* II m [v: **releveuse**] ⋆ ~ des comptes *meteropnemer* III BNW [v: **releveuse**] *opheffend*
relief m • *reliëf; uitspringend gedeelte* • *aanzien* ⋆ mettre en ~ *doen uitkomen* ⋆ les ~s *de etensresten*
relier OV WW • *opnieuw verbinden* • *verbinden; de verbinding vormen* • *binden* ‹boekdrukkunst›
relieur m [v: **relieuse**] *boekbinder*
religieuse v *religieuse* ‹soes met room›
religieusement BIJW • *eerbiedig* • *godsdienstig* • *nauwgezet; stipt*
religieux [v: **religieuse**] I m *ordesgeestelijke; kloosterling; monnik; non* II BNW • *vroom; godsdienstig; religieus* • *v.d. geestelijke orden* ⋆ l'habit ~ *het kloosterkleed*
religion v *godsdienst; geloof; religie; vroomheid; geestelijke stand* ⋆ avoir de la ~ *godsdienstig zijn* ⋆ entrer en ~ *in het klooster gaan* ⋆ se faire une ~ d'une chose *zich iets tot plicht rekenen*
religiosité v *religiositeit; godsdienstigheid*
reliquaire m *relikwieënkast*
reliquat m • *saldo; rest* ‹v. schuld› • *nawerking*
relique v *relikwie;* OOK FIG. *reliek*
relire OV WW *herlezen; overlezen*
reliure v • *boekbindersvak* • *boekband*
relouer OV WW *weer verhuren; weer huren*
relu WW (volt. deelw.) → **relire**
reluire ON WW *schitteren; blinken* ⋆ tout ce qui reluit n'est pas or *het is niet alles goud wat blinkt*
reluisant BNW OOK FIG. *schitterend; blinkend*
reluquer OV WW *begluren;* FIG. *azen op*
remâcher OV WW • *herkauwen* • *telkens overdenken*
remailler OV WW • *mazen* • *bepleisteren*
remake m *nieuwe filmversie*
rémanence v *blijvend karakter*
rémanent BNW *blijvend*
remaniement m *verandering; omwerking* ⋆ ~ ministériel *kabinetswijziging*
remanier OV WW *omwerken; veranderen*
remariage m *(het) hertrouwen*
remarier I OV WW *weer uithuwelijken* II WKD WW (**se** ~) *hertrouwen*
remarquable BNW • *voortreffelijk* • *opmerkelijk; merkwaardig*
remarque v *aanmerking; opmerking*
remarqué BNW *opvallend*
remarquer OV WW • *opmerken; bemerken; onderscheiden; opvallen* • *opnieuw merken* ⋆ faire ~ qc à qn *iemands aandacht op iets vestigen* ⋆ se faire ~ *uitblinken; zich onderscheiden (***par** *door)*
remballage m • *(het) opnieuw inpakken* • *nieuwe verpakking*
remballer OV WW *opnieuw inpakken*
rembarquement m *wederinscheping*
rembarquer I OV WW *weer inschepen* II ON WW *zich weer inschepen* III WKD WW (**se** ~) *zich weer inschepen*

R

rembarrer OV WW • *krachtig terugdringen* • *de mond snoeren* ★ ~ l'ennemi *de vijand terugdrijven*
remblai m *ophoging*; *opgebrachte aarde*
remblayer OV WW *ophogen*; *opvullen*
rembobiner OV WW • *terugspoelen* ‹v. band› • *weer oprollen*
remboîtement m • *(het) weer inbinden* ‹v. boek› • MED. *(het) weer in het lid zetten*
remboîter OV WW • MED. *weer in het lid zetten* • *weer in de band zetten* ‹v. boek›
rembourrage m • *(het) opvullen* • *opvulsel*
rembourrer OV WW *opvullen* ★ bien rembourré *lekker dik*
remboursable BNW *terug te betalen*
remboursement m • *terugbetaling* • *aflossing* • *terug te betalen som* ★ contre ~ *onder rembours*
rembourser I OV WW *terugbetalen*; *aflossen* **II** WKD WW (**se** ~) *zijn geld terug krijgen*
rembrunir I OV WW • VERO. *donkerbruin maken* • *versomberen*; *bedroeven* **II** WKD WW (**se** ~) *somber worden* ★ le temps se rembrunit *de lucht betrekt*
remède m • *geneesmiddel*; *remedie* • *middel* ★ ~ de bonne femme *huismiddeltje* ★ porter ~ à *genezen*; *verhelpen*
remédiable BNW *te verhelpen*
remédier ON WW (~ **à**) *verhelpen*; *voorzien in*
remembrement m *ruilverkaveling*; *herverkaveling*
remembrer OV WW *verkavelen*
remémorer I OV WW *in herinnering brengen* **II** WKD WW (**se** ~) FORM. *zich herinneren*
remerciement m *dank*; *dankbetuiging* ★ avec tous mes ~s *met mijn hartelijke dank*
remercier OV WW • *(be)danken* (**de**, **pour** *voor*) • *ontslaan*; *afdanken*
remettre I OV WW • *weer zetten*; *weer plaatsen*; *weer leggen* • *weer aantrekken* • *weer in het lid brengen* • *overhandigen* • *overmaken* • *herstellen*; *opknappen* • *herkennen* • *vergeven* • *uitstellen*; *verschuiven* • *kwijtschelden* ‹v. straf› ★ ~ un habit *kleding weer aantrekken* ★ ~ sa démission *zijn ontslag indienen* ★ ~ qc entre les mains de qn *iets aan iem. toevertrouwen* ★ on remet ça? *nemen we/wilt u er nog eentje?* **II** WKD WW (**se** ~) • *weer gaan zitten*; *weer gaan liggen* • *zich herstellen*; *bekomen* • *zich herinneren* ★ se ~ à *weer beginnen met/ te* ★ s'en ~ à qn *zich op iem. verlaten*
remeubler OV WW *opnieuw meubileren*
remilitarisation v *herbewapening*
remilitariser OV WW *herbewapenen*
réminiscence v *flauwe herinnering*
remis WW → **remettre**
remise v • *(het) weer zetten*; *weer leggen*; *weer plaatsen* • *overhandiging*; *overmaking* • *korting* • *kwijtschelding v. schuld*; *kwijtschelding van straf* • *uitstel* • *koetshuis*; *remise* ★ ~ en jeu *inworp*; *spelhervatting* ★ ~ à jour *bijscholing* ★ voiture de (grande) ~ *gehuurde auto met chauffeur*
remiser I OV WW *stallen* **II** ON WW *opnieuw inzetten* ‹bij spel› **III** WKD WW (**se** ~) *zich verschuilen* ‹v. wild›
rémissible BNW *vergeeflijk*
rémission v • FORM. *ruststand* • MED. *remissie*; *vermindering* ‹tijdelijk› • *vergeving*; *kwijtschelding* ★ sans ~ *meedogenloos*; *definitief*
remix m MUZ. *remix*
remmailler OV WW *mazen*; *ophalen v.e. ladder*
remmener OV WW *weer meenemen*; *weer meebrengen*
remodelage m *vernieuwing*; *herziening*; *wijziging*
rémois BNW *uit Reims*
remontage m • *(het) opwinden* ‹v. uurwerk› • *(het) weer in elkaar zetten*
remontant I m *versterkend middel* **II** BNW • *opwekkend* • PLANTK. *nabloeiend*
remonte v • *(het) stroomopwaarts varen* • *(het) stroomopwaarts zwemmen* ‹v. vissen› • MIL. *aanvulling v. paarden*
remontée v • *(het) weer naar boven gaan*; *(het) weer opstijgen* • *(het) weer op-, afvaren* • *skilift*
remonte-pente m [**remonte-pentes**] *sleeplift*
remonter I OV WW • *aanvullen* • SPORT *inlopen op* • *weer naar boven brengen*; *opwinden*; *ophijsen* • *ophogen* • *stroomopwaarts varen* • *weer bestijgen* • *weer inrichten* • *weer in elkaar zetten* • *opmonteren* ★ ~ un mur *een muur ophogen* ★ ~ un fleuve *stroomopwaarts varen* ★ ~ un cheval *een paard weer bestijgen* ★ ~ le courage *weer nieuwe moed geven* ★ ~ une maison *een huis opnieuw inrichten* **II** ON WW • PLANTK. *nabloeien* • *weer naar boven gaan*; *weer opstijgen* • *omhoog staan* • *weer beklimmen* • *stroomopwaarts varen* ★ collet qui remonte *opstaande kraag* ★ ~ sur le trône *de troon weer bestijgen* • (~ **à**) *teruggaan tot*; *opklimmen tot* ★ cela remonte au déluge *dat is heel oud* **III** WKD WW (**se** ~) • *zich weer aanschaffen* • *opknappen*; *op verhaal komen* ★ se ~ en vêtements *z. weer in de kleren zetten*
remontoir m *opwindmechanisme*
remontrance v *vermaning*; *berisping*
remontrer I OV WW *weer vertonen* **II** ON WW ★ en ~ à qn *iem. een lesje geven*; *iem. de baas zijn*
remordre OV + ON WW *weer bijten*; *weer beginnen* ★ ~ au travail *weer met werken beginnen*
remords m *wroeging*
remorquage m *(het) slepen*
remorque v • *(het) slepen* • *sleeptouw* • *aanhangwagen* ★ prendre en ~ *op sleeptouw nemen* ★ elle est à la ~ de sa sœur *ze gaat haar zus achterna*
remorquer OV WW • FIG. *meeslepen* • *slepen*
remorqueur m *sleepboot*
remoudre OV WW *overmalen*
rémoulade v *remouladesaus*
rémouleur m *scharenslijper*
remous (*zeg:* -moe) m • SCHEEPV. *kielzog* • *gedrang* ‹v. grote menigte› • FIG. *deining*
rempaillage m *(het) stoelenmatten*; *nieuwe mat*
rempailler OV WW *stoelen matten*
rempailleur m [v: **rempailleuse**] *stoelenmatter*

R

rempart m • FIG. *bescherming* • *wal*; *schans*
rempiler I OV WW *opnieuw opstapelen* II ON WW ARG./MIL. *bijtekenen*
remplaçable BNW *vervangbaar*
remplaçant m *plaatsvervanger*; *reserve*; *wisselspeler*
remplacement m *vervanging*
remplacer OV WW *vervangen (***par** *door)*
rempli I m *zoom* II BNW • *vol* • FORM. *vervuld van*
remplir I OV WW • *weer vullen* • *vullen (***de** *met)*; *aanvullen*; *opvullen* • *invullen* • *vervullen* • *beantwoorden aan* • *besteden* ★ ~ l'attente *aan de verwachting beantwoorden* ★ ~ son temps *zijn tijd besteden/vullen* II WKD WW (**se** ~) *zich verrijken*; *vol worden*; *zich vullen (***de** *met)* ★ INF. se ~ les poches *zijn zakken vullen*
remplissage m • *vulling* • *(het) (op)vullen* • PEJ. *opvulling*
remployer OV WW *weer gebruiken*
remplumer I OV WW *van veren voorzien* II WKD WW (**se** ~) • *nieuwe veren krijgen* • *er weer bovenop komen* ‹m.b.t. gezondheid›; *aankomen* • INF. *er weer bovenop komen* ‹financieel›
rempocher OV WW *weer in zijn zak steken*
remporter OV WW • *weer meenemen*; *weer terugbrengen* • *behalen* ★ ~ la victoire *de overwinning behalen*
rempoter OV WW *verpotten*
remuant BNW *druk*; *beweeglijk*
remue-ménage m (onver.) *wanorde*; *drukte*
remuement m • *gestommel* • *drukte*; *beweging*; *verplaatsing*
remuer I OV WW • *bewegen* • *verplaatsen* • *ontroeren* • *omwerken*; *omspitten* • *omroeren*; *(om)schudden* ★ ~ la queue *kwispelstaarten*; *kwispelen* ★ ~ ciel et terre *hemel en aarde bewegen* II ON WW • *bewegen* • *in opstand komen*; *onrustig zijn* III WKD WW (**se** ~) • *zich bewegen* • *zich moeite geven*; *de handen uit de mouwen steken*
rémunérateur [v: **rémunératrice**] I m *beloner* II BNW *lonend*; *winstgevend*; *voordelig*; *renderend*

R

rémunération v *beloning*; *loon*
rémunérer OV WW • *honoreren*; *betalen* • VERO. *belonen*
renâcler ON WW • *snuiven* ‹v. dieren› • (~ **à**) *geen zin hebben in*
renaissance v • *herleving* • *wedergeboorte*
Renaissance v GESCH. *Renaissance*
renaître ON WW • *herboren worden* • *weer verschijnen* ★ ~ à la vie *weer op krachten komen*; FIG. *herboren worden* ★ se sentir ~ *weer opleven*; *zich als 'herboren' voelen* ★ le jour renaît *een nieuwe dag breekt aan*
rénal BNW [m mv: **rénaux**] *van de nieren* ★ calcul ~ *niersteen*
renard m • *vos* • *pels v. vos* • *geslepen kerel*; *sluwe vos*; *onderkruiper* ★ vieux ~ *slimmerik* ★ ~ argenté *zilvervos* ★ ~ bleu *poolvos*
renarde v *wijfjesvos*
renardeau m [mv: **renardeaux**] *jonge vos*
renardière v *vossenhol*
rencard m INF. → **rancard**
renchérir I OV WW *opslaan*; *duurder maken* II ON WW • *duurder worden* • (~ **sur**) *overtreffen*
renchérissement m *prijsverhoging*
rencogner I OV WW *in een hoek duwen* II WKD WW (**se** ~) *wegkruipen*
rencontre v • *ontmoeting* • *duel* • *botsing* • *(het) treffen* ★ de ~ *toevallig* ★ aller à la ~ de *tegemoet gaan*
rencontrer I OV WW • *ontmoeten*; *tegenkomen*; *vinden*; *stuiten op* • *treffen*; *spelen tegen* II WKD WW (**se** ~) • *elkaar ontmoeten* • *met elkaar in botsing komen* • *elkaar vinden*; *het eens worden* • *gevonden worden*; *voorkomen*
rendement m • *opbrengst*; *prestatie*; *resultaat* • CHEM. *rendement* • *arbeidsvermogen* ★ d'un bon ~ *renderend*
rendez-vous m • *plaats v. samenkomst* • *afspraak* ★ consultation sur ~ *consult volgens afspraak* ★ donner ~ *afspreken (***à** *met)* ★ prendre ~ avec le médecin *een afspraak maken bij de dokter*
rendormir I OV WW *weer onder narcose brengen*; *weer in slaap brengen* II WKD WW (**se** ~) *weer inslapen*
rendosser OV WW *weer aantrekken*
rendre I OV WW • *geven* • *teruggeven* • *bezorgen* • *braken* • *opbrengen* • *bewijzen* • *weergeven* • *uitdrukken*; *vertalen* • *uitspreken* • *maken* ‹gevolgd door bnw.› • *voortbrengen* ★ ~ l'âme, ~ l'esprit *de geest geven* ★ ~ les armes *zich overgeven*; *de wapens neerleggen* ★ ~ le mal pour le mal *kwaad met kwaad vergelden* ★ ~ compte *rekenschap geven* ★ ~ grâce *dank zeggen* ★ ~ à domicile *aan huis bezorgen* ★ ~ les derniers devoirs *de laatste eer bewijzen* ★ ~ hommage *hulde brengen* ★ ~ un arrêt *een vonnis uitspreken* ★ ~ heureux *gelukkig maken* ★ ~ des sons *geluiden voortbrengen* II ON WW • *effect hebben* • *opbrengen*; *renderen* ★ bien ~ à l'écran *het goed doen op tv* III WKD WW (**se** ~) • *zich begeven* • *zich tonen*; *zich maken* • *zich overgeven* • *vertaald worden* ★ les fleuves se rendent à la mer *rivieren stromen naar de zee* ★ se ~ maître *zich meester maken* • (**se** ~ **à**) *gehoor geven aan*; FIG. *zich neerleggen bij* ★ se rendre à l'évidence *zich bij de feiten neerleggen*
rendu I m *getrouwe weergave* ‹beeldende kunst› ★ un prêté pour un ~ *het met gelijke munt betalen* II BNW • *doodop* • *aangekomen* ★ nous voilà ~s *we zijn er* III WW (volt. deelw.) → **rendre**
rêne v OOK FIG. *teugel*
renégat m [v: **renégate**] *afvallige*
renfermé I m *mufheid* ★ sentir le ~ *muf ruiken* II BNW FIG. *gesloten*
renfermer I OV WW • *opnieuw opsluiten* • *bevatten* • *verbergen* II WKD WW (**se** ~) *zich opsluiten*; FIG. *zich afsluiten* ★ se ~ dans le silence *zich in stilzwijgen hullen*
renflé BNW *bol*
renflement m *zwelling*; *verdikking*
renfler I OV WW *bol maken*; *doen zwellen* II ON WW *weer opzwellen* III WKD WW (**se** ~) *dikker worden*; *opzwellen*

renflouage m [**renflouement**] • *(het) weer vlot trekken* • *(het) lichten* • *(het) er weer bovenop helpen*
renflouer OV WW • SCHEEPV. *vlot trekken* • *er financieel weer bovenop helpen*
renfoncé BNW *diepliggend*
renfoncement m • *uitholling*; *deuk* • *verborgen hoek*
renfoncer OV WW • *harder induwen*; *dieper induwen* • *terugdringen* ★ ~ son chapeau *zijn hoed dieper over zijn ogen trekken* ★ ~ ses larmes *zijn tranen bedwingen*
renforçateur I m FOTO. *versterker* II BNW *versterkend*
renforcement m *versterking*
renforcer OV WW • OOK FIG. *versterken* • *verstevigen* ★ ~ qn dans son opinion *iem. in zijn mening sterken*
renfort m • MIL. *versterking* • *versteviging* ★ à grand ~ de *met veel hulp van*
renfrogné BNW *stuurs*; *nors*
renfrogner WKD WW (**se** ~) *een stuurs gezicht zetten*
rengagement m [**réengagement**] • *(het) opnieuw in dienst nemen* • MIL. *(het) bijtekenen*
rengager I OV WW *weer in dienst nemen* II ON WW • *weer dienst nemen* • FIG. INF. *weer beginnen aan* III WKD WW (**se** ~) *weer dienst nemen*; *bijtekenen*
rengaine v *afgezaagd onderwerp*; *het oude liedje* ★ c'est toujours la même ~ *het is altijd hetzelfde liedje*
rengainer OV WW • *weer in de schede steken* • INF. *voor zich houden*
rengorger WKD WW (**se** ~) *een hoge borst opzetten*
reniement m *verloochening*
renier OV WW • *verloochenen* • *afzweren*
reniflement m *gesnuif*
renifler I OV WW • FIG. *ruiken* • *opsnuiven* ★ ~ du tabac *tabak snuiven* II ON WW *snuiven*
renifleur INF. m [v: **renifleuse**] *snotteraar*; *snuiver*
renne m *rendier*
renom m *naam*; *bekendheid* ★ mauvais ~ *slechte naam*
renommé BNW *gerenommeerd*; *bekend*; *vermaard* (**pour** *om*)
renommée v • *naam*; *vermaardheid*; *beroemdheid* • *openbare mening* ★ bonne ~ vaut mieux que ceinture dorée *een goede naam is meer waard dan rijkdom*
renommer OV WW *herbenoemen*
renoncement m *(het) afstand doen*; *verzaking* ★ ~ à/de soi-même *zelfverloochening*
renoncer I OV WW FORM. *verloochenen* II ON WW (~ **à**) *afstand doen van*; *afzien van*
renonciation v *(het) afstand doen (***à** *van)*
renoncule v *ranonkel*; *boterbloem*
renouer I OV WW • *weer knopen* • *weer aanknopen*; *hervatten* ★ ~ le fil de la conversation *de draad v.h. gesprek weer opnemen* II ON WW (~ **avec**) *weer opvatten* ★ renouer avec qn. *de vriendschap met iem. hernieuwen*
renouveau m • *opleving*; *hernieuwing* • FORM. *nieuwe lente*; *nieuwe voorjaar*
renouvelable BNW • *herhaalbaar*; *hernieuwbaar* • *te verlengen*
renouveler OV WW • *hernieuwen*; *vernieuwen* • *verlengen* • *opnieuw stellen* ‹v. vraag›
renouvellement m • *hernieuwing*; *vernieuwing* • *verlenging*
rénovateur [v: **rénovatrice**] I m *vernieuwer*; *hervormer* II BNW *vernieuwend*
rénovation v • *hernieuwing*; *vernieuwing* • *renovatie*
rénover OV WW • *vernieuwen* • *moderniseren*; *renoveren*; *opknappen*
renseignement m *inlichting* ★ service de ~s *boodschappendienst*
renseigner I OV WW *inlichten (***sur** *over)* II WKD WW (**se** ~) *inlichtingen inwinnen*
rentabiliser OV WW *rendabel maken*
rentabilité v *rendabiliteit*; *rentabiliteit*
rentable BNW • *lonend* • *rendabel*; *rente gevend*
rente v • *rente* • *inkomen uit vermogen* • *staatsobligatie* ★ ~ viagère *lijfrente* ★ ~ de situation *voordeel uit gewoonterecht* ★ à ~s composés *rente op rente* ★ porter ~ *rente opbrengen*
rentier m [v: **rentière**] *rentenier*
rentrant I m SPORT *invaller* II BNW *inspringend* ★ angle ~ *inspringende hoek*
rentré BNW • *naar binnen geslagen* • *ingehouden* • *diepliggend* ★ colère ~e *ingehouden woede* ★ yeux ~s *diepliggende ogen*
rentrée v • *terugkeer*; *hervatting van werkzaamheden* • *(het) binnenhalen* ‹v. oogst› • *(het) innen* ‹v. gelden› ★ la ~ des classes *het begin v.h. nieuwe schooljaar* ★ SPORT ~ en touche *ingooi* ★ faire sa ~ *zijn comeback maken*
rentrer I OV WW • *binnenhalen*; *binnenbrengen* • *inhouden* • *verbergen*; *wegstoppen* ★ ~ ses larmes *z'n tranen inslikken* ★ colère rentrée *ingehouden woede* ★ ~ dans un arbre *tegen een boom (aan)rijden* II ON WW • *terugkomen*; *weer binnenkomen*; *thuiskomen* • *in elkaar passen* • *behoren bij* • *binnenkomen v. geld* • *terugkeren*; *naar huis gaan* • *weer beginnen* ★ faire ~ qc dans sa tête *iets erin stampen* ★ tout est rentré dans l'ordre *alles is weer normaal* ★ INF. il va lui ~ dedans *hij stormt op hem af*; *hij gaat hem zometeen te lijf* ★ ~ dans ses droits *zijn rechten terugkrijgen* ★ ~ dans les grâces de qn. *iem.'s gunst herwinnen* ★ ~ en soi-même *in zichzelf keren* ★ vouloir ~ sous terre *wel door de grond willen zinken*
renversant BNW *verbazingwekkend*
renverse v ★ tomber à la ~ OOK FIG. *achterovervallen* ★ à la ~ *achterover*; *omver*
renversé BNW • *omgekeerd* • *omvergeworpen* • FIG. *verbluft* ★ c'est le monde ~ *het is de omgekeerde wereld* ★ crème ~e *gestorte pudding*
renversement m • *omkering* • OOK FIG. *omverwerping* • *(het) keren* ‹v. tij›; *wending* ★ ~ de l'esprit *geestverwarring*
renverser I OV WW • *omverwerpen*; *om(ver)gooien*; *omverrijden* • *omkeren* • INF.

R

versteld doen staan ★ INF. cela me renverse *ik ben er kapot van* **II** ON WW *van richting veranderen* **III** WKD WW (**se** ~) • *omvallen*; *omkantelen* • *zich achterover buigen*
renvoi m • *terugzending* • *ontslag* • *verwijzing* (**à** *naar*) • *verdaging* • *oprisping* • *terugkaatsing* • *het terugspelen*
renvoyer I OV WW • *terugzenden* • *ontslaan* • *vrijspreken* • *verwijzen* • *verdagen* • *terugkaatsen* • *terugspelen* ★ ~ la balle *de bal terugkaatsen* **II** WKD WW (**se** ~) ★ se ~ la faute *elkaar de schuld geven*
réoccuper OV WW *weer bezetten*
réorganisation v *reorganisatie*
réorganiser OV WW *reorganiseren*
réorientation v *heroriëntatie*
réorienter OV WW *heroriënteren*; *omschakelen*
réouverture v *heropening*; *hervatting* ‹v. debat enz.›
repaire m *(schuil)hol*
repaître I OV WW • VERO. *voeden* • *verlustigen* **II** WKD WW (**se** ~) • LIT. *grazen*; *eten* • *zich verlustigen* (**de in**); FIG. *zich voeden* ★ se ~ de sang *bloeddorstig zijn*
répandre I OV WW • *verspreiden* • *verbreiden* • *storten*; *vergieten* • *verdelen*; *uitdelen* ★ ~ du sang *bloed vergieten* ★ ~ des larmes *tranen vergieten*; *huilen* **II** WKD WW (**se** ~) • *verspreid worden*; *zich verspreiden over* ‹v. personen›; *zich verbreiden*; *verbreid worden* • *gestort worden*; *vergoten worden* • *uitgedeeld worden* • *veel uitgaan* ★ se ~ dans le monde *veel onder de mensen komen* ★ se ~ en excuses *zich uitputten in verontschuldigingen*
réparable BNW *herstelbaar*
reparaître ON WW *weer verschijnen*
réparateur [v: **réparatrice**] **I** m *hersteller*; *reparateur* **II** BNW *herstellend* ★ un sommeil ~ *een verkwikkende slaap*
réparation v • *herstel*; *reparatie* • *genoegdoening* ★ coup de pied de ~ *strafschop* ★ surface de ~ *strafschopgebied* ★ ~ d'honneur *eerherstel* ★ les ~s *de herstelwerkzaamheden*

R

réparer OV WW • *voldoening geven voor* • *herstellen*; *repareren* • *weer goed maken*; *vergoeden* ★ ~ un malentendu *een misverstand rechtzetten*
reparler ON WW *opnieuw spreken*
repartie v *snedig antwoord* ★ avoir de la ~ *altijd weer een antwoord hebben*
repartir I OV WW FORM. *antwoorden* **II** ON WW • *weer vertrekken* • *weer teruggaan*
répartir OV WW • *verdelen* (**entre** *onder*); *omslaan* • *verbreiden* • *indelen* (**en** *in*)
répartition v • *verbreiding* • *indeling* • *omslag*; *verdeling*
repas (*zeg:* -pà) m *maaltijd*
repassage m • *(het) slijpen* • *(het) strijken*
repasser I OV WW • *strijken* • *opnieuw oversteken* • *weer zetten op*; *weer overzetten* • *weer nagaan*; *weer denken aan*; *herhalen* • *doorgeven* (**à** *aan*) • *slijpen* • *overkijken*; *nakijken* • ARG. *vermoorden* **II** ON WW • *weer voorbijkomen*; *weer langskomen* • *weer gaan door* ★ passer et ~ *heen en weer gaan*
repasseur m *slijper*
repasseuse v • *strijkster* • *strijkmachine*
repêchage m • *herexamen*; *herkansing* • *(het) (weer) opvissen* • SPORT *herkansing*
repêcher OV WW • *(weer) opvissen* • *uit het water halen* • *een herkansing geven*; *(een kandidaat) nog een kans geven* • INF. *uit de moeilijkheid redden* ★ ~ un noyé *een drenkeling uit het water halen*
repeindre OV WW *opnieuw schilderen*; *overschilderen*
repenser I OV WW *weer overdenken* **II** ON WW *weer denken* ★ j'y ~ai *ik zal er nog eens over denken*
repentant BNW *berouwvol*
repentir I m *berouw*; *spijt* **II** WKD WW (**se** ~) *berouw hebben*; *spijt hebben* (**de** *over*)
repérage m • *(het) aanbrengen v. herkenningstekens* • *opsporing* • *afstemming*
répercussion v • *terugkaatsing* • *gevolg*; *weerslag*
répercuter I OV WW • *overdragen*; *terugkaatsen* • INF. *afschuiven* (**sur** *op*) **II** WKD WW (**se** ~) • *weerkaatst worden* • *zijn weerslag hebben*
repère m *herkenningsteken*; *merk*; *merkteken* ★ point de ~ *herkenningsteken*; *aanknopingspunt*
repérer I OV WW • *markeren*; *herkenningstekens plaatsen* • *vinden*; *ontdekken*; *opsporen* ★ INF. se faire ~ *opvallen*; *zich verraden* **II** WKD WW (**se** ~) *zich oriënteren*
répertoire m • *overzicht*; *register*; *tabel* • *repertoire* • FIG. *voorraad*
répertorier OV WW *in een register inschrijven*; *inventariseren*
répéter OV WW • *herhalen* • *repeteren* • *weergeven* ★ ne pas se le faire ~ *zich (iets) niet tweemaal laten zeggen*
répétiteur I m TECHN. *versterker* **II** m [v: **répétitrice**] *repetitor*
répétitif BNW [v: **repétitive**] *zich herhalend*
répétition v • *herhaling* • *repetitie* ★ montre à ~ *repetitiehorloge*
repeuplement m • *herbevolking* • *(het) weer uitzetten* ‹v. vis, wild› • *herbebossing*
repeupler OV WW • *weer bevolken* • *weer uitzetten* ‹v. vis, wild› • *herbebossen*
repiquer OV WW • *uitplanten*; *verspenen* • *weer prikken* • *kopiëren*; *opnieuw opnemen* ‹radio›; *overspelen* ‹v. cassette› • *verbeteren* ‹v. bestrating› • FOTO. *retoucheren* • INF. *weer betrappen*
répit (*zeg:* -pie) m • *uitstel* • *rust*
replacer OV WW • *verplaatsen*; *weer plaatsen* • *weer aanstellen*
replanter OV WW • *verplanten* • *herbeplanten*
replâtrage m • FIG. *lapwerk* • *overpleistering* • *schijnbare verzoening*
replâtrer OV WW • *overpleisteren* • FIG. *oplappen*
replet BNW [v: **replète**] *zwaarlijvig*; *dik*
repli m • *omslag*; *plooi*; *vouw* • *bocht*; *golving* • FIG. *verborgen kant* • MIL. *ordelijke terugtocht* • *het in zichzelf gekeerd zijn* ★ ~ de terrain *terreinplooi*
repliable BNW *opvouwbaar*

repliement m • *(het) opvouwen* • *(het) in zichzelf terugtrekken*
replier I ov ww • *weer opvouwen* • MIL. *ordelijk terugtrekken* • II wkd ww (**se** ~) • *in zichzelf keren (***sur** *soi-même)* • MIL. *zich ordelijk terugtrekken*
réplique v • *antwoord* • *tegenspraak* • *repliek; weerwoord* • *kopie v.e. kunstwerk; replica* ⋆ FIG. avoir la ~ prompte *slagvaardig zijn* ⋆ sans ~ *onweerlegbaar*
répliquer ov ww • *tegenspreken* • *antwoorden; repliceren*
replonger I ov ww • *weer (in)dompelen* • *weer storten* II on ww *weer duiken*
répondant m • *misdienaar* • *borg* ⋆ FIG. avoir du ~ *geld achter de hand hebben; reserves hebben*
répondeur I m *antwoordapparaat* II BNW [v: **répondeuse**] *die altijd een weerwoord heeft*
répondre I ov ww *antwoorden* II on ww • *antwoorden; beantwoorden* • (~ **à**) *overeenkomen met; beantwoorden aan; in overeenstemming zijn met* • (~ **de/pour**) *verzekeren* • (~ **à/dans**) *in verbinding staan met* ⋆ la sonnette répond dans la cuisine *de bel gaat in de keuken over* • (~ **de**) *instaan voor; borg blijven voor*
répons m *responsorium*
réponse v • *antwoord* • *reactie* • MED. *responsie*
report m • *uitstel* • *prolongatie* ‹op beurs› • *transport* ‹bij boekhouden› • *getransporteerde som* • *overbrenging*
reportage m • *reportage* • *verslaggeving*
reporter I m *reporter; verslaggever* II ov ww • *overbrengen* • OOK FIG. *terugbrengen* • *in prolongatie nemen* ‹beurs›; *transporteren v.e. som* ‹bij boekhouden› • *uitstellen* III wkd ww (**se** ~ **à**) *zich verplaatsen naar; terugdenken aan; verwijzen naar*
repos (*zeg:* -poo) m • *rust* • *rustpunt* ‹in muziek, tekst› ⋆ MIL. ~! *rust!* ⋆ champ du ~ *kerkhof* ⋆ de tout ~ *risicoloos*
reposant BNW *rustgevend; verkwikkend*
reposé BNW *uitgerust* ⋆ à tête ~e *rustig; bij kalm nadenken*
repose-pied(s) m *voetsteun*
reposer I ov ww • *weer plaatsen; weer zetten* • *neerzetten; neerleggen; laten rusten* • *tot rust brengen; ontspannen* ⋆ ~ la tête *het hoofd laten rusten* ⋆ cela repose l'esprit *dat ontspant de geest* II on ww • *(uit)rusten; slapen* • *begraven zijn; rusten; liggen* • *bezinken* ⋆ ici repose ... *hier rust ...* ⋆ laisser ~ du vin *wijn laten bezinken* • (~ **sur**) *gebouwd zijn op; rusten op;* FIG. *gegrond zijn op* III wkd ww (**se** ~) *(uit)rusten* ⋆ se ~ sur qn. *op iem. vertrouwen; zich op iem. verlaten*
repose-tête m [mv: **repose-tête(s)**] *hoofdsteun*
reposoir m • REL. *rustaltaar* • *mortuarium*
repoussant BNW *afstotend; afzichtelijk*
repousse v *(het) weer (aan)groeien*
repoussé BNW *gedreven* ‹v. metaal›
repousser I ov ww • *terugdrijven; terugstoten; terugschuiven* • *afslaan* ‹v. aanval›; *afweren* ‹v. slag› • *verwerpen* • *afstoten; afschrikken* • *uitstellen* ⋆ ~ l'ennemi *de vijand terugdrijven* II on ww *weer uitlopen; weer aangroeien*
repoussoir m *drevel; drijfbout* ⋆ servir de ~ à qn *er zijn/iets doen om iem. anders beter tot zijn recht te laten komen*
répréhensible BNW *laakbaar; afkeurenswaardig*
reprendre I ov ww • *hernemen; terugnemen; weer aannemen; weer aantrekken; weer nemen* • *weer krijgen* • *weer gevangen nemen* • *verstellen; herstellen* • *berispen* ⋆ ~ ses sens *bijkomen* ⋆ on ne m'y reprendra plus *dat zal me niet nog een keer gebeuren* II on ww • *weer wortel schieten* • *terugkomen; weer beginnen* • *dichtvriezen* ⋆ sa santé reprend *hij herstelt zich weer* ⋆ la chaleur reprend *het wordt weer warm* ⋆ ... reprit-il ... *zei hij/hernam hij (na een pauze)* III wkd ww (**se** ~) • *zichzelf weer meester worden* • *zijn woorden verbeteren* ⋆ s'y ~ à deux fois *nog een keer beginnen*
représailles v mv *vergelding; wraak* ⋆ user de ~ *wraak nemen*
représentable BNW • *af te beelden* • *te vertonen*
représentant m [v: **représentante**] *vertegenwoordiger*
représentatif BNW [v: **représentative**] • *vertegenwoordigend* • *representatief*
représentation v • *vertoning* • *voorstelling; opvoering* • *vertegenwoordiging* • *het ophouden v. stand; vertoon* • *afbeelding; voorstelling* ⋆ frais de ~ *representatiekosten*
représentativité v • *vertegenwoordigend karakter* • *representativiteit*
représenter I ov ww • *voor de geest halen; voor de geest roepen* • *voorstellen; afbeelden* • *opvoeren; vertonen* • *vertegenwoordigen* • *inhouden* II on ww • INF. *een goed voorkomen hebben* • INF. *zijn stand ophouden* III wkd ww (**se** ~) *zich voorstellen; zich verbeelden*
répressif BNW [v: **répressive**] *beteugelend; repressief*
répression v • *verdringing* • *beteugeling; onderdrukking; repressie*
réprimande v *berisping; reprimande*
réprimander ov ww *berispen*
réprimer ov ww • *onderdrukken; beteugelen* • *bestraffen*
repris I m ⋆ ~ de justice *recidivist* II ww (volt. deelw.) → **reprendre**
reprisage m *(het) verstellen; (het) stoppen* ‹v. sokken›
reprise v • *herhaling* • *hervatting* • *verstelling; stop* • *ronde* ‹bij schermen, boksen› • MUZ. *reprise* • *herstel* ‹v.d. handel› • *(het) terugnemen; herovering* • *inruilprijs* ⋆ à plusieurs ~s *herhaaldelijk* ⋆ la voiture a de bonnes ~s *de auto trekt goed op*
repriser ov ww *stoppen; verstellen*
réprobateur BNW [v: **réprobatrice**] *afkeurend*
réprobation v • *afkeuring* • REL. *verdoemenis* • *verwerping*
reproche m • *verwijt* • JUR. *wraking* ⋆ sans ~ *onberispelijk; smetteloos*
reprocher ov ww • *verwijten (***à** *aan)* • JUR.

R

afwijzen ‹v. getuigen›
reproducteur [v: **reproductrice**] I m *fokdier* II BNW *voortbrengend; voortplantings-*
reproductif BNW [v: **reproductive**] • *voortplantings-* • *weergevend*
reproduction v • *nabootsing; reproductie; kopie* • *weergave* • *voortplanting*
reproduire I OV WW • *namaken; reproduceren* • *weergeven* • *na-apen* II WKD WW (**se** ~) • *zich voortplanten* • *zich herhalen*
reprographie v *reprografie*
réprouvé m *verdoemde*
réprouver OV WW • *afkeuren; verwerpen* • REL. *verdoemen*
reps m *rips*
reptation v *(het) kruipen*
reptile m *reptiel*
repu BNW OOK FIG. *verzadigd*
républicain I m [v: **républicaine**] *republikein* II BNW *republikeins*
république v *republiek*
répudiation v • *(het) verstoten* • *verwerping* • JUR. *(het) afstand doen*
répudier OV WW • *verstoten* • *afwijzen*
répugnance v *afkeer (***pour** *van, jegens); weerzin*
répugnant BNW *weerzinwekkend; afstotend*
répugner I ON WW (~ **à**) *een afkeer hebben van* II ONP WW *tegenstaan* ★ il me répugne de le dire *het staat me tegen het te zeggen*
répulsif BNW [v: **répulsive**] • *afstotend* • *repulsief*
répulsion v • *afstoting* • *afkeer (***pour** *van, jegens)*
réputation v • *naam; bekendheid; reputatie* • *goede naam* ★ avoir bonne ~ *een goede naam hebben* ★ connaître de ~ *kennen van horen zeggen*
réputé BNW • *bekend* • *vermaard (***pour** *om)*
requérant I m *eiser* II BNW *eisend*
requérir OV WW • JUR. *verzoeken* • *eisen*
requête v • *verzoek* • JUR. *rekest; verzoekschrift*
requiem m *requiem*
requiert WW → **requérir**
requin m *haai*
requinquer I OV WW INF. *opknappen; opkikkeren; opvrolijken* II WKD WW (**se** ~) • *opknappen* • *er bovenop komen; vrolijk worden; opkikkeren*
requis I m ★ ~ du travail *tewerkgestelde* II BNW *vereist*
réquisition v JUR. *beslag; vordering*
réquisitionner OV WW *vorderen; beslag leggen op*
réquisitoire m • *aanklacht* • *eis v.h. Openbaar Ministerie; requisitoir*
RER AFK (Réseau express régional) *snelle metro*
rescapé I m [v: **rescapée**] *geredde; overlevende* II BNW *overlevend; ontkomen; gered*
rescousse v *herovering* ★ venir à la ~ *te hulp komen; helpen*
réseau m [mv: **réseaux**] • OOK FIG. *netwerk* • *wegennet; spoorwegnet; telefoonnet*
réséda m *reseda*
réservation v • JUR. *voorbehoud* • *plaatsbespreking; reservering*
réserve v • *magazijn* • *voorraad; reserve* • *reservaat* • *voorbehoud* • JUR. *wettelijk deel v.e. erfenis* • *terughoudendheid* ★ ~ naturelle *beschermd natuurgebied* ★ avec ~ *behoedzaam* ★ sous toutes ~s *onder voorbehoud* ★ faire des ~s *een voorbehoud maken*
réservé BNW • *gereserveerd; besproken* • *voorbehouden; apart* • *behoedzaam; terughoudend; gereserveerd* ★ tous droits ~s *alle rechten voorbehouden*
réserver I OV WW • *bewaren; besparen* • *bespreken; reserveren* • (~ **à**) *bestemmen voor* II WKD WW (**se** ~) *wachten; zich sparen (***pour** *voor)* ★ se ~ pour une autre occasion *een betere gelegenheid afwachten*
réserviste m *reservist*
réservoir m *vergaarbak; reservoir* ★ ~ (à essence) *benzinetank*
résidant BNW *woonachtig; zittend* ‹in vereniging, raad›
résidence v • *verblijf; verblijfplaats; zetel; residentie* • *groep luxueuze flats; appartementengebouw* ★ ~ secondaire *tweede woning* ★ ~ surveillée/forcée *huisarrest*
résident m [v: **résidente**] • *buitenlands ingezetene* • *gevolmachtigde* • *resident* • *inwoner*
résidentiel BNW [v: **résidentielle**] *woon-* ★ quartier ~ *woonwijk* ★ parc ~ de plaisir *pretpark* ★ ensemble ~ *villawijk*
résider ON WW *verblijf houden; zetelen; resideren (***à, dans, en** *in, te)* ★ voilà où réside la difficulté *dáár ligt de moeilijkheid*
résidu m • *overblijfsel; residu* • *bezinksel*
résiduel BNW [v: **résiduelle**] *achterblijvend*
résignation v • *berusting* • JUR. *afstand*
résigné BNW *berustend; gelaten; lijdzaam*
résigner I OV WW *afstand doen van* II WKD WW (**se** ~ **à**) *zich neerleggen bij; berusten in*
résiliation v *opzegging; nietigverklaring; ontbinding*
résilier OV WW *nietig verklaren; ontbinden*
résille v *haarnetje* ★ bas ~ *netkous*
résine v *hars*
résiner OV WW • *hars halen uit* • *met hars instrijken*
résineux I m mv *naaldbomen* II BNW [v: **résineuse**] *harsachtig; harshoudend*
résistance v • *weerstand (***à** *tegen); resistentie* • *weerstandsvermogen* • *uithoudingsvermogen* • *tegenstand; verzet* ★ pièce de ~ *hoofdschotel* ★ la Résistance *het Verzet (1940-1944)*
résistant I m [v: **résistante**] *verzetsstrijder* ‹1940-1945› II BNW • *met uithoudingsvermogen; sterk* • *hard; taai; resistent*
résister ON WW • *zich verzetten; tegenstand bieden; weerstaan; weerstand bieden (***à** *aan)* • (~ **à**) *bestand zijn tegen*
résolu I BNW *vastberaden; flink; resoluut* II WW (volt. deelw.) → **résoudre**
résoluble BNW • *oplosbaar* • *ontbindbaar* • JUR. *annuleerbaar*
résolument BIJW *vastberaden; resoluut*
résolution v • *besluit; beslissing; resolutie* • *vastberadenheid* • *oplossing; omzetting*

R

• *oplossing* ‹v. vraagstuk› • *opheffing*; *ontbinding* ★ manque de ~ *besluiteloosheid*
résolvais WW → **résoudre**
résonance V *weerklank*; *nagalm*; *resonantie* ★ ~ magnétique nucléaire (RMN) *kernspinresonantie*
résonnant BNW *weerklinkend*
résonner ON WW *weerklinken*; *resoneren*; *galmen* ★ cette salle résonne bien *deze zaal heeft een goede akoestiek*
résorber OV WW • *doen verdwijnen*; *terugdringen* • MED. *resorberen*
résorption V • *resorptie* • *(het) terugdringen*
résoudre I OV WW • *oplossen*; *ontbinden* • *omzetten* • *oplossen* • JUR. *opheffen*; *nietig verklaren* • *beslissen* • MED. *doen verdwijnen* ★ ~ un problème *een vraagstuk oplossen* ★ ~ une guerre *een oorlog beslissen* ★ ~ qn à *iem. bewegen te* • (~ **de**) *besluiten te*; *besluiten tot* II WKD WW (**se** ~) • *zich oplossen* • (**se** ~ **à**) *besluiten te*; *besluiten tot*
respect (*zeg:* -pè) M • *eerbied*; *hoogachting*; *ontzag*; *respect (***de** *voor)* • *(het) respecteren* ★ ~ humain *menselijk opzicht* ★ sauf votre ~ *met uw welnemen*; *met alle respect* ★ tenir en ~ *op een afstand houden*
respectabilité V *achtenswaardigheid*; *eerbiedwaardigheid*
respectable BNW • *achtenswaardig*; *respectabel* • *aanzienlijk*; *groot* ★ quantité ~ *grote hoeveelheid*
respecter I OV WW • *eerbiedigen*; *eren*; *achten*; *respecteren* • *sparen*; *verschonen* • *in acht nemen* II WKD WW (**se** ~) *zichzelf respecteren*
respectif BNW [V: **respective**] • *respectievelijk* • *van ieder afzonderlijk*
respectivement BIJW *respectievelijk*
respectueusement BIJW *eerbiedig*
respectueux BNW [V: **respectueuse**] *eerbiedig*
respirable BNW *in te ademen* ★ FIG. pas ~ *ondraaglijk*
respirateur I M • *masker* ‹tegen rook, gas, stof› • *beademingstoestel* II BNW *ademhalings-*
respiration V *ademhaling*
respiratoire BNW *ademhalings-* ★ voies ~s *luchtwegen*
respirer I OV WW • *ademen* • *inademen* • *uitademen* • *getuigen van* II ON WW • *ademen* • *weer op adem komen* • *levend lijken* ★ portrait qui respire *levensecht portret*
resplendir ON WW *schitteren*
resplendissant BNW OOK FIG. *schitterend*
responsabiliser OV WW *verantwoordelijkheidsgevoel bijbrengen*
responsabilité V • *verantwoordelijkheid (***de** *voor)* • JUR. *aansprakelijkheid* ★ ~ civile *wettelijke aansprakelijkheid*
responsable I M/V • *functionaris* • INF. *schuldige* II BNW (~ **de**) *verantwoordelijk*; *aansprakelijk*
resquille V [**resquillage**] *(het) zwart rijden*
resquiller I OV WW *nemen zonder te betalen* II ON WW • *zwart rijden*; *binnengaan zonder betaling* • *voordringen*
resquilleur INF. M [V: **resquilleuse**] *klaploper*; *zwartrijder*
ressac M *branding*
ressaisir I OV WW • *weer grijpen*; *weer pakken* • *zich weer meester maken van* II WKD WW (**se** ~) *zichzelf weer meester worden*
ressasser OV WW • *steeds weer denken aan* • *tot vervelens toe herhalen*
ressaut M • *uitsteeksel* • *oneffenheid* ★ ~ de terrain *oneffenheid in het terrein*
ressemblance V *gelijkenis*
ressemblant BNW *gelijkend* ★ deux hommes ~s *twee mannen die op elkaar lijken*
ressembler I ON WW ★ cela lui ressemble tout à fait *dat is hem ten voeten uit* ★ à quoi ça ressemble! *wat moet dat!* (~ **à**) *gelijken op* II WKD WW (**se** ~) *op elkaar lijken* ★ qui se ressemble s'assemble *soort zoekt soort*
ressemelage M *verzoling*
ressemeler OV WW *verzolen*
ressentiment M *wrok*
ressentir I OV WW *diep gevoelen* II WKD WW (**se** ~) *merkbaar zijn*; *voelbaar zijn* ★ s'en ~ pour *voor iets voelen* ★ se ~ d'une maladie *de gevolgen v.e. ziekte ondervinden*
resserre V *bergplaats*
resserré BNW • *eng*; *nauw* • *steviger vastgedraaid* • *beperkt*
resserrement M *(het) strakker aantrekken*; *(het) vaster aandraaien*; OOK FIG. *(het) nauwer aanhalen*
resserrer I OV WW • *samentrekken* • FIG. *doen ineenkrimpen* • *strakker aantrekken* • *kleiner maken*; *beperken*; *verminderen* ★ ~ les liens de l'amitié *de vriendschapsbanden aanhalen* II WKD WW (**se** ~) • *schaarser worden* • *nauwer worden* • *inkrimpen*; FIG. *ineenkrimpen* • *zich beperken*
resservir I OV WW *weer opdienen* II ON WW *weer dienst doen*; *weer bruikbaar zijn*
ressort M • *veer* • *veerkracht* • *middel* • JUR. *instantie*; *rechtsgebied* • *bevoegdheid* ★ faire ~ *veren* ★ ~ à boudin *spiraalveer* ★ sommier à ~s *springveren matras* ★ faire jouer tous les ~s *alle middelen aanwenden* ★ en dernier ~ *in laatste instantie*
ressortir I OV WW • *opnieuw te voorschijn halen* • (~ **à**) *betreffen*; *behoren tot het rechtsgebied van* II ON WW • *weer uitgaan* • *duidelijk uitkomen* ★ faire ~ *duidelijk doen uitkomen* • (~ **de**) *volgen uit*; *voortvloeien uit* III ONP WW ★ il ressort de là que ... *daaruit blijkt/volgt dat ...*
ressortissant I M *staatsburger*; *onderdaan* II BNW JUR. *behorend tot het rechtsgebied van*
ressouder OV WW *weer aaneenhechten*; *weer solderen*
ressource I V *toevlucht*; *uitweg*; *redmiddel* ★ homme de ~ *vindingrijk man* ★ sans ~ *onherroepelijk* II V MV • *bestaansmiddelen* • *hulpbronnen* • *bekwaamheden* ★ ~s humaines *human ressources*; *personeel* ★ ~ minières *bodemschatten*
ressurgir ON WW → **resurgir**
ressusciter I OV WW *uit de dood opwekken*; FIG. *doen herleven* II ON WW • FIG. *herleven* • *uit de dood opstaan*
restant I M *restant*; *rest* II BNW *overblijvend* ★ poste ~e *poste restante*

R

restau m [**resto**] *restaurant*
restaurant m *restaurant* ⋆ ~ universitaire
restaurateur [v: **restauratrice**] I m • *restaurateur; hersteller* • *restauranthouder* II BNW *herstellend* ⋆ chirurgie restauratrice *reconstructieve chirurgie*
restauration v • *herstel; restauratie* • *vak van restauranthouder* • *restaurantbedrijf* ⋆ ~ rapide *fastfoodrestaurant*
restaurer I OV WW • *herstellen; restaureren* • *te eten geven* II WKD WW (**se** ~) • *aansterken* • *een hapje eten*
reste m *overschot; rest* ⋆ au ~ ⋆ du ~ *overigens* ⋆ de ~ *(te) over* ⋆ il a de la bonté de ~ *hij is te goed* ⋆ être en ~ *nog schuldig zijn* ⋆ et tout le ~ *enzovoorts*
rester ON WW *blijven; overblijven; rest(er)en* ⋆ en ~ là *het daarbij laten* ⋆ ~ court *blijven steken* ⋆ où en sommes-nous restés? *waar zijn we gebleven?* ⋆ reste à savoir si *blijft nog de vraag of* ⋆ INF. y ~ *erin blijven; erbij omkomen*
restituer OV WW • *teruggeven; terugbetalen; restitueren* • *in de oorspronkelijke staat herstellen*
restitution v • *teruggave; restitutie* • *herstel*
resto m INF. *restaurant*
restoroute m *wegrestaurant*
resto-U m INF. *mensa*
restreindre I OV WW *beperken* II WKD WW (**se** ~) *kleiner worden; zich beperken; zich bekrimpen*
restrictif BNW [v: **restrictive**] *beperkend*
restriction v *beperking; restrictie*
restructuration v *herstructurering*
restructurer OV WW *reorganiseren; herstructureren*
résultant BNW • WISK. *resulterend* • VERO. *volgend (uit); voortvloeiend (uit)*
résultante I v • WISK. *einduitkomst* • *gevolg* II BNW WISK. *resulterend*
résultat m • *resultaat; uitslag* • *uitkomst v.e. berekening*
résulter ONP WW (~ **de**) *voortvloeien uit*
résumé I m *resumé; samenvatting* ⋆ en ~ *kortom* II BNW *samengevat*
résumer OV WW *samenvatten; resumeren* ⋆ se ~ à/en *neerkomen op*
résurgence v *(het) weer te voorschijn komen*
resurgir ON WW *weer opduiken*
résurrection v • *opstanding; verrijzenis* • *opleving*
retable m *retabel*
rétablir I OV WW • *herstellen* • *gezond maken* ⋆ ~ qn dans ses fonctions *iem. in zijn functie herstellen* II WKD WW (**se** ~) • *herstellen* ‹v. ziekte› • *terugkeren*
rétablissement m • *herstel(ling)* • *genezing; herstel*
rétameur m *ketellapper*
retape INF. v • *schreeuwerige reclame* • *(het) tippelen*
retaper I OV WW • *opmaken* • INF. *(iem.) opkikkeren* • *oplappen; opknappen* ⋆ ~ un lit *een bed opmaken* II WKD WW (**se** ~) • *opknappen* • *bijkomen*
retard I m • *achterstand* • *uitstel; vertraging* • *het achterlopen* ‹v. uurwerk› ⋆ avoir du ~ *vertraging hebben* ⋆ être en ~ *te laat zijn* ⋆ FIG. ~ à l'allumage *late reactie* II BNW FARM. *met vertraagde werking*
retardataire I m/v • *laatkomer* • *achterblijver* II BNW *laatkomend; te laat komend*
retardement m *vertraging* ⋆ INF. agir à ~ *traag reageren* ⋆ bombe à ~ *tijdbom*
retarder I OV WW • *vertragen; uitstellen* • *ophouden* • *achteruitzetten* ⋆ ~ une pendule *een klok achteruitzetten* II ON WW • INF. *achterlopen; niet bij de tijd zijn* • *achterlopen* ‹v. uurwerk› ⋆ enfant retardé *achterlijk kind* • (~ **sur**) *achter zijn op*
reteindre OV WW *oververven*
retendre OV WW *weer spannen*
retenir I OV WW • *op zijn plaats houden* • *in overweging nemen* • *tegenhouden; weerhouden; ophouden* • *inhouden; bedwingen* • *onthouden* • *behouden* • *reserveren; bespreken* • *afhouden* ⋆ ~ sa colère *zijn woede inhouden* ⋆ ~ ses larmes *zijn tranen bedwingen* ⋆ ~ des critères *in overweging nemen; kiezen* II WKD WW (**se** ~) • *zich vasthouden (**à** aan)* • *zich inhouden; zich bedwingen*
rétention v • MED. *opstopping* • JUR. *retentie*
retentir ON WW • *weerklinken* • (~ **sur**) *een terugslag hebben op*
retentissant BNW • *weerklinkend; luid; schel* • *opzienbarend*
retentissement m • *weerklank; weergalm* • *terugslag* • *opzien; opschudding*
retenue v • *(het) achterhouden* ‹v. geld› • *(het) tegenhouden* • *aftrek* ‹v. geld› • *het schoolblijven* • *bescheidenheid* ⋆ sans ~ *onbeheerst* ⋆ 3 de ~ *3 onthouden* ‹bij rekenen› ⋆ lac de ~ *stuwmeer* ⋆ mettre en ~ *school laten blijven*
réticence v • *aarzeling* • *verzwijging* ⋆ faire une ~ *iets verzwijgen*
réticent BNW *terughoudend*
réticule m *damestasje*
réticulé BNW • *netvormig* • *met ruitjes*
rétif BNW [v: **rétive**] *koppig; weerspannig*
rétine v *netvlies*
retiré BNW • *afgelegen* • *teruggetrokken*
retirer I OV WW • *terugtrekken* • *uitdoen* ‹v. kledingstuk› • *weghalen; halen (**de** uit)* • *ontnemen* • *afnemen* • *intrekken* • *ontvangen* • *opnemen* ‹v. geld› ⋆ ~ sa parole *zijn woorden terugnemen* II WKD WW (**se** ~) • *naar huis gaan; weggaan* • *een schuilplaats zoeken* • *zich terugtrekken* • *krimpen; samentrekken* ⋆ retire-toi de là! *ga weg (daar)!*
retombée v • *(het) weer vallen* • mv *gevolgen* ⋆ ~s radioactives *fall-out; radioactieve neerslag*
retomber ON WW • *weer vervallen (**dans** in)* • *weer vallen* • *neervallen* • *neerkomen* • *naar beneden hangen* • *instorten* ‹v. zieke› • (~ **sur**) *neerkomen op*
retordre OV WW • *weer uitwringen* • *twijnen* ⋆ donner du fil à ~ *heel wat te stellen geven*
rétorquer OV WW • FORM. *iem. met zijn eigen argumenten bestrijden* • *scherp antwoorden*

R

retors (*zeg:* -tòr) **I** m [v: **retorse**] *slimmerd* **II** BNW • *getwijnd* • *slim*; *geslepen*
rétorsion v • *vergelding* • VERO. *bestrijding met eigen argumenten* ⋆ mesure de ~ *vergeldingsmaatregel*
retouche v • *retouche*; *(het) retoucheren* • *(het) vermaken* ‹v. kledingstuk›
retoucher OV WW • *verbeteren*; *retoucheren* • *afwerken*; *de laatste hand leggen aan* • *vermaken* ‹v. kledingstuk›
retoucheur m [v: **retoucheuse**] *retoucheur*
retour m • *terugkomst*; *terugkeer*; *terugreis* • *wisselvalligheid*; *ommekeer* • *hoek* • *vergelding*; *wederdienst* • *terugzending* ⋆ ~ d'âge *kritieke leeftijd* ⋆ être sur le ~ *oud worden*; *aftakelen* ⋆ être de ~ *terug zijn* ⋆ faire un ~ sur soi-même *tot inkeer komen* ⋆ par ~ du courrier *per omgaande* ⋆ sans ~ *onherroepelijk* ⋆ ~ en arrière *flashback* ‹in film› ⋆ en ~ de *in ruil voor* ⋆ match ~ *returnwedstrijd* ⋆ effet en ~ *terugslag* ⋆ ~ à l'expéditeur *retour afzender* ⋆ ~ de bâton *boemerangeffect* ⋆ ~ de flamme *steekvlam*; FIG. *negatief effect* ⋆ ~ de manivelle FIG. *terugslag* ⋆ par un juste ~ (des choses) *d.m.v. een terechte compensatie*
retournement m • *omkering* • *verandering van mening*; *verandering van houding*
retourner I OV WW • *omkeren*; *omdraaien* • *terugzenden* • *van alle kanten bekijken* • INF. *hevig aangrijpen* • *van mening doen veranderen* ⋆ INF. ~ sa veste *plotseling van mening of houding veranderen* ⋆ ~ un habit *een jas keren* ⋆ ~ une page *een blad omslaan* ⋆ ~ le sol *de grond omspitten* ⋆ ~ un projet *een plan van alle kanten bekijken* **II** ON WW • *terugkeren (***à, en** *naar)* • (~ **sur**) *terugkomen op*; FIG. *terugvallen op* **III** ONP WW *handelen*; *gaan over* ⋆ je sais de quoi il retourne *ik weet waarover het gaat* **IV** WKD WW (**se** ~) • *zich omdraaien* • *zich ergens doorheen slaan* • *omslaan* ⋆ s'en ~ *terugkeren*; *omkeren* ⋆ se ~ contre qn *zich tegen iem. keren*
retracer OV WW • *overtrekken*; *overtekenen* • *opnieuw ontwerpen* • *levendig beschrijven*
rétractable BNW *herroepbaar*
rétractation v *herroeping*; *intrekking*
rétracter I OV WW • *intrekken* • *herroepen* **II** WKD WW (**se** ~) *zich samentrekken*; *zijn woorden terugnemen*
rétractile BNW *intrekbaar*
rétraction v *samentrekking*
retrait m • *terugtrekking* • *intrekking*; *samentrekking* ⋆ ~ d'emploi *ontslag* ⋆ en ~ *inspringend* ‹v. gebouw› ⋆ rester en ~ *op de achtergrond blijven*
retraite v • *(het) terugtrekken*; *terugtocht* • *pensioen* • *afzondering* • *toevluchtsoord*; *rustplaats* • *retraite (r.-k.)* ⋆ battre en ~ *zich terugtrekken* ⋆ sonner la ~ *de aftocht blazen* ⋆ mise à la ~ *pensionering* ⋆ prendre sa ~ *met pensioen gaan* ⋆ à la ~ *gepensioneerd* ⋆ caisse de ~ *pensioenfonds* ⋆ maison de ~ *bejaardentehuis* ⋆ ~ aux flambeaux *fakkeloptocht*
retraité I m [v: **retraitée**] *gepensioneerde* **II** BNW *gepensioneerd*
retraitement m • *(het) opnieuw behandelen* • NAT. *opwerking*
retranchement m *verschansing*
retrancher I OV WW • FIG. *beschermen* • *weglaten* • *verschansen* • WISK. *aftrekken* **II** WKD WW (**se** ~) OOK FIG. *zich verschansen*
retransmettre OV WW *heruitzenden*
retransmission v *heruitzending*
retravailler I OV WW *omwerken* **II** ON WW *weer werken*
rétréci BNW • *bekrompen* • *gekrompen* • *versmald*
rétrécir I OV WW • *vernauwen*; *doen krimpen* • *bekrompen maken* **II** ON WW *krimpen* **III** WKD WW (**se** ~) • *zich vernauwen* • *bekrompen worden*
rétrécissement m • *inkrimping* • *vernauwing*
retremper I OV WW • *opnieuw indompelen* • TECHN. *(opnieuw) harden*; *stalen*; *nieuwe kracht geven* **II** WKD WW (**se** ~) *nieuwe kracht opdoen*
rétribuer OV WW • *betalen* • *bezoldigen*
rétribution v • *bezoldiging*; *loon* • *beloning*
rétro I m • INF. *achteruitkijkspiegel* • *jeugdsentiment* • *trekbal* ‹v. biljarten› **II** BNW *nostalgisch*; *ouderwets*; *van vroeger*; *geïnspireerd op de twintiger jaren* **III** VOORV *terug-*; *achteruit-*
rétroactif BNW [v: **rétroactive**] *terugwerkend* ⋆ effet ~ *terugwerkende kracht*
rétroaction v • *terugwerkende kracht*; *terugkoppeling* • *feedback*
rétroactivité v *terugwerkende kracht*
rétrocéder OV WW • *weer afstaan* • *doorverkopen*
rétrofusée v *remraket*
rétrogradation v *achteruitgang*
rétrograde BNW • *achterwaarts* • *reactionair*; *ouderwets*
rétrograder I OV WW *degraderen* **II** ON WW • OOK FIG. *achteruitgaan* • *zich terugtrekken* • *terugschakelen* ‹v. versnelling›
rétropédalage m ⋆ frein à ~ *terugtraprem*
rétroprojecteur m *overheadprojector*
rétrospectif BNW [v: **rétrospective**] *terugblikkend* ⋆ peur rétrospective *angst achteraf*
rétrospective v *retrospectief*; *tentoonstelling die een terugblik biedt*
rétrospectivement BIJW *achteraf*
retroussé BNW *opgestroopt* ⋆ nez ~ *wipneus*
retrousser I OV WW *optrekken*; *oplichten*; *opstropen* ⋆ elle retrousse sa jupe *ze licht haar rok op* ⋆ ~ ses manches *a.h. werk gaan* **II** WKD WW (**se** ~) *opwaaien*; *opkrullen*
retrouvailles v MV INF. *hereniging*
retrouver I OV WW • *terugvinden* • *terugzien*; *weer opzoeken* ⋆ venez nous ~ un jour ! *kom ons nog eens opzoeken !* **II** WKD WW (**se** ~) • *tot zichzelf komen* • *teruggevonden worden* • *elkaar weervinden* • *de weg terugvinden* • *zich weer bevinden* ⋆ s'y ~ *de kosten terugverdienen*
rétrovirus (*zeg:* -ruus) m *retrovirus*
rétroviseur m *achteruitkijkspiegel* ⋆ ~ extérieur *buitenspiegel*

rets (*zeg:* rè) m • *net* • FORM. *valstrik*
réunification v *hereniging*
réunifier OV WW *herenigen*
réunion v • *hereniging*; *vereniging*; *reünie*; *samenkomst* • *vergadering* ★ ~ de parents d'élèves *ouderavond*
réunir I OV WW • *herenigen*; *verenigen* • *verzamelen* • *verbinden* • *bijeenbrengen* • VERO. *verzoenen* **II** WKD WW (**se** ~) • *zich verenigen* • *bijeenkomen*
réussi BNW *geslaagd*; *gelukt*; SCHERTS. *geweldig*
réussir I OV WW • *doen slagen* • *goed treffen*; *goed uitvoeren* ★ réusssir un portrait *een treffend portret maken* ★ ~ un examen *voor een examen slagen* **II** ON WW *slagen*; *lukken* ★ j'ai réussi à *het is mij gelukt te*
réussite v • *succes*; *goede afloop* • *goede uitslag* • *patiencespel*
réutiliser OV WW *opnieuw gebruiken*
revaccination v *herinenting*
revacciner OV WW *herinenten*
revaloir OV WW • *een wederdienst bewijzen* • INF. *betaald zetten*
revalorisation v • *waardevermeerdering* • *herwaardering*
revaloriser OV WW • *in waarde doen stijgen* • *herwaarderen* • *koopkracht teruggeven* • *nieuwe waarde geven*
revanchard I m [v: **revancharde**] *revanchist* **II** BNW *wraakzuchtig*; *op revanche belust*
revanche v • *vergelding*; *wraak* • *compensatie* • *revanchepartij* ★ en ~ *daarentegen*
rêvasser ON WW *dromen*; *suffen*
rêvasserie v • *hersenschim* • *dromerij*
rêvasseur m *dromer*
rêve m • *droom* • *illusie*; *hersenschim*
rêvé BNW *droom-*; *ideaal-*
revêche BNW *onhandelbaar*; *nors*
réveil m • *(het) ontwaken* • *wekker* • MIL. *reveille* ★ salle de ~ *verkoeverkamer*
réveille-matin m (onver.) • *wekker* • PLANTK. *kroontjeskruid*
réveiller I OV WW • *wekken* • *bijbrengen* ‹v. bewusteloze› • *weer opwekken*; *aanvuren* ★ ~ le courage *moed inspreken* **II** WKD WW (**se** ~) • *wakker worden* • *weer opleven*
réveillon m *feestmaaltijd in de Kerst- of oudejaarsnacht*; *nachtelijk diner*
réveillonner ON WW *een réveillon houden*
révélateur I m FOTO. *ontwikkelingsbad* **II** m [v: **révélatrice**] *iem. die openbaart* **III** BNW [v: **révélatrice**] *onthullend (***de** *voor)*; *openbarend*
révélation v • *onthulling*; *openbaring* • *(het) ontwikkelen* ‹v. foto's›
révéler I OV WW • *openbaren*; *onthullen*; *kenbaar maken* • FOTO. *ontwikkelen* **II** WKD WW (**se** ~) • *zich openbaren* • *zich kenbaar maken* • *blijken te zijn*
revenant m *geest*; *spook*
revendeur m [v: **revendeuse**] • *detailhandelaar* • *wederverkoper* • *opkoper*
revendicateur BNW [v: **revendicatrice**] *(op)eisend*
revendicatif BNW *veeleisend*; *veel grieven hebbend* ★ programme ~ *eisenpakket*
revendication v • *eis* • JUR. *terugvordering*
revendiquer OV WW • *terugvorderen*; *eisen* • *aanspraak maken op* ★ ~ la responsabilité *de verantwoordelijkheid op zich nemen*
revendre OV WW *weer verkopen* ★ en ~ à qn *iem. te slim af zijn*
revenez-y m *hernieuwing* ★ INF. ce plat a un goût de ~ *die schotel smaakt naar meer*
revenir I ON WW • *terugkomen*; *terugkeren* • *verschijnen* ‹v. geesten› • *oprispen* • *zich verzoenen*; *toegeven* • *behagen*; *bevallen* • *kosten* • *toekomen*; *ten goede komen* ★ en ~ à *terugkomen op* ★ ~ à ses moutons *op zijn onderwerp terugkomen* ★ ~ à soi *weer bijkomen* ★ cela revient au même *dat komt op hetzelfde neer* ★ ~ d'une erreur *zijn dwaling inzien* ★ en ~ *genezen* ★ je n'en reviens pas *ik sta er versteld van* ★ il n'en reviendra pas *hij haalt het niet*; *hij zal niet genezen* ★ ~ sur ce qu'on a dit *terugkomen op hetgeen men gezegd heeft* ★ il me revient dix francs *ik krijg nog tien frank* ★ c'est à lui qu'il revient de faire cela *híj behoort dat te doen* ★ ~ cher *duur zijn*; *duur komen te staan* ★ CUL. faire ~ *aanbraden*; *fruiten* **II** WKD WW (**se** ~) ★ s'en ~ *terugkeren*
revente v *wederverkoop*
revenu I m • *inkomen* • *rente* **II** ON WW (volt. deelw.) → **revenir**
rêver I OV WW • *dromen (***de** *over, van)* • *vurig verlangen naar* **II** ON WW *dromen*; *mijmeren*
réverbération v *weerkaatsing*
réverbère m • *reflector* • *straatlantaarn*
réverbérer OV WW *terugkaatsen*
reverdir I OV WW • *weer groen maken* • *weer doen opbloeien* **II** ON WW • *weer groen worden* • FIG. FORM. *weer opbloeien*; *weer jong worden*
révérence v • *eerbied* • *buiging* ★ sauf ~ *met uw welnemen* ★ ~ parler *met uw welnemen* ★ Révérence *Eerwaarde*
révérencieux BNW [v: **révérencieuse**] *eerbiedig*
révérend BNW *eerwaarde*
révérendissime BNW *hoogeerwaarde*
révérer OV WW *vereren*; *eerbiedigen*
rêverie v • *dromerij* • *hersenschim*
revers m • *omslag*; *revers* • *achterzijde*; *rugzijde*; *keerzijde* • *tegenspoed* • *backhand* ‹tennis› ★ le ~ de la main *de rug v.d. hand* ★ ~ de fortune *tegenspoed*; FIG. *klap*
reverser OV WW • *opnieuw inschenken* • *overmaken* ‹v. geld›
réversibilité v *omkeerbaarheid*; *overdraagbaarheid*
réversible BNW *omkeerbaar*; *overdraagbaar*
réversion v ★ pension de ~ *nabestaandenpensioen*
revêtement m • *bekleding*; *bedekking* • *wegdek* • *buitenwand*
revêtir OV WW • *bekleden*; *bedekken* • *aantrekken* • *uitdrukken* ★ ~ un habit *een kostuum aantrekken* • (~ **de**) *voorzien van*; *bedekken met*; *bestrijken met*
rêveur [v: **rêveuse**] **I** m *dromer* **II** BNW *dromerig*; *mijmerend*
revient m ★ prix de ~ *kostprijs*
revigorer OV WW *nieuwe kracht geven*

R

revirement m *zwenking; omkeer*
réviser OV WW • *herzien* • *reviseren* • *nakijken*
réviseur m [v: **réviseuse**] *corrector; revisor*
révision v *herziening; revisie* ★ MIL. conseil de ~ *keuringsraad*
révisionniste I m/v *revisionist; voorstander v. herziening* **II** BNW *revisionistisch*
revitaliser OV WW • *oppeppen* • *voeden; revitaliseren*
revivifier OV WW *weer doen opleven; verlevendigen*
revivre I OV WW *opnieuw beleven* **II** ON WW *herleven; nieuwe kracht krijgen*
révocable BNW • *herroepbaar* • *afzetbaar* ‹uit een ambt›
révocation v • *herroeping* • *afzetting* ‹uit een ambt› ★ GESCH. Révocation de l'Edit de Nantes *herroeping van het Edict van Nantes*
revoici BIJW *hier is ... weer*
revoilà BIJW *daar is ... weer*
revoir I m *(het) weerzien* ★ au ~ *tot ziens* **II** OV WW • *opnieuw zien; terugzien* • *herzien* • *terugkeren naar*
révoltant BNW *weerzinwekkend; schandelijk*
révolte v • *verzet* • *opstand; oproer* • *verontwaardiging*
révolté I m [v: **révoltée**] *opstandeling; oproerling* **II** BNW *in opstand; diep verontwaardigd*
révolter I OV WW • *in opstand brengen* • *weerzin wekken; tegen de borst stuiten* **II** WKD WW (**se** ~) • *verontwaardigd zijn* • *in opstand komen (***contre** *tegen)*
révolu BNW *verlopen* ★ avoir vingt ans ~s *over de 20 zijn*
révolution v • *omwenteling; revolutie* • *omloop*
révolutionnaire I m/v *revolutionair* **II** BNW *revolutionair*
révolutionner OV WW • *radicaal veranderen; op de kop zetten* • *in de war brengen; van streek brengen*
revolver m *revolver*
révoquer OV WW • JUR. *herroepen; intrekken* • *uit z'n ambt ontzetten* ★ FORM. ~ en doute *in twijfel trekken*
revoyure INF. v *weerzien* ★ à la ~ *tot kijk*
revu WW (volt. deelw.) → **revoir**
revue v • *overzicht* • MIL. *parade; inspectie* • *tijdschrift* • *revue* ★ ~ de la presse *persoverzicht* ★ faire la ~ de *nauwkeurig nagaan* ★ passer en ~ *inspecteren* ★ INF. nous sommes (gens) de ~ *we zien elkaar nog wel*
révulser OV WW • *doen vertrekken* ‹v. gelaatstrekken› • *met afkeer vervullen*
rez-de-chaussée m (onver.) • *gelijkvloerse verdieping* • *begane grond*
RF AFK (République française) *Frankrijk*
RFA AFK (République fédérale allemande) *BRD*
RG AFK • (rive gauche) *linker Seineoever* • (renseignements généraux) *inlichtingendienst*
rhabiller OV WW • *opnieuw aankleden* • *herstellen; opknappen* ★ va te ~! *ga weg!*
rhapsodie v [**rapsodie**] *rapsodie*
rhénan BNW *Rijn-; Rijnlands*
Rhénanie v *Rijnland*
rhéostat m *dimschakelaar; regelbare weerstand*
rhésus (*zeg:* -zuus) m ★ facteur ~ *resusfactor*
rhéteur m • *retor* • *bombastisch redenaar*
rhétorique v • *retorica; leer der welsprekendheid; retoriek; redekunst* • PEJ. *hol gepraat*
Rhin m *Rijn*
rhinite v *neusontsteking*
rhinocéros (*zeg:* -ròs) m *neushoorn*
rhinologie v *rinologie*
rhinopharyngite v *neus-keelholteontsteking*
rhizome m *wortelstok*
rhodanien BNW [v: **rhodanienne**] *v.d. Rhône*
Rhône (*zeg:* roon) *(de) Rhone*
rhubarbe v *rabarber*
rhum (*zeg:* ròm) m *rum*
rhumatisant I m [v: **rhumatisante**] *reumapatiënt* **II** BNW *reumatisch*
rhumatismal BNW [m mv: **rhumatismaux**] *reumatisch* ★ douleur ~e *reumatische pijn*
rhumatisme m *reumatiek* ★ ~ articulaire *gewrichtsreumatiek*
rhume m *verkoudheid* ★ attraper un ~ *verkouden worden* ★ ~ de cerveau *neusverkoudheid* ★ ~ des foins *hooikoorts*
ri WW (volt. deelw.) → **rire**
riant BNW • *bekoorlijk; lieflijk* • *lachend; vrolijk*
RIB AFK (relevé d'identité bancaire) *bankgegevens*
ribambelle INF. v *sleep; lange rij* ★ une ~ d'enfants *een sleep kinderen*
ribaud m [v: **ribaude**] VERO. *losbandig persoon*
ribote VERO. v • *schranspartij* • *zuippartij*
ricanement m • *grijnslach; hoongelach* • *dom gelach*
ricaner ON WW • *dom lachen* • *grijnzen* • *honend lachen*
ricaneur [v: **ricaneuse**] **I** m *grijnzer* **II** BNW *honend; grijnzend*
richard PEJ. m [v: **richarde**] *rijkaard* ★ gros ~ *rijke stinkerd*
riche I m/v *rijke man; rijke vrouw* ★ un nouveau ~ *een parvenu* **II** BNW • *rijk (***en** *aan)* • *overvloedig* • *kostbaar*
richesse v • *rijkdom* • *vruchtbaarheid* • *pracht* ★ les ~s *rijkdommen; schatten* ★ ~ du sol *vruchtbaarheid van de bodem* ★ ~s du sous-sol *bodemschatten* ★ contentement passe ~ *tevredenheid gaat boven rijkdom*
richissime BNW *schatrijk*
ricin m ★ huile de ~ *wonderolie*
ricocher ON WW (**sur**) *terugspringen van; afketsen op*
ricochet m *(het) opspringen v.e. steen op het water* ★ faire des ~s *een steen over het water scheren* ★ par ~ *indirect*
ric-rac BIJW INF. *heel precies* ★ payer ~ *tot op de laatste cent betalen*
rictus (*zeg:* -tuus) m *grijns*
ride v *rimpel; plooi*
ridé BNW *gerimpeld*
rideau m [mv: **rideaux**] • *gordijn* • FIG. *scherm;* FIG. *sluier* • *doek* ‹in theater› ★ tirer le ~ *het gordijn open- of dichttrekken* ★ ~ à vingt heures *begin van de voorstelling om 8 uur* ★ double ~ *overgordijn*

R

ridelle v *wagenladder*
rider OV WW *rimpelig maken; rimpelen*
ridicule I m • *(het) belachelijke; spot* • *belachelijke toestand* ★ tourner en ~ *belachelijk maken* ★ le ~ tue *wie belachelijk is maakt zich onmogelijk* ★ se couvrir de ~ *zich belachelijk maken; zich blameren* II BNW • *belachelijk* • *onbetekenend*
ridiculiser OV WW *belachelijk maken*
rien I m • *(het) niets* • *de minste kleinigheid* ★ des riens *kleinigheden* II ONB VNW • *niets* • *iets* ★ comme si de rien n'était *alsof er niets gebeurd was* ★ cela ne fait rien *dat geeft niets* ★ il n'en est rien *er is geen woord van waar* ★ ne pas rien que *niet alleen* ★ pour rien *voor niets* ★ rien du tout *volstrekt niets; helemaal niets* ★ sans rien dire *zonder iets te zeggen* ★ INF. ce n'est pas rien! *dat is niet gering!* ★ de rien! *geen dank!* III BIJW INF. *hartstikke* ★ elle est rien chouette *ze is hartstikke leuk*
rieur [v: **rieuse**] I m *lacher* ★ avoir les ~s de son côté *de lachers op zijn hand hebben* II BNW *opgewekt; lachend*
rififi ARG. m • *ruzie* • *knokpartij*
riflard m • *grove vijl* • INF. *paraplu*
rifle m *karabijn met lange loop*
rigaudon m [**rigodon**] *rigaudon*
rigide BNW • *stijf; strak* • *onwrikbaar; streng; star*
rigidité v • *stijfheid; strakheid* • *onwrikbaarheid; strengheid*
rigodon m → **rigaudon**
rigolade v INF. • *grap* • *kleinigheid*
rigolard BNW INF. *lollig*
rigole v *gootje; greppel; geultje*
rigoler ON WW INF. *pret maken; lachen*
rigolo INF. I m *blaffer; revolver* II m [v: **rigolote**] *grapjas* III BNW [v: **rigolote**] • *grappig; lollig* • *onverwacht*
rigorisme m *grote strengheid*
rigoriste I m/v *rigorist; persoon die al te streng van opvatting is* II BNW *streng*
rigoureux BNW [v: **rigoureuse**] • *streng; hard* • *stipt* • *onweerlegbaar* ★ hiver ~ *strenge winter*

R

rigueur v *strengheid; hardheid; stiptheid* ★ à la ~ *desnoods* ★ de ~ *vereist; noodzakelijk* ★ tenir ~ à qn *boos blijven op iem.*
rikiki BNW INF. *armzalig; petieterig; klein*
rillettes v mv *gebraden varkensgehakt*
rimailler ON WW VERO. *rijmelen*
rime v *rijm* ★ sans rime ni raison *zomaar; zonder reden*
rimer ON WW *rijmen* ★ cela ne rime à rien *dat lijkt nergens naar; dat is onzin* ★ ~ ensemble *op elkaar rijmen*
rimeur m *rijmer*
rimmel m *mascara*
rinçage m *(het) (om)spoelen; spoeling*
rince-bouteilles m (onver.) *flessenspoeler*
rince-doigts m (onver.) *vingerkom*
rincée v • *stortbui* • VERO. *pak slaag*
rincer I OV WW • *uitspoelen; nat maken; omspoelen* • INF. *ruïneren;* FIG. *uitkleden* ★ se faire ~ *doorweekt worden* ‹v.d. regen› ★ ils ont été rincés *ze zijn goed nat geworden* II WKD WW (**se** ~) *(zich) schoonmaken; (zich) spoelen* ★ se ~ la bouche *zijn mond spoelen* ★ INF. se ~ le gosier *flink drinken* ★ se ~ l'œil *zijn ogen uitkijken*
rincette v INF. *afzakkertje*
rinçure v • *spoelwater* • INF. *bocht*
ring m *(boks)ring*
ringard I m *pook* II m [v: **ringarde**] *kluns* III BNW • *slecht* • *ouderwets*
ripaille v INF. *braspartij* ★ faire ~ *brassen*
ripailler ON WW *brassen*
ripailleur m *brasser*
ripaton m INF. *voet*
riper I OV WW • *laten wegglijden* • *afkrabben* II ON WW • *wegglijden* • INF. *er vandoor gaan*
ripolin m *glanslak*
riposte v • *tegenaanval* • *gevat antwoord* ★ être prompt à la ~ *gevat zijn*
riposter ON WW • *een tegenaanval doen* • *gevat antwoorden*
ripou m [mv: **ripoux**] INF. *corrupte politieman*
riquiqui INF. BNW [**rikiki**] *klein; armzalig*
rire I m *(het) lachen; gelach* II ON WW • *lachen* • *toelachen* ★ rire aux éclats *schaterlachen* ★ éclater de rire *in de lach schieten* ★ étouffer/mourir de rire *stikken v.h. lachen* ★ rire du bout des dents *flauwtjes lachen* ★ rire des lèvres *flauwtjes lachen* ★ rire dans sa barbe *in zijn vuistje lachen* ★ rire sous cape *in zijn vuistje lachen* ★ vous me faites rire *dat is belachelijk* ★ rire jaune *lachen als een boer die kiespijn heeft* ★ rire aux larmes *tranen in de ogen krijgen v.h. lachen* ★ rire à gorge déployée *luidkeels lachen* ★ pour rire *voor de grap* ★ vous voulez rire! *dat meent u niet!* ★ rira bien qui rira le dernier *wie het laatst lacht, lacht het best* ★ tel qui rit vendredi, dimanche pleurera *'t kan verkeren* • (~ **de**) *uitlachen; lachen om; maling hebben aan*
ris (*zeg:* rie) I m • *zwezerik* • *reef* ‹v. zeil› • VERO. *lach; gelach* ★ des ris de veau *kalfszwezerik* II m mv *genoegens*
risée v • VERO. *luid algemeen gelach* • *hoon; spot; voorwerp v. spot; risee* • *windstoot* ★ être la ~ de *de risee zijn van*
risette v • *lachje; kinderlachje* • INF. *beleefdheidslachje* ★ faire des ~s *(glim)lachen*
risible BNW *lachwekkend*
risque m *risico; gevaar; kans* ★ au ~ de *op gevaar af; op gevaar van* ★ à tout ~ *op goed geluk* ★ à ses ~s et périls *op eigen risico* ★ assurance tous ~s *all-riskverzekering*
risqué BNW *gewaagd; riskant*
risquer OV WW • *wagen; op het spel zetten; riskeren* ★ ~ gros *veel riskeren/op het spel zetten* ★ ~ le tout pour le tout *alles op het spel zetten* ★ la maison risque de s'écrouler *het huis dreigt in te storten* ★ qui ne risque rien n'a rien *die niet waagt, die niet wint* • (~ **de**) *gevaar lopen om; het risico lopen van*
risque-tout m (onver.) *waaghals*
rissoler OV WW OOK FIG. *bruin bakken*
ristourne v • *korting; reductie* • *bonificatie*
rite m • *vaste gewoonte* • *ritus; kerkgebruik*
ritournelle v • MUZ. *herhalingsthema; ritornel*

• FIG. *liedje*
rituel I m • *ritueel* • REL. *rituaal* II BNW [v: **rituelle**] *ritueel*
rivage m *oever*; *strand*
rival [m mv: **rivaux**] I m *mededinger*; *rivaal* ★ sans ~ *weergaloos*; *ongeëvenaard* II BNW *concurrerend*; *wedijverend*
rivaliser ON WW • *wedijveren*; *rivaliseren* (**avec** *met*) • (~ **de**) *wedijveren in*
rivalité v *concurrentie*; *wedijver*; *rivaliteit*
rive v *oever*
river OV WW OOK FIG. *vastklinken* ★ être rivé sur *strak gericht zijn op* ‹v. blik› ★ ~ son clou à qn *iem. de mond snoeren*
riverain I m [v: **riveraine**] • *oeverbewoner* • *bewoner v.e. straat* II BNW • *aanwonend* • *langs de oever gelegen*
rivet m *klinknagel*
riveter OV WW *vastslaan met klinknagels*
Riviera v *de (Italiaanse) Riviera*
rivière v • *rivier* • FIG. *stroom* • SPORT *sloot* ★ ~ de diamants *diamanten halssnoer* ★ les petits ruisseaux font les grandes ~s *vele kleintjes maken een grote*
rixe v *heftige twist*; *kloppartij*
riz (*zeg:* rie) m *rijst* ★ riz au lait *rijstebrij*
rizerie v *rijstpellerij*
riziculture v *rijstcultuur*
rizière v *rijstveld*
RMI AFK (revenu minimum d'insertion) *bijstandsuitkering*
RMiste m/v *bijstandtrekker*
RMN AFK (résonance magnétique nucléaire) *NMR*
RN AFK (route nationale) ≈ *rijksweg*
RNIS AFK (réseau numérique à intégration de services) *ISDN*
robe v • *japon*; *jurk* • *toga* • *huid* ‹v. dier› • *dekblad* ‹v. sigaar› • *schil* ‹v. vruchten› ★ pommes de terre en robe de chambre *aardappelen in de schil gekookt* ★ robe de chambre *ochtendjas* ★ noblesse de robe *ambtsadel*
roberts m mv INF. *borsten*
robinet m *kraan* ★ ~ d'eau tiède *leuteraar*
robot (*zeg:* -boo) m • *robot* • *keukenmachine*
robotiser OV WW • *tot een robot maken* • *van robots voorzien* • *volautomatisch maken*
robuste BNW • *krachtig*; *sterk*; *robuust* • *onwankelbaar* ★ foi ~ *onwankelbaar geloof*
robustesse v *kracht*; *stevigheid*
roc m *rots* ★ ferme comme un roc *rotsvast*
rocade v • *omleidingsweg* • *verbindingsweg*
rocaille v • *rotspuin* • *rocaille* ★ style ~ *rococostijl*
rocailleux BNW [v: **rocailleuse**] • *rotsachtig* • FIG. *stroef* ★ style ~ *stroeve stijl*
rocambolesque BNW *uitzonderlijk*; *onwaarschijnlijk*
roche v • *rots* • *gesteente* ★ cœur de ~ *hart v. steen* ★ homme de la vieille ~ *man v.d. oude stempel* ★ homme de l'ancienne ~ *man v.d. oude stempel*
rocher m • *rots* • *rotsbeen*
rochet m *koorhemd*; *rochet*
rocheux BNW [v: **rocheuse**] *rotsachtig*
rock m *rock-'n-roll*
rocking-chair m [mv: **rocking-chairs**] *schommelstoel*
rococo I m *rococostijl* II BNW *rococo-*
rodage m • *(het) inrijden* ‹v. auto› • *inwerkperiode* ★ voiture en ~ *deze wagen wordt ingereden*
rodéo m • *rodeo* • *wilde achtervolging*
roder OV WW • *inwerken* • *glad schuren* • *inrijden* ‹v. auto›
rôder ON WW *rondsluipen*; *rondhangen*; *rondzwerven*
rôdeur [v: **rôdeuse**] I m *zwerver* II BNW *zwervend*; *sluipend*
rodomontade v *opschepperij*; *opsnijderij*
rogations v mv *kruisdagen*
rogatoire BNW *verzoekend* ★ commission ~ *rogatoire commissie*
rogaton INF. m *restje*
rogne INF. v *slecht humeur* ★ être en ~ *slecht gehumeurd zijn*
rogner I OV WW • *(be)snoeien* ★ ~ les ailes à *kortwieken* • (~ **sur**) *beknibbelen op* II ON WW INF. *de pest in hebben*
rognon m CUL. *nier*
rognure v *snoeisel*; *afval*
rogomme m INF. *sterke drank* ★ voix de ~ *grogstem*
rogue BNW *hooghartig*; *bars* ★ ton ~ *barse toon*
roi m • *koning* • *koning* ‹in schaakspel› • *heer* ‹in kaartspel› ★ le Roi du ciel *God* ★ le roi des dieux *Jupiter* ★ le Roi-Soleil *Lodewijk XIV* ★ la fête des Rois *Driekoningen* ★ les Rois mages *de Wijzen uit het Oosten* ★ le Roi Très Chrétien *de koning v. Frankrijk*
Roi-Soleil m *Zonnekoning*
roitelet m • *koninkje* • *goudhaantje*
rôle m • *rol*; *lijst*; *register* • *rol* ‹in toneelstuk› ★ à tour de rôle *om beurten* ★ créer un rôle *een rol het eerst spelen*
roller m *rollerskate*
romain BNW • *Romeins* • *rooms-katholiek* ★ l'Eglise ~e *de rooms-katholieke Kerk* ★ en chiffres ~s *in Romeinse cijfers*
Romain m [v: **Romaine**] *Romein*
romaine v *soort kropsla*
roman I m • LIT. *verhaal in de oude Romaanse taal* • *roman* • *de oude Romaanse taal* ★ ~-fleuve *roman in verschillende delen* ★ ~ historique *historische roman* ★ ~-photo *beeldroman* ★ ~ policier *detectiveroman* II BNW *Romaans*
romance v • LIT. *episch gedicht* • *liefdeslied* • MUZ. *romance*
romancer OV WW *romantiseren*; *in romanvorm gieten* ★ vie romancée *levensbeschrijving in romanvorm*
romanche BNW *Reto-Romaans*
romancier m [v: **romancière**] *romanschrijver*
romand BNW ★ la Suisse ~e *Frans Zwitserland*
romanesque I m *(het) romaneske*; *(het) romantische*; *(het) sentimentele*; *(het) fantastische* ★ œuvre ~ *romanwerk* II BNW *fantastisch*; *romanesk*; *romantisch*; *sentimenteel*
roman-feuilleton m [mv: **romans-feuilletons**] *roman in afleveringen*
romani m/v • *zigeuner* • PEJ. *zwerver*

R

romanichel m [v: **romanichelle**] • *zigeuner* • PEJ. *zwerver*
romaniser I OV WW • *tot het rooms-katholieke geloof brengen* • *romaniseren; in Latijnse letters zetten* **II** ON WW *het rooms-katholieke geloof aanhangen*
romaniste m/v *romanist*
romano m/v PEJ. • *zigeuner* • *zwerver*
roman-photo m [mv: **romans-photos**] *fotoroman*
romantique I m/v *romantisch schrijver* **II** BNW *romantisch*
romantisme m *romantiek*
romarin m *rozemarijn*
rombière v INF. ★ PEJ. une vieille ~ *een ouwe taart*
rompre I OV WW • *breken; verbreken; doorbreken* • *afbreken; onderbreken; storen* • *onbruikbaar maken* • *doen uiteengaan* ★ à tout ~ *daverend; uitbundig* ★ ~ le caractère de qn *iem. gedwee maken* ★ rompu de fatigue *doodop* ★ ~ le silence *het stilzwijgen verbreken* ★ ~ la tête à qn *iem. de oren van het hoofd praten* ★ ~ vif *radbraken* ★ ~ le sommeil *in de slaap storen* ★ la pluie a rompu les chemins *de regen heeft de wegen onbegaanbaar gemaakt* ★ ~ les rangs *uit het gelid gaan* • (~ **à**) *wennen aan* **II** ON WW • MIL. *de gelederen verbreken* • *met iemand breken* • SPORT *wijken* ★ rompez! *ingerukt!* **III** WKD WW (**se** ~) • *breken; gebroken worden* ★ se ~ le cou *zijn nek breken* • (**se** ~ **à**) *wennen aan*
rompu I BNW • *verbroken; gebroken* • *doodop* • (~ **à**) *bedreven in* ★ à bâtons rompus *te hooi en te gras* **II** WW (volt. deelw.) → **rompre**
romsteck m [**rumsteck**] *lendebiefstuk*
ronce v *braam; braamstruik* ★ ~ artificielle *prikkeldraad*
ronceraie v *braambos*
ronchon [v: **ronchonne**] **I** m *brompot* **II** BNW *brommerig*
ronchonner ON WW INF. *brommen; mopperen*
ronchonneur m [v: **ronchonneuse**] *brompot*
rond I m • *kring* • *ring* • INF. *geldstuk* ★ il n'a pas le rond *hij heeft geen rooie cent* ★ INF. rond-de-cuir *ambtenaar; pennenlikker* ★ rond de serviette *servetring* ★ en rond *in het rond* **II** BNW • *rond* • *mollig; dik* • *rondborstig; eerlijk* • INF. *dronken* ★ bourse ronde *goed gevulde beurs* ★ nombre rond *heel getal* ★ être rond en affaires *eerlijk zijn in zaken* **III** BIJW ★ tourner rond *regelmatig lopen* ‹v. motor› ★ ça ne tourne pas rond *er klopt iets niet* ★ cent francs tout rond *precies honderd frank*
rond-de-cuir m PEJ. [m mv: **ronds-de-cuir**] *pennenlikker*
ronde v • *ronde; patrouille* • *rondedans; beurtzang* • *rondschrift* • MUZ. *hele noot* ★ à la ~ *in de omtrek* ★ boire à la ~ *om beurten een slok nemen* ★ la Ronde de nuit *de Nachtwacht* ‹v. Rembrandt›
rondeau m [mv: **rondeaux**] • MUZ. *rondo* • *rondeel*
rondelet BNW [v: **rondelette**] • *goed gevuld* • *rond* ★ bourse ~te *goedgevulde beurs*
rondelle v • *ringetje* • *schijfje*
rondement BIJW • *recht door zee* • *vlug* ★ marcher ~ *vlug lopen*
rondeur v • *ronding* • *rondheid* • *rondborstigheid; openhartigheid*
rondin m • *rond brandhout* • *gepelde sparrenstam* • *knuppel* ★ cabane en ~s *blokhut*
rondouillard IRON. BNW *corpulent; mollig*
rond-point m [mv: **ronds-points**] *rond plein; rotonde*
ronéotyper OV WW *stencilen*
ronflement m *gesnurk; geronk*
ronfler ON WW • *snurken* • *snorren; ronken*
ronger I OV WW • *knagen; afknagen* • *bijten op* • *verteren; aantasten; ondermijnen* ★ ~ son frein *zich verbijten* **II** WKD WW (**se** ~) ★ se ~ les poings *zich verbijten*
rongeur BNW [v: **rongeuse**] *knagend* ★ animal ~ *knaagdier*
ronron m • *gebrom* • *(het) spinnen* ‹v. kat›
ronronnement m → **ronron**
ronronner ON WW *spinnen; snorren*
roque m *rokade* ‹bij schaken›
roquefort m *roquefort(kaas)*
roquer ON WW *rokeren* ‹bij schaakspel›
roquet m *keffertje*
roquette v *raket*
rosace v • *rozet* • *roosvenster*
rosaire m *rozenkrans*
rosat BNW *van (rode) rozen* ★ huile ~ *rozenolie*
rosâtre BNW *vaalroze*
rosbif m *rosbief*
rose I m *roze kleur* ★ voir tout en rose *alles rooskleurig inzien* **II** v • *roos* • *rozet* • *roosvenster* • *windroos; kompasroos* ★ découvrir le pot aux roses *een geheim ontdekken* ★ être sur des roses *op rozen zitten* ★ rose de Noël *kerstroos* ★ rose trémière *stokroos* ★ teint de rose *frisse rode kleur* ★ à l'eau de rose *kitcherig; sentimenteel* ★ il n'y a pas de roses sans épines *geen roos zonder doornen* **III** BNW *roze* ★ téléphone rose *sekslijn* ★ tout n'est pas rose en ce monde *het is niet alles rozengeur en maneschijn*
rosé I m *lichtrode wijn* **II** BNW *bleekrood*
roseau m [mv: **roseaux**] *riet*
rosée v *dauw* ★ une ~ de larmes *een regen v. tranen*
roseraie v *rozentuin*
rosette v *officierslintje; rozet* ★ ~ de la Légion d'Honneur *rozet v.h. Legioen v. Eer* ★ ~ de Lyon *salami uit Lyon*
rosier m *rozenstruik*
rosiériste m/v *rozenkweker*
rosir I OV WW *roze maken* **II** ON WW *roze worden*
rosse I v • VERO. *knol* • *mispunt* **II** BNW *gemeen; scherp; streng*
rossée v INF. *pak slaag*
rosser OV WW • *afrossen* • INF. *op zijn donder geven*
rosserie v INF. *gemene streek*
rossignol m • *nachtegaal* • *loper* ‹sleutel› • *moeilijk te verkopen artikel; winkeldochter*

★ ~ d'Arcadie *ezel*
rossinante v VERO. *slecht paard; knol*
rot (*zeg:* roo) m VULG. *boer; oprisping*
rôt m VERO. *gebraad*
rotarien [v: **rotarienne**] **I** m *lid v.d. Rotary* **II** BNW *v.d. Rotary*
rotatif BNW [v: **rotative**] *roterend; draaiend* ★ moteur à piston ~ *wankelmotor*
rotation v • *roulatie* • *draaiing; rotatie* ★ ~ du personnel *doorstroming/verloop van personeel*
rotative v *rotatiepers*
rotatoire BNW *draaiend*
roter ON WW INF. *boeren*
rôti I m *gebraad* **II** WW (volt. deelw.) → **rôtir**
rôtie v *geroosterd brood; toast*
rotin m *rotan*
rôtir I OV WW • *braden; roosteren* • *verzengen* **II** ON WW *braden; bakken* ★ on rôtit ici *het is hier om te stikken* **III** WKD WW (**se** ~) *liggen bakken in de zon; gebraden worden; geroosterd worden*
rôtissage m *(het) roosteren; (het) braden*
rôtisserie v *grillrestaurant*
rôtisseur m [v: **rôtisseuse**] • *eigenaar van een grillroom* • *vleesbrader*
rôtissoire v *grill*
rotonde v *rond gebouw* ‹met koepel›
rotondité v • *rondheid* • INF. *gezetheid*
rotor m *rotor*
rotule v • *knieschijf* • *kogelgewricht* ★ être sur les ~s *op zijn laatste benen lopen; bekaf zijn*
rotulien BNW [v: **rotulienne**] *kniepees-*
roture v • *burgerstand* • *de burgermensen*
roturier [v: **roturière**] **I** m *burgerman* **II** BNW *burgerlijk*
rouage m • OOK FIG. *radertje* • OOK FIG. *raderwerk*
roublard BNW INF. *uitgeslapen; gewiekst*
roublardise v INF. *uitgeslapenheid; gewiekstheid*
rouble m *roebel*
roucoulade v [m: **roucoulement**] *gekir*
roucouler I OV WW *kwelen* **II** ON WW • *roekoeën*; OOK FIG. *kirren* •
roue v *rad; wiel* ★ roue dentée *tandrad* ★ roue hydraulique *waterrad* ★ roue libre *freewheel* ★ faire la roue *een radslag maken; pronken* ‹v. vogels e.d.›
roué I m *gewiekst persoon* **II** BNW • *geradbraakt* • *doodop* • *gewiekst; uitgeslapen*
rouelle v *kalfsschenkel*
rouennais BNW *van/uit Rouen*
rouer OV WW *radbraken* ★ ~ de coups *een flink pak slaag geven*
rouerie v • *list* • *doortraptheid*
rouet m *spinnewiel*
rouflaquette v INF. *spuuglok* ★ ~s *bakkebaardjes; tochtlatjes*
rouge I m • *rode kleur* • *rouge; lippenstift* • INF. *rode wijn* • *rode; revolutionair* ★ être au ~ *op rood staan* ‹verkeerslicht› ★ passer au ~ *op rood springen* ‹verkeerslicht› ★ SP. se mettre dans le ~ *zich het snot voor de ogen rijden* **II** BNW *rood* ★ fer ~ *roodgloeiend ijzer* ★ ~ et noir *kansspel* ★ Peau-Rouge *roodhuid* **III** BIJW ★ se fâcher tout ~ *witheet worden*
rougeâtre BNW *roodachtig*
rougeaud BNW *met een hoogrode kleur*
rouge-gorge m [mv: **rouges-gorges**] *roodborstje*
rougeole v *mazelen*
rougeoyer ON WW *zich rood kleuren*
rouge-queue m [mv: **rouges-queues**] *roodstaartje*
rouget I m *poon; zeehaan* **II** BNW *lichtrood*
rougeur v • *rode kleur* • *blos*
rougir I OV WW *rood maken; doen gloeien* ★ ~ du fer au feu *ijzer in het vuur doen gloeien* ★ ~ son eau *wat wijn bij zijn water doen* **II** ON WW • *zich schamen (***de** *over)* • *rood worden; blozen*
rouille I v • *roest* • *(het) roesten* • CUL. *knoflooksaus met pepers* **II** BNW (onver.) *roestkleurig*
rouillé BNW *verroest; stijf*
rouiller I OV WW • *doen roesten* • *afstompen* ★ ~ l'esprit *de geest afstompen* **II** ON WW *roesten* **III** WKD WW (**se** ~) • *roesten* • FIG. INF. *vastroesten*
rouillure v *roest*
roulade v • *rollade* • MUZ. *loopje* • *koprol*
roulage m • *(het) rollen* • *vrachtrijderij*
roulant BNW • *rollend; rijdend* • *goed berijdbaar* • INF. *om je rot te lachen* ★ matériel ~ *rollend materieel* ★ escalier ~ *roltrap* ★ feu ~ *trommelvuur* ★ chemin ~ *goed berijdbare weg*
roulé I m *cakerol met marmelade ertussen;* **II** BNW • *opgerold* • TAALK. *rollend (uitgesproken);* ★ femme bien ~e *vrouw met een goed figuur*
rouleau m [mv: **rouleaux**] • *rol; rolletje* • *cilinder; wals* • *roller* ‹golf› • SPORT *rolsprong* ★ ~ essuie-mains *handdoek op rol* ★ être au bout de son ~ *uitgepraat zijn*
roulé-boulé m [mv: **roulés-boulés**] ★ faire un ~ *koppeltjeduiken*
roulement m • *(het) rollen; (het) rijden; gerol; (het) ratelen* • *tromgeroffel* • *roulatie; toerbeurt* ★ ~ à billes *kogellager* ★ le ~ du tonnerre *het rommelen v.d. donder* ★ fonds de ~ *werkkapitaal*
rouler I OV WW • *voortrollen* • *in zijn hoofd hebben; overdenken* • *oprollen* • *plat maken* • INF. *bedriegen; beetnemen* ★ INF. ~ sa bosse *zwerven* ★ ~ carosse *een eigen rijtuig hebben* ★ ~ une cigarette *een sigaret rollen* ★ ~ un champ *een veld egaliseren* **II** ON WW • *rollen; lopen; rijden* • *rondzwerven* • *rommelen; roffelen* • *slingeren* ‹v. schip› ★ ~ sur *betrekking hebben op; gaan over* ★ ~ sur l'or *bulken v.h. geld* ★ tout roule là-dessus *daar draait alles om* ★ ça roule! *het loopt gesmeerd!* **III** WKD WW (**se** ~) *zich omrollen; zich omwentelen*
roulette v • *rolletje* • *roulette* • *(tandarts)boor* ★ aller comme sur des ~s *v.e. leien dakje gaan; op rolletjes lopen* ★ patin à ~s *rolschaats*
rouleur m [v: **rouleuse**] • *werkman die (krui)wagens, tonnen voortbeweegt* • *wielrenner*
roulier m VERO. *vrachtrijder*

R

roulis (*zeg:* -lie) m *(het) slingeren* ‹v. schip, vliegtuig›
roulotte v *woonwagen* ⋆ vol à la ~ *diefstal uit auto* ⋆ VERO. ~ de camping *caravan*
roulottier m *autokraker*
roulure v • *(het) ineenrollen* • VULG. *hoer*
roumain I m *het Roemeens* **II** BNW *Roemeens*
Roumain m/v [v: **Roumaine**] *Roemeen*
Roumanie v *Roemenië*
round (*zeg:* raund, roend) m *ronde* ‹bij boksen›
roupie v • *roepia* • VERO. *snot* ⋆ INF. ce n'est pas de la ~ de sansonnet *dat is geen kattenpies*
roupiller ON WW INF. *dutten*
roupillon m INF. *dutje*
rouquin I m [v: **rouquine**] • INF. *rode wijn* • *roodharige* **II** BNW *roodharig*
rouscailler ON WW INF. *kankeren*
rouspéter ON WW INF. *tegenpraten*; *protesteren*
rouspéteur m [v: **rouspéteuse**] INF. *kankeraar*
roussâtre BNW *rossig*
rousse I v • *roodharige vrouw* • ARG. *politie* **II** BNW *rossig*
roussette v *hondshaai*
rousseur v *rossigheid* ⋆ taches de ~ *sproeten*
roussi m *branderige lucht* ⋆ sentir le ~ *branderig ruiken*; FIG. *fout lopen*
roussin m • *zwaar paard* • VERO. *politieagent* ⋆ ~ d'Arcadie *ezel*
roussir I OV WW • *schroeien* • *rossig maken* **II** ON WW • *rossig worden* • *schroeien*
routage m *(het) sorteren* ‹v. post›
routard m *trekker*; *rugzaktourist*
route v • *weg* • *koers*; *weg*; *richting* • *loop*; *baan* ⋆ faire fausse ~ *op een dwaalspoor geraken* ‹v. argument› ⋆ en cours de ~ *onderweg* ⋆ se mettre en ~ *zich op weg begeven* ⋆ la ~ d'un fleuve *de loop v.e. rivier* ⋆ la ~ de Mars autour du soleil *de baan van Mars om de zon* ⋆ bonne ~! *goede reis!* ⋆ FIG. tenir la ~ *steekhoudend zijn*
router OV WW *sorteren* ‹v. post›
routier [v: **routière**] **I** m • *routinier*; *oude rot in 't vak* • *wegrenner* • *wegrestaurant* **II** BNW *wat wegen betreft* ⋆ carte routière *wegenkaart* ⋆ cycliste ~ *wegrenner*
routine v • *routine*; *oefening*; *gewoonte* • *sleur*
routinier BNW [v: **routinière**] *uit gewoonte handelend* ⋆ esprit ~ *gewoontemens*
rouvre m *zomereik*
rouvrir I OV WW *weer openen*; *heropenen* **II** ON WW *weer geopend worden*
roux [v: **rousse**] **I** m,v *roodharig persoon* **II** m • *bruine botersaus* • *rossige kleur* **III** BNW *rossig*
royal BNW [m mv: **royaux**] *koninklijk*; OOK FIG. *vorstelijk* ⋆ aigle ~ *koningsarend* ⋆ lièvre à la ~e *haas met ui, knoflook en rode wijn* ⋆ prince ~ *kroonprins* ⋆ tigre ~ *koningstijger*
royalisme m *koningsgezindheid*
royaliste I m/v *koningsgezinde* **II** BNW *koningsgezind*
royalties v mv *royalty's*
royaume m • *koninkrijk* • FIG. *rijk* ⋆ le ~ des morts *het dodenrijk* ⋆ le Royaume-Uni *het Verenigd Koninkrijk* ⋆ au ~ des aveugles les borgnes sont rois *in het land der blinden is éénoog koning*
royauté v • *koningschap* • *monarchie*
R.P. AFK • (réponse payée) *antwoord betaald* • (Révérend Père) *Eerwaarde (pater)*
RPR AFK (Rassemblement pour la République) *Franse politieke partij*
RSVP AFK [**r.s.v.p.**] (répondez s'il vous plaît) *s.v.p. antwoorden*
RTL AFK (radio-télé(vision) Luxembourg) *RTL*; *Radio en Televisie Luxemburg*
ruade v *(het) achteruitslaan* ‹v. paard, ezel›
ruban m *lint*; *band* ⋆ le ~ rouge *decoratie v.h. Legioen v. Eer* ⋆ scie à ~ *lintzaag*
rubéole v *rode hond*
rubicond BNW *hoogrood* ‹v. gezicht›
rubis (*zeg:* -bie) m *robijn* ⋆ payer ~ sur l'ongle *tot op de laatste cent betalen*
rubrique v • *rubriek*; *afdeling* • *categorie* • *titel*
ruche v • *bijenkorf*; *bijenvolk* • FIG. *mierenhoop* • *strook*
ruché m *geplooide strook*
ruchée v *bijenvolk*
rucher I m *bijenstal* **II** OV WW *afzetten met plooisel*
rude BNW • *ruw*; *stroef*; *grof* • *hobbelig* • *moeilijk*; *vermoeiend*; *zwaar* • *ruw*; *guur* • *wrang*; *scherp* • *bars*; *streng* • *geducht* ⋆ chemin rude *hobbelige weg* ⋆ rude travail *zwaar werk* ⋆ saison rude *guur jaargetijde* ⋆ vin rude *scherpe wijn* ⋆ rude adversaire *geduchte tegenstander* ⋆ un rude appétit *een stevige honger*
rudement BIJW • *ruw* • *hard* • INF. *hartstikke*
rudesse v • *ruwheid*; *stroefheid*; *grofheid* • *moeilijkheid* • *guurheid* • *wrangheid*; *scherpheid* • *barsheid*
rudiment m *grondbeginsel*
rudimentaire BNW • *oppervlakkig* • *onontwikkeld*; *nog niet ontwikkeld*
rudoiement m *ruwe bejegening*
rudoyer OV WW *ruw bejegenen*
rue v *straat* ⋆ la grande rue *de hoofdstraat* ⋆ ça ne court pas les rues *dat/die zie je zelden*
ruée v • *gedrang* • *stormloop*; *wilde jacht* ⋆ ruée vers l'or *goldrush*
ruelle v • *steegje* • *ruimte tussen bed en muur* • GESCH. *alkoof in damesslaapkamer*
ruer I ON WW *achteruitslaan* ‹v. paarden, ezels› ⋆ ruer dans les brancards *zich fel verzetten* **II** WKD WW (**se** ~) *zich werpen*; *zich storten (***sur** *op)*
rugby m *rugby*
rugir I OV WW *brullen*; *uitschreeuwen* **II** ON WW • *brullen*; *tieren* • *bulderen*; *huilen* ‹v. wind›
rugissement m • *geschreeuw* • *gebrul* ‹v. wild dier› • *geloei* ‹v. storm›
rugosité v *oneffenheid*; *ruwheid*
rugueux BNW [v: **rugueuse**] *ruw*
ruine v • *bouwval*; *ruïne* • *verval*; *instorting* • FIG. *wrak* • FIG. *verval*; *verderf* • *ondergang* • *verlies v. fortuin, vermogen* ⋆ tomber en ~ *instorten* ⋆ menacer ~ *dreigen in te storten* ⋆ courir à sa ~ *zijn ondergang tegemoet gaan*
ruiner I OV WW • *verwoesten*; *tot puin maken* • *ruïneren* • *bederven*; OOK FIG. *verwoesten* ⋆ ~ sa santé *zijn gezondheid verwoesten* **II** WKD

R

ww (**se** ~) *zich ruïneren*
ruineux BNW [v: **ruineuse**] • *ruïneus* • *duur*
ruisseau m [mv: **ruisseaux**] • OOK FIG. *goot* • *beek* • OOK FIG. *stroom* ★ tirer qn du ~ *iem. uit de goot halen* ★ ~ de vin *sloot wijn* ★ ~x de larmes *stortvloed van tranen*
ruisselant BNW *druipend*
ruisseler ON WW *druipen*; *stromen*
ruisselet m *beekje*
ruissellement m *(het) stromen*; *(het) druipen* ★ ~ de lumière *zee van licht*
rumeur v • *gerucht* • *gedruis*; *rumoer*
ruminant I m *herkauwend dier* **II** BNW *herkauwend* ‹v. dieren›
ruminer I OV WW • *herkauwen* • *tobben over*; *wikken en wegen* **II** ON WW • *herkauwen* • *peinzen*; *ernstig nadenken*
rumsteck m [**romsteck**] *lendebiefstuk*
runique BNW *rune-*
rupestre BNW *rots-* ★ plantes ~s *rotsplanten* ★ dessin ~ *rotstekening*
rupin BNW INF. *rijk*; *weelderig*
rupteur m *stroomverbreker*
rupture v • *(het) breken*; OOK FIG. *breuk* • *doorbraak*; *breuk*; *onenigheid* • *verbreking*; *ontbinding* ★ ~ d'une digue *dijkdoorbraak* ★ ~ de mariage *ontbinding v.e. huwelijk* ★ en ~ de stock *uitverkocht*; *zonder voorraad*
rural BNW [m mv: **ruraux**] *landelijk*
ruse v • *sluwheid* • *list*
rusé BNW *listig*; *sluw*
ruser ON WW *een list gebruiken*
rush m *rush*
russe I m *(het) Russisch* **II** BNW *Russisch*
Russe m/v *Rus*
Russie v *Rusland*
rustaud I m [v: **rustaude**] *lomperd*; *boerenkinkel* **II** BNW *boers*; *lomp*
rusticité v *boersheid*; *lompheid*
rustine v *bandenplakkertje*
rustique I m *rustieke stijl* **II** BNW • *landelijk*; *rustiek* • *lomp*; *boers* • *gemaakt uit ruw hout of ruwe steen* • *ongekunsteld* • *gehard* ‹v. planten, dieren›
rustre I m *lomperd* **II** BNW *lomp*; *boers*
rut (*zeg:* ruut) m • *bronsttijd* • *bronstigheid*
rutilant BNW • *fonkelend* • *helrood*
rutiler ON WW *schitteren*; *glanzen*
rythme m *ritme*
rythmé BNW *ritmisch*
rythmer OV WW • *ritmisch maken* • *de maat slaan*
rythmique I v *ritmiek*; *ritmische gymnastiek* **II** BNW *ritmisch*

S

s I m *letter s* **II** AFK (seconde) *sec.*
S. AFK (sud) *Z.*
sa BEZ VNW *zijn*; *haar*
SA AFK • (Société anonyme) *NV* • (Son Altesse) *Z.-H.*
sabbat (*zeg:* -bà) m • *sabbat-* • INF. *heksenketel*
sabbatique BNW *sabbat-*
sable m • *zand* • MED. *niergruis* • *sabel* ‹zwart› ★ les ~s *zandgronden* ★ le marchand de ~ *Klaas Vaak* ★ ~ mouvant *drijfzand* ★ INF. être sur le ~ *zonder werk/geld zitten*
sablé I m *zandtaartje* **II** BNW *met zand bedekt*
sabler OV WW • *met zand bedekken* • *in zand gieten* • *zandstralen* • *ineens leegdrinken* ★ ~ le champagne *met champagne vieren*
sableux BNW [v: **sableuse**] *zandig*; *zanderig*
sablier m *zandloper*
sablière v • *zandgroeve* • *zandkist*; *zandstrooiwagen*
sablonneux BNW [v: **sablonneuse**] *zand(er)ig*
sablonnière v *zandgroeve*
sabord m *geschutpoort*
saborder I OV WW *tot zinken brengen* **II** WKD WW (**se** ~) • *zichzelf tot zinken brengen* • *zichzelf om zeep brengen*
sabot m • *klomp* • *hoef* • *remschoen* • *tol* • *slecht iets* ★ en ~s *op klompen* ★ ~ (de Denver) *wielklem* ★ baignoire ~ *zitbad* ★ il danse comme un ~ *hij danst als een olifant* ★ il joue de la guitare comme un ~ *hij speelt zeer slecht gitaar*
sabotage m • *sabotage* • *(het) klompen maken*
saboter I OV WW • *saboteren* • *afraffelen* ★ ~ un morceau de musique *een muziekstuk afraffelen* **II** ON WW • *klompen maken* • *klossen* ‹met klompen›
saboteur m [v: **saboteuse**] *saboteur*
sabotier m [v: **sabotière**] *klompenmaker*
sabre m • *sabel* • *(het) sabelschermen* ★ bruit de ~ *oorlogsdreiging*; *sabelgekletter* ★ coup de ~ *sabelhouw* ★ faire du ~ *sabelschermen*
sabrer OV WW • *neersabelen* • *fel bekritiseren* • INF. *ontslaan* • INF. *afraffelen* • *inkorten* • *volkrassen* ★ ~ un travail *een werk afraffelen*
sabretache v *sabeltas*
sabreur m • *vechtjas* ‹met de sabel› • *iem. die zijn werk afraffelt*
sac m • *zak* • *ransel* • *tas* • *boetekleed* • INF. *buik* • *plundering*; *vermoording (v.d. inwoners v.e. stad)* ★ l'affaire est dans le sac *de zaak is beklonken* ★ sac à main *handtas* ★ sac de voyage *reistas* ★ sac de couchage *slaapzak* ★ INF. sac à viande *slaapzak* ★ sac à vin *dronkaard* ★ homme de sac et de corde *schurk* ★ prendre la main dans le sac *op heterdaad betrappen* ★ INF. vider son sac *zijn hart uitstorten* ★ INF. avoir le sac bien garni, avoir le sac *er goed bij zitten* ★ le sac d'une ville *het plunderen van een stad* ★ mettre à sac *plunderen*
saccade v *schok*; *ruk*; *stoot*
saccadé BNW *hortend*; *stotend*

saccage m *plundering; verwoesting*
saccager OV WW • *plunderen* • *overhoop halen*
saccharifier OV WW *in suiker omzetten*
saccharine v *sacharine; zoetje*
sacerdoce m • *priesterschap* • *de geestelijkheid*
sacerdotal BNW [m mv: **sacerdotaux**] *priesterlijk*
sache WW (présent subj.) → **savoir**
sachet m • *zakje* • *reukkussentje* ★ ~ de thé *theezakje*
sacoche v • *leren geldtas* • *fietstas* • *zadeltas*
sacquer INF. OV WW • *ontslaan; de laan uitsturen* • *onderuit de zak geven* • *ontslaan*
sacral BNW [m mv: **sacraux**] *sacraal; gewijd*
sacramentel BNW [v: **sacramentelle**] *plechtig; sacramenteel*
sacre m *wijding; zalving; inhuldiging*
sacré I m *het heilige* II BNW • *heilig, gewijd, gezalfd, sacraal* ‹achter znw› • *vervloekt, doortrapt* ‹vóór znw› ★ ~ menteur *verdomde leugenaar* ★ histoire ~e *gewijde geschiedenis* ★ le Sacré Collège *het college der kardinalen* ★ feu ~ *geestdrift*
sacrement m • *sacrament* • *huwelijk* ★ fréquenter les ~s *vaak biechten en communiceren* ★ le saint ~ *de H. Eucharistie*
sacrément BIJW INF. *verdomd (veel)*
sacrer I OV WW *wijden; zalven* II ON WW INF. *vloeken*
sacrificateur m *offerpriester*
sacrifice m • *offer* • *opoffering* ★ ~ humain *mensenoffer* ★ le saint ~ *de heilige mis*
sacrifié BNW *uitverkoop-*
sacrifier I OV WW *offeren; opofferen* ★ prix sacrifié *weggeefprijs* II ON WW *offeren* III WKD WW (**se** ~) *zich opofferen*
sacrilège I m *heiligschennis* II m/v *heiligschenner* III BNW *heiligschennend*
sacripant m INF. *deugniet; schurk*
sacristain m *koster*
sacristie v *sacristie*
sacro-saint BNW IRON. *zeer heilig*
sacrum m *heiligbeen*
sadique I m *sadist* II BNW *sadistisch*
sadisme m *sadisme; wreedheid*
sadomasochiste I m/v *sadomasochist* II BNW *sadomasochistisch*

safari m *safari*
safari-photo m [mv: **safaris-photos**] *fotosafari*
safran m • *saffraanplant* • *saffraangeel*
safrané BNW *saffraankleurig*
safraner OV WW • *toebereiden met saffraan* • *kleuren met saffraan* ★ ~ du riz *rijst met saffraan bereiden*
saga v *saga*
sagace BNW *scherpzinnig*
sagacité v *scherpzinnigheid*
sagaie v *assegaai; werpspies*
sage I m *wijze* II BNW • *wijs; gematigd; voorzichtig* • *wijs; verstandig* • *kuis; eerbaar* • *zoet* ‹kind› ★ sage comme une image *erg zoet*
sage-femme m [mv: **sages-femmes**] *vroedvrouw*
sagesse v • *wijsheid* • *wijsheid; gematigdheid; voorzichtigheid* • *eerbaarheid; kuisheid* • *zoetheid; gehoorzaamheid*
sagette v *pijlkruid*
sagittaire I m ASTROL. *Boogschutter* II v PLANTK. *pijlkruid*
sagouin INF. m [v: **sagouine**] *viespeuk*
saharien BNW [v: **saharienne**] *Sahara-; Saharaans*
SAI AFK (Son Altesse Impériale) *ZKH*
saignant BNW • *bloedend* • *weinig doorbakken* ‹v. vlees›
saignée v • *aderlating* • *greppel; geultje* • *plooi tussen bovenarm en benedenarm*
saignement m *bloeding*
saigner I OV WW • OOK FIG. *aderlaten* • *slachten; doden* II ON WW *bloeden* III WKD WW (**se** ~) *zich veel opofferingen getroosten* ★ se ~ pour ses enfants *krom liggen voor zijn kinderen*
saigneur m • *(rubber)tapper* • ZELDEN *slachter*
saillant I m *uitspringende hoek* II BNW • *vooruitspringend; uitstekend* • *saillant; treffend; in het oog springend*
saillie v • *uitsteeksel* • *uitstek; erker* • *dekking; paring* • *gril; kuur* • *geestige zet* ★ faire ~ *uitsteken* ★ en ~ *(voor)uitspringend*
saillir I OV WW *dekken* II ON WW *uitpuilen; uitsteken; vooruitspringen*
sain BNW • *gezond* • *onbeschadigd* ★ sain et sauf *gezond en wel; heelhuids*
saindoux m *reuzel*
sainfoin m PLANTK. *esparcette; hanenkam; (soort) klaver*
saint I m [v: **sainte**] *heilige* ★ les ~s de glace *de ijsheiligen* ★ lasser la patience d'un ~ *iem. tureluurs maken* ★ ne savoir à quel ~ se vouer *ten einde raad zijn; geen raad meer weten* ★ il vaut mieux avoir affaire au bon Dieu qu'à ses ~s *men kan zich beter rechtstreeks tot de baas wenden dan tot zijn ondergeschikten* II BNW *heilig* ★ à la ~-glinglin *met sint-juttemis* ★ les Lieux ~s, la Terre ~e *het H. Land* ★ mercredi ~, jeudi ~, vendredi ~, samedi ~ *woensdag enz. in de Goede Week* ★ la semaine ~e *de Goede Week* ★ terre ~e *gewijde aarde* ★ INF. la Sainte-Touche *betaaldag*
Saint-Barthélemy v *Bartholomeusnacht*
saint-bernard m (onver.) • *sint-bernard(shond)* • *behulpzaam iemand*
saint-cyrien m [**saint-cyriens**] *cadet*
sainteté v *heiligheid*
saint-frusquin m (onver.) *boel; zootje*
saint-glinglin BIJW ★ à la ~ *met sintjuttemis*
saint-honoré m (onver.) *saint-honorétaart*
Saint-Sépulcre m ★ le ~ *het Heilige Graf*
Saint-Siège m *Heilige Stoel*
Saint-Sylvestre v *oudjaar*
sais WW (présent) → **savoir**
saisi I m *schuldenaar wiens bezittingen in beslag genomen zijn* II WW (volt. deelw.) → **saisir**
saisie v *beslaglegging*
saisir I OV WW • *(aan)grijpen; pakken; vatten* • *in beslag nemen* • *zien; opvangen* ‹o.a. met oren› • *begrijpen; vatten* • *aangrijpen; ontroeren* ★ ~ au collet *bij de kraag grijpen* ★ ~ l'occasion *de gelegenheid aangrijpen* ★ ~

qn *iemands bezittingen in beslag nemen* ★ ~ le pouvoir *de macht grijpen* ★ ~ de *in het bezit stellen van* ★ ~ la balle au bond *de gelegenheid aangrijpen* ★ ~ un tribunal d'une affaire *een zaak aanhangig maken bij een rechtbank* **II** WKD WW (**se** ~) *zich meester maken*
saisissable BNW • *waarneembaar* • *wat in beslag kan worden genomen*
saisissant I m *beslaglegger* **II** BNW *aangrijpend*
saisissement m • *(het) bevangen worden* ‹door de kou› • *ontroering*; *schrik*
saison v • *jaargetijde*; *seizoen* • *tijd waarin iets groeit, waarin men bepaalde bezigheden verricht* • *kuurtijd* • *geschikte tijd* ★ ~ nouvelle *lente* ★ hors de ~ *niet te pas*; *niet op het juiste moment* ★ n'être plus de ~ *afgedaan hebben*
saisonnier BNW [v: **saisonnière**] *seizoen-*
sait WW (présent) → **savoir**
saké m *sake*
salace BNW *wellustig*
salacité v *wellustigheid*
salade v • *sla*; *salade* • INF. *zootje*; *geklets*; *leugens* ★ raconter des ~s *met smoesjes aankomen* ★ INF. panier à ~ *overvalwagen*
saladier m *slabak*
salage m • *(het) zouten* • GESCH. *zoutbelasting*
salaire m • *loon* • *beloning* • *straf* ★ toute peine mérite ~ *de werkman is zijn loon waard* ★ ~ à la pièce *stukloon*
salaison v • *(het) zouten* • *zoutgehalte*
salamalecs m mv ★ faire des ~ *overdreven groeten*
salamandre v • *salamander* • *salamanderkachel*
salami m *salami*; *knoflookworst*
salant I m *zoutmoeras* **II** BNW *zout voortbrengend* ★ marais ~ *zoutmoeras*
salarial BNW *loon-*
salariat m • *loondienst* • *werknemers*
salarié m [v: **salariée**] *werknemer*; *loontrekkende*
salarier OV WW *salariëren*
salaud m INF. • *smeerlap* • *schoft*
sale BNW • *vuil* • *gemeen* ‹vóór znw› ★ une sale affaire *een smerig zaakje* ★ argent sale *zwart geld*
salé I m *gezouten varkensvlees* ★ petit salé *vers pekelvlees* **II** BNW • *gezouten* • *zout* • *schuin*; *pikant* • INF. *overdreven*; *duur* ★ une addition salée *een gepeperde rekening*
salement BIJW • *vies* • INF. *vies*; *lelijk* ★ il en est ~ embêté *hij zit er lelijk mee in*
saler OV WW • *zouten*; *inzouten* • INF. *te veel laten betalen* • INF. *streng straffen* ★ ~ une chaussée *een wegdek met zout bestrooien* ★ ~ une note *een rekening opschroeven*
saleté v • *vuilheid* • *gemeenheid* • *gemeen woord*; *gemene grap*
salière v *zoutvaatje* ★ ~ double *peper-en-zoutstel*
saligaud m [v: **saligaude**] *vuilak*; *smeerpoets*; *zwijn*
salin I m *zoutmoeras* **II** BNW *zoutachtig*; *zilt*
saline v *zoutmijn*; *zoutpan*
salinité v *zoutgehalte*
salique BNW *Salisch*; *Frankisch* ★ loi ~ *Salische wet*
salir I OV WW *vuil maken*; *bezoedelen* **II** WKD WW (**se** ~) *zich vuil maken*; *vuil worden*
salissant BNW • *besmettelijk* • *vuilmakend* ★ couleur ~e *besmettelijke kleur* ★ travail ~ *vuil werk*
salissure v *vuil*; *vuiligheid*
salivaire BNW *speeksel-*
salivation v *speekselvorming*
salive v *speeksel* ★ dépenser beaucoup de ~ *veel praten*
saliver ON WW *veel speeksel afscheiden*; *kwijlen*
salle v *zaal*; *groot vertrek* ★ ~ des actes *aula* ★ ~ d'armes *schermzaal* ★ ~ d'audience *rechtszaal* ★ ~ de bains *badkamer* ★ ~ à manger *eetkamer* ★ ~ de police *arrestantenwachtkamer* ★ ~ des pas perdus *stationshal*
salmigondis m *ratjetoe*; *allegaartje*
salmis (*zeg:* -mie) m *wildragout*
salmonelle v *salmonella*
saloir m *vleeskuip*; *zoutvat*
salon m • *huiskamer*; *salon*; *ontvangkamer* • *salonmeubels* • *beurs*; *tentoonstelling* ★ ~ de coiffure *kapsalon* ★ ~ de thé *tearoom* ★ (ensemble de) ~ *bankstel* ★ des ~s littéraires *literaire salons* ★ le ~ des Arts ménagers *de huishoudbeurs*
salop m INF. *smeerlap*
salopard m INF. *gemene kerel*; *schoft*
salope v INF. • *slet* • *smerig wijf*; *klootzak*
saloper OV WW INF. *verknoeien*
saloperie v INF. • *vuiligheid*; *troep* • *gemeen praatje*; *rotstreek*
salopette v • *overall*; *ketelpak* • *tuinbroek*; *werkbroek* • *morsjurk*; *schort*
salpêtre m • *(muur)salpeter* • *buskruit* • *opgewonden standje*
salsifis m *schorseneer* ★ ~ noir *schorseneer* ★ ~ d'Espagne *schorseneer*
saltimbanque m/v *kunstenmaker*; *acrobaat*
salubre BNW *gezond*
salubrité v • *gezondheid* • *hygiëne* ★ ~ publique *reinigingsdienst*
saluer I OV WW • *(be)groeten* • *uitroepen tot* **II** WKD WW (**se** ~) *elkaar groeten*
salut m • *groet*; MIL. *saluut* • *heil*; *redding* • *eeuwig heil*; *zaligheid* • REL. *lof* ★ Armée du ~ *Leger des Heils*
salutaire BNW • *gezond* • *nuttig*
salutation v *groet*; *begroeting* ★ la ~ angélique *de Engel des Heren*
salutiste m/v *heilsoldaat*
salve v *salvo* ★ ~ d'applaudissements *donderende toejuichingen*
Samaritain m *Samaritaan*
samba v *samba*
samedi m *zaterdag* ★ le ~ saint *paaszaterdag*
samovar m *samowar*; *Russische theeketel*
SAMU AFK (service d'aide médicale d'urgence) *ambulancedienst*
sana m INF. *sanatorium*
sanatorium (*zeg:* -ieòm) m *sanatorium*; *herstellingsoord voor langdurig zieken*
sanctifiant BNW *heiligmakend*
sanctificateur [v: **sanctificatrice**] **I** m

heiligmaker II BNW *heiligmakend*
sanctification v • *heiliging* • *heiligverklaring*
sanctifier OV WW *verheerlijken*
sanction v • *bekrachtiging; goedkeuring* • *straf*
sanctionner OV WW • *bekrachtigen* • *goedkeuren* • *bestraffen*
sanctuaire m • *het Heilige der Heiligen* ‹jodendom› • *priesterkoor* • *heiligdom; gewijde plaats* • *centrum*
sandale v *sandaal; open schoen*
sandalette v *lichte sandaal*
sandow m *spanband*
sandre v *zander; snoekbaars*
sandwich m *sandwich* ★ homme-~ *sandwichman*
sang m • *bloed* • *bloed; leven* • *bloed; afkomst; geslacht; familie* ★ avoir le sang chaud *opvliegend zijn* ★ coup de sang *bloedaandrang; opwelling* ★ prise de sang *bloedproef* ★ mon sang n'a fait qu'un tour *ik sta paf* ★ se faire du mauvais sang *zich ergeren* ★ mettre à feu et à sang *te vuur en te zwaard verwoesten* ★ pur sang *volbloed* ★ répandre, verser le sang *bloed vergieten* ★ avoir du sang dans les veines *moedig zijn* ★ donner son sang *zijn leven geven* ★ payer de son sang *met zijn leven betalen* ★ les liens du sang *de banden des bloeds* ★ prince du sang *prins van den bloede*
sang-froid m (onver.) *koelbloedigheid* ★ de ~ *in koelen bloede*
sanglant BNW • *bloedig; bloederig* • *bloedend* • *bloedrood* • *fel; wreed; grievend* ★ mort ~e *gewelddadige dood* ★ affront ~ *dodelijke belediging*
sangle v *riem; singel*
sangler I OV WW • *een riem strak aanhalen om; singelen* ‹v. paard›; *rijgen* • VERO. *striemen* ★ ~ un coup de fouet à qn. *iem. een zweepslag geven* II WKD WW (**se** ~) *zich insnoeren*
sanglier m *wild zwijn*
sanglot m *snik*
sangloter ON WW *snikken*
sang-mêlé m/v (onver.) *halfbloed*
sangsue v • *bloedzuiger* • INF. *plakster*
sanguin I m [v: **sanguine**] *heethoofd* II BNW • *bloed-* • *sanguinisch; volbloedig* • *bloedrood* ★ vaisseaux ~s *bloedvaten* ★ tempérament ~ *sanguinisch karakter* ★ flux ~ *bloedsomloop*
sanguinaire BNW *bloeddorstig*
sanguine v • *bloedsteen; soort rode edelsteen* • *rood krijt* • *roodkrijttekening* • *bloedsinaasappel*
sanguinolent BNW *met bloed vermengd; bloeddoorlopen*
sanisette v *openbare betaalwc*
sanitaire I m *sanitair* II BNW *gezondheids-; hygiënisch; sanitair*
sans VZ *zonder* ★ sans cela, sans quoi *anders* ★ sans cesse *onophoudelijk* ★ sans doute *ongetwijfeld; zeker*
sans-abri m/v (onver.) *dakloze*
sans-culotte m [mv: **sans-culottes**] *sansculotte; revolutionair(en) uit de Franse Revolutie*
sans-emploi m/v (onver.) *werkloze*
sans-façon m (onver.) • *ongedwongenheid* • *ongegeneerdheid*
sans-filiste m/v [mv: **sans-filistes**] • *marconist* • *radioamateur; radioliefhebber*
sans-gêne m (onver.) *ongegeneerdheid*
sanskrit I m [**sanscrit**] *Sanskriet* II BNW *Sanskritisch*
sans-logis m/v (onver.) *dakloze*
sansonnet m *spreeuw*
sans-papiers m/v (onver.) *illegaal*
sans-souci I m (onver.) VERO. *zieltje zonder zorg* II BNW *zorgeloos*
santal m *sandelhout*
santé v • *gezondheid* • *toast; dronk* ★ à votre ~ *op uw gezondheid!* ★ maison de ~ *herstellingsoord voor zenuwpatiënten* ★ boire à la ~ de qn
santiag m INF. *cowboylaars*
saoudien BNW [v: **saoudienne**] *Saoudisch*
Saoudite BNW ★ l'Arabie ~ *Saoedie-Arabië*
saoul (*zeg:* soe) BNW VERO. → **soûl**
saouler WW → **soûler**
sapajou m *mormel*
sape v *soort loopgraaf; ondermijning*
sapement m *ondermijning*
saper I OV WW *bederven;* OOK FIG. *ondermijnen* II WKD WW (**se** ~) INF. *zich kleden*
sapeur m *sappeur; geniesoldaat*
sapeur-pompier m [**sapeurs-pompiers**] *brandweerman*
saphique BNW • *in verband met Sappho* • *lesbisch*
saphir m *saffier*
sapide BNW *smakelijk*
sapidité v *smakelijkheid*
sapience VERO. v *wijsheid* ★ livre de la Sapience *boek der Wijsheid*
sapin m • *spar* • *vurenhout* • INF. *doodskist* ★ sentir le ~ *niet lang meer te leven hebben* ★ ~ blanc *zilverspar* ★ ~ de Noël *kerstboom*
sapinière v *sparrenbos*
saponifier OV WW *verzepen*
sapristi TW INF. *drommels!; sakkerloot!*
saquer OV WW → **sacquer**
S.A.R. AFK (Son Altesse Royale) *ZKH; HKH*
sarabande v • *lawaai; herrie* • *sarabande* ‹muziek en dans›
sarbacane v *blaasroer; proppenschieter*
sarcasme m *sarcasme; bijtende spot*
sarcastique BNW *sarcastisch; bijtend*
sarcelle v *taling* ‹dier›
sarclage m *(het) wieden*
sarcler OV WW *wieden*
sarcloir m *schoffel*
sarcome m *vleesboom; sarcoom; tumor*
sarcophage m • *sarcofaag* • *stenen doodkist* • *gedeelte v. grafmonument dat doodkist voorstelt* • *vleesvlieg*
Sardaigne v *Sardinië*
sarde BNW *Sardinisch*
sardine v • *sardientje* • INF. *sergeantsstreep* ★ être serrés commes des ~s *als haringen in een ton zitten*
sardinier m [v: **sardinière**] • *sardinevisser* • *iemand die in een sardinefabriek werkt* • *sardinenet* • *boot voor de sardinevangst*
sardonique BNW *schamper; sardonisch* ★ rire ~

schamper lachje
sargasse v *soort zeewier* ★ Mer des Sargasses *Sargassozee*
sari m *sari*
sariette v *bonenkruid*
sarigue v *buidelrat*
SARL AFK (Société à responsabilité limitée) *BV*
sarment m *houtachtige rank; wijngaardrank*
sarmenteux BNW [v: **sarmenteuse**] *rijk aan ranken*
sarrasin I m *boekweit* **II** BNW *Saraceens*
Sarrasin m [v: **Sarrasine**] *Saraceen*
sarrau m • *lange boerenkiel* • *morsschort*
Sarre v • *Saargebied* • *Saar* ‹rivier›
sarriette v *bonenkruid*
sarrois BNW *uit het Saargebied*
sas (*zeg:* sa(s)) m • *zeef* • *sluis* ‹v. (ruimte)vaartuig› • *sluiskolk*
sasser OV WW • *zeven* • *schutten* ‹v. schip› ★ ~ et res~ *wikken en wegen*
satané BNW *verdomd; verduiveld*
satanique BNW *duivels; satanisch*
satelliser OV WW • *in een baan om de aarde brengen* • *tot satelliet maken*
satellite m • *kunstmaan* • *satelliet* • *bijplaneet; maan* • *handlanger* • *pier* ‹v. luchthaven›
satiété v • *verzadiging* • *oververzadiging* ★ manger à ~ *eten zoveel je wilt; eten tot je genoeg hebt* ★ répéter à ~ *tot vervelens toe herhalen*
satin m *satijn* ★ peau de ~ *zachte huid*
satiné I m *satijnglans* **II** BNW *satijnachtig; zacht en glanzend* ★ peau ~e *satijnachtige huid*
satiner OV WW *satineren; glanzend maken*
satire v *satire; hekeldicht*
satirique I m/v *hekeldichter; satiricus* **II** BNW *hekelend; spottend; satirisch*
satisfaction v *voldoening* ★ donner ~ *genoegdoening geven*
satisfaire I OV WW *tevredenstellen; voldoen; bevredigen* ★ ~ ses passions *zijn hartstochten bevredigen* ★ ~ l'attente *aan de verwachtingen voldoen* **II** ON WW (~ **à**) *voldoen aan* **III** WKD WW (**se** ~) *zich tevreden stellen*
satisfaisant BNW *voldoend; bevredigend*
satisfait BNW *tevreden (***de** *met, over); voldaan*
satisfecit m • *eervolle vermelding* ‹op school› • FORM. *goedkeuring*
satrape m • *satraap* • LIT. *in weelde levend heerser*
saturable BNW *verzadigbaar*
saturant BNW *verzadigd* ★ vapeur ~e *verzadigde damp*
saturateur m *(lucht)bevochtiger*
saturation v • *verzadiging* • *overbelasting* ‹v. weg enz.›
saturé BNW *verzadigd*
saturer OV WW *verzadigen*
Saturne *Saturnus* ‹god en planeet›
saturnien BNW [v: **saturnienne**] *van Saturnus*
saturnisme m *loodvergiftiging*
satyre m • *sater; bosgod* • *cynische wellusteling*
sauce v • *saus* • INF. *stortbui* • INF. *bijzaak; presentatie* ★ mettre qn à toutes les ~s *iem. van alles laten doen* ★ il n'est ~ que d'appétit *honger is de beste saus*
saucée v INF. *regenbui*
saucer OV WW • VERO. *sausen* • *schoonmaken* • INF. *doorweken* ★ la pluie l'a saucée *zij is drijfnat geregend*
saucier m *sausenbereider*
saucière v *sauskom*
saucisse v • MIL. *kabelballon* • *worst* • INF. *oen; sufferd* ★ ne pas attacher ses chiens avec des ~s *erg gierig zijn*
saucisson m • *dikke, sterk gekruide worst* • *langwerpig, rond brood* • *staaf springstof*
saucissonner ON WW INF. *picknicken* ★ ~ un film avec de la publicité *een film onderbreken voor reclameblokken*
sauf I BNW [v: **sauve**] *veilig; behouden* ★ avoir la vie sauve *er heelhuids afkomen* ★ l'honneur est sauf *de eer is gered* ★ sain et sauf *gezond en wel; heelhuids* **II** VZ • *uitgezonderd; behalve* • *behoudens* ★ sauf votre respect *met permissie* ★ sauf erreur *vergissing voorbehouden*
sauf-conduit m [mv: **sauf-conduits**] *vrijgeleide(brief)*
sauge v *salie*
saugrenu BNW *ongerijmd; absurd*
saulaie v *wilgenbosje*
saule m *wilg* ★ ~ étêté *knotwilg* ★ ~ pleureur *treurwilg*
saumâtre BNW • *brak; ziltig* • FIG. *bitter* • *flauw* • INF. *slecht*
saumon I m • *zalm* • *blok metaal* **II** BNW *zalmkleurig*
saumoné BNW *met zalmkleurig vlees* ★ truite ~e *zalmforel*
saumure v *pekel*
saumurer OV WW *pekelen*
sauna m *sauna(bad)*
saunier m [v: **saunière**] • *zoutzieder* • VERO. *zouthandelaar*
saupiquet
saupoudrer OV WW *bestrooien;* FIG. *doorspekken*
saupoudreuse v *strooibusje*
saur BNW ★ hareng saur *bokking*
saurai WW (futur) → **savoir**
saurer OV WW *roken* ‹v. haring, ham›
sauriens m MV *sauriërs*
saurisserie v *haringrokerij*
saussaie v *wilgenbosje*
saut m • *sprong* • *waterval in een rivier* • *val* ★ saut périlleux *salto mortale* ★ triple saut *hink-stap-sprong* ★ saut à l'élastique *bungeejumpen* ★ de plein saut *ineens* ★ au saut du lit *bij het opstaan* ★ faire le grand saut *dood gaan*
saut-de-lit m [mv: **sauts-de-lit**] *ochtendjas*
saut-de-mouton m [mv: **sauts-de-mouton**] *ongelijkvloerse kruising*
saute v ★ ~ de vent *het uitschieten v.d. wind* ★ ~ d'humeur *plotselinge verandering v. humeur*
sauté I m *gebakken vlees* ★ ~ de veau *kalfsragout* **II** BNW ★ pommes de terre ~es *gebakken aardappelen*
saute-mouton m (onver.) *haasje-over*
sauter I OV WW • *springen over* • *overslaan* • VULG. *bespringen* ★ ~ une classe *een klas*

S

overslaan ★ ~ un fossé *over een sloot springen* ★ ~ le pas *de knoop doorhakken* **II** ON WW • *springen* • *exploderen; in de lucht vliegen* • *failliet gaan* ★ ~ d'un sujet à l'autre *van de hak op de tak springen* ★ ~ du coq à l'âne *van de hak op de tak springen* ★ ~ aux nues *driftig worden* ★ faire ~ qn *iem. van zijn betrekking beroven* ★ faire ~ un poulet *een kip braden* ★ faire ~ une licence *een vergunning intrekken* ★ ~ aux yeux *duidelijk zijn; in het oog springen* ★ faire ~ la cervelle à qn *iem. door zijn hoofd schieten* ★ les plombs ont sauté *de zekering is doorgebrand* ★ ~ sur l'occasion *de gelegenheid te baat nemen* ★ et que ça saute! *hup!; vooruit!*
sauterelle v *sprinkhaan*
sauterie v *huiselijk dansavondje*
sauteur I m *springpaard* **II** m [v: **sauteuse**] • *springer* • INF. *onberekenbaar persoon;* FIG. *weerhaan* **III** BNW [v: **sauteuse**] *springend* ★ scie sauteuse *decoupeerzaag*
sauteuse v *braadpan*
sautillement m *gehuppel*
sautiller ON WW *huppelen*
sautoir m • *springplaats* • *lange halsketting* • *ridderorde die gekruist op de borst hangt* ★ en ~ *gekruist*
sauvage I m/v • *wilde; primitief* • *mensenschuw persoon* **II** BNW • *wild* • *woest; onbebouwd* • *mensenschuw*
sauvageon m *wilde, ongeënte vruchtboom*
sauvagerie v • *wreedheid* • *(mensen)schuwheid*
sauvegarde v • *bescherming* • *vrijgeleide* • *back-up; reservekopie*
sauvegarder OV WW • *beschermen; waarborgen* • *saven* • *een back-up/ reservekopie maken*
sauve-qui-peut m (onver.) *wilde vlucht*
sauver I OV WW • *redden* • *redden; zalig maken; verlossen* ★ sauve qui peut! *smeer 'm, als je kunt!* ★ ~ les apparences *de schijn redden* **II** WKD WW (**se** ~) • *ontsnappen* • *ervandoor gaan* • *in de hemel komen* • *overkoken* ‹v. melk›
sauvetage m *redding* ★ bateau de ~ *reddingsboot*
sauveteur I m *redder* **II** BNW *reddend* ★ bateau ~ *reddingsboot*
sauvette DEEL V. SAMENST ★ à la ~ *haastig; stiekem* ★ vendeur à la ~ *sluikhandelaar*
sauveur m *redder* ★ Sauveur *Heiland*
savamment BIJW *op geleerde wijze; als een kenner*
savane v *savanne*
savant I m [v: **savante**] *geleerde* **II** BNW • *moeilijk; ingewikkeld* • *geleerd* • *knap; kundig* ★ chien ~ *hond die kunstjes kent*
savarin m *soort ronde taart*
savate v • *oude schoen; slof* • INF. *onhandig mens; knoeier* ★ INF. traîner la ~ *arm zijn*
savetier VERO. m *schoenlapper*
saveur v *smaak*
Savoie v *Savoie*
savoir I m *kennis; wetenschap* **II** OV WW • *weten* • *kennen* • *kunnen* ★ à ~ *namelijk* ★ que je sache *voor zover ik weet* ★ ~ par cœur *van buiten kennen* ★ je ne saurais vous le dire *ik kan het u niet zeggen* ★ un je ne sais quoi *iets onbestemds* **III** ON WW *weten* **IV** WKD WW (**se** ~) *bekend worden*
savoir-faire m • *bekwaamheid; handigheid* • *knowhow*
savoir-vivre m *levenskunst; beschaafdheid*
savon m • *zeep* • INF. *flinke uitbrander* ★ pain de ~ *stuk zeep* ★ passer un ~ à qn *iem. de oren wassen*
savonnage m *(het) wassen met zeep*
savonner OV WW • *inzepen; met zeep wassen* • VERO. *een flinke uitbrander geven*
savonnerie v • *zeepfabriek* • *zeepfabricage* • *soort tapijt*
savonnette v *toiletzeep*
savonneux BNW [v: **savonneuse**] *zeepachtig*
savonnier I m *zeepzieder* **II** BNW [v: **savonnière**] *zeep-*
savourer OV WW *smaken; langzaam genieten van; langzaam proeven*
savoureux BNW [v: **savoureuse**] *smakelijk; heerlijk; aangenaam*
savoyard BNW *uit de Savoie*
Saxe v *Saksen*
saxifrage v *steenbreek*
saxo INF. m • *saxofoon* • *saxofonist*
saxon I m *het Saksisch* **II** BNW [v: **saxonne**] *Saksisch*
Saxon m [v: **Saxonne**] *Saks*
saxophone m *saxofoon*
saxophoniste m/v *saxofonist*
sbire PEJ. m *smeris*
scabieuse v *scabiosa*
scabreux BNW [v: **scabreuse**] • *gevaarlijk* • *gewaagd; 'schuin'* • *ruw; hobbelig* ★ chemin ~ *hobbelige weg*
scalaire m *maanvis*
scalène BNW *ongelijkzijdig* ★ triangle ~ *ongelijkzijdige driehoek*
scalp m *scalp*
scalpel m *scalpel; ontleedmes*
scalper OV WW *scalperen*
scampi v mv *scampi*
scandale m • *schandaal* • *opspraak* • *heibel* • *ergernis; aanstoot* ★ malheur à ceux par qui le ~ arrive *wee hun die anderen tot zonden aanzetten*
scandaleux BNW [v: **scandaleuse**] *schandelijk; schandalig; aanstootgevend*
scandaliser I OV WW *ergeren; aanstoot geven aan* **II** WKD WW (**se** ~) *zich ergeren*
scander OV WW *scanderen*
scandinave BNW *Scandinavisch*
Scandinave m/v *Scandinaviër*
Scandinavie v *Scandinavië*
scanner I m *scanner* **II** OV WW *scannen*
scansion v *(het) scanderen*
scaphandre m • *duikerpak* • *ruimtepak*
scaphandrier m *duiker* ‹met pak›
scapulaire I m • *scapulier* • *schouderband* **II** BNW *schouder-*
scarabée m • *mestkever* • *scarabee*
scarification v *insnijding; inkerving*
scarifier OV WW *kerven; insnijdingen maken*
scarlatine I v *roodvonk* **II** BNW ★ fièvre ~ *roodvonk*
scarole v *andijvie*

S

scatologique BNW *drek-; smerig*
sceau m • *stempel; zegel* • *stempel; kenmerk* ★ sous le ~ du secret *in het diepste geheim*
scélérat I m [v: **scélérate**] • *deugniet* • *zware crimineel; schurk* II BNW *misdadig; schurkachtig*
scélératesse v *schanddaad; doortraptheid*
scellement m *inmetseling*
sceller OV WW • *(ver)zegelen* • *bekrachtigen* • *inmetselen; vastmetselen* • *vastgieten*
scellés m mv *gerechtelijk zegel*
scénario m *scenario; draaiboek*
scénariste m/v *scenarioschrijver*
scène v • *toneel* • *toneelkunst* • *plaats v. handeling* • *toneel als onderdeel v.e. bedrijf* • *schouwspel* • *scène; twist* ★ entrer en ~ *opkomen* ★ mettre en ~ *ten tonele voeren* ★ metteur en ~ *regisseur* ★ la ~ se passe à Paris *het stuk speelt in Parijs*
scénique BNW *toneel-* ★ art ~ *toneelkunst*
scepticisme m *scepsis; twijfelzucht*
sceptique I m/v *twijfelaar; scepticus* II BNW *sceptisch; twijfelend*
sceptre m • *scepter* • *koningschap*
schah m [**chah**] *sjah* ★ le ~ d'Iran *de sjah van Perzië*
schako m *sjako; militair hoofddeksel*
scheik m *sjeik*
schéma m *schema; plan*
schématique BNW *schematisch*
schématisation v *schematisering; schematische voorstelling*
schématiser OV WW *schematisch voorstellen; schematiseren*
schématisme m *schematisch karakter*
schismatique I m/v *scheurmaker* II BNW *schismatisch*
schisme m • *schisma* • *tweespalt*
schiste m *leisteen*
schizophrène I m/v *schizofreen* II BNW *schizofreen*
schizophrénie v *schizofrenie; gespletenheid*
schlass INF. I m *mes* II BNW *dronken*
schlinguer ON WW INF. *stinken*
schlitter OV WW *hout langs een helling vervoeren per houtslee*
schnock m ★ vieux ~ *ouwe knakker*
schnouff v ARG. *stuff*
schooner m *schoener*
schtroumpf m *smurf*
schuss m *snelle afdaling* ‹skiën›
sciage m *(het) zagen* ★ bois de ~ *zaaghout*
scialytique m *operatielamp*
sciatique I v *ischias; heupjicht* II BNW *heup-*
scie v • *zaag* • *zaagvis* • *iets dat verveelt* ‹door herhaling› • *afgezaagde mop; afgezaagd deuntje* ★ scie à bras *handzaag* ★ scie anglaise *figuurzaag* ★ scie à ruban *lintzaag* ★ en dent de scie *getand*
sciemment BIJW *willens en wetens*
science v *wetenschap; kennis* ★ de ~ certaine *uit zekere bron* ★ les ~s exactes *de wis- en natuurkundige wetenschappen*
science-fiction v *science fiction*
scientifique I m/v *wetenschapper* II BNW *wetenschappelijk*
scier OV WW • *(af)zagen; doorzagen* • INF. *verbazen* ★ ~ (le dos à) qn *iem. vermoeien; iem. lastig vallen; iemand kapotmaken*
scierie v *zagerij*
scieur m *zager*
scinder OV WW *splitsen*
scintillant BNW *schitterend; fonkelend*
scintillation v [m: **scintillement**] *fonkeling; schittering*
scintillement m *fonkeling*
scintiller ON WW *fonkelen; flikkeren*
scion m *twijg; loot*
scission v *scheuring; verdeeldheid; splitsing*
scissionniste I m/v *scheurmaker* II BNW *splinter-*
scissure v *kloof; spleet; scheur*
sciure v *zaagsel*
sclérose v *sclerose;* MED. *verkalking* ★ ~ en plaques *multiple sclerose*
sclérosé BNW • *verstard* • *sclerotisch*
scléroser WKD WW (**se** ~) • *verkalken* • FIG. *verstarren*
sclérotique v *hard oogvlies; oogwit*
scolaire BNW *school-* ★ année ~ *schooljaar*
scolarisation v • *het naar school sturen* • *scholenbouw*
scolariser OV WW • *scholen; onderwijzen* • *van scholen voorzien*
scolarité v • *schooltijd; schoolcursus* • *schoolbezoek* • *leerplicht* ★ la ~ est obligatoire pour toi *je moet verplicht naar school*
scolastique I v *scholastiek; middeleeuwse wijsbegeerte* II m/v PEJ. *schoolfrik* III BNW • *scholastiek; betrekking hebbend op middeleeuwse universiteiten* • *schools*
scoliose v *scoliose; zijdelingse ruggengraatsvergroeiing*
scolopendre v *duizendpoot*
scoop m *primeur*
scooter m *scooter*
scootériste m/v *scooterrijder*
scorbut (*zeg:* -buut) m *scheurbuik*
scorbutique I m/v *scheurbuiklijder* II BNW *wat scheurbuik betreft*
score m • *score; stand* • *resultaat*
scories v mv • *slakken; brokken lava* • *metaalslakken*
scorpion m • ASTROL. *Schorpioen* • *schorpioen*
scotch m *plakband*
scotcher OV WW *vastplakken* ‹met plakband›
scout (*zeg:* skoet) m *padvinder; verkenner*
scoutisme m *padvinderij; verkennerij*
scrabble m *scrabble*
scribe m *schriftgeleerde*
scribouillard INF. m [v: **scribouillarde**] *pennenlikker*
script m *script* ★ en ~ *in blokschrift*
scripte m/v • *regieassistent* • *scriptgirl*
scriptural BNW [m mv: **scripturaux**] *wat schriftelijke teksten betreft* ★ monnaie ~e *boekgeld*
scrofule v *scrofulose; kliergezwel*
scrofuleux [v: **scrofuleuse**] I m *scrofulosepatiënt* II BNW *klierachtig*
scrotum (*zeg:* -tom) m *scrotum*
scrupule m • *gewetensbezwaar* • *nauwgezetheid* ★ sans ~s *gewetenloos*

scrupuleusement BIJW • *scrupuleus; gewetensvol* • *nauwgezet; angstvallig*
scrupuleux BNW [v: **scrupuleuse**] • *scrupuleus; gewetensvol* • *nauwgezet; angstvallig*
scrutateur I m,v [v: **scrutatrice**] *stemmenteller* II m *controleapparaat* III BNW [v: **scrutatrice**] *(na)vorsend*
scruter OV WW *onderzoeken; navorsen; doorgronden*
scrutin m • *stemming* • *stembus* ★ second tour de ~ *tweede verkiezingsronde* ★ dépouiller le ~ *de stemmen tellen*
sculpter OV WW • *beeldhouwen; beelden vormen* • *snijden*
sculpteur m *beeldhouwer* ★ femme ~ *beeldhouwster* ★ ~ sur bois *houtsnijder*
sculptural BNW [m mv: **sculpturaux**] • *van de beeldhouwkunst* • *waard gebeeldhouwd te worden* ★ beauté ~e *volmaakte schoonheid*
sculpture v • *beeldhouwkunst* • *beeldhouwwerk* • *profiel* ‹v. band›
SDF m/v (sans domicile fixe) *iemand zonder vaste woon- of verblijfplaats; dakloze; zwerver*
se I VNW *(onvertaald)* ‹i.g.v. lijdende vorm› ★ la porte s'ouvre *de deur wordt geopend* II WKD VNW *zich* III WKG VNW *elkaar*
S.E. AFK (Son Excellence) *Z.Exc.*
S-E AFK (Sud-Est) *Z.O.*
séance v • *zitting* • *seance* ‹les, uitvoering› • MED. *behandeling* • *voorstelling* ★ ~ tenante *op staande voet* ★ MED. ~ de rayons *bestraling* ★ faire une longue ~ à table *lang tafelen*
séant I m *achterste* ★ se mettre sur son ~ *overeind gaan zitten* II BNW *behoorlijk; passend*
seau m [mv: **seaux**] *emmer* ★ il pleut à seaux *het regent dat het giet*
sébacé BNW *talg-* ★ glandes ~es *talgklieren*
sébile v *centenbakje*
sébum m *talg*
sec I m *het droge; droogte* ★ être à sec *platzak zijn* ★ mettre à sec *droogleggen* II BNW [v: **sèche**] • *droog* • *dor* • *schraal; mager* • *ongevoelig* • *kort; bars* • *niet zoet* ★ fruit sec *leerling die zijn eindexamen niet heeft gehaald* ★ perte sèche *zuiver verlies* ★ INF. l'avoir sec *tegenslag hebben* ★ INF. rester sec *met de mond vol tanden staan* ★ bois sec *dood hout* ★ homme sec *magere man* ★ cœur sec *hart van steen* ★ réponse sèche *bits antwoord* ★ bruit sec *kort, knappend geluid* ★ vin sec *droge wijn* III BIJW • *kortaf; bars* • *onaangelengd* ★ INF. aussi sec *onmiddellijk; meteen* ★ en cinq sec *vlug; een twee drie* ★ répondre sec *kortaf antwoorden* ★ boire sec *wijn zonder water drinken; 'm graag lusten*
sécable BNW *snijdbaar; deelbaar*
SECAM AFK (séquentiel à mémoire) *secam* ‹kleurentv-systeem›
sécant BNW *snijdend*
sécateur m *snoeischaar*
sécession v *afscheiding*
séchage m *droging*
sèche I v • *zandplaat* • SCHEEPV. *ra* • INF. *sigaret* • *het besterven van vlees* ‹vóór consumptie› II BNW → **sec**

sèche-cheveux m (onver.) *haardroger*
sèche-linge m (onver.) *droogautomaat*
sèche-mains m (onver.) *handdroger*
sèchement BIJW • *droog* • *koel; kortaf* ★ répondre ~ *bits antwoorden*
sécher I OV WW • *uitdrogen; afdrogen; drogen* • *droogleggen* • *verdorren* ★ ~ un cours *spijbelen* II ON WW • *uitdrogen* • *verdorren* • *wegebben* ‹v. verdriet, emoties› III WKD WW (**se** ~) *zich (af)drogen*
sécheresse v • *droogte* • *dorheid* • *barsheid* • *koelheid; ongevoeligheid*
sécherie v *droogplaats*
séchoir m *droogplaats; droogrek; droger; föhn*
second I m • *tweede* • *secondant* • *tweede verdieping* • *tweede stem* • *eerste stuurman* II BNW *tweede* ★ ~e vue *helderziendheid*
secondaire BNW • *bijkomstig; ondergeschikt* • *secundair* ★ enseignement ~ *middelbaar onderwijs*
seconde v • *seconde* ‹ook v. muziek› • *vijfde jaar v.h. middelbaar onderwijs* ‹in Frankrijk› • *revisie* ‹tweede drukproef› • *tweede klas* ‹in trein› • *tweede versnelling*
secondement BIJW *ten tweede*
seconder OV WW • *helpen; bijstaan* • *begunstigen; bevorderen*
secouer I OV WW • *schudden; afschudden; uitschudden;* FIG. *aangrijpen* • *wakker schudden* II WKD WW (**se** ~) *aanpakken; zich vermannen* ★ INF. secoue-toi! *doe iets!*
secourable BNW *behulpzaam; gedienstig*
secourir OV WW *helpen; bijstaan*
secourisme m *EHBO; hulpdienst*
secouriste m/v *EHBO'er*
secours m *hulp; bijstand; ondersteuning* ★ au ~! *help!* ★ aller au ~, venir au ~ *te hulp komen* ★ prêter ~ *bijstand verlenen* ★ roue de ~ *reservewiel* ★ sortie de ~ *nooduitgang*
secousse v OOK FIG. *schok; slag* ★ par ~s *met horten en stoten*
secret I m • *geheim* • *geheimhouding* ★ en ~ *heimelijk* ★ ~ de polichinelle *geheim dat iedereen kent* ★ mettre un prisonnier au ~ *een gevangene eenzaam opsluiten* II BNW [v: **secrète**] • *geheim; verborgen* • *stilzwijgend; gesloten* • *intiem*
secrétaire I m • *secrétaire; schrijfkast* • *secretarisvogel* II m/v *secretaris* ★ ~ d'Etat *staatssecretaris* ★ ~ de mairie *gemeentesecretaris*
secrétariat m • *secretarisschap; secretariaat* • *secretarie*
secrètement BIJW *heimelijk*
sécréter OV WW *afscheiden; uitscheiden*
sécréteur BNW [v: **sécréteuse/sécrétrice**] *afscheidend; uitscheidend*
sécrétion v *uitscheiding; afscheiding*
sécrétoire BNW *afscheidend* ★ organe ~ *afscheidingsorgaan*
sectaire I m • *sektariër* • *bekrompen geest* II BNW • *sektarisch* • *bekrompen; intolerant*
secte v *sekte*
secteur m • *sector* • *elektriciteitsnet* ★ panne de ~ *stroomstoring*
section v • *(het) snijden* • *doorsnede; snijvlak* • *afdeling;* MIL. *sectie*

sectionnement m • *(het) in secties verdelen* • *(het) doorsnijden*
sectionner OV WW • *in secties verdelen* • *doorsnijden* • *opdelen (***en** *in)*
sectoriel BNW [v: **sectorielle**] *van een sector; deel-*
séculaire BNW • *eeuwenoud; zeer oud* • *iedere eeuw plaatsvindend* ★ fête ~ *eeuwfeest*
sécularisation v *secularisatie*
séculariser OV WW *seculariseren*
séculier [v: **séculière**] I m *leek* II BNW • *seculier* • *werelds* • *wereldlijk* ★ le bras ~ *de wereldlijke macht*
secundo BIJW *ten tweede*
sécuriser OV WW *een gevoel van vrijheid geven*
sécurité v • *veiligheid; gerustheid* • TECHN. *beveiliging* ★ en toute ~ *veilig*
sécu(rité sociale) v *sociale voorzieningen; ziekenfonds* ‹ongeveer›
sédatif I m *pijnstillend middel* II BNW [v: **sédative**] *pijnstillend*
sédentaire BNW • *zittend* • *huiselijk* • *blijvend; aan vaste plaats gebonden*
sédiment m *sediment; neerslag; bezinksel*
sédimentaire BNW *sedimentair; wat bezinking betreft*
sédimentation v *sedimentatie; bezinking* ★ vitesse de ~ *bloedbezinkingssnelheid*
séditieux [v: **séditieuse**] I m *oproerkraaier* II BNW *oproerig*
sédition v *oproer; opstand*
séducteur [v: **séductrice**] I m *verleider* II BNW *verleidend; verleidelijk*
séduction v *verleiding; verleidelijkheid* ★ pouvoir de ~ *verleidingskracht; aantrekkingskracht*
séduire OV WW *verleiden; bekoren*
séduisant BNW *verleidelijk; aantrekkelijk*
segment m • *segment* • *lid v.e. insect* ★ ~s de piston *zuigerveren*
segmentation v *segmentatie; verdeling in segmenten*
segmenter OV WW *in segmenten verdelen*
ségrégation v *segregatie; afscheiding; afzondering* ★ ~ raciale *rassenscheiding*
ségrégationnisme m *apartheidspolitiek*
ségrégationniste I m/v *voorstander van apartheid* II BNW *apartheids-; rassen-*
seiche v *inktvis*
seigle m *rogge*
seigneur m *heer; edelman* ★ faire le ~ *de grote heer uithangen* ★ être maître et ~ chez soi *thuis de baas zijn* ★ à tout ~ tout honneur *ere wie ere toekomt*
Seigneur m *God; de Heer* ★ Notre ~ *Jezus Christus*
seigneurial BNW [m mv: **seigneuriaux**] GESCH. *heerlijk* ★ droits seigneuriaux *heerlijke rechten*
seigneurie v GESCH. *heerlijkheid* ★ Votre Seigneurie *Uwe Heerlijkheid*
sein m • *borst* • *(moeder)schoot* • *hart; ziel* • *binnenste* ★ le sein de l'Eglise *de schoot der Kerk* ★ le sein de la terre *het binnenste van de aarde*
seing m *handtekening* ★ sous ~ privé *onderhands*
séisme m *aardschok* ★ ~ sous-marin *zeebeving*
seize I m *zestien* II TELW *zestien*
seizième I m *zestiende deel* II TELW *zestiende*
séjour m • *verblijfplaats* • *verblijf* ★ carte de ~ *verblijfsvergunning* ★ (salle de) ~ *woonkamer* ★ céleste ~ *hemel* ★ infernal ~ *hel*
séjourner ON WW • *verblijven; logeren* • *stilstaan* ‹v. water›
sel m • *zout* • *geestigheid; pit* ★ les sels (anglais) *het vlugzout* ★ sel gris *keukenzout* ★ les sels de bain *het badzout* ★ sel de cuisine *keukenzout* ★ gros sel *grof zout*
sélect VERO. BNW *select; uitgezocht; fijn*
sélecteur m *keuzetoets; afstemknop* ★ ~ de canaux *kanaalkiezer*
sélectif BNW [v: **sélective**] *selectief* ‹ook bij radio›
sélection v • *keus; selectie* • *teeltkeus*
sélectionné I m *selectiespeler* II BNW *geselecteerd*
sélectionner OV WW *uitkiezen; selecteren*
sélectionneur m • *selecteur* • SPORT *lid v.e. selectiecomité* • *bedrijfspsycholoog*
sélectivité v *selectiviteit* ‹ook v. radio›
sélénium (*zeg:* -njom) m *selenium; seleen*
self AFK INF. → **self-service**
self-service m *zelfbedieningszaak, -restaurant*
selle I v • *zadel* • *rugstuk* ‹v. schaap, lam› ★ cheval de ~ *rijpaard* ★ être bien en ~ *stevig te paard zitten; een vaste betrekking hebben* II v mv *ontlasting*
seller OV WW *zadelen*
sellerie v • *zadelmakerij* • *zadelhandel* • *bergplaats voor zadels en tuig*
sellette v *beklaagdenbankje*
sellier m *zadelmaker*
selon I VZ *volgens; naar* ★ INF. c'est ~ *dat hangt ervan af* II DEEL V. SAMENST ★ ~ que *al naar gelang*
S.Em. AFK (Son Eminence) *Z.E.*
semailles v mv • *het zaaien* • *zaaikoren* ★ temps des ~ *zaaitijd*
semaine v • *week* • *weekloon* • *zakgeld v.e. week* ★ ~ sainte *Goede Week* ★ à la petite ~ *(op) korte termijn*
semainier m *weekkalender*
sémantique I v *semantiek; leer der woordbetekenissen* II BNW *semantisch; wat op deze leer betrekking heeft*
sémaphore m • *seinpaal* • *kusttelegraaf*
semblable I m/v *naaste; medemens; weerga; gelijke* II BNW *dergelijk; zulk; gelijkvormig; gelijk(waardig) (***à** *met, aan)*
semblant m *schijn* ★ faire ~ de *doen alsof; voorwenden* ★ ne faire ~ de rien *niets laten merken*
sembler I ON WW *schijnen; lijken* ★ que vous en semble? *wat vindt u ervan?* ★ si bon vous semble *als u het goed vindt* II ONP WW *toeschijnen; voorkomen; lijken*
semé BNW (~ **de**) *bezaaid met; bestrooid met*
semelle v • *zool* • *voetbreedte* • *onderlaag* ★ battre la ~ *stampvoeten (tegen de kou)* ★ ne pas avancer d'une ~ *geen steek opschieten* ★ ne pas reculer d'une ~ *geen duimbreed wijken*
semence v • *zaad* • *sperma* • *zeer klein pareltje*

S

• *kopspijkertje* • *kiem*; *oorzaak* ⋆ blé de ~ *zaaikoren*
semer OV WW • *(be)zaaien* • *(be)strooien* • *verspreiden*; *zich handig afmaken van* ⋆ ~ de faux bruits *geruchten verspreiden* ⋆ ~ qn *iem. van zich afschudden* ⋆ il faut ~ pour récolter *wie zaait, zal oogsten* ⋆ qui sème le vent, récolte la tempête *wie wind zaait, zal storm oogsten*
semestre m • *tijdvak v. zes maanden*; *semester* • *halfjaarlijks salaris*
semestriel BNW [v: **semestrielle**] • *halfjaarlijks* • *voor de duur van een half jaar*
semeur m [v: **semeuse**] • *zaaier* • *verspreider*
semi- VOORV *semi-*; *half-*
semi-circulaire BNW *halfcirkelvormig*
semi-conducteur I m *halfgeleider* II BNW [v: **semi-conductrice**] *halfgeleidend*
semi-fini BNW ⋆ produit ~ *halffabrikaat*
sémillant BNW *levendig*; *dartel*
séminaire m • *seminarie* • *bezinningsdag*; *studiedag*
séminal BNW [m mv: **séminaux**] *zaad-*
séminariste m *seminarist*
semi-remorque I m *vrachtwagen met oplegger* II v • *oplegger* ‹v. vrachtwagen› • *trailer*
semis m • *(het) zaaien* • *zaaibed*
sémite I m/v *Semiet*; *jood* II BNW *Semitisch*
sémitique BNW *Semitisch*
sémitisme m *semitisme*
semoir m • *zaaizak* • *zaaimachine*
semonce v *vermaning*
semoule v *griesmeel*
sempiternel BNW [v: **sempiternelle**] *eeuwig*
sénat m • *senaat* • *senaatsgebouw* • *Eerste Kamer*
sénateur m • *senator* • *Eerste-Kamerlid*
sénatorial BNW [m mv: **sénatoriaux**] *senaats-*
séné m *sennabladen*
sénéchal m [mv: **sénéchaux**] *hofmaarschalk*; *drost*
séneçon m *kruiskruid*
Sénégal m *Senegal*
sénégalais BNW *Senegalees*
sénescence v • *(het) oud(er) worden* • *ouderdomsverschijnselen*
sénevé m • *zwarte mosterdplant* • *zwart mosterdzaad*
sénile BNW *ouderdoms-*
sénilité v *ouderdomszwakte*; *seniliteit*
senior I m/v *senior* II BNW *senior-*
sens (*zeg:* sa(n)s/(ww) sa(n)) I m • *zintuig* • *zin*; *gevoel* • *verstand* • *mening*; *oordeel* • *betekenis* • *kant*; *zijde* • *richting* ⋆ plaisirs des sens *zingenot* ⋆ sens commun *gezond verstand* ⋆ à mon sens *naar mijn mening* ⋆ vide de sens *zinloos* ⋆ sens dessus dessous *ondersteboven* ⋆ sens devant derrière *achterstevoren* ⋆ dans tous les sens *in alle richtingen* ⋆ sens unique *eenrichtingsverkeer* ⋆ cela tombe sous le sens *dat ligt voor de hand/in de rede* ⋆ en ce sens que *in die zin dat* ⋆ sens interdit *verboden in te rijden/ rijrichting* ⋆ en sens inverse *in tegenovergestelde richting* ⋆ dans le sens des aiguilles d'une montre *met de wijzers van de klok mee* II WW (présent) → **sentir**
sensation v • *gewaarwording* • *opschudding*; *sensatie* ⋆ presse à ~ *schandaalpers* ⋆ faire ~ *opzien baren*
sensationnel BNW [v: **sensationnelle**] *sensationeel*; *opzienbarend*
sensé BNW *redelijk*; *verstandig*
sensibilisation v • *(het) ontvankelijk maken* • *(het) gevoelig maken* ⋆ (entraînement de) ~ *sensitivitytraining*
sensibiliser I OV WW *gevoelig maken* II WKD WW (**se** ~) *ontvankelijk worden*
sensibilité v • *gevoeligheid*; *fijngevoeligheid* • FOTO. *lichtgevoeligheid*
sensible BNW • *gevoelig (à voor)*; *fijngevoelig* • FOTO. *lichtgevoelig* • *waarneembaar* • *merkbaar*; *duidelijk* • *smartelijk* ⋆ le monde ~ *de stoffelijke wereld* ⋆ amélioration ~ *duidelijke verbetering* ⋆ chagrin ~ *gevoelig verlies* ⋆ quartier ~ *probleemwijk*
sensiblement BIJW • *merkbaar*; *duidelijk* • *zo ongeveer* ⋆ être ~ ému *diep ontroerd zijn*
sensiblerie v PEJ. *overgevoeligheid*
sensitif BNW [v: **sensitive**] • *gevoelig* • *zinnelijk*
sensoriel BNW [v: **sensorielle**] *zintuiglijk*
sensualisme m *zinnelijkheid*
sensualité v *zinnelijkheid*
sensuel BNW [v: **sensuelle**] *sensueel*; *zinnelijk*
sente v *pad*; *weggetje*
sentence v • *vonnis* • *uitspraak* • *(zin)spreuk* ⋆ ~ de mort *doodvonnis*
sentencieusement BIJW *plechtstatig*; *deftig*
sentencieux BNW [v: **sentencieuse**] *plechtstatig*; *deftig*; *schoolmeesterachtig* ⋆ ton ~ *belerende toon*
senteur v *reuk*; *geur* ⋆ pois de ~ *lathyrus*
senti BNW *oprecht* ⋆ bien ~ *welgekozen*
sentier m *voetpad* ⋆ ~s battus *platgetreden paden*
sentiment m • *gevoel*; *bewustzijn*; *gewaarwording* • *mening* • *liefde* ⋆ changer de ~ *van idee veranderen* ⋆ avoir le ~ de sa force *zich zijn kracht bewust zijn* ⋆ ça n'empêche pas les ~s *even goede vrienden* ⋆ veuillez agréer l'expression de mes ~s distingués *hoogachtend*; *met vriendelijke groeten*
sentimental BNW [m mv: **sentimentaux**] • *gevoels-* • *sentimenteel*
sentimentalisme m *sentimentalisme*; *neiging tot sentimentaliteit*
sentimentalité v *sentimentaliteit*
sentinelle v *schildwacht* ⋆ ~ perdue *verloren, afgelegen post*
sentir I OV WW • *voelen* • *bemerken* • *inzien* • *ruiken*; *ruiken aan* • *ruiken naar*; *smaken naar* • *zwemen naar*; *lijken op* ⋆ paroles bien senties *goed gekozen bewoordingen* II ON WW *ruiken* ⋆ ~ bon *lekker ruiken* III WKD WW (**se** ~) *zich voelen* ⋆ se ~ de *de invloed voelen van*; *de gevolgen voelen van* ⋆ cela se sent *dat voel/merk je* ⋆ ne pas se ~ de joie *buiten zichzelf zijn van vreugde* ⋆ on se sent toujours d'une bonne éducation *een goede opvoeding laat altijd haar sporen na*
seoir ON WW VERO. • *zitten* • *passen*; *betamen* ⋆ il vous sied mal de ... *het staat u lelijk om*

S

...
sépale m *kelkblad*
séparable BNW *scheidbaar*
séparateur I m *separator* **II** BNW [v: **séparatrice**] *scheidend*
séparation v *scheiding*
séparatisme m *separatisme; het nastreven v. afscheiding*
séparatiste m/v *voorstander van afscheiding*
séparément BIJW *gescheiden; afzonderlijk; separaat*
séparer I OV WW • *scheiden; delen* • *onderscheiden* **II** WKD WW (**se** ~) *uit elkaar gaan; scheiden (**de** van)*
sépia v • *inktvis* • *sepia-inkt* • *sepiatekening*
sept (*zeg:* set) **I** m *zeven* **II** TELW *zeven*
septante TELW *zeventig* ‹België, Zwitserland›
septembre m *september*
septennal BNW [m mv: **septennaux**] • *zevenjaarlijks* • *zevenjarig*
septennat m *zevenjarige ambtsperiode* ‹v.d. Franse president›
septentrion m *noorden*
septentrional BNW [m mv: **septentrionaux**] *noordelijk*
septicémie v *bloedvergiftiging; sepsis*
septième I m *zevende deel* **II** TELW *zevende* ★ être au ~ ciel *in de zevende hemel zijn*
septièmement BIJW *ten zevende*
septique BNW MED. *infectie veroorzakend* ★ fosse ~ *septic tank*
septuagénaire I m/v *zeventigjarige* **II** BNW *zeventigjarig*
septuor m *septet*
septuple I m *zevenvoud* **II** BNW *zevenvoudig*
septupler I OV WW *verzevenvoudigen* **II** ON WW *verzevenvoudigd worden*
sépulcral BNW [m mv: **sépulcraux**] *graf-* ★ voix ~e *grafstem*
sépulcre m *graf* ★ le saint ~ *het H. Graf*
sépulture v • *begrafenis* • *graf; begraafplaats*
séquelle v OOK FIG. *nasleep; nadelig gevolg*
séquence v • *scène* ‹film› • REL. *sequentia* ‹r.-k.› • *roem* ‹bij kaarten› • *opeenvolging;* COMP. *programma*
séquentiel BNW [v: **séquentielle**] • *opeenvolgend* • *sequentieel*
séquestration v • *vrijheidsberoving; opsluiting* • *(het) isoleren* ‹v. dieren›
séquestre m • *bewaring v. betwiste goederen* • *bewaarder van deze goederen*
séquestrer I OV WW • *betwiste goederen in bewaring geven* • *op onwettige wijze opsluiten; van de vrijheid beroven* **II** WKD WW (**se** ~) *zich uit de wereld terugtrekken; eenzaam gaan leven*
séquoia m *sequoia; reuzenpijnboom*
sérac m *gletsjerblok*
serai WW (futur) → **être**
sérail m • *paleis v.d. sultan* • VERO. *harem* ★ être du ~ *tot de intimi behoren*
séraphin m • INF. *engel* • *seraf(ijn)*
séraphique BNW *serafijns; engelachtig* ★ le Docteur ~ *de H. Bonaventura*
serbe I m *(het) Servisch* **II** BNW *Servisch*
Serbe m/v *Serviër; Serf*
Serbie v *Servië*
serbo-croate I m *het Servo-Kroatisch* **II** BNW *Servo-Kroatisch*
serein BNW • *helder* • *kalm; rustig; sereen* ★ temps ~ *helder weer*
sérénade v • *serenade* • INF. *kabaal*
sérénissime BNW *doorluchtig*
sérénité v • *helderheid* ‹v.d. lucht› • *kalmte; rust* ★ Sa Sérénité *Zijn Doorluchtige Hoogheid*
serf [v: **serve**] **I** m *slaaf; lijfeigene* **II** BNW *horig; lijfeigen*
serge v *serge*
sergent m • *sergeant* • GESCH. *gerechtsbode; deurwaarder* ★ ~ de ville *politieagent*
sergent-major m [mv: **sergents-majors**] *sergeant-majoor*
sériciculture v *zijderupsenteelt*
série v • *rij; reeks* • *loonschaal* • SPORT *serie; klassement* ★ article de ~ *massa-artikel* ★ hors ~ *v.e. bijzondere maat; v.e. model waarvan de serie onvolledig is* ★ ~ noire *serie pechgevallen/rampen*
sériel BNW [v: **sérielle**] *in volgorde;* MUZ. *serieel*
sérier OV WW *volgens reeksen indelen; classificeren*
sérieusement BIJW *serieus; ernstig; in ernst*
sérieux I m *ernst; ernstig gezicht* ★ prendre au ~ *serieus nemen* **II** BNW [v: **sérieuse**] *serieus; ernstig*
sérigraphie v *zeefdruk*
serin m • *kanarie* • INF. *uilskuiken* ★ ~ vert *sijsje*
seriner OV WW • *een wijsje leren aan een vogel met een vogelorgeltje* • FIG. *inpompen*
seringue v *(injectie)spuit*
serment m *eed* ★ faux ~ *meineed* ★ prêter ~ *een eed afleggen* ★ ~ d'ivrogne *loze belofte*
sermon m • *preek* • PEJ. *zedenpreek*
sermonner OV WW *vermanen*
sermonneur m [v: **sermonneuse**] *zedenpreker*
séropositif BNW [v: **séropositive**] *seropositief*
sérothérapie v *behandeling met een serum; serumtherapie*
serpe v *snoeimes* ★ visage taillé à coups de ~ *grof gezicht*
serpent m • *slang* • *helleveeg; boosaardig mens* • MUZ. *serpent* • *kronkeling* ★ ~ à sonnettes *ratelslang*
serpentaire I m *secretarisvogel* **II** v *slangenkruid*
serpenteau m [mv: **serpenteaux**] • *jonge slang* • *voetzoeker*
serpenter ON WW *kronkelen*
serpentin I m • *distilleerbuis* • *serpentine* **II** BNW • *slangachtig* • *gevlekt* • *kronkelig*
serpette v *snoeimesje*
serpillière v • *voorschoot v. grof linnen* • *dweil*
serpolet m *wilde tijm*
serrage m *(het) aandrukken; (het) vastzetten*
serre I v • *kas; serre* • *(het) persen* ‹v. vruchten› ★ ~ chaude *broeikas* ★ effet de ~ *broeikaseffect* **II** v mv *roofvogelklauwen*
serré I BNW • *nauw; bedrukt; ineengedrongen; opeengedrongen* • *bondig* • *streng* • *gierig* ★ café ~ *sterke koffie* ★ lutte ~e *gelijkopgaande strijd* ★ logique ~e *strenge logica* ★ style ~ *bondige stijl* ★ en rangs ~s *in gesloten gelederen* ★ avoir le cœur ~ *diep*

S

bedroefd zijn ★ avoir un jeu ~ *niets wagen* **II** BIJW ★ jouer ~ *voorzichtig spelen*
serre-joint(s) m *lijmtang*
serre-livres m *boekensteun*
serrement m • *(het) drukken* • *(het) klemmen* ★ ~ de mains *handdruk* ★ ~ de cœur *grote droefheid*
serrer I OV WW • *klemmen*; *persen*; *drukken* • *aanhalen*; *aandraaien*; *toetrekken* • *wegbergen*; *opbergen* • *aaneensluiten* ★ ~ les dents *de tanden op elkaar klemmen* ★ ~ la main *de hand drukken* ★ ~ un nœud *een knoop strak trekken* ★ ~ de près *op de hielen zitten* ★ ~ les rangs *de gelederen sluiten* **II** ON WW *voorsorteren* ★ ~ à droite *rechts aanhouden* **III** WKD WW (**se** ~) • *dicht op elkaar gaan zitten*; *opschikken* • *ineenkrimpen* ★ mon cœur se serre *m'n hart krimpt ineen*
serre-tête m (onver.) • *haarband* • *skihelm*
serrure v *slot* ★ ~ à combinaison *cijferslot*
serrurerie v • *slotenmakersvak*; *slotenmakerswerk* • *smeedwerk*
serrurier m *slotenmaker*
sers, sert WW → **servir**
sertir OV WW *vatten*; *zetten* ‹v. edelstenen›
sertissage m *(het) zetten*; *(het) vatten*
sertissure v *zetting*; *vatting*
sérum (*zeg:* -rom) m *serum*
servage m • *onderworpenheid* • *horigheid*; *lijfeigenschap*
serval m *serval*; *boskat*
servant I m • *misdienaar* • *kanonnier* **II** BNW *dienend* ★ frère ~ *lekenbroeder*
serveur I m • *provider* • *(computer)server* **II** m [v: **serveuse**] • *kelner* • *gever* ‹bij kaarten› • SPORT *serveerder*
serviabilité v *hulpvaardigheid*
serviable BNW *hulpvaardig*
service m • *dienst* • *instantie* • *service*; *bediening* • *servies*; *bestek* • VERO. *gang bij diner* • *godsdienstoefening*; *dienst voor overledenen* • SPORT *service*; *opslag* ★ être de ~ *dienst hebben* ★ mise en ~ *ingebruikneming* ★ hors ~ *buiten bedrijf* ★ prendre du ~ *dienst doen* ★ rendre ~ *een dienst bewijzen*
S
serviette v • *servet* • *handdoek* • *schooltas*; *aktetas*; *grote portefeuille* ★ ~s hygiéniques *maandverband*
servile BNW • *slaafs* • *onderdanig*; *onderworpen* ★ imitation ~ *slaafse navolging*
servilité v *slaafsheid*
servir I OV WW • *dienen*; *in dienst zijn van* • *bedienen* • *helpen*; *diensten bewijzen* • *opdienen* • SPORT *serveren*; *opslaan* • *geven* ‹v. kaarten› ★ ~ le potage *de soep opdienen* ★ madame est servie *mevrouw, u kunt aan tafel* **II** ON WW • *dienen* • *dienst doen* ★ à quoi sert cela? *wat heeft dat voor zin?*; *waartoe dient dat?* ★ faire ~ d'exemple *als voorbeeld stellen* ★ cela peut encore ~ *dat kan nog van pas komen*; *dat is nog te gebruiken* • (~ **de**) *dienen tot*; *dienen als* • (~ **à**) *dienen voor*; *dienen tot* **III** WKD WW (**se** ~) *gebruiken*; *zich bedienen* ★ se ~ frais *koel/koud geserveerd/geschonken worden*
serviteur m • *dienaar* • VERO. *bediende*; *knecht* ★ je suis votre ~ *ik ben uw dienaar*; IRON. *ik dank je wel!*
servitude v *dienstbaarheid*; *onderworpenheid*; *slavernij*
servofrein m *rembekrachtiging*
servomoteur m *motorregelaar*; *hulpmotor*
ses BEZ VNW mv → **son** *zijn*; *haar* ★ deux de ses amis *twee van zijn/haar vrienden*; *twee vrienden van hem/haar*
sésame m • PLANTK. *sesam* • *sesam* ‹toverwoord› ★ ~, ouvre-toi ! *sesam open U !*
sessile BNW *zittend*
session v • *zitting* • *zittingstijd* ★ la ~ de juin *de examenperiode in juni*
set m • SPORT *set* • *set* ‹film› ★ balle de set *setpoint* ★ set de table *placemat*
seuil m • *drempel* • *begin* ★ le ~ de la vie *het begin van het leven* ★ ~ d'audibilité *gehoordrempel*
seul I m [v: **seule**] *één enkel persoon*; *de enige* **II** BNW • *enig(e)*; *enkel(e)* • *alleen*; *eenzaam* ★ il tremble au seul nom de la mort *hij trilt alleen al bij het horen van het woord 'dood'* **III** BIJW ★ cela va tout seul *dat gaat vanzelf*
seulement BIJW • *slechts*; *maar* • *pas*; *eerst* • *wel* • *echter*; *maar* ★ non ~ ... mais encore ... *niet alleen ... maar ook ...* ★ sait-il ~ ...? *weet hij wel ...?*
seulet BNW [v: **seulette**] *heel alleen*
sève v • *plantensap* • *pit*; *kracht*
sévère BNW • *streng* • *ernstig*; *zwaar* ★ architecture ~ *sobere architectuur*
sévérité v • *strengheid* • *ernst*; *soberheid*
sévices m mv *slechte behandeling*; *mishandeling*
sévir ON WW • *streng optreden* • *heersen*; *woeden* ★ ~ contre qn *streng optreden tegen iem.*
sevrage m • *(het) spenen* • *(het) doen afkicken*
sevrer OV WW • *spenen* • *beroven* • *ontwennen* ‹v. verslaving›
sexagénaire I m/v *zestigjarige* **II** BNW *zestigjarig*
S.Exc. AFK (son Excellence) *Z.Exc.*
sexe m • *geslacht* • *seks* • *geslachtsdelen*
sexiste I m/v *seksist* **II** BNW *seksistisch*
sexologue m/v *seksuoloog*
sex-shop m/v [mv: **sex-shops**] *sexshop*; *seksboutiek*
sextant m *zesde deel v. cirkel*; SCHEEPV. *sextant*
sextuor m *sextet*
sextuple I m *zesvoud* **II** BNW *zesvoudig*
sexualité v *geslachtelijkheid*; *seksualiteit*
sexué BNW • *geslachthebbend* • *geslachtelijk*
sexuel BNW [v: **sexuelle**] *geslachtelijk*; *seksueel*
sexy BNW (onver.) *sexy*
seyant BNW *goed zittend*; *goed passend*; *goed staand*
SF INF. AFK (science fiction) *SF*
SFIO AFK (Section française de l'Internationale ouvrière) *Franse sectie v.d.Internationale Arbeidersbeweging*
SGDG AFK (sans garantie du gouvernement) *zonder regeringsgarantie*
shaker m *shaker*
shako m [**schako**] *sjako*; *militair hoofddeksel*
shampooiner OV WW [**shampouiner**]

shamponeren
shampooing m • *haarwassing* • *shampoo*
shérif m *sheriff*
sherry m *sherry*
shoot (*zeg:* sjoet) m • SP. *schot* • *shot* ‹drugs›
shooter I OV WW ARG. *een shot geven* II ON WW SPORT *schieten* III WKD WW (**se** ~) ARG. *een shot nemen*
shopping m *(het) winkelen* ★ faire du ~ *winkelen*
short m *korte sportbroek*; *short*
show m *show*
showbiz m INF. *showbusiness*
si I m MUZ. *si*; *de noot b* II BIJW • *ja*; *jawel* • *zo* ★ si fait *wel zeker* III VW • *als*; *indien*; *zo*; *wanneer* • *als eens* • *of* • *al* ★ si ce n'est *behalve* ★ si nous allions dîner en ville *als we eens buitenshuis gingen eten?* ★ je ne sais pas s'il est venu *ik weet niet of hij gekomen is* ★ s'il est riche, il n'en est pas moins malheureux *al is hij rijk, hij is toch ongelukkig* ★ comme si *alsof* IV DEEL V. SAMENST ★ si bien que *zodat* ★ si que [+ subj.] *hoe ... ook* ‹+ subj.› ★ si riche qu'il soit *hoe rijk hij ook is*
S.I. AFK (Syndicat d'initiative) *VVV*
siamois BNW *Siamees* ★ frères ~, sœurs ~es *Siamese tweelingen*
Sibérie v *Siberië*
sibérien BNW [v: **sibérienne**] *Siberisch* ★ un froid ~ *een Siberische kou*
sibylle v *waarzegster*
sibyllin BNW *raadselachtig*; *mysterieus*
sicav AFK (société d'investissement à capital variable) *investeringsbank met variabel kapitaal*
siccatif I m *sneldrogend middel* II BNW [v: **siccative**] *sneldrogend*
Sicile v *Sicilië*
sicilien BNW [v: **sicilienne**] *Siciliaans*
Sicilien m [v: **Sicilienne**] *Siciliaan*
sida AFK (syndrome d'immuno-déficience acquise) *aids* ★ le sida est transmissible *aids is overdraagbaar*
sidatique BNW → **sidéen**
side-car m [mv: **side-cars**] *zijspan*
sidéen [v: **sidéenne**] I m *aidspatiënt* II BNW *aan aids lijdend*
sidéral BNW [m mv: **sidéraux**] *van de sterren*
sidérant BNW INF. *verbijsterend*
sidérer OV WW INF. *verbijsteren*
sidérurgie v *staalindustrie*
sidérurgique BNW *ijzer- en staal-*
sidérurgiste m/v *ijzer- en staalfabrikant*; *staalarbeider*
siècle m • *eeuw* • *wereld s leven* ★ être de son ~ *met zijn tijd meegaan* ★ les ~s futurs *de toekomst*; *het nageslacht* ★ le grand ~ *tijd v. Lodewijk XIV*; *de zeventiende eeuw* ★ quitter le ~ *in een klooster treden*
sied WW → **seoir**
siège m • *zetel* • *zetel*; *stoel*; *zitplaats*; *bok* • *beleg* • *haard v. ziekte* ★ le saint ~ *de H. Stoel* ★ ~ social *hoofdkantoor* ★ ~ arrière *achterbank v. auto* ★ bain de ~ *zitbad* ★ lever le ~ *het beleg opbreken*
siéger ON WW *zetelen*; *zitting hebben*
sien [v mv: **siennes**] I m *de/het zijne*; *de/het hare* ★ y mettre du sien *zijn goede wil tonen* ★ faire des siennes *dwaze streken uithalen* II BEZ VNW
sieste v *middagslaapje*; *siësta*
sieur m *heer*
sifflant BNW *fluitend*; *sissend*
sifflement m *gefluit*; *gesis*; *gehuil* ‹v.d. wind›
siffler I OV WW • INF. *achteroverslaan* ‹v. drank› • *fluiten* • *uitfluiten* ★ ~ le coup d'envoi *voor de aftrap fluiten* II ON WW *fluiten*; *sissen*; *huilen v.d. wind*
sifflet m • *fluitje* • *keel*; *strot* ★ coup de ~ *gefluit* ★ en ~ *schuin* ★ couper le ~ à qn *iem. de strot afsnijden*; *iem. de mond snoeren*
siffleur [v: **siffleuse**] I m *fluiter* II BNW *fluitend*
sifflotement m *zacht gefluit*
siffloter OV + ON WW *zachtjes fluiten*
sigle m *letterwoord*; *beginletter ter afkorting v.e. woord*
signal m [mv: **signaux**] *signaal*; *sein*; *teken* ★ ~ d'alarme *alarmsysteem*; *noodrem* ‹trein› ★ ~ avertisseur *waarschuwingsteken* ★ ~ horaire *tijdsein*
signalé BNW *uitstekend*; *buitengewoon*
signalement m *signalement*; *persoonsbeschrijving*
signaler I OV WW • *aankondigen*; *seinen* • *het signalement geven van* • *wijzen op*; *opmerkzaam maken op*; *aanduiden* • *in het oog doen vallen*; *vermelden* II WKD WW (**se** ~) *zich onderscheiden (***par** *door)*
signalétique I v *signalement* II BNW *signalement gevend*
signalisation v • *(het) geven v. seinen/signalen* • *seinlichten* ‹o.a. knipperlichten v. auto› • *bewegwijzering* • *seinwezen* ★ feux de ~ *verkeerslichten*
signaliser OV WW *bewegwijzeren*
signataire m/v *ondertekenaar*
signature v • *handtekening* • *(het) ondertekenen*
signe m • *teken*; *merkteken* • *wenk* ★ ~ de croix *kruisteken* ★ ne pas donner ~ de vie *niets van zich laten horen*; *geen teken v. leven meer geven* ★ ~ de tête *hoofdknik*
signer I OV WW • *ondertekenen* • *merken* II WKD WW (**se** ~) *een kruisteken maken*
signet m *bladwijzer*
significatif BNW [v: **significative**] • *veelbetekenend* • *kenmerkend*
signification v • *betekenis* • JUR. *betekening*
signifier OV WW • *betekenen* • *inhouden* • *te kennen geven* • JUR. *betekenen* ★ ~ sa volonté *zijn wil kenbaar maken*
silence m *stilte*; *stilzwijgen*; MUZ. *rust* ★ garder le ~ *zich stilhouden*; *het stilzwijgen bewaren* ★ imposer ~ à qn *iem. het zwijgen opleggen* ★ passer sous ~ *stilzwijgend voorbijgaan*
silencieusement BIJW *stil*; *in stilte*
silencieux I m *knalpot*; *geluiddemper* II BNW [v: **silencieuse**] *stil*; *stilzwijgend*; *geruisloos* ★ majorité silencieuse *zwijgende meerderheid*
silex m *vuursteen*
silhouette v *schaduwbeeld*; *silhouet*
silhouetter I OV WW *als een schaduwbeeld*

S

tekenen **II** WKD WW (**se** ~) *zich aftekenen*
silicate m *silicaat*
silice v *kiezelaarde*
siliceux BNW [v: **siliceuse**] • *kiezelachtig* • *kiezelhoudend*
silicone v *silicon*
silicose v *silicose; stoflongziekte*
sillage (*zeg:* siej-) m *kielzog*
sillet m *kam* ‹v. strijkinstrument›
sillon (*zeg:* siejo(n)) m • *spoor* • *voor* • *rimpel* ‹op water› ⋆ ~ de feu *streep v. vuur*
sillonner (*zeg:* siej-) OV WW • *voren trekken door* • *doorklieven* • *rimpels veroorzaken in* • FIG. *doorploegen* • *doorkruisen*
silo m • *(graan)silo* • *ondergrondse bergplaats*
silure v *meerval*
simagrée v *gemaaktheid; geveinsde houding* ⋆ faire la ~ de refuser *veinzen te weigeren*
simiesque BNW *aapachtig*
similaire BNW *dergelijk; gelijksoortig*
simili I m *imitatie* ⋆ en ~ *nagemaakt* **II** VOORV *pseudo-* ⋆ ~-cuir *kunstleer*
similicuir m *kunstleer*
similigravure v *autotypie*
similitude v *gelijkvormigheid; gelijkenis*
simonie v *simonie*
simoun m *hete woestijnwind; samoem*
simple I m • *(het) eenvoudige* • *eenvoudig mens* • SPORT *single* **II** m mv *geneeskrachtige kruiden* **III** BNW • *eenvoudig; simpel* • *gewoon* • *enkelvoudig* • *onnozel* ⋆ c'est ~ comme bonjour *het is doodeenvoudig* ⋆ croire qn sur sa ~ parole *iem. op zijn woord geloven* ⋆ billet ~ *kaartje enkele reis*
simplet BNW [v: **simplette**] • *simpel; naïef* • *armetierig; pover* ‹v. dingen›
simplicité v • *eenvoud; eenvoudigheid* • *onnozelheid*
simplificateur BNW [v: **simplificatrice**] *vereenvoudigend*
simplification v *vereenvoudiging*
simplifier OV WW *vereenvoudigen*
simpliste I m/v *iem. die eenzijdig redeneert; simplist* **II** BNW *simplistisch; eenzijdig*
simulacre m *schijn; schijnbeeld* ⋆ ~ de combat *spiegelgevecht*
simulateur I m *simulator* **II** m [v: **simulatrice**] *iem. die iets voorwendt; simulant*
simulation v *simulatie; (het) simuleren; voorwending* ‹vooral v. ziekte›
simuler OV WW • *voorwenden; fingeren; simuleren* • *nabootsen* ⋆ ~ un combat *een spiegelgevecht houden*
simultané BNW *gelijktijdig; simultaan*
simultanéité v *gelijktijdigheid*
simultanément BIJW *gelijktijdig; simultaan*
sinapisme m *mosterdpap; mosterdpleister*
sincère BNW • *oprecht; ongeveinsd* • *echt*
sincérité v • *oprechtheid; ongeveinsdheid* • *echtheid*
sinécure v *sinecure; luizenbaan* ⋆ ce n'est pas une ~ *dat is geen sinecure; dat is een heel karwei*
singe m • *aap* • *lelijk mens* • *na-aper* • INF. *(de) baas* • *vlees in blik* ⋆ payer en monnaie de ~ *zich met mooie woorden en beloften v. iem. afmaken*

S

singer OV WW *na-apen*
singerie v • *grimas* • *belachelijke na-aperij*
single I m • SPORT *single; enkelspel* • *eenpersoonskamer* **II** BNW • *enkel-* • *eenpersoons-*
singulariser I OV WW *onderscheiden* **II** WKD WW (**se** ~) *zich zonderling gedragen*
singularité v *bijzonderheid; eigenaardigheid*
singulier I m *enkelvoud* **II** BNW [v: **singulière**] • *zonderling; eigenaardig; vreemd* • *enkelvoudig* ⋆ forme singulière *enkelvoudige vorm* ⋆ combat ~ *duel*
singulièrement BIJW • *ongemeen; zeer* • *eigenaardig*
sinistre I m • *ramp; onheil* • *schade* **II** BNW • *somber; onheilspellend* • *snood* • *ongunstig*
sinistré I m [v: **sinistrée**] *slachtoffer* **II** BNW *door een ramp getroffen; verongelukt*
sinistrose v *doemdenken; zwartkijkerij*
sinologie v *sinologie; kennis v.h. Chinees / v.d. Chinese beschaving*
sinologue m/v *sinoloog; kenner v.h. Chinees / v.d. Chinese beschaving*
sinon VW *zo niet; anders; behalve* ⋆ je ne sais rien ~ qu'il ne viendra pas *ik weet alleen maar dat hij niet komt* ⋆ que faire, ~ attendre ? *wat kan ik anders doen dan wachten ?*
sinueux BNW [v: **sinueuse**] • *bochtig* • *slinks*
sinuosité v *bocht; kronkeling*
sinus (*zeg:* -nuus) m • WISK. *sinus* • *bijholte*
sinusite v *bijholteontsteking; sinusitis*
sionisme m *zionisme*
sioniste I m/v *zionist* **II** BNW *zionistisch*
Sioux m mv ⋆ ruses de ~ *listige streken*
siphon m • *hevel* • *zwanenhals; sifon* • *waterhoos*
siphonné BNW INF. *mesjogge*
siphonner OV WW *(over)hevelen*
sire m VERO. *heer* ⋆ pauvre sire *stakker*
sirène v • *sirene; meermin* • *zeer mooie, verleidelijke vrouw* • *sirene; misthoorn*
sirocco m *sirocco; zeer hete Z.O.-wind (Middell. Zee)*
sirop (*zeg:* -roo) m *siroop; stroop*
siroter OV WW *nippen*
sirupeux BNW [v: **sirupeuse**] • *weeïg zoet* • *stroopachtig*
sis (*zeg:* sie) BNW *gelegen*
sismique BNW [**séismique**] *van aardbevingen; seismisch*
sismographe m *seismograaf*
sismologie v *kennis der aardbevingen; seismologie*
site m • *plekje; oord; ligging* • *site* ‹Internet› ⋆ MIL. angle de site *schootshoek* ⋆ site classé *beschermd natuurmonument* ⋆ site web *website*
sitôt I BIJW *onmiddellijk na; zodra* ⋆ pas de ~ *niet gauw; niet zo snel* ⋆ ~ assis, il se mit à parler *zodra hij zat, begon hij te spreken* **II** VW (~ **que**) *zodra*
situation v • *toestand; situatie* • *ligging; houding* • *betrekking*
situé BNW *gelegen* ⋆ être ~ *liggen*
situer I OV WW *plaatsen; situeren* **II** WKD WW (**se** ~) • *liggen* • *zich afspelen* ‹v. verhaal›

six (*zeg:* sies; sie (voor medekl.), siez (voor klinker)) **I** m *zes* **II** TELW *zes*
sixième I m *zesde deel* **II** v *eerste jaar van het middelbaar onderwijs* ‹in Frankrijk› **III** TELW *zesde*
sixièmement BIJW *ten zesde*
six-quatre-deux BIJW INF. ★ à la ~ *in een vloek en een zucht*
sixte v MUZ. *sext*
skaï m *skai*
skate(board) m *skateboard* ★ faire du ~ *skateboarden*
sketch m [mv: **sketches**] *sketch*; *korte eenakter*
ski m • *ski* • *(het) skiën* ★ ski de fond *langlaufen*
skiable BNW *ski-*; *geschikt om te skiën*
skier ON WW *skiën*
skieur m [v: **skieuse**] *skiër*
skiff m *skiff*
skin(head) m/v *skinhead*
skratch m *klittenband*
slalom m *slalom*
slalomeur m [v: **slalomeuse**] *slalomskiër*
slave BNW *Slavisch* ★ les langues ~s *de Indo-Europese talen*
Slave m/v *Slaviër*; *Slaaf*
slaviste m/v *slavist*
slavistique v *slavistiek*
slip m *slipje*; *onderbroek(je)*
slogan m *slogan*; *slagzin*
slovaque I m *Slowaaks* ‹taal› **II** m/v (Slovaque) *Slowaak* **III** BNW *Slowaaks*
Slovaquie v *Slowakije*
slovène I m *(het) Sloveens* **II** m/v (Slovène) *Sloveen* **III** BNW *Sloveens*
S.M. AFK (Sa Majesté) *Uwe (Zijne, Hare) Majesteit*
smala v [**smalah**] • *tentenkamp van een Arabisch hoofd* • INF. *hele familie*
smash (*zeg:* smatsj) m *smash*
smasher ON WW *smashen*
SME AFK (Système monétaire européen) *EMS*
smic AFK [**S.M.I.C.**] (salaire minimum interprofessionnel de croissance) *minimumloon*
smicard m [v: **smicarde**] *minimumloner*
smocks m mv *smokwerk*
snack-bar m [**snack**] *snackbar*
S.N.C. AFK (service non-compris) *exclusief bediening*
SNCF AFK (Société nationale des chemins de fer français) ≈ *NS*
snob I m/v *snob* **II** BNW *snobistisch*
snober OV WW *uit de hoogte doen tegen*
snobisme m *snobisme*
snowboard m *snowboard*
snowboardeur m [**snowboardeuse**] *snowboarder*
S.-O. AFK (sud-ouest) *Z.W.*
soap-opéra m *soap opera*
sobre BNW *matig*; *sober*
sobriété v *matigheid*; *soberheid*
sobriquet m *bijnaam*
soc m *ploegijzer*
sociabilité v *gezelligheid*; *geschiktheid voor het maatschappelijk leven*
sociable BNW • *gezellig* • *aangenaam in de omgang* • *sociaal* ★ l'homme est ~ *de mens is een sociaal wezen*
social I m *de sociale kwesties/problemen* **II** BNW [m mv: **sociaux**] • *maatschappelijk*; *sociaal* • *een firma betreffend* ★ raison ~e *firmanaam*
social-démocrate I m/v *sociaal-democraat* **II** BNW *sociaal-democratisch*
socialisant BNW *neigend naar het socialisme*
socialisation v *socialisatie*
socialiser OV WW *socialiseren*
socialisme m *socialisme*
socialiste I m/v *socialist* **II** BNW *socialistisch*
sociétaire m/v • *vennoot* • *lid*
société v • *maatschappij* • *gemeenschap* • *vereniging* • *omgang* • *gezelschap* • *genootschap* ★ ~ anonyme *naamloze vennootschap* ★ ~ des Nations *Volkerenbond* ★ la (haute) ~ *de hogere standen*
socioculturel BNW [v: **socioculturelle**] *sociaal-cultureel*
socio-économique BNW *sociaal-economisch*
socio-éducatif BNW [v: **socio-éducative**] *sociaal-educatief*
sociologie v *sociologie*
sociologique BNW *sociologisch*
sociologue m/v *socioloog*
socioprofessionnel BNW [v: **socioprofessionnelle**] *beroeps-*; *sociaal-economisch*
socle m • *voetstuk*; *sokkel* • *plateau* ★ ~ continental *continentaal plat*
socque m • *houten schoen* ‹als overschoen gebruikt› • *klompschoen* • GESCH. *toneellaars* • *blijspel*
socquette v *sokje*
socratique BNW *socratisch*
soda m *gazeuse*; *sodawater*
sodé BNW *sodahoudend*
sodium (*zeg:* sodjom) m *natrium*
sodomie v *sodomie*
sodomiser OV WW *sodomie bedrijven*
sœur v • *zus(ter)* • *non* ★ ~ de charité *zuster van liefde* ★ âme ~ *gelijkgestemde ziel* ★ et ta ~! *je zuster!*
sœurette v *zusje*
sofa m *sofa*; *rustbank*
SOFRES AFK (Société française d'enquête par sondage) *instituut voor marktondezoek*
software (*zeg:* -wèr) m *software*
soi PERS VNW *zich*; *zichzelf* ★ ça va de soi *dat spreekt vanzelf* ★ amour de soi *eigenliefde*
soi-disant BNW (onver.) *zogenaamd*
soie v • *zijde* • *varkenshaar* • *zijden draad* ★ papier de soie *vloeipapier* ★ peau de soie *zachte huid*
soient WW (présent subj.) → **être**
soierie v • *zijdefabriek* • *zijdefabricage* • *zijdehandel* • *zijden stof*
soif v *dorst* ★ soif de l'or *goudkoorts* ★ INF. jusqu'à plus soif *tot vervelens toe*
soiffard INF. **I** m *zuipschuit* **II** BNW *drankzuchtig*
soignant BNW *verzorgend* ★ une aide ~e *een ziekenverzorgster*
soigner I OV WW • *zorgen voor*; *verzorgen* • *verplegen* **II** WKD WW (**se** ~) • *zorg dragen*

S

voor zijn gezondheid • *zich soigneren; veel zorg aan zijn uiterlijk besteden*
soigneur m *verzorger; soigneur*
soigneusement BIJW *zorgvuldig; stipt*
soigneux BNW [v: **soigneuse**] *zorgzaam; nauwgezet; zorgvuldig*
soi-même PERS VNW *zichzelf*
soin m *zorg; zorgvuldigheid* ⋆ prendre soin de *zorgen voor* ⋆ petits soins *attenties* ⋆ avoir soin de *zorgen voor* ⋆ soins médicaux *medische behandeling* ⋆ premiers soins *eerste hulp* ⋆ aux bons soins de *per adres* ‹post›
soir m *avond* ⋆ à ce soir *tot vanavond*
soirée v *avond(je)* ⋆ en ~ *in de avondvoorstelling*
sois ww (geb. wijs) → **être**
soit I ww (présent subj.) → **être** II BIJW ⋆ soit! *het zij zo!; nou goed dan!* III VW • *hetzij* • *dat wil zeggen; te weten* • WISK. *stel* ⋆ deux objets à 20 frs, soit 40 frs *twee dingen van 20 fr., dat is dus 40 fr.* ⋆ soit ... soit *hetzij ... hetzij; of ... of* ⋆ soit que tu restes, soit que tu partes, je le ferai, moi *of je nu blijft of weggaat, ik doe het*
soixantaine v • *zestigtal* • *zestig jaar*
soixante I m *zestig* II TELW *zestig*
soixante-dix I m *zeventig* II TELW *zeventig*
soixante-dixième I m *zeventigste deel* II TELW *zeventigste*
soixantième I m *zestigste deel* II TELW *zestigste*
soja m [**soya**] *soja*
sol m • *bodem; grond* • *vloer* • MUZ. *sol; g*
solaire I m *zonne-energie* II BNW *van de zon* ⋆ cadran ~ *zonnewijzer* ⋆ crème ~ *zonnebrandcrème*
solarium m • *solarium* • *zonnedek*
soldat m • *soldaat; militair* • *strijder*
soldatesque I v *tuchteloze soldatentroep* II BNW *grof; soldaten-*
solde I m *saldo* II v *soldij* ⋆ être à la ~ de *betaald worden door* III m mv *uitverkoop; overschot; restant*
solder I OV WW • *voldoen; betalen* • *uitverkopen; opruimen* • *soldij uitbetalen aan* II WKD WW (**se** ~) • *sluiten* • *uitlopen (op)* ⋆ se ~ par un échec *op een mislukking uitlopen*
soldeur m [v: **soldeuse**] *opkoper; koopman in ongeregelde goederen*
sole v • *tong* ‹vis› • *hoornzool* ‹v. dier›
solécisme m *soloecisme; grove taalfout*
soleil m • *zon* • *zonvormige decoratie* • *zonnebloem* • *reuzenzwaai* ‹turnen› ⋆ coup de ~ *zonnesteek* ⋆ il fait du ~ *de zon schijnt* ⋆ le ~ luit pour tout le monde *alle mensen hebben dezelfde rechten* ⋆ piquer un ~ *blozen*
solennel (*zeg:* -anel) BNW [v: **solennelle**] *plechtig; hoogdravend*
solennellement (*zeg:* -anel-) BIJW *plechtig*
solenniser (*zeg:* -an-) OV WW *plechtig vieren*
solennité (*zeg:* -anie-) v • *plechtigheid* • *hoogdravendheid*
solfège m *solfège; zangoefening op noten*
solfier OV WW MUZ. *solfegiëren*
solidaire BNW • *solidair (de met)* • *saamhorig* ⋆ JUR. obligation ~ *hoofdelijke verplichting*
solidariser WKD WW (**se** ~) *zich solidair verklaren (avec met)*
solidarité v • *solidariteit* • JUR. *solidariteit* • *verbondenheid* • *saamhorigheid*
solide I m *vast lichaam* II BNW • *stevig; solide; sterk; hecht* • *vast; niet vloeibaar* • *gegrond* • *trouw; echt* ⋆ corps ~ *vast lichaam* ⋆ raison ~ *gegronde reden* ⋆ ami ~ *trouwe vriend*
solidification v *(het) vast worden; stollen*
solidifier I OV WW *vastmaken; doen stollen* II WKD WW (**se** ~) *stollen*
solidité v • *vastheid* • *stevigheid; hechtheid* • *duurzaamheid; degelijkheid; betrouwbaarheid*
soliloque m *(het) in zichzelf praten*
soliloquer ON WW • *in zichzelf praten* • *een monoloog houden*
solipède BNW *eenhoevig*
soliste m/v *solist*
solitaire I m *diamant die alleen gezet is* II m/v • *kluizenaar* • *eenzaam levend mens* III BNW • *eenzaam* • *verlaten; afgelegen*
solitude v • *eenzaamheid; verlatenheid* • VERO. *woestenij; eenzame plaats*
solive v *dwarsbalk; bint*
soliveau m [mv: **soliveaux**] *kleine dwarsbalk*
sollicitation v *aanvraag; dringend verzoek*
solliciter OV WW • *aanvragen; dingen naar; een dringend beroep doen op* • *aanzetten; ophitsen* • *opwekken* ⋆ ~ l'attention *de aandacht trekken* ⋆ ~ la curiosité *de nieuwsgierigheid prikkelen* ⋆ être sollicité par qc *door iets aangelokt/gedreven worden*
solliciteur m [v: **solliciteuse**] *verzoeker; sollicitant*
sollicitude v *zorg; bezorgdheid*
solo m MUZ. *solo(partij)*
solstice m *zonnestilstand*
solubiliser OV WW *oplosbaar maken*
solubilité v *oplosbaarheid*
soluble BNW *oplosbaar*
soluté v CHEM. *oplossing*
solution v *oplossing* ⋆ ~ de continuité *onderbreking*
solutionner OV WW *oplossen* ‹v. vraagstuk, probleem›
solvabilité v *solvabiliteit; vermogen om te betalen*
solvable BNW • *in staat te betalen* • *solvent*
solvant m *oplosmiddel*
somatique BNW *somatisch; lichamelijk*
sombre BNW • *donker; somber* • *somber; droevig*
sombrer ON WW • SCHEEPV. *vergaan* • FIG. *wegzinken*
sommaire I m *inhoudsopgave; overzicht; korte inhoud* II BNW *beknopt; kort*
sommation v *dagvaarding; aanmaning*
somme I m *slaap; dutje* ⋆ faire un petit ~ *een dutje doen* ⋆ piquer un petit ~ *een dutje doen* II v *totaal; som* ⋆ en ~ *alles tezamen genomen* ⋆ ~ toute *alles tezamen genomen* ⋆ Somme théologique *summa theologica* ⋆ bête de ~ *lastdier*
sommeil m *slaap* ⋆ le ~ éternel *de dood* ⋆ maladie du ~ *slaapziekte* ⋆ ~ de plomb *zware slaap*
sommeiller ON WW *dutten; sluimeren*

S

sommelier m [v: **sommelière**] *keldermeester*; *wijnkelner*
sommer OV WW • *optellen* • *dagvaarden*; *aanmanen*
sommes WW (présent) → **être**
sommet m • *kruin*; *toppunt*; *top* • *topconferentie*
sommier m • *bedspiraal*; *ondermatras* • *dwarsbalk*; *schoorbalk* • *hoofdregister*
sommité v • *top*; *spits* • *kopstuk*
somnambule m/v *slaapwandelaar*
somnambulisme m *somnambulisme*; *(het) slaapwandelen*
somnifère I m *slaapmiddel* **II** BNW • *slaapverwekkend* • *zeer vervelend*
somnolence v • *slaperigheid*; *slaapdronkenheid* • *traagheid*
somnolent BNW • *slaperig*; *soezerig* • *sloom* • *sluimerend*
somnoler ON WW • *dommelen*; *soezen* • *sluimeren*
somptuaire BNW *overmatig*; *overbodig*
somptueux BNW [v: **somptueuse**] *weelderig*; *prachtig*
somptuosité v *pracht*; *weelde*
son I m • *klank*; *toon* • *zemelen* ★ taches de son *zomersproeten* ★ prise de son *geluidsopname* ★ son et lumière *klank- en lichtspel* **II** BEZ VNW [v: **sa**] *zijn*; *haar*
sonar m *sonar*
sonate v *sonate*
sonatine v *sonatine*
sondage m • *boring*; *peiling* • *enquête*; *opinieonderzoek*
sonde v • MED. *sonde* • *peillood*; *dieplood* ★ ~ à fromage *kaasboor* ★ ~ spatiale *ruimtesonde* ★ ~ urinaire *catheter*
sonder OV WW • *sonderen* ‹v. wond› • *peilen* • *sonderen* ‹v. goederen› • *polsen*; *uithoren*
sondeur m [v: **sondeuse**] *opiniepeiler*; *interviewer*
songe m *droom*
songe-creux m (onver.) *dromer*
songer ON WW • *dromen*; *mijmeren* • *denken (à aan)* ★ vous n'y songez pas! *dat meent u toch niet!*
songerie v *overpeinzing*; *dromerij*
songeur [v: **songeuse**] **I** m *dromer*; *mijmeraar* **II** BNW *mijmerend*; *peinzend*
sonique BNW *v.h. geluid* ★ vitesse ~ *snelheid v.h. geluid*
sonnaille v *bel(letje) aan de hals v. dieren* ★ ~s *geklingel*
sonnant BNW *klinkend*; *slaand* ★ espèces ~es *klinkende munt* ★ à dix heures ~es *klokslag tien*
sonné BNW INF. • *gek* • *neergeslagen*; *aangeslagen*; *groggy* ‹v. bokser› • *voleindigd* ★ il est midi ~ *het is twaalf uur geweest* ★ il a cinquante ans ~s *hij is over de vijftig*
sonner I OV WW • *luiden* • *bellen* • INF. *iem. een flinke lel op zijn kop geven* ★ ne ~ mot *geen woord zeggen* ★ ~ les cloches *de klokken luiden* ★ INF. on ne vous a pas sonné *er is u niet naar uw mening gevraagd* **II** ON WW • *luiden*; *klinken* • *blazen* • *slaan v.e. klok* ★ ~ de *blazen op* **III** ONP WW *luiden*; *klinken*
sonnerie v • *klokgelui*; *gebeier* • *slagwerk*; MIL. *trompetsignaal* ★ la grosse ~ *het gelui v. alle klokken* ★ ~ électrique *elektrische bel*
sonnet m *sonnet*
sonnette v • *bel*; *schel* • *heimachine* ★ serpent à ~s *ratelslang*
sonneur m • *klokkenluider* • VERO. *speelman* • *heier*
sono AFK → **sonorisation**
sonore BNW • *met een goede akoestiek* ‹v. ruimte› • *klank gevend*; *geluid voortbrengend* • *klankrijk* • *helder klinkend* • TAALK. *stemhebbend* ★ film ~ *geluidsfilm* ★ bande ~ *geluidsband* ★ enregistrement ~ *geluidsopname*; *bandopname*
sonorisation v • *(het) toevoegen van geluid* ‹film› • *(het) aanbrengen van geluidsapparatuur*; *geluidsinstallatie*
sonoriser OV WW • *een klankfilm maken v.e. stomme film* • *van luidsprekers voorzien*
sonorité v • *klankrijkheid* • *goede akoestiek*
sont WW (présent) → **être**
sophisme m *drogreden*
sophiste m *drogredenaar*
sophistication v • *raffinement*; *geavanceerdheid*; *vervolmaking* • *gekunsteld karakter*; *vervalsing*
sophistique BNW *spitsvondig*; *misleidend*
sophistiqué BNW • *gekunsteld* • *geavanceerd*; *complex* • *elegant*; *geraffineerd*
sophistiquer OV WW *vervolmaken*; *te zeer verzorgen*
soporifique I m *slaapmiddel* **II** BNW *slaapverwekkend*
soprano [mv: **soprani**] **I** m *sopraanstem* **II** m/v *sopraanzanger*
sorbe v *lijsterbes*
sorbet m *sorbet*
sorbetière v *ijsmachine*
sorbier m *lijsterbessenboom*
sorbonnard I m INF. *docent/student aan de Sorbonne* **II** BNW *v.d. Sorbonne*
sorcellerie v *hekserij*; *toverij*
sorcier m [v: **sorcière**] *tovenaar* ★ elle est une vraie sorcière *zij is een echte heks* ★ ce n'est pas bien ~ *daar is geen kunst aan*
sordide BNW • *vuil*; *vies*; *armzalig* • *schandelijk*; *smerig*; *weerzinwekkend*
sordidement BIJW *armzalig*
sordidité v *vuilheid*; *armzaligheid*
sorgho m *sorghum*
sornette v *kletspraatje*
sort m • *lot*; *noodlot* • *toverij* ★ le sort en est jeté *de teerling is geworpen* ★ tirer au sort *loten* ★ faire un sort à *de waarde onderkennen van*; *bekend maken*; INF. *soldaat maken* ★ jeter un sort *beheksen*
sortable BNW • *waarmee men voor de dag kan komen*; *toonbaar* • VERO. *passend*; *geschikt*
sortant BNW *aftredend* ★ numéros ~s *winnende nummers*
sorte v • *soort* • *wijze*; *manier* ★ toutes ~s de *allerlei* ★ de la ~ *op die manier* ★ en ~ de *zo, dat* ★ en quelque ~ *als het ware*
sortie v • *(het) uitgaan* • *(het) uitkomen* ‹v. film, boek› • *uitrit*; *uitgang* • COMP. *output*; *uitvoer* • *uitstapje* • *(het) verlaten* ‹v.h.

toneel› • OOK FIG. *uitval* ★ à la ~ de *bij het verlaten van* ★ examen de ~ *eindexamen* ★ ~-de-bain *badmantel* ★ droits de ~ *uitvoerrechten* ★ ~s (d'argent) *uitgaven*

sortilège m *toverkunst; hekserij; toverij*

sortir I m ★ au ~ de *na afloop van; bij het uitgaan van* **II** OV WW • *publiceren* • *halen uit* • *op de markt brengen* • *naar buiten brengen; laten wandelen; wegsturen* ★ ~ un enfant *met een kind gaan wandelen* ★ ~ son effet *effect sorteren* **III** ON WW • *uitgaan; weggaan; komen uit; komen van* • *afdwalen* • *uitsteken* • *voortkomen* ★ ~ de *afwijken van* ★ ~ de la route *van de weg raken* ★ ~ des bornes *te ver gaan* ★ ~ des gonds *woedend worden* ★ ~ d'une maladie *pas hersteld zijn* ★ ne pas ~ de là *bij zijn mening blijven* ★ ~ du sujet *van een onderwerp afdwalen* ★ INF. je sors de lui parler *ik heb hem (haar) net gesproken* ★ ~ du terrain *uitgaan* ‹v. bal› ★ faire ~ *uit het veld sturen; wegsturen; uitpersen* ‹v. jus› **IV** WKD WW (**se** ~ **de**) *zich redden uit* ★ il ne s'en sortira pas *hij zal er niet uitkomen; hij zal er niet weer bovenop komen*

S.O.S. m *SOS-bericht*

sosie m *dubbelganger*

sot [v: **sotte**] **I** m *dwaas; zot; gek* **II** BNW • *dwaas; gek* • *onthutst; overbluft; sprakeloos* • *dom; onnozel* ★ rester sot *sprakeloos staan*

sotie v *sotternie* ‹(14e en 15e eeuw)›

sottise v • *grofheid; belediging; lompheid* • *onnozel gezegde; dwaasheid; domheid; gekke streek*

sottisier m *moppenboek*

sou m *vijf centimes* ★ n'avoir pas le/un sou *geen stuiver bezitten* ★ être sans un sou vaillant *geen rooie cent bezitten* ★ n'avoir pas pour un sou de talent *totaal geen talent hebben* ★ être près de ses sous *zuinig zijn* ★ gros sou *tweestuiverstuk* ★ propre comme un sou neuf *kraakhelder*

soubassement m *onderbouw*

soubresaut m • *onverwachte sprong* • *luchtsprong* • *stuiptrekking*

soubrette v • *kamermeisje* • *kamenier in blijspel*

souche v • *boomstronk* • *stamvader;* FIG. *stam* • *souche; strook* ★ de vieille ~ *uit een oude familie* ★ faire ~ *nakomelingen hebben* ★ dormir comme une ~ *slapen als een roos*

souci m • *zorg; bezorgdheid* • *voorwerp v. zorg* • *goudsbloem* ★ c'est là le moindre de mes ~s *daar maak ik me nu helemaal geen zorgen over* ★ prendre ~ de *zorgen voor*

soucier WKD WW (**se** ~ **de**) *zich bezorgd maken over; zich bekommeren over*

soucieux BNW [v: **soucieuse**] *bezorgd; ongerust* ★ être ~ de *eropuit zijn om*

soucoupe v *schotel(tje)* ★ ~ volante *vliegende schotel*

soudage m • *laswerk* • *soldering*

soudain I BNW *plotseling; snel* ★ mort ~e *plotselinge dood* **II** BIJW *eensklaps; plotseling*

soudaineté v *(het) plotselinge; onverwachtheid*

soudanais I m *(het) Soedanees* **II** BNW *Soedanees*

Soudanais m [v: **Soudanaise**] *Soedanees*

soude v • *soda* • *natrium* ‹in samenstellingen›

souder I OV WW *solderen; lassen* **II** WKD WW (**se** ~) *samengroeien*

soudeur m [v: **soudeuse**] *lasser; soldeerder*

soudoyer OV WW • *soldij betalen* • *omkopen; huren* ★ ~ un assassin *een moordenaar inhuren*

soudure v • *soldeersel; soldeerwerk* • *soldeernaad; lasnaad* • MED. *vergroeiing* ★ période de ~ *overbruggingsperiode* ★ ECON. faire la ~ *een periode overbruggen*

souffert WW (volt. deelw.) → **souffrir**

soufflage m *(het) glasblazen*

soufflant I m INF. *pistool; revolver* **II** BNW • *blazend* • INF. *adembenemend*

souffle m • *adem; uitademing; uitwaseming; (het) blazen* • *ingeving; bezieling* • *windje; zuchtje* ★ n'avoir plus que le ~ *op sterven liggen* ★ le ~ du génie *de bezieling van een genie* ★ ~ au cœur *hartgeruis* ★ FIG. second ~ *opleving*

soufflé I m *soufflé* **II** BNW • *gerezen* • INF. *sprakeloos; paf* ★ omelette ~e *schuimomelet*

souffler I OV WW • *blazen; aanblazen* • *opblazen* • *uitblazen; wegblazen* • *blazen* ‹damspel› • *souffleren; voorzeggen; influisteren* • *voor de neus wegkapen* ★ ne pas ~ mot *geen woord zeggen* ★ ~ le feu *het vuur aanblazen* ★ ~ la discorde *tweedracht zaaien* ★ ~ le verre *glasblazen* ★ ~ une chandelle *een kaars uitblazen* ★ INF. ~ un emploi *een baan afpikken* **II** ON WW • *blazen* • *ademhalen* • *waaien* • *snuiven* ★ inspirez, soufflez! *inademen, uitademen!* **III** ONP WW *waaien*

soufflerie v • *blaaswerk* • *blaasbalgen* ★ ~ aérodynamique *windtunnel*

soufflet m • *blaasbalg* • *balg* ‹v. fototoestel›; *harmonica* ‹v. trein› • *oorvijg* • *belediging*

souffleter OV WW • VERO. *een oorvijg geven* • *beledigen*

souffleur m [v: **souffleuse**] • *blazer; iem. die aan de blaasbalg trekt; glasblazer* • *hijger* • *souffleur* ★ ~ d'orgue *orgeltrapper*

souffrance v *smart; leed; lijden* ★ laisser en ~ *onafgedaan laten; verwaarlozen* ★ rester en ~ *niet afgewerkt worden; niet afgehaald worden* ‹pakje›

souffrant BNW *ziek; lijdend; ongesteld*

souffre-douleur m (onver.) *pispaaltje; zondebok*

souffreteux BNW [v: **souffreteuse**] *ziekelijk; sukkelend*

souffrir I OV WW • *dulden; uitstaan; verdragen* • *veroorloven; toestaan* • *vergunnen* • *lijden* ★ ~ de la faim *honger lijden* **II** ON WW • *pijn hebben; lijden* • *kwijnen* ★ le commerce souffre *de handel kwijnt*

soufrage m *zwaveling*

soufre m *zwavel*

soufrer OV WW *zwavelen*

soufrière v *zwavelgroeve*

souhait m *wens* ★ à ~ *naar wens* ★ ~s de bonne année *nieuwjaarswensen*

souhaitable BNW *wenselijk*

souhaiter OV WW *(toe)wensen* ★ je vous en souhaite ! *ik help het je wensen!*

souiller OV WW *bevuilen*; OOK FIG. *bezoedelen*
souillon m *vuilpoets*; *smeerpoets*
souillure v *vuile vlek*; *bezoedeling*; FIG. *smet*
souk m • *soek* • *bazaar* • VULG. *rommel*
soûl INF. **I** m [**saoul**] ★ en avoir tout son soûl *er zijn bekomst van hebben* **II** BNW *dronken*; OOK FIG. *zat*; *verzadigd*
soulagement m *verzachting*; *verlichting*
soulager I OV WW *verzachten*; *verlichten*; *ontlasten* **II** WKD WW (**se** ~) • *zijn hart luchten* • *zijn behoeften doen*
soûlard m [**soûlaud**] INF. *dronkenlap*
soûler INF. **I** OV WW [**saouler**] • *dronken maken* • (~ **avec/de**) *vervelen met*; *verzadigen met* **II** WKD WW (**se** ~) • *zich bedrinken* • FIG. *zich verzadigen*
soûlerie v *dronkenmanspartij*
soulèvement m • *stijgen*; *(het) opheffen*; *oplichten* • *opstand*; *oproer* ★ ~ de cœur *misselijkheid*
soulever I OV WW • *optillen*; *(niet hoog of met moeite) opbeuren*; *opheffen* • *doen opwaaien* • *verontwaardigd maken*; *in beroering brengen* • *opruien* • *opwerpen* ★ ~ le cœur *misselijk maken* ★ ~ une question *een kwestie aan de orde stellen* **II** WKD WW (**se** ~) • *zich oprichten* • *in opstand komen* • *verontwaardigd worden* ★ OOK FIG. son cœur se soulevait *hij werd misselijk*
soulier m *schoen* ★ être dans ses petits ~s *in de knel zitten*; *niet op zijn gemak zijn*
souligner OV WW OOK FIG. *onderstrepen*
soûlographie v INF. *dronkenschap*
soumettre I OV WW • *onderwerpen* • *voorleggen* ★ ~ à un examen *aan een onderzoek onderwerpen* **II** WKD WW (**se** ~) *zich onderwerpen (**à** aan)* ★ se ~ ou se démettre *buigen of barsten*
soumis BNW *onderworpen*; *onderdanig*; *volgzaam*
soumission v • *onderwerping (**à** aan)* • *onderworpenheid*; *onderdanigheid* • *inschrijving bij aanbesteding*
soumissionnaire m/v *inschrijver*
soumissionner OV WW *inschrijven op*
soupape v *klep*; *ventiel* ★ ~ de sûreté *veiligheidsklep*
soupçon m • *achterdocht*; *verdenking* • *vermoeden* • *een beetje* ★ un ~ de vin *wat wijn*
soupçonner OV WW • *verdenken* • *vermoeden*
soupçonneux BNW [v: **soupçonneuse**] *achterdochtig*; *wantrouwend*
soupe v • *maaltijdsoep* • *kleddersneeuw* ★ s'emporter comme une ~ au lait *opvliegend zijn*
soupente v *vliering*
souper I m . *(feestelijk) avondmaal*; *souper*; DIAL. *avondeten* **II** ON WW *souperen* ★ avoir soupé d'une chose *ergens genoeg van hebben*
soupeser OV WW *op de hand wegen*
soupière v *soepterrine*
soupir m • *zucht* • MUZ. *kwart rust* ★ rendre le dernier ~ *de laatste adem uitblazen* ★ jusqu'au dernier ~ *tot aan de dood*
soupirail m [mv: **soupiraux**] *keldergat*
soupirant I m SCHERTS. *minnaar* **II** BNW *zuchtend*; *smachtend*
soupirer I OV WW *verzuchten*; *uitzuchten* ★ ~ des vers *verzen op melancholische toon voordragen* **II** ON WW *zuchten* ★ ~ après/pour/vers *smachten naar*; *verlangen naar*
souple BNW • *lenig*; *buigzaam*; *soepel* • *volgzaam*; *handelbaar*
souplesse v • *buigzaamheid*; *lenigheid*; *soepelheid* • *volgzaamheid*; *plooibaarheid*
souquer I OV WW *stevig aantrekken* **II** ON WW *hard roeien* ★ ~ sur les avirons *hard aan de riemen trekken*
source v OOK FIG. *bron* ★ de bonne ~ *uit goede bron* ★ prendre sa ~ *ontspringen* ★ cela coule de ~ *dat verloopt vlot*; *dat gaat vanzelf*
sourcier m [v: **sourcière**] *wichelroedeloper*
sourcil m *wenkbrauw* ★ froncer le(s) ~(s) *de wenkbrauwen fronsen*
sourcilier BNW [v: **sourcilière**] *wenkbrauw-*; *van de wenkbrauwen*
sourciller ON WW *de wenkbrauwen fronsen* ★ sans ~ *zonder een spier te vertrekken*
sourcilleux BNW [v: **sourcilleuse**] • *pietluttig* • FORM. *hooghartig*; *trots*
sourd I m [v: **sourde**] *dove* ★ crier comme un ~ *hard schreeuwen* ★ frapper comme un ~ *erop los slaan* **II** BNW • *doof* • *ongevoelig voor*; *doof voor* • *dof* • *vaag* • *heimelijk* ★ faire la ~e oreille *Oost-Indisch doof zijn* ★ ~-muet *doofstom* ★ ~ comme un pot *stokdoof* ★ être ~ aux prières *doof zijn voor smeekbeden* ★ lanterne ~e *dievenlantaarn* ★ bruit ~ *dof geluid*
sourdement BIJW • *dof* • *heimelijk*
sourdine v *demper* ★ en ~ *zachtjes*
sourd-muet [v: **sourde-muette**] **I** m *doofstomme* **II** BNW *doofstom*
sourdre ON WW • *opwellen* • *ontstaan*
souriceau m [mv: **souriceaux**] *muisje*
souricière v • *muizenval* • *valstrik* ‹v. politie› ★ se mettre dans la ~ ★ se jeter dans la ~ *in de val lopen*
sourire I m *glimlach* **II** ON WW • *glimlachen* • (~ **à**) *toelachen*
souris v • OOK COMP. *muis* • INF. *meisje*; *vriendinnetje* ★ on entendrait trotter une ~ *het is muisstil*
sournois I m [v: **sournoise**] *gluiperd* **II** BNW *gluiperig*; *geniepig*
sournoiserie v *gluiperigheid*; *geniepige streek*
sous VZ *onder* ★ sous clef *achter slot* ★ sous huit jours *binnen acht dagen* ★ sous main *in het geheim* ★ sous peu *binnenkort* ★ sous ce rapport *in dat opzicht*
sous- VOORV *onder-*; *sub-*; *adjunct-*
sous-alimentation v *ondervoeding*
sous-alimenté BNW *ondervoed*
sous-bois m • *onderhout* • *bosgezicht* ‹schilderij, tekening› • *vegetatie onder de bomen*
sous-chef m [mv: **sous-chefs**] *plaatsvervangend hoofd*; *onderchef*
sous-commission m [mv: **sous-commissions**] *subcommissie*
souscripteur m • *ondertekenaar* • *intekenaar*
souscription v • *intekening* • *intekensom*

S

• *ondertekening*
souscrire I OV WW • *ondertekenen* • *afsluiten* ‹v. verzekering› II ON WW (~ **à**) *intekenen op*; *goedkeuren*; *onderschrijven*
sous-cutané BNW *onderhuids*
sous-développé BNW *onderontwikkeld*
sous-diacre m [**sous-diacres**] *subdiaken*
sous-directeur m [v: **sous-directrice**] *onderdirecteur*
sous-emploi m [mv: **sous-emplois**] *tekort aan arbeidsplaatsen*
sous-ensemble m [mv: **sous-ensembles**] *deelverzameling*
sous-entendre OV WW *laten doorschemeren*; *stilzwijgend bedoelen*
sous-entendu I m [mv: **sous-entendus**] *toespeling* II BNW *onuitgesproken*; *stilzwijgend bedoeld*
sous-équipé BNW *onderontwikkeld op industrieel gebied*
sous-estimer OV WW *onderschatten*
sous-évaluer OV WW *te laag schatten*
sous-exposer OV WW *onderbelichten*
sous-fifre m INF. [m mv: **sous-fifres**] *ondergeschikte*
sous-jacent BNW • *onderliggend* • FIG. *verborgen*
sous-lieutenant m [mv: **sous-lieutenants**] *tweede luitenant*
sous-locataire m/v [m mv: **sous-locataires**] *onderhuurder*
sous-location m [mv: **sous-locations**] • *onderhuur* • *onderverhuring*
sous-louer OV WW • *onderhuren* • *onderverhuren*
sous-main m (onver.) *onderlegger*
sous-marin I m [mv: **sous-marins**] • *onderzeeër* • *indringer* II BNW *onderzees*
sous-multiple m [mv: **sous-multiples**] *factor*; *deler*
sous-officier m [mv: **sous-officiers**] *onderofficier*
sous-ordre m [mv: **sous-ordres**] • *ondergeschikte* • BIOL. *onderorde*
sous-préfecture m [mv: **sous-préfectures**] • *ambt v.d. onderprefect*; *kantoor v.d. onderprefect* • *hoofdplaats v.d. onderprefectuur* • *onderprefectuur (onderafdeling v.e. departement)*
sous-préfet m [mv: **sous-préfets**] *onderprefect*
sous-produit m [mv: **sous-produits**] *bijproduct*
sous-secrétaire m [mv: **sous-secrétaires**] *ondersecretaris* ★ ~ d'Etat *secretaris-generaal v.e. ministerie*
soussigné BNW • *die ondertekend heeft* • *ondergetekende* ★ je ~ déclare *ondergetekende verklaart*
sous-sol m [mv: **sous-sols**] • *ondergrond* • *souterrain*
sous-titre m [mv: **sous-titres**] *ondertitel*
sous-titrer OV WW *ondertitelen*
soustractif BNW [v: **soustractive**] *dat afgetrokken moet worden* ★ nombre ~ *aftrekbaar getal*
soustraction v • *aftrekking* • *verduistering*; *ontvreemding*

S

soustraire I OV WW • *aftrekken (***de** *van)* • *onttrekken (***à** *aan)* • *verduisteren*; *ontvreemden* II WKD WW (**se** ~) *zich onttrekken (***à** *aan)*
sous-traitance v *toelevering*; *onderaanneming*
sous-traitant m [mv: **sous-traitants**] • *onderaannemer* • *toeleverancier*
sous-traiter I OV WW *onderaannemen* II ON WW *onderaannemer worden*
sous-ventrière m [mv: **sous-ventrières**] *singel* ‹v. paardrijzadel›; *zadelriem*
sous-verre m (onver.) *fotolijst(je)*
sous-vêtements m mv *ondergoed*
soutache v *oplegsel*; *galon*
soutane v • *priesterrok* • *priesterstand*
soute v *ruim* ‹in schip› ★ ~ aux poudres *kruitkamer*
soutenable BNW • *te dragen*; *te verdragen* • *houdbaar*; *verdedigbaar* ★ opinion ~ *verdedigbare mening*
soutenance v *verdediging* ‹v. proefschrift›
soutènement m ★ mur de ~ *steunmuur*
souteneur m *souteneur*; *pooier*
soutenir I OV WW • *steunen*; *ondersteunen* • *uithouden*; *weerstaan* • *verdragen* • *verdedigen* • *beweren*; *staande houden* • *steunen*; *helpen*; *bijstaan* • *gaande houden* • *ophouden* • *moedig dragen* • *verdedigen* ‹v. proefschrift› ★ ~ une attaque *een aanval weerstaan* ★ ~ ses droits *z'n rechten verdedigen* ★ ~ la conversation *het gesprek gaande houden* ★ ~ son rang *zijn stand ophouden* ★ ~ sa réputation *zijn naam ophouden* ★ ~ une épreuve *een proef doorstaan* II WKD WW (**se** ~) • *elkaar steunen* • *elkaar helpen* • *zich staande houden*; *blijven staan*
soutenu BNW • *verheven*; *gebonden* ‹v. stijl›; MUZ. *gedragen* • *aanhoudend*; *niet verslappend* ‹belangstelling›; *vast*
souterrain I m *onderaards(e) gang*; *gewelf* II BNW • *ondergronds* • *slinks*
soutien m • *steun*; *stut* • *hulp* ★ ~ de famille *kostwinner* ★ ~ après vente *nazorg*
soutien-gorge m [mv: **soutiens-gorge**] *beha*
soutirer OV WW • *aftappen* • *afpersen* • *ontfutselen*
souvenance v VERO. *vage herinnering* ★ avoir ~ *zich herinneren*
souvenir I m • *herinnering (***de** *aan)* • *aandenken* ★ meilleurs ~s (de) *hartelijke groeten (uit/van)* II ONP WW FORM. *zich herinneren* ★ il me souvient *ik herinner mij* III WKD WW (**se** ~ **de**) *zich herinneren*
souvent BIJW *dikwijls*; *vaak* ★ le plus ~ *meestal*
souverain I m • *soeverein* • *sovereign* ‹Engelse gouden munt› II BNW *hoogst*; *opperst*; *soeverein* ★ cour ~e *opperste gerechtshof* ★ ~ pontife *paus* ★ remède ~ *onfeilbaar middel*
souverainement BIJW • *uiterst*; *in de hoogste mate* • *zonder appèl* ★ Dieu est ~ bon *God is oneindig goed*
souveraineté v • *oppermacht* • *soevereiniteit* • *gebied v.e. vorst*
soviet m *sovjet*; *raad v. soldaten en arbeiders*
soviétique BNW *sovjet-*
soya m [**soja**] *soja(boon)*

soyeux I m • *zijdefabrikant* • *zijdehandelaar* ‹in Lyon› II BNW [v: **soyeuse**] *zijdeachtig*; *zacht*
soyez, soyons WW (présent subj./geb. wijs) → **être**
SPA AFK (société protectrice des animaux) *Dierenbescherming*
spacieux BNW [v: **spacieuse**] *ruim*; *uitgestrekt*
spadassin m *vechtersbaas* ★ ~ à gages *huurmoordenaar*
spaghetti(s) m mv *spaghetti*
spahi m *inlands of Frans cavalerist in N.-Afrika*
sparadrap m *(hecht)pleister*
sparte m [**spart**] *espartogras*
spartiate I v *soort sandaal* II BNW • *Spartaans* • *streng*
spasme m *kramp*
spasmodique BNW *krampachtig*
spastique BNW *krampachtig*; *spastisch*
spath m *spaat*
spatial BNW [m mv: **spatiaux**] *ruimte-*; *ruimtelijk*
spatialiser OV WW • *ruimtelijk karakter geven* • *aan de ruimte aanpassen*
spatule v • *spatel* • *voegmes* • *punt* ‹v. ski› • *lepelaar* ‹vogel›
speaker m • *voorzitter v.h. Lagerhuis* • *omroeper*; *presentator*
speakerine v • *omroepster* • *presentatrice*
spécial BNW [m mv: **spéciaux**] *bijzonder*; *speciaal*
spécialisation v *specialisatie*
spécialiser I OV WW *specialiseren*; *in bijzonderheden aangeven* II WKD WW (**se ~ dans**) *zich specialiseren in*
spécialiste m/v *specialist*
spécialité v • *specialiteit* • *specialisme* • *hebbelijkheid*
spécieux BNW [v: **spécieuse**] *bedrieglijk*
spécification v *specificatie*
spécificité v *bijzonder karakter*; *eigenaardigheid*
spécifier OV WW *specificeren*; *nauwkeurig opnoemen*; *afzonderlijk opnoemen*
spécifique I m *geneesmiddel voor een bepaalde ziekte* II BNW *specifiek*; *karakteristiek* ★ poids ~ *soortelijk gewicht*
spécimen (*zeg:* -mèn) I m *specimen*; *staal*; *model*; *exemplaar* II BNW *als proef* ★ numéro ~ *proefnummer*
spectacle m • *schouwspel* • *toneelvoorstelling*; *opvoering* ★ salle de ~ *schouwburgzaal* ★ industrie du ~ *amusementsindustrie* ★ se donner en ~ *zich aanstellen*; *de aandacht willen trekken*
spectaculaire BNW *spectaculair*; *opzienbarend*
spectateur m [v: **spectatrice**] *toeschouwer*
spectral BNW [m mv: **spectraux**] • *spookachtig* • *v.h. spectrum* ★ analyse ~e *spectraalanalyse*
spectre m • *spook* • *spectrum*
spectroscope m *spectroscoop*
spéculateur m [v: **spéculatrice**] *speculant*
spéculatif BNW [v: **spéculative**] *beschouwend*; *theoretisch*; *speculatief*
spéculation v • *theoretische beschouwing* • *speculatie*
spéculer ON WW • *bespiegelingen houden* • *speculeren*
speech m *speech*; *toespraak*
spéléologie v *speleologie*; *studie der natuurlijke holen*
spéléologique BNW *wat de speleologie betreft*
spéléologue m/v *speleoloog*
spermaticide I m [**spermicide**] *zaaddodend middel* II BNW *zaaddodend*
spermatique BNW *sperma-*; *zaad-*; *v.h. sperma*
spermatozoïde m *zaadcel*
sperme m *sperma*
sphère v • *bol* • *invloedssfeer*; *werkkring* ★ ~ céleste *hemel*
sphéricité v *bolrondheid*
sphérique BNW *bolvormig*
sphincter m *sluitspier*
sphinx (*zeg:* sfe(n)ks) m • *sfinx* • *raadselachtig persoon*
spinal BNW [m mv: **spinaux**] *v.d. ruggengraat*
spinnaker m *spinnaker*
spiral I m *horlogeveer* II BNW [m mv: **spiraux**] *spiraalvormig*
spirale v *spiraal*; *schroeflijn* ★ en ~ *spiraalvormig*
spire v *schroefwinding*; *schroefgang*
spirite I m/v *spiritist* II BNW *spiritistisch*
spiritisme m *spiritisme*
spiritualiser OV WW *vergeestelijken*
spiritualité v • *spiritualiteit*; *onstoffelijkheid* • *spirituele levenshouding*; *geestelijk leven*
spirituel I m *(het) geestelijke/spirituele* II BNW [v: **spirituelle**] • *spiritueel*; *onstoffelijk*; *geestelijk* • *geestig* ★ concert ~ *concert v. gewijde muziek*
spirituellement BIJW • *spiritueel*; *geestelijk* • *geestig*
spiritueux I m mv *alcoholische dranken*; *spiritualiën* II BNW [v: **spiritueuse**] *alcoholisch*; *geestrijk*
spleen (*zeg:* splien) m LIT. *spleen*; *lusteloosheid*; *levensmoeheid*
splendeur v *glans*; *luister*; *pracht* ★ une ~ *iets prachtigs*
splendide BNW *schitterend*; *prachtig*
spoliateur [v: **spoliatrice**] I m *rover*; *afzetter*; *plunderaar* II BNW *berovend*; *afzettend*
spoliation v *beroving*; *plundering*
spolier OV WW *beroven*; *plunderen*
spongieux BNW [v: **spongieuse**] *sponsachtig*
sponsor m *sponsor*
sponsoriser OV WW *sponsoren*
spontané BNW *spontaan*; *vanzelf*
spontanéité v *spontaniteit*; *onbevangenheid*
spontanément BIJW *spontaan*; *vanzelf*
sporadique BNW *sporadisch*
sporange m *sporehouder*
spore v BIOL. *spoor*
sport I m *sport* ★ il va y avoir du ~! *dat zal wat worden!*; *dat geeft gedonder!* II BNW *sport-* ★ costume ~ *sportkleding*
sportif [v: **sportive**] I m *sportbeoefenaar* II BNW *v.d. sport*; *sportief*
spot (*zeg:* spot) m • *spot(light)* • *(reclame)spot*
spoutnik m *spoetnik*
sprat (*zeg:* sprat) m *sprot* ‹vis›
spray (*zeg:* spree) m *spray*
sprint m *sprint*

sprinter I m *sprinter* **II** ON WW *sprinten*
squale m *haai*
squame v *huidschilfer*; *schub*
square m *plein met groen*; *plein met bomen*
squash (*zeg:* skwasj) m *squash*
squat (*zeg:* skwat) m *kraakpand*
squattage m *(het) kraken* ‹v. pand›
squatter I m *kraker* **II** OV + ON WW *kraken* ‹v. pand(en)›
squattériser OV WW *kraken* ‹v. pand(en)›
squatteur m *kraker*
squelette m *geraamte*; *skelet*
squelettique BNW *skeletachtig* ★ maigreur ~ *buitengewone magerheid*
S.S. AFK • (Sa Seigneurie) *Zijne Heerlijkheid* • (Sécurité sociale) *sociale voorzieningen* • (Sa Sainteté) *Zijne Heiligheid* • (Schutzstaffel) *SS*
S-S-E AFK (sud-sud-est) *zuid-zuid-oost*
S-S-O AFK (sud-sud-ouest) *zuid-zuid-west*
st AFK (saint) *St.*
stabilisateur m *richtstuur*
stabilisation v *stabilisatie*; *(het) vaster doen liggen*
stabiliser OV WW *stabiliseren*; *vaster maken*
stabilité v *stabiliteit*; *vastheid*
stable BNW *vast*; *blijvend*; *duurzaam*; *stabiel*
stabulation v *(het) stallen* ‹v. vee›; *stalling*
stade m • *stadion* • *stadium*
staff m *staf*
stage m *stage*; *proeftijd*
stagiaire I m/v *hospitant*; *stagiair* **II** BNW • *een proeftijd doorbrengend* • *de proeftijd betreffend*
stagnant BNW *stagnerend*; *stilstaand* ★ eau ~e *stilstaand water*
stagnation v *stilstand*; *stagnatie*
stagner ON WW *stilstaan*; *stagneren*
stalactite v *stalactiet*; *druipsteen aan het gewelf v. grotten*
stalag m *gevangenkamp in Duitsland tijdens WO II*
stalagmite v *stalagmiet*; *druipsteen op bodem v. grotten*
stalinien BNW [v: **stalinienne**] *stalinistisch*
stalle v • *koorstoel* ‹in kerk› • *box* ‹in paardenstal›
stance v VERO. *strofe* ★ ~s *gedicht in strofen*
stand m • *stand* ‹op tentoonstelling› • *schietbaan* ★ ~ de ravitaillement *pits* ‹bij autorace›
standard I m • *standaard* • *telefoonpost* **II** BNW • *standaard-*; *model-* • *stereotiep*
standardisation v *standaardisering*
standardiser OV WW *standaardiseren*
standardiste m/v *telefonist*
standing m *status*; *standing*
star v *filmster*; *diva*
starlet(te) v *filmsterretje*
starter m • SPORT *starter* • *choke*
starting-block m [mv: **starting-blocks**] *startblok*
stathouder m *stadhouder*
station v • *halteplaats*; *station* • *pleisterplaats*; *standplaats*; *ligplaats*; *tijdelijke rustplaats* • *stand* • *statie* • *oponthoud* • *(schijnbare) stilstand* ‹v. planeet› ★ ~ balnéaire *badplaats* ★ ~ service *benzinestation* ‹meestal met werkplaats› ★ ~ thermale *badplaats met geneeskrachtige bronnen* ★ ~ de travail COMP. *werkstation* ★ ~ debout *(het) staan*
stationnaire I m *patrouillevaartuig* **II** BNW *stilstaand*; *bestendig*; *stationair*
stationnement m *(het) parkeren* ★ endroit de ~ *parkeerplaats*
stationner ON WW *parkeren*; *stilstaan* ★ être stationné *geparkeerd staan*
station-service m [mv: **stations-service(s)**] *tankstation*
statique I v NAT. *statica*; *evenwichtsleer* **II** BNW *statisch*
statisticien m [v: **statisticienne**] *statisticus*
statistique I v *statistiek* ‹tabel› **II** BNW *statistisch*
statuaire I v *beeldhouwkunst* **II** m/v *beeldhouwer* **III** BNW *beeldhouw-*; *geschikt om beelden te maken* ★ marbre ~ *marmer voor beelden*
statue v OOK FIG. *(stand)beeld*
statuer I OV WW VERO. *verordenen*; *vaststellen* **II** ON WW (~ **sur**) *een uitspraak doen over*
statuette v *beeldje*
statufier OV WW • INF. *een standbeeld oprichten van/voor* • *verstarren*
statu quo m *status quo*
stature v *lichaamslengte*
statut m • *reglement*; *statuut*; *verordening*; *wet* • *status*
statutaire BNW *volgens de statuten*
ste AFK (sainte) *St.*
Sté AFK (société) *fa.*
steak m *biefstuk*
steamer m VERO. *stoomboot*
stéarine v *stearine*
stéatite v *speksteen*
stèle v *gedenksteen*
stellaire BNW • *ster-* • *stervormig*
stencil m *stencil*
sténo v → **sténodactylo**
sténodactylo m/v [**sténodactylographe**] *stenotypist*
sténographe m/v *stenograaf*
sténographie v • *steno(grafie)* • *snelschrift*; *steno(grafie)*
sténographier OV WW *stenograferen*
sténographique BNW *stenografisch*
sténotype v *machine voor kortschrift*
sténotypie v *stenografie*
sténotypiste m/v *stenotypist*
stentor m • *iem. met een machtige stem* • *trompetdiertje* ★ voix de ~ *stentorstem*
stéphanois BNW *van/uit Saint-Étienne*
steppe v *steppe*
stère m *kubieke meter* ‹houtind.›
stéréo I v *stereo* **II** BNW *stereo-* ★ chaîne ~ *stereo-installatie* ★ enceinte ~ *stereoboxen*
stéréométrie v *stereometrie*
stéréophonie v *stereofonie*
stéréophonique BNW *stereofonisch* ★ disque ~ *stereoplaat*
stéréoscope m *stereoscoop*
stéréoscopique BNW *stereoscopisch*
stéréotype BNW • *stereotiep*; *geijkt*; *onveranderlijk* • *gedrukt met vaste letters*

stéréotypé BNW *stereotiep; clichématig*
stéréotyper OV WW *stereotyperen; met vaste letters drukken*
stérile BNW • *onvruchtbaar; kinderloos; steriel* • *vruchteloos; nutteloos* ★ discussion ~ *nutteloze discussie*
stérilet m *spiraaltje* ‹anticonceptiemiddel›
stérilisateur m *sterilisator; toestel om kiemen te doden*
stérilisation v • *sterilisatie; (het) onvruchtbaar maken* • *(het) doden v. ziektekiemen*
stériliser OV WW • *steriliseren; onvruchtbaar maken* • *(ziekte)kiemvrij maken*
stérilité v *steriliteit; onvruchtbaarheid; dorheid; vruchteloos*
sterling m *sterling* ★ livre ~ *pond sterling*
sterne v *stern; zeezwaluw*
sternum (*zeg:* -nom) m *borstbeen*
sternutatoire BNW *nies-* ★ poudre ~ *niespoeder*
stéthoscope m *stethoscoop*
steward m *steward*
stick m *(schoonheids)stift*
stigmate m • *brandmerk* • *litteken* • *stigma; litteken v.d. vijf wonden v. Christus* • *schandvlek; merkteken* • PLANTK. *stempel*
stigmatisation v • *stigmatisering; brandmerking* • *vorming v. littekens*
stigmatiser OV WW • *littekens vormen op* • *schandvlekken* • *stigmatiseren; brandmerken*
stimulant I m • *prikkel* • *pepmiddel; opwekkend middel; stimulans* **II** BNW *stimulerend;* MED. *opwekkend*
stimulateur I m ★ ~ cardiaque *pacemaker* **II** BNW [v: **stimulatrice**] *stimulerend; opwekkend; prikkelend*
stimulation v *stimulus; stimulatie; opwekking; prikkeling*
stimuler OV WW *aansporen; prikkelen; stimuleren*
stimulus (*zeg:* -luus) m *prikkel*
stipendier OV WW *omkopen*
stipulation v *voorwaarde; bepaling*
stipuler OV WW *bedingen; bepalen*
stock m *voorraad*
stockage m *(het) opslaan*
stocker OV WW OOK COMP. *opslaan*
stockfisch m *stokvis*
stockiste m *depothouder*
stoïcien [v: **stoïcienne**] **I** m • *stoïcijn* • *onverstoorbaar mens* **II** BNW *stoïcijns*
stoïcisme m • *onbewogenheid; onverstoorbaarheid* • *stoïcijnse leer*
stoïque I m/v • *stoïcijn* • *onverstoorbaar mens; onbewogen mens* **II** BNW *stoïcijns; onbewogen*
stomacal BNW [m mv: **stomacaux**] VERO. *maag-*
stomatologie v *leer der mond- en tandziekten*
stomatologiste m/v [m: **stomatologue**] *specialist voor mondziekten*
stop I m • *stopbord* • *remlicht* • INF. *(het) liften* ★ faire du stop *liften* ★ en stop *liftend* **II** TW *stop* ‹in telegram›; *halt!*
stoppage m *(het) stoppen* ‹v. kleding› ★ faire un ~ à un pantalon *een broek verstellen*
stopper I OV WW • *stoppen* ‹v. kleding› • *stoppen; doen stilstaan* **II** ON WW *stoppen; stilstaan*
stoppeur m [v: **stoppeuse**] *lifter*
store m *rolluik; rolgordijn; zonnescherm*
strabisme m *(het) scheel zien; (het) loensen*
strangulation v *wurging*
strapontin m *klapstoeltje*
Strasbourg *Straatsburg*
strass m [**stras**] *strass; valse diamant*
stratagème m *(krijgs)list*
stratège m *strateeg; krijgskundige*
stratégie v *krijgskunde; strategie*
stratégique BNW *strategisch; krijgskundig*
stratification v *gelaagdheid*
stratifié I m *laminaat* **II** BNW *gelaagd*
stratifier OV WW *laagsgewijs schikken*
stratosphère v *stratosfeer*
stratosphérique BNW *stratosferisch; tot de hogere luchtlagen behorend*
stratus (*zeg:* -tuus) m *streepvormige wolk*
streptocoque m *streptococcus*
stress m *stress*
stressant BNW *stress veroorzakend*
stresser OV WW *stress veroorzaken bij*
strict (*zeg:* striekt) BNW *stipt; nauwkeurig; streng*
strident BNW *schril; scherp*
striduler ON WW *schel piepen*
strie v • *streep; kras; groef* • *(huid)striem*
strier OV WW *krassen; groeven*
string m *(G-)string*
strip-tease m *striptease*
strip-teaseuse v *stripteasedanseres*
striure v • *gestreeptheid* • *streep; kras; groef*
strophe v *strofe; couplet*
structural BNW [m mv: **structuraux**] *structureel; wat de bouw betreft*
structuralisme m *structuralisme*
structuration v *structurering*
structure v *bouw; structuur* ★ ~(s) d'accueil *(toeristische enz.) infrastructuur*
structurel BNW [v: **structurelle**] • *structureel* • *structuur-*
structurer OV WW *structureren; opbouwen*
strychnine (*zeg:* -knien) v *strychnine*
stuc m *pleisterkalk; stuc*
stucage m • *pleisterwerk* • *stucwerk*
stucateur m *stukadoor*
stud-book m *stamboek*
studieux BNW [v: **studieuse**] • *leergierig; ijverig* • *studie-*
studio m • *atelier* • *werkkamer; (eenkamer)appartement* • *filmstudio*
stupéfaction v *stomme verbazing*
stupéfait BNW *stomverbaasd*
stupéfiant I m *verdovend middel; bedwelmend middel* **II** BNW *verbazingwekkend*
stupéfier OV WW *stom verbazen; verstomd doen staan*
stupeur v • *ontsteltenis; ontzetting* • *verdoving; bedwelming*
stupide BNW • LIT. *ontzet* • *dom; stompzinnig*
stupidité v *stommiteit; domheid; domme daad*
stupre m LIT. *schanddaad*
stuquer OV WW *(be)pleisteren*
style m • *stijl* • *trant* • *schrijfstift* • *wijzer v.e. zonnewijzer* • PLANTK. *stijl* ★ TAALK. ~ (in)direct *(in)directe rede*

styler ov ww *een stijl aanleren; africhten*
stylet m *stilet; kleine scherpe dolk*
stylisation v *(het) stileren*
styliser ov ww *stileren*
styliste m/v *schrijver met goede stijl; stilist; designer*
stylistique I v *stilistiek; stijlleer* **II** BNW *stilistisch*
stylo m [**stylographe**] *vulpenhouder* ★ ~ à bille *balpen*
stylo-bille m [mv: **stylos-billes**] *balpen*
stylo-feutre m [mv: **stylos-feutres**] *viltpen*
stylomine m *vulpotlood*
su I m *het weten* ★ au vu et au su de tout le monde *openlijk* **II** BNW *gekend; geleerd* **III** ww (volt. deelw.) → **savoir**
suaire m *lijkwade; zweetdoek*
suant BNW • *bezweet* • INF. *vervelend*
suave BNW *zacht; lieflijk; zoet*
suavité v *zachtheid; lieflijkheid; zoetheid; fijne geur*
sub- VOORV *sub-; onder-*
subalterne I m *ondergeschikte* **II** m/v *ondergeschikt*
subconscient I m VERO. *onderbewustzijn* **II** BNW *onderbewust*
subdiviser ov ww *onderverdelen (**en** in)*
subdivision v • *onderverdeling* • *onderafdeling*
subir ov ww *ondergaan; lijden; verduren* ★ ~ un examen *een examen afleggen*
subit (*zeg:* -bie) BNW *plotseling*
subitement BIJW *plotseling*
subito BIJW INF. *subiet*
subjectif BNW [v: **subjective**] • TAALK. *wat het onderwerp betreft* • *persoonlijk; subjectief* ★ proposition subjective *onderwerpszin*
subjectivité v *subjectiviteit; persoonlijk karakter*
subjonctif I m *aanvoegende wijs* **II** BNW [v: **subjonctive**] *aanvoegend* ★ proposition subjonctive *zin met aanvoegende wijs*
subjuguer ov ww • *fascineren* • *onderwerpen; beheersen*
sublimation v • *sublimatie* • *vervluchtiging; overhaling*
sublime I m *(het) verhevene; (het) edele* **II** BNW *verheven; hoogstaand; edel; subliem*
S
sublimé m *sublimaat*
sublimer ov ww *vluchtig maken; sublimeren*
sublimité v *verhevenheid*
submerger ov ww • *onderdompelen* • *overstromen* • *overstelpen*
submersible I m *duikboot* **II** BNW *overstroombaar*
submersion v • *onderdompeling* • *overstroming*
subodorer ov ww INF. *vermoeden*
subordination v *ondergeschiktheid*
subordonné I m *ondergeschikte* **II** BNW *ondergeschikt*
subordonnée v ★ (proposition) ~ *bijzin*
subordonner ov ww *ondergeschikt maken; afhankelijk maken*
subornation v *omkoping*
suborner ov ww *omkopen; verleiden*
suborneur m [v: **suborneuse**] VERO. *verleider*
subreptice BNW *slinks; bedrieglijk*
subrogation v *plaatsvervanging; substitutie*
subroger ov ww *in de plaats stellen; overdragen*
subrogé-tuteur m [v: **subrogée-tutrice**] [m mv: **subrogés-tuteurs**] *toeziend voogd*
subséquent BNW *volgend*
subside v *bijdrage; subsidie; ondersteuning*
subsidiaire BNW • *ondersteunend; helpend; hulp-* • *subsidiair* ★ question ~ *schiftingsvraag*
subsistance v *levensonderhoud; bestaan*
subsister ON WW *nog bestaan; over zijn* ★ ~ de *bestaan van*
subsonique BNW *minder snel dan het geluid; subsonisch*
substance v • *substantie; zelfstandigheid* • *(het) beste; (de) hoofdzaak*
substantiel BNW [v: **substantielle**] • *wezenlijk* • *vol inhoud; substantieel* • *voedzaam* • *belangrijk*
substantif I m *zelfstandig naamwoord* **II** BNW [v: **substantive**] *zelfstandig*
substantivement BIJW *zelfstandig* ‹m.b.t. gebruik›
substituer I ov ww *in de plaats stellen; substitueren* **II** WKD WW (**se** ~) *in de plaats gesteld worden*
substitut m *plaatsvervanger; substituut*
substitution v *plaatsvervanging; vervanging; substitutie*
substrat m [**substratum**] *(het) onderliggende; substraat; onderlaag*
subterfuge m *uitvlucht*
subtil BNW • *fijn* • *snel werkend* • *scherp; doordringend* • *scherpzinnig; vernuftig; subtiel* ★ venin ~ *snelwerkend gif* ★ vue ~e *scherpe blik*
subtiliser I ov ww INF. *gappen; afhandig maken* **II** ON WW *scherpzinnig redeneren; muggenziften*
subtilité v • *scherpzinnigheid; subtiliteit* • *doordringendheid; scherpte* • *fijnheid; ijlheid* • *snelle werking* • *spitsvondigheid* • *geslepenheid; sluwheid*
subtropical BNW [m mv: **subtropicaux**] • *subtropisch* • *van de keerkring*
suburbain BNW *nabij de stad gelegen* ★ quartiers ~s *voorsteden*
subvenir ON WW (**à**) *voorzien in; bijdragen in; subsidiëren*
subvention v *bijdrage; subsidie*
subventionner ov ww *een subsidie/bijdrage geven aan*
subversif BNW [v: **subversive**] *omverwerpend; oproerig; subversief*
subversion v *omverwerping*
suc m • *sap* • FIG. *merg*
succédané I m *surrogaat* **II** BNW *vervangend*
succéder I ON WW (~ **à**) *volgen op; opvolgen* ★ elle a succédé à son père *ze is haar vader opgevolgd* **II** WKD WW (**se** ~) *elkaar opvolgen*
succès m *goede afloop; succes*
successeur m *opvolger*
successif BNW [v: **successive**] • *achtereenvolgend; opeenvolgend* • *wat erfenis of opvolging betreft* ★ droit ~ *erfrecht* ★ droits ~s *successierechten*

succession v • *opeenvolging* • *opvolging*; *erfrecht* • *erfenis*
successivement BIJW *achtereenvolgens*
succinct (*zeg:* -se(n)) BNW *beknopt*; *niet uitgebreid*; *sober* ★ repas ~ *sobere maaltijd*
succion v *(het) inzuigen*; *uitzuigen*; *opzuigen*
succomber ON WW • *bezwijken* • *sterven*
succulence v • *sappigheid* • *smakelijkheid*
succulent BNW • VERO. *sappig* • *smakelijk*
succursale v • *bijkantoor*; *filiaal* • *hulpkerk* ★ magasin à ~s multiples *winkelketen*
sucer OV WW *inzuigen*; *opzuigen*; OOK FIG. *uitzuigen*
sucette v • *fopspeen* • *lolly*
suceur m [v: **suceuse**] *zuiger*; OOK FIG. *uitzuiger*
suçoir m *zuigorgaan*; *zuignapje*
suçon m INF. *zuigzoen*; *zuigplek*
suçoter OV WW *sabbelen op*
sucrage m *(het) suikeren*
sucrant BNW *zoetmakend*
sucre m *suiker* ★ ~ candi *kandijsuiker* ★ ~ de canne *rietsuiker* ★ pain de ~ *suikerbrood* ★ en pain de ~ *kegelvormig* ★ ~ d'orge *zuurstok* ★ casser du ~ sur le dos de qn *kwaadspreken van iem.*
sucré BNW • *gesuikerd*; *zoet* • FIG. *mierzoet*; *zoetsappig*; *overdreven lief*
sucrer OV WW • *suikeren*; *zoeten* • INF. *annuleren* ★ se ~ *zijn zakken vullen* ★ INF. ~ les fraises *trillen*
sucrerie v • *suikerfabriek*; *suikerraffinaderij* • mv *zoetigheid*; *suikergoed*
sucrette v *zoetstof*; *zoetje*
sucrier I m *suikerpot* II BNW [v: **sucrière**] *wat de suikerfabricage betreft*
sud (*zeg:* suud) I m *zuiden* II BNW *zuidelijk (***de** *van)*
sud-africain BNW *Zuid-Afrikaans*
sud-américain BNW *Zuid-Amerikaans*
sudation v *(het) zweten*
sud-est I m *zuidoosten* II BNW *zuidoostelijk*
sudorifique I m *zweetmiddel* II BNW *zweetverwekkend*
sudoripare BNW [**sudorifère**] *zweetafscheidend*
sud-ouest I m *zuidwesten* II BNW *zuidwestelijk*
Suède v *Zweden*
suédine v *suédine*
suédois I m *(het) Zweeds* II BNW *Zweeds*
Suédois m [v: **Suédoise**] *Zweed*
suée v *(het) overvloedig zweten* ‹door inspanning, angst› ★ INF. piquer une suée *hevig beginnen te zweten*
suer I OV WW *zweten* ★ suer sang et eau *water en bloed zweten* ★ suer l'ennui *zich dodelijk vervelen* ★ suer la peur *in dodelijke angst zitten* II ON WW • *zweten* • *uitslaan* ‹v. muren› ★ INF. faire suer qn *iem. het leven zuur maken*
sueur v *zweet* ★ être en ~ *bezweet zijn* ★ à la ~ de son front *in het zweet zijns aanschijns* ★ cela vous donne des ~s froides *daar breekt je het angstzweet bij uit*
suffire I ON WW *voldoen*; *voldoende zijn (***pour** *voor)* ★ à chaque jour suffit sa peine *elke dag heeft genoeg aan zijn eigen leed* II ONP WW ★ il suffit que [+ subj.] *het is voldoende dat* ★ cela suffit *het is genoeg* III WKD WW (**se** ~) *in zijn eigen onderhoud voorzien* ★ se ~ à soi-même *aan zichzelf genoeg hebben*
suffisamment BIJW *voldoende*; *genoeg*
suffisance v • *verwaandheid*; *inbeelding* • VERO. *voldoende hoeveelheid* ★ à/en ~ *voldoende*
suffisant I m *verwaande kerel* II BNW • *voldoende* • *verwaand*; *zelfgenoegzaam*
suffixe m *suffix*; *achtervoegsel*
suffocant BNW • *verstikkend* • *onthutsend* ★ il fait une chaleur ~e *het is smoorheet*
suffocation v • *ademnood* • *verstikking*
suffoquer I OV WW *verstikken* II ON WW OOK FIG. *stikken*
suffragant m • *wijbisschop* ‹r.-k.› • *stemgerechtigde*
suffrage m • *stem* • *stemrecht* • *bijval*; *goedkeuring* ★ ~ universel *algemeen kiesrecht* ★ remporter tous les ~s *algemene bijval vinden*
suggérer OV WW *suggereren*; *doen denken aan*
suggestibilité v *vatbaarheid voor suggestie*
suggestif BNW [v: **suggestive**] *suggestief*; *gedachten opwekkend*
suggestion v *suggestie*; *ingeving*
suggestionner I OV WW *beïnvloeden* II WKD WW (**se** ~) *zich in het hoofd halen*
suicidaire BNW • *zelfmoord-* • *tot zelfmoord geneigd* • *tot mislukken gedoemd*
suicide m • *zelfmoord* • INF. *zelfmoordenaar*
suicidé m [v: **suicidée**] *zelfmoordenaar*
suicider WKD WW (**se** ~) *zelfmoord plegen*
suie v *roet*
suif m • *talk*; *talg*; *kaarsvet* • PEJ. *vet* ‹v. mens›
suintement m *doorsijpeling*; *(het) uitslaan*
suinter ON WW *doorsijpelen*; *uitslaan*
suis WW (présent) → **être**
suisse I m *kerkdienaar* ★ boire en ~ *alleen zitten drinken* II BNW *Zwitsers*; *Helvetisch*
Suisse I m [v: **Suissesse**] *Zwitser* II v *Zwitserland*
suit WW (présent) → **suivre**
suite v • *vervolg* • *gevolg*; *stoet* • *rij*; *reeks*; *aaneenschakeling* • *gevolg*; *uitvloeisel* • MUZ. *suite* • *suite* ‹ruimte› ★ de ~ *daarna*; *achtereenvolgens* ★ tout de ~ *dadelijk* ★ à la ~ de *ten gevolge van* ★ et ainsi de ~ *enzovoorts* ★ par ~ *bijgevolg* ★ par ~ de *tengevolge van* ★ esprit de ~ *doorzettingsvermogen* ★ avoir de la ~ dans les idées *logisch denken* ★ donner ~ à *gevolg geven aan*
suivant I m *volgeling* ★ au ~! *de volgende (a.u.b.)!* II BNW *volgend* III VZ *volgens*; *naar* ★ ~ le(s) cas *van geval tot geval* IV VW (~ **que**) *naarmate*; *naar gelang*
suiveur m • *volger* • *navolger*
suivi I m *verdere afhandeling*; *controle* II BNW • *samenhangend*; *logisch* • *druk bezocht* • *aanhoudend*; *geregeld* ★ film ~ *druk bezochte film* III WW (volt. deelw.) → **suivre**
suivre I OV WW • *volgen*; *volgen op* • *achtervolgen* • *nagaan* • *bijwonen* II ON WW *volgen* ★ comme suit *als volgt* ★ à ~ *wordt vervolgd* III ONP WW ★ il suit de là *daaruit volgt* IV WKD WW (**se** ~) • *elkaar opvolgen* • *achter elkaar lopen* • *een logisch verband*

S

vormen
sujet I m • *onderwerp* • *voorwerp; subject* • *reden; oorzaak; aanleiding* • *sujet; persoon* • *patiënt; proefpersoon; proefdier* ★ au ~ de *naar aanleiding van* ★ à ce ~ *daaromtrent* ★ mauvais ~ *losbol* ★ avoir ~ de *reden hebben om* II m [v: **sujette**] *onderdaan* III BNW [v: **sujette**] (~ **à**) *onderworpen aan; onderhevig aan; geneigd tot; verslaafd aan; blootgesteld aan; lijdend aan*
sujétion v • *afhankelijkheid; onderworpenheid* • *ongemak; gebondenheid*
sulfamide m *sulfapreparaat*
sulfate m *sulfaat*
sulfater OV WW *met sulfaat behandelen*
sulfateuse v • *sulfaatsproeier* • ARG. *mitrailleur*
sulfite m *sulfiet*
sulfure m *sulfide*
sulfureux BNW [v: **sulfureuse**] *zwavelachtig*
sulfurique BNW *zwavel-* ★ acide ~ *zwavelzuur*
sultan m *sultan*
sultane v • *sultane* • GESCH. *Turks oorlogsschip*
summum m *summum; toppunt*
sunlight m *jupiterlamp*
super I m *super(benzine)* II BNW INF. *fantastisch; te gek*
super- VOORV *super-; opper-; boven-; extra-*
superbe I v LIT. *arrogantie* II BNW *prachtig; schitterend; groots; verheven* ★ ~ de candeur *geweldig naïef*
superchampion m *groot(s) kampioen*
supercherie v *bedrog; list*
superconducteur m *supergeleider*
supérette v [**superette**] *kleine supermarkt*
superfétation v *overbodigheid; nodeloze herhaling*
superficie v • *oppervlakte* • *oppervlakkigheid*
superficiel BNW [v: **superficielle**] *oppervlakkig; aan de oppervlakte gelegen*
superfin BNW *zeer fijn*
superflu I m *(het) overtollige; overvloed* II BNW *overtollig; overbodig*
supergrand m INF. *supermacht*
supérieur I m [v: **supérieure**] • *meerdere* • *kloosteroverste* II BNW • *hoger; bovenste* • *beter; groter* • *uitstekend; voortreffelijk* ★ officier ~ *hoofdofficier*
supérieurement BIJW *buitengewoon*
supériorité v *superioriteit; arrogantie; meerderheid; overwicht; overmacht*
superlatif I m *overtreffende trap; superlatief* ★ au ~ *buitengewoon* II BNW [v: **superlative**] *overtreffend*
superman m [mv: **supermen**] *held*
supermarché m *supermarkt*
superpétrolier m *supertanker; mammoettanker*
superphosphate m *superfosfaat*
superposer I OV WW *op elkaar plaatsen* ★ lits superposés *stapelbed* II WKD WW (**se** ~) *zich opstapelen*
superposition v *opeenstapeling*
superproduction v *grote productie* ‹film, theater›
superpuissance v *supermacht; grote mogendheid*
supersonique BNW *sneller dan het geluid; supersonisch*
superstar v *superster*
superstitieux [v: **superstitieuse**] I m *bijgelovig mens* II BNW *bijgelovig*
superstition v • *bijgeloof* • *al te grote nauwgezetheid* ★ avoir la ~ du passé *te veel aan het verleden gehecht zijn*
superstructure v *bovenbouw*
superviser OV WW *superviseren*
superviseur m • *supervisor* • *computersysteem* ‹v. bedrijf›
supervision v *supervisie*
supplanter OV WW *vervangen; verdringen*
suppléance v *plaatsvervanging*
suppléant I m [v: **suppléante**] *plaatsvervanger* II BNW *plaatsvervangend*
suppléer I OV WW • *vervangen* • *aanvullen* II ON WW • *vergoeden; goedmaken* • *vervangen*
supplément m *supplement; aanvulling; bijvoegsel; toeslag* ★ un ~ d'information *aanvullende informatie* ★ vin en ~ *wijn wordt extra berekend*
supplémentaire BNW *aanvullend* ★ heures ~s *overuren*
supplétif BNW [v: **supplétive**] *aanvullend*
supplication v *smeekbede*
supplice m *doodstraf; lijfstraf;* OOK FIG. *marteling; kwelling* ★ le dernier ~ *de doodstraf* ★ les ~s éternels *de eeuwige hellepijnen* ★ il est au ~ *hij zit op hete kolen; dat is een marteling voor hem*
supplicier OV WW • *terechtstellen* • *folteren*
supplier OV WW *smeken* ★ je vous en supplie *toe nou!; ik smeek het je*
supplique v *verzoekschrift*
support m • OOK FIG. *steun* • OOK INFORM. *drager*
supportable BNW • *draaglijk; te verdragen* • *vergeeflijk*
supporter I m *supporter* II OV WW • *steunen* • *dragen* • *verdragen; verduren* • *dulden* ★ ~ les frais *de kosten dragen* ★ ~ l'eau *waterdicht zijn* ★ ~ le feu *vuurvast zijn* III WKD WW (**se** ~) *elkaar verdragen*
supporteur m *supporter*
supposé I BNW • *verondersteld; vermoedelijk* • *verzonnen; vals* II VW (~ **que**) *gesteld dat*
supposer OV WW • *veronderstellen; vermoeden* • *inhouden* • *uitdenken*
supposition v *veronderstelling*
suppositoire m *zetpil*
suppôt m *handlanger; helper* ★ ~ de Satan *dienaar v.d. Duivel*
suppression v • *opheffing; afschaffing* • *weglating*
supprimer I OV WW • *opheffen; afschaffen* • *weglaten* • *afnemen* • *uit de weg ruimen* ★ on lui a supprimé son permis de conduire *ze hebben zijn rijbewijs afgenomen* II WKD WW (**se** ~) *zelfmoord plegen*
suppuration v *ettering*
suppurer ON WW *etteren*
supputation v *raming; schatting*
supputer OV WW *ramen; schatten; berekenen*
supra BIJW *(hier)boven*
supra- VOORV *supra-; boven-*

supraconducteur m *supergeleider*
supranational BNW [m mv: **supranationaux**] *supranationaal*
suprasensible BNW *bovenzinnelijk*
supraterrestre BNW *bovenaards*
suprématie (*zeg:* -sie) v *oppermacht*; *overmacht*; *suprematie*
suprême I m *visfilet*; *wildfilet met zachte saus* **II** BNW • *hoogste*; *opperste* • *laatste*; *uiterste* ★ au ~ degré *in de hoogste mate* ★ l'Etre ~ *God* ★ volonté ~ *laatste wil* ★ moment/heure ~ *het uur van de dood*; *het uur der waarheid* ★ honneurs ~s *laatste eer*
sur I BNW *zuur* **II** VZ • *op* • *bovenop* • *boven*; *over* • *aan* • *bij* • *over* • *naar*; *volgens* • VERO. *tegen* • *op* ‹tijd› ★ sur l'heure *meteen* ★ sur les dix heures *tegen tienen* ★ sur le coup de midi *klokslag twaalf* ★ aller sur la cinquantaine *tegen de vijftig lopen* ★ avoir dix florins sur soi *tien gulden bij zich hebben* ★ juger sur les apparences *op het uiterlijk beoordelen* ★ cette ville est située sur la Seine *deze stad ligt aan de Seine* **III** VOORV • *over-* • *boven-* • *hoger-*
sûr I BNW • *vaststaand* • *zeker*; *betrouwbaar* • *veilig* ★ ami sûr *betrouwbare vriend* ★ à coup sûr *ongetwijfeld* ★ c'est sûr et certain *het is vast en zeker* ★ avoir la main sûre *een vaste hand hebben* ★ bien sûr! *zeker!*; *natuurlijk!* ★ goût sûr *fijne smaak* ★ mettre qn en lieu sûr *iem. op een veilige plaats brengen*; *iem. achter slot en grendel zetten* **II** BIJW *zeker*
surabondance v *overvloed (***de** *aan)*; *overmaat*; *overdaad*
surabondant BNW • *zeer overvloedig* • *overtollig*; *overbodig*
surabonder ON WW *zeer overvloedig voorkomen*
suraigu BNW *zeer scherp*; *krijsend*; *schril*
surajouter OV WW • *achteraf toevoegen* • *overcompleet maken*
suralimenter OV WW *overvoeden*
suranné BNW *verouderd*
surarmement m *overbewapening*
surbaisser OV WW *indrukken* ★ carrosserie surbaissée *diepliggende carrosserie*
surbooking m *overbooking* ‹te veel reserveringen enz.›
surboum v VERO. *fuif*; *surprise-party*
surcapacité v *overcapaciteit*
surcharge v • *overbelasting*; *overdaad*; *overwicht* • *overdruk* ‹op postzegels› • *woord dat over een ander heen geschreven is*
surcharger OV WW • *overladen*; *overbelasten* • *een woord over een ander schrijven*
surchauffe v *oververhitting*
surchauffé BNW *oververhit*
surchauffer OV WW *oververhitten*
surchoix m *eerste kwaliteit* ★ viande de ~ *eerste klas vlees*
surclasser OV WW • *overtreffen*; *ver achter zich laten* • SPORT *overklasseren*
surcomposé BNW ★ passé ~ *voltooid verleden tijd (met twee hulpww)*
surconsommation v *overconsumptie*
surcouper OV WW • *overtroeven* ‹m.b.t. kaartspel› • *oversnijden* ‹v. leer›
surcoût m *verhoging van de kosten*
surcroît m *toename*; *vermeerdering* ★ par ~ *bovendien* ★ de ~ *bovendien* ★ par ~ de malheur *tot overmaat v. ramp*
surdi-mutité v *doofstomheid*
surdité v *doofheid*
surdosage m *overdosering*
surdoué BNW *hoogbegaafd*
sureau m [mv: **sureaux**] *vlier*
sureffectif m *personeelsoverschot*
surélévation v • *prijsverhoging* • *verhoging*; *bovenbouw*
surélever OV WW • *hoger optrekken* • *erg (in prijs) verhogen* ★ ~ un mur *een muur verhogen* ★ ~ les prix *de prijzen behoorlijk verhogen*
sûrement BIJW • *ongetwijfeld*; *zeker* • *betrouwbaar*; *veilig*
surenchère v *hoger bod*; *opbod*
surenchérir ON WW • *verder gaan*; *hoger bieden* • *nog duurder worden*
surenchérisseur m [v: **surenchérisseuse**] *iem. die hoger biedt*
surendettement m *te grote schuldenlast*
surentraîner OV WW *overtrainen*
suréquipement m *te veel voorzieningen*
surestimation v • *overschatting* • *te hoge schatting*
surestimer OV WW *overschatten*; *te hoog schatten*; *overwaarderen*
suret BNW [v: **surette**] *een beetje zurig*
sûreté v • *zekerheid*; *betrouwbaarheid* • *veiligheid* • *waarborg*; *veiligheidsmaatregel* ★ en ~ *in veiligheid* ★ en ~ de conscience *met een zuiver geweten* ★ serrure de ~ *veiligheidsslot* ★ agent de la Sûreté *rechercheur* ★ Sûreté *Veiligheidsdienst*
surévaluer OV WW *te hoog schatten*
surexcitation v *overprikkeling*; *zeer grote opwinding*
surexcité BNW *erg opgewonden*
surexciter OV WW *overprikkelen*; *overspannen*
surexposer OV WW *overbelichten*
surexposition v *overbelichting*
surf m *(het) surfen* ★ surf (des neiges) *snowboarden*
surface v • *oppervlakte* • *schijn*; *geloofwaardigheid* • *krediet* ★ grande ~ *supermarkt* ★ ~ de but/de réparation *doelgebied/strafschopgebied* ★ faire ~ *naar boven komen*; *opduiken*
surfaire OV WW • *overvragen* • *overschatten*; *te zeer prijzen*
surfer ON WW *surfen*
surfeur m [v: **surfeuse**] *surfer*
surfiler OV WW *omboorden*; *zigzaggen* ‹op de stofrand›
surfin BNW *zeer fijn*
surgelé BNW *diepvries-*
surgeler OV WW *invriezen*; *diepvriezen*
surgeon m *wortelscheut*
surgir ON WW *opkomen*; *opdoemen* ★ des difficultés surgissent *er doen zich plotseling moeilijkheden voor*
surhaussement m *verhoging*
surhomme m *'Uebermensch'*; *genie*

surhumain BNW *bovenmenselijk*
surimposer OV WW *te hoog belasten*
surimposition V *hoge belasting; extrabelasting*
surimpression V *afdruk over elkaar heen*
surin M ARG./VERO. *mes*
Surinam M *Suriname*
surinamien BNW [v: **surinamienne**] *Surinaams*
surintendant M • *hoofdinspecteur* • GESCH. *minister van financiën*
surir ON WW *zuur worden*
surjet M *overnaad* ⋆ de ~ *overhands*
sur-le-champ BIJW *dadelijk; meteen; onmiddellijk*
surlendemain M *de tweede dag daarna*
surligner OV WW *markeren*
surligneur M *markeerstift*
surmenage M *overspanning*
surmené BNW *overwerkt*
surmener I OV WW *overladen; afbeulen* II WKD WW (**se** ~) *zich overwerken; zich overspannen*
surmontable BNW *te overkomen* ⋆ difficulté ~ *overkomelijk probleem*
surmonter OV WW • *te boven komen; overwinnen* • *stijgen boven* • *geplaatst zijn op; staan op* ⋆ ~ des difficultés *moeilijkheden te boven komen*
surmultiplication V *overdrive* ‹v. auto›
surnager ON WW • *drijven* • *voortleven; overblijven*
surnaturel I M *het bovennatuurlijke* II BNW [v: **surnaturelle**] • *bovennatuurlijk* • *ongelofelijk; buitengewoon*
surnom M *bijnaam*
surnombre M *overschot* ⋆ en ~ *te veel*
surnommer OV WW *een bijnaam geven*
surnuméraire I M *surnumerair* II BNW *overcompleet; boventallig*
suroffre V *hoger bod*
suroît M • *zuidwester* • *Z.W.-wind*
surpasser I OV WW • *overtreffen; overvleugelen* • *uitsteken boven* • *te boven gaan* II WKD WW (**se** ~) *zichzelf overtreffen*
surpayer OV WW *te veel betalen voor; te duur kopen*
surpeuplé BNW *overbevolkt*
surpeuplement M *overbevolking*
surplace M ⋆ faire du ~ SPORT *surplace maken;* FIG. *niet vooruitkomen*
S
surplis M *superplie; koorhemd* ‹r.-k.›
surplomb M *overhelling*
surplomber I OV WW *hangen over* ⋆ rocher qui surplombe un ravin *rots die over een ravijn hangt* II ON WW *overhellen*
surplus (*zeg:* -pluu) M *overschot* ⋆ au ~ *overigens; bovendien*
surpopulation V *overbevolking*
surprenant BNW *verrassend*
surprendre OV WW • *verrassen* • *betrappen; overvallen* • *verwonderen* • VERO. *bedriegen* • *onderscheppen* ⋆ ~ une lettre *een brief onderscheppen*
surpression V *abnormaal hoge druk*
surpris WW (volt. deelw.) → **surprendre**
surprise V • *verrassing* • *verwondering*
surprise-partie M [mv: **surprises-parties**] *instuif; dansfeest* ‹bij iem. thuis›
surproduction V *overproductie*
surréalisme M *surrealisme*
surréaliste I M/V *surrealist* II BNW *surrealistisch*
sur(ré)générateur M *snelle kweekreactor*
surrénal BNW [m mv: **surrénaux**] • *bijnier-* • *boven de nieren* ⋆ les (glandes/capsules) ~es *de bijnieren*
sursaturation V *oververzadiging*
sursaut M • *plotselinge sprong* • *opwelling; uitbarsting* ⋆ se réveiller en ~ *wakker schrikken*
sursauter ON WW *plotseling opspringen*
surseoir ON WW (~ **à**) *uitstellen; opschorten*
sursis (*zeg:* -sie) M *uitstel* ⋆ avec ~ *voorwaardelijk* ⋆ ~ de paiement *surseance v. betaling* ⋆ un mort en ~ *een potentieel slachtoffer*
sursitaire I M/V • *student met studieverlof* • *iem. die uitstel heeft* II BNW *met uitstel*
surtaxe V • *verhoogde belasting* • *toeslag; strafport*
surtaxer OV WW *een extra belasting leggen op*
surtension V *(te) grote spanning*
surtout I M *tafelversiering* II BIJW *vooral*
surveillance V *toezicht (**de** op)*
surveillant M *surveillant; toezichthouder*
surveillé BNW *onder toezicht*
surveiller I OV WW *toezicht houden op;* OOK SPORT *bewaken* ⋆ JUR. liberté surveillée *vrijlating met ondertoezichtstelling* ⋆ être en résidence surveillée *onder huisarrest staan* II WKD WW (**se** ~) *zich in acht nemen*
survenir ON WW *onverwachts komen; onverwachts plaatsvinden*
survêtement M *trainingspak*
survie V • *(het) overleven* • *(het) voortbestaan* ‹na de dood› ⋆ kit de ~ *overlevingspakket*
survivance V • *overblijfsel* • *(het) overleven; overleving* • *(het) voortbestaan* ‹na de dood›
survivant I M [v: **survivante**] *overlevende; overblijvende* II BNW *overlevend; overgebleven*
survivre I ON WW (~ **à**) *overleven* II WKD WW (**se** ~) *voortleven*
survol M • *vlucht boven; (het) overvliegen* • *(het) vluchtig doornemen*
survoler OV WW • *vliegen boven* • *vluchtig doornemen*
survolté BNW INF. • *met te hoog voltage* • FIG. *te gespannen; oververhit; hectisch* • INF. *geil*
survolteur M *transformator*
sus (*zeg:* suu(s)) I BIJW *op; boven* ⋆ VERO. en sus *daarenboven* ⋆ en sus de *behalve; boven* ⋆ courir sus à qn *op iem. afstormen* II TW VERO. *vooruit!; kom op!*
sus- VOORV *op-; boven-*
susceptibilité V • *gevoeligheid; lichtgeraaktheid* • *vatbaarheid*
susceptible BNW • *lichtgeraakt* • (~ **de**) *in staat; vatbaar voor*
susciter OV WW • *verwekken* • *doen ontstaan* ⋆ ~ une querelle *een twist veroorzaken*
suscription V *adres* ‹op brief›
susdit (*zeg:* suu(s)die) BNW *voornoemd*
susmentionné BNW *bovengemeld*
susnommé I M [v: **susnommée**] *bovengenoemde* II BNW *bovengenoemd*
suspect (*zeg:* suuspè(kt)) I M *verdachte* II BNW *verdacht (**de** van)*

suspecter ov ww *verdenken*
suspendre I ov ww • *ophangen* • *opschorten; uitstellen* • *onderbreken* • *schorsen* ★ ~ sa marche *zijn wandeling onderbreken* **II** wkd ww (**se** ~) *zich vastgrijpen*
suspendu bnw • *hangend (***à, par** *aan); zwevend* • *uitgesteld* • *geschorst* ★ pont ~ *hangbrug*
suspens (*zeg:* -pa(n)) **I** m *spanning* **II** bnw *geschorst* ‹v. geestelijken› ★ en ~ *opgeschort; onbeslist; in spanning; in onzekerheid*
suspense I m *spanning* **II** v *kerkelijke schorsing*
suspensif bnw [v: **suspensive**] *opschortend; uitstellend*
suspension v • *uitstel; opschorting* • *schorsing* • *(het) (op)hangen* • TECHN. *ophanging* • VERO. *hanglamp* ★ en ~ *hangend; zwevend* ★ ~ d'armes *tijdelijke wapenstilstand* ★ points de ~ *gedachtepuntjes*
suspensoir m *draagband*
suspentes v mv *hangtouwen; hangkabels*
suspicieux bnw [v: **suspicieuse**] *argwanend*
suspicion v *argwaan; verdenking* ★ tenir en ~ *verdenken*
sustentation v *(het) in evenwicht houden* ‹v. vliegtuig› ★ plan de ~ *vleugel* ‹v. vliegtuig› ★ train à ~ *magneet(zweef)trein*
sustenter wkd ww (**se** ~) SCHERTS. *zich te goed doen*
susurration v *geruis; geritsel*
susurrement m *geruis; geritsel*
susurrer ov + on ww *ruisen; gonzen; fluisteren*
sut ww → **savoir**
sût ww → **savoir**
suture v • MED. *hechting* • *naad*
suturer ov ww *hechten*
suzerain I m *opperleenheer* **II** bnw *v.d. opperleenheer*
svastika m *hakenkruis*
svelte bnw *slank*
sveltesse v *slankheid*
s.v.p. AFK (s'il vous plaît) *a.u.b.; alstublieft*
swing m • MUZ. *swing* • SPORT *zijdelingse vuiststoot; swing*
swinguer on ww *swingen*
sybarite I m/v *sybariet; wekeling* **II** bnw *sybaritisch; verwijfd*
sycomore m *esdoorn*
sycophante m VERO. *verklikker*
syllabe v *syllabe; lettergreep* ★ ne pas répondre une ~ *geen antwoord geven*
syllabique bnw *lettergrepen-*
syllogisme m *sluitrede*
sylphe m *luchtgeest*
sylphide v • *vrouwelijke luchtgeest* • FIG. *slanke, bevallige vrouw*
sylvain m *bosgeest*
sylvestre bnw *in de bossen groeiend; bos-*
sylvicole bnw *bosbouw-*
sylviculteur m [v: **sylvicultrice**] *bosbouwer*
sylviculture v *bosbouw*
symbiose v *symbiose*
symbole m • *zinnebeeld; symbool* • *symbool; scheikundig teken* ★ le ~ des Apôtres *de twaalf geloofsartikelen*
symbolique I v *symboliek* **II** bnw *symbolisch*
symbolisation v *symbolisering*
symboliser ov ww *symboliseren; zinnebeeldig voorstellen*
symbolisme m • *symbolisme* • *symboliek*
symboliste I m/v *symbolist* **II** bnw *symbolistisch*
symétrie v *symmetrie*
symétrique bnw *symmetrisch*
sympa bnw INF. *sympathiek; prettig*
sympathie v *sympathie; genegenheid; medegevoel*
sympathique bnw [**sympa**] • *sympathiek; innemend* • *prettig*
sympathisant I m *sympathisant* **II** bnw *sympathiserend*
sympathiser on ww *sympathiseren (***avec** *met)* ★ ils ont tout de suite sympathisé *ze konden het meteen met elkaar vinden*
symphonie v *symfonie*
symphonique bnw *symfonisch*
symphoniste m/v • *schrijver van een symfonie* • *lid van een symfonieorkest*
symposium (*zeg:* -zjom) m *symposium*
symptomatique bnw *symptomatisch (***de** *voor); tekenend voor een ziekte*
symptôme m • *symptoom; ziekteverschijnsel* • *kenteken; verschijnsel* ‹v. misstand e.d.›
synagogue v • *synagoge* • *joodse godsdienst; joodse wet*
synchrone bnw *synchroon; gelijktijdig*
synchronique bnw *gelijktijdig; synchronisch* ★ tableau ~ *tabel waarop gelijktijdige feiten zijn aangegeven*
synchronisation v *synchronisatie*
synchroniser ov ww • *gelijktijdig maken* • *beelden en muziek op elkaar afstemmen; synchroniseren* ★ feux synchronisés *groene golf* ‹verkeer›
synchronisme m *synchronisme; gelijktijdigheid*
syncope v • *flauwte* • *(het) weglaten* ‹v. letter of woorddeel› • MUZ. *syncope* ★ tomber en ~ *flauw vallen*
syndic m • *bestuurder; beheerder* ‹v. flatgebouw namens eigenaren›; *gildemeester* • *curator* ‹in faillissement› • *gemachtigde* ★ les Syndics des drapiers *de Staalmeesters* ‹v. Rembrandt›
syndical bnw [m mv: **syndicaux**] *vakbonds-; v.e. (vak)vereniging*
syndicalisme m *vakbeweging*
syndicaliste I m/v *voorstander van de vakbeweging; lid der vakbeweging* **II** bnw *v.e. vakbeweging*
syndicat m • *vakbond; vakvereniging* • *syndicaat* ★ ~ d'initiative *VVV*
syndiqué m *lid v.e. vakvereniging*
syndiquer I ov ww *verenigen tot vakvereniging* **II** wkd ww (**se** ~) *een vakvereniging vormen*
syndrome m *syndroom*
synergie v *synergie; samenwerking*
synode m *synode*
synodique bnw *v.e. synode*
synonyme m *synoniem*
synonymie v *synonymie; gelijke betekenis*
synopsis v *synopsis; beknopt overzicht*
synoptique bnw *overzichtelijk* ★ tableau ~ *synopsis; overzicht*
synovie v *synovia; gewrichtsvloeistof*

S

syntaxe v *syntaxis; zinsbouw*
syntaxique BNW *syntactisch*
synthèse v *synthese; samenstelling; samenvatting tot een geheel*
synthétique BNW *synthetisch*
synthétiser OV WW • *samenvatten* • CHEM. *synthetisch produceren*
synthétiseur m *synthesizer*
syphilis v *syfilis*
syphilitique I m/v *lijder aan syfilis* II BNW *syfilitisch*
Syrie v *Syrië*
syrien BNW [v: **syrienne**] *Syrisch*
Syrien m [v: **Syrienne**] *Syriër*
systématique I v *systematiek* II BNW • *stelselmatig* • *consequent* • *systematisch*
systématisation v *systematisering*
systématiser OV WW *systematiseren*
système m *systeem; stelsel* ★ ~ féodal *leenstelsel* ★ INF. le ~ D(ébrouille-toi) *het zichzelf ergens doorheen slaan; het zichzelf zien te redden* ★ INF. je connais le ~ *ik weet hoe je dat moet aanpakken* ★ INF. taper sur le ~ à qn *op iemands zenuwen werken*
systole v *samentrekking* ‹v. hart›
s/-S AFK (sur Seine) ... *aan de Seine*

S

T

t m *letter t*
t' PERS VNW [= **tu**] *je*
ta BEZ VNW *je; jouw*
tabac m • *tabak* • INF. *tabakswinkel* • INF. *tabaksplant* • *tabakskleur* ★ bureau de ~ *(staats)tabakswinkel waar men ook postzegels verkoopt* ★ c'est le même ~ *het is hetzelfde* ★ pot à ~ *klein en dik persoon* ★ INF. passer à ~ *afranselen* ★ coup de ~ *felle, korte storm* ★ faire un ~ *succes hebben* ★ VERO. les ~s *het bestuur van de tabaksregie*
tabagie v SCHERTS. *rookhol*
tabagisme m *nicotinevergiftiging*
tabassée v INF. *aframmeling*
tabasser OV WW INF. *aftuigen*
tabatière v *snuifdoos* ★ fenêtre à ~ *schuin dakraam; klapvenster*
tabernacle m • *tent* • *tabernakel* ★ fête des ~s *Loofhuttenfeest*
tablature v *tablatuur*
table v • *tafel; eettafel* • *tafel; plaat; vlak van steen of metaal* • *lijst; tabel* • *tafelgenoten* ★ mettre/dresser la ~ *de tafel dekken* ★ cela fit rire toute la ~ *dat deed iedereen aan tafel lachen* ★ se mettre à ~ *aan tafel gaan;* FIG. *bekennen; doorslaan* ★ ~ de nuit *nachtkastje* ★ ~ de communion *communiebank* ★ les ~s de la loi *de tafelen der Wet* ★ ~ de cuisson *kookplaat* ★ ~ d'autel *altaarblad* ★ ~ des matières *inhoudsopgave* ★ ~ de multiplication *tafel v. vermenigvuldiging* ★ faire ~ rase *schoon schip maken; tabula rasa maken*
tableau m [mv: **tableaux**] • *schilderij; tafereel* • *toneel* • *tabel; lijst* • *schoolbord* • *tafereel* ‹toneel› • *geschoten wild* • *bord; paneel* • SCHEEPV. *spiegel* ★ ~ noir *schoolbord* ★ ~x vivants *levende beelden* ★ ~ de chasse *(jacht)buit* ★ ~ de dessin *tekentafel* ★ ~ indicateur *nummerbord* ★ ~ de bord *dashboard* ★ ~ d'affichage *scorebord*
tableautin m *schilderijtje*
tablée v *tafelgezelschap*
tabler ON WW • *rekenen; vertrouwen* • (~ **sur**) *rekenen op*
tablette v • *pil* • *plank* • *blad* • *plak; tablet* ★ mettre/écrire/inscrire sur ses ~s *iets in zijn geheugen prenten; nota van iets nemen* ★ ~ de lavabo *plaat boven een wastafel*
tablier m • *voorschoot; schort* • *dashboard* • *brugdek* ★ ~ de cuisine *keukenschort*
tabloïd(e) m *boulevardkrant(je)*
tabou I m *taboe* II BNW *taboe; heilig; onschendbaar*
tabouret m • *taboeret; krukje* • *voetenbankje*
tabulaire BNW • *tabelvormig* • *tafelvormig*
tabulateur m *tabulator* ‹v. schrijfmachine›
tabulatrice v *ponskaartenmachine*
tac (*zeg:* tak) m *tik* ‹v. degen› ★ riposter du tac au tac *een aanval bij het schermen met een tegenaanval beantwoorden;* FIG. *iemand lik op stuk geven*
tache v *vlek;* FIG. *smet* ★ ~ de rousseur *sproet*

★ ~ solaire *zonnevlek* ★ faire ~ *niet passen* ★ ~ originelle *erfzonde* ★ ~ de son *sproet*
tâche v *taak* ★ à chaque jour suffit sa ~ *men moet niet te veel hooi op zijn vork nemen* ★ prendre à ~ de *zich tot taak stellen te* ★ travailler à la ~ *tegen stukloon werken*
tachéomètre m → **tachymètre**
tacher OV WW *bevlekken*; *bezoedelen*
tâcher ON WW *trachten*; *pogen*; *proberen (***de** *te)*
tâcheron m • *onderaannemer* • *stukwerker*
tacheter OV WW *(be)vlekken*
tachycardie (*zeg:* takie-) v *versnelde hartslag*
tachygraphe (*zeg:* -takie) m *tachograaf*
tachymètre (*zeg:* takie-) m *snelheidsmeter*; *toerenteller*; *tachometer*
tacite BNW *stilzwijgend*
taciturne BNW *zwijgzaam* ★ Guillaume le Taciturne *Willem de Zwijger*
tacler OV WW *tackelen*
tacot m INF. *rammelkast* ‹auto›
tact (*zeg:* takt) m • *tact*; *handigheid in de omgang*; *fijngevoeligheid*; *kiesheid* • *gevoel*; *tastzin*
tacticien m [v: **tacticienne**] *tacticus*
tactile BNW • *voel-*; *tast-* • *tastbaar*
tactique I v *tactiek* II BNW *tactisch*
taffetas (*zeg:* -ta) m *taf(zijde)*
tag m • *muurtekening* • *graffiti*
tagueur m [v: **tagueuse**] *graffitispuiter*
taie v • *witte vlek op het oog* • *sloop*
taillade v • *split* • *snee*
taillader OV WW *kerven*; *snijden in*
taille v • *afmeting*; *grootte*; *maat*; *formaat* • *middel*; *taille* • *(het) hakken*; *(het) houwen* • *(het) snijden* • *gestalte* • *figuur* • *hout dat na het hakken weer uitloopt* • *kerfstok* • *insnijding met de graveerstift* • *blaassteenoperatie* • *(het) slijpen van diamanten* • *(het) snoeien van bomen* • *scherp van een degen* ★ à/de la ~ de *in verhouding tot*; *geschikt voor* ★ être de ~ à *opgewassen zijn tegen*; *sterk genoeg zijn om ...* ★ avoir la ~ bien prise *een aardig figuurtje hebben* ★ gravure en ~ dure *staalgravure*
taillé BNW • FIG. *gebouwd* • *gesnoeid*; *bijgepunt* ★ être ~ pour *geknipt zijn voor*
taille-crayon(s) m *puntenslijper*
taille-douce m [mv: **tailles-douces**] *kopergravure* ★ gravure en ~ *kopergravure*
tailler I OV WW • *snijden* • *slijpen* • *snoeien* • *knippen* • *hakken*; *houwen* ★ ~ en pièces *in de pan hakken* II WKD WW (**se** ~) INF. *ervandoor gaan*; *veroveren*
tailleur m • *kleermaker* • *slijper*; *houwer*; *snijder*; *snoeier* ★ (costume) ~ *dameskostuum, bestaande uit jasje en rok of broek*
tailleur-pantalon m [mv: **tailleurs-pantalons**] *broekpak*
taillis I m *hakhout*; *kreupelhout* II BNW ★ bois ~ *kreupelhout*; *hakhout*
taire I OV WW *verzwijgen* ★ faire ~ *het zwijgen opleggen* ★ faire ~ le canon *het kanon tot zwijgen brengen* II WKD WW (**se** ~) *zwijgen*
talc m *talk*
talent m • *oud Grieks gewicht* • *oude Griekse munt* • *talent*; *gave* • *begaafd mens*
talentueux BNW [v: **talentueuse**] • *begaafd* • *talentvol*
taler OV WW *kneuzen* ‹v. vruchten›
talion m *wedervergelding* ★ la loi du ~ *oog om oog, tand om tand*; *kwaad met kwaad vergelden*
talisman m *talisman*
talkie-walkie m [mv: **talkies-walkies**] *walkie-talkie*
talle v *wortelscheut*
taller ON WW *uitstoelen*
talmud m *talmoed*
talmudique BNW *v.d. talmoed*
taloche v *oorvijg*
talocher OV WW • INF. *een oorvijg geven aan* • *stukadoren*; *pleisteren*
talon m • *hak* • *hiel* • *achterstuk*; *uiteinde* • *stok* ‹kaartspel› • *talon* ‹v. effect enz.› ★ marcher sur les ~s de qn *iem. op de hielen zitten* ★ montrer les ~s *de hielen lichten*
talonnement m *(het) aansporen*; FIG. *(het) op de hielen zitten*
talonner OV WW • *aansporen v.e. paard* ‹met hielen, sporen› • *achtervolgen* • *achteruit schieten* ★ ~ un ennemi *een vijand op de hielen zitten*
talonnette v • *inleghak* • *stootband v. broek*
talquer OV WW *met talk bepoederen*
talqueux BNW [v: **talqueuse**] *talkachtig*
talus (*zeg:* -luu) m *talud*; *glooiing*
tamarin m *tamarinde* ‹vrucht›
tamarinier m *tamarinde* ‹boom›
tamaris (*zeg:* -ries) m *tamarisk*
tambouille v INF. • *slecht eten* • *keuken*
tambour m • *trom* • *trommelslager* • *trommelholte* ‹v. oor› • *cilinder* ‹v. horloge› • *borduurraam* • *draaideur*; SCHEEPV. *raderkast* ★ ~ battant *met slaande trom* ★ battre du ~ *de trom roeren* ★ porte à ~ *draaideur* ★ partir sans ~ ni trompette *met stille trom vertrekken*
tambourin m *tamboerijn*; *hoge*; *smalle trom*
tambourinage m [**tambourinement**] *getrommel*
tambouriner I OV WW • *trommelen* • *door de omroeper laten rondtrommelen*; FIG. *rondbazuinen* II ON WW *trommelen*
tambour-major m [mv: **tambours-majors**] *tamboer-majoor*
tamis (*zeg:* -mie) m *zeef* ★ passer au ~ *ziften*; *zeer nauwkeurig onderzoeken*
tamisage m *(het) zeven*
Tamise v *Theems*
tamiser I OV WW • *ziften*; *zeven* • *filteren*; *dempen* ‹v. licht› II ON WW *wind doorlaten* ★ voile qui tamise *versleten zeil*
tamoul BNW *Tamil-*
tampon m • *tampon* • *stop*; *prop*; *plug* • *inktrol*; *inktkussen*; *stempel* • *buffer* • INF. *ronde platte pet*; *ordonnans* ★ coup de ~ *vuistslag* ★ vernir au ~ *politoeren*
tamponnement m → **tamponner**
tamponner OV WW • *betten* • *insmeren met een prop* • *botsen tegen* • *stempelen*
tamponneur BNW [v: **tamponneuse**] *botsend* ★ auto tamponneuse *botsauto*
tam-tam m [mv: **tam-tams**] • *gong*; *keteltrom* • INF. *drukte*; *ophef* ★ faire du ~ *drukte*

maken
tancer OV WW *berispen; een uitbrander geven aan*
tanche V *zeelt* ‹vis›
tandem m *tandem*
tandis que (*zeg:* -die(s)k) VW *terwijl; daarentegen*
tangage m → **tanguer**
tangence V *aanraking* ★ point de ~ *raakpunt* ‹v. lijnen of vlakken›
tangent BNW *rakend* ★ c'est ~ *het is kiele kiele*
tangente V *raaklijn; tangens* ★ prendre la ~ *ongezien ontkomen*
tangentiel BNW [v: **tangentielle**] *wat de raaklijn betreft; tangentieel*
tangible BNW *voelbaar; tastbaar*
tango m *tango*
tanguer ON WW • *stampen* ‹v. schip›; *schudden* ‹v. vliegtuig› • INF. *de tango dansen*
tanière V • *dierenhol* • *krot*
tanin m [**tannin**] *looistof*
tank m *gevechtswagen*
tanker m *olietanker*
tannage m → **tanner**
tannant BNW • *geschikt voor het looien* • INF. *vervelend*
tanner OV WW • *looien* • *bruinen* • INF. *erg vervelen; plagen*
tannerie V *leerlooierij*
tanneur m [v: **tanneuse**] *leerlooier*
tannin m *looistof*
tansad m [**tan-sad**] *duozitting*
tant BIJW • *zoveel; zo* • *zolang* ★ tant que *zolang; zover* ★ tant pis *jammer; pech gehad* ★ tant s'en faut *verre van dat* ★ si tant est que *als het waar is dat; verondersteld dat* ★ tant bien que mal *zo goed en zo kwaad als het gaat/ging* ★ en tant que *voor zover* ★ tant mieux *des te beter* ★ (un) tant soit peu *enigszins; een beetje*
Tantale *Tantalus*
tante V • *tante* • INF. *homo(fiel)* ★ INF. ma ~ *bank van lening; de lommerd* ★ grand'~ *oudtante*
tantième m *aandeel in de winst; tantième*
tantine KIND. V *tantetje*
tantinet m *een klein beetje*
tantôt I m VERO. *middag* II BIJW *zo meteen; straks* ★ à ~ *tot straks* ★ ~ ... ~ *nu eens, dan weer*
Tanzanie V *Tanzania*
taon (*zeg:* ta(n)) m *horzel*
tapage m *geraas; lawaai* ★ faire du ~ *herrie maken; opschudding verwekken*
tapageur [v: **tapageuse**] I m *herrieschopper* II BNW • *luidruchtig* • *opzichtig*
tapant BNW *klokslag* ★ midi ~ *klokslag twaalf uur* ‹'s middags›
tape V *tik; klapje*
tapé BNW • INF. *getikt* • *raak* • *plat en gedroogd* ‹v. peer in de oven› ★ INF. c'est tapé! *die zit!*
tape-à-l'œil I m (onver.) *opzichtigheid* II BNW *opvallend*
tapecul m [**tape-cul**] *hotsend rijtuig*
tapée V INF. *groot aantal* ★ une ~ d'enfants *een rits kinderen*
taper I OV WW • *slaan; tikken; kloppen* • *dichtstoppen* • *tikken; typen* • *op een piano rammelen* • INF. *geld lenen* II ON WW • *kloppen; slaan; tikken* • *steken* ‹v. zon› ★ ~ dans le mille *in de roos schieten* III WKD WW (**se** ~) • INF. *eten; drinken; naar binnen werken* • INF. *afleggen* ‹v. weg› • INF. *opknappen* ‹v. werk› • *elkaar slaan*
tapette V • INF. *tong* • *klapje; tikje* • *kleerklopper* • *soort knikkerspel* • ARG. *mannelijke homoseksueel* ★ tu as une (bonne) ~ ! *je bent een grote kletskous !*
tapeur INF. m [v: **tapeuse**] *iem. die veel leent*
tapin m VERO. *tamboer* ★ ARG. faire le ~ *tippelen*
tapinois BIJW ★ en ~ *stilletjes; heimelijk*
tapioca m *tapioca*
tapir I m • *tapir* • ARG. *bijlesklant* II WKD WW (**se** ~) *zich verbergen; neerhurken*
tapis (*zeg:* -pie) m • *vloerkleed* • *tapijt; tafelkleed* • *mat* ‹judo› ★ mettre sur le ~ *te berde brengen* ★ ~ roulant *lopende band; roltrap* ★ le ~ vert *het groene laken; de speeltafel* ★ ~ de billard *biljartlaken* ★ ~ de table *tafelloper*
tapis-brosse m [mv: **tapis-brosses**] *ruige deurmat*
tapisser OV WW • *behangen; stofferen* • *bekleden; bedekken*
tapisserie V • *wandtapijt* • *borduurwerk* • *behang* ★ faire ~ *muurbloempje zijn*
tapissier m [v: **tapissière**] • *tapijtwever* • *tapijtverkoper; stoffeerder* • *behanger*
tapoter OV WW • *tikken* • *op de piano pingelen*
taquet m *wig;* SCHEEPV. *kikker*
taquin I m [v: **taquine**] *plaaggeest* II BNW *plaagziek*
taquiner OV WW *plagen*
taquinerie V • *plaagzucht* • *plagerij*
tarabiscoter OV WW • *overladen met versiering* • *opsmukken*
tarabuster OV WW *hinderen; vervelen*
taratata TW *loop heen!; och kom!*
taraud m *houtschroef*
tarauder OV WW • TECHN. *uitboren en een schroefdraad maken* • FIG. *knagen aan*
tard BIJW *laat* ★ au plus tard *op zijn laatst* ★ il se fait tard *het wordt laat* ★ sur le tard *op (te) late leeftijd; op het nippertje*
tarder I ON WW *dralen* ★ il ne ~a pas à venir *hij zal spoedig komen* II ONP WW ★ il me tarde de [+ inf.] *ik verlang ernaar om te*
tardif BNW [v: **tardive**] • *laat* • *langzaam* • *achterlijk* ★ une fleur tardive *een laatbloeiende bloem*
tardivement BIJW • *laat* • *langzaam*
tare V • *tarra* • *gebrek; fout;* FIG. *smet*
taré BNW • *bedorven; berucht* • *gek; belachelijk*
tarentelle V • *tarantella; Zuid-Italiaanse dans* • *muziek bij die dans*
tarentule V *tarantula; soort grote spin*
tarer OV WW • *beschadigen* • *bezoedelen; een smet werpen op* • *de tarra bepalen; tarreren*
targette V *schuif; grendel*
targuer WKD WW (**se** ~) *prat gaan (op); zich laten voorstaan (op)*
tarière V • *soort boor; avegaar* • *legboor* ‹v. insect›

T

tarif m *tarief* ★ ~ mobile *glijdend tarief*
tarifaire BNW *volgens het tarief*
tarifer OV WW *de prijs vaststellen van*; *het tarief vaststellen van*
tarification v *tarifering*; *tariefbepaling*; *tariefregeling*
tarin m • *sijsje* • INF. *neus*
tarir I OV WW *doen opdrogen*; *uitputten* II ON WW • *uitdrogen* • *ophouden* ★ pleurs qui ne tarissent pas *tranen die niet te stelpen zijn* ★ ne pas ~ sur un sujet *niet uitgepraat raken over een onderwerp*
tarissement m • *opdroging* • *uitputting*
tarot m *tarok* ★ jeu de ~s *tarok*
tarse m • *voetwortel* • *laatste deel van een insektepoot*; *tars*
tartan m • *Schotse geruite stof* • *kledingstuk van die stof*
tartare I m *tartaartje* II BNW *Tartaars*
Tartare I m *Tartarus* II m/v *Tartaar*
tarte I v • *taart* • INF. *klap*; *trap* ★ ~ à la crème *loze kreet* ★ c'est pas de la ~ *dat is moeilijk/naar* II BNW INF. *stom*; *idioot*; *lelijk*
tartelette v *taartje*
tartempion m PEJ. *oelewapper*; *huppeldepup*
tartine v • *boterham* • INF. *lang artikel*; *langdradig betoog*
tartiner OV WW • *besmeren* • *beleggen*
tartre m • *wijnsteen* • *tandsteen* • *ketelsteen*
tartuffe m *huichelaar*
tas (*zeg:* tà) m • *hoop*; *stapel*; *heleboel* • *troep* • *klein draagbaar aanbeeld* ★ dans le tas *in de grote massa* ★ sur le tas *op het werk*; *in de praktijk* ★ formation sur le tas *opleiding in het bedrijf*
t'as PERS VNW INF. [= **tu as**]
tasse v *kopje* ★ boire une ~ *water binnenkrijgen* ‹bij het zwemmen› ★ demi-~ *klein kopje koffie* ★ la grande ~ *de zee*
tassé BNW • *vol* • *sterk* • *op zijn minst* ★ bien ~ *afgeladen*
tasseau m [mv: **tasseaux**] *klamp*
tassement m *verzakking*
tasser I OV WW • *opstapelen* • *opeenpakken*; *op elkaar persen* ★ café bien tassé *zeer sterke koffie* ★ verre bien tassé *tot de rand gevuld glas* ★ ils étaient tassés dans le métro *ze zaten als een haring in een ton in de metro* II WKD WW (**se** ~) • INF. *in orde komen* • *verzakken*; *in elkaar zakken* • INF. *dicht op elkaar kruipen* • *zich volproppen*
taste-vin m [**tâte-vin**] (onver.) *hevel*, *schaaltje voor het proeven van wijn*
tata v KIND. *tante*
tatanes v mv INF. *stappers* ‹schoenen›
tâter I OV WW • *betasten*; *bevoelen* • *aan de tand voelen* • *onderzoeken*; *polsen* ★ ~ le pavé *aarzelend voorwaarts gaan* ★ ~ le pouls *de pols voelen* ★ FIG. ~ le terrain *het terrein verkennen* II ON WW • *voelen*; *tasten* • (~ **de**) *beproeven*; *proberen*; VERO. *proeven* III WKD WW (**se** ~) *aarzelen* ★ je me tâte *ik moet er nog even over nadenken*
tatillon [v: **tatillonne**] I m *pietluttig persoon* II BNW *pietluttig*
tâtonnement m • *(het) tasten*; *zoeken* • *weifeling*
tâtonner ON WW • *zoeken*; *tasten* • *weifelen*
tâtons DEEL V. SAMENST ★ à ~ *op de tast*; *op het gevoel*
tatou m *gordeldier*
tatouage m *tatoeëring*
tatouer OV WW *tatoeëren*
taudis (*zeg:* -die) m *krot*
taulard m ARG. *bajesklant*
taule v [**tôle**] • INF. *kamer* • ARG. *bajes*; *gevangenis*
taulier m [v: **taulière**] *(slechte) hospes*; *kamerverhuurder*
taupe v • *mol* • *mollenvel* ★ myope comme une ~ *stekeblind* ★ guerre de ~s *loopgravenoorlog* ★ aller au royaume des ~s *sterven*
taupière v *mollenval*
taupin m • *kniptor* • ARG. *kandidaat voor de Ecole polytechnique*
taupinière v [**taupinée**] • *molshoop* • *kleine hoogte* • *laag gebouwtje* ★ faire une montagne d'une ~ *van een mug een olifant maken*; *heel erg overdrijven*
taureau m [mv: **taureaux**] • *stier* • *sterke man* • ASTROL. *Stier* ★ cou de ~ *stierennek* ★ course de ~x *stierengevecht* ★ prendre le ~ par les cornes *de koe bij de hoorns vatten*
taurillon m *jonge stier*
tauromachie v *stierengevecht*
tautologie v *tautologie*; *overbodige herhaling*
taux m • *percentage* • *vastgestelde prijs* • *rentevoet* • *belastingaanslag* • *maatstaf*; *peil* ★ taux de change *wisselkoers* ★ taux de chômage *werkloosheidscijfer* ★ taux de travail *toelaatbare werkdruk*
tavelé BNW *gespikkeld*
taveler OV WW *spikkelen*
taverne v *herberg*
tavernier m [v: **tavernière**] VERO. *herbergier*
taxateur I m *taxateur* II BNW *schattend*
taxation v • *schatting* • *prijsbinding*
taxe v • *belasting*; *aanslag* • *officieel vastgestelde prijs*; *tarief* ★ taxe de séjour *verblijfsbelasting die een hotel moet heffen* ★ taxe foncière/d'habitation *onroerendezaakbelasting*; *woz* ★ taxe professionnelle *bedrijfsbelasting*
taxer OV WW • *een prijs officieel vaststellen* • *schatten*; *taxeren* • *belasting vaststellen voor* • (~ **de**) *beschuldigen van*
taxi m • *taxi* • *taxichauffeur*
taxidermie v *kunst v.h. opzetten v. dieren*
taximètre m *taximeter*; *taxameter*
Tchad m *Tsjaad*
tchatche v ★ INF. avoir de la ~ *een vlotte babbel hebben*
tchécoslovaque BNW *Tsjecho-Slowaaks*
Tchécoslovaque m/v *Tsjecho-Slowaak*
Tchécoslovaquie v *Tsjecho-Slowakije*
tchèque I m *het Tsjechisch* II BNW *Tsjechisch*
Tchèque m/v *Tsjech*
tchin-tchin TW *proost!*
T.D. AFK (travaux dirigés) *werkcollege*
te PERS VNW *je*
té I m *T-vormig voorwerp*; *tekenhaak* II TW *hé!*; *kijk!* ‹in Z.-Frankrijk›
technicien (*zeg:* tek-) m [v: **technicienne**]

T

technicus; *vakman*
technicité (*zeg:* tek-) v *technisch karakter*
technico-commercial (*zeg:* tek-) BNW [m mv: **technico-commerciaux**] *commercieel-technisch*
technique (*zeg:* tek-) I v *techniek* II BNW *technisch* ★ incident ~ *technische storing* ★ terme ~ *vakterm*
technocrate (*zeg:* tek-) m/v *technocraat*
technologie (*zeg:* tek-) v *technologie*; *bedrijfsleer*
technologique (*zeg:* tek-) BNW *technologisch*
technologue (*zeg:* tek-) m/v *technoloog*
teck m [**tek**] *teak(hout)*
teckel m *teckel*
tectonique BNW *tektonisch*
tectrice v *dekveer*
TEE AFK (Trans-Europe-Express) *TEE*; *Trans-Europa-Express*
teenager m/v *teenager*
tee-shirt m [mv: **tee-shirts**] *T-shirt*
téflon m *teflon*
tégument m *bedekking*; *bekleedsel*
teigne v • *mot* • *hoofdzeer* • ARG. *klerewijf*
teigneux BNW [v: **teigneuse**] • *zeerhoofdig* • *zo vals als een kat*
teindre OV WW *verven* ★ INF. elle est teinte *ze heeft geverfd haar*
teint m • *gelaatskleur* • *kleur van geverfde stoffen* • (het verven) ★ grand ~ *wasecht*
teinte v • *kleur*; *tint* • *glimp*; *zweem* ★ ~ d'ironie *ironische ondertoon*
teinter OV WW *met één kleur verven* ★ papier teinté *getint papier* ★ se ~ d'ironie *een zweem van ironie hebben/krijgen*
teinture v • *kleurstof* • *(het) verven* • *kleur* • *oppervlakkige kennis* • *tinctuur*
teinturerie v • *ververij* • *stomerij*
teinturier [v: **teinturière**] I m • *verver* • *stomer* II BNW *vervend* ★ ouvrier ~ *schilder*
tek m *teak(hout)*
tel BNW [v: **telle**] • *zulk*; *zo*; *zodanig*; *dergelijk* • *middelmatig* ★ un tel homme *zo'n man* ★ tel que *zoals*; *evenals* ★ tel rit aujourd'hui qui pleurera demain *menigeen die vandaag lacht kan morgen huilen* ★ tel quel *onveranderd*; *in dezelfde toestand* ★ monsieur un tel *mijnheer die en die* ★ un vin tel *een middelmatige wijn* ★ tel père, tel fils *de appel valt niet ver van de boom* ★ tels des princes *als vorsten* ★ il n'est pas riche, mais passe pour tel *hij is niet rijk, maar geldt wel als zodanig*
tél. AFK (téléphone) *tel.*
télé v *televisie*; *televisietoestel*
téléachat m *(het) telewinkelen*
télécabine v [**télébenne**] • *kabelbaan* • *kabelbaanschuitje*
télécarte v *telefoonkaart*
télécharger OV WW *downloaden*
télécommande v • *(het) besturen op een afstand* • *afstandsbediening*
télécommander OV WW • *op een afstand besturen* • *inspireren*
télécommunication v *telecommunicatie*
télécopie v *fax*
télécopier OV WW *faxen*

T

télécopieur m *faxapparaat*
télédiffuser OV WW *via televisie uitzenden*
télédistribution v *kabeltelevisie*
téléenseignement m *afstandsonderwijs*
téléférique m [**téléphérique**] *kabelbaan*
téléfilm m *tv-film*
télégénique BNW *telegeniek*; *geschikt voor tv-uitzendingen*
télégramme m *telegram*
télégraphe m *telegraaf*
télégraphie v *telegrafie* ★ ~ sans fil *draadloze telegrafie*
télégraphier OV WW *telegraferen*
télégraphique BNW *telegrafisch* ★ style ~ *telegramstijl*
télégraphiste m/v • *telegrafist* • *telegrambesteller*
téléguidage m *afstandsbesturing*
téléguider OV WW *op afstand besturen*
téléimprimeur m *telexapparaat*; VERO. *teletype*
téléinformatique v *datacommunicatie*
télékinésie v *telekinese*
télématique v *telecommunicatie*; *informatiesysteem (telefoon, tv en computer)*
télémètre m *afstandsmeter*; *telemeter*
téléobjectif m *telelens*
télépathie v *telepathie*
télépathique BNW *telepathisch*
téléphérique m → **téléférique**
téléphone m *telefoon*; *telefoontoestel* ★ coup de ~ *telefoontje* ★ ~ mobile *mobiele telefoon*; *gsm* ★ ~ de voiture *autotelefoon* ★ ~ rouge *hotline* ★ INF. ~ arabe *tamtam*
téléphoner OV + ON WW *telefoneren*
téléphonie v *telefoonverkeer* ★ ~ sans fil *draadloze telefonie*
téléphonique BNW *telefonisch*
téléphoniste m/v *telefoonbeambte*
télescopage m *botsing* ⟨verkeer⟩
télescope m *telescoop*
télescoper OV WW *botsen met/op*
télescopique BNW *telescopisch*
téléscripteur m *telexapparaat*
téléshopping m ★ faire du ~ *telewinkelen*
télésiège m *stoeltjeslift*
téléski m *skilift*
téléspectateur m [v: **téléspectatrice**] *televisiekijker*
télésurveillance v *bewaking via monitor(en)*
télétexte m *teletekst*
télétravailleur m *telewerker*
télévente v *telefonische verkoop*
téléviser OV WW *via de televisie uitzenden*
téléviseur m *televisietoestel*
télévision v *televisie*
télex m *telex*
télexiste m/v *telexist*
tellement BIJW *zo*; *zodanig*; *zozeer* ★ LIT. ~ quellement *zo zo* ★ INF. ~ de *zoveel*; *een boel*
tellurique BNW • *aard-* • *tellurium-*
téméraire I m/v *waaghals* II BNW *stoutmoedig*; *dapper*; *roekeloos* ★ Charles le Téméraire *Karel de Stoute*
témérité v *stoutmoedigheid*; *dapperheid*; *roekeloosheid*
témoignage m *blijk*; *getuigenis*; *bewijs* ★ porter ~ *getuigenis afleggen*

témoigner I OV WW *bewijzen*; *betuigen* II ON WW • *getuigenis afleggen* • (~ **de**) *betuigen*; *blijk geven van* • (~ **pour**) *pleiten voor*
témoin I m • *getuige* • *getuigenis*; *bewijs* • *secondant* • SPORT *estafettestokje* ★ ~ oculaire *ooggetuige* ★ prendre à ~ *ten getuige roepen* II BNW ★ appartement ~ *modelwoning* ★ lampe ~ *controlelamp*
tempe v *slaap* ‹aan het hoofd›
tempérament m • *temperament*; *gestel*; *neiging* • *gematigdheid* • *bemiddeling*; *middenweg* ★ vente à ~ *verkoop op afbetaling*
tempérance v *gematigdheid*; *matigheid* ★ société de ~ *vereniging tot bestrijding van drankmisbruik*
tempérant BNW *matig*; *sober*
température v *temperatuur* ★ avoir de la ~ *verhoging hebben*
tempéré BNW • *gematigd* • MUZ. *getemperd*
tempérer OV WW *matigen*; *temperen*
tempête v *storm*
tempêter ON WW *uitvaren*; *tekeergaan*
tempétueux BNW [v: **tempétueuse**] *stormachtig*; *onstuimig*
temple m • *protestantse kerk* • *tempel*
templier m *tempelier*
tempo m MUZ. *tempo*
temporaire BNW *tijdelijk*
temporal BNW [m mv: **temporaux**] *van de slapen*
temporel I m • *(het) tijdelijke* • *(de) wereldlijke macht* II BNW [v: **temporelle**] • *tijdelijk* • *wereldlijk*
temporisateur BNW [v: **temporisatrice**] *dralend*; *geneigd tot uitstel*
temporisation v *(het) talmen*; *uitstel*; *tijdwinning*
temporiser ON WW *uitstellen*; *dralen*
temps m • *tijd* • *tempo*; *maat* • *weer* ★ mesure à trois ~ *driekwartsmaat* ★ à ~ *op tijd*; *tijdig* ★ de ~ en ~ *van tijd tot tijd* ★ avoir le ~ *tijd hebben* ★ ces derniers ~ *de laatste tijd* ★ dans le ~ *indertijd* ★ de ~ à autre *van tijd tot tijd* ★ de tout ~ *te allen tijde* ★ en même ~ *te zelfder tijd*; *tevens* ★ en ~ et lieu *bij gelegenheid* ★ entre ~ *ondertussen* ★ en ~ utile *tijdig* ★ être de son ~ *met zijn tijd meegaan* ★ faire son ~ *zijn tijd uitdienen* ★ il a fait son ~ *hij heeft zijn tijd gehad* ★ ~ mort *time-out* ★ ~ partagé *timesharing* ★ prendre bien son ~ *het goede ogenblik kiezen* ★ prendre du bon ~ *het ervan nemen* ★ réparer le ~ perdu *de verloren tijd inhalen* ★ il fait beau ~ *het is mooi weer* ★ le ~ est beau *het is mooi weer* ★ ~ de chien *hondenweer* ★ gros ~ *zwaar weer* ‹op zee› ★ par tous les ~ *weer of geen weer*
tenable BNW *houdbaar*
tenace BNW • OOK FIG. *taai* • *koppig* ★ mémoire ~ *sterk geheugen*
ténacité v • *taaiheid* • FIG. *taaiheid*; *koppigheid*
tenailler OV WW • GESCH. *een misdadiger met gloeiende tangen folteren* • *kwellen*; *folteren*
tenailles v mv *(nijp)tang*
tenancier m [v: **tenancière**] • *houder* • *pachter*
tenant I m [v: **tenante**] *voorstander*; *verdediger* ★ les ~s et les aboutissants *de aangrenzende delen*; *de ins en outs* ★ tout d'un ~ *aan één stuk* ★ tout en un ~ *aan één stuk* II BNW ★ séance ~e *staande de vergadering*; *op staande voet*
tendance v *neiging*; *strekking*; *streven*; *tendens*; *tendentie*
tendancieux BNW [v: **tendancieuse**] *met een bepaalde strekking*; *tendentieus*
tender m *tender*
tendeur m *spanner* ★ ~ de pièges *strikkenzetter*
tendineux BNW [v: **tendineuse**] *peesachtig*
tendinite v *peesontsteking*; *tendinitis*
tendon m *pees*
tendre I BNW • *zacht*; *week* • *teder*; *gevoelig*; *zacht* • *zacht* ‹v. kleur› ★ pain ~ *vers brood* ★ mot ~ *kooswoordje* ★ dès l'âge le plus ~ *vanaf de prilste jeugd* II OV WW • *spannen*; *strekken*; *rekken* • *toesteken*; *uitstrekken* • *inspannen* • *behangen* ★ ~ la main *een helpende hand toesteken* ★ ~ son esprit *diep nadenken* III ON WW (~ **à**) *neigen tot*; *gericht zijn op*; *leiden tot*; *strekken tot* IV WKD WW (**se ~**) *gespannen worden* ‹v. betrekkingen›
tendresse v *tederheid*; *liefde*
tendreté v *malsheid*; *zachtheid*
tendron m • *loot* • INF. *zeer jong meisje* ★ ~ de veau *kalfsborst*
tendu WW (volt. deelw.) → **tendre**
ténèbres v mv • *duisternis* • *onwetendheid*; *onzekerheid* ★ l'empire des ~ *de hel*
ténébreux BNW [v: **ténébreuse**] • *donker*; *duister* • *somber* • *wat het daglicht niet kan verdragen* • *moeilijk te begrijpen* ★ des projets ~ *snode plannen*
teneur I m [v: **teneuse**] ★ ~ de livres *boekhouder* II v • *gehalte* • *inhoud* ★ la ~ d'un vin en alcool *het alcoholgehalte van een wijn*
ténia m *lintworm*
tenir I OV WW • *houden*; *vasthouden* • *houden*; *onderhouden* • *inhouden*; *bevatten* • *houden voor*; *beschouwen* • *hebben*; *bezitten* • *houden*; *besturen* • *vasthouden*; *tegenhouden* • *ophouden* • *innemen*; *beslaan* • *vernomen hebben van* • *spelen*; *bespelen* ★ tiens! *kijk!*; *pak aan!*; *hier!* ★ ~ conseil *raad houden* ★ ~ tête *het hoofd bieden* ★ ~ en bon état *in goede staat houden* ★ je vous tiens *daar heb ik je* ★ ~ boutique *een winkel houden* ★ ~ une classe *leiding geven aan een klas* ★ ~ son rang *zijn stand ophouden* ★ je tiens cela de mon frère *ik heb dat van mijn broer gehoord* ★ ~ l'orgue *de orgelpartij spelen* • (~ **de**) *aarden naar*; *lijken op* II ON WW • *vastzitten (aan)* • *zitting houden* • *het uithouden* • *aanhouden* • *passen* ★ ~ bien sur la route *vast op de weg liggen* ★ ~ ferme *standhouden* ★ la neige ne tiendra pas *het zal niet blijven sneeuwen* • (~ **à**) *gesteld zijn op*; *afhangen van*; *grenzen aan* ★ ma maison tient à la sienne *mijn huis grenst aan dat van hem* III ONP WW ★ il tient bien 190 personnes dans cette salle *die zaal biedt plaats aan wel 190 mensen* ★ qu'à cela ne tienne *laat dat geen bezwaar zijn* ★ il ne tient qu'à moi *het hangt slechts van mij af*

IV WKD WW (**se** ~) • *zich vasthouden* • *zich ophouden*; *zich bevinden* • *blijven*; *zich houden* • *verband houden* • *plaats vinden*; *gehouden worden* • *zich houden aan*; *blijven bij* • *zich achten* ★ se ~ droit *rechtop blijven staan* ★ il ne sait pas à quoi s'en ~ *hij weet niet waaraan hij zich houden moet*
tennis (*zeg:* -nies) m *tennis* ★ cour(t) de ~ *tennisbaan* ★ jouer au ~ *tennissen*
tenon m *pin*
ténor m • *tenorstem* • *tenor* ‹zanger›
tensio-actif BNW [v: **tensio-active**] CHEM. *oppervlakteactief*
tensiomètre m *bloeddrukmeter*
tension v • *spanning* • *inspanning* ★ ~ d'esprit *geestelijke inspanning* ★ ~ (artérielle) *bloeddruk* ★ avoir de la ~ *hoge bloeddruk hebben*
tentaculaire BNW FIG. *wijdvertakt*
tentacule m *vangarm*; *voelhoorn*
tentant BNW *aanlokkelijk*
tentateur [v: **tentatrice**] **I** m *verleider* **II** BNW *verleidend* ★ l'esprit ~ *de duivel*
tentation v *verleiding*; *bekoring*
tentative v *poging*
tente v *tent* ★ sous une ~ *in een tent*
tenter OV WW • *beproeven*; *proberen* (**de** *te*) • *verlokken*; *verleiden* • *aanlokken*; *aantrekken* ★ ~ le coup *de kans wagen*
tenture v *behang*; *behangsel*
tenu I BNW • *verzorgd*; *onderhouden* • *vast van koers* ★ être tenu à *verplicht zijn tot* ★ être tenu de *verplicht zijn tot* **II** WW (volt. deelw.) → **tenir**
ténu BNW *dun*; *fijn*
tenue v • *(het) houden* • *verzorging*; *onderhoud* • *houding*; *manieren*; *gedrag* • *tenue*; *kleding*; *uiterlijke verzorging* • *aangehouden toon* ★ ~ des livres *boekhouden* ★ ~ de route *wegligging*
ténuité v *dunheid*; *fijnheid*
ter BIJW • *driemaal* • *voor de derde maal* ★ habiter au 12 ter *op 12c wonen*
tercet m *terzet*
térébenthine v ★ essence de ~ *terpentijn*
tergal m *tergal* ‹kunststof›
tergiversation v *uitvlucht*; *gedraal*
tergiverser ON WW • *uitvluchten zoeken* • *dralen*; *aarzelen*

T

terme m • *eind*; *eindpaal*; *eindpunt* • *termijn*; *vervaltijd*; *huurtijd* • *driemaandelijkse huurperiode* • *tijdstip van de bevalling* • *term*; *uitdrukking* • WISK. *term van een vergelijking* • TAALK. *term* ★ le ~ de la vie *het levenseinde* ★ ~ de rigueur *uiterste termijn* ★ il n'habite l'appartement que pendant un ~ *hij bewoont het appartement slechts gedurende drie maanden* ★ elle était sur son ~ *ze was uitgeteld* ★ le ~ propre *het juiste woord* ★ en bons ~s *op goede voet* ★ les ~s *betrekking*; *verstandhouding*
terminaison v • *afloop*; *einde* • *uitgang*
terminal [m mv: **terminaux**] **I** m • COMP. *terminal* • *terminal*; *eindstation* **II** BNW *aan het eind*; *aan de top*
terminale v *eindexamenjaar v.h. middelbaar onderwijs* ‹in Frankrijk›
terminer I OV WW *eindigen*; *beëindigen*; *afmaken*; *voltooien*; *afwerken* ★ en ~ avec qc *een eind aan iets maken* **II** WKD WW (**se** ~) ★ se ~ par *eindigen op* ★ se ~ en *eindigen op*
terminologie v *terminologie*; *vaktermen*
terminus (*zeg:* -nuus) **I** m *eindpunt* **II** BNW *eind-* ★ gare ~ *eindstation*
termite m *witte mier*; *termiet*
termitière v *termietenheuvel*
ternaire BNW *drietallig*
terne I m *dubbel drie* ‹spel›; *bof* **II** BNW *mat*; *dof*
ternir OV WW *dof maken*; FIG. *bezoedelen*
ternissure v • *dofheid*; *matheid* • *smet*
terrain I m • *terrein*; *grond*; *veld* • *gebied* • *slagveld*; *duelleerplaats* ★ aller sur le ~ *gaan duelleren* ★ être sur son ~ *op zijn terrein zijn* ★ gagner du ~ *terrein winnen* ★ sonder le ~ *poolshoogte nemen* ★ ~ vague *onbebouwde grond in een stad* ★ tâter le ~ *het terrein verkennen* **II** BNW ★ véhicule tout ~ *terreinwagen* ★ vélo tout ~ (vtt) *mountainbike*
terrarium (*zeg:* -rieòm) m *terrarium*
terrasse v • *terras* • *plat dak* ★ en ~s *terrasvormig*
terrassement m *grondwerk*
terrasser OV WW • *met een aarden wal versterken* • *op de grond werpen*; *neerslaan*; *verslaan*; *terneerslaan*; FIG. *verpletteren*
terrassier m *grondwerker*
terre v • *aarde* • *grond*; *land* • *landgoed*; *stuk land* ★ ~ cuite *terra cotta* ★ à ~ *op de grond* ★ par ~ *op de grond*; *ter aarde* ★ ~ à ~ *laag bij de grond* ★ armée de ~ *landleger* ★ ~ ferme *vaste grond*; *wal* ★ mettre en ~ *begraven* ★ TECHN. mettre à la ~ *aarden* ★ porter en ~ *begraven* ★ perdre ~ *het land uit het oog verliezen*; *vaste grond verliezen* ★ prendre ~ SCHEEPV. *aanleggen*; LUCHTV. *landen* ★ rentrer sous ~ *door de grond zinken* ★ reprendre ~ *weer op verhaal komen* ★ qui ~ a, guerre a *eigendom brengt twist en oorlog met zich mee*
terreau m *teelaarde*
terre-neuvas m (onver.) *Newfoundlandvaarder*
terre-neuve m *newfoundlander* ‹hond›
Terre-Neuve v *Newfoundland*
terre-neuvien m • *kabeljauwvisser bij Newfoundland* • *boot van zo'n visser*
terre-plein m [mv: **terre-pleins**] *ophoging* ★ ~ central *middenberm*
terrer I OV WW • *met grond bedekken* • *bleken van suiker* • *grond brengen bij een plant* **II** ON WW *in een hol leven* ‹v. dieren› **III** WKD WW (**se** ~) *onder de grond leven*; *zich ingraven*
terrestre BNW • *aard-* • FIG. *aards* ★ écorce ~ *aardkorst*
terreur v *angst*; *schrik* ★ pris de ~ ★ INF. jouer les ~s *terroriseren* ★ La Terreur *schrikbewind tijdens de Franse Revolutie*
terreux BNW [v: **terreuse**] *aardachtig*; *aardkleurig* ★ couleur terreuse *doffe kleur* ★ visage ~ *grauw gezicht*
terri m → **terril**
terrible BNW *verschrikkelijk* ★ enfant ~ *dondersteen*

terrien [v: **terrienne**] **I** m • *grootgrondbezitter* • *aardbewoner* • INF. *landrot* **II** BNW • *aards* • *landerijen bezittend*
terrier m • *hol* ‹v. dier› • *terriër*
terrifiant BNW • *huiveringwekkend* • INF. *verbazingwekkend*
terrifier OV WW *verschrikken*
terril m [**terri**] *afvalberg*; *steenberg* ‹v. mijn›
terrine v • *aarden schotel*; *pannetje* • *terrine*; *paté* • INF. *tronie*
territoire m *grondgebied*; *territorium*
territorial BNW [m mv: **territoriaux**] *v.h. grondgebied*; *territoriaal* ★ armée ~e *landmacht*
terroir m • *grond*; *bodem* • *streek* ★ accent du ~ *streekaccent* ★ avoir un goût de ~ *een kenmerkende smaak hebben* ‹v. wijn›
terroriser OV WW *een schrikbewind voeren over*; *verdrukken*; *terroriseren*
terrorisme m *schrikbewind*
terroriste I m *terrorist*; *voorstander van een schrikbewind* **II** BNW *terroristisch*
tertiaire I m • *tertiair tijdvak* • *tertiaire sector* **II** BNW *Tertiair*; *van de derde rang*; *van de derde aardformatie*; *tertiair* ★ période ~ *Tertiair tijdvak*
tertio BIJW *ten derde*
tertre m *heuveltje* ★ ~ funéraire *grafheuvel*
tes BEZ VNW mv → **ton** *je*; *jouw*
t'es PERS VNW INF. [= **tu es**]
tessiture v *ligging*; *stemregister*; *omvang register*
tesson m *scherf*
test m *test*; *toets* ★ test de dépistage du sida *aidstest*
testament m *testament*
Testament m *Testament*
testamentaire BNW *testamentair* ★ exécuteur ~ *uitvoerder v.e. testament*
testateur m [v: **testatrice**] *erflater*; *iem. die bezit als erfenis nalaat*
tester I OV WW *testen* **II** ON WW *een testament maken*
testicule m *testikel*; *teelbal*
testostérone v *testosteron*
têt m *smeltschaal* ★ OOK FIG. têt à rôtir *smeltkroes*
tétanique BNW *wat tetanus betreft*
tétaniser OV WW FIG. *verlammen*
tétanos (*zeg:* -nos) m *tetanus*
têtard m • *dikkop* ‹jonge kikvors› • *afgeknotte boom* ‹vooral knotwilg› • INF. *kind*
tête v • *kop*; *hoofd* • *top*; *bovenste deel* • *gewei* • *voorste deel* • *kopbal* • *kopstuk* ★ autant de têtes, autant d'avis *zoveel hoofden, zoveel zinnen* ★ tête à tête *gesprek onder vier ogen* ★ avoir la tête près du bonnet *kort aangebonden zijn* ★ avoir la tête dure *hardleers zijn* ★ avoir toute sa tête *bij zijn volle verstand zijn* ★ courber la tête *zich onderwerpen* ★ crier à tue-tête *luidkeels schreeuwen* ★ de tête *uit het hoofd* ★ faire la tête *lastig zijn*; *zich gewichtig voelen* ★ en avoir par-dessus la tête *meer dan genoeg van iets hebben* ★ tête forte *knappe kop* ★ mauvaise tête *driftkop* ★ j'en mettrais ma tête à couper *ik durf er mijn hoofd onder te verwedden* ★ tête de mort *doodskop* ★ perdre la tête *de kluts kwijtraken* ★ piquer une tête *duiken* ★ ne savoir où donner de la tête *ten einde raad zijn* ★ tenir tête *het hoofd bieden* ★ se payer la tête de qn *iemand op de hak nemen* ★ tête de Turc *kop van Jut* ★ à tête reposée *rustig* ★ coup de tête *ondoordachte streek*; *onberaden stap* ★ en tête *vooraan*; *aan het hoofd* ★ tête de ligne *kopstation* ★ tête de liste *lijstaanvoerder* ★ tête de pont *bruggenhoofd* ★ tête de fil *lijstaanvoerder*
tête-à-queue m (onver.) *halve draai*
tête-à-tête m (onver.) • *gesprek onder vier ogen* • *tweezitsbank* • *thee-/koffieservies voor twee personen*
tête-bêche BIJW *kop aan staart* ★ timbres ~ *keerdruk postzegels*
tête-de-loup m [mv: **têtes-de-loup**] *ragebol*
tête-de-nègre BNW (onver.) *donkerbruin*
tétée v *voeding* ‹v. zuigeling›; *(het) voeden*
téter OV WW *zuigen*
têtière v • *hoofdstel* ‹v. paard› • *hoofdsteun*
tétine v • *uier* • *speen* ‹v. zuigfles› • INF. *borst*
téton m INF. *borst*
tétraèdre m *viervlak*
tétralogie v *tetralogie*
tétraplégique BNW *aan alle ledematen verlamd*
tétras (*zeg:* -a(s)) m *korhaan*
tétras-lyre m [mv: **tétras-lyres**] *korhoen*
tétrasyllabe I m *vierlettergrepig woord* **II** BNW *vierlettergrepig*
tétrasyllabique BNW *vierlettergrepig*
têtu BNW *koppig*
teuf-teuf m • *tuftuf* • VERO. *auto*
teuton BNW *Teutoons*
teutonique BNW *Teutoons*; PEJ. *Duits*
texte m *tekst* ★ revenir à son ~ *op zijn onderwerp terugkomen*
textile I m • *geweven stof* • *textielindustrie* **II** BNW • *weefbaar* • *textiel-* ★ industrie ~ *textielindustrie*
textuel BNW [v: **textuelle**] *letterlijk*
textuellement BIJW *letterlijk*
texture v • *textuur* • *weefsel* • *opbouw*
TF1 AFK (Télévision française première chaîne) *Frans tv-net*
TGB AFK (très grande bibliothèque) *BNF in Parijs*
TGV AFK (train à grande vitesse) *TGV*
thaï I m *(het) Thais* **II** BNW *Thais*
thalassothérapie v *thalassotherapie* ‹met zeewater›
thaumaturge m *wonderdoener*
thaumaturgie v *wonderkracht*
thé m • *thee* • *theepartij*
théâtral BNW [m mv: **théâtraux**] • *v.h. toneel* • *overdreven*; *gemaakt*; *theatraal* ★ représentation ~e *toneelvoorstelling*
théâtre m • *theater*; *schouwburg*; *schouwburgtoneel* • *toneelkunst* • *de werken v.e. toneelschrijver* • *terrein*; *schouwplaats* • *beroep van toneelspeler* ★ coup de ~ *onverwachte wending*
théier m *theestruik*
théière v *theepot*
théisme m • *theïsme*; *geloof aan het bestaan*

v.e. persoonlijke God • *theevergiftiging*
théiste I m *theïst* II BNW *theïstisch*
thématique BNW *thematisch*
thème m *thema* ★ ~ français *vertaling in het Frans* ★ ~ astral *geboortehoroscoop*
théocratie (*zeg:* -sie) v *theocratie; Godsregering*
théocratique BNW *theocratisch*
théologal BNW [m: **théologaux**] *op de theologie betrekking hebbend* ★ vertus ~es *deugden van geloof, hoop en liefde*
théologie v • *théologie; godgeleerdheid* • *theologisch werk* • *theologische cursus*
théologien m [v: **théologienne**] *theoloog*
théologique BNW *theologisch*
théorème m *stelling; theorema*
théoricien m *theoreticus*
théorie v • *theorie* • GESCH./LIT. *optocht*
théorique BNW *theoretisch*
théoriser I OV WW *theoretisch funderen* II ON WW *theoretiseren*
théosophe m/v *theosoof*
théosophie v *theosofie*
thérapeute m/v *therapeut*
thérapeutique I v *therapie* II BNW *therapeutisch*
thérapie v *therapie*
thermal BNW [m mv: **thermaux**] *thermaal; kuur-* ★ station ~e *badplaats met warme bronnen*
thermes m mv *warme baden*
thermidor m *elfde maand van het Republikeinse jaar (20 juli tot 18 augustus)*
thermique BNW *van de warmte*
thermochimie v *thermochemie*
thermodynamique BNW *thermodynamisch*
thermoélectricité v *thermo-elektrische energie*
thermogène BNW *warmtegevend; thermogeen*
thermomètre m *thermometer* ★ ~ médical *koortsthermometer*
thermométrie v *warmtemeting*
thermonucléaire BNW *thermonucleair*
thermoplongeur m *dompelaar*
thermopropulsion v *straalaandrijving*
thermorégulateur I m *warmteregelaar* II BNW [v: **thermorégulatrice**] *warmteregelend*
thermorésistant BNW *hittebestendig*
thermostat m *thermostaat*
thermos m/v *thermosfles*
thésaurisation v *(het) oppotten van geld*
thésauriser ON WW *geld potten*

thèse v • *stelling; thesis* • *proefschrift* ★ roman à ~ *tendensroman* ★ passer sa ~ *promoveren* ★ soutenir sa ~ *promoveren; proefschrift verdedigen*
thibaude v *ondertapijt*
thomisme m *thomisme; wijsbegeerte van Thomas van Aquino*
thomiste m/v *thomist; wijsgeer uit de school van Thomas van Aquino*
thon m *tonijn*
thonier m *boot voor tonijnvangst*
thoracique BNW *van de borst; borst-*
thorax m • *borst; borstkas* • *borststuk van insecten*
thrombose v *trombose*
thune v ARG. *poen; centen*
thuriféraire m • *wierookvatdrager* • *vleier*
thuya m *thuja*
thym m *tijm*
thyroïde I v *schildklier* II BNW *schildvormig*
thyrse m • GESCH. *Bacchusstaf* • *bloemtuil*
tiare v • *pauselijke kroon; tiara* • *pauselijke waardigheid*
tibia m *scheenbeen*
tibial BNW [m mv: **tibiaux**] *scheenbeen-*
tic m *bespottelijke gewoonte; tic*
ticket (*zeg:* -kè) m *kaartje* ★ ~ modérateur *eigen risico/bijdrage* ‹verzekering› ★ INF. avoir le ~ *bij iem. in de smaak vallen*
tic-tac I m *getik* ★ faire ~ *tikken* II TW *tiktak*
tiédasse BNW PEJ. *(vies) lauw*
tiède BNW • *lauw; zoel* • *onverschillig;* FIG. *koel*
tiédeur v • *lauwheid; zoelheid* • FIG. *koelheid*
tiédir I OV WW • *lauw maken* • FIG. *verkoelen* II ON WW • *lauw worden* • *verflauwen*
tiédissement m *afkoeling*
tien I BNW [v: **tienne**] *jouw; van jou* II BEZ VNW [v: **tienne**] *de/het jouwe* ★ INF. à la tienne *op je gezondheid* ★ il faut y mettre du tien *je moet er ook zelf iets aan doen*
tiendrai WW (futur) → **tenir**
tienne I WW (présent subj.) → **tenir** II VNW → **tien**
tiens I m mv ★ les ~ *je familie* II WW (présent, geb. wijs) → **tenir** III VNW → **tien**
tierce v • MUZ. *terts* • *driekaart* ‹kaartspel› • *60e deel v.e. seconde*
tiercé m *weddenschap op drie paarden*
tiers [**tierce**] I m • *derde stand* • *derde deel* • *derde man* ★ le ~ et le quart *Jan en Alleman* ★ des ~ *vreemden* ★ ~ payant *derdenbetalende* ‹verzekering› ★ ~ provisionnel *vooruitbetaling van een derde* ‹belasting› II BNW *derde* ★ ~ état *derde stand* ★ le ~ monde *de derde wereld* ★ une tierce personne *een derde persoon*
tiers-mondiste BNW *solidair met de derde wereld*
tif m INF. *haar;* FIG. *pruik*
tige v • *stengel; steel* • *stamvader* • *schacht* ‹v. laars, veer› ★ tige de piston *zuigerstang*
tignasse v INF. *ragebol* ‹haardos›
tigre m [v: **tigresse**] • *tijger* • *wreedaard* ★ jaloux comme un ~ *erg jaloers*
tigré BNW *gevlekt; getijgerd; gestreept* ★ cheval ~ *gestreept paard* ★ lis ~ *tijgerlelie*
tilbury m *tilbury*
tilde m *tilde*
tillac m SCHEEPV. *bovendek*
tilleul m • *linde* • *lindebloesem* • *soort kruidenthee*
tilt m *tilt* ‹flipperkast› ★ INF. faire tilt *een idee krijgen; effect sorteren*
timbale v • *pauk* • *beker; kroes* • *taartvormpje* ★ décrocher la ~ *de prijs winnen*
timbalier m *paukenist*
timbrage m → **timbrer**
timbre m • *stempel; zegel* • *bel* • *klankkleur; timbre*
timbré BNW • *gestempeld; gezegeld* • INF. *getikt* ★ il est ~ *hij is gek*
timbre-poste m [mv: **timbres-poste**] *postzegel*
timbrer OV WW *zegelen; stempelen*
timide BNW *verlegen; bedeesd*

timidité v *verlegenheid; bedeesdheid*
timon m • OOK FIG. *roer* • *dissel*
timonerie v • *stuurhut* • *stuur- en reminrichting* ‹v. treinen, auto's›
timonier m *roerganger*
timoré BNW *angstvallig; scrupuleus*
tinctorial BNW [m mv: **tinctoriaux**] *wat verven betreft; verf-* ★ matière ~e *verfstof*
tins WW (passé simple) → **tenir**
tintamarre m *spektakel; rumoer*
tintement m *(het) luiden; kleppen* ★ ~s d'oreilles *oorsuizingen*
tinter I OV WW *luiden* **II** ON WW • *luiden; klinken* • *suizen* ‹v. oren›
tintin INF. **I** m ★ faire ~ *ergens naar kunnen fluiten* **II** TW *helaas!*
tintinnabuler ON WW *klingelen; tingelen*
tintouin INF. m *hoofdbreken; moeite; last* ★ donner du ~ *overlast bezorgen*
tique v *teek*
tiquer ON WW • *vreemd opkijken* • ZELDZAAM *een tic hebben;*
tiqueté BNW *gespikkeld*
tir m • *(het) schieten* • *schietterrein; schietbaan* • *schot* ★ tirs *schietoefeningen* ★ tirs au but *penaltyschieten* ★ salon de tir *schiettent* ★ tir de barrage *spervuur*
TIR AFK (transit international par route) *TIR; internationale doorvoer*
tirade v *reeks zinnen of verzen; tirade*
tirage m • *(het) voorttrekken* • *(het) trekken; trek* ‹v. schoorsteen› • *trekking* ‹v. loterij› • *(het) drukken; oplage* ‹v. boek enz.› • *jaagpad* • INF. *moeilijkheid* ★ ~ au sort *loting* ★ il y a du ~ *er zijn moeilijkheden*
tiraillement m • *(het) heen en weer trekken; geruk* • *kramp; scheut* • *onenigheid*
tirailler I OV WW • *heen en weer trekken; rukken* • *lastig vallen* **II** ON WW *vaak en ongeregeld vuren*
tirailleur m • GESCH. *inlands soldaat* • *tirailleur*
tirant m • *koord* ‹v. beurs› • *trekker* ‹v. laars› ★ ~ d'eau *diepgang*
tire v ARG. *auto; kar* ★ vol à la tire *zakkenrollerij*
tiré I m • *betrokkene* ‹v. wissel› • *jacht met het geweer* • *hakhout op manshoogte* **II** BNW *vermoeid; vermagerd* ★ tiré à quatre épingles *om door een ringetje te halen*
tire-au-flanc m INF. (onver.) *luiwammes*
tire-botte m [mv: **tire-bottes**] *laarzenknecht; laarzentrekker*
tire-bouchon m [mv: **tire-bouchons**] *kurkentrekker*
tire-bouchonner I OV WW *spiraalsgewijs oprollen* **II** ON WW *slobberen* ‹v. kousen›
tire-d'aile DEEL V. SAMENST ★ à ~ *klapwiekend; vliegensvlug*
tire-fesses m INF. (onver.) *skilift*
tire-fond m *kraagschroef*
tire-lait m (onver.) *borstpomp*
tire-larigot DEEL V. SAMENST ★ à ~ *in grote hoeveelheden*
tire-ligne m [mv: **tire-lignes**] *trekpen*
tirelire v • INF. *pens* • *spaarpot* • INF. *kop; hoofd*
tirer I OV WW • *trekken; halen* • *uittrekken; uithalen* • *drukken; afdrukken* • *aftroggelen* • *tappen; aftappen* • *afvuren* • *verkrijgen* • *diepgang hebben* • *een trekking houden* • INF. *ondergaan; uitzitten* ★ ~ un an de prison *een jaar vastzitten* ★ ~ une affaire au clair *een zaak ophelderen* ★ ~ les cartes *de toekomst voorspellen* ★ ~ l'horoscope *de toekomst voorspellen* ★ ~ la langue *de tong uitsteken* ★ ~ l'œil *de aandacht trekken* ★ SCHERTS. ~ un portrait *een foto maken* ★ ~ sa révérence *groeten; een buiging maken* ★ ~ d'affaire/d'embarras *uit de verlegenheid redden* ★ ~ une épine du pied *uit een grote verlegenheid redden* ★ ~ d'erreur *uit de droom helpen* ★ ~ les larmes des yeux *ontroeren* ★ ~ son origine de *afkomstig zijn van* ★ ~ parti *voordeel trekken* ★ ~ du sang *aderlaten* ★ ~ vengeance *zich wreken* ★ ~ satisfaction *voldoening vinden* ★ ~ quinze pieds d'eau *een diepgang hebben van 15 voet* ★ ~ une loterie *een lottotrekking houden* • (~ **de**) *ontlenen aan* ★ tirer un mot du grec *een woord aan het Grieks ontlenen* **II** ON WW • *trekken* • *schermen* • *vuren; schieten* • *loten* ★ ~ sur *trekken aan; schieten op; zwemen naar* ★ couleur qui tire sur le rouge *een kleur die op rood lijkt* ★ ~ à sa fin *op zijn einde lopen* ★ ~ au large *in zee steken; er vandoor gaan* **III** WKD WW (**se** ~) • *getrokken worden; gerekt worden; lang duren* ★ s'en ~ *er afkomen* ★ ça se tire *dat is gelukkig bijna voorbij* • (**se** ~ **de**) *verdwijnen; zich redden uit*
tiret m *koppelteken*
tirette v • *gordijnkoord* • *uitschuifbare plank aan tafel* • BELG. *ritssluiting*
tireur m [v: **tireuse**] • *schutter* • *schermer* • *trekker* ‹v. wissel› • *trekker* ★ ~ de cartes *kaartlegger*
tireuse v FOTO. *afdrukinrichting*
tiroir m • *lade* • *stoomschuif* ★ roman à ~s *roman met verrassende, vreemde dingen*
tiroir-caisse m [mv: **tiroirs-caisses**] *geldlade*
tisane v *kruidenthee; drankje; aftreksel van kruiden*
tison m *verkoold stuk hout* ★ ~ de discorde *ruziestoker*
tisonner OV WW *oppoken*
tisonnier m *pook*
tissage m • *(het) weven* • *weverij*
tisser OV WW *weven*
tisserand m *wever*
tisseur I m *wever* **II** BNW *wevend*
tissu I m • *weefsel* • *aaneenschakeling* ★ un ~ de mensonges *een aaneenschakeling van leugens* **II** BNW *geweven*
tissu-éponge m [mv: **tissus-éponges**] *badstof*
titan I m *reus* **II** BNW *gigantisch; geweldig*
titane m *titanium*
titanesque BNW *reusachtig*
titi m INF. *Parijse straatjongen*
titiller OV WW *kietelen; prikkelen*
titrage m *gehaltebepaling; (het) titreren*
titre m • *titel* • *oorkonde; bewijsstuk; diploma* • *effect* • *gehalte* • *aanspraak* • *benoeming; hoedanigheid* ★ en ~ *vast benoemd* ★ TYP. faux ~ *Franse titel* ★ professeur en ~ *gewoon hoogleraar* ★ à ~ de *in de hoedanigheid van*

T

★ à ~ exceptionnel *bij wijze van uitzondering* ★ à ~ gratuit *voor niets* ★ à juste ~ *met recht*
titré BNW *met een (adellijke) titel*
titrer OV WW • *een titel geven* • *het gehalte bepalen van; titreren*
titubant BNW *wankelend; waggelend*
tituber ON WW *wankelen; waggelen*
titulaire I m *titularis* II BNW *titulair* ★ membre ~ *werkend lid*
titulariser OV WW *voor vast benoemen*
T.N.P. AFK (Théâtre national populaire) *Frans toneelgezelschap*
toast m • *toast; heildronk* • *geroosterd brood* ★ porter un ~ *een heildronk uitbrengen*
toboggan m • *glijbaan* • *laag soort slee; tobogan* • *kort viaduct*
toc I m • INF. *namaak* • *geklop* ‹op deur›; *getik* ‹v. slinger› ★ bijou en toc *nepjuweel* ★ et toc ! *die zit !* ★ faire toc toc à la porte *op de deur kloppen* II BNW INF. *kitsch; lelijk*
tocante v INF. *horloge*
tocard INF. I m [**toquard**] • *waardeloos paard; slecht genoteerd paard* • *waardeloos persoon; nul* II BNW *smakeloos; lelijk*
tocsin m *alarmklok; brandklok*
tofu m *tofoe; tahoe*
toge v *toga*
tohu-bohu m *warboel; verwarring*
toi PERS VNW → **te** *je; jij*
toile v • *weefsel* ‹in alle betekenissen› • *doek* ‹schilderij› • *zeil* • INF. *film* • *netwerk* ★ ~ d'araignée *spinnenweb* ★ ~ cirée *wasdoek* ★ ~ d'emballage *paklinnen* ★ ~ de fond OOK FIG. *achtergrond* ★ INF. se craquer/faire une ~ *een bioscoopje pikken; naar de bioscoop gaan*
toilerie v • *linnenfabriek* • *linnenhandel* • *linnen stof*
toilettage m • *(het) trimmen* ‹v. hond› • *opknapbeurt*
toilette v • *toilet* • *toilettafel* • *overtrek; doek om iets in te pakken* • *opschik* • *(het) aankleden; (de) verzorging* ★ faire sa ~ *zich opmaken; zich opknappen* ★ INF. faire la ~ de qn *iem. in elkaar slaan* ★ faire un brin de ~ *een beetje toilet maken*
toiletter OV WW *opknappen; wassen; verzorgen* ★ ~ un chien *een hond verzorgen*
toi-même PERS VNW *jijzelf; jezelf*
toise v • *oude lengtemaat* ‹1,949 meter› • *meetlat* ★ long d'une ~ *erg lang* ★ passer qn à la ~ *iemands lengte meten*
toiser OV WW • *opmeten; schatten* • *iem. (minachtend) van top tot teen opnemen*
toison v • *vacht* • INF. *haardos* • (vlies) ★ Toison d'or *Gulden Vlies*
toit m • *dak* • *huis* • *stal; kot* ★ toit ouvrant *open dak* ★ crier/publier sur les toits *van de daken schreeuwen*
toiture v *dak; dakbedekking*
tôle v [**taule**] • ARG. *gevangenis; bajes* • *plaatijzer* • INF. *kamer* ★ tôle ondulée *golfplaat*
tôlé BNW ★ neige tôlée *opgevroren sneeuw*
tolérable BNW *draaglijk; te verdragen*
tolérance v • *verdraagzaamheid; tolerantie* • *toegevendheid*
tolérant BNW *verdraagzaam; toegevend*
tolérer OV WW *dulden; verdragen; toelaten; tolereren*
tôlerie v • *fabriek van plaatijzer* • *(het) smeden van plaatijzer*
tolet m *dol; roeipin*
tôlier I m *smeder* ‹v. plaatijzer› II m [v: **tôlière**] *(slechte) hospes*
tollé m • *boegeroep* • *protest* • *protestkreet*
toluène m *tolueen*
TOM AFK (territoires d'outre-mer) *overzeese gebiedsdelen*
tomate v • *tomaat* • *tomatenplant*
tombal BNW *v.h. graf; graf-* ★ pierre ~e *grafsteen*
tombant BNW • *vallend; afhangend* • *verzwakkend; wegstervend* ‹v. klank› ★ cheveux ~s *loshangende haren* ★ à la nuit ~e *bij het vallen v.d. nacht*
tombe v • *graf* • *grafsteen* • *dood*
tombeau m [mv: **tombeaux**] • *graftombe* • *graf* ★ rouler à ~ ouvert *op een levensgevaarlijke manier rijden*
tombée v *(het) vallen* ★ à la ~ du jour *bij het vallen v.d. avond* ★ à la ~ de la nuit *bij invallende duisternis*
tomber I OV WW • SPORT *vloeren; neerwerpen; overwinnen* • INF. *verleiden; versieren* ★ coup de pied tombé *dropkick* II ON WW • *vallen; neervallen; neerstorten* • *zwakker worden; verflauwen* • *worden* • *plaatsvinden; vallen* • *neerhangen* • *afzakken van kleren* ★ ~ en disgrâce *in ongenade vallen* ★ ~ en ruine *vervallen* ★ ~ entre les mains de *in handen vallen van* ★ la foudre est tombée sur la maison *de bliksem is in het huis geslagen* ★ ~ à plat *volledig mislukken* ★ ~ à la renverse *omvallen* ★ bien ~ *juist van pas komen* ★ cela tombe bien *dat treft goed* ★ la conversation tombe *het gesprek vlot niet meer* ★ ~ dans l'erreur *zich vergissen* ★ ~ dans l'oubli *in vergetelheid raken* ★ ~ dans un piège *erin vliegen; in de val lopen* ★ ~ des nues *verbaasd zijn* ★ le vent est tombé *de wind is gaan liggen* ★ laisser ~ la voix *de stem laten dalen* ★ ~ d'accord *het eens worden* ★ ~ amoureux *verliefd worden* ★ ~ malade *ziek worden* ★ cette fête tombe le 3 mai *die feestdag valt op 3 mei* ★ ~ sur qn *iem. onverwachts ontmoeten; iem. tegen het lijf lopen* III ONP WW ★ il tombe de la neige *er valt sneeuw*
tombereau m [mv: **tombereaux**] • *vuilniskar* • *stortkar*
tombeur m SPORT *die zijn tegenstander vloert* ★ ~ de femmes *vrouwenverleider; Don Juan*
tombola v *tombola; loterijspel*
tome m *boekdeel*
tomette v [**tommette**] *kleine terracotta tegel*
tomme v *klein rond kaasje*
tomographie v MED. *planigrafie*
tom-pouce m (onver.) • INF. *dwerg* • *korte damesparaplu*
ton I m • MUZ. *toon; toonaard; toonafstand* • *toon* ‹wijze v. spreken› • SCHILDERK. *kleurtoon; tint* • *kracht; veerkracht* ★ donner le ton *de toon aangeven* ★ le prendre sur un ton *een (hoge) toon aanslaan* ★ bon ton

goede manieren ★ se donner un ton *gewichtig doen* **II** BEZ VNW *jouw; je*
tonal BNW [m mv: **tonals**] *v.d. toon; v.d. toonaard; toon-*
tonalité v • *klankgehalte* • *toon* ‹v. schilderij› • *zoemtoon; kiestoon*
tondage m *(het) scheren*
tondaison v → **tonte**
tondeur m [v: **tondeuse**] *scheerder*
tondeuse v • *grasmachine* • *tondeuse*
tondre OV WW • *scheren* ‹v. schapen› • *kort knippen* ‹v. haren, gras› ★ il tondrait un œuf *hij is buitengewoon gierig*
tondu I m ★ le Petit Tondu *bijnaam aan Napoleon gegeven door zijn soldaten* ★ quatre pelés et un ~ *drie man en een paardenkop* **II** BNW *geschoren; kort geknipt* **III** WW (volt. deelw.) → **tondre**
tongs v mv *teenslippers*
tonicité v • *tonus* • *stimulerende werking*
tonifiant I m *tonicum* **II** BNW *opwekkend*
tonifier OV WW *versterken*
tonique I m *versterkend middel; tonicum* **II** v • *grondtoon* • *geaccentueerde lettergreep of klinker* **III** BNW • *be(klem)toond* ‹v. lettergreep› • MED. *versterkend* ★ eau ~ *tonic*
tonitruant BNW *donderend*
tonitruer ON WW *donderen; bulderen*
tonnage m *tonnage; laadvermogen*
tonnant BNW *donderend*
tonne v • *ton* ‹1000 kilo› • *vat*
tonneau m [mv: **tonneaux**] • *ton; vat* • *het over de kop gaan* • *registerton* • *licht tweewielig rijtuigje* • *spin; figuur uit de luchtacrobatiek* ★ ~ d'arrosage *sproeiwagen*
tonnelet m *vaatje; tonnetje*
tonnelier m *kuiper*
tonnelle v • *prieel* • *rondboog*
tonnellerie v • *kuipersvak* • *kuiperswerkplaats*
tonner I ON WW • *donderen* • *uitvaren (***contre** *tegen)* **II** ONP WW *donderen*
tonnerre m *donder* ★ un ~ d'applaudissements *een donderend applaus* ★ un coup de ~ *een donderslag* ★ voix de ~ *donderende stem* ★ une fille du ~ *een moordgriet* ★ ~! *gaaf!* ★ la voiture a marché le ~ *de auto liep donders goed*
tonsure v *tonsuur; kruinschering*
tonsurer OV WW *de kruinschering geven*
tonte v [**tondaison**] • *(het) scheren* ‹v. schapen› • *scheertijd* • *afgeschoren wol*
tontine v • *tontine; lijfrenteverzekering* • *spaarsysteem*
tonton m INF. *oom*
tonus *(zeg:* -nuus) m *tonus;* FIG. *energie; fut*
top m • *signaal; tijdsein; pieptoon* • *elektrische impuls*
topaze v *topaas*
tope TW *akkoord!; hand erop!*
toper ON WW • *handjeklappen* • *toestemmen* ★ topez-là! *de hand erop!*
topette v *(veld)flesje; bidon*
topinambour m *topinamboer(plant)*
topique I m • *plaatselijk geneesmiddel* • *gemeenplaats* **II** BNW • MED. *plaatselijk* • *ter zake (dienend)*
topo m • INF. *praatje; verhaaltje* • → **topographie**
topographe m/v *topograaf; plaatsbeschrijver; landmeter*
topographie v *plaatsbeschrijving; landmeetkunde; topografie*
topographique BNW *topografisch*
topoguide m *routebeschrijving*
toponymie v *toponymie; plaatsnaamkunde*
toquade v [**tocade**] *gril; kuur*
toquante v [**tocante**] INF. *horloge*
toquard m → **tocard**
toque v • *baret* • *muts; koksmuts*
toqué BNW INF. • *getikt* • (~ **de**) *verkikkerd op*
toquer INF. **I** ON WW *kloppen* **II** WKD WW (**se** ~) *verkikkerd worden*
torche v • *toorts; fakkel* • *langwerpige zaklamp*
torché INF. BNW *geslaagd; prima; afgeraffeld*
torche-cul m VULG. [m mv: **torche-culs**] *vodje;* FIG. *pleepapier*
torchée v INF. *aframmeling*
torcher OV WW • *afvegen* • INF. *afraffelen*
torchère v *wandluchter; fakkel* ‹v. raffinaderij›
torchon m *dweil; vaatdoek* ★ papier-~ *aquarelpapier* ★ le ~ brûle *er is ruzie in de tent*
torchonner OV WW *met een vaatdoek schoonmaken* ★ INF. ~ la vaisselle *de vaat drogen*
tordant BNW INF. *koddig; grappig*
tord-boyaux m INF. (onver.) *sterke of slechte brandewijn of cognac*
tordre I OV WW *wringen* ★ ~ le cou *de nek omdraaien* **II** WKD WW (**se** ~) *zich wringen; zich draaien* ★ se ~ la cheville *zijn enkel verstuiken* ★ se ~ de rire/rire à se ~ (les côtes) *stikken van het lachen*
tordu I m INF. *idioot* **II** BNW • *krom* • *niet correct* • *vreemd* **III** WW (volt. deelw.) → **tordre**
toréador m [**torero**] *stierenvechter*
toréer ON WW *stieren bevechten*
torgnole INF. v • *draai om de oren* • *vuistslag*
tornade v *wervelstorm; tornado*
toron m *streng* ‹v. garen›
torpeur v *verdoving; verstijving*
torpide BNW *gevoelloos; verdoofd*
torpillage m *(het) torpederen; torpedering*
torpille v • *sidderrog* • *torpedo*
torpiller OV WW OOK FIG. *torpederen*
torpilleur I m • *torpedist* • *torpedoboot* **II** BNW ★ bateau ~ *torpedoboot*
torréfaction v *(het) branden* ‹v. koffie, tabak›
torréfier OV WW *roosteren; branden*
torrent m • *bergstroom* • *stortvloed* ★ il pleut à ~s *het regent pijpenstelen*
torrentiel BNW [v: **torrentielle**] *op een bergstroom gelijkend; op een stortvloed gelijkend* ★ une pluie ~le *een stortbui*
torrentueux BNW [v: **torrentueuse**] *woest; onstuimig*
torride BNW *gloeiend; brandend* ★ zone ~ *hete luchtstreek*
tors *(zeg:* tor) **I** m *(het) twijnen; (het) tot garen ineendraaien* **II** BNW *gedraaid* ★ jambes torses *kromme benen*
torsade v *franje* ★ en ~ *gedraaid* ★ ~ de

T

cheveux haarwrong
torse m romp; tors; torso
torsion v • (het) draaien; (het) wringen • kronkel ★ barre de ~ torsiestaaf
tort m • ongelijk • onrecht • fout; gebrek ★ à tort ten onrechte ★ à tort et à travers door dik en dun ★ faire (du) tort à qn iem. onrecht aandoen; iem. benadelen
torticolis (zeg: -lie) m stijve nek
tortillard m INF. boemeltreintje
tortillement m • (het) ineendraaien • gedraai
tortiller I ov ww • kronkelen • ineendraaien • INF. vlug (op)eten II on ww uitvluchten zoeken; draaien ★ INF. il n'y a pas à ~ hier valt niet onderuit te komen III wkd ww (**se** ~) heen en weer draaien; wiebelen
tortillon m • in elkaar gedraaid voorwerp ‹papiertje, doek› • wrong • doezelaar
tortionnaire I m folteraar II BNW folterend
tortue v schildpad ★ à pas de ~ met een slakkengang
tortueux BNW [v: **tortueuse**] • bochtig • onoprecht; slinks
torture v foltering ★ mettre à la ~ folteren; pijnigen
torturer ov ww • folteren; pijnigen; kwellen • verdraaien ★ ~ un texte de woorden v.e. tekst verdraaien
torve BNW grimmig; dreigend ‹v. blik›
tôt BIJW vroeg ★ tôt ou tard vroeg of laat ★ le plus tôt zo spoedig mogelijk ★ au plus tôt zo spoedig mogelijk
total I m [mv: **totaux**] geheel; totaal bedrag ★ au ~ in totaal; alles bijeen II BNW [m mv: **totaux**] geheel; totaal III BIJW INF. alles bij elkaar ★ ~, on n'a rien gagné alles bij elkaar, hebben we niks gewonnen
totale v INF. baarmoederverwijdering ★ INF. (c'est) la ~! alle ellende op een hoop!
totalisateur m • optelmachine • totalisator
totalisation v optelling
totaliser ov ww • optellen • scoren
totalitaire BNW totalitair
totalitarisme m totalitair systeem; dictatuur
totalité v geheel; totaliteit ★ en ~ in zijn geheel
totem m totem
totémique BNW ★ mât ~ totempaal
toubib m INF. dokter
touchant I m (het) aandoenlijke II BNW ontroerend; treffend III VZ VERO. omtrent; aangaande
touche v • SPORT zijlijn • toets ‹v. piano, orgel, computer› • toets ‹om zilver- of goudgehalte te bepalen› • toets van schilder; penseelstreek • stok om ossen voort te drijven • INF. gang; manier van lopen • beet ‹bij het vissen› • contact • INF. gezicht; uiterlijk ★ juge de ~ grensrechter ★ rentrée en ~ ingooi ★ la Sainte-Touche betaaldag ★ pierre de ~ toetssteen ★ faire une ~ contact maken; (iem.) versieren ★ SPORT il y a ~ de bal is uit ★ FIG. être mis sur la ~ op een zijspoor/ non-actief gezet worden
touche-à-tout m • iem. die overal aanzit • iem. die alles uitprobeert
toucher I m • gevoel • aanslag ‹op piano› • tastzintuig • MED. toucher; (het) toucheren II ov ww • aanraken; raken • betreffen • MED. toucheren • toetsen ‹om goud- of zilvergehalte te bepalen› • innen • aangaan; raken • bereiken • treffen; ontroeren • opdrijven ‹v. vee› • zeggen • verwant zijn ★ tout ce qui touche la guerre alles wat de oorlog betreft ★ ~ de l'argent geld innen ★ cela ne me touche en rien dat raakt me niet ★ à quelle adresse pourra-t-on vous ~? op welk adres kan men u bereiken? ★ ~ un mot iets zeggen ★ ~ qn de près een nauwe band met iem. hebben • (~ **de**) spelen op III on ww • aanraken • SCHEEPV. aandoen v.e. haven; aan de grond lopen • (~ **à**) wijzigen; grenzen aan ★ toucher à une loi een wet wijzigen ★ toucher à la quarantaine tegen de veertig lopen ★ toucher au but zijn doel nabij zijn ★ toucher à sa fin zijn einde nabij zijn
touer I ov ww slepen II wkd ww (**se** ~) gesleept worden
touffe v dot; bos; bundel
touffu BNW dicht; dichtbegroeid
touiller ov ww INF. (om)roeren
toujours BIJW • altijd • nog steeds; nog altijd • toch; tenminste ★ ~ est-il que ... in ieder geval is het zeker dat ...
toundra v toendra
toupet m • kuif • INF. durf; brutaliteit
toupie v • INF. kop • tol • VERO. slet ★ ~ d'Allemagne bromtol ★ jouer à la ~ tollen
tour I m • ronddraaiing; slag • draaibank • omtrek; omvang • rondreis • uitstapje; reis; wandeling • beurt • streek • kunstje; toer • kronkeling; bocht • wending; vorm ★ à tour de bras uit alle macht ★ fermer à double tour op het nachtslot doen ★ en un tour de main in een ommezien ★ tour de cou halswijdte ★ faire le tour du cadran de klok rondslapen ★ faire le tour du monde een reis om de wereld maken ★ faire le tour du propriétaire de gasten zijn huis (en landerijen) laten zien ★ mon sang ne fit qu'un tour het bloed steeg mij naar het hoofd ★ à tour de rôle ieder op zijn beurt ★ jouer un tour à qn iem. een poets bakken ★ mauvais tour gemene streek ★ avoir le tour de la main handig zijn ★ tour d'adresse handige toer ★ tour de force krachttoer ★ tour de plume schrijfwijze ★ tour de phrase zinswending ★ tour de chant recital ★ faire le tour de la question de kwestie van alle kanten bekijken II v • toren • torenflat • toren ‹in schaakspel›
tourangeau BNW [**tourangeaux**] • uit la Tourraine • uit Tours
tourbe v • turf • PEJ. menigte; volkshoop; rapaille
tourber on ww turfsteken
tourbeux BNW [v: **tourbeuse**] veenrijk
tourbier m [v: **tourbière**] • turfsteker • veenbaas
tourbière v veenderij
tourbillon m • wervelwind • draaikolk; FIG. maalstroom
tourbillonnant BNW wervelend
tourbillonnement m dwarreling

tourbillonner ON WW *dwarrelen; ronddraaien*
tourelle v • *torentje* • *revolverkop* ‹v. gereedschap›
tourillon m *spil*
tourisme m *toerisme* ★ voiture de ~ *personenauto*
touriste I m/v *toerist* **II** BNW ★ classe ~ *toeristenklasse*
touristique BNW *toeristisch*
tourment m *kwelling; foltering; pijn; smart*
tourmente v OOK FIG. *(hevige) storm* ★ ~ de neige *sneeuwstorm*
tourmenté BNW • *gekweld* • *onrustig; veelbewogen* ‹v. leven› • *woest* ‹v. landschap, zee›
tourmenter I OV WW • *pijnigen; folteren; martelen* • *verontrusten; plagen; kwellen* • *lastig vallen; achtervolgen* **II** WKD WW (**se** ~) *zich erg ongerust maken*
tournage m • *(het) draaien* ‹op draaibank› • *(het) draaien; (het) opnemen* ‹v. film›
Tournai *Doornik*
tournailler INF. ON WW *onrustig heen en weer lopen*
tournant I m • *bocht; hoek* ‹v. straat› • *draai* • *keerpunt* • *draaikolk* • FIG. *omweg* • *list* ★ je l'attends/l'aurai au ~ *die krijg ik nog wel (te pakken)* **II** BNW *draaiend* ★ allée ~e *bochtige laan* ★ mouvement ~ *omtrekkende beweging* ★ pont ~ *draaibrug* ★ grève ~e *estafettestaking*
tourné BNW • *op een draaibank gedraaid* • *zuur; gestremd* ★ esprit mal ~ *verdorven geest; dirty mind* ★ vers bien ~ *goed lopend vers* ★ vin ~ *zure wijn* ★ lait ~ *gestremde melk*
tournebouler OV WW INF. *iem. het hoofd op hol brengen*
tournebroche m *draaispit*
tourne-disque m [mv: **tourne-disques**] *platenspeler; pick-up*
tournedos m *snede ossenhaas*
tournée v • *inspectiereis; zakenreis* • *tournee* ‹v. (toneel)gezelschap› • INF. *rondje; pak slaag*
tournemain DEEL V. SAMENST ★ en un ~ *in een ommezien; in een wip*
tourner I OV WW • *draaien; omdraaien; omkeren; wenden* • *draaien; opnemen* ‹v. film› • *opstellen; redigeren* • *draaien op een draaibank* • *omtrekken; omvaren* • *vermijden; omzeilen* • *scheeflopen* ‹schoenen› • *richten (**vers** op)* ★ ~ la page *het blad omslaan; er niet meer over praten; doorgaan* ★ bien ~ une lettre *een brief redigeren* ★ ~ le dos à qn *iem. de rug toekeren* ★ ~ bride *rechtsomkeert maken* ★ ~ casaque *van partij veranderen* ★ ~ qc en ridicule *iets belachelijk maken* ★ ~ le sang à qn *iem. geheel van streek maken* ★ ~ les talons *de hielen lichten* ★ ~ la tête à qn *iem. het hoofd op hol brengen* ★ ~ une difficulté *een probleem omzeilen* **II** ON WW • *draaien, omslaan* ‹v. wind› • *een wending nemen* • *zuur worden; stremmen* • *kleuren; rijpen* ‹v. vruchten› • *een filmopname maken* • *in een film spelen* • *draaien* • *het hoofd loopt hem om* ★ ~ à tout vent *met alle winden meedraaien* ★ le vent a tourné au sud *de wind is naar het zuiden gedraaid* ★ l'affaire a mal tourné *de zaak is slecht afgelopen* ★ ~ rond *regelmatig lopen* ‹v. motor› ★ la tête lui tourne *hij is duizelig* ★ l'heure tourne *de tijd gaat voorbij* ★ ~ dans une rue *een straat inslaan* ★ ~ autour de dix pour cent *zo rond de tien procent bedragen* • (~ **à**) *neigen tot*
tournesol m *zonnebloem*
tourneur I m *draaier* **II** BNW [v: **tourneuse**] *draaiend*
tournevis (*zeg:* -vies) m *schroevendraaier*
tournicoter ON WW INF. • *draaien* • *ijsberen*
tourniole v INF. *fijt*
tourniquet m • *draaihek* • *draaischijf; rad van avontuur* • *draaiende standaard; ronddraaiende tuinsproeier* • *draaikever; schrijvoerke* • ARG. *krijgsraad*
tournis (*zeg:* -nie) m • *draaiziekte* • INF. *duizeling* ★ FIG. donner le ~ *duizelig maken*
tournoi m • *toernooi* • *wedstrijd*
tournoiement m *draaiing* ★ MED. ~ (de tête) *duizeligheid*
tournoyer ON WW *draaien; dwarrelen*
tournure v • *wending; keer; loop* • *houding; voorkomen* • *zinswending* ★ ~ d'esprit *zienswijze*
tour-opérateur m [mv: **tour-opérateurs**] *touroperator*
tourte v • INF. *stommeling* • *pastei*
tourteau m [mv: **tourteaux**] • *rond grof brood* • *veekoek* • *Noordzeekrab*
tourtereau m [mv: **tourtereaux**] *jonge tortelduif*
tourterelle v *tortelduif*
tourtière v *pasteipan*
tous ONB VNW → **tout**
Toussaint v *Allerheiligen*
tousser ON WW *hoesten*
toussoter ON WW *veel kuchen*
tout I m • *geheel* • *(het) belangrijkste; (het) voornaamste* ★ du tout au tout *volledig* ★ risquer le tout pour le tout *alles op alles zetten* ★ le tout est de bien employer son temps *een goede tijdsplanning is het belangrijkste* **II** BNW [v: **toute**] *alle; geheel; ieder* ★ tout le monde *iedereen* ★ à toute vitesse *in volle vaart* ★ toute autre ville *elke andere stad* ★ en tous sens *in alle richtingen* ★ tous les hommes *alle mensen* **III** ONB VNW *alles; allen* ★ à tout prendre *alles wel beschouwd* ★ après tout *alles wel beschouwd; tenslotte* **IV** BIJW • *geheel; helemaal; erg; zeer* • (**tout en + gérondif**) *terwijl; hoewel* ★ tout en étant malade, elle est venue *hoewel ze ziek was, is ze gekomen* ★ elle était toute honteuse *zij was helemaal beschaamd* ★ tout à coup *plotseling* ★ tout à fait *geheel en al* ★ tout à l'heure *dadelijk; straks* ★ pas/point du tout *in het geheel niet; absoluut niet* ★ tout de même *toch* ★ tout de suite *dadelijk* ★ tout ... que *hoe ... ook* ★ tout riche qu'il est *hoe rijk hij ook is* ★ et tout et tout *hartstikke*
tout-à-l'égout m (onver.) *rechtstreekse lozing op het riool*
toutefois BIJW *echter; evenwel; toch*
toute-puissance v *almacht; hoogste macht*

T

tout-fou BNW INF. *opgewonden; lekker gek*
toutou m KIND. *hond* ⋆ il la suit comme un ~ *hij loopt haar als een hondje achterna*
tout-petit m [mv: **tout-petits**] *peuter; klein kind*
tout-puissant BNW *almachtig*
tout-terrain BNW *terrein-* ⋆ faire du ~ *mountainbiken enz.*
tout-va ⋆ à ~ *onbeperkt; in het wilde weg*
tout-venant m (onver.) *samenraapsel; rijp en groen*
toux v *hoest* ⋆ accès de toux *hoestbui*
toxémie v ⋆ ~ gravidique *zwangerschapsvergiftiging*
toxicité v *giftigheid*
toxicologie v *toxicologie; vergiftenleer*
toxicologique BNW *toxicologisch; wat de vergiftenleer betreft*
toxicologue m/v *toxicoloog; vergifkundige*
toxicomane I m/v *drugverslaafde* **II** BNW *verslaafd* ‹aan drugs›
toxicomanie v *verslaving* ‹aan drugs›
toxine v *toxine*
toxique I m *vergif; toxicum* **II** BNW *toxisch; vergiftig* ⋆ gaz ~ *gifgas*
toxoplasmose v *toxoplasmose*
TP AFK • (travaux pratiques) *practicum* • (travaux publics) *openbare werken*
trac m INF. *angst; vrees* ⋆ avoir le trac *in de rats zitten*
traçant BNW ⋆ racine ~e *spreidende wortel* ⋆ balle ~e *lichtkogel*
tracas (*zeg:* -kà) m *herrie; drukte; zorg*
tracasser OV WW *kwellen; verontrusten* ⋆ se ~ *zich zorgen maken*
tracasserie v • *drukte; last; herrie* • *geplaag*
tracassier BNW [v: **tracassière**] *plaagziek; lastig*
trace v *spoor; teken* ⋆ marcher sur les ~s de qn *in iemands voetsporen treden*
tracé m • *plan; ontwerp; schets* • *lijn; tracé*
tracer I OV WW • *tekenen; trekken* • *schetsen; ontwerpen; traceren* • *aangeven; afbakenen* • *beschrijven* **II** ON WW • *horizontale wortels hebben* • *ondiepe gangen hebben* ‹v. dieren› • *racen*
traceur m • *grafiekschrijver; plotter* • NAT. *tracer* • SPORT *uitzetter* ‹v. parkoers›
trachéal (*zeg:* -kee-) BNW [m mv: **trachéaux**] *v.d. luchtpijp*
trachée (*zeg:* -sjee) v • *luchtpijp* • *trachee*
trachéite (*zeg:* -kee-) v *luchtpijpontsteking*
trachéotomie (*zeg:* -kee-) v *luchtpijpsnede*
trachome (*zeg:* -koom) m *trachoom*
tract (*zeg:* trakt) m *vlugschrift; pamflet*
tractation v PEJ. *wijze van onderhandelen*
tracter OV WW *slepen; trekken*
tracteur m *tractor*
traction I v *(het) trekken; voortbeweging; tractie* ⋆ ~ avant *(auto met) voorwielaandrijving* **II** v mv SPORT *rek- en strekoefeningen*
tradition v *overlevering; traditie*
traditionalisme m *traditionalisme*
traditionnel BNW [v: **traditionnelle**] *overgeleverd; traditioneel*
traducteur m [v: **traductrice**] *vertaler*
traducteur-interprète m [mv: **traducteurs-interprètes**] *tolk-vertaler*
traduction v • *vertaling* • *weergave*
traduire I OV WW • *vertalen* • *weergeven* • *dagvaarden* ⋆ ~ en justice *voor het gerecht dagen* **II** WKD WW (**se** ~) *vertaald worden* ⋆ se ~ par *zich uiten in*
traduisible BNW *vertaalbaar*
trafic m • PEJ. *handel* • *verkeer* ⋆ JUR. ~ d'influence *(passieve) corruptie; omkoping*
traficoter ON WW PEJ. *sjacheren*
trafiquant m [v: **trafiquante**] *zwarthandelaar; dealer* ⋆ ~ de drogues *drugsdealer*
trafiquer ON WW • *handelen* • *sjacheren*
tragédie v • *treurspel; tragedie* • *tragische kunst* • *tragische gebeurtenis*
tragédien m [v: **tragédienne**] *treurspelspeler*
tragi-comédie v • *tragikomedie; treurspel met komische elementen* • *mengeling van ernstige en komische dingen*
tragi-comique I m *het tragikomische genre* **II** BNW *tragisch en komisch tegelijk*
tragique I m • *(het) tragische genre* • *treurspelschrijver* • *het tragisch karakter* ⋆ prendre qc au ~ *iets al te somber inzien* **II** BNW • *treurspel-* • *tragisch* ⋆ auteur ~ *treurspelschrijver*
trahir OV WW • *verraden* • *in de steek laten* ⋆ ~ la confiance de qn *iemands vertrouwen beschamen*
trahison v *verraad* ⋆ haute ~ *hoogverraad*
traille v • *kabelpont* • *sleepnet*
train m • *trein* • *houtvlot* • *onderstel; stel* • *gang; vaart* • *gang van zaken* ⋆ Train à Grande Vitesse *hogesnelheidstrein; TGV* ⋆ à fond de ~ *in volle vaart* ⋆ aller grand ~ *snel rijden* ⋆ aller son ~ *zijn gang gaan* ⋆ ~ d'enfer *vliegende vaart* ⋆ être en ~ *op dreef zijn* ⋆ être en ~ de lire *bezig zijn met lezen; aan het lezen zijn* ⋆ mener qn bon ~ *iem. niet sparen* ⋆ mettre en ~ *aan de gang brengen* ⋆ au ~ où vont les choses *als de dingen zo doorgaan* ⋆ ~ d'artillerie *artillerietrein* ⋆ ~ de combat *gevechtstrein* ⋆ ~ express *sneltrein* ⋆ ~ direct *sneltrein* ⋆ ~ omnibus *stoptrein* ⋆ ~ rapide *sneltrein* ⋆ ~ de vie *levenswijze* ⋆ ~ arrière *achterbrug* ⋆ ~ de pneus *stel banden* ⋆ ~ d'atterrissage escamotable *intrekbaar landingsgestel*
traînailler I OV WW *voortslepen* **II** ON WW • *zich voortslepen* • *rondhangen* • *treuzelen*
traînant BNW • *slepend* • *langdradig*
traînard m [v: **traînarde**] • *achterblijver* • *treuzelaar*
traînasser I OV WW • INF. *slepende houden* • *leiden* ⋆ ~ une vie monotone *een vervelend leven leiden* **II** ON WW *slenteren*
train-couchette m [mv: **trains-couchettes**] *slaaptrein*
traîne v • *(het) slepen* • *sleep* ‹v. (trouw)jurk› • *sleepnet* ⋆ à la ~ *op sleep; achteraan; te laat*
traîneau m [mv: **traîneaux**] • *slede* • *sleepnet*
traînée v • *streep; sliert* • INF. *slet* ⋆ se répandre comme une ~ *zich als een lopend vuurtje verspreiden*
traîner I OV WW • *trekken; voortslepen* • *leiden* ⋆ ~ en longueur *op de lange baan schuiven*

T

★ ~ ses paroles *langzaam/zeurderig spreken* ★ ~ une vie misérable *een ellendig leven leiden* **II** ON WW • *slepen* • *sukkelen* • *slingeren; slordig verspreid zijn* • *treuzelen* **III** WKD WW (**se** ~) • *kruipen* • *zich voortslepen*
traîneur m • *sleper* • VERO. *achterblijver* ★ ~ d'épée *blufferige soldaat*
training m *training; trainingspak*
train-train m (onver.) *routine; sleur; dagelijkse gang van zaken*
traire OV WW *melken*
trait m • *lijn; streep;* FIG. *band* • *gelaatstrek* • *pijl* • *leidsel* • *teug* • *het trekken; voorttrekken* • *karaktertrek* • *pit; levendige stijl* • *steek; hatelijkheid* • *daad; blijk* • *betrekking* • MUZ. *loopje* ★ partir comme un ~ *als een pijl uit de boog vertrekken* ★ cheval de ~ *trekpaard* ★ (tout) d'un ~ *ineens; aan één stuk* ★ ~ d'union *verbindingsstreepje* ★ ~ de lumière *lichtstraal* ★ un ~ de lumière m'éblouit *er ging mij plotseling een licht op* ★ avoir ~ à *betrekking hebben op; slaan op*
traitable BNW *handelbaar; gedwee* ★ caractère ~ *een meegaand karakter*
traitant I m VERO. *belastingpachter; slavenhandelaar* **II** BNW *die (aan huis) behandelt* ★ médecin ~ *behandelend arts*
traite v • *(het) melken* • *getrokken wissel* • *handel; ruilhandel* • *tocht* ★ ~ des nègres/ noirs *slavenhandel* ★ d'une seule ~ *aan één stuk* ★ tout d'une ~ *aan één stuk*
traité m • *verdrag; overeenkomst; traktaat* • *verhandeling* • *handboek* ★ le Traité de droit européen *het handboek van het Europese recht* ★ passer un ~ *een overeenkomst sluiten* ★ ~ de paix *vredesverdrag*
traitement m • *behandeling* • *traktement* ★ COMP. ~ de texte *tekstverwerking*
traiter I OV WW • *behandelen* • *ontvangen; onthalen; trakteren* • *onderhandelen over* • *bewerken; verwerken* ★ ~ la paix *vredesonderhandelingen voeren* • (~ **de**) *behandelen als* ★ il me traite de menteur *hij behandelt me als een leugenaar; hij maakt me voor leugenaar uit* **II** ON WW • *onderhandelen* • *een verhandeling houden/ schrijven* ★ ~ de qc *over iets gaan/handelen* ★ ~ de la paix *vredesonderhandelingen voeren*
traiteur m *traiteur; (uitzend)kok*
traître [v: **traîtresse**] **I** m *verrader* **II** BNW *verraderlijk* ★ ne pas dire un ~ mot *geen stom woord zeggen*
traîtreusement BIJW *verraderlijk*
traîtrise v • *verraad* • *verraderlijk karakter*
trajectoire m *kogelbaan*
trajet m • *afstand* • *reis; overtocht; traject*
tralala m *poeha* ★ faire du ~ *drukte maken; poeha maken*
tram m INF. *tram*
trame v • *inslag* ‹v. weefsel› • *complot* • *opzet* ‹v. toneelstuk› • *levensdraad* • *beeldlijnkader* ‹v. tv›; *raster* ★ la ~ de nos jours *het leven* ★ ourdir une ~ *een complot smeden*
tramer OV WW • *beramen; smeden* ‹v. complot› • *inslaan* ★ il se trame qc *er wordt iets bekokstoofd*
traminot m *tram-/buschauffeur*
tramontane v • *noordzijde* • *Poolster* • *noordenwind op de Middellandse Zee*
trampoline v *trampoline*
tramway m *tram*
tranchant I m *scherp* ‹v. mes, zwaard› **II** BNW • *snijdend; scherp* • *beslist* • *scherp; schreeuwend* ★ d'un ton ~ *op besliste toon* ★ couleurs ~es *schreeuwende kleuren*
tranche v • *plak; snede* • *harde, dunne plaat* • *snede* ‹v. boek› • *serie opvolgende cijfers* ‹v. getal› • *rand* ‹v. munt› • *gedeelte v.e. financiële uitgifte* • INF. *deel; greep uit* ★ ~ de viande *een plak vlees* ★ ~ de marbre *een marmeren plaat* ★ doré sur ~s *verguld op snee* ★ s'en payer une ~ *lol hebben*
tranché BNW • *afgesneden* • *duidelijk afgebakend; geprononceerd*
tranchée v • *loopgraaf* • *uitgraving; gat* ‹voor het planten v. boom› ★ ~s (utérines) *naweeën*
trancher I OV WW • *snijden; doorsnijden; afsnijden; afhakken* • *in dunne platen zagen* • *oplossen; beslissen;* ≈ *doorhakken* • *scherp doen afsteken* ★ tranchons là! *tot zover!* ★ ~ le mot *zeggen waar het op staat* **II** ON WW • *op besliste wijze spreken* • *scherp afsteken* ★ ~ sur *afsteken tegen* ★ ~ dans le vif *het mes erin zetten* ★ LIT. ~ du grand seigneur *de grote heer uithangen*
tranchet m • *ledersnijmes* • *snijbeitel*
tranchoir m • *vleesplank* • *hakmes* • *maanvis*
tranquille (*zeg:* -kiel) BNW *rustig; gerust; kalm; bedaard*
tranquillisant I m *tranquillizer* **II** BNW *geruststellend; kalmerend*
tranquilliser OV WW *geruststellen; kalmeren*
tranquillité v *rust; gerustheid; kalmte; stilte*
transaction v • *schikking* • *verdrag; transactie*
transalpin BNW *trans- Alpijns; ten noorden/ zuiden v.d. Alpen*
transat m *ligstoel; dekstoel*
transatlantique I m • *stoomboot voor transatlantisch verkeer* • *ligstoel; dekstoel* • *zeilrace over de Atlantische Oceaan* **II** BNW *transatlantisch; aan de overzijde v.d. Atlantische Oceaan*
transbahuter INF. **I** OV WW *verkassen* **II** WKD WW (**se** ~) *verkassen*
transbordement m *overlading*
transborder OV WW *óverladen*
transbordeur I m *pont* **II** BNW ★ pont ~ *zweefbrug*
transcendance v *voortreffelijkheid*
transcendant BNW • *transcendent; transcendentaal* • INF. *voortreffelijk*
transcender I OV WW *uitstijgen boven* **II** WKD WW (**se** ~) *boven zichzelf uitstijgen*
transcoder OV WW *vertalen in een andere code*
transcodeur m *systeem-/codeomzetter*
transcontinental BNW [m mv: **transcontinentaux**] *dwars over het vasteland; transcontinentaal*
transcripteur m [v: **transcriptrice**] *overschrijver*

T

transcription v • *(het) overschrijven; afschrift; kopie* • MUZ. *bewerking*
transcrire OV WW • *overschrijven* • MUZ. *bewerken*
transe v • *grote angst* • *trance* ‹v. medium› ★ être dans des ~s *in doodsangst verkeren*
transept (*zeg:* -sept) m *transept; dwarsschip*
transférable BNW *overdraagbaar*
transfèrement m *overdracht; overbrenging*
transférer OV WW • *overbrengen* • *overdragen*
transfert m • *overbrenging* • *overdracht; transfer*
transfiguration v *verandering van gestalte*
transfigurer OV WW *vervormen; veranderen*
transformable m *vervormbaar*
transformateur I m *transformator* II BNW *vervormend*
transformation v *gedaanteverwisseling; vormverandering; transformatie* ★ industrie de ~ *veredelingsindustrie*
transformer OV WW *veranderen* (**en** *in*); *vervormen*
transfuge m *overloper*
transfuser OV WW • *overgieten* • *bloedtransfusie toepassen*
transfusion v *bloedtransfusie*
transgénique BNW *transgeen*
transgresser OV WW *overtreden*
transgresseur m *overtreder*
transgression v *overtreding*
transhumance v *(het) overbrengen van vee* ‹v. en naar bergweiden›
transi BNW *verkleumd* ★ un amoureux ~ *een schuchtere minnaar*
transiger ON WW • *een schikking treffen* • *water bij de wijn doen* ★ ~ avec sa conscience *het op een akkoordje gooien met zijn geweten*
transir I OV WW *doen verkleumen; doen verstijven* II ON WW *verkleumd zijn* ★ ~ de peur *beven van angst; ineenkrimpen van angst* ★ ~ de froid *rillen van de kou*
transistor m • *transistor* • *transistorradio*
transistoriser OV WW *van transistoren voorzien*
transit (*zeg:* -ziet) m *transit; doorvoer; doorreis*
transitaire I m *expediteur* II BNW *transito-; doorvoer-* ★ commerce ~ *transitohandel; doorvoerhandel* ★ pays ~ *land van doorvoer*
transiter I OV WW *doorvoeren* II ON WW *doorgevoerd worden*
transitif BNW [v: **transitive**] *overgankelijk; transitief*
transition v *overgang*
transitoire BNW *voorbijgaand; voorlopig*
translation v • *overbrenging* • *overdracht*
translucide BNW *doorschijnend*
translucidité v *doorschijnendheid*
transmetteur [v: **transmettrice**] I m *seingever* II BNW *overbrengend*
transmettre OV WW • *overbrengen* • *overdragen* • *voortplanten* ★ se ~ héréditairement *erfelijk worden overgebracht*
transmigration v *landverhuizing* ★ ~ des âmes *zielsverhuizing*
transmissibilité v *overdraagbaarheid; erfelijkheid*
transmissible BNW *overdraagbaar; overerfelijk*
transmission v • *overbrenging* • *overdracht* ★ service des ~s *verbindingsdienst*
transmuer OV WW [**transmuter**] *omzetten; veranderen*
transmutabilité v *veranderbaarheid*
transmutation v *omzetting; verandering*
transparaître ON WW *doorschemeren*
transparence v *doorzichtigheid*
transparent I m *transparantpapier* II BNW *doorzichtig; transparant*
transpercer OV WW *doorboren; dringen door*
transpiration v *zweting; zweet; transpiratie* ★ être en ~ *zweten*
transpirer ON WW *zweten; uitwasemen; transpireren;* FIG. *uitlekken*
transplant m *transplantaat*
transplantation v • *transplantatie* • *overplanting; verplanting*
transplanter OV WW • *overplanten; verplanten* • *transplanteren*
transport m • *vervoer* • *transport* • *overbrenging* • MIL. *transportschip* • *vervoering; opwelling; geestdrift* ★ ~s en commun *openbaar vervoer* ★ ~ au cerveau *bloedstuwing naar de hersenen*
transportable BNW *vervoerbaar*
transportation v *deportatie*
transporter I OV WW • *vervoeren* • *transporteren* • *deporteren* • JUR. *overdragen* • *in vervoering brengen; buiten zichzelf brengen* ★ transporté de joie *buiten zichzelf van vreugde* II WKD WW (**se** ~) • *zich begeven* • *zich verplaatsen*
transporteur [v: **transporteuse**] I m *glijgoot; aanvoerdoek* II m/v *vervoerondernemer; bode*
transposable BNW • *verplaatsbaar* • MUZ. *transponeerbaar*
transposer OV WW • *verplaatsen* • MUZ. *transponeren*
transposition v • *verplaatsing* • *transponering*
transsaharien BNW [v: **transsaharienne**] *dwars door de Sahara*
transsexualité v *transseksualiteit*
transsexuel [v: **transsexuelle**] I m *transseksueel* II BNW *transseksueel*
transsibérien I m *transsiberische spoorweg* II BNW [v: **transsibérienne**] *transsiberisch*
transsuder I OV WW *uitzweten* II ON WW *doorsijpelen*
transvasement m *(het) óvergieten*
transvaser OV WW *óvergieten*
transversal BNW [m mv: **transversaux**] *dwars; dwarsliggend*
transversale v • SPORT *doellat* • SPORT *crosspass* • *rechtstreekse verbindingsweg*
transverse I m *dwarsspier* II BNW *schuin*
trapèze m • *trapezium* • *zweefrek; trapeze* ★ ~ isocèle *gelijkbenig trapezium*
trapéziste m/v *trapezewerker*
trappe v • *valluik* • *luikgat* • *schuifdeur* • FIG. *valstrik; wolfskuil* ★ Trappe *trappistenklooster; trappistenorde*
trappeur m *Noord-Amerikaanse pelsjager*
trappiste m *trappist*
trapu BNW *gedrongen;* FIG. *moeilijk*
traqeuse v *melkmachine*

traque v *klopjacht*
traquenard m *val*; OOK FIG. *valstrik*
traquer OV WW • *een bos doorzoeken en het wild opjagen* • *vervolgen*
traqueur m *drijver*
traumatique BNW *traumatisch*; *wond-*
traumatiser OV WW *traumatiseren*
traumatisme m *trauma*
traumatologie v *traumatologie*; *ongevallenchirurgie*
travail m [mv: **travaux**] • *werk* • *arbeid* • *bewerking* • *werkwijze* • *(het) werken* ‹v. hout› • *werk*; *studie*; *geschrift* • *barensnood* ★ travaux forcés *dwangarbeid* ★ sans ~ *werkeloos*; *werkeloze* ★ ~ à la pièce *stukwerk* ★ ~ à prix fait *aangenomen werk* ★ travaux d'approche *voorbereidende werkzaamheden* ★ ~ à temps partiel *deeltijdarbeid* ★ salle de ~ *verloskamer* ★ travaux dirigés (TD) *werkcollege*
travaillé BNW *doorwrocht*; *(met zorg) bewerkt*
travailler I OV WW • *bewerken* • *goed verzorgen*; *zorgvuldig bewerken* • *kwellen*; *pijnigen* • *trainen* • *kappen* ‹tennis› ★ ~ son style *zijn stijl bijschaven* **II** ON WW • *werken* • *werken* ‹v. hout› • *gisten* ★ ~ comme un nègre *werken als een paard* ★ ~ dur *hard werken* ★ le vin travaille *de wijn gist nog na* **III** WKD WW (**se** ~) *zich kwellen*; *zich inspannen*
travailleur [v: **travailleuse**] **I** m *werker* **II** BNW *ijverig*
travailliste I m/v *lid van de Labourpartij* **II** BNW *v.d. Labourpartij*
travaux m mv → **travail**
travée v • *ruimte tussen twee balken* • *bovengalerij*
travelling m *travelling* ‹bij filmopname›
travelo m INF. *travestiet*
travers m • *dwarste* • *dwarshout*; *dwarsstuk* • *zijde* ‹v. schip› • *kuur*; *gebrek* ★ à tort et à ~ *door dik en dun* ★ avaler de ~ *zich verslikken* ★ avoir mis son bonnet de ~ *slecht gemutst zijn* ★ en ~ *overdwars* ★ à ~ *dwars door* ★ au ~ *dwars door* ★ de ~ *verkeerd*; *scheef*; *schuin*; *dwars* ★ ~ de porc *spareribs*
traversable BNW *over te steken*
traverse v • *zijweg*; *binnenweg* • *dwarsbalk*; *dwarsligger* • *tegenspoed*; *hinderpaal*
traversée v • *overtocht* • *oversteekplaats*
traverser OV WW • *oversteken*; *gaan door* • *doorsnijden*; *doorklieven* • *doordringen* • *dwarsbomen* ★ ~ l'esprit *voor de geest komen* ★ la pluie traverse mes habits *mijn kleren raken doorweekt van de regen*
traversier BNW [v: **traversière**] ★ barque traversière *overzetboot* ★ flûte traversière *dwarsfluit*
traversin m *langwerpig hoofdkussen*; *peluw*
travesti I m • *travestiet* • *verklede rol* • *verkleding* **II** BNW *verkleed* ★ bal ~ *gekostumeerd bal* ★ rôle ~ *verklede rol*
travestir I OV WW • *verkleden* • *verdraaien* • *een parodie maken op* **II** WKD WW (**se** ~) *zich verkleden*
travestissement m • *verkleding* • *travestie*
traviole BIJW ★ de ~ *scheef*

trayeur m [v: **trayeuse**] *melker*
trayeuse v *melkmachine*
trayon m *speen* ‹v. uier›
trébuchant BNW • *volwichtig* ‹v. munt› • *struikelend*
trébucher I OV WW *wegen op een goudschaal* **II** ON WW • OOK FIG. *struikelen (***sur, contre** *over)* • *doorslaan* ‹v. balans›
trébuchet m • *goudschaal* • *blijde*; *middeleeuws werptuig voor projectielen*
tréfilerie v *draadfabriek*
trèfle m • *klaver* • *klaveren* ‹bij kaartspel›
tréfonds m OOK FIG. *ondergrond*; *kern* ★ savoir le fonds et le ~ d'une affaire *een zaak door en door kennen*
treillage m *traliewerk*; *latwerk*
treillager OV WW *van traliewerk of latwerk voorzien*
treille v • *omhoog klimmende wingerd* • *wingerdprieel* ★ INF. le jus de la ~ *de wijn*
treillis m • *traliewerk*; *latwerk*; *draadwerk*; *rasterwerk* • *grof linnen* • MIL. *gevechtspak*
treize I m *dertien* **II** TELW *dertien*
treizième I m *dertiende deel* **II** TELW *dertiende*
tréma m *deelteken*; *trema*
tremble m • *ratelpopulier* • *espenhout*
tremblé BNW *beverig* ★ écriture ~e *een beverig handschrift*
tremblement m *beving*; *trilling* ★ ~ de terre *aardbeving* ★ INF. tout le ~ *de hele rommel*; *de hele zooi*
trembler ON WW • *beven*; *sidderen*; *trillen*; *bang zijn (***devant** *voor)* • *bezorgd zijn (***pour** *om)* ★ ~ de fièvre *rillen van de koorts*
tremblotant BNW *trillend*; *beverig*
tremblote v INF. ★ avoir la ~ *bibberen*
trembloter ON WW *bibberen*
trémie v *molentrechter*
trémière BNW ★ rose ~ *stokroos*
tremolo m [**trémolo**] • MUZ. *tremulant* ‹v. stem› • *trilling* ‹v. stem›
trémoussement m • *(het) klapwieken* • *(het) schudden*
trémousser I ON WW *klapwieken* **II** WKD WW (**se** ~) *zich heen en weer bewegen*; *dansen en springen* ★ se ~ d'impatience *trappelen van ongeduld*
trempage m *bevochtiging*
trempe v • *(het) harden* ‹v. staal› • *(het) weken* • *wilskracht*; *kracht* • *pak slaag* ★ d'une bonne ~ *krachtig*
trempé BNW • *doornat* • *gehard*; *doorkneed*
tremper I OV WW • *indompelen*; *weken*; *bevochtigen* • *harden* ‹v. staal› ★ ~ la soupe *bouillon op het brood gieten* ★ ~ son vin *water in zijn wijn doen* ★ être trempé *doornat zijn* **II** ON WW *weken* ★ ~ dans un crime *medeplichtig zijn aan een misdaad*
trempette v ★ INF. faire ~ *even het water ingaan*; *pootje baden*
tremplin m *springplank*; *springschans*
trentaine v *dertigtal*
trente I m *dertig* **II** TELW *dertig*
trente-et-un I m *eenendertig* ★ être sur son ~ *er piekfijn uitzien*; *in gala zijn* **II** TELW *eenendertig*
trentenaire BNW *dertigjarig*

T

trente-six TELW • *zesendertig* • INF. *een heleboel; tig(maal)* ★ tous les ~ du mois *bijna nooit*
trentième I m *dertigste deel* II TELW *dertigste*
trépan m • *(schedel)boor* • *schedelboring*
trépanation v *schedelboring*
trépaner OV WW *een schedelboring verrichten*
trépas (*zeg:* -pà) m FORM. *overlijden* ★ passer de vie à ~ *overlijden*
trépassé m *overledene*
trépasser ON WW *overlijden*
trépidant BNW *wervelend* ★ vie ~e *hectisch leven*
trépidation v *trilling; beving*
trépider ON WW *trillen; beven; schudden*
trépied m *drievoet*
trépignement m *getrappel; gestamp*
trépigner ON WW *trappelen; stampvoeten* ★ ~ de joie *staan te springen van blijdschap* ★ ~ d'impatience *trappelen van ongeduld*
très BIJW *zeer; heel; erg*
Très-Haut m *Allerhoogste*
trésor m • OOK FIG. *schat* • *schatkamer; schatkist* • *kerkschatten* ★ le Trésor public *de schatkist; de staatskas*
trésorerie v • *financiële middelen* • *schatkamer* • *beheer der schatkist; ministerie v. Financiën* ‹in Engeland›
trésorier m *schatmeester; penningmeester*
tressage m *(het) vlechten*
tressaillement m *rilling; trilling; schrik*
tressaillir ON WW • *rillen* • *opspringen*
tressauter ON WW *opspringen*
tresse v • *vlecht* • *tres* • *grof/grauw papier*
tresser OV WW *vlechten*
tréteau m [mv: **tréteaux**] • *schraag* • VERO. *openluchttoneel*
treuil m *windas; lier*
treuiller OV WW *(op)takelen*
trêve v • *wapenstilstand* • *bestand* • *rust; pauze* ★ GESCH. ~ de Dieu *godsvrede*
trévise v *rode sla*
tri m *(het) uitzoeken; (het) sorteren*
triade v *drietal*
triage m *(het) uitzoeken; sorteren* ★ gare de ~ *rangeerterrein*
trial m *motorcross; trial* ★ moto de ~ *trialmotor*
triangle m • WISK. *driehoek* • MUZ. *triangel* ★ ~ isocèle *gelijkbenige driehoek* ★ ~ équilatéral *gelijkzijdige driehoek* ★ ~ rectangle *rechthoekige driehoek* ★ ~ de présignalisation *gevarendriehoek*
triangulaire BNW *driehoekig*
triangulation v *driehoeksmeting*
trianguler OV WW *opmeten door driehoeksmeting*
triathlon m *triatlon; driekamp*
tribal BNW [m mv: **tribaux**] *stam-*
tribord m *stuurboord*
tribu v *stam; volksstam*
tribulation v *beproeving; tegenspoed*
tribun m *tribuun* ‹titel in het oude Rome›
tribunal m [mv: **tribunaux**] *rechtbank* ★ ~ de commerce *handelsrechtbank* ★ ~ de la pénitence *biechtstoel* ★ ~ d'instance *kantongerecht* ★ ~ de grande instance *arrondissementsrechtbank*
tribune v • *tribune* • *spreekgestoelte* • *zangkoor; orgelkoor* ★ ~ sacrée *preekstoel*
tribut (*zeg:* -buu) m *schatting; belasting*
tributaire BNW • *schatplichtig* • (~ **de**) *afhankelijk van; onderworpen aan*
tricentenaire I m *driehonderdjarig bestaan* II BNW *driehonderdjarig*
tricéphale BNW *driehoofdig*
triceps m *triceps; driehoofdige spier*
triche v INF. *bedrog* ★ obtenir à la ~ *door bedrog verkrijgen*
tricher I OV WW *bedriegen* II ON WW *vals spelen; spieken*
tricherie v *bedrog bij het spel*
tricheur m [v: **tricheuse**] *bedrieger; valsspeler*
trichine v *(spier)trichine*
trichrome BNW *driekleurig*
trichromie v *driekleurendruk*
tricolore BNW *driekleurig* ★ les ~s *de Fransen* ★ feux ~s *verkeerslichten*
tricorne I m *steek* II BNW *driekantig*
tricot m • *breiwerk* • *gebreid goed; tricot; borstrok* • VERO. *knuppel*
tricotage m • *(het) breien; breiwerk; gebreid goed* • INF. *benenwerk* ‹v. sporters›
tricoter I OV WW *breien* II ON WW • *breien* • INF. *rennen; vluchten; lopen terwijl men de voeten tegen elkaar slaat*
tricoteur m [v: **tricoteuse**] *breier*
tricoteuse v • *breimachine* • *breister*
Tricoteuse v GESCH. *vrouw die tijdens de Fr. Revolutie de zittingen der Conventie al breiend bijwoonde*
trictrac m • *triktrak* • *triktrakbord*
tricycle m *driewieler*
trident m *drietand*
tridimensionnel BNW [v: **tridimensionnelle**] *driedimensionaal*
trièdre BNW *drievlakkig*
triennal BNW [m mv: **triennaux**] • *driejarig* • *driejaarlijks*
trier OV WW *uitzoeken; sorteren*
trieur m [v: **trieuse**] *sorteerder*
trieuse v *sorteermachine*
trifouiller ON WW INF. *rommelen*
trigle m *poon; knorhaan*
trigonométrie v *driehoeksmeting*
trigonométrique BNW *trigonometrisch*
trilatéral BNW [m mv: **trilatéraux**] *driezijdig*
trilingue BNW *drietalig*
trille v *triller*
triller I OV WW *met trillers versieren* II ON WW *met trillers zingen; met trillers spelen*
trillion m *triljoen*
trilogie v *trilogie; driedelig werk*
trimaran m *trimaran*
trimardeur m ARG. *zwerver; vagebond*
trimbaler I OV WW INF. [**trimballer**] *meezeulen* II WKD WW (**se** ~) *rondsjouwen*
trimer INF. ON WW *zwoegen*
trimestre m • *kwartaal* • *driemaandelijks loon*
trimestriel BNW [v: **trimestrielle**] *driemaandelijks*
trimoteur I m *driemotorig vliegtuig* II BNW *driemotorig*
tringle v *roede; stang; lat; lijst*

Trinité v *Drie-eenheid*
trinquer ON WW • *klinken (***à** *op)* • INF. *drinken; schade lijden; erin vliegen*
trinquet m *fokkenmast*
trio m • MUZ. *trio* • *drietal*
triolet m • MUZ. *triool* • LIT. *soort achtregelig couplet; triolet*
triomphal BNW [m mv: **triomphaux**] *triomferend; van de zege* ★ char ~ *zegewagen*
triomphalisme m *triomfalisme*
triomphant BNW • *zegevierend* • *triomfantelijk* • *overtuigend* ★ air ~ *triomfantelijke houding* ★ argument ~ *overtuigend argument*
triomphateur [v: **triomphatrice**] **I** m *overwinnaar; triomfeerder* **II** BNW *zegevierend*
triomphe m *zegepraal; triomf*
triompher ON WW • *zegevieren; overwinnen; triomferen (***de** *over)* • *uitblinken* • *verheugd zijn; juichen*
trip m FIG. *trip* ★ faire un trip *trippen*
tripaille v INF. *ingewanden* ‹v. dieren›
triparti BNW [v: **tripartie**] *in drieën verdeeld*
tripartition v *driedeling*
tripatouillage m INF. *geknoei*
tripatouiller OV WW INF. *knoeien met; knoeien in*
tripatouilleur m [v: **tripatouilleuse**] INF. *knoeier*
tripe v • *darm* • CUL. *pens* • *soort fluweel; trijp* • *binnenwerk van sigaar* ★ avoir la ~ républicaine *uit republikeins hout gesneden zijn*
tripette v INF. *kleine pens* ★ cela ne vaut pas ~ *dat is geen cent waard*
tripeur m INF. *iem. die aan het trippen is*
triphtongue v *drieklank*
tripier m [v: **tripière**] *verkoper van darmen; verkoper van pensen*
triplan m *driedekker*
triple **I** m *drievoud* **II** BNW *drievoudig; driedubbel* ★ ~ fou *driedubbele gek*
triplé m • SPORT *trio* • *hattrick*
tripler **I** OV WW *verdrievoudigen; tripleren* **II** ON WW *drie keer zo groot worden*
triplés m mv *drieling*
triplette v *team van drie spelers*
triporteur m *bakfiets*
tri-porteur m [**triporteur**] *bakfiets met drie wielen*
tripot m PEJ. *speelhol*
tripotage m • *vieze rommel; mengelmoes* • *knoeierij; zwendel* • *gekonkel*
tripotée v • INF. *pak slaag* • *hoop; groot aantal* ★ ~ d'enfants *zwik kinderen*
tripoter **I** OV WW • *speculeren met* • *betasten; voelen/komen aan* **II** ON WW • *knoeien; kliederen* • *speculeren; knoeien; zwendelen* • *konkelen*
tripoteur m [v: **tripoteuse**] *knoeier; zwendelaar*
triptyque m • *drieluik* • *in drieën gevouwen document; autotriptiek*
trique v INF. *knuppel*
trirème v *galei met drie rijen roeiers*
trisaïeul m *betovergrootvader*
trisannuel BNW [v: **trisannuelle**] *driejaarlijks*
triste BNW • *droevig; bedroefd; treurig* • *donker; somber* • *armzalig; naar*
tristesse v *droefheid; treurigheid*
tristournet BNW [v: **tristournette**] *tikje down; triest*
triton m • *triton* • VERO. *interval van drie tonen*
trituration v *(het) fijnwrijven*
triturer OV WW • *fijnwrijven; vermalen* • FIG. *voorkauwen* ★ se ~ la cervelle *zijn hersens pijnigen; zich het hoofd breken;* FIG. *voorkauwen*
triumvirat m *driemanschap*
trivial [m mv: **triviaux**] **I** m • *(het) alledaagse; (het) afgezaagde* • FIG. *(het) platte* **II** BNW • *plat; ordinair* • *alledaags; afgezaagd*
trivialité v • *platheid; gemeenheid* • *alledaagsheid; afgezaagdheid*
troc *(zeg:* trok) m *ruil; ruilhandel*
trochée v *trochee; trocheus*
troène m *liguster*
troglodyte m • *holbewoner* • *winterkoninkje*
trogne v *tronie; dronkenmansgezicht*
trognon m • *stronk* • *klokhuis* • INF. *tronie*
Troie *Troje*
troïka v • *trojka; met drie paarden bespannen Russische slede* • POL. *driemanschap; afvaardiging*
trois **I** m *drie* **II** TELW *drie*
trois-étoiles **I** m *driesterrenhotel* **II** BNW *met drie sterren*
trois-huit m *3/8 maat* ★ faire les ~ *in drieploegendiensten werken*
troisième **I** m *derde deel* **II** v • *vierde jaar v.h. middelbaar onderwijs* ‹in Frankrijk› • *derde versnelling* **III** TELW *derde*
troisièmement BIJW *ten derde*
trois-mâts m *driemaster*
trois-quarts m • *driekwartviool; kinderviool* • *driekwart mantel* • *driekwartspeler* ‹rugby›
trois-quatre m (onver.) *driekwartsmaat*
trolleybus m *trolley(bus)*
trombe v *windhoos; waterhoos* ★ passer en ~ *als een wervelwind voorbijkomen*
trombine v INF. *gezicht*
tromblon m *donderbus*
trombone m • *trombone* • *trombonist* • *paperclip* ★ ~ à coulisse *schuiftrombone*
trompe v • *tromp;* ARCHIT. *steungewelf* • *jachthoorn* • *snuit; slurf* • *signaalhoorn* • *claxon* ★ à son de ~ *met veel tamtam* ★ ~ de brume *misthoorn* ★ ~ d'Eustache *buis van Eustachius* ★ ~ de Fallope/utérine *eileider*
trompe-l'œil m (onver.) • *trompe-l'oeil; schildering met gezichtsbedrog* • *gezichtsbedrog* ★ une porte en ~ *een niet van echt te onderscheiden, geschilderde deur*
tromper **I** OV WW • *bedriegen* • *teleurstellen* • *tijdelijk stillen* ★ ~ la faim *honger tijdelijk stillen* **II** WKD WW (**se** ~) *zich vergissen* ★ se ~ de numéro *het verkeerde nummer draaien/intoetsen* ★ se ~ de route *de verkeerde weg inslaan; verdwalen* ★ elle lui ressemble à s'y ~ *ze lijkt bedrieglijk veel op haar*
tromperie v *bedrog; misleiding*
trompeter **I** OV WW • *rondbazuinen* • *rond laten roepen* **II** ON WW • VERO. *op de trompet blazen* • *krijsen* ‹v. arend, kraanvogel, zwaan›

trompette I m *trompetter* II v • *trompet* • *nieuwtjesverteller* • *trompetvogel* • INF. *gezicht*; *smoel* ⋆ déloger sans tambour ni ~ *met stille trom vertrekken* ⋆ nez en ~ *wipneus*
trompettiste m/v *trompetblazer*
trompeur [v: **trompeuse**] I m *bedrieger* ⋆ à ~, ~ et demi *de bedrieger bedrogen*; *leer om leer* II BNW *bedrieglijk*; *misleidend* ⋆ les apparences sont trompeuses *schijn bedriegt*
tronc m • *stam* • *romp* • *collectebus* ‹in kerk›; *offerblok* ‹in kerk› ⋆ ~ commun ≈ *basisvorming*
tronche v • *houtblok* • *tronk(boom)* • INF. *hoofd*
tronçon m *stomp*; *afgebroken stuk hout*
tronçonner OV WW *in stukken hakken*; *in moten snijden*
tronçonneuse v *kettingzaag*
trône m *troon*
trôner ON WW • *tronen* • *de gewichtige persoon uithangen*
tronquer OV WW *verminken*; *afknotten*
trop (*zeg:* troo) BIJW *te*; *te veel* ⋆ de trop *over* ⋆ en trop *te veel*; *over* ⋆ par trop *al te veel* ⋆ je ne sais pas trop *ik weet het niet precies*
trope m *troop*; *figuurlijke uitdrukking*
trophée v • *trofee*; *zegeteken*; *krijgsbuit* • *wapenrek*
tropical BNW [m mv: **tropicaux**] *tropisch*
tropique I m *keerkring* ⋆ sous les ~s *in de tropen* ⋆ maladie des ~s *gele koorts* II BNW *tropisch*
troposphère v *troposfeer*
trop-perçu m [mv: **trop-perçus**] *(het) te veel geheven bedrag*
trop-plein m [mv: **trop-pleins**] • *(het) overtollige* • *overlooppijp*; *-gat*
troquer OV WW *ruilen* ⋆ ~ son cheval borgne contre un aveugle *v.d. regen in de drup komen*
troquet m INF. *kroegje*
trot m *draf* ⋆ aller au trot *draven* ⋆ mener une affaire au grand trot *vlug met een zaak opschieten*
trotte v INF. *flink eind (lopen)* ⋆ tout d'une ~ *ineens door*; *in één ruk door*
trotte-bébé m (onver.) *loopstoeltje*
trotter I ON WW (onver.) • *lopen*; *tippelen* • *draven*; *trippelen* ⋆ INF. cette idée lui trotte dans la tête *dat idee speelt hem door het hoofd* II WKD WW (**se** ~) INF. *ervandoor gaan*
trotteur m [v: **trotteuse**] *draver*
trotteuse v *secondewijzer*
trottinement m *getrippel*
trottiner ON WW *trippelen*
trottinette v *autoped*; *step*
trottoir m *trottoir* ⋆ ~ cyclable *fietspad* ⋆ faire le ~ *tippelen*
trou m • *gat*; *leemte* • *hol* • *slechte woning* • INF. *negorij*; *gat* • INF. *bajes* ⋆ trou d'air *luchtzak* ⋆ avoir un trou de mémoire *een black-out hebben* ⋆ boucher un trou *een schuld betalen* ⋆ trou de loup *wolfskuil* ⋆ faire son trou *zich een positie verwerven*
troubadour m *troubadour*; *Z-Fr. middeleeuws minnedichter*, *-zanger*
troublant BNW *storend*; *verwarrend*; *ontroerend*
trouble I m • *verwarring* • *onrust*; *onenigheid* • *ontroering*; *onrust* ⋆ ~s de la vue *gezichtsstoornissen* II BNW *troebel*; *duister*
trouble-fête m/v (onver.) *spelbreker*
troubler I OV WW • *troebel maken* • *in beroering brengen* • *verstoren* • *verontrusten*; *ontstellen*; *bang maken* • *benevelen* ⋆ ~ la raison *het verstand benevelen* II WKD WW (**se** ~) • *troebel worden* • *in de war raken*
trouée v • *wijde doorgang*; *opening* ‹in bos, heg›; *doorbraak* • MIL. *doorbraak*; *gat* ‹in vijandelijke stelling›
trouer OV WW *doorboren*; *een gat maken in*
troufignon m VULG. *hol*; *gat*; *achterste*
troufion m INF. *soldaat zonder rang*
trouillard BNW INF. *bang*
trouille v INF. *angst*
trouillomètre m INF. ⋆ avoir le ~ à zéro *in de rats zitten*
troupe v • *troep*; *bende* • *toneeltroep* ⋆ hommes de ~ *manschappen*
troupeau m [mv: **troupeaux**] *kudde*
troupier m VERO. *soldaat*
trousse v • *bundel*; *pak* • *etui*; *instrumententas* ⋆ ~ de toilette *toilettas* ⋆ être aux ~s de qn *iem. op de hielen zitten*
trousseau m [mv: **trousseaux**] • *bos* • *uitzet* ⋆ ~ de clefs *sleutelbos*
trousser OV WW • *opbinden*; *opstropen*; *bij elkaar pakken* • *optillen*; *oplichten* • *snel uitvoeren* • *uit het leven wegrukken* • *klaarmaken van wild* ⋆ INF. ~ les filles *achter de meiden aanzitten* ⋆ INF. ~ une femme *de rok van een vrouw optillen* ⋆ ~ bagage *zich uit de voeten maken* ⋆ ~ une affaire *een zaak snel afhandelen*
trouvaille v *vondst*; *buitenkansje*
trouver I OV WW • *vinden* • *betrappen* • *verschaffen* ⋆ aller ~ qn *iem. opzoeken*; *iem. afhalen* ⋆ ~ bon *goedkeuren* ⋆ ~ mauvais *afkeuren* ⋆ ~ à dire *iets aan te merken hebben* ⋆ ~ à redire *iets aan te merken hebben* ⋆ ~ en faute *op een fout betrappen* ⋆ elle n'a pas encore trouvé à se loger *ze heeft nog geen woonruimte gevonden* ⋆ ~ à qui parler *bij de juiste persoon uitkomen* II WKD WW (**se** ~) • *gevonden worden* • *zich bevinden* • *zich voelen* ⋆ se ~ mieux *zich beter voelen* ⋆ se ~ mal *flauwvallen*; *onpasselijk worden* ⋆ il se trouvait que *het gebeurde dat*; *het bleek dat* ⋆ il se trouve que ... *het blijkt dat ...* ⋆ si ça se trouve *waar mogelijk*
trouvère m *N-Fr. middeleeuws minnedichter*, *-zanger*
troyen BNW [v: **troyenne**] • *Trojaans* • *uit Troyes* ‹in Champagne›
Troyen m,v [v: **Troyenne**] *Trojaan*
truand m [v: **truande**] • *crimineel* • *middeleeuws vagebond*; *middeleeuws bedelaar*
truander INF. OV WW • *bedonderen* • *bestelen*
truble v *schepnet*
trublion m *onrustzaaier*
truc m • *handigheid*; *kunstgreep*; *foefje*; *truc* • *soort biljart* • *ding* • *open goederenwagen* • *mechanisme om toneeldecors te verwisselen*

T

★ Monsieur truc *Mijnheer dinges*
trucage m [**truquage**] *trucage* ‹bij filmopnamen›; *(het) gebruiken van trucs*
truchement m • *vertolker* • *tussenkomst*
trucider OV WW INF. *vermoorden*
truculence v *woestheid*
truculent BNW *woest*
truelle v • *troffel* • *visschep*
truffe v • *truffel* • *hondensnuit* ★ quelle ~! *wat een idioot!*
truffer OV WW • *met truffels vullen*; *met truffels toebereiden* • FIG. *spekken*; *verrijken*
truffier BNW [v: **truffière**] *truffel-* ★ cochon/chien ~ *varken/hond die truffels kan vinden* ★ région truffière *streek waar truffels te vinden zijn*
truie v *zeug*
truisme m *waarheid als een koe*
truite v *forel* ★ ~ saumonée *zalmforel*
truité BNW *gevlekt* ★ un chien ~ *een gevlekte hond*
trumeau m [mv: **trumeaux**] • *schenkel* ‹v. rund› • ARCHIT. *steunpilaar*
truquage m → **trucage**
truquer I OV WW *namaken*; *vervalsen* II ON WW *trucs gebruiken*; *trukeren*
truqueur m *vervalser*
trust m *trust*
truster OV WW • *tot één onderneming samenstellen* • *in een trust onderbrengen*; FIG. *naar zich toehalen*
tsar m [v: **tsarine**] *tsaar*
tsarévitch m *tsarevitsj*
tsé-tsé v *tseetseevlieg*
T-shirt m → **tee-shirt**
tsigane BNW *zigeuner-*
Tsigane m/v *zigeuner*
tsoin-tsoin TW *retteketet!* ‹aan het eind v.e. couplet›
tss-tss TW *nou, nou!*
t.s.v.p. AFK (tournez s'il vous plaît) *z.o.z.*
TTC AFK (toutes taxes comprises) *alle belastingen inbegrepen*
tu I WW (volt. deelw.) → **taire** II VNW *jij*; *je*; *gij*; *ge*; *u* ★ être à tu et à toi avec qn *iem. goed kennen*
TU AFK (temps universel) *Greenwich-tijd*
tuant BNW *dodelijk*; *vermoeiend*
tub m *bad*; *sponsbad*
tuba m • *tuba* • *snorkel*
tube m • *buis*; *pijp*; *tube* • MUZ. *hit* • INF. *telefoon* • VERO. *hoge hoed* ★ à pleins tubes *vol volume, keihard*; *vol gas* ★ tube digestif *darmkanaal* ★ tube-image *beeldbuis* ★ un coup de tube *een telefoontje*
tubercule m • ANAT. *knobbeltje* • MED. *tuberkel* • *wortelknol*
tuberculeux [v: **tuberculeuse**] I m *tbc-patiënt* II BNW *tuberculeus*
tuberculose v *tuberculose*
tubéreux BNW [v: **tubéreuse**] *knolvormig*
tubulaire BNW *buisvormig* ★ pont ~ *tunnelbrug*
tubulé BNW *buisvormig*
tubuleux BNW [v: **tubuleuse**] *buisvormig*
tubulure v *buis(opening)*; *flensstuk*
tudesque BNW PEJ. *Duits*; *grof*
tue-mouche m [mv: **tue-mouches**] *vliegenzwam* ★ ~s *vliegenmepper* ★ papier ~ *vliegenpapier*
tuer I OV WW • *doden* • *erg vervelen* • *hinderen* • *vernietigen* • *slachten* ★ tuer le temps *de tijd doden* II ON WW *slachten* III WKD WW (**se** ~) • *doodgaan*; *doodvallen* • *zelfmoord plegen* • *zich afbeulen* ★ je me tue à lui dire que ... *ik heb hem/haar wel duizend keer gezegd dat ...*
tuerie v • *slachting*; *bloedbad* • *slachtbank*
tue-tête DEEL V. SAMENST ★ crier à ~ *luidkeels schreeuwen*
tueur [v: **tueuse**] I m *slachter* II m/v *doder* ★ ~ à gages *huurmoordenaar*
tuf m *tufsteen*
tuile v • *dakpan*; *tegel* • INF. *tegenvaller* • CUL. *amandelkrul*
tuilerie v *pannenfabriek*; *tegelfabriek* ★ les Tuileries *de Tuilerieën* ‹paleis v.d. Fr. koningen›
tuilier m [v: **tuilière**] *pannenbakker*
tulipe v *tulp*
tulipier m *tulpenboom*
tulle m *tule*
tuméfaction v *opzwelling*
tuméfié BNW *gezwollen*
tuméfier OV WW *doen opzwellen*
tumescence v *opzwelling*; *gezwel*
tumeur v *tumor*; *gezwel*
tumulaire BNW *graf-* ★ pierre ~ *grafsteen*
tumulte m *opschudding*; *lawaai*; *rumoer*; *tumult* ★ le ~ du monde *het gewoel van de wereld* ★ le ~ des passions *de storm der hartstochten*
tumultueux BNW [v: **tumultueuse**] *rumoerig*; *druk*
tumulus (*zeg:* -luus) m *hoop grond*; *grafheuvel*
tuner (*zeg:* tuunèr) m *tuner*
tungstène m *wolfraam*
tunique v • *tunica* • *tuniek*; *korte uniformjas* • *vlies*; *omhulsel*
Tunisie v *Tunesië*
tunisien BNW [v: **tunisienne**] *Tunesisch*
Tunisien m [v: **Tunisienne**] *Tunesiër*
tunnel m *tunnel*
turban m *tulband*
turbin m ARG. *werk*; *betaald werk*
turbine v *turbine*
turbiner ON WW • INF. *zwoegen* • *in een turbine verwerken*
turbomoteur m *turbomotor*
turbopropulseur m *schroefturbine*
turbot m *tarbot*
turbotrain m *turbotrein*
turbulence v *woeligheid*; *lastigheid*; *uitgelatenheid*
turbulent BNW *woelig*; *lastig*; *uitgelaten*
turc I m • *(het) Turks* • BIOL. *engerling* II BNW [v: **turque**] *Turks*
Turc m [v: **Turque**] *Turk* ★ fort comme un Turc *sterk als een paard* ★ tête de Turc *kop v. Jut*; *zondebok*
turf m • *paardenrenbaan* • *paardensport*
turfiste m *liefhebber*; *geregeld bezoeker van paardenrennen*
turgescence v *opzwelling*
turgescent BNW *gezwollen*

turlupiner I OV WW *bespotten; hinderen* II ON WW • INF. *zorg geven* • VERO. *flauwe of platte aardigheden vertellen*
turlututu! TW ★ turlututu (chapeau pointu)! *flapperdeflap!*
turne V • INF. *vervallen huis; krot* • ARG. *studentenkamer*
turpide BNW *schandelijk*
turpitude V • *verdorvenheid* • *schanddaad*
turque BNW → **turc**
Turque V → **Turc**
turquerie V *dans/schilderij/literair werk met Turken*
Turquie V *Turkije*
turquoise V *turkoois*
tus WW (passé simple) → **taire**
tussilage M *klein hoefblad*
tutélaire BNW *beschermend* ★ ange ~ *beschermengel*
tutelle V • *bescherming* • *voogdij*
tuteur M [V: **tutrice**] • *voogd* • *leistok*
tutoiement M *(het) tutoyeren*
tutoyer OV WW *iem. met tu aanspreken; tutoyeren*
tutu M *tutu; bips*
tuyau M [MV: **tuyaux**] • *buis; pijp; koker; slang* • *schacht* ‹v. vleugel› • *holle stengel* • INF. *vertrouwelijke mededeling; tip* ★ ~ d'arrosage *tuinslang* ★ ~ d'échappement *uitlaatpijp* ★ dire qc dans le ~ de l'oreille *iets influisteren* ★ ~ de poêle *kachelpijp*
tuyautage M *geheel van buizen* ‹v. machine›
tuyauter OV WW • GESCH. *van pijpplooien voorzien* • INF. *vertrouwelijke informatie geven; een tip geven*
tuyauterie V • *geheel van buizen* ‹v. machine, gasleiding› • VERO. *buizenfabriek*
tuyauteur INF. M [V: **tuyauteuse**] *tipgever*
tuyère V *blaasgat*
TV AFK (télévision) *tv*
TVA AFK (taxe sur la valeur ajoutée) *btw*
tweed M *tweed*
twin-set M [MV: **twin-sets**] *twinset*
tympan M *trommelholte;* ARCHIT. *timpaan* ★ membrane du ~ *trommelvlies* ★ briser le ~ à qn. *iemands oren doof schreeuwen*
tympanon M *hakkebord*
type M • *kerel; vent* • *drukletter* • *gietvorm; model* • *type; karakteristiek voorbeeld* • *type; origineel persoon* ★ quel est ce type-là? *wie is dat?*
typé BNW ★ être très typé *erg uitgesproken zijn*
typer OV WW *karakteriseren; typeren*
typhique I M/V *tyfuspatiënt* II BNW *tyfusachtig*
typhoïde BNW *tyfusachtig* ★ fièvre ~ *tyfus*
typhon M *tyfoon*
typhus (*zeg:* -fuus) M *vlektyfus*
typique BNW • *typisch; kenmerkend (***de** *voor)* • *origineel*
typographe M/V *typograaf; drukker; zetter*
typographie V *typografie; grafische vormgeving van drukwerk*
typographique BNW *typografisch*
tyran M *dwingeland; tiran*
tyranneau M [MV: **tyranneaux**] *dwingelandje*
tyrannie V *tirannie; dwingelandij*
tyrannique BNW *tiranniek*
tyranniser OV WW *tiranniseren*
tyrolien BNW [V: **tyrolienne**] *Tirools*
Tyrolien M [V: **Tyrolienne**] *Tiroler*
tzigane BNW *zigeuner-*
Tzigane M/V *zigeuner*

U

u m *letter u*
ubiquité v *alomtegenwoordigheid*
UDF AFK (Union pour la démocratie française) *Franse politieke partij*
UEM AFK (Union economique et monétaire) *EMU* ‹Economische en Monetaire Unie›
UEO AFK (Union de l'Europe occidentale) *WEU*
UEP AFK (Union européenne des paiements) *Europese betalingsunie*
UER AFK (Unité d'enseignement et de recherche) ≈ *faculteit*
UFC AFK (Union fédérale des consommateurs) ≈ *Consumentenbond*
uhlan m *ulaan*
UHT AFK (ultra-haute tensoin) *(extra) hoogspanning*
ukase m [m: **oukase**] OOK FIG. *oekaze; decreet* ‹in Rusland›
Ukraine v *Oekraïne*
ukrainien I m *(het) Oekraïens* **II** BNW [v: **ukrainienne**] *Oekraïens*
Ukrainien m [v: **Ukrainienne**] *Oekraïner*
ulcération v *verzwering*
ulcère m • *zweer* • PLANTK. *boomkanker*
ulcérer OV WW • *doen zweren* • *diep grieven*
ulcéreux [v: **ulcéreuse**] **I** m *maagzweerpatiënt* **II** BNW • *zwerend* • *vol zweren*
ULM AFK ((avion) ultra-léger motorisé) *zeer licht vliegtuigje*
ultérieur BNW • *later* • *aan gene zijde*
ultérieurement BIJW *later; erna*
ultimatum (*zeg:* -tom) m *ultimatum*
ultime BNW *laatste*
ultimo BIJW *ten laatste; in de laatste plaats*
ultra BIJW *ultra; zeer; uiterst*
ultra- VOORV *ultra-; uiterst; aan gene zijde van*
ultramontain BNW • *aan de andere kant van de Alpen* • *ultramontaans* ‹r.-k.›
ultras m mv *extremisten*
ultraviolet BNW [v: **ultraviolette**] *ultraviolet*
ululement m [**hululement**] *gehuil; gekrijs* ‹v. nachtvogels›
ululer ON WW [**hululer**] *huilen; krijsen* ‹v. nachtvogels›
un I m *één* **II** BNW [v: **une**] *één; één geheel vormend* ⋆ c'est tout un *dat is één pot nat* ⋆ la vérité est une *er is maar één waarheid* **III** VNW ⋆ l'un l'autre *elkaar* ⋆ l'un et l'autre *beide(n)* ⋆ les uns *sommigen* **IV** TELW *één* ⋆ un à un *één voor één* ⋆ à la une, à la deux, à la trois! *één, twee, drie! (en trekken! enz.)* **V** LW [v: **une**] *een* ⋆ c'est d'un ennuyeux! *dat is me toch saai!*
unanime BNW *unaniem; eenstemmig*
unanimité v *eenstemmigheid* ⋆ à l'~ *met algemene stemmen*
uni I m *effen stof* **II** BNW • *effen; vlak; glad* • *gelijkmatig* • *zonder versieringen* • *verenigd; eensgezind* ⋆ vie unie *regelmatig leven* ⋆ du linge uni *effen ondergoed*
unicellulaire BNW *eencellig*
unicité v *(het) uniek zijn; (het) enig zijn*
unicolore BNW *eenkleurig*
unicorne I m • MYTH. *eenhoorn* • *(eenhoornige) neushoorn* **II** BNW *eenhoornig*
unidirectionnel BNW [v: **unidirectionnelle**] *wendbaar in één richting*
unième TELW ⋆ le vingt et ~ *de eenentwintigste*
unificateur BNW [v: **unificatrice**] *éénmakend; verenigend*
unification v *vereniging; eenwording*
unifier OV WW • *verenigen; één maken* • *eenvormig maken*
uniforme I m • *uniform* • *beroepskleding* ⋆ endosser l'~ *soldaat worden* ⋆ quitter l'~ *de militaire dienst verlaten* **II** BNW *gelijkmatig; eenparig; eenvormig*
uniformément BIJW • *uniform; op dezelfde manier* • *gelijkmatig; onveranderlijk*
uniformisation v *uniformering*
uniformiser OV WW *eenvormig maken; uniformeren*
uniformité v *eenvormigheid; eenparigheid; uniformiteit*
unijambiste I m/v *iemand met één been* **II** BNW *met één been*
unilatéral BNW [m mv: **unilatéraux**] *eenzijdig* ⋆ stationnement ~ *parkeren aan één zijde toegestaan*
unilingue BNW *eentalig*
uninominal BNW [m mv: **uninominaux**] *met één naam*
union v • *verbond; genootschap; unie* • *verbinding; samenvoeging* • *huwelijksverbintenis* • *eendracht* ⋆ trait d'~ *verbindingsstreepje* ⋆ ~ libre *ongehuwd samenwonen* ⋆ ~ postale *postunie* ⋆ l'~ fait la force *eendracht maakt macht*
unioniste I m/v *unionist* **II** BNW *unionistisch*
unipolaire BNW *eenpolig*
unique BNW • *enig* • *onvergelijkelijk; uniek* ⋆ sens ~ *eenrichtingsverkeer* ⋆ talent ~ *buitengewoon talent*
uniquement BIJW *alleen; alleen maar*
unir I OV WW • *verenigen; verbinden (à met)* • *effen maken* **II** WKD WW (**s'**~) *zich verenigen; trouwen*
unisexe BNW *uniseks*
unisexué BNW *eenslachtig*
unisson m • *eenstemmigheid* • *overeenstemming* ⋆ à l'~ *eenstemmig* ⋆ se mettre à l'~ des circonstances *zich aan de omstandigheden aanpassen*
unitaire BNW • POL. *naar eenheid strevend* • REL. *unitaristisch*
unité v *eenheid* ⋆ ~ de formation et de recherche (UFR) *vakgroep hoger onderwijs* ⋆ les trois ~s (de lieu, de temps, d'action) *de drie eenheden (van tijd, plaats, actie)*
univers m *heelal; wereld; universum*
universaliser I OV WW • *algemeen maken* • *generaliseren* **II** WKD WW (**s'**~) *algemeen worden*
universalité v *universaliteit; algemeenheid; alzijdige ontwikkeling*
universel BNW [v: **universelle**] • *algemeen; universeel* • *veelzijdig* ⋆ esprit ~ *alzijdig ontwikkeld persoon* ⋆ exposition ~le *wereldtentoonstelling*

universellement BIJW *algemeen; overal*
universitaire I m *lid van de wetenschappelijke staf* **II** BNW *universiteits-; universitair; van de universiteit*
université v *universiteit* ★ l'Université de France *het onderwijzend personeel bij het openbaar onderwijs* ★ ~ populaire *volksuniversiteit*
univitellin BNW *eeneiïg*
univoque BNW *eenduidig*
Untel m *Dinges*
urane m VERO. *uraniumoxide*
uranifère BNW *uraniumhoudend*
uranique BNW *van uranium*
uranium (*zeg:* -njom) m *uranium*
urbain BNW • *v.d. stad; stedelijk* • FORM. *hoffelijk*
urbanisation v *verstedelijking; urbanisatie*
urbaniser OV WW *verstedelijken; urbaniseren*
urbanisme m *stedenbouwkunde*
urbaniste I m/v *planoloog; stedenbouwkundige* **II** BNW *stedenbouwkundig*
urbanité v *hoffelijkheid; beleefdheid*
urée v *ureum*
urémie v *uremie; niervergiftiging*
uretère m *urineleider; ureter*
urètre m *urinebuis; urethra*
urgence v *dringende noodzakelijkheid; urgentie* ★ d'~ *met spoed; plotseling* ★ cas d'~ *spoedgeval* ★ service des ~s *eerstehulpdienst*
urgent BNW *dringend; urgent*
urger ON WW INF. *urgent zijn*
urinaire BNW *wat de urine betreft*
urinal m [mv: **urinaux**] *urinaal; urineerfles*
urine v *urine*
uriner ON WW *urineren*
urinoir m *urinoir*
urne v • *urn* • *stembus*
urologie v *urologie*
urologue m/v *uroloog*
URSS AFK (Union des républiques socialistes soviétiques) *SU*
ursuline v *non v.d. orde der ursulinen*
urticaire v *netelroos*
us (*zeg:* uus) m mv *zeden; gewoonten* ★ les us et coutumes *de zeden en gewoonten*
usage m • *gebruik; gewoonte; usance* • *gebruik; (het) besteden* • JUR. *vruchtgebruik* ★ il n'a pas l'~ du monde *hij weet niet hoe hij zich moet gedragen* ★ d'~ *gebruikelijk* ★ à ~ de *voor; ten behoeve van* ★ faire ~ de *gebruik maken van* ★ INF. faire de l'~ *duurzaam zijn* ★ hors d'~ *kapot* ★ à l'~ *door het gebruik; tijdens het gebruik*
usagé BNW *gebruikt; versleten*
usager m *gebruiker*
usant BNW *uitputtend; slopend*
usé BNW • *versleten* • *afgeleefd* • *afgezaagd* ★ eaux usées *afvalwater*
user I OV WW • *gebruiken; verbruiken* • *verslijten; bederven; verzwakken* • *doorbrengen* ★ cette voiture use beaucoup d'essence *die auto gebruikt veel benzine* ★ user sa santé *zijn gezondheid verwoesten* **II** ON WW ★ VERO. en user mal avec qn *iem. slecht behandelen* (~ **de**) *gebruiken; gebruik maken van* **III** WKD WW (**s'**~) • *(ver)slijten* • *verminderen* • *zich uitputten*
usinage m • *machinale bewerking* • *fabricage*
usine v *(grote) fabriek*
usiner OV WW • *bewerken* • *fabriceren* • INF. *hard werken; ploeteren*
usinier BNW [v: **usinière**] *wat een fabriek betreft; fabrieks-*
usité BNW *gebruikelijk*
ustensile m *huishoudelijk artikel; gereedschap*
usuel BNW [v: **usuelle**] *gebruikelijk*
usufruit m *vruchtgebruik*
usufruitier m [v: **usufruitière**] *vruchtgebruiker*
usuraire BNW *met woeker* ★ prêt ~ *lening tegen woekerrente*
usure v • *slijtage* • *uitputting* • *woeker(rente)* ★ guerre d'~ *uitputtingsoorlog*
usurier m [v: **usurière**] *woekeraar*
usurpateur m [v: **usurpatrice**] *overweldiger*
usurpation v • *overweldiging; wederrechtelijke inbezitneming* • (~ **dans/sur**) *inbreuk op*
usurpatoire BNW *wederrechtelijk; onrechtmatig*
usurper I OV WW *zich wederrechtelijk toe-eigenen* **II** ON WW (~ **sur**) *inbreuk maken op*
ut (*zeg:* uut) m MUZ. *c; do*
utérin BNW *v.d. baarmoeder; baarmoeder-* ★ frères ~s *halfbroers* ‹v. de kant van de moeder›
utérus (*zeg:* -ruus) m *baarmoeder*
utile I m *het nuttige* **II** BNW • *nuttig; bruikbaar* • *dienstig* ★ en temps ~ *te zijner tijd*
utilisable BNW *bruikbaar*
utilisateur m [v: **utilisatrice**] • *gebruiker* • COMP. *user*
utilisation v *aanwending; gebruik; gebruikmaking*
utiliser OV WW *gebruiken; aanwenden*
utilitaire I m/v *utilitarist; voorstander v.h. nuttigheidsbeginsel* **II** BNW *het nut beogend*
utilitarisme m *utilitarisme*
utilité v • *nut; voordeel* • *belang* ★ un acteur qui joue les ~s *een acteur die een bijrol speelt*
utopie v *utopie; hersenschim*
utopique BNW *utopisch; hersenschimmen nastrevend*
utopiste I m/v *utopist* **II** BNW *utopistisch*
UV AFK • (unité de valeur) *blok waarvoor men studiepunten krijgt* ‹op universiteit› • (ultraviolet) *uv*
uval BNW [m mv: **uvaux**] *van druiven* ★ cure uvale *druivenkuur*
uvulaire BNW *huig-*
uvule v *huig*

V

v m *letter v*
V BIJW ★ à la (vitesse) grand V *vliegensvlug*
va I WW (présent, geb. wijs) → **aller** ★ à la va comme je te pousse *lukraak* **II** TW • *zeg!*; *ga je gang!*; *nou!*; *hoor!* • *goed dan!* ★ va donc! *loop heen!*
VA AFK (voltampère) *voltampère*
vacance v *vacature*
vacances v mv • *vakantie* • *vacatures* ★ partir en ~ *met vakantie gaan*
vacancier m [v: **vacancière**] *vakantieganger*
vacant BNW • *onbezet*; *vacant* • *beschikbaar* ★ poste ~ *vacature*
vacarme m *herrie*; *lawaai*
vacataire m/v *tijdelijke werknemer*
vacation v *vacatie*
vaccin m *vaccin*; *entstof*; *pokstof*
vaccinal BNW [m mv: **vaccinaux**] *wat inenting betreft*; *vaccinaal*
vaccinateur m [v: **vaccinatrice**] *inenter*
vaccination v *inenting*; *vaccinatie*
vaccine v • *koepokken* • *reactie op koepokinenting*
vacciner OV WW *inenten* (**contre** *tegen*); *vaccineren*; FIG. *immuun maken*
vachard BNW INF. *gemeen*; *smerig*
vache I v • *koe* • *runderleer* • *koeienvlees* • ARG. *politieman*; *smeris* • INF. *rotvent* ★ ~ à lait OOK FIG. *melkkoe* ★ ~ sacrée OOK FIG. *heilige koe* ★ maladie de la ~ folle *gekkekoeienziekte* ★ le plancher des ~s *de vaste wal* ★ manger de la ~ enragée *gebrek lijden* **II** BNW INF. *gemeen* (**avec** *tegen*)
vachement INF. BIJW *geweldig*; *erg* ★ c'est ~ bien *dat is heel erg goed*
vacher m [v: **vachère**] *koehoeder*
vacherie v • *koeienstal* • INF. *rotstreek*; *rotopmerking*
vacherin m • *gebak met ijs* • *soort kaas*
vachette v *koetje*
vacillant BNW • *wankelend* • *besluiteloos* • *flakkerend* ★ flamme ~e *flakkerende vlam*
vacillation v • *trilling* • *(het) schommelen*; *(het) wankelen* • *(het) flakkeren*; *flikkering* • *weifeling*; *besluiteloosheid*
vacillement m → **vacillation**
vaciller ON WW • *wankelen*; *waggelen* • *weifelen* • *flikkeren*
vacuité v *leegheid*
vade-mecum (*zeg:* -kom) m (onver.) *zakboekje*; *vraagbaak*
vadrouille v • *(het) rondslenteren* • *zwabber*
vadrouiller ON WW *rondslenteren*
va-et-vient m (onver.) • *(het) heen en weer gaan/lopen* • *kleine veerpont* • *reddingslijn* • *hotelschakelaar* • *klapdeur*
vagabond I m [v: **vagabonde**] *landloper*; *vagebond* **II** BNW • *zwervend* • *onbestendig*; *onrustig*
vagabondage m *(het) ronddwalen*; *landloperij*
vagabonder ON WW • *rondzwerven*; *landlopen* • FIG. *overspringen* ★ ~ d'un sujet à l'autre *van de hak op de tak springen*
vagin m *schede*; *vagina*
vaginal BNW [m mv: **vaginaux**] *van de schede*; *vaginaal*
vagir ON WW • *schreien* • *schreeuwen*
vagissement m • *geschrei* ‹v. pasgeboren kind› • *geschreeuw* ‹v. haas›
vague I m • *lege ruimte* • *(het) onzekere*; *(het) vage* ★ regarder dans le ~ *onbestemd voor zich uit kijken* **II** v OOK FIG. *golf* ★ ~ de chaleur *hittegolf* ★ ~ de froid *koudegolf* ★ la Nouvelle Vague *de Nouvelle Vague*; *beweging in de filmkunst van eind jaren vijftig* **III** BNW • *onzeker*; *vaag* • *onbebouwd* ★ terrain ~ *braakliggend stuk grond*
vaguemestre m • *officier belast met het toezicht op de post* • MIL. *facteur*
vaguer ON WW *ronddolen*; *zwerven*
vaillamment BIJW *dapper*
vaillance v *dapperheid*
vaillant BNW *dapper* ★ n'avoir pas un sou ~ *geen rooie cent hebben*
vaille WW (subj. présent) → **valoir** ★ ~ que ~ *zo goed en zo kwaad als het gaat*
vain BNW *vergeefs*; *nutteloos*; *ijdel* ★ en vain *tevergeefs*
vaincre I OV WW *overwinnen* **II** WKD WW (**se** ~) *zichzelf overwinnen*; *zich beheersen*
vaincu I m *verliezer*; *overwonnene* **II** BNW *overwonnen* ★ il est ~ d'avance *hij heeft bij voorbaat verloren* **III** WW (volt. deelw.) → **vaincre**
vainement BIJW *zonder succes*; *tevergeefs*
vainqueur I m *overwinnaar* **II** BNW *zegevierend*; *triomfantelijk* ★ air ~ *triomfantelijke houding*
vairon I m *grondeling* **II** BNW *verschillend van kleur* ‹v. ogen›
vais WW (présent) → **aller**
vaisseau m [mv: **vaisseaux**] • *vat* • *(groot) schip* • ARCHIT. *schip* • *bloedvat*; *kanaal* ★ le Vaisseau-Fantôme *de Vliegende Hollander* ★ ~x sanguins *bloedvaten*
vaisselier m *servieskast*
vaisselle v *vaatwerk*; *vaat* ★ faire la ~ *afwassen* ★ liquide ~ *afwasmiddel*; *spoelmiddel*
val m [mv: **vals/vaux**] VERO. *dal*
valable BNW *geldig*
valdinguer ON WW INF. ★ envoyer ~ qn *iem. eruit smijten*
Valence • *Valencia* • *Valence*
valence v • *valentie* • *waarde*
Valencia v *soort sinaasappel*
valériane v *valeriaan*
valet m • *knecht* • *boer* ‹kaartspel› • *klemhaak* ★ ~ de chambre *kamerdienaar* ★ ~ de pied *lakei* ★ tel maître, tel ~ *zo heer, zo knecht*
valetaille v PEJ. *bedienden*
valétudinaire VERO. **I** m/v *ziekelijk persoon* **II** BNW *ziekelijk*; *sukkelend*
valeur v • *waarde* ‹ook muziek› • *voorwerp v. waarde* • *waardepapier*; *effect* • *klasse*; *verdienste*; *kwaliteit(en)* ★ mettre en ~ *in geld omzetten*; FIG. *doen uitkomen* ★ ~-or *goudwaarde* ★ ~s mobilières *effecten*
valeureux BNW [v: **valeureuse**] *dapper*; *moedig*
validation v *bekrachtiging*;

geldigheidsverklaring
valide BNW • *geldig* • *sterk*; *gezond*
valider OV WW • *valideren* • *geldig verklaren*
validité v *geldigheid*
valise v *(hand)koffer*
vallée v *vallei*; *dal* ★ ~ de larmes/misère *tranendal*
vallon m *klein dal*
vallonné BNW *heuvelachtig*
vallonnement m *golving*
vallonner WKD WW (**se** ~) *heuvelachtig worden*
valoche v INF. *koffer*
valoir I OV WW *verschaffen*; *bezorgen* II ON WW • *waard zijn* • *deugen* • *gelden* ★ il vaudrait mieux *het zou beter zijn* ★ à ~ *op afrekening* ★ faire ~ qc *iets goed laten uitkomen* ★ ne rien faire qui vaille *niets goeds uitvoeren* ★ il vaut mieux *het is beter* ★ mieux vaut tard que jamais *beter laat dan nooit* ★ ~ la peine *de moeite waard zijn* ★ vaille que vaille *zo goed en zo kwaad als het gaat* ★ INF. ça vaut le coup *dat is de moeite waard* III WKD WW (**se** ~) *even goed/slecht zijn* ★ cela ce vaut *dat komt op hetzelfde neer*
valorisation v *opwaardering*; *waardevermeerdering*
valoriser OV WW • *herwaarderen* • *waarde geven* • *waarde verhogen*
valse v *wals*
valser OV + ON WW *walsen*
valseur m [v: **valseuse**] *walser*
valve v • *schaal* ‹v. schelp› • *klep* • *ventiel*
valvule v • *klep* • *kleine schaal* ★ ~ cardiaque *hartklep*
vamp v *vamp*
vamper OV WW INF. *versieren*; *verleiden*
vampire m • *vampier* • *uitzuiger*
vampirisme m *vampirisme*
van m • *wan* • *gesloten wagen voor vervoer v. renpaarden*
vandale m *barbaar*; *vernieler*; *vandaal*
vandalisme m *vandalisme*
vanille v *vanille*
vanillé BNW *vanille-*; *met vanille*
vanillier m *vanilleplant*
vanité v • *ijdelheid*; *nietigheid* • *ijdelheid*; *verwaandheid* ★ tirer ~ de *zich op iets beroemen*
vaniteux BNW [v: **vaniteuse**] *ijdel*; *verwaand*; *ingebeeld*
vannage m *(het) wannen*
vanne v • *sluisdeur* • INF. *steek onder water*; *rotopmerking* ★ ~ d'écluse *sluisdeur*
vanneau m [mv: **vanneaux**] *kieviet*
vanner OV WW • *wannen* • INF. *vermoeien*; *uitputten*
vannerie v • *mandenmakerij* • *mandenmakersvak* • *mandenwerk*
vanneur m [v: **vanneuse**] *wanner*
vannier m [v: **vannière**] *mandenmaker*
vantail m [mv: **vantaux**] *vleugel* ‹v. deur, raam›
vantard I m [v: **vantarde**] *opschepper*; *grootspreker* II BNW *opschepperig*; *snoevend*
vantardise v *grootspraak*; *snoeverij*
vanter I OV WW *prijzen*; *roemen* II WKD WW (**se** ~) *opscheppen (**de** over)* ★ et je m'en vante! *en ik ben er trots op!*
va-nu-pieds m (onver.) *schooier*; *bedelaar*
vapes v mv ★ être dans les ~ *versuft zijn*
vapeur v • *stoom* • *damp* • *opvlieging* ★ cuire à la ~ *gaar stomen* ★ à toute ~ *op volle kracht* ★ bateau à ~ *stoomboot* ★ ~ d'eau *waterdamp* ★ FIG. renverser la ~ *het over een andere boeg gooien*
vaporeux BNW [v: **vaporeuse**] • *licht en luchtig* • *dun*; *wazig*; *nevelachtig* • *duister* ★ une robe vaporeuse *een luchtige jurk* ★ des nuages ~ *dunne bewolking* ★ style ~ *duistere stijl*
vaporisateur m *verstuiver*; *vaporisator*
vaporisation v *verdamping*; *verstuiving*
vaporiser I OV WW • *spuiten* • *doen verdampen*; *verstuiven* II WKD WW (**se** ~) *vervliegen*; *verdampen*
vaquer ON WW *tijdelijk gesloten zijn*; *tijdelijk geen doorgang vinden* ★ ~ à *zich toeleggen op*; *bezig zijn met*
varappe v *(het) bergbeklimmen*
varech m *zeewier*
vareuse v • *jopper*; *jekker* • *korte uniformjas*;
variabilité v *veranderlijkheid*
variable I v *variabele* II BNW *veranderlijk*; *variabel*
variante v *variant*
variateur m *dimmer* ‹v. licht›
variation v *verandering*; *afwisseling*; *variatie*
varice v *spatader*
varicelle v *waterpokken*
varié BNW *afwisselend*; *bont*
varier I OV WW *veranderen*; *afwisseling brengen in* II ON WW • *veranderen*; *variëren* • *van mening verschillen* • *verschillend zijn*
variété v • *verscheidenheid*; *afwisseling* • *soort*; *variëteit* ★ (spectacle de) ~s *variété*
variole v *pokken*
variolé BNW *pokdalig*
varioleux [v: **varioleuse**] I m *pokkenlijder* II BNW *pokken-*; *van de pokken*
variolique BNW *pokken-*; *wat de pokken betreft*
varlope v *voorloper* ‹soort schaaf›; *reischaaf*
Varsovie *Warschau*
vas WW (présent) → **aller**
vasculaire BNW *vaat-* ★ système ~ *vaatstelsel*
vase I m *vaas*; *pot* ★ vase de nuit *po*; *plaspot* ★ en vase clos *afgezonderd* II v *slijk*; *modder*
vaseline v *vaseline*
vaseux BNW [v: **vaseuse**] • *modderig* • INF. *suf*; FIG. *slap*
vasistas (*zeg:* -tas) m • *kijkgat* • *bovenraampje*
vasoconstricteur BNW [v: **vasoconstrictrice**] *vaatvernauwend*
vasodilatateur BNW [v: **vasodilatatrice**] *vaatverwijdend*
vasouiller ON WW INF. *aarzelen*; *onhandig doen*; *modderen*
vasque v • *bekken* ‹v. fontein› • *sierschaal*
vassal [m mv: **vassaux**] I m *leenman*; *vazal* II BNW ★ pays ~ *vazalstaat*
vassaliser OV WW • FIG. *afhankelijk maken* • *leenplichtig maken*
vassalité v *leenplicht*
vaste BNW *uitgestrekt*; *groot*
Vatican m *Vaticaan*

Vaticane v *Vaticaanse Bibliotheek*
vaticinateur m [v: **vaticinatrice**] *profeet; waarzegger; ziener*
vaticination v *profetie; toekomstvoorspelling*
vaticiner PEJ. ON WW *profeteren; waarzeggen; de toekomst voorspellen*
va-tout m *hele inzet* ★ jouer son ~ *alles op alles zetten*
vaudeville m • *toneelstukje met zang* • *blijspel; klucht*
vaudevilliste m *schrijver van vaudevilles*
vaudou m *voodoo*
vaudra WW (futur) → **valoir**
vau-l'eau DEEL V. SAMENST ★ aller à ~ *stroomafwaarts gaan; mislukken; in duigen vallen*
vaurien m [v: **vaurienne**] • *boefje; deugniet* • *bandiet*
Vaurien m *klein type zeilboot*
vaut WW (présent) → **valoir**
vautour m • *gier* • *vrek* • FIG. *aasgier; woekeraar*
vautrer WKD WW (**se** ~) • *zich wentelen* • *zich uitstrekken* • *zwelgen in; genieten* ★ se ~ dans un fauteuil *zich op een stoel nestelen*
vauvert BNW ★ au diable ~ *aan de andere kant van de wereld*
vaux m mv → **val**
va-vite DEEL V. SAMENST ★ à la ~ *vliegensvlug*
veau m [mv: **veaux**] • *kalf* • *kalfsvlees* • *kalfsleer* ★ IRON. il pleurait comme un veau *hij huilde tranen met tuiten* ★ tuer le veau gras *een groot feestmaal aanrichten*
vecteur m • *vector* • MED. *ziekteoverbrenger; vector*
vécu WW (volt. deelw.) → **vivre**
vedette v • *kopstuk; 'ster'; vedette* • *kleine motorboot* • *hoofdwoord* • *observatiepost* • *wachtscheepje* ★ INF. mettre qn en ~ *iemand in de kijker plaatsen* ★ mettre en ~ *als hoofdwoord opnemen; in vette letters opnemen* ★ avoir/tenir la ~ des journaux *de voorpagina van de kranten halen*
végétal [m mv: **végétaux**] **I** m *plant* **II** BNW *plantaardig* ★ règne ~ *plantenrijk*
végétalisme m *veganisme*
végétarien [v: **végétarienne**] **I** m *vegetariër* **II** BNW *vegetarisch*
végétarisme m *vegetarisme*
végétatif BNW [v: **vegétative**] • *wat de groei betreft* • *wat de levensverschijnselen betreft*
végétation v • *plantengroei; vegetatie* • *uitwas*
végéter ON WW • *groeien v. planten* • *een plantenleven leiden; vegeteren*
véhémence v *hevigheid; heftigheid; onstuimigheid*
véhément BNW *hevig; heftig; onstuimig*
véhiculaire BNW ★ langue ~ *voertaal*
véhicule m • *voertuig* • *middel (om iets over te brengen); drager*
véhiculer OV WW • *vervoeren* • *doorgeven; overbrengen; uitdragen*
veille v • *vorige dag; vorige avond* • *(het) (nacht)waken* • *nachtwacht* ★ les ~s *slapeloze nachten; harde arbeid* ★ être à la ~ de *op het punt staan te* ★ à la ~ de la guerre *aan de vooravond v.d. oorlog; vlak voor de oorlog*
veillée v • *avondbijeenkomst* • *avond* • *(het) waken* ★ ~ d'armes *vooravond van iets belangwekkends*
veiller I OV WW *waken bij* **II** ON WW • (~ **sur**) *waken over* ★ veiller sur qn. *op iemand passen* • (~ **à**) *letten op; zorgen voor*
veilleur m [v: **veilleuse**] *waker* ★ ~ de nuit *nachtwaker*
veilleuse v • *waakvlam* • *nachtlamp; nachtlichtje; nachtpitje* • mv *stadslicht* ★ mettre en ~ *het licht temperen; het tempo vertragen; de werkzaamheid verminderen* ★ la mettre en ~ *zachter praten; dimmen*
veinard INF. **I** m *geluksvogel; boffer* **II** BNW *gelukkig* ★ un joueur ~ *een speler met geluk*
veine v • *ader* • *geluk* • *inspiratie* ★ ~ poétique *dichtader* ★ avoir de la ~ *boffen; geluk hebben*
veiné BNW *geaderd*
veiner OV WW *aderen*
veineux BNW [v: **veineuse**] • *ader-; geaderd* • *generfd* ★ sang ~ *aderlijk bloed*
veinule v *adertje*
veinure v *vlam* ‹in hout›
vêlage m *(het) kalven*
vélaire I v *velair* **II** BNW *velair; met de tong bij het zachte verhemelte gevormd*
velcro m ★ (bande) ~ *klittenband*
vêlement m *(het) kalven*
vêler ON WW *kalven*
vélin I m • *bereid kalfsvel* • *velijn* **II** BNW ★ papier ~ *kalfsperkament; velijnpapier*
véliplanchiste m/v *surfer*
velléitaire BNW *willoos*
velléité v • *zwakke wil; bevlieging* • *vleugje; glimp*
vélo m *fiets* ★ vélo d'appartement *hometrainer* ★ vélo tout terrain *terreinfiets; mountainbike* ★ faire du vélo *fietsen*
véloce BNW FORM. *gezwind*
vélocipède m VERO. *velocipède; voorloper van de fiets*
vélocité v *snelheid*
vélodrome m *wielerbaan*
vélomoteur m *snelle bromfiets*
velours m • *fluweel* • *zachte oppervlakte* ★ ~ d'Utrecht *trijp* ★ le ~ d'une pêche *het vel van een perzik* ★ il joue sur le ~ *hij speelt op zeker*
velouté I m • *zachtheid; het fluweelachtige* • *crèmesoep* **II** BNW *fluweelachtig; fluwelig* ★ voix ~e *zachte stem*
velouter OV WW • *fluwelig maken* • *verzachten*
velouteux BNW [v: **velouteuse**] *fluweelachtig*
velu BNW *behaard; harig*
vélum m [**velum**] *groot zeil; tentzeil*
venaison v *wild; wildbraad*
vénal BNW [m mv: **vénaux**] • *koopbaar; te koop* • *omkoopbaar; veil*
vénalement BIJW *voor geld*
vénalité v • *verkoopbaarheid* • *omkoopbaarheid; corruptie*
venant I m ★ LIT. les allants et ~s *de voorbijgangers* ★ à tout ~ *aan iedereen; aan Jan en alleman* **II** BNW ★ enfant bien ~ *flink opgroeiend kind*
vendable BNW *verkoopbaar*

V

vendange v *wijnoogst* ★ les ~s *de tijd van de wijnoogst; de wijnoogst*
vendanger I ov ww *de wijnoogst binnenhalen* ★ ~ une vigne *de druiven van een wijngaard plukken* II on ww *druivenplukken*
vendangeur m [v: **vendangeuse**] *druivenplukker*
vendémiaire m *eerste maand van het Republikeinse jaar* ‹22 september - 21 oktober tijd›
vendetta v *vendetta; bloedwraak*
vendeur m [v: **vendeuse**] *verkoper*
vendre I ov ww • *verkopen* • *verraden* ★ à ~ *te koop* II wkd ww (**se** ~) • *verkocht worden; afzet vinden* • *zich laten omkopen*
vendredi m *vrijdag* ★ ~ saint *Goede Vrijdag*
vendu I m *verrader* II bnw • *verkocht* • *corrupt* III ww (volt. deelw.) → **vendre**
venelle v *steegje*
vénéneux bnw [v: **vénéneuse**] *giftig* ★ plantes vénéneuses *giftige planten*
vénérable I m *voorzitter v. vrijmetselaarsloge* II bnw *eerbiedwaardig; eerwaardig*
vénération v *verering*
vénérer ov ww *vereren*
vénerie v *drijfjacht met meute*
vénérien bnw [v: **vénérienne**] *venerisch; geslachts-*
veneur m *jagermeester*
vénézuélien bnw [v: **vénézuélienne**] *Venezolaans*
vengeance v • *wraak* • *wraakzucht* ★ tirer ~ *wraak nemen*
venger ov ww *wreken*
vengeur [v: **vengeresse**] I m *wreker* II bnw • *wraakzuchtig* • *wrekend*
véniel bnw [v: **vénielle**] *niet ernstig; licht* ★ péché ~ *dagelijkse zonde*
venimeux bnw [v: **venimeuse**] • *giftig* • FIG. *venijnig*
venin m • *vergif* • FIG. *venijn*
venir on ww • *komen* • *groeien* • *opkomen* ★ à ~ *toekomstig* ★ s'il vient à mourir *als hij komt te sterven* ★ il vient de mourir *hij is zojuist/pas/kort geleden gestorven* ★ d'où vient que? *hoe komt het dat?* ★ ~ à bout de qc *iets klaarspelen* ★ en ~ aux mains *tot een handgemeen komen* ★ voir ~ qn *iemand doorhebben* ★ ~ voir qn *iemand komen bezoeken* ★ cet arbre vient bien *deze boom groeit goed* ★ l'idée lui vint *de gedachte kwam bij hem op* ★ FIG. où veux-tu en ~? *waar wil je eigenlijk naar toe?* ★ FIG. ja la vois ~ *ik weet al waar ze heen wil* ★ si cela venait à se faire *als dat mocht gebeuren* ★ vient de paraître *net verschenen*
Venise *Venetië*
vénitien bnw [v: **vénitienne**] *Venitiaans* ★ lanterne ~ne *lampion*
Vénitien m [v: **Vénitienne**] *Venetiaan*
vent m • *wind; lucht* • *reuk die het wild achterlaat* ★ ouvert aux quatre vents *aan alle kanten open* ★ les quatre vents *de vier windrichtingen* ★ instruments à vent *blaasinstrumenten* ★ tourner à tous les vents *met alle winden meewaaien* ★ avoir vent de quelque chose *lucht van iets krijgen* ★ aller comme le vent *voorwaarts vliegen* ★ vent arrière *wind in de rug* ★ vent debout *tegenwind* ★ avoir bon vent *de wind mee hebben* ★ coup de vent *windstoot* ★ être dans le vent *in zijn; in de mode zijn* ★ le grand vent *het enthousiasme* ★ il fait du vent *het is winderig; het waait*
vente v • *verkoop; verkoping* • *houthak* ★ ~ à la criée *openbare verkoping* ★ ~ aux enchères *openbare verkoping; veiling* ★ ~ publique *veiling; vendu* ★ en ~ libre *zonder recept te verkrijgen* ★ la mise en ~ *het te koop aanbieden; (uit)verkoop* ★ mettre en ~ *te koop aanbieden; in veiling brengen*
venter onp ww *waaien*
venteux bnw [v: **venteuse**] *winderig*
ventilateur m *ventilator*
ventilation v • *ventilatie* • ECON. *uitsplitsing; verdeling*
ventiler ov ww • *ventileren* • ECON. *uitsplitsen; verdelen*
ventôse m *zesde maand v.d. Republikeinse kalender* ‹19 februari - 20 maart›
ventouse v • *zuignap* • *trekgat; luchtgat* • MED. *kopglas*
ventral bnw [m mv: **ventraux**] *buik-; van de buik*
ventre m • *buik; lijf* • *buik van vaas* ★ ~ à terre *in vliegende vaart* ★ à plat ~ *plat op zijn buik* ★ prendre du ~ *een buikje krijgen* ★ VERO. rire à ~ déboutonné *zijn buik vasthouden van het lachen*
ventrée v • INF. *buikvol* • *worp; geworpen jongen*
ventricule m *hartkamer; lichaamsholte*
ventrière v *buikriem*
ventriloque m/v *buikspreker*
ventriloquie v *buikspreekkunst*
ventripotent bnw INF. *dikbuikig*
ventru bnw *dikbuikig*
venu I m [v: **venue**] ★ nouveau venu, nouvelle venue *pas aangekomene* ★ le premier venu, la première venue *de eerste de beste* II bnw • *gekomen* • *geslaagd* • *ontwikkeld* ★ être bien venu *welkom zijn* ★ dessin bien venu *geslaagde tekening* III ww (volt. deelw.) → **venir** ★ il serait mal venu de *het zou (nu) volstrekt verkeerd zijn om*
venue I v • *komst* • PLANTK. *groeiwijze* ★ tout d'une ~ *lang en smal* II bnw → **venu**
vêpres v mv *vespers*
ver m *worm; pier* ★ ver blanc *engerling* ★ ver luisant *glimworm* ★ ver à soie *zijderups* ★ ver solitaire *lintworm* ★ INF. avoir le ver solitaire *veel eten* ★ tuer le ver *een glaasje drinken op de nuchtere maag*
véracité v *waarheid; waarheidszin*
véraison v *rijping*
véranda v *veranda*
verbal bnw [m mv: **verbaux**] • *mondeling* • *werkwoordelijk* ★ forme ~e *werkwoordsvorm*
verbalisation v *(het) opmaken v.e. proces-verbaal*
verbaliser on ww *proces-verbaal opmaken*
verbalisme m *gebruik van (te) veel woorden*

V

verbe m • *werkwoord* • *woord* • REL. *(het) Woord* ★ ~ intransitif *onovergankelijk werkwoord* ★ ~ transitif *overgankelijk werkwoord* ★ ~ pronominal *wederkerend werkwoord* ★ avoir le ~ haut *uit de hoogte spreken; op gebiedende toon spreken*
verbeux BNW [v: **verbeuse**] *breedsprakig*
verbiage m *woordenpraal; omhaal van woorden*
verbosité v *woordenvloed; omhaal; woordenpraal*
verdâtre BNW *groenachtig*
verdeur v • *groenheid; vochtigheid* ‹v. hout› • *onrijpheid* • *jeugdige kracht* • *vrijheid; gewaagdheid* ★ la ~ d'un propos *de gewaagdheid v.e. uitlating*
verdict (*zeg:* -diekt) m *uitspraak*
verdier m *groenvink*
verdir I OV WW *groen maken* II ON WW *groen worden*
verdoyant BNW *groenend*
verdoyer ON WW *groenen*
verdure v • *groen* • *groen gebladerte* • *gras* • *groente*
véreux BNW [v: **véreuse**] • *wormstekig* • *verdacht* • *oneerlijk* ★ un avocat ~ *een oneerlijke advocaat*
verge v • *roede; staf* • *roede* ‹maat› • *roede; penis*
vergé BNW *geribd*
verger m *boomgaard*
vergeté BNW *gestreept*
vergetures v mv *zwangerschapsstriemen*
verglacé BNW *beijzeld*
verglas (*zeg:* -glà) m *ijzel*
vergne m PLANTK. *els*
vergogne v *schaamte* ★ sans ~ *schaamteloos*
vergue v *ra*
véridique BNW • *waarheidslievend* • *waar*
vérifiable BNW *te controleren; verifieerbaar*
vérificateur m *verificateur; controleur*
vérification v *verificatie; controle*
vérifier OV WW • *verifiëren; controleren; nazien* • *bevestigen*
vérin m *vijzelschroef*
véritable BNW *werkelijk; waar; echt*
vérité v • *waarheid; werkelijkheid* • *waarde* ★ à la ~ *weliswaar* ★ en ~ *inderdaad; waarlijk* ★ ~ de la Palice *waarheid als een koe* ★ dire à qn ses ~s *iem. ongezouten de waarheid zeggen* ★ toutes ~s ne sont pas bonnes à dire *de waarheid wil niet altijd gezegd zijn*
verjus m *sap v. onrijpe druiven*
verlan m *argot waarbij men lettergrepen omdraait* ‹bijv. ripou = pourri›
vermeil I m *verguld zilver* II BNW [v: **vermeille**] *hoogrood* ★ lèvres ~les *hoogrode lippen*
vermicelle m • *vermicelli* • *vermicellisoep*
vermiculaire BNW *wormvormig*
vermiforme BNW *wormvormig*
vermifuge I m *middel tegen wormen* II BNW *wormen verdrijvend*
vermillon m *vermiljoen*
vermine v • *ongedierte* • *gespuis*
vermisseau m [mv: **vermisseaux**] *wormpje*
vermoulu BNW *vermolmd*
vermoulure v • *wormstekige plek* • *vermolmde plek* • *molm*
vernaculaire I m *landstaal* II BNW *inheems*
vernal BNW [m mv: **vernaux**] *lente-*
verni INF. I m *bofkont* II BNW *gevernist*
vernier m *nonius*
vernir OV WW *vernissen; lakken* ★ INF. être verni *boffen*
vernis (*zeg:* -nie) m *vernis; lak*
vernissage m • *(het) lakken; (het) vernissen* • *officiële opening van tentoonstelling* ‹voor genodigden›
vernissé BNW *gevernist; glanzend*
vernisser OV WW *glazuren v. aardewerk*
vernisseur m *vernisser; glazuurder*
vérole v VULG. *syfilis; sief* ★ petite ~ *pokken*
véronique v *ereprijs*
verrai WW (futur) → **voir**
verrat m *beer* ‹mannetjesvarken›
verre m *glas* ★ boire dans un ~ *uit een glas drinken* ★ ~ double *dubbeldik glas* ★ ~ grossissant *vergrootglas* ★ petit ~ *borreltje; likeurtje* ★ se noyer dans un ~ d'eau *al bij het minste van slag zijn*
verrerie v • *glasblazerij; glasfabriek* • *glasblazerskunst* • *glaswerk*
verrier m • *glasblazer* • *glasfabrikant* • *glasverkoper* • *mandje voor drinkglazen*
verrière v • *glazen wand* • *glazen dak* ‹v. cockpit› • *kerkraam* • *glas voor schilderij* • *raam v. geschilderd glas*
verroterie v *snuisterijen v. glas*
verrou m *grendel* ★ sous les ~s *achter slot en grendel*
verrouillage m *(het) afgrendelen*
verrouiller OV WW • *grendelen* • *achter slot en grendel zetten*
verrue v *wrat*
verruqueux BNW [v: **verruqueuse**] *vol wratten*
vers I m *vers* ★ vers blancs *rijmloze verzen* ★ vers libres *vrije verzen* II VZ • *naar; in de richting van* • *tegen; omstreeks* ‹tijd›
versant m *helling*
versatile BNW *veranderlijk; wispelturig*
versatilité v *veranderlijkheid; wispelturigheid*
verse v *(het) tegen de grond slaan v. koren* ★ il pleut à ~ *het stortregent*
versé BNW *ervaren; bedreven; knap* (**dans** *in*)
verseau m ASTROL. *Waterman*
versement m *storting* ‹v. betaling›
verser I OV WW • *gieten; storten; inschenken* • *storten* ‹v. geld› • *omverwerpen* • *neerslaan* ‹v. koren› ★ ~ des larmes *tranen storten* ★ ~ son sang *zijn bloed vergieten* II ON WW • *omslaan* • *neerslaan* ‹v. koren›
verset m *bijbelvers*
verseur [v: **verseuse**] I m *schenker* II BNW ★ bouchon ~ *schenkkurk*
verseuse v ≈ *metalen (koffie)kan met recht handvat*
versificateur m [v: **versificatrice**] *verzenmaker*
versification v *verskunst; versbouw*
versifier OV WW *in versvorm omzetten*
version v • *vertaling uit vreemde taal in moedertaal* • *lezing* • *versie* • MED. *(het) keren* ‹bij bevalling›
verso m *keerzijde* ‹v. bladzijde›

verste v *werst* ‹1 067 m›
vert I m • *groene kleur* • *groenvoer* ★ POL. les Verts *de Groenen* ★ vert émeraude *smaragdgroen* ★ mettre un cheval au vert *een paard in de wei zetten* II BNW • *groen* • *vers*; *nieuw* • *onrijp* • *kras* • *geducht* • *gewaagd*; *schuin* ‹v. moppen› ★ vert bouteille *glasgroen* ★ légume vert *verse groenten* ★ verte réprimande *stevige uitbrander* ★ INF. en raconter des vertes et des pas mûres *schandelijke dingen vertellen* ★ en dire de vertes *schuine moppen vertellen*
vert-de-gris m *kopergroen*
vert-de-grisé BNW *bedekt met kopergroen*
vertébral BNW [m mv: **vertébraux**] *wervel-* ★ colonne ~e *wervelkolom*
vertébré I m *gewerveld dier* II BNW *gewerveld*
vertèbre v *wervel*
vertement BIJW *duchtig*; *hevig*
vertical BNW [m mv: **verticaux**] *loodrecht*; *verticaal*
verticale v *loodlijn*
verticalité v *loodrechte stand*
vertige m *duizeling*
vertigineux BNW [v: **vertigineuse**] • *duizelingwekkend* • *wat duizeligheid betreft* ★ affection vertigineuse *met duizelingen gepaard gaande aandoening*
vertigo m • *kolder* ‹v. paarden› • VERO. *gril*
vertu v • *deugd* • *kuisheid* • *kracht*; *werking* ★ faire de nécessité ~ *van de nood een deugd maken* ★ en ~ de *krachtens*
vertueux BNW [v: **vertueuse**] *deugdzaam*
verve v *gloed*; *verve*
verveine v *verbena*
vésical BNW [m mv: **vésicaux**] *blaas-* ★ calcul ~ *blaassteen*
vésicant BNW *blaartrekkend*
vésicatoire BNW *blaasvormig*
vésicule v • MED. *blaartje* • BIOL. *blaasje*
vespasienne v *openbaar urinoir*
vessie v *blaas* ★ ~ natatoire *zwemblaas* ★ prendre des ~s pour des lanternes *zich vergissen*
vestale v • *Vestaalse maagd* • *zeer kuis meisje*
veste v • *kort jasje* • INF. *mislukking* ★ ramasser une ~ *afgaan*
vestiaire m *kleedkamer*
vestibule m • *voorportaal* • *voorhof v.h. oor*
vestige m *spoor*; *overblijfsel*
vestimentaire BNW *wat kleren betreft*
veston m *colbertjasje*
Vésuve m *Vesuvius*
vêtement m *kledingstuk*
vétéran m • *veteraan* • *leerling die een klas overdoet*
vétérinaire I m *veearts* II BNW *veeartsenijkundig*
vététiste m/v *mountainbiker*
vétillard I m VERO. [v: **vétillarde**] *pietlut* II BNW *pietluttig*
vétille v *kleinigheid*; *beuzelarij*
vétilleux [v: **vétilleuse**] I m *pietlut* II BNW *pietluttig*
vêtir I OV WW *kleden*; *aankleden* II WKD WW (**se** ~) *zich aankleden*
veto m *veto*

V

vêtusté v *ouderdom*
veuf [v: **veuve**] I m *weduwnaar* II BNW (~ **de**) *beroofd van*; *verstoken van*
veuille WW (geb. wijs) → **vouloir**
veule BNW *krachteloos*; *slap*; *lamlendig*
veulent WW (présent) → **vouloir**
veulerie v *krachteloosheid*; *slapheid*; *lamlendigheid*
veut WW (présent) → **vouloir**
veuvage m *weduwstaat*; *weduwnaarschap*
veuve v • *weduwe* • ARG. *guillotine*; *galg* • *weduwe* ‹Afrikaanse vogel›
veux WW (présent) → **vouloir**
vexant BNW *lastig*; *ergerlijk*
vexation v • *belediging* • *plagerij*
vexatoire BNW *lastig*; *plagerig*; *drukkend* ★ impôt ~ *drukkende belasting*
vexer I OV WW *plagen*; *kwellen*; *hinderen* II WKD WW (**se** ~) *kwaad worden*
v.f. AFK (version française) *Frans gesproken versie* ‹v. film›
via VZ *via*
viabiliser OV WW *bouwrijp maken*
viabilité v • *levensvatbaarheid* • *begaanbaarheid* • *het bouwrijp maken*
viable BNW • *levensvatbaar* • *begaanbaar*; *berijdbaar*
viaduc m *viaduct*
viager [v: **viagère**] I m *lijfrente* II BNW *levenslang* ★ rente viagère *lijfrente*
viande v • *vlees* • INF. *(menselijk) lichaam* ★ ARG. mettre la ~ dans le torchon *naar bed gaan* ★ montrer sa ~ *zich uitkleden*
viander ON WW *grazen* ‹v. wilde dieren›
viatique m • *reisgeld* • *sacramenten der stervenden*
vibrant BNW • *vibrerend* • *trillend* • *klankvol*; *sonoor* • *emotioneel*
vibraphone m *vibrafoon*
vibrateur m *vibrator*
vibratile BNW *in staat te trillen*
vibration v *trilling*; *vibratie*
vibratoire BNW *trillend*
vibrer ON WW *trillen* ★ faire ~ qn *iem. ontroeren*
vibreur m • *zoemer* • *vibrator*
vibrion m • *trilwormpje* • FIG. *zenuwpees*
vibromasseur m *vibrator*
vicaire m • *kapelaan* • *plaatsvervanger* ★ ~ général *vicaris-generaal* ‹plaatsvervanger v. bisschop› ★ le ~ de Jésus Christ *de paus*
vicarial BNW [m mv: **vicariaux**] *een vicaris/kapelaan betreffend*
vicariat m • *vicariaat*; *kapelaanschap* • *woning v. kapelaan of vicaris* • *rechtsgebied v. kapelaan of vicaris*
vice m • *ondeugd* • *gebrek* ★ JUR. vice de forme *vormfout*
vice- VOORV *vice-*; *onder-*; *adjunct-*
vice-amiral m [mv: **vice-amiraux**] *vice-admiraal*
vice-chancelier m *onderkanselier*
vice-consul m *vice-consul*
vice-consulat m *vice-consulaat*
vice-président m [mv: **vice-présidents**] • *ondervoorzitter* • *vice-president*
vice-roi m *onderkoning*

vicésimal BNW [m mv: **vicésimaux**] *twintigtallig*
vice versa BIJW *vice versa*
vichy m • *geruite of gestreepte katoen* ‹v. tweekleurige draden geweven› • *mineraalwater uit Vichy*
viciation v *bederf*
vicié BNW *bedorven*
vicier OV WW *bederven; vervuilen* ‹v. lucht›
vicieux BNW [v: **vicieuse**] • *gebrekkig* • *verdorven; slecht* • *koppig; weerspannig*
vicinal BNW [m mv: **vicinaux**] *van de buurt* ★ VERO. chemin de fer ~ *buurtspoorweg*
vicissitude v *wederwaardigheid; wisselvalligheid*
vicomte m [v: **vicomtesse**] *burggraaf*
vicomté m *burggraafschap*
victime v *slachtoffer*
victoire v *overwinning* ★ chanter ~ *victorie kraaien*
victorien BNW [v: **victorienne**] *Victoriaans*
victorieusement BIJW *zegevierend*
victorieux BNW [v: **victorieuse**] *zegevierend* ★ preuve victorieuse *overtuigend bewijs*
victuailles v mv *levensmiddelen; mondvoorraad*
vidage m *(het) le(di)gen*
vidange v • *(olie)verversing* • *het ledigen* • *lozing* ★ tonneau en ~ *gedeeltelijk leeg vat*
vidanger OV WW • *lozen* • *legen* • *verversen* ‹v. olie›
vidangeur m *putjesschepper*
vide I m • *vacuüm; leegte; leemte; luchtledige* • *ijdelheid; nietigheid* ★ à vide *leeg; in de leegte; in de ruimte; zonder effect* ★ frapper à vide *naast het ijzer slaan* ★ emballage sous vide *vacuümverpakking* II BNW *leeg* ★ cœur vide *ongevoelig hart* ★ vide de *zonder; vrij van* ★ vide de sens *zinloos* ★ tête vide *leeghoofd*
vidéo I v *video* II BNW *video-* ★ appareil ~ *videorecorder*
vidéocassette v *videocassette*
vidéoclip m *videoclip*
vidéodisque m *videoplaat*
vidéophone m *beeldtelefoon*
vide-ordures m (onver.) *vuilnistrechter*
vidéosurveillance v *videobewaking*
vidéothèque v *videotheek*
vide-poches m (onver.) *schaal of kistje voor kleine dingen; handschoenenkastje* ‹in auto›
vide-pomme m (onver.) *appelboor*
vider OV WW • *ledigen* • *ontruimen* • *afdoen; beslissen; beslechten* ★ INF. ~ son sac *zijn hart luchten; alles opbiechten* ★ ~ les arçons *uit het zadel vallen* ★ ~ un poisson, une volaille *een vis, gevogelte schoonmaken* ★ ~ un différend *een geschil beslechten* ★ ~ les lieux *de woning ontruimen* ★ se ~ de son sang *doodbloeden*
videur [v: **videuse**] I m,v *schoonmaker* ‹v. wild, gevogelte› II m *uitsmijter* ‹in café, e.d.›
viduité v *weduwstaat; weduwnaarschap*
vie v • *leven* • *kost; levensonderhoud* • *lawaai; leven* ★ à vie *levenslang* ★ à la vie, à la mort *voor altijd* ★ faire la vie *een losbandig leven lijden* ★ jamais de la vie *nooit van mijn leven* ★ refaire sa vie *hertrouwen* ★ sa vie ne tient qu'à un fil *zijn leven hangt aan een zijden draadje* ★ gagner sa vie *de kost verdienen* ★ la vie a triplé *de kosten v.h. levensonderhoud zijn verdrievoudigd* ★ faire la vie à qn *(steeds) ruziën met iem.*
vieil BNW → **vieux**
vieillard m *grijsaard*
vieille v → **vieux**
vieillerie v • *ouderwets denkbeeld* • *antiquiteit; oude rommel*
vieillesse v *ouderdom* ★ assurance ~ *ouderdomsverzekering*
vieillir I OV WW *oud(er) maken* ★ vous me vieillissez de deux ans *u schat me twee jaar te oud* II ON WW • *oud worden* • *verouderen* III WKD WW (**se** ~) *zich ouder voordoen dan men is; zich voor ouder uitgeven dan men is*
vieillissant BNW *ouder wordend; verouderend*
vieillissement m *veroudering*
vieillot BNW [v: **vieillotte**] *ouwelijk*
vielle v *middeleeuwse lier*
viendra WW (futur) → **venir**
vienne WW (présent subj.) → **venir**
Vienne • *Wenen* • *Vienne* ‹in Frankrijk›
viennois BNW *Weens*
viens WW (présent) → **venir**
vient WW (présent) → **venir**
vierge I v • *maagd* • ASTROL. *Maagd* II BNW • *gedegen* • *maagdelijk* • *gaaf; ongerept* ★ argent ~ *gedegen geld* ★ cassette ~ *lege/ onbespeelde cassette* ★ film ~ *onbelichte film* ★ forêt ~ *oerwoud* ★ vigne ~ *wilde wingerd*
vietnamien I m *(het) Vietnamees* II BNW [v: **vietnamienne**] *Vietnamees*
Vietnamien m [v: **Vietnamienne**] *Vietnamees*
vieux I m,v [v: **vieille**] *oude; oudje* ★ mon ~ *oude jonge; ventje* ★ INF. un ~ de la vieille *oudgediende* ★ prendre un coup de ~ *op slag een stuk ouder worden* II m • *(het) oude* • *ouderdom* ★ coup de ~ *plotselinge ouderdom* III BNW [m/v: **vieil/vieille**] *oud* ★ ~ garçon *vrijgezel* ★ vieil homme *oude man* ★ vieille fille *ouwe vrijster* ★ ~ jeu *ouderwets* ★ ~ comme le monde *zo oud als de weg naar Rome* ★ se faire ~ *verouderen* ★ faire de ~ os *oud worden*
vif I m • *levend vlees* • *levend aasvisje* • *kern* ★ trancher dans le vif *in het levende vlees snijden* ★ à vif *bloot; gespannen* ‹v. zenuwen› ★ entrer dans le vif de la question *tot de kern v.d. zaak komen* ★ pris sur le vif *naar het leven getekend* II BNW [v: **vive**] • *levend* • *levendig* • *driftig* • *helder* • *hevig; vlug* • *fris; prikkelend* • *vinnig* • *scherp* ★ de vive voix *mondeling* ★ chaux vive *ongebluste kalk* ★ eau vive *bronwater* ★ couleur vive *heldere kleur*
vif-argent m VERO. *kwikzilver* ★ avoir du ~ dans les veines *erg levendig zijn*
vigie v *uitkijk*
vigilance v *waakzaamheid*
vigilant I m *nachtwaker* II BNW *waakzaam*
vigile I m *nachtwaker* II v *vigilie*
vigne v • *wijnstok; wingerd* • *wijngaard* ★ ~ vierge *wilde wingerd* ★ être dans les ~s du

Seigneur *dronken zijn*
vigneron m [v: **vigneronne**] *wijngaardenier*
vignette v • *vignet* • *(sluit)zegel*; *wegenbelastingzegel*
vignoble I m *wijngaard*; *wijnberg* II BNW *waar veel wijndruiven groeien* ★ pays ~ *wijnstreek*
vigogne v *lama*
vigoureusement BIJW *sterk*; *krachtig*
vigoureux BNW [v: **vigoureuse**] *sterk*; *krachtig*
vigueur v *kracht* ★ être en ~ *van kracht zijn* ★ entrer en ~ *in werking treden*
vil BNW • *laag* • *laag*; *gemeen* ★ à vil prix *voor een lage prijs*
vilain I m • *burger* • VERO. *boer* • *gemeen mens*; *schurk* • *vrek* • *ruzie* II BNW • *lelijk* • *gemeen*; *laag* • *burgerlijk*
vilebrequin m • *drilboor* • *krukas*
vilenie v • *gemeenheid*; *laagheid* • *gierigheid*
vilipender OV WW *door het slijk halen*; *minachten*
villa v *villa*
village m *dorp*
villageois I m [v: **villageoise**] *dorpeling* II BNW *dorps*
ville v *stad* ★ dîner en ~ *buitenshuis eten* ★ la Ville éternelle *Rome* ★ la Ville lumière *Parijs* ★ la Ville sainte *Jeruzalem*
ville-dortoir m [mv: **villes-dortoirs**] *slaapstad*
villégiature v • *verblijf buiten* • *buitenverblijf*
villeux BNW [v: **villeuse**] *harig*
villosité v *harigheid* ★ ~s placentaires *moederkoekvlokken*
vin m *wijn* ★ chaque vin a sa lie *iedere zaak heeft zijn onaangename zijde* ★ à bon vin point d'enseigne *goede wijn behoeft geen krans* ★ cuver son vin *zijn roes uitslapen* ★ être entre deux vins *lichtelijk aangeschoten zijn* ★ vin de palme *palmwijn* ★ VERO. être pris de vin *dronken zijn* ★ quand le vin est tiré, il faut le boire *wie a zegt, moet b zeggen* ★ sac à vin *dronkenlap* ★ il a le vin triste *hij heeft een treurige dronk*
vinaigre m *azijn* ★ INF. ça tourne au ~ *dat loopt fout* ★ faire ~ *zich haasten*; *snel draaien* ‹bij het touwtje springen›
vinaigrer OV WW *met azijn toebereiden*
vinaigrette v *saus van azijn, olie, zout*
vinasse v • *slap wijntje* • *droesem*
vindicatif BNW [v: **vindicative**] *wraakzuchtig*
vindicte v *strafvervolging*; *veroordeling*
vineux BNW [v: **vineuse**] • *wijnachtig* • *rijk aan wijn* • *krachtig*; *vol* ‹v. wijn›
vingt (*zeg:* ve(n); ve(n)t voor klinker/stomme h) I m • *twintig* • *(een) één* ‹rapportcijfer› II TELW *twintig* ★ ~ et un *eenentwintig*; *het eenentwintigen*

V

vingtaine v *twintigtal*; *twintigtal jaren*
vingt-deux I TELW *tweeëntwintig* II TW *pas op!*
vingtième I m *twintigste deel* II TELW *twintigste*
vingt-quatre TELW *vierentwintig* ★ ~ heures sur ~ *dag en nacht*
vinicole BNW *wat de wijnbouw betreft*
vinifère BNW *wijn voortbrengend*
vinification v *wijnbereiding*
vins WW (passé simple) → **venir**
vinyle m *vinyl*
vioc [**vioque**] I m/v INF. *opaatje*; *omaatje* ★ les viocs *de ouwelui* II BNW INF. *ouwetje*
viol m *verkrachting*; *schending*
violacé BNW *paarsachtig*
violateur m [v: **violatrice**] *schender*; *verkrachter*
violation v *schending*; *verkrachting* ★ ~ de domicile *huisvredebreuk*
violâtre BNW *paarsachtig*
viole v *viola* ★ ~ d'amour *viola d'amore*
violemment BIJW *hevig*; *heftig*; *gewelddadig*
violence v • *geweld* • *gewelddadigheid*; *heftigheid*; *hevigheid* ★ employer la ~ *geweld gebruiken* ★ faire ~ à un texte *een tekst verdraaien* ★ se faire ~ *zich bedwingen*
violent BNW *gewelddadig*; *heftig*; *hevig*
violenter OV WW *geweld aandoen*
violer OV WW *schenden*; *overtreden*; *verkrachten*
violet BNW [v: **violette**] *violet*; *paars*
violette v *viooltje*
violeur m [v: **violeuse**] *verkrachter*
violon m • *viool* • *vioolspeler* • INF. *nor* ★ jouer du ~ *viool spelen* ★ ~ d'Ingres *hobby* ★ payer les ~s *de kosten betalen*
violoncelle m • *cello* • *cellist*
violoncelliste m/v *cellist*
violoneux m *speelman*; *krasser*
violoniste m/v *violist*
vioque m/v PEJ. → **vioc**
viorne v *sneeuwbal*
vipère v *adder* ★ langue de ~ *lastertong*
virage m • *(het) draaien*; *(het) keren* • *bocht*; *draai*
virago v *manwijf*
viral BNW [m mv: **viraux**] *virus-*
virée v • *draai* • INF. *uitstapje*
virement m • *draaiing*; *wending* • *overboeking*; *overschrijving* ★ service des ~s postaux *postgirodienst*
virer I OV WW • *overschrijven*; *overboeken*; *gireren* • *doen draaien* • INF. *ontslaan* II ON WW • *draaien*; *zwenken* • *verkleuren* ★ ~ de bord *overstag gaan*; *van partij veranderen*
vireux BNW [v: **vireuse**] • *giftig* • *stinkend*
virevolte v *snelle wending en terugzwenking* ‹v. paard›; *draaiing om (eigen) as*
virevolter ON WW *snel zwenken*
Virgile *Vergilius*
virginal BNW [m mv: **virginaux**] *maagdelijk*
virginité v *maagdelijkheid*; *ongereptheid* ★ FIG. se refaire une ~ *een nieuw leven beginnen*
virgule v *komma*
viril BNW • *mannelijk*; *viriel* • *manhaftig*; *moedig* ★ âge ~ *mannelijke leeftijd*
viriliser OV WW *tot een man maken*
virilité v • *mannelijkheid*; *viriliteit* • *flinkheid*; *moed* • *mannelijke leeftijd*
virole v *metalen ring* ‹om eind van stok›
virtualité v *mogelijkheid*
virtuel BNW [v: **virtuelle**] *virtueel*
virtuose m/v *virtuoos*
virtuosité v *virtuositeit*
virulence v • *kwaadaardigheid* • *felheid*; *heftigheid*
virulent BNW • *kwaadaardig* • *fel*; *heftig*
virus (*zeg:* -ruus) m *smetstof*; *virus* ★ ~ informatique *computervirus*

vis (*zeg:* (zn) vies) **I** v • *schroef* • *draaiknop* ★ escalier à vis *wenteltrap* ★ serrer la vis à qn *iem. streng aanpakken* **II** ww (passé simple) → **voir**
visa m *visum*
visage m *gezicht*; *gelaat* ★ changer de ~ *van kleur verschieten*; *rood of bleek worden* ★ à ~ découvert *openlijk*; *ronduit* ★ trouver ~ de bois *voor een gesloten deur komen*
visagiste m/v *visagist*; *schoonheidsspecialist*
vis-à-vis **I** m • *iem. die tegenover iem. zit of staat* • *soort vierwielig rijtuig* **II** VZ ★ ~ de *tegenover*
viscéral BNW [m mv: **viscéraux**] • *wat de ingewanden betreft* • *diep*; *diepgaand*
viscère m *ingewand*
viscose v *viscose*; *grondstof voor kunstzijde*
viscosité v *slijmerigheid*; *kleverigheid*; *viscositeit*
visée v • *(het) mikken* • *bedoeling*; *doel*
viser **I** OV WW • *beogen* • *slaan op* • INF. *kijken naar* ★ ~ l'effet *effect beogen* ★ faire ~ un passeport *een visum op een pas laten zetten* • (~ **à**) *streven naar*; *mikken op* **II** ON WW OOK FIG. *mikken* ★ se sentir visé *voelen dat men het mikpunt is* ★ ~ haut *hoog grijpen*
viseur m • FOTO. *vizier* • *zoeker*
visibilité v *zichtbaarheid* ★ atterrissage sans ~ *blindlanding* ★ virage sans ~ *onoverzichtelijke bocht*
visible BNW • *zichtbaar* • *duidelijk* • *te spreken* ★ Monsieur est-il ~? *is meneer te spreken?*
visière v *vizier* ‹v. helm›; *klep* ‹v. pet› ★ rompre en ~ à qc *iets aanpakken, uitdagen, bestrijden*
vision v • *gezicht*; *gezichtsvermogen* • *visioen* • *voorstelling*
visionnage m → **visionnement**
visionnaire **I** m/v *geestenziener* **II** BNW *hersenschimmig*; *visionair*
visionnement m *(het) bekijken* ★ guide de ~ *lijst met vragen en aanwijzingen bij een tv-programma*
visionner OV WW *viewen* ‹v. film›
visionneuse v *viewer*
visiophone m *beeldtelefoon*
Visitation v • *Visitatie* ‹r.-k.› • *Feest v. Maria Visitatie* • *bezoek v. Maria aan de H. Elisabeth*
visite v • *bezoeker(s)*; *bezoek* • *bezoek* • *bezichtiging* • *onderzoek*; *visitatie* ★ rendre ~ à *bezoeken* ★ ~ de la douane *douaneonderzoek*
visiter OV WW • *bezoeken*; *bezichtigen* • *onderzoeken*; *visiteren*
visiteur m [v: **visiteuse**] • *bezoeker* • *visiteur*; *visiteuse* ‹bij de douane›
vison m • *Amerikaanse marter* • INF. *nertsmantel*
visqueux BNW [v: **visqueuse**] *slijmerig*; *kleverig*
vissage m *(het) aan-/vastschroeven*
visser OV WW *aanschroeven*; *vastschroeven*
visualisation v *visualisatie*
visualiser OV WW *visualiseren*; *veraanschouwelijken*; *zichtbaar maken*
visuel **I** m • *visueel ingesteld persoon* • INF. *display*; *beeldscherm* **II** BNW [v: **visuelle**] • *wat het gezicht betreft* • *visueel*
vital BNW [m mv: **vitaux**] *wat het leven betreft*; *vitaal* ★ fonctions ~es *vitale functies* ★ question ~e *levenskwestie*
vitalité v *levenskracht*; *vitaliteit*
vitamine v *vitamine*
vitaminé BNW *verrijkt met vitaminen*
vite BIJW *vlug*; *snel* ★ au plus vite *zo spoedig mogelijk* ★ avoir vite fait de *'t snel klaarspelen om* ★ on a vite fait de dire que ... *er wordt al gauw gezegd dat ...* ★ INF. c'est du vite fait *dat is afgeraffeld werk (enz.)*
vitesse v • *snelheid*; *vlugheid* • *versnelling* ‹v. auto› ★ en ~! *en vlug een beetje!* ★ en perte de ~ *die zijn vaart/dynamiek kwijt raakt* ★ en petite ~ *als vrachtgoed* ★ en grande ~ *als ijlgoed* ★ à toute ~ *in volle vaart* ★ changer de ~ *schakelen* ★ INF. en quatrième ~ *zeer snel*
viticole BNW *wat wijnbouw betreft*
viticulteur m [v: **viticultrice**] *wijnbouwer*
viticulture v *wijnbouw*
vitrage m • *(het) inzetten v. ruiten* • *de ruiten* ‹v. gebouw› • *glazen wand* • *glazen deur* • *vitrage* ★ rideau de ~ *vitrage*
vitrail m [mv: **vitraux**] *gekleurd (kerk)raam*
vitre v *glasruit* ★ casser les ~s *opschudding veroorzaken*
vitré BNW • *doorschijnend* • *met glas*; *van glas*
vitrer OV WW *van ruiten voorzien*
vitrerie v • *ruitenfabricage* • *handel in ruiten*
vitreux BNW [v: **vitreuse**] *glasachtig*; *glazig* ★ yeux ~ *glazige ogen*
vitrier m *ruitenzetter*
vitrifier OV WW *in glas omzetten* ★ ~ du sable *zand tot glas smelten*
vitrine v *uitstalkast* ★ lécher les ~s *winkels kijken*
vitriol m *vitriool*; *zwavelzuur*
vitrocéramique v *glaskeramiek*
vitupérer **I** OV WW • *afkeuren* • VERO. *laken* **II** ON WW *protesteren*; *tekeergaan* (**contre** *tegen*)
vivable BNW INF. *leefbaar*; *draaglijk*
vivace BNW • *vol levenskracht* • *overblijvend* • MUZ. *snel* ★ préjugé ~ *ingeworteld vooroordeel* ★ plantes ~s *vaste planten*
vivacité v • *levendigheid*; *beweeglijkheid* • *helderheid*; *schranderheid* ★ ~ d'esprit *snelheid van begrip*
vivandier VERO. m [v: **vivandière**] *zoetelaar*; *marketentster*
vivant **I** m • *levende* • *leven* ★ bon ~ *pretmaker* ★ du ~ de *bij het leven van* ★ de son ~ *tijdens zijn leven* **II** BNW • *levend* • *druk* • *goed gelijkend* ★ quartier ~ *levendige wijk* ★ une bibliothèque ~e *een wandelende encyclopedie* ★ portrait ~ *sprekend portret*
vivats m mv *toejuichingen*; *juichkreten*
vive **I** v *pieterman* ‹vis› **II** BNW → **vif** **III** WW (subj. présent) → **vivre**
vivement BIJW • *levendig*; *snel* • *diep* ★ ~ ému *diep ontroerd*
viveur m VERO. *boemelaar*; *pretmaker*
vivier m *visvijver*; *leefnet*
vivifiant BNW *bezielend*; *opwekkend*
vivifier OV WW *verlevendigen*; *bezielen*; *tot*

grotere bloei doen komen
vivipare I m/v *levendbarend dier* **II** BNW *levendbarend*
vivisection v *vivisectie*
vivoter ON WW *armoedig leven*; *doorsukkelen*
vivre I m *kost*; *onderhoud* ★ le ~ et le couvert *kost en inwoning* **II** OV WW *doorleven*; *beleven* ★ ~ mal un problème *moeilijk met een probleem overweg kunnen* **III** ON WW *leven* ★ vivent ...! *lang leven ...!* ★ être facile à ~ *een gemakkelijk humeur hebben* ★ ~ au jour le jour *van de hand in de tand leven*; *van dag tot dag leven* ★ savoir ~ *zich gemakkelijk bewegen* ★ qui vivra verra *de tijd zal het leren* ★ avoir de quoi ~ *iets te eten hebben*
vivrier BNW [v: **vivrière**] *van levensmiddelen*
vizir m *vizier* ★ grand ~ *grootvizier*
vlan TW *klets!*
vo AFK (version originale) *niet nagesynchroniseerd* ‹v. film›
vocable m *woord* ★ église sous le ~ de saint Pierre *kerk onder bescherming v.d. Heilige Petrus*
vocabulaire m *woordenlijst*; *woordenschat*
vocal BNW [m mv: **vocaux**] *stem-*; *vocaal* ★ musique ~e *vocale muziek*; *zangmuziek*
vocalique BNW *wat de klinkers betreft*
vocalisation v • *klinkervorming* • *(het) zingen op één klinker*
vocalise v *(het) zingen op één klinker*
vocaliser ON WW *op één klinker zingen*
vocalisme m • *klinkersysteem* • *klinkers* ‹v. woord›
vocatif m *de naamval v.d. aangesproken persoon*; *vocatief*
vocation v *roeping*; *aanleg*
vocifération v *geschreeuw*; *getier*; *gescheld*
vociférer I OV WW *uitbraken* ★ ~ des injures *schelden* **II** ON WW *tieren*; *schreeuwen*; *schelden*
vodka v *wodka*
vœu m [mv: **vœux**] • *gelofte* • *wens* ★ meilleurs ~x!/tous mes voeux! *de/mijn beste wensen* ★ ~x monastiques *de (drie) kloostergeloften* ★ faire ~ de *een gelofte afleggen van*
vogue v *opgang*; *mode* ★ être en ~ *veel opgang maken* ★ livre en ~ *succesboek*
voguer VERO. ON WW *varen* ★ vogue la galère! *er moge van komen wat er wil*
voici VZ • *ziehier*; *hier is*; *hier zijn* • *alstublieft* • VERO. *geleden* ★ la ~ *daar is ze* ★ le livre que ~ *dit boek hier* ★ le ~ qui vient *daar komt hij aan*
voie v • OOK FIG. *weg* • *(rij)baan* • *spoorlijn*; *spoorbaan* • *spoorwijdte* ‹v. wagen› • *vervoermiddel* • *lek* ‹in schip› • *middel* ★ voie d'eau *lek* ★ route à trois voies *driebaansweg* ★ être en voie de *bezig zijn te, met* ★ voies de fait *geweld* ★ voie ferrée *spoorweg* ★ mettre sur la voie *op weg helpen* ★ voie d'accès *toegansweg*; *oprit* ★ voies respiratoires *ademhalingswegen* ★ en voie de préparation *in voorbereiding*
voilà VZ • *ziedaar*; *daar is*; *daar zijn* • *geleden* ★ en ~ *alsjeblieft* ★ en ~ un imbécile *is me dat een stommeling!* ★ en ~ assez! *zo is het wel genoeg!* ★ le ~ *daar is hij* ★ le livre que ~ *dat boek daar* ★ ~ qu'on sonne *daar wordt gebeld* ★ le ~ qui vient *daar komt hij* ★ nous y ~ *daar hebben we het nu*; *eindelijk zijn we er!* ★ ~ deux ans *twee jaar geleden* ★ INF. ne ~-t-il pas que ...! *warempel!*; *nee maar!* ★ ~ ce que c'est (que) de [+ inf.] *dat komt er nu van wanneer je ...*
voilage m • *vitrage* • *(het) kromtrekken* ‹v. wiel›
voile I m • *sluier* • *sluier* ‹op foto› ★ sous le ~ de l'amitié *onder het mom v. vriendschap* ★ le ~ du palais *het zacht verhemelte* **II** v • *zeil* ‹v. schip› • *zeilschip* ★ le vol à ~ *het zweefvliegen* ★ mettre à la ~ *onder zeil gaan* ★ mettre toutes ~s dehors *alle zeilen bijzetten* ★ INF. mettre les ~s *weggaan* ★ INF. être à ~ et à vapeur *biseksueel zijn*
voilé BNW • FOTO. *gesluierd* • *gesluierd*; *bedekt* • *verbogen* ★ roue ~e *verbogen wiel* ★ en termes ~s *in bedekte termen*
voiler I OV WW • *(met een sluier) bedekken* • *geheim houden*; *verbergen* • *optuigen* ‹v. schip› • *verbuigen* **II** WKD WW (**se** ~) • *betrekken* • *minder scherp worden*; *de scherpe kantjes verliezen* • *krom trekken* ★ la lune se voile *er komt een waas voor de maan*
voilerie v *zeilmakerij*
voilette v *voile*
voilier I BNW ★ **II** m • *zeilschip* • *zeilmaker* • *vlieger* ‹m.b.t. vogel›
voilure v • *zeilwerk* • *de vleugels* ‹v. vliegtuig› • *(het) kromtrekken* ‹v. plank›
voir I OV WW • *zien* • *kijken* • *bezoeken* • *omgaan met* ★ voir page 10 *zie pag. 10* ★ voyons! *kom!*; *laten we eens zien!* ★ on verra *we zullen wel zien*; *we zullen (nog) wel zien* ★ tu vois bien! *zeg nou zelf!* ★ pour voir *om te proberen*; *zomaar* ★ n'avoir rien à voir avec *niets te maken hebben met* ★ INF. dis voir! *zeg eens!* ★ faire voir *tonen*; *bewijzen* ★ je n'y vois pas *ik kan niet zien* ★ voir le jour *het levenslicht aanschouwen* ★ voir de loin *ver vooruitzien* ★ aller voir qn *bij iemand op bezoek gaan* ★ voir au microscope *door een microscoop kijken* ★ voir beaucoup de monde *met veel mensen omgaan* **II** ON WW *letten op*; *zorgen voor* ★ voir à ce que *ervoor zorgen dat* **III** WKD WW (**se** ~) • *te zien zijn*; *gebeuren* • *met elkaar omgaan* ★ cela se voit régulièrement *dat ziet men vaak*
voire BIJW *(ja) zelfs* ★ ~ même *(ja) zelfs*
voirie v • *mestvaalt*; *asbelt* • *toezicht op de openbare wegen* • *reinigingsdienst*
voisin I m [v: **voisine**] *buurman* **II** BNW • *naburig* • *verwant* (**de** *met*)
voisinage m • *buurt*; *nabijheid* • *(de) buren*
voisiner ON WW *met zijn buren omgaan* ★ ~ avec *zich bevinden naast*
voiture v • *rijtuig*; *wagen*; *wagon*; *auto* • *vervoer* • *vervoerkosten* • *vracht* ★ ~-restaurant *restauratiewagen* ★ ~ découverte *open rijtuig* ★ ~ de maître *eigen rijtuig* ★ en ~! *instappen!* ★ ~ ancienne *oldtimer* ★ ~ d'occasion *gebruikte/tweedehands auto*
voiture-balai m [mv: **voitures-balais**] *bezemwagen*

V

voiturée v *wagenvol*
voiture-école m [mv: **voitures-écoles**] *leswagen*
voiturer OV WW *per auto vervoeren*
voiturette v *klein wagentje; kleine auto*
voiturier m *voerman*
voix v • *stem; stemgeluid* • *gevoelen; mening* • *stem; stemming* ⋆ parler à haute voix *luid spreken; hardop spreken* ⋆ à voix basse *zachtjes* ⋆ à deux voix *tweestemmig* ⋆ à pleine voix *uit volle borst* ⋆ avoir voix au chapitre *een stem in het kapittel hebben* ⋆ être en voix *goed bij stem zijn* ⋆ la voix du peuple *de stem des volks; de publieke opinie* ⋆ de vive voix *mondeling* ⋆ voix active *bedrijvende vorm* ⋆ voix passive *lijdende vorm*
vol m • *(het) vliegen; vlucht* • *vlucht* ‹vleugelwijdte› • *zwerm; troep* • *diefstal* • *het gestolene* ⋆ à vol d'oiseau *in vogelvlucht; vanuit vogelperspectief* ⋆ au vol *in de vlucht; in het voorbijgaan* ⋆ attraper au vol *uit de lucht plukken* ‹v. bal›; *net halen* ‹bus, tram›; *(in het voorbijgaan) opvangen* ⋆ vol de nuit *nachtvlucht* ⋆ vol plané *glijvlucht* ⋆ prendre son vol *opvliegen; zijn positie verbeteren* ⋆ vol à voile *zweefvliegen* ⋆ vol à la tire *zakkenrollerij* ⋆ vol à main armée *roofoverval* ⋆ de haut vol FIG. *eersteklas-*
volage BNW *wispelturig; veranderlijk*
volaille v • *gevogelte* • *hoen; vogel* ‹om op te eten› • INF. *stel meiden; kippetjes*
volailler m *koopman in gevogelte*
volant I m • *pluimbal; shuttle* • *badminton* • *stuur; stuurwiel; vliegwiel* • *molenwiek* • *strook* II BNW • *vliegend* • *los; gemakkelijk verplaatsbaar; zich snel bewegend* ⋆ brigade ~e *vliegende brigade* ⋆ feuille ~e *los blaadje* ⋆ fusée ~e *vuurpijl* ⋆ pont ~ *gierpont* ⋆ table ~e *licht tafeltje*
volatil BNW *vluchtig*
volatile m *vliegend dier*
volatilisable BNW *vluchtig*
volatilisation v *vervluchtiging*
volatiliser I OV WW *vervluchtigen; indampen* II WKD WW (**se** ~) *vervliegen; vervluchtigen*
volatilité v *vluchtigheid*
vol-au-vent m (onver.) *pastei in bladerdeeg*
volcan m *vulkaan*
volcanique BNW *vulkanisch*
volcanisme m *vulkanisme*
volée v • *salvo; laag* • *pak slaag* • *volley* • *(het) vliegen* • *vlucht* • *zwerm; troep* • *stand; rang (personne de haute volée)* ⋆ à la ~ *in de vlucht; onbesuisd; in het wilde weg* ⋆ sonner à toute ~ *uit alle macht luiden* ⋆ prendre sa ~ *opvliegen* ⋆ personne de haute ~ *iemand van stand* ⋆ ~ amortie *stopvolley*
voler I OV WW • *(be)stelen* • *jacht maken met behulp van vogels* ⋆ il ne l'a pas volé *hij heeft het verdiend; hij heeft er wel voor gewerkt* II ON WW *vliegen* ⋆ ~ de ses propres ailes *op eigen wieken drijven* ⋆ ~ en éclats *in stukken vliegen* ⋆ ~ au secours de *te hulp snellen*
volet m • *strookje* • *onderdeel* • *afscheurbaar blad* ‹v. formulier› • *beweegbare vleugelklep* • *luik* • *houten zeef voor graan* ⋆ trier sur le ~ *nauwkeurig uitzoeken*
voleter ON WW *fladderen*
voleur [v: **voleuse**] I m *dief* ⋆ au ~! *houd(t) de dief!* II BNW *diefachtig*
volière v *volière*
volige v *panlat*
volitif BNW [v: **volitive**] *wils-*
volition v *wilsuiting*
volley (zeg: -lee) m [**volley-ball**] *volley(bal)*
volleyeur m [v: **volleyeuse**] • *volleybalspeler* • *specialist in het volleren* ‹tennis›
volontaire I m/v *vrijwilliger* II BNW • *vrijwillig* • *eigenzinnig; ongezeglijk*
volontairement BIJW • *vrijwillig* • *opzettelijk*
volontariste BNW *het voluntarisme volgend*
volonté v *wil; wilskracht; wilsuiting* ⋆ faire ses ~s *zijn eigen zin doen* ⋆ bonne ~ *bereidwilligheid* ⋆ mauvaise ~ *kwaadwilligheid* ⋆ les dernières ~s *de uiterste wilsbeschikking* ⋆ à ~ *naar verkiezing; zoveel men wil* ⋆ elle fait ses quatre ~s *ze doet wat ze wil*
volontiers BIJW • *graag* • *licht; gemakkelijk*
volt m *volt*
voltage m *voltage*
voltairien BNW [v: **voltairienne**] *van Voltaire*
volte v • *zwenking; op de volte lopen* ‹v. paard› • FIG. *draai*
volte-face v (onver.) *halve draai* ⋆ faire ~ *zich omdraaien; plotseling v. mening veranderen*
volter ON WW *zwenken*
voltige v • *slap koord voor acrobaten* • *oefeningen op slap koord* • *(het) voltigerijden* • LUCHTV. *(het) stuntvliegen* ⋆ FIG. haute ~ *hoogstandje; riskant gedoe*
voltiger ON WW • *fladderen* • *kunsten maken op een paard* • *voltigeren* • *kunsten maken op het slappe koord*
voltigeur m [v: **voltigeuse**] • *acrobaat; kunstrijder* • MIL. *verkenner*
volubile BNW • *rad v. tong* • PLANTK. *slingerend*
volubilis m *winde*
volubilité v *radheid v. tong*
volume m • *volume; inhoud* • *geluidsvolume* • *stemomvang* • *boekdeel; deel*
volumineux BNW [v: **volumineuse**] *omvangrijk*
volupté v *wellust; groot genot*
voluptueux [v: **voluptueuse**] I m *wellusteling* II BNW *wellustig; weelderig*
volute v • ARCHIT. *krul* • *spiraal* ⋆ ~ de fumée *rookkringel*
vomi m INF. • *(het) braken* • *braaksel*
vomir OV WW *braken; uitbraken*
vomissement m • *(het) braken* • *braaksel*
vomissure v *braaksel*
vomitif I m *braakmiddel* II BNW [v: **vomitive**] *braking veroorzakend*
vont WW (présent) → **aller**
vorace BNW *vraatzuchtig*
voracité v *vraatzucht*
vos BEZ VNW mv → **votre** *jullie; uw*
Vosges (*zeg:* voozj) m mv *Vogezen*
vosgien BNW [v: **vosgienne**] *uit de Vogezen*
votant I m [v: **votante**] *stemmer; stemgerechtigde* II BNW *stemmend;*

stemgerechtigd
vote m *stem*; *stemming* ★ vote à la propositionnelle *stemming naar evenredigheid*
voter I ov ww *bij stemming aannemen* ★ ~ une loi *bij stemming een wet aannemen* **II** on ww *stemmen*
votif BNW [v: **votive**] *gemaakt of geschonken krachtens een gelofte* ★ fête votive *patroonsfeest*
votre BEZ VNW [mv: **vos**] *uw*; *jullie*
vôtre BEZ VNW *van u* ★ le/la ~ *de/het uwe* ★ les ~s *de uwen* ★ je suis tout ~ *ik ben geheel de uwe* ★ à la ~! *op uw gezondheid!*
voudrai ww (futur) → **vouloir**
vouer I ov ww • *toewijden*; *opdragen* • *plechtig beloven* • *wijden (***à** *aan)* ★ ~ obéissance *plechtig gehoorzaamheid beloven* ★ être voué à l'échec *tot mislukken gedoemd zijn* **II** WKD ww (**se** ~) • *zich toewijden* • *zich wijden* ★ ne savoir à quel saint se ~ *geen raad meer weten* ★ se ~ à l'étude *zich aan de studie wijden*
vouloir I m *wil* **II** ov ww *willen*; *eisen*; *vereisen* ★ veuillez m'écrire *schrijft u mij alstublieft* ★ ~ c'est pouvoir *waar een wil is, is een weg* ★ ~ dire *bedoelen* ★ en ~ à *boos zijn op*; *het gemunt hebben op*; *kwalijk nemen* ★ je veux bien *het is goed* ★ que voulez-vous? *wat zul je eraan doen?* ★ Dieu le veuille *God geve het*
voulu BNW *gewild*; *vereist (***pour** *voor)*; *opzettelijk* ★ en temps ~ *te zijner tijd*
vous PERS VNW *u*; *jullie*; FORM. *gij* ★ de vous à moi *onder ons gezegd*
vous-même(s) PERS VNW *uzelf*; *jezelf*
vousseau m [mv: **vousseaux**] *gewelfsteen*
voussoir m *gewelfsteen*
voussure v *welving*; *boogronding*
voûte v *gewelf* ★ ~ azurée ★ ~ céleste ★ ~ étoilée *hemelgewelf* ★ ~ du crâne *schedelgewelf* ★ ~ du palais *hard verhemelte*
voûté BNW *gewelfd*; *gebogen*
voûter I ov ww • *overwelven* • *doen krommen* **II** WKD ww (**se** ~) • *zich welven* • *een kromme rug krijgen*
vouvoiement m *(het) aanspreken met u*
vouvoyer ov ww *met u aanspreken*
voyage m • *reis* • *gang*; *tocht* • *trip* ★ bon ~! *goede reis!* ★ ~ d'agrément *plezierreisje* ★ partir en ~ *op reis gaan*
voyager on ww *reizen*; *trekken* ‹v. wolken›
voyageur [v: **voyageuse**] **I** m *reiziger* **II** BNW *reizend* ★ commis ~ *handelsreiziger* ★ pigeon ~ *postduif*
voyagiste m/v *reisorganisator*
voyant I m *waarschuwingslamp*; *waarschuwingslichtje* **II** m/v *helderziende* **III** BNW • *ziende* • *opzichtig*
voyelle v *klinker*
voyeur m [v: **voyeuse**] *ongezond nieuwsgierige toeschouwer*; *gluurder*
voyeurisme m *voyeurisme*
voyou m [v: **voyoute**] • *straatjongen* • *baliekluiver*; *ploert*; *schurk*
VPC AFK (vente par correspondance) *postorderverkoop*
vrac m • *door elkaar* • *per gewicht* ★ en vrac *onverpakt*
vrai I m *waarheid* ★ au vrai *eerlijk gezegd* ★ vrai de vrai *onvervalst*; *honderdprocent-* **II** BNW • *waar* • *echt* ★ il est vrai *weliswaar* ★ INF. c'est pas vrai! *je meent 't niet!* **III** BIJW ★ à vrai dire *eerlijk gezegd* ★ être dans le vrai *het bij het rechte eind hebben* ★ pour de vrai *werkelijk* ★ dire vrai *de waarheid zeggen*
vraiment BIJW *werkelijk*; *waarlijk*
vraisemblable BNW *waarschijnlijk*
vraisemblance v *waarschijnlijkheid*
vrille v • *hechtrankje* • *fretboor* • LUCHTV. *spiraalvlucht*
vriller I ov ww *doorboren met een fretboor* **II** on ww *in spiraalvlucht opstijgen*
vrombir on ww *gonzen*; *zoemen*; *ronken*
vrombissement m *gegons*; *gezoem*; *geronk*
vroum TW *vroem!*; *brom!*
VRP AFK (voyageur de commerce, représentant et placier) *handelsreiziger*
VTT AFK (vélo tout terrain) *terreinfiets*; *mountainbike*
vu I m *(het) zien* ★ au vu et au su de tout le monde *openlijk*; *in het openbaar* **II** BNW *gezien* ★ c'est tout vu! *afgelopen*; *het is zo klaar als een klontje!* ★ ni vu ni connu *nooit van gehoord* ★ c'est bien vu?! *goed begrepen?!* **III** ww (volt. deelw.) → **voir IV** vz *gezien*; *gelet op* ★ vu que [+ ind.] *aangezien*
vue v • *(het) zien*; *(het) gezicht* • *uitzicht* • *plaat*; *schilderij*; *foto* • *inzicht* • *bestudering*; *inzage* • *plan*; *bedoeling* • *venster* ★ FIG. en mettre plein la vue à qn *iem. de ogen uitsteken* ★ à (la) première vue *op het eerste gezicht* ★ à la vue de *bij het zien van* ★ à vue d'œil *zienderogen* ★ à perte de vue *zover het oog reikt* ★ au point de vue de *uit het oogpunt van* ★ avoir la vue basse *bijziende zijn* ★ en vue de *met het oog op* ★ garder à vue *in het oog houden*; *streng bewaken* ★ jouer à première vue *v.h. blad spelen* ★ payable à vue *betaalbaar op zicht* ★ perdre de vue *uit het oog verliezen* ★ prise de vues *(film)opname* ★ tourner la vue *de blik wenden*
vulcanisation v *vulkanisering*
vulcaniser ov ww *vulkaniseren*
vulgaire I m *plebs*; *de massa* **II** BNW *gewoon*; *plat*; *alledaags*; *gemeen* ★ langue ~ *volkstaal*
vulgarisateur m [v: **vulgarisatrice**] *schrijver die wetenschappelijke zaken op populaire wijze behandelt*
vulgarisation v *vulgarisering*; *popularisering*
vulgariser ov ww *vulgariseren*; *populariseren*
vulgarité v *platheid*; *alledaagsheid*; *gemeenheid*; *vulgariteit*
vulgate v *Vulgata* ‹Latijnse bijbelvertaling›
vulnérabilité v *kwetsbaarheid*
vulnérable BNW *kwetsbaar*
vulve v *vulva*
Vve AFK (veuve) *weduwe*

W

w m *letter w*
wagnérien BNW [v: **wagnérienne**] *wagneriaans*
wagon m *wagon* ★ ~ réfrigérant *koelwagen*
wagonnet m *kiepkarretje*
wagonnier m *rangeerder*
wagon-poste m *postrijtuig*
wallon BNW [v: **wallonne**] *Waals*
Wallon m,v [v: **Wallonne**] *Waal; iemand uit Wallonië*
Wallonie v *Wallonië*
warrant m *ontvangstbewijs* ‹voor opgeslagen goederen›
warranter OV WW *waarborgen door afgifte van een warrant*
water-polo m *waterpolo*
waters m mv *wc*
watt m *watt*
wattman m VERO. *bestuurder* ‹v. tram›
week-end m [mv: **week-ends**] *weekeinde*
welter m *weltergewicht* ‹boksen›
wharf m *laad- en lospier*
white-spirit m [**white spirit**] *wasbenzine*
wisigoth BNW *West-Gotisch*

X

x m *letter x*
xénophile BNW *van vreemdelingen houdend*
xénophilie v *sympathie voor vreemdelingen*
xénophobe **I** m/v *vreemdelinge hater* **II** BNW *vreemdelingen hatend*
xénophobie v *vreemdelingenhaat*
xénotransplantation v *xenotransplantatie*
xérès m *sherry*
xylographie v *houtgravure*
xylophone m *xylofoon*

Y

y **I** m *letter y* **II** PERS VNW *er* **III** BIJW *erin*; *eraan*; *erop*; *erheen*
yacht m *jacht*
yachting m *zeilsport*
yack m [**yak**] *jak*; *Tibetaanse buffel*
yaourt m *yoghurt*
Yémen m *Jemen*
yen m *yen*
yeuse v *steeneik*
yeux m mv → **oeil**
yé-yé **I** m *popmusicus*; *fans van popmuziek* ‹in jaren '60› **II** BNW *pop-*
yiddish **I** m *(het) Jiddisch* **II** BNW *Jiddisch*
yogourt m *yoghurt*
yole v *jol*
yougoslave **I** m *het Joegoslavisch* **II** BNW *Joegoslavisch*
Yougoslave m/v *Joegoslaaf*
Yougoslavie v *Joegoslavië*
youpin m PEJ. *jood*
youyou m *lichte (roei)boot*
yo-yo m *jojo* ‹spel›
ypérite m *mosterdgas*
Ypres *Ieperen*
yucca m *yuca*

Z

z m *letter z*
Zambèze m *Zambezi*
Zambie v *Zambia*
zappage m *(het) zappen*
zapper ON WW *zappen* ‹televisie›
zèbre m • *zebra* • INF. *kerel*; *vent* • *paard* ★ INF. un drôle de ~ *een rare vent* ★ INF. courir comme un ~ *er als een haas vandoor gaan*
zébrer OV WW *strepen*
zébrure v *streep op de huid*
zébu m *zeboe*
Zélande v *Zeeland*
zélateur m [v: **zélatrice**] *ijveraar*
zélé **I** m *ijverig man* **II** BNW *ijverig*; *vlijtig*
zèle m *ijver*; *vlijt*; *geloofsijver* ★ INF. faire du zèle *'dienst kloppen'*; *overdreven ijverig zijn* ★ grève du zèle *stiptheidsactie*
zélote m/v *ijveraar*
zénith m *zenit*; *toppunt*
zénithal BNW [m mv: **zénithaux**] *v.h. zenit*; *v.h. toppunt*
zéphyr m • *zefier*; *bries* ★ laine ~ *zeer fijne wol*
zéphyrien BNW [v: **zéphyrienne**] *zo licht als een zefier*
zeppelin m *zeppelin*; *luchtschip*
zéro **I** m • *nul* • *nulpunt* • *nul* ‹persoon› • *rapportcijfer 6* ★ zéro absolu *absolute nulpunt* ★ c'est un zéro en chiffre *hij/zij is een grote nul* **II** BNW *geen enkel(e)*
zeste m • *rasp* ‹v. sinaasappel-/citroenschil› • *iets v. weinig waarde* • *binnenschot* ‹v. noot› ★ cela ne vaut pas un ~ *dat is geen cent waard*
zézaiement m *(het) slissen*; *(het) lispelen*
zézayer ON WW *lispelen*
Z.I. AFK (Zone Industrielle) *industrieterrein*
zibeline v • *sabeldier* • *sabelbont*
zieuter OV WW INF. *aankijken*
zig m INF. *vent*; *kerel*
zigoto m INF. [**zigoteau**] *vent*; *kerel*
zigouiller OV WW INF. *doodsteken*
zigue m INF. *vent*; *kerel*
zigzag m *zigzaglijn* ★ en ~ *zigzagsgewijs*
zigzaguer ON WW *slingeren*; *zigzagsgewijs lopen*
zinc (*zeg:* ze(n)g) m • *zink* • INF. *toonbank* ‹in kroeg› • INF. *kist* ‹vliegtuig›
zinguer OV WW *verzinken*; *met zink bedekken*
zingueur m *zinkwerker*
zinzin **I** m *ding* **II** BNW INF. *gek*
zist m ★ être entre le zist et le zest(e) *constant dubben*
zizanie v *onenigheid*; *tweedracht*
zizi m • *heggevink* • KIND. *piemeltje*
zodiacal BNW [m mv: **zodiacaux**] *van de dierenriem*
zodiaque m *dierenriem*; *zodiak*
zombi m *zombie*
zona m *gordelroos*
zonard m [v: **zonarde**] • *delinquent* • *randgroepjongere*
zone v • *zone*; *luchtstreek* • *zone*; *gebied*; *streek* • *armzalige buitenwijk* ‹v. Parijs› ★ zone

bleue *blauwe (parkeer)zone* ★ zone glaciale *poolstreek* ★ zone résidentielle *woonwijk* ★ zone tempérée *gematigde luchtstreek* ★ zone torride *warme luchtstreek* ★ zone de salaire *loonklasse* ★ zone des armées *oorlogszone* ★ zone frontière *grensstreek* ★ zone franche *douanevrije zone* ★ Zone Euro *euroland*; *eurozone* ★ zone sinistrée *rampgebied*

zoner I OV WW COMP. *zoneren*; *indelen in zones* **II** ON WW *rondzwerven* **III** WKD WW (**se** ~) *gaan slapen*

zonier m [v: **zonière**] • *inwoner van grensgebied* • *inwoner van de zone rond Parijs*

zoning m *bestemming* ★ plan de ~ *bestemmingsplan*

zoo m *dierentuin*

zoologie v *dierkunde*; *zoölogie*

zoologique BNW *zoölogisch* ★ jardin ~ *dierentuin*

zoologiste m/v *dierkundige*; *zoöloog*

zoom (*zeg:* zoem) m *zoomlens*

zouave m • *pauselijk soldaat* • *Frans soldaat in Afrika*

Zoulou m *Zoeloe*

zozo m INF. *naïeveling*

zozoter ON WW *lispelen*

ZUP AFK (zone à urbaniser en priorité) ≈ *nieuw te vormen stadswijk*

zut (*zeg:* zuut) TW INF. *verrek!*; *stik!*

zyeuter OV WW INF. → **zieuter**

Grammaticaal compendium

WOORDSOORTEN

1 *Werkwoorden*

De vervoegingen van de werkwoorden *avoir* en *être* en die van de regelmatige werkwoorden (op *-er*, *-ir*, *-re* en *-(ev)oir*) zijn in hun geheel gegeven.
Van de meest voorkomende onregelmatige werkwoorden zijn alleen de *infinitif*, het *participe présent*, het *participe passé* en de onregelmatige vormen gegeven.

Van de *infinitif* (onbepaalde wijs) vormt men:
- de *futur* (onvoltooid tegenwoordige toekomende tijd) met de uitgangen: *-ai, -as, -a, -ons, -ez, -ont;*
- de *futur du passé*, ook wel *conditionnel présent* genoemd, (onvoltooid verleden toekomende tijd) met de uitgangen: *-ais, -ais, -ait, -ions, -iez, -aient.* Bij de werkwoorden op *-(ev)oir* valt hierbij de *-oi* weg en bij de werkwoorden op *-re* de slot-*e*.

Van het *participe présent* (tegenwoordig deelwoord) vormt men:
- het meervoud van de *présent* (onvoltooid tegenwoordige tijd) door *-ant* te veranderen in: *-ons, -ez, -ent.* Bij de werkwoorden op *-(ev)oir* eindigt de 3e persoon meervoud op *-oient;*
- de *imparfait* (onvoltooid verleden tijd) door *-ant* te veranderen in: *-ais, -ais, -ait, -ions, -iez, -aient.*
- de *présent du subjonctif* (onvoltooid tegenwoordige tijd van de aanvoegende wijs) door *-ant* te veranderen in: *-e, -es, -e, -ions, -iez, -ent.*

Van het *participe passé* (verleden deelwoord) vormt men:
- de *passé composé* (voltooid tegenwoordige tijd) en de *plus-que-parfait* (voltooid verleden tijd).

Van de *présent* (tegenwoordige tijd) vormt men:
- de *impératif* (gebiedende wijs) door *je*, *nous* en *vous* weg te laten.

Gebruikte afkortingen:

ns	nous
vs	vous
part.	participe
prés.	présent

Van de werkwoorden worden steeds de volgende tijden gegeven:

Infinitif	Part. prés.	Part. passé	Impératif
Présent	Imparfait	Passé simple	Passé composé Plus-que-parfait
Futur	Futur du passé	Subjonctif présent	

1.1 *avoir*

	hebben	hebbend	gehad	heb!
	avoir	ayant	eu	aie!
				ayons!
				ayez!
	ik heb	ik had	ik had/heb gehad	ik heb gehad
j'	ai	avais	eus	j'ai eu
tu	as	avais	eus	
il	a	avait	eut	
ns	avons	avions	eûmes	
vs	avez	aviez	eûtes	ik had gehad
ils	ont	avaient	eurent	j'avais eu
	ik zal hebben	ik zou hebben	dat ik heb/had	
j'	aurai	aurais	que j'aie	
tu	auras	aurais	que tu aies	
il	aura	aurait	qu'il ait	
ns	aurons	aurions	que ns ayons	
vs	aurez	auriez	que vs ayez	
ils	auront	auraient	qu'ils aient	

1.2 *être*

	zijn	zijnd	geweest	wees!
	être	étant	été	sois!
				soyons!
				soyez!
	ik ben	ik was	ik was/ben gew.	ik ben geweest
je/j'	suis	étais	fus	j'ai été
tu	es	étais	fus	
il	est	était	fut	
ns	sommes	étions	fûmes	
vs	êtes	étiez	fûtes	ik was geweest
ils	sont	étaient	furent	j'avais été
	ik zal zijn	ik zou zijn	dat ik ben/was	
je	serai	serais	que je sois	
tu	seras	serais	que tu sois	
il	sera	serait	qu'il soit	
ns	serons	serions	que ns soyons	
vs	serez	seriez	que vs soyez	
ils	seront	seraient	qu'ils soient	

1.3 Werkwoorden op *-er*

	chanter	chantant	chanté	chante!
			chantons!	
			chantez!	
je	chante	chantais	chantai	j'ai chanté
tu	chantes	chantais	chantas	
il	chante	chantait	chanta	
ns	chantons	chantions	chantâmes	
vs	chantez	chantiez	chantâtes	
ils	chantent	chantaient	chantèrent	j'avais chanté
je	chanterai	chanterais	que je chante	
tu	chanteras	chanterais	que tu chantes	
il	chantera	chanterait	qu'il chante	
ns	chanterons	chanterions	que ns chantions	
vs	chanterez	chanteriez	que vs chantiez	
ils	chanteront	chanteraient	qu'ils chantent	

1.3.1 Werkwoorden op *-cer*: *c* gevolgd door een *a* of *o* verandert in een *ç*

	placer	plaçant	placé	place!
			plaçons!	
			placez!	
je	place	plaçais	plaçai	j'ai placé
ns	plaçons	placions	plaçâmes	
ils	placent	plaçaient	placèrent	j'avais placé

1.3.2 Werkwoorden op *-ger*: gevolgd door een *a* of een *o* wordt de *g* gevolgd door een stomme *e*

	manger	mangeant	mangé	mange!
			mangeons!	
			mangez!	
je	mange	mangeais	mangeai	j'ai mangé
ns	mangeons	mangions	mangeâmes	
ils	mangent	mangeaient	mangèrent	j'avais mangé

1.3.3 Werkwoorden op *-oyer* of *-uyer*: voor een stomme *e* wordt de *y* een *i*

	nettoyer	nettoyant	nettoyé nettoyons! nettoyez!	nettoie!
je	nettoie	nettoyais	nettoyai	j'ai nettoyé
ns	nettoyons	nettoyions	nettoyâmes	
ils	nettoient	nettoyaient	nettoyèrent	j'avais nettoyé
je	nettoierai	nettoierais	que je nettoie	
ns	nettoierons	nettoierions	que ns nettoyions	
ils	nettoieront	nettoieraient	qu'ils nettoient	

1.3.4 Werkwoorden op *-ayer*: voor een stomme *e* wordt de *y* een *i* of blijft *y*

	payer	payant	payé payons! payez!	paie!
je	paie/paye	payais	payai	j'ai payé
ns	payons	payions	payâmes	
ils	paient	payaient	payèrent	j'avais payé
je	paierai	paierais	que je paie	
ns	paierons	paierions	que ns payions	
ils	paieront	paieraient	qu'ils paient	

1.3.5 Onregelmatige werkwoorden op *-er*

	acheter	achetant	acheté achetons! achetez!	achète!
j'	achète	achetais	achetai	j'ai acheté
ns	achetons	achetions	achetâmes	
ils	achètent	achetaient	achetèrent	j'avais acheté
j'	achèterai	achèterais	que j'achète	
ns	achèterons	achèterions	que ns achetions	
ils	achèteront	achèteraient	qu'ils achètent	

	aller	allant	allé	va!
			allons!	
			allez!	
je/j'	vais	allais	allai	je suis allé(e)
ns	allons	allions	allâmes	
ils	vont	allaient	allèrent	j'étais allé(e)
j'	irai	irais	que j'aille	
ns	irons	irions	que ns allions	
ils	iront	iraient	qu'ils aillent	
	appeler	appelant	appelé	appelle!
			appelons!	
			appelez!	
j'	appelle	appelais	appelai	j'ai appelé
ns	appelons	appelions	appelâmes	
ils	appellent	appelaient	appelèrent	j'avais appelé
j'	appellerai	appellerais	que j'appelle	
ns	appellerons	appellerions	que ns appelions	
ils	appelleront	appelleraient	qu'ils appellent	
	envoyer	envoyant	envoyé	envoie!
			envoyons!	
			envoyez!	
j'	envoie	envoyais	envoyai	j'ai envoyé
ns	envoyons	envoyions	envoyâmes	
ils	envoient	envoyaient	envoyèrent	j'avais envoyé
j'	enverrai	enverrais	que j'envoie	
ns	enverrons	enverrions	que ns envoyions	
ils	enverront	enverraient	qu'ils envoient	
	jeter	jetant	jeté	jette!
			jetons!	
			jetez!	
je	jette	jetais	jetai	j'ai jeté
ns	jetons	jetions	jetâmes	
ils	jettent	jetaient	jetèrent	j'avais jeté
je	jetterai	jetterais	que je jette	
ns	jetterons	jetterions	que ns jetions	
ils	jetteront	jetteraient	qu'ils jettent	

	peler	pelant	pelé	pèle!
			pelons!	
			pelez!	
je	pèle	pelais	pelai	j'ai pelé
ns	pelons	pelions	pelâmes	
ils	pèlent	pelaient	pelèrent	j'avais pelé
je	pèlerai	pèlerais	que je pèle	
ns	pèlerons	pèlerions	que ns pelions	
ils	pèleront	pèleraient	qu'ils pèlent	
	révéler	révélant	révélé	révèle!
			révélons!	
			révélez!	
je	révèle	révélais	révélai	j'ai révélé
ns	révélons	révélions	révélâmes	
ils	révèlent	révélaient	révélèrent	j'avais révélé
je	révèlerai	révèlerais	que je révèle	
ns	révèlerons	révèlerions	que ns révélions	
ils	révèleront	révèleraient	qu'ils révèlent	
	semer	semant	semé	sème!
			semons!	
			semez!	
je	sème	semais	semai	j'ai semé
ns	semons	semions	semâmes	
ils	sèment	semaient	semèrent	j'avais semé
je	sèmerai	sèmerais	que je sème	
ns	sèmerons	sèmerions	que ns semions	
ils	sèmeront	sèmeraient	qu'ils sèment	

1.4 Werkwoorden op *-ir*

1.4.1 Met regelmatige vervoeging

	finir	finissant	fini	finis!
				finissons!
				finissez!
je	finis	finissais	finis	j'ai fini
tu	finis	finissais	finis	
il	finit	finissait	finit	
ns	finissons	finissions	finîmes	
vs	finissez	finissiez	finîtes	
ils	finissent	finissaient	finirent	j'avais fini
je	finirai	finirais	que je finisse	
tu	finiras	finirais	que tu finisses	
il	finira	finirait	qu'il finisse	
ns	finirons	finirions	que ns finissions	
vs	finirez	finiriez	que vs finissiez	
ils	finiront	finiraient	qu'ils finissent	

1.4.2 Werkwoorden van de groep *couvrir, découvrir, offrir, ouvrir, souffrir*

	couvrir	couvrant	couvert	couvre!
				couvrons!
				couvrez!
je	couvre	couvrais	couvris	j'ai couvert
ns	couvrons	couvrions	couvrîmes	
ils	couvrent	couvraient	couvrirent	j'avais couvert
je	couvrirai	couvrirais	que je couvre	
tu	couvriras	couvrirais	que tu couvres	
il	couvrira	couvrirait	qu'il couvre	
ns	couvrirons	couvririons	que ns couvrions	
vs	couvrirez	couvririez	que vs couvriez	
ils	couvriront	couvriraient	qu'ils couvrent	

1.4.3 Onregelmatige werkwoorden

	acquérir	acquérant	acquis	acquiers!
			acquérons!	
			acquérez!	
je/j'	acquiers	acquérais	acquis	j'ai acquis
ns	acquérons	acquérions	acquîmes	
ils	acquièrent	acquéraient	acquirent	j'avais acquis
je/j'	acquerrai	acquerrais	que j'acquière	
ns	acquerrons	acquerrions	que ns acquérions	
ils	acquerront	acquerraient	qu'ils acquièrent	

	bouillir	bouillant	bouilli	-
il	bout	bouillait	bouillit	il a bouilli
ils	bouillent	bouillaient	bouillirent	il avait bouilli
	-	-	-	

	courir	courant	couru	cours!
			courons!	
			courez!	
je	cours	courais	courus	j'ai couru
ns	courons	courions	courûmes	
ils	courent	couraient	coururent	j'avais couru
je	courrai	courrais	que je coure	
ns	courrons	courrions	que ns courions	
ils	courront	courraient	qu'ils courent	

	cueillir	cueillant	cueilli	cueille!
			cueillons!	
			cueillez!	
je	cueille	cueillais	cueillis	j'ai cueilli
ns	cueillons	cueillions	cueillîmes	
ils	cueillent	cueillaient	cueillirent	j'avais cueilli
je	cueillerai	cueillerais	que je cueille	
ns	cueillerons	cueillerions	que ns cueillions	
ils	cueilleront	cueilleraient	qu'ils cueillent	

	dormir	dormant	dormi	dors!
			dormons!	
			dormez!	
je	dors	dormais	dormis	j'ai dormi
ns	dormons	dormions	dormîmes	
ils	dorment	dormaient	dormirent	j'avais dormi
je	dormirai	dormirais	que je dorme	
ns	dormirons	dormirions	que ns dormions	
ils	dormiront	dormiraient	qu'ils dorment	

	fuir	fuyant	fui	fuis!
			fuyons!	
			fuyez!	
je	fuis	fuyais	fuis	j'ai fui
ns	fuyons	fuyions	fuîmes	
ils	fuient	fuyaient	fuirent	j'avais fui
je	fuirai	fuirais	que je fuie	
ns	fuirons	fuirions	que ns fuyions	
ils	fuiront	fuiraient	qu'ils fuient	

	haïr	haïssant	haï	-
je	hais	haïssais	haïs	j'ai haï
ns	haïssons	haïssions	haïmes	
ils	haïssent	haïssaient	haïrent	j'avais haï
je	haïrais	haïrais	que je haïsse	
ns	haïrons	haïrions	que ns haïssions	
ils	haïront	haïraient	qu'ils haïssent	

	mourir	mourant	mort	-
je	meurs	mourais	mourus	je suis mort(e)
ns	mourons	mourions	mourûmes	
ils	meurent	mouraient	moururent	j'étais mort(e)
je	mourrai	mourrais	que je meure	
ns	mourrons	mourrions	que ns mourions	
ils	mourront	mourraient	qu'ils meurent	

	tenir	tenant	tenu	tiens!
			tenons!	
			tenez!	
je	tiens	tenais	tins	j'ai tenu
ns	tenons	tenions	tînmes	
ils	tiennent	tenaient	tinrent	j'avais tenu
je	tiendrai	tiendrais	que je tienne	
ns	tiendrons	tiendrions	que ns tenions	
ils	tiendront	tiendraient	qu'ils tiennent	

	vêtir	vêtant	vêtu	-
je	vêts	vêtais	vêtis	j'ai vêtu
ns	vêtons	vêtions	vêtîmes	
ils	vêtent	vêtaient	vêtirent	j'avais vêtu
je	vêtirai	vêtirais	que je vête	
ns	vêtirons	vêtirions	que ns vêtions	
ils	vêtiront	vêtiraient	qu'ils vêtent	

1.5 Werkwoorden op *-re*

1.5.1 Met regelmatige vervoegingen

	rendre	rendant	rendu	rends!
			rendons!	
			rendez!	
je	rends	rendais	rendis	j'ai rendu
tu	rends	rendais	rendis	
il	rend	rendait	rendit	
ns	rendons	rendions	rendîmes	
vs	rendez	rendiez	rendîtes	
ils	rendent	rendaient	rendirent	j'avais rendu
je	rendrai	rendrais	que je rende	
tu	rendras	rendrais	que tu rendes	
il	rendra	rendrait	qu'il rende	
ns	rendrons	rendrions	que ns rendions	
vs	rendrez	rendriez	que vs rendiez	
ils	rendront	rendraient	qu'ils rendent	

1.5.2 Met onregelmatige vervoegingen

	battre	battant	battu	bat!
			battons!	
			battez!	
je	bats	battais	battis	j'ai battu
ns	battons	battions	battîmes	
ils	battent	battaient	battirent	j'avais battu
je	battrai	battrais	que je batte	
ns	battrons	battrions	que ns battions	
ils	battront	battraient	qu'ils battent	

	boire	buvant	bu	bois!
			buvons!	
			buvez!	
je	bois	buvais	bus	j'ai bu
ns	buvons	buvions	bûmes	
ils	boivent	buvaient	burent	j'avais bu
je	boirai	boirais	que je boive	
ns	boirons	boirions	que ns buvions	
ils	boiront	boiraient	qu'ils boivent	

	conclure	concluant	conclu	conclus!
			concluons!	
			concluez!	
je	conclus	concluais	conclus	j'ai conclu
ns	concluons	concluions	conclûmes	
ils	concluent	concluaient	conclurent	j'avais conclu
je	conclurai	conclurais	que je conclue	
ns	conclurons	conclurions	que ns concluions	
ils	concluront	concluraient	qu'ils concluent	

	conduire	conduisant	conduit	conduis!
			conduisons!	
			conduisez!	
je	conduis	conduisais	conduisis	j'ai conduit
ns	conduisons	conduisions	conduisîmes	
ils	conduisent	conduisaient	conduisirent	j'avais conduit
je	conduirai	conduirais	que je conduise	
ns	conduirons	conduirions	que ns conduisions	
ils	conduiront	conduiraient	qu'ils conduisent	

	coudre	cousant	cousu	couds!
			cousons!	
			cousez!	
je	couds	cousais	cousis	j'ai cousu
ns	cousons	cousions	cousîmes	
ils	cousent	cousaient	cousirent	j'avais cousu
je	coudrai	coudrais	que je couse	
ns	coudrons	coudrions	que ns cousions	
ils	coudront	coudraient	qu'ils cousent	
	craindre	craignant	craint	crains!
			craignons!	
			craignez!	
je	crains	craignais	craignis	j'ai craint
ns	craignons	craignions	craignîmes	
ils	craignent	craignaient	craignirent	j'avais craint
je	craindrai	craindrais	que je craigne	
ns	craindrons	craindrions	que ns craignions	
ils	craindront	craindraient	qu'ils craignent	
	croire	croyant	cru	crois!
			croyons!	
			croyez!	
je	crois	croyais	crus	j'ai cru
ns	croyons	croyions	crûmes	
ils	croient	croyaient	crurent	j'avais cru
je	croirai	croirais	que je croie	
ns	croirons	croirions	que ns croyions	
ils	croiront	croiraient	qu'ils croient	
	dire	disant	dit	dis!
			disons!	
			dites!	
je	dis	disais	dis	j'ai dit
ns	disons	disions	dîmes	
ils	disent	disaient	dirent	j'avais dit
je	dirai	dirais	que je dise	
ns	dirons	dirions	que ns disions	
ils	diront	diraient	qu'ils disent	

	écrire	écrivant	écrit	écris!
			écrivons!	
			écrivez!	
j'	écris	écrivais	écrivis	j'ai écrit
ns	écrivons	écrivions	écrivîmes	
ils	écrivent	écrivaient	écrivirent	j'avais écrit
j'	écrirai	écrirais	que j'écrive	
ns	écrirons	écririons	que ns écrivions	
ils	écriront	écriraient	qu'ils écrivent	

	faire	faisant	fait	fais!
			faisons!	
			faites!	
je	fais	faisais	fis	j'ai fait
ns	faisons	faisions	fîmes	
vs	faites	faisiez	fîtes	
ils	font	faisaient	firent	j'avais fait
je	ferai	ferais	que je fasse	
ns	ferons	ferions	que ns fassions	
ils	feront	feraient	qu'ils fassent	

	lire	lisant	lu	lis!
			lisons!	
			lisez!	
je	lis	lisais	lus	j'ai lu
ns	lisons	lisions	lûmes	
ils	lisent	lisaient	lurent	j'avais lu
je	lirai	lirais	que je lise	
ns	lirons	lirions	que ns lisions	
ils	liront	liraient	qu'ils lisent	

	mettre	mettant	mis	mets!
			mettons!	
			mettez!	
je	mets	mettais	mis	j'ai mis
ns	mettons	mettions	mîmes	
ils	mettent	mettaient	mirent	j'avais mis
je	mettrai	mettrais	que je mette	
ns	mettrons	mettrions	que ns mettions	
ils	mettront	mettraient	qu'ils mettent	

	naître	naissant	né	-
je	nais	naissais	naquis	je suis né(e)
ns	naissons	naissions	naquîmes	
ils	naissent	naissaient	naquirent	j'étais né(e)
je	naîtrai	naîtrais	que je naisse	
ns	naîtrons	naîtrions	que ns naissions	
ils	naîtront	naîtraient	qu'ils naissent	

	nuire	nuisant	nui	-
je	nuis	nuisais	nuisis	j'ai nui
ns	nuisons	nuisions	nuisîmes	
ils	nuisent	nuisaient	nuisirent	j'avais nui
	-	-	-	

	paraître	paraissant	paru	-
je	parais	paraissais	parus	j'ai paru
il	paraît	paraissait	parut	
ns	paraissons	paraissions	parûmes	
ils	paraissent	paraissaient	parurent	j'avais paru
je	paraîtrai	paraîtrais	que je paraisse	
ns	paraîtrons	paraîtrions	que ns paraissions	
	ils paraîtront	paraîtraient	qu'ils paraissent	

	plaire	plaisant	plu	-
je	plais	plaisais	plus	j'ai plu
il	plaît	plaisait	plut	
ns	plaisons	plaisions	plûmes	
ils	plaisent	plaisaient	plurent	j'avais plu
je	plairai	plairais	que je plaise	
ns	plairons	plairions	que ns plaisions	
ils	plairont	plairaient	qu'ils plaisent	

	prendre	prenant	pris	prends!
			prenons!	
			prenez!	
je	prends	prenais	pris	j'ai pris
ns	prenons	prenions	prîmes	
ils	prennent	prenaient	prirent	j'avais pris
je	prendrai	prendrais	que je prenne	
ns	prendrons	prendrions	que ns prenions	
ils	prendront	prendraient	qu'ils prennent	

	résoudre	résolvant	résolu	résous!
			résolvons!	
			résolvez!	
je	résous	résolvais	résolus	j'ai résolu
tu	résous	résolvais	résolus	
il	résout	résolvait	résolut	
ns	résolvons	résolvions	résolûmes	
vs	résolvez	résolviez	résolûtes	
ils	résolvent	résolvaient	résolurent	j'avais résolu
je	résoudrai	résoudrais	que je résolve	
ns	résoudrons	résoudrions	que ns résolvions	
ils	résoudront	résoudraient	qu'ils résolvent	

	rire	riant	ri	ris!
			rions!	
			riez!	
je	ris	riais	ris	j'ai ri
ns	rions	riions	rîmes	
ils	rient	riaient	rirent	j'avais ri
je	rirai	rirais	que je rie	
ns	rirons	ririons	que ns riions	
ils	riront	riraient	qu'ils rient	

	suffire	suffisant	suffi	-
je	suffis	suffisais	suffis	j'ai suffi
ns	suffisons	suffisions	suffîmes	
ils	suffisent	suffisaient	suffirent	j'avais suffi
je	suffirai	suffirais	que je suffise	
ns	suffirons	suffirions	que ns suffisions	
ils	suffiront	suffiraient	qu'ils suffisent	

	suivre	suivant	suivi	suis!
			suivons!	
			suivez!	
je	suis	suivais	suivis	j'ai suivi
ns	suivons	suivions	suivîmes	
ils	suivent	suivaient	suivirent	j'avais suivi
je	suivrai	suivrais	que je suive	
ns	suivrons	suivrions	que ns suivions	
ils	suivront	suivraient	qu'ils suivent	

	vaincre	vainquant	vaincu	-
je	vaincs	vainquais	vainquis	j'ai vaincu
il	vainc	vainquait	vainquit	
ns	vainquons	vainquions	vainquîmes	
ils	vainquent	vainquaient	vainquirent	j'avais vaincu
je	vaincrai	vaincrais	que je vainque	
ns	vaincrons	vaincrions	que ns vainquions	
ils	vaincront	vaincraient	qu'ils vainquent	

	vivre	vivant	vécu	-
je	vis	vivais	vécus	j'ai vécu
ns	vivons	vivions	vécûmes	
ils	vivent	vivaient	vécurent	j'avais vécu
je	vivrai	vivrais	que je vive	
ns	vivrons	vivrions	que ns vivions	
ils	vivront	vivraient	qu'ils vivent	

1.6 Werkwoorden op *-(ev)oir*

1.6.1 Met regelmatige vervoegingen

	recevoir	recevant	reçu	reçois!
			recevons!	
			recevez!	
je	reçois	recevais	reçus	j'ai reçu
tu	reçois	recevais	reçus	
il	reçoit	recevait	reçut	
ns	recevons	recevions	reçûmes	
vs	recevez	receviez	reçûtes	
ils	reçoivent	recevaient	reçurent	j'avais reçu
je	recevrai	recevrais	que je reçoive	
tu	recevras	recevrais	que tu reçoives	
il	recevra	recevrait	qu'il reçoive	
ns	recevrons	rencevrions	que ns recevions	
vs	recevrez	recevriez	que vs receviez	
ils	recevront	recevraient	qu'ils reçoivent	

1.6.2 Met onregelmatige vervoegingen

	falloir	-	fallu	-
il	faut	fallait	fallut	il a fallu
			il avait fallu	
il	faudra	faudrait	qu'il faille	
	pleuvoir	pleuvant	plu	-
il	pleut	pleuvait	plut	il a plu
			il avait plu	
il	pleuvra	-	qu'il pleuve	
	pouvoir	pouvant	pu	-
je	peux	pouvais	pus	j'ai pu
ns	pouvons	pouvions	pûmes	
ils	peuvent	pouvaient	purent	j'avais pu
je	pourrai	pourrais	que je puisse	
ns	pourrons	pourrions	que ns puissions	
ils	pourront	pourraient	qu'ils puissent	
	prévoir	prévoyant	prévu	prévois!
			prévoyons!	
			prévoyez!	
je	prévois	prévoyais	prévis	j'ai prévu
ns	prévoyons	prévoyions	prévîmes	
ils	prévoient	prévoyaient	prévirent	j'avais prévu
je	prévoirai	prévoirais	que je prévoie	
ns	prévoirons	prévoirions	que ns prévoyions	
ils	prévoiront	prévoiraient	qu'ils prévoient	
	savoir	savant	su	sache!
			sachons!	
			sachez!	
je	sais	savais	sus	j'ai su
ns	savons	savions	sûmes	
ils	savent	savaient	surent	j'avais su
je	saurai	saurais	que je sache	
ns	saurons	saurions	que ns sachions	
ils	sauront	sauraient	qu'ils sachent	

	s'asseoir	s'asseyant	assis	assieds-toi!
			asseyons-ns!	
			asseyez-vs!	
je	m'assois	m'assoyais	m'assis	je me suis assis(e)
je	m'assieds	m'asseyais		
ns	ns asseyons	ns asseyions	ns assîmes	
ils	s'assoient	s'assoyaient		
ils	s'asseyent	s'asseyaient	s'assirent	je m'étais assis(e)
je	m'assoirai	m'assoirais	que je m'assoie	
je	m'assiérai	m'assiérais	que je m'asseye	
ns	ns assoirons	ns assoirions	que ns ns assoyions	
ns	ns assiérons	ns assiérions	que ns ns asseyions	
ils	s'assoiront	s'assoiraient	qu'ils s'assoient	
ils	s'assiéront	s'assiéraient	qu'ils s'asseyent	

	valoir	valant	valu	-
il	vaut	valait	valut	il a valu
ils	valent	valaient	valurent	il avait valu
il	vaudra	vaudrait	qu'il vaille	
ns	vaudrons	vaudrions	que ns valions	
ils	vaudront	vaudraient	qu'ils vaillent	

	voir	voyant	vu	vois!
			voyons!	
			voyez!	
je	vois	voyais	vis	j'ai vu
ns	voyons	voyions	vîmes	
ils	voient	voyaient	virent	j'avais vu
je	verrai	verrais	que je voie	
ns	verrons	verrions	que ns voyions	
ils	verront	verraient	qu'ils voient	

	vouloir	voulant	voulu	veuillez!
je	veux	voulais	voulus	j'ai voulu
il	veut	voulait	voulut	
ns	voulons	voulions	voulûmes	
ils	veulent	voulaient	voulurent	j'avais voulu
je	voudrai	voudrais	que je veuille	
ns	voudrons	voudrions	que ns voulions	
ils	voudront	voudraient	qu'ils veuillent	

2 *Voornaamwoorden*

2.1 Persoonlijke voornaamwoorden

Het Frans onderscheidt niet-beklemtoonde en beklemtoonde persoonlijke voornaamwoorden.

Niet-beklemtoond				Beklemtoond
	als onderwerp	*als lijdend vw*	*als meewerkend vw*	
ik	je, j'	me, m'	me, m'	moi
jij	tu, t'	te, t'	te, t'	toi
hij	il	le, l'	lui	lui
zij	elle	la, l'	lui	elle
wij	nous	nous	nous	nous
jullie	vous	vous	vous	vous
zij	ils, elles	les	leur	eux, elles

- In plaats van *je, tu, nous, vous* gebruikt men in de spreektaal vaak het voornaamwoord *on*.
- Het voornaamwoord *vous* kan een meervoud, 'jullie', maar ook een enkelvoud, 'u', aanwijzen. Het gebruik van *tu*, 'jij', 'je', en *vous*, 'u', verschilt soms van het Nederlands: in het algemeen moet men uitkijken met *tu*; goede vrienden tutoyeren elkaar, evenals mensen die elkaar van de schoolbanken af kennen. Kinderen zeggen doorgaans *tu* tegen hun ouders, maar regel is het niet.

2.2 Wederkerende en wederkerige voornaamwoorden

	Niet-beklemtoond	*Beklemtoond*
me	me, m'	moi-même
je	te, t'	toi-même
zich [m]	se, s'	lui-même
zich [v]	se, s'	elle-même
ons	nous	nous-mêmes
u, zich	vous	vous-mêmes
zich [m]	se, s'	eux-mêmes
zich [v]	se, s'	elles-mêmes

- Onpersoonlijk: On pense à soi-même

2.3 Bezittelijke voornaamwoorden

2.3.1 Bijvoeglijk gebruikte bezittelijke voornaamwoorden

enkelvoud		meervoud
mannelijk	*vrouwelijk*	*mannelijk en vrouwelijk*
mon	ma(mon)	mes
ton	ta(ton)	tes
son	sa(son)	ses
notre	notre	nos
votre	votre	vos
leur	leur	leurs

- *Ma, ta, sa* worden vervangen door *mon, ton, son* voor een zelfstandig naamwoord dat met een klinker of stomme *h* begint.

2.3.2 Zelfstandig gebruikte bezittelijke voornaamwoorden

enkelvoud		meervoud	
mannelijk	*vrouwelijk*	*mannelijk*	*vrouwelijk*
le mien	la mienne	les miens	les miennes
le tien	la tienne	les tiens	les tiennes
le sien	la sienne	les siens	les siennes
le nôtre	la nôtre	les nôtres	les nôtres
le vôtre	la vôtre	les vôtres	les vôtres
le leur	la leur	les leurs	les leurs

2.4 Aanwijzende voornaamwoorden

2.4.1 Bijvoeglijk gebruikte aanwijzende voornaamwoorden

enkelvoud		meervoud
mannelijk	*vrouwelijk*	*mannelijk en vrouwelijk*
ce (cet)	cette	ces
ce (cet)...-ci	cette...-ci	ces...-ci
ce (cet)...-là	cette...-là	ces...-là

- *Ce* wordt vervangen door *cet* voor een zelfstandig naamwoord dat met een klinker of stomme *h* begint.

2.4.2 Zelfstandig gebruikte aanwijzende voornaamwoorden

enkelvoud		meervoud	
mannelijk	*vrouwelijk*	*mannelijk*	*vrouwelijk*
celui	celle	ceux	celles
celui-ci	celle-ci	ceux-ci	celles-ci
celui-là	celle-là	ceux-là	celles-là

* Het zelfstandig aanwijzend voornaamwoord heeft behalve mannelijke en vrouwelijke ook onzijdige vormen: *ce*, of *c'* of *il, ceci, cela* of *ça*.

2.5 Betrekkelijke voornaamwoorden

qui
que (qu'), quoi
lequel, laquelle, lesquels, lesquelles

In verbinding met de voorzetsels *à* en *de* wordt *lequel* enz. als volgt gevormd: *auquel, à laquelle, auxquels, auxquelles*; *duquel, de laquelle, desquels, desquelles*.

2.6 Vragende voornaamwoorden

onderwerp	qui	qui est-ce qui	
lijdend voorwerp	qui	qui est-ce que	wie
na voorzetsel	qui	qui est-ce que	
onderwerp	-	qu'est-ce qui	
lijdend voorwerp	que	qu'est-ce que	wat
na voorzetsel	quoi	quoi est-ce que	
zonder werkwoord	quoi		

	zelfstandig	*bijvoeglijk*	
mannelijk enkelvoud	lequel	quel	
vrouwelijk enkelvoud	laquelle	quelle	welk(e)
mannelijk meervoud	lesquels	quels	
vrouwelijk meervoud	lesquelles	quelles	

Praktische tips

AFBREKEN

Het kan gewenst zijn aan het einde van de regel woorden af te breken. Dit mag echter uitsluitend op de lettergreepgrens. Voor het verdelen van woorden in lettergrepen bestaan bepaalde regels:

- Een alleenstaande medeklinker wordt bij de volgende lettergreep gevoegd:

re-ce-voir	ontvangen
pro-duit	product
qua-li-té	kwaliteit

- Bij twee medeklinkers ligt de lettergreepgrens tussen deze beide letters:

im-por-tant	belangrijk
em-bal-ler	verpakken
fran-çais	Frans

- Bij drie medeklinkers behoort in het algemeen slechts de laatste tot de volgende lettergreep:

comp-ter	tellen
obs-ti-né	koppig

Onscheidbaar zijn echter:

- *ch, ph, th, gn*;
- een medeklinker gevolgd door *l* of *r*;
- klinkers.

mar-chan-dises	goederen
or-tho-gra-phier	spellen/schrijven volgens de regels
li-gne	lijn/regel
em-ploi	baan, betrekking
au-tre	ander(e)
in-croyant	ongelovig
cu-rieux	nieuwsgierig/eigenaardig
théâ-tre	theater
fi-nan-ciè-re-ment	financieel

- Bij afleidingen wordt bij voorkeur afgebroken tussen voorvoegsel en grondwoord:

sub-stan-tif	zelfstandig naamwoord
con-sta-ter	constateren
in-struc-tif	leerzaam